KB252198

스펄전설교전집
로마서

스펄전설교전집
로마서

역자+고성대

크리스찬
다이제스트

국립중앙도서관 출판시도서목록(CIP)

로마서 / [저자: Charles Haddon Spurgeon] ; 역자: 고성
대. -- 고양 : 크리스챤다이제스트, 2010
  p. ;   cm. -- (스펄전 설교전집 ; 27)

원표제: Treasury of the Bible
영어 원작을 한국어로 번역
ISBN 978-89-447-2227-1 94230 : ₩20000
ISBN 978-89-447-2200-4(세트)

로마서[--書]

233.71-KDC5
227.1-DDC21   CIP2010004191

차례

■ 로 마 서

제 1 장 지식, 경배, 감사 · 롬 1:20-21 7
제 2 장 진지한 충고 · 롬 2:4 27
제 3 장 사람들의 은밀한 것을 심판하시는 그 날 · 롬 2:16 48
제 4 장 차별이 없느니라 · 롬 3:22-23 68
제 5 장 화목제물로 세워진 그리스도 · 롬 3:25 83
제 6 장 은혜만 있고 자랑은 없느니라 · 롬 3:27 104
제 7 장 어떻게 구원 받는가? · 롬 4:16 126
제 8 장 화평 — 사실과 느낌 · 롬 5:1 146
제 9 장 그리스도께서 누구를 위하여 죽으셨는가? · 롬 5:6 167
제 10 장 사람으로 말미암아 멸망, 한 사람으로 말미암아 구원 · 롬 5:16 190
제 11 장 죄가 더한 곳에 은혜가 더욱 넘쳤나니 · 롬 5:20 207
제 12 장 은혜의 교리는 죄짓게 하지 않는다 · 롬 6:14-15 227
제 13 장 우리의 주인을 바꿈 · 롬 6:18 249
제 14 장 사망과 생명: 삯과 은사 · 롬 6:23 271
제 15 장 빛으로 끌려나온 괴물 · 롬 7:13 292
제 16 장 나는 왜 이런가? · 롬 7:22-23 313
제 17 장 하나님은 어떻게 죄를 정죄하셨는가? · 롬 8:3 334
제 18 장 하나님의 상속자들 · 롬 8:17 354
제 19 장 영광스러운 예정 · 롬 8:29 374
제 20 장 예수, 자기 백성의 대속자 · 롬 8:34 395
제 21 장 넉넉히 이기느니라 · 롬 8:37 408
제 22 장 바울의 확신 · 롬 8:38-39 428
제 23 장 야곱과 에서 · 롬 9:13 445
제 24 장 죄인은 거룩한 행위로 구원받지 못한다 · 롬 9:30-33 465
제 25 장 그리스도는 율법의 마침이 되신다 · 롬 10:4 486

제 26 장 믿음은 어떻게 얻을 수 있는가? · 롬 10:17 ·· 506

제 27 장 깨어라! 깨어라! · 롬 13:11 ·· 529

제 28 장 그리스도로 옷 입고 · 롬 13:14 ·· 551

제 29 장 하나님의 심판대 · 롬 14:10-12 ·· 574

제 30 장 계속되는 기쁨 · 롬 15:13 ·· 596

제 31 장 우리에게 절실한 성령 · 롬 15:13; 롬 15:19 ···································· 618

제
1
장
—

지식, 경배, 감사

—

"그러므로 그들이 핑계하지 못할지니라
하나님을 알되 하나님을 영화롭게도 아니하며
감사하지도 아니하고"— 롬 1:20-21

　　자신의 지식을 자랑하는 사람들은 자신의 무지를 드러내는 것입니다. 지식은 자랑할 소유물이 아닙니다. 왜냐하면 지식은 큰 책임을 수반하기 때문입니다. 이것은 마치 간호사의 자랑이 위태로운 생명을 돌보는 것에 있는 것과 같습니다. 지식은 지식이 사용되는 쓰임새에 따라 선하게 되기도 하고 악하게 되기도 합니다. 예를 들어, 사람들이 하나님을 알고서 하나님을 하나님으로 영화롭게 하고 하나님께 감사를 드릴 때, 그들의 지식은 그들에게 큰 축복이 됩니다. 하지만 그들이 하나님을 알면서도 영화롭게 하지 않는다면, 그들의 지식은 그들을 정죄하기 시작합니다. 마음을 우쭐대게 하는 지식이 아니라 거룩한 사랑에 결합되어 영혼을 함양하는 지식이 있습니다. 우리 주님께서 "영생은 곧 유일하신 참 하나님과 그가 보내신 자 예수 그리스도를 아는 것"이라고 말씀하지 않으셨습니까? 그러나 오늘의 본문에 따르면 하나님을 알되 하나님을 영화롭게도 아니하며 감사하지도 않는 사람에게는 아무런 유익이 없다고 말합니다. 오히려 그들에게는 사망의 기미만 보일 뿐입니다. 그들에게는 변명의 여지가 없기 때문입니다.

　　우리의 구세주께서는 어떤 사람들을 위해서 "아버지 저들을 사하여 주옵소서 자기들이 하는 것을 알지 못함이니이다"라고 탄원하셨습니다. 하지만 자신의 행동거지를 알고서도 여전히 악을 행하는 사람들, 다시 말해 자신이 해야 할 바를 알고서도 행동하지 않는 사람들을 위해서는 어떤 변호가 행해져야 할까요? 그런 사람들은 빛을 가졌지만 스스로 눈을 감은 사람들입니다. 좀 다르게 표현하자면, 그들은 자신이 가진 빛으로 죄를 짓는데 사용한 것입니다. 그들은 성소의 금 촛대를 자기 손에 쥐고서 그 촛대를 이용하여 더욱 교묘하게 사악한 행동을 하며 더욱 재빠르게 비열한 짓을 합니다. 그런 사람들은 가증스럽기 때문에, 자기가 솔로몬만큼 현명해질 때까지 지식을 쌓기 원하고, 그 지식을 사용해서 자기의 부를 확대하고 욕구를 충족시키며, 자기의 불신앙을 지지하고 끝까지 악덕을 숨기려고 합니다.

사람은 많이 알면 알수록 더 많이 악해질 수 있습니다. 사람의 견문이 넓어질수록 늘어나는 것은 정죄뿐입니다. 그러므로 지식은 우리의 허영심을 키울 수 있으며, 그렇게 순수하게 선하기만 한 소유물이 아닌 것은 분명합니다. 우리가 좀 더 알고 나서 좀 더 깨어 기도한다면 이보다 더 좋을 수는 없을 것입니다. 청년들이여 계속해서 읽으십시오. 최고의 성실함으로 계속해서 공부하십시오. 지식이 많을수록 더 좋은 것을 얻을 수 있습니다. 하지만 오스납발(Sardanapalus: 사르다나팔루스[라틴에는 앗수르의 마지막 왕인 앗수르바니팔[아카디아어로 추정되며, 앗수르바니팔은 에스라 4장10절에 나오는 오스납발과 동일인으로 간주된다 — 역주)처럼 당신의 보물들이 당신의 몸을 불태울 장작더미가 되지 않도록 주의하십시오. 반항의 자만심이 지식의 신선한 우유를 상하게 하지 말며, 당신의 귀중한 축복을 끔찍한 저주로 변질되게 하지 마십시오. 이것은 상하기는 쉽지만, 회복되기는 쉽지 않습니다.

지식은 선악을 알게 하는 나무의 열매였으며, 그 열매를 먹음으로 여러분이 오늘날 보는 이 모든 악들이 초래되었습니다. 여러분은 그 나무의 열매를 여전히 먹을 수 있습니다. 만일 먹는다면 그 열매는 당신을 기쁘게 해줄 것입니다. 하지만 그와 동시에 생명나무를 맛보지 않는다면, 당신의 지식은 당신에게 지옥의 문들만 열어줄 것입니다. 지식 그 자체는 마치 꽃들이 만개한 정원이 될 수도 있고 혹은 황량한 사막이 될 수도 있는 한낱 토양에 지나지 않습니다. 지식은 당신이 진주를 찾게 되거나 혹은 죽은 사람의 뼈들을 찾게 되는 바다와도 같습니다. 생명과 사망, 천국과 지옥이 여기에 있습니다. "네가 듣는 것을 조심하라"는 옛 격언에다가 저는 "네가 알고 있는 것을 조심하라"고 말씀드립니다.

우리가 읽은 본문에서 바울이 언급한 사람들은 두 가지 큰 죄, 다시 말해 크게 보면 하나의 죄이지만 두 가지 형태인 무신론, 즉 마음의 무신론과 삶의 무신론에 빠져 있었습니다. 그들은 하나님을 알면서도 하나님을 하나님으로 영화롭게 하지도 않고 감사를 드리지도 않았습니다.

우리는 먼저 여기에 언급된 첫 번째 죄를 생각해 보고, 그 다음으로 두 번째 죄를 살펴보고자 합니다. 저는 여러분을 로마인들처럼 여기면서 이 두 가지 죄를 살피지는 않겠습니다. 왜냐하면 여러분은 로마인이 아님을 알기 때문입니다. 그러나 저는 이 본문을 여러분의 경우에 적용시켜서 이 죄들에 대해 말하려고 합니다. 영국 사람들이 잘 하는 것처럼 말입니다. 세 번째로는, 그 결과들에 대해 살펴보고자 합니다. 즉, 사람들이 하나님을 영화롭게 하지도 않고 감사를 드리지도 않아서 오게 되는 결과들 말입니다. 그리고 나서 네 번째로, 이러한 죄들로부터 당장 벗어나고자 합니다. 하나님이 우리를 도우십니다. 오, 성령이여, 이 설교자를 지금 도우소서. 모든 도움이 주께만 있사옵나이다!

1. 그들은 하나님을 알되 하나님을 영화롭게 하지 않았습니다.

그러면 이제 첫 번째 죄에 대해 살펴봅시다. 이 죄는 오늘날 아주 흔한 것입니다. 그들은 하나님을 알되 하나님을 영화롭게 하지 않았습니다. 그렇게도 어두웠던 고대 로마에서도 하나님에 대한 지식은 있었습니다. 만들어진 것(피조물)이 어떻게 만든 자(창조자)를 아주 잊을 수 있겠습니까? 물론 그 사람들에게는, 성령께서 중생한 자들의 마음에 교통하시며 가르쳐주시는 그 정도의 영적인 지식은 없었습니다. 왜냐하면 육신의 지성은 하나님을 영적으로 알 수 없기 때문이며, 육체의 생각은 하나님의 거룩한 영성에 접근할 수 없기 때문입니다. 그러나 로마인들은 만물의 위대한 창조주인 그분의 영원한 능력과 신성을 감지하였고, 만약 그들의 마음이 악한 열정으로 어두워지지 않았다면, 하나님의 신적 성품과 영광을 훨씬 더 많이 감지할 수 있었을 것이라는 의미에서 바울은 그렇게 말하고 있는 것입니다.

여러분이 만약 이교도들 사이에 가 본다면, 그들이 범신론자든 다신론자든 또는 그 밖에 어떤 형태이든지 간에, 그들의 모든 신 관념에 대한 배경에는 다음과 같은 몇몇 개념들이 있음을 알 수 있습니다. 그들이 작은 신들이라고 부르는 여러 신들 위에 고양된 하나의 위대하고 탁월한 존재에 대한 개념과, 고귀하고 정의로운 아버지, 보호자, 복수자, 보상자에 대한 개념이 그들에게도 있습니다. 인류 중에 가장 열등한 사람들도 위대한 창조주에 대해 어느 정도의 지식을 갖고 있음을 보게 됩니다. 비록 바르지 않은 진리를 가지고 있다 하더라도, 그들도 진리를 가지고 있습니다. 태양빛에 즉시 눈을 감듯이, 그들의 마음은 한 분 하나님이 존재한다는 사실 앞에 완전히 장님이 되어 버립니다. 이교도들 가운데 몇몇 사람들은 상당할 정도의 신(神)지식을 갖고 있었음이 분명하며, 이들은 최소한 제대로 된 하나님 이해에 근접할 만큼 놀랄 만한 발견들을 하였습니다.

우리는 소크라테스, 플라톤, 세네카 같은 사람들이 쓴 어록에 크게 놀랍니다. 이들은 본받아야 할 만한 사람들로서 최근에 추앙받고 있습니다. 그러나 만일 이들의 삶을 자세히 들여다본다면, 그 명성은 바울이 말한 "부끄러운 욕심"으로 인해 애석하게도 손상될 것입니다. 이들은 지혜로운 자들이었습니다. 그러나 그 지혜로써 세상은 하나님을 알지 못했습니다. 다시 말해 그들은 위대한 사상가였습니다. 그러나 분명한 하나님의 계시는 그들의 사상 어디에도 없었습니다. 그들은 하나님을 자신들의 지식 속에 받아들이고 싶지 않았습니다. 그래서 그들은 입에 담기조차 어려운 역겨운 죄에 푹 빠져 있었습니다. 그들 중 가장 똑똑한 자가 은밀히 행한 일에 대해서는 말하기조차 부끄러울 정도입니다[동성애]. 그들은 지식을 가졌습니다. 그러나 그 지식에 대한 책임을 망각했습니다. 그들은 하나님을 알았습니다. 그러나 하나님을 하나님으로서 영화롭게도 아니하며 감사하지도 아니하였습니다.

이교도들에 대해서는 이 정도로 해 두겠습니다. 왜냐하면 이 문제는 이교도들보다 하나님을 알고 있는 우리에게 더 해당되는 일이기 때문입니다. 이 밤에 제 말씀을 듣고 계신 분들은 다음과 같은 곳에 살고 있습니다. 하나님의 이름이 익숙한 곳, 하나님의 복음이 트럼펫 소리처럼 거리 곳곳마다 울려 퍼지는 곳, 하나님의 성품이 복된 성경 쪽수들마다 빛 되신 손길로 묘사된 곳, 하나님의 성령께서 인간의 양심이 계몽되도록 돌보시는 곳에 우리는 살고 있습니다. 우리는 하나님을 알고 있습니다. 그러나 저는 우리의 형제 자매들 중에 수천 수만의 사람들이 하나님을 영화롭게도 아니하며 감사하지도 아니한다는 사실이 두렵습니다. 우리 자신은 그 불행한 숫자에 들어 있지 않은지 살펴보시기 바랍니다.

하나님을 하나님으로서 영화롭게 하지 않는 사람들은 자기가 가진 모든 좋은 것들이 하나님으로부터 온 것임을 알지 못합니다. "온갖 좋은 은사와 온전한 선물이 다 위로부터 내려오나니." 그러나 감사하지 않는 많은 사람들은 이 진리를 잊고서, 이 삶의 축복들을 벙어리 입과 냉랭한 마음으로 받아들입니다. 옛날에는 보이는 모든 것을 소위 "우연"으로 돌리는 사람들이 있었습니다. 다시 말해, 그런 기형의 신성이 세워졌고, 그 토대 위에 사람들은 "자연"이라고 알려진 또 다른 우상을 세웠습니다. 요즘 많은 사람들은 위대하고 기이한 모든 것들을 "자연"으로 돌립니다. 다시 말해, 그들은 하나님이 살아 계시지 않는 것처럼 하나님에 대해서는 거의 말하지 않으면서, "자연의 아름다움", "자연의 웅장함", "자연의 법칙들"에 대해서는 항상 이야기합니다.

　현대인들을 사로잡고 있는 자연의 법칙들은 고대인들에게 올림포스 신들이 지닌 지위와 같은 위치에 있습니다. 이런 자연의 법칙들은 하나님이 일하는 일반 방식들이 아니고 무엇이란 말입니까? 저는 이외에 자연의 법칙들에 대한 다른 정의를 알지 못합니다. 하지만 이 사람들은 창조주의 존재와는 별도로 자연의 법칙들이 일종의 힘을 가졌다고 생각합니다. 한 사람이 길거리에 서서 자신의 불신앙을 드러내며 말했습니다. 우리는 일요일에 야외로 나가 자연을 경배하는 것보다 더 나은 일을 할 수 없고, 자연처럼 마음을 정화하고 고양하는 것은 아무것도 없으며, 이 모든 것을 자연이 했다고 말입니다. 그때 군중 속의 한 기독교인이 과감히 질문했습니다. "자연이 무엇입니까?" 그러자 그 신사는 "글쎄요, 자연? 뭐랄까, 자연은 자연이지요"라고 대답했습니다. 더 이상의 정의가 준비되어 있지 않았던 것입니다. 저는 그 자연이란 용어가 창조주를 굳이 언급하지 않고서도 창조에 대해 말하는데 유용하다는 사실에 대해 우려합니다.

　저는 요즘 사람들이 "섭리"에 대해 말하면서, 하나님을 저버린다는 것을 알았습니다. 통속적이고 경건하지 못한 사람들 사이에 이 "섭리"라는 말은, 그들이 받은 축복은 그 축복을 주신 분이 있다는 사실을 회피하기 위한 또 다른 얕은 꾀로 사용되고 있습니다. 두 번씩이나 작황에 실패한 한 농부가 목사에게서 위로를 받았습니다. 왜냐하면 그 농부는 섭리의 손길로부터 고통을 받았기 때문입니다. 농부는 "맞습니다, 섭리는 항상 고약하게 나를 대하지요. 하지만 섭리를 막아낼 수 있는 한 분이 있지요." 그때까지 그 불쌍한 영혼이 들었던 섭리는 그가 생각하기로는 악한 힘이었습니다. 그래서 선한 신이 그 재난의 영향을 막아주길 바랐습니다. 하나님에 대해 분명하게 말하지 않아서 이런 일들이 벌어집니다.

섭리가 도대체 무엇입니까? 위대한 섭리자의 변함없는 일하심 없이 어떻게 그런 일이 있을 수 있겠습니까? 사람들은 "선견지명"에 대해서 이야기합니다. 그러나 눈도 없이 무슨 선견지명이 있겠습니까? 우리의 유익을 위해 깨어 있는 살아 있는 눈, 그 눈을 따라 우리의 필요를 공급하는 살아 있는 손길이 있지 않겠습니까? 인간은 하나님에 대해 생각하는 것을 좋아하지 않습니다. 그는 자기 아버지인 하나님을 떠나 먼 나라로 가고 싶어합니다. 그래서 그는 자신의 언어에서 하나님의 모든 흔적을 없애도록 도와주는 온갖 종류의 문구들을 채택하게 됩니다. 그는 하나님과 자신 사이에 간편한 담을 세우기를 갈망합니다. 이교도들은 자신의 번영을 "행운"으로 돌립니다. 그들 중 몇몇은 "우연"이라고도 말합니다. 혹 다른 사람들은 "운명"을 거론하기도 합니다. 이런 표현들은 모두 인간의 말잔치에 불과할 뿐, 그 어떤 것도 위대한 아버지를 찬양하고 한 분 하나님을 경배하는 것이 아닙니다.

만약 이교도들이 번영했다면, 그들에게는 "행운"이 있었던 것입니다. 이것이 하나님을 향한 감사를 대신합니다. 행운의 날들을 찾기 위해서 그들은 역서(易書)를 연구합니다. 이것이 지극히 높으신 분에 대한 신앙을 대신합니다. 그들은 미신을 따르기 때문에, 어떤 일을 착수할 때 언제 운이 좋은지를 알기 위해서 그들의 성직자들에게 묻습니다. 이것이 주님의 선하심에 의지하는 것을 대신합니다. 지금 우리 중에는 이교도들이 말하는 행운의 별들에 대해 이야기하면서, 그 행운을 기원하는 사람들이 없습니까? 그런 사람들은 하나님을 알지만 하나님을 영화롭게 하지 않는 것입니다. 그런데 우리 중에는 "행운"이나 "자연"에 대해서는 말하지 않지만 자기 자신에 대해 말하는 사람들이 있습니다. 그들은 일명 "자수성가한 사람들(self-made men: 자신이 만든 사람들)"입니다. 그들은 자신을 그렇게 만든 위대한 자신(자아)을 숭배하는 경향이 아주 많습니다. 그들은 자신(자아) 숭배에 대한 열심에 있어서 누구에게도 뒤지지 않습니다. 자신들에 대한 그들의 칭송은 끊임이 없고 경건하며 진지하기까지 합니다.

말 그대로 정말 "자수성가한(자신이 만든) 사람들"입니다! 그러나 하나님이 만드신 사람(God-made man)이 되는 것이 훨씬 더 낫습니다. 만약 우리 주변에 가치 있는 무언가가 있다면, 그것은 틀림없이 온갖 좋은 은사와 온전한 선물이 항상 다 위로부터 내려오게 하시는 하나님으로부터 온 것입니다. 그러므로 하나님께 감사를 드립시다. 하늘에 있는 하나님의 태양 외에 또 다른 태양이 우리의 창공에는 없습니다. 마찬가지로, 항상 축복하시는 하나님 외에 또 다른 선의 근원은 없습니다. 이 하나님이 우리에게 자신을 알리셨고, 이 하나님을 지금 우리는 온 맘을 다해 찬양하고 있는 것입니다. 그런데 지금 제가 누구에 대해 말하고 있습니까? 바로 자신들의 번영으로 인해 하나님께 경배하지도 않고 하나님을 칭송하지도 않는 사람들이 아닙니까? 그들은 자신의 번영을 자신의 근면과 행운으로 돌립니다. 오, 여러분, 여러분은 하나님을 아는 사람들이 아닙니까! 하나님을 아는 사람들임에도 불구하고 하나님을 하나님으로서 영화롭게도 아니하며 감사하지도 않습니다. 주님께서 이런 사람들로 하여금 이 죄를 고백하도록 도와주셔서 주님의 은혜로 그 죄가 깨끗해지기를 바랍니다. 왜냐하면 지극히 높으신 하나님의 심판에서 이 죄는 크고도 가증스러운 죄이기 때문입니다. 자신이 가진 좋은 것들을 하나님께로 돌리지 않는 자들에 대해서는 정의가 벌점을 찍을 것입니다. 오직 하나님만이 불변하는 자비와 함께 그 모든 좋은 것들을 주시기 때문입니다.

　　그러나 거룩한 은사를 받음으로써 부과되는 어떤 책임을 느끼지 못할 때 우리 또한 그런 죄를 범할 수 있습니다. 부를 얻을 힘을 주신 주님을 섬길 의무가 있다는 사실을 전혀 느끼지 못하는 수많은 부자들이 있지 않습니까? 건장한 팔다리와 튼튼한 골격을 지닌 건강한 사람들이 자기들을 질병과 죽음에서 지켜주신 하나님께 찬양하지 않는 경우가 많지 않습니까? 우리의 재능, 우리의 능력, 우리의 친구들, 우리의 일용할 양식에 대해 충분한 감사를 드리는 사람이 우리 중에 얼마나 될까요? 우리 모두는 엄청난 축복들에 대해 하나님께 찬양드리지 않고서 모든 것을 받고만 있는 것은 아닙니까? 사실은 이러합니다. 모든 자비는 그 자비와 함께 의무가 동반되어 있습니다. 그래서 많이 받으면 많이 드려야 합니다. 왜냐하면 우리가 하나님으로부터 무언가를 받을 때, 그것을 받음으로써 그의 이름에 합당한 영광을 하나님께 돌려드려야 한다는 자연스럽고도 정당한 계약체결 없이는 하나님으로부터 아무것도 받지 못하기 때문입니다.

　　우리는 차용인들이며 이에 대한 임차료는 봉사와 찬양으로 지불됩니다. 이것은 아주 축복된 의무입니다! 하나님을 찬양하고 칭송해야 한다는 것은 행복한 계약입니다! 새가 노래하는 것이 짐이 아니듯, 꽃이 향기를 내는 것이 짐이 아니듯, 별이 반짝이는 것이 짐이 아니듯, 진실한 마음에는 찬양이 더 이상 짐이 아닙니다. 찬양에는 세금이 부과되지 않습니다. 하나님께 드려지는 영광의 수익은 무수한 자발적인 봉헌물들에서 나옵니다. 이것은 은혜로운 영혼들이 하나님께 일생 동안 기뻐 드리는 것입니다. 그러나 하나님을 알면서도 하나님을 하나님으로서 영화롭게 하지 않는 사람들이 있습니다. 그들은 하나님께 드려야 할 것을 하나님에게서 빼앗고 있습니다. 그런 사람들은 자기의 주인이 그들 자신이지 하나님이 아니라고 말하는 것처럼 보입니다. 그들은 자신이 기뻐하는 대로 살면서 자신을 섬깁니다. 하나님은 그들의 안중에 없으며, 그들에게 생명을 주신 하나님을 위해 섬기고 사용되는 일에는 신경조차 쓰지 않습니다.

그들에 대한 하나님의 불평이 바로 이것입니다. "하늘이여 들으라 땅이여 귀를 기울이라 여호와께서 말씀하시기를 내가 자식을 양육하였거늘 그들이 나를 거역하였도다 소는 그 임자를 알고 나귀는 그 주인의 구유를 알건마는 이스라엘은 알지 못하고 나의 백성은 깨닫지 못하는도다 하셨도다"(사 1:2-3). 하나님이 이 잔인한 분노를 피할 은혜를 우리에게 허락하셨기에, 우리는 하나님의 자비로 말미암은 이 의무를 잘 감당함으로써 하나님을 하나님으로서 영화롭게 할 수 있습니다.

하나님을 알지만 그분을 하나님으로서 전혀 영화롭게 하지 않는 사람들은 흔히 만날 수 있습니다. 그들은 결코 마음에서 우러나오는 사랑으로 하나님을 찬양하지도 않으며 경배하지도 않기 때문입니다. 그들은 정기적으로 교회나 어떤 예배장소에 갑니다. 시편이나 찬송가를 부르기도 합니다. 심지어 집에서 가족 기도를 하기도 합니다. 하지만 그들의 마음은 결코 살아 있는 사랑으로써 살아 계신 하나님을 찬양하지 않습니다. 그들의 경배는 살아 있다는 이름만 있을 뿐 실제로는 죽은 것입니다. 그들은 영원한 예배의 결실들을 모두 주님께 드리는 듯하지만, 알맹이는 없고 지푸라기와 껍질만 있을 뿐입니다. 그렇다면 당신의 목쉰 기도는 무슨 가치가 있습니까? 알맹이도 없이 지푸라기 같은 말들과 껍질의 모양만 남은 당신의 기도는 무슨 가치가 있습니까? 반역자의 충성서약이 무슨 가치가 있습니까? 당신의 마음이 하나님을 원수처럼 여긴다면 하나님을 향해 사귐의 서약을 한다고 한들 무슨 가치가 있겠습니까? "마음이 없는" 제물을 하나님께 드리는 것은 하나님을 만홀히 여기는 것이 아니겠습니까? 주님께서 "그들이 내 백성처럼 나아와서, 내 백성처럼 앉아 있고, 내 백성처럼 노래하지만, 그들의 마음은 내게서 멀다"라고 말씀하셔야만 할 때, 주님이 그들에게서 어떤 기쁨을 얻으실 수 있겠습니까? 하나님은 그들에게 이렇게 불평하지 않으실까요? 오, 여러분에게 이런 일이 일어나지 않도록 하십시오!

우리가 이 문제를 제기하기만 한다면, 저는 이런 비난을 받을 사람들이 이 자리에도 있다는 것을 압니다. 그들은 하나님을 알지만 결코 그분을 하나님으로서 영화롭게 하지 않습니다. 하나님을 사랑하지 않기 때문입니다. 그들은 혀로만 하나님의 이름을 높이고 하나님을 섬길 뿐, 하나님을 기뻐하거나 갈급해하거나 목말라하지 않습니다. 그들은 기도와 찬양이 그들에게 중요한 요소임을 알지 못합니다. 그들이 드리는 그런 예배는 하나님의 자녀들이 드리는 기쁨의 예배가 아니라 단지 립서비스(lip-service, 말뿐인 인정)일 뿐이며, 계약을 맺은 노예들이 마지못해 하는 경의의 표현일 뿐입니다. 오, 사랑하는 형제들이여, 우리가 여호와를 살아 계신 하나님으로 인정한다면, 그분에게 우리 영혼에서 우러나오는 최고의 사랑을 드립시다. 여러분은 어떤 사람을 형제라고 부르고서는 그를 개처럼 대우합니까? 하물며 감히 여러분이 하나님을 여러분의 하나님으로 부르고서는 하나님을 마치 일고의 가치도 없는 대상처럼 대할 수 있습니까?

다윗이 "나는 진실로 주의 종이요 주의 여종의 아들이라 주께서 나의 결박을 푸셨나이다!"(시 116:16)라고 기뻐 외친 것처럼, 이것이 바로 주님을 대하는 영혼의 모습입니다. 오, 하루 종일 하나님을 기뻐하는 것, 하나님을 우리의 가장 큰 기쁨으로 삼는 것입니다! 이렇게, 오직 이렇게만, 우리는 하나님을 하나님으로서 영화롭게 할 수 있습니다. 사랑의 불길 없이는 그 어떤 향기도 찬양의 향로로부터 피어오르지 않을 것입니다. 우리가 하나님을 기뻐하지 않는다면, 우리는 하나님을 바르게 찬양하지 않는 것입니다.

하나님의 무소부재(편재)하심을 인정하는 것이 하나님을 하나님으로서 영화롭게 하는 또 다른 방법입니다. 주일에는 하나님에 대한 경외심을 느끼다가, 나머지 6일 동안은 불경건하게 살아가는 사람들이 우리 가운데는 없습니까? 그들은 예배드리는 장소에서는 두려움과 떨림까지는 아니더라도 하나님이 거기에 임재하신다는 의식을 가지고 우아하게 경의를 표하는 행동을 합니다. 그러나 다른 곳에서는 자기들이 마치 하나님의 손이 미치지 않는 곳에 있는 것처럼 행동합니다. 그들은 자신의 정욕을 쫓아 행하는 밀실에는 하나님이 존재하지 않는다고 착각하겠지요? 환락을 신성한 것으로 만드는 음란한 모임에는 하나님이 계시지 않는다고도 생각할 것입니다. 그들은 사람의 눈에 보이지 않는다면, 하나님의 눈에도 보이지 않을 것이라고 생각하겠지요? 어떤 사람들은 하나님이 죽었다고 생각하거나, 또는 이 땅에서 일어나는 세상만사를 잘 잊어버리는 장님이나 귀머거리처럼 하나님을 생각하면서 행동하며 살아가고 있지 않습니까? 하나님을 장님이라고 생각하는 사람들은 얼마나 눈 먼 사람들일까요? 이런 어리석음을 우리는 결코 범하지 말기 바랍니다! 하나님은 어디에나 계시기 때문에 어디서든 선뜻 죄지어서는 안 된다고 생각하기 바랍니다. 이 땅 전체가 하나님의 성전입니다. 우리가 왕이 계신 궁전 안에서 왕을 욕해서야 되겠습니까? 하늘은 하나님의 성전 지붕이며, 하나님의 소유인 푸른 하늘 아래서 우리는 죄 지을 곳을 찾을 수 없습니다. 악을 행할 만한 적당한 공간은 없으며, 죄를 지을 만한 장소도 전혀 없습니다. 그런데 애석하게도 "나를 보고 계시는 하나님"을 죄에 대한 치명타로 생각하는 사람이 얼마나 적은지요! 그들은 "하나님을 알되 하나님을 하나님으로 영화롭게도 아니합니다." 그래서 그들은 하나님은 인격이나 마음이 없다고 생각하면서, 아주 은밀한 어떤 장소로 하나님을 피해 도망할 수 있다고 여기며 온갖 추악한 행동으로 자신들의 욕망을 따릅니다.

　하나님의 주권이 인간에게 너무나 가혹하다는 생각 때문에, 하나님의 참된 영광을 인정하지 않는 사람들이 더러 있지 않습니까? 이 책망은 기독교인이라고 공언하는 많은 사람들을 그 대상으로 합니다. 그들의 하나님은 성경의 하나님이 아니며, 그들에게는 참된 하나님이신 여호와의 개념이 없습니다. 하늘과 땅의 한 분 하나님은 여호와이시며, 그 하나님은 구약의 말씀대로, "나는 은혜 베풀 자에게 은혜를 베풀고 긍휼히 여길 자에게 긍휼을 베푸는"(출 33:19) 분입니다. 예수님을 따른다고 공언하는 어떤 사람들은 이 하나님을 받아들이지 않고, 그들 스스로 하나의 신을 만듭니다. 다시 말해, 그가 만든 죄짓는 피조물들을 향해 모종의 의무감을 지닌 신으로서 그 신은 모든 사람을 똑같이 대할 수밖에 없다고 말합니다. 이런 생각은 하나님이 가진 속성 중 가장 최고의 위엄 있는 속성인 하나님의 주권을 없애는 죄를 범하는 것입니다. 그들은 만왕의 왕께 명령을 내려서 하나님의 최고 의지가 너무 많은 자유를 지니지 못하도록, 하나님이 과도한 긍휼의 손길을 펴시도록 애쓰고 있는 셈입니다. 저는 그런 하나님에 대해서는 알지 못합니다. 제가 섬기는 하나님은 정의 외에는 어떤 다른 것을 결코 행하실 수 없으며, 그의 피조물들에게 속박되어 있지도 않으십니다. 오직 하나님 자신의 뜻과 경륜에 따라 모든 일을 명령하십니다.

　만약 주님께서 제게 자비 베풀기를 거부하신다 해도, 저는 너무나 큰 죄인이기에 그분의 정의에 대해 결코 이의를 제기 할 수 없을 것이라고 믿습니다. 저는 하나님께서 죄인을 구원하시는 것을 볼 때, 해야만 하는 의무감에서 나온 행동이 아니라, 전적으로 그분 자신으로부터 일어나는 충만한 선하심과 바람처럼 자유로운 자발적인 행동으로 바라봅니다. "하늘의 군대에게든지 땅의 사람에게든지 그는 자기 뜻대로 행하시나니"(단 4:35). 개인적으로 저는 하나님이 행하시는 능력, 정의, 자비 등 모든 것들에 대해 완전히 만족합니다. 제 마음은 이렇게 말합니다. "이는 여호와이시니 선하신 대로 하실 것이니라"(삼상 3:18). 홍해에서 애굽 사람들 모두가 물에 빠져 원수의 익사로 큰 기쁨의 상황을 발견했을 때, 저는 모세의 노래를 부를 수 있었을 것입니다. 왜냐하면 그 속에서 저는 하나님의 뜻이 성취되고 의가 통치하며 잔인한 폭군에게 보복하시는 하나님을 보았을 것이기 때문입니다.

　　파도가 바로를 덮쳤을 때 저는 하나님을 찬양했을 것이라 감히 말할 수 있습니다. 왜냐하면 주님께서 그 일을 행하셨고, 그분은 공의로우시기 때문입니다. 나는 모세와 함께 소리쳤을 것입니다. "내가 여호와를 찬송하리니 그는 높고 영화로우심이요 말과 그 탄 자를 바다에 던지셨음이로다"(출 15:1). 어떤 사람들은 원수를 전멸시키는 하나님의 행하심에 대해 이런 식으로 찬양하기를 거절하겠지만, 저는 완고한 자나 온유한 자나 상관 없이 모든 인류를 다스리는 하나님을 영원히 찬양하는 많은 사람들 속에 있기를 원합니다. 주 하나님, 한결같은 여호와, 구약의 하나님이야말로 제가 섬기는 하나님입니다. 그런데 최근에 등장한 새로운 하나님, 다시 말해 언제나 다정다감하기만 하고 공의와 진노의 엄격한 성품은 전혀 없는 이런 새로운 신을 저는 알지 못합니다. 아브라함과 이삭과 야곱의 하나님이 우리의 구세주 예수 그리스도 주님의 아버지 하나님이십니다. 그분 안에서 내 영혼은 기뻐합니다. 하나님이 기뻐하시는 대로 그분께서 홀(왕권)을 행하시도록 합시다. 하나님의 뜻이 하늘에서 이룬 것 같이 똑같이 땅에서도 이루어질 것입니다.

　　그분의 모든 영원한 뜻이 성취되어서 악인들이 심판을 받으며 의인들이 아버지의 보좌로 들려 올라갈 때, 우리는 다시 할렐루야를 외칠 것입니다. 하나님을 알고 하나님을 하나님으로 영화롭게 하는 일은 하나님의 뜻이 바로 법이 되는 그런 하나님으로 여기는 것이며, 모든 일을 어떤 것에도 간섭받지 않으면서 최고의 결정을 내리시는 분으로 여기는 것입니다. 보좌에 앉아 계시는 하나님,

자신의 결정에 대해 설명하지 않으시는 하나님, 만유 위에 계신 하나님으로서 그 자신이 기뻐하시는 대로 행하시는 하나님, 저는 이런 하나님을 믿습니다. 이런 하나님을 저는 다 알지 못하여서, 하나님을 하나님으로 영화롭게 해 드릴 수가 없었습니다.

하나님을 알지만 하나님을 영화롭게 하지 않는 또 다른 몇몇 사람들이 있습니다. 그 이유는 바로 그들이 하나님을 믿지 않기 때문입니다. 계시 속에서 하나님은 그의 피조물들이 믿을 만한 분으로 자신을 드러내셨으며, 그를 믿는 모든 자들은 그의 아들 예수 그리스도의 대속을 통해 그들의 죄가 용서받게 될 것을 약속하셨습니다. 이를테면 하나님을 믿음으로써 구원받게 됨을 선포하셨습니다. 그리고 하나님은 모든 인류에게 자비의 사자를 보내셨습니다. "그를 믿는 자는 심판을 받지 아니하는 것이요"(요 3:18). 하나님은 죄인들이 자신의 날개 그늘 아래로 와서 믿도록 초대하시며, 자기에게로 오는 자는 아무도 쫓겨나지 않을 것이라고 선포하셨습니다. 하나님은 자신을 예수 그리스도 안에서 계시하면서 죄인들에게 간청하셨습니다. 그분은 그들에게 아무것도 요구하지 않으시고, 돈 없이 값없이 그들에게 거저 주시는 그분의 자비를 그들이 받아들이도록 간청하셨습니다. 복음의 부르심에 어떤 차별도 하지 않으시고 "땅의 모든 끝이여 내게로 돌이켜 구원을 받으라 나는 하나님이라 다른 이가 없느니라"(사 45:22)고 말씀하시면서, 사람들이 그에게 나아오도록 간청하셨습니다. 이런 간청에 대해 만약 어떤 교만한 사람이 "아니, 나는 내 자신을 믿겠소. 나는 내가 이룬 업적을 믿고, 내 자신의 기도를 믿겠소. 그러나 그리스도는 믿지 않겠소"라고 말한다면, 그는 하나님을 알지만 하나님을 영화롭게 하지 않는 사람이며, 멸망의 날에 그는 어떤 변명도 할 수 없을 것입니다. 우리가 믿을 수 없다고 말하는 하나님은 도대체 어떤 하나님입니까? 하나님 믿기를 거절한다면, 우리는 어떻게 그분을 영화롭게 할 수 있을까요? 그분의 하나님 되심을 받아들이면서도, 그분의 자비하심은 거절한다는 말입니까? 이것은 있을 수 없는 일입니다.

이 외에도 하나님을 알지만 하나님을 영화롭게 하지 않는 사람들의 유형은 많이 있으나, 한 가지는 꼭 짚고 넘어가야 할 것이 있습니다. 그들은 자신을 하나님께 복종시키고 하나님의 영광의 도구가 되도록 자신의 모든 것을 내어드리는 것으로 하나님을 영화롭게 하지 않는 사람들입니다. 내가 하나님을 하나님으로서 영화롭게 하려 한다면, 하나님의 명령에 복종하고 그분의 영광을 전하고 그분의 이름을 찬양하기를 열망할 것입니다. 진정으로 내가 하나님을 하나님으로 제대로 섬기려 한다면, 모든 일에서 그분을 기쁘게 하고자 열망할 것입니다. 내가 하나님을 알고 있다 하더라도, 나 자신의 유익을 위해, 나 자신의 명예를 위해 그리고 나자신의 안락을 위해 산다면 나는 하나님을 하나님으로 영화롭게 하지 않는 것입니다. 오, 여러분, 하나님이 하나님으로 영화롭게 될 때는, 우리가 군말 없이 우리 자신을 그분의 손길에 내어 맡길 때입니다. 그럴 때 그분은 우리에게서 그분이 원하는 것을 취하실 수 있습니다. 그래도 우리는 "그는 주님이시라 여호와께서 선히 여기시는 대로 행하시기를 원하노라" 하고 말할 것입니다. 그분은 우리에게서 위로가 되는 모든 것을 제거하시고 우리 몸을 심한 악창과 종기로 가득하게 하실 수도 있습니다. 그럼에도 우리는 욥처럼 거름더미에 앉아서도 "주신이도 여호와시요 거두신 이도 여호와시오니 여호와의 이름이 찬송을 받으실지니이다"(욥 1:21)라고 말할 것입니다.

그분을 하나님으로 알 때에, 우리는 비록 고통이라도 복종하게 될 것이며, 그것도 신속히 복종하게 될 것입니다. 이때 우리는 "여호와가 만일 하나님이면 그를 따르고"(왕상 18:21)라고 한 엘리야의 강력한 외침을 느낄 수 있을 것입니다. 그분이 참된 하나님으로서 우리 앞에 서 계실 때에, 우리는 최대한의 힘을 발휘하여 그를 섬길 것입니다. 우리가 사람을 주인으로 섬기고 그 주인에게 충성한다고 하더라도, 우리는 주인을 위해 최선을 다할 것입니다. 그런데 하물며 하나님이 우리의 주인이라면, 오, 우리는 과연 어느 정도로 그분을 섬겨야 할까요! 우리의 가슴에서 어느 정도의 열정이 불붙어야 우리는 우리가 하나님의 종이라는 우리의 신앙을 나타내 보일 수 있을까요! "나는 당신의 종입니다"라고 하는 것은 우리의 행복한 외침이며, 우리의 명예로운 과제입니다. 이것이 사람을 사람 되게 하는 것이며, 인간을 넘어서게 되는 그 무엇입니다.

오, 이런 깨달음을 배우고 실천하십시오! 하나님을 하나님으로 영화롭게 함으로써 우리는 천사와 비슷해집니다! 비록 기독교인인 여러분이 이런 일을 아직도 여러분과는 너무나 먼 일처럼 느낄지라도, 여러분은 이 일을 향해 늘 독수리처럼 날아올라야 합니다. 저는 주님 앞에서 그분에 대해 말하는 것이 두렵습니다. 비록 저는 아직 완전하지는 않지만, 그럼에도 진실로 그분을 나의 주, 나의 하나님으로 영화롭게 하기를 간절히 열망하고 있습니다.

2. 그들은 감사하지도 않았습니다.

이제 우리는 두 번째 죄에 대해 생각해 보고자 합니다. 제가 지금 이 죄에 대해 전하는 말씀들이 성령의 강한 능력으로 많은 청중들에게 은혜가 되기를 바랍니다! 두 번째 죄는 "감사하지도 아니하고"입니다. 사랑하는 성도 여러분, 감사하지 않는 것이 이렇게 죄가 된다는 사실을 알고 있었습니까? 하나님을 알고서도 감사하지 않은 것에 대해 변명할 수 없다는 관점에서 볼 때, 감사하지 않는 것이 죄라는 사실을 예전에 생각해 본 적이 있습니까? 만약 감사하지 않는 것이 죄라는 사실을 알고서도 감사하지 않았다면, 어떤 변명의 여지도 없이 이것은 죄입니다. 저는 자칭 기독교인이라고 하는 수많은 사람들이 하나님께 감사하지도 않으며, 그로 인해 자기들이 중한 죄를 짓고 있다고 전혀 생각조차 하지 못한다는 사실을 생각할 때 두렵습니다. 그러나 여러분은 이러한 죄인들이 변명할 수 없다는 것을 알고 있습니다. 왜냐하면 그들은 하나님 앞에서 큰 죄를 짓고 있으며, 그 큰 죄란 바로 감사하지 않는 죄이기 때문입니다. 저와 여러분의 죄 목록 중에 감사하지 않는 죄가 맨 앞에 오게 되지 않을까 두렵고 떨립니다.

우리가 감사하지 않는 이유는 무엇일까요? 첫째로, 이미 받은 은혜에 대해 감사하지 않는 경향이 있다고 말씀드리고 싶습니다. 그들은 자기가 받은 많은 축복들에 주목하지 않으며, 자기가 받은 그 축복들에 대해 매우 당연하다는 듯이 그냥 받아들입니다. 그들에게 필요한 매일의 축복들은 항상 집 뒷문으로 들어오는 것 같고, 종들은 그 축복들을 받아오면서 자기 주인에게 축복이 도착했다고 말하는 법이 없습니다. 그들은 결코 집 앞에서 그 축복들을 인정하고 감사하며 받아들이지 않습니다. 그들은 벙어리 빚쟁이가 되어, 날마다 더 많은 것을 받으면서도 되갚을 시도조차 하지 않고 지냅니다. 주님은 끊임없이 현실적인 것들로 그들을 축복하셔서 건강과 능력을 유지시키시며 은혜의 수단과 영적 기회들로 삼으십니다. 그러나 이 모든 것들이 너무나 평범한 것들이라고 생각하는 그들은 이런 것들에 대해 하나님께 감사할 필요조차 느끼지 못하고 살아갑니다. 기독교인이라고 공언하는 많은 사람들이 바로 이런 부류로 살아갑니다. 무수한 은혜를 받았지만 감사라고는 짐승일지라도 표현할 줄 아는 그런 흔한 감사조차도 표현하지 않습니다. 쩍쩍 소리를 내며 찬양하는 새들은 자신만의 노래로써 숲을 매혹시키지만, 이 감사하지 않는 기독교인들은 하나님께 그 어떠한 감사 찬송도 부르지 않습니다. 이런 사람들은 말 못하는 짐승이나 시냇물 속의 물고기보다 더 악합니다. 그래도 그 동물들은 최소한 날뜀기라도 해서 자기를 만드신 창조주를 찬양하기 때문입니다.

감사하지 않는 또 다른 유형은 자신이 가지지 못한 것만 늘 생각하는 사람들입니다. 그들은 만나를 가졌고, 그들에게 만나는 천상의 음식이었습니다. 그런데 그때 그들에게는 고기가 없었습니다. 이것이 곧바로 불평거리가 되어 버립니다. 그들은 "애굽에서 먹었던 고기"에 대해 아주 크게 떠들었습니다. 나일 강가에서 벌였던 성대한 향연을 생각하면서 슬퍼했습니다. 더구나 그들에게는 부추, 마늘, 양파 같이 그들이 좋아하는 야채들이 하나도 없었습니다. 그들은 이런 종류의 사치품들이 하나도 없었습니다. 그래서 그들은 다시 불평했으며, 그 만나를 "가벼운 음식"이라고 불렀습니다. 그들은 모세에게 반복해서 이런 불평을 했고, 마침내 모세는 그들 때문에, 다시 말해 그들이 요구하는 마늘 때문에 병들었던 것이 틀림없습니다. 그들은 부추, 오이, 양파 등을 구할 수 없었고 그래서 너무 힘들었으며 더 이상은 견딜 수 없었다고 말했습니다. 감사하지 않는 반역자들이여! 저는 주님의 임재로 마냥 기쁘기만 하다고 말하는 하나님의 종들을 보지 못했습니다. 그들은 재물이 없어 가난하기 때문에 깊은 신음을 토해 냅니다. 어떤 사람들은 하나님의 임재 가운데서 살고 있으며 신령한 기쁨으로 충만하다고 말하기도 합니다. 하지만 그들은 여전히 온몸을 쑤시고 아프게 하는 류머티즘 때문에 큰 고통을 받고 있으며 그로 인해 불평합니다. 저도 류머티즘이 극심한 고통을 준다는 것을 충분히 인정합니다. 하지만 항상 사물의 어두운 면만 생각하면서 우리에게 주신 자비를 잊어버리는 것 역시 감사하지 않는 안타까운 경우입니다. 우리 중에 우리가 해야 할 만큼의 감사를 하고 있는 사람은 거의 없을 것입니다. 그리고 어떤 사람들은 전혀 감사해하지 않습니다. 왜냐하면 그들은 자기 인생을 자기가 받은 축복에 대한 노래로 생각하기보다는 자신의 불행을 애도하는 긴 장송가로 생각하기 때문입니다. 우리는 항상 장례식 나팔소리를 들어야 합니까? 하프는 기쁜 곡으로 연주할 수 없는 것인가요?

어떤 사람들은 미래에 닥칠 불행 때문에 안달하면서 감사하지 않습니다. 그들은 자기가 당하는 고통까지도 자신의 유익을 위해 작용한다는 것을 성경을 통해서 알고 있습니다. 그럼에도 그들은 주님께서 잠시 받게 하는 연단에 대해 감사하지 않으며, 장래를 바라보고 즐거워하지 않습니다. 그들은 천국과 온전해짐에 대해서는 노래하지 않으면서, 현재의 연단에 대해서 끊임없이 신음소리를 냅니다. 그들은 지겹도록 이 고통, 이 손실, 이 짐, 이 불쾌한 기분, 이 세상의 박해, 성도들의 매정함 등에 대해서만 항상 읊조립니다. 이 모든 것은 하나님을 알되 하나님을 영화롭게도 아니하며 감사하지도 아니하는 것을 보여줍니다.

또 우리는 하나님의 선하심을 절대 증언하지 않음으로써 감사하지 않는 죄를 범할 수 있습니다. 많은 수의 사람들이 여러분의 집을 드나듭니다. 여러분은 여러분에게 베풀어주신 하나님의 선하심에 대해서 그들에게 말한 적이 있습니까? 여러분은 주님께서 여러분에게 베풀어주신 사랑에 대해 단 10분이라도 말해본 적이 있습니까? 오, 하나님을 하나님으로 증언하고, 그의 모든 선하심과 사랑에 대해 증언하는 일에는 얼마나 꾸물거리는지요! 우리의 입은 주님의 선하심이 아닌 다른 것들로 가득 차 있습니다. 우리의 사악한 입술이 부끄럽습니다!

또한 어떤 사람들은 하나님을 찬양하는 노래를 하지 않습니다. 저는 입으로는 노래하지 않아도, 마음으로는 노래 부르기를 좋아합니다. 가정주부들이 집안 여기저기를 다니면서 매사에 노래를 부른다면 좋은 일이지 않습니까? 저는 빨래를 하면서도 노래를 하고, 주방에서도 항상 노래를 부르곤 했던 한 하녀를 기억합니다. 누가 그녀에게 왜 항상 노래를 부르냐고 물었습니다. 그러자 그녀는 자기가 뭔가를 하지 않으면 자기 마음에 자꾸 나쁜 생각들이 생긴다고 말했습니다. 이 말에는 많은 의미가 담겨 있습니다. 다시 말해 나쁜 생각들은 집세도 안내고 집만 더럽히는 나쁜 세입자들인 셈입니다.

지금은 돌아가셨지만, 제가 존경하는 감리교의 설교자가 한 분 계십니다. 그분은 아침에 아래층으로 내려오실 때면 언제나 찬송가 한 소절을 부르셨고, 헛간이나 들판에서도 늘 그러셨습니다. 제가 거리에서 그분 곁을 지나갈 때면 항상 그분의 즐거운 멜로디에 귀가 솔깃해집니다. 진정으로 그분은 항상 노래를 부르셨습니다. 그분은 다른 사람이 듣게 되는 것에 개의치 않으셨고 다른 사람들의 눈치도 보지 않으셨습니다. 다른 사람들이 자기 노래를 듣든지 말든지, 그것이 그분에게는 크게 중요하지 않았습니다. 그분은 사람들에게 노래하는 것이 아니라 하나님께 노래했기에, 그렇게 계속 노래하셨던 것입니다. 그분이 좋은 목소리를 가졌다거나 음악에 조예가 깊었다고는 생각하지 않습니다. 하지만 그의 영혼이 찬양으로 가득했기 때문에 그 노래는 음악 전문가보다 더 훌륭했습니다. 하나님은 우리의 목소리를 비평하지 않으십니다. 그분은 우리의 마음을 받으십니다. 오, 우리가 살아가는 동안 매 순간마다 쉬지 않고 하나님을 찬양합시다! 많은 사람들이 이런 측면을 놓치고 있다고 생각하지 않습니까? 이것을 놓친 사람들은 모든 것이 찬양인 천국을 준비하고 있지 않는 것입니다. 준비했다면, 그들은 즉시 천국의 즐거움에 참여하게 될 것입니다.

　많은 사람들은 자기가 가진 물질로 결코 하나님을 찬양하지 않기 때문에 하나님께 감사하지 않는 것이 분명합니다. 유대인들은 하나님께 감사를 드릴 때, 재산의 일정 부분을 주님의 전에 드리고자 애썼으며, 곡식을 먹기 전에 곡식단을 성소에 바쳤습니다. 만약 우리가 하나님께 감사한다면, 우리가 해야 할 첫 번째 일은 지극히 높으신 하나님께 감사의 제물로서 우리의 물질을 드리는 것이라고 느낄 것입니다. 하지만 이런 생각이 전혀 들지 않는 사람들도 있을 것입니다. 왜냐하면 그들이 믿는 종교는 너무나 영적이어서 그들은 돈에 관한 이야기를 차마 듣고 있을 수 없으며, 헌금을 거둔다는 소리에 기절해버릴 정도이기 때문입니다. 그들은 종종 찬송을 부르는 것으로 감사를 표현하지만, 이것은 결코 하나님의 일을 시작하게 하는 계기가 되지 못합니다. 그들이 그런 식으로 표현하는 감사는 별다른 가치가 없습니다. 다시 말해, 전혀 아무것도 아니라고 감히 말씀드립니다. 하나님은 이러한 마음 상태를 가진 우리를 구원하십니다. 바라기는 우리가 어떤 형태로든 하나님을 알되 하나님을 영화롭게도 아니하며 감사하지도 아니하는 기독교인들이 되지 않기를 바랍니다.

3. 이러한 죄의 결과는 이것입니다.

　이제 세 번째로 잠시 동안만 제 말에 주목해 주시기 바랍니다. 아주 간략하지만 진지하게 이러한 죄의 결과에 대해 말씀드리겠습니다. 그들은 하나님을 알지만 하나님을 하나님으로 영화롭게도 하지 않고 감사하지도 않습니다. 그 죄의 첫 번째 결과는 그들이 헛된 상상에 빠지는 것입니다. 만약 우리가 참 신이신 하나님을 영화롭게 하지 않는다면, 우리는 곧 다른 신을 날조하고 있는 우리 자신을 발견하게 될 것입니다. 이런 헛된 상상을 하는 일은 바울 시대나 오늘날이나 아주 널리 행해지고 있습니다. 성경의 영감에서 벗어나서, 그 성경을 기록한 하나님의 영인 성령을 벗어나서, 여러분은 도대체 어디로 가려고 합니까? 글쎄요. 저도 여러분이 어디로 가게 될는지 알 수가 없습니다. 어떤 사람은 이런 헛된 상상 속에서 방황하고, 또 어떤 사람은 저런 헛된 상상 속에서 방황하게 되겠지요. 그래서 급기야 도처에 망상가들이 판을 치게 될 것입니다. 저는 이번 주에도 내내 어떤 새로운 주장들이 나올까 기대했습니다. 우리의 사상가들은 날조의 시대를 도입했고, 이 시대의 모든 생각들은 하나님의 진리를 벗어난 것들입니다. 우리는 이런 신기한 것들을 원하지 않습니다. 우리는 우리가 발견한 하나님 말씀에 만족합니다. 이처럼 우리가 하나님을 하나님으로 영화롭게도 아니하며 그분의 가르침에 대해 감사하지도 아니한다면, 그때 여러분은 헛된 상상에 떨어지게 됩니다.

그럼 그 결과는 무엇일까요? 아마도 인간의 마음은 온갖 종류의 죄에 빠질 것입니다. 오늘 본문인 로마서 1장은 자연스럽지 못한 욕망과 소름끼칠 정도로 지독한 정욕에 대해 묘사하고 있습니다. 만족하지 못하고 감사하지 않는 사람들, 그들은 두려우신 하나님 앞에서 눈 하나 깜짝하지 않습니다. 그런 사람들이 어떤 행동들을 할 것인지에 대해 우리가 생각하기조차 부끄럽고, 더구나 말로 표현하기란 더더욱 부끄럽습니다. 하나님이 준비한 식탁에서 먹을 수 없다고 불평하는 사람은 어디를 가든 폭동을 일으킬 것입니다. 하나님이 채우신 잔에 만족하지 않는 사람은 곧 마귀의 잔치에 참여하여 그 잔을 채울 것입니다. 감사하지 않는 마음 그 밑바닥에는 무신론의 마음이 있습니다. 만약 하나님이 우리의 하나님이시라면, 우리는 그분에게 감사하지 않으면 안 됩니다. 만약 우리가 마음으로 하나님을 영화롭게 하고자 한다면, 우리는 하나님께서 행하시는 모든 일에 감사드리며 거룩하게 행동하고 순종하며 살아야 합니다. 그런데 만약 우리가 이렇게 행동하지 않는다면, 설상가상으로 이 시대의 풍조는 더욱더 악화될 것입니다. 이런 상황은 전 국가적인 차원에서 대규모로 진행되고 있으며, 이러한 죄악으로의 타락 과정은 하나님에 대해 감사하지 않음으로써 시작되었습니다. 이런 상황은 개인 차원의 소규모로도 일어나는데, 그가 하나님을 떠나 악한 삶을 살아가기 시작하는 것입니다. 하나님을 떠나 여러분은 어디로 가겠습니까? 하나님을 사랑하지 않고 그분을 기뻐하지 않는다면, 도대체 어디에 가서 방황하려고 합니까? 주님께서 우리를 든든히 붙잡아 주시기를 기원합니다. 우리를 십자가에 못 박을 정도로 붙들어 주시기를 바랍니다. 바울이 염두에 둔 이 사람들은 시기, 살인, 분쟁, 사기, 악독, 수군거림, 비방, 하나님께서 미워하시는 것 등 온갖 불의에 빠져 있었던 것 같습니다. 그들은 능욕하는 자, 교만한 자, 자랑하는 자, 악을 도모하는 자가 되었습니다. 여러분의 영혼이 하나님에 대한 찬양과 하나님의 사랑으로 감미로워지지 않는다면, 여러분의 영혼은 쓴 맛을 낼 것입니다. 사랑이 다스리지 않는다면, 증오가 다스릴 것입니다.

감사하지 않는 사람들을 보십시오. 그들이 말하는 것을 들어 보십시오. 그들은 모든 사람의 인격을 문제삼습니다. 그들이 중상모략하지 않는 이웃이 없습니다. 예외 없이 모든 기독교인들에 대해서도 거짓증거를 해 댑니다. 하나님의 천사라 하더라도 이런 부류의 사람들과 가까이 산다면, 의혹의 눈길로부터 안전할 수 없을 것입니다. 하지만 여러분이 하나님을 하나님으로 영화롭게 하고 모든 것에 대해 감사한다면, 다시 말해 빵 한 조각과 냉수 한 컵만 가진 한 가난한 청교도 신자가 말한 대로 "이것은 그리스도께서도 드신 음식이지 않습니까?"라고 할 수 있다면, 비로소 여러분은 행복할 수 있고, 다른 사람을 행복하게 할 수 있습니다.

한 경건한 설교자는 저녁식사로 감자와 청어가 놓인 것을 보고서, 하나님께서 그의 자녀들을 먹이시려고 온 땅과 바다를 뒤지신 것에 대해 감사를 드렸습니다. 이런 감미로운 영혼은 모든 사람에게 사랑을 심어주며, 사람들이 이 세상을 잘 헤쳐 나가게 해줍니다. 만약 이와는 다른 감정에 휩싸여 하나님을 영화롭게 하지 않고 오히려 하나님과 언쟁하면서 그분의 은혜에 감사하지 않는다면, 여러분은 마귀의 속임수에 넘어간 것이며, 사탄의 마음에 들어가 그의 기질을 갖게 되어 머지않아 사탄의 일을 하게 될 것입니다. 오, 형제 자매들이여, 감사하지 않음을 두려워하십시오! 아마 여러분은 그것이 그렇게 나쁜 것인지 몰랐을 것입니다. 하지만 그것은 무서운 것입니다! 하나님께서 여러분을 이 죄에서 벗어나도록 도와주시기를 기원합니다!

4. 이 두 가지 죄악에서 벗어나 하나님을 영화롭게 합시다.

여러분이 이 죄에서 벗어나기를 바라는 간곡한 부탁과 함께 이제 이 설교를 끝맺고자 합니다. 하나님의 성령의 도우심으로 이 두 가지 죄악에서 벗어납시다. 우리 모두가 하나님을 영화롭게 합시다. "아, 저는 죄가 너무 많아요"라고 말하는 사람이 있습니다. 그런 사람은, 와서 하나님께 죄를 고백함으로 하나님을 영화롭게 하십시오. "하지만 저는 용서를 못 받을 것 같아요"라고 말하는 사람은, 와서 독생자의 피를 통한 용서를 받아들임으로써 하나님을 영화롭게 하십시오. "아, 하지만 저는 마음이 나쁜 것 같아요"라고 말하는 사람은, 와서 그분께 실토하고 성령께서 마음을 새롭게 해 주시기를 간청함으로써 하나님을 영화롭게 하십시오. 와서 그분이 주시는 사랑의 복음에 몰두하십시오. 하나님의 복된 성령께서 그런 마음을 주시기를 기원합니다. 와서 그분을 이제 여러분의 하나님으로 받아들이십시오. 여러분은 그분을 잊었습니까? 그분을 기억하십시오. 여러분은 그분을 무시했습니까? 그분을 찾으십시오. 여러분은 그분을 거역했습니까? 그분 앞에서 슬퍼하십시오. "내가 일어나 아버지 집에 가리라"라고 말하십시오. 여러분의 아버지는 당신을 맞아들이기 위해 기다리고 계십니다. 하나님을 하나님으로 영화롭게 하십시오.

그런 다음에 매우 감사하는 생활을 시작합시다. 비록 예전에는 그러지 않았다 해도 말입니다. 일상적인 은혜에 대해 하나님을 찬양합시다. 그 일상적 은혜들을 한번 잃어본 사람이라면 그것이 아주 귀한 것인 줄 알 것입니다. 여기 집 밖에 나와 있다가, 다시 집에 돌아가게 될 것에 대해 하나님께 감사하십시오. 여러분이 아무 일 없이 지금 여기 있음에 대해 하나님께 감사하십시오. 은혜의 수단들인 계시된 성경과 은혜의 보좌, 말씀 선포에 대해 하나님께 감사하십시오. 구원받은 여러분은 분명히 "내 영혼아 여호와를 송축하라 내 속에 있는 것들아 다 그의 거룩한 이름을 송축하라"(시 103:1)라고 찬양할 것입니다. 하나님의 독생자에게 감사하십시오. 하나님의 성령에게 감사하십시오. 하나님의 아버지 되심에 대해 감사하십시오. 여러분이 하나님의 자녀 된 사실에 감사하십시오. 여러분이 가진 모든 것에 대해 하나님께 감사하십시오. 하나님께서 주시기로 약속한 모든 것에 대해 하나님께 감사하십시오. 과거, 현재, 미래의 일까지 모두 하나님께 감사하십시오. 어떤 방식으로든 범사에 항상 모든 곳에서 하나님께 감사하십시오. 여러분 속에 있는 모든 것이 하나님의 거룩한 이름을 감사하도록 하십시오. 기뻐하며 여러분의 길을 가십시오. 하나님의 성령께서 여러분이 그렇게 살 수 있도록 도와주시기를 기원합니다!

제
2
장
—

진지한 충고

—

"혹 네가 하나님의 인자하심이 너를 인도하여 회개하게
하심을 알지 못하여 그의 인자하심과 용납하심과
길이 참으심이 풍성함을 멸시하느냐?" ― 롬 2:4

바울 사도는 매우 개인적인 편지를 쓰고 있습니다. 오늘의 본문은 우리와 같은 일반 대중에게 말하는 것이 아니고, 개별적으로 몇몇 사람들에게 전하는 말씀입니다. 사도는 단 한 사람에게 주목하면서, 그를 지칭하여 "네가", "너를"이라고 말합니다. "네가 하나님의 인자하심이 너를 인도하여 회개하게 하심을 알지 못하여 그의 인자하심과 용납하심과 길이 참으심이 풍성함을 멸시하느냐?" 설교자의 목표는 항상 제각기 고유한 개성을 지닌 청중들에게 자신의 메시지를 전달하는 것이어야 합니다. 청중들이 자신을 한 개인으로 생각하기 시작한다면, 다시 말해 복음이 전하는 충고와 초청을 자신을 향한 개인적인 것으로 받아들이게 된다면, 이것은 아주 좋은 조짐이라 할 수 있습니다.

저는 빙빙 둘러말하거나 소설 같은 설교를 하지 않으려고 노력합니다. 이런 설교는 여름에 볼 수 있는 하늘의 막전(幕電: 먼 곳에서 활동하는 뇌우의 번갯불을 받아서 구름 전체가 밝아지는 현상으로, 번갯불은 구름에 가려서 보이지 않고 빛의 반사만 보인다 ― 역주) 현상과 같습니다. 이것은 한순간의 번쩍거림으로 넓은 곳을 비춥니다. 비록 이것이 어떤 해를 끼치는 것은 아니지만, 여기에서는 어떤 전기도 발생하지 않기 때문에, 아무 쓸모도 없는 이 번갯불은 흔적도 없이 사라져버립니다.

저 역시 설교를 준비할 때 이 설교가 구체적인 개인이 아닌 일반 대중에게 전하는 것으로 들리지 않게 하려고 노력합니다. 설교자가 청중들에게 "네가"와 "너를"의 의미로 다가오도록 설교할 수 있을 때, 그는 청중들에게 유익을 줄 수 있을 것입니다. 모든 사람이 각자 "이 설교는 나를 위한 것이야"라고 말하게 될 때, 비로소 하나님의 능력이 설교 가운데 임한 것입니다. 개인적으로 마음먹고 그리스도의 옷자락을 만진 한 번의 스침이 예수님 주변에 떼지어 있던 군중들 속에서 느낀 그 모든 중압감보다 더 큰 복을 가져왔습니다. 고통받던 한 개인에게 스친 그 치유의 손길이, 스스로 진리를 받아들이지 않던 마음들에게 하늘의 모든 말씀을 전한 그분의 입술보다 더 많은 장점을 가지고 있습니다.

저는 우리가 각자 주님과 개인적인 교제를 할 수 있기를 기도합니다. 또한 성령께서 우리 각자가 하나님 앞에서 처한 상황에 따라 각 사람에게 확신을 주시기를 기도합니다. 오, 제 설교를 들으시는 여러분이여, 당신은 지금 사랑스러운 대화를 나누고 있는 것입니다. 저는 다수(多數)인 여러분에게 말하고 있는 것이 아니라, 바로 당신 곁에 있는 사람처럼 당신 한 사람에게 말하고 있습니다. 바울 사도가 지목한 한 개인에 대해 주목해 보십시오. 그는 다른 사람의 죄를 정죄했었지만, 사실은 그 자신도 그 죄에 빠져버린 사람이었습니다. 이 사람은 매우 많은 영적 빛을 소유하여 선과 악을 분별했으며, 그러한 자기 지식을 다른 사람의 죄를 정죄하는데 부지런히 사용했습니다. 그러나 정작 그 자신은 그늘진 곳을 좋아했으며, 그로 인해 강렬한 영적 빛이 자기의 양심을 건드리지 못하게 하였고, 자기 안에 있는 불경스런 평화도 방해하지 못하도록 하였습니다.

그의 정죄는 다른 사람의 허물에만 전념하느라, 자기 안에 있는 죄의 온상을 다루는 데는 관대했습니다. 그는 등불을 가졌지만, 그 등불을 자기 방을 비추기 위해 식탁 위에 놓은 것이 아니라, 지나가는 이웃들을 검열하기 위해 현관 앞에 두었습니다. 오, 사랑하는 형제자매 여러분, 이 설교는 바로 당신에게 하고 있는 것입니다. 바울은 이 사람을 똑바로 쳐다보고 말합니다. "그러므로 남을 판단하는 사람아, 누구를 막론하고 네가 핑계하지 못할 것은 남을 판단하는 것으로 네가 너를 정죄함이니 판단하는 네가 같은 일을 행함이니라"(롬 2:1). 그리고 나서 그는 노골적으로 말합니다. "이런 일을 행하는 자를 판단하고도 같은 일을 행하는 사람아, 네가 하나님의 심판을 피할 줄로 생각하느냐"(롬 2:3). 사도 바울은 이 날카로운 화살을 아주 잘 겨냥했습니다. 그 화살은 과녁을 명중한 후에, 인간의 공통적인 어리석음을 찔렀습니다.

밤을 지새우는 시인(영국의 시인 에드워드 영[Edward Young, 1681-1765]의 대표시
집인 「야상」[Night Thoughts, 1807]에 나오는 시 ─ 역주)은 이렇게 썼습니다.

"누구든지 누구나 죽을 것이라고 생각한다. 나만 제외하고는."

저도 진심으로 이렇게 말할 수 있습니다. "모든 사람은 누구나 죄인이라고
생각한다. 자기만 제외하고는." 죄로 인한 유죄 처벌이 타인에게 확실하게 임박
했다고 생각하는 사람들은 그 처벌이 자기에게도 떨어질 수 있다는 사실을 전혀
믿지 않습니다. 그들에게 닥칠 개인적인 심판은 피할 수 없이 예정된 하나의 계
획입니다. 그래서 두려운 생각이 그들에게 엄습하기라도 하면, 그들은 외투에
묻은 눈송이를 떨어내듯이 그런 생각들을 떨어냅니다. 개인적인 죄와 심판 그리
고 정죄에 대한 생각들은 사실 불쾌한 것이며 내면에 더 많은 걱정을 하게 합니
다. 그러므로 그들은 그런 생각을 마음에 품지 않으려고 합니다. 자만한 사람들
은 하나님께서 자기들에게 사면을 베풀거나 특별사면령을 내리셔서, 하나님의
법정에서 결정되는 모든 심판방식과 모든 정의의 법칙에서 자기들은 예외가 될
것처럼 생각합니다. 그래서 그들은 자신들의 허물은 잊은 채 평화롭고 무사할
것이라고 속삭이면서 마음대로 자기 길을 갑니다.

정말로 그들은 자기만은 형벌을 면할 수 있을 것이라고 믿는 것일까요? 그
들이 믿고 있는 바가 글로 인쇄돼 나온다 해도 그 생각을 지지하는 사람은 아
무도 없을 것입니다. 그럼에도 많은 사람들은 자기가 믿는 바가 사실인 양 살아
가고 있습니다. 제가 지금 말하는 사람들은 다른 사람들을 정죄할 만큼 충분한
빛을 가지고 있는 사람들입니다. 그들은 자기 자신의 개인적인 죄악과 정죄의
사실로 인해 깜짝 놀라 멈칫하다가 불신앙에 빠지게 됩니다. 크고 흰 보좌도 없
고, 최후 심판도 없고, 심판관도 없고, 유죄 선고도 없고, 진노의 지옥도 없는 불
신앙 말입니다. 이렇듯 그들은 꿈속을 헤매는 불쌍하고 정신 나간 사람들입니
다! 오 진리의 영께서 이런 치명적인 심취 상태에서 그들을 구해 주옵소서. 죄는
언제나 내리막길에 있어서, 사람이 어떤 길을 가려고 하면 어쩔 수 없이 이것을
넘어가게 되어 있습니다.

사도의 말씀을 들은 그 사람은 일단 심판을 피해보고자 생각했습니다. 하지

만 시간이 흐르면서 그는 하나님의 인자하심과 용납하심과 길이 참으심을 가볍게 생각하게 되었습니다. 그는 장래에 있을 심판을 피할 수 있으리라 생각합니다. 왜냐하면 지극히 높으신 하나님께서 베푸시는 현재의 인자하심과 길이 참으심을 멸시하기 때문입니다. 물론 하나님은 그렇게 오래 참으십니다. 만약 그 사람이 자기가 받을 내세의 공포를 믿지 않는다면, 그는 지금까지 하나님이 자신으로 하여금 직접 체험하게 하신 하나님의 인자하심과 길이 참으심을 당연히 사소하게 생각하는 것입니다. 그는 자신의 처지가 열매 맺지 못하는 나무와 같은데도 잘려나갈 것이라고 믿지 않습니다. 그래서 "금년에도 그대로 두소서 내가 두루 파고 거름을 주리니"(눅 13:8)라고 간청하는 포도원지기에 대해 어떤 감사의 마음도 갖지 않습니다.

하나님의 도우심으로 이 문제가 사람들의 양심에 강하게 역사하기를 바랍니다. 요나가 니느웨 사람들에게 했던 것처럼 저도 경솔한 성도들에게 말씀드립니다. 제가 경고하건대 속히 회개하기를 원합니다. 오, 성령께서 이 설교에 능력을 더하셔서 이 설교를 듣거나 읽는 사람들 중에 구원받지 못한 모든 영혼들을 깨우쳐 주시기를 바랍니다!

1. 하나님은 이런 분이십니다.

먼저, 오늘 아침에 저는 거듭나지 못하고 완고한 당신에게 당신이 체험했던 하나님의 인자하심에 관해 말씀드리고자 합니다. 당신은 하나님의 인자하심과 용납하심과 길이 참으심을 알았습니다. 본문에 따르면, 이러한 "풍성함"이 회개하지 않고 경건하지 않은 사람들과 그리고 그들 중의 하나인 당신에게도 주어졌습니다. 오, 저는 먼저 당신에게 말씀드리고 싶습니다. 하나님께서 얼마나 당신을 사랑하셔서 "그의 인자하심이 풍성함"에 참여하게 했는가를 일깨우고자 합니다. 이 풍성함은 많은 경우에 물질적인 것에서 사실로 나타납니다.

사람들이 하나님을 두려워하지 않을지라도, 하나님은 그들이 애쓰며 노력하는 사업이 번성하도록 해주십니다. 그들은 기대 이상의 성공을 거둡니다. 물론 모두가 그렇다는 말은 아니지만, 아마도 당신은 이 경우에 해당될 것입니다. 그들은 가장 낮은 자리에서 시작해 자기 주변에 생활의 안락함과 부를 축적해 갑니다. 비록 종교를 가지지는 않았지만, 유머가 있고 신중하며 근검절약합니다. 그래서 그들은 다른 사람들과 경쟁하게 되고, 하나님은 부의 경쟁에서 그들이 승자가 되게 하셨습니다. 게다가 하나님은 그들에게 좋은 건강과 활기찬 마음과 강한 육체까지 즐기도록 허락하셨습니다. 그들은 젊을 때 얻은 아내와 행복하게 지내고 그 곁에는 아이들이 있습니다.

　그들의 삶은 운명도 질투할 정도입니다. 죽음이 그 집 문을 두드리는 것은 당분간 금지되어 있는 것처럼 보입니다. 하나님께서 그 이웃집들은 크게 치셨을지라도, 그 집 식구들에게는 질병조차 엄습하지 못합니다. 그들은 다른 사람들처럼 고난을 겪지도 않고 역병을 당하지도 않습니다. 아브라함은 막벨라를 준비해야만 했고, 다윗은 자녀들로 인해 슬퍼하기도 했습니다. 그러나 그들은 빈약한 가족 매장지를 준비했고, 자기와 자기 소유물을 보호하기 위한 행동으로 울타리를 쳤습니다. 하나님을 사랑하지도 않고 하나님의 은혜를 간구하지도 않는 사람들이 많이 있다는 것을 저는 압니다. 그들은 자기를 풍성하게 하신 손길을 사랑하지 않으며, 매일 자기의 유익을 채우시는 주님을 찬양하지도 않습니다. 그러한 자비를 받고서도 아무것도 돌려드리지 않는 사람들은 도대체 어떤 사람들입니까?

　오, 여러분, 여러분은 오늘까지도 필요한 모든 것들을 채우시는 축복을 받았습니다. 그러나 저는 여러분이 극심한 궁핍에 처할 수도 있었다는 사실을 기억할 수 있게 해달라고 기도합니다. 질병으로 인해 여러분은 현재의 상황을 잃을 수도 있습니다. 또는 사업을 하다가 약간의 변동으로 인해 파산할 수도 있습니다. 여러분은 오늘까지도 아주 건강합니다. 그러나 병원 침대에서 이리저리 뒤척이게 될지도 모릅니다. 팔다리를 잃고 병원에 입원할 수도 있을 것입니다. 이러한 고통에서 자유와 건강을 주신 하나님을 어찌 찬양하지 않을 수 있겠습니까? 여러분은 극심한 정신질환으로 보호 시설에 수용될 수도 있습니다. 수천 가지 질병들로부터 여러분이 보호받고 있다는 것은 여러분이 지극히 높으신 분의 인자하심으로 인해 극진한 사랑을 받고 있다는 것입니다. 그렇지 않습니까? 하나님이 행하시는 일들은 진정 놀라울 따름입니다. 생각해 보십시오. 하나님은 하나님을 경멸하는 사람들에게도 일용할 양식을 주십니다. 하나님의 인자하심을 받아들이지 않는 사람들에게도 빛을 비추십니다. 하나님은 하나님을 향해 반항만 일삼고 하나님이 사랑하라고 주신 재능들을 죄짓는 도구로 사용하는 경건치 않은 사람들에게도 하나님의 자비를 베푸십니다.

　더 나아가, 하나님의 이러한 인자하심은 완고하기 그지없는 인간인 당신에게 물질적인 형태로 드러났을 뿐만 아니라, 영적인 방식으로도 당신을 찾아갔습니다. 무수한 사람들이 그리스도를 알 기회조차 전혀 갖지 못했습니다. 그들이 사는 곳에는 선교사의 발길이 닿은 적이 전혀 없었기 때문에, 그들은 어둠 속에서 죽어갑니다. 많은 사람들이 내리막길로, 내리막길로 가고 있습니다. 그들은 오르막길을 알지 못합니다. 그들의 마음은 하나님 말씀에 대한 가르침을 받지 못해 밝아질 수 없었습니다. 그래서 그들은 자기 허물에 대해 비통해하지도 않고 죄를 짓습니다. 여러분은 그리스도의 빛, 그 중심에 서 있습니다. 하지만 여러분은 악을 좇고 있습니다! 한번 생각해 보십시오. 성경을 살 수 있을 만큼 충분한 돈을 벌기 위해 수년 간 일해야 했던 때가 있었습니다. 그런 수고로도 성경책 한 권 살 수 없었던 시절도 있었습니다. 그러나 지금은 하나님의 말씀이 여러분의 탁자 위에 놓여 있습니다. 여러분이 사는 집에 거의 모든 방마다 성경책이 있습니다. 이것이야말로 하나님께서 주신 은혜가 아니겠습니까?

여기는 하나님의 성경이 열린 땅이며 하나님의 말씀이 전해진 땅입니다. 이 점에서 여러분은 하나님의 인자하심이 풍성함을 증명할 수 있습니다. 여러분은 이 부요한 자비를 멸시합니까? 어쩌면 여러분은 특히 분명하고도 진지한 목사 앞에 앉아 있는 특권을 누리고 있을지도 모릅니다. 설교가 여러분 앞에 전해진 것은 여러분이 한 것이 아닙니다. 설교가 여러분에게 전해진 것입니다. 목사는 여러분을 주님께 이끌고 가는 심정으로, 여러분을 사로잡아 여러분의 양심에 호소합니다. 울부짖음과 간절함으로 여러분은 하늘 아버지께로 초대되지만, 여러분은 가지 않았습니다. 이것이 작은 일입니까?

더 나아가, 여러분은 민감한 양심의 도움을 받아왔습니다. 여러분은 자기가 하는 일이 나쁘다는 것을 알게 되면 그 일로 인해 가책을 느낍니다. 어떤 유혹에 넘어간 후에 며칠씩 밤에 잠을 자지 못하는 것은 무엇을 의미합니까? 비참할 정도의 수치심은 무엇을 의미합니까? 불안한 흥분상태는 또 무엇입니까? 여러분은 내면의 경고를 무시하고 하나님의 성령에 저항하는 것이 어렵다는 것을 알고 있습니다. 파멸로 가는 길은 특히나 힘들고 어려운 길입니다. 여러분은 그렇게 어떤 희생을 치르더라도, 울타리와 도랑을 건너 지옥에 이르는 그 길을 기어코 가겠다는 것입니까? 양심이 여러분을 일깨울 뿐만 아니라, 인자하신 성령께서도 여러분을 도우셔서 여러분이 한 사람의 기독교인이 되도록 애쓰십니다. 이런 일들이 바로 성령께서 여러분의 마음에 행하시는 찬양할 만한 성령의 사역입니다.

성령의 사역을 통해 여러분은 때때로 쇠가 녹듯이 마음이 녹아 은혜로 새롭게 만들어집니다. 낯선 부드러움에 여러분은 휩싸입니다. 만약 여러분이 자기가 가진 악한 힘을 총동원하지 않는다면, 그리고 만약 그것에 저항하도록 악마가 여러분을 돕지 않는다면, 지금쯤 여러분은 구세주의 품안에 안겨 있을 것입니다. 오, 하나님의 풍성한 인자하심이 이렇게까지 여러분에게 호소했고, 여러분을 향한 그분의 사랑으로 여러분을 꽉 껴안았습니다! 하나님은 여러분에게 채찍질을 하거나 얼굴을 찡그리거나 질책하지 않으셨습니다. 하나님의 방식은 여러분이 기억하는 첫날부터 바로 지금까지도 여전히 언제나 친절하고 부드러우며 오래 참으십니다.

다음으로 바울 사도는 "용납하심"이 풍성함에 대해 말씀합니다. 용납은 사람이 범죄했을 때 나타납니다. 하나님은 범죄자가 받아야 할 형벌을 보류하십니다. 자비의 초청을 받은 사람들이 그 초청을 거절했을 그때에도 하나님은 지속적으로 손을 펴서 그들이 하나님께로 나오도록 계속해서 초대하십니다. 범죄와 모욕을 참으시는 하나님의 인내는 지금 이 경고의 말씀을 듣고 있는 여러분에게 지속적으로 드러났습니다. 주님은 제가 누구에게 말하고 있는지를 아십니다. 주님께서 여러분이 알도록 해주시기를 바랍니다. 제가 지금 여러분에게, 바로 당신에게 이런 경고의 말씀을 하고 있음을 여러분이 알기를 바랍니다. 어떤 사람들은 자기가 잠시 회개했던 바로 그 죄로 다시 돌아가 버립니다. 그들은 자기의 어리석음으로 고통을 받았지만, 자멸할 작정으로 그 죄의 길로 되돌아갑니다. 그들은 필사적으로 자신이 멸망할 파멸의 길을 향해 치닫습니다. 그래서 그 어떤 것으로도 그들을 구할 수가 없습니다. 불에 덴 아이가 다시 불에 다가가는 것과 같습니다. 불에 덴 나방이 다시 촛불 속으로 뛰어드는 것과 같습니다.

그와 같은 자해적인 참상에 대해 누가 불쌍히 여기겠습니까? 그들은 파멸로 인도됩니다. 왜냐하면 경고를 받아들이지 않기 때문입니다. 그들은 깊은 죄악의 수렁에서 간신히 빠져나온 듯했지만, 다시 악의 소굴로 돌아간 것입니다. 예전에 마신 독이 아직 그들의 혈관을 태우고 있는데도, 그들은 방탕하게 일부러 다시 잔을 들이킵니다. 하지만 이러한 어리석음에도 불구하고, 하나님은 그들을 용납하셨습니다. 그들은 하나님의 말씀을 경멸하고, 자기의 양심에 반한 행동으로 하나님께 엄숙하게 예배하는 것을 비웃기까지 하며, 그들 스스로 혼란에 빠지게 되면서 하나님을 극도로 화나게 하였습니다. 하나님은 그들을 치기 위해 손을 들었다가도 자비로 그 손을 거두셨습니다. 그들에 대한 애정 때문에 그분의 섭리가 항상 얼마나 완화되었는지를 보십시오. 하나님께서 그들을 치시니 그들이 크게 앓았습니다. 그러나 그들의 신음 소리에 그들을 회복시키셨습니다.

그들이 죽음 앞에 떨고 있을 때도 하나님은 그들에게 회복을 허락하셨습니다. 그런데 그들은 자기가 맺은 개과천선(改過遷善)의 약속은 아랑곳도 하지 않은 채, 지금 냉담과 무관심으로 자기들의 형벌을 집행 유예시켜준 하나님의 자비에 신경 쓰지 않고 있습니다. 여러분은 용납하심이 풍성하다는 말에 무엇이 포함되어 있는지 생각해 본 적이 있습니까? 작은 일에도 화를 잘 내는 성마른 사람들이 있습니다. 즉석에서 불 같이 화를 내며 심한 말과 거친 행동들을 합니다. 오, 하나님의 용납하심은 경건하지 않은 사람들로 인해 하나님의 얼굴에 화가 났을 때도 나타납니다! 경건하지 않은 사람들이란 하나님의 말씀을 듣고서도 거절하는 사람들입니다! 그들은 하나님의 사랑을 경시합니다. 하지만 하나님은 그 사랑을 끝까지 지키십니다. 정의는 칼에 손을 대지만, 자비는 칼을 도로 집어넣게 합니다. 용서받은 사람이라면 누구나 충분히 이렇게 말할 것입니다.

> "오 다함이 없는 은혜
> 오 말할 수 없는 사랑!
> 나는 내가 가야 할 지옥으로 사라지지 않네.
> 아직은!
> 내 영혼을 삼키려던 땅은 열리지 않네.
> 아직은!
> 불구덩이 위에 매달렸어도
> 여전히 희망을 가질 수밖에 없네."
>
> (O Unexhausted grace! 오 다함이 없는 은혜, John Wesley — 역주)

바울 사도는 인자하심과 용납하심에 "길이 참으심"을 덧붙입니다. 우리는 용납하심과 길이 참으심을 구별하고자 합니다. 용납하심은 죄의 크고 작음과 관계가 있으며, 길이 참으심은 죄의 다양성과 관계가 있습니다. 용납하심은 일시적인 분노와 관계가 있으며, 길이 참으심은 일정 시간 동안 지속되고 반복되는 분노와 관계가 있습니다. 오, 하나님은 인간의 악한 태도 때문에 얼마나 오랫동안 고통 받으십니까! 광야에서 객사할 그 세대 때문에 하나님은 40년 동안이나 슬퍼하셨습니다. 사랑하는 성도 여러분, 여러분도 40년은 되지 않습니까? 어쩌면 40년은 족히 지나, 분노의 반세기가 여러분에게 불리한 증거가 되어 영원 속으로 들어갈지도 모릅니다. 60년이나 70년 동안 여러분은 계속해서 죄악의 짐들을 쌓아 올렸고, 마침내 주님께서 "곡식 단을 가득히 실은 수레가 흙을 누름 같이 내가 너희를 누르리니"(암 2:13)라고 말씀하실 정도가 되었다고 해도, 그것이 지나친 말이겠습니까?

그럼에도 불구하고 여러분은 하나님께 기도하는 장소, 하나님께 탄원하는 장소인 이곳에 있습니다. 그럼에도 불구하고 여러분은 구세주가 은혜의 보좌 위에서 다스리는 이곳에 있습니다. 그럼에도 불구하고 여러분은 간구하는 자에게 자비를 베푸시는 장소, 값없는 은혜와 죽기까지 사랑하심이 기쁨과 평화로의 초대를 알리는 매혹적인 종소리로 울려 퍼지는 장소인 이곳에 있습니다! 오, 그분의 인자하심과 용납하심과 길이 참으심이 풍성함이여! 그분의 자비는 삼(三)중적입니다. 여러분은 그렇게 생각하지 않습니까? 그래도 여전히 멸시하겠습니까? 저는 할 수만 있다면 이 모든 것이 밝히 드러나게 하고 싶습니다. 그래서 이 인자하심과 용납하심과 길이 참으심을 인간에 보여주신 그 하나님이 어떤 분이며, 무엇을 하는 분이신지 여러분으로 하여금 깨닫게 했으면 좋겠습니다.

하나님이 얼마나 위대하신지를 기억하십시오. 누군가 위대한 왕자를 모욕한다면, 사람들은 그 죄를 아주 가중한 것으로 생각할 것입니다. 만약 어떤 사람이 우리가 몸소 사랑하는 여왕을 공개적으로 모욕할 뿐 아니라 그것이 지속되기까지 한다면, 그런 무례함을 하루 빨리 고쳐야 한다고 온 나라가 떠들썩할 것입니다. 우리가 칭송하는 한 통치자가 공개적으로 모욕을 받는 것에 대해 우리는 참을 수 없어합니다. 그렇다면, 하나님을 화나게 하는 죄에 대해서 여러분은 어떻게 생각하십니까? 하나님의 면전에서 하나님을 무시하는 죄에 대해서는요? 하나님의 법정 앞에서도 하나님께 저항하는 죄에 대해서는요? 이것이 언제까지 용납될 수 있을까요? 오래 참으심에도 한계가 있지 않겠습니까? 마찬가지로 인자하심에도 분노할 수밖에 없는 또 다른 항목이 추가됩니다. 우리는 보통 "그렇게 인자하신 하나님이 어떻게 그런 잔인한 행동을 하실 수 있을까?"라고 말하니 말입니다. 만약 하나님이 폭군이었다면, 다시 말해 하나님이 공의롭지 않거나 인자하지 않으셨다면, 당연히 사람들은 하나님 앞에 설 수조차 없었을 것입니다.

그러나 하나님의 이름이 바로 사랑이시고, 하나님은 방황하는 자녀들에게 아버지의 폐부(肺腑)를 드러내셨기에, 하나님이 이유 없이 화를 내신다면 부끄러운 일일 것입니다.

예수님께서 자기가 행한 기적들을 가리키시며, "그 중에 어떤 일로 나를 돌로 치려 하느냐"(요 10:32)고 말씀하신 것은 아주 지당한 일이었습니다. 제가 하나님에 대해 생각해 본다면, 이렇게 질문할 수도 있을 것입니다. 여러분은 하나님께서 행하신 일들 중에 어떤 일로 하나님께 화를 내는 것입니까? 매일 아침 하나님은 어둠의 커튼을 걷고 빛으로 온 땅을 비추시며 당신에게 그것을 볼 수 있는 눈을 주십니다. 그리고 하나님은 땅에 비를 내리셔서 사람을 위한 먹을거리가 자라게 하십니다. 그리고 그것을 먹을 수 있는 생명을 당신에게 주십니다. 이 모든 것이 하나님께 반항하는 이유입니까? 우리의 삶은 매순간 하나님의 부드러운 인자하심으로 힘을 얻습니다. 모든 곳들이 하나님의 사랑에 기뻐합니다. 도덕적으로 폐해를 끼치는 악한 민족을 지면에서 쓸어버리지 않으시는 주님이 제게는 이상해 보입니다. 매일매일 짓는 인간의 죄는 분명히 하나님께 지독하게 무례한 것이었습니다. 그럼에도 하나님은 여전히 자비, 사랑, 용납하심을 나타내 보이십니다. 이 하나님의 사랑이 인간의 불순종에 엄청난 악의를 더하는 셈이 되고 있습니다. 그렇다고 해서 하나님이 그러한 인자하심에 대해 애통해하시겠습니까? 하나님의 인자하심이 그런 비열한 배은망덕 때문에 분노하시겠습니까?

하나님의 지혜도 한 번 생각해 보십시오. 하나님은 인간의 모든 죄악들을 알고 계십니다. "눈으로 보고서 마음으로 느낀다"는 속담은 맞는 말입니다. 이 말대로 모든 죄악들은 바로 하나님 면전에서 행해지게 되는 것입니다. 그래서 다윗은 회개하며 "내가 주께만 범죄하여 주의 목전에 악을 행하였사오니"(시 51:4)라고 외쳤습니다. 죄악은 하나님이 보는 앞에서 행해집니다. 하나님의 눈앞에서는 아무것도 숨길 수가 없습니다. 또한 주님은 결코 잊지 않으신다는 것도 기억하십시오. 하나님의 눈앞에서는 모든 것들이 밝은 빛으로 인해 드러납니다. 오늘 있었던 일뿐만 아니라 일생 동안 지은 모든 죄악들이 드러납니다. 그러나 이 모든 것에도 불구하고 하나님은 용납하십니다. 하나님 앞에서 죄악의 악취를 풍겨도, 하나님은 화내기를 더디하시고 기다리시며 은혜를 베푸십니다. 지금까지도 주님은 위대한 능력을 가지고 계신다는 점을 기억하십시오. 어떤 사람들은 자신이 무력하기 때문에 인내합니다. 또 어떤 사람들은 자신이 어찌할 수 없기에 참고 받아들입니다.

　그러나 하나님의 인내는 이것과는 다릅니다. 하나님께서 원하시기만 했다면, 여러분은 지옥으로 쓸려갔을 것입니다. 그분의 말씀 한 마디면, 회개하지 않는 자는 광야로 떨어져 한없이 비탄한 지경이 되었을 것입니다. 한순간에 주님은 그 대적을 제거하시고, 그 나불거리는 혀를 그치게 하시며, 음흉한 눈을 즉시 감겨 버리게 하실 수 있습니다. 만약 하나님께서 그 능력을 발하신다면, 사악한 자의 심장은 그 박동을 멈출 것이며 반역자의 호흡도 멈춰 버릴 것입니다. 만약 하나님의 오래 참으심이 없었더라면, 믿음 없는 여러분은 오래 전에 벌써 화난 하나님의 손에 떨어지는 것이 무엇인지를 알았을 것입니다. 여러분을 그렇게까지 인내하며 참으시는 하나님을, 여러분은 계속 슬프게 하렵니까?

　사람이 죄를 참기도 힘들지만, 하나님이 죄를 참기는 훨씬 더 힘들다는 사실을 결코 잊지 마십시오. 죄악을 바라보기에는 하나님의 눈이 너무나 순수하십니다. 우리가 작은 죄라고 부르는 것들도 하나님에게는 크고 슬퍼할 만한 죄악입니다. 이 죄악들은 마치 하나님의 눈동자를 찌르는 것과 같다는 말입니다. 하나님은 말씀하십니다. "너희는 내가 미워하는 이 가증한 일을 행하지 말라"(렘 44:4). 하나님의 성령은 모든 쓸데없는 말과 감각적인 생각에 슬퍼하고 괴로워하십니다. 이 정도로 죄에 민감하신 하나님, 스스로 원수에게 복수할 능력이 많으신 하나님, 무수한 인간의 죄를 알고 그것들에 주목하시는 하나님, 그런 하나님께서 이 모든 것에도 불구하고 인자하심과 용납하심과 길이 참으심이 풍성함을 보이셨다는 것은 기적 중의 기적입니다.

　경건하지 않는 청중들이여, 여러분이 지난 수년 동안 오랜 시간 체험해 온 것이 바로 이 기적입니다. 여기서 잠시 숨을 돌리지요. 오, 여전히 구원받지 못한 사람들이여, 이들은 모두 왓츠(Isaac Watts)의 시구를 가장 진심으로 칭송할 것입니다.

　　"주님, 우리는 오랫동안 당신의 사랑을 남용하였나이다.
　　너무나 오랫동안 우리의 죄에 빠져 있었나이다.
　　우리의 쓰라린 가슴이 피까지 흘리는 것을 봅니다.
　　우리가 얼마나 반역을 저질렀는지요."

"더 이상은 아니오니, 당신이 원하는 것만, 당신이 명령하는 것만,
더 이상은 아니오니, 우리가 순종하겠나이다.
오 하나님, 강한 손을 펴사,
당신의 원수들을 내쫓으소서."

(아이작 왓츠가 만든 「찬송과 영가」[Hymns and Spiritual songs]에 나오는 '우리는 곤고하
지만 살아있습니다'[And are we wretches yet alive]라는 노래의 4절과 5절 가사이다—역주)

2. 여러분의 죄는 이렇습니다.

교우 여러분, 이제 저와 함께 여러분이 짐작하고 있는 그 죄에 대해 이야기해봅
시다. 회개하지 않은 죄인은 제 말을 들어보십시오. 여러분이 짐작하고 있는 죄
는 바로 이것입니다. "네가 그의 인자하심과 용납하심과 길이 참으심이 풍성함
을 멸시하느냐?" 주님의 인자하심은 당연히 감탄과 찬양을 받아야 합니다. 그런
데 당신은 이것을 멸시하고 있지 않습니까? 그분의 인자하심은 당연히 놀라운
것이며, 다른 사람들이 듣기에 믿기 어려울 정도입니다. 그런데 당신은 이것을
멸시하고 있지 않습니까? 제가 여러분의 양심을 다소 불편하게 할지도 모르겠지
만, 귀를 기울여 주십시오. 어떤 사람들은 하나님의 인자하심과 용납하심과 길
이 참으심을 멸시합니다. 왜냐하면 그들은 그것에 대해 생각조차 해보지 않았기 때
문입니다.

하나님은 여러분이 살아갈 수 있는 생명을 여러분에게 주셨으며, 그 자비하
심으로 당신을 만족하게 하셨습니다. 그러나 이 인내에 대해서 여러분은 아직까
지도 이것이 아주 대단한 것이라거나 최소한의 감사라도 드려야 하는 것이라고
생각조차 하지 않습니다. 여러분은 술고래였습니다. 그렇지 않나요? 욕을 입에
달고 살지 않습니까? 안식일을 어기는 사람이지요? 죄악의 쾌락을 사랑하는 사
람이지 않습니까? 꼭 그렇다고 할 수는 없을지 몰라도, 여러분은 대체로 하나님
을 잊고 있었습니다. 그럼에도 여러분을 향한 하나님의 인자하심은 풍부하십니
다. 이것은 뭔가 크게 잘못된 것이지 않습니까? 주님은 말씀하십니다. "하늘이여
들으라 땅이여 귀를 기울이라 여호와께서 말씀하시기를 내가 자식을 양육하였
거늘 그들이 나를 거역하였도다 소는 그 임자를 알고 나귀는 그 주인의 구유를
알건마는 이스라엘은 알지 못하고 나의 백성은 깨닫지 못하는도다"(사 1:2-3).

왜 그렇게 하는 것입니까? 여러분은 하나님께서 여러분에게 베풀어주신 그

런 용납하심을 다른 사람에게 베풀지 못합니다. 만약 여러분이 키우는 개가 주인을 따라오지도 않고 주인에게 으르렁거리기만 한다면, 아마 여러분은 그 개를 키우지 않을 것입니다. 어떤 옹기그릇이 있는데 물이 새서 전혀 쓸 수가 없다면, 여러분은 더 이상 그것을 갖고 있으려 하지 않을 것입니다. 잘게 깨뜨려 쓰레기 더미에 던져버리겠지요. 여러분의 경우도 이와 같습니다. 여러분의 육체와 영혼은 굉장히 놀라울 정도로 귀하게 만들어졌습니다. 그러나 여러분은 자기를 만든 분을 섬기지 않았고, 그분을 섬길 생각조차 하지 않았습니다. 그럼에도 여전히 하나님은 이 모든 세월 동안 여러분을 용서하셨습니다. 그러나 여러분은 그 속에 그 어떤 놀랄 만한 용납하심이 있었다는 생각을 전혀 하지 않았습니다. 오, 인간들이여, 여러분은 하나님이 베푸신 오래 참으심을 멸시한 것이 분명합니다.

아마도 어떤 사람들은 이것에 대해 한 번 생각해 보기는 했을 것입니다. 그러나 제대로 진지하게 숙고하지는 않았습니다. 우리가 어떤 사람의 마음에 상처를 주었을 때, 우리가 바른 마음을 가졌다면, 그 사실에 대해 후회하며 주목할 뿐만 아니라, 시간을 내어 차분히 앉아 그 문제를 심사숙고하며 바로잡고자 애쓸 것입니다. 우리는 어떤 사람과도 불화하고 싶어하지 않기 때문입니다. 그리고 만약 우리가 부당하게 행동했다고 느낀다면, 우리가 보상하기 전까지는 우리 마음이 짓눌릴 것입니다. 그러나 여러분 중에는 자기와 하나님의 관계에 대해서 단 30분도 진지하게 생각해 본 적이 없는 사람들도 있지 않습니까? 이 모든 것까지도 하나님은 여러분을 용서하셨습니다. 그러나 여러분은 방에 들어가 앉아서 하나님을 향한 여러분의 행동을 고려해 볼 생각조차 하지 않았습니다. 여러분의 창조자를 생각해 보는 것만으로도 너무나 괴로운 것처럼 보입니다. 하나님의 오래 참으심은 여러분이 회개하도록 하기 위함입니다. 그러나 여러분은 회개하지 않았습니다. 사실 여러분은 그 문제에 대해 일고의 가치도 없다고 생각했습니다. 여러분은 "내가 무엇을 먹을까 무엇을 마실까"(마 6:31)하는 질문을 훨씬 더 중요하게 여겼습니다. 빵과 고급양복이 하나님에 대한 생각을 차단해 버렸습니다. 안타깝게도 여러분은 머지않아 하나님의 심판대 앞에 서게 될 것입니다. 그 다음은 어떻게 될까요? 아마도 이 주가 다 가기 전에 여러분은 대답해야 할 것입니다. 저에게 대답할 것이 아니라 보좌에 앉아 계신 하나님께 대답해야 합니다. 결론적으로 저는 여러분이 가장 먼저 이 문제에 대해 곰곰이 생각해 보기를 간절히 바랍니다. 하나님의 인자하심과 오래 참으심을 더 이상 멸시하지 마십시오.

이런 하나님의 오래 참으심을 멸시하는 사람들이 또 있습니다. 그들은 자기가 무슨 일을 하든지 하나님은 그것을 크게 문제삼지 않는다고 착각하는 사람들입니다. 그들은 자신이 공공연한 죄를 짓지 않고 국가의 법을 어기지 않는 한, 자기가 하나님을 사랑하든 사랑하지 않든지, 의를 행하든 행하지 않든지, 온전한 정신으로 절제하든 술 취해 방탕하든지, 하나님의 성령으로 자기 마음이 순결해지든 아니면 영혼과 삶이 더러워지든지 간에 거의 아무 문제가 되지 않는다고 믿고 있습니다. 여러분은 하나님을 대체로 자기와 비슷한 수준으로 여기면서, 여러분의 죄를 눈감아 주고 비밀로 해주실 것이라 생각합니다. 그러나 그렇지 않다는 것을 여러분은 알게 될 것입니다. 그런 비열한 생각은 여러분이 하나님의 오래 참으심을 멸시하고 있음을 증명할 뿐입니다.

어떤 사람들은 심지어 이런 생각까지 합니다. 이런 사랑의 경고들은 수도 없이 반복되었기 때문에, 하나님의 경고들은 결코 실현되지 않을 것이라는 생각 말입니다. 그들은 여러 해 동안 처벌 받지 않고 지내왔습니다. 그래서 그들은 바람이 오래 불면 불수록 궂은 날씨가 더 심해질 것이라고 추론하는 게 아니라, 오히려 심판이 오랫동안 연기되었기 때문에 아예 일어나지 않을 것이라고 생각합니다. 그래서 그들은 지옥과 사망의 사지(死地)에서 장난치며 인생을 허비하고 있습니다. 그들은 이 모든 말들을 어리석고 공상적인 생각처럼 듣습니다. 그리고 그런 경고들이 쓰인 이 거룩한 책은 바보들을 입 다물게 만드는 도깨비에 불과하다고 상상합니다. 만약 여러분이 그렇게 생각한다면, 여러분은 하나님의 인자하심과 용납하심과 길이 참으심을 진정으로 멸시하는 것입니다. 여러분은 이런 용납하심이 영원히 지속될 것이라고 생각합니까? 여러분에게 최소 몇년 간은 이런 용납하심이 계속될 것이라는 몽상에 빠져 있습니까? 저는 여러분의 은밀한 생각들을 알고 있습니다. 여러분은 다른 사람들이 갑작스럽게 죽는 것을 보게 됩니다. 하지만 여러분은 자기에게는 아직 장기간의 광대한 시간이 남아 있을 것이라는 은밀한 생각을 합니다. 여러분은 어떤 사람이 마비증세로 움직일 수 없게 되었다는 소식을 듣기도 합니다. 또는 뇌졸중으로 목숨을 잃었다는 소식도 듣습니다. 그럼에도 여러분은 이런 일들에 대해 좀 느긋하게 생각해도 될 만큼 시간이 많을 것이라고 자만합니다. 오, 어떻게 여러분이 그 정도로 안전할 수 있겠습니까? 여러분은 어떻게 하나님 앞에서 그리 무모할 수 있습니까?

　　이 악한 시대의 거짓 선지자들은 인간이 자기 꾀에 빠지도록 해서 내세에 들어갈 수 있을 것이라는 헛된 희망을 제공합니다. 물론 결국에는 그것이 거짓으로 드러나겠지만 말입니다. 이것은 사악한 여러분에게 감언이설(甘言利說)일 뿐입니다. 그들이 허투루 말한 수백 년의 시간들도 이 공상이 실현되는 그 한순간에 모두 사라져버릴 것임을 기억하십시오. 지각 있는 사람이라면 단 일 년이라 하더라도 고통의 위험을 감수하기 싫어합니다. 30분만 격심한 고통을 받아도 대부분의 사람들은 두려워합니다. 치통 치료가 무서워 병원 앞에서 다시 돌아가는 사람이 수년 간의 고통스런 위험들을 감수할 수 있겠습니까? 회개하지 않는 자들의 미래를 이런 입장에서 똑같이 생각해 보십시오. 그것은 무서운 일이며, 무슨 수를 써서라도 피하고 싶은 일입니다. 제가 바르게 이해했다면, 이런 아첨하는 선지자들은 여러분에게 그렇게 충분한 소망을 주지 못합니다.

　　만약 이 구닥다리 교리가 사실인 것으로 밝혀지고, 성경이 말하는 대로 여러분이 영원한 지옥 불에 들어간다면, 여러분은 어떻게 되겠습니까? 여러분은 그런 파멸의 위험 속에서 한 시간이라도 살 수 있겠습니까? 여러분은 주님의 용납하심과 오래 참으심을 그렇게도 멸시하렵니까? 제가 많은 말을 사용하여 자세히 설명하지는 않겠습니다. 제 자신이 많은 말들에 진절머리가 나기 때문입니다. 저는 오히려 눈물로 여러분을 설득하기 원합니다. 제 온 영혼을 다해 여러분을 여러분의 아버지 하나님께로 이끌고 싶습니다. 단도직입적으로 말씀드리겠습니다. 비록 여러분이 어떤 교리적 오류에 빠져서 만유회복이나 만유멸절과 같은 막연한 희망에 탐닉하지는 않는다 해도, 하나님을 계속 조롱하며 그분의 은혜에 대해 "지금은 가라 내가 틈이 있으면 너를 부르리라"(행 24:25)고 말한다면, 이 또한 무서울 정도로 하나님의 자비를 멸시하는 것이라고 생각하지 않습니까?

　　하나님이 온화하면 하실수록, 여러분은 더욱더 늑장을 부립니다. 하나님이 용서의 말씀을 부드럽게 하면 하실수록, 여러분은 더욱더 죄를 짓습니다. 이것이 관대한 것입니까? 이것이 옳은 것입니까? 이것이 지혜로운 것입니까? 이것이 할 도리입니까? 오, 사랑하는 청중들이여, 왜 여러분은 이토록 부끄럽게 행동하는 것입니까? 여러분 중에 몇몇 사람들은 기쁨으로 제게 와서 설교를 듣고 제가 하는 말에 심취합니다. 그래서 온 마음을 다해 열렬히 저를 칭찬하기도 합니다. 하지만 여러분은 하나님을 위해, 그리스도를 위해, 천국을 위해 결심하지는 않습니다. 여러분은 차지도 덥지도 않은 상태로 선과 악 사이에 머물러 있습니다.

저는 여러분이 차든지 덥든지 했으면 좋겠습니다. 저는 여러분이 제가 전하는 이런 말들을 거짓이라고 생각하든지, 아니면 참된 것으로 믿고 즉시 그대로 행동하든지 하기를 바랍니다. 어떻게 여러분은 그것이 악한 일이라는 것을 알고도 행하지 않는 죄와, 그로 인해 하나님을 격노하게 하는 이중의 죄를 범하는 것입니까?

여러분은 그리스도를 거절하면서도 그분을 받아들여야만 한다는 점을 인정하고 있습니다! 여러분이 복음에 대해서 말은 잘합니다만, 여러분 스스로는 이 복음을 받아들이지 않습니다! 여러분은 구세주의 위대한 일들을 믿으면서도 그분을 여러분의 구세주가 되게 하지는 않습니다! 예수님께서 친히 말씀하십니다. "내가 진리를 말하므로 너희가 나를 믿지 아니하는도다"(요 8:45). "네가 하나님의 오래 참으심을 멸시하느냐?" 여러분도 감히 하나님을 멸시하겠습니까? 하나님의 인자하심을 멸시하는 사람을 생각할 때마다 저는 떨립니다. 하나님의 인자하심을 멸시하는 것이 실제로 하나님을 모독하는 것이 아니겠습니까? 여러분도 함부로 그렇게 하겠습니까? 오, 만약 여러분이 지금까지 그렇게 해 왔다면, 더 이상 그렇게 하지 마십시오. 저 태양이 다시 지기 전에 마음속으로 이렇게 말하십시오. "저는 더 이상 하나님의 인자하심을 멸시하는 자가 되지 않겠습니다. 저는 일어나 이제 아버지께로 가겠습니다. 그리고 아버지께 말하겠습니다. 아버지여, 제가 범죄했습니다. 하나님께서 저의 죄를 보혈로 씻기실 때까지 저는 안식할 수 없을 것입니다."

3. 하나님의 인자하심이 여러분을 인도하여 회개하게 하심을 아십시오.

오늘 설교를 마무리하면서, 저는 불경건한 여러분에게 여러분이 잊기 쉬운 한 가지 지식을 말씀드리고자 합니다. 오늘 본문을 읽어 보십시오. "네가 하나님의 인자하심이 너를 인도하여 회개하게 하심을 알지 못하여 그의 인자하심과 용납하심과 길이 참으심이 풍성함을 멸시하느냐?" 이 자리에는 하나님의 인자하심을 회개로 이끄는 구원 교리의 문제로만 알고 있는 사람들이 많을 것입니다. 그러나 이런 사람들은 하나님의 인자하심을 자신의 삶에 영향을 끼치는 실천적인 진리로는 알지 못합니다. 실제로 그들은 하나님의 인자하심이 자기에게는 전혀 사실이 아닌 것처럼 행동합니다. 그런데 만약 그들이 이 사실에 대해 정말 모르고 있다면, 그들의 무지에는 어떤 의도가 있는 것입니다. 그토록 자기에게 불쾌하

사실을 굳이 마음에 담아두려고 하는 사람은 없기 때문입니다. 시각장애인들처럼 그 정도로 아무것도 볼 수 없는 사람은 아무도 없습니다. 즉, 전혀 시력이 없어서 보지 못하는 것이 아니라, 볼 눈을 가지고 있으면서도 보지 못하는 사람은 이 보지 못하는 것으로 죄를 범하는 것입니다.

　　사랑하는 청중 여러분, 여러분이 이 진리를 알든 모르든 제가 여러분에게 말씀드리고 싶은 것은 이것입니다. 여러분에 대한 하나님의 인내가 의미하는 바는 바로 그 인내가 여러분을 회개로 이끈다는 것입니다. "어떻게?"라고 여러분은 물을 것입니다. 한번 생각해 보도록 합시다.

　　첫째, 하나님은 여러분에게 회개할 기회를 주고 계십니다. 여러분에게 돌아오는 한 해 한 해는 여러분을 하나님께로 돌이키기 위해 제공된 것입니다. 스물하나의 나이가 될 때까지 여러분은 충분히 많은 죄를 지었고, 아마 그때부터는 다른 젊은이들을 그릇된 길로 끌어들이기도 하고, 여러분의 영향력 아래 있는 사람들을 죄악된 길로 인도하기도 했을 것입니다. 그런데 왜 하나님은 즉시 여러분을 제거하지 않으셨을까요? 만일 그렇게 하셨다면 오히려 세상에 유익이 되었을 텐데 말입니다. 어디 그 뿐인가요? 여러분이 서른이 될 때까지도 하나님은 여러분을 아끼셨습니다. 여러분의 수명이 한 해씩 늘어나는 것은, 주님께서 "내가 그를 아낄 것이다. 그가 돌이켜 그의 하나님을 생각할 것이기 때문이다. 나는 그를 더 밝히 비추고 더욱 위로할 것이다. 그가 회개할지 모르니, 나는 그를 더욱 가르치고 설득할 것이다"라고 말씀하신 것을 증명하는 것이 아니겠습니까? 그러나 여러분은 그렇게 살지 않았습니다. 지금 여기 계신 여러분은 보통 마흔 정도 된 것 같은데, 스무 살 때 여러분은 어디에 있었습니까? 아직도 여러분은 그리스도 밖에 있습니까? 그렇다면 여러분은 과거보다 더 악화된 상태라 할 수 있습니다. 왜냐하면 여러분은 더욱 철저하게 죄를 지었고, 주님을 더욱 격분하게 했기 때문입니다. 여러분에게는 지금까지 충분한 시간이 있었습니다. 여러분에게 무엇이 더 필요합니까? 아이가 잘못했을 때, 여러분은 이렇게 말합니다. "얘야, 빨리 잘못했다고 말하렴, 그러지 않으면 내가 너를 혼내줄 거야." 그런데 여러분은 하나님이 여러분을 기다려준 햇수만큼 그 정도로 아이에게도 뉘우칠 시간을 줄 수 있겠습니까? 저는 그렇게 생각하지 않습니다.

　　어떤 하인이 지속적으로 여러분의 물건을 훔치고 조심하지도 않고 게으르고 불순종한다면, 여러분은 그에게 이렇게 말할 것입니다. "나는 너의 잘못을 여러 번 눈감아 주었다. 그러나 조만간 너를 쫓아낼 셈이다. 나는 더 이상 이렇게 성의 없고 실수만 하고 게으른 너를 참을 수가 없다. 이번에는 나가도록 하여라." 여러분은 하인에게 이렇게 말하지 않습니까? 그 하인에게 다시 기회를 준다는 것은 여러분의 입장에서 볼 때 엄청난 호의를 베푸는 것이라고 생각하지 않습니까? 주님은 여러분에게도 이와 같은 말씀을 하십니다. 여기 계신 여러분은 살아 있으나 회개하지 않는 자들입니다. 여러분은 주님이 아끼시는 사람입니다. 하지만 주님의 아끼심으로 여러분은 죄악을 가중시키기만 하였습니다.

다음으로, 주님은 이 인자하심 속에서 여러분이 회개하도록 암시를 주십니다. 여전히 회개하지 않고 아직 지옥에 가지 않은 어떤 사람이 매일 아침 자리에서 일어날 때마다 아침 햇살은 그에게 이렇게 말하는 것 같습니다. "내가 내일은 당신을 비추지 않을지 모릅니다. 그러니 오늘 회개하세요." 밤마다 여러분이 침대에 누울 때, 여러분의 침대는 이렇게 말하는 것 같습니다. "내가 내일 밤은 못 자게 할 수도 있습니다. 그러니 당신의 죄에서 돌이켜 예수님을 믿으세요." 식탁 위의 빵을 한 입씩 먹을 때마다 빵은 이렇게 말합니다. "나는 당신의 몸을 지탱하게 해줄 것입니다. 그래야 회개할 기회를 갖지요." 여러분이 성경을 펼 때마다 성경 말씀들은 "우리는 당신에게 회개하라고 말하고 있어요"라고 합니다. 여러분이 설교를 들을 때마다, 그 설교가 하나님이 우리에게 선포하는 설교라고 한다면, 그 설교는 여러분이 주님께로 돌아와 살아가도록 강권할 것입니다. 여러분이 살아온 지난 시절 동안 여러분은 충분히 이방인의 뜻을 좇아 행했습니다. "알지 못하던 시대에는 하나님이 간과하셨거니와 이제는 어디든지 사람에게 다 명하사 회개하라 하셨으니"(행 17:30). 삶과 죽음, 천국과 지옥이 여러분을 그렇게 회개하도록 부르지 않습니까? 여러분은 이제 하나님의 인자하심 속에 회개할 기회와 회개할 암시가 들어 있음을 알게 되었습니다.

하지만 더 중요한 것이 있습니다. 오늘 본문은 "하나님의 인자하심이 너를 불러 회개하게 하심"이라고 말하지 않고, "너를 인도하여"라고 말씀하는 것에 주목하시기 바랍니다. 이 말씀이 더 강력한 단어입니다. 하나님은 복음에 의해 회개하도록 부르십니다. 하나님은 그의 인자하심으로 회개하도록 인도하십니다. 그것은 마치 하나님께서 여러분의 옷소매를 잡아 끌어당기시며 "이리로 오라"고 말씀하는 것과 같습니다. 하나님의 인자하심은 여러분을 사람의 줄 곧 사랑의 줄로 이끄시며(호 11:4), 여러분을 부드러운 손길로 대하십니다. 하나님의 용납하심은 이렇게 외치십니다. "왜 너는 나를 증오하느냐? 내가 네게 잘못한 게 무엇이냐? 나는 너를 사랑하였다. 나는 너를 사랑하여 네게 부인과 자녀를 주었다. 나는 너를 병상에서 일으켜 주었다. 나는 너의 식탁을 채웠다. 나는 너의 옷장을 채웠다. 나는 네게 수없이 많은 친절을 베풀었다. 그런데 왜 너는 나에게 순종하지 않느냐? 너의 하나님 아버지께로 돌아와 예수 그리스도 안에 살아라."

반면에, 만일 여러분이 이 땅에서 풍성한 축복을 받지 못했다면 주님께서는 더 강한 손길로 여러분이 회개하도록 인도하십니다. 탕자가 쥐엄 열매로라도 기꺼이 자기 배를 채우려고 했지만 그럴 수 없었고, 극심한 배고픔에 직면했습니다. 그러한 고통들은 아버지께서 보내는 강력한 메시지였으며, 이 메시지는 충분한 빵과 용서하심이 있는 집으로 그를 인도했습니다. "하나님의 인자하심이 너를 인도하여 회개하게" 하십니다. 오, 여러분은 그 부드러운 인도하심에 순종하여 따라가십시오. 마치 아이가 유모의 인도를 따르듯이 말입니다. 여러분의 십자가가 여러분을 그리스도의 십자가로 인도하게 하십시오. 여러분의 기쁨이 그리스도 안에서 누리는 기쁨이 되게 하십시오.

하나님께서 친히 여러분을 이런 방식으로 인도하시기 때문에, 이 모든 것들이 합력하여 여러분을 회개하게 하신다고 생각하지 않습니까? 하나님이 여러분을 회개하도록 인도하신다면, 하나님은 여러분을 버리지 않으실 것입니다. 하나님께서 여러분의 회개를 바라고 계신다면, 하나님은 여러분의 회개를 받으실 것이며 흔쾌히 여러분과 화해하실 것입니다. 회개란 사물을 보는 여러분의 관점과, 문제를 평가하는 가치관의 근본적인 변화를 의미합니다. 또한 당신의 목표가 변하고 당신의 사고와 행동도 변화하는 것을 의미합니다. 만약 주님이 여러분을 그런 식으로 인도하신다면 주님은 당신의 변화를 도우실 것입니다. 더 큰 능력과 더 큰 효력으로 하나님의 성령이 여러분을 인도하시기까지, 그리하여 마침내 당신 안에서 회개와 믿음의 역사를 이루신 것과 당신이 주님 안에서 영원한 구원 받았음을 보게 되기까지, 그분의 은혜로운 인도를 따르십시오. 만약 "하나님의 인자하심이 당신을 회개로 인도"한다면, 이 점을 확신하십시오. 당신이 회개할 때 하나님의 인자하심은 당신을 맞아들일 것이며, 당신은 그분 앞에서 가장 사랑받고 용서받은 자녀로 살게 될 것입니다.

이제 설교를 끝내고자 합니다. 하지만 유감스럽게도 제가 전하고자 한 것의 반밖에 말씀드리지 못했습니다. 그렇다면 무엇을 더 말씀드릴 수 있을까요? 저는 이것을 여러분 자신의 경우로 적용해 보려고 합니다. 여러분이 하나님의 입장이라고 생각해 보십시오. 여러분은 여러분이 하나님을 대접했던 대로 그런 대접을 받는다면 참아낼 수 있겠습니까? 만약 여러분이 완전히 인자하고 온화한 사람이어서 지금까지 30, 40년 동안 한 피조물에 대해 참아왔다고 합시다. 그런데 그 피조물이 여전히 끝까지 버티고 있다면 여러분은 그 모습을 얼마나 참을 수 있겠습니까? 그리고 더 나아가 그가 계속해서 반항한다고 하더라도 당신은 온화하게 그를 격려해야 한다고 결론내릴 수 있겠습니까? 아마 당신은 이렇게 말하지 않을까요? "글쎄, 내가 오래 참아 주어서 그가 자기 죄를 대수롭지 않게 여긴다면, 다른 주인에게로 넘겨야 할 거야. 나의 온화함이 그를 바꿀 수 없다면, 그를 떠날 수밖에 없지. 나의 사랑조차도 그를 변화시키지 못한다면, 나는 그를 홀로 내버려 둘 수밖에 없다. 그는 자기가 원하는 악한 길로 가게 된다. 이제 그만 포기하고 그의 결말이 어떻게 될지 볼 것이다."

오, 주님, 이렇게 말씀하지 마옵소서. 이 집에 있는 어느 누구에게도 그렇게 말씀하지 마옵소서. 도리어 주님의 크신 자비로 이 날이 많은 사람들에게 인생의 새로운 출발점이 되게 하옵소서. 오, 그들이 경멸한 구세주에 대한 연민에 저들의 마음이 감동되어 그들이 주의 얼굴을 찾게 하옵소서! 여기에 구원의 길이 있습니다. "주 예수를 믿으라 그리하면 너와 네 집이 구원을 받으리라"(행 16:31). 여러분은 주님께서 우리에게 명령하신 것을 알고 있습니다. "너희는 온 천하에 다니며 만민에게 복음을 전파하라 믿고 세례를 받는 사람은 구원을 얻을 것이요"(막 16:15). 먼저, 우리는 믿음을 전해야 합니다. 이 믿음으로 우리는 그리스도를 붙잡게 됩니다. 그런 다음, 우리는 세례를 받습니다. 세례로 우리는 그 믿음을 고백하며, 그리스도와 함께 죽어 장사된 바 되었다가 그와 함께 새 생명 안에서 살게 됩니다. 주님께서 우리에게 명령하신 것이 바로 이 두 가지이며, 저는 이것을 여러분 앞에 제시했습니다.

지치기는 하지만 아직 포기할 정도는 아니기에, 회개하지 않는 사람이여, 저는 당신에게 간구합니다! 당신에게 아주 여러 번 간구하였지만 모두 허사였습니다. 그러나 한 번 더 저는 그리스도를 대신하여 당신에게 말합니다. 당신의 죄를 회개하십시오. 당신의 구세주를 바라보십시오. 그리고 주님이 정하신 방식대로 당신의 믿음을 고백하십시오. 제가 만약 여러분 중 몇몇에게 개 한 마리의 목숨을 구해 달라고 간구했다면, 이미 오래 전에 여러분은 제 말을 확실히 들어주었을 것입니다. 하물며 여러분은 여러분 자신의 영혼 구원에 대해서 전혀 신경 쓰지 않는다는 말입니까? 아, 이상한 것에 홀리기라도 한 것처럼 사람들은 자기가 구원받는 것에 동의하지 않습니다. 오히려 회개로 인도하는 하나님의 자비하심에 대해 어리석게도 미친 듯이 저항합니다. 하나님께서 여러분을 사랑해 주시기를 기원합니다. 그리고 여러분 중 한 사람도 하나님의 인자하심과 용납하심과 길이 참으심을 멸시하지 않기를 기원합니다.

제
3
장
—

사람들의 은밀한 것을 심판하시는 그 날

—

"곧 나의 복음에 이른 바와 같이 하나님이
예수 그리스도로 말미암아 사람들의 은밀한 것을
심판하시는 그 날이라" — 롬 2:16

사도 바울이 로마서 1장을 기록하는데 얼마나 많은 고통을 감수했는지에 대해서 말할 수 있는 사람은 아무도 없습니다. 행악자들이 은밀한 장소에서 행하는 것들은 말하기조차 부끄러운 일입니다. 그러나 바울은 이런 부끄러움을 무릅쓰고라도 이방인들의 끔찍한 악들에 대해 말해야만 한다고 느꼈습니다. 바울은 점잖은 사람들이 읽으면 얼굴이 화끈거리고, 들으면 두 귀가 멍멍해지는 그 시대의 죄악을 폭로하면서 기록으로 남겼습니다. 바울은 이 로마서 1장이 자기 시대뿐 아니라 모든 시대에 걸쳐서 읽혀져야 하고, 세상이 존재하는 한, 가장 순결하고도 경건한 가정에도 이 로마서 1장이 들어가야 한다는 것을 알았습니다. 그래서 그는 의도적으로 이것을 기록했으며, 성령의 인도하심에 따라 써내려갔습니다. 부끄러움을 몰랐던 한 시대의 가증한 것들을 부끄럽게 하기 위해서라도 이것은 기록되어야만 한다고 생각했습니다. 어둠 속에서 흥청거리는 괴물들은 밖으로 끌어내야 합니다. 그래야 움츠려 들기 때문입니다.

바울은 이렇게 고뇌 속에서 이것을 기록한 후에, 바울 자신에게 있어서 최고의 위로가 무엇인지를 생각하게 되었습니다. 1장에 쓴 단어들의 잉크가 채 마르기도 전에, 그는 자신의 가장 큰 기쁨에 대해 쓰지 않을 수 없었습니다. 그는 과거의 그 어느 때보다도 더 끈질기게 복음에 매어 달립니다. 오늘 본문에 나타난 바와 같이, 그는 복음을 언급할 필요가 있었습니다. 그런데 그는 그냥 "복음"이라고 말하지 않고, "나의 복음"이라고 말하고 있습니다. "나의 복음에 이른 바와 같이 하나님이 예수 그리스도로 말미암아 사람들의 은밀한 것을 심판하시는 그 날이라." 그는 그토록 타락한 사람들 속에서 자신이 복음을 두 손으로 꽉 붙잡지 않고서는, 그리고 복음을 바로 자신의 복음으로 파악하지 않고서는 살 수 없다고 느꼈습니다. 그래서 그는 "나의 복음"이라고 말한 것입니다. 물론 바울이 복음의 창시자였던 것은 아닙니다. 바울이 복음의 축복을 배타적으로 독점했던 것도 아닙니다. 오히려 그는 복음을 그리스도로부터 직접 받았으며, 또 자기에게는 복음을 맡은 자로서의 책임이 있다고 여겼기 때문에, 바울은 한순간도 복음을 저버릴 수 없었습니다. 그는 복음을 너무나 충실히 자기 안에 받아들였기 때문에, 복음을 "나의 복음"이라고 밖에는 달리 어떻게 불러야 할지 몰랐습니다.

다른 곳에서 바울은 복음을 "우리의 복음"(고후 4:3)이라고 말하기도 합니다. "나의", "우리의" 등과 같은 소유 대명사를 사용한다는 것은 그가 자기가 전하는 진리와 자신을 얼마나 하나로 생각했는지를 잘 나타냅니다. 바울은 진리의 분명한 형태인 복음을 가졌으며, 추호의 의심도 없이 그 복음을 믿었습니다. 그래서 그는 복음을 "나의 복음"이라고 말했던 것입니다. 여기서 우리는 이렇게 말하는 것 같은 믿음의 음성을 듣습니다. "비록 다른 사람들은 복음을 거절할지라도 나는 복음을 믿습니다. 나는 내 마음을 어둡게 하는 불신의 그림자를 조금도 허용하지 않습니다. 내게 있어 복음은 큰 기쁨의 즐거운 소식입니다. 나는 복음을 '나의 복음'이라고 환호합니다. 비록 내가 복음을 붙듦으로써 바보라 불린다 해도, 나는 바보라 불리는 것에 만족하며, 나의 모든 지혜가 내 주님 안에 있음에 만족합니다."

> "사람들이 만들어 낸 온갖 형태의 것들이
> 간교하게 나의 믿음을 공격하여도,
> 나는 이 모든 것을 공허와 거짓말로 칭하고서
> 내 심장을 복음에 묶을 것입니다."

(미국인 선교사 볼드윈[Dwight Baldwin, 1798-1886]의 말이다 — 역주)

"나의 복음"이라는 이 말은 사랑의 목소리이지 않습니까? 이 말로 바울은 복음을 자기 영혼이 사랑하는 유일한 대상으로 부둥켜안고 있음을 드러낸 것이 아닙니까? 무엇을 위해 그는 모든 것을 잃는 고통을 당했으며, 모든 것을 배설물로 여겼습니까? 무엇을 위해 그는 기꺼이 네로 황제 앞에 섰으며, 심지어 가이사의 궁전 안에서도 하늘로부터 온 메시지를 선포하였습니까? 복음의 한 말씀 한 말씀이 그의 생명을 요구한다 하더라도, 바울은 거룩한 목적을 위해 수천 번도 더 기꺼이 죽었을 것입니다. 그에게 맡겨진 거룩한 진리를 가슴에 꼭 안고, 더 없는 기쁨에 겨워 바울은 "나의 복음"이라고 말합니다.

"나의 복음." 이 말은 바울의 용기를 보여주지 않습니까? 이 말은 "내가 복음을 부끄러워하지 아니하노니 이 복음은 모든 믿는 자에게 구원을 주시는 하나님의 능력이 됨이라"(롬 1:16)고 한 것과 같은 말입니다. 군사들이 "나의 군기(軍旗)" 또는 "나의 왕"이라고 말하는 것처럼 바울은 "나의 복음"이라고 말하고 있습니다. 바울은 이 깃발을 승리하기까지 들고 다니기로 결심합니다. 그리고 이 왕의 진리를 죽기까지 섬기기로 결심합니다.

"나의 복음." 이 표현으로 바울은 복음에 대해 다소 구별하고 있습니다. 바울은 다른 복음이 있다는 것을 알고 있습니다. 이 다른 복음에 대해서 바울은 딱 잘라 말합니다. "우리나 혹은 하늘로부터 온 천사라도 우리가 너희에게 전한 복음 외에 다른 복음을 전하면 저주를 받을지어다"(갈 1:8). 바울 사도는 인자한 영혼의 소유자였습니다. 그는 자신을 핍박했던 유대인들을 위해 진심으로 기도했으며, 그를 학대했던 이방인들의 회심을 위해 자신의 생명을 바쳤습니다. 그러나 거짓복음을 전하는 자들에 대해서는 조금의 아량도 베풀지 않았습니다. 그는 매우 너그러운 마음을 보여주었고, 영혼 구원을 위해서라면 여러 사람에게 여러 모습이 될 수 있었습니다(고전 9:22). 그러나 그리스도 복음이 변경되거나 희석된다고 생각할 때는 지나칠 정도로 격렬하게 비난하고 욕을 했습니다. 철학자들이나 유대인들 가운데 뭔가 색다른 것이 나타나 영광스러운 의의 태양 빛을 가릴 것 같은 우려가 들 때는, 침착한 언어를 사용하기보다 오히려 그 어두운 세력의 장본인을 향해 "저주를 받을지어다"(갈 1:8) 하고 소리쳤습니다. 누가 거룩한 사람들인지 아는 사람들은 모두 이 사도의 저주에 "아멘"이라고 조용히 말합니다. 인류에게 예수 그리스도의 복음을 모호하게 하는 것보다 더 큰 저주는 없습니다. 바울은 자기 자신과 그의 참 형제들에 대해 "우리는 수많은 사람들처럼 하나님의 말씀을 혼잡하게 하지 아니하고"(고후 2:17)라고 말씀합니다. 그리고 이 유일무이한 복음으로부터 비켜나간 사람들에게 울부짖습니다. "어리석도다 갈라디아 사람들아 누가 너희를 꾀더냐"(갈 3:1). 모든 새로운 교리들에 대해 바울은 말합니다. "다른 복음은 없나니 다만 어떤 사람들이 너희를 교란하여 그리스도의 복음을 변하게 하려 함이라"(갈 1:7).

제 경우로 말하자면 이렇습니다. 오늘날 이 세상에서 보게 되는 모든 부정한 것들 속에서도 그 문제를 새롭게 바라보며 순결하고도 축복된 하나님 말씀을 붙잡는 것, 그것을 좀 더 진지하게 저는 나의 복음이라고 부릅니다. 더 강조해서 말하자면, "나의 복음"은 살아서도 나의 것이고, 죽어서도 나의 것이며, 나를 향해 몰려오는 모든 것들에 맞선 나의 것이고, 영원히 나의 것이며, 하나님이 나를 도우심입니다.

이제 "나의 복음"이라는 이 표현이 제기한 것이 무엇이었는지 주목해 봅시다. 바울이 전하는 것은 무엇에 관한 것입니까? 분명히 온화하고 부드러운 주제는 아니었습니다. 온화하고 부드러운 주제들은 요사이 우리 시대에도 줄곧 듣게 되는 것들입니다. 하지만 바울은 그런 주제가 아니라 율법의 공포에 대해서 말하고 있습니다. 율법과 관련해서 "나의 복음"을 말하고 있는 것입니다.

이제 오늘 본문을 살펴보겠습니다. 이 본문은 굳이 나눌 필요가 없을 것 같습니다. 왜냐하면 그 자체로 나눠져 있기 때문입니다. 우리가 살펴볼 것은 다음과 같습니다. 첫 번째, 한 특정한 날에 하나님이 인류를 심판하실 것이라는 사실을 살펴봅시다. 두 번째, 그 날에 하나님은 사람들의 은밀한 것을 심판하십니다. 세 번째, 하나님이 사람들의 은밀한 것을 심판하실 때, 예수 그리스도로 말미암아 이루어질 것입니다. 네 번째, 이것은 복음에 이른 바와 같습니다.

1. 그 날에 하나님은 인류를 심판하실 것입니다.

먼저, 한 특정한 날에 하나님이 인류를 심판하실 것이라는 엄숙한 진리로부터 시작하겠습니다. 재판은 날마다 진행되고 있습니다. 하나님은 계속해서 재판을 열고 인간 자녀들의 행동들을 숙고하고 계십니다. 그들이 행하는 모든 악행들은 운명의 기록부에 기록되며, 각자의 착한 행동들 역시 기억되고 하나님의 창고에

쌓입니다. 그 재판은 사람들의 양심에도 어느 정도 반영됩니다. 복음을 아는 자들이든 모르는 자들이든 누구나 똑같이 어느 정도의 빛을 가지고 있습니다. 그 빛에 의해 그들은 옳고 그름을 압니다. 그들의 양심은 계속하여 그들을 비난하거나 변호합니다. 하늘 법정의 공판은 날마다 계속됩니다. 마치 우리의 지방법원 판사들이 매일 재판을 하는 것처럼 말입니다. 이 재판들은 종국에 있을 최후 심판의 개정을 중지시키는 것이 아니라 오히려 더욱 필요하게 합니다.

어느 누구든 저 세상으로 넘어가게 되면, 그에게 언도되는 즉각적인 심판이 있습니다. 그러나 이것은 세상 끝날에 일어날 심판의 전조에 불과합니다. 국가들에 대해 언도되는 심판도 있습니다. 그런데 저 세상에는 현재와 같은 국가들이 존재하지 않기 때문에, 국가들은 지금 이 세상에서 심판받고 처벌받아야 합니다. 제국들이 부패하게 되었을 때, 이 정의가 얼마나 엄격하게 제국 하나하나를 심판했는지, 역사에 조예가 깊은 독자라면 분명히 알 수 있을 것입니다. 왕중의 왕께서 판결하실 때, 거대 제국들은 지면에서 쇠퇴해 갔습니다. 지금 나가서 한번 물어보십시오. "앗시리아 제국이 어디에 있습니까? 바벨론의 강대한 도성들은 어디 있습니까? 메대와 페르시아의 영광들은 어디에 있습니까? 마케도니아의 권력은 어떻게 되었습니까? 로마의 황제들과 그 궁전은 어디에 있습니까?" 이러한 제국들은 잔인하게 나라를 세웠고 사람들을 억압했으며, 사치와 방종을 조장하던 세력이었습니다. 그러나 더 이상 그들의 행실이 감당할 수 없을 정도가 되었을 때, 이 땅은 그들이 오염시킨 세상에서 다시 깨끗해졌습니다.

아! 그들이 저지른 죄악의 결과로 정쟁, 유혈사태, 유린 등의 공포들이 그들에게 닥쳤습니다! 이 세상은 하나님의 자비와 공의, 이 양자에 대한 기념비들로 가득 차 있습니다. 사실 하나님의 공의는 바르게만 본다면 하나님의 인자하심에 대한 증거입니다. 악몽을 꿀 때처럼 악한 지배체제가 인간의 가슴을 짓누를 때, 그 지배체제를 종식시키는 것은 하나님의 편에서는 자비이기 때문입니다. 전능하신 재판장께서 제국들에 대한 주권적 통치를 중단하지 않으셨기 때문에, 우리나라 또한 그분의 징벌을 받아야 할지도 모릅니다. 우리는 종종 이 대도시가 폐허가 되면 그 중앙에 있는 부서진 런던 브리지 위에 뉴질랜드가 얹혀 있을 것이라는 생각에 웃을 때가 있습니다. 그런데 이런 생각이 웃기는 이야기로만 들립니까?

우리의 죄악들이 계속된다면 충분히 가능합니다. 런던이 로마보다 더 오래 지속될 것이라는 근거가 어디에 있습니까? 고대 니느웨의 궁전들도 넘어졌는데, 우리 군주들의 궁전이라고 해서 영원할 수 있겠습니까? 바로가 지녔던 무한대의 권력도 사라져버렸고, 애굽(이집트)은 여러 나라들 가운데 아주 비천한 나라가 되었습니다. 왜 영국이라고 그런 저주를 받지 않겠습니까? 우리는 그들과 다릅니까? 교만한 우리 민족 주변에, 다시 말해 대서양 연안 여기저기에 무엇이 있습니까? 우리가 하나님의 사랑을 독점할 수 있습니까? 우리도 하나님을 배반하고 죄를 짓는다면, 하나님은 우리를 죄 없다 아니하시고, 감사하지 않는 민족에게 공명정대한 정의로 처벌하실 것입니다.

　그러한 재판들이 매일 계속 진행되어도, 여전히 시간의 한 시점인 한 날이 있을 것입니다. 그 날에는, 좀 더 분명하고 공식적이고 공개적이며 최종적인 방식으로, 하나님이 인간 자녀들을 심판하실 것입니다. 우리는 자연의 빛과 이성의 빛으로 이것을 추측할 수 있었습니다. 심지어 이교도들까지도 그 운명의 날에 대한 희미한 관념을 가지고 있었습니다.

　여기서 심판의 뜻은 고통과 보상의 절차를 모두 의미합니다. 하나님은 인류를 심판하실 것입니다. 다시 말해, 먼저 장엄한 광경이 펼쳐집니다. 천사들과 영광을 입은 자들로 화려하게 둘러싸인 크고 흰 보좌가 나타납니다. 그런 후에 모두가 최후발언을 하는 심판대로 나오라는 소환 명령을 받을 것입니다. 사자들은 사망의 영역을 가로질러 날면서 죽어 잠자는 자들을 부를 것입니다. 산 자나 죽은 자나 그 심판대 앞에 모두 출두할 것입니다. 요한은 "또 내가 보니 죽은 자들이 큰 자나 작은 자나 그 보좌 앞에 서 있는데"(계 20:12)라고 말한 뒤, "바다가 그 가운데에서 죽은 자들을 내주고 또 사망과 음부도 그 가운데에서 죽은 자들을 내주매"(계 20:13)라고 덧붙입니다. 몸이 흙과 섞이고 세월의 변화를 겪으며 오랫동안 묻혀 있던 자들도 사람의 몸을 입고서 그리스도의 심판대 앞에 설 것입니다.

　그 모습이 장관이지 않겠습니까? 여러분과 저 그리고 무수한 인류들이 모두 하나님 아들의 보좌 앞에 모일 것입니다. 모두가 모였을 때, 기소장이 낭독되고, 우리 각자는 육체로 행한 것들에 관해 자기가 행한 대로 심리를 받게 될 것입니다. 그 후 책들이 펼쳐지며, 거기에 기록된 모든 것들이 하나님 앞에서 낭독될 것입니다. 그때 모든 죄인들은 영원히 부끄럽게도 각자의 인생 이야기를 듣게 될 것입니다. 선한 사람들은 감춰진 것이 없기를 바랄 것이고, 악한 사람들은 잘

했다고 내놓을 만한 것이 하나도 없음을 발견할 것입니다. 그래서 천사와 사람들은 모든 일들의 진상을 알게 될 것이며 성도들이 세상을 심판할 것입니다. 그때에 대재판장께서 친히 결정하실 것입니다. 사악한 자들에게는 실형을 선고하실 것이고 그 형벌을 집행하실 것입니다. 거기에는 공명정대의 원칙만이 있을 뿐이며, 귀족들의 면제를 확보하기 위한 은밀한 협의도 없을 것이고, 거물급 인사들이 자기가 지은 죄로 받을 모욕을 피하기 위해 이 사태를 무마시키는 일도 없을 것입니다. 모든 사람들이 하나의 최종 심판대 앞에 서게 될 것입니다. 그들 모두에게 관련된 증거들이 제시될 것이고, 거물급 인사들에게 아첨할 줄 모르는 대재판장의 입에서 공의로운 판결이 내려질 것입니다.

이렇게 될 것이며, 또 이렇게 되어야만 합니다. 다시 말해, 하나님은 우주의 통치자이고 주권자이기 때문에, 하나님이 세상을 심판해야 하는 것입니다. 죄를 짓는 날이 있었다면 처벌 받는 날이 있어야 합니다. 반역의 긴 세월이 지속되어 왔다면, 공의가 그 우월성을 주장할 때가 반드시 있어야만 합니다. 우리는 한 시대를 보았습니다. 그때는 개혁이 명령되었고 자비가 제시되었으며 충고와 간언이 사용되던 시대였습니다. 그러므로 하나님께서 산 자와 죽은 자 모두를 심판하시며 각자 인생의 결과를 최종 결산하는 한 날이 마침내 꼭 와야만 합니다. 의로운 자들을 위해서라도 꼭 그래야만 합니다. 의로운 자들은 살해당했습니다. 그들은 멸시당하고 조롱거리가 되었습니다. 그보다 더 심한 경우에는 투옥되고 구타를 당하며 수도 없이 죽을 위험에 처하기도 했습니다. 최고의 사람들이 최고라는 이유로 최악의 경우를 당했습니다. 그러므로 이 모든 것들을 바로잡을 심판이 꼭 있어야 합니다. 게다가 각 시대의 곪아터진 죄악들이 하나님께 울부짖고 있기에 하나님은 이것 역시 처리하셔야 합니다. 그러한 죄가 처벌 없이 지나갈 수 있을까요? 보상과 처벌의 날, 즉 결산의 날이 없다면, 도덕적 통치의 끝은 어떻게 될 것이며, 그 도덕적 통치의 지속은 어떻게 확보될 수 있겠습니까? 하나님의 거룩하심을 드러내기 위해서라도, 하나님의 원수들을 제압하기 위해서라도, 하나님을 신실하게 섬겼던 사람들을 보상하기 위해서라도, 하나님이 세상을 심판하실 그 날은 꼭 있어야 하며, 반드시 있을 것입니다.

그 날은 왜 즉시 임하지 않는 것입니까? 또 언제 그 날이 임하게 될까요? 정확한 날짜를 우리는 말할 수 없습니다. 사람도 천사도 그 날을 알지 못합니다. 그리고 그 날을 추측하는 것은 어리석고도 불경한 일입니다. 왜냐하면 그 시간에 대해서는 심지어 인자도 알지 못한다고 하셨기 때문입니다. 심판의 날이 분명히 온다는 사실만으로도 우리에게는 충분합니다. 또 긍휼을 베풀어 주실 여지와 회개의 기간을 주시고자 심판이 연기되었다고 믿는 것만으로도 우리에게는 충분합니다. 경건하지 않은 자들이 언제 그 날이 임할는지 알고자 하는 이유가 무엇입니까? 여러분에게 그 날은 어떤 날입니까? 여러분에게 그 날은 흑암의 날이 될 것이며, 광명의 날이 되지 못할 것입니다. 그 날은 바싹 마른 그루터기 같은 여러분을 사르는 날이 될 것입니다. 그러므로 주님께서 오실 날을 연기하심에 대해 찬양하십시오. 그리고 주님의 오래 참으심은 여러분의 구원을 위한 것임을 생각하십시오.

그 뿐만 아닙니다. 주님께서는 자기 교회의 기본 골격을 완공하기까지, 계속해서 비계를 세워두십니다. 아직은 선택받은 자들이 모두 인간 자녀들의 죄에서 벗어나도록 부름받지 못했습니다. 아직은 보혈과 능력으로 구원받은 사람들이 모두 이 시대의 부패에서 하나님과 동행하는 거룩함으로 옮겨지지 않았습니다. 그러므로 주님은 잠시 기다리고 계신 것입니다. 그러나 여러분 아무도 자신을 속이지 마십시오(고전 3:18). 주님의 진노의 큰 날은 신속히 오고 있으며, 여러분에게 주어진 집행 유예의 날들은 얼마 남지 않았습니다. 주님께서는 하루가 천 년 같고 천 년이 하루 같습니다(벧후 3:8). 아마도 여러분은 인자가 나타나기 전에 죽을 것입니다. 하지만 여러분은 인자의 심판대를 보게 될 것입니다. 왜냐하면 인자가 부활하신 것처럼 여러분도 분명히 다시 부활할 것이기 때문입니다. 사도 바울은 아테네에서 그리스의 지혜자들에게 이렇게 말했습니다. "이제는 어디든지 사람에게 다 명하사 회개하라 하셨으니 이는 정하신 사람으로 하여금 천하를 공의로 심판할 날을 작정하시고 이에 그를 죽은 자 가운데서 다시 살리신 것으로 모든 사람에게 믿을 만한 증거를 주셨음이니라"(행 17:31).

오, 회개하지 않는 자들이여, 여러분은 부활하신 구세주가 자기 운명의 징표인 것을 알지 못합니까? 하나님께서 예수님을 죽은 자 가운데서 부활하게 하셨던 것처럼, 하나님께서는 여러분의 몸도 부활하게 하실 것입니다. 그래서 이 몸으로 심판에 임하게 될 것입니다. 이곳에 있는 모든 남녀가 심판대 앞에서 이 몸으로 행한 모든 것들을 이야기하게 될 것입니다. 그것이 선한 일이든 악한 일이든 모두 말입니다. 이것이 주님의 말씀입니다.

2. 하나님은 사람들의 은밀한 것을 심판하십니다.

이제 "하나님이 사람들의 은밀한 것을 심판하신다"고 하는 사실에 주목해 주십시오. 이 심판은 모든 사람, 모든 민족, 모든 연령, 모든 지위, 모든 성품에 대해 일어날 것입니다. 당연히 심판장은 그들의 외적인 행동들을 심판하실 것입니다. 하지만 그들을 심판하기 전에 먼저 진행되어야 할 일이 있는데, 바로 그들의 은밀한 행동들이 특별히 언급되는 것입니다. 이런 언급으로 이 심판이 좀 더 철저한 조사를 거친 것임을 알 수 있기 때문입니다.

"사람들의 은밀한 것"에 대해 성경이 의미하는 바는 다음과 같은 은밀한 죄악이라 할 수 있습니다. 은밀한 죄악은 그 자체로 너무 수치스럽기 때문에 감춰져 있는 것이고, 입에 담기엔 너무 비열한 것이며, 당연히 끌려나와야 하지만 밝은 대낮에 끌려나오게 되면 전국을 놀서리치게 할 그런 깃들입니다. 은밀한 범죄들은 심판대 앞에 끌려나올 것입니다. 즉, 한밤중에 밀실에서 행한 행위들이며, 손가락을 입술에 갖다대고 묵인을 맹세하도록 요구하는 행동들 말입니다. 구역질나고 뻔뻔한 이 은밀한 죄악들은 사실 다른 죄인들까지도 증오하는 죄라서, 그 죄를 범한 자들은 동료 죄인들로부터 축출될까봐 차마 언급하지도 못하는 그런 죄입니다. 그러나 이 모든 죄들이 드러날 것입니다. 여러분이 기독교인이라는 이름을 지닌 채, 과거에 행했고 지금도 행하고 있는 모든 은밀한 죄가 모든 사람들이 보는 앞에서 있는 그대로 드러나게 될 것입니다. 여러분이 지금 여기에서는 하나님의 백성들 가운데 앉아 있고 아무도 여러분을 주시하지 않는다고 하더라도, 만일 여러분이 정직하지 않고 진실하지 않으며 깨끗한 생활을 하지 않는다면, 이 모든 것은 알려지게 될 것이고 수치스럽고 당황한 얼굴로 영원히 있게 될 것입니다. 여러분이 잠에서 깨어나 받을 유산은 경멸입니다. 그 때는 더 이상 위선이 가능하지 않기 때문입니다. 속지 마십시오. 하나님은 업신여김을 받으시는 분이 아닙니다(갈 6:7). 하나님께서 사람들의 은밀한 것을 심판하실 것입니다.

특별히 오늘 본문은 모든 행동들의 숨은 동기에 대해 언급하고 있습니다. 왜냐하면 사람은 그릇된 동기를 지닌 옳은 일을 행할 수 있기 때문입니다. 그래서 사람들이 보기에는 옳은 것 같아도 하나님이 보시기에는 악한 행동일 수 있습니다. 이득을 위해 경건했고, 겉치레로 인자했으며, 칭찬받기 위해 열심이었고, 신앙적 평판을 유지하기 위해 대중 앞에서 신중했으며, 그동안 했던 모든 것이 자신을 위해, 오직 자신만을 위해 행한 것으로 입증되어, 여러분의 동기가 모두 빛 가운데 폭로된다면, 어떻게 될 것인지 생각해 보십시오! 인간의 욕망과 동기가 숨어 있는 지극히 어두운 밀실들이 대중적으로 공개될 때, 우리 삶을 비추시는 하나님의 빛은 얼마나 강한 빛이 되겠습니까! 모든 생각, 상상, 탐욕, 욕망 등을 드러낼 그 폭로가 어떠하겠습니까! 마음속의 모든 분노와 시기, 교만, 반항 등, 이 모든 것들이 폭로된다면 어떠하겠습니까!

　자기 통제를 잘 하는 사람이라도 그 모든 육체적 욕망과 상상들이 드러난다면 얼마나 불결하겠습니까! 사람들의 은밀한 것들이 한낮의 강한 햇빛에 드러나게 될 때 그 날은 어떠하겠습니까!

　하나님은 또한 죄인 그 자신도 미처 알지 못했던 은밀한 죄들을 드러내실 것입니다. 우리 속에는 우리도 전혀 보지 못하는 죄와 알지 못하는 허물이 있기 때문입니다.

　우리는 우리 자신의 안락을 위해서 다소 우리의 눈을 멀게 했습니다. 그래서 보고 난 후 마음이 편치 않을 것들에 대해서는 시선을 피하려고 주의했습니다. 그러나 주님께서 사람들의 은밀한 것을 심판하실 때인 그 날에는 이 모든 악들을 볼 수밖에 없을 것입니다. 어떤 랍비가 "하나님은 모든 행위와 모든 은밀한 일을 선악 간에 심판하시리라"(전 12:14) 하신 전도서의 말씀을 읽고 울었다고 하는데, 이것이 제게는 전혀 이상한 일이 아닙니다. 이 말씀은 아주 선한 사람이라도 충분히 두려워 떨게 만듭니다. 오! 예수님, 주님이 아니었다면, 주님의 보혈이 우리를 모든 죄로부터 깨끗하게 하지 않았다면, 우리는 어디에 있어야 했을까요? 주님의 공의가 아니었다면, 무엇으로 주님을 믿는 자들을 덮을 수 있을까요? 우리 가운데 누가 그 무서운 날의 참상을 참아낼 수 있을까요? 오! 예수님, 주님 안에서 우리가 의로워졌습니다. 그래서 우리는 그 시험의 때(계 3:10)를 두려워하지 않습니다. 주님이 아니었다면 우리의 마음은 두려움으로 낙망했을 것입니다!

　이제 여러분은 하나님이 왜 심판을 하시는지, 그것도 특별히 인간의 은밀한 것을 왜 심판하시는지에 대해 대답할 수 있을 것입니다. 인간의 법정에서는 은밀한 것들이 심판되지도 않고, 심판될 수도 없기 때문입니다. 이런 은밀한 것들이 인간의 근시안적인 인식을 가진 재판관에게는 보이지 않으니까 말입니다. 그런데 여기서 저는 또 이렇게 대답해 보려고 합니다. 하나님에게는 실제로 은밀한 것이 없다고 말입니다. 우리는 은밀한 죄와 공개된 죄를 구별합니다. 그러나 하나님은 구별하지 않습니다. 우리를 심판하시는 하나님의 눈에는 모든 것이 적 나라하게 드러나기 때문입니다. 인간의 모든 행위는 어디서든지 인격적으로 존 재하시는 하나님의 직접적인 임재 속에서 일어납니다. 하나님은 바로 그 현장에 있는 것처럼 만물을 보고 그것에 대해 알고 계십니다. 그래서 모든 은밀한 죄라 는 것은 우리의 무지가 빚어낸 상상 속의 착각이며, 단지 우리가 보기에 은밀할 뿐입니다. 자기 앞에서 벌어지는 은밀한 죄를 목격한 당사자보다도, 하나님은 그 은밀한 죄를 더욱 잘 보고 계십니다. "사람이 내게 보이지 아니하려고 누가 자신을 은밀한 곳에 숨길 수 있겠느냐 여호와가 말하노라"(렘 23:24).

사람들의 은밀한 것이 심판받게 될 것입니다. 왜냐하면 위대한 도덕적 행위 들은 종종 은밀하게 일어나기 때문입니다. 하나님께서 기뻐하시는 가장 빛나는 행위들은, 하나님의 종들이 문을 닫고서 오직 하나님과 함께 했을 때, 하나님을 기쁘시게 하려는 동기 외에 다른 동기를 갖지 않았을 때, 인간들의 칭찬에 좌우 되지 않도록 세상에 알려지는 것을 피하기 위해 부단히 애썼을 때, 오른손이 하 는 것을 왼손이 모르도록 했을 때, 사랑과 온유한 마음으로 넉넉히 베푸는 일들 을 계획하고 배후에서 그 일이 이뤄지도록 애쓰지만 어떻게 그 일이 일어났는지 알려지지 않도록 했을 때, 바로 그 때 일어납니다. 그러한 행위들이 마지막 결산 할 시점에서 빠져버린다면 안타까운 일일 것입니다. 이와 마찬가지로 은밀한 죄 악들 역시 눈에 잘 보이는 것이 아닙니다. 따라서 이러한 죄를 면해 주는 것은 극악무도한 죄인들이 처벌받지 않도록 하는 것과 같다고 할 수 있습니다. 그 죄 를 묵인해주는 대가로 죄인들이 돈을 지불했다고 해서, 그 더러운 죄에 대한 벌 을 면할 수 있을까요? 저는 엄숙하게 말씀드립니다. "그럴 수 없느니라"(롬 3:4). 하나님은 면하게 하지 않으십니다. 그들이 은밀히 행한 것이 지붕 위에서 전파 될 것입니다(눅 12:3).

그뿐 아니라 사람들의 은밀한 것은 그들이 하는 행동의 본질 그 자체를 가 리킵니다. 결국 어떤 행동은 그것이 선한 것이든 악한 것이든 그 동기에 따라 결 정된다는 것입니다. 어떤 행동이 선한 것처럼 보여도 그 동기가 그 선한 행동을 더럽힐 수 있습니다. 그러므로 만약 하나님께서 어떤 행동의 은밀한 부분을 심 판하지 않으신다면, 하나님께서는 의롭게 심판하지 못한 것이 됩니다. 하나님께 서는 우리의 행동들을 달아보시며, 그러한 행동을 하게 된 의도와 그것을 추진한 마음을 탐색하실 것입니다.

　　은밀한 것이야말로 한 사람의 상태를 보여주는 최고의 증거가 된다는 것은 확실히 옳지 않습니까? 많은 사람들은 자기가 부끄러워할 일을 공개적으로 하지 않습니다. 그것은 그 사람이 뭔가를 은밀하게 해야 할 정도로 나쁜 마음을 가져서가 아니라, 너무나 소심해서 드러내놓고 하지 못하기 때문입니다. 아무도 없이 혼자 있다고 생각할 때, 사람이 행하는 그것이 한 사람의 상태를 가장 잘 보여줍니다. 타인의 비난이 두려워 악행을 하지 않는 경우도 있으며, 타인의 칭찬 때문에 선행을 하는 경우도 있습니다. 이 두 경우 모두 여러분의 참된 성품을 충분히 보여주지도 못하며, 여러분의 마음을 분명히 보여주는 시험 도구도 되지 못합니다. 그러한 행동들은 다만 자기추구에 지나지 않으며, 자기 동료에게 얼마든지 복종하겠다는 비열한 마음만 보여줄 뿐입니다. 그러나 다른 어떤 권위가 아니라 오직 당신 자신의 양심과 하나님의 권위에서 비롯된 행동, 그리고 타인들의 말이나 시선에 개의치 않는 행동, 이런 행동들은 당신이 누구인지를 보여주며 당신의 참된 영혼을 나타냅니다. 그래서 하나님께서는 그 날에 예수 그리스도로 말미암아 인간의 "은밀한 것"을 심판하실 것이라는 사실을 특별히 강조하시는 것입니다.

　　오, 교우 여러분, 여러분이 이러한 사실을 생각하면서도 떨리지 않는다면, 그래서는 안 됩니다. 저는 이런 문제들에 대해 설교해야 할 깊은 책임감을 느낍니다. 그래서 저는 이런 진리들이 우리의 마음을 움직여 우리 삶에 강력히 역사하도록 무한한 자비의 하나님께 기도합니다. 이 진리들이 우리를 깜짝 놀라게 해야 합니다. 그러나 저는 그 진리들의 결과가 미미하다는 사실에 마음이 아픕니다. 우리는 이런 진리에 너무 익숙해져 있어서, 마땅히 감동을 받아야 할 순간에도 깊은 감동을 받지 못합니다.

　　형제 자매 여러분, 우리가 심판 때에 상대해야 할 분은 바로 전지(全知)하신 하나님입니다. 그 하나님은 이런 분입니다. 그분은 한번 알게 된 것은 절대 잊지 않으십니다. 그분은 모든 만물 안에 항상 임재하시는 분입니다. 그분은 어떤 사람을 두려워하거나, 또는 편애해서 무엇을 비밀로 해 주시는 분이 아닙니다. 그분은 모든 인간의 삶에 공의를 베푸는 분으로서 전지와 공명정대한 영광을 곧 가져오실 분입니다. 하나님이여, 우리를 도우셔서, 우리가 움직이든지 쉬든지 어느 곳에 있든지, 매 순간 우리의 생각과 말과 행동이 하나님의 보좌로부터 나와 만물을 비추는 불꽃 가운데 있음을 우리가 기억하게 하소서.

3. 하나님은 예수 그리스도로 말미암아 사람들의 은밀한 것을 심판하십니다.

오늘 본문이 말하는 또 다른 엄숙한 계시는 "하나님이 예수 그리스도로 말미암아 사람들의 은밀한 것을 심판하신다"는 것입니다. 하나님의 대리인으로서 하나님을 대행하는 재판장으로서 보좌 위에 앉으실 분은 예수 그리스도입니다. 재판장의 이름이 무엇이라고요? 기름 부음 받으신 구세주, 곧 예수 그리스도입니다. 그분께서 모든 인류의 재판장이 되실 것입니다. 우리의 구속자께서 우리 운명의 심판자가 될 것입니다.

제가 확신하기로, 이것이 맨 처음 드러나는 그분의 영광일 것입니다. 헤롯에게 추격을 당하고 피난처를 찾아 밤에 애굽으로 내려 갈수밖에 없었던 베들레헴 외양간의 아기와, 만왕의 왕이요 만주의 주로서 모두가 그 앞에 무릎 꿇어야 할 그분 사이에는 얼마나 큰 차이가 있습니까! 많은 고생과 화를 당한 사람과, 영광의 풍채를 가지고 무지개로 둘러싸인 보좌에 앉아 계신 그분 사이에는 얼마나 큰 차이가 있습니까! 사람들의 비웃음을 받던 상태에서 우주적 심판자의 보좌로 옮겨진 것은 얼마나 놀라운 상승입니까! "멸시를 받아 사람들에게 버림 받았던" (사 53:3) 자와, 누구에게나 인정받는 주님으로서, 로마의 황제들과 교황들도 머리가 땅에 닿을 정도로 경배하는 그분 사이에서, 제 마음이 느끼는 그 감정의 대조를 여러분에게 어떻게 다 전달할 수 있을까요! 빌라도의 법정에서 재판을 받았던 그분이 모든 사람을 자신의 법정으로 소환할 것입니다.

수치, 침 뱉음, 못 박힘, 상처, 조롱, 목마름, 죽음의 고통 등을 받던 상태에서 불꽃 같은 눈동자와 좌우에 날선 검이 나오는 입(계 1:16)을 가진 분으로 임하시는 영광으로의 변화는 그 얼마나 놀라운 변화입니까! 열방은 그분을 꺼려했지만, 그분은 그 열방까지도 심판하실 것입니다. 자기들과 함께 살 만한 가치가 없다면서 그분을 내쫓았던 그 열방 사람들을 그분은 질그릇 같이 산산조각 내실 것입니다. 지금처럼 그분이 온유한 연민과 관대한 겸손으로 자신을 계시하실 때, 우리는 당연히 그분 앞에 경배해야 하는 것 아닙니까! 그분께서 화내지 않도록 인자에게 입 맞춥시다. 그분의 진노하심에 박살나지 않도록 그분의 은혜에 굴복합시다. 죄인들이여, 못 박힌 그 발 앞에 경배하십시오. 그렇지 않으면 포도즙 틀에서 포도송이를 밟듯 그 못 박힌 발이 여러분을 짓밟을 것입니다. 여러분이여, 울며 그분을 바라보십시오. 그리고 여러분이 그분을 잊었음을 고백하십시오. 그리고 그분을 신뢰하십시오. 그분께서 분개하여 여러분에게 냉담하지 않도록 하십시오. 오, 그분께서 장차 이렇게 말씀하실 것을 기억하십시오. "내가 왕 됨을 원하지 아니하던 저 원수들을 이리로 끌어다가 내 앞에서 죽이라"(눅 19:27).

　　주 예수님이 재판권을 가지게 됨으로써 그분의 영광은 더욱 커질 것입니다. 확실한 오류에 빠진 영혼들이 주장하는 논쟁들도 마침내 종결될 것입니다. 다시 말해 그 날에는 우리 주님의 신성에 대해 조금도 의심이 없을 것입니다. 그리고 그 날에는 십자가에 못 박혔던 예수님이 우리의 주님이자 하나님이신 것을 더 이상 묻지 않을 것입니다. 하나님께서 친히 심판하실 것입니다. 그러나 하나님의 아들이신 예수 그리스도의 인성 안에서 심판을 수행하실 것입니다. 이 예수 그리스도는 참된 사람이지만, 가장 참된 하나님이시기도 합니다. 예수 그리스도는 하나님이시기에 세상을 공의로, 인간들을 그의 진리로 심판하실 신적 자격이 있는 분입니다.

　　왜 하나님의 아들이 최후의 심판장으로 선택되었는지 제게 다시 물으신다면, 저는 여러분에게 좀 더 깊이 있는 대답을 할 수 있습니다. 즉, 그분은 자신이 친히 당한 고난의 보상과 자기의 영광을 드러내는 것으로서 최후의 심판장이 되셨을 뿐 아니라, 또한 지금까지 그분이 인간을 중재하며 통치하셨기에 인간의 통치자와 왕으로서 이 귀한 직분을 받으신 것입니다. 지금 이 순간에도 하나님은 우리와 함께 하시는 임마누엘의 왕으로 우리를 통치하고 계십니다. 우리는 하나님이 베푸시는 은혜로 여기까지 지내오게 되었습니다. 우리는 즉각 분을 발하는 하나님의 통치 아래 있는 것이 아니라, 평화의 왕이 다스리는 화해의 통치 아래에 있습니다. "하늘과 땅의 모든 권세를 내게 주셨으니"(마 28:18). "아버지께서 아무도 심판하지 아니하시고 심판을 다 아들에게 맡기셨으니 이는 모든 사람으로 아버지를 공경하는 것 같이 아들을 공경하게 하려 하심이라"(요 5:22-23). 하나님은 우리에게 명령하셨습니다. 곧, 백성에게 전도할 것과 "하나님이 살아 있는 자와 죽은 자의 재판장으로 정하신 자가 곧 이 사람인 것을 증언하게"(행 10:42) 하셨습니다. 예수님은 우리의 주님이시며 왕이십니다. 그러므로 그분께서 그의 백성들에게 그 행위대로 보상하심으로써 그분의 중재적 통치를 종결 짓는 것이 마땅합니다.

이제 저는 여러분의 마음이 틀림없이 움직일 만한 말씀을 좀 드리고자 합니다. 이번에 드릴 말씀은 꼭 여러분의 심중에 도달했으면 합니다. 하나님께서 그리스도, 즉 사람이신 예수 그리스도를 선택하여 세상을 심판하도록 하신 것은, 그 심판에 대해서 어떠한 이의도 제기할 수 없도록 하기 위한 것이라고 저는 생각합니다. 우리는 이런 말도 할 수 없을 것입니다. 우리의 심판자는 우리와 너무 다른 초월자여서, 도대체 우리 인간의 연약함과 유혹에 대해서는 전혀 알지 못하며, 따라서 우리의 상황에 대한 일반적인 고려도 없이 우리를 너무 가혹하게 심판했다고 말입니다. 이 말은 틀린 말입니다. 하나님은 사람들의 은밀한 것을 예수 그리스도로 말미암아 심판하실 것입니다. 이 예수 그리스도는 우리와 똑같이 모든 면에서 유혹을 받으셨습니다. 하지만 죄는 없으십니다. 예수 그리스도는 우리의 형제입니다. 우리와 같은 뼈와 살을 가졌으며, 우리의 인성을 공유했던 분입니다. 그러므로 인간 안에 있는 모든 것을 이해하고 알고 계십니다. 그분은 여러 시대에 걸쳐 모든 은혜의 수술에서 능숙한 솜씨를 친히 보이셨습니다. 그분은 마지막으로 마음의 동기를 해부하고 마음의 생각과 의도를 드러내는데 있어서도 똑같이 능숙한 솜씨를 보이실 것입니다. 아무도 존엄한 재판관석을 향해 인간의 연약함에 대해 전혀 모르는 재판관이었다고 소리칠 수 없을 것입니다. 그분은 사랑의 그리스도입니다. 그분의 눈물, 그분의 피와 땀, 그분의 패인 상처 등은 그분이 인류와 한 형제임을 증명합니다. 아무리 그분의 판결이 두려운 것이라 해도, 그분이 무자비한 분일 수 없다는 것은 조금만 생각해 봐도 분명해질 것입니다. 하나님은 예수 그리스도로 말미암아 우리를 심판하실 것입니다. 따라서 그 심판에는 논란의 여지가 없을 것입니다.

여러분, 귀를 기울여 주십시오. 맹세하건대 제가 심사숙고해서 드리는 말씀이기 때문입니다. 예수 그리스도로 말미암는 이 심판에는 그 어떤 추후 중재도 없습니다. 이 심판에는 그런 모든 희망의 가능성이 없습니다. 구세주께서 유죄 판결을 내리셨는데, 우리를 위해 변호할 그런 구세주가 또 있겠습니까? 포도원 주인이 열매 맺지 못하는 나무를 찍어버리려고 할 때, 포도원지기는 "금년에도 그대로 두소서"(눅 13:8) 하고 말했습니다. 그런데 만약 포도원지기가 주인에게 "베어야 합니다. 제가 찍어버리겠습니다"라고 말했다면, 그 나무는 어떻게 되었겠습니까? 마찬가지로, 여러분의 구세주가 여러분의 심판장이 된다면, 여러분은 정말로 심판을 받게 되는 것입니다. 만약 그분께서 "저주를 받은 자들아 나를 떠나라"(마 25:41) 하고 말씀하신다면, 누가 여러분을 다시 부를 수 있겠습니까? 인간을 구원하기 위해 피 흘리신 분께서 더 이상 어떻게 해 볼 수 없는 그런 곳에 도달했다면, 그들은 그의 앞에서 쫓겨나 영원한 작별인사만 할 수 있을 뿐입니다. 죄인들에게 그 심판의 날은 진정 이런 날이 될 것입니다.

> "두려움과 결정과 절망의 큰 날."
>
> (「야상」[Night Thoughts, 1807] 232쪽 ─ 역주)

    사랑이신 그리스도의 말씀이 그들의 등골을 오싹하게 하며, 영원한 절망의 얼음 속에서 그들이 꼼짝도 못할 것 같은 무한한 공포가 그들의 영혼을 사로잡을 것입니다. 제 생각에 최고로 장엄한 말씀은 하나님이 예수 그리스도로 말미암아 사람들의 은밀한 것을 심판하신다는 사실 속에 있는 것 같습니다.

    이것은 또한 그 판결이 얼마나 신뢰할 수 있는 것인가를 보여주지 않습니까? 왜냐하면 하나님의 대행자인 이 그리스도께서 인간들을 너무나 진지하게 대하시기 때문입니다. 만약 그분께서 "복 받을 자들이여 나아오라"(마 25:34) 하고 말씀하신다면, 그들은 그들의 유업을 받을 것입니다. 만약 "저주를 받은 자들아 나를 떠나라" 하고 말씀하신다면, 저주가 내리고 그들이 영벌을 받게 될 것입니다. 그분은 어떤 일이 있어도 아버지의 뜻대로 행한 것에 대해 번복하지 않으시며, 그 날에 운명의 판결을 선포할 때에도 위축되지 않으실 것입니다. 오, 자비의 구세주께서 영원한 재앙의 판결을 선포하실 수밖에 없도록 만드는 그 죄는 얼마나 큰 악입니까!

    제가 확신하기로는, 우리 중 대다수가 최근에야 비로소 커져가는 죄에 대해 혐오하기 시작했습니다. 우리가 사악한 죄 가운데서 살고 있다는 것을 깨닫고는 우리의 영혼이 움찔합니다. 그 죄악을 쳐부수기 위해 전능하신 분의 번개라도 기꺼이 빌리고 싶은 게 우리의 마음입니다. 우리의 이런 성급함은 그리 적절해 보이지 않을 수도 있습니다. 왜냐하면 이런 생각은 하나님의 오래 참으심에 대한 불평을 은연중에 드러내는 것이기 때문입니다. 그러나 악을 대하는 그리스도의 태도는 차분하고 침착하게 진행되다가 급기야 박살내 버리는 것입니다. 인간을 향한 최고의 사랑을 증명하는 예수님의 못 박힌 손은 회개하지 않는 자를 흔들어 버리실 것입니다. 수고한 자들에게 내게로 와서 쉬라고 말씀하신 그 입술은 사악한 자들에게 이렇게 엄숙히 말씀할 것입니다. "저주를 받은 자들아 나를 떠나 마귀와 그 사자들을 위하여 예비된 영원한 불에 들어가라"(마 25:41). 십자가에서 못 박혔던 그 발에 짓밟힌 자들은 확실히 멸절될 것입니다. 꼭 그렇게, 하나님이 예수 그리스도로 말미암아 사람들의 은밀한 것을 심판하실 것입니다.

하나님은 이 심판에서 그의 모든 완전하심을 하나의 통일된 모습으로 드러내 보이고자 하시는 것 같습니다. 예수 그리스도이자 하나님의 아들인 이 동일한 인간 안에서 공의와 사랑, 자비와 정의가 똑같이 결합되어 있음을 여러분은 보게 됩니다. 그분은 오른편에 있는 자들을 보고 아주 부드럽게 "복 받을 자들이여"라고 말씀하시고, 같은 입으로 왼편에 있는 자들을 바라보며 "저주를 받은 자들아"라고 말씀하십니다. 그 때 사람들은 사랑과 공의가 어떻게 하나로 통일되는지 한눈에 보게 될 것입니다. 그리고 이 둘이 어떻게 예수님의 인성 안에서 동일한 영광으로 연합하는지 보게 될 것입니다. 그러므로 하나님은 가장 사랑하는 자 예수님을 산 자와 죽은 자의 재판장으로 선택하셨습니다.

4. 이 모든 것은 복음에 이른 바와 같습니다.

다음 주제에 대해 잠시 언급하고 설교를 끝내려고 합니다. 우리가 다룰 주제는 바로 이 모든 것은 복음에 이른 바와 같다는 것입니다. 즉, 이 준엄한 가르침과 반대되는 것은 복음에 없다는 말입니다. 사람들은 교회로 와서 우리가 무한한 자비를 전하고 죄를 용서하는 사랑에 대해 말해주길 원합니다. 우리가 그런 메시지만 전하도록 부름을 받았다면, 우리의 임무는 기쁜 일일 것입니다. 하지만 여러분, 우리의 메시지는 죄에 대해 결코 가볍게 여기지 않습니다. 복음은 여러분이 계속 죄를 지을 구실이나 처벌을 피할 수 있는 빌미를 제공하지 않습니다. 복음의 외침은 이것입니다. "너희도 만일 회개하지 아니하면 다 이와 같이 망하리라"(눅 13:3). 예수님도 죄를 덜 무섭게 하기 위해 이 세상에 오신 것이 아닙니다. 복음은 죄를 결코 옹호하지 않습니다. 복음은 정욕, 분노, 부정직, 거짓 등에 대해 결코 관용을 베풀지 않습니다. 복음은 참으로 죄를 대항하는 양날 가진 검과 같습니다. 예전에 율법이 그랬던 것과 마찬가지로 말입니다.

죄 짓기를 중단한 사람에게는 은혜가 있지만, 악을 행하는 모든 사람에게는 환난과 진노가 있습니다. "사람이 회개하지 아니하면 그가 그의 칼을 가심이여 그의 활을 이미 당기어 예비하셨도다"(시 7:12). 복음은 회개하는 자에게는 아주 부드럽습니다. 하지만 완고한 행악자들에게는 아주 무섭습니다. 죄를 끊기만 하면 복음은 죄인의 괴수라도 용서하며, 비열한 사람 중의 가장 비열한 자라 하더라도 자비를 베풉니다. 우리의 복음에 이른 바와 같이, 계속 악을 행하는 자는 지옥에 던져질 것이며, 믿는 자는 저주를 받지 않을 것입니다. 인간의 영혼에 대한 깊은 사랑을 가지고 저는 이 진리를 증거하고 있습니다. 회개하고서 그리스도에 대한 신앙으로 돌이키지 않는 자는, 의인들이 영생에 들어가듯, 영벌에 들어갈 것입니다. 이것이 바로 우리의 복음에 이른 바와 같은 것입니다. 이러한 심판이 없다면, 정말로 그런 복음은 우리에게 필요 없습니다. 십자가의 배경에 그리스도의 심판대가 있습니다. 죄에 있어서 감당 못 할 큰 악행이 있었고, 심판에 있어서 감당 못 할 큰 공의가 있었으며, 범죄에 대한 확실한 배상에 있어서 감당 못 할 큰 공포가 있었기에, 우리에게는 그렇게 엄청난 속죄가 필요했고, 그렇게 엄청난 희생이 필요했던 것입니다.

　"나의 복음에 이른 바와 같이"라고 바울은 말하면서, 심판을 복음의 핵심으로 주장합니다. 제가 복음을 요약해야 한다면, 저는 여러분에게 다음과 같이 몇 가지 사실들을 꼭 말해야 할 것입니다. "하나님의 아들이신 예수님이 사람이 되셨다. 그분은 동정녀 마리아에게서 나셨다. 완전한 삶을 사셨다. 사람들에게서 거짓 고소를 받으셨다. 십자가에 못 박히고, 죽었으며, 장사되셨다. 제삼일에 죽은 자 가운데서 부활하셨다. 그분은 하늘에 오르사 하나님 우편에 앉아 계시다가 저리로서 산 자와 죽은 자를 심판하러 오실 것이다." 이것이 우리가 믿는 복음의 기본 진리들 중의 하나입니다. 즉, 우리는 죽은 자의 부활과 최후 심판과 영원히 사는 것을 믿습니다.

　심판은 우리의 복음에 이른 바와 같습니다. 의로운 분노가 생길 때마다, 그 끔찍한 심판은 마음이 착한 사람들에겐 바로 복음이 되는 것 같습니다. 무슨 말인가 하면, 저는 압제, 노예 제도, 가난한 자의 유린, 피 흘림 등에 대해서 이런저런 내용들을 읽게 되었고, 읽고 나서는 의로우신 재판장이 있다는 사실에 기뻐하게 되었습니다. 저는 이 도시의 부유한 자들 가운데서 벌어지는 은밀한 죄악들도 읽게 되었습니다. 저는 속으로 이렇게 말했습니다. "심판의 날이 있게 하신 하나님 감사합니다." 상류층 사람들이 짓는 죄에 비하면 아무것도 아닌 죄로 수천 명의 사람들이 교수형을 당했습니다. 아, 이런 일을 생각할 때마다 우리의 마음이 얼마나 무거워지는지요! 하나님을 모르는 자들과 우리 주 예수의 복음에 복종하지 않는 자들에게 보복하시면서(살후 1:8), 주님께서 불꽃 가운데 나타나실 것이라는 사실이 우리에게 복음처럼 다가왔습니다. 런던에서 은밀하게 벌어지는 악행들이 영원히 계속될 수는 없습니다.

인간을 정말 사랑하고 인간이 구원받기를 간절히 바라는 자들이라도, 이런 악행을 보고 하나님께 이렇게 울부짖을 수밖에 없을 것입니다. "언제까지입니까! 언제까지입니까! 위대하신 하나님, 언제까지 이것을 참으시렵니까?" 하나님이 이 세상을 심판하실 날은 이미 정해져 있습니다. 그러나 우리는 사악한 자들의 지배가 끝나고 압제받는 자들이 풀려날 때까지 슬퍼하며 울부짖습니다. 사랑하는 성도 여러분, 우리는 주님의 재림을 전해야 합니다. 주님이 다시 오신다는 사실을 예전보다 더 많이 전해야 합니다. 왜냐하면 주님이 오신다는 사실이 복음의 추진력이기 때문입니다. 너무나 많은 사람들이 이 사실을 숨기고 있습니다. 그래서 복음의 팔에서 뼈대가 빠진 셈이 되었습니다. 복음의 핵심은 깨어졌고, 복음의 날카로움은 무뎌졌습니다. 장차 임할 심판의 교리는 사람을 깨우는 능력입니다. 장차 임할 심판의 교리는 이것입니다. 이 땅의 삶과는 다른 삶이 있고, 주님이 다시 오실 것이며, 심판이 있을 것이고, 하나님의 진노가 드러날 것이라는 말입니다. 제가 감히 말하건대, 이것이 전해지지 않은 곳은 복음이 전해지지 않은 곳입니다. 그리스도의 복음을 전할 때, 사람이 계속해서 죄를 짓는다면 어떤 일이 일어날지에 대해 경고하는 것은 절대적으로 필요합니다.

여러분이 의사라고 합시다. 그런데 여러분은 너무 마음이 약한 나머지 환자에게 환자의 상태에 대해 말하기 어려워합니다. 여러분은 환자에게 환자의 상태를 알리지 않고 그 환자를 치료하려고 합니다. 그래서 환자들에게 듣기 좋은 말만 합니다. 그러면 어떻게 될까요? 환자들은 여러분을 비웃으며 자기가 죽는 줄도 모르고 마음대로 할 것입니다. 그러다 결국 환자는 죽습니다! 여러분의 마음 약한 동정심은 잔인한 결과로 끝이 납니다. 여러분의 듣기 좋은 말은 독이 되었습니다. 여러분은 살인자가 된 것입니다.

우리도 그렇게 사람들을 엉터리 천국으로 인도하고 있는 것은 아닙니까? 지옥에서 깨게 될 단잠으로 그들을 재우고 있는 것은 아닙니까? 우리의 부드러운 메시지가 그들이 저주를 받도록 돕고 있는 것은 아닙니까? 하나님의 이름을 걸고 말씀드립니다. 우리는 그래서는 안 됩니다. 하나님께서는 "나의 복음에 이른 바와 같이 예수 그리스도로 말미암아 사람들의 은밀한 것을 심판하시는" 그 날을 이미 정하셨기 때문에, 그리스도의 모든 참된 사역자는 아낌없이 크게 소리 쳐야 합니다. 바울의 복음이 확실한 사실인 것처럼, 장차 심판이 임하는 것도 확실합니다. 그러므로 오, 죄인들이여, 오늘 예수님께로 달려가십시오.

오, 성도들이여, 오늘 예수님께로 피하십시오. 속죄의 희생으로 피 흘리신 주님의 날개 아래 숨으십시오. 그래서 다시 오실 주님을 환영할 준비와 그분의 심판대까지 주님을 호위할 준비를 하십시오. 제 설교를 듣는 여러분에게 하나님께서 축복해 주시기를 예수님의 이름으로 축원합니다. 아멘.

제

4

장

—

차별이 없느니라

—

"곧 예수 그리스도를 믿음으로 말미암아 모든 믿는
자에게 미치는 하나님의 의니 차별이 없느니라
모든 사람이 죄를 범하였으매
하나님의 영광에 이르지 못하더니" — 롬 3:22-23

오늘 본문에서 사도 바울은 "차별이 없느니라"고 말합니다. 그렇다고 해서
모든 사람이 모든 측면에서 다 똑같다고 하는 의미는 아닙니다. 사람들 사이에
는 정말 다양하면서도 중요한 차이들이 있습니다. 중생하지 못한 사람들이라 하
더라도 모두 도매금으로 별 차이가 없다고 말하는 것은 사실도 아니고, 아주 부
당한 일입니다. 왜냐하면 죄인들 사이에도 많은 차이와 등급이 있기 때문입니
다. 다시 말해, 악을 행하는 일에 자기 몸까지 파는 사람이 있는가 하면, 어릴 때
부터 하나님의 계명을 잘 지켜온 사람들도 있습니다. 또 온갖 악을 즐기는 사람
이 있는가 하면, 비록 회심하지는 않았어도 추잡한 악에 대해 언급하기조차 꺼
려하는 사람들도 있고, 그런 추잡한 것을 피하는 사람들도 있습니다. 아직 주님
의 편으로 돌아선 것은 아니지만, 성경에 나오듯이 부자 청년 같은 사람들도 있
습니다(마 19:16). 그리스도께서는 그 청년에게 칭찬할 것이 많음을 아셨기에 그
를 사랑하셨습니다. 이와는 달리 가룟 유다처럼 우리 주님이 마귀라고 부르신
(요 6:70-71), 확실히 지옥의 자녀인 그런 사람들도 있습니다. 모든 사람이 다
악마이거나 악마 같은 것은 아닙니다. 모든 사람이 다 똑같이 마음이 완악한 것

도 아니고, 모든 사람이 다 동일하게 허랑방탕한 것도 아닙니다. 따라서 바울이 "차별이 없느니라"고 말했을 때, 그것은 외적인 성품에 차별이 없다는 뜻은 아니었습니다.

우리가 가진 외적인 성품이 어떠하든지 그것은 별로 중요한 문제가 아니라는 생각에 휩쓸리지 맙시다. 오히려 이것은 굉장히 중요한 문제입니다. 마지막 날에 큰 죄를 지은 자는 큰 벌을 받게 될 것입니다. "주인의 뜻을 알고도 준비하지 아니하고 그 뜻대로 행하지 아니한 종은 많이 맞을 것이요 알지 못하고 맞을 일을 행한 종은 적게 맞으리라"(눅 12:47-48). 하나님은 공의로우십니다. 그래서 하나님은 그 원수들을 보복하실 때도 항상 공의에 따라 엄격하게 행하십니다. 여러분이 도덕적이어야 하고 절제하며 정숙하고 정직해야 하는 것은 여러분 자신의 유익을 위한 것이기도 하지만, 여러분의 주변 사람들의 유익을 위한 것이기도 합니다. 여러분이 이런 성품들의 소유자가 될 수 있도록 하나님께서 도우시기를 바랍니다.

그런데 사람들마다 성품에 차이가 있습니다. 아주 어릴 때부터 보여주는 기질의 차이가 확실히 존재합니다. 어떤 아이들은 태어날 때부터 온화하고 유순해 보이는 반면, 어떤 아이들은 성마르고 반항적인 기질을 보입니다. 우리에게는 아직 회심은 하지 않았지만 항상 상냥하고 사랑스러우며 인정이 넘치고 친절한 친구들이 있을 것입니다. 그들은 딱 한 가지만 제외하고는 우리가 바라는 모든 것을 가지고 있습니다. 하나님께서 그런 사람들을 도우셔서 그 한 가지도 곧 갖게 해 주시기를 바랍니다! 아직은 그들이 그리스도의 발 앞에 나오지 않았다 해도, 그들은 어린 시절부터 종교적 성향을 가진 것으로 보이고, 하나님의 전에 있기를 즐거워합니다. 비록 지금은 그들의 마음이 은혜로 중생하지 못한 상태라 해도, 최소한 외면적으로는 하나님의 길을 따르고 있습니다. 그런데 애석하게도, 이들과는 정반대의 기질을 가진 사람들이 있습니다. 그들은 악한 일이라면 무엇이든 할 마음이 있는 것 같습니다. 우리는 경건한 가정에서도 어린아이들이 마음대로 행동해도 좋을 자유를 가지는 순간부터 부모의 마음을 아프게 행동하기를 좋아하는 경우를 자주 보았습니다. 이들은 날 때부터 변덕스럽고 허영심이 강하고 쾌락을 좋아하고 교만하고 고집스럽고 사악했던 것 같습니다. 이렇듯 서로 다른 사람들 가운데 서로 다른 기질들이 존재하는 것은 틀림없습니다. 그러므로 바울이 "차별이 없느니라"고 말할 때, 성품이나 기질을 염두에 두고 말한 것은 아닙니다.

아직 구원받지 못한 사람들이 말씀을 받아들일 준비가 어느 정도 되어 있는 가에 대해서도 차이가 있습니다. "착하고 좋은 땅"(눅 8:15) 같은 사람들이 있습니다. 이미 쟁기질로 골이 나 있어서 거기에는 한 줌의 좋은 씨앗만 필요할 뿐입니다. 씨가 뿌려지자마자 뿌리가 내릴 것이고 때가 되면 추수할 수 있을 것입니다. 반면에 돌밭 같은 사람들도 있습니다. 표면적으로는 좋은 씨를 받아들일 준비와 자세를 갖추고 있습니다. 그들은 말씀을 기쁨으로 받아들이는 것 같습니다. 하지만 땅 밑에 있는 단단한 바위가 부서지지 않았기 때문에, 그리고 그 밑에 쟁기질 된 흙이 없기 때문에, 복음의 메시지를 들어도 지속적인 결과가 없습니다. 그리고 사람들이 밟고 다녀 단단해진 길가와 같은 사람들도 있습니다. 그런 길에 무수히 많은 씨앗을 뿌려보지만, 결과는 새들만 먹이는 꼴이 되고 맙니다. 공중의 새들이 그 길 위에 뿌려진 것을 모조리 먹어버릴 것입니다. 말씀을 듣는 우리 모두가 그렇게 되지 않기를 기원합니다!

사랑하는 성도 여러분, 여러분이 본 바와 같이 사람들 사이에는 어떤 측면에 있어서 큰 차이들이 존재합니다. 그러나 오늘 본문에서 사도 바울은 한 가지 측면에 대해 말하고 있습니다. 그 의미를 그 이상으로 확대해서는 안 됩니다. 사람들 사이에 차이가 없는 한 가지가 있습니다. 그것은 바로 "모든 사람이 죄를 지었다"는 점입니다. 모든 사람은 자신의 의에 대해 주장할 권리를 모두 상실했습니다. 그들이 의로워지기 위해서는 그리스도의 의를 덧입어야만 합니다. 그 의를 덧입고자 하는 사람이라면 모두 주 예수 그리스도를 믿어야만 합니다. 왜냐하면 구원의 길은 한 길뿐이고 오직 하나만 존재하며, 설령 다른 것에는 어떤 차이가 있을지 몰라도 이 문제에 있어서만큼은 차이가 없습니다. 우리가 구원을 받았다면, 우리 모두는 이 한 길로 구원받았음이 틀림없습니다. 저는 오늘 이 방향에서 설교를 전하려고 합니다. 첫 번째, 복음과 구원의 문제에 있어서 "차별이 없다"는 이 교리에 대해 자세히 살펴보겠습니다. 두 번째, 이 교리와 우리의 실제적 관련성에 대해 살펴보겠습니다. 세 번째, 이 교리에 대해 기뻐하려고 합니다. 우리의 마음이 이 교리를 찬양하도록 해야 합니다. 왜냐하면 "차별이 없느니라"는 이 짧은 두 마디 속에 수많은 찬양과 시편의 원재료들이 있기 때문입니다.

1. 복음과 구원에 있어서 "차별이 없다"는 진리의 의미

그럼 첫 번째로 이 교리에 대해 자세히 살펴보겠습니다. 이 과정에서 우리는 네 가지 사실을 관찰하게 될 것입니다.

그 중 첫째 사실은, 사람들에게 전해진 구원의 메시지에 차별이 없다는 것입니다. 만약 제가 지적 수준이 높고 교육을 잘 받은 사람들이 모인 집회에서 설교를 하게 된다면, 제게는 큰 영광일 것입니다. 그러나 그런 집회를 인도한다 하더라도, 저는 그들에게 예수 그리스도의 보혈과 의를 믿음으로 구원받는 복음 설교를 합니다. 다른 한편으로 저는 학식 있고 대단한 사람들이 아닌, 사회의 최하위 층이 모인 집회에서도 종종 설교를 했는데, 이 역시 제게는 큰 기쁨이었습니다. 제가 그런 사람들에게 복음을 전할 수 있어서 얼마나 기뻤는지 모릅니다! 저는 그 두 집회에서 정확하게 똑같은 메시지를 전했습니다. "믿고 세례를 받는 사람 은 구원을 얻을 것이요 믿지 않는 사람은 정죄를 받으리라"(막 16:16)고 말입니다. 나폴레옹이 한번은 유명한 가수에게 "당신이 와서 노래를 부른다면, 많은 왕 들이 바라보는 무대에서 노래할 수 있을 것이오"라고 말했다는데, 만약 그리스 도의 참된 설교자라고 한다면 왕들이 가득한 자리에 초대받아 설교를 한다 하더 라도, 혹 설교가 아니라 그런 청중을 대상으로 그냥 인사말만 하게 되더라도, 설 교자는 오직 "믿으십시오. 그러면 살 것입니다"라는 이 메시지만을 전해야 합니 다. 그러다가 이번에는 세상의 인간쓰레기 같은 사람들, 즉 조만간 사형당할 살 인자들이 모인 집회에 초대받아 설교를 한다 하더라도, "주 예수를 믿으라 그리 하면 네가 구원을 받으리라"(행 16:31)는 말씀보다 더 적합하고 적절한 메시지는 없을 것입니다. 사랑하는 형제 여러분, 여러분이 어떤 복음을 전해야 할지 복잡 하게 고민하지 말고 어디든 가십시오. 빌립보 간수든, 아레오바고 언덕의 아테 네 사람들이든, 예루살렘의 산헤드린 사람들이든, 로마의 네로든, 야만인이든, 스구디아인이든, 종이든, 자유인이든, 죄인 중에 괴수이든, 큰 자든 작은 자든 여 러분은 오직 하나의 메시지만 전하면 됩니다. "그의 아들 예수 그리스도를 하나 님이 죄에 대한 화목제물로 세우셨으니 이는 그를 믿는 자마다 멸망하지 않고 영생을 얻게 하려 하심이라"(롬 3:25; 요 3:16). 우리가 모든 사람에게 전해야 할 하나의 메시지가 지닌 핵심은 바로 이것입니다. "차별이 없느니라."

둘째 사실은, 어떤 사람이든 이 복음이 필요한 것에 차별이 없다는 것입니다. 우 리가 앞서 이미 살펴보았듯이, 상스런 죄악과는 담을 쌓고서 도덕적이고 정직하 게 사는 사람들이 있습니다. 하지만 그들에게도 복음은 필요합니다. 감옥에 간힌 사람들, 음란하게 길거리를 활보하는 사람들에게만 복음이 필요한 것이 아닙니다. 복음은 죄를 다룹니다. 어떤 사람이 단 한 가지 죄만 지었다고 합시다. 단하나의 죄라 해도 우리 주 예수 그리스도의 속죄 없이는 그 죄를 없앨 수가 없습니다. 게다가 모든 사람은 한 가지 죄만 짓는 게 아니라 많은 죄를 짓고 삽니다. 죄라고 해서 모두 똑같이 분명하고 명확하게 드러나는 것이 아니라, 은밀하게 짓는 죄도 있습니다. 그러나 죄가 은밀하다고 해서 하나님이 보시기에 죄의 비중이 줄어드는 것은 아닙니다. 하나님에게 은밀한 것은 없습니다. 하나님은 모든 것을 보고 계십니다. 은밀한 죄든 드러난 죄든, 다른 사람과 비교해 큰 죄든 작은 죄든, 죄를 없애는 데는 그리스도의 속죄 희생이 필요합니다. 이 땅에 살았던 가장 도덕적인 사람이라도 그 죄를 없애기 위해서는 하나님의 아들의 화목케 하심이 필요합니다.

> "샘물과 같은 보혈은
> 주님의 피로다."

이 샘이 아니면, 죄의 얼룩 하나라도 씻을 수 있는 곳은 그 어디에도 없습니다. 모든 사람은 악한 마음을 가지고 있습니다. 모든 사람이 일부 사람들이 행하는 그런 야비한 악행들을 똑같이 저지르고 싶어한다고 할 수는 없지만, 모든 죄인의 마음에는 위험 지역이 있습니다. 이 위험 지역에서 인간들은 하나님으로부터 벗어나고 싶어하고, 하나님을 잊기 원하고, 죄를 사랑하며, 하나님을 알 만큼 알았다고 생각하면서 하나님을 싫어합니다. 이러한 위험지역에서 벗어나기 위해서는 반드시 하나님의 수술이 필요합니다. 그 누구도 자기 마음을 스스로 깨끗하게 할 수는 없습니다. 사람이 자기 팔이나 다리를 바꿀 수 있을지는 몰라도, 자기 마음을 바꾸기는 분명히 불가능합니다. 그러므로 모든 마음을 지으신 그분께서 그 마음을 새롭게 바꾸지 않는 한, 마음의 변화는 있을 수 없다는 인식이 죄인에게는 결정적으로 필요합니다. 아주 상냥한 하녀의 마음을 바꾸든, 세상에서 제일 허랑방탕하게 살아가는 사람의 마음을 바꾸든, 여기에는 똑같이 하나님의 성령의 사역이 필요합니다. 하나님이 보시기에는 음흉한 도둑이 자기 마음을 바로잡는 것만큼이나 정직한 사람도 자기 마음을 바로잡기가 불가능해 보입니다. 둘 중 누구라도 마음을 바로잡기란 똑같이 불가능하다는 말입니다. 마음을 바꾼다는 것은 인간의 능력을 넘어서는 일이기 때문에, 두 경우 모두 하나님의 성령의 사역이 동일하게 필요합니다. 지금 이 순간 우리 모두는 누더기 하나 걸치지 않고 벌거벗은 채로 하나님 앞에 서 있든지, 아니면 영광스럽고 눈부신 그리스도의 의로 몸을 감싸고 있든지, 이 둘 중 하나의 상태로 있습니다. 이 땅에 있는 모든 사람들마다 똑같이 복음이 필요합니다. 자기 동료들보다 높이 승진한 사람이라도, 하나님 앞에서는 높은 곳에 있는 것이 아닙니다. 영국 여왕도 구원을 얻기 위해서는 가장 비천한 신하와 마찬가지로 하나님의 은혜가 필요합니다. 구원의 필요에 대해서는 "차별이 없습니다."

셋째 사실은, 구원의 방법에 관해서도 이 선포가 마찬가지로 참이라는 것입니다. 사람들이 구원을 얻는 방법은 모든 경우에 동일합니다. 즉, "차별이 없습니다." 사람들마다 똑같이 공포를 느끼는 것도 아니고, 또 정도의 차이 없이 누구나 똑같은 기쁨을 체험하는 것도 아닙니다. 이렇듯 사람은 각자 나름대로 어떤 독특한 길을 가고 있습니다. 그러나 그 길은 오직 하나일 뿐입니다. 곧 영생으로 인도하는 좁은 길 말입니다. 구원의 계획은 이러합니다. 우리 자신의 의는 더러운 누더기일 뿐이며, 또 우리 속에는 하나님께 내세울 만한 공로가 하나도 없음을 우리가 고백하고 인정합니다. 그 다음으로, 주님께서 자기의 사랑하는 아들을 우리가 처한 상황에 보내 주셔서 우리 죄를 담당하게 하시고, 마땅히 우리가 받아야 할 매질을 대신 맞게 하심으로, 그 아들이 친히 우리의 보증과 대속물이 되어 주신 것을 우리가 깨닫는 것입니다. 우리가 구원을 받고자 한다면, 우리는 이 사실을 믿어야 합니다. 그리스도께서 견디신 것을 우리를 위하여 인내하신 것으로 받아들여야 하며, 그 사실을 우리의 온 마음을 다해 믿어야 합니다. 실제로 우리는 우리의 처지를 그리스도와 바꾸어야 합니다. 그리스도가 예전에 겪으셨던 것처럼 그분이 우리의 처지가 되도록, 죄인 취급을 당하게 합시다. 그래야 우리가 주님의 자리에 설 수 있고, 우리가 그분의 아들인 것처럼, 완전히 의롭고 죄가 없는 것처럼 하나님께 받아들여질 수 있습니다. 그분은 친히 우리의 누더기 옷을 입으시고, 우리에게 그분의 용포(龍袍)를 입혀 주십니다. 믿음으로 우리 주 예수 그리스도의 의를 얻게 되고, 그로 인해 오늘 본문이 언급하고 있는 "하나님의 의"를 덧입게 되는 것입니다.

하나님의 구원 계획은 장엄한 계획이어서, 세상에 있는 그 어떤 다른 이로는 이뤄질 수 없습니다. 생명의 길은 하나입니다. 자기 자신을 아무것도 아닌 것으로 인정하고, 그리스도를 자신의 전부로 삼는 것입니다. 다시 말해, 여러분은 자기의 죄와 비참함을 그대로 지닌 채, 믿음이라는 단순한 행동으로 그리스도를 여러분의 의와 능력으로 받게 됩니다. 그렇게 함으로써 여러분은 사랑받는 자가 되고, 이제야 비로소 예수 그리스도를 믿음으로 생기는 하나님의 의가 여러분에게, 그분을 믿고 있음을 아는 여러분에게 임한 것이 진실이 됩니다. 그러므로 "차별이 없느니라"는 이 말씀은 구원의 방법에 관한 말씀입니다.

넷째 사실은, 구원의 효력에도 차이가 없다는 것입니다. 예수님을 믿는 저는 구원을 받았습니다. 다른 사람들도 예수 그리스도를 믿는다면 저와 마찬가지로 구원을 받을 것입니다. 그리스도를 믿는 모든 사람은 모든 것으로부터 의롭다함을 얻을 것이고, 그리스도를 믿는 자들은 영생을 얻으며 멸망하지 않을 것입니다. 예수님의 보혈은 우리의 양심에 확실한 평화를 줍니다. 박해하던 자가 죄 씻음을 받고 나서 그의 주홍빛 같던 죄가 사라집니다. 강도가 믿고 나서 그 날에 그리스도와 함께 낙원에 있게 됩니다. 막달라 마리아가 믿고 나서 일곱 귀신들이 그녀에게서 쫓겨 나갑니다. 거친 빌립보 간수가 믿고 나서 그 날 밤에 세례를 받으며 그의 온 가족이 하나님을 기뻐하게 됩니다. 지금까지 그 어떤 죄인도 이 복된 치료를 경험하고서 잘못된 경우는 없었습니다. 영원히 그럴 일은 없을 것입니다. 그 이유는 "차별이 없느니라"는 말씀 때문입니다.

2. 이 진리와 우리의 실제적 관련성

이제 두 번째로 이 진리와 우리와의 관련성을 제시하면서 이 진리를 실제적으로 설명해 보고자 합니다.

첫째로 살펴볼 사실은, 이 교리가 모든 교만을 없애준다는 것입니다! 여러분의 이마에는 모두 자기 의가 왕관처럼 불쑥 솟아나와 있습니다. 교우 여러분, 여러분은 그것을 끌어내려야 합니다. 여러분은 자신을 선행이라는 아름다운 옷으로 치장하고 있습니다. 그것을 벗어버리십시오. 형제 여러분, 진정 그것을 벗어버리십시오. 여러분이 하나님의 아들을 믿지 않는다면, 하나님이 보시기에 그런 선행은 아무 공로도 될 수 없습니다. 여러분이 행한 모든 것, 그리고 여러분이 행했다고 생각하는 모든 것은 한낱 걷어내야 할 거미줄에 지나지 않습니다. 최고로 타락한 자들이 통과해야 할 문이 저기에 서 있습니다. 여러분도 그와 동일한 문을 통과해야 합니다. 여러분과 같은 신사들을 위한 개별 통로는 따로 없습니다. 천국에 이르는 왕도는 없으며, 오직 죄인의 괴수에게 열려 있는 단 하나의 왕도만 있을 뿐입니다. 미스터 교만, 내려오십시오! 이 자리에는 믿는 부모에게서 태어난 사람이 있을 것입니다. 아마도 그는 "경건한 부모에게서 태어난 자녀들은 회개할 필요가 없다. 그들에게는 선천적으로 선한 어떤 것이 있다"고 말하는 이시대의 거짓 논리를 들었을 것입니다. 그러나 여러분, 저는 경건한 부모의 자녀들이 염려된다고 말씀드리고 싶습니다. 왜냐하면 제 생각에 다른 자녀들보다 믿는 집안의 자녀들이 더 쉽게 속을 수 있기 때문입니다. 그들은 자신이 거듭나지 않았지만 거듭났다고 종종 착각합니다. 그리고 교회는 그렇게 거듭나지 않은 채로 그들을 받아들입니다. 그들은 엄청난 죄에서 막 벗어나 자신에게서 큰 변화를 볼 수 있는 그런 사람들이 아닙니다. 그들은 스스로 속기 쉽기 때문에, 그들이 치명적이고도 영원한 실수를 저지르지 않도록 매우 조심할 필요가 있습니다. 그들이 대단한 특권으로 여기는 그들의 경건한 조상들을 자랑하지 못하게 합시다. 그 대신, 중생은 혈통으로나 육정으로나 사람의 뜻으로 나지 아니하고 오직 하나님께로부터(요 1:13) 온다는 것을 그들이 기억하게 합시다. "네가 거듭나야 하겠다"(요 3:7)고 하신 그리스도의 말씀이 다른 모든 사람들에게 적용되는 것과 똑같이 그들에게도 적용됩니다.

　　자신들은 특권층이기 때문에 어떤 특별 계단을 통해 천국에 갈 수 있다고 착각하는 사람들이 있습니다. 오, 존 경(Sir John, 卿)! 제 말을 믿으십시오. 당신은 당신의 하인과 똑같은 방법으로 구원받게 될 것입니다. 그 방법이 아니면 다른 방법은 결코 없습니다. 아, 귀족님, 모든 사람들이 당신에게 경배하지만, 당신은 그리스도에게 경배해야 합니다. 귀족님도 목수, 대장장이, 굴뚝 청소부와 똑같은 방법으로 구원받아야 합니다. 다른 방법은 결코 없습니다. 천국에 이르는 길은 두 갈래 길이 아닙니다. 예수님은 "내가 곧 길이요"(I am **the** Way, 요 14:6)라고 말씀하십니다. 여러분이 귀족이든 귀부인이든 어떤 지위든 다른 길은 없습니다. 가격만 안다면, 모든 것을 다 살 수 있다고 생각하는 그런 부자가 있습니다. 귀족님, 그러나 천국은 돈으로 살 수 없습니다. 천국 거리의 돌들은 모두 순금입니다. 당신은 그 돌들 중의 단 한 개도 살 수 없을 것입니다. 당신이 가진 돈으로는 어림도 없습니다. 당신의 부는 구원 문제에 있어서 아무 소용이 없습니다. 여러분은 가난한 자들 중에서도 가장 가난한 자와 똑같은 방법으로 구원을 받아야 합니다. 구빈원(救貧院)에서 태어나 한 번도 그곳을 떠나본 적이 없는 빈

민도 여러분과 똑같은 방법으로 구원을 받습니다. 구원은 출생, 지위, 부와 관련해서 어떤 "차별도 없기" 때문입니다.

그러나 어떤 사람들은 말합니다. "나는 대단한 능력가요, 교육도 잘 받았으며 교양과 학식도 갖춘 사람입니다." 사랑하는 성도 여러분, 잘 말씀해 주셨습니다. 그런데 여러분은 사람들이 공무원이 될 때처럼 그런 경쟁시험을 통해 구원을 얻게 되는 길을 주님께서 만드셨다고 생각하십니까? 문학 박사거나 신학 박사이신 여러분, 여러분을 위한 특별한 구원의 길이 있겠습니까? 그렇지 않습니다. 주님께서는 대다수의 사람들이 이런 박사들이 아니라는 것을 아셨고, 그래서 가난한 자들을 비롯해 모든 사람들에게 적합한 복음을 만드셨습니다. 비록 문맹자라도 그리스도를 믿음으로 구원의 길을 깨달아 구원받게 됩니다. 사랑하는 성도 여러분, 여러분도 똑같은 방법으로 구원을 받아야 합니다. 그렇지 않다면, 여러분은 천국에 이를 수 없을 것입니다. 스웨덴의 어떤 왕에 대한 이야기를 제가 들은 적이 있습니다. 그 왕은 임종 직전에 주교를 불러 자기를 위해 기도해 달라고 요청했습니다. 주교가 기도를 마쳤을 때, 왕이 말했습니다. "웬일인지, 이 기도로는 위로를 얻지 못했소. 그런데 예전에 내가 길을 잃었을 때, 어느 오두막에서 한 양치기가 기도하는 것을 들었던 기억이 나오. 그 양치기를 데려 올 수 있겠소?" 사람들은 그렇게 했고 그 양치기가 자신의 소박한 말로 진심어린 기도를 했을 때, 왕은 빛을 보았고 편안하게 임종을 맞이했습니다. "차별이 없느니라." 왕과 양치기는 똑같은 구세주를 만나야 하고, 똑같은 길을 따라 천국에 가야 합니다. 이 교리는 교만을 쫓아냅니다. 이 교리의 기능은 이것만이 아닙니다.

더 나아가, 이 교리는 두려움으로 고민하는 자들에게 큰 희망을 줍니다. 어떤 사람은 말합니다. "오, 저는 큰 죄인입니다. 저는 이 땅에 살았던 죄인 중에 가장 큰 죄인이라고 생각합니다." 아, 사랑하는 성도 여러분, "차별이 없느니라"는 이 말씀을 기억하십시오. 오직 주 예수 그리스도를 믿기만 하면, 여러분은 위대한 성도들이 통과한 바로 그 문으로 천국에 들어갈 것입니다. 그 위대한 성도들은 그 문을 통과해서 구원을 받았던 것이며, 여러분도 마찬가지로 그 문을 통과해 구원받을 것이기 때문입니다. 또 이렇게 말하는 사람도 있을 것입니다. "그런데, 저는 제 본성이 아주 악한 것 같습니다. 마음도 아주 완악하고요. 저는 주님을 원하지만, 주님을 느낄 수도 없고 사랑할 수도 없습니다." 더 말하지 않아도 무슨 말인지 잘 알겠습니다. 그런 말을 들으면 안타까운 마음마저 듭니다. 하지만

사랑하는 성도 여러분, "차별이 없느니라"는 이 말씀을 기억하십시오. 기독교인
들 중에는 정말 온유한 마음을 가진 사람들이 있다는 것을 여러분도 알고 있을
것입니다. 그러나 그들을 온유하게 만드신 분은 바로 주님이십니다. 그리고 그
주님은 여러분도 온유하게 만드실 수 있습니다. 어린이들을 사랑하셨고, 어린
요시야 왕(왕하 22:1)을 스스로 서게 하셨으며, 자색 옷감 장사 루디아의 마음을
열게 하신(행 16:14) 바로 그 주님께서 동일하게 여러분의 마음에 역사하십니다.
왜냐하면 진정으로 차별이 없기 때문입니다. 그들 각자의 경우마다 하나님의 역
사가 필요했으며, 여러분의 경우에도 마찬가지로 하나님의 역사가 필요합니다.
어떤 사람은 "저는 너무 가난해요"라고 말합니다. 예, 가난합니다. 그러나 "차별
은 없습니다." 하나님, 찬양을 받으소서! 여러분은 자신이 오늘 밤 어디에서 잠
을 자게 될지 확실히 알지는 못할 것입니다. 그러나 저는 여러분이 어디로 가면
안식할 수 있는지 말씀드릴 수 있습니다. 오늘 밤뿐만 아니라, 여러분이 평생토
록 안식할 수 있는 곳 말입니다. 그곳은 예수 그리스도 안입니다. 여러분은 와서
그분을 믿기만 하면 됩니다. 그분은 여러분이 고급 옷을 입고 있는지 아닌지를
보시지 않습니다. "차별이 없느니라"는 말씀은 이 문제에도 적용되기 때문입니
다.

    어떤 사람은 "그런데 저는 너무 무식해요. 글도 읽지 못합니다"라고 말합니
다. 안타깝습니다. 그런 분들은 최선을 다해 배워야합니다. 그런데 알파벳도 모
르는 사람이 하늘나라에 있는 자기 집 문패는 분명하게 읽을 수 있는 사람들이
많이 있습니다. 그리스도의 학교의 학생이 되기 위해서, 인간의 학교의 학생이
될 필요는 없습니다. 현재 여러분의 있는 모습 그대로 여러분의 영혼을 그분의
손에 맡기십시오. 그러면 그분께서 반드시 알아야 할 모든 것을 여러분에게 가
르쳐주실 것입니다. "차별이 없느니라"는 말씀은 이 문제에도 적용되기 때문입
니다. 한번은 어떤 사람이 잘 들리지도 않는 목소리로 "아, 목사님, 그런데 저는
너무 늙었습니다"라고 말하는 것을 들은 기억이 납니다. 예, 알겠습니다. 그런데
저쪽에서 어린 아이들의 말소리가 들리는 것 같습니다. "그런데 목사님, 저는 너
무 어려요." 예, 좋습니다. 양쪽 모두 다 나오십시오. 나이 많은 성도 여러분, 손
을 내밀어 제 손을 잡으십시오. 그리고 사랑스러운 어린이 여러분, 여러분도 제
손을 잡으세요. "차별이 없느니라"는 말씀은 구원의 문제에 있어서 최고령자와
최연소자 간에도 적용됩니다. 어린이들도 믿고 구원을 받습니다. 이 어린이들의

신앙과 마찬가지로 노인도 믿음으로 역시 구원을 받습니다.

오늘 본문은 또한 좀 다른 방향에서 실제적인 관련성을 갖고 있는데, 그것은 특이한 성격의 사람들에게 도움이 된다는 것입니다. 세상에는 자신이 다른 사람들과는 다르다고 생각하는 사람들이 많습니다. 저 역시 그런 사람들에 대해 진심으로 공감하는 바입니다. 왜냐하면 저도 제 자신이 다른 사람들과는 다른 아주 독특한 사람인 것을 알고 있고, 종종 그런 성격에 대해 말하기도 했습니다. 여러분 중에도 그런 분들이 있을 것입니다. 여러분은 자기 같은 사람은 여태껏 없었다고 생각합니다. 만약 그런 사람이 있다고 한다면, 여러분은 참 딱한 경우라고 생각할 것이고, 그것이 정말 자기 일처럼 느껴질 것입니다. 여러분은 자기가 진짜 외톨이라고 말하기도 합니다. 글쎄요. 제 말씀을 잘 들어보십시오. 오늘 본문이 여러분을 바로잡아 줄 것입니다. 하나님께서 그렇게 하실 것입니다! 결국에는 "차별이 없기" 때문입니다. 여러분 중에 괴팍한 잭(Jack), 특이한 메리(Mary)가 있다면 모두 나오십시오. 여러분은 둥지 속의 미운 오리새끼 같습니다. 하지만 결국에는 차별이 없습니다. 여러분의 마음은 악하고, 여러분의 삶은 죄악된 삶이었습니다. 저의 삶 또한 마찬가지였습니다. 악하고 죄악된 삶을 산 것은 여러분 주위에 있는 사람들도 모두 마찬가지입니다. 별난 사람인 여러분을 위한 구원의 길이나 평범한 다른 모든 사람들을 위한 구원의 길이나 모두 한 가지 길만 있을 뿐입니다. 십자가에서 제외된 자는 아무도 없고, 이상한 사람도 없으며, 다른 사람들과 전혀 조화를 이루지 못해서 "하나님은 나를 빼놓으셨다"고 말할 수 있는 사람도 없습니다. 결코 없습니다. 여러분과 다른 사람들은 분명히 구원의 이 문제에 있어서 어떠한 차별도 없습니다.

오늘 본문의 실제적 용도를 하나 더 말씀드리겠습니다. 이 말씀은 바로 그리스도를 위해 애쓰는 사람들을 격려하고 있습니다. 성도 여러분, 여러분은 주님을 섬기기 위해 어디로 갈 예정입니까? 그러면 이렇게 말할 분이 있을 것입니다. "오! 저는 경작해야 할 아주 거친 땅이 조금 있습니다. 저는 민트 가에 있는 라기드 스쿨(Ragged School: 1840년 이후 세워진 미션 빈민 학교 - 역주)에서 가르치고 학생들이 사는 집을 심방하려고 합니다." 또 어떤 사람은 이렇게 말합니다. "베드날 그린(Bethnal Green: 런던 극동부의 빈민지역 - 역주)에 있는 기독교인을 위해 뭔가를 좀 해 볼 작정입니다." 자, 교우 여러분, 저 역시 여러분만큼이나 경작하기 힘든 땅이 있습니다. 여러분은 말합니다. "오, 이런 분들은 아주 훌륭해 보여요."

맞습니다. 그들은 훌륭해 보입니다. 하지만 여러분이 그들의 마음을 읽을 수 있다면, 여러분은 그들이 민트 가와 베드날 그린 지역의 보통사람들과 아주 똑같다는 것을 알게 될 것입니다. "물에 비치면 얼굴이 서로 같은 것 같이 사람의 마음도 서로 비치느니라"(잠 27:19). 우리는 모두 한 종족이고, 우리 속에는 똑같은 피가 흐르고 있습니다. 훌륭하게 보이는 사람들이나, 인간 중에 가장 거칠고 가장 더러운 사람들이나 동일하게 죄를 짓는 경향이 있으며 동일하게 구세주가 필요합니다.

이런 대답을 들을 수도 있을 것 같습니다. "저는 아프리카에 선교사로 가려고 합니다. 그런데 거기에 있는 미개한 사람들과 어떻게 지내야 할지 종종 걱정이 되네요." 다른 사람은 말합니다. "저는 인도로 가려고 합니다. 그런데 그 똑똑한 상류층 사람들과 잘 지낼 수 있을지 모르겠어요." 또 다른 사람이 말합니다. "저는 중국으로 가려고 합니다. 그런데 그렇게 철저한 유교 신봉자들 사이에서 개종하는 사람들을 많이 볼 수 없을 것 같아요." 왜 안 된다고 생각하십니까? "차별이 없느니라"는 이 말씀을 기억하십시오. 국내든 국외든 결국 우리가 경작해야 할 토양은 다 똑같은 종류입니다. 표면상 약간 다르게 보일 수 있지만, 모두 똑같은 종류의 경작이 필요하고, 똑같은 종류의 파종과 그 씨를 자라게 할 똑같은 하나님의 능력이 필요합니다. 오랫동안 앉아서 말씀을 들은 여러분에게 구원의 문이 활짝 열린 것처럼, 중국 사람들에게도 똑같이 구원의 문은 활짝 열려 있습니다. "차별이 없느니라"는 말씀은 본질적으로 인간과 인간 사이에 적용됩니다. 모두 다 죄인이며 모두 다 부패했습니다. "다 치우쳐 함께 무익하게 되고 선을 행하는 자는 없나니 하나도 없도다"(롬 3:12). 한 명의 영국인을 구원하는 것이나, 한 명의 호텐토트 사람(Hottentot: 남아프리카 미개 인종 – 역주)을 구원하는 것이나, 저는 동일하게 큰 은혜로운 일이라 믿습니다. 은혜가 동일하게 역사합니다. 은혜의 역사에 대한 두 사람의 체험이 서로 다르게 들리는 것은 관련 당사자들의 지식이 서로 다르기 때문입니다. 그렇지만 모든 참된 기독교인의 체험에 있어서 본질적인 요소들은 모든 경우에 동일하게 나타날 것입니다. 사랑하는 성도 여러분, 그러므로 이렇게 말하지 마십시오. "저는 그곳은 가지 않겠습니다. 그곳은 너무 어려운 곳입니다." 저는 그런 곳이야말로 누구든 갈 수 있는 가장 좋은 곳이라고 생각합니다. "그런데 거기에는 사람들이 너무 많아요." 그런 곳이라면 더 좋습니다. 물고기가 많아야 더 잘 잡히는 법입니다. "오, 그런데 그 사람들은 너무 난폭합니다." 맞습니다. 하지만 제가 사냥을 간다면 가엾고 겁 많은 토끼보다는 오히려 사자, 호랑이, 곰, 여우 같은 동물들을 쫓아다니고 싶습니다. 이런 사냥에도 어떤 의미가 있습니다.

여러분이 영혼구원을 위해 나간다면, 여러분이 전하고 싶은 영혼들을 가리거나 고르지 마십시오. 안 좋은 장소일수록 예수 그리스도의 복음이 더욱더 필요합니다. 저는 이런 생각도 해 봅니다. 제가 만약 가로등이고 어디에 설치될지 제가 선택할 수 있다면, 저는 다른 가로등들이 많이 설치된 번화가를 원하지 않을 것입니다. 오히려 열악한 골목길로 내려가고 싶습니다. 그곳은 다른 가로등이 하나도 없는 곳이며, 어둠 속에서 사람들이 서로 치고 박고 다른 사람의 물건을 훔치는 그런 곳입니다. 그런 곳이야말로 제가 더 많이 쓸모 있기 때문입니다. 사랑하는 성도 여러분, 그러므로 여러분이 가장 쓸모 있을 그런 곳으로 기꺼이 가십시오. 그리고 여러분의 봉사 지역이 어디든 낙담하지 마십시오. "차별이 없느니라." 이 표어가 모든 사람 위에 걸려 있기 때문입니다. 그들 모두 같은 방식으로 구원받아야 하며, 이 사람을 구원하시는 무소부재의 하나님은 저 사람의 구원을 위해서도 넉넉히 역사하실 것입니다.

3. 이 진리를 기뻐하십시오.

이제 설교를 마무리하면서, 잠시 여러분이 이 위대한 진리를 기뻐하도록 권면하고자 합니다. 제가 지금까지 말씀드린 모든 문제들에 있어서 모든 인류에 대해 차별이 없다는 사실에 저는 기뻐합니다. 저는 한 유명한 화가가 그린 바벨탑 그림을 보았는데, 인류의 모든 다양한 종족들이 서로 다른 방향을 향해 떠나가는 것으로 묘사되고 있었습니다. 어떤 이들은 북쪽으로, 어떤 이들은 남쪽으로, 동쪽으로, 서쪽으로, 모든 인류가 온 지면에 흩어지고 있었습니다. 거대한 가족이 흩어져 결코 다시 통합되지 못하는 모습은 고통스러운 장면이었습니다. 그러나 사랑하는 성도 여러분, 오늘 본문이 어떻게 인류의 모든 가족을 하나로 모으는지, 옥수수 낱알처럼 흩어진 이들을 어떻게 모으는지, 그리고 그들을 어떻게 한 단으로 묶는지를 들어보십시오. "차별이 없느니라." 모든 사람이 죄로 실패했습니다. 그러나 모든 사람들 중에 누구라도 예수 그리스도를 믿으면 영생을 얻게 될 것입니다. 모든 이들이 씻음을 받고 눈보다 더 희게 되는 구원의 축복된 욕실이 하나 있습니다. 죄의 질병에 잘 듣는 단 하나의 처방전이 있습니다. 그 위대한 의사에게 진료를 신청하는 사람은 모두 영원히 낫게 됩니다. 저는 온 인류가 이렇게 다시 통합되는 것을 간절히 보고 싶습니다.

그러나 그것보다 더 좋은 것이 있습니다. 유일한 구세주이신 주 예수 그리스도에게 무한한 영광을 돌립니다! 또한 그분을 믿는 믿음이 구원의 유일한 길입니다! 저는 우리의 구세주이신 주 예수 그리스도께서 행하신 사역을 다른 누구와도 비교하고 싶지 않습니다. 절대 비교하고 싶지 않습니다. 우리는 우리 주님께서 이 문제를 독차지하시길 바라며, 실제로 주님께서 독차지하고 계십니다. 그분을 믿지 않고서는, 그분의 보혈을 바르지 않고서는 아무도 구원받을 수 없습니다. 그분의 거룩한 이름에 영광을 돌립니다! 저는 이 진리에 대해 매우 독특한 기쁨을 느낍니다. 주님의 이런 사역을, 보면서, '만약 내가 모든 사람에게 서로 다른 복음을 전해야 한다면 어떻게 될까' 하는 생각을 했었습니다. 「모든 사람은 자신의 변호사가 되라」 라는 제목의 소책자가 있습니다. 맞습니다. 요즘은 모든 사람이 자기 자신의 구세주가 되어야 하는 것 같습니다. 하지만 가령 제가 복음을 한 여남은 개 가지고 있어서, 제 마음대로 골라 어울리는 사람에게 적절한 복음을 전해 주어야 한다면, 제가 얼마나 곤란하겠습니까! 종종 제가 이 사람에게 맞는 복음을 저 사람에게 주고, 또 저 사람에게 맞는 복음을 이 사람에게 주는 일도 생길 것입니다. 그렇다면 얼마나 뒤죽박죽이 되겠습니까! 그러나 지금 우리는 하나의 보편적인 치료법을 가지고 있습니다. 말하자면 거룩한 만병통치약을 가지고 있는 것입니다. 예수 그리스도와 의로움이 그분을 믿는 모든 사람들을 구원하실 것입니다. 왜냐하면 "차별이 없느니라"는 이 말씀 때문입니다.

그리스도를 영접하는 곳은 어디든 구원이 있습니다. "차별이 없느니라"는 이 말씀이 설교자의 일을 수월하게 해 줍니다. 그리고 여러분 같은 성도들에게도 이것이 얼마나 축복인지 한번 생각해 보십시오. 가령 여러분이 "그래? 나는 이러이러한 구원을 믿었는데"라고 말하자 다른 사람이 "그 복음은 너를 구원하지 못해. 너는 제2번 유형의 사람이야. 그러니까 너는 제2번 유형의 복음이 필요해. 제1번 유형의 복음이 아니고 말이야"라고 말했다고 합시다. 그래서 그 사람의 권유대로 여러분이 제2번 유형의 복음을 가졌다 해도, 며칠 못가 여러분의 양심은 여러분에게 속삭일 것입니다. "제2번 유형은 네게 필요한 처방이 아니야. 너는 제6번 유형을 가져야 해"라고 말입니다. 그러다가 이런 일이 반복되면서 제14번 유형, 제17번 유형, 제20번 유형으로까지 갈 것입니다. 급기야 여러분은 죽

을 때가 되어 이렇게 말할지도 모릅니다. "저는 제1번 유형의 치료약을 받았었는
데, 제가 제20번 유형의 사람인 것 같아 걱정이에요. 제가 이것을 선택했고, 그
것이 제게 어느 정도 안도감을 주었습니다. 하지만 제가 약을 잘못 쓴 것은 아닌
지 걱정입니다." 그러나 지금 모든 질병에 듣는 약 하나가 있으니, 그것은 모든
죄를 위한 한 분 그리스도, 우리를 씻기는 하나의 보혈, 우리를 구원하는 하나의
구원, 우리를 덮는 하나의 의입니다. 그러므로 제가 방금 언급한 그러한 의심들
은 예수님을 믿는 사람들의 마음에는 결코 들어올 수 없습니다. 그렇게 하신 하
나님께 찬양을 드립니다!

어전히 그리스도를 찾고 있는 사랑하는 성도 여러분, 여러분도 마찬가지입
니다. 여러분이 구원받을 이름이 오직 하나밖에 없다는 것이 큰 은혜이지 않습
니까? 그렇지 않다면 여러분에게도 마찬가지로 곤란한 일들이 일어날 것입니
다. 여러분은 이렇게 말할지도 모릅니다. "내가 어느 문으로 들어가야 하지?" 그
러다 여러분이 만약 잘못 들어가게 된다면 거기 있는 문지기는 "이 문은 당신이
들어올 문이 아닙니다. 잘못 들어왔습니다. 당신은 6번이나 7번, 8번 문으로 가
야 합니다"라고 말할 것입니다. 클래팜 환승역 같은 기차역에 갈 때, 어느 계단
으로 올라가야 할지 몰라 얼마나 당황합니까? 이와 마찬가지로 불쌍한 죄인들도
어느 길로 가야 구원을 받을 수 있지 몰라 염려하고 있습니다. 하지만 다음과 같
이 간단하다면 모든 사람들이 이해할 수 있을 것입니다. "믿으라, 그리하면 구원
을 받으리라(행 16:31). 보면 살리라(민 21:8). 너희 자신을 그리스도에게 맡기
라. 그의 화목제물(요일 2:2)을 의지하라. 그러면 구원을 받으리라."

하나님의 성령으로 하나님께서 우리에게 예수님을 믿는 간단한 믿음을 주
실 때, 우리는 즉시 영생을 얻게 되며, 예수 그리스도를 믿는 모든 영혼은 그 생
명을 얻습니다. 저는 이 메시지가 아직 구원받지 못한 여러분에게 전해지기를
기도합니다. 여러분의 유일한 희망인 구원을 불평하지 마십시오. 하나님이 규정
하신 것을 받아들이십시오. 하나님의 명령에 복종하십시오. 하나님께서 "길이요
진리요 생명"(요 14:6)이신 하나님의 아들로 말미암지 않고는 그 어떤 영혼도 천
국에 들어갈 수 없도록 정하셨기 때문입니다. 여러분이 구원받고자 한다면, 이
이름, 이 하나의 이름을 의지해야 합니다. 여러분이 천국에 들어가려면, 이 길,
이 하나의 길에 뛰어들어야 합니다. 여러분이 즉시 시작할 수 있도록 하나님께
서 도와주시기를 우리 주 예수 그리스도의 이름으로 기원합니다! 아멘.

제
5
장
—

화목제물로 세워진 그리스도

—

"이 예수를 하나님이 그의 피로써 믿음으로 말미암는
화목제물로 세우셨으니" — 롬 3:25

　　우리는 예배가 시작할 때마다 이 강단에서 그리스도가 전파되어야 한다고
선포했습니다. 우리와 함께 오늘 예배를 드리게 된 어떤 한 성도는 그리스도가
이 강단에서 지금까지 전해졌다는 사실에 그의 기쁨을 감추지 못했습니다. 그는
예전에도 기뻐했고, 또 앞으로도 기뻐할 것입니다. 그리고 우리 성도들은 그동
안 많은 예배를 통하여 그리스도의 참된 영에 대한 언급뿐만 아니라 그리스도의
인성이 지닌 영광과 아름다움에 대한 예리하고 놀랄 만한 언급이 얼마나 훌륭하
게 복합적으로 전파되었는지를 분명히 살펴보았을 것입니다.

　　정기 예배를 시작하는 오늘 아침에 우리는 또다시 그 고귀한 주제를 다루고
자 합니다. 오늘도 그리스도 예수로 시작하려고 합니다. 제가 자꾸 했던 말을 반
복한다고 비난하는 사람이 없기를 바랍니다. 강대상을 쳐다보면서, "저 강단은
동어반복의 장소야"라고 말하지 마십시오. 그리스도 예수에 관한 이야기는 너무
나 자주 들어왔기 때문에 이제는 싫증이 난다고 말하지 마십시오. 그리스도의
인성과 인격과 사역은 여러분에게 항상 새롭고 놀라운 주제가 될 수 있음을 저
는 알고 있기 때문입니다. 우리는 늘 바다를 보며 살아왔고, 우리 중에 어떤 사
람은 수백 번도 더 보았을 것입니다. 깊고 푸른 바다는 늘 똑같아 보입니다. 그
러나 그 바다를 두고 너무 단조롭다고 말하는 사람이 있을까요?

선원들처럼 가끔은 한 해를 넘기면서까지 바다에서 항해해 본 사람들은, 굽이치는 파도, 희게 부서지는 포말, 소용돌이치는 노을, 신나게 장난치는 길게 늘어선 파도 등, 이 모든 것에 항상 신선함이 있다고 말합니다. 태양은 아침이면 여전히 같은 말에 멍에를 지우고, 여전히 같은 황금빛 영광으로 자기의 전차를 번쩍이면서 지루하게 하늘 꼭대기로 올라갔다가, 다시 아래로 그 전차를 몰아 그의 이글거리는 준마(駿馬)에게 불타는 말발굽을 서쪽 바다에 담그라고 명령합니다. 우리 중에 이런 태양도 너무 변화가 없다고 불평하는 사람들이 있을까요?

여러분 중에 혹시 매일 먹는 빵이 너무 지겹다고 불평하는 사람이 있습니까? 우리는 오늘도 내일도 모레도 빵을 먹을 것입니다. 우리는 지난 수년 간 빵을 먹어왔습니다. 물론 빵과 함께 다른 맛있는 음식도 먹긴 했지만, 그럼에도 식탁에 올라오는 변함없는 한 가지 음식은 빵이며 그것은 우리의 주식입니다. 제가 확실히 알고 있는 사실은 이것입니다. 그리스도는 여러분의 양식이며, 여러분의 영적 빵입니다. 그리스도는 여러분의 태양이며, 여러분의 천상의 빛입니다. 그리스도는 사랑의 바다입니다. 그 속에서 여러분의 열정이 헤엄치며, 여러분의 모든 기쁨이 발견됩니다. 그러므로 기독교인으로서 그분이 단조롭다고 불평하는 것은 불가능합니다. "예수 그리스도는 어제나 오늘이나 영원토록 동일하신"(히 13:8) 분이지만, 그분은 그분만이 지닌 젊음의 신선함을 가지고 계십니다.

그분은 항상 동일한 황금 항아리 안의 만나입니다. 하지만 그분은 매일 아침마다 새롭게 하늘로부터 내려오는 만나입니다. 그분은 건조되어 그 모양이 변치 않는 모세의 지팡이입니다. 하지만 그분은 또한 싹을 내고 꽃을 피우고 살구 열매를 맺는 아론의 지팡이이기도 합니다. 이제 저는 하나님께서 예수님의 피를 믿는 믿음을 통해 우리를 위해 화목제물로 세우신 십자가에 못 박힌 예수 그리스도를 전하겠습니다.

그럼 첫 번째로, 하나님께서 그리스도를 화목제물로 세우신 것이 무슨 뜻인가를 살펴보고, 두 번째로, 그 첫 번째로부터 자연스럽게 도출되는 진리인 성도가 바라보는 화목제물로서의 그리스도에 대해 살펴보겠습니다. 그런 다음 세 번째로, 이 두 가지를 함께 묶어서 바꿔 생각해 보겠습니다. 즉, 우리가 세우는 그리스도, 하나님이 바라보는 그리스도에 대해 살펴보게 될 것입니다.

1. 하나님은 예수 그리스도를 화목제물로 세우셨습니다.

그럼 첫 번째로, 오늘 본문에 나온 대로 예수 그리스도에 대해 "하나님이 그의 피로써 믿음으로 말미암는 화목제물로 세우셨다"고 한 말씀에 대해 살펴보겠습니다.

"세우셨으니"라는 말은 원래 "미리 정했다"라는 뜻을 담고 있습니다. 하지만 유명한 주석가들에 따르면, "세우셨으니"라고 번역된 그 말 속에는 "사전 법령"이란 뜻도 가지고 있다고 합니다. 반즈(Barnes)는 이렇게 말합니다. "이 단어의 고유한 의미는 대중의 시야에 두는 것이다. 상품을 전시하거나 판매하기 위해 앞에 내놓거나, 또는 그리스처럼 경기에서 얻은 상이나 답례품들을 대중들이 보도록 전시하는 것을 의미한다." 이와 같이 하나님 아버지는 주 예수님의 인성을 죄에 대한 화목제물로 세우시고 밝히 드러내셨으며 눈에 잘 띄게 하셨습니다.

하나님은 이 일을 어떻게 행하셨습니까? 하나님은 먼저 예수님을 하나님의 작정 안에서 죄에 대한 화목제물로 정하셨습니다. 그리스도는 아론처럼 그 직무에 선택되어 대제사장의 직무를 친히 감당하신 것입니다. 그리스도의 모든 지체들이 하나님의 미리 아심을 따라 택하심을 입은 것이 확실하듯이, 또한 아직 하나님의 지체들이 하나도 없을 때에도 성경 안에 하나님의 모든 지체들이 계속해서 기록된 것이 확실하듯이, 하나님께서 머리 되신 그리스도를 정하여 택하신 것은 확실합니다. 그래서 우리의 시인은 이렇게 표현합니다.

> "그리스도는 내가 첫째로 택한 자라고
> 주께서 말씀하셨네.
> 그 후 우리의 머리되신 그리스도 안에서
> 우리의 영혼도 택하셨도다."
> (아이작 왓츠가 1830년에 펴낸 「기독교 예배에 면밀히 맞춘 시편」[Carefully Suited to the Christian Worship in the United States of America]에 나오는 제 54편 2절의 내용이다 ― 역주)

어떤 사람들은 선택의 여지가 없는 곳에는 택함도 있을 수 없다고 말할지도 모릅니다. 그런데 선택의 여지가 없다는 것을 우리가 어떻게 압니까? 우리는 천사나 천사장이 죄에 대한 화목제물로 세워질 수 있다고는 전혀 생각할 수 없습니다. 그러나 전능하신 분께서 그 마음에 또 다른 계획을 생각하지 않았다고 누가 말할 수 있겠습니까? 누가 감히 이스라엘의 거룩하신 분을 제한할 수 있겠습니까? 어쨌든, 아버지와 아들과 성령 사이에서 이 선택이 있었습니다. 하나님의 지혜가 하나님의 주권과 함께 신비의 삼위 중 제2위인 그리스도 예수를 우리의 죄에 대한 화목제물이 되도록 택하고 지정하고 결정하셨습니다.

그리스도께서 세상에 오셨을 때, 그분은 영원하신 하나님께서 말씀하셨던 바로 그분으로 오셨습니다. 그분은 어린아이로 태어나셨습니다. 운명의 태로부터 태어나셨습니다. 그분은 세상의 기초가 놓이기 전에 하나님께서 이미 정해 놓으신 어린 양이었습니다. 이 세상이 창조되기 훨씬 이전에, 아담이 타락하기도 이전에 그리스도께서 세워졌습니다. 성경은 그분에 대해 이렇게 기록하고 있습니다. "나의 하나님이여 내가 주의 뜻 행하기를 즐기오니"(시 40:8). 하나님의 이 위대한 작정들은 비밀이기 때문에 하나님의 작정들을 되돌아보며 살펴보는 것이 두렵다고 말하는 사람들이 있는데, 이것은 두려워할 필요가 없는 것을 두려워하는 것과 같다고 생각합니다. 성도 여러분, 비밀한 것들을 다루는 것은 결코 두려운 일이 아닙니다. 만약 그것이 비밀한 것이라면, 우리가 그것을 다루지 못할 것이 아주 확실하기 때문입니다. 그럴 때는 단번에 이렇게 말해 버리십시오. 그것은 비밀한 것이어서 하나님의 그 비밀한 것을 드러낼 가능성이 있는 사람은 아무도 없다고 말입니다.

그러나 계시된 것들은 우리와 우리의 자녀들에게 속한 것입니다. 그리스도께서 화목제물로 세워지심은 계시된 것들 중의 하나이고, 작정된 것이며, 우리가 선포해야 할 것입니다. 주님께서 그리스도에게 말씀하셨습니다. "너는 내 아들이라 오늘 내가 너를 낳았도다"(시 2:7). "내가 또 그를 장자로 삼고 세상 왕들에게 지존자가 되게 하며"(시 89:27). 이 모든 것으로 그리스도께서 "그의 피로써 믿음으로 말미암는 우리 죄에 대한 화목제물"이 되신 것입니다.

다음으로, 하나님은 그리스도가 오시기 전에 하나님의 약속들 안에서 그리스도를 죄에 대한 화목제물로 세우셨습니다. 인간들이 타락한 동산 안에서 하나님은 그리스도를 아주 분명하게 세우시지 않았습니까? 그 후에 노아가 구원받은 그 방주 안에서 그리스도가 분명히 계시되지 않았습니까? 하나님은 끊임없이 구두로 약속들을 말씀하셨을 뿐만 아니라, 말씀하신 것과 똑같이 확실하고 분명한 유형적인 약속들로도 말씀하지 않았습니까? 뱀의 머리를 상하게 하며, 자기 백성을 저주의 세력에서 구원할 그리스도께서 오신다는 사실을 백 명의 선지자들과 무수한 거룩한 남녀들에게 하나님은 계속해서 계시하시지 않았습니까?

　　모든 시대와 시기마다, 그리스도께서 그의 피로써 믿음으로 말미암는 우리 죄에 대한 화목제물로 세워졌다는 표현들과 상징들을 제시하고 모형들을 정하는데 있어서, 성령이 어떻게 개입하셨는지를 보는 것은 놀라운 일입니다. 예수 그리스도께서 신비의 하늘로부터 내려와 구유 안에서 자신을 계시하셨을 때, 사자(使者)인 천사들이 그리스도를 수종하도록 하나님께서 세우시고, 동쪽별이 먼 곳으로부터 온 낯선 이들을 어린아이가 태어난 곳으로 인도하도록 하셨을 때, 저 위대한 세우심은 참으로 실제적인 행위가 되었습니다.

　　그 후에는 절박한 위험 가운데 있던 예수님의 생명을 보존함으로써 하나님은 그분을 세우셨습니다. 헤롯의 격분을 피해 숨어 있던 곳에서, 그리고 교육을 받고 양육을 받았던 곳에서 그분의 유년기에 관한 약속들을 성취하셨던 것입니다. 그리스도의 전 생애 동안 그분의 아버지가 얼마나 끊임없이 그분을 세우셨는지요! 하나님의 목소리가 세례 요한의 목소리 가운데 있기도 했습니다. "보라 세상 죄를 지고 가는 하나님의 어린 양이로다"(요 1:29). 그리고 십자가에 달린 그 자체도 "여호와께서 그에게 상함을 받게 하시기를 원하사 질고를 당하게"(사 53:10) 하신 것이었습니다. 거기서 유대인과 이방인, 방백과 농부, 유식한 헬라인과 무례한 로마인의 눈에 그리스도가 확실히 드러나지 않았습니까! 하나님께서 그리스도를 죄에 대한 완전한 화목제물이 되도록 정하셨던 것입니다.

　　사랑하는 성도 여러분, 제 생각은 이렇습니다. 우리는 항상 십자가를 그리스도께서 그분의 교회에 대한 그리스도의 사랑을 나타내신 것으로 생각해야 할 뿐만 아니라, 또한 하나님께서 인간을 받아들이시고, 인간의 죄를 용서하시며, 인간의 기도를 들으시고, 잘못을 범하는 하나님의 피조물들과 화목하게 하시는 방식으로 인간에게 세우신 것으로 보아야 합니다.

　　그러나 사랑하는 성도 여러분, 이것이 전부가 아닙니다. 성부 하나님께서 그 이후에 다음과 같은 표적들로 그리스도를 세우셨습니다. 오순절에 성령이 임하셨을 때, 화목자인 그리스도가 확실히 세워지지 않았습니까! 그 이후로 모든 회심자들은 무엇을 했습니까? 그리스도는 인간의 구원자로 정해진 분이며, 그분을 통해 신실한 자들이 의롭게 되고 받아들여진다는 고백을 반복해서 증언하지 않았습니까? 저는 확신합니다. 여러분 중에도 많은 분들이 마음속에 그리스도를 그렇게 특별히 세워왔다는 것을 말입니다. 그러기에 여러분은 하나님이 그리스도를 여러분 안에서 화목제물로 세우셨다는 본문 말씀을 우리 앞에서 증언할 수 있습니다.

특별한 은혜로 여러분의 눈이 열린 것입니다. 무한한 사랑으로 여러분의 완고한 마음이 녹은 것입니다. 여러분은 모든 다른 소망과 모든 다른 피난처에서 돌이킨 것입니다. 여러분은 그리스도가 하나님의 능력이며 하나님의 지혜인 것을 알았습니다. 여러분은 저항할 능력도 없고, 저항할 가망도 없는 전능한 세력에 붙들려서, 그리스도를 하나님이 보내신 자로 영접하였고 그분을 하나님의 메시야로, 여러분의 유일한 피난처로 받아들였습니다. 그러므로 하나님은 여러분 안에 오늘의 본문인 "이 예수를 하나님이 화목제물로 세우셨으니" 하는 이 말씀을 은혜롭게 성취하신 것입니다.

자, 이제 잠시 주제를 바꾸고자 합니다. 물론 쟁점은 같습니다. 하나님이 그렇게 분명하게 세우신 것이 도대체 무엇입니까? 지금까지 우리는 하나님께서 어떻게 세우셨는지를 보았습니다. 이제 우리는 무엇을 세우셨는지를 살펴보겠습니다. 죄인이여, 들어보십시오. 만약 아버지께서 이미 계시하신 것을 당신이 받아들였다면, 당신의 기쁨이 충만하게 하십시오. 하나님께서 그리스도를 화목제물로 세우셨습니다. 화목제물로 번역된 헬라어는 '히라스테리온'인데, 그것은 은혜의 자리, 또는 덮개를 의미합니다. 이제 하나님은 죄인에게 이렇게 말씀하십니다. "너는 나를 만나기 원하느냐? 나와 더 이상 원수가 되고 싶지 않느냐? 네 슬픔을 내게 말하고 싶으냐? 나의 축복을 받고 싶으냐? 너의 창조주와 네 영혼이 서로 교제를 나누고 싶으냐? 내가 그리스도를 네게 은혜의 자리(시은소, 施恩所)로 세웠다. 거기서 나는 너를 만날 수 있고, 너는 나를 만날 수 있다."

이번에는 그 단어를 덮개의 의미로 바꿔 봅시다. 은혜의 자리는 율법의 돌판들을 덮었듯이, 우리가 하나님의 계명들을 어겼기 때문에 생긴 하나님의 진노의 원인도 덮었습니다. "너의 죄를 덮을 수 있는 무언가를 얻고 싶으냐? 나, 곧 너의 하나님으로 네 죄를 덮으라. 그래서 내가 진노하지 않도록 해라. 네 죄를 덮어서 큰 두려움으로 겁먹지 말며, 내게 다가올 때 떨지 말라. 내가 시내 산에서 천둥과 번개 가운데 임했을 때 너희들이 그랬던 것처럼 말이다. 너의 죄와 허물을 완전히 숨길 수 있는 쉼터를 얻고 싶으냐? 나는 그 쉼터를 피 흘리는 내 아들의 인성 속에 세워놓았다. 아들의 피를 믿으라. 그러면 너의 죄가 내 눈에서 가려질 것이다. 네 자신의 눈에서도 가려질 것이다. 너는 믿음으로 인해 의롭게 되었으므로 너의 주 예수 그리스도를 통해 하나님과 함께 평화를 누리게 될 것이다."

오, 그리하여 이제 우리는 성부 하나님께서 세우신 바를 받아들이는 은혜를 누리는 것입니다! 로마 가톨릭 사제들은 이런저런 것들을 세웁니다. 가톨릭과 비슷하게 우리도 마음속에 이런저런 것들을 세워봅니다. 그러나 하나님은 그리스도를 세웁니다. 교리를 설교하는 자는 교의(教義)를 세웁니다. 경험을 설교하는 자는 감정을 세웁니다. 실천을 설교하는 자는 종종 노력을 세웁니다. 그러나 하나님은 여러분 앞에 그리스도를 세웁니다. "거기서 내가 너와 만나고"(출 25:22). 이곳은 하나님께서 쉬는 곳입니다. 하나님께는 영광스러운 곳이며, 여러분에게는 안전한 곳입니다. 그리스도에게 오십시오! "그리스도에게 오라. 그러면 너희는 내게로 오리라." 전능하신 주님께서 그리스도에게 오시고, 거기서 그리스도가 여러분에게 오십니다. 그러므로 하나님께서 예수 그리스도를 세우셨습니다. 하나님은 예수 그리스도를 은혜의 자리로 만드셨고, 죄를 가리는 큰 덮개로 만드셔서 그리스도가 잘 드러나도록 하셨습니다.

하나님은 무엇을 세우셨습니까? 하나님은 여러분 모두 앞에 그리스도를 세우셨습니다. 날마다 전파되는 말씀 속에서, 하나님의 기름 부음을 받은 자가 하나님의 일을 행하는 모습이 기록된 저 영감 받은 책 안에서, 그리고 그리스도를 믿는 모든 자를 대신해 고통받도록 그리스도를 세우셨습니다. 하나님은 그리스도를 골고다 십자가에 못 박힌 분으로 세우셔서, 여러분의 죄가 거기에 못 박히게 하셨습니다. 그리스도를 죽어가는 자로 세우셔서, 여러분의 죄가 죽게 하셨습니다. 그 뿐 아니라 장사되게 하셔서 여러분의 허물이 장사되게 하셨으며, 부활하게 하셔서 여러분이 새 생명으로 부활하게 하셨습니다. 승천하게 하셔서 여러분이 하나님께 승천하게 하셨습니다. 승리하게 하셔서 여러분도 승리하게 하셨습니다. 통치하게 하셔서 여러분이 그분 안에서 통치하게 하셨습니다. 영원히 사랑받고 면류관을 받게 하셔서, 그를 믿는 여러분도 영원히 사랑받고 면류관을 쓰게 하셨습니다.

성부 하나님께서 그리스도를 세우셨기에, 그의 피를 믿는 믿음으로 여러분의 죄가 제거되었으며, 여러분은 완전한 의로움의 축복을 누릴 수 있게 되었습니다. "누가 정죄하리요 죽으실 뿐 아니라 다시 살아나신 이는 그리스도 예수시니 그는 하나님 우편에 계신 자요 우리를 위하여 간구하시는 자시니라"(롬 8:34). "누가 능히 하나님께서 택하신 자들을 고발하리요"(롬 8:33). 이런 점들에서 이렇게 성부 하나님은 그리스도를 세우셨습니다.

2. 성도는 화목제물이신 그리스도를 바라보아야 합니다.

이제 계속해서 두 번째 진리를 말씀드리겠습니다. 하나님의 성령이 지금보다 더욱 분명하게 우리 가운데 강림하시기를 기원합니다. 이 두 번째 진리는 우리의 의무이자 더 나아가 특권으로서, 하나님께서 자기 아들을 그의 피를 믿는 믿음으로 화목제물이 되게 세우셨다는 사실로부터 자연스럽게 나오는 것입니다. 그 특권은 우리가 오직 그리스도, 즉 우리 죄에 대한 화목제물이신 그리스도만을 바라보아야 하고, 우리의 믿음이 단순해지도록 주의해야 하며, 오직 그분의 피만 의지해야 한다는 것입니다.

우리가 저지르는 아주 일반적인 실수는, 죄에 대한 화목제물로 최소한 다른 무언가가 있어야 부족하지 않다고 생각하는 아쉬움의 감정입니다. 회개는 절대적인 의무이며 기독교인의 은혜입니다. 이 은혜 없이는 구원이 있을 수 없습니다. 그러나 많은 사람들은 마음속에 다음과 같이 강한 유혹을 받아왔습니다. 즉, 회개는 그리스도에게 나아가는 준비단계일 뿐, 우리가 구세주께 다가가기 위해서는 결혼 예복과 같은 그런 것이 필요하지 않은가 하는 아쉬운 마음이 있다는 것입니다. "수고하고 무거운 짐 진 자들아 다 내게로 오라 내가 너희를 쉬게 하리라"(마 11:28). 이 약속을 얼마나 많은 사람들이 읽고 있습니까? 그러나 실제로 사람들은 좀 더 많이 수고하고, 좀 더 많이 무거운 짐을 져야 쉬게 될 것이라고 허무맹랑한 착각을 하지 않습니까?

그와는 반대로, 수고하고 무거운 짐을 지는 것은 사람을 쉬지 못하게 합니다. 그리스도에게 나아오는 것이 사람을 쉬게 하는 것이지, 수고하고 무거운 짐을 지는 것이 사람을 쉬게 하는 것이 아닙니다. 어떤 목회자들은 소위 깊은 체험을 해야 하고, 율법적인 행위를 해야 한다고 전하기도 합니다. 그런 가르침은 어느 정도 일리 있는 말이긴 합니다. 왜냐하면 하나님의 백성 중에 많은 이들이 그런 상황을 견뎌내야 하기 때문입니다. 그러나 그런 목회자들은 성도들을 잘못 인도하고 있다고 생각합니다. 왜냐하면 일반 성도들은 그러한 깊은 체험과 율법적인 행위가 그들의 죄에 대한 화목제물과 어떤 관계가 있을 것이라고 착각하기 때문입니다. 자, 성도 여러분, 하나님의 백성이 지은 죄는 그리스도의 보혈로 제거된 것이지, 자기 자신의 어떤 회개로 제거된 것이 아닙니다.

지금까지 저는 제 주장을 분명하게 제시하지 않았지만, 지금부터는 좀 더 과감하게 제 생각을 말씀드리려고 합니다. 죄를 회개하는 것은 결코 그 죄를 제거해주는 공로가 될 수 없다는 것이 제 생각입니다. 또한 저는 우리가 뭔가 부족하다고 느끼는 것이 우리의 죄를 제거하지 못할 뿐 아니라 죄를 제거하는데 어떤 도움도 되지 못한다는 것을 말씀드립니다. 오로지 피, 피, 오직 피, 순수하고 섞인 것이 없는 피만이 하나님의 백성을 영원히 씻어 주었으며, 그들을 눈보다 더 희게 만들었습니다. 그러므로 불쌍한 자여, 당신의 영혼이 돌처럼 완악한 것 같아도, 그 양심이 죄의 오랜 습관으로 마비된 것 같아도, 그 눈에서 눈물이 나오지 않는 것 같아도, 그 마음에서 신음이 나오지 않는 것 같아도, 당신은 신음이 나지 않는다는 그 사실 때문에 오늘도 신음하고 있고, 당신이 울 수 없다는 그 사실 때문에 오늘도 울고 있으며, 당신이 슬퍼할 수 없다는 그 사실 때문에 오늘도 슬퍼하고 있습니다. 그러므로 이제 성부 하나님께서 그리스도를 당신의 화목제물로 세우셨다는 이 복음의 메시지를 들으시기 바랍니다. 하나님은 당신의 부드러운 양심, 당신의 신음, 당신의 아쉬움, 당신의 율법적인 행위, 당신의 깊은 체험을 화목제물로 세우시지 않았습니다. 이런 것 하나 없어도 그리스도로 충분합니다. 그의 피를 믿으십시오. 그러면 구원을 받습니다.

많은 사람들이 범하는 또 다른 실수를 말씀드리겠습니다. 화목제물의 여부는 그 증거에 의해 좌우된다고 생각하는 사람들이 있습니다. 저는 엄숙히 말씀드립니다. "증거들을 치우십시오. 증거들을 치우십시오." 물론 적절한 상황에서는 증거들이 유용할 때가 있습니다. 하지만 과거의 회심과 미래의 궁극적인 구원을 현재의 증거로 항상 판단하는 사람들이 너무나 많습니다. 성도 여러분, 어느 한 날의 세상 모습으로 세상을 바르게 평가할 수 있을지 판단해 보십시오. 만일 제가 한 달 전에 들판에 여러분과 함께 나갔다면, 아마도 여러분은 나무들이 죽었다고 판단했을 것입니다. 어떤 생명의 징조를 여러분은 감지할 수 있었을까요? 꽃을 피게 하는 뿌리들이 땅 속에 묻혀 있었기 때문에, 여러분은 꽃이 없다고 분명히 말했을 것입니다. 아무것도 없었기 때문에 이후로 아무것도 나타나지 않을 것이라고 착각했을 것입니다.

그러나 세상의 모습에 대한 여러분의 증거가 가치 있는 것이었습니까? 지금 세상을 바라보십시오. 지금 나무 위에서는 꽃봉오리들이 올라오고 잔디에서도 꽃들이 돋아나고 있습니다. 지금은 만물이 봄과 여름을 향하여 부산하게 움직이는 때입니다. 이와 마찬가지로, 어제는 한줄기 소나기가 있었고 오늘은 먹구름이 끼였다는 사실을 가지고 태양이 그 힘을 잃었고 내일은 빛을 발하지 않으리라고 추론하는 것이 웃긴 일이듯이, 우리가 세태를 판단하는 것은 웃기는 일입니다. 또한 과거 어느 날의 증거를 가진 채 현재에 서 있는 우리가 미래에 하나님 앞에 서게 될 것에 대해 판단하는 것도 웃기는 일입니다.

증거들을 해석하는 올바른 방법은 이것입니다. 먼저, 여러분이 구원을 받았든 받지 않았든 간에 내 영혼이 불쌍하고 허물 많은 죄인으로서 그리스도를 바라보는 것입니다. 여러분이 죄인으로서 그리스도를 바라본 후에야 비로소 여러분의 증거들을 해석하십시오. 죄인으로서 그리스도를 바라보기 전에는 해석하지 마십시오. 이제 복된 증거가 확증될 것이며, 성령의 증거가 여러분의 믿음을 확고히 할 것입니다. 그러나 만일 여러분이 먼저 여러분의 증거들을 바라본다면, 여러분은 참으로 어리석게 될 것입니다. 이것은 마치 반사경의 경우와 같습니다. 먼저 빛이 있어야 합니다. 빛이 모아져야 반사경을 이용해서 그 빛을 다시 비출 수 있습니다. 하지만 제가 반사경을 어두운 곳에 가지고 가서 거기에서 빛을 찾으려고 한다면, 아무것도 찾을 수 없을 것입니다. 먼저 빛을 찾은 후에, 그 빛을 반사해야 합니다.

우리가 받은 은혜들은 그리스도의 사랑이 반사된 것이며, 그리스도의 사랑을 비추는 증거들입니다. 우리는 먼저 그리스도에게 나아가고 난 후에 증거들을 구하는 것이 더 낫습니다. 부부 사이도 마찬가지입니다. 아내가 남편의 마음을 상하게 했다고 합시다. 그런데 그 아내가 과거에 남편이 자기에게 주었던 사랑의 작은 징표들을 바라본다고 해서 큰 위로를 받을 수 있을까요? 저는 그리 큰 위로를 받지 못할 것이라고 확신합니다. 아내는 남편에게 먼저 가서 남편의 사랑이 여전히 확고한지, 아내의 잘못을 용서했는지 물어야 합니다. 그리고 남편의 순수한 사랑이 시들지 않았음을 확신하고 난 후에야 비로소 그 아내는 2층에 있는 비밀 서랍에서 남편이 준 사랑의 편지들과 징표들을 살펴보아야 하겠지요. 이렇게 하기 전까지 그런 징표들은 그리 큰 위로를 주지 못할 것입니다.

자기 부모에게 꾸중 듣고서, 아버지가 자기에게 화가 나 있다고 생각하는 아이의 경우도 마찬가지입니다. 그 아이가 똑똑하고 순진한 아이라면, 자기 방에 들어가서 아버지가 자기에게 주신 선물들만 바라보고 있지는 않을 것입니다. 오히려 아버지께 가서 무릎 꿇고 두 눈에 눈물을 글썽이면서, 아버지를 바라보며 "아버지, 저를 사랑하시지요. 당신의 아들인 저를 용서해 주세요"라고 말할 것입니다. 이렇게 해서 아버지로부터 친밀감의 표시인 사랑의 키스를 받은 후에야 비로소 그 아이는 자기 방에 가서 자기가 먹는 과자와 입고 있는 모든 옷과 그 밖에 아버지의 변함없는 사랑을 확실하게 보여주는 징표들을 보게 될 것입니다. 증거들은 이차적인 것으로서 유용합니다. 이차적인 것이 일차적인 것을 쫓아내고 대신 그 자리에 앉는다면, 증거들은 그리스도를 반대하는 적그리스도임이 분명합니다.

나의 증거들이 무엇을 말하든지 간에 내가 그리스도의 보혈을 믿는다면, 나를 떨게 하는 모든 것에도 불구하고 하나님의 책 안에는 나를 대적하는 죄가 하나도 없을 것입니다.

> "큰 죄에 빠진 날 위해
> 주 보혈 흘려주시고
> 또 나를 오라 하시니."

저는 다시 나아옵니다. 우리 죄에 대한 화목제물로 하나님께서 세우신 그분께 새롭게 나아옵니다.

성도 여러분, 저는 지금 우리가 종종 범하는 실수들에 대해서 말씀드리고 있는데, 이번에 전할 말씀을 들으신다면 아마 놀라실 것입니다. 그것은 바로 우리가 죄에 대한 화목제물이신 그리스도를 바라보는 것 대신에, 하나님의 약속들을 바라본다는 것입니다. 오늘 본문은 성부 하나님께서 약속들을 세우셨다고 말씀하지 않습니다. 참으로 하나님은 너무나 크고 귀중한 약속들을 우리에게 하셨으며, 그 약속들은 그리스도 안에서 진실합니다. 우리는 그리스도에게 나아가는 대신, 종종 약속을 주장하는 잘못을 범합니다. 곤경에 처하면 성경을 들고서 약속을 찾는 기독교인들이 많습니다. 이것은 대단히 유익하고 아주 칭찬할 만한 일이지만, 그보다 앞서 무언가가 행해져야 한다는 사실을 주목하시기 바랍니다. 그리스도에게 먼저 나아가고 나면, 그 이후에 약속으로 나아갈 수 있을 것입니다.

어떤 사람은 말합니다. "맞는 말씀이긴 하지만, 어떤 상황에 딱 들어맞게 적용되는 약속을 한번 생각해 보세요." 그것은 아주 좋은 일입니다. 여러분은 그 약속으로부터 위로를 받습니다. 그러나 그 약속이 들어맞지 않을 경우를 한번 생각해 보라고 말씀드리고 싶습니다. 그때는 어떻게 합니까! 약속이 적용되든 적용되지 않든지 그리스도가 모든 경우에 확실한 것입니다. 적용은 나의 의무가 아닙니다. 내가 할 일은 성부 하나님께서 나의 죄에 대한 화목제물로 세우신 그리스도를 붙잡는 것입니다. 성경책을 샅샅이 살펴보았지만 내가 붙들 만한 약속 하나 없다 하더라도, 풍성한 위로의 포도주가 가득한 포도주 한 병 찾지 못했다 하더라도, 에스골의 포도송이 하나 가질 수 없다 하더라도, 그럼에도 여전히 성부 하나님은 그리스도를 세우셨지, 그 외에 다른 무엇을 세우신 것이 아닙니다. 그래서 저의 눈은 그리스도를, 오직 그리스도만을 바라봅니다.

재산에 대단히 관심이 많은 한 남자가 있다고 합시다. 그 남자는 어느 정도의 재산을 상속받을 수 있는 여성에게 반하게 되었습니다. 그 후에 그 남자는 그녀의 재산 권리증서들을 갖게 되었습니다. 그러나 그가 그 권리증서들을 갖고 있다 해도, 그 재산은 그의 것이 아니었습니다. 머지않아 그 남자는 그 여자와 결혼했고, 모든 것은 그 남자의 것이 되었습니다. 상속녀를 취하십시오. 그러면 재산을 얻을 것입니다. 이것은 그리스도 안에서도 마찬가지입니다. 약속은 그리스도가 가진 재산의 권리증서들입니다. 약속만 취하고 그리스도를 취하지 않는 경우가 있습니다. 그럴 경우, 내가 합법적인 소유자가 아닌 한 다른 사람의 권리증서가 나에게 소용이 없는 것처럼, 그 약속들은 나에게 아무런 소용이 없을 것입니다.

그러나 나의 영혼이 그리스도와 결혼하게 되면, 그때 나는 그리스도와 함께 있고 그리스도 안에 있는 모든 것들의 상속자가 됩니다. 왜 기독교인인 여러분은 "내게 적용되지 않았기 때문에 그 약속은 내 것이 아니야"라고 말하며, 무슨 권리로 그렇게 말합니까? 약속에 대한 여러분의 권리는 그 약속의 적용 여부에 달린 것도 아니고, 그 약속을 붙드는 여러분의 능력에 달린 것도 아닙니다. 성경 안에 있는 모든 약속은 그리스도 안에 있는 모든 사람에게 속한 것이며, 모든 날들이 그리스도 안에 속해 있습니다. 그리스도는 항상 그리스도 안에 있는 모든 사람의 것이며, 언제나 동일하기 때문입니다. 오, 제가 의도하는 것을 정확하게 표현할 수 있을지 잘 모르겠습니다. 제가 의도하는 것은 이것입니다. 악마는 자주 저를 이렇게 유혹합니다. "너는 몇 달이 지나도록 네 마음에 드는 약속을 받지 못했어. 너는 하나님의 자녀가 아니야. 그렇기 때문에 이런저런 성경 구절에서 다른 사람들은 다 받는 약속을 너만 받지 못하는 거야."

저는 사탄에게 이렇게 대답합니다. "그런데 하나님께서 믿음을 통한 화목제물이라는 약속을 세우셨다고 말씀하지 않았어. 하나님은 그리스도를 세우셨어. 내 영혼은 하나님께서 세우신 그리스도를 영접하고, 설령 약속이 내게 적용되지 않는다 해도 그 어떤 경우에도 그 약속은 내 것이며, 믿음으로 나는 그 약속을 붙들 거야. 내 영혼이 그리스도를 붙잡았기 때문에, 내게서 그리스도를 빼앗으려는 너를 무시하겠어." 오, 그래서 우리는 그리스도를 더욱더 따라 살았고, 그리스도 외에 다른 것은 더 이상 따라 살지 않았으며, 그리스도의 인품에 더욱더 다가갔습니다. 우리는 그리스도의 보혈을 좀 더 확실히 의지하였고 더욱 단순하게 그리스도를 우리의 전부로 받아들이며 살았습니다.

이 두 번째 대지는 아직 끝나지 않았습니다. 한두 가지 더 말씀드리려고 합니다. 하나님은 그리스도를 그의 피로써 믿음으로 말미암는 화목제물로 세우셨습니다. 그러므로 우리는 그리스도를 전적으로 충분한 화목제물로 영접해야 합니다. 오늘 저는 그리스도를 믿고 있습니다. 그러나 어떤 죄가 제 양심에 남아 있고 그 죄 때문에 염려하고 걱정한다면, 저는 그리스도를 전적으로 충분한 화목제물로서 영접하지 못했음을 즉시 알아채야만 합니다. 저의 죄가 크든 작든, 최근에 지은 죄든 예전에 지은 죄든, 어쨌든 그것은 죄입니다. 화목제물이신 그리스도를 통해 모든 것을 대속하셨으니, 하나님 찬양을 받으소서!

우리가 받아들여야 할 그리스도는 모든 죄를 멸하시고, 큰 빚뿐 아니라 작은 빚까지도 지우고 청산해 주신 분입니다. 신자가 항상 범해 왔던 생각과 말과 행동의 모든 죄가 하나님께서 세우신 화목제물 안에서 죽고 압도되었으며 완전히 소멸되었음을 알기까지는 그리스도에 대해 충분히 알지 못한 것입니다. 오! 우리는 켄트(Kent)의 고백에까지 이르렀으면 좋겠습니다. 그는 말합니다.

"이제 죄에서 자유로워 활보합니다.
내 구세주의 피가 나를 완전히 석방하였습니다.
그분의 귀한 발에 내 영혼을 내려놓고서
구원받은 한 죄인이 경의를 표합니다."

이 고백에까지 이르렀기 때문에 이제 다음 주제를 추가로 다뤄야 할 필요가 있습니다. 하나님이 세우신 그리스도는 죄에 대한 하나의 전적으로 충분한 화목제물일 뿐만 아니라, 하나의 변치 않는 화목제물입니다. 내가 신자라면, 내가 유혹에 저항하여 버티고 있을 때도 그리스도는 내 영혼의 화목제물이 되실 뿐만 아니라, 내 영혼이 죄에 빠졌을 때도 그리스도는 내 영혼의 화목제물이 되십니다. 이 말을 듣고 이렇게 말하는 사람도 있을 것입니다. "이런 식이라면, 화목제물이 되신 그리스도는 강한 도덕률폐기론자(기독교인의 생활에서 중요한 것은 믿음뿐이기 때문에 종교적인 도덕을 부인하거나 경시하는 태도 ― 역주)거나 또는 유사 도덕률폐기론자가 되는 셈입니다." 그렇게 생각한다면 더 이상 어쩔 수 없습니다. 그리스도의 화목제물은 그 이상도 아니고 그 이하도 아닙니다. 그것은 두말할 필요 없이 사실입니다. 이 사실은 그 이상이 될 수 없으며, 그 자체로 완전합니다. 이 사실은 그 이하가 될 수 없습니다. 왜냐하면 어제나 오늘이나 영원토록 변함이 없기 때문입니다.

보혈로 씻음 받은 사람은 희게 됩니다. 그의 의심과 두려움이 그 희게 된 것을 상하게 하지 못합니다. 어제 드린 무기력한 기도, 일주일 전에 했던 낙담, 지난달에 빠졌던 거의 완전한 불신, 이 모든 것이 예수님의 완벽한 의에 흠을 낼 수 없습니다. 또한 예수님의 보혈로 그의 죄를 완벽하게 용서하신 것도 손상시킬 수 없습니다. 예수님을 믿을 때 우리가 하나님 앞에 감히 설 수 있는 것은 우리의 사고방식이나 우리의 감정에 좌우되지 않는다는 이 귀중한 사실을 제가 믿고 주장하며 기뻐하기 때문입니다. 이것은 태양 그 자체가 본래의 햇빛을 발할 때 그 아래에 있는 구름이나 어둠에 좌우되지 않는 것과 같습니다.

아주 똑같습니다. 그리스도의 의와 보혈이 충만한 영광과 충만한 위엄을 지니는 것은, 태양이 그 자체로 찬란하며 희미해지지 않는 것과 똑같습니다. 그리스도 안에서 하나님 앞에 우리가 서는 것이지 우리가 스스로 서는 것이 아닙니다. 이 사실은 그리스도 안에서 영원히 완전합니다. 사랑받은 자로 일단 받아들여지면, 그 이상도 그 이하도 없습니다. "이것은 단단한 음식"(히 5:14)이라고 말하기도 합니다. 그리스도가 변치 않는 화목제물이라는 사실이 비록 딱딱한 음식이기는 해도, 바로 이 사실만이 시험받는 기독교인의 머릿속에 죄가 맴도는 그 시점에 그 사람을 만족시킬 수 있을 것입니다. 어떤 사람이 그리스도의 참된 대속의 교리, 다시 말해 그리스도의 백성이 매일 그리스도의 자리에 서게 되는 이 교리를 악용해서 그 점을 방탕하게 사용한다면, 그는 당연히 저주를 받을 것입니다. 그런 사람은 이 문제와 전혀 관계가 없는 사람입니다.

　　물론 저는 이런 사실도 알고 있습니다. 몇몇 방탕한 부랑자들이 그리스도의 대속 교리를 가지고서 자기 영혼을 망치고 있음을 말입니다. 그러나 그런 사실 때문에 이 교리가 주는 위로를 마다할 수는 없습니다. 여전히 거기에는 영광스러운 진리가 서 있습니다. 그리고 이것이야말로 그리스도의 속죄의 충만한 영광입니다. 일단 그리스도께서 그의 피를 흘리셨고 그 피가 우리에게 적용되었다면, 오직 그것으로써 우리는 완전히 순결하게 서며, 이런 날에도 저런 날에도 우리는 순결합니다. 주 예수 그리스도 안에서 우리는 온전하고 완전하며 받아들여지고 굳건하며 안전합니다. "이 예수를 성부 하나님이 죄에 대한 화목제물로 세우셨습니다." 제 영혼은 어제나 오늘이나 이 예수를 영접하며, 죄가 영원히 제거되었음을 압니다.

3. 하나님이 우리를 위해 그리스도를 세우신 것처럼, 이제 우리는 하나님 앞에 그리스도를 세우고 하나님께서 그리스도를 보게 해야 합니다.

　　이제 세 번째이자 마지막 쟁점을 말씀드리겠습니다. 지금까지 말씀드린 것을 뒤집어 생각해 봅시다. 지금까지 저는 하나님께서 그리스도를 세우셨고, 우리는 그것을 바라본다는 사실을 말씀드렸습니다. 하지만 이제는 의무와 특권의 문제로서 우리가 그리스도를 세우고 하나님께서 그리스도를 보게 해야 합니다.

　　오늘 이렇게 무수한 성도들 앞에 서 있는 이 설교자도 여기에서 행하는 설교를 하나님께서 보지 않으신다면, 이 설교가 헛되고 공허한 일이 된다는 것을 알고 있습니다. 어떻게 하면 하나님의 시선을 확보할 수 있을까요? 어떻게 하면 하나님의 임재를 보증할 수 있을까요? 이 강단에서 그리스도가 세워진다면, 하나님은 그리스도가 세워진 것을 보고 그 말씀을 영화롭게 하시며 축복해 주실 것입니다. 성도 여러분, 제가 분명한 교리를 전한다 해도 하나님은 그 교리를 내려다보지 않으실 것입니다. 저도 그럴 수 있기 때문에 눈물을 머금고 지적하고 싶은 바가 있는데, 그것은 회심이 거의 일어나지 않는 교회들이 있다는 것입니다. 교리는 높습니다. 충분히 높습니다. 너무 높아서 악취가 날 정도입니다.

　　제가 어느 교회라고 말할 수는 없지만, 10년이나 12년이 지나도 교회에 새로운 교인이 하나도 없는 교회들이 있다는 것을 저는 알고 있으며, 그 이유에 대해서도 알고 있습니다. 그리스도가 세워지지 않았으므로 그리스도 외에 세워진 것은 무엇이든 하나님은 보지 않으셨습니다. 그렇게 세워진 것들은 모두 잘못된 것이었기 때문입니다. 저는 또 다른 경우의 교회들도 알고 있습니다. 앞의 경우처럼 동일하게 슬픈 마음으로 전합니다. 설교 시간에 실천을 강조하면서 그리스도를 전하지 않는 교회도 있습니다. 성도들은 수만 가지의 실천사항들을 행하도록 권면을 받았습니다. 재미있고도 세련된 수필 형태로 사람들 앞에 제시된 도덕적 의무들은 그리스도의 십자가 자리를 대신 차지했으며, 그 결과 회심은 일어나지 않았고 참석자들의 수는 차츰 차츰 눈에 띄게 줄어들었습니다. 몇몇 예외적인 교회들이 있다는 게 좀 이상하기는 하지만, 이 법칙은 여전히 유효합니다. 즉, 그리스도가 전해지지 않는 곳에는 듣고자 하는 사람들도 많지 않다는 법칙 말입니다.

소치니주의(Socinianism)만 전해 보십시오. 그러면 이 건물은 거미들의 화려한 사냥터가 될 것입니다! 그리스도를 포기하고 철학을 전해 보십시오. 여러분은 오르간도 필요 없고 그것을 연주할 연주자도 필요 없으며, 성도들은 밖으로 나갈 것입니다. 성도들은 결코 철학을 필요로 하지 않을 것입니다. 교회를 나간 성도들은 결코 돌아오지 않을 것입니다. 정말 그렇게 됩니다. 그렇게 빈약한 교리들은 아무도 들으려고 하지 않기 때문에 절대 이길 수가 없습니다. 그 교리들은 매력적이지 않습니다. 아주 매력적으로 보일 뿐, 아무도 그 교리들을 받아들이지 않습니다. 여기에 그 비밀이 있습니다. 하나님이 세우신 것, 다시 말해 우리 죄에 대한 화목제물이신 예수 그리스도를 인간이 세우지 않는다면, 하나님은 인간의 그 어떠한 설교에도 내려다보시지 않기 때문입니다.

그리스도가 세워질 때 회심이 일어날지에 대해서는 의심의 여지가 없습니다. 그것은 확실합니다. 인간의 노력보다 하나님을 더 중시하는 몇몇 선한 형제들은 다음과 같이 성경 말씀을 인용합니다. "바울은 심었을 수도 있고, 아볼로는 물을 줬을 수도 있다. 그러나." 이 형제들은 "그러나"에서 길게 머무르면서 본문을 약간 바꿉니다. "그러나 하나님이 자라나게 하셨다"고 말이지요. 그러나 이 본문은 그렇게 말하지 않습니다. "나는 심었고 아볼로는 물을 주었으되 오직 하나님께서 자라나게 하셨나니"(고전 3:6)로 되어 있습니다. 모든 것이 함께 연결되어 있습니다. 바울은 헛되이 심은 것이 아닙니다. 아볼로는 헛되이 물을 준 것이 아닙니다. 하나님께서 자라나게 하십니다. 이 점을 확실히 하십시오. 만약 구원받는 영혼들이 없다면, 거기에는 항상 몇 가지 이유들이 있습니다. 이루 헤아릴 수

없는 하나님의 주권은 잠시만 차치해 두고서 말씀드리겠습니다. 제가 보는 이유
는 이런 것들입니다. 그리스도가 전파되지 않거나 또는 그리스도가 전해질 수
없는 그런 방식으로 그리스도를 전했기 때문입니다. 냉랭한 마음으로, 뜨거움
없이, 온유하지 않게 전했기 때문입니다.

　　오직 진지한 마음으로 그리스도가 전해지도록 하십시오. 청산유수 같지 않
아도, 발표력이 좀 모자라도, 그리스도가 세워진다면 성령 하나님께서 임하실
것이며, 그 말씀은 분명히 축복받게 될 것입니다. 그리스도의 말씀은 헛되이 그
리스도께로 돌아가지 않을 것이며, 그리스도가 말씀을 보낸 곳은 어디든 번성할
것입니다.

　　한 말씀 더 드리겠습니다. 우리가 사역에서 하나님을 미소짓게 하려면 그리
스도를 세워야 하듯이, 인간의 영혼을 위한 여러분의 간구 속에서도 반드시 그
리스도를 세워야만 합니다. 우리 주변에 얼마나 많은 사악함이 있습니까! 우리
의 가까운 이웃들만 해도 수만의 사람들이 하나님을 알지 못하고 있습니다. 이
도시에도 거의 3백만에 가까운 주민들이 살고 있습니다. 도시가 아니라 그 자체
가 하나의 제국입니다. 우리는 무릎을 꿇고서 무엇을 해야 합니까? 이 도시를 위
해 하나님께 기도할 때 저는 저의 간절한 마음을 완전히 표현할 수 없을 때가 종
종 있습니다. 이 도시의 죄악, 추행, 범죄 소굴, 사탄의 교리를 가르치는 무수한
선교사들, 순한 사람들을 유혹할 기회만 엿보는 수많은 남녀들에 대해 여러분이
일단 알게 된다면, 하나님 앞에 나아가는 것 자체가 엄청난 짐이 됩니다.

　　여러분은 탄식과 신음 없이 런던을 위해서 기도할 수 없을 것입니다. 제가
그리워하는 로비 플록하트(Roby Flockhart) 목사님이 계십니다. 그분은 수년 동
안 에든버러 거리에 서서 외쳤고 많은 비웃음을 당하기도 했습니다. 그러나 주
중에는 매일 밤 말씀을 전했고, 겨울철에는 작은 등불을 지팡이 위에 달고 길모
퉁이에 서서 행인들에게 말씀을 전했는데, 다소 특이했지만 큰 능력이 있었습니
다. 그 훌륭한 목사님은 홀로 있을 때 행한 기도로 유명합니다. 한 신사가 이 분
에 대해 제게 해준 말은 이렇습니다. 그는 어느 날 밤에 가난한 로비 목사님을
뵈러 갔었습니다. 그 목사님은 굉장히 가난했습니다. 그래서 촛불이 꺼져 있었
고, 그 신사는 두세 계단 오르다가 넘어졌습니다. 하지만 가까스로 목사님 방 앞
에 도달할 수 있었습니다.

　　그는 방문을 열어보았지만 그 그리운 목사님을 볼 수 없었습니다. 그러나

그는, "오 주님, 에든버러를 잊지 마옵소서. 에든버러를 잊지 마옵소서. 오래된 이 도시에 주님의 손을 거두지 마옵소서. 이 도시를 잊지 마옵소서. 주님, 주님의 성령을 에든버러에 부어주시기까지 이 종은 계속해서 간구하겠나이다"라고 하는 기도소리를 들을 수 있었습니다. 제 친구는 조용히 멈춰 섰습니다. 거기에는 자기의 하나님과 함께 한 늙은 노인이 홀로 있었습니다. 제 친구는 그러한 신음과 울부짖음을 예전에 들어본 적이 없었습니다. 에든버러를 하나님께서 축복해 주시기를, 그리고 하나님의 성령을 이 도시에 부어주시기를 위해 목사님이 기도하는 동안, 목사님의 눈물이 떨어지는 소리가 들리는 것 같았습니다. 부스럭거리는 소리가 나자, 그제야 그 늙은 노인은 말했습니다. "거기 누구 있소?"

불이 켜지자, 침대 베개 하나를 무릎 밑에 놓고서 그 방에서 침대를 제외한 유일한 가구인 낡은 의자 옆에서 에든버러를 위해 기도하고 있던 목사님의 모습이 드러났습니다. 목사님은 그 시간에 에든버러를 위해 기도하고 나서 말씀을 전하러 나가셨던 것입니다. 비록 많은 비웃음과 조롱을 받았지만 말입니다. 오, 누군가가 런던을 위해서도 그렇게 할 것 같습니다. 무릎이 저릴 때까지 꿇어앉아서, "런던을 잊지 마옵소서. 런던을 잊지 마옵소서. 주님의 얼굴을 런던에서 돌리지 마옵소서. 이 큰 도시에 당신의 팔을 드러내옵소서"라고 말입니다.

그런데 우리가 어떻게 하면, 우리의 기도로 하나님을 설득할 수 있을까요? 형제 여러분, 우리는 기도 가운데 그리스도가 드러나도록 해야 합니다. 그러면 하나님은 우리의 기도를 내려다보실 것입니다. 제가 언젠가 기도 모임에서 들었던 한 감리교인의 외침이 기억납니다. 한 연약한 감리교인 형제가 계속 기도를 하지 못하자, 그 예배당 끝에 있던 한 사람이 소리쳤습니다. "그 피를 내세우시오. 형제여, 그 피를 내세우시오"라고 말입니다. 그 나이 든 감리교인의 외침에는 힘과 능력이 있었습니다. "그 피를 내세우십시오." 하나님은 그리스도의 피를 외치는 소리를 절대, 결코, 도저히 거부할 수 없습니다. 아벨의 피는 복수를 요구했고, 복수가 일어났습니다. 그리스도의 피는 용서를 요구하기에 용서를 받을 것이고, 용서를 받을 수밖에 없습니다. 우리 하나님은 그 외아들의 피를 외치는 소리에 귀를 기울이지 않을 수 없습니다. 여러분과 저, 우리 모두가 함께 런던을 위해 그리스도의 보혈을 내세운다면, 부흥은 일어날 것이고, 반드시 일어나고야 말 것이며, 이 시대의 판도가 바뀔 것입니다. 하나님의 팔이 드러나게 될 것입니다. "모든 육체가 그것을 함께 보리라 이는 여호와의 입이 말씀하셨느니라"(사

40:5).

하나만 더 말씀드리겠습니다. 이 자리에서 진지한 애정을 가지고 저는 여러분 한 사람 한 사람에게 개인적으로 호소합니다. 오늘 아침 여러분의 영혼은 자신을 보며 신물이 날 정도로 구원받기를 갈망하고 있습니까? 여러분의 죄가 여러분을 정죄합니까? 여러분의 정욕이 여러분을 고발합니까? 여러분의 양심이 여러분을 채찍질합니까? 기도로 하나님께 가까이 가 본 적이 있습니까? 자비를 간구했지만 자비를 얻지 못한 적이 있습니까? 어떤 약속을 찾기 위해 성경을 읽어 본 적이 있습니까? 꿀처럼 달콤한 약속은 아무것도 여러분에게 주어지지 않았습니까? 하나님 앞에 나오십시오. 제가 여러분에게 전한 하나님의 말씀에 여러분이 순종하도록 여러분을 위해 기도하겠습니다. 나와서 그리스도를 붙잡으십시오. 그리고 그리스도의 피를 하나님께 보이십시오. 그러면 하나님은 분명히 여러분에게 미소를 보낼 것입니다. 여러분이 약속을 붙잡을 수 없다면, 피를 붙잡으십시오. 여러분이 그 어떤 감정들로 인해 하나님 앞에 나아올 수 없다면, 여러분의 손으로 붙잡은 그리스도와 함께 나오십시오.

"제가 그리스도를 믿을 수 있을까요?"라고 말하는 사람이 있습니다. 여러분도 믿을 수 있습니다! 여러분은 믿을 것을 **명령받았습니다**. 믿지 않는 자는 그가 믿지 않기 때문에 하나님을 거짓말쟁이로 만들었습니다. 믿는 사람은 하나님은 참되시다는 사실에 스스로 도장을 찍은 셈입니다. 죄인들이여, 하나님은 그리스도로 만족하십니다. 그리스도가 하나님을 만족시켰는데, 여러분이 그 그리스도에 만족하지 못합니까? 영원하신 심판장께서 예수님을 받으셨는데, 여러분이 예수님을 거부합니까? 주님께서 문을 열고서 문 앞에 서 계십니다. 그 문은 왕이 드나들 정도의 문인데, 여러분 같은 반역자가 들어가기에 충분하지 않을까요? "그러나." 여러분이 가진 "모든 그러나"를 던져 버리십시오. 여러분은 그리스도에게 무언가를 더 추가하기 원합니다. 그리스도가 하나님과 화해하기에는 충분하지만 여러분과 화해하기에는 충분하지 못합니까? "그러나." 또 "그러나"입니까? 하나님은 예수님의 보혈을 충분한 대가로 생각하시는데, 여러분은 그렇게 생각하지 않는 것입니까?

오, 어리석고도 더딘 마음이여, 여러분은 어떻게 감히, 하나님께서 충분히 세우지 않으셨을 뿐 아니라 여러분이 거기에 무언가를 추가해야 한다고 생각합니까? 그리스도 외에 무언가를 추가하려는 대신에, 저는 여러분이 현재 상태 그

대로 그리스도를 믿기를 기도합니다. 여러분이 누구이든지, 여러분의 과거의 삶이 어떠했든지, 지금 여러분의 감정이 어떠하든지, 여러분의 영혼을 그리스도에게 맡기십시오. 그러면 여러분의 죄가 제거되었다고 하나님은 선포하실 것입니다. 있는 모습 그대로 여러분의 영혼을 내려놓으십시오. 여러분이 얼마나 검든, 얼마나 타락했든 문제가 되지 않습니다. 하나님이 세우신 그 은혜의 장소(시은소)위에 내려놓으십시오. 그러면 여러분은 하나님이 내려놓으라고 명령한 바로 그곳에 여러분의 영혼을 내려놓은 것이 되며, 그 영혼의 구원은 더 이상 여러분의 손에 달려 있지 않습니다. 여러분은 여러분의 구원을 그리스도의 손에 내려놓은 것이고, 여러분을 구원하는 것은 그분의 소관이며, 그분이 그 일을 하실 것입니다.

> "내가 믿는 자를 내가 알고
> 또한 내가 의탁한 것을
> 그 날까지 그가 능히 지키실 줄을
> 확신함이라"(딤후 1:12).

이유를 설명하기는 힘들지만, 이 간단한 교리가 여러분을 이해시키기에 가장 어려운 교리입니다. 아주 간단해 보이지만, 많은 사람들은 이 교리를 듣고 어리둥절해하며 의심하기조차 합니다. "선한 행위도 소용없고, 선한 감정도 소용없다니!"라고 말입니다. 이 모든 것들은 은혜의 열매들입니다. 구원은 선한 행위에 의해 좌우되지 않습니다. 선한 행위는 구원의 한 결과일 뿐입니다. 구원은 그리스도 안에 있습니다. 전적으로 그리스도 안에, 오직 그리스도 안에만 있습니다. 여러분 중에 누구든지 그리스도를 여러분의 유일하고 하나뿐인 구세주로 의지하는 그 순간, 여러분은 하나님의 화목제물을 받아들이는 것이며, 하나님은 여러분을 받아들이는 것입니다. 하늘 아래 살고 있는 어떤 사람이라도 그가 그리스도를 믿고 그분을 만유 안에 계신 만유의 주님으로 의지하고 있다면, 주님이 그 사람을 거부한다는 것은 주님이 자신의 성품을 바꾸지 않는 한 불가능한 일입니다. 이것은 마치 주님께서 그분의 명예에 오점을 남기고, 그분의 성품에 위배되며, 그분의 말씀을 농담으로 만들고, 그리스도의 속죄를 거짓으로 만드는 것과 같습니다.

오늘은 성 금요일입니다. 여러분 한 사람 한 사람에게 거룩한 금요일이 되었으면 좋겠습니다. 아마도 저는 여기에서 여러분에게 지난 7년 간 말씀을 전했던 것 같습니다. 하지만 여러분은 여전히 구원받지 못한 채로 있습니다. 여러분이 오늘 아침에 전한 설교만 잘 들었어도, 여러분의 피는 깨끗해졌을 것입니다. 구원 계획을 설명하기 위해 제가 오늘 아침에 전한 설교 외에 더 이상 할 수 있는 것이 없다는 것을 하나님은 알고 계십니다. "하나님이 그의 피로써 믿음으로 말미암는 화목제물로 세우셨으니." 저는 여러분에게 강권합니다. 피 흘리신 그리스도를 바라보십시오. 그분의 땀이 핏방울이 되어 떨어질 정도로 기도하신 그리스도를 바라보십시오. 채찍질 당한 그리스도를 바라보십시오. 십자가에 못 박힌 그리스도를 바라보십시오. 여러분이 그리스도의 피를 믿는다면, 그리스도는 여러분의 죄에 대한 화목제물이 되십니다.

저는 이런 말씀을 전하는 것 외에 달리 더 할 수 있는 것이 없습니다. 제가 할 일은 설교하는 것이고, 기도와 권면하는 일입니다. 성령 하나님께서 여러분에게 은혜를 베푸셔서, 여러분이 값없이 주시는 이 은혜로운 복된 선포를 듣고 받아들이며 순종하기를 기원합니다. 다른 구원은 절대 없습니다. 여러분의 영혼은 고통에 시달리며 여러분의 뼈는 수고로 쇠약해집니다. 하지만 이곳을 제외한 그 어디에도 쉴 곳은 없었습니다. "주 예수를 믿으라 그리하면 구원을 받으리라"(행 16:31), "믿고 세례를 받는 사람은 구원을 얻을 것이요 믿지 않는 사람은 정죄를 받으리라"(막 16:16).

제가 무슨 말씀을 더 드려야 할까요? 여러분에게 더 이상 간청하기보다는 은밀한 중에 하나님께 간청하고자 합니다. 그리스도께서 여러분을 구원하실 수 있는지 없는지, 지금 당장 여러분이 한번 시험해 보았으면 좋겠습니다. 그리스도를 여러분 스스로 의지하십시오. 그리스도를 여러분 스스로 믿으십시오. 그러면 그리스도는 그분의 말씀처럼 좋은 분이 되어 지금 여러분을 구원하시고 끝날까지 여러분을 구원하실 것입니다. 주님께서 주님의 축복을 더하실 것입니다. 예수님의 이름으로 기도합니다. 아멘.

제
6
장

—

은혜만 있고 자랑은 없느니라

—

"그런즉 자랑할 데가 어디냐 있을 수가 없느니라
무슨 법으로냐 행위로냐 아니라
오직 믿음의 법으로니라" — 롬 3:27

교만은 하나님께서 가장 역겨워하는 것입니다. 교만은 죄이기 때문에 하나님의 거룩하심이 교만을 미워하고, 교만은 배신이기 때문에 하나님의 주권이 교만을 혐오하며, 교만은 반역이기 때문에 이 반역을 진압하기 위해 하나님의 모든 속성들이 연합합니다. 하나님은 다른 죄들에 대해서는 손가락으로 건드리시지만, 이 교만의 죄악을 대할 때는 팔을 걷어붙이십니다. 제가 알기로, 정욕에 대해서는 끔찍한 심판들이 있었습니다. 하지만 기만적인 마음으로 한껏 부풀어 오른 정욕에 대해서는 열 배나 더한 심판들이 있었습니다. 기억해 보십시오. 인류가 지은 첫 범죄의 핵심은 교만이었습니다.

하와의 야심은 선과 악을 알아서 하나님처럼 되기를 갈망하는 것이었고, 아담도 따서 먹기만 하면 하나님의 지위에 올라갈 수 있을 것이라 상상했습니다. 에덴 동산이 결딴나고, 세상이 황폐해지고, 인류가 해산의 수고를 하고, 이마에 땀을 흘리고, 정녕 죽어야만 하는 이 모든 것들이 화를 낳는 어머니인 이 교만으로 거슬러 올라갑니다.

바벨탑을 기억해 보십시오. 하나님께서 우리를 어떻게 흩으셨고 우리의 언어를 어떻게 혼잡케 하셨는지 말입니다. 하나의 통합정치를 추구하여 인간이 위대해지도록 부추긴 것 역시 인간의 교만이 한 일이었습니다. 바벨탑은 모든 부족들의 중앙 집결지가 되었고, 모든 인간의 위엄이 집중된 중앙 보좌가 되었습니다. 그러나 하나님은 우리 인간을 흩으셨습니다. 그로 인해 교만은 최고조로 올라갈 수 없었습니다. 하나님의 심한 타격을 확실히 체험한 너 교만이여, 너를 위해 하나님은 칼을 가셨고 전쟁무기들을 준비하셨도다!

만군의 여호와께서 맹세하셨으니, 여호와는 모든 인간 영광의 교만을 확실히 멸하실 것이며, 거름더미에 뭉개진 짚처럼 모든 자랑을 짓밟을 것입니다. 더 이상 지나치게 교만한 말을 내뱉지 마십시오. 거만이 여러분의 입에서 나오지 못하게 하십시오. 용사의 활이 부러질 수 있고 인간의 오만함이 머리를 조아릴 수 있기 때문입니다. 하나님이 바로와 애굽에 내리신 재앙들과 소안 들녘에서 행하신 기적들을 기억하십시오. 홍해를 기억하십시오. 라합을 저미시고 용을 찌르신(사 51:9) 것을 기억하십시오. 느부갓네살을 생각해 보십시오. 바벨론을 건설한 용사였던 그가 사람에게 쫓겨나서 소처럼 풀을 먹으며 머리털은 독수리의 깃털처럼 되었고 손톱은 새의 발톱처럼 된 것(단 4:33)을 말입니다. 영광을 하나님께로 돌리지 아니하므로 벌레에게 먹혀 죽은 헤롯을 기억하십시오(행 12:23). 주님의 갈고리에 코가 꿰이고 오던 길로 끌려 돌아가서 그의 아들들에게 살해된 산헤립을 기억하십시오(왕하 19:28).

오, 하나님, "나는 여호와라 나 외에 다른 이가 없나니"(사 45:5)라고 말하며 스스로를 높였기 때문에, 여호와의 꾸지람과 콧김으로 말미암아(시 18:15) 모두 멸망하고 말았던 무수한 정복자들과 제왕들과 용사들에 대해 말하자면 끝이 없을 것입니다. 하나님은 지혜로운 자들을 물리쳐 그들의 지식을 어리석게 하셨으며(사 44:25), 아무 육체도 하나님 앞에서 자랑하지 못하게 하셨습니다(고전 1:29).

그렇습니다. 하나님이 택하신 백성이라 하여도 그 마음에 교만이 숨어 있다면, 하나님의 화살은 그 교만을 찾아서, 교만의 피에 화살이 젖게 하십니다. 하나님은 여전히 자기 종들을 사랑하시지만, 그들 속에 있는 교만은 몹시 싫어하십니다. 다윗은 하나님의 마음에 합한 사람이었지만, 교만으로 인해 야심을 품게 되어 인구조사를 하였고, 그 일로 다윗은 세 가지 징계 중에 하나를 선택해야 했으며, 어쩔 수 없이 가장 약한 전염병을 선택했습니다(삼하 24).

히스기야가 바벨론의 사신들에게 자신의 부와 보물들을 보여주었을 때, 그에게는 "그들이 왕궁에서 무엇을 보았나이까"(왕하 20:15)라는 책망이 임했습니다. 그리고 경고의 말씀도 임했습니다. "또 왕의 몸에서 날 아들 중에서 사로잡혀 바벨론 왕궁의 환관이 되리라 하셨나이다 하니"(왕하 20:18).

오, 성도 여러분, 하나님께서는 교만에 대해 가장 두려운 심판을 하셨을 뿐만 아니라, 가장 엄숙한 말씀을 하셨습니다. "교만은 패망의 선봉이요 거만한 마음은 넘어짐의 앞잡이니라"(잠 16:18). "눈이 높고 마음이 교만한 자를 내가 용납하지 아니하리로다"(시 101:5). "나는 교만과 거만과 악한 행실과 패역한 입을 미워하느니라"(잠 8:13). "여호와는 교만한 자의 집을 허시며"(잠 15:25). "대저 만군의 여호와의 날이 모든 교만한 자와 거만한 자와 자고한 자에게 임하리니 그들이 낮아지리라"(사 2:12). "주 만군의 여호와의 말씀이니라 교만한 자여 보라 내가 너를 대적하나니"(렘 50:31). 성경에는 이와 같이 무시무시한 말씀들이 수백 개나 더 있기 때문에 지금 그것을 모두 말씀드릴 수는 없습니다.

이제 주목해 주십시오. 인간의 허영에 영원히 수치스러운 낙인을 찍고, 인간의 모든 영광에 단번에 오물을 집어 던지는 격으로, 하나님이 정하신 인간 구원의 유일한 방식은 인간이 자랑삼아 할 수 있는 말이 단 한 마디도 없게 하는 것이었습니다. 하나님께서는 인간의 힘이 산산조각 나고 인간의 교만이 굴욕을 당하게 될 유일하고 영원한 반석을 놓아두실 것이라고 선언하셨습니다.

오늘 아침에 말씀드릴 주제가 바로 이 반석입니다. 여러분은 여기에 주목해 주시기 바랍니다. 저는 오늘의 본문을 통해 이 반석에 대한 생각을 확대하고, 좀 더 자세히 설명해 보고자 합니다. "그런즉 자랑할 데가 어디냐 있을 수가 없느니라 무슨 법으로냐 행위로냐 아니라 오직 믿음의 법으로니라."

우리가 첫 번째로 주목할 것은 거부된 계획, 즉 율법입니다. 그 다음에 우리는 있을 수 없는 악인 자랑에 대해 살펴보겠습니다. 그런 후에 세 번째로, 자랑할 수 없기 때문에 가장 악한 죄인들도 받아들여진다는 바로 그 사실에 주목할 것입니다. 끝으로, 아무도 자랑할 수 없는 이 동일한 제도가 하나님의 은혜와 자비하심에 대해 겸손하고 경건한 감사를 드릴 수 있게 한다는 사실에 대해 살펴보려고 합니다.

1. 거부된 계획, 율법

그럼 첫 번째로, 거부된 계획에 대해 살펴보겠습니다. 사람이 영원히 축복을 누릴 수 있었던 길에는 두 가지가 있습니다. 첫째는 행위에 의한 것이었습니다.

"이것을 행하라 그러면 살리라. 순종하라 그러면 상급을 받으리라. 계명을 지켜라 그러면 너는 축복을 받으리라. 성실히 노력하라 그러면 반드시 보상 받으리라"와 같이 말입니다. 나머지 다른 계획은 이것입니다. "은혜와 축복을 하나님의 선물로 거저 받아라. 아무 공로도 없이 허물 많은 죄인으로, 그리고 그 좋은 것을 받을 자격이 전혀 없는 반항하는 죄인으로 서라. 단지 그곳에 서서 모든 좋은 것을, 오직 하나님의 자유로운 사랑과 주권적 자비하심으로 단순히 전적으로 받아들여라." 이제 주님께서는 행위의 제도를 선택하지 않으셨습니다.

　오늘 본문에 두 번 사용된 법이라는 단어는 많은 주석가들이 생각하는 바와 같이, 이 단어를 아주 좋아하는 유대인들이 반발하지 않도록 유대인들을 의식해서 선택된 것입니다. 그러나 여기서 이 단어는 성경의 다른 곳에서와 같이 계획, 제도, 방법 등을 의미합니다. 두 가지 계획과 두 가지 제도와 두 가지 방법과 두 가지 영이 있었습니다. 다시 말해, 행위의 계획과 은혜의 계획이 있었다는 것입니다. 하나님은 공로와 행위의 계획을 단번에 완전히 거부하시고, 오직 전적으로 믿음의 계획, 믿음의 방법, 믿음의 법을 통해서 사람들을 축복하시기로 선택하셨습니다.

　자, 성도 여러분, 제가 여러분 앞에 두 가지를 제시하였습니다. 그리고 이 두 가지 사이에 절대로 잊어서는 안 되는 어떤 차이가 있음을 여러분은 유념하시기 바랍니다. 마르틴 루터(Martin Luther)는 말합니다. "만일 당신이 행위와 은혜를 바르게 구별할 수 있다면, 당신에게 그런 이해력을 주신 하나님께 감사하십시오. 그리고 당신은 성직에 적합한 사람이라고 생각하십시오." 참으로 이것은 신학의 기초입니다. 이것을 분명하게 이해할 수 있는 사람은 제가 보기에, 절대로 이단이 될 수 없다고 생각합니다. 정통을 확실히 따르고 하나님의 바른 교훈을 분명히 이해하는 사람은, 단번에 하나님의 것과 사람의 것, 다시 말해 행위와 믿음 사이의 구별을 정확하게 할 수 있고, 또 믿음으로 말미암는 은혜를 구별할 수 있는 사람입니다.

　이제 행위로 인한 구원 계획은 우리에게 불가능합니다. 사람들이 구원을 받기 위해 일해야 한다는 방식을 비록 하나님이 제정하긴 하셨지만, 분명한 것은 아무도 이 방식으로 구원을 받지 못했고 그래서 모두가 멸망을 받아야만 했다는 것입니다. 만약 여러분이 행위로 구원을 받게 된다면, 율법은 여러분이 완벽해지기를 요구한다는 사실을 기억해야 합니다. 단 하나의 허물, 단 하나의 범죄라도, 율법은 가차 없이 여러분을 정죄합니다. 율법은 여러분이 율법을 모든 점에서, 모든 의미에서, 최고의 수준으로 지킬 것을 요구합니다. 왜냐하면 율법의 요구는 극단적으로 엄격하기 때문입니다.

율법은 여러분이 지불할 수 없다고 해서 공짜로 면제해 주는 일을 절대 하지 못합니다. 율법은 지독한 채권자와 같아서, 여러분의 멱살을 붙잡고 "전부 내게 갚으라"고 말합니다. 만약 여러분이 한 푼도 남김없이 갚지 못한다면, 율법은 여러분을 정죄의 감옥에 처 넣고서, 절대 거기에서 나오지 못하도록 할 것입니다. 혹 여러분이 외적으로 완벽하게 율법을 지킬 수 있다 하더라도, 율법은 외적인 생활뿐 아니라 마음으로도 여러분이 율법을 지키도록 요구한다는 사실을 기억하십시오.

단 한 번이라도 마음이 옳은 데서 벗어나기만 하면, 단 한 번이라도 스쳐가는 유혹의 그림자를 받아들이기만 하면, 여러분은 죄에 참여한 셈이 되어 파멸하게 될 것입니다. 또한 우리는 "네 마음을 다하며 목숨을 다하며 힘을 다하며 뜻을 다하여 주 너의 하나님을 사랑하고 또한 네 이웃을 네 자신 같이 사랑하라 하였나이다"(눅 10:27)라는 이 계명에서 넘어집니다. 오! 우리 중에 누가 감히 자기는 이 계명에서 수천 번도 더 넘어지지 않았다고 생각할 만큼 그렇게 위선적일 수 있겠습니까! 예, 바로 이 계명에서 넘어집니다. 비록 여러분의 삶이 덕스러워서 비판적인 사람들조차 여러분의 드러난 모습을 보고 칭찬한다고 해도, 여러분은 멸망할 것입니다. 왜냐하면 여러분은 율법을 지키지 못했고 율법의 충분한 요구를 충족시키지 못했기 때문입니다.

여러분이 율법으로는 구원받을 수 없는 명백한 이유 중에 또 이런 점이 있습니다. 여러분이 지금 이 순간까지 마음과 삶에 있어서 전혀 율법을 범하지 않았다고 하더라도, 율법은 여러분이 죽는 그 시점까지 계속 그 상태를 유지하도록 요구합니다. 매순간 여러분에게 닥치는 많은 유혹들, 일찍이 더베 성문(행 14:20)을 둘러싸던 수많은 군중처럼 여러분을 공격하는 시련들, 이 모든 것들을 여러분은 참아낼 수 있으리라 기대합니까? 여러분의 마구(馬具)에도 이음새가 있지 않겠습니까? 여러분도 걸려 넘어질 어떤 순간이 있지 않겠습니까? 눈이 정욕을 좇아 헤매거나 마음이 허영심에 들뜨거나 하는 순간 말입니다.

여러분은 선하지 않은 것을 만지려고 손을 뻗친 적이 한 번도 없다고 말할 수 있습니까? 오! 여러분 생각해 보십시오. 심지어 우리도 이렇게 참는 생활만으로는 이 시련을 극복할 수 있으리라 확신하지 못합니다. 왜냐하면 여러분이 하나님의 피조물로 살아가는 한, 의무는 여전히 이행되어야 하고, 율법은 여러분에게 있어서 여전히 만족을 모르는 채권자이기 때문입니다. 여러분의 행복은 저울 위에서 영원히 두려워 떨 것이고, 율법은 천국에까지 여러분을 따라갈 것이며, 여러분의 의가 여러분 자신으로 말미암은 것이라고 한다면 심지어 천국에서도 여러분의 의는 결코 완성되지 못할 것입니다. 저 빛나는 성벽에서도 여러분은 떨어질 수 있고, 흰 두루마기를 입고 비파를 타는 성도들 가운데 있다가도 여러분이 자기의 행위로 구원을 받았다면 멸망할 가능성이 있습니다.

　　피조물의 순종은 결코 완성될 수 없으며, 율법의 종으로서 그 의무는 결코 끝나지 않습니다. 여러분이 하나님의 피조물인 한, 여러분의 창조주는 여러분에게 그 의무를 요구할 것입니다. 그러니 하나님의 사랑하는 자가 여러분을 영접하며, 그분이 완성하신 의를 우리의 영광과 보증으로서 덧입는 것이 그 얼마나 좋은 일입니까! 이 모든 사실에 직면한 지금도, 여러분 중에는 자기의 행위로 구원을 받거나 저주를 받는 것이 더 낫다고 생각하는 사람이 있습니까? 이것이 분명한 쟁점일 것입니다. 여러분이 원하는 대로 소망하십시오.

　　제 생각에 여기에 모인 사람들은 그럴 리가 없겠지만, 그래도 율법 그 자체에 의해서 구원을 받을 수도 있다는 기대에 빠진 사람이 있을지도 모르겠습니다. 이런 사람들이 흔히 하는 착각이 있습니다. 아마도 하나님께서 이 율법을 수정하실 것이라는 착각 말입니다. 다시 말해, 완전한 순종이 아니어도 그것이 진실한 순종이라면, 하나님은 최소한 그것을 받아주실 것이며, 따라서 하나님은 "좋아, 이 사람은 자기가 할 수 있는 것 모두를 다 행했으니 나는 그가 행한 모든 것을 완전한 것으로 받아들이겠다"고 하실 것이라는 착각입니다.

　　자, 이런 착각에 대해 바울이 단호하게 선포한 말씀을 기억하십시오. "율법의 행위로 그의 앞에 의롭다 하심을 얻을 육체가 없나니"(롬 3:20). 이 말씀이 그런 착각에 대한 즉각적인 대답입니다. 그러나 이 말씀은 대답 그 이상의 의미를 담고 있습니다. 하나님의 율법은 변경될 수 없습니다. 율법이 요구하는 기준에 여러분이 조금이라도 부족하다면, 율법은 결코 만족하지 못합니다. 그리스도께서 무엇을 말씀하셨습니까? "율법의 한 획이 떨어짐보다 천지가 없어짐이 쉬우리라"(눅 16:17)고 하셨습니다. 그리고 한 번 더 분명하게 말씀하셨습니다. "내가 율법이나 선지자를 폐하러 온 줄로 생각하지 말라 폐하러 온 것이 아니요 완전하게 하려 함이라"(마 5:17).

율법의 요구는 그리스도를 믿는 사람들에게 충족되었고 성취되었습니다. 그러나 율법 아래 있는 자들에게는 그 율법의 요구가 예전에 그랬던 것처럼 여전히 크고 무겁고 엄격합니다. 하나님의 법이 변경되기는 불가능하지만, 그래도 하나님의 법이 변경되지 않는 한, 하나님은 완벽한 순종 이외에 그 어떤 것도 받으실 수 없습니다. 만약 최선을 다하는 여러분의 진실한 노력으로 구원받기를 소망한다면, 여러분의 소망은 썩은 것이고 착각이고 거짓이며, 여러분은 교만이라는 수의(壽衣)에 싸여 멸망하고 말 것입니다.

어떤 사람은 이렇게 말하기도 합니다. "그렇군요. 그러나 구원이 부분적으로는 은혜로, 또 부분적으로는 행위로 될 수는 없습니까?" 안됩니다. 사도 바울은 자랑은 있을 수 없다고 말합니다. 믿음의 법 이외에 아무것도 있을 수 없습니다. 그러나 만일 우리가 행위의 법을 조금이라도 허용한다면, 우리는 자랑을 차단할 수 없습니다. 왜냐하면 그 사람에게는 스스로 자기를 구원한 것에 대해 조금이라도 자랑할 수 있는 기회를 주어야 하기 때문입니다. 분명히 말합니다. 행위로 구원받고자 기대하는 것은 착각입니다. 은혜와 행위가 함께 공동으로 작용하는 방식으로 구원받기를 기대하는 것은 단순한 착각이 아니라, 어리석은 착각입니다.

왜냐하면 은혜와 공로가 섞여서 함께 공동으로 작용한다는 것은 그 사실과 정반대이기 때문입니다. 사도 바울은 수도 없이 반복해서 말했습니다. "은혜는 행위가 아니다. 그렇지 않으면, 은혜는 더 이상 은혜가 아니다. 마찬가지로 행위는 은혜가 아니다. 그렇지 않으면, 행위는 더 이상 행위가 아니다"라고 말입니다. 이것은 양자택일이어야 합니다. 이 둘은 결합될 수 없습니다. 왜냐하면 하나님이 그 결합을 반대하시기 때문입니다. 하나님께서는 전적인 은혜를 취하시든지, 아니면 전적인 행위를 취하실 것입니다. 다시 말해, 전적인 그리스도를 취하시든지, 아니면 전적인 인간을 취하실 것입니다. 그리스도가 보충제가 되고, 여러분의 긴 겉옷에 그리스도의 천을 덧댄 것같이 그리스도가 첨가물이 되고, 그리스도가 포도주 틀의 한 부분을 밟고 여러분이 또 다른 부분을 밟는 식이 되는 것, 오! 이런 것은 있을 수 없습니다.

하나님께서는 결코 피조물과 함께 멍에를 메시지 않습니다. 여러분이 천사를 벌레와 함께 묶어서 같이 날도록 명령할 수는 있을지 모르겠지만, 하나님과 피조물을 함께, 다시 말해 예수님의 보혈과 우리 인간의 공로라는 더러운 폐수를 함께 섞을 수는 없습니다. 절대 결코 그럴 수 없습니다. 우리의 인조 보석, 우리의 겉치장만 요란한 거짓들, 불결한 누더기 같은 우리의 의가 그리스도의 참되고 진실하며 귀중하고 영원한 신적인 것들과 함께 하다니, 결코 그럴 수 없습니다! 천국과 지옥이 서로 결탁하여 섞일 수 없는 한, 거룩함과 불결이 서로 희희낙락할 수 없습니다! 이것 아니면 저것이어야 합니다. 다시 말해, 절대적이고 유일한 인간의 공로이든지, 아니면 아무 공로도 섞이지 않은 주님이 주시는 은혜이든지 말입니다.

　저는 이런 생각도 해 보았습니다. 제가 인간들 속에 자리 잡은 이렇게 악한 생각을 열심히 찾는 노력을 하지 않았다면, 아마도 저는 여전히 이 생각을 놓치고 있었을 것입니다. 왜냐하면 이런 악한 생각은 너무나 다양한 모습으로 숨어 있기 때문입니다. 그러므로 저는 이렇게 말씀드리고 싶습니다. 어떤 모양으로도, 어떤 의미로도, 어떤 경우라도, 어떤 정도라도 우리는 우리의 행위나 율법으로 구원받지 못합니다. 제가 어떤 의미로도 안 된다고 말씀드리는 이유는, 사람들은 어떻게든 자기 자신의 의를 살려내서 구원받으려고 하기 때문입니다. 제게 이렇게 말하는 사람이 있었습니다. "저는 제가 정직해서 구원받게 되리라 기대하지 않습니다. 또 제가 마음이 관대해서 구원받게 되리라 기대하지도 않습니다. 제가 도덕적이어서 구원받는 것도 아닐 것입니다. 그러나 저는 세례를 받았습니다. 저는 성찬식에 참여합니다. 저는 견신례를 받았습니다. 저는 교회에 나가며, 교회의 모임에도 참여합니다. 성례식에도 아무 문제 없이 참여하고 있습니다."

　좋습니다. 성도 여러분, 여러분이 행위로 구원받을 수 없다는 뜻은, 여러분의 이 모든 것들이 구원문제에 있어서 믿음이 없다면 아무 소용이 없다는 말입니다. 여러분이 구원받았다면, 하나님이 정하신 성례식은 여러분에게 축복일 것입니다. 그러나 여러분이 성도가 아니라면, 여러분은 이 성례식에 대한 권리가 없습니다. 세례와 성찬의 경우, 그것을 대할 때마다 여러분은 죄책감만 가중시킬 뿐입니다. 세례든 성찬이든 구원받은 성도가 아니라면, 그 어느 것도 취할 수 있는 권리가 없습니다. 세례와 성찬은 성도들만을 위한, 오직 성도들만을 위한 성례이기 때문입니다. 이 성례들은 살아서 활발히 움직이는 구원 받은 영혼들에게 복된 은혜의 수단들입니다.

그러나 구원받지 못한 영혼들, 죄와 허물로 죽은 영혼들에게는 이 외적인 규례들이 아무 유익이 없으며, 오히려 그들의 죄만 가중될 뿐입니다. 왜냐하면 그들은 하나님의 거룩한 것들을 합당치 못하게 대하기 때문입니다. 오! 또 이런 것들도 의지하지 마십시오. 사제의 손길이나 뿌려지는 성수, 세례반(盤) 안에서 받는 하나님이 제정하신 세례 등, 이 모든 것들이 어떻게든 여러분의 죄에서 여러분을 구원하여 여러분을 하늘로 인도하리라 꿈도 꾸지 마십시오. 왜냐하면 이런 것들로는 구원이 불가능하기 때문입니다. 그런데 제가 이런 식으로 자기의 의를 사랑하는 자를 내몰면, 그들은 다른 곳으로 달아납니다.

여러분 중에는 자신의 감정이 최소한 자기를 구원하는데 도움이 될 것이라고 생각하는 사람들이 있습니다. 감정은 그들이 구원받고자 하는 행위의 또 다른 모습입니다. '내가 많이 울고 심히 애통해하며 엄청난 모욕을 당하고 많은 회개를 하며 율법을 심히 두려워하고 양심의 가책을 많이 받는다면, 그때서야 비로소 나는 하나님 앞에 설 수 있을 거야'라고 생각하는 수천 명의 사람들이 있습니다. 이렇게 생각하는 영혼들이 가장 저주받을 형태의 행위 숭배자들입니다. 왜냐하면 이런 생각은 "나는 내가 행하는 것만 믿겠소"라고 말하는 행위 맹신자들보다 더 노골적으로 사람을 기만하기 때문입니다. 만약 당신이 느끼는 것을 믿는다면, 당신은 당신이 행하는 것만 믿는 것처럼 분명히 그렇게 멸망할 것입니다. 회개는 복된 은혜이며, 성령 하나님에 의해 죄를 깨닫게 되는 것 또한 거룩한 특권입니다. 그러나 이러한 것들로 어떻게든 구원을 획득할 수 있다고 생각하는 것은 말씀의 모든 가르침에 분명히 반대되는 것입니다. 구원은 오직 하나님의 값없는 은혜로만 얻어지기 때문입니다.

또 이런 사람들도 있습니다. 그들의 감정은 구원할 수 없지만, 그래도 그들의 지식은 구원할 수 있다고 믿는 사람들 말입니다. 그들은 아주 건전한 신조를 가지고 있습니다. 그들은 이런저런 교리를 발견하기도 합니다. 그들은 믿음으로 의롭게 되는(이신칭의) 것을 믿으며, 건전한 교리를 통해 확신을 얻습니다. 그들은 믿음으로 의롭게 되는 교리를 고수하기 때문에 구원받게 될 것이라고 생각합니다. 더구나 그들은 깃털로 얼마나 치장을 하고 있습니까! 그들이 우연히 정통이 된 것 가지고, 공작이 꼬리를 치켜세우듯이 얼마나 우쭐대고 있습니까! 진리를 고수한다고 하면서, 그들이 얼마나 무서운 교만으로 동료 신학자들에 대해 의기양양해하고, 교회의 다른 모든 사람들이 거짓말에 속고 있다고 생각합니까!

자, 이것 또한 행위로 구원 얻는 것에 불과합니다. 이번에는 손으로 행한 것이 아니라, 머리로 행한 것일 뿐입니다.

오! 여러분, 여러분에게 말씀드립니다. 만약 여러분이 신조들을 믿는다면, 다시 말해 여러분이 구원받기를 기대하는 마음에서, 여러분이 국교회의 기도서에 나와 있는 39개조의 신앙조항이나, 장로교의 엄숙한 동맹과 계약이나, 칼빈주의의 신앙고백서에 손을 얹었다면, 그리고 여러분의 머리로 우연히 진리를 받아들이게 되어 구원받을 것이라고 착각한다면, 여러분은 진리를 알지 못하는 것이며, 오히려 거짓말을 하는 것입니다. 왜냐하면 여러분은 구원이 인간의 일이지 하나님의 일이 아니라고 말하는 사탄의 거짓에 여전히 매여 있기 때문입니다.

제가 알기로 우리 속에 있는 자기 의(自己義)는 정말 뼛속 깊이 사무쳐 있기 때문에 우리의 몸 밖으로 나오는 것이고, 통제력을 가지고 잘 억누르고 있던 사람조차도 불쑥불쑥 자기 의가 튀어 나오는 것을 여전히 느끼는 것입니다. 설교를 전했을 때, 그것도 성공적으로 잘 전했을 때, 악마가 강단에까지 뛰어올라와 "잘했어"라고 말합니다. 대중기도를 했는데 보통 때와는 달리 유창하게 잘 했을 때, "당신은 정말 유능하고 재능이 많은 사람이야!" 하는 속삭임이 뒤에서 들리지 않도록 주의하십시오. 맞습니다. 심지어 거룩한 순간에도 이것은 마찬가지입니다. 주님과 함께 산꼭대기에 올라갔을 때 심지어 바로 그곳에서도 자기를 칭찬하는 생각이 들지 않도록 주의해야 합니다. "오, 이 친구, 자네는 크게 사랑받고 있어. 자네에게는 분명히 무언가가 있는 것이 틀림없어. 그렇지 않으면, 하나님께서 자네에게 그렇게 하셨을 리가 없어"라고 말입니다.

성도 여러분, 여러분이 여러분의 성화(聖化)에 대해 생각하고 있을 때, 그리스도에게서 얼굴을 돌리고 싶은 유혹을 받는다면, 그 유혹을 떨쳐내십시오. 그리고 여러분이 죄를 회개하고서도 여전히 그리스도에게 주목하지 못한다면, 그런 회개는 다시 회개해야 할 회개로서 참된 회개가 아님을 기억하십시오. 왜냐하면 하나님께 드릴 만한 것이 우리 안에는 아무것도 없기 때문입니다.

피조물이 행한 모든 것에는 악취와 부패가 있습니다. 그래서 우리는 예수 그리스도를 통하지 않고서는 절대 하나님 앞에 설 수 없습니다. 이 예수 그리스도는 우리를 지혜롭고 의롭게 성화시키고 구원하시는 하나님이십니다. 지금까지 저는 하나님이 거부하신 계획을 설명하고자 노력했습니다.

2. 자랑은 없습니다.

이제 저는 두 번째 주제로 자랑은 없다는 본문 말씀에 대해 설명하고자 합니다. 하나님은 이 두 번째 계획, 즉 은혜를 통한 믿음으로 말미암는 구원의 방법을 복된 의미로 받아들이셨기 때문입니다. 하늘나라에 들어간 첫 번째 사람은 믿음으로 말미암아 하늘나라에 들어갔습니다. "믿음으로 아벨은 가인보다 더 나은 제사를 하나님께 드림으로"(히 11:4). 하나님께서 받아들이신 모든 경건한 사람들의 무덤 비문에는 이렇게 적혀 있습니다. "이 사람들은 다 믿음을 따라 죽었으며"(히 11:13)라고 말입니다. 믿음으로 말미암아 그들은 약속을 받았습니다. 그리고 저 밝게 빛나는 무리들 가운데 이렇게 고백하지 않는 사람은 하나도 없습니다. "어린 양의 피에 그 옷을 씻어 희게 하였느니라"(계 7:14).

그러므로 하나님께서 택하신 그 계획은 오직 은혜의 계획입니다. 제가 그 계획을 우리가 가진 마음의 눈이 볼 수 있도록 그려보겠습니다. 우리 한번 상상해 봅시다. 자랑이 하늘나라에 들어가려고 대단히 갈망하고 있습니다. 자랑은 하늘나라의 문에 이르러 노크를 합니다. 문지기가 밖을 내다보며 묻습니다. "밖에 서 있는 자는 누구요?" "나는 자랑입니다." 자랑이 대답합니다. "나는 가장 높은 자리에 앉을 자격이 있습니다. 나는 큰 소리로 외치며 말했습니다. '사람에게 영광을'이라고요. 사람이 타락하기는 했지만, 스스로를 높여서 자신의 구원을 이루어 내도록 하였습니다."

그러자 천사가 대답합니다. "그러나 영혼의 구원은 사람의 일도 아니고, 사람으로 말미암아 되는 것도 아니다. 하나님께서는 은혜 베풀 자에게 은혜를 베풀고 긍휼히 여길 자에게 긍휼을 베푸신다고(출 33:19) 하신 말씀을 들어 본 적이 없느냐? 자랑아, 나가거라. 가장 높은 자리는 결코 네 것이 될 수 없다. 하나님께서는 인간의 공로와는 정반대로, 바리새인들을 거절하시고 세리와 창녀들을 택하셔서 하늘나라에 들어오게 하셨다(마 21:31)."

그러자 자랑이 말합니다. "그렇다면, 가장 높은 자리는 아니어도 좋으니 제게 자리 하나 주십시오. 저쪽의 빛나는 무리들 가운데 어디라도 한 자리만 주십시오. 그러니까, 저 선택이라는 푯말이 있는 곳에 제 자리를 하나 마련해 달라는 말씀이지요. 그리고 제 얘기 좀 전해 주시겠습니까? 설령 하나님께서 자기 백성을 선택하셨다 해도, 그것은 그들의 행위를 하나님이 미리 보셨고 그들의 믿음을 미리 아셨기 때문에 그들을 선택하신 것이지 않습니까! 그러므로 미리 보고 미리 아는 가운데, 하나님의 미리 내다보는 눈이 그 사람 속에 있는 특출함을 발견하셨기 때문에 그들을 선택하신 것이 아니냐고 말입니다. 이 정도 말씀드렸으면, 여기에 제 자리를 잡아도 되겠지요."

그러나 문지기는 말합니다. "안 된다. 너는 거기에 자리를 잡을 수 없다. 선택은 하나님의 영원하신 작정에 따라 되는 것이다. 그 선택은 창세 전에 하나님께서 그리스도 예수 안에서 작정하신 것이다. 선택은 행위로 되는 것이 아니라 은혜로 되는 것이며, 하나님께서 사람을 택하신 이유는 하나님에게 있는 것이지 사람에게 있는 것이 아니다. 그리고 네가 지적한 대로 하나님께서 미리 아셨다고 하는 인간의 공로들에 대해서도 말해 주겠다. 만약 인간의 공로가 있다 해도 그 모든 공로는 하나님이 만드신 것이기에, 결과(effect)가 제일 원인(first cause)이 될 수는 없다. 다시 말해, 하나님께서 이 사람들이 믿음을 갖고 선행을 하도록 미리 정하셨다는 뜻이다. 그래서 그 작정의 결과격인 그들의 믿음이나 선행은 그들을 예정하는 원인이 될 수 없었다는 것이다."

그때에 하늘 문에서 나팔 소리가 울려 퍼지며 다음과 같은 소리가 들렸습니다. "그 자식들이 아직 나지도 아니하고 무슨 선이나 악을 행하지 아니한 때에 택하심을 따라 되는 하나님의 뜻이 행위로 말미암지 않고 오직 부르시는 이로 말미암아 서게 하려 하사 이르시되 큰 자가 어린 자를 섬기리라 하셨나니"(롬 9:11-12). 그러자 자랑은 행위로는 선택의 자리에 앉을 수 없음을 알았습니다. 그래서 거기에는 자기 자리가 없음을 알고서 다음으로 그가 앉을 수 있는 곳을 생각해 보았습니다.

잠시 후에 자랑이 문지기에게 말했습니다. "내가 선택의 자리에는 앉을 수 없다 해도, 회심의 자리에라도 앉으면 좋겠습니다. 회개하고 믿는 것은 분명히 사람이 하는 일이니까요." 문지기는 그 사실을 부인하지는 않았습니다. 그러자 이 악한 자랑이 말했습니다. "만약 이 사람은 믿고 저 사람은 믿지 않는다면, 그것은 분명히 사람의 의지가 작용한 것이 틀림없습니다. 그리고 그의 의지가 자유롭고 편견이 없다면, 그가 믿고 회개하여 구원받는 것은 분명히 인간의 공로와 많은 관계가 있습니다. 왜냐하면 다른 사람들도 동일한 기회들을 얻고, 의심의 여지 없이 동일한 은혜를 받았지만, 그 좋은 은혜를 거절하고 멸망하고 말았으니까요. 하지만 이 사람은 그 은혜를 받아들인 것입니다. 그러니 적어도 나는 저 자리에 앉게 해주십시오."

그러자 천사가 분노하며 말했습니다. "저 자리에 네가 앉겠다고! 저 자리는 가장 높은 자리로, 저 곳은 문에 달린 경첩처럼 전환점이 되는 곳이기 때문이다. 만약 네가 저 자리를 다른 사람에게 넘겨준다면, 면류관에 있는 가장 빛나는 보석을 그 사람에게 줘 버리는 것과 마찬가지다. 구스 인이 그의 피부를, 표범이 그의 반점을 변하게 할 수 있겠느냐?(렘 13:23). 우리 안에서 하나님의 선한 기쁨을 따라 행하게 하는 것은 바로 하나님이시지 않느냐? 혈통으로나 육정으로나 사람의 뜻으로 나지 아니하고 오직 하나님께로부터 난 자들이니라(요 1:13). 오, 자랑이여, 네가 말하는 자유의지는 거짓말이다. 인간이 하나님을 선택하는 것이 아니라, 하나님이 인간을 선택하신다. 그리스도께서 무엇을 말씀하셨느냐? 너희가 나를 택한 것이 아니요 내가 너희를 택하여 세웠다고(요 15:16) 하셨다. 또 경건치 않은 무리들에게 무엇을 말씀하셨느냐? 너희가 영생을 얻기 위하여 내게 오기를 원하지 않는다고(요 5:40) 하셨다. 이 말씀으로 예수님은 인간의 자유의지라는 모든 생각에 치명타를 가하셨다. 사람들은 영생을 얻기 위하여 예수님께로 올 의지가 없음을 예수님이 이 말씀에서 선포하신 것이다. 이 말씀으로는 충분하지 않으셨는지, 다른 구절에서 또 말씀하셨다. 나를 보내신 아버지께서 이끌지 아니하시면 아무도 내게 올 수 없다(요 6:44)고 말이다."

그러자 자랑은 인정하지 않으려고 했지만 말문이 막혀버렸고, 천국에서 회심의 자리에도 앉을 수 없었습니다. 자기의 무지에 대해 부끄러워하면서 얼굴이 붉어져 잠시 거기에 서 있을 때, 자랑은 천국의 성벽을 넘어 흘러나오는 천국 무리들의 노랫소리를 들었습니다. 그 노래가 강조하는 것은 이것이었습니다. "우리에게 돌리지 마옵소서 우리에게 돌리지 마옵소서 주의 이름에만 영광을 돌리소서"(시 115:1).

> 연회를 베풀어 놓은 사랑,
> 우리가 그 안에 있도록 부드럽게 강요한 사랑,
> 두 사랑은 같은 사랑이었습니다.
> 그 사랑이 아니었다면,
> 우리는 여전히 연회에 참석하기를 거부하고
> 우리의 죄 가운데 망했을 것입니다.
> (아이작 왓츠의 찬송가 '이곳은 얼마나 감미롭고 멋진 곳인지' ─ 역주)

"그렇지만," 자랑이 말했습니다. "내가 그렇게 높은 자리에 앉을 수 없다면, 적어도 저쪽의 견인(堅忍-굳게 참고 견딤)이라는 낮은 자리에는 앉게 해주십시오. 하나님께서 사람을 구원하셨고 그래서 영광을 얻으셨지만, 그래도 나는 그 받은 은혜에 신실했다고 최소한 말하고 싶습니다. 나는 뒤돌아서 파멸에 이르지도 않았고, 늘 깨어 아주 조심하면서 나 자신을 하나님의 사랑 안에 거하도록 했습니다. 그러므로 나 같은 사람에게는 상당한 공로가 있는 것이지요. 많은 사람들이 돌아서서 멸망의 길로 갔습니다. 물론 나도 그런 사람들처럼 똑같이 행동할 수 있었지만, 나는 죄와 싸웠습니다. 그래서 최선을 다해 나를 안전하게 지켰습니다. 그러므로 나를 견인의 자리에 앉게 해주십시오."

그러나 천사가 대답했습니다. "안 된다. 안 돼. 너와 그 자리는 아무 상관이 없다. 나는 이렇게 기록된 말씀을 알고 있다. '하나님의 사랑 안에서 자신을 지키며'(유 21)라는 말씀이다. 이 말씀을 하신 동일한 사도는 인간의 노력을 육체적으로 신뢰하는 모든 것을 다음과 같은 복된 찬송을 통해 금했다. '능히 너희를 보호하사 거침이 없게 하시고 너희로 그 영광 앞에 흠이 없이 기쁨으로 서게 하실 이 곧 우리 구주 홀로 하나이신 하나님께 우리 주 예수 그리스도로 말미암아 영광과 위엄과 권력과 권세가 영원 전부터 이제와 영원토록 있을지어다. 아멘.' 성경의 한 곳에서는 명령의 말씀으로 나오는 것이 다른 곳에서는 언약의 약속으로 나온다. 즉, 이렇게 말이다. '나를 경외함을 그들의 마음에 두어 나를 떠나지 않게 하고'(렘 32:40)라는 언약의 약속으로 기록되어 있다."

오, 성도 여러분, 여러분과 저는 우리가 서 있는 것이 우리 자신을 의지해서가 아님을 잘 알고 있습니다. 만약 우리의 견인이 어느 정도는 우리 자신의 손에 달려 있다고 하는 아르미니우스(Arminius)의 교리가 사실이라면, 분명히 우리 모두에게 저주가 임할 것입니다. 저는 한순간도 제 자신을 지탱할 수가 없습니다. 하물며 해를 거듭하며 그렇게 지낸다는 것은 더더욱 불가능한 일이겠지요.

> 그리스도의 양조차 타락하는 일이
> 일어났더라면,
> 변덕스럽고 연약한 내 영혼은, 아!
> 하루에 천 번이라도 넘어지겠구나.

그러나 성경은 무엇이라고 합니까? "내가 그들에게 영생을 주노니 영원히 멸망하지 아니할 것이요 또 그들을 내 손에서 빼앗을 자가 없느니라 그들을 주신 내 아버지는 만물보다 크시매 아무도 아버지 손에서 빼앗을 수 없느니라"(요 10:28-29)고 말씀합니다. 또 사도 바울은 어떻게 말합니까? "내가 확신하노니 사망이나 생명이나 천사들이나 권세자들이나 현재 일이나 장래 일이나 능력이나 높음이나 깊음이나 다른 어떤 피조물이라도 우리를 우리 주 그리스도 예수 안에 있는 하나님의 사랑에서 끊을 수 없으리라"(롬 8:38-39)고 합니다.

이런 구절들은 무수히 많아서 모두 인용조차 할 수 없습니다. 성경 안에 계시된 많은 교리들 가운데 가장 분명한 교리 하나를 꼽으라고 한다면, 성령의 능력에 의한 성도의 견인 교리를 절대적으로 확실한 교리로 꼽을 수 있습니다. 그 귀중한 진리를 의심하는 사람은 삼위일체와 그리스도의 신성과 속죄 사실까지도 충분히 의심할 수 있는 사람입니다. 그리스도 안에 있는 사람은 오늘도 영생을 가졌고 결코 멸망하지 않는다는 사실보다 더 분명하고도 상식적인 의미로 기록된 말씀은 아마 없을 것입니다.

자, 이 견인은 우리의 행위에 의존하지 않고, 구원의 순서의 다른 모든 것과 마찬가지로 무한한 하나님 사랑으로부터 흘러나온 것이기 때문에, 분명히 자랑은 없습니다. 앞에서 전한 이야기를 마지막으로 한 번 더 이어가면 이렇습니다. 주인공인 자랑은 잠깐이라도 영화에 들어가도록 허락해주기를 요청했습니다. 요즘 교회 안에서 유행하는 교리는 영광의 정도에 관한 것인데, 이것은 끝까지 죽지 않으려는 우리의 옛 자기 의와 관련된 것이라는 사실에 저는 때로 두려움을 느낍니다.

"별과 별의 영광이 다르도다"고(고전 15:41) 하는 말씀은 위대한 진리입니다. 이 두 별은 정도가 다르지 않고서도 서로 다를 수 있습니다. 이 별은 이 별대로 자기의 광채로 비추고, 저 별은 저 별대로 자신의 광채로 비춥니다. 사실 천문학자들에 따르면, 같은 등급의 별들 사이에도 아주 다양한 색깔이 존재한다고 합니다. 어떤 한 사람을 다른 사람과 비교했을 때 지위와 명예와 정도에 있어서 서로 차이가 나지 않더라도, 서로 다를 수 있습니다. 저는 개인적으로 성경에서 영광의 차이들을 다루는 구절들을 본 적이 없습니다.

저는 그런 교리를 믿지 않습니다. 만약 최소한의 차이들이 있다고 하더라도, 그것은 행위에 따른 것일 수 없고, 오직 은혜에 의한 것임이 분명하다는 사실에 주목하십시오. 어떤 한 성도가 다른 성도보다 그리스도께 더욱더 헌신했기 때문에, 영원한 차이가 있을 것이라고는 절대 생각할 수 없습니다. 왜냐하면 이 것은 행위를 끌어들이는 것이고, 또다시 옛 하갈의 결혼으로 되돌아가는 것이 며, 여종의 아들로 되돌아가는 것이기 때문입니다. 이 하갈의 자녀에 대해서 하 나님은 말씀하셨습니다. "여종의 아들이 자유 있는 여자의 아들과 더불어 유업 을 얻지 못하리라 하였느니라"(갈 4:30).

오! 성도 여러분, 저는 천국에서 우리가 다른 형제들보다 더 크고자 애쓰는 그 마음 깊은 곳의 동기와는 다른 동기로 하나님을 섬길 수 있다고 생각합니다. 만약 제가 천국에 들어가기만 한다면, 저는 누가 나보다 더 큰지에 대해서 별로 개의치 않을 것입니다. 만일 천국에서 다른 누군가가 저보다 더 많은 행복을 누리 고 있다면, 저 또한 그렇게 많은 행복을 누리고 있을 것이기 때문입니다. 왜냐 하면 천국에서는 한 영혼과 다른 영혼 간의 공감이 너무나 강렬하고 크기 때문 에, 의인들에게는 나의 천국, 너의 천국 같은 구별이 없을 것입니다. 그러므로 여 러분이 가진 것을 저도 가질 수 있을 것입니다. 이 땅에서보다 더욱 완벽한 교제 가운데 모두 하나가 될 것이기 때문입니다.

천국에서는 각 지체가 공동의 한 몸이 될 것입니다. 성도 여러분, 여러분 중 에 누가 천국에 갔는데, 제가 있는 곳보다 더 밝은 곳에서 저보다 더 많은 행복과 기쁨을 누리고 있다면, 저는 그것을 아는 것만으로도 분명히 기쁠 것입니다. 그 런 예상을 한다고 해도 지금 제 영혼에는 그 어떤 시기심도 일어나지 않습니다. 설령 지금 시기심이 생긴다고 해도, 그 때에는 분명히 그러지 않을 것입니다. 왜 냐하면 여러분이 더 많이 가질수록 저도 더 많이 가지게 될 것을 분명히 알기 때 문입니다. 모든 좋은 것들을 완전히 함께 하는 것과 다른 사람들보다 개인적으 로 더 부요해지는 것은 서로 모순됩니다. 천국에서는 모든 것이 서로 연합되어 있습니다.

이 땅에서도 성도들이 천국 생활을 한다면, 모든 것들을 함께 누립니다. 성 도들은 영광의 상태에서도 모든 것을 함께 할 것이라 확신합니다. 천국 안에는 신사가 있고, 천국 문턱에는 불쌍한 성도들이 있다고 믿지 않습니다. 우리 각자 의 연합이 너무 커서 서로 간의 차이점들은 완전히 없어지고, 서로 연합된 나눔 과 관심과 교제가 있으며, 사적 소유물이나 사적 지위, 사적 명예 같은 것들은 없 을 것이라 믿고 있습니다. 왜냐하면 천국에서 우리는 그리스도 안에서 전적으로 하나가 될 것이기 때문입니다.

앞서 전한 이야기에 나오는 자랑은 천국에 들어오지 못하리라고 믿습니다. 하지만 만약 영광에 차이들이 있다면, 이 차이들은 이 땅에서 행해진 행위들에 따라 좌우되는 것을 의미할 것이기에, 자랑은 적어도 그 꼬리만이라도 들어오려고 할 것입니다. 그의 전체 몸이 못 들어온다면, 그 몸의 몇몇 더러운 지체들이라도 담을 넘어 들어오려고 할 것입니다. 그러나 오늘 본문은 자랑은 없다고 말씀합니다. 이 한 말씀만 더 드리고, 계속하겠습니다. 본문은 이렇게 말하지 않습니다. "자랑아, 들어와서 바닥에 앉도록 허락하마." 아닙니다. 문은 닫히고, 조금도 들어오지 못합니다.

자랑은 말합니다. "그래도 들어가게 해 주세요. 조용히 있을게요." 아닙니다. 그에게는 완전히 닫혔습니다. "그래도 최소한 내 발이라도 들어가게 해주세요." 아닙니다. 그는 제외되었습니다. 그에게는 완전히 닫혔습니다. "그래도, 최소한 가끔 들락날락은 하게 해주세요." 아닙니다. 그에게는 완전히 닫혔습니다. 그는 제외되었습니다. 문에 빗장이 채워졌고, 그 위에 이중 자물쇠로 잠겨 버렸습니다. 한 번 더 말합니다. "자랑아, 물러 가거라. 너는 몰락했고, 산산조각났다. 만약 다시 몸을 추슬러, 입장을 허락해 달라고 한 번 더 문 앞에 나타난다면, 너는 수치를 당하고 쫓겨날 것이다." 자랑은 있을 수 없습니다. 자랑은 들어올 수 없습니다. 어떤 의미에서도, 어떤 조건에서도, 어떤 정도로도 들어올 수 없습니다.

칼빈이 말한 대로, "조금의 자랑도 허용될 수 없습니다. 조금의 행위도 은혜의 언약 안에 허용될 수 없기 때문입니다"(칼빈의 「로마서 주석」 3장 27절의 내용에 해당한다 – 역주). 머리끝부터 발끝까지 은혜이며, 은혜는 알파와 오메가입니다. 인간의 일도 아니며, 인간에 의해 되지도 않으며, 원하는 자도 아니고, 애쓰는 자도 아니고, 오직 은혜를 베푸시는 하나님이 하십니다. 그러므로 오직 믿음의 법으로 인해, 자랑은 있을 수 없습니다.

3. 자랑할 수 없기 때문에 가장 악한 죄인들도 받아들여집니다.

이제 세 번째 부분입니다. 아주 간략히 말씀드리겠습니다. 예수 그리스도 안에서 사랑하심을 입은 여러분, 불쌍한 길 잃은 죄인들의 눈에 제가 지금 제시하는 이 진리가 얼마나 귀중한 진리인지요. 이들은 오늘에야 비로소 자신의 공로가 필요 없다는 것을 알게 될 것입니다. 여러분, 자랑에게 닫힌 바로 그 문이 여러분에게는 소망과 기쁨의 문을 열어 줍니다.

무식한 자라도 이해할 수 있도록, 이 진리를 분명하게 말씀드리겠습니다. 오늘 여러분은 이렇게 말합니다. "목사님, 저는 하나님의 집에 가본 적도 없고, 지금까지 도둑이었고 술고래였습니다." 좋습니다. 여러분은 오늘 구원의 문제에 있어서 가장 도덕적인 죄인이자 가장 정직한 불신자의 수준으로 서 있는 것입니다. 죄인들은 믿지 않았기 때문에 길을 잃었으며, 여러분도 마찬가지입니다. 만약 가장 정직한 사람이 구원을 받는다면, 그것은 정직해서가 아니라, 하나님의 값없는 은혜 때문입니다. 가장 불한당이 구원을 받는다면, 그 역시 이와 동일한 계획 때문입니다.

가장 순결한 자나 가장 타락한 자나, 천국에 들어가는 문은 하나입니다. 우리가 하나님 앞에 설 때, 우리 중에 가장 착한 자도 내어놓을 게 없고, 가장 악한 자도 마찬가지입니다. 제가 이렇게 말하면 이런 질문을 할 것입니다. "그렇다면 도덕성은 무슨 소용이 있습니까?" 예를 들어 설명하겠습니다. 배를 타던 두 사람이 물속에 빠졌습니다. 한 사람은 더러운 얼굴이었고, 다른 사람은 깨끗한 얼굴이었습니다. 배의 고물에서 밧줄이 던져지고, 오직 그 밧줄만이 물에 빠진 사람들을 구조할 것입니다. 그 사람의 얼굴이 깨끗하든 그렇지 않든 말입니다. 이것이 맞지 않습니까? 그렇다고 해서, 제가 깨끗한 것을 과소평가하는 것은 아닙니다. 분명히 그렇지 않습니다. 하지만 그 깨끗함이 물에 빠진 사람을 구할 수는 없습니다.

도덕성 또한 죽어가는 사람을 구할 수는 없습니다. 깨끗한 사람도 그의 모든 깨끗함과 함께 익사할 것이고, 더러운 사람일지라도 밧줄이 있다면 그것을 붙잡고서 자기의 모든 더러움과 함께 끌려 올라올 것입니다. 이런 예도 한번 들어보지요. 여기 두 사람이 있습니다. 두 사람 모두 불치의 암에 걸려 있습니다. 한 사람은 부자이고 좋은 옷을 입었습니다. 다른 사람은 가난하고 거의 누더기 옷을 입고 있습니다. 제가 그들에게 말합니다. "여러분 두 분은 지금 같은 상황입니다. 이곳에 모든 병을 치료할 수 있는 명의이신 예수님이 오십니다. 그분이 여러분을 만지기만 해도 여러분은 나을 수 있습니다. 여러분 사이에는 별 다른 차이가 없습니다."

이렇게 말했다고 해서, 제가 부자의 옷이 가난한 사람의 누더기보다 더 낫지 않다고 말한 것인가요? 물론 부자의 옷이 어떤 점에서는 더 낫습니다. 하지만 질병을 치료하는 문제와는 아무 상관이 없습니다. 이와 마찬가지로, 도덕성은 더러운 악독을 감싸는 깔끔한 덮개일 뿐입니다. 도덕성은 한 사람의 마음이 비열하고 정죄 아래 있다는 사실을 바꾸지 못합니다. 이번에는 제가 군의관이고 전쟁이 일어났다고 가정해 봅시다. 저기 한 사람이 있습니다. 그는 지휘관이고 용감한 군인입니다. 그는 부하들을 치열한 전장(戰場)으로 인도하다가 끔찍한 상처로 피를 흘리며 사경을 헤매고 있습니다. 그의 옆에는 같은 부상을 입은 아주 겁쟁이 부하 한 사람이 누워 있습니다.

저는 그 두 사람에게 다가가 말합니다. "여러분, 두 사람은 같은 상황입니다. 같은 부상을 입었고, 저는 두 사람 모두 치료를 해야 합니다." 그런데 두 사람 중 하나가 "나가 주십시오. 저는 당신과 상관 없습니다"라고 말한다면, 그 사람은 그 부상으로 죽게 될 것입니다. 만약 그 지휘관이 "나는 당신을 원치 않소. 나는 지휘관이오. 가서 저 불쌍한 녀석이나 돌봐 주시오"라고 말한다면, 그의 용기와 계급이 그의 생명을 구할 수 있을까요? 아닙니다. 용기와 계급은 물론 좋은 것들입니다. 하지만 이것이 생명을 구원하지는 못합니다. 선한 행위도 이와 마찬가지입니다. 만일 사람들이 선행을 의지한다면, 선행을 행한 사람들도 선행을 행하지 않은 사람들과 똑같이 저주를 받을 것입니다.

오! 우리의 강단에서 전해야 할 이 복음은 도대체 어떤 복음입니까? 양다리 걸치듯이 두 마음을 품고서, 무엇이든 지긋지긋해하는 그런 사람들에게 전해야 할 이 복음은 어떤 복음입니까? 이 나라의 귀족에게나 강단 앞에 앉아 있는 주교에게나 똑같은 구원의 길이 열려 있다는 복음입니다. 은혜의 길 안에서 우리 사이에는 차별이 없다는 복음입니다. 우리 모두가 정죄를 받았다는 복음입니다. 우리가 행한 범죄에 대해서는 정도의 차이가 있어도, 우리가 정죄를 받았다는 사실에서는 지극히 선한 자나 악한 자나 모두 똑같다는 그런 복음입니다.

여러분은 이렇게 말합니다. "오, 이것이야말로 평준화 교리로군요!" 아! 만약 여러분이 평준화가 된다면 그렇게 하신 하나님을 찬양하십시오. 여러분은 또 이렇게 말할 것입니다. "그러나 이것은 사람 속에 있는 선한 것을 모두 잘라버리는 것이네요!" 아! 하나님께 감사하십시오. 이렇게라도 해서, 사람에게 영광을 돌리는 것이 모두 죽는다면 말입니다. 왜냐하면 사람이 보기에는 선한 것이 때로 하나님이 보시기에는 가증스럽기 때문입니다. 오! 우리가 도덕적이든 그렇지 않든, 정숙하든 방탕하든, 정직하든 그렇지 않든 간에, 우리 모두가 우리 목에는 밧줄을 묶고, 허리에는 회개의 요질(腰絰: 상복 입을 때 허리에 띠는 띠)을 동여매고 나아와 이렇게 말하십시오. "위대하신 하나님, 우리를 용서하옵소서. 우리 모두는 죄인입니다. 우리에게 은혜를 베푸시옵소서. 우리는 은혜 받을 자격도 권리도 없사오나, 돌아가신 예수님의 공로를 힘입어 간구하오니, 우리에게 자비를 베푸시옵소서."

오! 하나님께서는 그렇게 간구하는 사람을 하나도 내쫓지 않으실 것입니다. 왜냐하면 이 방식이 구원의 길이기 때문입니다. 그리고 설령 정욕으로 지난 밤을 사악하게 보냈다 해도, 또는 누군가를 때려죽이고 싶을 정도로 화가 났다고 해도, 오늘 아침에 우리의 손을 내밀기만 한다면, 우리의 재주를 예수님의 지혜에 맡기고서 그를 믿기만 한다면, 하나님이 사랑하는 외아들인 예수 그리스도의 피가 우리를 모든 죄로부터 깨끗하게 하실 것입니다. 자랑할 데가 이제 어디 있습니까? 자선행위를 아주 많이 한 여러분도 자랑할 수 없습니다. 여러분은 자랑할 것이 없기 때문입니다. 세련되고 고상한 신사 숙녀 여러분, 이에 대해 무슨 말씀을 하시겠습니까?

오, 현명한 자들이 되어 함께 기도합시다. "하지만 오, 주님, 비참한 죄인들인 우리에게 자비를 베풀어 주옵소서." 그 후에 주님께서는 우리에게 이렇게 판결하실 것입니다. "너희들은 깨끗해졌다. 가서 다시는 죄를 범하지 말라. 너희 죄악들이 모두 사해졌다."

4. 자랑하지 못하게 한 그 계획으로 인해 우리가 그리스도께 은혜로운 감사를 드리게 됩니다.

마지막으로, 자랑하지 못하게 한 그 계획으로 인해 우리가 그리스도께 은혜로운 감사를 드리게 된다는 이 사실을 살펴보는 것으로 말씀을 맺고자 합니다. 사람들은 가끔 제게 이렇게 묻습니다. "목사님은 그런 것들이 구원받는데 꼭 필요하다고 생각하십니까?" 아마도 그 질문을 달리 표현하면 이런 말인 것 같습니다. "사람이 구원을 받기 위해서는 얼마나 오랫동안 경건해야 한다고 생각하십니까?" 사랑하는 성도 여러분, 저는 아직 여러분이 저를 이해하지 못했다고 대답하겠습니다. 왜냐하면 저는 그런 경건한 행동들이 결코 인간을 구원하지 못한다는 입장을 고수하기 때문입니다. 사람들은 말할 것입니다. "그렇다면, 왜 목사님은 세례를 받았습니까?" 다시 말해, "왜 목사님은 거룩하게 사십니까?"라고 말입니다. 글쎄요. 저는 제 자신을 구원하기 위해서 거룩하게 사는 것이 아니라, 제가 구원을 받았기 때문에 거룩하게 사는 것입니다. 나의 모든 죄가 용서를 받았고 나는 멸망하지 않으며, 그리스도께서 나를 그분이 계신 곳으로 데려가겠다고 맹세하신 것을 알게 된 순간, 저는 그 때 이렇게 말했습니다. 주님, 주님을 위해 제가 할 수 있는 것이 무엇입니까? 저에게 말씀해 주옵소서. 주님을 위해 제 몸을 불사르게 내어줄지라도, 그 화형대에 입을 맞추기만 해도 복될 것입니다. 주님이 저를 위해 그 엄청난 일을 행하셨으니, 주님을 위해 제가 할 수 있는 것이 무엇입니까? 자기 부인이 포함된 명령입니까? 자기희생을 요구하는 의무입니까? 이보다 더한 것이라도 괜찮습니다. .

> "나 이제 그 사랑으로 주의 이름을 붙들고,
> 예전에 내게 유익하던 것을 해로 여기고,
> 예전에 나의 자랑이던 것을 수치로 여기며,
> 나의 영광을 그의 십자가에 못 박네."
>
> (아이작 왓츠,「기독교 예배에 면밀히 맞춘 시편」에 나오는 제109편 2절의 내용이다 – 역주)

이것이 선행을 행하게 되는 유일한 방식입니다. 여기까지 이르기 전에는 선행은 불가능합니다. 여러분이 자기를 구원하기 위해 행하는 모든 것은 이기적인 행동일 뿐입니다. 그러므로 선할 수 없습니다. 성경적인 의미로는 하나님의 영광을 위해서만 행해진 것이 선합니다.

사람은 선행을 하기 전에 먼저 구원을 받아야 합니다. 그러나 구원받았다고 해서, 무언가를 얻거나 무언가를 잃는 것이 아닙니다. 이제 그리스도 안에서 축복받은 자로 영접받은 자로 서는 것입니다. 그리고 그는 순수한 감사와 사랑에서 하나님을 섬기기 시작합니다. 그 때에야 비로소 덕행이 가능하며, 덕행의 가장 높은 절벽에 올라서더라도 그를 넘어뜨리려고 위협하는 자랑에 대한 두려움 없이 거기에 굳건히 서 있을 수 있습니다. 물론 그 순간에도 그는 느낄 것입니다. 그가 거기에 서 있는 것이 그의 행함이나 인품 때문도 아니고, 그가 소망하는 그 무엇 때문이 아니라, 오직 그리스도께서 행하신 것, 즉 그의 영원한 구원을 보증하는 "다 이루었다"(요 19:30)고 하신 그 말씀 때문임을 느낄 것입니다.

　　오! 은혜를 간구하여 우리가 주님이 주신 은혜의 영광을 찬양하며 살도록 합시다. 그 은혜 안에서 하나님은 사랑받는 자 안에서 우리를 영접하셨고, 예수 그리스도로 말미암아 하나님께 영광과 찬양을 드리는 의의 열매를 맺게 하셨습니다. 만물이 주에게서 나오고 주로 말미암고 주에게로 돌아감이라 그에게 영광이 세세에 있을지어다 아멘(롬 11:36).

제
7
장
—

어떻게 구원 받는가?

—

"그러므로 상속자가 되는 그것이 은혜에 속하기 위하여
믿음으로 되나니 이는 그 약속을 그 모든 후손에게
굳게 하려 하심이라 율법에 속한 자에게 뿐만 아니라
아브라함의 믿음에 속한 자에게도 그러하니
아브라함은 우리 모든 사람의 조상이라" — 롬 4:16

복음의 진리 가운데 가장 중요한 진리에 대하여 다음 주일까지 계속해서 말씀드리려고 합니다. 저는 근본 교리들을 제시하는 것이 매우 중요하다고 느낍니다. 왜냐하면 그런 근본 교리들은 어떤 분야에서든 보이지 않게 많은 영향을 미치기 때문입니다. 저는 예전에 복음적인 강단도 복음화 될 필요가 있다는 기사를 읽은 적이 있습니다. 그 기사가 사실을 정확히 짚고 있었기 때문에 저는 두려웠습니다. 그래서 믿음으로 의롭게 된다는 핵심 교리를 담은 복음에 대해 중점적으로 다루려고 합니다. 그런 기사가 우리에게는 해당되지 않았으면 좋겠습니다. 우유 검유기처럼 설교를 검사할 수 있는 기계가 발명된다면, 오늘날 행해지는 수많은 설교들 가운데 불순물 없는 순수한 우유 같은 참된 말씀을 찾기란 아주 어려울 것이라는 이야기를 들었습니다.

그런 비난이 저는 지나치다고 생각하지 않습니다. 오히려 그런 비난을 받을 만한 많은 이유가 있기에 두렵습니다. 무수한 설교들이 교리에 비중을 두기보다는 세련되고 화려한 미사여구를 훨씬 더 중요하게 여기면서, 그리스도의 십자가

보다는 "말의 지혜"(고전 1:17)가 더 눈에 띕니다. 게다가 복음은 항상 필요한 상태입니다. 복음을 받지 못하면 멸망하게 되는, 급박하게 복음을 필요로 하는 사람들이 항상 존재합니다. 복음은 매시간 필요한 상황입니다! 그리스도에 대해 간단히 말하기보다는 오히려 더 정확하고 전문적으로 말해야 하는 것들도 있을 수 있습니다. 하지만 그런 설명이 더 유익하거나 필수적인 것은 분명히 아닙니다.

십자로(사거리)의 표지판에는 아주 간단한 내용들만 적혀 있습니다. 보통 그 길이 제시하는 마을과 도시의 이름만 나옵니다. 그런데 만약 이 내용들 대신 바이런(Byron)의 시구나 밀턴(John Milton)의 서사시나 쿠퍼(Cowper)나 영(Young) 같은 사람들의 심오한 사상들이 나온다면, 길을 잃고 헤매는 사람들이 심하게 불평하지 않을까 우려됩니다. 그들도 그 시들이 정말 대단한 것임을 인정할 것입니다. 하지만 왕에게로 가는 대로를 가리키는 분명한 표지판이 필요한 그들에게, 그러한 시구들은 적절치 않게 자기들을 조롱하고 있다고 생각할 것입니다. 낭만적인 사상들에 빠져서 그 생각들을 과장된 언어들로 표현하고 싶은 사람들은 그냥 내버려 두십시오. 우리가 해야 할 일은 구원의 길로 인도하는 표지판에 크고도 분명한 글씨를 써서, 달리면서도 읽을 수 있도록 만들어 세우는 것입니다.

복음을 거듭거듭 되풀이하여 전하는 데는 또 다른 이유가 있습니다. 어머니가 자기 아이에게 스무 번씩이나 반복해서 말하는 이유가 있다는 것입니다. 열아홉 번으로는 충분하지 않기 때문입니다. 사람들은 그리스도의 가르침에 대해 너무나 잘 잊어버리고, 그들의 마음은 너무 쉽게 진리로부터 벗어납니다. 그래서 그들이 복음을 배웠다 하더라도 정말 어이없게도 거짓에 속아 "다른 복음"에 넘어갑니다. 그러므로 우리는 그들에게 "경계에 경계를 더하며 교훈에 교훈을 더하며"(사 28:10) 애써야 할 필요가 있습니다. 제가 어렸을 때 시골 사람들은 콩을 심으면서 한 구멍에 세 알씩 넣으며 이런 노래를 했습니다. 너무 오래 전이라 그 노래의 리듬은 잘 생각나지 않지만, 그 노래는 들었던 기억이 납니다. 아마 이렇게 가사가 시작하는 것 같습니다.

> "한 알은 벌레 주고, 또 한 알은 까마귀 주고,
> 나머지 한 알만 우리 땅에서 잘 자라거라."

한 알만 뿌리를 내려 열매를 맺을 것이라는 소망을 가지고 우리는 많은 씨앗들을 뿌리는 것에 만족해야 합니다. 벌레와 까마귀는 항상 먹이를 찾아다니다가, 우리가 뿌려놓은 것으로 배를 채웁니다. 그러므로 더 많이 씨를 뿌립시다. 자, 이제 우리의 본문 말씀인 믿음의 복음을 말씀드리겠습니다. 지난 주일의 설교 주제는 "복음은 누구를 위한 것인가" 하는 것이었고, 그 대답은 죄인들을 위한 것이었습니다. 오늘의 주제는 "어떻게 복음을 영접하는가" 하는 것이며, 그 대답은 믿음으로 영접한다는 것입니다. 오늘 설교의 첫 번째 대지는 "그것이 … 믿음으로 되나니"라는 사실입니다. 두 번째는, 이 사실에 대한 첫 번째 이유인 "은혜에 속하기 위하여" 입니다. 세 번째는, 더 중요한 이유인 "이는 그 약속을 그 모든 후손에게 굳게 하려 하심이라" 입니다.

1. 믿음으로 복음을 영접하게 됩니다.

그러면 먼저 "그것이 … 믿음으로 되나니"라는 사실에 대해 말씀드리겠습니다. "그것이" 가리키는 것은 무엇입니까? 그것이 믿음으로 되나니. 여러분이 본문의 문맥을 주의해서 읽는다면, 여러분은 그것이 약속을 의미하는 것이라고 생각하실 것입니다. 물론 어떤 사람들은 앞에 있는 말인 "상속자"라고 생각할 수도 있습니다. 어떤 것으로 생각하든지 그리 중요한 문제는 아닙니다. 그것은 상속자, 언약, 약속을 의미할 수도 있습니다. 왜냐하면 이 말들은 모두 하나이기 때문입니다. 그 모든 의미를 함축하는 광범위한 단어는 축복입니다. 그리스도 안에 있는 사람에게 임하는 축복, 은혜 언약에 의해 약속된 축복은 믿음으로 받게 됩니다. 한 마디로, 구원은 믿음으로 받게 됩니다.

그렇다면 믿음은 무엇입니까? 믿음은 하나님의 약속을 믿는 것이고, 하나님의 말씀을 영접하는 것이며, 하나님을 신뢰하는 신념으로 행동하는 것입니다. 일부 청교도들은 믿음을 세 부분으로 나누었습니다. 그리 적절하지는 않지만 배울 점이 있습니다. 첫째 부분은 자기부정입니다. 아마도 이것은 믿음 그 자체를 설명한다기보다는 믿음을 준비하는 것을 뜻하는 것 같습니다. 이 자기부정 안에서 자신을 믿을 수 없다는 고백을 하게 되고, 자신의 선행에 대한 모든 확신과 자신으로부터 벗어나게 됩니다. 믿음의 둘째 부분은 의지(依支)입니다. 하나님의 약속을 신앙하면서 하나님을 신뢰하고 의존하며 자신의 영혼을 구세주의 손에 맡기는 것입니다. 마지막으로 셋째 부분은 전유물(專有物)화 입니다. 하나님이

신자에게 약속으로 주신 것을 자신의 것으로 취하여 그것을 양식으로 삼고 누리는 것입니다.

자기부정과 의지와 최소한의 전유물화 없이는 절대 참된 신앙에 이를 수 없습니다. 이 세 가지가 발견되는 곳이라면 믿음 있는 영혼이 있다고 할 수 있습니다. 오늘 설교의 주제를 통해 우리는 믿음이 무엇인지를 잘 이해하게 될 것입니다. 성령 하나님께서 기꺼이 우리를 깨우쳐 주시기를 원합니다. 사랑하는 성도 여러분, 아브라함이 축복을 받은 것은 그의 믿음 때문이었음을 여러분은 쉽게 알 수 있을 것입니다. 믿음의 조상인 아브라함의 자녀된 모든 사람들도 이와 마찬가지로 믿음으로 축복을 받습니다.

먼저, 아브라함의 경우가 그랬습니다. 아브라함은 그 약속을 믿음으로 얻었지 육체의 행위나 힘으로 얻은 것이 아니었습니다. 아브라함은 오직 하나님의 약속만을 의지했습니다. 우리 함께 17절을 읽어보겠습니다. "(기록된 바 내가 너를 많은 민족의 조상으로 세웠다 하심과 같으니) 그가 믿은 바 하나님은 죽은 자를 살리시며 없는 것을 있는 것으로 부르시는 이시니라." 아브라함의 믿음은 하나님의 약속을 믿는 것 이었으며, 그는 이 약속을 확고히 실제적으로 믿었습니다. 아브라함이 저 멀리 갈대아 땅에 있을 때 하나님께서는 그를 부르시고 그에게 땅과 자손을 주시겠다고 약속하셨습니다. 그 때 그는 어디로 가야 할지를 알지 못한 채 즉시 앞으로 나아갔습니다. 그가 가나안에 들어갔을 때에도 그는 어디에 정착해야 할지 알 수 없었습니다. 이리저리 떠돌며 장막생활을 하는 신세였지만, 여전히 그는 나그네로 머물고 있는 그 땅이 자신의 땅이라는 사실을 전적으로 확고히 믿고 있었습니다.

하나님께서 그에게 자손을 주시겠다고 약속하셨지만, 그에게는 자녀가 없었습니다. 한 해, 한 해, 해가 거듭될수록 자연의 순리대로 그는 점점 늙어갔고 그의 부인도 출산할 수 있는 나이를 훨씬 넘긴 상태였지만, 부부에게는 아직 자녀가 없었습니다. 그러다가 마침내 이스마엘이 태어났지만, 그런 식으로 애쓴 아브라함의 소망은 완전히 수포로 돌아갔습니다. 왜냐하면 아브라함은 이스마엘이 언약의 자손이 아니라는 사실을 알게 되었기 때문입니다. 약속을 믿은 아브라함은 육체적인 편법을 동원해서라도 지연되고 있는 약속을 실현시키고 싶었습니다. 그러나 아브라함이 100세가 되기까지, 사라는 90세가 되기까지, 14년을 더 기다려야만 했습니다. 그런 상황이었지만 아브라함은 주님의 말씀을 믿고서 엎드려 거룩한 웃음을 지으며 마음속으로 말했습니다. "백 세 된 사람이 어찌 자식을 낳을까"(창 17:17). 이삭이 태어나 자랄 때에도, 역시 아브라함은 이삭에 게서 언약이 성취될 것을 믿었습니다. 주님께서 아브라함에게 이삭을 잡아 번제로 드리라고 명령하셨을 때에도, 아브라함은 결코 이 언약을 의심하지 않았습니다. 하나님께서 이삭을 죽은 자 가운데서 일으키시거나, 아니면 어떤 다른 방식으로 하나님의 약속을 지키실 것이라 믿으며, 아브라함은 확실히 순종하였습니다.

자, 한번 생각해 봅시다. 우리는 수많은 약속들을 가지고 있습니다. 이 약속들은 영감 받은 말씀 안에 글씨로 적혀 있어서 우리가 편한 때에 언제든지 찾아볼 수 있습니다. 그러나 아브라함은 가끔씩 구두로만 약속을 받았습니다. 그럼에도 아브라함은 그 약속을 붙들고 의지했습니다. 아브라함이 세상의 상속자(롬 4:13)가 되고 여러 민족의 아버지가 되리라는 그 약속을 성취할 자손에 대한 증거나 징조도 없었고, 그것을 믿고 의지할 만한 것이 아무것도 없었지만, 그럼에도 그는 확신할 만한 다른 근거들이 필요하지 않았습니다. 오직 하나님께서 그 약속을 말씀하셨다는 것과 하나님은 자신의 말씀을 선하게 이루실 것이라는 사실만으로 충분했습니다.

아브라함에게는 또한 그 약속의 핵심적인 부분을 보는 눈이 있었습니다. 즉, 메시야, 우리 주 예수님을 보는 눈 말입니다. 아브라함이 정말 자신에게 주어진 언약의 영적인 의미들을 다 이해했는지는 잘 모르겠습니다. 아마 잘 몰랐을 것입니다. 하지만 그는 그리스도께서 자신의 후손으로 태어나실 것과 그로 인해 여러 민족이 복을 받게 되리라는 사실은 분명히 알고 있었습니다. 주님께서 그를 복의 근원으로 삼으시고, 땅의 모든 민족들이 그로 인하여 복을 받게 되리라고 말씀하셨을 때, 아브라함이 그 기이한 말씀의 모든 의미를 충분히 알았으리라고는 생각하지 않습니다. 그러나 그는 자신이 메시야의 조상이 되리라는 것만은 분명히 알고 있었습니다. 이런 주장에 대해 우리 주님께서 친히 하신 말씀이 권위 있는 근거가 됩니다. "아브라함은 나의 때 볼 것을 즐거워하다가 보고 기뻐하였느니라"(요 8:56). 나이 아흔인 부인과 함께 늙고 기력이 쇠한 이 남자가 아버지가 될 가망성은 거의 없어 보였지만, 그럼에도 그는 그가 여러 민족들의 아버지가 되리라는 사실을 전적으로 믿었습니다. 그가 믿은 근거는 단 하나였습니다. 살아 계신 하나님께서 그에게 그렇게 약속하셨으며, 그러기에 그 약속은 반드시 성취될 것이라는 믿음이 있었습니다.

　　아브라함의 이런 믿음은 그 어떤 어려움들도 전혀 개의치 않는 믿음임을 볼 수 있습니다. "아브라함이 바랄 수 없는 중에 바라고 믿었으니 이는 네 후손이 이같으리라 하신 말씀대로 많은 민족의 조상이 되게 하려 하심이라. 그가 백 세나 되어 자기 몸이 죽은 것 같고 사라의 태가 죽은 것 같음을 알고도(개의치 않고서, 개역개정판에는 나오지 않으나 KJV에는 '개의치 않고서'[he considered not]가 들어가 있음 — 역주) 믿음이 약하여지지 아니하고 믿음이 없어 하나님의 약속을 의심하지 않고"(행 4:18-19). 성도 여러분, 이런 상황에서는 그 자체로 극심한 어려움들이 따릅니다. 아브라함은 그런 약속이 자신을 비웃음거리로 만들 뿐이라는 사실 앞에 너무 두렵기도 했지만, 그 약속과 그 약속을 주신 하나님 외에는 그 어떤 것도 개의치 않았습니다. 그런 어려움들은 하나님이 개의할 문제이지 인간이 개의할 것이 아니었기 때문입니다. 하나님께서는 무에서 세상을 지으셨고, 그 능력의 말씀으로 만물을 붙들고 계신다는 것을 아브라함은 알았습니다. 그래서 그는 하나님께는 어려운 것이 하나도 없다고 느꼈습니다. 아브라함 자신과 부인의 나이는 전혀 문제가 되지 않았습니다. 그는 이런 것들을 고려대상에 넣지도 않았습니다. 오직 신실하고 전능하신 하나님만 바라보고 만족했습니다. 오, 얼마나 고귀한 믿음입니까! 하나님께서 귀하게 보실 만한 믿음입니다! 하나님께서 불가항력적인 은혜로 부르신 자가 아니라면 아무도 가질 수 없는 믿음입니다! 아브라함으로 의로 여김을 받게 하고(롬 4:23), 그를 성도들의 조상이 되게 한 것이 바로 이 믿음이었습니다.

　　또한 아브라함의 믿음은 하나님께 영광을 돌렸습니다. 지금까지 저는 20절 중 반절까지 말씀을 드렸습니다. 이제 나머지 말씀을 다 함께 읽도록 하겠습니다. "믿음으로 견고하여져서 하나님께 영광을 돌리며"(롬 4:20). 하나님은 약속하셨고, 아브라함은 하나님의 약속을 그에 상응하는 경외심으로 대했습니다. 아브라함은 하나님이 거짓말을 하는 것은 아닌가, 그의 종을 놀리는 것은 아닌가, 내일 취소할 일을 오늘 한번 말씀해 보는 것은 아닌가 하는 식으로 불경하게 의심하지 않았다는 것입니다. "하나님은 사람이 아니시니 거짓말을 하지 않으시고 인생이 아니시니 후회가 없으시도다"(민 23:19). 이 하나님을 아브라함은 알고 있었습니다. 아브라함은 하나님의 진리에 영광을 돌렸으며, 동시에 그 능력에도 영광을 돌렸습니다. 하나님은 자신의 한계를 넘어서는 말씀은 하지 않으시고 반드시 성취할 수 있는 것을 약속하시는 분임을 아브라함은 강하게 확신하였습니다. 자신이 할 수 있는 것 이상을 말하는 것, 다시 말해 너무 자주 자기의 혀가 팔보다 길어지는 사람들은 정말 미약한 사람입니다. 그러나 하나님은 결코 그렇지 않으십니다. 하나님께서 말씀하신 것을 행하지 않는 것이 있을까요? 하나님께 너무 힘든 일이어서 할 수 없는 일이 있을까요? 아브라함은 살아 계신 하나님의 불변성과 진리와 능력을 경배하고 믿으며, 그 말씀을 성취하실 것이라 기대하였습니다.

하나님께 영광 돌려드리는 이 강하고도 흔들림 없는 믿음은 전적으로 하나님만을 의지하는 것이었습니다. 21절을 읽어보면 이 사실을 알 수 있을 것입니다. "약속하신 그것을 또한 능히 이루실 줄을 확신하였으니"(롬 4:21). 그 약속의 성취를 보증해 줄 수 있는 것은 그의 가정이든 아내든, 또는 그 자신이든 그 어디에도 없었습니다. 아브라함은 오직 하나님만을 바라볼 뿐이었습니다. 제가 '오직'이라고 말씀드렸습니다. 사람이 이것 외에 달리 무엇을 더 할 수 있을까요? 아브라함은 정말 그렇게 했습니다. 아브라함의 확신을 구체적으로 실증해 줄 수 있는 표적, 징조, 징후, 암시 따위는 아무것도 없었습니다. 아브라함은 오직 무한한 하나님의 능력만을 의지하였습니다. 사랑하는 성도 여러분, 이런 믿음이야말로 하나님께서 사랑하고 귀히 여기시는 믿음입니다. 이 믿음은 분명하고도 확실한 하나님의 말씀을 지지해 줄 표적, 징조, 증거, 도움, 또는 그 밖에 다른 지지대가 필요하지 않은 믿음이며, 오직 하나님께서 그것을 말씀하셨고 하나님께서 그것을 선하게 이루실 것이라는 것만을 아는 믿음입니다. 모든 것이 그 약속은 거짓말이라고 하여도 우리는 그 약속을 믿습니다. 왜냐하면 우리는 하나님을 믿기 때문입니다. 전능하심과 불변하심이 좌절되거나 방해될 수 없다는 것을 아는 참된 믿음은, 불가능성을 조롱하고 일어날 것 같지 않다는 주장을 경멸합니다. 하나님께서 무언가를 말씀하셨습니까? 그러면 그 말씀대로 됩니다. 판결이 집행됩니다! 말씀이 이뤄집니다! 지극히 높으신 분에게는 이 두 가지가 하나입니다.

자, 이제부터 구원 받은 사람은 누구나 이런 신앙을 가져야 합니다. 구원 받는 모든 사람은 아브라함의 믿음과 같은 믿음으로 구원을 받게 됩니다. 사랑하는 성도 여러분, 우리는 구원을 받을 때 하나님의 약속도 함께 받으며 우리가 그 약속을 의지하기 때문입니다. 이 성도에게는 하나님의 이 말씀이 적용되고, 저 성도에게는 하나님의 저 말씀이 적용됩니다. 그런데 어떤 말씀이 감미롭고 가장 확실하고 확고한 말씀이 될지는 우리가 우리 영혼의 희망과 닻을 어디에 내리는지에 달려 있습니다. 그렇습니다. 우리는 말씀을 믿음으로 살피면서 우리가 찾은 그 만큼의 약속만을 각자 취하게 됩니다. 그래서 우리는 "이 약속은 참되다", "이 약속은 참되다"라고 말하면서 그 약속을 모두 신뢰하게 되는 것입니다! 하나님과 화목한 분들이라면 이 말씀이 옳다고 생각하실 것입니다. 여러분이 말씀에서 하나님의 약속을 찾았을 때, 그리고 성령께서 하나님의 약속을 여러분에게 열어주셨을 때, 여러분이 그 하나님의 약속을 신뢰함으로써 그 약속을 이루지 못한 것이 있었습니까? 여러분은 하나님의 약속 이외에 확신할 만한 다른 근거를 가지고 있습니까? 사랑하는 성도 여러분, 여러분은 그런 근거를 가지고 있지도 않으며 그 어떤 다른 근거도 바라지 않을 것입니다.

그래서 우리는 하나님이 큰 어려움들을 주관하고 계심을 믿게 됩니다. 자기에게 아들이 태어날 것이라는 사실을 아브라함이 믿기 어려웠다면, 불쌍하고 무거운 짐을 진 죄인으로서 자신의 큰 죄에 대해 알고 있으며 또 하나님이 그 죄에 대해 반드시 벌하실 것이라는 점을 알고 있는 아브라함의 입장에서 볼 때, 복음이 그에게 예언하는 그 희망의 사실을 믿기란 더더욱 어려웠을 것이라고 생각합니다. 의로우신 하나님께서 죄인인 나를 사랑의 눈으로 바라보고 계심을 믿을 수 있습니까? 하나님께 범죄하고 하나님의 모든 율법을 범하였음에도 불구하고, 하나님께서는 나에게 은혜 베푸시고자 기다리고 계심을 믿을 수 있습니까? 내 마음이 무겁고 내 앞에 놓인 전망은 캄캄하며 내 운명은 영원히 끔찍한 지옥 외에는 아무것도 보이지 않을 때, 바로 그 순간에도 하나님은 나의 구원을 계획하셔서 나를 위해 자기 아들을 내어 주사 죽게 하셨으며, 이제는 하나님의 손으로 나를 오도록 부르셔서 충분하고도 완전하고 즉각적인 용서를 받게 하심을 믿을 수 있습니까? 복음의 메시지가 나처럼 쓸모없는 반역자에게도 해당된다는 것을 믿을 수 있습니까?

율법과 하나님의 의, 그 자체는 복음이 선포하는 놀라운 은혜 행위의 진리에 반하는 것처럼 보이기도 합니다. 그래서 비통한 마음을 가진 사람은 그 선포를 믿기가 어렵습니다. 그러나 영혼을 구원하는 믿음은 율법의 공포와 비난에도 불구하고 복음의 약속을 믿습니다. 율법에 의해 각성된 영혼이 두려워 떨어도, 성령께서는 그 위대한 아버지의 약속을 받게 하시고, 아버지께서 세우신 화해를 신뢰하게 하시며, 그리스도로 인해 하나님께서 그 죄를 용서하셨다는 굳은 확신으로 그 떠는 영혼을 평온케 하십니다.

이와 동시에, 우리는 또 다른 위대한 기적인 **중생**을 믿게 됩니다. 중생을 믿는 것은 고령인 부부에게서 아기의 출산 가능성을 믿었던 아브라함의 믿음 행위만큼이나 아주 위대한 믿음 행위로 보입니다. 중생의 경우를 설명하면 이렇습니다. 지금 저는 본성으로 죄와 허물 안에서 죽었습니다. 고령으로 아브라함과 사라의 몸이 죽은 것처럼 된 것은 제 영혼이 모든 선한 것에 대해 죽은 것에 비하면 큰 것이 아니었습니다. 그런 제가 하나님을 바라보며 살게 되고, 이 돌처럼 딱딱한 마음속에 영생과 하나님의 사랑이 고동치게 되며, 하나님으로 인해 기뻐하게 되는 것이 가능한 일입니까? 그렇게도 패역하고 거짓된 제 마음이 거룩하신 하나님과 교제하게 되고 그 하나님을 내 아버지라 부르고 양자의 영을 제 마음속에서 느끼게 되는 것이 있을 수 있는 일인가요? 주님을 두려워하는 제가 감히 주님을 기뻐하며 나아갈 수 있을까요?

불쌍하게 고통받는 죄인이 말합니다. "오, 하나님의 보좌를 대적하여 싸웠으며, 하나님의 존재조차도 의심했던 제가, 이제 나아와 하나님과 온전히 화해하고, 하나님께서 저를 친구라 부르시고, 하나님의 비밀을 제게 계시하시고, 제 기도 소리를 들어주신다니 이런 일이 가능한가요? 정말 이런 일이 가능하겠습니까?" 영혼을 구원하는 믿음은 중생과 영화의 가능성, 아니 그 이상도 믿습니다. 그 믿음은 예수님을 믿으며, 우리가 하나님의 자녀가 되는 능력과 죄를 이길 힘을 얻게 합니다. 이것이 바로 하나님을 진정으로 믿는 것입니다.

이런 식으로 한 번 더 살펴보겠습니다. 믿음에 또 다른 어려움이 있기 때문입니다. 우리는 끝까지 인내해야 하는 것을 압니다. 끝까지 견디는 자만이 구원을 받게 될 것이기 때문입니다. 우리처럼 연약하고 변덕이 심하며 어리석은 피조물이 평생토록 하나님을 경외하며 계속 믿음을 지킨다는 것이 있을 수 있는 일이겠습니까? 그러나 우리는 이렇게 해야만 합니다. 구원하는 믿음은 우리가 인내할 것이라는 사실을 우리가 믿게 합니다. 확실한 것은 우리가 하나님께 헌신한 것을 하나님께서 유지시키시고, 우리가 염려한 모든 것을 하나님께서 완전히 해결해 주실 것이며, 아무도 우리를 하나님의 손에서 끌어내지 못하게 하실 것이고, 우리 안에서 시작한 선한 일을 하나님께서 이루실 것입니다. 이런 믿음이야말로 신실한 자들의 조상이라 불릴 만한 믿음입니다.

믿음의 또 다른 어려움을 하나 더 살펴봅시다. 우리는 하나님의 약속대로 언젠가 우리도 "티나 주름 잡힌 것이나 이런 것들이 없이"(엡 5:27) 될 것을 믿고 있습니다. 저는 제 머리에 영광의 면류관을 쓸 것과 제 손으로 종려나무 가지를 흔들 것을 분명히 믿고 있습니다. 언젠가 주님께서 저에게 이렇게 다정하게 말씀하실 것을 저는 전적으로 확신합니다.

> "네가 볼 수 있게 네 눈을 감아라.
> 너를 위해 내가 준비한 것을.
> 너의 전쟁 무기를 내려놓고서,
> 면류관을 쓰도록 정렬하여라."

　예수님을 믿는 성도인 우리는 모두 언젠가 하나님의 보좌 앞에 흠 없이 서게 될 것입니다. 그러나 어떻게 이런 일이 일어날 수 있을까요? 우리의 분명한 확신은 바로 여기에 있습니다. 이것을 약속하신 분께서 성취하실 것입니다. 이것이 영광에 이르는 믿음입니다. 이 믿음은 구속자의 기쁨에 참여할 것을 기대합니다. 구속자의 사랑과 생명 때문이지요. 성도 여러분, 영광에 참여하는 일에도 많은 어려움들이 있습니다. 하지만 우리는 이 어려움들을 개의치 않습니다. 전능하신 분께서 등장하시기 때문에, 우리는 이 어려움을 아무것도 아닌 것으로 여깁니다. "우리 주 예수 그리스도로 말미암아 우리에게 승리를 주시는 하나님께 감사하노니"(고전 15:57). 우리의 구속자가 살아 계시고, 그분이 살아 계시기에 우리 또한 살 것이며, 그분과 함께 그분이 계신 곳에 우리도 있게 될 것을 우리는 압니다.
　4장의 끝부분에는 이 구원하는 믿음은 예수 안에 나타난 하나님의 능력 안에 있다는 내용이 있습니다. "예수는 우리가 범죄한 것 때문에 내줌이 되고 또한 우리를 의롭다 하시기 위하여 살아나셨느니라"(롬 4:25). 사랑하는 성도 여러분, 우리가 믿고 있는 바는 이렇습니다. 예수님은 여느 보통 사람이 죽는 것과 똑같이 죽으셨지만, 죽은 지 제삼일째 아침에 하나님의 능력으로 죽은 자 가운데서 다시 살아나셨습니다. 하나님께서 죽은 자를 살리신다는 것은 우리가 믿지 못할 일이 아닙니다. 그러므로 하나님께서 죽은 자를 살리셨기 때문에, 죄로 죽은 우리도 살리실 것과, 우리의 육체도 땅에서 잠시 잠을 잔 후에 무덤에서 다시 살리실 것을 우리는 믿습니다. 또한 우리 주 예수께서는 우리의 죄 때문에 죽으셨고, 그로 인해 우리의 죄를 제거하셨음을 우리는 믿습니다. 우리의 믿음은 우리 대신 죽으신 주 예수의 대속 위에 서 있으며, 그 견고한 확신에 근거를 두고 있습니다. 또한 예수님의 대속이 하나님께 받아들여졌고, 우리의 죄가 영원히 제거되었기 때문에 예수님께서 다시 살아나셨으며, 우리가 예수님 안에서 의롭게 된 것을 증명하기 위하여 다시 살아나셨음을 우리는 믿습니다. 이 믿음이 바로 우리가 서 있는 곳입니다. 저는 구원 받게 되기를 기대합니다. 그 이유는 제가 현재 어떤 사람이기 때문이 아닙니다. 또 제가 무엇을 할 수 있기 때문도 아닙니다. 또 제가 미래에 어떤 사람이 된다거나 무엇을 하게 될 것이기 때문도 아닙니다. 전혀 아닙니다. 그 이유는 오직 하나님께서 예수 그리스도를 믿는 자들을, 주 예수께서 그들을 대신해 받은 고난을 통해 구원하시기로 한 약속 때문입니다.

믿는 자들을 대신해 받은 예수님의 고난을 하나님께서 받으셨음을 증명하기 위하여 예수님께서 다시 살아나셨습니다. 그렇기 때문에 우리는 의지하고 믿습니다. 모든 신자들이 구원받는 그 길이 바로 이 길입니다. 이 길만 있지 다른 길은 없습니다. 아브라함이 믿었던 그대로, 우리 역시 믿습니다. 사실이 여기에 있고, 그것이 믿음입니다.

2. 믿음으로 구원 받게 하신 이유는
구원이 은혜에 속하도록 하기 위함입니다.

이제 두 번째 대지를 말씀드리겠습니다. 두 번째 대지에서는 왜 하나님께서 믿음으로 구원 받게 하셨는가에 대한 그 첫 번째 이유, 즉 "그것이 은혜에 속하기 위하여"라는 말씀에 대해 살펴보겠습니다. 자, 사랑하는 성도 여러분, 주님께서는 행위의 부담을 덜어주는 방식으로 구원의 조건을 만드실 수도 있었습니다. 만약 주님께서 그렇게 하셨다면, 구원은 은혜에 속하지 않았을 것입니다. 왜냐하면 구원은 지금 제가 하고 있는 이런 설명이 전혀 필요 없는, 정해진 결과가 있는 원칙이 되어버리기 때문입니다. 만약 구원의 축복이 은혜에 속한 것이라면, 그것은 더 이상 행위로 얻는 것이 아닙니다. 행위로 얻는 것이라면, 은혜는 더 이상 은혜가 아닙니다. 그리고 만약 구원의 축복이 행위에 속한 것이라면, 그것은 더 이상 은혜로 얻는 것이 아닙니다. 은혜로 얻는 것이라면, 행위는 더 이상 행위(선행)가 아닙니다.

물과 기름이 섞이지 않고, 불과 물이 서로 고요하게 함께 있을 수 없듯이, 공

로의 원칙과 은혜의 원칙은 함께 하지 못합니다. 여러분은 율법의 행위를 은혜
의 축복을 받는 조건으로 만들 수 없습니다. 만약 그렇게 한다면, 여러분은 즉시
서로 맞지 않는 요소를 끌어들이게 되고 실제로 영혼을 행위 언약 아래로 이끌
게 되어, 은혜의 모든 계획을 망치게 할 수 있습니다. 은혜와 믿음은 서로 일치
해서 함께 같은 마차를 끌고 가지만, 은혜와 공로는 서로 상반되기 때문에 서로
반대 방향으로 끌고 갑니다. 그래서 하나님은 은혜와 행위가 함께 멍에를 메지
않도록 정하셨습니다. 하나님은 서로 맞지 않는 재료들로 집을 세우지 않으시
며, 잘 섞이지 않는 모르타르를 바르지도 않으십니다. 일부분은 금이고 또 일부
분은 흙으로 어떤 형상을 만들지도 않으시며, 서로 다른 직물을 섞어서 옷을 만
들지도 않으십니다. 하나님의 사역은 전적으로 한 종류이며, 그 한 종류는 전적
으로 은혜입니다.

　　다시 아브라함의 경우를 살펴봅시다. 하나님이 아브라함에게 약속하신 그 축
복을 아브라함은 믿음으로 받았기에, 그것이 은혜에 속한 것은 아주 분명합니다. 여
러분은 아브라함이 받은 구원을 그의 공로로 돌리는 말이나, 아브라함은 특별히
거룩한 사람이었다는 말을 한 번도 들어보지 못했을 것입니다. 사실 인생에서
허물이 없는 사람이 어디 있겠습니까? 아브라함의 생애에도 흠들이 있었습니
다. 그럼에도 그는 역사상 가장 위대한 인물이 되었습니다. 아무도 아브라함을
스스로 의롭게 여기는 사람이었다고 생각하지 않으며, 또한 아무도 아브라함을
"하나님이여 나는 다른 사람들과도 같지 아니함을 감사하나이다"(눅 18:11)라고
말한 바리새인과 닮았다고 생각하지 않습니다. 저 위대한 족장은 자신이 다른
사람들과 같지 않은 것에 감사하여 하나님 앞에 영광 돌렸다는 말을 저는 들어
본 적이 없습니다. 아브라함의 이름은 "순결한 사람들의 아버지"가 아니라, "믿
는 사람들의 아버지"라는 뜻입니다. 우리가 아브라함의 생애를 읽어보면, 하나
님께서는 주권적인 은혜로 아브라함을 부르셨고, 그와 더불어 은혜로 언약을 맺
으셨으며, 육체의 능력이 아니라 전적으로 약속에 따라 약속의 자녀가 태어났음
을 알게 됩니다. 이 족장의 생애는 은혜가 의로 말미암아 왕 노릇하여 영생에 이
르게 했습니다(롬 5:21). 아브라함이 믿음으로 약속들을 받을 때마다, 이 사실이
무수한 방식으로 설명되어 있습니다. 아브라함의 거룩함은 그의 믿음에서 생겨
난 것이기에, 아브라함이 받은 축복의 원인을 하나님의 은혜 외에 다른 것으로
는 결코 볼 수 없습니다.

우리가 믿음으로 구원받는다는 것을 아는 것만큼, 모든 신자들은 자신이 처한 상황 속에서 은혜로 구원 받는다는 사실을 스스로 알게 됩니다. 믿는다는 것은 자기를 부정하는 행위이기 때문에, 믿음으로 영생을 구하는 자는 누구도 자신의 공로를 언급하지 않았으며, 오히려 그런 공로들을 배설물로 여겼습니다. 그렇습니다. 성도 여러분, 약속의 자녀는 종의 자녀와 함께 같은 집에서 살 수 없습니다. 이삭이 자라자 이스마엘은 떠나야 했습니다. 영생에 이르는 믿음의 이 원칙은 인간의 공로를 암시하는 것조차 허용할 수 없습니다. 믿음으로 의롭게 되는 것을 믿는 자들은 은혜로 구원 받는 것을 믿을 수 있는 자들뿐입니다.

그런 신자들은 자신의 구원을 충분히 확신하기까지 은혜 가운데서 성장합니다. 몸과 혼과 영이 전적으로 하나님께 헌신되어 아주 놀라울 정도로 하나님 앞에 거룩해질 것입니다. 그럼에도 불구하고 그 신자들은 자신의 체험이나 재능이나 성취한 것들을 자기가 영광 받을 이유로 사용하거나, 아니면 자기 확신에 대한 더 큰 자신감을 주장하는데 사용하지 않을 것입니다. 신자는 자신의 업적을 신뢰하지도 않으며 자기감정을 말하지도 않을 것입니다. 신자는 자신이 믿음으로 서 있다는 것을 느끼기 때문입니다. 신자는 단순한 믿음으로부터 도망칠 수도 없습니다. 그가 단순한 믿음에서 벗어나려고 시도하는 순간, 자신이 딛고 있는 땅이 꺼지는 것 같은 느낌을 받으며, 끔찍한 영혼의 혼란 속으로 빠져들기 때문입니다. 그러므로 신자는 자신의 예전 상태로 돌아가서, 부활하신 구세주의 믿음 안에 거하기로 결심합니다. 왜냐하면 거기야말로 신자가 하나님의 은혜 안에 거하는 곳이기 때문입니다.

믿음을 중시하는 은혜로 말미암는 구원의 진리가 너무나 분명하게 계시되면서, 심지어 교회 밖에 있는 사람들까지도 이 사실을 알게 되었습니다. 물론 그 결과로 사소한 이의를 제기하기도 합니다. 이 사람들은 우리가 믿음으로 말미암는 구원 계획에 대해 찬양하고 칭송하는 것을 듣고, 너무 은혜만 강조한다고 우리를 비난합니다. 믿는 자들에게 약속된 선물은 은혜의 선물이지 노력한 행위에 대한 보상이어서는 안 된다는 사실을 그들은 너무 단순하게 받아들입니다. 행위나 예식으로 말미암는 구원만을 처음부터 전했더라면, 너무 은혜만 강조한다고 비난할 사람은 아무도 없었을 것입니다. 하지만 믿음을 지키십시오. 그러면 여러분은 은혜의 선포를 확실히 지킬 수 있을 것입니다.

게다가 믿음과 은혜는 결코 상충하지 않습니다. 죄인이 나아와 그리스도를 믿

을 때, 그리스도께서 그에게 말씀하십니다. "내가 내 은혜로 값없이 너를 용서하
노라." 그러면 믿음이 말합니다. "오, 주님, 그것이 제가 원하는 것이며 제가 믿고
있는 것입니다. 주님께서 늘 그렇게 제게 대해 주시기를 간구합니다." 주님께서
말씀하십니다. "그러나 내가 네게 영생을 주는 것은, 네가 받을 만한 자격이 있
기 때문이 아니라, 내 이름을 위하여 주는 것이다." 그러자 믿음이 대답합니다.
"오, 주님. 그것 또한 제가 정확히 바라는 것입니다. 그것이 제가 드린 기도의 요
약이며 핵심입니다." 믿음이 강건하게 자라 간절히 기도할 때(하나님께 간구할
때의 믿음은 얼마나 강력한지, 하나님의 전능하심을 믿음의 마음으로 움직이게
합니다), 믿음의 모든 간구는 은혜에 그 기초를 두지, 그 어떤 간구도 피조물의
공로에 기초를 두지 않습니다. 믿음은 시내 산의 무기를 빌려 쓴 적도 없으며,
한 번도 빚을 지는 것 같은 미안한 마음으로 은혜를 간구한 적도 없습니다. 오히
려 믿음은 언제나 은혜로우신 하나님의 약속을 붙잡고서, 하나님의 신실하심으
로부터 모든 것을 기대합니다.

　　이제 믿음이 아주 강건해지고 아주 큰 키로 자라 기쁨으로 충만해 춤을 춥
니다. 그럼에도 믿음은 결코 자신을 자랑하거나 높이지 않습니다. "그런즉 자랑
할 데가 어디냐? 있을 수가 없느니라. 무슨 법으로냐? 행위로냐? 아니라 오직 믿
음의 법으로니라"(롬 3:27). 믿음과 육체의 자랑은 결코 함께 하지 않습니다. 만
일 어떤 사람이 자신의 믿음이 강건함을 자랑한다면, 그 자랑은 그가 전혀 믿음
을 가지고 있지 않거나 아니면 적어도 자랑한 그 순간만큼은 거만한 허영심에
빠져 있는 것에 대한 분명한 증거가 됩니다. 자랑하시겠습니까? 자랑해서는 안
됩니다. 믿음은 낮은 곳에 처하기를 좋아하며 어린아이처럼 행하기를 좋아합니
다. 믿음이 자신을 높일 때는, 주님을 높일 때, 오직 주님만을 높일 때입니다.

　　믿음은 또한 하나님의 은혜를 드러내는데 아주 적합합니다. 왜냐하면 믿음
은 은혜의 자녀이기 때문입니다. 믿음은 말합니다. "감사하게도, 저는 언약을 붙
잡았습니다. 저는 약속들을 굳게 붙잡았습니다. 저는 그리스도를 보았습니다.
저는 천국을 바라보았습니다. 저는 영원한 기쁨들을 미리 맛보고 누립니다. 그
러나." 믿음은 계속 말합니다. "현재의 저는 하나님의 역사하심으로 된 것이며,
하나님의 성령께서 저를 창조하지 않으셨다면, 저는 결코 존재하지 못했을 것입
니다." 신자는 자신의 믿음이 자기 마음 밭에 본래부터 있던 화초가 아니라, 하
나님의 지혜로 자기 마음에 심겨진 희귀한 식물, 즉 외래 식물임을 압니다. 그리

고 만일 주님께서 자기의 마음에 양분을 공급해 주지 않으신다면, 시든 꽃처럼 말라 죽게 될 것도 알고 있습니다.

신자는 자신의 믿음이 불후(不朽)의 기적임을 압니다. 왜냐하면 그 믿음은 우리 주 예수 그리스도를 죽은 자 가운데서 살린 그 능력보다 결코 작지 않은 능력에 의해서 생성되고 유지되며 보존되기 때문입니다. 만일 제가 어떤 오두막에서 천사를 만났다면, 저는 그 천사가 그 오두막에서 태어났던 것이 아니라, 하늘 위로부터 내려왔다는 것을 알 것입니다. 믿음도 마찬가지입니다. 믿음이 하늘로부터 내려왔다는 사실은 모든 사람에게 명백한 사실입니다. 믿음은 자신의 존재 기반을 은혜에서 찾기에, 믿음은 하나님 은혜의 친구요, 옹호자요, 변호자요, 찬양자 외에는 달리 다른 무엇이 될 수 없습니다. "그러므로 상속자가 되는 그것이 은혜에 속하기 위하여 믿음으로 되나니"(롬 4:16).

**3. 구원의 방법으로 믿음과 은혜를 선택하신 중요한 이유는
구원의 약속을 모든 후손에게 확실하게 하기 위해서입니다.**

이제 세 번째 대지를 말씀드리겠습니다. 하나님께서 구원의 방법으로 믿음과 은혜를 선택한 더 중요한 이유가 있습니다. 그 이유는 "그 약속을 그 모든 후손에게 굳게 하려 하심이라"입니다. 사랑하는 성도 여러분, 이 말씀을 아주 주의해서 살펴보십시오. 구원은 행위가 아니라 믿음으로 받게 되었습니다. 그래서 그 약속이 모든 후손들에게 확실해진 것입니다. 우선, 율법으로 구원을 받는다면 이방인들인 우리에게는 구원이 확실하지 않았을 것입니다. 어떤 의미에서 우리는 전혀 모세의 율법 아래 있지 않기 때문입니다. 오늘 본문을 살펴보면, 이렇게 기록된 것을 알 수 있습니다. "그 모든 후손에게 굳게 하려 하심이라 율법에 속한 자에게 뿐만 아니라 아브라함의 믿음에 속한 자에게도 그러하니 아브라함은 우리 모든 사람의 조상이라."

말하자면 이렇습니다. 유대인들에게는 할례의 표를 받고 율법 의식을 따르며, 유월절 음식을 먹고 여러 가지 희생 제사를 드리는 등의 율법적인 방법으로 구원에 이르는 가능한 길이 있었습니다. 하지만 이방인들인 우리에게는 그것이 완전히 닫혀 있었습니다. 육체에 속한 언약을 따르면 우리는 이방인이고 그 계약 안에 들어가지도 못하며 그 특권에 참여할 수도 없습니다. 따라서 유대인들과 함께 이방인들도 언약의 축복에 참여하기 위해서는 믿음으로 말미암는 은혜

가 축복으로 선택되었던 것입니다.

하지만 그보다 더 큰 이유가 있습니다. 다른 방법으로는 이미 모두 실패했기 때문에, 믿음이 선택된 것입니다. 우리 모두는 이미 율법을 범했습니다. 그래서 우리는 공로에 대한 보상으로 축복 받는 권한을 넘겨주게 되었습니다. 시작부터 실패하였으므로, 앞으로의 우리 장래도 몰락해버렸습니다. 그리고 이제는 율법의 행위로 그의 앞에 의롭다 하심을 얻을 육체가 없다고 합니다(롬 3:20). 그렇다면 우리가 완전히 구원 받고자 한다면, 믿음으로 구원 받는 것 외에 도대체 무슨 방법이 남아 있겠습니까? 오직 믿음으로 구원 받는 이 문만이 열려 있을 뿐입니다. 아무도 그 문을 닫지 못하게 하신 하나님을 우리 모두 찬양합시다.

다른 이유가 하나 더 있습니다. 확실히 하기 위해서 믿음으로 구원 받습니다. 자, 행위로 구원 받는 제도 아래에서는 확실한 게 아무것도 없습니다. 사랑하는 성도 여러분, 생각해 보십시오. 여러분은 행위로 구원 받는 언약 아래 있었고, 지금 이 순간까지 그 행위들을 성취해왔다 하더라도, 여러분은 자신의 구원에 대해 확신할 수 없을 것입니다. 여러분의 나이가 일흔입니까? 지금 이 순간까지도 넘어지지 않고 굳게 서 있습니까? 좋습니다. 그렇다면 여러분은 인류의 조상 아담보다도 훨씬 더 많은 일을 한 셈입니다. 아담은 완전한 사람으로서 타락한 본성이 전혀 없었어도, 그 처음의 순수한 상태를 단 하루도 유지하지 못했을 것이라고 생각합니다. 그러나 여러분이 그 오랜 기간 동안 행한 모든 것은 결국 여러분이 다음 식사를 마치기 전에 잃을 수도 있는 것입니다. 여러분이 서 있는 것이 행위에 따라 좌우된다면, 여러분은 안전하지도 못하고, 여러분이 이 땅에서의 삶을 마치기 전까지는 결코 안전할 수도 없을 것입니다. 왜냐하면 여러분은 죄를 지을 수도 있고, 그 규례들을 어기는 단 하나의 범죄라도 언약을 무효로 만들 수 있기 때문입니다.

"만일 의인이 돌이켜 그 공의에서 떠나 범죄하고 악인이 행하는 모든 가증한 일대로 행하면 살겠느냐 그가 행한 공의로운 일은 하나도 기억함이 되지 아니하리니 그가 그 범한 허물과 그 지은 죄로 죽으리라"(겔 18:24). 그러나 은혜로 받는 구원의 탁월함을 보십시오. 여러분이 약속 안에서 믿음의 땅에 도달했다면, 여러분은 **확실한** 땅 위에 선 것이며, 여러분의 영혼은 더 이상 위태롭지 않습니다. 이곳은 확실한 토대입니다. 하나님의 약속은 파기될 수 없기 때문입니다. 나의 구원이 하나님께 달려 있고 하나님께서 내 구원을 작정하셨으며 언약으로 약속하셨고 예수 그리스도의 보혈로 나에게 보증하셨다는 근거 위에서 내가 구원을 받은 것이라면, 그 구원은 내 것이므로 생명이나 사망이나 사탄이나 세상의 그 어떤 것도 나에게서 구원을 빼앗아갈 수 없습니다. 내가 므두셀라의 나이만큼 오래 산다고 하더라도, 나의 믿음은 동일한 약속들을 의지할 것이며 그 약속들을 굳게 붙잡고서, 변치 않는 확신을 주는 믿음을 변하게 하는 세월의 흐름에 대해 믿음으로 저항할 것입니다. 다른 수단들이 아니라, 오직 믿음으로 말미암는 은혜만이 후손들 한 사람 한 사람에게까지 그 약속을 확실하게 합니다. 이제 그 약속은 모두에게 확실한 것이 되었습니다.

더욱이 그 약속이 행위 위에 맺어진 것이라면, 분명히 그 약속에 해당되지 않는 후손들이 있을 것입니다. 아브라함의 후손 중 한 사람이 십자가에 달려 죽어가고 있습니다. 한두 시간 안에 그의 뼈들을 부러뜨려 그를 죽이고 그의 장사를 서두르고자 합니다. 이때, 그 불쌍하게 죽어가는 강도의 구원이 행위로 얻게 되어 있다면, 그는 어떻게 구원을 받을 수 있을까요? 그의 손과 발은 꽁꽁 묶여 있고 그는 바로 죽음의 문턱에 서 있습니다. 그가 무엇을 할 수 있겠습니까? 성도 여러분, 만약 그 순간에 어떤 행위가 구원의 조건이었다면, 그 약속은 그에게 확실하지 않았을 것입니다. 그러나 그는 믿었습니다. 그리고 구원을 갈망하는 눈길로 주 예수를 바라보며 말했습니다. "주 예수여, 나를 기억하소서"(눅 23:42). 그러자 그 약속은 그에게 아주 확실해졌습니다. "오늘 네가 나와 함께 낙원에 있으리라"(눅 23:43)고 말씀하시는 주님의 대답을 들었기 때문입니다.

하나님이 선택하신 많은 사람들이 믿는 것 외에는 아무것도 행할 수 없는 그런 상황에 처하게 됩니다. 그러나 은혜는 믿음도 하나님께 구원 가능한 행위로 만들었습니다. 불 뱀에게 물린 사람들에게 요구하신 단 하나는 쳐다보라는 것뿐이었습니다. 강력한 뱀의 독이 혈관 속에서 요동치며 고열로 온 몸이 타들어갈 때에도 쳐다보는 것은 가능했기 때문입니다. 믿음은 장님이나 절름발이나 귀먹은 사람이나 말 못하는 사람에게도 가능합니다. 믿음은 바보 같은 사람이나 절망한 사람이나 죄지은 사람에게도 가능합니다. 아이나 아주 나이 많은 사람이나 유식한 사람이나 무식한 사람들도 믿음을 가질 수 있습니다. 믿음은 생수를 따라 마실 수 있는 컵처럼 아주 탁월한 선택입니다. 연약한 사람들에게도 너무 무겁지 않고, 어린아이들에게도 너무 크지 않고, 어른에게도 너무 작지 않기 때문입니다.

성도 여러분, 이제 한 가지만 더 말씀드리고 오늘 설교를 마치겠습니다. 그리스도를 지금까지 믿어온 여러분에게 제가 한 가지 질문을 하겠습니다. 여러분은 하나님의 약속을 믿고 있습니다. 여러분은 여러분의 죄로 인해 내어 준 바 된 예수님의 완성된 행위를 의지하고 있습니다. 여러분의 지금 감정 상태는 어떠합니까? 여러분은 의심의 여지가 없는 여러분의 안전에 대해 기뻐하고 있습니까? 이 문제를 검토하며 생각하는 가운데 제 영혼은 완전한 평화 가운데 거하게 되었습니다. 하나님이 신자에게 주실 수 있는 확신 가운데, 그리스도의 행위가 주는 확신보다 더 큰 확신은 없다고 생각합니다. 하나님은 거짓말을 하실 수 없습니다. 여러분은 이 사실을 확신하고 있지 않습니까? 하나님은 반드시 자신의 약속을 지키십니다. 이 사실이 여러분에게 확실합니까? 여러분은 무엇을 더 원하고 있습니까? 어린아이가 아버지의 말씀을 조금도 의심 없이 받아들이듯, 우리도 하나님이 하신, 사실 그대로의 꾸밈없는 약속을 의지할 수 있습니다. 그렇게 의지하는 중에 우리는 모든 지각에 뛰어난 하나님의 평강이 그리스도 예수 안에서 마음과 생각을 지키시는 것을 알게 됩니다(빌 4:7). 저는 감히 다르게 말할 수도 없고 또 잠잠히 있을 수도 없습니다. "그러므로 우리가 믿음으로 의롭다 하심을 받았으니 하나님과 화평을 누리자"(롬 5:1)라는 말씀처럼, 제 마음이 하나님과 화평을 누리고 있기 때문이라고 감히 말씀드릴 수 있습니다. 영혼은 그러한 화평 가운데서 뜨거운 사랑이 용솟음치며 내적으로 하나님과 연합되고 그리스도와 일치하게 됩니다. 믿음은 하나님을 믿으며 이 땅의 일이나 영생의 일이나 큰 일이나 작은 일이나 육체의 일이나 영혼의 일이나 무슨 일이든 하나님을 신뢰합니다. 그래서 한층 고상한 결과들에 이르게 됩니다.

오, 복되신 하나님, 하나님의 바람과 마음과 목표가 하나님을 신뢰하는 영혼의 바람과 마음과 목표에 어떻게 그렇게 일치하는지요! 하나님의 마음과 작정에 우리가 얼마나 조화를 잘 이루게 되는지요! 우리의 마음이 하나님을 얼마나 기뻐하는지요! "내 주의 하나님 여호와와 함께 생명 싸개 속에 싸였을 것이요"(삼상 25:29)라는 말씀처럼, 우리의 영혼이 얼마나 완벽하게 싸여 있는지요! 우리는 범사에 그에게까지 자라납니다. 그분은 우리의 머리이고 생명이며 우리의 모든 것 되신 분입니다(엡 4:15).

사랑하는 하나님의 자녀 여러분, 저는 여러분에게 권면합니다. "그러므로 너희가 그리스도 예수를 주로 받았으니 그 안에서 행하되"(골 2:6). 주 예수 그리스도의 평화 안에서 살며, 그 평화를 더욱더 풍성하게 하십시오. 너무 평화롭게 되지 않을까 두려워하지 마십시오. "주 안에서 항상 기뻐하라 내가 다시 말하노니 기뻐하라"(빌 4:4). 여러분이 자신의 부족함을 스스로 질책해야 할 때에도 주님의 약속을 의심하지 마십시오. 죄가 여러분을 압도하고 허물을 고백할 때에도 예수님이 여전히 여러분에게 주시는 용서를 의심하지 마십시오. 예리한 유혹들과 심각한 시련들이 사방으로부터 일어날 때에도 그것들이 폭풍처럼 여러분을 휘몰아가도록 허용하지 마십시오. "너희는 마음에 근심하지도 말고 두려워하지도 말라"(요 14:27). 불신으로 인해 하나님의 약속 앞에서 우물쭈물하지 마십시오. 여러분이 밝은 햇빛에서 행하든, 애굽의 흑암 속에서 행하든 약속을 굳게 잡으십시오. 하나님께서 약속하신 것은 하나님께서 또한 성취하실 수 있습니다. 이 사실을 의심하지 마십시오. 신실한 약속을 확실히 의지하십시오. 여러분의 마음이 슬플 때면, 더욱더 굳게 약속을 의지하십시오. "너희를 부르시는 이는 미쁘시니 그가 또한 이루시리라"(살전 5:24)라는 말씀이 있기 때문입니다.

마지막으로, 오늘 이 아침에 참석한 죄인 여러분, 여러분은 믿음으로 말미암는 이 구원에 대한 모든 것을 들었습니다. 저는 여러분에게 권면합니다. 쉬지 말고 주 예수 그리스도를 믿고, 하나님의 위대한 약속들을 의지하십시오. 여기 우리에게 힘을 주는 말씀이 있습니다. "내가 그들의 불의를 긍휼히 여기고 그들의 죄를 다시 기억하지 아니하리라 하셨느니라"(히 8:12). 또 한 말씀이 있습니다. "누구든지 주의 이름을 부르는 자는 구원을 받으리라"(행 2:21). 기도로 주님께 부르짖으며 이렇게 말하십시오. "주님 제가 부르짖습니다. 제가 구원 받으리라고 주님께서 말씀하셨습니다." 은혜로운 말씀이 또 있습니다. "믿고 세례를 받는 사람은 구원을 얻을 것이요"(막 16:16). 믿고 세례를 받으라는 이 두 가지 명령을 행한 후 이렇게 말하십시오. "하나님, 제가 주의 말씀대로 행했사오니, 주님 말씀대로 구원을 얻을 것입니다. 저는 주님의 그 약속을 붙듭니다."

죄인인 여러분, 하나님을 믿으십시오. 오, 오늘 이 아침에 성령으로 하나님께서 여러분에게 은혜를 베푸셔서 이렇게 말하게 하십니다. "하나님을 믿는 것 외에 제가 달리 무엇을 더 할 수 있겠습니까? 저는 감히 하나님을 의심할 수도 없습니다." 오, 시련을 받아 불쌍한 영혼들이여, 여러분의 죄악된 영혼을 하나님께 맡길 만큼 예수님을 믿으십시오. 여러분이 자신의 죄악에 대해 더 많이 느끼면 느낄수록, 하나님을 찬양할 당신의 능력은 더 커질 것입니다. 그 방법은, 여러분이 지은 죄악들도 하나님께서 용서하시고 다시 새롭게 하실 수 있다는 사실을 믿는 것입니다. 여러분이 죄의 가장 밑바닥에 화석처럼 묻혀 있다고 해도, 하나님은 여러분을 찾기 위해 땅을 파내고 그 무시무시한 구덩이에서 여러분을 끄집어내어, 여러분의 메마르고 돌 같이 굳은 마음을 살아 숨쉬도록 하십니다. 여러분은 이 사실을 믿으십니까? "할 수 있거든이 무슨 말이냐 믿는 자에게는 능히 하지 못할 일이 없느니라"(막 9:23).

　　하나님께서 모든 믿는 자들을 구원하시겠다고 하신 약속을 믿으십시오. 그 약속을 굳게 붙드십시오. 그것은 헛된 일이 아니라 여러분이 생명을 얻는 길이기 때문입니다. "그런데, 그 약속을 붙들고서도 제 마음에 아무런 기쁨이나 평화가 없으면 어떡하죠?" 그렇다면 계속해서 그 약속을 믿으십시오. 그러면 기쁨과 평화가 임할 것입니다. "그런데, 아무런 표적도 안 보이면 어떡하죠?" 아무런 표적도 구하지 마십시오. 하나님의 진실하신 성품 이외에 다른 것들을 보증으로 삼겠다는 생각은 하지 말고 기꺼이 하나님의 말씀만을 믿으십시오. 그렇게 한다면, 여러분은 하나님께 영광을 돌려드릴 수 있을 것입니다. "보지 못하고 믿는 자들은 복되도다"(요 20:29). 하나님은 거짓말하실 수 없다는 사실을 믿으십시오. 예수를 믿는 사람마다 모두 용서해 줄 것을 하나님께서 약속하셨으니, 그 말씀을 붙잡으십시오. 그러면 여러분은 구원 받게 될 것입니다.

　　죄인들이여, 저는 여러분 앞에 구원의 길을 할 수 있는 한 단순하게 제시했습니다. 여러분은 받아들이시겠습니까? 아니면 안 받아들이시겠습니까? 하나님의 성령께서 여러분이 이렇게 말하도록 사랑스럽게 인도해 주셨으면 좋겠습니다. "예, 받아들이겠습니다. 진심으로 그렇게 하겠습니다." 이제 영원히 평화와 기쁨 가운데 행하십시오. 하나님께서 여러분에게 복 내려주시기를 빕니다. 아멘.

제

8

장

—

화평 – 사실과 느낌

—

"그러므로 우리가 믿음으로 의롭다 하심을 받았으니
우리 주 예수 그리스도로 말미암아
하나님과 화평을 누리자" ― 롬 5:1

　　믿음의 능력은 놀랍습니다. 우리의 사도 바울은 히브리서에서 믿음이 성취한 기이한 업적들을 우리에게 말씀합니다. 믿음으로 나라들을 이기기도 하고, 약속을 받기도 하며, 사자들의 입을 막기도 하고, 불의 세력을 멸하기도 하며, 칼날을 피하기도 하고, 연약한 가운데서 강하게 되기도 하며, 전쟁에 용감하게 되기도 하였습니다(히 11:38-39). 그리고 믿음의 결과 중 개인적으로 적용되는 가장 놀라운 것은, 믿음이 우리에게 칭의를 가져왔고 그 결과로 우리가 화평을 얻었다는 사실입니다. "우리가 믿음으로 의롭다 하심을 받았으니 하나님과 화평을 누리자." 우리가 믿음이 지닌 의롭게 하는 능력을 안다면, 그리고 그 믿음이 구세주의 의라는 비길 데 없는 옷을 우리에게 입혀 주는 손길인 줄을 안다면, 우리의 첫 조상 아담과 하와의 벌거벗음을 가리기 위해 가죽 옷을 지어 입혔던 그 은혜로운 하나님의 손길을 그들이 귀하게 여겼던 것처럼, 우리 또한 믿음을 귀하게 여길 것입니다. 성령께서 역사하시면 우리가 지닌 작은 믿음으로 인해 우리가 더 큰 믿음을 갈망하게 될 것이며, 믿음이 필요하다고 느낄 때마다 우리의 영혼 속에서 우리 자신의 개인적 사안을 충족시킬 수 있는 믿음의 덕이 입증되기를 갈망하게 될 것입니다.

자, 본문을 따르면, 믿음은 두 가지 축복을 우리 영혼에 가져다줍니다. 믿음이 이러한 축복들을 창조하는 것은 아닙니다. 믿음은 이러한 은혜들이 우리에게 임하게 하는 운송수단, 경로, 전달 통로일 뿐입니다. 첫 번째, 믿음은 우리에게 화평한 상태를 가져다줍니다. "믿음으로 의롭다 하심을 얻었은즉." 두 번째, 믿음은 우리에게 화평한 감정을 가져다줍니다. "우리 주 예수 그리스도로 말미암아 하나님과 화평을 누리자."

1. 믿음은 우리에게 화평한 상태를 가져다줍니다.

우리가 첫 번째로 생각해 볼 것은 모든 문제 중에 가장 중요한 것으로서, 하나님과 더불어 화평한 상태를 이루는 문제입니다. 본성적으로 우리에게는 화평이 없습니다. 우리의 죄악 때문에 하나님께서는 우리에게 진노하시며, 하나님의 거룩함 때문에 우리는 하나님과 적대 관계에 있습니다. 하나님은 우리와 맞을 수 없습니다. "두 사람이 뜻이 같지 않은데 어찌 동행하겠으며"(암 3:3). 우리 또한 하나님과 맞을 수 없습니다. 그 이유를 성경은 이렇게 말합니다. "육신의 생각은 하나님과 원수가 되나니 이는 하나님의 법에 굴복하지 아니할 뿐 아니라 할 수도 없음이라"(롬 8:7). 반역하는 피조물과 의로우신 창조주 사이에는 불화가 있습니다. 그런 사실이 존재한다는 것은 슬픈 일입니다. 그러나 여자에게서 태어난 모든 사람은 본성적으로 그리합니다. 우리는 주님을 대적하게 되어 있습니다. 우리는 하나님의 섭리를 거역하며 발로 찹니다. 우리는 하나님의 명령들을 거역하며 반역합니다. 우리는 하나님의 성령에 저항합니다. 우리는 그리스도의 죽으심에서 드러난 하나님의 사랑을 거절합니다. 하나님의 전능한 은혜가 아니었다면, 우리는 이러한 적대감 속에서 살다가 죽어야 했습니다.

우리의 마음속에 화평을 누리려면 그 이전에 하나님과 우리 사이에 화평한 상태가 이루어져야만 합니다. 우리는 우리 자신을 주님께 굴복시켜야 합니다. 그러면 주님께서는 분명히 우리의 과거를 용서하시고 우리와 더불어 화평의 언약을 맺으십니다. 하나님께서 그렇게 하시지 않으면, 우리에게 화평은 없습니다. 왜냐하면 이 말씀 때문입니다. "내 하나님의 말씀에 악인에게는 평강이 없다 하셨느니라"(사 57:21). 우리가 하나님과 더불어 화평하게 되는 방법을 여러분에게 간단히 설명하겠습니다. 우리는 정죄함을 받은 범죄자들입니다. 비록 우리는 우리 자신이 그러한 치명적인 상태에 있다고 생각하지 않지만 말입니다. 우리는 우리 자신을 의롭다고 주장합니다. 우리는 율법의 재판권을 인정하지도 않습니다. 그리고 우리는 율법이 행하는 선고의 공정성을 인정하고 싶어하지 않습니다. 그러므로 우리가 하나님과 더불어 진정으로 화평을 누리려면, 우리가 법정에 나아가 우리에게 상정된 기소를 들어야 하고 우리의 재판에 참여해야만 합니다.

그래서 우리가 최종 심문을 받을 때 우리는 우리의 탄원을 제기해야 합니다. "나는 죄가 없습니다"라고 여러분은 말씀하시겠습니까? 여러분, 그 순간에 그렇게 말한다면, 여러분은 여러분을 고소한 자에게 증거를 제시하라고 도전하는 셈이 됩니다. 그 순간 곧 제시된 증거들로 인해 여러분의 자만심은 꺾이고, 그 방대한 양의 증거들로 인해 여러분은 압도되고 말 것입니다. 하나님과 우리 사이에 화평이 있기 전에, 우리는 온 맘을 다해 진심으로 "나는 죄인입니다"라고 말해야만 합니다. 우리는 반드시 그 사실을 시인해야 합니다. 왜냐하면 하나님은 거짓말쟁이와 화합하지 않으시고, 자기기만에 빠져 있는 자와도 화합하지 않으시기 때문입니다. 하나님은 진리의 하나님이십니다. 자신의 죄를 숨기는 자들은 하나님과 교제할 수 없습니다. 우리는 죄인이기 때문에 죄인의 자리에 서야 합니다. 그 자리가 우리에게 합당한 자리입니다. 우리를 그 자리에 서게 하는 것은 온 땅의 재판장께서 마땅히 해야 할 일입니다. 재판장이 그렇게 하는 것을 거절하는 것은, 법정을 모독하는 것입니다. 죄인에게는 긍휼이 있습니다. 그러나 자신이 죄인임을 스스로 인정하지 않으려는 사람에게는 긍휼이 없습니다. "만일 우리가 우리 죄를 자백하면 그는 미쁘시고 의로우사 우리 죄를 사하시며 우리를 모든 불의에서 깨끗하게 하실 것이요"(요일 1:9). 그런데 어떤 사람이 자기는 죄가 없다고 말한다면, 그는 거짓말쟁이이고 진리가 그 속에 있지 않으며(요일 1:8), 그가 그런 마음을 가지고 있는 한, 하나님과 그 사람 사이에는 화평이 있을 수 없습니다.

우리가 피고석에 서서, "피고는 유죄입니까, 무죄입니까?"라는 질문에, "유죄입니다. 주님, 유죄입니다. 최종 판결이 어떻게 나든지, 저는 유죄입니다"라고 대답해야 한다는 것은 준엄한 요구이며, 우리의 자존심을 아주 상하게 하는 것처럼 보입니다. 그러나 우리가 그렇게 하는 것이 그리 어려운 것 같지는 않아 보입니다. 왜냐하면 우리가 우리의 유죄를 인정하는 것 외에는 달리 어떻게 할 수가 없기 때문입니다. 우리는 우리의 죄를 너무나도 잘 알고 있기 때문에 그러한 죄의식에서 벗어날 수가 없습니다. "내가 눈 녹은 물로 몸을 씻고 잿물로 손을 깨끗하게 할지라도 주께서 나를 개천에 빠지게 하시리니 내 옷이라도 나를 싫어하리이다"(욥 9:30-31). 우리는 유죄판결을 받지 않은 날을 단 하루도 볼 수가 없었습니다. 어린 시절부터 우리의 지난날들을 되돌아보면, 우리의 변덕, 고집, 괴팍함, 분노 같은 기억들이 떠올라 거듭거듭 얼굴이 붉어지지 않을 수 없습니다. 우리의 인생 여정에 남긴 우리의 허물과 어리석음이 우리를 따라다니며 괴롭힙니다. 비록 우리의 혀가 말하지는 않아도, 우리의 모습 그 자체가 진리를 말해 주고 있습니다.

　비록 고통스럽기는 하지만, 지금 유죄를 인정하는 것이 우리를 구원하는데 긍정적인 역할을 합니다. 유죄를 인정함으로 우리의 공허한 과시도 끝이 납니다. 계속해서 그런 쇼(show)를 하는 것도 힘들다는 것을 알았기 때문입니다. 유죄를 인정함으로 문제의 바닥이 드러나고, 우리가 관련된 소송이 최악의 경우임을 알게 됩니다. 사랑하는 성도 여러분, 여러분이 하나님과 더불어 화평을 누리기 전에, 여러분은 여러분의 참된 처지를 이해하고 유죄를 인정해야만 합니다. 성령께서 여러분을 인도하셔서 여러분이 그렇게 할 수 있기를 기도합니다. 우리의 죄를 우리가 깨닫게 하는 것은 성령의 사역입니다. 만일 성령께서 우리 중 누구에게라도 그 거룩한 능력을 행하신다면, 우리는 더 이상 바리새인의 고백처럼, "나는 다른 사람들과 같지 아니함을 감사하나이다"라고 말하지 않을 것입니다. 오히려 세리처럼, "하나님이여 불쌍히 여기소서 나는 죄인이로소이다"(눅 18:13)라고 말하며 진심으로 기도하게 될 것입니다.

　착잡한 얼굴과 후회하는 마음과 양심의 가책 등으로 변명할 수 없는 우리의 유죄를 시인하고 인정한다면, 우리의 화평을 위해 다음으로 꼭 필요한 것은 하나님의 판결이 공의로움을 시인하는 것입니다. 우리가 그토록 심하게 반역을 일삼았던 온 땅의 재판장에게 욕을 하는 대신 그를 경외해야만 합니다. 이렇게 말하는 사람들이 있습니다. "맞습니다. 저는 죄를 범했고 죄인입니다. 하지만 내가 지은 죄에 비해서 그 형벌이 너무 가혹합니다. 하나님께서 자기 피조물들의 죄에 대해 그렇게 심혹하게 다루실 것이라고 저는 믿을 수가 없습니다." 자, 그런 생각들이 아무리 이성적으로 들린다 해도, 하나님께는 그런 생각들이 받아들여질 수 없습니다. 사랑하는 성도 여러분, 이 문제에 대해 제가 여러분에게 확실히 해두려고 합니다. 만약 성령께서 한 번이라도 여러분에게 죄 그 자체의 본래적인 끔찍함과 흉악함을 보여주셨다면, 여러분도 죄에 대한 하나님의 형벌이 그렇게 심한 것은 아니라고 생각할 것입니다. 여러분도 여러분 영혼의 깊은 곳으로부터 부르짖을 것입니다. "정죄해 주옵소서. 처벌해 주옵소서."

만일 제게 하나님께서 죄를 처벌하시는 것을 막을 수 있는 힘이 있었다 해도, 저는 조금도 막지 않았을 것입니다. 사람이 무엇으로 심든지 그대로 거둘 것입니다(갈 6:7). 죄의 범한 행위에는 분명히 죄의 결과가 뒤따릅니다. 만일 법이 없거나 법을 위반해도 처벌을 받지 않는다면, 사회의 근본 토대들이 침해를 받게 될 것이고, 그런 세상에서 살아갈 수 있는 사람은 하나도 없을 것입니다. 만일 온 땅의 위대한 재판장께서 바르게 행하지 않으신다면, 온 땅의 재판장이 존재하고 계신다는 참된 증거가 없는 셈입니다. 만약 그 재판장께서 바르게 행하신다면, 그분은 죄를 처벌하셔야 합니다. 왜냐하면 죄는 마땅히 처벌받아야 하기 때문입니다. 만일 제가 산 자와 죽은 자를 심판하는 재판장이라면, 제가 해야 할 첫 임무는 제 자신을 정죄하는 일이 될 것입니다. 저는 정죄받고 처벌받을 만하기 때문입니다. 하나님께서 죄를 못 본 체하실 수 있다는 말을 듣는다 해도, 제 마음에는 조금도 위로가 되지 못합니다. 저는 그런 하나님을 원하지 않습니다. 그 뿐 아니라 공의로운 법이 그렇게 느슨해졌다고 생각하는 것조차 참을 수가 없습니다. 하늘의 위엄을 지니신 하나님께서 존재하지도 않는 처벌로 우리를 위협하신다고 의심해 본들, 나의 양심에는 여전히 제거할 수 없고 부인할 수 없는 죄책감과, 깨끗하게 하지 못할 불결함과 바로잡을 수 없는 잘못들이 있습니다.

사랑하는 성도 여러분, 성령 하나님께서 여러분을 인도하셔서 여러분이 자기 죄를 깨닫게 해 주실 뿐만 아니라, 공의와 장차 올 심판에 대해서도 깨닫게 해 주시기를 기도합니다. 하나님은 공의로우십니다. 하나님께서는 심판할 날을 작정하셔서 그 날에 사람이신 그리스도 예수로 말미암아 우리의 복음을 따라 세상을 심판하실 것입니다(행 17:31). 여러분이 자기 죄를 고백할 결심을 하고, 자기 목을 복수의 칼날에 내어 놓으며, "내가 주께만 범죄하여 주의 목전에 악을 행하였사오니 주께서 말씀하실 때에 의로우시다 하고 주께서 심판하실 때에 순전하시다 하리이다"(시 51:4)라고 말하는 것은 고통스러운 과정처럼 보입니다. 그러나 우리가 이렇게 하기 전까지는 하나님과 더불어 그 어떤 화평도 있을 수 없습니다. 얼버무려 넘어가는 그 곳에는 진리의 하나님과 더불어 어떠한 화평도 있을 수 없기 때문입니다. 지속적인 화평은 영원한 진리 위에서만 발견될 수 있습니다. 다음 두 가지는 사실들입니다. 첫째, 우리는 죄인입니다. 둘째, 우리는 그 죄에 대해 하나님이 정하신 처벌을 받아 마땅한 존재입니다. 그러므로 우리는 비록 위에서 말한 영원한 진리가 무자비하게 보여도, 그 진리와 화합해야 합니다. 그 외에 달리 우리가 하나님과 더불어 친구가 될 수 있는 방법은 없습니다.

　　우리가 의롭다 하심을 받는데 있어서 그 다음으로 본질적인 것은 이것입니다. 그 죄수는 유죄로 실형이 선고되었고, 자신에게 그 유죄 선고가 공정하다고 인정합니다. 그런데 형이 아직 집행되지 않은 상태에서 죄수는 할 말이 있으면 말하라는 요청을 받습니다. 그 죄수는 어리둥절하여 아무 말 없이 서 있습니다. 자, 이제 하나님의 풍성하신 긍휼이 임합니다. 하나님은 우리의 화평을 위하여, 우리의 형벌을 담당할 한 대속자를 찾으시고, 이 은혜로운 사실을 우리에게 계시하십니다. 하나님은 자기 아들을 그 죄수의 자리에 두십니다. 거룩하신 구세주께서 자발적으로 우리의 본성을 취하시고 율법 아래로 내려오십니다. 하나님께서는 주권적인 행위로 우리 모두의 죄악을 그에게 담당시키십니다. 그리스도께서는 그 죄를 모두 짊어지셨고 제거하셨습니다. 나무에 달려 친히 자신의 몸으로 그 죄를 담당하셨습니다. 그 백성의 죄악들은 그 헌신된 인성의 몸과 직면하게 됩니다. 다섯 군데의 상처들은 그가 어떤 고난을 받았는지 말해 줍니다. 얼굴의 상처는 그가 겪은 내적 슬픔의 흔적들입니다. "나의 하나님, 나의 하나님 어찌하여 나를 버리셨나이까"(막 15:34) 하는 이 부르짖음은, 그가 죄인의 입장에서 그 죄를 담당하고 희생 제물이 되었을 때 그가 어떤 일을 겪었는지를 우리에게 보여줍니다.

　　그리스도께서 죄인인 자신을 대신해 죽었다는 사실을 누군가 깨닫게 되는 것은 주님께서 행하신 결과입니다. 바로 이 때 칭의의 전유물화 작업이 진행되고 있는 것입니다. 그리스도께서 죽으셨습니다. "의인으로서 불의한 자를 대신하셨으니 이는 우리를 하나님 앞으로 인도하려 하심이라"(벧전 3:18). "하나님이 죄를 알지도 못하신 이를 우리를 대신하여 죄로 삼으신 것은 우리로 하여금 그 안에서 하나님의 의가 되게 하려 하심이라"(고후 5:21). "그리스도께서 우리를 위하여 저주를 받은 바 되사 율법의 저주에서 우리를 속량하셨으니 기록된 바 나무에 달린 자마다 저주 아래에 있는 자라 하였음이라"(갈 3:13). 그리스도께서는 단번에 죄를 위하여 고통받으셨습니다. 이것이 우리 화평의 토대입니다. 믿음으로 용서를 받게 되는 순간은, 하나님의 아들이 오셔서 죄인의 자리에 서셨음을 믿음으로 믿을 때입니다. 그리고 믿음으로 그 대속을 은혜의 영광스러운 선물로 받아들이고 그 안에 거할 때입니다. 그리고 이렇게 말할 때입니다. "하나님이 얼마나 공의로우신지 이제야 제가 알았습니다. 하나님은 저를 대신하여 그리스도를 치셨습니다. 아담의 죄로 인해, 제가 개인적으로 죄를 짓기도 전에 하나님은 저를 정죄하셨습니다. 비록 제게 의로움은 없지만, 그리스도의 의로 말미암아 저는 하나님께서 저를 어떻게 용서해 주실지 알고 있습니다. 저는 아담 안에서 과거에 넘어졌지만, 이제 그리스도 안에서 일어납니다. 첫 아담으로 제가 멸망했지만, 둘째 아담으로 저는 회복됩니다. 저는 그것을 알았습니다. 제가 그것을 알았기에 기쁨으로 뜁니다. 주님께서 주신 것으로 알고 그것을 받습니다."

이것으로 다 끝난 것이 아닙니다. 지금 여기에 한 죄수가 있습니다. 그는 판결을 인정하였고, 그 판결이 그를 대신해서 다른 사람에게 집행되는 것을 보았습니다. 이제 어떻게 될까요? 그 죄수는 더 이상 그 판결에 따를 필요가 없게 됩니다. 형 집행이 두 번 일어날 수는 없기 때문입니다. 두 사람 모두 유죄로 확정되지 않는 한, 동일한 한 범죄로 두 사람이 처벌 받는 것은 인간의 공의에도 맞지 않고, 하나님의 공의에도 맞지 않습니다. 하나님께서 대속의 계획을 생각하셨을 때, 무죄한 보증인이 받아야 할 전적인 처벌은 유죄한 죄인들을 면제하기 위해 분명히 의도된 것이었습니다. 예수님께서 그들을 대신해 고통받으셨고, 한 방울 한 방울 피를 흘려가며 그들을 위해 죗값을 치르셨는데도, 그들이 무죄사면을 받지 못한다면, 그것은 있을 수 없는 일입니다. 하나님께서 그리스도에게 죄를 담당시키셨을 때, 그리스도께서 위하여 죽으셨던 그들에게는 결코 죄를 담당시키지 않으려는 의도가 하나님 마음에 있었던 것이 분명합니다.

그러므로 한때 유죄판결을 받았던 자라도 이제는 더 이상 정죄받지 않습니다. 왜냐하면 그가 받아야 할 정죄를 다른 사람이 대신 받았기 때문입니다. 그뿐 아니라 하나님의 무한한 작정과 뜻에 따라, 주 예수 그리스도께서 자발적으로 율법 아래에 나아와 율법에 순종하셨고 율법을 성취하셔서 율법을 최대한 존중하셨기에, 이제는 그리스도의 이 의가 믿는 자에게 전가되는 것입니다. 그리스도께서 죄인의 자리에 서 계신 한, 믿는 죄인은 그리스도의 자리에 서게 됩니다. 그리스도는 죄인이 아니었지만, 하나님은 마치 그를 죄인처럼 보셨고, 또 죄인처럼 대하셨습니다. 그리고 이제는 믿는 죄인을 마치 의로운 사람처럼 보십니다. 정말 자신의 의라고는 아무것도 없는 존재지만, 그렇게 대해 주십니다. 하나님은 믿는 죄인이 구속자의 의의 겉옷을 입은 것으로, 또 티나 주름 잡힌 것이나 이런 것들이 없는 것으로(엡 5:27) 봐 주시기에, 그 믿는 죄인을 사랑하시고 그 완벽하고 단정한 용모를 기뻐하십니다.

이것은 놀라운 교리입니다. 게다가 하나님의 말씀이 전하고 있는 교리입니다. 이 교리는 믿음이 힘을 얻고 의지할 수 있는 교리입니다. 믿음이 이 교리를 받아들일 때, 믿음은 영혼에게 이렇게 말합니다. "영혼아, 너는 이제 죄로부터 자유롭게 되었어. 왜냐하면 그리스도께서 친히 나무에 달려 그 몸으로 우리 죄를 담당하셨기 때문이야(벧전 2:24). 영혼아, 너는 이제 하나님 앞에서 의롭게 되었어. 왜냐하면 그리스도의 의가 전가되어 이제 네 것이 되었기 때문이야." 아무런 행위가 없다 하여도, 믿음의 의에 따라서 여러분은 의롭게 되었습니다. 심지어 믿음의 조상 아브라함에 대해서도, "아브람이 여호와를 믿으니 여호와께서 이를 그의 의로 여기시고"(창 15:6)라고 기록되어 있습니다. 죄인의 자리에 그리스도를 두시고, 그리스도의 자리에 죄인을 두신 것은 놀라운 교환입니다.

자. 이제 법정은 무엇을 말합니까? 법정 재판부는 말합니다. "무죄, 면제, 사면." 이제 그 사람은 하나님에 대해 어떤 생각을 할까요? 그는 이렇게 말할 것입니다.

> " '이제 죄에서 자유로워 활보합니다.
> 내 구세주의 피가 나를 완전히 석방하였습니다.
> 그분의 귀한 발에 내 영혼을 내려놓고서
> 구원받은 한 죄인이 경의를 표합니다.'

이제야 비로소 나는 주님을 사랑하며, 주님 또한 나를 사랑하심을 나는 압니다." 이러한 소송절차를 통해 우리가 하나님 앞에 어떻게 서게 되는지에 대한 진리에 이르게 되었습니다. 우리는 지금까지 이 진리를 다방면에서 다루었습니다. 여기에는 꾸며낸 것이나 거짓이 하나도 없습니다. 정의가 입증되었고 긍휼이 확대되었으며 우리는 정당하게 용서받았습니다. 거대한 은혜와 복수하는 진노의 낯선 융합! 심판과 긍휼이 어떻게 손을 맞잡았는지를 보십시오. 맞잡은 그

곳은 하나님의 아들이 피 흘리고 죽었다가 부활한 그리스도의 인성 안이었습니다. 이 길을 통해 우리는 칭의를 받습니다. 영혼이 칭의를 정의와 조화하는 화평으로 깨닫고 받아들였을 때, 영혼이 변함없는 화평을 누리는 것은 당연한 일입니다. 주님은 죄를 못 본 체하실 수 없습니다. 주님은 죄를 사소한 것으로 여기지도 않습니다. 주님은 죄악과 부정을 처벌하셨습니다. 심판의 막대기가 내리쳐졌으며, 우리 주님의 고마우신 어깨는 그 형벌의 고통을 받으셨습니다.

만약 정의가 충족되지 않았다면, 인간의 양심이 만족되지 않았을 것입니다. 무조건적인 긍휼을 선포했다면, 인간의 지성을 충족시켜주지 못했을 것입니다. 하나님께서 대속과 상관 없이 여러분을 용서해주셨다고 전한다면, 깨어있는 양심을 가진 사람은 그런 소식을 환영하지 않을 것입니다. 우리는 계속 "그렇다면, 정의가 어디에 있습니까?"라는 질문에 직면해야만 할 것입니다. 어떻게 율법이 입증될 수 있는지, 하나님의 도덕 통치가 어떻게 지속될 수 있는지에 대해 우리는 알 수 없을 것입니다. 믿는 영혼을 용서하시면서도 긍휼과 함께 똑같이 정의가 있음을 보게 될 때, 우리의 마음은 아주 안심하게 됩니다. 그리고 거룩하신 영광 가운데 계신 하나님께서 죄로 인해 전 인류를 끝없는 심연의 재앙으로 몰아넣으셨지만, 동시에 그 죄를 눈감아 주시기도 한다는 사실을 볼 때도, 우리의 마음은 아주 안심하게 됩니다.

우리의 재판에서 우리를 고소해 제시된 증거들이 모두 다 제시되었는지 혹시 그렇지 않은지를 의심하는 그런 끔찍한 생각은 조금도 할 필요가 없습니다. 그 누구도 재판정에 들어와 이렇게 말할 수는 없습니다. "이 재판이 편파적인 재판이어서 당신이 무죄 판결을 받았는지 몰라도, 더욱 철저히 조사했다면 당신의 유죄가 입증되었을 것입니다." 그러면 우리는 이렇게 대답할 수 있습니다. "아닙니다. 우리의 유죄는 이미 입증되었습니다." 우리의 유죄를 입증하는 가장 확실한 증거가 있었습니다. 그것은 바로 우리의 유죄 고백입니다. 그 외에 다른 증거들은 요구되지도 않았고, 달리 더 제출할 증거도 없었습니다. 왜냐하면 우리는 모든 고발에 대하여 유죄를 인정했기 때문입니다. 만일 여러분이 달리 더 고발당할 것이 있다면, 우리는 모든 고발 건에 대하여 거리낌 없이 우리의 유죄 인정을 말할 수 있을 뿐입니다. 모든 고소에 대해서도 마찬가지입니다. 우리는 우리가 저질렀던 죄를 덮거나 숨기려고 한 적이 한순간도 없었습니다. 우리는 주님 앞에서 우리가 저지른 모든 죄를 고백하였고 시인하였습니다. 주 예수 그리스도께서 그 모든 죄를 담당하셨기 때문에 그러한 심문절차를 다시 시작할 이유가 없습니다. 영장에 오류가 있다고 해서 재심이 있을 수는 없습니다. 이 소송은 완전히 종결되었습니다. 그 죄수는 치명적인 고발에 대해 유죄를 인정하였으며, 율법의 최고 형벌을 그의 대속자가 받게 하였습니다. 그리고 그 형벌을 하나님께서 친히 인정하셨습니다. 그 죄수가 믿고 있듯이, 하나님께서 명하신 사면은 절대적으로 신뢰할 만한 것입니다.

　그러므로 우리는 압니다. 이제 우리가 의롭다 하심을 받았으므로 우리는 하나님과 더불어 화평케 되었습니다. 왜냐하면 우리를 대적하는 그 어떤 요구도 이제는 있을 수 없기 때문입니다. 우리를 대적했던 모든 것들을 이제 그리스도께서 제거하셨습니다. "그 아들 예수의 피가 우리를 모든 죄에서 깨끗하게 하실 것이요"(요일 1:7). 우리를 대적해 긁어모을 수 있는 모든 죄악들과 부정들은 모두 예수님이 고발당하고 죗값을 치르신 단번의 속죄제사로 종결되었습니다. 그러므로 어떤 새로운 것이 우리를 대적해 제기된다고 하여도 우리는 두렵지 않습니다. 다시 말씀드립니다. 우리의 사면은 의심할 여지 없이 공인된 것이며, 그 공인은 항상 제시할 수 있는 것입니다. 어떤 사람은 죄수에게 말할 것입니다. "당신이 사면 받은 것을 어떻게 압니까?" 죄수는 어떤 서류도 제시할 수 없습니다. 법정 기록에는 기록되어 있겠지만, 죄수는 아마도 그 법정 기록에 접근할 수 없을 것입니다. 그런데 사랑하는 성도 여러분, 여러분과 저는 항상 볼 수 있는 사면 증서를 가지고 있습니다. 믿음으로 그 사면 증서를 오늘 밤에 볼 수 있습니다. "그것이 무엇입니까?"라고 여러분은 질문하시겠지요. 그 증서는 바로 부활하신 그리스도이십니다. 예수 그리스도는 "우리를 의롭다 하시기 위하여 살아나셨느니라"(롬 4:25)라고 성경이 말씀하기 때문입니다. 여러분 모두는 그 내막을 잘 알고 있습니다. 예수 그리스도는 우리의 부채가 완전히 해결되어 공인을 받기까지 무덤이라는 감옥 속에 던져져 있었습니다.

　　　"예수님이 그 빚을 갚지 않았다면
　　　석방 판결은 나지 않았으리라."

　예수 그리스도는 우리를 대신한 인질이었으며, 그의 백성 중 단 한 명이라도 더 이상 죗값에 대한 요구가 없음이 공인될 때까지, 예수 그리스도의 몸은 감금되어 있었습니다. 담보와 감금이 끝나자, 우리를 의롭다 하기 위하여 예수님은 죽은 자 가운데서 다시 부활하셨습니다. 주님은 성부 하나님 우편에 앉아 계십니다. 우리가 지은 죄 중에 단 하나라도 주님께 남아 있었다면, 주님은 결코 하나님 우편에 앉아 있을 수 없었을 것입니다. 주님께서 우리 죄를 담당하셨지만, 더 이상 우리 죄를 가지고 계시지는 않습니다. 십자가 위에서 우리의 모든 죄를 갚으셨고 소멸하셨으므로, 우리의 모든 죄는 더 이상 존재하지 않게 되었습니다. 그 후에 주님은 자기 백성들의 대표자요 대속자로서 영광을 받으셨습니다. 자기 백성들이 전가한 그 어떤 부채도 없이, 자기 백성들 때문에 제기될 수 있는 그 어떤 부담도 없이 깨끗하게 되어 영광을 받으셨습니다. 영광의 보좌에 앉아 계시는 주 예수님을 우리가 보는 한, 우리는 담대하게 물을 수 있습니다. "누가 정죄하리요 죽으실 뿐 아니라 다시 살아나신 이는 그리스도 예수시니 그는 하나님 우편에 계신 자요 우리를 위하여 간구하시는 자시니라"(롬 8:34). 우리가 의롭다 하심을 받은 것은 영원히 완전하고, 모든 이의제기를 넘어서 있음을 우리는 압니다. 우리가 받아들여진 그 곳을 예수님께서 지키시기 때문입니다.

이와 관련하여 마지막으로 하나만 더 말씀드리겠습니다. 우리가 의롭다 하심을 받은 것은 최고의 법정에서 확정된 판결입니다. 여러분도 아시다시피 법은 이렇게 되어 있습니다. 어떤 사건이 여러분이 원하는 대로 판결이 난다하더라도, 상급 법정에 상소될 수 있습니다. 하급 법정에서 여러 번 확정된 판결이어도 최고 법정에서 결국 판결 결과가 뒤집어지는 경우가 있습니다. 이 경우가 바로 그 유명한 법의 불확정성입니다. 그러나 여러분과 저는 하나님 앞에서 유죄를 인정하였습니다. 하나님 자신보다 더 높은 최고 법정은 없습니다. 예수님이 우리 자리에 섰을 때, 우리가 예수님을 거기에 서도록 한 것도 아니고, 예수님께서 스스로 거기에 서신 것도 아닙니다. 영원하신 성부 하나님께서 서게 하신 법적 행위였습니다. 이렇게 기록되어 있지 않습니까? "여호와께서는 우리 모두의 죄악을 그에게 담당시키셨도다"(사 53:6).

> "내 죄를 예수님께 내려놓고."
>
> (스코틀랜드의 목사이자 시인인 보나르[Horatius Bonar]가 지은 찬송가)

이것은 개인의 믿음 문제에 적용될 뿐 아니라, 역사적으로도 일찍이 하나님께서 그 죄들을 예수님께 담당시키셨다는 사실의 문제이기도 합니다. 하나님보다 더 높은 권위는 없습니다. 그래서 우리는 이렇게 외칠 수 있습니다. "의롭다 하신 이는 하나님이시니 누가 정죄하리요"(롬 8:33-34). 우리 모두는 최고 법정으로 나아갔고, 그 곳에서 예수님의 피로 말미암아 깨끗하게 되었습니다. "우리가 믿음으로 의롭다 하심을 받았으니"(롬 5:1), 하나님과 더불어 전적으로 화평을 누리지 못할 이유가 있겠습니까? 이것은 귀중한 교리입니다! 오, 지금부터 영원토록 어린아이 같은 확신을 가지고 이 교리를 의지하도록 합시다.

2. 믿음은 우리에게 화평한 감정을 가져다줍니다.

이제 이 주제의 두 번째 부분을 말씀드리겠습니다. 지금까지 제가 설명드린 바와 같이, 믿음은 우리에게 화평한 상태를 제공합니다. 그리고 그 이후에 믿음은 화평한 느낌을 우리에게 줍니다. "그러므로 우리가 믿음으로 의롭다 하심을 받았으니 하나님과 화평을 누리자"(롬 5:1). 화평한 상태 이후에 화평한 느낌이 온다는 것에 대해 알고 싶지 않으십니까? 우리가 의롭다 하심을 받기 전에는 화평을 누릴 수가 없습니다. 그렇다고 화평이 의롭다 하심을 받는 수단은 아닙니다. 그렇습니다. 성도 여러분, 우리는 먼저 의롭다 하심을 받아야 합니다. "우리가 아직 연약할 때에 기약대로 그리스도께서 경건하지 않은 자를 위하여 죽으셨도다"(롬 5:6). 하나님께서는 경건치 않은 자를 의롭다 하십니다. 이 의롭다 하심이 행해지기 전까지 우리는 화평을 누리지 못합니다. 화평을 누리는 것처럼 보일 수는 있겠지만, 그것은 끔찍한 화평입니다. 그 화평은 죽음의 화평이요, 대담한 외식의 화평입니다. 어떤 사람은 "화평하다, 화평하다" 하고 말하지만, 화평이 없는 사람도 있습니다. 그런 사람은 자기 양심이 화인을 맞아서 외식함으로(딤전 4:2), 마취된 지성으로 안식하고 있는 상태에 대해 말하고 있을 뿐입니다. 그는 지옥에서나 깰 것 같은 그런 불길한 무서운 잠을 자고 있는 것입니다. 하나님, 그런 화평으로부터 우리를 구해 주옵소서! 그러나 참된 화평, 하나님의 화평, 하나님과 더불어 누리는 화평은 지금까지 제가 설명하고자 노력한 의롭다 하심을 받은 것으로부터 솟아납니다. 오늘 본문의 말씀대로 의롭다 하심을 받은 사람은 그 순간에 하나님과 더불어 화평한 느낌을 갖습니다. 하지만 이 느낌은 오직 믿음으로 의롭다 하심을 받은 사람들에게만 해당됩니다.

저는 여기서 이 화평이 누구로 말미암은 것인지를 살펴보기 원합니다. "우리 주 예수 그리스도로 말미암아"(롬 5:1) 우리는 하나님과 화평을 누리게 되었습니다. 한 구절 한 구절이 우리에게 모두 교훈이 됩니다. 하나님의 많은 자녀들은 어느 정도 그들이 가진 화평을 상실합니다. 부분적으로는 그들이 하나님과만 절대적으로 관계를 맺는데 그 원인이 있습니다. 예수 그리스도를 말미암지 않고서는 우리 중 어느 누구도 하나님과 더불어 진정한 화평을 체험할 수 없습니다. 저는 루터가 갈라디아서 주석을 쓸 때, 그가 사용했던 담대하고도 노골적이며 강한 표현을 좋아합니다. 그는 이렇게 말합니다. "나는 절대적인 하나님과는 교제하지 않을 것이다." 만일 여러분이 하나님과만 절대적으로 교제한다면, 여러분은 멸망할 것입니다. 약속된 중보자인 예수 그리스도로 말미암지 않고서는, 절대적인 하나님과 타락한 인간 사이에 하나의 접촉점도 있을 수 없습니다. 예수 그리스도는 하나님의 문입니다. 그 외에는 모두가 불타오르는 벽입니다. 여러분은 그리스도로 말미암아 하나님께 가까이 할 수 있으며, 이 그리스도는 심연 위에 가로 놓인 유일한 다리입니다.

사랑하는 성도 여러분, 여러분의 체험이나 고정관념이나 느낌에 따라서, 심지어 그리스도에게는 눈길조차 두지 않는 여러분의 행함이 있는 믿음에 따라서, 여러분이 하나님을 대하기 시작할 때마다, 여러분은 여러분의 화평을 잃어버리게 될 것입니다. 그리스도 밖에 서 있는 당신은 얼마나 곤고한 피조물인지요! 여러분은 영원한 왕께서 정하신 대사의 허가도 없이 영원한 왕에게 접근하고자 시도한 적이 있었습니까? 여러분의 시도가 얼마나 주제넘습니까? 하나님이 다스리시는 보좌는 대속의 피 없이는 끔찍한 곳입니다. 하나님과의 화평은 십자가의 길을 통해 우리에게 주어져야 합니다. 우리 주 예수 그리스도로 말미암아 우리가 그 화평을 얻게 되고, 그분으로 말미암아 화평을 유지하게 됩니다.

여러분 가운데는 실제로 그리스도를 믿지만, 계속 안절부절못하며 이런 식으로 말하는 사람이 있으리라 확신합니다. "제게는 지속적인 화평이 없습니다. 저는 예수님을 믿는 신자입니다. 때로는 어느 정도 화평을 누리기도 하지만 충만한 화평을 누리지는 못합니다." 자, 지금 우리는 이 문제에 대해 잠시 살펴보려고 합니다. 우리가 이 문제를 자세히 살피면 살필수록, 우리가 더욱더 확신하게 되는 것이 있습니다. 그것은 화평은 모든 신자들의 권리라는 사실입니다. 그 신자와 하나님 사이에 지금 무엇이 있습니까? 죄는 용서받았습니다. 그 뿐 아니라 의까지 전가되었습니다. 그 신자는 영원한 사랑의 대상입니다. 그 신자는 사

랑의 대상 그 이상입니다. 그 신자는 하나님께서 기뻐하시는 대상입니다. 하나
님께서는 그 신자를 자신의 친아들로 보시며 그를 사랑하십니다. 그럼에도 그가
왜 화평하지 못하는 것일까요? 예수님께서 말씀하셨습니다. "너희는 마음에 근
심하지 말라 하나님을 믿으니 또 나를 믿으라"(요 14:1). 성도 여러분, 여러분과
하늘 아버지 사이에는 껄끄러울 이유가 없습니다. 하나님께서는 그리스도로 말
미암아 여러분을 용서해 주셨습니다. 하나님께서는 여러분에게 시각적으로 말
씀하십니다. "오라 우리가 서로 변론하자 너희의 죄가 주홍 같을지라도 눈과 같
이 희어질 것이요 진홍 같이 붉을지라도 양털 같이 희게 되리라"(사 1:18). 본문
에는 "희어질 것이요 … 희게 되리라"고 말씀하셨지만, 저는 이렇게 읽고 싶습니
다. "나는 너희들을 양털처럼 만들었다. 나는 이미 너희들을 눈처럼 만들었다."
하나님은 죄인에게, 바로 여러분에게 "양털이 되었다, 눈이 되었다"라고 말씀하십
니다. 여러분은 의롭다 하심을 받았습니다. 그럼에도 왜 여러분은 화평을 누리
지 못합니까? 여러분은 화평을 가질 권리가 있고, 반드시 화평을 누려야 합니다.
그렇다면 여러분이 화평을 가지지 못하는 이유는 무엇입니까? 제가 여러분에게
말씀드리겠습니다. 그 이유는 여러분의 불신 때문입니다. 기억하십시오. 여러분
은 믿음으로 의롭다 하심을 받았습니다. 그리고 여러분이 하나님으로 더불어 화
평을 얻게 되는 것도 믿음 때문입니다. 여러분이 단순히 믿지 않고 의심하며 두
려워할 때, 여러분이 질문하고 불평할 때, 바로 그 때가 여러분이 화평을 잃는 때
입니다. 여러분의 믿음이 굳건히 서는 정도에 따라 여러분이 하나님과의 화평
안에서 거하는 수준도 비례할 것입니다.

　　오늘 본문은 의롭다 하심을 받은 모든 사람은 하나님과 더불어 화평을 누리
고 있다는 사실을 분명히 말하고 있습니다. 만약 사실이 그러하다면, 불쌍한 영
혼들이 "나는 믿습니다. 그러나 나는 화평을 누리지 못합니다"라고 외치는 이유
는 무엇일까요? 그 이유는 이 화평에 대해서 우리가 놓치는 것이 있기 때문입니
다. 여러분은 이렇게 말합니다. "나는 너무나 무섭게 유혹을 받습니다. 때로는
이렇게 때로는 저렇게 끌려 다닙니다. 악마가 나를 내버려 두지를 않아요." 들어
보십시오. 여러분은 성경에서 악마와 더불어 화평을 누려야 한다는 말씀을 읽어
본 적이 있습니까? 오늘 본문을 보십시오. "그러므로 우리가 믿음으로 의롭다 하
심을 받았으니 하나님과 화평을 누리자." 이 말씀은 사탄과 더불어 화평을 누리
자는 말이 아닙니다. 만일 악마가 여러분을 내버려 두고 전혀 유혹하지 않는다

면, 여러분은 악마에게 속한 자라고 생각할 수 있습니다. 왜냐하면 악마는 자기 사람에게는 자기 식으로 얼마 동안은 친절하기 때문입니다. 악마는 자기 사람들의 귀에 부드럽게 속삭이는 방법을 알고 있습니다. 그러다가 부드러운 곡조와 매혹적인 노래로 자기 사람들을 영원한 멸망에 이르도록 유혹합니다. 그러나 그가 멸망시킬 수 없는 사람들에 대해서는 악한 쾌락으로 괴롭힙니다. 왜냐하면 악마들의 전성기가 그리 길지 않음을 악마 자신들도 알고 있기 때문에, 그런 사람들의 경우에는 악마가 크게 화를 냅니다. 여러분이 곧 악마의 사정거리 밖인 천국에 있게 될 것을 악마도 예상하고 있습니다. 그래서 여러분이 이 땅에 있는 동안 할 수만 있다면 여러분을 괴롭히고 여러분에게 상처를 주기 위해 최선을 다해 자기에게 주어진 기회들을 이용하는 것입니다. 여러분은 곧 악마보다 훨씬 더 높은 곳에 있게 될 것이므로, 그 지옥의 개가 짖는 소리를 들을 수 없을 것입니다. 그래서 지금 여러분을 덥석 물고는 여러분을 상하게 할 수 있는지 알아보려고 하는 것입니다. 일찍이 주님의 발꿈치를 상하게 했던 것처럼 말입니다. 여러분은 결코 어둠의 황태자와 더불어 화평케 되는 약속을 받지 않았습니다. 오히려 그것보다 훨씬 더 좋은 다른 약속이 있습니다. 바로 이것입니다. "평강의 하나님께서 속히 사탄을 너희 발 아래에서 상하게 하시리라"(롬 16:20). 우리가 사탄을 우리의 발 아래 놓고 상하게 할 때가 올 것입니다. 우리도 우리 주님처럼 사탄의 머리를 상하게 하며 승리할 것입니다. 그래도 걱정하지 마십시오. 분명히 그 때까지는 뱀의 후손과 여자의 후손 사이의 적대감(창 3:15)이 계속될 것이며, 그 전쟁에 휴전은 없을 것입니다.

시련을 겪고 있는 사람에게서 이런 이야기를 듣기도 합니다. "애석하게도 제가 두려워하는 것은 사탄이 아니라, 제 자신입니다. 저는 제 육체가 구역질나고 거북하게 느껴집니다. 죽었다고 생각했던 정욕들이 끔찍하게 되살아납니다. 저는 선을 행하고자 하지만 악이 저와 함께 있습니다. 제 영은 연약하고 육신은 강하기 때문에, 죄가 아주 무서운 힘으로 저를 엄습해 옵니다. 그래서 저는 부르짖습니다. 오호라, 나는 곤고한 사람이로다(롬 7:24)." 제 말씀을 다시 들어보십시오. 여러분이 육신과 더불어 화평을 누려야 한다는 약속을 하나님이 하신 적이 있습니까? 오, 그런 약속을 하신 적이 없습니다. 여러분이 회심한 그 순간, 육체와 영 사이에는 전쟁이 시작되었습니다. 여러분의 육체가 그 재료인 흙에 드러눕고, 여러분의 영이 그 속박에서 해방되어 하나님께로 올라갈 때까지, 그 전쟁은 계속될 것입니다. 여러분이 몸으로 있는 한, 육체가 여러분을 도와줄 것이라고 생각해서는 안 됩니다. 아, 그렇습니다. 여러분도 바울과 함께 이렇게 부르짖을 것입니다. "오호라 나는 곤고한 사람이로다 이 사망의 몸에서 누가 나를 건져내랴"(롬 7:24). 여러분의 부패한 본성이 기승을 부려 여러분은 괴롭고 곤란하게 될 것입니다. 그 부패한 본성은 계속해서 기승을 부릴 것입니다. 여러분의 형제들은 여러분에 대해 이렇게 말할 것입니다. "너희는 술렘 여인에게서 무엇을 보려느냐? 그것은 마치 두 군대를 합친 것 같도다"(아 6:13, KJV). 육체는 성령을 거스르고 성령은 육체를 거스르나니(갈 5:17), 언젠가는 사자와 어린양이 함께 있게 되어도(사 11:6), 육체와 영은 결코 화합하지 못할 것입니다. 하나님께서 아말렉과 영영히 전쟁하셨던 것처럼, 육체와 영, 이 둘이 동일한 한 사람에게 있는 한, 이 둘 사이에는 전쟁이 있습니다. 육체와 더불어 화평을 누릴 약속은 없습니다. 그러므로 우리는 하나님과 더불어 화평을 누립니다.

어떤 분은 또 이렇게 말하기도 합니다. "아, 내게는 화평이라곤 거의 찾아 볼 수 없습니다. 나는 나를 열 받게 하는 것들에 둘러싸여 있기 때문입니다. 나는 하나님을 섬기는데, 상대방들은 조롱과 중상모략으로 나를 헐뜯고 오해하기만 합니다. 그들은 나에 대해 험담만 해댑니다. 메섹에 머물며 게달의 장막 중에 머무는 것이 내게 화로다(시 120:5). 내 영혼이 사자들 가운데에서 살며 내가 불사르는 자들 중에 누웠으니(시 57:4). 이 말씀들이 제게 딱 들어맞습니다. 그냥 불이 아니라 지옥 불 속에 누워 있는 것 같아요. 그들은 나를 한시도 그냥 내버려두지 않습니다." 맞습니다. 그런데 저는 이런 얘기를 들으면 웃음이 나옵니다. 여러분은 사악한 자들과 더불어 화평을 누릴 것을 꿈꿔 본 적이 있습니까? 비뚤어져 빗나간 사람들과 화평을 누린다는 말씀입니까? 부정을 행하는 자들과 화평을 누린다는 말씀입니까? 그런 일은 꿈도 꾸지 마십시오! 우리 주님께서 십자가에 못 박히셨던 이 세상 안에서 화평을 누린다는 말씀입니까? 주님을 위하기 때문에 여러분을 미워하는 사람들과 화평을 누린다는 말씀입니까? 왜 그들과 화평하려고 하십니까? 일찍이 주님께서 여러분에게 이렇게 말씀하지 않으셨습니까? "세상이 너희를 미워하면 너희보다 먼저 나를 미워한 줄을 알라 너희가 세상에 속하였으면 세상이 자기의 것을 사랑할 것이나 너희는 세상에 속한 자가 아니요 도리어 내가 너희를 세상에서 택하였기 때문에 세상이 너희를 미워하느니라"(요 15:18-19).

무슨 말을 하는 것입니까? 여러분은 예수님께서 가시 면류관을 쓰셨던 곳에서 금 면류관 쓰기를 기대하시는 것입니까? 예전에 신앙의 선배들과 순교자들은 이 세상과의 화평을 생각조차 하지 않았습니다. 사도 바울도 마찬가지였습니다. 사도 바울은 이렇게 말합니다. "세상이 나를 대하여 십자가에 못 박히고 내가 또한 세상을 대하여 그러하니라"(갈 6:14). 여러분은 이 세상이 주는 사랑을 약속받지 않았습니다. 오히려 여러분은 이런 약속을 받았습니다. "이것을 너희에게 이르는 것은 너희로 내 안에서 평안을 누리게 하려 함이라 세상에서는 너희가 환난을 당하나 담대하라 내가 세상을 이기었노라"(요 16:33). "세상을 이기는 승리는 이것이니 우리의 믿음이니라"(요일 5:4). 그러므로 여러분에게 간절히 부탁합니다. 제발 성경 말씀을 제대로 이해하십시오. 오늘 본문 말씀은 여러분이 악마와 더불어, 육체와 더불어, 또는 세상과 더불어 화평하라고 말하지 않습니다. 오히려 하나님과 더불어 화평하라고 말씀합니다. 그 화평이야말로 한량없이 좋은 것이기 때문입니다.

어떤 분은 이렇게 또 말씀합니다. "그래도 저는 매일 죄를 짓습니다. 그런 나 자신을 발견해요. 그래서 저는 죄 짓는 제 자신을 증오하게 됩니다. 그리스도를 좀 더 닮았으면 좋겠는데, 제가 원하는 만큼 그렇게 은혜 안에서 성장하지도 않지요. 그래서 매번 제 영혼에 슬픔을 느끼면서 밤마다 침대에 눕습니다. 영적 생활도 제가 바라는 것만큼 그렇게 큰 진전이 없어 보입니다. 저는 죄로 가득 차 있는 것 같아요. 무엇을 하든 더럽게 얼룩이 지고, 어디를 가든 제 영혼에 상처를 주고 저를 다치게 하는 어떤 것으로 이래저래 빠져드는 것 같습니다." 그렇습니다. 주님께서는 여러분이 죄와 더불어 화평을 누려야 한다고 말씀하지 않으셨습니다. 죄가 여러분을 자극하지만 여러분이 그 죄를 미워하는 것을 보면 저는 기쁩니다. 죄를 미워하면 미워할수록 더욱더 좋습니다. 죄를 미워하는 영혼은 하나님을 사랑하는 영혼입니다.

만약 죄가 여러분을 괴롭힌 적이 없다면, 하나님께서도 여러분에게 은총을 베푸신 적이 없는 것입니다. 여러분이 죄를 미워한다면, 여러분은 거룩함을 사랑하는 것입니다. 만일 여러분이 죄를 미워한다면, 여러분은 죄와 더불어 조금도 화평을 누릴 수가 없습니다. 여러분이 완전해지기까지는 결코 만족할 수가 없을 것입니다. 그렇다면 여러분은 언제 완전하게 되겠습니까? 바로 여러분이 주님과 같은 형상으로 깨어날 때입니다. 그 때가 바로 여러분이 완전하게 되는 때입니다. 그러나 그 때까지는 죄가 여러분을 괴롭힐 것입니다. 그 때가 되면 여러분을 공격하던 가나안 족속도 없을 것이고, 아말렉 족속과의 전쟁도 더 이상 없을 것이며, 그 때에는 맨 나중에 멸망 받을 원수가 사망하고(고전 15:26), 죄가 뿌리째 뽑히며, 여러분이 우리의 하나님을 닮아 하나님처럼 될 것입니다. 여러분은 죄와 화평을 누릴 약속을 받지 않았으며, 그런 약속은 여러분이 바랄 필요도 없습니다. 왜냐하면 여러분은 하나님과 화평하기 때문입니다.

다시 되돌아가서 기억을 되살려 봅시다. 약속된 것, 참으로 약속되었을 뿐만 아니라 실제로 우리에게 주어졌고 우리에게 분명히 알려진 것이 무엇입니까? 그것은 바로 "우리가 믿음으로 의롭다 하심을 받았으니 하나님과 화평을 누리자"는 것입니다. 우리는 믿음으로 의롭다 하심을 받았으므로, 이 점에서는 아주 확실히 하나님과 화평을 즐기고 있습니다. 다시 말해, 하나님께서 우리를 사랑하심을 우리가 알고 있습니다. 만약 하나님께서 우리를 사랑하지 않으셨다면, 우리를 위하여 자기 아들을 죽도록 내어주지도 않으셨을 것입니다. 만약 하나님께서 우리를 사랑하지 않으셨다면, 이런 유례 없는 칭의의 계획을 고안하지도 않으셨을 것입니다. 그 뿐 아니라 우리도 하나님의 사랑에 대한 보답으로 하나님을 향한 열렬한 사랑을 가지고 있음을 느낍니다. 우리는 우리가 바라고 원하는 만큼 하나님을 사랑하지는 못하지만, 그럼에도 불구하고 하나님을 사랑하고 있습니다. 우리는 이렇게 말할 수 있습니다. "주님 모든 것을 아시오매 내가 주님을 사랑하는 줄을 주님께서 아시나이다"(요 21:17).

> "예, 나는 당신을 사랑하고 찬양합니다.
> 오, 당신을 더욱 사랑하도록 은혜 주옵소서."

이 화평의 탁월함과 덕을 우리는 날마다 시간마다 증거합니다. 필요한 모든 것을 위해 우리의 언약의 하나님께 나아가는 것을 우리는 이제 두려워하지 않으며, 시련을 당할 때에 도움을 바라고 하나님의 얼굴을 구하는 것도 두려워하지 않습니다. 왜 그렇습니까? 우리 중에는 이런 식으로 하나님을 의지하는 것이 습관이 되어 하나님과 더불어 하루 종일 이야기하는 분들도 계실 것입니다. 아무 일도 일어나지 않았지만, 우리는 조언을 구하기 위해 또는 도움을 받기 위해 하나님께로 날아가다시피 합니다. 우리가 그렇게 하나님께 나아가기 위해 더 이상 하나님의 허락을 받을 필요가 없습니다. 왜냐하면 하나님께서는 우리에게 자기의 열쇠를 주셨고, 언제든 다가갈 수 있도록 허락해 주셨기 때문입니다. 우리는 우리와 마찬가지로 피조물인 우리의 동료들과 함께 항상 그렇게 변함없는 화평을 누릴 수 없습니다. 때로 우리는 그들을 충분히 믿을 수가 없어서, 우리의 고통들을 그들에게 드러낼 수 없기 때문입니다. 그러나 우리는 하나님과는 더불어 화평을 누립니다. 우리는 하나님과 친하기 때문에 언제든지 하나님을 의지할 수 있습니다. 그리고 하나님께서는 우리와 동감하시며, 우리가 위급할 때마다 우리를 구하기 위해 즉시 오시는 분임을 확신합니다. 우리가 습관적으로라도 기도를 드린다는 것 자체가 우리가 하나님과 화평을 누리고 있음을 증명해 줍니다. 만약 하나님을 우리의 대적자로 믿고 있다거나 또는 하나님의 선한 의도에 대해 의심한다면, 우리는 하나님께 기도드릴 생각조차 하지 않을 것입니다. 마음속에 하나님에 대해 어떤 적대감을 느낀다면, 우리는 지금 우리가 하고 있듯이 그렇게 어린아이 같은 순수한 소망으로 고통 중에 하나님께 나아가지 못할 것입니다.

하나님과의 이 화평은 우리로 하여금 하나님을 기뻐하도록 해 줍니다. 믿음으로 의롭다 하심을 받은 이 곳의 모든 분들은 하나님을 기뻐하고 계시리라 확신합니다. 우리가 하나님께서 늘 가까이 계심을 항상 느끼지는 못하지만, 하나님께서 가까이 계실 때, 그 때가 바로 여러분의 영혼이 기쁠 때입니다. 여러분이 기억하기로 가장 좋았고 행복했던 순간들은 언제입니까? 그런 순간들은 여러분이 하나님과 더불어 교제하던 때가 아니었나요? 가장 크게 만족했고, 다시 반복되었으면 하고 간절히 바라는 그런 날들은 언제입니까? 하나님의 위엄과 자비하심이 여러분의 영혼에 두려움과 사랑스러움으로 서로 엇갈리며 계시되어서, 하나님의 능력과 임재를 인식하던 때가 아니었나요? 그 하나님은 얼마나 좋은 분이신지요! 우리는 정말 나쁘지만 하나님은 정말 좋으십니다! 자, 여러분이 자주 이런 기쁨에 잠기도록 신경을 쓰십시오. 만약 여러분이 그 밖에 다른 어떤 것으로 기쁨을 느낀다면, 여러분은 우상 숭배자일 것입니다. 기억하십시오. 하나님께서 말씀하셨습니다. "여호와를 기뻐하라 그가 네 마음의 소원을 네게 이루어 주시리로다"(시 37:4).

여러분이 하나님을 기뻐하는 것은 아무리 해도 지나치지 않습니다. 하나님은 그 자체로 완벽하지 않습니까? 그런 하나님을 우리가 안다는 것이 모든 점에서 즐겁지 않습니까? 우리는 하나님의 한 속성도 변하게 할 수 없으며, 하나님께서 주권적인 뜻에서 하신 약속 하나라도 조금의 변화도 가할 수 없습니다. 하나님의 모습 그대로 있게 합시다. 하나님께서 기뻐하시는 대로 행하시도록 합시다. 그래야 우리 영혼이 하나님을 기뻐할 것입니다. "그가 나를 죽이실지라도 나는 그를 의뢰하리니"(욥 13:15). 자, 여러분 자신을 기뻐하지 않고 하나님을 기뻐하는 것, 바로 이것이 여러분이 하나님과 화평하고 있다는 사실과 여러분이 의롭다 하심을 받았다는 사실을 보여줍니다.

　성도 여러분, 이 화평이 자연스럽게 드러나는 곳이 또 있습니다. 하나님께서 우리를 거친 섭리로 대하시더라도 우리가 묵묵히 그 섭리를 따를 때입니다. 위선적인 신자는, 누구든 뼈다귀나 고기 몇 점을 주기만 하면 그동안은 그 사람만 따라다니는 낯선 개와 같습니다. 하지만 참된 신자는 그 사람이 기르고 있는 개와 같습니다. 그 개는 설령 주인이 아무것도 주지 않고 심지어 걷어차더라도 자기 주인을 따릅니다. 참된 신자는 말합니다. "우리가 하나님의 손에서 좋은 것을 받았을진대 나쁜 것도 받지 아니하겠느뇨?(욥 2:10). 하나님께서 나를 징계하신다면, 사탄의 어루만짐보다는 차라리 하나님으로부터 징계를 받겠습니다." 세상이나 악마에 의해 높은 자리에 앉게 되는 것보다는, 하나님의 매를 맞아 검푸르게 멍들 때까지 벌을 받는 것이 훨씬 더 유익합니다. 사탄이 여러분에게 이 세상 나라들을 주겠다고 제시할 때, 여러분은 그 더러운 마귀에게 "내 뒤로 물러가라"(마 16:23) 하고 분명히 말해야 합니다. 그러나 주님께서 여러분에게 쓴 잔을 건네실 때는 "당신의 뜻이 이루어지이다"(마 6:10)라고 분명히 말해야 합니다. 그리고 나서는 기꺼이 주님의 손에서 그 잔을 받아 마셔야 합니다. 우리가 주님의 뜻과 일치를 느끼는 것이 바로 우리가 하나님과 화평을 누리고 있음을 보여주는 것입니다.

　하나님과 화평을 누리는 또 다른 증거는, 여러분이 이 세상 떠날 때를 확신을 가지고 고대하면서, 이렇게 말할 수 있을 때입니다. "오, 주님, 당신께서 저와 함께 하시기에, 저는 죽을 수 있습니다." 우리가 방금 불렀던 찬송가 가사와 우리가 일치할 수 있을 때도, 하나님과 화평을 누리는 증거가 됩니다.

　　"저 심판의 날에 나는 담대히 서리라.
　　　그 누가 나를 비난하리요?
　　　당신의 보혈로 나는

죄의 거대한 저주와 수치로부터 용서받았네."

(진젠도르프가 작사한 '예수님의 보혈과 공의라는 찬송가의 2절 가사이다)

우리는 심판의 날을 두려워하지 않습니다. 우리가 하나님과 화평을 누리기 때문입니다. 그러므로 우리는 죽는 것도 두려워하지 않습니다. 의로우신 하나님과 하나님께서 구속하신 백성들 사이에는 조화와 일치가 있으므로 두려움은 사라집니다. 하나님께서는 우리에게 하나님의 성령을 주셔서 우리의 마음속에 거하도록 하셨습니다. 그래서 이제부터는 각자의 마음속에 생기는 우리의 바람이 하나님의 뜻에 의해 일어나기를 바랍니다. 우리의 마음은 하나님의 마음과 일치합니다. 하나님께서는 우리가 거룩해지기를 바라시고, 우리도 거룩해지기를 바랍니다. 하나님께서는 우리 속에 있는 죄를 죽이기를 원하시며, 우리 또한 죄를 죽여주시기를 갈망합니다. 하나님께서는 우리가 복종하기를 원하시며, 우리 또한 복종하기를 소원합니다. 하나님께서는 우리가 하나님의 영광을 구하기를 원하시며, 우리 또한 하나님이 우리 안에서, 다시 말해, 우리의 전체 영과 혼과 몸 안에서 영화롭게 되기를 소원합니다. 하나님보다 낮은 차원이긴 하지만, 우리가 가진 생명의 경향은 하나님의 생명과 비교될 수 있습니다. 본성상 우리는 결코 영광 중에 계신 하나님처럼 될 수 없지만, 여전히 우리는 하나님이 거룩하신 것처럼 거룩하게 되기를 바랍니다. 우리 속에 있는 생명은 하나님의 것입니다. 왜냐하면 우리가 하나님으로 말미암아 거듭났으며, 거듭난 그 이후로 우리는 그리스도 안에 있고 그리스도께서는 우리 안에 계시기 때문입니다. 그러므로 우리는 하나님과 더불어 화평을 누립니다.

사랑하는 성도 여러분, 이제 집으로 돌아가서 이 화평 속에서 헤엄치며 살아가십시오. 여러분의 화평한 가슴에 고통의 파도가 단 한 번도 밀려들지 않는 그런 곳에 이르기까지, 여러분의 지친 영혼들을 하늘 안식의 바다에서 헤엄치게 하십시오. 그러면 바로 화평의 그 하나님께서 우리 주 예수 그리스도께서 오실 때까지, 여러분을 온전히 성결케 하시고 흠 없이 보존하실 것입니다. "너희를 부르시는 이는 미쁘시니 그가 또한 이루시리라"(살전 5:24).

제
9
장
—

그리스도께서 누구를 위하여
죽으셨는가?

—

"그리스도께서 경건하지 않은 자를 위하여
죽으셨도다" ― **롬 5:6**

오늘 본문에서 인류는 환자로 묘사되고 있습니다. 질병이 너무 악화되어서 아무 힘도 없는 그런 환자 말입니다. 자기가 앓고 있는 그 치명적인 질환을 떨쳐 버릴 기력도 없을뿐 더러, 떨쳐버릴 마음조차 없는 환자입니다. 설사 원한다 해도 그는 자기 질병에서 헤어날 능력이 없으며, 설사 헤어날 능력이 있다 해도 그 것을 원하지 않습니다. 사도 바울은 에스겔 선지자가 언급한, 의지할 데 없는 유아의 모습(겔 16)을 생각하고 있음이 분명합니다. 갓 태어난 한 유아가 있었습니다. 태어나면 당연히 받아야 할 따뜻한 보살핌을 받기도 전에 그 유아는 어머니로부터 버림을 받았습니다. 그 유아는 목욕도 못했고 옷도 입지 못했으며 먹지도 못한 채, 비참하게 버림받아 아무 도움도 받지 못하는 극도의 고통스러운 환경 속에서 확실한 죽음의 먹잇감이 되었습니다.

우리 인류가 바로 이러한 처지에 있는 이스라엘 민족과 같습니다. 온 머리는 병들었고, 온 마음은 약해졌습니다. 회심하지 않은 여러분이 바로 그런 사람들입니다! 여러분을 찍은 사진을 보면 이런 짙은 어둠만 있습니다. 여러분이 이런 상태에 놓은 원인은 여러분에게 닥친 재난에 있기도 하지만, 한편으로는 여러분의 과실에 있기도 합니다. 다른 질병들에 걸린 사람들은 자신이 아픈 것에 대해 슬퍼합니다. 하지만 여러분은 최악의 경우로, 자기를 망하게 하는 그 악을 사랑하는 특징을 보인다는 것입니다. 여러분의 경우에 더욱 유감스러운 점은, 조금도 자기 자신을 탓하지 않는다는 것입니다. 여러분은 선한 것에 대한 의지가 없습니다. 여러분이 "할 수 없다"고 말하는 것은 "하고 싶지 않다"는 뜻입니다. 여러분의 장애는 신체적인 것이 아니라 도덕적인 것입니다. 다시 말해, 시력을 상실해서 볼 수 없는 맹인의 장애가 아니라, 보는 것 자체를 거부하는 의도적인 무지의 장애입니다.

이런 상태에 있는 인간을 구원하시기 위하여 예수님이 개입하신 것입니다. "우리가 아직 연약할 때에 기약대로 그리스도께서 경건하지 않은 자를 위하여 죽으셨도다"(롬 5:6). "우리가 아직 죄인 되었을 때에 그리스도께서 우리를 위하여 죽으심으로"(롬 5:8), "긍휼이 풍성하신 하나님이 우리를 사랑하신 그 큰 사랑을 인하여 허물과 죄로 죽었던 너희를 살리셨도다"(엡 2:1, 4). 오늘 제 설교의 핵심은 그리스도께서 우리를 위하여 죽으신 이유가 우리의 뛰어남에 있지 않았음을 힘써 선포하는 것입니다. "그러나 죄가 더한 곳에 은혜가 더욱 넘쳤나니"(롬 5:20). 그리스도께서 위하여 죽었던 사람들은 그리스도께서 보실 때, 선한 것과는 정반대의 사람들이었습니다. 하나님 앞에 죄인인 그들을 구원하기 위해 그리스도께서 세상에 오신 것입니다. 오늘 본문의 말씀대로, "그리스도께서 경건하지 않은 자를 위하여 죽으셨도다."

이제 말씀을 전하려고 합니다. 먼저, "그리스도께서 경건하지 않은 자를 위하여 죽으셨도다" 하는 이 사실에 대해 잠깐 생각해 보겠습니다. 그 다음으로는 이 사실로부터 몇 가지 분명한 결과들을 추론해 보겠습니다. 세 번째로는 간단하지만 놀라운 이 진리의 선포에 대해 생각하면서 말씀드리겠습니다.

1. 그리스도는 경건하지 않은 자를 위하여 죽으셨습니다.

첫 번째로, "그리스도께서 경건하지 않은 자를 위하여 죽으셨도다" 하는 이 사실이 여기 있습니다. 인간이 귀로 들은 말 중에 이보다 더 놀랍고 힘 있는 진리는 없었습니다. 천사들도 이 진리를 들여다보고 싶어합니다. 그리고 현명한 사람이라면, 이 진리를 밤이나 낮이나 곰곰이 생각해 볼 것입니다. 하나님의 아들이고 만유 위에 계신 하나님 자신이며, 무한히 영광스러운 분이고 하늘과 땅의 창조자이신 예수님께서 인간을 사랑하여 자기를 낮추셔서 인간이 되셨고 죽으셨습니다. 그리스도이시며 성삼위일체의 하나님이며 순결한 마음을 지닌 인간이신 그분에게는 죄가 없었고, 죄를 찾을 수도 없었습니다. 그런 분께서 사악한 자들을 받아들이셨습니다. 예수님의 가르침은 죄에 대한 치열한 전쟁을 불러일으키고, 예수님의 영은 악을 파멸시키며, 예수님 자신은 부정을 혐오하고, 예수님의 재림은 죄에 대한 예수님의 격분을 증명할 것입니다. 그럼에도 예수님은 경건하지 않은 자들을 위한 일에 착수하셨으며, 심지어 그들의 구원을 위해 죽기까지 하셨습니다. 하나님의 그리스도, 이분은 타락과 이 타락을 일으킨 죄악과는 아무런 관계가 없었지만, 우리를 죄의 형벌로부터 대속하기 위하여 죽으셨습니다. 그러므로 이분이야말로 시편 기자처럼 이렇게 부르짖을 수 있습니다. "내가 빼앗지 아니한 것도 물어 주게 되었나이다"(시 69:4). 이 대속의 역사가 기적 중의 기적인지 아닌지는 모든 성도들이 판단할 몫입니다!

　　그리스도, 우리 주님께 붙여진 이 이름은 의미심장한 호칭입니다. 이 말의 뜻은 "기름 부음을 받은 자"이고, 하나님의 사자로 보내심을 받았으며 지극히 높으신 권위로 사명을 부여받았다는 것을 가리킵니다. 주 하나님께서 오래 전에 말씀하셨습니다. "내가 능력 있는 용사에게는 돕는 힘을 더하며 백성 중에서 택함 받은 자를 높였으되"(시 89:19). 그리고 다시 말씀하셨습니다. "보라 내가 그를 만민에게 증인으로 세웠고 만민의 인도자와 명령자로 삼았나니"(사 55:4). 예수님은 이 사역을 위하여 구별되었으며, 성령의 기름 부음으로 이 사역을 감당할 자격을 갖추셨습니다. 예수님은 권위 없는 구세주가 아니며, 아마추어 구원자가 아닙니다. 예수님은 위대하신 왕으로부터 무한한 능력으로 옷 입으신 전권대사입니다. 예수님은 성부 하나님으로부터 전적인 신임장을 받은 구속자입니다. "경건하지 않은 자를 위하여 죽으셨던" 분이 바로 이 예정되고 약속된 구세주입니다.

　　오늘 본문은 그리스도께서 죽으셨다고 말씀합니다. 그리스도께서는 죽으신 것 외에도 많은 일들을 하셨습니다. 그렇지만 경건하지 않은 자를 사랑하신 그의 생애 중에서 가장 최고의 행위는 바로 이들을 위하여 죽으셨던 일입니다. 그리고 이들을 위하여 죽으심으로, 나머지 다른 일들도 그들에게 유효하게 되었습니다. 그리스도께서는 허구가 아니라, 실제로 자신의 생명을 단념하셨습니다. 보통 여느 사람들이 임종할 때 하는 것과 마찬가지로, 마지막 호흡을 몰아쉬면

서 자신의 생명을 우리를 위해 내놓으셨습니다. 그리스도께서 실제로 죽으셨다
는 것은 이론의 여지 없이 분명합니다. 예수님의 심장은 군병의 창에 찔렸고,
거기에서 피와 물이 쏟아져 나왔습니다. 예수님께서 실제로 죽으셨다는 사실이
정상적으로 확인되지 않았더라면, 로마 군병 대장이 그 몸을 십자가에서 치우도
록 허락하지 않았을 것입니다.

예수님을 세마포로 싸서 요셉의 무덤에 뉘였던 예수님의 친척들과 친구들
은, 그들 앞에 누워 있는 몸이 예수님의 시체라는 사실을 비통하게 확인한 셈입
니다. 그리스도께서는 실제로 죽으셨습니다. 제가 이렇게 강조해서 말씀드리는
것은 그리스도가 죽음에 이르는 극심한 고통을 모두 겪으셨다는 뜻입니다. 오직
그리스도만이 말로는 이루 다 형용할 수 없는 최악의 상황을 겪으셨습니다. 왜
냐하면 그리스도께서 겪으신 죽음은 독특한 고통과 수치의 죽음이었기 때문입
니다. 사람으로부터 버림받았을 뿐만 아니라, 자기의 하나님이 그리스도 자신을
떠나는 것까지 겪어야 했기 때문입니다. "나의 하나님, 나의 하나님, 어찌하여
나를 버리셨나이까"(마 27:46)라는 부르짖음은 사망의 짙은 어둠 가운데서도 가
장 암담한 어둠이었습니다.

우리 주님의 죽음은 하나님의 공의에 의해서 주님께 가해졌던 형벌이었습
니다. 바로 그렇게 행해졌습니다. 그래서 우리 주님께서는 우리의 죄악들을 담
당하셨으며, 우리가 당해야 할 고통까지도 우리 주님께서 담당하셨습니다. "여
호와께서 그에게 상함을 받게 하시기를 원하사 질고를 당하게 하셨은즉"(사
53:10). 주님은 지극히 무서운 상황에서 죽음을 맞이하셨습니다. 주님은 흉악범
에 해당하는 형벌을 선고 받았고, 동정의 눈빛으로 바라보는 이 하나 없이, 떼를
지어 조롱하는 사람들 속에서 십자가에 못 박히셨습니다. 주님은 악의에 찬 눈
빛과 조롱하는 눈길을 참았습니다. 주님은 모욕과 경멸의 말을 잔인하게 뱉어내
는 추잡한 군중들로부터 야유와 희롱을 당했습니다. 이런 분위기에서 주님은 십
자가에 매달렸고, 상처들로 인해 여기저기에 피를 흘리며, 뜨거운 태양에 노출
되어 온 몸이 열기로 달아올라 타는 목마름으로 정신을 잃을 지경이었습니다.
주님은 더 이상 모욕받고 고통받고 비참할 수 없는 최악의 상황에 있었습니다.
주님의 죽음은 모든 죽음 가운데 가장 치욕적인 죽음이었습니다. "그리스도께서
죽으셨도다"라는 말씀이 강조하는 바는 이런 상황을 말하는 것입니다.

그러나 오늘 본문의 핵심은 바로 이것입니다. "그리스도께서 경건하지 않은

자를 위하여 죽으셨도다." 의로운 자나 경외심 있고 독실한 자를 위해서가 아니라, 경건하지 않은 자를 위하여 죽으셨다는 것입니다. "경건하지 않은"에 해당하는 원어를 살펴보면, "불경한, 신앙심이 없는, 사악한"이라는 뜻이 있습니다. "경건하지 않은"이라고 번역된 것은 그렇게 확실한 번역이 아닙니다. 오히려 그 의미를 충분히 드러내지 못한 표현입니다. 경건하지 않은, 또는 하나님이 없는 상태가 되는 것은 끔찍한 상태가 되는 것입니다. 하지만 오늘 본문에서는 이 단어가 부드럽게 표현되어 있습니다. 만약 제가 "그리스도께서는 불경한 자들을 위하여 죽으셨도다"라고 읽는다면, 그 의미가 좀 더 분명해질 것입니다. 불경한 자들이란 하나님을 경외하지 않는 자들을 말합니다. 그리스도께서는 하나님이 없다고 생각하는 사람들을 위하여 죽으셨습니다. 다시 말해, 하나님을 내팽개친 자들, 하나님과 함께 옳은 것에 대한 모든 사랑을 내팽개친 자들을 위하여 그리스도께서 죽으셨습니다. 오늘 본문에 대한 이 원어의 뜻보다 더 적절하게, 인류가 가진 지극히 불신앙적인 특성을 가장 잘 표현한 것은 없다고 생각합니다. 인간이 선하기 때문에, 또는 인간이 선해지기를 원하기 때문에 그리스도께서 죽으신 게 아니라, 인간이 경건하지 않기 때문에, 다시 말해, "인자가 온 것은 잃어버린 자를 찾아 구원하려 함이니라"(눅 19:10)는 진리를 우리는 항상 더디 받아들이기에, 우리에게 이 진리를 전하기 위해서 하나님의 성령이 이런 목적으로 이 단어를 사용하셨다고 저는 믿습니다.

    이런 점도 한번 생각해 보십시오. 하나님의 아들이 인간을 위해 죽기로 결심하셨을 때, 이미 그분은 인간이 행하는 사악한 일들로 인해 인간이 경건하지 않고 하나님으로부터 멀어져 있음을 알고 계셨습니다. 그분은 우리 인류를 바라보시면서 이렇게 말씀하지 않았습니다. "여기저기에 고귀한 인격을 지닌 영혼들이 있구나. 순수하고, 신실하고, 진리를 추구하고, 용감하고, 사욕이 없고, 공명정대한 사람들이 있구나. 그러니 이런 훌륭한 사람들을 봐서라도 이 타락한 인류를 위해 죽어야겠다." 그게 아니라, 절대 오류가 없는 판단을 하시는 그분께서는 오히려 그 모든 사람을 지켜보신 후에 이렇게 판단하셨습니다. "다 치우쳐 함께 무익하게 되고 선을 행하는 자는 없나니 하나도 없도다"(롬 3:12). 인간들을 이 상태로만 판단하실 뿐, 그 이상으로는 판단하지 않으셨습니다. 그럼에도 그리스도는 그런 인간들을 위해 죽으셨습니다.

    그리스도께서는 미래에 우월한 인류가 등장하리라는 어떤 장밋빛 꿈에 사로잡혀 스스로 기뻐하지 않으셨습니다. 인류가 발전해서 철기시대를 지나 어떤 황금시대가 도래한다면, 그 발전된 문명으로 죄악은 추방되고 지혜는 사람들로 하여금 다시 하나님께로 돌아가게 하리라는 그런 꿈 말입니다. 세상을 그냥 내버려 두면 세상은 점점 더 악해질 대로 악해져서, 그 세상의 지혜는 세상의 눈을 더 어둡게 할 것이라는 사실을 그리스도 역시 충분히 알고 계셨습니다. 예수님과 멀어져 더 심각한 저주의 나락으로 떨어질 수밖에 없었던 인류를 위해 예수님께서 죽으신 것은, 그런 황금시대가 인간의 자연적인 진보로 도래하는 것이 아니라 예수님이 죽으셔야만 가능한 일이기 때문이었습니다. 예수님은 우리의 모습, 즉 우리의 교만이 우리로 하여금 우리의 모습이라고 착각하게 만드는 그런 모습이 아니라, 실제의 우리 모습을 보셨습니다. 예수님께서는 하나님 없이 사는 우리의 모습, 다시 말해 우리 자신의 창조주와 원수가 되어 죄와 허물로 죽고 썩어서 불행으로 치닫고 있는 우리의 모습을 보셨습니다. 때로 선이 절실히 필요한 순간에도, 우리는 맹목적인 판단과 편견의 마음으로 선을 추구합니다. 그래서 우리는 쓴 것을 단 것으로, 단 것을 쓴 것으로 간주하게 됩니다. 예수님은 우리 속에는 선한 것이 없으며, 오직 모든 악의 가능성만 있다고 보셨습니다. 그러기에 우리는 잃어버린 자였습니다. 예수님을 떠나 철저히 무력하고 아무 희망도 없는 잃어버린 자였습니다. 우리가 이처럼 은혜도 없고 하나님도 없는 곤경에 처한 상황임을 아셨지만, 그럼에도 예수님은 우리를 위하여 죽으셨습니다.

예수님께서 우리를 바라보신 시각은 참된 것일 뿐만 아니라, 우리에게는 다행스러운 것이기도 하다는 사실을 여러분이 기억했으면 좋겠습니다. 왜냐하면 그리스도께서 좀 더 괜찮은 사람들을 위하여 죽으셨다고 기록되었다면, 정말 그렇다면 불안한 사람들은 "그리스도께서 나를 위하여 죽지 않으셨도다"라고 추론하며 이 본문 구절을 읽을 것이기 때문입니다. 예수님의 죽음의 공로가 정직한 자들을 위한 특권이었다면, 십자가에서 죽어가던 강도는 어디로 갔겠습니까? 예수님의 죽음의 공로가 정결한 자들을 위한 것이었다면, 많은 남자를 상대했던 사마리아 여인은 어디로 가야 했겠습니까? 예수님의 죽음의 공로가 용기 있고 충성스러운 자들을 위한 것이었다면, 예수님을 버리고 도망친 사도들은 모두 어떻게 되었겠습니까? 최고로 용감한 자라고 해도 자기의 소심한 모습이 드러나지는 않을까 두려워할 때가 있고, 최고로 사욕이 없는 자라고 해도 자기 안의 이기심으로 초조할 때가 있으며, 최고로 순결한 자라고 해도 자신의 부정 때문에 마음이 흔들릴 때가 있습니다. 만약 복음이 또 다른 형태의 율법에 지나지 않고, 십자가의 유익이 선행에 대한 보상이라고 한다면, 우리 같은 사람들은 어디에서 소망을 찾을 수 있을까요?

복음은 선행에 대한 포상으로 우리에게 주어지는 것이 아닙니다. 복음은 우리에게 죄에 대한 용서를 제시합니다. 복음은 건강한 자에게 주는 상이 아니라 병든 자에게 주는 약입니다. 그러므로 복음은 모든 사람의 모든 경우를 다 충족시키기 위해서, 우리를 최악의 상태로 간주합니다. 상처 입은 여행자에게 선한 사마리아인이 다가온 것처럼, 복음은 지금 우리가 처한 상황이 어떻든 우리에게 다가옵니다. "그리스도께서 불경한 자들을 위하여 죽으셨도다" 하는 이 말씀은 죄인의 괴수까지도 포용할 수 있는 거대한 그물입니다. 죄의 바다에서 떼 지어 다니는 무수한 죄인들 가운데, 이 거대한 그물에 넣지 못할 정도의 죄는 하나도 없습니다.

우리 인류가 이런 상황에 처해 있었기 때문에 그리스도께서 죽어야만 했던 것을 우리는 잘 살펴보아야 합니다. "그리스도께서 선한 자를 위하여 죽으셨도다"라고 기록되었다면 어떻게 되었을까요? 선한 자들의 무엇을 위해서 그리스도께서 죽으셔야 하는 것일까요? 그리스도께서 그 선한 자들을 위해 왜 죽어야 하는 것입니까? 인간이 완전했다면, 하나님이 인간과 화목할 필요가 있었겠습니까? 하나님께서 언제 거룩한 존재들에게 적대적인 적이 있었습니까? 그건 불가능합니다! 그렇다면 반대로, 선한 자들이 하나님의 원수였던 적이 있었습니까? 그렇다면, 선한 자들은 하나님의 친구가 될 필요가 없는 것입니까? 만일 인간이 본성적으로 하나님께 의롭다면, 구세주께서 어떤 이유로 죽어야 했겠습니까? "의인이 불의한 자를 위하여"라는 말씀은 이해가 갑니다. 그러나 "의로운 자를 위하여 의로운 자가 죽는다"는 말씀은 이중으로 불공평합니다. 첫째, 의로운 자가 전적으로 형벌을 받아야 한다는 것이 불공평하고, 둘째, 의로운 자가 다른 의로운 사람들을 위하여 대신 형벌을 받아야 한다는 것이 불공평합니다. 오, 그럴 수 없습니다! 그리스도께서 죽으셨다면, 이것은 범한 죄에 대해 갚아야 할 형벌이 있었기 때문입니다. 그러므로 그리스도께서는 죄를 범한 자들을 위하여 죽으셨던 것이 분명합니다. 만약 그리스도께서 죽으셨다면, 이것은 흉악한 얼룩들을 제거하는 "샘물과 같은 보혈"(찬송가 258장 – 역주)이 필요했기 때문에 죽으신 것이 분명합니다. 그러므로 그리스도께서 죽으신 것은 죄로 더러워진 사람들을 위한 것이 틀림없습니다.

한번 가정해 봅시다. 이 세상 어딘가에 타락하지 않은 사람이 있다고 말입니다. 구체적인 모든 죄에 대하여 완전히 결백하며, 죄에 대해서는 조금의 성향조차도 없는 그런 사람이 있다고 생각해 봅시다. 결백하신 그리스도께서 이런 결백한 한 개인을 위하여 십자가에 못 박히신다는 것은 지나치게 잔인한 일이 될 것입니다. 스스로의 결백으로도 충분히 살 수 있는 권리가 있는데, 무엇 때문에 그리스도께서 그 결백한 사람을 위하여 죽으셔야 합니까? 그리고 만약 과거에 저지른 잘못이나 허물이 조금도 없을 뿐 아니라, 현재와 미래에도 성실하게 살아감으로써 하나님 앞에서 자신의 완전한 의로움을 보일 수 있는 사람이 하늘 아래 있다면, 그리스도께서는 분명히 그런 사람을 위하여 죽으실 필요가 없습니다. 그리스도께서 그런 사람을 위하여 죽으셨다고 그 당사자에게 말한다면, 그에게 무례한 일이 될 것입니다. 그는 제게 이렇게 대답할 것입니다. "그리스도께서 왜 저 때문에 죽어야 하는 것입니까? 그리스도 없이도 제 자신은 의로운데 말입니다." 예수 그리스도께서 죽으셨다면, 그것은 경건하지 않은 자를 위하여 죽으셨던 것입니다. 상식적으로 생각해봐도 그럴 수밖에 없습니다. 어떤 이유도 없이 그리스도께서 그런 고뇌를 겪지는 않으셨을 것입니다. 죄가 아니고서야 어떤 이유가 있을 수 있겠습니까?

어떤 사람들은 예수님께서 죽으신 것은 우리의 **모범**이 되기 위해서라고 말합니다. 하지만 이것은 전혀 사실이 아닙니다. 그리스도의 죽으심은 절대적으로 인간이 따를 수 있는 그런 모범이 아닙니다. "네가 지금은 따라올 수 없으나"(요 13:36)라는 말씀처럼 우리가 들어갈 수 없는 영역이기 때문입니다. 그리스도의 삶은 우리의 모범이지만, 그리스도의 죽음은 모든 측면에서 그렇지 않습니다. 왜냐하면 그리스도께서 행하신 것처럼 우리가 우리의 원수들에게 우리 자신을 기꺼이 내어놓기란 절대 불가능하기 때문입니다. 연약한 우리 인간들에 대해서 주님은 이렇게 말씀하셨습니다. "이 동네에서 너희를 박해하거든 저 동네로 피하라"(마 10:23). 진리를 위하여 기꺼이 죽으려는 것은 가장 그리스도를 닮은 일입니다. 그 점에서 예수님은 우리의 모범이 되십니다. 그러나 예수님께서 홀로 밟으신 포도즙 틀(사 63:3)은 우리가 밟을 수 있는 것이 아닙니다. 예수님의 죽으심의 특징이었던 자발성은 우리가 모방할 수 없는 것입니다.

예수님은 말씀하셨습니다. "이를 내게서 **빼앗는** 자가 있는 것이 아니라 내가 스스로 버리노라 나는 버릴 권세도 있고"(요 10:18). 예수님께서 한 말씀만 하셨더라면 원수들에게서 벗어날 수도 있었을 것입니다. "썩 꺼져라" 하고 말씀만 하셨더라도 로마병사들은 바람 앞의 겨처럼 날아가 버렸을 것입니다. 그러나 예수님은 죽으셨습니다. 왜냐하면 자발적으로 죽기를 원하셨기 때문입니다. 자발적으로 자신의 영혼을 아버지 하나님께 바치셨습니다. 예수님의 죽으심은 분명히 범죄한 자들을 위한 대속이었습니다. 그것은 우리가 본받을 수 있는 모범이 될 수 없습니다. 왜냐하면 죽어야 할 의무를 자발적으로 행하는 사람은 아무도 없기 때문입니다. 자연의 법칙이든 율법의 명령이든 모두 우리에게 우리의 생명을 유지하도록 요구하기 때문입니다. "살인하지 말라"(출 20:13). 이 말씀은 "다른 사람의 생명을 빼앗지 말라는 뜻도 있지만, 그것보다는 네 자신의 생명을 자발적으로 포기하지 말라"는 의미입니다. 예수님은 특별한 위치에 서 계셨습니다. 그러므로 예수님은 죽으셨습니다. 죽으셔야만 하는 특별한 직무를 예수님께서 떠맡지 않으셨더라면, 예수님의 모범은 예수님의 죽음을 제외하고는 충분히 완전한 모범이었을 것입니다. 그리스도께서는 그러한 죽음이 필요했던 사람들을 위하여 대신 죽으셨다고 분명히 결론지을 수 있습니다. 선한 자들은 그런 죽음을 모범으로도 필요로 하지 않습니다. 사실 그 죽음은 선한 자들을 향한 모범도 아닙니다. 그리스도께서 경건하지 않은 자를 위하여 죽으신 것이 틀림없습니다.

　　오늘 본문의 핵심은 이것입니다. 우리 구속자께서 당하신 고난과 그 고난의 결과인 모든 구속 사역으로부터 생긴 모든 유익들은 본성적으로 경건하지 않은 자들을 위한 것입니다. 예수님의 복음은 예수님을 믿는 죄인들은 구원을 받는다는 것입니다. 예수님의 희생은 예수님을 믿는 모든 자들의 죄를 없이하셨습니다. 그러므로 예수님의 희생은 이전에 죄를 지은 자들을 위하여 드려졌던 것입니다. "예수는 우리를 의롭다 하시기 위하여 살아나셨느니라"(롬 4:25). 자신의 행위로 의롭다 하심을 받을 수 있는 사람들을 의롭게 하기 위하여, 예수님의 희생이 드려졌던 것이 아닌 것은 확실합니다. 주님께서 높은 곳으로 오르셔서 "선물들을 사람들에게서 받으시며 반역자들로부터도 받으시니"(시 68:18)라는 말씀을 우리는 듣습니다. 주님은 살아나셔서 중보하고 계십니다. 이사야는 우리에게 이렇게 말합니다. "그가 많은 사람의 죄를 담당하며 범죄자를 위하여 기도하였느니라"(사 53:12).

예수님의 죽음, 부활, 승천 그리고 영생의 목적은 죄지은 인간의 자손들을 향한 것입니다. 예수님의 죽음은 용서를 가져왔습니다. 물론 죄가 없다고 주장하는 사람들에게는 용서가 필요 없습니다. 용서는 오직 범죄한 자들에게만 해당되는 것입니다. 예수님은 "이스라엘에게 회개함과 죄 사함을 주시려고"(행 5:31) 높이 올림을 받으셨습니다. 물론 죄를 짓지도 않고 죄에 대한 회개와도 관계가 없는 사람들에게 회개함을 주시려고 주님께서 높이 올림을 받으신 것은 분명히 아닙니다. 회개함과 죄 사함, 이 둘은 이 양자를 받아들이는 사람 속에 이미 죄가 있음을 의미합니다. 그렇지 않다면, 높이 올림을 받으신 구세주의 이런 선물들은 실속이 없거나 꼭 필요하지 않은 선물일 것입니다. 이 선물들은 실제로 죄를 위한 것임이 분명합니다. 예수님의 옆구리에서는 피뿐만 아니라 물도 함께 흘러 나왔습니다. 그 물은 더러워진 본성을 깨끗하게 하려는 것이었습니다. 여기서 분명한 것은, 깨끗이 해야 할 본성은 깨끗이 할 필요가 없는 죄 없는 자들의 본성이 아니라, 불결한 자들의 본성이라는 사실입니다. 그래서 피와 물, 이 두 가지가 함께 흘러나온 것은 이중 정결이 필요한 죄인들을 위한 것이었습니다.

이 구속자의 죽음의 결과로 오늘날에는 성령께서 인간을 중생하게 하십니다. 새 마음과 바른 영을 필요로 하는 사람들 외에 누가 중생할 수 있겠습니까? 이미 순결하고 결백한 사람들을 중생하게 한다는 것은 웃기는 일일 것입니다. 중생은 예전에 죽음이 있었던 곳에 생명을 창조하는 사역입니다. 원래 돌 같았던 사람들의 마음에 인간미 넘치는 마음을 제공하며, 한때 죄가 독점적으로 지배하던 곳에 성령의 거룩한 사랑을 심는 것이 중생입니다. 그리스도의 죽음으로 주어지는 또 다른 선물로 회심이 있습니다. 그런데 그리스도께서 이미 올바른 방향을 쳐다보고 있는 사람들의 얼굴을 돌리게 하실까요? 그럴 수 없습니다. 그리스도는 죄인들을 그 잘못된 길에서 회심하게 하십니다. 그 불순종하는 자들을 바른 길로 돌이키십니다. 길 잃은 양을 다시 우리로 인도하십니다. 십자가로 말미암아 우리에게 제공되는 또 다른 선물은 양자입니다. 본성적으로 이미 하나님의 아들이 된 자들을 주님께서 양자로 삼으시겠습니까? 이미 자녀가 되었는데 양자로 삼을 이유가 무엇이겠습니까? 맞습니다. 하나님의 위대한 사랑의 행위는 "다른 이들과 같이 본질상 진노의 자녀"(엡 2:3)들을 양자로 삼으신 것입니다. 그리고 주권적인 은혜로 자녀들 가운데 두시고, "하나님의 상속자요 그리스도와 함께 한 상속자"(롬 8:17)로 삼으신 것입니다.

오늘 저는 선한 목자께서 그 크신 사랑의 힘으로 무서운 광야로 나가시는 것을 봅니다. 선한 목자께서 누구를 위하여 나가시겠습니까? 평안히 풀을 뜯고 있는 아혼아홉 마리의 양들을 위해서 입니까? 아닙니다. 선한 목자께서 그 사랑으로 광야로 나가 거친 땅을 헤맨 것은 길 잃고 방황하는 한 마리 양을 찾기 위해서 입니다(눅 15).

보십시오. 부지런한 주부가 자기 집을 깨끗이 청소하듯이, 저는 주님께서 주님의 교회를 깨우시는 것을 봅니다. 그 여자는 율법의 심정을 가지고 청소하며 말씀의 등불로 샅샅이 찾습니다. 무엇을 찾기 위해서 입니까? 그녀의 지갑 안에 고이 반짝이며 들어 있는 방금 찍어낸 빛나는 새 동전을 찾기 위해서 입니까? 전혀 아닙니다. 먼지 속에 굴러다니다가 어두운 구석에 처박혀 있는 잃어버린 동전을 찾기 위해서입니다. 자, 보십시오. 모든 장면들 중의 최고의 명장면입니다! 저는 영원한 아버지께서 무한한 아버지의 사랑으로 친히 돌아오는 아들을 맞이하기 위해 서둘러 나가시는 모습을 봅니다. 그런데 아버지께서 지금 누구를 만나기 위해 나가고 계십니까? 곡식단을 가지고 들판에서 돌아오고 있는 큰 아들입니까? 아버지가 좋아하는 맛있는 음식을 가져오는 에서입니까? 경건한 삶으로 인해 애굽을 다스리는 총리가 되었던 요셉입니까?

아닙니다. 아버지는 돌아오는 탕자를 맞이하기 위해서 집을 나선 것입니다. 탕자는 지금까지 창기와 어울렸고 돼지들 사이에서 뒹굴었습니다. 이제는 볼품없는 누더기를 걸치고 혐오스러운 행색으로 돌아오고 있습니다! 아버지께서 울며 붙잡은 것은 죄인의 목입니다. 아버지께서 입을 맞춘 곳은 죄인의 뺨입니다. 살진 송아지를 잡고 가장 좋은 옷을 입히고 음악과 춤으로 온 집이 잔칫집이 된 것은, 이런 모든 것들을 받을 가치가 없는 한 사람을 위해서 입니다. 그렇습니다. 이 사실을 말하십시오. 땅과 하늘에 이 사실이 울려 퍼지게 하십시오. 그리스도께서 경건하지 않은 자를 위하여 죽으셨습니다. 긍휼은 죄인을 찾습니다. 은혜는 불경한 자들, 신앙심 없는 자들, 사악한 자들과 관계가 있습니다. 의사는 건강한 자를 치료하러 온 것이 아니라 아픈 자를 치료하러 왔습니다. 저 위대한 박애주의자는 부하고 위대한 자를 축복하러 온 것이 아니라, 포로 된 자와 죄수들을 축복하러 오셨습니다. 그는 엄격한 평등주의자이기 때문에, 권력자들을 그들의 자리에서 끌어내리셨습니다. 그리고 구걸하는 자들을 그 비천한 자리에서 끌어올리시고, 그를 방백들 가운데, 그의 백성의 방백들 가운데 앉히기 위해 오셨습니다.

그러므로 성모 마리아와 함께 노래하고 여러분의 노랫소리를 크고 아름답게 하십시오. "주리는 자를 좋은 것으로 배불리셨으며 부자는 빈 손으로 보내셨도다"(눅 1:53). "미쁘다 모든 사람이 받을 만한 이 말이여 그리스도 예수께서 죄인을 구원하시려고 세상에 임하셨다 하였도다"(딤전 1:15). "그러므로 자기를 힘입어 하나님께 나아가는 자들을 온전히 구원하실 수 있으니 이는 그가 항상 살아 계셔서 그들을 위하여 간구하심이라"(히 7:25). 오, 죄 범한 여러분이여, 그분을 믿으십시오. 그러면 살 것입니다.

2. 그리스도께서 경건하지 않은 자를 위하여
죽으셨다는 사실로부터
다음과 같은 추론들을 할 수 있습니다.

이제 이 사실로부터 나온 분명한 추론들에 대해 생각해보도록 하겠습니다. 여러분의 귀뿐만 아니라 마음도 제게 기울여 주시기를 바랍니다. 특별히 여러분 중에 아직 구원받지 못한 분들은 더욱 집중해 주십시오. 제가 전하는 이 진리들로 인해 여러분이 축복받기를 바라기 때문입니다. 오, 성령 하나님께서 그렇게 해 주시기를 바랍니다. 여러분 중에 경건하지 않은 자들, 다시 말해 현재 회심하지 않은 분들은 지금 큰 위험에 처해 있음이 분명합니다. 절실한 필요와 절박한 위험이 없었더라면, 예수님은 자기 생명으로 중재하지도 않았을 것이며, 핏방울 같은 땀, 가시 면류관, 못, 창, 노골적인 조롱, 그리고 죽음 그 자체 등 이 모든 것을 겪지 않으셨을 것입니다. 여러분은 지금 위험, 다시 말해 절박한 위험 속에 있습니다. 여러분은 이미 하나님의 진노 아래 놓여 있으며, 곧 죽게 될 것입니다. 그 후에는 여러분이 지금 살아 있는 것이 확실한 것처럼, 그렇게 확실히 멸망 받게 될 것입니다. 그것도 영원히 멸망받게 될 것입니다. 의인들이 영원한 생명에 들어가는 것이 확실한 것처럼, 여러분이 영원한 형벌에 들어가는 것 또한 확실합니다. 십자가는 여러분에게 위험을 알리는 신호입니다. 하나님께서 자기의 독생자를 아끼지 않으신 것처럼, 여러분도 아끼지 않으실 것을 경고하는 것이 바로 십자가입니다. 여러분이 계속해서 주님을 거역하고 반역한다면, 즉각적이고도 확고한 멸망이 여러분을 기다리고 있음을 경고하기 위해서, 죄의 바위 위에 서 있는 등대처럼 십자가가 서 있는 것입니다. 지옥은 무서운 곳입니다. 그렇지 않다면, 우리를 그곳에서 구원하기 위해 예수님이 그토록 온갖 고난을 겪으실 필요가 없었을 것입니다.

　　오직 그리스도만이 경건하지 않은 자들을 이 위험에서 건져낼 수 있으며, 그리스도 자신의 죽으심을 통해서만 가능하다고 추론하는 것은 그래서 정당합니다. 하나님의 아들의 생명 값보다 더 싼 대가로 인간들을 구속할 수 있었더라면, 하나님의 아들의 생명은 아낄 수 있었을 것입니다. 어떤 한 나라가 전쟁을 하게 되면 외동아들을 가진 어머니라도 그 아들의 생명을 아끼지 않고 전쟁터로 보내게 됩니다. 그 어머니가 너무나 사랑하는 나무랄 데 없는 아들이라 해도 말입니다. 원래 전쟁은 맹렬하게 격해지기 마련이고 그 나라는 극심한 어려움에 처하기 마련입니다. 이 때 그 어머니가 아들을 전쟁터에 보내지 않아도 되는 어떤 대체물이 있다는 것을 알았다면, 그 어머니는 가진 것을 다 주고서라도 사랑하는 아들의 목숨을 아끼기 위해 아낌없이 전 재산을 사용할 것입니다. 그 아들의 가슴에 총알이 박힐 것을 뻔히 알고 있지만, 그럼에도 그 어머니에게는 조국에 대한 강한 애국심이 있었습니다. 어머니가 아들을 전쟁터에 내보내기 전, 조국의 상황은 분명히 긴박한 곤경에 처해 있었음이 분명합니다.

　　이와 마찬가지로, 하나님께서 "자기 아들을 아끼지 아니하시고 우리 모든 사람을 위하여 내주신 이"(롬 8:32)라면, 꼭 그렇게 하셔야만 했던 소름끼칠 만한 필요성이 분명히 있었을 것입니다. 그 긴박한 필요성은 하나님의 자기 아들이 죽든가 아니면 죄인이 죽든가, 그것도 아니면 공의 자체가 죽든가 해야 하는 상황이었습니다. 그런데 공의는 죽을 수가 없고, 성부 하나님은 죄인이 죽는 것을 바라지 않으셨습니다. 그래서 그리스도께서 죽으셔야만 했습니다. 그리고 그리스도께서 죽으셨습니다. 오, 사랑의 기적이지 않습니까! 죄인인 여러분에게 말씀드립니다. 여러분은 자기 자신을 도울 수 없습니다. 로마나 옥스퍼드에 있는 사제들도 여러분을 도울 수 없습니다. 그 사제들의 어릿광대짓은 늘 하던 대로 내버려 두십시오. 예수님만이 여러분을 구원할 수 있습니다. 구원은 오직 예수님의 죽으심으로만 가능합니다. 피 묻은 십자가 나무 위에 모든 인간의 희망이 걸려 있습니다. 여러분이 천국에 들어간다면, 그것은 성육신하신 하나님께서 여러분을 위하여 피를 흘리며 자기 생명을 내놓은 능력에 의한 것이 분명합니다. 여러분이 처한 위험은 오직 못 박히신 손만이 끄집어 낼 수 있는 위험입니다. 기도하는 마음으로 말씀드립니다. 즉시 예수님을 바라보십시오. 교만의 물결이 여러분의 영혼을 엄습하기 전에 말입니다.

이제 또 주목할 것은, 끊임없이 여러분의 시야에서 놓치지 말았으면 하는 관점입니다. 즉, 예수님은 순전히 불쌍히 여기는 마음에서 죽으셨다는 것입니다. 예수님은 받을 가치가 없는 자들을 위해 가장 은혜롭고 자비로운 마음으로 죽으신 것이 분명합니다. 왜냐하면 예수님께서 위해 죽으신 그 사람들의 성품은 예수님의 거룩하신 영혼에 끌릴 만한 것이 하나도 없었으며 오히려 역겨울 정도였기 때문입니다. 불경한 자들, 신앙심 없는 자들, 이런 사람들의 성품을 볼 때 그리스도께서 그들을 사랑할 수 있겠습니까? 사랑할 수 없습니다. 그러나 예수님은 그들의 범죄에도 불구하고 그들을 사랑하셨습니다. 타락하여 비참해진 피조물인 그들을 사랑하셨습니다. 예수님의 인자와 긍휼하심의 풍성을 따라 불쌍히 여기는 마음에서 그들을 사랑하셨습니다. 절대, 그들에게 칭찬할 만한 것이 있어서 그들을 사랑하신 것이 아닙니다. 그들이 경건하지 않은 것을 보셨지만, 그래도 그들을 사랑하셨습니다. 이것이 바로 일반적인 사랑을 뛰어넘는 사랑입니다!

저는 대중적으로 인기가 있는 사람들에 대해 이상하게 생각하지 않습니다. 그런 사람들은 외모부터 첫눈에 매력적이고 스타일 역시 사람들의 이목을 집중시키며 성품도 매력적이기 때문에 사람들이 사랑하는 것입니다. "우리가 아직 죄인 되었을 때에 그리스도께서 우리를 위하여 죽으심으로 하나님께서 우리에 대한 자기의 사랑을 확증하셨느니라"(롬 5:8). 그분께서는 우리를 바라보셨습니다. 그런데 우리에게는 아름다운 것이 단 하나도 없었습니다. 우리는 온통 "성한 곳이 없이 상한 것과 터진 것과 새로 맞은 흔적"(사 1:6)과 뒤틀려지고 더럽고 오염되어 있었을 뿐입니다. 그래도, 이 모든 것에도 불구하고, 예수님은 우리를 사랑하셨습니다. 예수님은 우리를 사랑하셨습니다. 왜냐하면 예수님께서 우리를 사랑하고 싶어하셨기 때문입니다. 예수님의 마음은 우리를 불쌍히 여기는 마음으로 가득 차 있어서, 우리가 멸망하도록 내버려 둘 수 없었습니다. 불쌍히 여기는 마음이 예수님으로 하여금 가장 딱한 대상을 찾게 하였고, 그래서 그분의 사랑은 인간을 가장 낮은 자리에서 끌어 올리셔서 거룩하고 영광스러운 가장 높은 자리에 두시는 큰 능력을 보이셨습니다.

또 다른 추론을 살펴보겠습니다. 만일 그리스도께서 경건하지 않은 자들을 위하여 죽으셨다면, 이 사실은 경건하지 않은 자들이 그리스도께 나아오지 않는 것에 대하여 어떤 변명의 여지도 없게 하는 것입니다. 그리고 그를 믿지 않아 구원에 이르지 못하는 것에 대해서도 변명의 여지가 없게 합니다. 그리스도께서 경건한 자들을 위해 죽으셨다면, 경건하지 않은 자들은 "우리는 그리스도께 나아가기에 부족합니다"라고 하면서 변명할 수 있었을 것입니다. 하지만 여러분은 경건하지 않은 사람들이고, 그리스도께서는 경건하지 않은 자들을 위하여 죽으셨습니다. 그러니 여러분이 뭐라고 변명할 수 있습니까?

　저는 이렇게 대답하는 사람도 보았습니다. "그래도 저는 지금까지 너무 악질로 살아왔거든요." 맞습니다. 여러분은 지금까지 불경스럽게 살아왔습니다. 그러나 여러분의 죄는 이 '경건하지 않은'이란 단어가 포함하고 있는 그런 죄보다는 약한 죄입니다. 그리스도께서는 사악한 자들, 다시 말해 뼛속까지 사악한 자들을 위하여 죽으셨습니다. '경건하지 않은'에 해당하는 헬라어는 그 뜻이 너무나 다양하기 때문에, 여러분이 어떤 악행을 저질렀다 해도, 그 경우까지 분명히 포함하고 있습니다. "그래도, 정말 나 같은 사람을 위해서 그리스도께서 죽으셨다고는 믿을 수 없어요"라고 말하는 사람도 있습니다. 그렇게 생각하는 사람은 더 주목해 주십시오! 저는 그렇게 말씀하신 여러분을 붙잡고서 책망하고 싶습니다. 왜냐하면 여러분의 그런 말은 영원하신 하나님을 맞대놓고 부정하는 셈이며, 하나님을 거짓말쟁이로 만드는 것이기 때문입니다. 그런 말은 하나님을 거짓말쟁이로 몰아붙이는 격입니다. "그리스도께서 경건하지 않은 자를 위하여 죽으셨도다"라고 하나님께서 분명히 말씀하셨는데도 불구하고, 여러분은 하나님이 그렇게 말씀하지 않았다고 말하는 것이니까요. 이런 행동이 바로 하나님을 거짓말쟁이로 만드는 것이 아니고 무엇입니까? 여러분이 그런 교만한 불신을 계속 고집하면서도 어떻게 긍휼을 바랄 수 있겠습니까? 하나님의 계시를 믿으십시오. 즉시 복음을 가까이 하십시오. 여러분의 죄를 떨쳐 버리고, 주 예수를 믿으십시오. 그러면 여러분은 틀림없이 살게 될 것입니다.

　그리스도께서 경건하지 않은 자를 위하여 죽으셨다는 이 사실로 인해 자기의(自己義)는 어리석은 것이 됩니다. "그리스도께서 경건하지 않은 자를 위하여 죽으셨도다." 이것이 사실이라면 사람들은 선한 체할 필요가 없습니다. 제가 아는 한 고아원이 있습니다. 그 고아원의 입원 조건은 극심한 빈곤상태에 있는 아동이어야 합니다. 그런데 한 아동을 고아원에 넣고자 애쓰는 과부가 있다고 합시다. 그 과부가 저나 담당자에게 그 아동이 혜택을 받을 자격이 된다는 사실을 입증하고자 할 때, 그 아동의 삼촌이 부자라는 사실을 말하려고 하겠습니까? 혹은 그 과부가 자기는 돈을 잘 벌어서 재정 능력이 뛰어나다고 떠벌리겠습니까? 이런 이야기들은 과부 자신에게 불리한 이야기들이고, 과부도 그 정도는 알고 있기 때문입니다. 제가 장담합니다. 그 과부는 그런 이야기들이 자기에게 이익이 되기보다는 오히려 손해가 된다는 것을 알고 있습니다. 죄인인 여러분, 우리의 상황도 이와 같습니다. 의로운 척하지 마십시오. 다른 사람들보다 더 낫다고 꿈도 꾸지 마십시오. 이런 것들은 모두 여러분에게 불리한 것들입니다. 여러분은 본성적으로 경건한 사람들이라고 증명해 보십시오. 그런 증명은 예수님께서 위하여 죽으신 그 대상에서 여러분이 제외된다는 것을 입증할 뿐입니다.

예수님은 경건하지 않은 자를 경건하게 만들고, 죄인을 거룩하게 만들기 위해 오셨습니다. 오늘 본문에 따르면, 예수님이 행하신 사역의 원재료는 그 재료의 우수성 때문에 선별된 것이 아니라, 그 재료의 불량성 때문에 선별된 것이라고 기록되어 있습니다. 예수님께서 죽으신 것은 바로 경건하지 않은 자를 위한 것입니다. "그런데 나 자신의 경건치 않음을 내가 느끼지 못한다면 어떡하지요!" 정말 그렇다면 여러분은 여러분에게서 무엇을 느낍니까? 여러분은 스스로 생각하기에 자기가 조금은 괜찮은 사람이라고 느낍니까? 그렇다면 여러분은 오늘 본문에 기록된 경건하지 않은 자들 가운데 분명히 속해 있지 않습니다. 만일 여러분에게 선한 감정, 선한 생각, 선한 소망, 선한 정서가 없다면, 여러분은 경건하지 않은 사람에 해당됩니다. 그리스도를 믿으십시오. 그러면 여러분은 그 경건하지 않음으로부터 구원받게 될 것입니다.

몇몇 바리새적인 도덕주의자들은 이렇게 말합니다. "글쎄요. 이것은 위험한 교리입니다." 왜 위험합니까? 의사들이 베푸는 의술의 대상은 건강한 사람이 아니라 아픈 환자라고 말하는 것이 위험한 교리입니까? 의술의 대상이 환자라는 이 말이 아픈 사람들에게만 힘을 주고, 건강한 자들은 낙담하게 합니까? 여러분이 더 잘 알고 있습니다. 여러분은 환자에게 자신을 치료하는 의사와 그 의사의 능력에 대해 말해 주는 것이 치료를 진전시키는 가장 좋은 수단이라는 것을 알고 있습니다. 불경스럽고 경건하지 않은 자들이 마음을 잡고 구세주께 달려 나와, 그분을 통해 그 불경과 경건하지 않음이 치료된다면, 그것 또한 좋은 일이지 않겠습니까? 예수님이 오신 목적은 하나님을 섬기지 않는 불경스러운 자가 하나님을 섬기게 하고, 경건하지 않은 자를 경건하게 하고, 사악한 자를 순종하게 하며, 정직하지 않은 자를 정직하게 하기 위함입니다. 예수님이 오신 것은 구원받은 죄인들이 여전히 죄 가운데 있도록 하기 위함이 아니라, 그 죄로부터 떠나도록 하기 위함이었습니다. 이것이야말로 죄에 병든 사람들에게 가장 좋은 소식입니다. 자기 의(自己義)는 어리석음이며 절망은 죄악입니다. 왜냐하면 그리스도께서는 경건하지 않은 자를 위하여 죽으셨기 때문입니다. 그러므로 스스로 자신을 제외시키지 않는 한, 아무도 제외되지 않습니다. 이 큰 문은 넓게 열려 있습니다. 그래서 아무리 악한 인간이라 하더라도 들어갈 수 있으며, 이 말씀을 듣고 있는 사랑하는 성도 여러분도 지금 들어갈 수 있습니다.

오늘 본문에 따르면, 또 하나의 분명한 사실이 있다고 생각합니다. 그것은 구원을 받을 때 회심한 사람들은 자랑할 근거가 없다는 사실입니다. 그들의 마음이 다시 새로워지고 하나님을 사랑하게 되었을 때는, "내가 얼마나 선한지 한번 봐라" 하고 말할 수 없는데, 이는 그들이 본성적으로 선하지 않았기 때문입니다. 회심 이후에 그들 속에 선한 것이 있다 하더라도, 그들은 그 선함을 하나님의 은혜로 돌립니다. 본성적으로 그들은 하나님과 사이가 좋지 않았으며, 의로움과는 전혀 동떨어져 있었기 때문입니다. 본성이 타락했다는 진리를 알게 되고 또 그렇게 느끼기만 한다면, 반드시 무한한 은혜를 믿게 되며 그로 인해 자신에 대한 모든 칭찬을 그만두게 됩니다.

오늘 본문은 또한 구원받은 자들이 죄를 가볍게 생각하지도 못하게 할 것입니다. 만일 하나님께서 아무런 대속 없이 죄인들을 용서해 주셨다면, 그들은 아마 죄를 가볍게 생각할 것입니다. 그런데 알고 보니 그 용서는 그들을 구속하신 분의 쓰라린 슬픔을 통해 주어졌기 때문에, 그들은 죄 짓는 것을 대단히 큰 잘못으로 생각하지 않을 수 없습니다. 십자가 위에서 죽어가는 예수님을 바라볼 때, 우리는 죄와 노닥거리는 짓을 그만두게 되고, 사랑스러우신 구세주에게 그렇게 큰 고통을 겪게 했던 원인인 죄에 대해 철저히 혐오하게 됩니다. 예수님의 모든 상처는 죄에 대항하는 하나의 항변입니다. 구속자께서 우리의 죄를 제거하기 위해 치르신 대가를 보기 전까지는, 우리는 우리의 죄악에 대해 절대 완전히 알 수 없습니다.

그리스도께서 죽으심으로 우리가 구원받게 되었다는 사실은, 순수하고 정직하고 사랑스럽고 좋은 평판을 듣는 모든 것들을 행하도록 우리를 강권합니다. 그리고 죄를 역겹게 느끼도록 해서 구원받은 사람이라면 죄의 이름을 말하기만 해도 두려워하게 만듭니다. "내가 바알들의 이름을 그의 입에서 제거하여 다시는 그의 이름을 기억하여 부르는 일이 없게 하리라"(호 2:17). 그분께서는 우리가 죄를 어떻게 생각하고 있는지 보고 계십니다. 죄는 피로 녹슨 칼과 같습니다. 어떤 강도가 그 칼로 우리의 어머니와 아내와 자녀를 죽였다고 합시다. 우리는 그 칼로 장난을 칠 수 있겠습니까? 그 칼을 우리 곁에 둔다거나 눈에 잘 보이는 곳에 보관할 수 있겠습니까? 그러지 않을 것입니다. 그 칼은 내가 사랑했던 사람의 심장을 찌른, 피로 얼룩진 저주받은 물건입니다! 저라면 기꺼이 그 칼을 한없이 깊은 곳에 던져 버릴 것입니다! 구세주의 심장을 찔렀던 그 칼이 바로 죄입니다. 그러므로 대속의 희생으로 구원받은 모든 사람들은 죄를 미워해야만 합니다.

이 말씀으로 이 부분을 마무리하고자 합니다. 경건하지 않은 자를 위하여 그리스도께서 죽으신 것은, 경건하지 않은 자들이 구원받았을 때 그들이 그리스도를 사랑하게 하는 가장 장엄한 논증이 됩니다. 그리스도를 사랑하는 것이 순종의 원천이 됩니다. 그렇다면 사람들은 어떻게 그리스도를 사랑하게 될까요? 사랑을 거두려면 우선 사랑을 심어야 합니다. 가서 사랑을 심으십시오. 죄인들을 향한 그리스도의 사랑을 사람들이 알게 하십시오. 그러면 사람들은 감동하여 그 사랑에 대한 보답으로 하나님의 은혜로 말미암아 그리스도를 사랑하게 될 것입니다. 물론 우리 모두는 하나님께서 위협하시는 진노를 알아야 할 필요가 있습니다. 그러나 제일 먼저 제 마음을 감동시키는 것은 저처럼 가치 없는 사람을 사랑하시는 그리스도의 무한한 사랑입니다. 제 죄가 아무리 검게 보여도, 그리스도의 죽으심을 통해 저는 용서받았음을 알고 있습니다. 이 복된 확신이 저를 안도하게 합니다.

> "내 영혼을 날려버리기 위해
> 천둥과 번개를 명하셨다면
> 나는 지금까지도 강퍅하였을 것입니다.
> 그러나 그 자비하심에 내 마음이 굴복되어
> 피 흘리는 구세주를 바라봅니다.
> 이제는 내 죄가 싫어졌습니다."
>
> (존 뉴턴[John Newton]이 지은 찬송가 '주님, 당신이 이겼습니다. 마침내 제가 항복합니다' [Lord, Thou hast won, at length I yield]의 2절 가사이다 ― 역주)

예전에 어떤 군인의 이야기를 들은 적이 있습니다. 그 군인은 상습적인 음주와 명령위반으로 영창에 갔었습니다. 물론 구타도 많이 당했습니다. 그러나 그 어떤 처벌에도 그는 개선되지 않았습니다. 결국 그는 또 다른 범죄로 군법회의에 회부되어 부대장 앞에 서게 되었습니다. 그러자 그 부대장이 그에게 이렇게 말했습니다. "장병, 나는 너에게 총살만 빼고는, 군법에 적힌 대로 모두 다 해봤다. 영창에 보내기도 했고 구타도 해 보았다. 그래도 넌 아무 변화가 없었다. 그래서 이제는 네게 지금까지와는 전혀 다르게 해볼 작정이다. 너는 지금까지 완전히 골칫덩어리였다. 그리고 지금도 너는 반성의 기미가 보이지 않고 있다. 그래서 너에 대한 내 계획을 바꾸려고 한다. 나는 네게 벌금형도 내리지 않고 구타도 하지 않고 영창에도 보내지 않겠다. 단지 너를 사랑으로만 대하려고 한다. 그렇게 했을 때 네가 어떻게 될지 두고 볼 작정이다. 결론적으로 말해 나는 너를 완전히 무조건 사면하겠다." 그 때 그 군인은 눈물을 터뜨렸습니다. 왜냐하면 그 군인은 이번에도 많은 매질을 당할 것이라고 생각하고는 단단히 마음의 준비를 하고 있었기 때문입니다. 그런데 자기가 사면되고 석방된다는 것을 알고 나서, 그는 이렇게 말했습니다. "부대장님, 이제 다시는 군법을 어기지 않겠습니다."

자비가 그 군인의 마음을 사로잡았던 것입니다. 죄인인 여러분, 이와 똑같은 방식으로 하나님께서 여러분을 대하십니다. 큰 죄인들이여! 경건하지 않은 죄인들이여! 하나님께서 말씀하십니다. "내 생각이 너희의 생각과 다르며 내 길은 너희의 길과 다름이니라(사 55:8). 나는 너희를 위협하였고, 너희는 나를 대적하여 너희 마음을 완악하게 하였다. 그러므로 오라 우리가 서로 변론하자 너희의 죄가 주홍 같을지라도 눈과 같이 희어질 것이요 진홍 같이 붉을지라도 양털 같이 희게 되리라(사 1:18)." 또 이렇게 말하는 사람도 있습니다. "글쎄요. 죄인들에게 이런 식으로 말한다면, 죄인들이 밖에 나가서 더 많은 죄를 짓지 않을까 걱정이네요." 맞습니다. 어디든 동물만도 못한 사람들이 있기 마련입니다. 은혜가 풍성하다는 이유로 죄를 짓는 비정상적인 사람들이 있을 수 있습니다. 그러나 사랑의 영향력과 같은 그런 것도 있음을 알기에 저는 하나님을 찬양합니다. 그리고 많은 사람들이 그 사랑의 힘을 느끼고 놀라운 은혜의 강한 팔에 안긴다는 사실에 저는 기뻐합니다. 하나님의 성령께서는 이러한 사랑의 논증을 통해 죄인이 구원받는 그 날에 승리하십니다. 사랑은 놋문을 쳐서 부수는(사 45:2) 위대한 대형 망치입니다. 하나님께서 "내가 네 허물을 빽빽한 구름 같이, 네 죄를 안개

같이 없이하였으니"(사 44:22)라고 말씀하실 때, 사람은 감동하여 회개하게 됩니다.

도덕 그 자체가 요구하는 것으로는 할 수 없었던 모든 선한 것들을, 무한한 사랑이 이루어낸 수천 수백의 사례들을 저는 말씀드릴 수 있습니다. 이 무한한 사랑이 사람의 마음을 변화시켰고, 죄를 지향하는 본성을 의를 지향하도록 완전히 돌아서게 했습니다. 죄인이 믿고 회개하며 악한 길에서 돌이켜 거룩함을 열망하게 되었습니다. 예수님을 바라봄으로써 그는 죄가 용서된 것을 느꼈고 새 사람이 되어 새 삶을 시작했습니다. 하나님, 오늘 이 아침에도 그런 일들이 일어나게 하시고, 그 모든 영광, 하나님께서 받으옵소서.

3. 그리스도께서 경건하지 않은 자를 위하여 죽으셨다는 사실이야말로 우리가 전해야 할 유일한 선포입니다.

이제 말씀을 맺고자 합니다. 이것이 마지막 핵심입니다. "그리스도께서 경건하지 않은 자를 위하여 죽으셨도다"라는 이 사실이야말로 우리가 전해야 할 유일한 선포입니다. 제가 만약 이런 형벌을 받는다고 가정해 봅시다. 앞으로 50년을 더 살면서 다른 말은 하면 안 되고, 오직 "그리스도께서 경건하지 않은 자를 위하여 죽으셨도다"라는 이 여섯 마디만 해야 하는 형벌을 받는다면, 그래서 이 여섯 마디를 살아 숨쉬는 모든 남자와 여자는 물론이고 어린아이들에게도 말해야 한다면, 저는 그런 형벌에 대해 언짢아하지 않을 것입니다. "그리스도께서 경건하지 않은 자를 위하여 죽으셨도다." 이 메시지는 천사들까지도 인간들에게 전하고자 하는 가장 좋은 메시지입니다. 이 사실을 선포하는 일에 전체 교회가 함께 참여해야 합니다. 수천 명의 사람들에게 말씀을 전하는 저 같은 사람들은 부지런히 크게 외쳐야 합니다. "그리스도께서 경건하지 않은 자를 위하여 죽으셨도다"라고 말입니다. 그러나 꼭 저와 같은 상황이 아니더라도, 개인적으로 말하거나 편지를 쓸 수 있는 상황이라면 이 사실을 계속해서 선포해야 합니다. "그리스도께서 경건하지 않은 자를 위하여 죽으셨도다"라는 이 사실을 크게 외치십시오. 그게 안 되면, 작은 소리로 속삭이셔도 됩니다. 큰 글씨로 인쇄를 하십시오. 그게 안 되면, 작게 쓰셔도 됩니다. "그리스도께서 경건하지 않은 자를 위하여 죽으셨도다"라고 말입니다.

이 사실을 장엄하게 말하십시오. 이 사실은 농담거리가 아닙니다. 이 사실을 기쁘게 말하십시오. 이 사실은 슬픈 주제가 아니라 기쁜 주제입니다. 단호하게 말하십시오. 이것은 분명한 사실이기 때문입니다. 사람들이 말하는 과학적 사실들에 대해서도 항상 의문이 제기됩니다. 그러나 이 사실은 의문의 여지가 없습니다. 진지하게 이 사실을 말하십시오. 만약 인간의 영혼을 깨울 수 있는 하나님의 진리가 있다면, 이것이 바로 그 진리이기 때문입니다. "그리스도께서 경건하지 않은 자를 위하여 죽으셨도다." 경건하지 않은 자가 사는 곳에서 그 사실을 말하십시오. 바로 여러분의 집이 경건하지 않은 자가 사는 곳입니다. 이 도시의 어두운 구석들에서도, 유흥가에서도, 도둑들이 활개 치는 곳에서도, 비행 소굴에서도 이 사실을 말하십시오. 교도소에서도 말하고, 임종을 맞는 병상에 앉아서도 부드럽게 속삭이듯 읽으십시오. "그리스도께서 경건하지 않은 자를 위하여 죽으셨도다." 거리에서 창녀들을 지나칠 때도 여러분은 교만한 마음으로 머리를 갸우뚱하지 마십시오. 이 때도 기억하십시오. "그리스도께서 경건하지 않은 자를 위하여 죽으셨도다." 여러분에게 상처를 준 사람들이 생각날 때도, 신랄한 말들을 내뱉지 말고 여러분의 혀를 억누르고서 기억하십시오. "그리스도께서 경건하지 않은 자를 위하여 죽으셨도다." 이제부터 이 말씀을 여러분의 삶을 향한 메시지로 삼으십시오. "그리스도께서 경건하지 않은 자를 위하여 죽으셨도다."

그리고 사랑하는 성도 여러분, 이 메시지의 수신자는 바로 여러분처럼 아직 구원받지 못한 사람들이라는 사실에 주목하십시오. 이 메시지의 수신자가 바로 여러분임을 믿으십시오. 혀에 이 메시지를 지니고 하나님께 나아가십시오. "주님, 저를 구원해 주옵소서. 그리스도께서 경건하지 않은 자를 위하여 죽으셨기 때문입니다. 제가 바로 경건하지 않은 사람입니다." 흉용하는 큰 파도 가운데서 사람들은 자기 생명을 구명벨트 하나에 내어 맡기듯, 여러분도 자신을 바로 이 메시지에 내어 맡기십시오. "그런데, 저는 이 사실에 대해 전혀 아무 느낌이 없어요"라고 말할 수도 있습니다. 만약 그렇다면, 여러분의 느낌을 믿지 마십시오. 자신의 느낌이나 소망이 아니라, 오직 "그리스도께서 경건하지 않은 자를 위하여 죽으셨도다"라는 이 사실에만 필사적으로 매달리십시오. 그러면 여러분은 이 위대한 사실이 지니고 있는 변화시키는 능력, 고양시키는 능력, 영적으로 만드는 능력, 도덕적으로 만드는 능력, 성화시키는 능력을 곧 알게 될 것이며, 비로소 경건한 자가 될 수 있을 것입니다. 하지만 먼저는 경건하지 않은 자로서 "그리스도께서 경건하지 않은 자를 위하여 죽으셨도다" 하는 이 사실에 의지해야 합니다.

이 말씀을 듣고 있는 사랑하는 성도 여러분, 이 진리를 받아들이십시오. 그러면 여러분은 구원받게 될 것입니다. 여러분이 구원받게 된다는 말은 단순히 여러분이 용서받게 된다거나 천국에 들어가게 된다는 것이 아닙니다. 그 이상입니다. 이것은 여러분이 새로운 마음을 가지게 될 것이라는 뜻입니다. 여러분은 이제 죄를 사랑하는 것으로부터, 술 취함으로부터, 신성모독으로부터, 부정직함으로부터 구원받게 될 것입니다. "그리스도께서 경건하지 않은 자를 위하여 죽으셨도다"라는 이 사실을 실제적으로 알게 되고 또 믿게 된다면, 여러분의 영혼에 새로운 생수의 샘이 터져서, 아우게이아스의 외양간(Augean stable: 고대 그리스 신화에 나오는 것으로 3000마리의 소를 기르면서 30년간 청소를 하지 않았다는 대형 외양간 – 역주) 같은 여러분의 본성이 깨끗해질 것이며, 이전에 강도의 소굴이었던 그곳이 하나님의 성전으로 바뀔 것입니다. 예수 그리스도의 죽으심을 통한 하나님의 자비하심이 바로 임할 것입니다. 다시 말해 여러분의 인생사에 새로운 시대가 즉시 시작될 것입니다. 저는 지금까지 제가 알고 있는 것을 최대한 쉽게 설명하였습니다. 그리고 그 설명 속에 미사여구는 들어가지 않도록 애썼습니다. "그리스도께서 경건하지 않은 자를 위하여 죽으셨도다"라는 이 말씀 자체가 정오의 햇빛처럼 분명하게 드러나도록 노력했습니다. 그리스도의 죽으심을 통해 이루어진 이 귀중한 축복을 여러분의 두 귀가 거절한다면, "네 피가 네 머리로 돌아갈지어다"(삼하 1:16)라는 말씀대로 될 것입니다. 그런 사람을 위한 또 다른 구원방법은 없기 때문입니다.

여러분이 이 사실을 거절하든 받아들이든 저는 이 사실을 확신합니다. 하지만 이 사실을 거절하지 마십시오. 이 사실은 여러분의 생명이 달린 것이기 때문입니다. 만약 하나님의 아들이 죄인을 위하여 죽으셨는데 정작 죄인이 그 보혈을 거절한다면, 그 죄인은 지을 수 있는 범죄 중에서 가장 극악한 죄를 지은 것입니다. 감히 장담은 할 수 없지만, 지옥에 있는 악마들도 예수 그리스도의 희생을 거절하는 큰 죄는 지을 수 없을 것 같습니다. 최고의 사랑이 여기에 있습니다. 성육신하신 하나님이 인간들을 구원하기 위해 피 흘려 죽으셨는데도, 인간들은 하나님을 싫어하며, 인간들을 구원하기 위해 돌아가셨다는 그 사실조차 인정하려 하지 않습니다. 그분은 인간들을 위하여 자기 아들의 몸으로 지극히 높은 곳에서 가장 비참한 곳까지 깊이 내려가셨지만, 인간들은 그 창조주와 화해하려 하지 않습니다. 이것이 바로 타락이며, 실로 절망적인 반역입니다. 하나님께서 여러분은 이런 죄를 짓지 않도록 해 주시기를 기원합니다. 인간들이 영생을 거절하고 하나님의 어린 양께 무례하게 행동할 때, 짓밟힌 사랑에서 터져 나오는 진노보다 더 격렬한 진노의 불길은 없을 것입니다.

　　"오, 하나님 제가 믿을 수 있도록 해 주옵소서"라고 말하는 사람이 있습니다. "여보세요. 믿는 게 뭐가 어렵습니까? 진리를 믿는 게 어려운가요? 당신은 감히 하나님을 허수아비로 만들 작정입니까? 당신은 자기 마음을 완악하게 만들어서 하나님을 거짓말쟁이로 만들려고 하는 것인가요?"라고 제가 대답합니다. 그러면 그 사람은 또 이렇게 말합니다. "아니오. 저는 그리스도께서 경건하지 않은 자를 위하여 죽으셨다는 것을 믿습니다. 그런데 그 죽으심의 공로가 어떻게 하면 내 영혼에 적용될 수 있을지 그 방법을 알고 싶어요." 그렇다면, 여러분은 가능합니다. 그 대답으로 이런 말씀이 있습니다. "그를 믿는 자는 심판을 받지 아니하는 것이요"(요 3:18). 여기서 믿는 것은 의지하는 것을 뜻합니다. 여기에 복음이 있으며, 복음의 전체 내용이 바로 이 말씀입니다. "믿고 세례를 받는 사람은 구원을 얻을 것이요 믿지 않는 사람은 정죄를 받으리라"(막 16:16).

　　저도 여러분처럼 불쌍하고 연약한 사람입니다. 하지만 나의 복음은 결코 약하지 않습니다. "갑옷 입은 그룹(cherubim)이나 뒤따르는 스랍" 중 하나가 이 강대상에 선다고 해도, 이 복음의 말씀보다 더 강력하지 못할 것입니다. 이 말씀보다 더 좋은 소식을 여러분에게 전하지 못할 것입니다.

　　여러분의 연약함까지 체휼하실 정도로 낮아지신 하나님께서는 여러분처럼 죽을 수밖에 없는 한 인간을 택하셔서 여러분에게 이 무한한 사랑의 메시지를 전하도록 하셨습니다. 이 메시지를 거절하지 마십시오! 귀중한 여러분의 영혼을 생각해서라도, 멸망하지 않을 영혼을 생각해서라도, 천국의 소망을 생각해서라도, 지옥의 공포를 생각해서라도, 영생을 붙잡으십시오. 이 날이 이 땅에서 여러분의 생애 마지막 날이 될지도 모르며, 이 저녁이 여러분의 생애 마지막 저녁이 될지도 모른다는 두려움에서, 지금 여러분에게 강권합니다. "예수님에게로 도망치십시오." 십자가에 못 박히신 그분을 쳐다보는 것에 생명이 있습니다. 지금 이 순간 여러분을 위한 생명이 있습니다. 지금 그분을 쳐다보십시오. 그러면 살 것입니다. 아멘.

제
10
장

—

한 사람으로 말미암아 멸망,
한 사람으로 말미암아 구원

—

"또 이 선물은 범죄한 한 사람으로 말미암은 것과
같지 아니하니 심판은 한 사람으로 말미암아
정죄에 이르렀으나 은사는 많은 범죄로 말미암아
의롭다 하심에 이름이니라" — 롬 5:16

이 시간, 제가 가진 단 하나의 바람은 간절하게 구원을 추구하는 자들을 도 와서, 그들이 구원을 발견하도록, 그것도 빨리 발견하도록 하는 것입니다. 때로 는 죄인들의 무지로 인해 그리스도께로 오지 못하기도 합니다. 제가 바로 그런 경우이기 때문에 잘 압니다. 저는 자주 이렇게 생각했습니다. '만일 내가 구원의 계획을 좀 더 분명하게 이해했었더라면 지금보다 좀 더 빨리 그리스도를 영접했 을 텐데' 하고 말입니다. 그래서 제가 조금도 의심하지 않는 한 가지 사실이 있습 니다. 그것은 항상 자기 가까이에 있는 것을 오랫동안 찾고 다니는 정열적인 구 도자들이 많이 있다는 사실입니다. 그들은 광야에 있는 하갈과 같습니다(창 21:14). 샘물이 그들의 발치 가까운 곳에 있는데도 불구하고, 그들은 갈증으로 죽어갑니다. 그들은 시온으로 가는 길에 대해 무지하기 때문에 그 길을 묻고 있 는 중입니다.

그렇게 고민하는 자들은 성경을 읽는다 해도 충분한 깨우침을 얻지 못할 것입니다. 그들은 에디오피아 내시(행 8:27)와 같은 상태에 있기 때문입니다. 빌립이 "읽는 것을 깨닫느냐?"(행 8:30)라고 묻자, 그는 "지도해 주는 사람이 없으니 어찌 깨달을 수 있느냐?"(행 8:31)고 대답했습니다. 이해되지 않는 말씀에 빛을 비추어줄 단 몇 마디의 말들이 필요합니다. 그래서 눈으로 보게 되고 지각으로 이해하게 되고 마음으로 받아들이게 되어, 결국 포로 된 영혼이 자유롭게 해방됩니다. 하나님을 사랑하고 예수 그리스도로 말미암아 값없이 의롭다 하심을 받아 기뻐하는 여러분, 기도하십시오. 하나님께서 인도하셔서 죄가 박살난 그 곳을 우리가 바라보도록 기도하십시오. 바로 여기에 높이 들리신 그리스도가 계십니다. 마치 광야에서 장대에 달렸던 놋뱀(민 21:9)처럼 말입니다. 그리스도께서 높이 들리셨는데도, 그들은 우리가 지시하는 곳은 쳐다보지도 않고 엉뚱한 곳만 상하좌우로 바라보고 있습니다. 거룩하신 성령님, 그들에게 볼 수 있는 눈을 주옵소서. 그 눈으로 구세주를 바라보도록 인도하옵소서. 우리가 구세주에 관해 전하고 있는 바로 지금, 그렇게 인도해 주옵소서!

저는 아담의 죄의 전가에 대한 신학적인 난제들이나, 그리스도의 의의 전가와 관련된 여러 질문들까지 깊게 파고들지는 않을 것입니다. 저는 오늘 본문에서 바울 사도가 언급한 두 가지 핵심만 아주 간단하게 말씀드리고자 합니다. 한 사람으로 말미암아 우리가 멸망했다는 것과, 한 사람으로 말미암아 우리가 구원받았다는 이 두 가지 사실이 일어나는 과정까지 보여드리려고 합니다.

태초에 한 쌍의 개인들로 인류가 시작된 것은 하나님께 기쁨이었습니다. 한 사람인 아담은 전체 인류의 대표였습니다. 왜냐하면 하나님께서는 전체 인간을 선택된 한 사람의 대표를 통해 대하시기로 작정하셨기 때문입니다. 그 한 사람 안에서 인류는 한동안 완전했습니다. 아담이 순종한 시간이 짧았는지 길었는지는 우리가 알 수 없습니다. 아담은 하루 동안도 완전하게 지내지 못했다고 생각하는 사람들도 더러 있습니다. 시편 기자는 말씀합니다. "사람은 존귀하나 장구하지 못함이여"(시 49:12). 그래서 우여곡절 끝에 아담은 유혹을 받아 타락하게 되었습니다. 아담은 자신에게 시험으로 주어진 한 명령을 어겼습니다. 그 명령은 결코 어려운 것이 아니었으며, 엄격하거나 혹독한 기미도 전혀 없는 그런 명령이었습니다. 하지만 아담은 그 명령을 의도적으로 즉시 범했으며, 그로 인해 우리의 대표는 완전하지 못하게 되었습니다. 아담은 낙원에서 쫓겨났고, 아담의 모든 후손들은 대표인 아담을 따라 심판과 정죄에 이르렀습니다. 그 결과로 사람들은 자라서 나이가 들면 죽게 되었습니다. 그래서 아담으로부터 모세까지, 또 모세로부터 현재에 이르기까지 사람은 죽어야 한다는 것이 법칙이 되어왔습니다. 아담의 죄가 인류를 지배하게 되어 인류에게는 죽음으로 끝날 때까지 수고와 슬픔의 삶이 남겨졌습니다. 우리가 말해야 할 것이 이게 전부라면, 이런 이야기야말로 극심한 우울증만 초래할 것입니다. 그러나 하나님께 감사하십시오. 이 이야기에는 또 다른 측면, 훨씬 밝은 측면이 있습니다.

　이런 대표에 의한 결정이 부당하다고 트집 잡는 사람들이 있습니다. 그러나 이 대표제를 믿고 대표제에 대해 기뻐하는 많은 사람들도 있습니다. 우리의 대표를 통해 전체적으로 타락하고 정죄 받았다는 그 사실이 우리에게는 다행스러운 상황임을 저는 항상 주장해 왔습니다. 왜냐하면 우리 각자가 개인적으로 그런 시험을 당했더라면, 우리 모두가 타락했을 것이 확실하기 때문입니다. 우리의 첫 조상보다 더 나은 자는 우리 중에 아무도 없습니다. 그런 시험이 우리 각자가 처한 상황에서 반복되었다면, 아담의 경우와 마찬가지로 슬픈 방식으로 끝났을 것입니다. 그러므로 아담의 타락은 최종적이고 운명적으로 종결된 것이 분명합니다. 최소한 우리는 그렇게 믿고 있습니다. 천사가 타락한 경우에는 개별적으로 죄를 지었기 때문에, 천사들이 회복될 소망은 전혀 없었습니다. 배도한 천사들이 회복될 수 있는 계획, 다시 말해 공의에 위배되지 않으면서도 배도한 천사들이 회복될 수 있는 계획을 무한한 지혜를 가지신 하나님께서 고안해 내실 수 있었는지 없었는지에 대해서는 우리가 말할 수 없습니다. 우리가 아는 것은 하나님께서 그러한 계획을 고안하지 않으셨다는 것입니다. 천사들은 각자 죄를 지었고, 죄를 지으면서 타락해버려 회복될 수 있는 모든 소망을 잃어버렸습니다. 하나님께서는 현재 천사들을 "큰 날의 심판까지 영원한 결박으로 흑암에 가두셨으며"(유 6), 그들에게는 그 어떠한 복음도 전해지지 않게 하셨고, 그 어떠한 대속도 행해지지 않게 하셨습니다. 천사들은 죄악된 상태에 거하면서, 가장 높으신 분을 대항해 기꺼이 거역하도록 영원히 남겨졌습니다.

　그러나 우리는 다행히도 우리의 대표자로 말미암아 타락하였습니다. 그러므로 우리는 또 다른 대표자에 의해서 회복될 수 있었습니다. 그래서 하나님의 무한하신 지혜와 긍휼로 두 번째 아담이 이 세상에 오셨습니다. 그분은 인간이셨습니다. 참으로 인간이셨습니다. 하지만 인간 그 이상이셨습니다. 왜냐하면 그분은 또한 하나님이셨기 때문입니다. 그리고 그분은 율법을 범한 죄인들을 위하여 대속제를 드렸습니다. 그 대속은 그분을 믿는 자는 누구든지 영원토록 그의 죄가 제거되는 대속이었습니다. 그러므로 아담은 아담인데 첫 번째 아담과는 전혀 다른 아담 안에서, 우리는 타락할 때와 똑같이 소생케 됩니다. 우리는 첫 번째 아담 안에서 타락하였고, 두 번째 아담 안에서 소생케 됩니다. 우리는 자기의 허물이 없더라도, 첫 번째 아담 안에서 타락하였습니다. 우리는 자기의 공로가 없더라도, 두 번째 아담 안에서 소생합니다. 우리가 다시 하나님의 사랑을 받게 된 것은 바로 이러한 값없이 주시는 하나님의 은혜 때문입니다.

이 문제에 대해서는 말씀드릴 것이 너무나 많습니다. 하지만 제가 이미 말씀드린 바와 같이 오늘 본문에 언급되어 있는 두 가지만을 전하고자 합니다. 첫 번째, 사도 바울이 오늘 본문에서 우리 앞에 제시하는 대조를 묵상하겠습니다. 그런 다음 두 번째, 하나님께서 긍휼을 베푸시는 그 방식을 찬양하려고 합니다.

1. 첫 번째 아담과 두 번째 아담을
비교하여 생각해 보십시오.

첫 번째, 본문에 묘사되어 있는 대조를 묵상해 보겠습니다. 사도 바울은 우리에게 이렇게 말합니다. "한 사람이 순종하지 아니함으로 많은 사람이 죄인 된 것 같이"(롬 5:19). 그러나 은사는 다릅니다. 한 번의 범죄가 우리를 멸망하게 하였지만, 값없는 은사는 많은 범죄들을 제거하였습니다. 우리 인류를 멸망시킨 것은 한 사람이 저지른 한 번의 범죄였습니다. 아담은 한 번 범죄하였습니다. 그 한 번의 범죄로, 그는 우리 모두를 하나님과 불화하게 만들었습니다. 그래서 인류는 심판과 정죄를 받게 되어 수고하다가 마침내 죽어가게 되었습니다. 자, 생각해 봅시다. 범죄 하나가 모든 인류를 멸망시킬 만한 능력을 지녔다면, 그런 위력을 가진 무수한 범죄들을 이 땅에 오셔서 용서의 은사로 제거하신 그리스도의 놀랄 만한 대속 사역을 여러분은 온 마음 다해 찬양해야 하지 않을까요? 우리가 예수 그리스도로 말미암아 죄 사함을 받게 될 때, 아담의 타락으로 인한 모든 재난들이 취소됩니다. 인류를 타락시킨 어떤 범죄라 하더라도, 그 인류 중 누구든지 예수 그리스도를 믿으면 그 순간 범죄로부터 자유하게 됩니다.

아담은 우리가 가진 재산으로는 아무도 변제하지 못할 정도의 큰 액수를 저당잡혔습니다. 그러나 모든 믿는 자에게는 일순위로 잡혀 있는 엄청난 액수의 저당이 소멸되며, 채무변제로 그 재산은 저당에서 풀려나게 됩니다. 그러나 이에 덧붙여 우리 각자가 지은 죄가 있습니다. 즉, 우리의 재산은 처음부터 채무가 있었는데 거기에 우리가 더 빚을 지게 된 것입니다. 그 상태는 마치 빚을 상속받은 사람이 현재의 채무상태에서 더 빚을 지게 되어, 저당잡힌 액수가 몇 배로 불어나 채무자가 도저히 감당할 수 없을 지경에 이른 것과 같습니다. 그러나 예수 그리스도를 믿는 자는 누구든지 이 말씀으로 위로를 받을 수 있습니다. "은사는 많은 범죄로 말미암아 의롭다 하심에 이름이니라." 여러분의 죄를 세려고 노력하지 마십시오. 여러분이 세려고 해 봤자 여러분의 계산으로는 셀 수 없을 것입니다. 그래도 여러분이 소년기부터 지금까지 살아오면서 지은 죄들을 되돌아보는 것은 여러분에게 유익이 될 수 있기에, 회개하는 마음을 가지고 그렇게 한번 해 보십시오. 그러나 혹시라도 여러분이 모든 능력을 다 동원해서 자기가 지은 죄의 목록을 작성할 계획이라면, 그 목록의 맨 아래에 이렇게 쓰십시오. "은사는 많은 범죄로 말미암아 의롭다 하심에 이름이니라." "많은 범죄"로 말미암아, 다시 말해 아무리 많다 하여도, 그 수가 해변의 모래보다 더 많고 대양을 이루는 물방울보다 더 많다 할지라도, 용서하시는 하나님의 무한한 은사는 그 모든 죄들이 파도에 휩쓸리듯 쓸려가게 합니다.

이 세상에서 죄가 어떤 형태들을 취하고 있는지 잠시 생각해 봅시다. 경건하지 않은 자들도 놀라는 살인, 간통, 절도, 만취, 신성모독 등의 진홍 같은 죄가 있으며, 이보다는 좀 더 가벼운 것으로 우리가 죄의 그림자라고 생각하기 쉬운 그런 형태의 죄도 있습니다. 물론 하나님이 보시기에는 이런 가벼운 허물이든 진홍 같은 죄든 모두 그 안에 동일한 크기의 악이 들어 있습니다. 저는 우리가 지은 죄의 목록을 만들려고 시도하지 않겠습니다. 그렇게 하려면 안팎으로 기록된 선지서의 두루마리 같은 것을 사용해야 할 것 같고, 그 두루마리의 길이가 너무 길어서 그것을 펼칠 만한 공간도 찾기 어려울 것 같으니까요. 우리의 죄와 부정은 셀 수도 없을 만큼 많습니다. 죄는 바다의 파도처럼 우리의 머릿속을 휩쓸고 지나갔습니다. 자신의 성품과 마음을 주관적이든 객관적이든 올바르게 보는 사람은 하나도 없을 것입니다. 자기의 생애가 죄로 가득 차 우글거리는 모습을 보지 않으려고 하기 때문입니다. 그러나 우리가 예수님을 믿는 그 순간, 하나님 사랑의 값없는 은사가 그 모든 죄들을 없이합니다.

로마 가톨릭 교회는 죄를 두 가지 종류로 나눕니다. 즉, 죽음에 이르는 죄와 용서받을 수 있는 죄로 나눕니다. 그러나 저는 죄를 어떻게 분류하는지가 중요하다고 생각하지 않습니다. 그리스도께서 그 죄들을 통째로 짊어지시고 그것을 바다 깊은 곳에 던져버리셨음을 알기 때문입니다.

여러분이 원한다면 죄들에 대해 다양한 제목들로 분류할 수 있을 것입니다. 생각하는 죄, 말하는 죄, 행동하는 죄, 십계명의 두 돌판 중 첫째 판을 거역하는 죄로서 하나님과 관련된 죄, 또는 둘째 판을 거역하는 죄로서 사람과 관련된 죄, 모르고 지은 죄, 알고 지은 죄, 청년의 죄, 장년의 죄, 노년의 죄 등등, 여러분이 그 죄들을 쌓아올린다면 산 위에 또 산을 쌓아올리는 꼴이 될 것입니다. 오싸 산을 펠리온 산 위에 쌓아 올리는 옛 이야기처럼 말입니다(그리스 신화에서 거인들이 산 위에 산을 하늘 높이 쌓아올리는 이야기 – 역주). 그러나 그리스도께서는 자신을 믿는 자들의 모든 죄들을 없이하십니다. "은사는 많은 범죄로 말미암아 의롭다 하심에 이름이니라."

이 말씀은 놀랄 만한 차원의 엄청난 말씀입니다. 생각해 보십시오. 그리스도를 믿는 신자들, 즉 예수님 안에서 무수한 죄들이 의롭다 하심을 얻은 신자들의 숫자보다, 각각의 신자가 지은 죄의 숫자가 분명히 몇 배는 더 많을 것입니다. 오, 그리스도께서 자신의 무한한 대속으로 죄를 털어내지 않으셨다면, 하나님의 백성들만 이 세상에 산다고 하여도, 들끓는 죄의 무더기가 메마른 이 세상에 가득할 것입니다! 자기가 지은 죄만 생각하더라도, 아무 두려움 없이 그 죄를 생각할 수 있는 사람은 아무도 없을 것입니다. 그러나 지금까지 이 땅에 살았던 모든 성도들의 죄와, 상당수 노년까지 살게 될 앞으로 태어날 죄인들의 죄까지 생각한다면, 그 쌓아올려진 죄의 무더기가 얼마나 대단하겠습니까! "은사는 많은 범죄로 말미암아 의롭다 하심에 이름이니라." 그리고 은사는 그 방대한 죄의 무더기 전체를 덮는 것입니다.

저는 오늘 본문에 나타난 생각들을 하나하나 실제로 적용해 보고자 합니다. 여러분, 만일 여러분이 그리스도 안에서 구원받고자 한다면, 다시 말해 여러분이 첫째 아담 안에서 확실히 멸망한 것처럼 둘째 아담 안에서 그가 인도하는 방식으로 구원받고자 한다면, 여러분은 자기 죄를 헤아리지 말아야 합니다. 죄를 헤아리는 것은 여러분을 절망하게 하며, 그리스도 예수 안에서 영원한 구원의 소망을 가지지 못하도록 여러분을 방해하기 때문입니다. 만일 여러분이 여러분 자신이든 자신의 공로든 감정이든 행위든 슬픔이든, 혹은 그 밖에 자기가 가진 그 어떤 것이든 간에 거기에서 소망을 찾는다면, 여러분의 죄가 여러분을 절망하도록 몰고 갈 것입니다. 구원이 다른 이의 피를 통해 받는 것이라면, 다시 말해 다른 이의 공로를 통해 받는 것이라면, 그래서 여러분이 그 다른 이를 통해 구원받고자 한다면, 여러분의 죄가 주홍 같을지라도 눈과 같이 희어질 것이요, 진홍 같이 붉을지라도 양털 같이 희게 될 것입니다(사 1:18). 여러분이 지은 죄가 여러분의 머리카락보다 더 많아도, 그 죄들은 단 한순간에 제거되어 다시는 되돌아오지 않을 것입니다.

그렇습니다. 여러분이 지은 죄들은 한순간에 사라질 것이며, 영원히 여러분을 대적하여 언급되는 일은 절대 없을 것입니다. 이것이 바로 좋은 소식, 복음이 아니겠습니까? 제가 이 복음을 미사여구로 화려하게 말하는 것을 여러분은 원하지 않으십니다. 여러분에게 필요한 것은 이 복음을 믿고 여러분 자신에게 이렇게 말하는 것입니다. "그래, 내 모든 죄를 완전히 없앨 방법이 있었어." 여러분이 이렇게 말해야 합니다. 여러분은 깊은 심연에서만 헤엄치는 거대한 바다짐승처럼, 죄의 깊은 곳까지 들어갔던 사람이기 때문입니다. 여러분의 허물이 큰 바다와 같아도, 하나님이 보시기에는 아무것도 문제 되지 않습니다. 설령 큰 바다 그 이상이라 해도, 용서와 영생의 "값없는 은사"는 "많은 범죄로 말미암아 의롭다 하심에 이름이니라"라는 이 말씀 때문에 아무 문제가 되지 않는 것입니다. 한 번의 범죄가 우리를 죽게 했지만, 그리스도의 긍휼은 우리가 지은 모든 무수한 죄들을 죽게 했습니다.

오늘 본문의 두 번째 핵심은 아담이 저지른 단 한 번의 죄로 심판에 이르렀다는 사실입니다. "심판은 한 사람으로 말미암아." 우리의 첫 조상이 지은 첫 번째 죄는 오랜 시일에 걸쳐 심판을 받은 것이 아니었습니다. 사람들 사이에서는 범죄 시점과 피의자가 기소되는 재판이 이뤄지기까지 오랜 시간이 걸립니다. 그러나 아담의 경우에는 하나님께서 재판의 개정시간을 서두르셨습니다. 해가 지기 전, 주 하나님께서는 하루 중 서늘할 때에 동산을 거니시다가 아담을 부르시고 그에게 "네가 어디 있느냐?"(창 3:9)라고 말씀하셨습니다. 그러자 아담은 그를 만드신 분 앞에 이전에 자신을 사로잡았던 그 하나님과의 관계와는 사뭇 다른 하나님과의 관계에서 하나님 앞에 서게 되었습니다. 이제 아담은 심판받아야 할 범죄자로 섰던 것입니다. 비록 아담의 눈에 위엄을 지닌 흰 보좌(계 20:11)가 보이지 않았다 해도, 거기에는 공의의 순결한 보좌가 있었습니다. 하나님께서 아담에게 경고했던 그 정죄가 아담에게 임했습니다. 그래서 아담은 에덴 동산에서 쫓겨나 수고하다가 시간이 흘러 자기가 지음을 받았던 흙으로 다시 돌아가게 되었습니다. 일종의 집행유예를 선고받은 것이었지만 엄연히 정죄를 받은 것이었습니다. 정죄를 받아 족쇄를 끌고 이리저리 다니다가 마침내 죽은 것입니다. 그러므로 한 번의 범죄로 인해 아담에게는 이미 심판이 임했고, 둘째 아담 곧 하늘로부터 내려오신 주님께서 보호하고 보존하지 않는 모든 이에게도 역시 앞으로 심판이 임할 것입니다.

만유의 재판장께서 위엄을 지닌 흰 보좌에 앉으시는 그 때가 되면, 사람들과 천사들이 참석하여 그분의 공의가 베풀어지는 광경을 보게 될 것입니다. 그 때에 지은 모든 죄에 대하여 정죄가 선고될 것입니다. 그러나 그리스도를 의지하는 모든 자들에게는 바로 이런 긍휼이 베풀어질 것입니다. "은사는 많은 범죄로 말미암아 의롭다 하심에 이름이니라." 값없는 은사는 심판을 미리 내다보았습니다. 왜냐하면 은사가 신자들에게 이렇게 말하기 때문입니다. "여러분은 대속자의 인성 안에서 이미 정죄를 받았습니다. 여러분의 소송은 이미 판결이 내려졌습니다. 여러분에 대한 심판은 이미 지나갔습니다."

제가 종종 언급했던 내용을 한 번 더 말씀드리겠습니다. 그럴 필요가 있기 때문입니다. 저는 책이나 목회자들의 설교에서 우리가 현재 집행유예의 상태에 있다고 말하는 것을 자주 보고 들었습니다. 그러나 이것보다 더 거짓된 주장은 없을 것입니다. 우리는 현재 어떤 의미에서든 집행유예의 상태에 있지 않습니다. 우리는 이미 정죄를 받았습니다. 집행유예의 기간은 아담 당시에 이미 끝이 났습니다. 그러므로 지금 우리는 유죄 선고를 받은 죄인이거나, 아니면 죄를 사면 받은 상태이거나 둘 중 하나입니다. 용서해주시는 하나님의 값없는 은사라는 말의 뜻은 이것입니다. 우리가 우리의 유죄를 인정하고 그 죄에 대한 선고가 이미 우리의 귓가에 울리고 있는 그 순간, 하나님이 자기 아들의 피와 공로를 믿는 우리 각 사람에게 "나는 너희들을 사면한다. 내 외아들 때문에 너희의 죄는 모두 없어졌다"라고 말씀하셨다는 의미입니다.

사랑하는 성도 여러분, 여러분은 이런 체험을 해본 적이 있습니까? 여러분의 영혼이 심판대 앞에 서 본 적이 있습니까? 여러분은 자신을 스스로 심판해 본 적이 있습니까? 그 때 여러분은 세상과 함께 정죄를 피할 수 있었습니까? 여러분은 자신이 정죄를 받았다고 느낀 적이 있습니까? 그런 적이 있다면, 여러분은 여러분의 심판을 취소하는 값없는 용서를 떨리는 믿음으로 받았습니까? 어떤 사람이 영국의 국법을 범했을 때, 영국 여왕이 그에게 그 범죄에 대해 사면을 선포했다면, 그는 경찰이 자기 집에 들어와서 그를 송사하기 위해 체포한다 할지라도 그리 두렵지 않을 것입니다. 맞습니다. 그는 이미 송사를 진행해 재판을 끝낸 것과 똑같습니다. 왜냐하면 그는 영국의 최고 실권자로부터 이미 사면을 받았기 때문입니다 그러므로 사랑하는 성도 여러분, 하나님의 자녀는 심판대 앞에 설 때 두려워할 필요가 없습니다. 그는 이미 심판을 받았습니다. 그는 이미 정죄를 받았습니다. 정죄를 받았을 뿐만 아니라 이미 처벌까지 받았습니다. 그 영광스러운 대표자의 인성 안에서, 그가 지은 범죄를 그 대속자가 짊어지셨습니다. 범죄에 대한 화목이 이루어졌고, 범죄가 영원히 제거되었습니다. 이것은 선지자의 놀라운 말씀을 따라 이루어졌습니다. "여호와의 말씀이니라 그 날 그 때에는 이스라엘의 죄악을 찾을지라도 없겠고 유다의 죄를 찾을지라도 찾아내지 못하리니 이는 내가 남긴 자를 용서할 것임이라"(렘 50:20). 이미 본인의 죄를 시인했고, 게다가 사면까지 받은 사람이 어떻게 다시 재판을 받을 수 있겠습니까? 하나님의 용서가 그 사람을 깨끗하게 하지 못합니까? 그렇지 않습니다. 깨끗하게 되었습니다. 온 땅의 재판장께서 그의 아들을 믿는 우리에게 주신 그 사죄는 예수 그리스도의 대속의 피로 도장을 찍고 봉인을 한 사죄입니다.

그러므로 한 번의 범죄가 인간을 심판에 이르게 하였습니다. 그러나 값없이 베푸시는 영광스러운 은혜는 그리스도께서 자기의 영광 가운데 임하실 그 무서운 날에 대한 두려움까지 우리에게서 제거합니다. 그 날에 누가 우리를 송사할 수 있겠습니까? "나를 대적하여 송사할 만한 사람이 도대체 누구인가?"라고 말하면서, 법정에 걸어 들어갈 수 있으리라 생각하는 사람은 최후의 대심판이 임할 것을 두려워할 필요가 없습니다. 설령 지옥에 있는 악마들이 송사를 날조할 만한 충분한 근거를 가지고 있다 하더라도, "누가 능히 하나님께서 택하신 자들을 고발하리요 의롭다 하신 이는 하나님이시니"(롬 8:33)라는 말씀에 의지할 수 있는 사람은 그 심판을 두려워할 필요가 없습니다. 그리스도께서 죽으셨다가 다시 부활하셨고 지금 하나님 우편에 앉으셔서 우리를 위하여 간구하시는데, 우리가 무슨 심판이 두렵겠습니까? 그 값없는 은사를 베풀어 주신 하나님께 영광을 돌리십시오!

이런 사실도 주목해 봅시다. 저는 이 점에 대해서 앞서 이미 부분적으로 말씀을 드렸습니다. 즉, 단 한 번의 범죄로 심판에 이르렀을 뿐만 아니라 정죄에도 이르

렀다는 사실입니다. 정죄로 제일 먼저 죽은 새를 아담이 집어들었을 때, 그리고
사슴이 사자의 발톱 아래 피를 흘리며 쓰러져 있는 것을 보았을 때, 아담은 이 사
실을 틀림없이 느꼈을 것입니다. 자기 친형에게 맞아 죽은 아벨의 창백한 얼굴
을 보았을 때도, 아담은 이 사실을 한층 더 고통스럽게 깨달았을 것입니다. 그렇
습니다. 피곤해서 노동을 멈추어야 할 때나 이마에 흐르는 땀을 닦아내야 할 때
도(창 3:19), 아담은 자기가 정죄 아래 있음을 더욱더 뼈저리게 느꼈을 것입니다.
그가 더 이상 에덴 동산을 거닐 수 없고 하나님과 더불어 대화할 수 없게 되었을
때, 다시 말해 한때는 자신의 즐거움이요 기쁨의 터전이었던 에덴 동산의 입구에
두루 도는 불 칼이 있는 것을 보았을 때(창 3:24), 그리고 자기가 다시는 그 동산
에 들어갈 수 없다는 것을 알게 되었을 때, 아담은 정죄 아래 있다는 것이 무엇인
지 깨닫게 되었습니다.

　사랑하는 성도 여러분, 그러한 정죄는 무서운 어떤 것입니다. 그러나 오늘
본문은 우리에게 이렇게 말씀합니다. "은사는 많은 범죄로 말미암아 의롭다 하
심에 이름이니라." "의롭다 하심", 이 얼마나 영광스러운 말씀입니까! 의롭다 하
심은 "정죄"와 정반대되는 의미입니다. 하나님께서 무한한 긍휼로 그리스도로
말미암아 범죄한 영혼을 값없이 용서해주실 때, 하나님은 그 사람을 완전히 의
로운 자처럼 똑같이 여기십니다. 정죄받아 서 있어야 하는 데, 그 대신에 사면을
받은 것입니다. 아니 사면 그 이상입니다. 그는 의롭다 하심을 받았습니다. 그래
서 의롭게 되었고, 마치 한 번도 죄를 짓지 않고 항상 의롭고 올바른 사람이었던
것처럼 지금 대우를 받게 되었습니다. 오, 정죄가 의롭다 하심으로 바뀌다니 그
얼마나 놀라운 변화입니까! 하나님께서 여러분을 정죄하셨을 때 여러분이 두려
워 떨었던 것만큼, 하나님께서 여러분을 의롭다 하실 때 여러분은 기뻐할 것입
니다. 하나님께서 여러분에게 의롭다고 말씀하신다면 여러분은 의로운 것입니
다. 하나님께서 여러분을 의롭다고 하셨기 때문에, 여러분을 대적하여 감히 송
사할 만한 사람은 아무도 없을 것입니다.

　"의롭다 하심"은 또한 지금 얻게 되는 것입니다. 우리가 예수님을 믿는 그 순
간에 우리는 의롭다 하심을 받게 됩니다. 의로운 자가 된 것입니다. "우리로 하
여금 그 안에서 하나님의 의가 되게 하려 하심이라"(고후 5:21). "의롭다 하심"은
참으로 놀라운 것입니다. "의롭다 하심"(칭의)은 선포할 수 있는 교리 중에서 아
마 가장 장엄한 교리일 것입니다. 이것은 사실입니다. 사랑하는 성도 여러분, 잘

들어 보십시오. 아담 안에서 여러분이 정죄를 받고 사형 선고 아래에 있었던 것처럼, 여러분이 예수 그리스도를 믿으면 여러분은 여러분이 지은 그 많은 범죄로부터 온전히 깨끗해질 것이고, 그로 인해 하나님은 그리스도 예수 안에서 여러분을 완전한 의인으로 간주하실 것입니다. 여러분은 이런 사실을 알고 계십니까? 여러분은 믿음으로 하나님과 더불어 화평을 누리게 될 것입니다. 그러한 화평을 누리게 된 것은 바로 여러분이 하나님을 격노케 하던 모든 것들이 제거되었기 때문입니다. 그러므로 여러분은 이렇게 노래할 것입니다.

> "나는 날마다 하나님을 찬양하렵니다!
> 이제 하나님의 진노가 사라졌습니다.
> 그 피의 희생으로 인해,
> 안위가 생겨납니다."

그런데 이런 일은 바로 지금 이 순간에 일어날 수 있습니다. 하루, 한 달, 혹은 일 년씩 걸릴 필요가 없습니다. 하나님께서는 사죄의 말씀을 하시면서 펜을 들어 여러분이 지은 죄의 긴 목록에 줄을 그으신 후, 하나님의 책에 여러분을 "의로운 사람"이라고 기록하십니다. 그러면 여러분은 그 순간 의로운 사람이 됩니다. 오, 놀라운 은혜입니다! 우리가 어찌 그 놀라운 은혜에 대한 감사를 충분히 다 표현할 수 있겠습니까?

이제 여러분은 이 사실에 주목하셨으면 합니다. 이 한 번의 범죄가 심판과 정죄뿐 아니라 사망까지 초래하였다는 사실 말입니다. 오늘 본문 바로 다음 구절에 "사망이 왕 노릇 하였은즉"(롬 5:17)이라는 말씀이 있기 때문입니다. 사도 바울은 이 사실을 아주 강한 어조로 표현합니다. "한 사람의 범죄로 말미암아 사망이 그 한 사람을 통하여 왕 노릇 하였은즉." 다시 말해, 사망은 왕좌에 앉아서 온 인류 위에 엄격하게 군림하면서, "아담의 범죄와 같은 죄를 짓지 아니한 자들까지도"(롬 5:14), 즉 갓난아이들까지도 자신의 회생물이라고 주장하면서 그 조그만 몸들까지 무덤 속에 눕혀 버렸습니다. 오, 이 세계를 하나의 거대한 공동묘지로 바꿔버리고 온 인류를 살해해버리는, 죄가 가진 무시무시한 능력을 보십시오! 그러나 사랑하는 성도 여러분, 예수 그리스도께서 여러분의 영혼과 제 영혼에 찾아오셔서 그 형벌을 제거하십니다. 아담이 범한 그 한 범죄에 대한 형벌뿐만 아니라, "많은 범죄"로 인한 형벌까지도 제거하십니다. 죄는 그 모든 재난을 세상에 끌어들였습니다. 이 재난과 함께 사망까지도 이 세상에 끌어들였습니다. 그러나 그리스도께서 오셔서 죄로 인한 모든 형벌을 제거하시고 사망을 없이하셨습니다. 그래서 그리스도를 믿는 자는 누구든지 그리스도 때문에 결코 형벌을 받지 않으며, 그 어떤 이유로도 다시 처벌 받을 수 없습니다. 즉, 동일한 한 번의 범죄에 대해 두 번의 형벌을 받는 것은 하나님의 공의에 위배됩니다. 하나님께서는 그리스도를 믿는 우리 모두의 대속자로서 그리스도를 받으셨기 때문에, 추후에 그리스도께서 담당한 그 죄로 인해 우리가 다시 형벌을 받을 수는 없다는 것입니다. 하나님께서 신자들을 대신해서 그리스도로 하여금 대속의 고통을 당하도록 하셨는데, 그 후에 다시 신자들로 하여금 고통을 당하게 하신다면, 그것은 온 땅의 재판장이신 하나님께 도저히 있을 수 없는 불의일 것입니다.

　　"그러나"라고 어떤 사람은 질문합니다. "신자도 고난 받고 징계 받지 않습니까?" 물론 받습니다. 그러나 신자가 받는 고난과 징계는 자기가 행한 범죄 때문에 형벌을 받는 것과는 전혀 다른 것입니다. 신자의 고난과 징계는 재판장이 가혹하게 내리는 형벌이 아닙니다. 그것은 신자들의 아버지께서 그를 가족으로 대하시는 사랑의 징계일 것입니다. 범죄에 대한 형벌과 범죄에 대한 사랑의 징계 사이에는 엄청나게 큰 차이가 있습니다. 형벌은 죄를 바라봅니다. 그러나 징계는 이미 그 죄를 용서하신 아버지께서 자녀가 다시는 죄를 짓지 않도록 자녀의 유익을 위해 행하시는 것입니다. 심판장처럼 감독하는 하나님의 성품과 자기 백성을 향한 아버지 같은 하나님의 성품 사이에는 중대한 차이가 있으며, 그 차이는 항상 있어야만 합니다. 여러분이나 저처럼 그리스도를 영접한 자들을 하나님께서는 자녀로 대해 주십니다. 하나님께서는 벌을 준다는 뜻으로 처벌하지 않으시고, 단지 더 이상 하나님께 범죄하지 않도록 하기 위해 징계를 받아야 할 사랑하는 자녀로 우리를 대하십니다.

　　진리를 찾고 있는 불쌍한 죄인인 여러분, 만일 여러분이 예수님을 믿기만 한다면 죄에 대한 형벌을 두려워할 필요가 없다는 것을 이해하고 계십니까? 따라서 여러분은 지옥을 두려워할 필요가 없습니다. 여러분이 예수님을 믿고 예수님 안에 있다는 것과 예수님께서 여러분의 대속자로서 여러분을 위한 대속을 감당하셨음이 드러난다면, 복수의 칼이나 지옥의 불길이나 하나님의 진노 등은 여러분과 전혀 관계가 없습니다. 여러분은 정죄로부터 자유입니다. 물론 그것은 당연한 결과이지만, 여러분은 분명히 형벌로부터도 자유입니다.

　이제 좀 더 설명이 필요한 두세 가지 내용만 말씀드리고 이 첫 번째 대지를 마치고자 합니다. 첫째는, 그 한 번의 범죄가 즉시 정죄를 받게 하였다는 사실입니다. 아담이 범죄하자마자, 그는 즉시 하나님께서 불순종의 결과로서 경고하셨던 영적인 죽음이라는 선고를 겪게 되었습니다. 이와 마찬가지로 값없는 은사도 은사를 받는 바로 그 순간 즉시 의롭다 하심이 일어납니다.

> "십자가에 못 박히신 그의 하나님을
> 죄인이 믿고 의지하는 그 순간에."
>
> (조셉 하트[Joseph Hart, 1712-1768]가 지은 '죄인이 믿는 그 순간에'
> [The Moment a Sinner Believes]라는 찬송가 가사이다 — 역주)

　그는 장차 천국에 영원히 있게 될 정도로 충분히 의롭다 하심을 받게 됩니다. 그는 하나님이 보시기에 깨끗합니다. 그가 예수님을 믿자마자, 단번에 베푸시는 하나님의 값없는 은혜로 말미암아 모든 죄로부터 깨끗하게 됩니다.

　둘째로, 한 사람의 범죄가 매우 신속하게 분명히 드러났다는 사실입니다. 아담은 자신의 벌거벗음을 부끄럽게 느꼈습니다. 그는 매우 빠르게 수고가 무엇인지 알게 되었고, 사망이 왕 노릇 하는 징표들을 보게 되었습니다. 왜냐하면 무덤들이 늘어나기 시작했기 때문입니다. 자, 이와 같은 속도로, 값없는 은사 역시 매우 빠르게 자신의 모습을 드러냅니다. 은사가 우리에게 주는 것은 몽상 같은 것이 아니라, 우리가 영적인 감각으로 인지할 수 있도록 우리를 의롭다고 여겨 줍니다. 우리가 "우리 주 예수 그리스도로 말미암아 하나님과 화평을 누리기"(롬 5:1) 때문입니다. 하나님께서 우리의 죄를 제거하실 때, 하나님은 우리에게 분명히 드러나는 기쁨을 주십니다. 그 기쁨은 숨겨져 있거나 덮여 있는 것이 아니라, 눈이 있는 자는 누구나 볼 수 있는 것입니다.

　셋째로, 그 한 번의 범죄는 보편적으로 작용한다는 사실입니다. 아담으로 대표되는 모든 사람은 모두 아담이 행한 범죄의 결과를 느껴야만 했습니다. 이와 마찬가지로 값없는 은사도 이 은사를 받는 모든 사람에게 보편적으로 작용합니다. 그리스도를 믿지만 능력과 생명과 사죄(赦罪)와 의롭다 하심을 받지 못한 죄인은 단 한 사람도 없었습니다. 그리스도를 믿는 자가 멸망하도록 내버려 두는 일은 결코 일어나지 않을 것입니다.

　넷째로, 그 한 번의 범죄는 완벽하게 숙명적으로 행해졌다는 사실입니다. 그 한 번의 범죄가 모든 인류를 살해했습니다. 인류가 지금까지 어떻게 죽었는지 보십시오! 모든 산과 골짜기에게 물어보십시오. 그 살해당한 시체들을 지금도 가지고 있는지 그렇지 않은지를 말입니다. 그런데 이와 마찬가지로 아니 더욱 복된 방식으로, 값없는 은사도 효과적으로 그리고 최종적으로 행해집니다. 먼저 효과적이라는 말은 그 범죄의 결과들을 무효로 뒤엎으신다는 뜻이며, 그 다음으로 최종적이라는 말은 그 범죄로 초래된 것들을 궁극적으로 하나님이 원치 않으신다는 뜻입니다. 하나님께서 의롭다 하시는 자는 영원토록 의롭습니다. 그는 사는 날 동안, 그리고 영원무궁하도록 하나님 보시기에 의로운 사람으로 서 있을 것입니다. 이 의인은 그의 믿음으로 살게 될 것입니다. 그는 자기의 길을 굳게 지킬 것이며 점점 더 강해질 것입니다. 이 큰 구원의 필요를 느끼는 모든 영혼들에게 제가 전해야 하는 이 소식은 얼마나 영광스러운 소식입니까! 하나님께서는 여러분 모두가 그 소식을 믿고서 제가 여러분에게 지금까지 전한 구세주를 신뢰하기를 바라십니다!

2. 하나님께서 긍휼을 베푸시는 방식을 찬양합시다.

　정해진 시간이 많이 지났습니다. 그래서 좀 더 자세하게 전하려고 했던 두 번째 대지를 매우 간단하게 말씀드리고자 합니다. 두 번째 대지는 하나님께서 긍휼을 베푸시는 방식을 찬양하자는 것입니다.

　먼저, 대표자를 세워 우리 모두를 대하시는 하나님께 감사합시다. 저는 찰머스 박사(Dr. Chalmers: Thomas Chalmers 1780-1847. 스코틀랜드의 교회 지도자로서 목회자, 설교가로 유명함 ─ 역주)의 글에서 한 구절을 읽었는데, 그로 인해 아주 기뻤습니다. 그 글에서 찰머스 박사는 인간이 아담 안에서 타락했다는 사실을 찬양했습니다. 왜냐하면 하나님께서 인간을 다시 일으켜 세우실 때는, 타락한 방식과 동일한 방식으로 해야 하기 때문입니다. 그것이 바로 대표자를 세우는 방식입니다. 사랑하는 성도 여러분, 설령 여러분과 제가 지금 완전히 순결하게 서 있다고 해도, 우리가 과거에 타락했을 가능성이 있었다는 사실을 항상 인식해야만 합니다. 아니 그 이상으로, 지금 이 시간까지 살아오면서, 연령과 지위 고하를 막론하고 우리 모두는 타락할 수밖에 없었을 것입니다. 여기 있는 이 귀여운 어린이들도 이 모양 저 모양의 죄로 타락했을 것입니다. 우리가 우리의 공로를 의지하여 서 있어야 한다면 우리는 늘 불안할 자세일 수밖에 없을 것입니다. 그러나 우리가 아담 안에서 타락하여 산산조각으로 부서져버렸다 해도, 예수님을 믿은 우리는, 절대 타락할 수도 없고 타락하지도 않으시는 예수님 안에서 다시 세워졌습니다.

여러분은 저기 영광 중에 계신 예수님이 보이십니까? 견고한 토대 위에 세워져 소위 영원할 것 같았던 산들도 하나님 오른편에 계신 주님만큼 견고하지는 못했습니다. 어떤 세력이 주님을 하나님의 우편에서 쫓아낼 수 있겠습니까? 주님께서는 저를 위하여, 형제 자매된 여러분을 위하여, 그리고 주님을 믿는 모든 자들을 위하여 하나님 우편에 계십니다. 주님께서 타락하기 전까지, 여러분은 결코 타락하지 않을 것입니다. 주님께서 멸망하기 전까지, 여러분은 결코 멸망하지 않을 것입니다. 사도 바울이 말한 바대로, 여러분은 주님의 신비로운 몸의 일부분이기 때문입니다. "우리가 그의 몸과 그의 살과 그의 뼈의 지체임이라"(엡 5:30, KJV). 그런데 어떤 사람들은 그리스도께서 자신의 지체 중 일부를 잃을 수 있다고 생각합니다. 사실 은혜에서 떨어질 수(타락할 수) 있다는 주장을 들으면, 여러분은 주님이 자기 몸의 지체를 잃고서도 다시 새로운 지체가 자라는 도마뱀이나 그런 종류의 생물과 같다고 생각할지도 모릅니다. 그러나 우리 주 예수님은 인간으로 나타나셨습니다. 인간은 자신의 새끼손가락 하나도 고의로 잃어버리려고 하지 않습니다. 만약 예수님이 새끼손가락 하나라도 잃어버리셨다면, 그는 장애인이었을 것입니다. 그리고 그리스도께서는 자신의 신비로운 몸 중에서 가장 연약하고 성가신 지체라 하더라도 그것을 잃어버리고자 하지 않으실 것입니다. 왜냐하면 사도 바울의 말대로 몸은 그의 충만함이기 때문입니다. "만물 안에서 만물을 충만하게 하시는 이의 충만함이니라"(엡 1:23). 오, 그리스도 안에 서게 된다는 것이 그 얼마나 견고하게 서는 것인지요! 그리스도께서는 입을 벌리고 있는 지옥문들로부터 저를 끌어올리셨고, 제가 아담 안에서 넘어졌으나 아담이 넘어지기 이전보다 저를 더욱 안전히 서게 하셨습니다. 그리스도의 거룩한 이름을 찬양합시다!

하나님께서 긍휼을 베푸시는 방식을 우리가 찬양해야만 하는 또 한 가지 이유는 그것이 모두 값없는 은사이기 때문입니다. "많은 범죄로 인한 값없는 선물"(롬 5:16, KJV). "값없는 선물"에서 저는 사도 바울이 "값없는"과 "선물(은사)"이라는 두 단어를 함께 연결해 놓은 것이 마음에 듭니다. 당연히 선물은 값없는 것입니다. 그래서 이 표현은 동어반복이기도 합니다. 하지만 복된 동어반복입니다. 어떤 사람이 제게 이렇게 물은 적이 있었습니다. "목사님은 왜 '값없는 은혜'라고 말씀하십니까? 은혜라면 당연히 값없는 것 아닌가요?" 그래서 저는 이렇게 대답했습니다. "오, 좋은 질문입니다. 저 같으면 두 배로 확실히 보증한다는 것을 표현하기 위해 그렇게 말하겠습니다." 하나님께서 자격 없고 경건하지 않은 죄인들에게 값없이 은혜를 주신다는 사실을 분명히 하기 위해서라도, 우리는 은혜 또는 값없는 은혜라고 항상 말해야 할 것입니다. 하나님께서는 아무런 조건 없이 은혜를 베푸십니다. 하나님은 회개를 요구하시면서도 회개를 약속해 주시며, 믿음을 요구하시면서도 믿음을 베풀어 주시는 분입니다. 그러므로 은혜는 항상 하나님의 값없는 선물입니다. 따라서 주머니에 돈 한 푼 없는 사람이라도 은혜를 받을 수 있습니다.

여러분에게 이런 말씀을 드려도 될지 모르겠지만, 저는 예전에 파리의 팔레 루아얄(Palais Royal) 거리에 있는 금은보석가게 옆을 걸어가면서 거기에 진열된 엄청난 양의 귀금속들을 본적이 있습니다. 여러분 중에도 많은 분들이 영국의 번화가를 가본 적이 있을 것입니다. 거기에 진열된 귀금속들을 보고서 이렇게 혼잣말을 했을 것입니다. "아! 이 많은 보석들이 있어도 나는 어느 것도 살수가 없구나. 제품마다 붙여진 가격표를 보니 내가 살 수 있는 가격이 아니네. 이 돈으로 나는 집에 있는 식구들을 위해 빵과 치즈를 구입해야해. 이런 귀금속들은 나하고는 어울리지 않아." 이런 생각을 하면서 보석가게를 지나다가, 갑자기 "값없는 선물!"(혹은 "공짜")이라고 적힌 가격표를 보게 된다면, 저는 그 물건들을 꼭 가지고 올 것입니다. 이런 이야기에 여러분이 웃으시니 저도 좋군요. 이 이야기가 바로 우리 주님의 이야기입니다. 주님은 보석가게에 진열되어 있는 가장 귀한 보석보다도 더 귀한 보석들을 가지고 계시다가, 그것들을 모두 주님을 믿는 자들에게 값없는 선물로 주셨습니다. 영생이야말로 하나님께서 주시는 값없는 선물인데도 불구하고, 여러분이 "제가 그것을 취하겠습니다. 영원히 갖겠습니다"라고 말하지 않는다면, 그런 여러분의 모습에 저는 기가 차고 어이가 없어서 여러분을 나무라고 비난할 것입니다. 여러분은 보석을 공짜로 갖는 것은 좋아하면서도, 주 예수 그리스도를 단순히 믿기만 하면 공짜로 얻는 영생과 용서는 받아들이려 하지 않습니다.

마지막으로 말씀드립니다. 하나님의 계획은 예수 그리스도로 말미암아 우리를 구원하려는 것입니다. 이 하나님의 계획을 생각하면서, 우리는 하나님께서 베푸신 사랑과 긍휼을 특별히 찬양해야 합니다. 제 생각에는 이 모든 축복이 예수 그리스도를 통해 오기 때문에, 한층 더 달콤하게 여겨집니다. "주 안에서 영원한 구원으로 구원받으리니"(사 45:17 KJV). 저는 크루즈 배처럼 아름답게 만든 쾌속 유람선을 볼 때마다, 저 배를 타고 바다로 나가봤으면 좋겠다고 생각합니다. 제가 가고 싶은 여행지에 간다는 단순한 목적이 아니라, 그런 배에 탑승한 다른 승객들과 함께 아무개 선장이 항해하는 대로 가보고 싶기 때문입니다. 다행히도 여기에 영광스러운 구원의 배에 위대한 선장이신 예수님이 계십니다. 이왕 천국에 가려고 한다면, 그분과 함께 그분 안에서 가는 것이 최상이지 않겠습니까? 오, 그분과 연합하십시오. 그분은 하나님의 사랑하는 아들이요(마 3:17), 천사들의 기쁨의 좋은 소식이며(눅 2:10), 영원무궁한 아버지이고, 기묘자라, 모사라, 전능하신 하나님이며(사 9:6), 그 전체가 사랑스러운 분이고(아 5:16), 내 혼이 참으로 사랑하는 분(렘 12:7, KJV)입니다! 예수 그리스도로 인해 우리에게 구원이 임하기 때문에, 예수님과 연합하는 것은 구원의 달콤함을 한층 더 달콤하게 만들어 줍니다.

사랑하는 성도 여러분, 하나님께서 여러분을 축복하셔서 하나님이 사랑하시는 그 아들 독생자를 위하여 여러분의 영혼이 이 모든 것을 알게 해 주시기를 축원합니다! 아멘.

제
11
장
—

죄가 더한 곳에
은혜가 더욱 넘쳤나니

—

"율법이 들어온 것은 범죄를 더하게 하려 함이라
그러나 죄가 더한 곳에 은혜가 더욱 넘쳤나니" — 롬 5:20

　　저는 오늘 본문 말씀의 첫 번째 문장을 서론으로 생각하고, 두 번째 문장을 실제 설교할 본문으로 생각하고 말씀을 전하겠습니다. "율법이 들어온 것은 범죄를 더하게 하려 함이라." 인간은 십계명의 율법이 주어지기 이전부터 이미 죄인이었습니다. 인간은 첫 조상 아담의 범죄로 인해 죄인이 되었습니다. 그 뿐 아니라 자기가 지은 자범죄로 인해 실제로도 죄인입니다. 인간은 자연의 빛과 양심의 내적 빛을 모두 거슬러 반역하였기 때문입니다. 아담 이래로 낙원에 대한 기억이 아버지로부터 아들에게 전해졌고 그것은 절대 잊을 수 없는 것이었지만, 인간은 그 기억을 거스르며 죄를 범했습니다. 모세의 율법에 대해 알든 모르든 또 어느 곳에 있든, 인간은 그의 하나님으로부터 소외되어 있습니다. 이런 우리 인류에 대해 하나님의 말씀은 진실된 평가를 이렇게 내리고 있습니다. "다 치우쳐 함께 무익하게 되고 선을 행하는 자는 없나니 하나도 없도다"(롬 3:12). 그런데 오늘 본문에 따르면 율법이 들어온 것은 "범죄를 더하게 하려 함이라"고 말씀합니다. 이것이 바로 율법의 결과였습니다. 율법은 죄를 막지도 못했고 죄에 대한 방지책도 내놓지 못했습니다. 오히려 율법은 실제로 범죄만 가중시키는 결과를 낳았습니다. 어째서 그렇게 된 것일까요?

첫째, 율법은 범죄를 드러내기 때문입니다. 인간은 모든 경우에 있어서 무엇이 죄인지를 분명하게 식별하지 못했습니다. 그러다가 율법이 들어왔습니다. 율법은 사람들이 가볍게 생각하던 것이 하나님 보시기에는 가증스러운 악이라는 사실을 지적하였습니다. 인간의 본성과 성품은 한 줄기 빛도 없는 캄캄한 지하 감옥과 같습니다. 그 지하 감옥에 갇힌 죄수는 어둠 속에 갇혀 있을 동안에는 거기에서 나는 지독한 악취와 불결함을 깨닫지 못합니다. 등불로 비춰지거나 창문이 열려서 태양빛이 들어오면 비로소 자신이 있는 지하 감옥의 끔찍한 상황을 보고 당황하게 됩니다. 그는 벽에 붙어 있는 끔찍한 벌레들을 발견하기도 하고, 빛을 싫어하는 벌레들이 눈에 띄지 않도록 어떻게 굴을 파고 지내는지 그런 모습도 보게 됩니다. 그 죄수는 이런 상태를 상상도 못했을 것입니다. 이와 마찬가지로 인간은 악이 그렇게 많은지 상상도 못했습니다. 빛이 들어오자 범죄가 넘쳤습니다. 율법이 우리를 죄인으로 만든 것이 아닙니다. 단지 율법은 우리의 죄성을 드러내 줄 뿐입니다. 완전한 기준 앞에서 비로소 우리는 우리의 결점들을 볼 수 있기 때문입니다. 하나님의 율법은 거울과 같아서, 자기 얼굴에 무엇이 묻었는지를 보게 합니다. 거울은 여러분을 씻겨주지 않습니다. 여러분은 거울로 씻을 수도 없습니다. 하지만 거울은 여러분이 씻을 물을 찾도록 합니다. 율법의 의도는 우리의 많은 범죄들을 드러내는 것입니다. 그래서 우리가 자기 의에서 벗어나 주 예수님께 나아가게 합니다. 주 예수님 안에서 우리는 그의 피로 말미암아 속량 곧 죄 사함을 받았습니다(엡 1:7).

율법은 범죄자가 변명하지 못하도록 범죄를 있는 그대로 드러냅니다. 범죄자가 율법을 완전히 알기 전까지, 그의 범죄는 그렇게 악한 것이 아니었습니다. 왜냐하면 그 명령들에 대해 희미하게 알고 있었으며, 그러기에 희미한 범죄, 즉 경미한 범죄로 여겨졌기 때문입니다. 그러나 무엇이 옳고 그른지를 분명히 알게 되자마자, 모든 보호막들이 사라지게 된 것입니다. 어둠과 무지에서 행해진 범죄가 아니기에, 죄는 극도로 악한 것이 되었습니다. 여러분 중에도 여기에 해당되는 분이 계시지 않습니까? 이미 율법을 알고 있는 상태에서 행해야 할 것을 행하지 않고, 행하지 말아야 할 것을 행하는 것으로 율법을 범했기에, 여러분은 많은 죄를 지었다고 인정할 수밖에 없지 않습니까? 그 주인의 뜻을 알고도 행하지 않은 자는 매를 많이 맞을 것입니다. 그만큼 많은 죄를 범했기 때문입니다. 율법은 우리가 입고 있던 자기 의를 드러내는 모든 겉옷을 벗겨버리고, 그리스도의 의(義)의 두루마기를 찾도록 우리를 인도하였습니다.

둘째, 율법은 인간이 율법을 주신 위대한 하나님을 대적해 반역하는 그런 건방진 죄를 더욱 분명히 드러내기 때문입니다. 하나님의 위엄을 놀랍게 잘 보여주는 시내 산 앞에서 지은 죄는, 죄를 짓는 것이 무엇인지를 제대로 보여줍니다. 나팔 소리와 우레와 하나님의 영광 가운데 선포된 율법을 대적해 반역하는 것은 거만한 손과 반항하는 마음으로 죄를 짓는 것입니다. 이미 십계명에 대해 들었고, 하나님 나라의 법을 이미 알고 있으며, 여러분을 만든 창조주의 뜻이 여러분 앞에 명백하게 제시되어 있음에도 불구하고 여러분이 죄를 짓는 것은 추호도 변명의 여지가 없는 아주 교만한 범죄입니다.

한 번 더 말씀드리겠습니다. 율법이 들어와 범죄가 더하게 되었다는 말은, 인간의 반항의지가 율법에 반항하여 일어났다는 뜻입니다. 하나님께서 명령하시기 때문에, 인간은 거절합니다. 하나님께서 금하시기 때문에, 인간은 하고 싶어합니다. 만일 계명이 금하지 않았더라면, 그 방면으로는 죄를 짓지 않았을 사람도 있을 것입니다. 율법의 빛이 사람들로 하여금 악을 피하도록 하는 경고가 되기보다는, 오히려 사람들이 범죄를 더 잘 저지를 수 있는 길을 제시하는 것처럼 보입니다. 오, 인간 본성이 얼마나 깊이 부패해 있는지요! 율법 그 자체가 부패한 인간 본성으로 하여금 반항하도록 부추깁니다. 범죄자를 멀리하라는 경고를 받았기 때문에, 인간은 그 범죄자와 한패가 되기를 갈망합니다. 인간의 마음 속에는 하나님을 대항하는 적대감이 있어서 금지된 것을 즐깁니다. 금지 사항 그 자체에 어떤 특별한 즐거움이 있어서가 아니라, 반항하는 행위 자체가 하나님의 속박으로부터 독립과 자유를 보여주기 때문이라고 인간은 생각합니다.

이런 악한 자기의지는 본성적으로 우리 모두의 마음속에 있습니다. 육적인 마음에는 하나님을 대항하는 적대감이 있기 때문입니다. 그러므로 율법 그 자체는 거룩하고 의롭고 좋은 것이지만, 율법은 우리를 부추겨 악을 행하도록 합니다. 우리는 석회와 같고, 율법은 그 자체로 냉각하는 성질을 지닌 냉각수과 같습니다. 그런데 율법인 냉각수가 우리의 본성인 석회에 닿자마자, 죄라는 열이 발생합니다. 이런 상황을 오늘 본문은 이렇게 말합니다. "율법이 들어온 것은 범죄를 더하게 하려 함이라."

그렇다면 왜 하나님께서는 이런 율법을 주셨습니까? 범죄가 많아지는 것은 악한 일이지 않습니까? 그 자체로는 악한 일처럼 보입니다. 하지만 하나님은 때로 의사처럼 우리를 대하십니다. 물론 우리는 그 의사가 담당하는 환자이고요. 어떤 질병이 환자의 몸 속에서 활동하여 치명적인 상태가 되었다면, 그 질병은 눈에 보이도록 드러나야 합니다. 따라서 의사는 그 나쁜 병이 드러나도록 약을 처방할 것입니다. 이와 마찬가지로 악은 우리 모두 안에 있지만 그 결과가 눈에 띌 정도로 그렇게 드러나지는 않았습니다. 그래서 치료를 위해서는 그 악의 결과가 드러나야 할 필요가 있는 것입니다. 율법은 인간의 부패성을 들추어내는 약이 되어, 인간이 스스로 자신의 행동에서 부패성을 보게 하기도 하며, 심지어는 그 부패성을 과시하도록 부추기기도 합니다. 이런 악이 인간 속에 있습니다. 저 건너 숲속에 토끼들이 숨어 있듯 말입니다. 율법은 그 숨어 있는 곳에 불을 켜서, 그 숨겨진 것들이 보이도록 합니다. 율법은 진흙탕의 밑바닥을 휘저어서 그 물이 얼마나 더러운지를 보여주기도 합니다. 율법은 인간으로 하여금 죄가 자기 속에 있으며, 죄는 자기의 본성을 다스리는 막강한 폭군이라는 사실을 보게 합니다. 이 모든 것이 인간을 치료하기 위한 목적입니다. 죄인이 가진 모든 자기신뢰를 율법이 벗겨버릴 때, 하나님께 감사하십시오! 나병환자가 자기의 병이 불치병이라는 사실을 인정할 때에야 비로소, 그는 자신을 치료할 수 있는 유일한 분인 구세주 하나님께로 나아갈 수 있습니다. 인간을 구원하기 원하시는 하나님이 인간에게 주신 율법의 목적이자 목표가 바로 이것입니다.

잠시 생각해 봅시다. 범죄가 없는 곳에는 하나님의 은혜가 있을 수 없습니다. 죄가 없는 곳에는 긍휼이 있을 수 없습니다. 여러분은 이 사실을 공리(公理, axiom), 즉 그 자체로 자명한 원리로 받아들일 수 있을 것입니다. 공의도 있을 수 있고, 환대도 있을 수 있습니다. 하지만 죄악 없이는 긍휼이 있을 수 없습니다. 만약 여러분이 죄인이 아니라면, 하나님은 여러분에게 긍휼을 베푸실 수 없습니다. 만약 여러분이 지금까지 죄를 짓지 않았다면, 하나님은 여러분에게 사죄의 은혜를 베푸실 수 없습니다. 왜냐하면 용서해 줄 것이 아무것도 없기 때문입니다. 잘못하지 않은 사람들에게 용서한다고 말하거나, 상 받을 만한 사람에게 과분한 호의를 베푼다고 말하는 것은 잘못 말하는 것입니다. 결백한 사람에게 긍휼을 베푼다고 하는 것은 그 사람을 모욕하는 것이 될 것입니다. 그러므로 여러분은 여러분 자신이 죄인임을 인정해야만 합니다. 그렇지 않다면 여러분은 하나님의 은혜를 받을 수 없습니다. 이것은 분명한 사실입니다.

다음으로 생각해 볼 것은, 죄의식이 없는 곳에서는 은혜를 구하지도 않을 것이라는 사실입니다. 제가 목이 쉴 때까지 전할 수도 있겠지만, 여러분처럼 선한 분들, 다시 말해 율법을 범한 적도 없고 어떤 잘못에 대해 죄책감도 가져보지 못한 사람들은 제가 전하는 자비로운 메시지를 좋아하지 않을 것입니다. 여러분 같은 부류의 사람들은 신앙이 좋다는 말을 듣고 싶어서 이렇게 말합니다. "예, 우리는 죄인입니다. 우리는 모두 죄인입니다." 그러나 마음 깊은 곳에서는 내가 죄인일 리가 없다고 생각합니다. 여러분은 은혜를 구하지도 않을 것입니다. 왜냐하면 여러분에게는 부끄러움이나 죄책감이 없기 때문입니다. 하나님의 율법이 여러분을 겨냥해 제시하는 고발에 우선적으로 여러분이 자신의 유죄를 인정하기 전까지는, 여러분 중에 아무도 하나님의 긍휼을 구하지 않을 것입니다. 오, 여러분은 자기가 지은 죄들을 느껴야 합니다! 오, 여러분은 자기에게 죄 용서가 필요하다는 사실을 알아야 합니다! 그래야만 여러분은 하나님의 값없고 풍성하신 주권적인 은혜만이 구원할 수 있는 상황에 자신이 처해 있음을 알게 될 것입니다.

그 뿐만 아니라, 죄를 진심으로 고백하고 그 죄의 무게에 대한 부담감을 갖기 전까지는 절대로 은혜를 영접하거나 받아들일 수 없다고 저는 확신합니다. 여러분이 은혜를 원하지 않는데 어떻게 은혜를 받겠습니까? 은혜를 받는다 해도 그 은혜가 무슨 소용이 있겠습니까? 여러분은 스스로 은혜 받을 자격이 있다고 느끼는데, 왜 하나님의 자비로운 값없는 선물을 받기 위해 여러분이 하나님께 무릎 꿇고 엎드려야 하겠습니까? 여러분은 이미 영생을 얻지 않았습니까? 여러분은 다른 사람들만큼 그렇게 선하지 않습니까? 여러분은 이미 몇몇 상당한 요구들을 하나님께 하지 않았습니까? 제가 너무 솔직한 질문을 하고 있어서 놀라셨나요? 여러분이 정말 그와 똑같이 말하는 것을 제가 듣지 못했을까요? 예전에 제가 선택에 대한 하나님의 사랑을 전했을 때, 여러분은 이 사람은 선택하고 저 사람은 선택하지 않는 하나님이 불공평하다면서 투덜거리며 불평했었습니다. 이것은 무엇을 뜻합니까? 하나님께 주장할 수 있는 권리가 여러분에게 있다는 뜻이지 않습니까?

오, 사랑하는 성도 여러분, 여러분이 이런 마음을 가지고 있다면, 저는 여러분에게 분명하게 말씀드려야겠습니다! 만약 여러분이 여러분을 만드신 분에게 요구할 것이 있다면, 요구하십시오. 그러면 여러분은 그분이 여러분의 정당한 권리들을 거부하지 않으신다는 사실을 확신하게 될 것입니다. 그러나 저는 여러분이 심판장을 대하는 태도나 방식을 바꾸도록 여러분에게 권면합니다! 여러분이 지닌 이런 태도로는 하나님을 설득할 수 없습니다. 사실대로 말하자면, 여러분은 하나님께 요구할 권리가 없습니다. 여러분은 그분의 순전한 긍휼을 간구해야 할 뿐입니다. 여러분의 입을 닫고 티끌과 재 가운데 앉아서, 여러분이 하나님의 손으로부터 받을 수 있는 것은 끝없는 노여움밖에 없는 가치 없는 존재임을 조용히 인정할 때에야 비로소 여러분은 값없는 하나님의 은혜를 간구할 수 있는 상태에 있는 것입니다. 하나님께서 주시는 것은 무엇이든지 선하고 은혜로운 것이며, 이것은 받을 가치 없는 자에게 값없이 주어진다는 사실을 고백하십시오.

여러분의 발 앞에 지옥이 입을 벌리고 있습니다. 교만을 멈추고 겸손히 용서를 구하십시오. 이제 여러분은 율법의 용도를 알았을 것입니다. 율법은 하나님의 은혜가 여러분에게 적절히 드러날 수 있는 상태로 여러분을 만듭니다. 율법은 여러분의 입을 다물게 하고, 예수님께 여러분의 자유를 위해 울부짖게 합니다. 율법은 자기 구원이라는 여러분의 소망의 배를 깨뜨리고, 만세 반석에 여러분을 안착시키는 폭풍우와 같습니다. 율법이 행하는 정죄의 선고는 여러분에게 복음의 사면을 예비하기 위해 의도된 것입니다. 만약 여러분이 자신을 정죄하고 하나님 앞에서 자신의 죄를 인정한다면, 특별한 사면이 내려질 것입니다. 자기를 정죄하는 자는 예수님의 보혈과 하나님의 주권적 은혜를 통해 용서받을 것입니다.

오, 사랑하는 성도 여러분, 여러분은 저기 티끌 가운데 앉아야 합니다. 그렇지 않으면 하나님은 여러분을 처다보지 않으실 것입니다! 여러분은 그분의 공의를 인정하고 그분의 율법을 찬양하면서, 자신을 하나님께 내어 맡겨야 합니다. 이것이 바로 하나님의 긍휼을 받는 첫 번째 조건입니다. 이 조건과 함께, 하나님의 은혜는 그 능력에 감동하는 모든 자에게 임합니다. 하나님은 여러분이 자기를 부정하면서 그분 앞에 경배하게 하실 것이며, 여러분을 벌할 수 있는 하나님의 권리를 여러분이 인정하도록 하실 것입니다. 기억하십시오. "나는 은혜 베풀 자에게 은혜를 베풀고 긍휼히 여길 자에게 긍휼을 베푸느니라"(출 33:19). 하나님은 여러분이 이 사실을 알고 이 사실에 동의하도록 하실 것입니다. 하나님의 은혜가 반드시 승리하여 통치해야 하며 여러분은 그 은빛 왕 홀에 입 맞추어야 합니다. 지금까지 오늘 본문의 첫 번째 문장을 서론으로 삼아 말씀드렸습니다.

하나님께서 축복하셔서 여러분에게 복된 말씀이 되기를 기원합니다!

1. 의미

오늘 본문의 교훈은 바로 이것입니다. "죄가 더한 곳에 은혜가 더욱 넘쳤나니"라는 말씀입니다. 시작부터 끝까지 이 사실은 은혜의 전 사역에서 드러나고 있다는 점을 먼저 말씀드림으로써, 이 진리를 설명해 보겠습니다.

여러분은 이 본문의 상황에 주목하시기 바랍니다. 이 본문을 설명하는 가장 안전한 길은 영감 받은 성경 기자가 전하려고 했던 사상을 뒤따라가는 것입니다. 오늘 본문에서 사도 바울은 인류의 조상인 아담의 경우에서 보듯이, 한 번의 죄로 인한 엄청난 악의 결과에 대해서 말씀하고 있습니다. 아담이 지은 단 한 번의 죄가 끔찍하게 넘쳐났습니다. 지금까지 죽음으로 내몰렸던 무수한 우리 인류들을 보십시오. 누가 이 모두를 살해했습니까? 죄는 인간 무리를 삼켜버린 늑대입니다. 죄는 인간성의 물줄기가 시작되는 그 원천에 독을 넣었습니다. 그래서 물줄기가 흐르는 어느 곳이든 중독된 물이 흐르고 있습니다. 이런 사실에 대해 사도 바울은 "죄가 더한 곳에 은혜가 더욱 넘쳤나니"라고 말합니다.

첫째, 전체 인류에게 끼친 그 영향력에 있어서 죄가 넘쳤습니다. 한 번의 죄가 모든 인간성을 뒤집어 놓았습니다. 단 한 번의 운명적인 허물, 즉 쉽고 평범한 법을 위반한 것이 우리 모두를 죄인으로 만들었습니다. "한 사람이 순종하지 아니함으로 많은 사람이 죄인 된 것 같이"(롬 5:19)라는 말씀 그대로입니다. 아담이 범한 명령은 간단한 것이었습니다. 그것은 하나님의 주권에 순종하느냐 불순종하느냐가 포함된 명령이었습니다. 동산의 모든 나무의 실과가 예외 없이 낙원에서 행복하게 사는 아담에게 주어졌습니다. "동산 각종 나무의 열매는 네가 임의로 먹되"(창 2:16). 그러나 하나님께서 금지하신 오직 한 그루의 나무가 있었습니다. "선악을 알게 하는 나무의 열매는 먹지 말라 네가 먹는 날에는 반드시 죽으리라 하시니라"(창 2:17).

아담은 그 실과를 만질 필요가 없었습니다. 그 외에 모든 다른 나무 실과들이 그를 위해 있었습니다. 진정 아담을 위한 것이라면 아무것도 금지된 것이 없었습니다. 오직 아담을 망치게 할 것만 금지되었습니다. 우리 모두 낙원의 상태를 뒤돌아본다면, 우리도 아담 같은 그런 위치에 한번 있어봤으면 하고 바라게 됩니다. 그런데 아담은 하나님께서 남겨두신 것을 감히 건드렸습니다. 그렇게 함으로써 그는 자기를 만드신 분보다 더 높이 되고자 하였습니다. 아담은 하나님이 금하신 것을 행하는 것이 똑똑한 것이라고 판단했습니다. 아담은 좀 더 높은 상태로 올라가려는 어리석은 희망으로 사망의 위험을 감수했습니다.

그 죄의 결과를 모든 측면에서 살펴봅시다. 세상이 그 죄의 결과로 가득하게 되었습니다. 그러나 사도 바울은 이렇게 말씀합니다. "그러나 죄가 더한 곳에 은혜가 더욱 넘쳤나니." 그리고 이에 대한 증거로서 또 이렇게 말씀합니다. "또 이 선물은 범죄한 한 사람으로 말미암은 것과 같지 아니하니 심판은 한 사람으로 말미암아 정죄에 이르렀으나 은사는 많은 범죄로 말미암아 의롭다 하심에 이름이니라"(롬 5:16). 주 예수께서 이 세상에 오신 것은 아담의 죄만 제거하시기 위함이 아니라, 아담의 죄를 뒤따르는 모든 죄를 없애기 위함이었습니다. 두 번째 아담은 첫 번째 아담이 저지른 절망적인 파멸을 단순히 복구한 것이 아니라, 그 이상으로 회복시켰습니다. 거룩한 대속자이신 두 번째 아담이 십자가에서 죽으심으로, 에덴 동산에서 일어난 그 첫 범죄 이래로 인간들이 저질러 왔던 수많은 죄들이 제거되었습니다.

이런 장면을 생각해 보십시오! 모든 신자들을 데리고 와서 각자의 양심에서 죄 짐을 내려놓도록 해 보십시오. 아마 산더미 같을 것입니다! 그것을 높이 쌓아 보십시오! 더 높이 쌓아 보십시오! 그 높이가 올림포스 산만큼이나 높아질 것입니다. 매년 신자들이 여기에 와서 그들의 거대한 짐들을 내려놓습니다. "여호와께서는 우리 모두의 죄악을 그에게 담당시키셨도다"(사 53:6). 그 산은 알프스처럼 높아집니다! 죄가 쌓여 히말라야 산을 이룹니다! 사랑하는 성도 여러분, 여러분과 저의 죄만 하더라도 산악 지역을 이룰 정도입니다! 그러나 하나님이 우리에게 주신 값없는 선물인 위대하신 그리스도께서 친히 나무에 달려 우리 죄를 담당하셨을 때, 그 수많은 죄들이 모두 제거되었습니다.

"보라 세상 죄를 지고 가는 하나님의 어린 양이로다!"(요 1:29). 바로 여기에 무수한 죄를 용서하는 무한한 은혜가 있습니다! 참으로 "단 한 사람의 범죄"로 인해 죄가 넘쳤습니다. 그러나 "단 한 사람의 순종"으로 인해, 즉 하나님 아들의 순종으로 인해 은혜가 더 흘러넘치게 되었습니다. 천국의 크기는 지구 전체의 크기보다 훨씬 큽니다. 이와 마찬가지로 하나님의 은혜는 인간의 죄보다 훨씬 더 넘쳐서 인간의 죄를 덮고도 남습니다.

제가 좀 더 말씀 드리겠습니다. 둘째로 중요한 것은 그 파괴력에 있어서 죄가 넘쳤다는 사실입니다. 죄는 인간성을 완전히 파괴하였습니다. 로마서 3장에서 여러분은 인간이 죄로 말미암아 인간의 본성이 모든 면에서 얼마나 부패했는지를 보게 됩니다. 죄라는 폭군이 우리의 자연적 신분과 운명을 어떻게 쑥대밭으로 만들어 놓았는지를 생각해 보십시오. 에덴 동산은 황폐해졌습니다. 그것이 본래 있던 위치마저 잊혀져버렸습니다. 사시사철 과실을 맺던 들판의 나무들 사이에서 지내던 우리의 안락함은 사라져버렸습니다. 하나님은 말씀하셨습니다. "얼굴에 땀을 흘려야 먹을 것을 먹으리니"(창 3:19). 우리가 경작하는 들판은 자발적으로 곡식을 내지 않게 되었습니다. "땅이 네게 가시덤불과 엉겅퀴를 낼 것이라"(창 3:18). 우리의 생명도 그 영광과 불멸성을 잃었습니다. "너는 흙이니 흙으로 돌아갈 것이니라"(창 3:19). 모든 여자는 임신하는 고통(창 3:16)을 겪게 되었고, 모든 남자는 노동의 수고를 해야 했으며, 남녀 모두는 죽음의 슬픔을 맛보게 되었습니다. 죽을 수밖에 없는 우리 몸에 죄가 행한 바를 보십시오. 애석하게도, 죄의 파괴력은 더욱 극심해졌습니다. 죄는 우리 영혼을 파괴시켰습니다. 죄는 인간을 인간이 아닌 것으로 만들어버렸습니다. 죄는 인간의 인간성이라는 그 명예와 영광을 땅바닥으로 내동댕이쳤습니다. 우리 인간의 모든 능력들은 원활하지 못하게 되었습니다. 우리 인간의 모든 성향들은 왜곡되었습니다.

　사랑하는 성도 여러분, 기뻐하십시오. 주 예수 그리스도께서는 이런 죄의 저주로부터 우리를 구원하시려고 오셨습니다. 그리고 장차 악이 끼친 악습을 원상태로 돌리실 것입니다. 이 불쌍한 세상까지도 이 타락의 구속으로부터 구원하실 것입니다. 그래서 의인들만 거주하는 새 하늘과 새 땅을 창조하실 것입니다. 우리 주 예수 그리스도의 은혜로 말미암아 모든 피조물들도 함께 탄식하며(롬 8:22) 고통의 수고를 겪는데서 완전히 해방될 것입니다. 그리고 그 이상이 될 것입니다. 우리 인간의 경우에는, 인류가 순결한 상태로 계속 있었다면 차지하였을 지위보다도 훨씬 더 높은 지위로 올라가게 됩니다. 주 예수 그리스도께서는 기가 막힐 웅덩이와 수렁에서 끌어올리시고, 우리의 발을 반석 위에 두사 우리 걸음을 견고하게 하셨습니다(시 40:2). 지옥으로부터 우리를 올리셔서, 에덴 동산의 나무 그늘에 두신 것이 아니라 하나님의 보좌에 앉히셨습니다. 구속받은 인간의 본성은 타락하지 않은 인간의 본성보다 더 큰 자격을 가지게 되었습니다. 하나님은 아담에게 이렇게는 말씀하지 않으셨습니다. "자녀이면 또한 상속자 곧 하나님의 상속자요 그리스도와 함께 한 상속자니"(롬 8:17). 그러나 하나님은 이 말씀을 예수님의 보혈로 구속받은 각 신자들에게 하셨습니다.

사랑하는 성도 여러분, 그리스도의 고난도 함께 받는(롬 8:17) 그런 교제는 낙원에 있는 아담으로서는 알 수 없는 것이었습니다. 아담은 죽는다는 것이 무엇인지 알 수 없었으며, 그의 생명이 그리스도와 함께 하나님 안에 감추어졌음(골 3:3)이 무엇인지도 알 수 없었습니다. 그분의 이름을 찬양하십시오. 우리 주 예수 그리스도께서는 이렇게 말씀하십니다. "내가 빼앗지 아니한 것도 물어 주게 되었나이다!"(시 69:4). 그리스도께서는 우리가 빼앗긴 것보다 더 많은 것을 되돌려주셨습니다. 그리스도께서는 우리로 하여금 신성한 성품에 참여하는 자가 되게(벧후 1:4) 하시고, 인자가 하나님 우편에 앉은 그 하늘 처소에 우리를 있게 하셨습니다. 주 예수님의 주권이 타락하지 않은 아담의 주권보다 더 영광스럽기 때문에, 이제 인간은 타락 이전보다 더욱 위대하고 영광스럽게 되었습니다. 우리가 아담 안에서 잃었던 것보다 더 많은 것을 예수님 안에서 얻었기 때문에, 은혜가 더욱 넘쳤습니다. 우리가 다시 얻게 된 낙원은 우리가 잃었던 낙원보다 더욱 영광스럽습니다.

셋째로 하나님의 명예를 손상시킬 정도로 죄가 넘쳤습니다. 일전에 저는 에덴 동산의 문에 서 있는 사탄의 입장이 되어보려고 노력했고, 그 결과 사탄의 극악무도한 계략을 이해할 수 있게 되었습니다. 사탄은 하나님과 철천지원수로서 새롭게 창조된 세상도 보았고 그 안에 살고 있는 완전하게 순결하고 행복한 두 사람도 보게 되었습니다. 사탄은 시기심으로 바라보았고 흉계를 꾸몄습니다. 사탄은 창조주께서 "네가 먹는 날에는 반드시 죽으리라"(창 2:27)고 하신 말씀을 듣고 난 후 이 말씀에서 하나님을 대적할 기회를 엿보았습니다. 사탄은 새롭게 창조된 두 인간들이 금지된 열매를 따 먹도록 유혹할 수만 있다면, 그 인간들을 만든 창조주를 이러지도 저러지도 못하게 만들 수 있으리라 생각했습니다. 다시 말해 창조주께서 만드신 인간들을 멸망시키든지, 아니면 반드시 죽으리라고 하신 말씀이 거짓말이 되든지 해야 하는 진퇴양난의 상황 말입니다.

하나님은 "네가 반드시 죽으리라"고 말씀하셨습니다. 이 말씀으로 인해 하나님은 자신이 만든 작품을 없던 것으로 해야 했으며, 자기의 형상을 따라 자기의 모양대로(창 1:26) 만드신 피조물을 없애야 했습니다. 사탄은 아마도 인간이 운명적으로 놀라운 영광의 신비를 지닌 아주 특별한 존재라는 것을 알아차렸던 것 같습니다. 그래서 사탄이 인간으로 하여금 죄를 짓게 할 수만 있다면, 하나님은 인간을 없애실 것이고, 그로 인해 하나님의 그 영원한 목적을 달성할 수 없게 할 수 있으리라고 사탄은 생각했습니다. 반대로, 하나님께서 엄포하신 말씀대로 인간들을 죽이지 않으신다면, 하나님은 진실하지 못한 분이 되며, 하나님이 만드신 온 우주에 하나님의 말씀이 파기되었다고 전해질 것입니다. 다시 말해, 하나님께서 마음을 바꾸셨거나, 아니면 농담을 하셨거나, 그도 아니면 하나님께서 단지 협박한 것에 불과했다고 드러났을 것입니다. 어떤 경우이든 악한 영은 승리를 장담했습니다. 왕 중의 왕이신 하나님의 영광을 가리려는 깊고도 광범위한 속셈이 있었던 것입니다.

　사랑하는 성도 여러분, 여자가 먼저 속고 그 다음 남자가 속아서 하나님의 말씀을 경멸했을 때, 이 자체로 이미 죄가 넘친 것 같지 않습니까? 사랑하는 성도 여러분, 그럼에도 불구하고 우리 주 예수 그리스도께서 우리에게 베푸신 그 은혜가 얼마나 더욱 넘쳤습니까! 인간의 타락이 없었을 경우보다, 타락으로 야기된 인간을 향한 구속에서 하나님은 더 크게 영광을 받으십니다. 하나님께서는 사랑하는 그 독생자의 위대한 희생 안에서, 자신이 가진 공의의 위엄과 은혜의 영광을 나타내셨습니다. 그 희생의 방식에 대해 천사들이나 권세자들이나 능력자들이(롬 8:38) 영원토록 놀라워할 것입니다. 세상의 수많은 피조물들마다 그 안에 각각 하나님의 솜씨와 선하심과 능력이 놀라울 정도로 가득하지만, 이것들보다도 구속하는 사랑의 위대한 사역 속에서 하나님은 더 잘 드러납니다. 십자가에 못 박히신 예수님 안에서 하나님은 이전보다 더욱 영광을 받으십니다. 죄가 넘쳐서 분명히 하나님의 명예가 손상되는 그 곳에 은혜가 더욱 넘쳐 하나님의 영원히 복된 이름이 무한한 영광을 받게 됩니다.

　넷째로, 인간의 성품을 타락시킬 정도로 죄가 넘쳤습니다. 하나님을 대적하는 죄인인 인간은 그 얼마나 곤고한 사람(롬 7:24)인지요! 율법으로 제지하지 않고 하고 싶은 대로 내버려 둔다면, 인간은 어떤 모습이 되겠습니까? 오늘처럼 발전하고 계몽된 시대에서도 바울이 인간을 어떻게 묘사했는지 살펴볼 필요가 있습니다. "너는 이것을 알라 말세에 고통하는 때가 이르러 사람들이 자기를 사랑하며 돈을 사랑하며 자랑하며 교만하며 비방하며 부모를 거역하며 감사하지 아니하며 거룩하지 아니하며 무정하며 원통함을 풀지 아니하며 모함하며 절제하지 못하며 사나우며 선한 것을 좋아하지 아니하며 배신하며 조급하며 자만하며 쾌락을 사랑하기를 하나님 사랑하는 것보다 더하며 경건의 모양은 있으나 경건의 능력은 부인하니"(딤후 3:1-5).

횟필드(George Whitefield)가 "인간을 혼자 내버려 두라, 그러면 반은 짐승이고 반은 악마가 될 것이다"라고 말한 것은 인간 본성에 대해 그 가치를 평가 절하한 것이 아니었습니다. 저는 지금 미개한 나라에 사는 야만인들에 대해 말하는 것이 아닙니다. 저는 런던에 살고 있는 사람들을 염두에 두고 말하고 있습니다. 며칠 전에 나온 신문만 보더라도 이 도시가 죄의 도시라는 증거가 충분합니다. 더 이상 말씀드리지 않겠습니다. 짐승이나 악마가 이보다 더 악할 수 있을까요? 인간의 역사를 읽어보십시오. 앗수르, 로마, 그리스, 사라센, 스페인, 영국 등의 역사 말입니다. 만약 여러분이 거룩한 것을 추구하는 사람이라면, 여러분은 인간에 넌더리가 날 것입니다. 타락한 천사들을 제외하고, 그 어떤 피조물이 그렇게 잔인하고 비열하고 거짓된 행동을 했습니까? 악당들, 폭군들, 극악무도한 자들이 저지른 그 죄들을 한번 살펴보십시오.

그러나 이제는 다른 면을 살펴보겠습니다. 하나님의 은혜가 행하신 것을 봅시다. 성령의 손길로 은혜를 받은 인간은 하나님의 고귀한 작품이 됩니다. 타락에서 벗어나 다시 태어나게 된 인간은 이제 선행을 행할 능력이 있습니다. 이 선행은 예전에 죄를 지을 때는 결코 할 수 없었던 것입니다. 타락해 보지 않은 사람은, 타락했다가 다시 새로운 마음을 갖게 된 사람이 죄에 대해 느끼는 그 정도의 강렬한 혐오감으로 죄를 증오하지 못합니다. 이제 우리는 개인적인 체험에 의해 죄의 무서움을 알고 있습니다. 이제 우리는 죄에 대해 본능적으로 두려워하게 됩니다. 타락해 보지 않은 사람은 인내할 수도 없습니다. 왜냐하면 타락해 보지 못한 사람은 참고 견디지를 못하며, 인내는 끝까지 참아야 완성되는 것이기 때문입니다.

저는 교회사를 보면서 1세기 때 순교한 순교자들의 이야기와 특히 메리 여왕의 대박해(Marian persecution: 1553-1558년 동안 피의 여왕 메리1세는 영국 개신교인 400여명을 사형이나 화형에 처했다 - 역주) 기간 때 순교한 순교자들의 이야기를 읽을 때마다, 하나님을 찬양했습니다. 하나님께서 그 불쌍하고 연약한 남녀 성도들이 하나님과 구세주에 대한 그들의 사랑을 증거하도록 하셨기 때문입니다. 하나님을 사랑했기에 그들이 받아야 했던 고통이 얼마나 컸는지요! 그리고 이 모든 것을 통해 얼마나 당당하게 하나님께 영광을 돌렸는지요! 오 하나님, 인간으로 하여금 그렇게 감당하게 하신 하나님의 은혜가 얼마나 고귀한지요! 불길 속에서도 하나님을 찬양하며 노래하는 대목을 읽었을 때, 저는 그 성화된 성도들에 대해 엄청난 존경심을 느꼈습니다. 하나님의 사랑이 성도들의 마음속에 퍼지게 될 때, 인간들의 행동이 얼마나 고귀해질 수 있는지요! 천사나 천사장이라 하더라도, 한때 타락했으나 거룩하신 하나님의 은혜로 거룩한 생명의 숨을 쉬게 된 인간들에게 이루어진 경탄할 만하고 완숙한 성품을 결코 보여줄 수 없었을 것이라고 저는 생각합니다.

인간의 성품 안에서 "죄가 더한 곳에 은혜가 더욱 넘쳤습니다." 오늘날에도 하나님께서는 하늘에서 내려보시다가, 가난하고 잘 드러나지 않는 백성들의 아름다운 선행이나 거룩한 매력들을 보고서 기뻐하실 것이라 저는 믿고 있습니다. "여호와는 자기를 경외하는 자들과 그의 인자하심을 바라는 자들을 기뻐하시는도다"(시 147:11). 이러한 자들은 참된 보석으로서 하나님이 높이 평가하시며 하나님을 위해 따로 구별해 놓으십니다. "만군의 주가 말하노니, 내가 나의 보석들을 만드는 그 날에 그들이 나의 것이 되리라"(말 3:17, KJV).

다섯째로, 큰 슬픔을 초래할 정도로 죄가 넘쳤습니다. 죄와 더불어 불행의 긴 연속이 시작되었습니다. 죄가 낳은 죄의 소생들은 무수하며, 그 하나하나마다 비탄에 빠지게 합니다. 죄가 이 세상에 들어온 이후로, 이 세상에 열려진 그 깊고 어두운 슬픔의 심연을 측량조차 할 수 없습니다. 그 심연은 눈물의 장소가 아닙니까? 아니, 피의 들판이 아닙니까? 그러나 놀라운 연금술에 의해, 즉 죄를 재료로 하여 은혜는 하나의 새로운 기쁨을 만들어 냈습니다. 아니, 하나의 새로운 기쁨 그 이상을 만들어 냈습니다. 회개가 주는 고요하고도 깊은 기쁨은 타락해 보지 않은 완전무결한 사람은 절대 알 리가 없었을 것입니다. 이 찬란히 빛나는 참된 진주는 타락 이전의 에덴 강가에서는 발견할 수 없는 것입니다. 그렇습니다. 이 기쁨은 천국에서 하나님의 천사들 앞에서 죄인들 위에 임하는 기쁨입니다. 회개는 이전에 없던 새로운 것입니다. 타락 이후에 비로소 회개가 생겼습니다. 하나님도 죄가 없었더라면 모르셨을 그런 기쁨을 맛보셨습니다. 들어 보십시오. 눈물어린 놀라움으로 위대한 아버지께서 다시 돌아온 탕자를 영접하시며 주변의 사람들에게 이렇게 외치십니다. "우리가 먹고 즐기자 이 내 아들은 죽었다가 다시 살아났으며 내가 잃었다가 다시 얻었노라"(눅 15:23-24). 오, 사랑하는 성도 여러분, 싸워야 할 죄가 없었다면 어떻게 전능하신 사랑이 은혜 안에서 승리할 수 있겠습니까? 천국에서 우리가 어린 양의 피에 그 옷을 씻어 희게 한 것을 찬양할 것이기(계 7:14) 때문에, 우리에게 있어 천국은 천국 그 이상입니다. 은혜가 죄 위에 넘쳤기 때문에, 하나님은 인간으로 인해 크게 기뻐하고, 인간은 하나님으로 인해 크게 기뻐합니다. 우리는 지금 깊은 은혜의 물속으로 들어가고 있습니다. 오늘 우리가 다루고 있는 이 본문이 얼마나 진실된 것인지요!

하나만 더 말씀드리겠습니다. 그리스도의 통치를 방해할 정도로 죄가 넘쳤습니다. 최초로 인간으로 하여금 죄를 짓게 유인한 사탄의 계획은 하나님이자 인간이며 한 분이신 주 예수 그리스도의 최고 주권을 방해하려는 계획이었다고 저는 믿습니다. 성경이 가르치는 교리로서 제시될 정도는 아니지만 그래도 제가 보기에 충분히 가능성 있는 일이라고 여겨지는 것은, 천사들의 타락으로 인해 생겨난 천국의 빈 자리들이 인간으로 채워질 것이며, 하나님의 보좌 가까이에 인간들의 자리가 마련될 것임을 사탄은 미리 내다보았던 것 같습니다. 사탄은 타락한 영들의 자리를 차지할 인간들을 바로 앞에서 보았고, 그 인간들을 시기했습니다. 사탄은 인간들이 하나님의 그리스도, 곧 독생자의 형상으로 지음받았음을 알았습니다. 그래서 사탄은 그리스도를 미워하였습니다. 사탄은 그리스도께서 사탄이 싫어하는 하나님과 사탄이 시기하는 인간, 이 두 위격이 하나로 연합된 분임을 알고 있었기 때문입니다.

사탄은 첫 번째 아담의 가슴을 관통해 두 번째 아담을 쏘았습니다. 사탄은 장차 오실 그리스도를 파멸시킬 속셈이었습니다. 하지만 사탄은 어리석었습니다. 이제 주 예수 그리스도는 하나님의 은혜로 우리가 생각했던 것보다 훨씬 높임을 받으셨습니다. 즉, 짊어져야 할 죄 짐이나 감당해야 할 구속사역이 없었을 때보다 훨씬 더 높임을 받으셨던 것입니다. 상처받고 죽임을 당하신 예수님은 이전보다 더 고귀한 영광을 받으셨습니다. 오, 만주의 주시요 만왕의 왕이시며(계 17:14), 슬픔의 사람(사 53:3, KJV)이신 그리스도시여, 우리가 할렐루야로 당신을 찬양합니다! 당신의 진리에 우리의 모든 가슴이 뜁니다! 그 무엇보다 더욱 당신을 사랑합니다! 당신은 우리가 영원히 찬양할 바로 그분이십니다! 예수님은 사랑의 나라에서 요동치 않는 보좌에 앉아 계십니다. 우리 각자는 우리의 심장박동이 멈추는 마지막 그 순간까지 그분의 옳으심을 증거할 것입니다. 만왕의 왕, 만주의 주! 할렐루야! 죄가 더한 곳에 은혜가 더욱 넘쳐 하나님의 아들이신 독생자의 영광이 더욱 빛났습니다.

2. 사례

정말 중요한 주제들을 다룰 때는 시간이 아주 빨리 지나가는 것 같습니다. 지금부터 다룰 두 번째 대지도 자세하게 살펴볼 가치가 있습니다. 그러나 몇 가지 말씀만 드리는 것으로 만족하고자 합니다. 죄가 더한 곳에 은혜가 더욱 넘쳤다는 이 위대한 사실은 어느 곳에서든 나타납니다. 이런 사실은 몇몇 특별한 사례를 통해서도 알 수 있습니다.

첫 번째 특별한 사례는 율법이 들어온 것입니다. 인간의 죄로 인해 십계명의 율법이 주어졌을 때, 그 율법은 범죄를 더하게 하였습니다. 하지만 그 율법은 은혜도 더욱 넘치게 하였습니다. 열 개의 계명이 있었던 것은 사실입니다. 하지만 열 배 이상의 은혜가 있었던 것도 사실입니다. 율법과 더불어 대제사장이 등장했습니다. 보석으로 물린 흉패와 영화롭고 아름다운 에봇(출 25:7)을 입은 대제사장을 그 이전에는 세상에서 볼 수 없었습니다. 율법이 있었습니다. 그러나 동시에 지극히 높으신 하나님의 성막이라는 거룩한 장소도 있었습니다. 그 성막 안에는 제단과 물두멍과 등잔대와 진설병 상 등이 있었습니다. 또한 하나님의 위엄이 머물던 지성소도 있었습니다. 이러한 상징들과 모형들로 하나님은 인간들 사이에 거하심을 나타내셨습니다.

율법으로 인해 죄가 넘친 것은 사실입니다. 하지만 그 시기에 죄에 대한 속죄 제사들이 넘친 것도 사실입니다. 이전까지는 아침저녁으로 속죄양을 드린 일도 없었고, 속죄일(레 16)도 없었습니다. 피 뿌림(레 16:14)이나 대제사장이 행하는 안수(레 16:21) 등도 없었습니다. 율법이 드러낸 모든 죄에 대해 속죄제사가 드려졌습니다. 부지중에 범한 허물(레 5:18)이나 여호와의 성물에 대한 범죄(레 5:15), 그리고 모든 종류의 죄들에 대해 특별한 속죄제사가 드려졌습니다. 그렇게 함으로써 양심에 드러났던 죄들은 속죄제사로 다시 덮여지게 되었습니다.

이스라엘의 역사가 또 하나의 중요한 두 번째 사례입니다. 그 민족은 얼마나 자주 반역하였습니까? 그럼에도 불구하고 얼마나 그들이 하나님의 심판보다는 자비를 누렸습니까! 그 택함받은 민족의 역사는 죄가 더한 곳에 은혜가 더욱 넘쳤다는 사실을 진정으로 보여줍니다. 역사를 한번 훑어보십시오. 그러다가 우리 주 예수님의 **십자가 처형** 사건에 주목하십시오. 이 사건은 죄의 산맥들 중에서 가장 높은 산봉우리에 해당합니다. 사람들은 영광의 주님을 십자가에 못 박았습니다. 여기서 죄가 더해졌습니다. 그런데 바로 이 십자가에서 은혜가 더욱 넘쳤다는 사실을 제가 또 말씀드려야 할 필요가 있을까요? 빌라도도 사라지고 가야바도 물러나고 제사장들과 유대인들의 아우성도 잠잠해진 그 때에야 비로소, 여러분은 그리스도의 죽음을 바라볼 수 있으며, 여러분의 눈과 귀에는 값없는 은혜와 목숨을 내어놓는 사랑 이외에 아무것도 보이지 않고 들리지 않게 됩니다.

우리 주님의 십자가 사건 이후에는 잠시 동안 유대인들의 버림받음이 뒤따랐습니다. 주님께서 자기 땅에 오셨지만 자기 백성은 주님을 영접하지 않았습니다 (요 1:11). 맞습니다. 그러나 그들의 버림받음이 이방 민족들의 구원이 되었습니다. "우리가 이방인에게로 향하노라"(행 13:46)라고 사도 바울은 말씀했습니다. 이것이 바로 여러분과 저를 위한 축복의 방향전환이었습니다. 그렇지 않습니까? 잔치에 초청을 받은 사람들이 모두 사양하자, 집 주인은 노하여 다른 손님들을 초대했습니다. "노하여"란 말에 주목하십시오! 집 주인은 화가 나서 어떻게 했습니까? 자, 보십시오. 집 주인은 할 수 있는 일 중에서 가장 은혜로운 일을 하였습니다. 집 주인은 말합니다. "길과 산울타리 가로 나가서 사람을 강권하여 데려다가 내 집을 채우라"(눅 14:23). 이스라엘 민족이 그 사랑의 잔치에 들어오려고 하지 않아서 죄가 더하여졌습니다. 하지만 은혜는 더욱 넘쳤습니다. 이방인들이 하나님의 나라에 들어갔기 때문입니다.

그 당시의 이방 세계는 흑암 가운데 빠져 있었고 죄가 넘쳤습니다. 여러분이 고대사를 조금만 공부해 보신다면, 인간들이 어떻게 그렇게 비열할 수 있었는지 무거운 한숨을 내쉴 것입니다. 가난하고 교육받지 못한 사람들이 하나님의 택하심을 입어 예수님의 복음을 받아들였고, 이들은 로마 제국이 완전히 변화될 때까지 자신들이 할 수 있는 간단한 방식으로 대속의 구세주를 알리는데 열심을 내었습니다. 빛과 평화와 진리가 그 세계에 들어와서, 노예제와 폭정과 짐승 같은 욕정들을 몰아냈습니다. 죄가 더한 곳에, 은혜가 더욱 넘쳤습니다. 디오클레티아누스 황제(Gaius Aurelius Valerius Diocletianus, 244-311)가 다스리던 그 끔찍한 폭정 시기에 얼마나 훌륭한 인물들이 많이 배출되었는지요! 그들의 신앙고백에서 드러나는 하나님에 대한 헌신은 어떠합니까! 평신도들이 지녔던 그 담대함은 어떠합니까! 순교자들이 보여준 그리스도에 대한 불굴의 충성심은 어떠합니까! 주님께서는 야만인들을 성도로 만드셨고 타락한 자들을 고귀한 성자로 끌어올리셨습니다.

이번에는 제가 여러분에게 사람들 중에서 가장 은혜가 넘친 예를 들어보라고 질문한다면, 아마도 여러분은 예전에 죄를 많이 지었던 사람들을 선택할 것입니다. 우리가 하나님의 은혜를 가장 잘 드러내고자 할 때, 우리는 어떤 인물들을 가장 많이 언급합니까? 우리는 다윗 왕, 유다 왕 므낫세, 예수님을 결코 버리지 않겠다고 장담한 베드로, 예수님과 함께 십자가에 달린 강도, 다소 출신 사울, 죄인이었던 막달라 마리아 등을 말할 것입니다. 은혜가 넘친 곳을 보여주고 싶다면, 우리의 시선은 자연스럽게 죄가 넘친 곳을 찾게 됩니다. 그렇지 않습니까? 그러므로 이제 더 다른 사례들을 말씀드릴 필요가 없을 것 같습니다. 죄가 더한 곳에 은혜가 더욱 넘쳤다는 사실이 증명된 것 같으니까요.

3. 적용

마지막 대지입니다. 사랑하는 성도 여러분, 제가 이 시간에 여러분에게 꼭 말씀드리고 싶은 것이 바로 이것입니다. 이 말씀은 우리 각자에게 모두 적용됩니다.

먼저, 누가 봐도 죄인인 사람들의 경우를 살펴보겠습니다. 여러분은 과거에 어떤 사람이었습니까? 여러분은 엄청나게 죄를 짓지 않았습니까? 여러분은 부정한 욕정으로 자기 몸을 더럽히지 않았습니까? 여러분은 동료들에게 부정직했던 적은 없습니까? 여러분은 심지어 예배를 드리는 교회에 앉아서도 주홍같이 붉은 죄로 자기의 양심을 더럽힌 적이 있지 않습니까? 오랫동안 죄 가운데서 지내왔기 때문에 죄에 대해 무덤덤해지지는 않았습니까? 여러분은 번번이 의도적으로 작심하고서 죄를 지어왔다는 것을 알고 있지 않습니까? 여러분은 나이가 들어가면서 지금까지 한 70여년을 살아오는 동안 주홍같이 붉은 죄가 여러분의 뼛속까지 스며들어 있지는 않습니까? 심지어 복음에 대해 무자비한 적대자였던 적은 없습니까? 하나님의 성도들을 박해했던 적은 없습니까? 논쟁으로 복음을 공격했던 적이나 복음을 비난하면서 비웃음거리로 만든 적은 없습니까?

그렇다면 이제 오늘 본문의 말씀을 들으십시오. "죄가 더한 곳에 은혜가 더욱 넘쳤나니." 태초에도 죄가 더한 곳에 은혜가 더욱 넘쳤고, 지금도 그러하며, 이 세상 끝날까지도 여전히 죄가 더한 곳에 은혜가 더욱 넘칠 것입니다. 여러분이 주 예수 그리스도를 믿기만 한다면, 하나님의 은혜는 여러분이 지은 그 큰 불의들을 이기고도 남습니다. 성경은 말씀합니다. "사람의 모든 죄와 모든 모독하는 일은 사하심을 얻되"(막 3:28). 여러분이 가진 반역의 무기들을 모두 내려놓으십시오. 무조건 항복하십시오. 그런 다음 여러분을 향해 지금 팔 벌리고 있는 예수님의 못 박히신 손등에 입 맞추십시오. 그러면 바로 그 순간 여러분은 용서를 받게 되고, 용서받은 사람으로서 새로운 삶을 시작하며 "죄가 더한 곳에 은혜가 더욱 넘쳤나니"라는 말씀을 증거하게 될 것입니다.

사랑하는 성도 여러분, 아마도 앞서 전한 이런 내용들은 여러분에게 해당되지 않을 것입니다. 지금부터는 죄가 무엇인지 교육받은 죄인들의 경우를 살펴보겠습니다. 잘 들어주십시오. 여러분은 신앙 교육을 통해 죄를 짓는 것이 무엇인지를 알고 있습니다. 여러분은 스스로 성경을 읽을 뿐 아니라 설교를 통해 진리의 말씀을 들어왔습니다. 비록 여러분이 누구나 다 아는 중죄인은 아니었다 하더라도, 여러분은 해야 할 것을 하지 않은 죄와 하지 말아야 할 것을 한 죄들로 자기 삶이 가득 차 있음을 알고 있습니다. 여러분은 빛과 지혜를 거슬러 죄를 지었던 것도 알고 있습니다. 여러분은 자주 죄에 민감한 여러분의 양심을 무시해 왔습니다. 그러므로 정확히 판단한다면, 여러분은 공개적으로 하나님을 모독하는 사람보다 훨씬 더 큰 죄인입니다. 이 사실을 인정하십시오. 여러분이 자신의 모습을 있는 그대로 받아들이기를 바랍니다. 이 사실로부터 회피하지 마십시오. 지금의 그 모습을 인정하십시오. "죄가 더한 곳에 은혜가 더욱 넘쳤나니." 여러분이 질병에 대해 잘 알면 알수록, 치료법에 대해서도 더 잘 알 수 있기 때문입니다! 마찬가지로 여러분이 자신의 불의에 대해 잘 알면 알수록, 그리스도의 의에 대해서도 더욱더 분명히 알 수 있을 것입니다! 그리스도의 사역은 거룩한 사역입니다. 여러분이 지은 모든 부정을 덮고 모든 죄를 이기고도 남을 만큼 충분히 넓습니다. 이 사실을 믿으십시오! 이 사실을 믿음으로써 하나님께 영광을 돌려드리십시오! 여러분이 가진 믿음의 정도에 따라 그 분량대로 여러분에게 행해질 것입니다.

이제 다른 경우를 살펴보려고 합니다. 이 사람들은 자기가 앞의 두 부류 중 어느 쪽에도 정확히 일치하지 않는다고 대답하는 경우에 해당합니다. 이들은 최근에 하나님의 긍휼을 찾기 시작한 사람들로서, 기도를 많이 하면 할수록 더 많이 유혹을 받는 사람들입니다. 그들의 마음에는 끔찍한 상상들이 계속해서 떠오르고, 저주받을 만한 생각들이 생겨나서 스스로 곤혹스러워 합니다. 아, 사랑하는 성도 여러분, 저는 이것이 어떤 상황인지를 이해합니다. 여러분이 하나님의 자비에 가까이 가려 하면 할수록, 여러분은 지옥문을 향해 더 가까이 가고 있는 것처럼 느낍니다! 여러분은 아주 진지하게 선을 행하겠다고 다짐하지만, 여러분의 지체 속에서 다른 법이 여러분을 사로잡습니다(롬 7:23). 그로 인해 좀 더 선해지고자 소망했던 바로 그곳에서 여러분은 더 악해집니다. 예, 잘 알겠습니다. 그렇다면 이런 사람들은 오늘 본문 말씀을 자기 생명만큼이나 확고히 붙드십시오. "죄가 더한 곳에 은혜가 더욱 넘쳤나니." 군대 귀신 전체가 여러분에게 달려들어도, 그리스도께서는 그 모두를 제압하심으로 친히 영광을 받으실 것입니다. 여러분이 지금 회개도 할 수 없고 기도도 할 수 없고 아무것도 할 수 없을지라도, 이 말씀만은 기억하십시오. "우리가 아직 연약할 때에 기약대로 그리스도께서 경건하지 않은 자를 위하여 죽으셨도다"(롬 5:6). 이 모든 의심들과 마귀들과 무기력한 것들의 머리를 쳐다보십시오. 그리고 장대 위에 달린 놋뱀처럼(민 21:9) 십자가 위에 달리신 예수님을 바라보십시오. 그분을 바라보십시오. 그러면 불뱀들이 여러분에게서 도망가고 여러분은 살게 될 것입니다(민 21:8). 이 말씀을 진리로 믿으십시오. "죄가 더한 곳에 은혜가 더욱 넘쳤나니"라는 이 말씀이 진리이기 때문입니다.

또 다른 사람들은 이렇게 말합니다. "아, 목사님, 제 경우는 최악의 경우입니다. 저에게는 절망하는 기질이 있어요. 저는 언제나 일의 어두운 면만 바라봅니다. 성경에서 어떤 약속을 읽어도, 저는 그것이 제게 주어진 약속이라는 확신이 들지 않아요. 저는 소망이 없습니다. 제가 어떤 것을 얻게 되리라는 생각조차 들지 않습니다. 저는 한 줄기 빛도 들어오지 않은 지하 굴속에 갇힌 것만 같아요. 어둡고 막막하고 캄캄합니다. 앞으로 더 큰 암흑만이 다가올 것 같습니다. 목사님은 저를 위로하려고 하시겠지만 제게는 전혀 위로가 되지 않아요."

저는 이런 여러분을 잘 알고 있습니다. 이런 사람들은 시편에 나오는 불쌍한 성도와 같습니다. 제가 시편 말씀을 읽어보겠습니다. "그들의 혼은 모든 종류의 음식을 싫어하고"(시 107:18, KJV). 그들은 심지어 복음의 맛까지도 잃어버린 사람입니다. 이런 여러분을 저는 잘 압니다. 지금 여러분은 자신을 해치는 지독한 무언가에 대해 기록하고 있습니다. 여러분의 기록은 불쌍하게 방황하는 피조물의 글입니다. 그 글은 주목할 가치조차 없습니다. 여러분은 자기 손으로 검정색의 큰 글씨로 정죄하는 내용들을 씁니다. 그러나 그 모든 말에는 아무 의미도 없습니다. 진정으로, 정말 진정으로 여러분에게 말씀드립니다. 여러분이 쓴 것들은 지워질 것이며, 저주와 예기치 못한 것들은 일어나지 않을 것입니다. 그러므로 주님께서 말씀하십니다. "너희가 사망과 더불어 세운 언약이 폐하며 스올과 더불어 맺은 맹약이 서지 못하리니(사 28:18), 주 예수 그리스도께서 너를 구속하였고, 죄가 더한 곳에 은혜가 더욱 넘쳤기 때문이로다."

여러분이 깨어져 산산조각이 나고, 맷돌에 갈려 아무것도 찾을 수 없게 된다 해도, 하나님이 말씀하신 이 계시를 믿으십시오. "죄가 더한 곳에 은혜가 더욱 넘쳤나니." "더욱"이란 말에 주목하십시오. "더욱 넘쳤나니." 여러분이 이 말씀을 굳게 붙잡는다면, 그리고 은혜가 죄를 이긴다는 사실을 하나님이 행하신 위대한 원칙으로 확실히 알게 된다면, 바로 그 때 여러분에게 소망이 있습니다. 아니, 소망 그 이상이 있습니다. 바로 그 순간에 여러분에게 구원이 있습니다. 하나님께서 죄에 대한 화목제물로 세우신 예수님을 믿는다면, 여러분은 용서받은 것입니다.

오, 사랑하는 성도 여러분, 이 하나님의 은혜를 멸시하지 마십시오! 와서 이은혜에 참여하십시오. 사도 바울이 예견한 것처럼 "은혜를 더하게 하기 위해 죄에 거하자"(롬 6:1)라고 말하는 사람들이 있을까요? 아, 그런 파렴치한 추론을 하는 사람은 하나님께 버림받았다는 증거이며, 그런 사람에게 내려지는 저주는 합당합니다. 하나님의 긍휼을 죄 지을 핑곗거리로 삼는 사람은 무정하고 잔인한 마음보다 더 악한 것이 그 속에 들어 있는 사람이며, 그런 사람은 양심에 화인 맞은 것이(딤전 4:2) 분명합니다.

사랑하는 성도 여러분, 저는 여러분이 더 좋은 것들을 갖게 되기를 기대합니다. 앞서 제가 설명한 사람들과 달리, 저는 여러분이 무한한 사랑과 값없는 용서와 넘치는 은혜가 울려 퍼지는 종소리를 듣고는 은혜의 병원으로 달려가, 여러분의 죄성을 치료받고 연약한 몸에 기력을 얻으며 여러분의 슬픔이 기쁨으로 변화되기를 간절히 원합니다. 주님, 이 교회 안에 죄가 더한 모든 경우들에 있어서 주님의 은혜가 더욱더 넘쳐나게 하옵소서. 예수 그리스도의 이름으로 기도드립니다. 아멘!

제
12
장

—

은혜의 교리는 죄짓게 하지 않는다

—

"죄가 너희를 주장하지 못하리니 이는 너희가 법 아래에
있지 아니하고 은혜 아래에 있음이라 그런즉 어쩌하리요
우리가 법 아래에 있지 아니하고 은혜 아래에 있으니
죄를 지으리요 그럴 수 없느니라"— 롬 6:14-15

　　지난 주일 아침에 저는 참된 복음의 본질과 핵심은 바로 하나님의 은혜에 대한 교리라는 사실을 말씀드리고자 노력했습니다. 사실 복음에서 하나님의 은혜를 빼버린다면, 복음에서 그 생명력인 피를 뽑아내는 것과 같아서, 전할 만한 가치가 있는 것, 믿을 만한 가치가 있는 것, 주장할 만한 가치가 있는 것이 하나도 남지 않게 됩니다. 은혜는 복음의 영혼입니다. 은혜가 없는 복음은 죽은 복음입니다. 은혜는 복음의 음악입니다. 은혜가 없는 복음은 아무 위로가 되지 못합니다. 저는 또한 은혜의 교리를 간단히 제시하고자 애썼습니다. 하나님께서는 순수한 긍휼로 죄인을 대하신다고 가르쳤습니다. 인간들이 죄짓고 정죄받은 것을 알면서도, 그들의 과거 성품이나 앞으로 예상되는 그 어떤 선행에도 상관없이, 하나님께서는 값없이 용서해 주셨습니다. 오로지 죄인을 불쌍히 여기는 마음에서 하나님은 죄와 그 죄의 결과로부터 죄인을 구원할 계획을 세우셨습니다. 곧, 은혜가 그 핵심적인 특징을 이루는 계획 말입니다.

　　하나님은 값없는 사랑으로 자기의 사랑하는 아들의 죽음이라는 대속을 베푸셨습니다. 이 대속이야말로 하나님의 긍휼이 합당하게 제시될 수 있는 수단입

니다. 하나님께서는 이 대속을 믿는 모든 자를 받아들이십니다. 그리고 믿음을 구원의 길로 선택하셨는데, 이 구원의 길은 전적으로 은혜입니다. 이런 점에서 볼 때, 하나님은 자신 안에 있는 어떤 동기로부터 행동하시지, 죄인이 과거, 현재, 미래에 행한 행위 때문에 행동하지 않으십니다. 이 하나님의 은혜는 옛적부터 죄인을 향해 흐르며, 죄인 안에 선한 것이 하나도 없을 때 그 은혜의 사역은 죄인에게서 시작됩니다. 또한 은혜는 그 안에 선하고 받을 만한 것이 있는 사람에게도 역사하며, 이 은혜의 행위가 완료되어 그 신자가 자기를 위해 준비된 영광으로 영접을 받을 때까지 계속 역사합니다. 저는 이런 내용들을 전하고자 노력했습니다.

은혜는 구원을 시작하며, 구원의 모든 일들이 완성되기까지 은혜는 유지시킵니다. 처음부터 끝까지, 즉 천국의 알파벳 "A"부터 "Z"까지 구원의 모든 것이 은혜이고 오직 은혜로 됩니다. 모든 것이 값없는 사랑이며 공로는 전혀 없습니다. "너희는 그 은혜에 의하여 믿음으로 말미암아 구원을 받았으니 이것은 너희에게서 난 것이 아니요 하나님의 선물이라"(엡 2:8). "그런즉 원하는 자로 말미암음도 아니요 달음박질하는 자로 말미암음도 아니요 오직 긍휼히 여기시는 하나님으로 말미암음이니라"(롬 9:16). 이 은혜의 교리가 밝은 빛 가운데 제시되자마자, 이와 관련해 사람들은 쓸데없이 트집을 잡기 시작했습니다. 이 은혜의 교리는 모든 육적인 논리가 쏘아 맞추려는 과녁입니다. 새로워진 마음을 가진 자만이 이 교리를 좋아하지, 그렇지 않은 자들은 앞으로도 좋아하지 못할 것입니다. 왜냐하면 이 교리는 인간의 자존심이 허락하기엔 너무 시시한 것이며, 인간 본성이 지닌 고귀함을 별것 아닌 것으로 만들기 때문입니다. 인간은 하나님이 베푸시는 자선에 의해 구원을 받게 되며, 범죄자로 정죄받은 인간은 왕의 특별 사면권이 발동되어야만 사면을 받을 수 있을 뿐, 그렇지 않으면 그 죄로 인해 멸망할 수밖에 없다는 이런 교리는 인간이 감당해내기에 힘든 가르침입니다.

주권적으로 자비를 베푸시는 하나님만이 높임을 받으시고, 죄인인 인간은 그 홀(笏)에 온순히 입맞추며 우리의 분수에 넘치는 호의를 단순히 받아들이는 것 외에 달리 더 할 수 있는 것이 없습니다. 이 모든 것은 하나님께서 원하시는 것들입니다. 그러나 이것은 위대한 지성을 소유한 철학자들이나 누구나 공감하는 명언들을 만들어 내는 윤리주의자들에게는 그리 유쾌한 것이 아닙니다. 그래서 그들은 이 교리를 외면하고 은혜의 왕국에 대항해 싸웁니다. 새롭게 되지 못한 사람들은 곧장 하나님의 은혜의 복음을 대항해 싸울 만한 무기들을 찾습니다. 그들이 전선의 전면에 배치한 가장 강력한 무기는, 하나님의 은혜 교리는 인간을 방종으로 이끌 수밖에 없다는 주장입니다. 만일 큰 죄를 지은 죄인들이 값없이 구원을 받는다면, 인간은 한층 더 쉽게 큰 죄를 지을 것이라고 말합니다. 그리고 하나님의 은혜가 사람을 중생시키고 은혜가 그 중생한 사람과 함께 한다면, 인간은 자기가 하고 싶은 대로 아무렇게나 살다가 구원만 받으면 된다고 생각할 것이라고 말합니다.

이런 말들은 제가 끊임없이 반복해서 들어왔던 주장으로서, 이제는 그런 공허하고도 거짓된 주장들에 진저리가 날 정도입니다. 저는 그런 썩어빠진 주장들에 대해 반박하는 것이 부끄러울 정도입니다. 그들은 인간이 방종하여 범죄하는 것은 하나님이 은혜롭기 때문이라고 과감하게 말합니다. 그리고 인간이 자기 행위로 구원받는 것이 아니라면, 인간은 어떤 행동을 하든 별 상관이 없으며, 은혜가 넘치도록 죄를 많이 짓는 것도 좋다는 식의 결론에 이르게 된다고 서슴없이 말합니다.

오늘 아침에 저는 이런 생각에 대해 잠시 말씀드리고자 합니다. 이런 생각은 어느 정도는 큰 착각이기도 하고, 또 어느 정도는 큰 거짓말이기도 하기 때문입니다. 이런 생각은 잘못된 개념에서 비롯되었기에 어느 정도는 착각입니다. 또 이런 생각은 사실이 그렇지 않다는 것을 인간이 더 잘 알고 있고, 혹은 원하기만 한다면 더 잘 알 수도 있기 때문에 어느 정도는 거짓말인 것입니다.

이런 비난은 아주 그럴듯해 보인다는 점을 인정하고 시작하겠습니다. 우리가 온 나라를 다니면서, "죄인의 괴수라도 예수 그리스도를 믿음으로 용서받을 수 있습니다. 왜냐하면 하나님은 극악무도한 자에게도 자비를 베푸시기 때문입니다"라고 말한다면, 죄가 다소 가볍게 비쳐지는 것은 분명합니다. 만일 우리가 어디에 가서든 "주께로 나오십시오. 죄인인 여러분, 와서 하나님의 주권적인 은혜로 말미암는 용서를 즉시 값없이 받으십시오"라고 말한다면, 이렇게 비열하게 반응하는 사람도 있을 것 같습니다. "계속해서 죄나 짓자. 우리는 쉽게 죄 용서를 받을 수 있잖아." 그런데 그럴듯해 보인다고 해서 결코 확실한 것은 아닙니다. 반대로 전혀 그럴듯해 보이지 않는 일들, 전혀 예상치 못한 일들이 종종 발생합니다. 도덕적인 영향력의 문제에 있어서, 이론보다 더 사람을 속이는 것은 없습니다. 인간의 마음이 어떠한지는 연필과 컴퍼스로 그려지지 않습니다. 인간은 독특한 존재입니다.

논리적인 것이라 해도 항상 필연적인 것이 아닙니다. 인간의 마음은 여러 학파들의 규칙에 따라 움직이지 않기 때문입니다. 은혜가 지배하기 때문에 인간이 죄를 짓게 될 것이라는 추론은 논리적이지 못하며 오히려 그 반대라고 저는 믿습니다. 저는 감히 이렇게 말씀드리고 싶습니다. 실제로 대개 경건하지 않은 자들은 자기가 짓는 죄에 대한 변명으로 하나님의 은혜를 들먹이지 않는다는 것입니다. 대체로 그들은 자기가 죄를 짓는 이유에 대해서는 아무 관심이 없습니다. 설령 변명을 한다고 해도, 보통은 얄팍하고 피상적인 것이 대부분입니다. 왜곡된 마음을 가진 몇몇 사람들은 은혜가 지배하기 때문에 죄를 짓는다고 변명할 수도 있을 것입니다. 하지만 그런 변명은 타락한 이성의 기형적 형태라는 사실에는 이론의 여지가 없습니다. 이런 식의 추론을 내세우는 그 어떤 경우라도, 그 주장은 단지 반박을 위한 구실에 지나지 않으며, 죄인이 자신의 양심을 만족시키기 위한 변명조차도 될 수 없다는 생각이 듭니다.

인간은 변명을 할 때 일반적으로 핵심을 숨기는 태도를 취합니다. 대다수의 사람들에게 그 핵심을 분명한 용어로 말하는 것은 매우 부끄러운 일이기 때문입니다. 저는 악마도 "하나님은 자비로우시니, 좀 더 많은 죄를 짓자"고 주장하는 정도일지 궁금합니다. 윤리주의자들이 이런 주장까지 펼 정도로 은혜에 반대하면서 스스로의 품위를 떨어뜨리고 있다 해도, 저는 저의 동료인 그들이 그런 주장을 한다고 비난하고 싶지 않을 정도로 이 추론은 너무나 극악무도한 것입니다. 분명한 것은, 지능을 가진 사람이라면 하나님의 선하심이 하나님께 더욱 죄 짓게 하는 이유가 된다는 주장에 대해 실제로 그 누구도 받아들이지 않는다는 것입니다. 도덕적으로 정상이 아닌 사람들이 이상한 추론들을 만들어 냅니다. 그러나 저는 하나님의 은혜가 죄를 짓는 동기가 된다고 실제적으로 믿는 사람들은 거의 없다고 단호히 확신합니다. 언뜻 보기에는 그럴듯해 보이던 것이 우리가 살펴본 결과, 그렇지 않은 것으로 밝혀졌습니다.

몇몇 사람들이 하나님의 은혜를 색욕거리로 변질시켰다고 저는 인정합니다. 하지만 비열한 사람들에 의해서 왜곡되었다는 이유로, 어떤 교리가 잘못되었다고 항상 반박할 사람은 하나도 없다고 믿습니다. 하나님의 진리라고 해서 모두 왜곡되지 않을 수 있겠습니까? 무자비한 자들이 비틀어서 악영향을 끼치지 않았던 성경 교리가 하나라도 있습니까? 사악한 사람들의 마음속에는 선을 악으로 만드는 무한한 재주가 있지 않습니까? 진리를 믿는다고 공언하는 사람들의 개인적인 비행 때문에 우리가 그 진리를 정죄한다면, 우리는 가룟 유다가 행한 일 때문에 우리 주님을 정죄하는 셈이 됩니다. 그리고 우리의 거룩한 믿음도 배교자들과 위선자들의 손에 죽게 될 것입니다.

　우리는 이성적인 사람처럼 행동해야 합니다. 불쌍하고 정신없는 사람들이 스스로 밧줄에 목을 매달아 죽었다고 해서, 우리가 그 밧줄을 비난하지는 않습니다. 살인자들이 살인 도구로 칼날 있는 연장을 썼다고 해서, 셰필드에 있는 모든 철물점들을 문 닫게 해야 한다고 요구하지는 않습니다. 값없는 은혜의 교리가 죄짓기를 허용하는 면허증이 될 것이라는 주장은 그럴듯하게 들립니다. 하지만 인간의 마음에서 일어나는 신기한 일들에 대해 좀 더 잘 알게 된다면 그런 생각을 바꿀 것입니다. 인간의 본성이 비록 타락하였다고 해도, 인간은 여전히 인간입니다. 따라서 인간은 어떤 악한 행동들을 좋아하지 않습니다. 예를 들어 인간은 비인간적인 배은망덕 같은 것을 좋아하지 않는다는 것입니다. 자기에게 계속 은혜를 베푸는 사람에게 몇 곱절 해를 가한다는 것은 인간으로서 어려운 일입니다.

　이런 이야기가 생각납니다. 조그만 잘못에도 늘 매를 드는 아버지를 둔 여섯 명의 아이들과, 늘 자기 부모로부터 애정과 사랑을 받았고 또 그렇다고 소문이 난 다른 아이가 있었습니다. 이 어린 아이들은 함께 모여 과수원 서리를 주제로 작전 회의를 가졌습니다. 모두 서리를 하고 싶어하는데, 유독 한 아이만 이 제안에 반대했습니다. 그 아이는 바로 부모로부터 사랑받는 아이였습니다. 그러자 다른 아이들이 말했습니다. "너는 겁낼 필요 없잖아. 만약 아버지들이 우리가 한 일을 알게 된다면, 우리야 반은 죽겠지만, 너희 아버지는 너에게 손 하나도 대지 않을 것 아냐?" 그러자 그 아이가 말했습니다. "우리 아버지가 나에게 관대하시니까, 너는 내가 잘못을 저질러서 아버지를 슬프게 해도 괜찮다고 생각하는 거니? 나는 사랑하는 아버지를 봐서라도 이런 일은 하지 않겠어. 아버지는 내게 좋은 분이셔. 그래서 난 아버지에게 걱정을 끼쳐 드리고 싶지 않아."

　그 한 아이의 주장보다 다른 여섯 아이의 주장이 그리 큰 설득력을 지닌 것 같지는 않습니다. 한 아이가 내린 결론은 아주 논리적이었고 분명히 더 비중 있는 주장이었습니다. 하나님이 가치 없는 자들에게도 선을 베푸셔서 몇몇 사람들이 죄에 빠지게 된다고 하여도, 하나님의 그 선하심으로 인해 회개하게 되는 고

귀한 부류의 사람들도 있습니다. 이 고귀한 사람들은 하나님의 사랑이 크면 클수록 인간은 더욱 반항하게 된다는 이런 동물만도 못한 주장을 거들떠보지도 않습니다. 또한 선하신 하나님께 반기를 드는 것은 하나님을 거역하는 악한 일이라고 느낍니다.

이와 함께 제가 다루지 않을 수 없는 또 한 부류의 사람들이 있습니다. 이 사람들은 은혜의 교리가 끼치는 악영향에 반대한다고 하는 자들인데, 사실 자질로 보나 도덕성으로 보나 이들은 이런 주제에 대해 말할 수 있는 사람들이 아닙니다. 부도덕한 사람들이 도덕 수호자가 된다면, 도덕적인 사람들은 비참해지기 마련입니다. 믿음으로 의롭다 함을 받는 이신칭의의 교리는 도덕을 실천하는데 해를 끼친다는 비난을 자주 받았습니다. 얼마 전에 한 신문에 우리가 즐겨 부르는 찬송가가 인용되어 나왔습니다.

> "지쳐 쓰러지도록 쉬지 않고 일하는 자여,
> 왜 그리 수고하는가?
> 이제 그만 하오, 다 이루어졌으니.
> 오래 전에, 아주 오래 전에!
>
> 단순한 믿음으로
> 예수님이 하신 일에 매달리기까지
> 행함으로 생명을 빼앗기고
> 행함은 죽음으로 끝나네."

그 신문에는 이 찬송가가 해로운 가르침으로 기사화되었습니다. 제가 그 기사를 읽었을 때, 저는 사도 바울과 마르틴 루터를 가르치려고 하는 그 기자에 대해 깊은 흥미를 느꼈고, 바울과 루터 같은 신학적 경지에 자기도 올라선 것처럼 느끼는 그 기자의 자기도취에 굉장히 놀랐습니다. 저는 은혜의 교리가 도덕성을 증진시키지 못했다는 근거로 은혜 교리를 비판하는 사람들을 보았습니다. 이런 자들에게 저는 곧장 이렇게 답변할 수 있습니다. "도덕이 여러분과 무슨 상관이 있으며, 또 여러분은 도덕과 무슨 상관이 있습니까?" 선행을 물고 늘어지는 사람들을 보면 정작 그 자신들은 선을 행하지 않는다는 것을 알 수 있습니다. 도덕주의자들이 먼저 자기 모습부터 살피게 합시다. 그래서 은혜의 복음과 그 복음의 창시자인 그리스도께서 그들 자신에게 답변이 되도록 합시다.

역사를 되돌아보면서, 저는 매번 반복해서 등장하는 이 중상모략에 대해 반박할 수 있는 근거를 발견했습니다. 그것은 바로 하나님의 은혜를 믿은 사람들 중에는 이 은혜를 믿지 않은 사람들보다 더 큰 죄인인 사람이 한 사람도 없었다는 사실입니다. 누가 감히 이런 사실에 반기를 들 수 있겠습니까? 은혜의 교리를 비난하는 자들의 성품이 은혜의 교리를 믿는 자들의 성품보다 더 우월하다는 것을 먼저 증명하라고 한다면, 은혜의 교리를 믿는 자들에게 비난의 돌을 던질 수 있는 사람들은 거의 없을 것입니다. 하나님의 은혜를 믿는 자들이 언제 부정을 옹호하거나 악덕을 부추긴 적이 있습니까? 이 은혜의 교리가 영국 땅에서 가장 강력했던 때를 영국사에서 지적해 보십시오. 이 은혜의 교리를 가장 확고히 고수한 사람들이 누구였습니까? 오웬(Owen), 차녹(Charnock), 맨턴(Manton), 하우(Howe) 같은 사람들이었습니다. 그리고 저는 주저하지 않고 올리버 크롬웰(Oliver Cromwell)을 꼽겠습니다. 이 사람들이 어떤 사람들이었습니까? 이들이 법정 소란을 방조했습니까? 아니면 안식일에 유흥을 즐기도록 오락 책자를 만들어내기라도 했습니까? 이들이 술집이나 향락가를 배회하기라도 했습니까?

모든 역사가들이 여러분에게 말해 줄 것입니다. 이들을 비판한 반대자들이 보기에 이들의 가장 큰 결점은 이들이 자기가 살았던 세대에 너무나 고지식했다는 것이었습니다. 그래서 이들은 청교도라 불리게 되었으며, 그 반대자들은 이들이 음울한 신학을 고수하고 있다고 비판하였습니다. 사랑하는 성도 여러분, 그 당시 영국에 어떤 부정한 일이 있었다면, 그것은 행위로 구원을 받는다고 설교했던 신학자들에게서 발견되었을 것입니다. 남자가 여자처럼 머리를 치장하고 머리에 무언가를 바르고는 불경스런 말들을 내뱉던 신사들이 바로 행위로 구원받는 것을 옹호하는 자들이었습니다. 정욕으로 속속들이 물든 자들이 인간의 공로를 주장했습니다.

그러나 오직 은혜만을 믿었던 사람들은 전혀 다른 모습이었습니다. 그들은 흥청망청 주색잡기를 하는 곳에 있지 않았습니다. 그렇다면 어디에 있었을까요? 그들은 무릎을 꿇은 채 하나님께 유혹에서 건져 달라고 간구하고 있었습니다. 박해의 시기에는 감옥에서 그들을 볼 수 있었고, 진리를 위해서라면 모든 것을 잃어버리더라도 기쁨으로 감당하겠다는 자세였습니다. 청교도들이야말로 이 지구상에서 가장 경건한 자들이었습니다. 순결한 청렴결백으로 인해 그들에게 붙여진 청교도라는 이름은 그들에게 잘 맞지 않습니까? 그래도 여전히 여러분은 청교도들의 교리가 사람으로 하여금 죄를 짓게 했다고 말하겠습니까? 이런 예는 한 둘이 아닙니다. 청교도 정신은 그 중 하나에 불과할 뿐입니다. 모든 역사가 이런 저의 주장을 법칙으로 확증하고 있습니다. 만약 이 은혜의 교리가 죄를 양산해 낸다고 말하는 사람이 있다면, 저는 이런 사실들에 호소할 것이며, 성경이 이에 대해 대답하도록 할 것입니다. 만약 우리가 청렴하고 경건한 영국을 한 번이라도 보기 원한다면, 우리는 영국을 복음화해야 합니다. 우리가 음주와 사회악을 줄이기 원한다면, 분명히 하나님의 은혜가 선포되어야만 합니다.

인간은 하나님의 은혜로 죄 용서를 받고, 하나님의 은혜로 새로워지고, 하나님의 은혜로 변화받고, 하나님의 은혜로 성화되고, 하나님의 은혜로 굳게 참고 견디게(견인) 됩니다. 이런 일들이 일어날 때, 황금시대의 여명이 밝아올 것입니다. 그러나 하나님의 은혜 없이 인간의 의무만 가르치고 자기 힘으로 혼자서 행하도록 내버려 둔다면, 그것은 헛수고일 뿐입니다. 그것은 죽은 말을 움직이게 하기 위해, 오랜 시간 채찍질을 하는 것과 같습니다. 여러분에게 필요한 것은 그 말에게 생명력을 불어넣는 것입니다. 그렇지 않으면 여러분의 모든 채찍질은 소용이 없을 것입니다. 발이 없는 사람에게 걷기를 가르치는 것은 부질없는 일입니다. 이와 마찬가지로, 은혜가 거룩함을 사랑하는 마음을 주기 전에 도덕을 가르치는 것은 부질없는 일입니다. 복음만이 인간에게 동기와 힘을 제공합니다. 그러므로 인간을 실제로 개선시키는 것은 복음입니다. 우리는 복음을 바라보아야만 합니다.

저는 오늘 이 아침에 우리가 당면한 은혜 교리의 반대자들과 싸울 것입니다. 그러는 동안 저 역시 힘을 얻을 것입니다. 구원의 전 과정이 은혜로 이루어진다는 은혜의 교리는 거룩함을 추구하는 가장 강력한 촉진제입니다. "우리가 법 아래에 있지 아니하고 은혜 아래에 있으니 죄를 지으리요?"(롬 6:15)라는 질문이 생길 때마다, 은혜의 교리는 우리에게 이렇게 대답하도록 도와줍니다. "그럴 수 없느니라." 저는 이 사실을 햇빛처럼 밝은 안목으로 살펴보겠습니다. 대략 예닐곱 가지 정도로 정리해서 말씀드리겠습니다. 저를 주목해 주십시오.

1. 은혜의 복음은 우리를 죄의 세력으로부터 구원합니다.

　　첫 번째로 하나님의 은혜의 복음은 인간들 사이에서 참된 거룩함을 증진시킵니다. 그런데 참된 거룩함을 증진시키기 위해서는 하나님의 은혜의 복음이 제공하는 구원은 죄의 세력으로부터의 구원이라는 사실을 기억함으로써 이루어집니다. 우리가 가장 야비한 사람들에게 구원을 전하려고 하면, 어떤 사람들은 우리가 전하는 구원을 단순히 지옥에서 벗어나 천국에 들어가는 것으로만 생각합니다. 물론 구원에는 그 모든 것이 포함되고, 결과적으로도 그렇게 됩니다. 하지만 제가 말씀드리고 싶은 것은 그게 전부가 아닙니다. 제가 전하고 싶은 구원은 이런 것입니다. 죄를 사랑하는 것에서 돌아서는 것, 죄의 습관에서 벗어나는 것, 죄의 욕망에서 해방되는 것입니다. 이제 잘 들어보십시오. 구원이란 말 속에 이런 모든 것들이 포함된다면, 죄로부터 벗어나게 되는 축복은 하나님의 은혜의 선물입니다. 그것이 하나님께서 주시는 선물이라면, 즉 값없이 나눠주는 은혜의 그 선물이라면 어떻게 죄를 짓게 하겠습니까? 저는 은혜가 죄를 짓게 하는 위험한 상황을 보지 못했습니다. 반대로 저는 죄를 이기는 그 승리의 은혜로운 약속을 선포하는 사람에게 이렇게 말씀드립니다. "빨리 서두르십시오. 전 세계를 두루 다니면서 가장 야비한 자들에게 이렇게 말하십시오. 하나님은 하나님의 은혜로 죄를 사랑하는 것에서 인간들을 해방시키시고 새로운 피조물로 만들기를 원하신다고 말입니다."

　　만약 경건치 않고 사악하게 살아온 사람이 계속해서 죄짓기를 즐기더라도 형벌을 피할 수 있다는 식으로 우리가 구원을 전한다면, 그것은 참으로 해로울 것입니다. 하지만 만약 경건치 않고 사악한 삶을 살았다 해도 이제는 주 예수를 믿음으로 예전의 삶에서 돌이켜 더 이상 죄와 사탄을 섬기지 않고 하나님만 바라보며 살 수 있다는 식의 구원을 우리가 전한다면, 이런 구원이 도덕군자인양 하는 사람들에게 무슨 해가 되겠습니까? 이것이 바로 제가 이 복음을 전하는 이유입니다. 이 복음이 우리나라 방방곡곡에 전파되어 영국 상원에서 권세를 누리는 자들이나 종 된 집에서 고통받는 자들이나 모든 사람이 이 복음을 듣도록 합시다. 어느 곳이든 모든 사람에게, 하나님은 무한하고 값없는 은혜로 인간들을 새롭게 하시며 그들을 예수 그리스도 안에 있는 새로운 피조물로 만드시기를 원한다고 전하십시오. 이런 복음을 무제한으로 선포한다고 한들 무슨 나쁜 결과가 생기겠습니까? 악한 사람들일수록 이 진리를 더 잘 받아들이는 것을 보게 됩니다. 이 진리가 그 악한 사람들에게 가장 필요한 것이었기 때문입니다.

여러분이 현재 어떤 사람이든, 또는 과거에 어떤 사람이었든 상관 없이 저는 여러분 모두에게 말씀드립니다. 하나님은 은혜의 능력으로 여러분을 새롭게 하실 수 있습니다. 그래서 하나님 보시기에 마른 뼈처럼 죽었던(겔 37:4) 여러분이 하나님의 생기로 생명을 얻을 수 있습니다. 그 새로움은 하나님께 영광을 돌리는 거룩한 생각들, 순결한 말들, 의로운 행동들에서 드러날 것입니다. 하나님은 믿는 자 모두에게 이 모든 일들을 큰 사랑으로 행하실 준비가 되어 있습니다. 왜 이런 말에 화를 내는 사람들이 있는 것일까요? 여기서 무슨 해로운 것이 나올 수 있겠습니까? 도덕을 실천해야 한다는 이유로, 인간에게 새로운 마음과 바른 영을 마음껏 주시는 하나님에 대해 비판하는 이 야비한 원수들을 저는 무시합니다.

2. 사랑의 원리는 인간을 사로잡는 큰 힘이 있습니다.

두 번째로 사랑의 원리는 인간을 사로잡는 큰 힘이 있다고 밝혀진 사실을 잊지 말아야 합니다. 어느 나라든 초창기 역사를 살펴보면, 엄격하게 다스리면 범죄가 감소될 수 있다고 생각하여 극악무도한 처벌이 시행되었습니다. 그러나 시행착오를 거치면서 그런 생각은 바뀌게 됩니다. 우리 조상들은 위조지폐 범죄에 대해 우려했습니다. 위조지폐는 참으로 해결하기 힘든 사기 범죄로서 사람과 사람 사이에 있어야 할 신뢰 관계를 무너뜨리기 때문입니다. 이 위조지폐 범죄를 없애기 위해서 그들은 이 죄를 중범죄로 다스리도록 법으로 정했습니다. 그래서 그 범죄자들은 사형에 처해졌습니다! 그러나 계속된 교수대 사용으로도 그 범죄는 여전히 없어지지 않았습니다. 범죄를 억제할 목적으로 만들어진 형벌에 의해, 많은 범죄가 새로 생기거나 증가하게 되었습니다. 어떤 범죄들은 그 처벌이 약해졌을 때 오히려 감소하게 되었습니다.

사람들에게 어떤 일을 하지 말라고 금지하면, 예전에는 그 일에 대해 생각조차 해본 적이 없지만, 곧장 그 일을 해 봅니다. 이것은 널리 알려진 사실입니다. 율법은 순종하도록 명령할 뿐, 자발적으로 순종하게는 못합니다. 율법은 불순종을 야기하기도 하며, 과중한 형벌은 범죄를 유발시키는 것으로 알려져 왔습니다. 율법은 실패합니다. 그러나 사랑은 이깁니다.

사랑은 어떤 경우든지 죄를 부끄럽게 만듭니다. 만일 한 사람이 다른 사람의 물건을 훔쳤다면, 그 행동은 그 자체로 충분히 나쁜 일입니다. 그런데 어떤 사람이 자기가 어려울 때 늘 도와주었던 친구의 물건을 훔쳤다면, 사람들은 그를 보고 가장 배은망덕한 수치스러운 죄를 지었다고들 말할 것입니다. 사랑은 낙인을 찍듯이 죄를 분명하게 합니다. 만약 어떤 사람이 자기 원수를 죽였다면, 사람들은 그 죄에 대해 애석하게 여길 것입니다. 그러나 자기를 낳아 품에 안고 젖먹이며 길러주신 아버지나 어머니를 살해했다면, 모든 사람들은 이 괴물을 향해 소리치며 비난할 것입니다. 사랑의 빛 안에서, 죄는 그 극한 죄성을 드러냅니다.

　　이것뿐 아닙니다. 사랑은 최고의 덕을 이루게 하는 큰 추진력을 가지고 있습니다. 율법을 이유로 삼아 아무리 시켜도 하지 않았던 행동들을, 사람들은 사랑 때문이라면 기쁜 마음으로 행하게 됩니다. 용감한 뱃사람들이 법령에 따라서 구명정을 모는 것일까요? 아닙니다. 강제로 목숨을 걸고 구명정을 몰게 한다면, 그들은 강하게 반발할 것입니다. 그 대신 자기의 동료들을 구하기 위한 일이라면 자발적으로 구명정을 몰고 나갈 것입니다. 사도 바울이 말한 성경 말씀을 기억하십시오. "의인(단순히 바른 자)을 위하여 죽는 자가 쉽지 않고 선인(은혜를 베푼 자)을 위하여 용감히 죽는 자가 혹 있거니와"(롬 5:7). 은혜를 베푸는 선한 것(은혜를 베푸는 것)은 마음을 얻습니다. 그래서 친절하고 관대한 사람들을 위해 기꺼이 죽는 사람이 있는 것입니다. 위대한 지도자들을 위해 얼마나 많은 사람들이 자신의 생명을 바쳤는지를 살펴보십시오. 부상당한 프랑스 군인이 남긴 유명한 불멸의 이야기가 있습니다. 군의관이 병사의 몸에 박힌 총알을 빼내기 위해 깊이 살을 도려내자, 그 병사는 이렇게 소리쳤습니다. "조금만 더 깊이 절단하면, 황제 폐하가 다칠 것입니다." 이 말은 황제 폐하의 이름이 자기 심장에 새겨져 있다는 뜻이었습니다. 사랑하는 지도자를 구하기 위해 죽음의 위험을 무릅쓰고 자기 몸을 내던진 숭고한 사람들이 많이 있습니다. 의무는 몸을 사리게 하지만, 사랑은 빗발치는 총탄 속으로 자기 몸을 던지게 합니다. 누가 율법 때문에 자기 생명을 희생하겠다고 생각하겠습니까? 오직 사랑만이 사랑하는 자를 섬기는데 자기 생명을 귀한 것으로 여기지 않게 합니다. 예수님에 대한 사랑은 율법이 전혀 알지 못하는 영웅적인 일들을 해냅니다. 그리스도의 교회가 주님께 충성을 다했을 때, 교회의 모든 역사는 이 사실을 증명합니다.

　　사랑의 법으로 베풀어지는 호의 또한 가장 가치 없는 자까지 변화시켰습니다. 이 사실로 인해 호의는 나쁜 것이 아니라는 점이 밝혀졌습니다. 우리는 자주 한 병사에 대한 이야기를 들었습니다. 그 병사는 제일 낮은 계급까지 강등되고 매를 맞고 영창에 갔었습니다. 이 모든 처벌에도 불구하고 그는 여전히 술을 마시고 비행을 저질렀습니다. 그러자 하루는 지휘관이 이렇게 말했습니다. "나는 이 병사에 대해 할 수 있는 모든 것을 다 해 보았다. 이제 더 할 수 있는 것도 없다. 마지막으로 한 가지만 더 해볼 작정이다." 병사가 들어오자, 지휘관은 그를 대면하고 이렇게 말했습니다. "너는 구제할 수 없는 놈이다. 우리는 너에게 할 수 있는 모든 것을 다 해보았다. 그래도 너에게는 개선의 여지가 전혀 없는 것 같구나. 그럼에도 나는 지금까지와는 다른 방법이 너에게 효과가 있을지 한번 보려고 결정했다. 너는 매를 맞고 영창에 장기 구금되어야 마땅하지만, 나는 너를 자유롭게 사면하려고 한다." 그 병사는 예상치도 못한 사면, 다시 말해 사면 받을 자격이 없는데 받게 된 사면에 큰 감동을 받았습니다. 그러고는 착한 병사가 되었습니다. 이 이야기는 그 내용 안에 이미 진리가 들어 있습니다. 우리 모두는 이 이야기의 결말이 이렇게 끝날 것을 알고 있었습니다.

이런 주제를 담고 있는 이야기가 하나 더 있는데, 여러분에게 들려드릴까 합니다. 술에 취해 골아떨어졌던 한 사람이 다음날 아침에 잠에서 깨어났습니다. 그의 옷은 지난밤에 뒹굴었던 그 행색 그대로였습니다. 그는 외동딸인 밀리(Millie)가 자기를 위해 아침식사를 준비하는 모습을 보았습니다. 이제야 정신이 든 그 남자는 딸에게 이렇게 물었습니다. "밀리, 왜 너는 나와 함께 있는 거냐?" 그러자 밀리가 대답했습니다. "아빠잖아요. 난 아빠를 사랑해요." 그 남자는 자신의 모습을 바라보았습니다. 술주정뱅이에다가 남루하기 그지없는 행색에 괜찮아 보이는 구석이라곤 전혀 없는 그런 사람이었습니다. 그 남자는 말했습니다. "밀리야, 진짜 나를 사랑하니?" 그러자 그 딸이 울면서 말했습니다. "예, 아빠. 저는 아빠를 절대 떠나지 않을 거예요. 엄마가 돌아가시면서 '밀리야, 아빠 말씀 잘 들어라. 아빠를 위해 늘 기도하렴. 그럼 언젠가는 술을 끊고 좋은 아빠가 될 거야'라고 말씀하셨거든요. 난 아빠를 절대 떠나지 않을 거예요."

이 이야기의 결말로 밀러의 아빠가 술을 끊고서 그리스도인이 되었다는 내용을 집어넣으면 정말 대단한 이야기가 되지 않을까요? 만일 이 아빠가 그렇게 되지 않았다면 이 이야기는 더 이상한 이야기가 되어버릴 것입니다. 밀리는 값없는 은혜를 베풀었습니다. 그렇지 않습니까? 은혜를 비판하는 도덕주의자들의 입장대로라면, 밀리는 이렇게 말했어야 합니다. "아빠, 아빠라면 이제 지긋지긋해. 나는 아빠랑 있을 만큼 있었어. 나 이제 떠날 거야. 내가 떠나지 않는다면, 나

같은 사람을 핑계로 다른 아빠들도 계속 술을 마시게 될 거야." 이 말이 아무리 타당하다고 해도, 제 생각에 밀리의 아버지는 계속해서 술을 마셨을 것이고 지옥에 이를 때까지 술을 마셨을 것입니다. 그러나 사랑의 힘은 그 아버지를 더 나은 사람으로 만들었습니다. 이런 이야기들이, 사랑받을 자격조차 없는 사람들에게도 사랑은 대단히 좋은 영향을 미친다는 증거가 되지 않겠습니까?

　　여기 또 다른 이야기가 있습니다. 옛날 구교가 신교를 박해하던 시대에 하나님을 두려워하고 성도들이 비밀리에 모이던 집회에도 참석하던 한 상인이 살았습니다. 그 상인의 이웃에 가난한 구두수선공이 살고 있었습니다. 그는 궁핍한 구두 수선공의 생활을 보고서 종종 도와주곤 했습니다. 그런데 그 가난한 구두 수선공은 성격이 까칠하고 아주 배은망덕한 사람이었습니다. 구두 수선공은 보상금을 받을 생각으로 자기에게 도움을 주던 그 상인이 신교를 믿고 있다는 정보를 흘렸습니다. 이 고발로 그 상인은 화형에 처할 뻔했고, 다행히 피할 수 있는 방법을 찾을 수 있었습니다. 무사히 집에 돌아온 뒤에도 그 상처 받은 상인은 악한 구두 수선공에 대한 자선 행동을 그만두지 않았습니다. 오히려 예전보다 더 많이 도와주었습니다. 그러자 그 구두 수선공은 기분이 상해 그 착한 사람을 할 수 있는 대로 피했으며 그가 다가오기만 해도 달아나 버렸습니다.

　　그러다가 하루는 두 사람이 서로 얼굴을 마주치게 되었습니다. 그러자 그 개신교인 상인이 구두 수선공에게 부드럽게 물었습니다. "왜 저를 피하십니까? 저는 당신과 원수가 아닙니다. 당신이 제게 해를 끼친 것은 저도 알고 있습니다. 하지만 저는 당신을 나쁘게 생각한 적이 없습니다. 저는 지금까지도 당신을 도왔고, 앞으로도 당신을 돕고 싶습니다. 그러니 우리 서로 친구가 됩시다." 그러면서 이 두 사람이 서로 악수를 했다면, 여러분은 놀라시겠습니까? 오래 지나지 않아 그 가난한 구두 수선공이 롤라드(Lollards: 14세기 중반 영국의 종교개혁기에 존 위클리프[John Wycliffe]의 생각을 따르던 신도들 ─ 역주) 모임에 나왔다면, 여러분은 이상하게 생각하시겠습니까? 이 모든 일화들은 은혜가 무엇인지를 확실히 보여줍니다. 은혜는 사람들을 사랑의 끈으로 잡아당겨 하나가 되게 하며, 사람들을 굴복시키는 이상한 힘을 가지고 사람들을 선으로 인도합니다. 비록 악할지라도 그 사람의 마음을 열어줄 열쇠는 바로 사랑에 있다는 것을 주님은 아십니다. 주님의 전능하신 선함이 때로는 좌절된다 하여도, 결국에는 승리할 것을 주님은 아십니다.

제가 말씀 드리고자 한 것이 이제 모두 증명된 것 같습니다. 제가 보기에 그렇습니다. 그래도 계속해 말씀드리겠습니다.

3. 은혜의 교리는 특별히 죄의 악함이 무엇인지를 드러내는데 효과가 있습니다.

하나님의 은혜 교리가 사람들로 하여금 죄짓게 하지는 않을까 두려워할 필요가 없습니다. 왜냐하면 은혜의 교리는 특별히 죄의 악함이 무엇인지를 드러내는데 효과가 있기 때문입니다. 자신이 저지른 부정을 용서받기 전이나 용서받는 순간에, 사람은 이 부정을 대단히 괴로운 것으로 여깁니다. 하나님께서 한 사람의 죄를 없이하시고 자기 자녀로 삼고자 그를 대하기 시작하실 때, 하나님은 보통 그 사람이 자기가 저지른 악한 일들을 하나도 가감 없이 극악무도한 상태에서 바라보게 하십니다. 자신이 지은 죄만 뚫어지게 바라보게 하십니다. 다윗처럼 부르짖을 때까지 그렇게 하십니다. "내 죄가 항상 내 앞에 있나이다"(시 51:3).

제 경우에는 제가 죄를 의식하자마자 그 어떤 즐거운 일도 제 마음의 눈을 만족시키지 못했고, 제 영혼은 오직 암흑과 끔찍한 소란만을 보았습니다. 마치 끔찍하고 더러운 얼룩이 제 눈동자에 묻은 것만 같았습니다. 인정사정없는 종처럼 죄악은 내 침상의 커튼을 걷어 버렸고, 그로 인해 편히 쉴 수도 없는 상태에서 선잠을 자며 저는 진노가 임할 것을 예감했습니다. 저는 제가 하나님께 범죄하였음과 이 죄는 인간이 할 수 있는 가장 끔찍한 일임을 느꼈습니다. 저는 창조주와 부적절한 관계가 되었으며, 우주와도 부적절한 관계가 되었습니다. 언제나 저는 제 자신을 저주했으며, 죽지 않는 벌레가 제 자신을 갉아먹고 있는 것을 내가 왜 진작 알아차리지 못했는지 이상할 따름이었습니다. 심지어 지금 이 시각까지도 죄의 광경은 가장 끔찍한 감정들을 제 마음속에 불러일으킵니다. 제가 체험한 그런 경험이나 그와 비슷한 어떤 경험을 겪어본 분들이라면, 남자 성도든 여자 성도든 항상 죄에 대해 깊은 공포심을 느낄 것입니다. 화상을 당한 어린이는 불을 두려워합니다. 이와 마찬가지로 죄인은 그의 유혹자에게 "이제는 안 돼"라고 말합니다. "예전에 너는 나를 속였고, 그 결과 나는 많은 고통을 받았다. 하지만 이제 다시는 속지 않을 것이다. 타오르는 불 속에서 끄집어낸 나뭇조각처럼 나는 위급한 상황에서 구원을 받았기에 다시는 불에 가까이 가지 않을 것이다."

은혜가 작용하기 시작하면 우리는 죄에 넌더리가 나게 됩니다. 죄와 죄가 가져오는 쾌락, 이 두 가지 모두 질색하게 됩니다. 우리는 우리의 본성에서 죄를 완전히 뽑아내고 싶어합니다. 아말렉 족속이 이스라엘 민족에게 저주스러운 존재였던 것처럼, 죄는 저주스러운 어떤 것이 되어 버립니다. 사랑하는 성도 여러분, 저는 여러분이 아직도 죄악된 모든 것을 싫어하지 않아서 곤경에 처하지는 않을까 두렵습니다. 왜냐하면 성령의 확실한 열매들 중 하나가 거룩함을 사랑하고 모든 거짓된 것을 싫어하는 것이기 때문입니다. 깊은 내적 체험은 하나님의 자녀가 죄짓는 것을 금하게 합니다. 하나님의 자녀는 그 자신이 죄에 대한 심판과 정죄에 대해 알고 있습니다. 그래서 죄짓는 것이 혐오스러운 일이 됩니다. 택한 자녀와 악한 뱀의 후손, 이 양자 사이에는 지독하고도 끝없는 적대감이 존재합니다. 이것으로써 은혜가 남용될 것이라는 우려는 충분히 불식된 것 같습니다.

4. 하나님의 구원의 은혜를 맛본 사람은 예수 그리스도 안에서 새로운 피조물이 됩니다.

두 가지 사실을 기억하십시오. 사면을 받은 사람은 자신이 유죄판결을 받기까지의 기소과정을 통해서 죄를 대적하게 된다는 것과, 하나님의 구원의 은혜를 맛본 사람은 예수 그리스도 안에서 새로운 피조물이 된다는 것입니다. 자, 살펴봅시다. 은혜의 교리가 보통 사람들에게는 위험하게 작용할 수도 있겠지만, 성령으로 소생하여 하나님의 형상으로 새롭게 창조된 사람에게는 전혀 그렇지 않을 것입니다. 성령이 택한 자에게 임하셔서 그를 변화시키십니다. 그로 인해 그의 무지가 제거되고, 그가 좋아하던 것들이 바뀌고, 그의 지성이 개발되고, 그의 의지가 순종하게 되고, 그의 욕구들이 정제되고, 그의 삶이 변화됩니다. 그래서 실제로도 그는 새롭게 태어난 자가 됩니다. 그에게 모든 것이 새롭게 되었습니다. 성경에서 이런 변화는 죽은 자 가운데서의 부활, 창조, 거듭남 등으로 비유됩니다. 이런 변화는 하나님의 값없는 은혜에 참석하는 모든 자에게 일어납니다. "너희는 거듭나야만 한다"(요 3:7, KJV)는 이 말씀은 그리스도께서 니고데모에게 하신 것입니다. 은혜로운 사람들도 거듭나야 합니다.

예전에 어떤 사람이 제게 이렇게 말했습니다. "저는 영원히 구원받은 게 확실하니까, 죄를 지으면서 살겠어요." 여러분 중에도 그럴 분들이 계실 것입니다.

그러나 진정으로 새롭게 된다면, 그렇게 하지 못할 것입니다. 또 어떤 사람은 이렇게 말합니다. "그래도 하나님께서는 세상이 창조되기 전부터 저를 사랑하셨고, 그로 인해 제가 구원받은 것이 확실하니까, 저는 제대로 죄짓고 살겠습니다." 아마도 이런 생각은 여러분이나 악마가 할 것입니다. 하나님으로부터 중생한 자녀들은 그렇게 천박한 본성을 가지고 있지 않습니다. 중생한 자녀들에게 아버지의 넘치는 은혜는, 은혜의 단절은 절대 생각조차 할 수 없는 의로 묶여진 띠입니다. 중생한 자녀들은 거룩한 감사를 드려야 하는 의무를 달콤한 것으로 느끼며, 주님을 경외함으로 온전한 거룩함을 갈망합니다.

모든 사람들은 자신의 본성을 따라 살아갑니다. 하지만 중생한 사람은 새로워진 마음에서 우러나오는 거룩한 본능들을 발휘합니다. 중생한 사람은 거룩함을 갈구하고 죄를 대적해 싸우며 모든 것에서 순결하고자 애쓰면서, 순결하고 완전한 것을 향해 자기의 모든 힘을 쏟아 붓습니다. 마음이 새로워지면 모든 것에서 차이가 나기 마련입니다. 새로운 본성이 주어지면, 모든 성향들이 새로운 방향으로 움직입니다. 그래서 전능한 사랑의 축복을 받게 되어도 더 이상 위험하지 않습니다. 오히려 가장 고상한 열망들을 생각하게 됩니다.

5. 사람은 그리스도의 속죄를 통해 깨끗하게 됩니다.

용서받은 자가 거룩해질 수밖에 없다는 사실을 보증하는 주된 이유는 속죄를 통해 깨끗하게 되는 그 방식 때문입니다. 예수님의 보혈은 죄인을 용서해 주실 뿐만 아니라 성화하게도 하십니다. 죄인은 자기가 값없는 용서를 받게 된 것이 그의 가장 좋은 친구인 예수님의 생명을 그 대가로 한 것이며, 죄인을 구원하기 위해 하나님의 아들이 친히 피 땀을 흘리시기까지 괴로워하셨고, 그의 하나님으로부터 버림받아 죽었다는 사실들을 알게 됩니다. 그가 찌른 주님을 바라보면서, 죄인은 이러한 사실들로 인해 거룩한 절규를 하게 됩니다. 용서받은 죄인의 가슴속에는 예수님을 향한 사랑이 불타오릅니다. 주님은 그의 구속자이시기 때문입니다. 그러므로 그는 흉악한 죄의 악함에 대해 불타오르는 적개심을 느낍니다. 그에게 악은 어떤 모양이라도 버릴 만한 것이 되었습니다(살전 5:22). 왜냐하면 악이 구세주의 피를 더럽혔기 때문입니다.

죄를 뉘우치는 한 죄인이 "엘리 엘리 라마 사박다니"(나의 하나님, 나의 하나님, 어찌하여 나를 버리셨나이까. 마 27:46) 하는 울부짖음을 들을 때, 그렇게도 순결하고 선하신 분께서 자기 백성들을 대신해 감당하신 죄 때문에 하나님께 버림을 받아야만 했다는 생각에, 그 죄인은 두려워 떨게 됩니다. 그의 마음에는 예수님의 죽으심으로 인해 하나님이 보시기에 죄가 가장 악한 것이라는 결론이 내려집니다. 영원한 공의는 죄가 예수님께 전가되자 그 사랑하는 예수님마저도 용서하지 않았는데, 하물며 죄인에 대해서는 얼마나 더 용서하지 않겠습니까? 죄는 순결한 예수님마저도 극심한 고통을 받게 했던, 말로 표현할 수 없을 만큼 독으로 가득한 그 어떤 것이 분명합니다.

한번 상상해 보십시오. 은혜로운 마음에 이런 상상보다 더 큰 능력을 주는 것은 없을 것 같습니다. 십자가에 못 박히신 구세주께서 자기 몸에 있는 모든 상처들로 죄의 효력이 끝났음을 전하는 그 모습 말입니다. 상처들에서 떨어지는 피 한 방울 한 방울이 죄를 조롱합니다. 뭐라고요? 예수님을 죽였던 그 죄 가운데 살겠다고요? 예수님을 죽게 만들었던 그 죄 안에서 즐거움을 찾겠다고요? 예수님의 영광에 재를 뿌린 것을 가지고 만지작거리며 노닥거리겠다고요? 가당치 않습니다! 여러분은 알고 있습니다. 못자국 난 손이 건네주는 값없는 은혜의 선물은 죄 안에서 방종하게 하지 않으며, 오히려 그와 정반대로 하게 하는 것을 말입니다.

6. 은혜의 복음으로 깨끗해진 사람은
날마다 성령의 도움을 받으며 성령과 함께 하는 자가 됩니다.

여섯 번째로, 하나님의 은혜에 참여하여 새로운 본성을 얻은 사람은 이후로 영원히 하나님의 성령으로부터 날마다 도움을 받으며 성령과 함께 하는 자가 됩니다. 황송하게도 성령 하나님은 하나님이 그 은혜로 구원하신 모든 사람의 가슴속에 거주하십니다. 이것이야말로 우리를 거룩하게 하는 멋진 방법이지 않습니까? 성령을 그 마음속에 총리로 모시고 살아가는 것보다 죄를 끊는 더 좋은 방법이 있겠습니까? 영원히 복되신 성령께서 신자들로 하여금 더 많이 기도하게 하십니다. 하늘 아버지와 기도로 대화하는 은혜의 자녀들이 가진 거룩함의 능력은 얼마나 대단하겠습니까! 시험받고 있는 사람은 기도실로 달려가 자기의 슬픔을 하나님께 토로하고, 구속자의 피 흘리신 상처들을 보고서 그 시험을 이길 강건함을 얻고 내려옵니다.

하나님의 말씀 또한 그 교훈들과 약속들과 함께 성화를 이루는 쇠하지 않는 원천입니다. 우리가 매일 영원한 능력을 주시는 이 거룩한 샘에 목욕하지 않는다면, 우리는 곧 허약해지고 결단력이 없어질 것입니다. 그러나 하나님과의 교제가 우리를 새롭게 하여 우리가 더욱 강력하게 죄와 싸우도록 합니다. 끊임없이 하나님께 다가가는 사람들이 은혜의 교리로 인해 죄를 짓게 되었다는 것이 말이나 되는 소리입니까? 새롭게 된 사람은 하나님의 성령에 의해서도 그 양심이 자주 소생하게 됩니다. 그래서 예전에는 죄악으로 여겨지지 않았던 것들이 이제는 더 밝은 빛 가운데 드러나게 되어 결과적으로 죄로 정죄됩니다. 십년 전에는 그렇지 않았던 일들이 지금은 죄악된 것으로 여기는 일들이 제게는 있습니다. 제 생각에 죄에 대해 무지몽매했던 저의 판단력이 이제 조금씩 분명해지는 것 같습니다.

본래의 양심은 무감각하고 딱딱합니다. 그러나 은혜 받은 양심은 점점 더 부드러워집니다. 그러다가 급기야는 조그마한 생채기에도 예민하게 됩니다. 많은 은혜를 받은 사람이 좀 더 많은 은혜가 필요하다고 느낍니다. 은혜 받은 사람은 한 걸음을 내딛는데도 악을 행하지는 않을까 두려워하며 조심합니다. 여러분은 이 거룩한 두려움, 이 신성한 조심스러움을 느껴보지 못했습니까? 이런 방법을 통해서 성령은 여러분이 가진 그리스도인의 자유가 방종으로 변하는 것을 막으시고, 하나님의 은혜가 감히 어리석은 논쟁이 되지 않게 하십니다.

한 말씀 더 드리자면, 선하신 성령께서는 우리가 하나님과 고상하고 거룩한 교제를 하도록 인도하십니다. 그래서 저는 산 위에서 하나님과 더불어 살던 사람이 그 후에 산에서 내려와 세상 사람들과 똑같이 죄짓는 것은 말이 안 되는 일이라고 생각합니다. 만일 여러분이 영광의 궁전을 거닐면서 그 아름다운 자태의 왕을 바라보았고, 그 표정에서 우러나오는 빛이 여러분에게 천국의 빛처럼 환히 비쳐지는 그런 경험을 해 본 사람이라면, 그 어두컴컴하고 음울한 죄악의 장막에 결코 만족할 수 없을 것입니다. 세상 사람들이 하는 것과 똑같이 거짓말하고 속이고 가장하는 것들이 더 이상 여러분에게는 어울리지 않을 것입니다.

여러분은 다른 무리에 속하며, 여러분의 대화는 세상 사람들과는 차원이 다릅니다. "네 말소리가 너를 표명한다"(마 26:73). 여러분이 진정으로 하나님과 함께 거한다면, 상아 궁궐의 향기가 여러분에게서 날 것입니다. 그래서 사람들은 여러분이 자기들과는 다른 곳에 사는 사람인 줄 알게 될 것입니다. 만일 하나님의 자녀가 어느 정도 잘못을 행한다면, 그만큼 그는 하나님과 교제하는 즐거움을 잃을 것입니다. 오직 하나님과 더불어 조심하며 동행할 때에만, 그는 충분한 교제를 누릴 수 있습니다. 그러므로 이 교제가 증가되거나 감소되는 것은 주님의 집안에서 행해지는 아버지의 훈련이 되는 셈입니다. 우리에게는 재판장이 있는 그런 법정은 없습니다. 그러나 미소와 매를 가진 아버지가 있는 집은 있습니다. 사랑의 가정이라 해도 규율이 없는 것은 아닙니다. 왜냐하면 우리 아버지께서는 우리를 아들처럼 대하시기 때문입니다. 지금까지의 내용들을 통해서, 우리가 하나님의 은혜에 대해 착각하는 모든 위험들이 제대로 제거된 것 같습니다.

7. 하나님의 은혜에 참여하게 된 사람의 전적인 고상함이 죄를 대적하는 특별한 보존막이 됩니다.

　　논란의 여지가 있겠지만, 여러분에게 과감하게 말씀드리겠습니다. 영광스러운 은혜의 교리를 믿는 사람이 은혜의 교리에 대해 별 생각이 없는 사람보다 보통 훨씬 더 고상한 성품을 가지고 있습니다. 그렇다면 대부분의 사람들은 무엇을 생각하며 살아갑니까? 빵과 버터, 집과 옷 등을 생각하며 살아갑니다. 하지만 복음의 교리를 생각하는 사람들은 영원한 언약, 예정, 불변의 사랑, 효과적 소명, 예수 그리스도 안의 하나님, 성령의 사역, 칭의, 성화, 양자됨, 그리고 이와 비슷한 고귀한 주제들에 대해 깊이 묵상합니다. 단지 이 위대한 진리들의 목록만 훑어보는 것만으로도 새 힘이 솟습니다. 그 이유가 무엇입니까!

　　다른 사람들은 해변에서 작은 모래성을 쌓으며 놀고 있는 어린이들과 같습니다. 그러나 값없는 은혜를 믿는 사람은 언덕과 산에서 움직이는 사람들과 같습니다. 그를 둘러싼 사고의 주제들은 하늘 높이 치솟아 있습니다. 알프스 산맥 위에 알프스 산맥을 이룰 정도입니다. 사람의 정신적인 성장은 그가 처한 주변 환경에 영향을 받아 사고하는 존재가 되어 최고 존재와 교감을 나누게 됩니다. 이것은 결코 작은 문제가 아닙니다. 왜냐하면 일반적인 인간의 지성은 땅바닥을 기어다니는 천박한 경향이 있는 것이 사실이기 때문입니다. 비열한 악습과 퇴폐적인 정욕으로부터 구제되지 않는 한, 이런 식으로 천박해지게 됩니다. 이 문제는 결코 작은 일이 아닙니다. 생각이 없는 것은 죄의 자녀를 많이 낳는 죄의 어머니입니다. 높은 하나님의 진리들 가운데서 배회하기 시작하는 지성은 희망의 징조입니다.

　　하나님으로부터 생각하는 법을 배운 사람은, 육체 아래에 매장된 지성을 가진 존재처럼 쉽게 죄를 짓지 않을 것입니다. 그 사람은 이제 자신에 대해 다른 관점을 가지게 되었습니다. 예전에는 자신이 할 수 있는 한 최대로 즐기는 것이 가장 좋다는 생각으로 시간을 낭비해 왔습니다. 그러나 이제는 이렇게 말합니다. "나는 하나님이 택하셔서 하나님의 아들로 정하신 자 중의 하나이며, 하나님의 상속자요, 그리스도와 함께한 공동 상속자이다(롬 8:17, KJV). 나는 하나님께 왕 같은 제사장으로 구별되었다(벧전 2:9). 그러므로 나는 경건하지 않을 수 없으며, 일반적인 삶의 목표들을 위해 살아갈 수 없다." 이제 그는 추구하는 목표를 높이 잡습니다. 그는 더 이상 자신을 위하여 살 수가 없습니다. 그는 그 자신의 것이 아니라 값 주고 산 자의 것이 되었기 때문입니다. 이제 그는 하나님의 임재 가운데 거하면서 실제적이고 진지하며 고상하게 살아갑니다. 그는 탐욕의 더러운 갈퀴로 돈을 긁어모으는데 신경 쓰지 않습니다. 그는 영원한 존재이고 영원한 유익을 추구해야 하기 때문입니다.

그는 자신이 거룩한 목표들을 위해 새로 태어난 것을 느끼며 "주님, 제가 무엇을 하기를 원하십니까?"라고 묻습니다. 그는 하나님께서 자기를 사랑하신 것은 하나님의 사랑이 자기를 통해 다른 사람에게로 흘러가게 하기 위해서라고 느낍니다. 하나님께서 어떤 한 사람을 선택하는 것은 나머지 모든 사람들과도 관계가 있습니다. 하나님께서는 요셉을 선택하셨습니다. 그로 인해 기근이 심하여 사방에 먹을 것이 없을 때(창 47:13), 모든 가족과 모든 나라는 물론 온 세상이 살아남았습니다. 우리 각자는 밝혀진 등불입니다. 그래서 어둠 속에서 빛을 발하여 다른 등에 불을 켜게 합니다.

은혜로 구원받은 사람에게는 새로운 소망들이 막 떠오릅니다. 그의 영생하는 영은 영원을 바라보며 즐거워합니다. 현세에서도 하나님께서 그를 사랑하신 것처럼, 영원한 내세에서도 하나님의 사랑이 그를 축복해 주실 것을 그는 믿습니다. 그는 자기의 대속자가 살아 계시니 마침내 그가 땅 위에 서실 것이라(욥 19:25)는 말씀을 알기에, 미래에 대한 두려움이 없습니다. 여기 이 땅에 사는 동안에도 그는 천사들의 노래를 부르기 시작합니다. 왜냐하면 그의 영은 머지않아 나타날 영광의 여명이 동터오는 것을 알기 때문입니다. 그러므로 그는 마치 혼인 잔치에 기뻐하며 나아가듯, 기쁜 마음과 가벼운 발걸음으로 미지의 미래를 향해 나아갑니다.

이 자리에 죄인이 있습니까? 도저히 자비를 구할 수도 없고 아무 공로도 없

는 그런 죄 많은 죄인이 있습니까? 예수 그리스도를 믿음으로 말미암아 하나님
께서 주시는 값없는 은혜로 구원받기를 원하는 사람이 있습니까? 그렇다면 그런
죄인인 여러분에게 말씀드리겠습니다. 하나님의 책 안에는 여러분을 대적하는
말씀이 하나도 없습니다. 한 행도 없고 한 마디도 없습니다. 오히려 모든 말씀은
여러분을 돕고 있습니다. "미쁘다 모든 사람이 받을 만한 이 말이여 그리스도 예
수께서 죄인을 구원하시려고 세상에 임하셨다 하였도다 죄인 중에 내가 괴수니
라"(딤전 1:15). 죄인의 괴수까지 구원하시기 위해 예수님께서 오셨습니다. 예수
님은 여러분을 구원하기 위해 세상에 오셨습니다. 여러분은 예수님을 믿고 예수
님을 의지하기만 하면 됩니다.

　여러분을 그리스도에게로 즉시 인도하는 것이 무엇인지 말씀드리겠습니다.
그것은 바로 그리스도의 놀라운 사랑에 대한 생각입니다. 방탕한 아들은 그 아
버지에게 크나큰 슬픔이었습니다. 그 아들은 아버지의 재산을 강탈했고 아버지
를 망신시켰으며, 마침내 머리가 희끗한 아버지는 슬픔 가운데 무덤에 눕는 것
으로 생을 마감했습니다. 그 아들은 냉정하고 파렴치한 아들이었습니다. 이 보
다 더 배은망덕한 경우는 아마 없을 것입니다. 그런데 그런 아들이 아버지의 장
례식에 참석했습니다. 아버지가 남긴 유서가 낭독될 때까지 그 아들은 남아 있
었습니다. 그가 거기에 남아 있었던 가장 큰 이유는 바로 그 유서 때문이었습니
다. 아버지가 자기에게 한 푼도 남겨주지 않았다면, 그는 남은 가족들에게 큰 횡
포를 부릴 작정을 하고 왔습니다. 그런데 놀랍게도, 그 유서에는 이렇게 적혀
있었습니다. "내 아들 리처드는 비록 내 재산을 탕진하였고 내 마음을 슬프게도
하였지만, 나는 여전히 그를 내 사랑하는 아들로 여기고 있다는 것을 그가 알아
주었으면 좋겠다. 그래서 리처드에 대한 이 아버지의 영원한 사랑의 징표로, 다
른 형제들과 동등하게 그에게도 내 재산을 남기노라."

　그는 장례식장을 나왔습니다. 그는 거기에 있을 수가 없었습니다. 그 아버
지의 놀라운 사랑이 그를 사로잡았습니다. 그는 다음날 아침 유언 집행자를 찾
아가 말했습니다. "혹시 잘못 읽으신 건 아닙니까?" "아닙니다. 기록된 대로 그대
로 읽었습니다." "그렇다면 죽이고 싶을 정도로 제 자신이 싫습니다. 돌아가신
아버지는 저를 사랑하셨지만, 저는 늘 못된 짓만 해서 슬픔만 안겨 드렸어요. 아
버지를 생전의 모습으로 다시 모셔올 수만 있다면!" 예기치 못한 사랑이 밝혀지
면서 그 파렴치한 마음에도 사랑이 꽃피게 되었습니다.

여러분의 경우가 이와 같지 않습니까? 우리 주 예수 그리스도께서는 돌아가셨습니다. 하지만 그의 유언을 우리에게 남기셨습니다. 그 유언의 내용이 바로, 죄인의 괴수라도 특별한 자비의 대상이 된다는 것입니다. 돌아가시면서 예수님은 기도하셨습니다. "아버지 저들을 사하여 주옵소서"(눅 23:34). 부활하신 예수님은 죄인들을 위해 간구하십니다(롬 8:34). 예수님의 마음은 죄인들과 늘 함께합니다. 죄인들의 구원이야말로 그분의 위대한 목적입니다. 그분의 보혈도 죄인들을 위한 것이며, 그분의 심장도 죄인들을 위한 것이며, 그분의 의도 죄인들을 위한 것이며, 그분의 천국도 죄인들을 위한 것입니다.

오, 죄인이신 여러분 나아오십시오. 와서 여러분의 유산을 받으십시오. 믿음의 손을 내밀어 여러분의 몫을 취하십시오. 여러분의 온 마음을 다해 예수님을 믿으십시오. 그러면 그분께서 여러분을 구원해 주실 것입니다. 하나님께서 여러분에게 복 주시기를 축원합니다. 아멘.

제
13
장
—

우리의 주인을 바꿈

—

"죄로부터 해방되어 의에게 종이 되었느니라" — 롬 6:18

인간은 다스리는 자로 창조되었습니다. 하나님께서 원래 의도하신 것은 들의 가축과 하늘의 새와 바다의 물고기를 다스리는 왕으로서 인간을 생각하셨습니다(창 1:26). 인간은 창조의 한 부분인 이 동물들에 대해 주님의 대리인이 되도록 계획되었으며, 몸의 생김새와 용모의 위엄이 이 사실을 잘 보여줍니다. 동물들은 네 발로 기어 다니는 반면, 인간은 동물들 사이에서 직립 보행을 합니다. 인간은 동물을 복종시키거나 길들여서 인간의 뜻을 행하게 합니다. 그래서 모든 피조물들은 인간을 두려워하기도 하고 겁내기도 합니다. 모든 피조물들은 그들의 지배자가 누구인지를 알고 있기 때문입니다.

그러나 인간은 다스리는 자이면서 동시에 다스림을 받아야 하는 자, 즉 섬기는 자로 창조된 것도 사실입니다. 태초에 인간은 동산을 지키며 정돈하면서 그 동산을 만드신 분을 섬기도록 되어 있었습니다. 인간이 지닌 본성적인 연약함, 비와 햇빛과 이슬에 의지하는 인간의 생활, 눈에 보이지 않는 전능한 영을 본성적으로 경외하는 것 등은, 인간이 우주의 주인이 아니라 섬겨야 할 운명을 지닌 종속적인 존재라는 사실을 말해 줍니다. 우리는 인간을 지배하려고 하는 다양한 욕구들과 경향들을 인간의 내부에서 발견하게 됩니다. 그래서 인간의 마음은 또한 종이 되기도 쉽습니다. 우리에게는 인간의 몸을 유지하는데 필수적인 식욕이 있습니다. 단지 먹고 마시는 이 식욕도 인간을 지배하려고 부단히 애쓰고 있습니다. 식욕이 인간을 지배할 수 있다면, 아마 지배하고도 남았을 것입니다. 식욕은 인간을 돼지의 수준으로 떨어뜨리려고 노력합니다. 인간은 한편으로 영적인 존재입니다. 그러나 또한 부분적으로는 동물적인 존재이기도 합니다. 그런데 동물적인 부분이 영적인 부분을 지배하려고 싸우고 있습니다. 많은 경우에 완전히 동물의 수준까지 내려가는 사람들도 많습니다. 영혼이 육체에게 종이 되는 것보다 더 비참한 경우는 없을 것입니다. 인간의 잔인한 본성은 잔인함 중에서도 제일 잔인합니다. 인간이 지닌 짐승만도 못한 야수성은 늑대나 사자나 뱀이 지닌 야수성보다 더 잔인합니다. 제가 지난 주일에 이 말씀을 전했던가요? 레위기 율법에 따르면 죽은 동물을 만지는 자는 저녁까지 부정한(레 11:39) 반면, 죽은 사람을 만진 자는 이레 동안 부정하다는(민 19:11) 말씀 말입니다. 인간의 경우, 인간의 동물적 본성이 자신을 지배하게 될 때는 다른 동물들보다 일곱 배나 더 부정한 피조물이 되기 때문입니다.

악이 인간을 지배하려고 하면, 선하신 성령께서도 인간과 함께 분투하십니다. 무한히 자비하신 하나님께서 그의 성령으로 인간에게 임하실 때, 성령은 인간 안에 있는 흑암의 왕자와 인간의 마음을 나눠 갖기 위해 중립적인 자세를 취하시지 않습니다. 성령께서는 전면적인 통치를 목적으로 우리 가운데 오십니다. 그래서 전쟁이 시작됩니다. 그 전쟁은 휴전으로 끝날 수 없고 끝까지 수행되어야 하는 전쟁입니다. 악마가 쫓겨나든지 아니면 선한 영이 밀려나든지 양자 간에 결판이 나야 끝날 것입니다. 이쪽이든 저쪽이든, 즉 흑암의 왕자든 빛의 왕이든(스펄전이 빛의 '왕'에 상응하여 흑암의 '왕'이라 하지 않고 '왕자'라고 표현한 것은, 그가 이원론적인 영지주의적 사고를 견제하기 위한 것으로 보인다 ― 역주) 이기는 쪽이 인간을 지배하게 될 것입니다. 인간에게는 주인이 있어야만 합니다. 그런데 두 주인을 섬기지는 못합니다(마 6:24). 인간은 한 주인을 섬겨야 합니다. 각계각층의 모든 사람들을 통해 이 주장은 사실로 드러났습니다.

인간으로서 같은 인간을 이끌어야 하는 사람들의 경우에 이 사실이 더 분명하게 드러났던 것 같습니다. 예를 들면, 알렉산더 대왕 같은 사람에게서 특히 잘 드러납니다. 알렉산더는 진정한 인간들의 왕이었습니다. 영웅이었으며 대범한 마음의 소유자였습니다. 누구라도 인정하듯이, 그와 함께하면 모든 군사들은 사기가 충천하여 그들 앞에 있는 모든 것들을 물리쳐 버렸습니다. 알렉산더 대왕은 세계를 정복하였습니다. 그러나 그런 알렉산더 대왕도 때로는 술에 사로잡혀 정욕의 종이 되었습니다. 그럴 때는 인간들의 왕이고 모든 군대들의 정복자라 해도, 허튼 소리를 하는 미치광이보다 나은 게 전혀 없었습니다. 좀 더 이해를 돕기 위해, 세계의 주인들이었던 로마 황제들을 예로 들어 설명해 보겠습니다. 그들의 진면목들을 살펴보십시오. 그리고 그들이 얼마나 천박한 짐승 같은 자들이었는지를 주목해 보십시오. 로마에는 많은 노예들이 있었습니다. 그러나 주홍색의 황제 의복을 입은 그 사람이 가장 비참한 노예처럼 살았습니다. 맷돌을 돌리거나 원형 경기장에서 죽었던 그 어떤 노예보다도 네로 황제나 티베리우스 황제가 더 비참한 노예의 상태에 있었습니다. 이들은 자신의 정욕에 속박된 노예들이었던 것입니다.

높은 지위에 있다고 해서 주인의 지배를 받지 않는 것이 아닙니다. 학식이나 철학도 인간을 이런 노예 상태에서 구해내지 못합니다. 왜냐하면 자유를 가르치는 선생들도 그 스스로 자유롭지 못하기 때문입니다. 베드로 사도가 말한 그대로입니다. "그들에게 자유를 준다 하여도 자신들은 멸망의 종들이니"(벤후 2:19). 솔로몬도 그가 가진 모든 지혜에도 불구하고 어리석은 일들을 행했습니다. 솔로몬이 당대의 가장 현명한 통치자이기는 했지만, 일시적이라고 해도 그는 육체적 욕망에 완전히 굴복해 버렸습니다. 인간은 태생적으로 종이 되어야 하기에, 인간은 누구나 종이 될 수밖에 없는 것입니다.

그렇다면 누가 인간의 주인이 되어야 하겠습니까? 오늘 본문이 우리에게 묻는 것이 바로 이 질문입니다. 제가 서론으로 말씀드린 이 핵심 문제를 오늘 우리의 본문이 증명하고 있습니다. 왜냐하면 본문 말씀은 "죄로부터 해방되어"라고 말함과 동시에 "의에게 종이 되었느니라"라고 덧붙이기 때문입니다. 해방되는 것과 종 되는 것 사이에 중간지대는 없습니다. 중간지대에 놓인 독립된 상태는 한 순간도 없는 것 같습니다. 한 곳에 노예 상태로 있다가 또 다른 곳에 노예 상태로 넘어가기 때문입니다. 제가 지금 노예 상태라는 말을 쓴다고 해서 실수했다고 생각하지 마십시오. 저는 종에 해당하는 헬라어 원어를 번역하여 이 말로 바꾼 것입니다. 본문은 이렇게도 번역될 수 있습니다. "죄로부터 해방되어 의에 노예 상태로 만들어졌느니라." 사도 바울은 자기가 왜 이런 표현을 사용하는지에 대해 변명도 합니다. "너희 육신이 연약하므로 내가 사람의 예대로 말하노니"(롬 6:19). 사도 바울은 이런 인간의 상황을 달리 어떻게 설명해야 할지 몰랐기 때문입니다. 우리는 죄의 절대적인 세력에서 빠져나오자마자 즉시, 죄의 세력에 지배당하던 것과 똑같이 이번에는 의에 종속되기 때문입니다. 죄에 대한 애정이 우리를 통치하고 좌지우지했듯이, 그와 똑같은 방식으로 우리는 은혜의 힘과 하나님의 진리에 복종하게 됩니다. 죄가 우리에 대해 소유권을 행사하고 우리의 행동들을 통제했듯이, 은혜 또는 우리에게서 소유권을 주장하고 우리를 소유하며 절대적인 지배력으로 우리를 다스립니다. 인간은 이 주인에서 저 주인으로 옮겨갑니다. 그러므로 인간은 항상 종속 상태에 있습니다.

저는 자유의지에 대해서 종종 들어보기는 했습니다. 하지만 지금까지 저는 자유의지를 본 적이 없습니다. 저는 제 의지를 충족시키면서 충분히 제 의지대로 살아왔다고 생각했습니다. 그러나 사실 제 의지는 죄에 사로잡혀 있었거나 아니면 복된 은혜에 매여 있었거나 양자 중 하나였습니다. 회오리바람 앞에 나뒹구는 물건처럼 정욕이 제 의지를 이리저리 충동질합니다. 아니면 지식이 의지를 좌지우지하기도 합니다. 지식이 지배할 때는 그 지식이 몽매한 것이냐 혹은 계명된 것이냐에 따라, 의지가 선하게 작용하기도 하고 악하게 작용하기도 합니다. 어떤 경우든, 의지는 그 입에 재갈을 물리고 자신을 넘어선 그 어떤 힘에 의해 인도됩니다.

누가 인간의 주인이 될 것인가 하는 문제에 대해서는 할 이야기가 많겠지만 잠시 보류하기로 하기로 하고, 오늘은 무엇보다도 먼저 우리의 주인을 바꾸는 것, 즉 "죄로부터 해방되어 의에게 종이 되었느니라"라는 말씀에 대해 살펴보고, 두 번째로 그런 변화의 이유들에 대해서 말씀드린 다음, 세 번째로 그런 변화의 결과들에 대해서 주목해 보고자 합니다.

1. 우리의 주인을 바꾸는 것

첫 번째로, 우리의 주인을 바꾸는 것에 대한 말씀으로 시작하겠습니다. 우리에게는 주인이 반드시 필요합니다. 그런데 우리 중에는 하나님의 은혜로 주인을 바꾸게 된 사람들이 있습니다. 그것은 우리에게 무한한 유익한 일입니다. 이런 내적인 혁명과도 같은 일을 설명하기에 앞서, 저는 우리의 옛 주인에 대해 한두 마디 하고자 합니다. 사도 바울은 오늘 본문의 앞 절에서 이렇게 말합니다. "너희가 본래 죄의 종이더니"(롬 6:17). 얼마나 딱 맞는 말씀입니까! 지금은 믿고서 죄로부터 해방된 많은 사람들이 예전에는 모두 죄의 종들이었습니다. 우리가 실제로 노예처럼 생활한 것은 아니었지만, 우리는 모두 노예 상태에 있었습니다.

죄는 제복을 입은 종들을 거느리고 있습니다. 여러분은 죄의 제복을 공식적으로 차려 입은 사람들을 본적이 있습니까? 아주 멋진 옷입니다. 제가 장담합니다!

죄는 자기 종들에게 누더기 옷이나 수치의 옷, 또는 질병의 옷을 입히기도 합니다. 사탄의 제복을 제대로 갖춰 입었을 때는, 죄인이 보기에도 역겨울 뿐 아니라 심지어 그 죄인의 동료들이 보기에도 역겨울 정도입니다. 제복을 최고로 잘 차려 입었든 그렇지 않은 간에, 제복을 차려입은 죄의 종들을 보기 원한다면 교도소에 가 보십시오. 거기서 여러분은 죄의 종들을 볼 수 있을 것입니다. 아니면 이 큰 도시에 있는 추잡한 곳들에 가 보거나 술집이나 악한 쾌락을 찾는 장소들로 가 보십시오. 거기에서도 이 죄의 종들을 볼 수 있을 것입니다. 그들의 대다수는 가난하게 되어 누더기 옷을 걸치고 있으며, 그 등에는 악마의 고역이 주는 훈장이 달려 있습니다. 그 얼굴에는 술에 절어 생겨난 검버섯이 있으며, 뼈만 앙상하게 남은 몸은 그 악의 결과들을 잘 드러내고 있습니다. 사탄은 자기 병사들을 연대 급으로 편성해 놓았으며, 그 병사들은 그 직무에 잘 어울리는 사람들입니다.

그러나 대다수의 많은 사람들은 제복을 입지 않은 종들도 많이 거느리고 있지 않습니까? 죄의 경우도 마찬가지입니다. 우리가 거듭나기 전에 모두 죄의 종들이긴 했지만, 그렇다고 해서 우리 모두가 공공연한 죄인들이었던 것은 아닙니다. 겉으로 드러난 사람들의 성품만 보고서는 죄의 종인지 아닌지 알 수 없는 그런 죄의 종들이 무수히 많습니다. 그들은 맹세하지 않으며, 도둑질하지 않으며, 간음하지 않으며, 심지어는 노골적으로 안식일을 범하지도 않습니다. 오히려 그들은 행동을 할 때에도 아주 도덕적으로 행동합니다. 그들은 죄의 종들이긴 하지만, 남들의 비난이 두려워 은밀하게 행하는 죄의 종들입니다. 그들은 공언된 죄인들은 아니지만, 진심으로 죄와 사랑에 빠진 자들이라고 할 수 있습니다. 그들은 지금 방금 일어서서 찬송가를 불렀고, 고개를 숙이고 기도도 했으며, 지금은 이 설교를 듣고 있습니다.

겉모습만 보고서는 이들이 그리스도의 종인지 죄의 종인지 아무도 분간할 수 없습니다. 그러나 이들은 마음 중심에서 하나님의 아들을 거부하고 그분을 믿기를 거절합니다. 왜냐하면 이들은 죄악의 낙(히 11:25)을 사랑하고 불의의 삯을 사랑(벧후 2:15)하기 때문입니다. 일종의 이기심에서 자신의 범죄행동을 삼갈 뿐, 그들의 마음은 하나님을 사랑하지도 않으며, 그들의 열망은 하나님의 길을 향해 있지도 않습니다. 오, 사랑하는 성도 여러분, 여러분이 만약 여러분의 영혼 안에 하나님의 그리스도를 대적하는 적그리스도로서 자신의 의로움을 주장하고 있다면, 그리고 여러분이 만약 하나님의 성령의 인도하심을 대적하여 반항하고 있다면, 그리고 여러분이 만약 은밀하게 죄를 짓고 있다면, 그리고 여러분이 만약 은밀한 가운데 어떤 달콤한 죄를 끝까지 짓는다면, 감히 말씀드리건대, 비록 여러분이 겉으로는 그리스도의 제복을 입고 있다 해도, 여러분은 여전히 죄의 종입니다.

위선자들이 어떤 다른 종들보다 더 안쓰러운 종들입니다. 왜냐하면 위선자들은 종교인으로서 지켜야 할 근신을 지키면서도, 그 근신이 주는 위로를 누리지 못하기 때문입니다. 또한 이들은 쾌락을 누리지 못하면서도 경건치 않은 죄들을 짓고 있습니다. 모든 위선자들은 바보이고 겁쟁이입니다. 위선자들은 주님을 섬길 의지도 없지만, 그렇다고 해서 악마를 전적으로 섬길 용기도 없는 사람입니다. 이렇게 그 사이에서 왔다 갔다 하는 사람들이 사람들 중에 가장 불쌍한 사람이고 가장 비난받아야 할 사람입니다. 우리가 불신자로 있는 한, 우리는 죄의 종입니다. 죄의 종이라고 해서, 우리 모두가 다 집 밖에서 일하는 죄의 종인 것은 아닙니다. 죄는 북을 치는 병사들을 종으로 거느릴 뿐만 아니라, 집안에서 조용하게 가사를 돌보는 종들도 거느리고 있기 때문입니다.

많은 사람들은 대개 남이 모르게 죄를 짓습니다. 거리에서는 아무도 그들이 지은 죄에 대해 듣지 못합니다. 그들은 공개적인 스캔들도 일으키지 않습니다. 그러나 마음으로는 사악과 반역을 신실하게 따르고 있습니다. 그들의 우상은 은밀한 방 안에 세워져 있으며, 그들은 그 우상들을 진심으로 사랑합니다. 그들의 욕망과 야망은 모두 이기적입니다. 그들은 이 사실을 심지어 그 자신에게도 숨기려고 합니다. 그들은 하나님을 섬기려고 하지 않습니다. 그들은 하나님의 독생자 앞에 경배하려고도 하지 않습니다. 그러면서도 그들의 반역을 시인하려고 하지 않습니다. 겉으로 보기에 그들의 태도는 붙임성 있고 칭찬할 만하며 탁월합니다. 그럼에도 불구하고 그들은 속으로 사탄을 섬기고 있는 사탄의 종들입니다. 그들의 마음은 하나님을 향한 적대감으로 가득 차 있습니다. 우리 중에는 우리의 예전 모습이 바로 이런 모습이었다고 고백하는 사람들이 있을 것입니다. 우리에게서 어떤 허물도 발견되지 않았지만, 우리의 마음이 썩어 있었다고 말입니다. 우리는 기도하곤 했지만, 그것은 하나님을 업신여기는 것이었습니다(갈

6:7). 우리는 하나님의 집에 올라갔었지만, 우리는 하나님의 말씀을 중시하지도 않았고, 오히려 이 모든 일들을 통해 우리는 의롭다고 하며 자신을 자랑스럽게 생각했습니다.

그러나 공개적으로 죄를 짓고 모든 율법을 무시하면서 겉으로 드러내 놓고 사탄의 종으로 일했던 신자들이 많이 있습니다. 이제는 그리스도의 종이 되어 이 자리에 계신 것을 보니 매우 기쁘고 하나님께 감사할 따름입니다. 비록 한때 는 공개적으로 드러내 놓고 열정적으로 성실하게 일하던 사탄의 종이었지만, 이 제는 씻음 받고 새롭게 되어 성화된 사람들입니다. 이 일을 행하신 하나님께 영 광을 돌립니다.

오, 주님께서는 큰 죄인들을 인도하여 위대한 신자들로 변화시키고자 하십 니다. 대담한 범죄자들일수록 죄 용서를 받고 난 후에 예수님을 더욱 열정적으 로 사랑하는 자들이 되기 때문입니다. 그들은 많은 죄 사함을 받았기 때문에 더 많이 사랑합니다(눅 7:47). 필사적으로 죄를 지은 만큼, 그들은 독실하게 사랑합 니다. 예전에 악을 헌신적으로 섬겼듯이, 이제는 그리스도께 전적으로 아낌없이 헌신합니다. 이렇게 해서 하나님께 찬양을 돌려드립니다. 제가 지금 말씀 전하 고 있는 이 진리 앞에 우리 모두 조용히 고개 숙여 지극히 겸손한 마음으로 우리 가 죄의 종들이었음을 인정합시다.

이제 계속해서 다음으로, "죄로부터 해방되어"라고 말한 사도 바울의 표현에 주목해 봅시다. 하나님의 은혜로 말미암아 우리는 주 예수 그리스도를 믿어 영 원한 구원을 받게 되었습니다. 그래서 지금 이 순간 우리는 죄로부터 해방되었 습니다. 구세주의 이름을 믿는 여러분, 지금 우리 앞에 있는 이 '죄로부터 해방되 어'라는 말씀에 기뻐하십시오. 그 말씀은 여러분에게 해당되는 말씀이기 때문입 니다. 여러분은 지금 죄로부터 해방되었습니다. 미래에 된다는 말씀이 아니라, 지 금 해방되었다는 것입니다. 어떤 의미에서 그렇습니까?

첫째, 정죄의 의미에서 이것은 맞는 말씀입니다. 신자는 죄로 인해 더 이상 정죄 받지 않습니다. 여러분의 죄는 오래 전에 그리스도께서 담당하셨습니다. 여러분의 속죄 제물로 염소(레 16:15)가 되신 그리스도께서 여러분의 모든 죄를 짊어지셨습니다. "그러므로 이제 그리스도 예수 안에 있는 자에게는 결코 정죄 함이 없나니"(롬 8:1). 여러분은 의의 주님으로 말미암아 사면을 받고 의롭다 하 심을 받았습니다. 기쁨의 박수를 올려드립시다! 그 사랑은 세상을 다 준다 해도 바꿀 수 없는 귀한 사랑입니다. 여러분은 지금부터 영원히 죄의 저주하는 세력으로부터 해방된 것입니다.

다음으로, 여러분은 유죄상태로부터 해방되었습니다. 정죄받을 수 없다는 이 진리를 좀 더 깊이 생각해 보면, 여러분은 비난도 받아서는 안 된다는 결론이 나옵니다. 여러분의 범죄는 용서되었고, 여러분의 죄는 덮여졌습니다. "동이 서에서 먼 것 같이 우리의 죄과를 우리에게서 멀리 옮기셨으며"(시 103:12). "누가 능히 하나님께서 택하신 자들을 고발하리요 의롭다 하신 이는 하나님이시니 누가 정죄하리요 죽으실 뿐 아니라 다시 살아나신 이는 그리스도 예수시니 그는 하나님 우편에 계신 자요 우리를 위하여 간구하시는 자시니라"(롬 8:33-34). 여러분은 지금 이 순간 유죄상태로부터 구원받았습니다. "죄로부터 해방되어."

그 결과 여러분은 죄의 처벌로부터도 해방되었습니다. 여러분은 결코 지옥에 던져지지 않을 것입니다. 왜냐하면 예수님께서 대신 고난을 받으셨고 그로 인해 하나님의 의가 충족되었기 때문입니다. 그리스도 안에 있는 신자인 여러분에게는 무저갱(계 20:3)도 없고, 죽지 않는 구더기도 없으며, 꺼지지 않는 불(막 9:48)도 없습니다. 여러분이 본성적으로 죄인이라 해도, 그리스도께서 여러분을 아주 완벽하게 깨끗하게 하셨기 때문에, 여러분에게는 이런 말씀이 준비되어 있습니다. "내 아버지께 복 받을 자들이여 나아와 창세로부터 너희를 위하여 예비된 나라를 상속받으라"(마 25:34).

이것이 전부가 아닙니다. 여러분은 죄로부터 해방되어 죄의 통제권으로부터도 해방되었습니다. 이 점이 바로 여러분이 크게 기뻐해야 할 사항입니다. 전에는 죄가 여러분에게 "가라" 하면, 여러분은 갔습니다. 그런데 지금은 죄가 "가라"고 해도 여러분은 가지 않습니다. 때로 은혜가 "가라"고 할 때, 죄가 여러분의 길을 가로막기도 합니다. 여러분은 기쁘게 달리고 싶지만 죄가 막아서고 방해합니다. 그러나 은혜가 지배하기 때문에, 여러분은 그 죄의 요구에 굴복하지 않습니다. 죄가 삶에 주인이 되지 못하도록 여러분은 밀고 당기는 싸움을 하면서 결심합니다. 왜냐하면 여러분은 율법이 아닌 은혜 아래에 있기 때문입니다. 죄는 여러분의 본성 중 구석진 곳이나 모난 곳에 숨어 살면서 영혼의 거리를 배회하며 여러분에 대한 지배권을 다시 얻을 음모와 계략을 꾸밉니다. 음모와 계략을 꾸밀 수는 있겠지만, 절대 그렇게 되지는 않을 것입니다. 죄는 이미 보좌에서 쫓겨났고, 성령이 그 보좌에 앉으셔서 여러분의 본성을 다스리고 계시기 때문입니다. 여러분이 완전히 거룩해져서 그리스도와 함께 영원토록 거하게 되기까지, 성령께서 그곳에 앉아 계실 것입니다.

　"죄로부터 해방되어." 저는 지금 이 강단에서 내려가 조용히 회중석에 앉아서 여러분과 함께 이 말씀을 묵상했으면 좋겠습니다. 농부들이 말하듯이 이 풍성한 말씀의 꼴을 되새김질하면서 그 진액을 먹었으면 좋겠습니다. "죄로부터 해방되어." 저는 이 복된 말씀을 전하면서, 제가 마치 옛날에 노예 상태에서 도망친 한 흑인 노예처럼 느껴집니다. 노예가 있던 시절에, 그는 미국 남부에서 영국령 캐나다까지 달려갔습니다. 그는 숲을 달리고 언덕과 강을 건넌 후에, 결국 자유의 몸이 되었습니다. 얼마나 기뻐하며 뛰었겠습니까! 얼마나 즐거이 외쳤겠습니까! 우리 주 예수님께서 처음으로 우리를 자유롭게 하셨을 때도, 우리는 이 자유를 크게 기뻐하였습니다. 노예가 되어 본적도 없고 엄한 주인의 채찍을 맞아 본 적도 없는 사람은 노예가 느낀 자유의 가치를 잘 알지 못합니다. 영적인 일들도 마찬가지입니다. 여러분이 죄의 노예 상태에 있다고 느껴본 적도 없고 그리스도께서 참으로 여러분을 해방시킨 그 은혜의 좋은 땅으로 도망쳐 본 적도 없다면, 여러분은 그 구속의 기쁨을 알지 못할 것입니다.

　나는 해방되었습니다! 해방되었습니다! 해방되었습니다! 한때 모든 죄의 욕망에 종노릇하던 나였습니다! 그러나 전능한 사랑으로 말미암아 이제 해방되었습니다! 나는 엄한 주인의 족쇄에서 벗어나 이제 주님의 자유인이 되었습니다! 모든 천사들이여, 보좌 앞에서 주님을 찬양하라. 보좌 앞에 있는 모든 영들이여, 주님을 찬양하라. 주님께서 그의 백성을 속박에서 인도하여 내셨도다. 그는 선하시며 그의 인자하심이 영원함이로다(시 118:29)! 자, 그럼 우리는 어떻게 해방되었습니까? 우리는 세 가지 방법으로 해방되었습니다.

　첫째, 구매(돈 주고 사심)로 해방되었습니다. 우리의 구세주께서 우리를 위한 완전한 속전을 지불하셨기 때문에 우리가 갚아야 할 돈은 단 한 푼도 남아 있지 않습니다. 우리 구세주의 이름을 찬양하십시오. 그리스도의 유산 중에도 저당 잡힌 것은 하나도 없습니다. 그 금액이 완벽하게 지불되었기 때문에, 우리는 영원토록 타인이 침해할 수 없는 그리스도의 재산이 되었습니다. 이 순간 우리는 자유의 몸으로 서 있는 것은, 우리의 몸값이 지불되었고 우리의 몸값으로 지불된 우리의 대속자가 여전히 살아 계심을 우리가 알고 있기 때문입니다. 우리의 몸과 영과 혼이 모두 값을 치르고 산 것이기 때문에, 우리의 존재 전체가 그리스도의 것이 되었습니다.

둘째로, 우리는 구매로 해방되었을 뿐만 아니라, **능력으로도 해방되었습니다**. 이스라엘 민족이 주님의 백성이었기 때문에, 주님은 이들을 강한 손과 펴신 팔로 애굽에서 인도하여 내셨습니다(시 136:12). 이와 마찬가지로 주님은 능력으로 완고한 죄를 깨뜨리고, 늙은 바로와 같은 악의 지배로부터 우리를 들어올리셔서 우리를 해방시키셨습니다. 그리스도를 죽은 자 가운데서 일으키신 그 능력과 동일한 성령의 능력, 다시 말해 하늘과 땅을 지으셨던 그 능력과 동일한 능력이 우리를 구원하셨습니다. 우리는 주님의 몸값으로 해방된 사람들입니다.

셋째로, 우리는 권세로도 해방되었습니다. "그 이름을 믿는 자들에게는 하나님의 자녀가 되는 권세를 주셨으니"(요 1:12). 하나님께서는 우리에게 해방을 선언하셨습니다. 하나님의 왕권과 위엄과 신적인 법령으로 하나님은 죄수들에게 석방을 명령하셨습니다. 주님이 친히 죄수들을 풀어주셨으며 더 이상 잡혀 있지 않아도 된다고 선포하셨습니다. 대가와 능력과 권세가 우리의 자유를 위해 함께 모였던 것입니다.

우리는 어떻게 해방되었습니까? 이번에는 좀 다른 방식으로 설명해 보겠습니다. 우리는 이상한 방법으로 해방되었습니다. 오늘 본문 말씀이 있는 로마서 6장에 따르면, 우리는 죽었기 때문에 해방되었다고 나옵니다. 노예가 죽으면, 주인이 가진 노예의 소유권도 함께 끝이 납니다. 폭군도 죽게 되면, 그 폭정이 진정되면서 더 이상 통치할 수 없게 됩니다. "죽은 자가 죄에서 벗어나"(롬 6:7). 죄가 저에게 와서 묻습니다. 왜 죄가 바라는 대로 제가 순종하지 않은지를 말입니다. 저는 미리 답을 준비해 두었습니다. "아, 주인이신 죄님, 저는 죽었습니다! 저는 30년 전에 이미 죽었어요. 그러니 이제 더 이상은 당신 것이 아닙니다. 당신이 저와 무슨 상관이 있습니까?" 하나님께서 신자들을 복된 그리스도 안에서 죽게 하였는데, 즉 죄에 대한 거룩한 죽음이 실행되었는데, 어떻게 죄가 그 사람을 더 지배할 수 있겠습니까? 그 사람은 자기의 옛 주인과 관계가 청산되었습니다. 왜냐하면 그 사람은 죽었기 때문입니다. 옛 주인은 우리에 대해 살아 있지만, 우리는 그 주인에 대해 살아 있지 않습니다. 옛 주인은 자기가 하고 싶은 대로 소송을 제기하겠지만, 우리는 그의 권리를 인정하지 않을 것입니다.

우리 중에 어떤 사람들은 우리가 죽음으로써 해방되었다고 공식적으로 주장합니다. 왜냐하면 우리가 장사되었기(롬 6:4) 때문입니다. 사도 바울은 말합니다. "무릇 그리스도 예수와 합하여 세례를 받은 우리는 그의 죽으심과 합하여 세례를 받은 줄을 알지 못하느냐 그러므로 우리가 그의 죽으심과 합하여 세례를 받음으로 그와 함께 장사되었나니 이는 아버지의 영광으로 말미암아 그리스도를 죽은 자 가운데서 살리심과 같이 우리로 또한 새 생명 가운데서 행하게 하려 함이라"(롬 6:3-4). 단순히 세례를 받았다고 해서 우리가 장사되었다고는 볼 수 없습니다. 왜냐하면 우리가 먼저 죽지 않고서는 세례를 받아봤자 그 속에 진리가 없을 것이기 때문입니다. 그럼에도 여전히 세례는, 우리가 죽었고 또한 장사되었다는 복된 상징으로서 우리에게 의미가 있습니다. 그래서 악마가 우리에게 다가올 때마다, 우리는 각자 이렇게 말할 수 있습니다. "나는 이제 당신의 종이 아닙니다. 나는 죽었고 장사되었습니다. 축축한 무덤 속에 눕혀진 나를 당신은 보지 못했습니까?" 오, 세례는 단순한 형식이 아니라, 죄의 노예상태로부터 우리를 해방시킨 거룩한 성령께서 우리의 영혼 안에서 행하신 사역에 대한 교훈적인 징표입니다. 그리고 이러한 사실을 우리가 분명한 확신으로 느끼도록 주님께서 행하신다는 것은 복된 일입니다.

　　우리에게 세 번째 일이 일어났습니다. 우리는 다시 부활하였습니다. 사도 바울의 가르침을 따르면, 그리스도의 부활 안에서 우리도 부활하였습니다. 새 생명이 우리에게 주어졌습니다. 예수 그리스도 안에서 우리는 새로운 피조물입니다(고후 5:17). 과거의 우리와 현재의 우리는 동일한 사람이 아닙니다. 이전 것은 지나갔으니 보라 새 것이 되었도다(고후 5:17). 만약 여러분이 과거의 자아를 만난다면, 이 중에는 과거의 자기 모습을 몰라볼 사람도 있을 것입니다. 그렇지 않습니까? 저의 옛 자아도 현재의 저를 몰라볼 것이고 이해할 수도 없을 것입니다. 저는 옛 자아에 대해 죽었고 그 지배력에 대해서도 죽었으며, 또한 장사되었습니다. 그래서 저는 옛 자아의 부하가 될 수 없으며, 옛 자아는 제 마음의 왕이 될 수 없는 것입니다. 그러나 옛 자아는 제 안에 거하려고 발버둥치는데, 마치 고양이처럼 많은 목숨을 지닌 것처럼 보입니다(서양의 미신에 고양이는 아홉 개의 목숨을 가지고 있다고 한다 - 역주). 종종 저의 옛 자아는 지금의 참 자아에게 냉소적으로 소리칩니다. "너 참 바보구나." 그러자 참 자아가 대답합니다. "아니, 네가 나를 지배했을 때, 정말 내가 바보였지. 하지만 지금은 정신을 차렸어." 때로는 옛 자아가 이렇게 속삭입니다. "믿음에 실체가 없구나." 그러자 새 자아가 대답합니다. "보이는 것들 안에는 실체가 없어. 이 세계는 그림자일 뿐이고 천국이 영원한 거야." "아, 그래"라고 옛 자아가 말합니다. "너 완전히 사이비가 다 되었구나." 그러자 새 자아가 대답합니다. "아니야. 나는 너의 권력 아래에 있을 때 정말 거짓말쟁이였어. 하지만 지금 나는 정직하고 진실해."

그렇습니다. 사랑하는 성도 여러분, 우리는 그리스도와 함께 부활하였습니다. 그리스도와 함께 우리는 죽었고 장사되었습니다. 그리고 그리스도와 함께 우리는 부활하였습니다. 그래서 우리는 해방된 것입니다. 한 노예가 이렇게 말했다고 합시다. "주인님, 저는 죽었습니다. 이제 주인님은 저를 소유할 수 없습니다. 왜냐하면 주인님의 소유권은 사람의 생명이 있을 때까지만 유효하기 때문입니다. 저는 장사되었습니다. 제가 장사되었을 때 주인님이 저를 소유할 수 있었습니까? 저는 다시 부활하였고, 따라서 이제 제 새 생명은 주인님의 것이 아닙니다. 저는 예전의 제가 아닙니다. 주인님은 저에 대한 권리가 없습니다." 이렇게 말한다면 그 어떤 노예가 주인의 지배를 받을 수 있겠습니까? 우리는 이런 놀라운 죽음과 부활을 경험했기에, 오늘 이 아침에 기쁜 마음으로 "우리는 죄로부터 해방되어"라고 말할 수 있는 것입니다.

이제는 우리의 마음도 죄로부터 해방되었습니다. 우리는 이제 죄를 사랑하지 않습니다. 오히려 죄에 대한 생각조차 싫어합니다. 새로운 우리의 본성에 비추어보아도 우리는 죄로부터 해방되었습니다. 우리의 새로운 본성은 죄를 지을 수 없습니다. 왜냐하면 우리의 그 새 본성은 하나님으로부터 태어났기 때문입니다. 우리에 대한 하나님의 목적에 비추어보아도 우리는 죄로부터 해방되었습니다. 왜냐하면 하나님은 오래지 않아 점도 없고 흠도 없이(벧후 3:14) 최고의 큰 기쁨으로 주님 앞에 우리를 서게 하실 것이기 때문입니다. 우리는 죄에 속해 있지 않습니다. 우리는 죄를 섬기기를 거절합니다. 우리는 하나님의 은혜로 말미암아 죄로부터 해방되었습니다.

자, 우리의 주인을 바꾸는 문제에 관한 세 번째 부분은 바로 이것입니다. "의에게 종이 되었느니라." 우리가 그렇게 되었습니다. 지금 우리는 의의 소유가 되었고 의의 지배 아래에 있습니다. 의로우신 하나님께서 우리로 하여금 죄에 대해 죽게 하셨습니다. 의로우신 하나님께서 우리를 구속하셨습니다. 새 생명과 의로운 생명이 우리에게 불어넣어져서, 이제 의가 우리 안에서 다스리고 통치합니다. 우리는 우리 자신에게 속해 있지 않습니다. 오히려 우리는 우리를 구속자의 성령을 통해 구속자의 지배에 전적으로 내어 맡깁니다. 그래서 그분이 우리를 완벽하게 다스리면 다스릴수록, 우리는 더욱더 좋게 됩니다. 오늘 본문 말씀은 우리가 의에게 종이 되었다고 합니다. 이것은 우리가 바라는 바이기도 합니다. 우리가 바라는 바는, 우리가 의에게 종이 되어 나쁜 일을 하지 않게 된다거나 악한 일을 바라지 않게 되는 것입니다. 우리는 하나님의 통치에 전적으로 그리고 절대적으로 우리 자신을 복종시키기를 원합니다. 그래서 의로운 것, 진실한 것, 선한 것만이 우리를 영원히 붙들기를 원합니다.

우리는 하나님의 주권 앞에 우리를 포기합니다. 그리고 우리는 지극히 높으신 분의 뜻에 따라 전적으로 복종하는데서 우리의 자유를 발견합니다. 이것이 바로 우리의 주인을 바꾸는 것입니다. 이에 대해서 잘 알고 있는 사람들도 있으리라 저는 믿습니다. 그러나 여러분 중에는 이것에 관해 전혀 모르고 있는 사람들도 있어서 염려가 됩니다. 여러분이 오늘 밤 잠자리에 들기 전에 주님께서 여러분에게 깨닫게 해 주시기를 기원합니다. 여러분이 저 암담한 폭군으로부터 벗어나 평강의 왕(사 9:6)을 섬기게 되기를 원합니다. 그것도 당장에 말입니다.

2. 우리가 주인을 바꾸는 이유들

두 번째로, 우리가 주인을 바꾸는 그 이유들에 대해 살펴보겠습니다. 이렇게 주인을 바꾸는 것에 대해 우리는 어떻게 정당화할 수 있겠습니까? 자주 뭔가를 바꾸는 사람은 썩 좋은 사람이 아닙니다. 그러나 우리는 옛 주인을 바꾸었습니다. 왜냐하면 그 옛 주인은 우리에 대해 그 어떤 권리도 없는 상태에서 불법적으로 우리를 억류하고 있었기 때문입니다. 왜 죄가 우리를 지배해야 합니까? 죄가 우리를 만든 것도 아니고, 우리를 양육한 것도 아니며, 그 어떤 것이든 죄는 우리에 대해 조금의 권리도 없는데 말입니다. 우리는 한순간도 죄에게 충성을 맹세한 적이 없었습니다. 우리는 육체를 따라 살아가는 육체에 빚진 자들이 아닙니다. 우리의 옛 주인은 우리가 도망갔다고 우리를 소환할 수 없습니다. 왜냐하면 오히려 그 옛 주인이 우리의 섬김을 무단으로 차용했기 때문입니다.

그 뿐 아니라 우리의 옛 주인은 악질 중의 악질이었습니다. 여러분은 옛 주인의 초상화를 본 적이 없을 것입니다. 만약 그 초상화를 그리려고 한다면, 캔버스에 지금까지 존재했던 모든 괴물들과 상상할 수 있는 모든 공포물들을 다 그리면 될 것 같습니다. 뒤틀려 흉한 죄의 모습을 제대로 그리려면, 이 모든 모습들을 좀 더 과장되게 집약해야 할 것입니다. 죄는 악마보다 더 악합니다. 왜냐하면 죄가 악마를 악마로 만들기 때문입니다. 악마는 죄만 없었다면 천사가 되었을 것입니다. 옛적에 하늘에 있는 별들까지 떨어뜨려서 천사들을 악마로 바꿔버린 그 파괴적인 폭군을 누가 섬기려 하겠습니까?

우리는 우리의 옛 주인으로부터 도망쳤습니다. 그의 손아귀에 있어봐야 별 유익이 없었기 때문입니다. 사도 바울은 말합니다. "너희가 그 때에 무슨 열매를 얻었느냐?"(롬 6:21). 술꾼에게 물어보십시오. "술을 먹으면 뭐가 좋습니까?" 누구에게 화가 임합니까? 누구의 눈이 벌겋게 됩니까? 방탕한 자에게 유흥으로 무엇을 얻었는지 물어보십시오. 그는 여러분과 말하고 싶어하지 않을 것입니다. 저 또한 굳이 그런 사람의 이야기를 되풀이하고 싶지도 않습니다. 죄를 지으며 사는 사람에게 그가 지은 죄로 무엇을 얻었는지를 물어보십시오. 그러면 여러분은 그렇게 얻은 것들이 모두 부질없는 것임을 알게 될 것입니다. 죄는 악입니다. 죄 안에는 오직 악만 있을 뿐이고, 계속해서 악만 있을 뿐입니다. 우리는 그런 사실을 알게 되었고, 그래서 옛 주인을 떠나 새로운 주인을 선택하게 된 것입니다.

그 뿐만이 아닙니다. 우리의 옛 주인인 죄는 우리를 부끄럽게 했습니다. 죄를 섬기면서 우리는 영광스러웠던 적이 없었습니다. 사도 바울은 죄가 하는 일에 대해 이렇게 말했습니다. "이제는 너희가 그 일을 부끄러워하나니"(롬 6:21). 우리가 예전에 기뻐했던 바로 그 악한 생각들은 하나님 보시기에, 아니 우리 자신이 보기에도 낯 뜨겁고 눈꼴사나운 것이었습니다. 죄는 비굴하고 비열하며 야비하기 때문에, 우리는 우리가 죄와 관련이 있다는 그 사실만으로도 부끄러울 정도입니다. 더구나 죄의 삯은 사망입니다(롬 6:23). 이것은 생각만 해도 무섭습니다. 한때 죄는 우리에게 즐거운 것이었습니다. 하지만 죄가 그 종들을 지옥으로 이끌고 꺼지지 않는 불에 빠뜨리게 한다는 사실을 알고 나서, 우리는 죄의 지배를 거부하고 다른 주인을 찾게 되었습니다.

그런데 어떻게 우리가 새 주인을 맞이하게 되었던 것일까요? 우리는 그것 외에 달리 무엇을 할 수가 없었습니다. 왜냐하면 그분이 우리를 해방시켜 주셨기 때문입니다. 우리의 몸값을 지불한 분이 바로 그분이었습니다. 우리를 위해 싸우신 분이 바로 그분이었습니다. 우리를 자유롭게 하신 분이 바로 그분이었습니다. 아, 만약 여러분이 그분을 볼 수만 있다면, 여러분은 우리가 왜 그분의 종이 되었는지를 굳이 묻지 않을 것입니다. 먼저 우리 자신이 전적으로 그분에게 은혜를 입었습니다. 그 다음으로 우리가 설령 그분으로부터 은혜를 입지 않았다 하더라도, 그분은 매우 사랑스럽고 그 어디에도 비할 데 없이 매력적인 분입니다. 그래서 우리가 주인을 선택해야 한다면, 몇 천 번이라 해도 그분만 계속해서 선택할 것입니다. 왜냐하면 그분은 인류의 면류관이자 영광이기 때문입니다. 사람들 중에 그분과 비교될 만한 사람은 하나도 없습니다. 누가 우리에게 그분을 섬기는 근거를 대라고 한다면, 이렇게 말하겠습니다. 그분을 섬기는 일은 우리에게 완전한 자유와 최고의 기쁨을 선사한다고 말입니다. 때때로 그분의 원수와 우리의 원수가 우리에게 짖어대고, 경건치 않은 자들이 우리에 대해 험담할 때, 우리는 약간의 고통을 감수해야만 합니다. 하지만 우리는 예수님을 위한 고통을 영광으로 생각합니다. 우리는 그런 삶을 귀한 것으로 여깁니다. 그분은 너무나 다정하고 선하신 분이기 때문입니다. 우리가 만약 천 개의 목숨을 가지고 있어서 목숨 하나하나로 순교하게 할 수 있다면, 그 목숨들을 모두 그분을 위해 바친다 해도 아깝지 않을 정도로, 그분은 귀하신 분입니다. 우리의 마음에 그러한 사랑을 주시다니, 그분은 정말 다정하신 분입니다.

　　왜 우리는 새로운 주인을 모시게 되었습니까? 그 이유가 무엇입니까? 그것은 그분을 섬기는 것에 대한 대가를 바로 지금 우리에게 지불해 주시기 때문입니다. 설령 이후에 더 지불되는 것이 없다 하여도, 우리는 그분이 우리에게 주시는 현재의 기쁨으로 만족할 수 있습니다. 그러나 현재의 대가에 덧붙여, 그분께서는 우리에게 장래의 상급도 약속하셨습니다. 그 장래의 상급은 그분의 오른손에 있는 영생입니다. 그러므로 우리를 의롭게 만드신 하나님이신 예수 그리스도의 종이 되기에, 우리는 더할 나위 없이 충분한 이유를 가지고 있습니다. 사랑하는 성도 여러분, 저는 여러분 모두가 그분의 이름을 믿음으로써, 제가 섬기는 주님을 여러분도 섬기게 되기를 간절히 원합니다.

3. 우리의 주인을 바꾼 결과들

　　세 번째로는 매우 실제적인 것에 대해 말씀드리겠습니다. 저는 하나님의 종이 된 사람들에게 이렇게 주인을 바꾼 결과들에 대해 말씀드리고자 합니다. 여러분은 의의 종들이 되었습니다. 그 첫 번째 결과는 여러분이 전적으로 주님께 속했다는 것입니다. 여러분은 이 사실에 대해 알고 있습니까? 저는 수많은 그리스도인들을 알고 있습니다. 그 수많은 그리스도인들이 모두 진정한 그리스도인이었으면 좋겠습니다. 물론 어떤 부분에서는 그들도 그리스도인처럼 보이기는 합니다. 그러나 만약 그들의 삶을 보고서 그들이 어디에 속한 사람들인지 제게 묻는다면, 저는 이렇게 대답할 수밖에 없습니다. "그분들은 대부분 자기 자신에게 속해 있는 것 같습니다." 그들의 재산이 누구에게 속해 있습니까? "그들에게 속해 있습니다." 그들의 시간이 누구에게 속해 있습니까? "그들에게 속해 있습니다." 그들의 재능이 누구에게 속해 있습니까? "그들에게 속해 있습니다."

제가 보는 한, 그들은 모든 것을 전적으로 자신에게 돌리고, 자신을 위해 살아갑니다. 그렇다면 그들은 무엇을 하나님께 드리는 것일까요? 기껏해야 그들이 하나님께 드리는 것은 타다 남은 양초 동강이, 치즈 부스러기, 시시한 잡동사니들, 돈 몇 푼, 있어도 그만 없어도 그만인 것들뿐입니다. 자기부인이라 할 정도의 귀한 무언가를 하나님께 전혀 드리지 않으면서도, 입으로는 신앙고백을 잘하는 성도들이 수백 명이나 됩니다. 그들은 식탁 위에 접시가 하나 모자라거나 벽에 그림이 없다거나 손가락에 반지가 없는 정도의 불편함이나 희생도 감수하지 않습니다. 그리스도에게 관심을 가지기보다는, 자기가 신고 있는 부츠에 더 많은 관심을 갖는, 믿음 좋은 성도들이 수없이 많습니다. 수많은 부인들이 구세주에게 관심 가지기보다는, 자신의 모자챙을 장식하는 깃털이나 꽃에 더 많은 관심을 갖습니다.

또 스스로 온전한 신앙을 가지고 있다고 말하지만, 엄청난 재산가로서 계속해 재산을 쌓아 두기만 하는 사람을 저는 본 적이 있습니다. 죄인들은 저주를 받아 죽어가고 있고 선교사들은 후원을 받지 못하고 있는데, 스스로를 온전하다고 생각하는 이 사람들은 금을 쌓아 둔 채 재정 부족으로 그리스도가 고통받게 하고 있습니다. 이런 사람은 온전한 사람이 아닙니다. 절대 아닙니다. 이런 모습은 자신도 자신의 소유가 아니라고 말하는 평범한 그리스도인의 생각에도 못 미치는 것입니다. 여러분이 실제로 구원을 받았다면, 사랑하는 성도 여러분, 여러분의 머리카락 하나라도 이제는 여러분의 소유가 아닙니다. 그리스도의 보혈이 여러분의 몸값을 지불했는가 아니면 지불하지 않았는가가 중요한 갈림길이 됩니다. 만약 그리스도께서 여러분의 몸값을 지불했다면, 여러분이 가진 모든 것은 전적으로 그리스도의 것이 됩니다. 여러분이 가진 모든 것 말입니다. "그런즉 너희가 먹든지 마시든지 무엇을 하든지 다 하나님의 영광을 위하여 하라"(고전 10:31). 여러분은 그렇게 해 본 적이 있습니까? 흑인 노예는 자기의 몸값을 지불한 주인에게 그 몸의 모든 것이 속해 있듯이, 여러분은 그리스도의 노예입니다. 여러분은 몸에 주 예수님의 낙인을 지니고 있습니다. 여러분의 영광과 자유는 바로 그 낙인 안에 있습니다. 이것이 죄로부터 해방된 첫 번째 결과입니다. 여러분은 의의 종이 되었습니다.

그 후에는 어떻게 됩니까? 여러분은 그리스도의 것이기 때문에, 그리스도의 바로 그 이름이 여러분에게 소중한 이름이 됩니다. 그리스도의 종이 아니기 때문에, 여러분은 할 수만 있으면 그분을 섬기지 않고 도망가려고 하는 것입니다. 여러분이 그리스도의 종이 아니기에 그렇습니다. 만약 종이라면 여러분은 그리스도를 섬기는 일에 점점 더 깊이 빠져들 것입니다. 여러분은 점점 더 주님의 소유가 되고 싶어합니다. 주님의 그 이름이 여러분에게 다정한 이름이 됩니다. 여러분이 그리스도에게 속한 아주 불쌍한 사람을 만나게 된다면, 여러분은 그를 사랑하게 됩니다. 그리고 그리스도를 닮긴 했으나 어떤 점에서는 괴팍한 성격을 지닌 사람을 만나게 되더라도, 여러분은 그리스도를 위해 그들의 나쁜 성격을 참아냅니다. 그리스도께 속한 것이 있는 곳에는 여러분의 사랑도 그곳에 있습니다. 워터비치란 동네에서 처음으로 말씀을 전했을 때가 생각납니다. 그곳을 떠나게 된 후에는 워터비치에서 온 개 한 마리만 보아도 그 개를 쓰다듬어 주게 됩니다. 이것이 바로 그리스도를 위해 우리가 가지는 사랑입니다. 우리는 그리스도를 위하여 그리스도에게 속한 가장 낮고 가장 약한 것까지도 사랑합니다. 그리스도의 이름 그 소리 자체가 우리에게는 음악입니다. 그리스도를 사랑하지 않는 자들을 우리는 참을 수가 없습니다.

위대한 음악가인 하이든이 하루는 런던 거리를 걷다가 악보 가게에 들렀습니다. 그는 점원에게 아름다운 곡을 골라달라고 부탁했습니다. 점원이 이렇게 말했습니다. "그러지요. 선생님. 여기 하이든 씨가 작곡한 멋진 악보가 있습니다." 그러자 하이든이 말했습니다. "하이든이 작곡한 것 말고 다른 것은 없습니까?" "왜 그러십니까? 선생님, 악보를 사러 오신 분이 하이든 씨가 작곡한 곡을 쳐다보지도 않으시다니요! 그 곡에 무슨 문제라도 있나요?" 점원이 대답하자, 하이든은 이렇게 말했습니다. "하이든의 곡에는 아주 많은 잘못들이 있습니다. 하지만 당신과 말싸움 하고 싶지는 않군요. 나는 하이든의 곡이라면 갖고 싶지 않아요." 그러자 그 점원은 "그렇다면 할 수 없죠. 하이든 씨 곡 외에도 다른 악보들이 있기는 하지만, 저는 선생님 같은 분에게는 팔지 않겠습니다"라고 대답했습니다. 그리고 나서 점원은 등을 돌려버렸습니다.

열광적인 팬이 되면 자기가 그토록 존중하는 것을 제대로 평가하지 못하는 사람들을 참아내기가 힘듭니다. 우리가 예수님을 사랑한다면, 우리는 예수님을 모르는 사람들로부터 벗어나고 싶을 만큼 참을 수 없는 욕구가 생기기도 합니다. 여러분은 예수님을 사랑하지 않습니까? 예수님을 볼 수 없을 정도로 눈멀고 죽어 있는 여러분은 도대체 어떤 사람이 되려고 합니까? 여러분이 그리스도의 친구가 아니라면, 여러분은 제 친구도 될 수 없습니다. 저는 여러분을 위해 무언가를 해 드리고 싶습니다. 그러나 여러분이 저의 주님을 사랑하지 않는다면, 여러분은 제게 기쁨이 되지도 못하며 가슴에서 우러나오는 친구도 될 수 없습니다. 왜냐하면 주님께서 저의 마음을 빼앗고 제 영혼을 전적으로 차지하셨기 때문입니다. 만약 이 정도로 여러분이 의의 종이 되었다면, 여러분은 주님을 섬기지 못하게 하는 일에 대해 짜증을 낼 것입니다. 그리고 여러분이 섬기는 그 주인의 이름은 여러분이 선택한 최고의 음악이 될 것입니다.

사랑하는 성도 여러분, 이제 또 다른 결과에 대해 말씀드리겠습니다. 앞으로는 여러분의 몸의 모든 지체들이 그리스도를 위해 준비됩니다. 사도 바울은 어떻게 말합니까? "너희가 죄의 종이 되었을 때에는 의에 대하여 자유로웠느니라"(롬 6:20). 사탄이 여러분의 주인이었을 때, 여러분은 그리스도에 대해서 신경쓰지 않았습니다. 그렇지 않습니까? 여러분은 그리스도를 존경하지도 않았습니다. 그리고 누가 예수님의 말씀을 여러분 앞에 가져오기라도 하면, 여러분은 이렇게 말했습니다. "치우세요. 나는 듣고 싶지 않아요." 여러분은 전적으로 악을 위해 살았습니다.

그러나 이제는 여러분 자신을 그리스도께 전적으로 헌신했으니, 이렇게 말하십시오. "자, 사탄아, 내가 너의 소유물이었을 때, 나는 예수님께 복종하지 않았다. 그런데 지금 나는 그리스도의 것이 되었기에, 더 이상 네게 복종할 수 없다." 이 말을 듣고 만약 사탄이 여러분 앞에 죄를 가지고 온다면, 이렇게 말하십시오. "나는 이 죄를 볼 수 없다. 내 눈은 그리스도의 것이다." 그러자 이번에는 사탄이 달콤한 말로 여러분을 유혹하려 한다면, 이렇게 말하십시오. "나는 이 소리를 들을 수 없다. 내 귀는 그리스도의 것이다." 그래도 사탄이 계속해서 "이 쾌락을 만져보아라" 하고 말한다면, 여러분은 이렇게 대답하십시오. "나는 그 쾌락을 만질 수 없다. 내 손은 그리스도의 것이다." 그러자 사탄이 "이 달콤한 것을 한 모금만 맛보라"고 말한다면, 여러분은 이렇게 말하십시오. "나는 그것을 맛보지 않겠다. 내 입술은 그리스도의 것이다. 내 입도 그리스도의 것이다. 내 몸의 모든 지체들이 그리스도의 것이다." 사탄이 계속 말합니다. "좋다. 하지만 너는 판단력이 있으니, 이런 잘못들에 대해 판단해 볼 수 있지 않을까?" "나의 지성도 그리스도의 것이다." 사탄이 또 말합니다. "오, 그렇다면 내가 해주는 새로운 이야기도 한번 들어보지 그래?" "아니, 듣고 싶지 않다. 나는 그리스도를 찾았다. 그리스도 한 분만으로 내게는 충분히 새롭다. 나는 네가 찾아낸 새로운 발견들이 필요치 않다. 나는 그런 새로운 것들에 대해 죽었다. 나는 내 주님의 명예를 더럽히는 그런 말싸움에 신경 쓰고 싶지 않다. 그런 것들을 치워라. 내가 죄의 종이었을 때 나는 하나님의 진리에 대해 왈가왈부하지 않았다. 이제 나는 그리스도의 종으로 그분을 떠나 방황하고 싶지 않다. 나는 예수님 한 분으로 모든 게 필요 없게 되었다."

사랑하는 성도 여러분, 생각해 보십시오. 우리가 죄의 종이었을 때, 우리는 어떤 식으로 죄를 섬겼습니까? 우리가 죄를 섬겼던 것과 똑같이, 우리는 예수님을 위해 일해야 합니다. 저는 지금 이 자리에 계신 모든 분들에게 이런 말씀을 드리는 게 아닙니다. 예전에 드러내 놓고 죄를 지었던 분들에게 말씀드리는 것입니다. 여러분은 어떻게 죄를 섬겼습니까? 그분들을 대신해서 제가 대답하겠습니다. 그들에게는 죄를 지으라고 선동할 필요가 없었습니다. 그들에게는 경건하지 못한 쾌락과 정숙하지 않은 기쁨들을 즐기도록 강요하거나 부추기는 악마의 심부름꾼이 필요하지 않았습니다. 그런 것과도 거리가 먼 사람들이었습니다. 그 동료들조차도 그들이 너무 경솔하지 않은가 하고 생각할 정도였습니다.

자, 사랑하는 성도 여러분, 여러분이 예전에 그렇게 살았던 사람이라면, 여러분에게는 선을 행하도록 독려하는 목사님이나 기독교인 친구들이 필요하지 않을 것 같습니다. 여러분이 예전에 자발적으로 죄를 쫓았던 것과 똑같이 자발적으로 거룩함을 추구하는데 열성적이어야 합니다. 한때 악은 여러분에게 아주 달콤했습니다. 여러분은 달콤한 죄에 빠질 수 있는 그런 날들을 손꼽아 기다리곤 했습니다. 그렇지 않습니까? 그 날이 다가오자, 그 부정을 깊이 들이킬 수 있게 되자, 여러분은 아이들이 방학을 기다리듯, 달력에 표시까지 하며 그 날을 기다렸습니다. 여러분은 그런 유흥 장소들을 돌아다니기 위해 이 도시에서 저 도시로 여행하는 것도 마다하지 않았습니다.

사랑하는 성도 여러분, 이와 똑같은 방식으로 그리스도를 섬기십시오. 그리스도의 성령께서 여러분을 도우셔서 그렇게 하시기를 기원합니다. 선을 행할 기회를 찾으십시오. 억지로 마지못해 하지 마십시오. 우리가 악한 일에 매진할 때, 우리에게는 악한 일을 더 하라고 독려하는 사람보다는 그것을 하지 못하도록 자제시키는 사람이 필요하지 않았습니까? 그래서 부모들은 우리에게 고삐를 매야만 했습니다. 때로 어머니는 이렇게 말씀하셨습니다. "존, 그러지 마라." 그러자 아버지께서 소리치셨습니다. "얘야, 이렇게 하지 말라니까." 우리에게는 아주 많은 제약이 필요했습니다. 제게는 소망이 있습니다. 바로 제 주변에 그리스도를 섬기는 일에 아주 열성적인 그리스도인 모임을 갖는 것입니다. 그리스도를 섬기는데 자제하는 마음이 필요할 정도로 그렇게 열성적인 모임 말입니다. 저는 그런 모임을 아직까지 만나보지 못했습니다. 주님을 섬기는 일이라면 아주 신속하게 움직이며 실행하는 혈기왕성한 그리스도인들을 만날 때를 대비해서 저는 재갈을 아주 많이 준비하려고 합니다. 대부분의 경우에 주님의 말들은 사냥터로 나가기보다 마구간에 있기를 더 좋아하고 있습니다. 저는 주님을 위해 많은 일을 하는 말을 아직까지 만나보지 못했습니다. 너무 많은 일을 한다고 해서 그것이 죄가 되지는 않을 것입니다. 예수님을 섬기는 일이라면 바람처럼 달려 나갈 수 있기를 원합니다.

사랑하는 성도 여러분, 여러분이 예전에 그리스도께 불명예를 끼친 만큼 이제는 그 정도로 뜨겁게 그리스도께 명예를 안겨드리십시오. 여러분이 악마에게 1등급의 봉사를 했듯이, 그리스도에게도 똑같이 행하십시오. 여러분이 죄를 짓던 시절을 뒤돌아보십시오. 어떤 사람은 죄를 찾아 쏘다녔습니다. 돈은 생각지도 않고 말입니다. 그렇지 않습니까? 여러분이 죄짓는 기쁨을 누리려고 했다면 몇백에서 몇천만 원은 족히 써야 했을 것입니다.

저는 여러 사람들을 만납니다. 그 중에서도 주머니에 돈 몇 푼 들어오면 어디로 가야 할지 몰라 술집에서 술 먹는 사람들을 자주 봅니다. 그들은 돈이 많든 적든 간에 자기가 가진 돈을 다 써버릴 때까지 절대 술자리를 뜨지 않습니다. 불쌍한 바보들, 참 못난 바보들입니다. 이런 식으로 여러분이 아낌없이 예수 그리스도를 섬길 수 있기 원합니다. 우리가 예수 그리스도에게 영광을 돌리고 그분의 이름을 찬양하는 한, 우리가 그 비용에 대해 생각해서는 안 됩니다. 향유 옥합을 가지고 와서 그것을 깨뜨리십시오(마 26:7). 그 깨진 조각과 남은 것에도 신경 쓰지 마십시오. 그 향유를 붓고 나서 예수님이 그 모두를 가지도록 하십시오. 전에 제가 사탄을 그렇게 섬긴 것처럼, 이제는 그리스도를 그렇게 섬기고 싶습니다. 맞습니다. 불쌍한 죄의 종들은 자기 돈이 나가는 것을 멈추지도 않을 뿐 아니라, 어떤 식의 재정 손실이 생긴다 해도 놀라지 않습니다. 그 짧은 시간에 죄를 짓기 위해 얼마나 많은 사람들이 자신의 인품을 훼손시키는지 생각해 보십시오.

　자, 보십시오. 아무도 자기를 믿어 주지 않기 때문에, 그들이 얼마나 비통해 합니까! 그 짧은 시간의 죄로 인해 그들은 고상한 모임에도 나가지 못하게 되었습니다. 그들은 자신의 평안한 삶이 망가졌는데도 그것에 대해 아무런 생각도 하지 않습니다. 고요한 양심은 보석 중에서 가장 빛나는 보석입니다. 하지만 그들은 그 양심을 죄를 위해 던져 버렸습니다. 그들은 정욕에 빠져서 건강마저 잃었습니다. 악마는 말합니다. "부어라, 마셔라, 코가 비뚤어질 때까지 마셔라." 그들은 그것이 자기에게 유익이라도 되는 양 열심히 마셔댑니다. 그들은 사탄을 위한 순교자들인 것입니다. 아프리카의 줄루(Zulu) 족은 왕을 위해 죽음도 불사한다고 합니다. 하지만 줄루 족보다 사탄의 종으로 사탄을 섬기기 위해 자신을 바치는 이 사람들이 훨씬 더 무모해 보입니다. 사탄의 종들은 무엇이든 할 것입니다. 그들은 잠시 죄악의 낙을 누리기(히 11:25) 위해 자신의 건강을 잃는 것은 물론, 최악의 경우에는 그 영혼마저 영원히 망하도록 내버려 둘 것입니다.

　그들은 지옥이 존재한다는 것을 압니다. 그들은 하나님의 진노가 죄인 위에 영원히 머무른다는 것도 압니다. 그럼에도 그 모든 위험을 무릅쓰고 그들은 죄를 위해 모든 것을 잃습니다. 이와 같은 열정으로 우리는 주님을 섬겨야 합니다. 주님을 위해서라면 기꺼이 인품도 잃으십시오. 주님을 위해서라면 기꺼이 건강도 잃으십시오. 주님을 위해서라면 기꺼이 목숨도 잃으십시오. 그 어떤 방법으로든지, 여러분이 주인이신 그분께 영광을 돌릴 수 있다면, 기꺼이 모든 것을 잃으십시오.

　오, 누가 주님의 종이 되겠습니까? 여기 주님께서 오십니다! 주님이 보이지 않습니까? 그분은 머리에 왕관을 쓰신 것이 아니라, 가시 면류관을 쓰고 계십니다. 그분의 뺨에는 조롱하는 자들이 뱉은 침이 흐르고 있습니다. 그분의 발은 상처로 인해 여전히 피로 얼룩져 있으며, 그분의 손에는 못 자국이 선명합니다. 이분이 바로 여러분의 주인입니다. 이것들이 모두 여러분을 위한 그분의 사랑의 징표들입니다. 여러분은 이분을 어떻게 섬기겠습니까? 신앙 있는 척하며 그분의 이름을 부르기만 한다고 그분을 사랑하는 자일까요? 두려워 마지못해 주님을 섬기는 사람은 냉랭한 종교인은 아닙니까? 사랑하는 성도 여러분, 저는 여러분을 위해 기도합니다. 그분을 욕되게 하지 마십시오. 저는 그리스도의 군기 아래 머리부터 발끝까지 앞으로 그리스도의 군사가 될 남자와 여자 성도들의 목록을 작성하기 위해서, 오늘 이 아침에 그 군사 될 자의 기준을 제시한 것입니다. 선택받은 자가 명단에 이름을 올리고 군기에 사로잡혀 충실하게 살아간다면, 그 교회는 행복할 것이며, 하나님의 전체 이스라엘 또한 행복할 것입니다. 이름뿐인 그리스도인들은 필요 없습니다. 미지근하여 뜨겁지도 아니하고 차지도 아니한 그리스도인들을 우리 주인은 그 입에서 토하여 버리실 것입니다(계 3:16).

우리는 노예상태에서 빠져나와 이제 자유로운 상태가 되어 사랑에 불타는 사람, 전적으로 거룩한 사람, 뜨겁게 헌신하는 사람을 필요로 합니다. 그런 사람들은 예수님의 이름을 위하여 온 세상을 그분의 영광으로 가득 채우고, 모든 하늘에 그분을 찬양하는 소리가 울려 퍼지기까지 모든 것을 바칠 선서를 한 자들입니다. 사랑하는 성도 여러분, 주님께서 여러분에게 복 주시기를 예수님의 이름으로 축원합니다. 아멘.

제
14
장
—

사망과 생명: 삯과 은사

—

**"죄의 삯은 사망이요 하나님의 은사는
그리스도 예수 우리 주 안에 있는 영생이니라"** — **롬 6:23**

사도 바울은 로마서 5장에서 우리의 구세주이신 예수 그리스도의 의로 말미암아 우리가 죄로부터 의롭게 됨에 대해 상당히 길게 말했습니다. 사도 바울은 계속해서 그리스도 안에서 이루게 되는 우리의 성화에 대해서도 말합니다. 그리스도의 의로 말미암아 우리는 정죄와 형벌로부터 구원받았으며, 우리 안에 있는 그리스도의 능력과 생명으로 말미암아 우리는 죄의 지배로부터도 구원받게 되었습니다. 그 구원의 목적은 더 이상 죄 안에 살지 않도록 하기 위함이었습니다. 사도 바울의 목적은 이것이었습니다. 즉, 하나님의 참된 종들은 죄 안에 살 수 없으며, 그리스도 안에 있는 우리의 새 생명 때문에 우리는 더 이상 우리 몸의 지체들을 부정을 위한 도구로 사용할 수 없다는 사실을 말하려고 했습니다. 우리는 사망의 영역을 지나 생명의 영역 안에 도달했습니다. 따라서 우리는 그 생명에 따라 행동해야 합니다. 생명은 본질상 순결하고 거룩하며 하늘에 속한 것이므로, 우리는 의로부터 거룩함에 이르도록 계속 나아가야 합니다.

사도 바울은 이 주장을 펼치다가 우발적으로 오늘의 본문 말씀을 하게 됩니다. 오늘의 본문은 하늘을 가로질러 기록될 만한 가치가 있는 기독교의 명언이자 금언(金言)이며 진리의 거룩한 말씀입니다. 예수님은 자신의 장사를 위해 예수님께 향유를 부은 여인에 대해 이렇게 말씀하셨습니다. "온 천하에 어디서든지 이 복음이 전파되는 곳에서는 이 여자가 행한 일도 말하여 그를 기억하리라" (마 26:13). 저도 예수님처럼 이렇게 말하고 싶습니다. "온 천하에 어디서든지 이 복음이 전파되는 곳에서는 사도 바울이 기록한 이 금언도 그의 분명한 믿음에 대한 증거로서 반복하여 말하여지리라." 오늘의 본문 말씀에서 여러분은 복음의 본질을 알게 되며, 복음으로 말미암아 구원받은 신자들이 겪었던 예전의 그 비참한 상태에 대한 설명을 듣게 됩니다. "죄의 삯은 사망이요 하나님의 은사는 그리스도 예수 우리 주 안에 있는 영생이니라."

먼저 죄의 삯인 사망에 대해 잠시 살펴볼 것인데, 그 일은 제게 고역이 될 것 같습니다. 그 다음으로, 하나님의 은사(선물)인 영생을 기쁘게 살펴 볼 것입니다. 이렇게 해서 오늘 아침의 묵상을 마치고자 합니다.

1. 죄의 삯인 사망

첫 번째, 사망은 죄의 삯입니다. 사도 바울은 봉급을 받는 군인을 마음에 그리고 있습니다. 대장인 죄는 자기가 고용한 군인에게 끔찍한 삯을 지급합니다. 삯이란 말의 원 뜻은 "배급"을 의미하는데, 어떤 사람들은 "할당량"으로 번역하기도 합니다. 이것은 군인들이 받는 봉급을 의미하는데 원래는 '삯들'입니다. 왜냐하면 봉급은 다양한 것들로 줄 수 있기 때문입니다. 군인에게는 고기나 곡식, 돈, 의류 등이 지급되었고, 복무 기간이 끝난 후에는 약정된 토지 등이 봉급으로 지불되었습니다. 이제 그 무시무시한 대장인 죄가 자기 휘하에 있는 군인들에게 지불하는 것이 바로 "사망"이라는 이 끔찍한 단어 안에 들어 있습니다. 사망, 이 단어는 두 개의 글자로 되어 있지만, 그 뜻은 아주 다양합니다. 공포에 떠는 많은 군인들이 이 "공포의 왕" 주변에 둘러 서 있습니다. 죄가 자기의 군기 아래 모인 군인들에게 지불하는 할당량이 바로 사망입니다.

자, 봅시다. "죄는 하나님의 법에 어떤 형태로든 순응하지 못하거나 하나님의 법을 어기는 것입니다." 하나님의 보좌에 앉아 계시는 선하고 은혜로우신 의의 세력에 대항해 이 세상에서 반역하는 악의 세력이 바로 죄입니다. 거룩하지 않고 진리를 배격하며 죄를 짓고 하나님의 마음에 반대하는 이 악한 세력은 지금 이 시간에도 큰 무리의 인간들을 자기의 지배 아래 두고 있습니다. 그 군인들 중에 필승을 다짐하는 가장 용맹한 군인에게 이 악한 세력이 지급하는 보수가 바로 사망입니다.

　　이 끔찍한 사실을 설명하기 위해 몇 가지를 살펴보고자 합니다. 첫째, 사망은 모든 죄에 대한 자연적인 결과입니다. 인간이 하나님의 명령에 따라 행하면 인간은 삽니다. 그러나 인간을 만드신 그분의 법을 어겼을 때, 인간은 스스로 파멸하여 사망하게 됩니다. 주님은 아담에게 이렇게 경고하셨습니다. "네가 먹는 날에는 반드시 죽으리라"(창 2:17). 죽는다는 것은 존재가 없어진다는 의미가 아닙니다. 왜냐하면 아담의 존재도 없어지지 않았고, 죽는 자들의 존재도 없어지는 것이 아니기 때문입니다. "사망"이라는 단어는 그 존재가 없어진다는 의미가 아닙니다. 또 요한일서 3장 14절에 나오는 사망이란 단어는 어떻게 이해해야 할까요? "우리는 형제를 사랑함으로 사망에서 옮겨 생명으로 들어간 줄을 알거니와 사랑하지 아니하는 자는 사망에 머물러 있느니라." 어떻게 사람이 멸절(annihilation, 無化) 상태에 있을 수 있겠습니까? 밀알이 땅에 떨어져 죽습니다. 그러나 그 존재가 없어지는 것은 아닙니다. 없어지는 것이 아니라 오히려 많은 열매를 맺습니다. 아담이 열매를 먹은 그 날에, 아담은 죽은 것이 분명합니다. 그게 아니라면 주님은 거짓말을 한 셈이 됩니다. 하나님으로부터 분리되고 인간의 참된 생명을 구성하는 환경으로부터 타락함으로, 아담의 본성은 파멸되어 멸망했습니다. 누구든 죄를 짓게 되면 그는 거룩함과 순결함에 대하여 죽습니다. 용서받을 만한 범죄는 하나도 없으며, 모든 죄가 치명적이고 사망을 낳습니다.

　　사람이 정욕과 부정에 빠지면 빠질수록, 그는 순결함과 거룩함에 대하여 더욱더 죽은 상태가 됩니다. 그는 미덕의 아름다움을 평가할 능력을 잃게 되고, 악덕을 혐오하는 마음도 사라져 버립니다. 아담이 타락하자마자, 우리의 본성은 건강한 생명에서 나오는 민감한 감수성을 잃어버렸습니다. 사람이 부정과 불의와 불신 등 많은 죄를 지으면 지을수록, 무서운 도덕적 사망 상태로 더욱더 깊이 빠져듭니다. 이것이 바로 죄의 확실한 삯입니다. 여러분은 죄를 지어서 양심이 완전히 죽은 상태가 될 수도 있습니다. 이것이 바로 여러분이 죄를 섬겨서 얻게 되는 첫 번째 삯인 것입니다.

　　죄가 지배하는 곳에서는 하나님을 향한 모든 열망과 기쁨이 죽습니다. 사망은 영혼이 하나님과 분리되는 것입니다. 애석하게도 이 사망은 모든 사람 위에 임했습니다. 두 사람이 서로 동의하지 않고서야 어떻게 둘이 함께 행할 수 있겠습니까? 사람은 여전히 하나님의 존재를 믿는다고 하겠지만, 실제적인 의도들을 살펴보면 사실 그에게 하나님은 존재하지 않습니다. 어리석은 자는 그의 마음에 이르기를 "하나님이 없다" 하는도다(시 14:1). 어리석은 자는 하나님을 바라지도 않고 진정으로 하나님이 없었으면 하고 바랍니다. 하나님을 애타게 찾는 것, 그 전능하심에 스스로 기뻐하는 것, 이런 것들에 대해 죄인은 전혀 알지 못합니다. 그의 죄가 하나님을 향한 모든 열망과 사랑과 기쁨을 죽였습니다. 그는 살았으나 하나님께 대하여 죽은 자입니다. "육신의 생각은 사망이요"(롬 8:6).

죄로 말미암아 하나님께 대한 사망이 존재하듯이, 모든 영적인 것들에 대해서도 사망이 존재합니다. "육에 속한 사람은 하나님의 성령의 일들을 받지 아니하나니 이는 그것들이 그에게는 어리석게 보임이요, 또 그는 그것들을 알 수도 없나니 그러한 일은 영적으로 분별되기 때문이라"(고전 2:14). 육에 속한 사람은 영적인 것들을 느끼지도 못하고 분별하지도 못합니다. 왜냐하면 그는 이런 것들에 대해 죽어 있기 때문입니다. 그에게 영적인 삶의 슬픔에 대해 말해 보십시오. 그는 지금까지 그런 것들을 느껴보지 못했기 때문에 가식적인 말로 여기며 무시합니다. 그에게 영적인 삶의 기쁨에 대해 말해보십시오. 그러면 여러분은 돼지 앞에 진주를 던졌음을(마 7:6) 곧 알게 될 것입니다. 그는 그런 기쁨들을 추구해 본 적이 없기 때문에 그런 기쁨들을 믿지 못합니다. 그는 여러분을 말도 안 되는 소리를 지껄이는 광신도쯤으로 생각합니다. 두더지가 천문학에 대해 무지하고 돌이 음악에 대해 죽은 것처럼, 그도 영적인 실체에 대해 죽었기 때문입니다. 그에게는 천사도 없고, 영도 없고, 하나님도 없고, 시은좌(속죄소, 출 25:17)도 없고, 그리스도도 없고, 거룩함도 없고, 천국도 없고, 지옥도 없는 것 같습니다. 죄인은 죄의 통치에 자신을 바침으로써 자기가 지은 죄의 삯을 점점 더 많이 받게 됩니다. 사도들이 말한 대로 말입니다. "죄가 장성한즉 사망을 낳느니라"(약 1:15). "자기의 육체를 위하여 심는 자는 육체로부터 썩어질 것을 거두고"(갈 6:8).

인간의 최고 행복은 거룩하고 영적인 것들에 있기에, 죄의 통치를 받는 사람은 불행한 존재가 됩니다. 처음에는 영적인 삶이 가져다주는 기쁨이 없어지고, 그 후에는 영적인 죽음이 가져오는 비참한 상황을 겪으면서 불행한 존재가 되어갑니다. 하나님께 순종하지 않으면 행복을 맛볼 수 없으며, 악한 것을 따르면 그 악이 반드시 슬픔과 불안을 가져올 것이라는 사실을 하나님은 정확하게 지적하셨습니다. "악을 행하는 각 사람의 영에는 환난과 곤고가 있으리니"(롬 2:9). 불이 붙으면 타기 마련이듯, 죄는 자연적으로 인간에게 영적인 사망을 가

겨옵니다. 그러므로 사망을 죄의 삯이라고 말하는 것입니다.

둘째로 살펴볼 사실은 "몇몇 죄들이 지닌 살상력은 모든 사람들에게 분명히 드러 난다"는 것입니다. 왜냐하면 죄는 영에만 작용하는 것이 아니라 몸과 지성에도 작용하기 때문입니다. 제가 영적인 사망에 대해 설명하고 있는데도 여러분 중에 는 두려워하지 않는 사람들이 있는 것 같습니다. 여러분은 이 문제를 아주 사소 하게 여기는 것 같군요. 제가 그림을 그린다면 지옥도 무섭게 그리겠지만, 지옥 보다 그 지옥을 채우는 사망을 더 무섭게 그릴 것입니다. 어떤 죄들은 누가 보더 라도 명백하게 살인적인 모습을 하고 있습니다. 예를 들어 알코올 중독자나, 육 욕을 탐닉하는 자 등은 죄의 삯이 사망이라는 사실을 영적이지 않은 사람에게도 분명히 보여주는 사례들입니다. 알코올 중독자들이 얼마나 많은 질병과 정신 착 란에 시달리며 스스로를 파멸로 몰고 가는지 보십시오. 허구한 날 술만 퍼마시 면서 자기 무덤만 파고 있는 꼴입니다. 쓰레기 같은 육체의 정욕을 쫓다가 생긴 결과들은 제 입에 올리고 싶지도 않을 정도로 소름이 끼칩니다. 오직 저 건너편 에서 썩고 있는 수많은 시체들만이 조용히 제 말을 증언해 줄 것입니다. 우리는 모두 압니다. 모른다면 꼭 알아야 합니다. 우리에게 순결하라고 명령하는 율법 을 어김으로써 남자와 여자에게 일어나는 해악이 어떤 것인지를 말입니다.

예전에 저는 연세가 지긋한 성도와 함께 대화를 나눈 적이 있습니다. 그는 자신이 늙어가고 있는 것을 느끼고는 있었지만, 그래도 모든 면에서 정상적이고 건강한 사람이었습니다. 그래서 저는 그 연세에 그렇게 활기하게 지내시는 모습 이 부럽다고 말했습니다. 그러자 그가 대답했습니다. "감사합니다. 그런데 저는 하나님의 은혜로 젊은 시절부터 제 몸을 함부로 사용하지 않았습니다. 그래서 아마 나이가 들어서도 건강을 유지하는 것 같습니다." 이와는 반대로, 얼마나 많 은 사람들이 젊었을 때 자기가 지은 죄의 결과를 노년이 되어 자기의 뼈와 살로 체감하고 있습니까! 육체로 지은 죄들이 육체를 죽인다는 것을 우리 모두는 알 고 있습니다. 그렇다면 우리는 마음으로 지은 죄가 마음을 죽인다는 것도 추론 할 수 있습니다. 하나의 인격체인 우리는 몸의 한 부분이 죽게 되면, 죽음이 몸 전체로 번지게 됩니다. 사망은 인간의 생명이 지닌 능력과 아름다움과 기쁨을, 사망이 지닌 비참한 실존과 연약함과 혐오스러움 등으로 끌어내립니다. 그 사람 은 더 이상 예전의 사람이 아닌 파멸한 인간이며, 그의 몸은 영혼이 깃든 집이 아 니라 불쌍한 영혼이 헛되이 위로를 찾는 폐가일 뿐입니다. 쇠약해진 마음, 눈먼 지성, 파괴된 존재, 이런 것들이 바로 죄의 결과로 오는 사망입니다. 죄가 어떤 형태를 갖출 때, 죄의 삯은 공개된 사망입니다. 죄가 어떤 모양을 취하든 죄의 삯은 언제나 사망입니다. 참으로 그러합니다.

그리고 이런 경향은 모든 경우에 동일합니다. "죄의 삯은 사망이요." 이것은 어디서든 어느 누구에게나 해당되는 말씀입니다. 이 사실은 여러분이 볼 수 있는 인간의 몸에 영향을 끼칠 때만 확인될 수 있습니다. 그러나 이 사실은 여러분이 볼 수 없는 부분에도 영향을 끼칩니다. 아마 영생을 가진 사람이라도 죄의 삯은 사망이라는 말씀에 놀랄 것입니다. 영생을 가진 사람에게나 영생을 가지지 못한 사람에게나 죄는 똑같이 사망의 특성을 지닙니다. 하지만 영생을 가진 사람에게는 해독제가 있다는 점에서 차이가 납니다. 사랑하는 성도 여러분, 죄는 믿는 사람에게나 믿지 않는 사람에게나 똑같이 독을 퍼뜨립니다. 사실, 독에 연단되어 있는 믿지 않는 사람들보다 여러분처럼 믿는 사람들에게 독은 더 치명적일 것입니다. 여러분이 죄를 지으면, 죄는 여러분의 기쁨과 기도의 능력과 하나님에 대한 여러분의 확신 등을 파괴합니다. 만일 여러분이 세상의 부질없는 것들을 하면서 저녁 시간을 보냈다면, 여러분은 그런 교제가 지닌 사망의 영향력을 실감할 것입니다. 밤에 드리는 여러분의 기도는 어떻게 되겠습니까? 여러분은 하나님께 가까이 다가갈 수 없습니다. 여러분의 영혼에 끼친 죄의 영향력은 여러분이 갖는 하나님과의 교제에 가장 해롭습니다. 여러분은 몸에 독약이 퍼진 사람과 같습니다. 그 독은 여기저기에 퍼져서 여러분의 뇌를 마비시키고 여러분의 마음을 혼수상태로 만들어 버립니다. 하나님의 자녀인 여러분이 늘 쉽게 지을 수 있는 여러 죄 중에 단 한 가지 죄라도 짓게 된다면, 여러분은 그 죄들로 인해 살아 있는 은혜를 체험할 수도 없고 믿음을 강하게 할 수도 없을 것입니다. 오히려 정반대로 그 죄는 여러분이 악, 오직 악, 오직 악만 계속해서 짓게 할 것이라고 저는 확신합니다.

죄는 어떤 사람, 아니 모든 사람에게, 누구이든지 상관 없이 치명적입니다. 우리 속에 내주하시는 하나님의 성령께서 신자의 본성에서 항상 지속적으로 행하시는 강력한 치료 작용이 없었다면, 우리 중 아무도 우리가 빠진 무지와 의지 박약의 죄로 인한 치명적인 결과들로부터 살아남지 못했을 것입니다. "오호라 나는 곤고한 사람이로다 이 사망의 몸에서 누가 나를 건져내랴"(롬 7:24) 하고 소리친 사도 바울의 외침이 제게는 전혀 이상하지 않습니다. 어떤 사람이 독약을 먹었는데, 그 독약으로 그 사람이 죽지 않았다 해도 그 약은 그를 상하게 했을 것이며, 그로 인해 그 독약은 살상력을 입증합니다. 어떤 지역에 독극물이 공기 중에 퍼져 있을 때, 아주 건강한 사람이 그 지역을 지나갔고, 그에게 별 이상이 없는 것처럼 보였습니다. 그러나 그렇다고 해서 독극물이 살포된 그 지역에 일반적인 위험이 없다고 증명할 수 있는 것은 아닙니다. 또 그 건강한 사람이 그 곳을 통과하면서 자기도 모르는 사이에 실제로 해를 입었다는 사실을 증명하는 것도 아닙니다. 죄로 야기된 악들은 한 눈에 보기에는 너무 깊이 숨어 있는 것 같습니다. 마치 아주 심각한 질병들은 잠복기가 있는 것과 같아서, 그 잠복기 동안에는 감염된 사람이 자기 몸 안에서 악이 자라고 있는 것에 대해 전혀 알지 못합니다. 죄는 그 자체로 누그러지지 않는 악이며, 쑥의 뿌리(신 29:18)입니다. 죄는 사망입니다. 그러므로 사도 바울이 "죄의 삯은 사망이요"라고 말한 것을 이상하게 생각하지 마십시오. 불꽃은 타오르고 비는 땅으로 떨어지듯, 죄는 사망으로 이르게 됩니다. 강물은 굽이쳐 흘러 우레 소리를 내는 폭포처럼 쏟아지듯, 죄의 물결도 반드시 사망의 폭포를 만들어 냅니다.

　게다가 우리가 어떤 것을 삯이라고 말할 때, 그 말은 무엇을 뜻합니까? 삯이라는 말은 노동에 대한 대가나 보수를 뜻합니다. 사망은 죄가 당연히 지불해야 할 보수이며, 반드시 지급되어야 하는 것입니다. 어떤 주인이 한 사람을 고용합니다. 그렇다면 피고용인은 당연히 자기 삯을 받아야 합니다. 만일 주인이 삯을 지불하지 않는다면, 그것은 굉장히 부당한 일일 것입니다. 자, 생각해 보십시오. 만약 죄가 인간에게 사망과 비참함을 가져오지 않는다면, 그것은 불의한 일이 될 것입니다. 세상이 개벽하지 않는 한, 죄는 처벌되어야 합니다. 꼭 그렇게 되어야 합니다. 심는 자는 반드시 거둡니다. 여러분을 고용한 죄는 반드시 여러분에게 보수를 지급해야만 합니다. 잘못된 것이 옳은 것을 낳을 수 없습니다. 부정, 위반, 죄 등은 사물의 본성상 반드시 어둠, 슬픔, 비참, 사망 등이 됩니다. 모든 위반과 불순종은 그에 합당한 대가를 보수로 꼭 받습니다. 하나님과 정의가 다스리는 한, 이것을 바꾸려는 시도는 소용이 없습니다. 죄의 일을 하는 사람들은 반드시 죄의 삯을 받아야 합니다. 그러므로 "죄의 삯은 사망입니다."

　또 살펴봅시다. 이 사망, 즉 죄의 삯은 군인들이 매일매일 그 날의 할당량을 받듯이, 지금도 인간들에게 조금씩 지급되고 있습니다. 인간들이 삯을 이런 식으로 받는 것은 끔찍한 일입니다. 성경은 말씀합니다. "너희가 육신대로 살면 반드시 죽을 것이로되"(롬 8:13). 이러한 삶은 지속적으로 죽어가고 있는 삶입니다. 성경에는 또 이렇게 기록되어 있습니다. "향락을 좋아하는 자는 살았으나 죽었느니라"(딤 전 5:6). 하나님의 아들을 믿지 않는 자 위에 하나님의 진노가 머물러 있느니라 (요 3:36, KJV). 이미 하나님의 진노가 머물러 있습니다. 회개하지 않은 채로 이 자리에 앉아 있는 사람들은, 지금 자신이 어디에 있는지를 생각해 보기 바랍니 다. 그런 사람은 "허물과 죄로 죽은"(엡 2:1) 사람입니다. 오, 사랑하는 성도 여러 분, 여러분은 그냥 아픈 정도가 아닙니다. 여러분은 "너희들의 죄들로"(골 2:13) 죽어 있습니다. 여러분은 이미 최고의 영적 즐거움들에 대해 죽었으며, 사망에 서 생명으로 옮긴 자 외에는 결코 이런 영적 즐거움을 알 수 없습니다. 여러분은 하나님을 즐거워할 수도 없고, 영적 진리를 알 수도 없으며, 영적 기쁨을 맛볼 수 도 없습니다. 왜냐하면 여러분의 죄가 이런 것들에 대해 여러분을 무감각하게 하며, 여러분은 날마다 죄 속에 살아가고 있기 때문입니다. 인간에게 가치 있는 모든 것에 대해, 그리고 인간에게 참된 생명인 모든 것에 대해, 여러분은 죄 때문 에 죽어 있습니다.

그런데 로마 병사는 단순히 자기의 할당량만 받지 않았습니다. 그가 받는 주된 보수는 전쟁이 끝난 후에 받게 되는 전리품의 분배였습니다. 그는 대장의 승리를 함께 누리며, 그 약탈물의 분배에 참여하기를 기대했습니다. 사망은 죄가 지급하는 최후의 마지막 삯입니다. 지금 제가 말씀드리고자 하는 사망은 영혼의 영 원한 상실과 파선(破船)입니다. 영혼이 지닌 가치 있는 모든 것들이 파멸되고, 죄를 짓게 하기도 하고 죄에 의해 더 커지기도 하는 악한 성향들이 밀물처럼 들 어온 파도 위에서 그 죄인이 영원히 떠밀려 다니며 표류하는 것입니다. 모든 것 이 온 천하에 드러나게 될 때, 죄가 여러분을 인도할 곳이 바로 이 곳입니다. 그 곳은 그 자체로 영원히 지속되면서, 하나님과 선과 기쁨과 희망을 갈구하는 영 혼을 영원토록 죽이는 곳입니다. 여러분은 하나님께서 친히 인간들을 위해 마련 하신 그 최고의 기쁨들이 드러나게 되는 세계에 들어가기는 할 것입니다. 그러 나 그 최고의 기쁨들은 곧 여러분의 시야에서 사라질 것입니다. 왜냐하면 여러 분에게는 그러한 최고의 기쁨들을 알거나 판단하거나 즐길 수 있는 능력이 전혀 없기 때문입니다.

쉬지 않고 계속 자라나는 죄의 세력 아래에서, 여러분을 옥죄는 사망으로부 터 여러분이 벗어난다는 것은 더더욱 부질없는 일이 될 것입니다. 사망의 손아

귀로부터 여러분을 회복시켰던 모든 수단들도 최후를 맞이하게 된 여러분의 생명에 대해서는 어찌할 수 없을 것입니다. 그래서 이제와 영원토록, 그리스도의 죽음이든 성령이든 하나님의 말씀의 사역이든 그 어느 것도 여러분에게 다시는 작용하지 않을 것입니다. 여러분은 인생의 마지막 순간까지 죄를 선택했으며, 영원토록 변함없이 죄를 선택할 것입니다. 왜냐하면 이 사망은 여러분이 지은 죄의 대가이기 때문입니다. 우리 주님께서 친히 말씀하셨습니다. "그러므로 이들은 영원한 형벌에 들어갈 것이라"(마 25:46, KJV). 이 말씀을 듣고서야 비로소 여러분은 "사망"이라는 끔찍한 단어로 하나님이 의도하신 그 참 뜻을 충분히 알게 될 것입니다. 그럼에도 여러분이 이 끔찍한 운명을 피해보고자 한다면, 성경책을 읽으십시오. 그리고 죄의 결과가 어떻게 설명되어 있는지 살펴보십시오. 주님께서 가르쳐 주신 대로, 장차 임할 그 사망에는 구더기도 죽지 않고 불도 꺼지지 아니하며(막 9:48), 바깥 어두운 데 쫓겨나 거기서 울며 이를 갈게 되며(마 8:12), 사랑의 입술에서 나온 저주로부터 시작하는 영원한 불에 던져지는 것(마 18:8) 등이 포함됩니다.

　하나님으로부터 소외되는 것이 사망이지, 다른 것이 사망이 아닙니다. 경건치 않은 자들에 관하여 얘기하시면서 성령님께서 말씀하십니다. "하나님을 알지 못하는 자들과 우리 주 예수 그리스도의 복음에 순종치 아니하는 자들에게 불길 가운데서 벌 주시리니 이런 자들은 주의 임재와 그의 능력의 영광으로부터 떠나 영원한 멸망의 형벌을 받게 될 것이라(살후 1:8-9, KJV). 이것이 바로 죄의 최후입니다. 강물이 흘러 바다로 들어가는 것이 확실하듯, 죄가 사망으로 흐르는 것도 확실합니다. 그것을 피할 수는 없습니다. 완악하고 회개치 않는 마음은 하나님의 의로운 심판이 드러나는 날인 진노의 날에 자기에게 임할 진노를 쌓고 있는 것입니다. 죄는 자기의 종들에게 꼭 사망을 지불합니다. 이렇게 함으로써, 죄의 세력에 대한 노예 신분이 영원히 날인을 받게 됩니다. 오, 나의 하나님, 이렇게 끔찍한 보수를 지금도 받게 하고, 나중에도 전리품 중에서 그러한 끔찍한 몫을 받게 하는 이 죄에 대한 섬김이 얼마나 비참한 것인지를 우리가 볼 수 있는 은혜를 주옵소서.

　저는 더 이상 말씀드리고 싶지 않을 정도로 이 주제는 저를 너무 괴롭게 합니다. 그래도 진지하게 몇 말씀 드리려고 합니다. 죄가 가져다주는 불행 중에 가장 큰 불행은 그것이 자기가 수고하여 얻은 결과라는 사실에 있습니다. 현세의 삶에서

나 내세에서나 경건치 않은 사람에게 떨어질 모든 고통은 쓰리도록 아픈 고통이 될 것인데, 이 고통이 바로 자기가 수고해서 얻은 정당한 결과라는 것입니다. 죄인은 당연히 이렇게 말해야 할 것입니다. "나는 이 고통을 위해 일한 거였구나. 나는 이런 결과를 얻기 위해서 자신을 전부 쏟아 부은 거였어. 이제 나는 내가 하고 싶어했던 일 때문에 불행하게 되었구나." 사망은 하나님과의 관계가 단절된 결과입니다. 그러나 죄인은 그런 단절된 상태로 자신을 내버려 둡니다. 다가올 내세에 인간들이 "우리가 이렇게 비참하게 된 것은 하나님 편에서 하나님 마음대로 결정하셨기 때문이야. 이것은 절대 정당한 결과가 아니야"라고 말한다면, 그것은 그들이 이렇게 하나님을 탓해서라도 양심에 다소나마 위로를 얻고, 후회로 괴로운 마음을 좀 달래 보려는 것에 지나지 않습니다. 그러나 그들이 당한 모든 화가 전적으로 죄를 선택한 자신의 선택 때문이라는 사실을 인정하면서도, 여전히 죄 안에 머무르는 선택을 또 한다면, 그들에게는 참으로 극심한 고통만이 임할 것입니다.

그들의 죄가 곧 그들의 지옥입니다. 타락한 영혼의 마음을 갉아먹는 벌레는 자기가 원해서 하나님을 증오하고 악을 사랑합니다. 오, 죄를 사랑하는 여러분은 이 사망의 세력 아래에 있습니다. 이것은 사망보다 더 나쁜 것입니다. 여러분은 하나님에 대해 죽었고, 거룩함에 대해 죽었고, 사랑에 대해 죽었고, 참 행복에 대해 죽었습니다. 여러분이 이 사망을 자신에게, 그리고 여러분의 몸 구석구석에까지 불러들였습니다. 여러분을 파선시키고 파멸시킨 그것을, 많은 경고와 훈계에도 불구하고, 여러분은 선택하였습니다. "죄의 삯은 사망이요." 그럴 수밖에 없습니다. 그 사망의 공포가 삯으로 온다는 것입니다. 왜 여러분은 죽으려고 합니까? 왜 여러분은 수고하여 사망을 얻으려고 합니까? 왜 여러분은 자신을 기만하는 일을 선택하려고 합니까? 바깥 어두운 데가 무슨 말인지 스스로 입증해 보이기 위해 사악해지기로 결심했습니까? 인간을 만드신 분과 싸우는 인간은 어떻게 되는지 알아보기 위해서 여러분은 하나님으로부터 등을 돌렸습니까? 죄의 암초에 부딪혀 산산조각난 지난번의 돌진으로 충분하지 않습니까? 왜 같은 일을 또 하려고 합니까? 만약 여러분이 또 그렇게 한다면, 이것이야말로 여러분이 당한 불행 중에 제일 불행한 일이 될 것입니다. 이 일은 여러분이 스스로 불러들인 일이며, 하나님의 아들이신 예수 그리스도의 인성 안에서 하나님이 제공하신 단 한 번의 구제책을 여러분이 거절하는 일입니다.

다음으로 이 사실도 주의해 주십시오. 저는 참으로 안타까운 마음에서 이 말씀을 드립니다. 그러한 삯을 위해 계속 일하는 것은 어리석음 중에서도 가장 어리석은 일이 될 것입니다. 지금까지도 죄를 위해 일해 왔습니다. 하지만 그렇게 일하면서도 아무런 유익을 얻지 못했습니다. 여러분은 지금까지 행한 그 부끄러운 일들을 통해서 어떤 결과를 얻었습니까? 죄가 여러분에게 어떤 실제적인 유익을 가져다주었습니까? 자, 이제 우리 함께 그 이유에 대해 생각해 봅시다. 나쁜 일을 행해서 여러분의 건강이나 행복에 도움이 된 적이 있습니까? 증오나 탐욕이나 정욕이나 만취로 인해 여러분은 더 나아졌습니까? 죄가 여러분의 내적 자아를 생명이라고 부를 만한 어떤 가치 있는 것들로 발전시킨 적이 있습니까? 죄가 그렇게 한 적이 없음을 여러분도 알고 있습니다. 죄는 여러분을 개선시키기보다 오히려 파멸시켰습니다. 여러분도 그 사실을 압니다. 그런데 왜 여러분은 더 죄를 지으려고 합니까? 여러분은 악의 치명적인 본성에 대해 이미 충분히 알고 있지 않습니까? 그런데 왜 여러분은 이 불모지로 더 들어가려고 합니까? 이 불모지는 그 안으로 들어가면 들어갈수록, 더욱더 황량한 황무지가 되는 곳입니다. 그런데 왜 여러분은 다시 돌아오기가 점점 더 어려워지는 그런 곳으로 가려고 합니까? 사망 외에는 아무것도 얻지 못하는 바로 그 불 속으로 뛰어들기 위해 애쓰는 그런 미친 사람이 되지 않도록, 하나님의 무한한 자비로 우리를 도와주옵소서! 하나님은 반역을 조장하여 각종 죄에 빠지는 것을 금하셨습니다. 오직 하나님과 천국과 소망과 우리가 열망해야 할 모든 것에 대해 영원히 죽는다는 것이 무엇인지 점점 더 알아가기를 명하셨습니다.

하나 더 말씀드리겠습니다. 우리가 지금까지 죄를 지었다는 사실이 우리의 슬픔 중에 가장 큰 슬픔이 되어야 합니다. 이런 끔찍한 삯들을 받게 되는 섬김을 그렇게 오랫동안 해왔다는 것이 얼마나 비참합니까! 저는 36년간 주님을 알아왔지만, 지금도 여전히 주님의 완전한 법을 범하는 죄에 대해 아주 깊이 슬퍼합니다. 회개는 어느 시기에 일어나는 일시적인 행동이 아니라, 회심 이후에 전체 생애에 걸쳐 일어나는 영적인 행동이라고 생각합니다. 우리가 용서받은 것을 알게 될 때, 하나님 앞에 가증스럽고 모든 면에서 악한 죄들을 우리가 그토록 사랑했던 것에 대해 더욱더 회개하게 됩니다. 우리가 하나님의 선하심을 아주 분명하게 느낄 때, 악이 가장 나쁜 악으로 보이기 시작합니다. 악의 변치 않는 삯이 사망입니다. 오직 사망뿐입니다. 우리가 애통해하는 것은 이런 살인자를 우리가 숨겨주었다는 것입니다. 그뿐 아니라, 심지어 우리가 그의 종이 되었다는 것입니다. 우리는 하나님 앞에 겸손해야 합니다. 왜냐하면 우리는 하나님을 거역하는 죄를 지음으로 아주 멍청한 짓을 했기 때문입니다. 우리는 우리 자신을 상처내고 해를 끼치고 파멸시켰습니다. 더구나 아무것도 얻지 못하고 말입니다. 우리가 얻은 것이라곤 더욱더 심한 파멸의 삯뿐이었습니다.

오, 사랑하는 성도 여러분, 지금까지 한 번도 회개해 본 적 없고 여전히 영적 사망에 머물러 있는 여러분, 여러분이 지금 누워 잠자고 있는 죄의 무덤에 예수님의 음성이 울려 퍼지기를 간절히 소원합니다. 예수님의 음성이 여러분을 깨워서, 절대 죽지 않는 사망을 여러분이 무서워하기를 바랍니다! 다시 말해, 여러분이 자기 무덤에서 몸을 뒤척이며 "오 하나님, 나를 구하소서!"라고 하며 슬퍼하기 시작했으면 좋겠습니다. 여러분의 영혼에 그런 생각이 든다면, 하나님의 성령께서 여러분의 영혼에 생명을 주시기를 소망합니다. 여러분 중에 머리가 희끗한 분들도 계신데, 여러분을 파멸시키고 죽게 하는 일에 생명을 바쳐가며 모든 세월을 소비했다고 생각해 보십시오. 그 얼마나 무서운 일입니까! 여러분이 그렇게 수고해서 얻은 유일한 삯이 바로 사망입니다. 여러분이 그 모든 위험을 감수하고 수고하며 인내해서 죄를 섬긴 것이 이 불쌍한 대가를 받기 위함입니까? 하나님이 도우셔서 여러분이 자신의 어리석음을 보고 회개하게 되기를 기원합니다.

이 첫째 대지를 마치기 전에 한 가지만 더 생각해 봅시다. 죄인이 죄의 세력에서 영원히 벗어나게 된다면, 그것은 기적 중의 기적이 분명하다는 사실입니다. 죄는 사람을 영적으로 마비시키는 나쁜 짓을 합니다. 그렇게 마비된 사람이 어떻게 이후의 공격을 피할 수 있겠습니까? 죄는 사람을 죽게 합니다. 죽은 사람에게 우리가 호소한들 무슨 소용이 있겠습니까? 저는 지금까지 하나님에 대해, 순결에 대해, 행복에 대해 죽는다는 것이 얼마나 무서운 것인지를 설명하고자 했습니다. 그러나 이미 죽은 사람은 이런 것을 알지도 못하고 아예 관심조차 없습니다. 그런 사람들에게 설교를 전하는 것은 당연히 어리석은 짓입니다. 듣지 못하는 귀에 대고서, 아니 듣지 않으려는 귀에 대고서 말해봤자 아무 소용이 없으니까요. 그러나 죄가 죽여 냉기가 느껴지는 심장에 하나님의 생명이 흘러간다면, 그것은 기적 중의 기적일 것입니다! 하나님이 중재로 지금 당장 받아야 할 삯을 받지 않아도 되는 방법을 찾았다면, 그것이야말로 큰 축복일 것입니다.

모든 범죄는 그 범죄에 대해 반드시 배상을 해야 합니다. 그러나 주 예수의 몸으로 속죄의 배상이 이루어졌습니다. 삯을 위해 수고하지 않은 주 예수님에게, 죄는 죽음의 삯을 지급했습니다. 반면에, 이 삯을 위해 수고한 사람들은 해방되었습니다. 오, 죄인이신 성도 여러분, 여러분을 만드신 하나님 외에는 여러분을 구할 자가 아무도 없습니다! 죄로 죽은 여러분은 부패해 썩을 상태에 있습니다. 앞으로 세월이 흐르면서 계속 부패해서 더욱더 악취가 나며 썩어갈 것입니다. 전능하신 하나님 한 분 외에는 아무도 그것을 막을 수 없습니다. 막을 능력을 가지신 오직 그 한 분만이 여러분에게 필요한 도움을 주실 수 있습니다. 그 능력은 주 예수님을 통해 역사하며, 주 예수님은 지금 이 시간에 여러분을 구원하실 수 있습니다. 오! 기적 중의 기적이 여러분에게 일어나기를 기원합니다. 기적이 일어나지 않는다면, "죄의 삯은 사망이요"라는 말씀만 남습니다. 심히 걱정됩니다! 죄가 말씀의 사역까지도 왜곡시켜서, 여러분이 이런 말씀으로 사망에 흥미를 느껴 사망으로 인도되는 것은 아닌지 두렵습니다. 여기까지가 오늘의 본문 말씀이 우리에게 주는 첫 번째 가르침입니다. 성령께서 모든 사람의 양심에 이 가르침을 새겨주시길 기도합니다!

2. 하나님의 은사(선물)인 영생

지금부터 두 번째 대지에 대해 말씀드릴 텐데, 자유와 기쁨의 주제로 넘어가게 되어 기쁩니다. 하나님의 은사는 영생이니라. 이 변화를 눈여겨봐 주십시오. 사망은 삯이지만, 생명은 은사라는 점 말입니다. 죄의 결과들은 자연스럽게 생겨납니다. 하지만 영생은 인간 공로로 살 수 있는 것이 아니라, 하나님 사랑의 값없는 선물입니다. 지극히 높으신 분의 풍성한 선하심만이 죄로 죽은 자들에게 생명을 주십니다. 사도 바울이 오늘 본문에서 삯이란 단어와 은사라는 단어를 바꿔 사용한 것은 우리에게 하나님의 은혜 교리를 가르치려는 분명한 의도가 있기 때문입니다. "죄의 삯은 사망이요 의의 삯은 영생이니라" 하고 말하는 것이 사도 바울에게는 더 자연스러웠을 것입니다. 그러나 사도 바울은 생명이 오는 것은 사망이 오는 것과 전혀 다른 원리라는 것을 우리에게 보여주고 싶었습니다. 구원에 있어서 모든 것은 값없는 은사입니다. 멸망에 있어서 모든 것은 공의와 벌(罰)입니다. 어떤 사람이 멸망했다면, 멸망은 그가 수고해 얻은 것입니다. 반면에 어떤 사람이 구원을 받았다면, 구원은 그에게 은사로 주어진 것입니다.

먼저, 영생은 믿음으로 말미암아 은혜로 주어진다는 사실을 살펴보겠습니다. 영생이 영혼에 처음으로 들어올 때, 영생은 하나님의 값없는 은사로 오게 됩니다. 죽은 자들은 생명을 얻을 수 없습니다. 그런 추측은 말도 안 됩니다. 이 땅에서 누리는 영생은 우리에게 은사로 주어집니다. 어떤 사람은 이렇게 말합니다. "무슨 말씀입니까? 영생이 이 땅에 있는 영혼에게 임한다는 말씀입니까?" 예, 맞습니다. 이 땅에 있는 영혼에게 임하는 것이지, 다른 곳에 있는 영혼에게 임하는 것이 아닙니다. 영생은 지금 우리가 소유해야 합니다. 만약 우리가 영생 없이 죽는다면, 내세에서도 우리는 영생을 가지지 못할 것입니다. 영생은 미래의 것으로 유예된 상태가 아니라, 고정되고 확정된 보상의 상태로 있습니다. 영생의 불꽃이 사람의 마음에 처음으로 불붙게 되는 것은 이전에 그가 행한 선한 행동의 결과로 인한 것이 아닙니다. 선한 행동이라고 할 만한 것이 하나도 없었기 때문입니다. 또 그가 가진 어떤 감정 때문에 생긴 결과도 아닙니다. 왜냐하면 영생이 오기까지는 선한 감정도 없었기 때문입니다. 선한 행동이나 선한 감정, 이 둘은 하늘 생명의 열매입니다. 영생은 우리 마음에 들어와, 우리 속에 회개와 우리 주 예수 그리스도를 믿는 믿음으로 역사해, 영생이 우리 안에 들어온 것을 우리가 의식하도록 합니다. "하나님의 은사는 그리스도 예수 안에 있는 영생이니라." 믿음으로 말미암아 우리는 그리스도 안에 의식적으로 들어가게 됩니다. 우리는 그리스도를 믿습니다. 우리는 그리스도를 의지합니다. 우리는 그리스도와 하나가 됩니다. 따라서 영생은 스스로 분명해집니다.

그리스도께서 "내가 그들에게 영생을 주노니"(요 10:28), "나 보내신 이를 믿는 자는 영생을 얻었고"(요 5:24)라고 말씀하지 않으셨습니까? 오, 사랑하는 성도 여러분, 하나님의 성령께서 여러분을 살리셨습니다. 저는 여러분이 하나님의 은혜를 처음 받고 다시 살게 된 때를 기억할 수 있으리라 확신합니다. 여러분이 어떤 교리적 입장을 가지고 있든 간에, 현재 여러분의 모습은 하나님의 은혜로 말미암은 것이라는 사실을 모두가 체험으로 인정하며 동의하고 있습니다. 죽어 있던 여러분이 어떻게 여러분 자신에게 생명을 줄 수 있었겠습니까? 죄의 노예였던 여러분이 어떻게 여러분 자신을 해방할 수 있었겠습니까? 그러나 주님께서는 사랑으로 여러분을 분명히 찾아가셨습니다. 주 예수 그리스도께서 나사로의 무덤을 찾아가셨듯이 말입니다. 주님께서 전능하신 음성으로 여러분에게 살아나라고 명령하자, 여러분은 그분의 명령에 일어났고 살아났습니다. 여러분은 여러분에게 다가온 그 변화를 생생히 기억하고 있습니다. 어느 누구든, 만약 말 그 대로 정말 죽었다가 다시 살아나게 되었다면, 그에게 그런 체험은 얼마나 놀라 운 것이겠습니까! 죽었다가 다시 살아난 사람의 이야기를 듣기 위해서라면 우리 는 먼 길도 마다하지 않고 달려갈 것입니다.

그러나 제 생각은 이렇습니다. 만약에 정말 다시 살아난 사람이 있어서 그 가 죽었다 살아난 체험을 말한다고 하여도, 우리 자신이 죄에서 죽었다가 다시 살아난 체험이 그보다 더 놀라운 체험이 될 것입니다. 왜냐하면 생명이 우리의 영혼에 들어오면서 우리는 고통을 겪었고, 그 후에 그 생명으로 인한 기쁨들에 대해서도 우리는 알고 있기 때문입니다. 우리는 생명이 가져온 빛을 영적인 눈 으로 보았습니다. 우리는 다시 살아난 마음에 생명이 가져다준 감정들을 느꼈습 니다. 우리는 생명, 오직 생명만이 전 인격에 가져다줄 수 있는 기쁨들을 알게 되었습니다. 저는 이런 것들에 관해서 약간만 말씀드릴 수 있습니다. 그러나 이 것들에 관해 충분히 알고 싶다면, 여러분이 스스로 이것들을 느껴야 합니다. "너 희는 거듭나야만 한다"(요 3:7, KJV). 우리의 영혼 속에 있는 영생은 우리가 수고 하여 얻은 것이 아니라 하나님의 은사임을 우리 자신이 증거하고 있습니다.

사랑하는 성도 여러분, 우리는 영생을 받았기 때문에 우리는 계속 성장했으 며 거룩한 삶에서 큰 진보를 이루었습니다. 우리의 연약하고 흔들리던 믿음이 이제는 충만한 확신을 가질 정도로 성장했습니다. 우리의 열정이 미지근해서 예 수님을 위한 어떤 시도도 감히 해볼 수 없었지만, 이제는 충만한 헌신으로 불타 올라 주님을 찬양하며 살게 되었습니다. 이런 성장이 어디서 온 것입니까? 이 또 한 값없는 은사가 아닙니까? 여러분은 율법으로 말미암아 풍성한 삶을 누렸습니 까, 아니면 하나님의 값없는 은사로 풍성한 삶을 누렸습니까? 저는 여러분이 무 슨 말을 할지 알고 있습니다. 만약 여러분 중의 누가 은혜 안에 장성하여 성숙한 기독교인이 되었다면, 만약 여러분 중의 누가 하나님의 가르침을 받아 다른 사 람들을 가르칠 수 있게 되었다면, 만약 여러분 중의 누가 성령의 인도에 따라 성 화를 이루어 모든 사람이 알게 될 정도로 거룩한 성도가 되었다면, 이 모든 여러 분의 거룩함과 성숙함은 은사로 받은 것이지, 여러분이 수고하여 얻은 삯이 아 님을 저는 분명히 확신합니다. 여러분에게 다시 한 번 질문하겠습니다. 이런 풍 성한 삶은 율법의 행위로 말미암은 것입니까, 아니면 예수 그리스도 안에 있는 믿음을 통한 은혜로 말미암은 것입니까? 여러분의 즉각적인 대답은 "모두 은혜입니다. 첫 단계부터 마지막 단계까지 모든 것이 은혜입니다"일 것입니다. 맞습니다. 예수 그리스도 안에 있는 영생은 모든 단계가 하나님의 은사입니다.

그렇습니다. 우리가 천국에 이르게 될 때, 마치 꽃봉오리가 만개하여 피어나듯이 영생은 천국에서 그렇게 전개될 것입니다. 우리의 생명이 하나님의 생명을 안고, 하나님의 생명이 우리의 생명을 감쌀 때, 즉 거룩하고 신성한 천국의 축복되고 영원히 영광스러운 모든 것에 대해 풍성한 삶을 누리게 될 때, 오, 그 때에야 비로소 우리는 우리의 생명이 전적으로 하나님의 은혜로 된 것과 우리 주 예수 그리스도 안에 있는 하나님의 값없는 은사로 받은 것임을 고백하게 될 것입니다. 우리가 받는 천상의 교육을 통해, 사망은 힘껏 수고해 얻은 죄의 삯이며 영생은 그 시작부터 끝까지 무한한 은혜의 선물임을 우리는 깨닫게 됩니다.

사랑하는 성도 여러분, 예수님께서 모든 신자에게 주시는 선물인 "하나님의 은사"가 얼마나 놀라운 선물인지 감사하며 살펴봅시다. "영접하는 자 곧 그 이름을 믿는 자들에게는 하나님의 자녀가 되는 권세를 주셨으니 이는 혈통으로나 육정으로나 사람의 뜻으로 나지 아니하고 오직 하나님께로부터 난 자들이니라"(요 1:12-13). 우리 주님의 말씀이 얼마나 분명합니까! "아들을 믿는 자에게는 영생이 있고 아들에게 순종하지 아니하는 자는 영생을 보지 못하고 도리어 하나님의 진노가 그 위에 머물러 있느니라"(요 3:36). 이 생명은 어떠한 생명입니까! 이 생명은 놀라운 생명임이 분명합니다. 왜냐하면 이 생명은 탁월한 생명, 즉 "생명"을 강조해서 참된 생명, 실제 생명, 본질적인 생명 등으로 불리기 때문입니다. 이 생명이라는 말은 공허하게 단순히 존재한다는 깃을 의미하지 않습니다. 생명을 존재로, 사망을 비존재로 혼동하는 것보다 더 큰 실수는 없을 것입니다. 이 두 개념은 전적으로 다르고 구분되는 개념들입니다. 인간의 생명이란 말은, 인간으로서 마땅히 존재해야 할 상태로서의 인간 존재를 의미합니다. 마땅히 존재해야 할 인간 상태는 하나님과 하나 된 존재, 다시 말해 결과적으로 거룩하고 순결하며 건전하고 행복한 존재를 가리킵니다.

하나님께서 의도했던 인간 존재는 생명을 즐기는 사람입니다. 반면에 죄가 만든 사람은 사망 속에 거하는 사람입니다. 생명을 즐기는 모든 사람은 기쁨과 영광을 받을 수 있으며, 주님은 내세에서 영생을 만들어가도록 인간에게 생명을 주셨습니다. 이것은 어떤 생명이겠습니까! 중생할 때 우리에게 주어진 생명은 하나님 자신의 생명입니다. 우리에게 주신 것은 "썩어질 씨로 된 것이 아니요 썩

지 아니할 씨로 된 것이니 살아 있고 항상 있는 하나님의 말씀으로" 된 것입니다
(벧전 1:23). 우리가 새로 태어나고 하나님의 아들이신 예수 그리스도와의 연합
을 사모함으로써 우리는 하나님과 한 가족이 되었습니다. 하나님이 느끼시기에
생명은 무슨 의미이겠습니까?

　　우리는 영원한 생명, 다시 말해 절대 끝나지 않는 생명도 가지고 있습니다.
다른 것들은 끝날지 몰라도, 이 생명만은 결코 끝날 수 없습니다. 이 생명은 유
혹으로 죽을 수도 없고 시련으로 파괴되지도 않으며 사망으로 소멸되지도 않고
세월이 지남에 따라 낡아지지도 않습니다. 영원하신 하나님의 은사는 영원한 생
명입니다. 영원한 생명을 가졌으면서도 그것을 잃었다고 말하는 사람은 그 말의
힘을 알지 못하는 사람입니다. 한 사람이 영생을 가졌다면 그것은 영원한 것입
니다. 그러므로 그 영원한 생명은 끝나거나 잃을 수 없습니다. 그것이 영원하다
면, 정말 "영원한" 것입니다. 그것을 잃는다면 그것은 영원하지 않다는 것을 증
명하는 셈입니다. 그렇습니다. 만약 여러분이 영원한 생명을 가졌다면, 여러분
은 결코 멸망할 수 없습니다. 만약 하나님께서 여러분에게 그러한 생명을 주셨
다면, 그 생명은 취소되지 않을 것입니다. "하나님의 은사와 부르심에는 후회하
심이 없느니라"(롬 11:29)고 말씀하셨기 때문입니다. 이 영원한 생명은 분명히
값없는 선물입니다. 누가 그것을 다른 방법으로 얻을 수 있겠습니까? 이것은 매
우 귀하기 때문에 살 수도 없고, 아주 거룩하기 때문에 만들 수도 없습니다. 만
약 그것이 수고로 얻을 수 있는 것이라면, 어느 정도로 수고해야 얻을 수 있겠습
니까? 제가 보기에 여러분은 수고하여 이미 사망을 벌어놓았습니다. 여러분에
게 지급되는 삯은 이미 사망이었습니다. 그 삯으로 여러분은 생명을 얻을 수 있
는 모든 가능성으로부터 실제로 배제되었습니다. 사실, 생명을 수고하여 얻겠다
는 생각은 애초부터 제게 없었습니다. 생명은 우리에게 값없는 선물로 왔습니
다. 생명은 그 어떤 다른 방법으로는 올 수 없었습니다.

　　게다가, 예수님 안에 있는 생명이라는 사실을 기억하십시오. 우리가 쓰는 흠
정역(KJV) 성경에는 "말미암아"(through)로 되어 있지만, 원어 성경에는 "안에 있
는"(in)으로 되어 있습니다. 우리는 하나님의 아들의 복된 인성과 영원히 연합되
어 있습니다. 그렇게 우리는 살고 있습니다. 그리스도 안에 있다는 것은 축복된
신비입니다. 사도 바울은 우리의 복된 주님의 이름들과 영광의 칭호들을 다시
자세히 말해야 할 기회라고 생각했습니다. 그래서 이렇게 말합니다. "그리스도

예수 우리 주 안에 있는." 제가 예전에도 한 번 말씀드린 것 같은데, 위대한 사람들에 대한 각기 다양한 경칭과 호칭들은 그를 언급해야 할 사자들에 의해 선포되는 경우가 있었습니다. 오늘 본문의 경우에는, 주 예수를 찬양하기 위해 사도 바울이 주 예수의 상세한 호칭들을 모두 기록하고 있습니다. "그리스도 예수 우리 주 안에 있는 영생"이라고 말입니다. 사도 바울은 모든 사람이 무릎 꿇어 경배할(빌 2:10) 그 존엄하신 이름을 대문자로 쓰고서, 우리의 생명을 그분과 관련 짓습니다. 여기서 우리는 예수라는 반갑고도 귀한 이름을 보게 됩니다. 이 이름으로 그분은 인간에게 지극히 가까이 다가오셨습니다. 그분이 우리의 본성을 입고 태어나셨을 때, 그분은 예수라는 이름으로 불렸습니다. "이는 그가 자기 백성을 그들의 죄에서 구원할 자이심이라"(마 1:21). 그분과 연결되어 오는 생명은 죄로부터의 구원입니다. 이 구세주 안에 생명이 있습니다.

예수 그 다음에 오는 호칭은 "그리스도", 즉 기름 부음받은 자입니다. 이 호칭으로 그분은 하나님과 가장 가까운 자로서 하나님을 대신해 우리와 관계하시기 위해 하나님의 기름 부음을 받고 보내심을 받았습니다. 이분이 바로 그리스도 주이신 우리의 예수님이십니다. "우리 주"라는 호칭이 그 다음에 또 나옵니다. 기름 부음을 받은 우리 구세주의 영광이 바로 여기에 있습니다. 은혜로 말미암아 종이 된 우리가 우리 주님의 생명과 영광에 참여하고 있습니다. 그분은 우리의 주로 통치하시고, 그분의 통치력으로 자신이 주이며 생명을 주는 자임을 스스로 나타내 보이십니다. "하나님에게는 모든 사람이 살았느니라"(눅 20:38). 우리 주님은 자신 속에 생명을 가지고 계시며, 그 생명을 우리에게 호흡으로 불어넣어 주십니다. 이 생명은 어떤 생명입니까? 이 생명은 죄로부터 구원받은 생명, 성령에 의해 기름 부음받은 생명, 만유의 주님이신 그분과 연합된 생명(고전 15:28)입니다. 이 생명이야말로 특별한 하나님의 선물인 생명입니다.

지금까지 저는 이렇게 교리적으로 설명했습니다. 이제는 여기에 좀 더 실제적인 중요성을 덧붙여 적용해 보고자 합니다. 먼저, 지금 이 시간 누구든 나와서 그리스도 예수 안에 있는 이 거룩한 생명을 받읍시다. 만일 여러분 중에 거룩한 생명을 얻으려고 여기저기 다니면서 자신의 의를 내세우려고 일해 온 분이 계시다면, 그런 분들에게 권면합니다. 여러분 자신을 하나님의 의에 복종하게 함으로써 그런 어리석은 수고를 그만 두십시오. 만일 여러분이 거룩한 생명을 느끼고자 그렇게 많이 애썼고 그렇게 많이 기도했고 그렇게 많이 애통해했다면, 이제는 그런 식의 공로로 생명을 사겠다는 생각을 삼가고, 하나님이 주시는 값없는 선물인 생명을 받으십시오. 여러분의 교만한 우상을 넘어뜨리고, 겸손히 하나님의 자비에 호소하여 죄 용서의 은혜를 간구하십시오. 믿으십시오. 그러면 살게 됩니다. 여러분은 수고하여 생명을 얻으라고 부르심을 받지 않았습니다. 생명을 받으라고 부르심을 받았습니다. 여러분의 폐가 숨을 쉬기 위하여 공기를 들이마시듯, 값없이 그 생명을 받아들이십시오. 만약 여러분이 지금 이 순간 죄 안에서 죽어 있다 해도, 생명의 복음이 여러분 가까이에 다가와 있습니다. 그 복음과 함께 영원한 성령의 생명을 주시는 바람이 다가옵니다. 영원하신 성령께서 여러분을 파멸과 파선과 사망으로부터 불러내어 살려내실 것입니다. 성령께서 말씀하십니다. "잠자는 자여 깨어라. 그리고 죽은 자들로부터 일어나라. 그러면 그리스도께서 네게 빛을 주시리라"(엡 5:14, KJV. 스펄전은 "빛(light)을 주시리라"는 성경 본문을 '생명'(life)을 주시리라로 인용하고 있다 ― 역주).

　여러분은 이 생명을 선물로 받지 않으시렵니까? 여러분 속에 참 생명이 조금이라도 있다면, 여러분은 망설임 없이 진실한 대답을 할 것입니다. 만약 여러분이 이 선물을 받지 않는다면, 여러분은 망하게 될 것입니다. 여러분이 수고하여 얻은 것들이 여러분의 품안에 안길 것이며, 여러분이 두려워하던 그 사망이 여러분 안에 자리 잡을 것입니다. 우리가 교만하지만 않다면, 값없는 선물을 받는 것은 어렵지 않을 것입니다. 그 선물을 받으십시오. 하나님께서 그 선물을 즉시 받도록 도우십니다! 받는 그 행위조차도 하나님의 선물입니다. 왜냐하면 살아야겠다는 의지가 바로 생명이기 때문입니다. 처음부터 끝까지 모든 참된 생명은 전적으로 주님이 주관하십니다.

　사랑하는 성도 여러분, 우리는 값없는 선물인 영생을 받았습니까? 그렇다면 그 안에 거합시다. 공로에 의지하여 율법을 행하려는 유혹을 뿌리치십시오. 영생은 한 마디로 보상입니다. 채무의 보상이 아니라 은혜의 보상입니다. 주님은 종말에 우리에게 보상으로서 생명의 면류관을 주실 것입니다(약 1:12). 그러나 그 때에도 우리는 우리가 면류관을 받을 만한 일을 하도록 앞서 행하신 분이 바로 주님이심을 고백할 것입니다. 주님이 앞서 우리가 선행을 하도록 만드십니다. 그런 후에 그 선행에 대해 우리에게 보상하십니다. 사랑의 수고(살전 1:3) 그 자체가 사랑의 선물입니다. 처음부터 계속해서 은혜가 다스립니다. 죄를 제거하는 것도 은혜였고, 덕을 행하는 것도 은혜입니다.

마지막으로, 하나님의 아들을 믿고 그분의 옷자락을 붙들고서 지금 우리는 영생에 거하고 있습니까? 그렇다면, 그분께 영광 돌리며 살도록 합시다. 그분께서 살아 계시기에, 우리도 살고 있다는 것을 알고 있습니까? 만약 알고 있다면, 우리가 이 선물을 얼마나 소중히 여기고 있는지를 우리의 감사로 보여드립시다. 우리는 사망이 다양한 부패의 형태로 도처에서 자신을 드러내는 세상에 살고 있습니다. 그러므로 어디에서 주님이 우리를 구원해 내셨는지 살펴봅시다. 세상을 썩게 하는 악한 세력에 나는 결코 굴복하지 않았다고 마음속으로 자랑하는 사람이 하나도 없도록 합시다. 우리의 새 생명이 항상 우리의 영혼을 거닐고 있다고 교만하지 맙시다. 우리가 꺼려하는 것을 없애듯이, 그런 모든 생각들을 몰아내 버리십시오. 우리의 생명이 은혜로 된 것이라면 우리에게는 자랑할 여지가 없습니다. 우리의 마음에는 오직 겸손한 영혼을 위한 공간만 있을 뿐입니다. 여러분이 거리를 다니다가 맹세와 신성모독의 형태를 한 사망의 신음소리를 듣게 된다면, 그런 말보다 더욱 생명이 넘치는 언어를 가르쳐주신 주님께 감사하십시오. 죄에서 나온 사망의 부패물에서 자라난 벌레들이, 바로 술 취함과 정욕이라고 생각하십시오. 사랑하는 성도 여러분, 여러분은 이런 것들을 혐오하고 두려워합니다. 그러나 하나님의 은혜가 아니었다면, 이런 것들은 여러분 속에도 있었을 것입니다. 우리는 시체들이 있는 영안실에 갇힌 사람과도 비슷합니다. 어느 쪽을 보든 우리는 사망의 끔찍한 작품들을 보게 됩니다. 그러나 이 모든 것으로 인해 우리는 사망에서 우리를 건져내어 영적 생명으로 인도한 거룩한 능력에 감사하게 됩니다.

다른 분들을 위해서 걱정스러운 마음으로 이 질문을 해보겠습니다. "이 뼈들이 능히 살 수 있겠느냐?"(겔 37:3). 하나님께서 우리에게 "인자야, 너는 이 모든 뼈에게 대언하여 이르라"(겔 37:5) 하고 말씀하실 때, 우리는 하늘의 환상에 순종합시다. 우리로 하여금 이 대언의 일을 행하게 하는 믿음을 우리는 소중히 여겨야 합니다. 더욱이 중생하지 못한 본성이 도처에서 죽어가는 모습을 보면서 우리는 기도하게 됩니다. 그래서 우리는 울부짖습니다. "생기야 사방에서부터 와서 이 죽음을 당한 자에게 불어서 살아나게 하라"(겔 37:9). 이 기도가 드려지면, 주님께서 그 백성의 무덤들을 여시고 그의 성령으로 그들을 이끌어 내어 살아나게 하실 것이라는 소망의 기대 속에서 우리는 살게 될 것입니다. 오, 이 뼈들에게 믿음으로 대언할 은혜를 가지고 말합시다. "너희 마른 뼈들아 여호와의 말씀을 들을지어다. 주 여호와께서 이 뼈들에게 이같이 말씀하시기를 내가 생기를 너희에게 들어가게 하리니 너희가 살아나리라"(겔 37:4-5). 사랑하는 성도 여러분, 주 우리 하나님께서 살아나게 한 엄청난 큰 군대가 일어나는 것을 우리는 보게 될 것입니다. 하나님께서는 사망의 결박을 푸시기를 기뻐하십니다. 부활은 하나님의 가장 귀한 영광들 중의 하나입니다. 하나님께서는 나팔들과 천사들(마 24:31)과 영광스러운 높은 보좌(렘 17:12, KJV)와 함께 부활 사역을 미리 알리십니다. 하나님은 부활을 기뻐하시기 때문입니다.

    살아 계신 하나님은 생명을 주시길 기뻐하십니다. 특히 죽은 자들에게 생명을 주시길 기뻐하십니다. 하나님 앞에서 썩은 것들이 달아나며 세마포 수의가 찢겨지고 무덤 문들이 열립니다. "나는 부활이요 생명이니"(요 11:25)라고 예수님이 말씀하십니다. 예수님은 심지어 이 시간에도 부활이고 생명이십니다. 오, 하나님, 이 회중들을 구원하셔서 하나님 은혜의 영광을 찬양하게 하소서. 하나님의 은혜로 우리는 살게 되었고, 당신의 가장 사랑하는 아들 안에서 우리를 받아들이셨습니다. 아멘. 아멘.

제
15
장
—

빛으로 끌려나온 괴물

—

"그런즉 선한 것이 내게 사망이 되었느냐 그럴 수 없느니라
오직 죄가 죄로 드러나기 위하여 선한 그것으로 말미암아
나를 죽게 만들었으니 이는 계명으로 말미암아
죄로 심히 죄 되게 하려 함이라" ─ 롬 7:13

"철학자들은 산을 재어보고
바다와 땅과 왕의 밑바닥을 헤아리며,
측량 막대를 가지고 하늘 높이 걸어가 보기도 하고
샘의 근원을 추적해 보기도 하였다.
그러나 좀 더 재어보아야만 하는
무한하고 방대한 두 가지가 있으니,
재어보는 이 거의 없는
죄와 사랑."

(조지 허버트의 시집 「성전」(Temple)에 나오는 '고뇌'(The Agony)라는 시)

조지 허버트(George Herbert, 1593-1633. 영국 성직자이자 형이상학파 시인 ─ 역주)는 감미롭고도 거룩한 시를 노래하였습니다. 이 시에는 "무한하고 방대한 두 가지"라는 시구가 나옵니다. 죄와 사랑, 이 두 가지 중에 오늘은 죄에 대해서 말씀드리고자 합니다. 성령께서 우리의 생각과 말을 인도하셔서, 오늘 본문의 말

씀을 잘 따라가면서, 곧장 오늘 주제의 핵심으로 들어갈 수 있도록 해 주셨으면
합니다.

1. 모든 사람들은 죄가 무엇인지 알지 못합니다.

오늘 아침에 살펴볼 주제는 첫 번째로, 많은 사람들에게 죄가 죄로 드러나지 않
는다는 사실입니다. 맞습니다. 모든 사람들은 본성적으로 눈이 멀어서 죄가 무
엇인지에 대해 무지합니다. 죄에 대해 눈을 뜨기 위해서는 하나님의 전능하신
능력이 필요합니다. 다시 말해 "빛이 있으라"(창 1:3)고 말씀하자 인간의 마음을
비추는 빛이 생겼던 것처럼 그와 동일한 권능의 음성이 필요합니다. 그렇지 않
다면 인간의 마음은 자신의 죄가 실제로 얼마나 많은지, 그리고 그 죄에 속해 있
는 깊고도 치명적인 악에 대해 무지한 채로 남아 있을 것입니다. 오해라는 비참
한 왜곡을 지닌 인간은 죄에 대한 잘못된 개념에 만족하며 살아갑니다. 인간의
행위들은 악합니다. 그래서 죄에 대해 그가 알기 원하는 것보다 더 많이 알지 못
한다면, 인간은 빛으로 나아오지 않을 것입니다. 게다가 죄인의 마음에 죄가 가
득하여도 그는 죄의 존재를 느끼거나 인정할 수 없을 것입니다. 그것은 인간의
마음에 자존심이 지배하고 있기 때문입니다. 이 세상에는 목까지 부정 속에 빠
져 있지만 정작 자신은 작은 허물 외에는 별 다른 나쁜 죄를 짓지 않았다고 착각
하는 사람들도 있습니다. 주홍색 물감에 물든 양털처럼 될 때까지, 그들의 영혼
이 죄에 속속들이 스며든 사람들도 있습니다. 그럼에도 그들은 자신을 눈처럼
희다고 생각합니다. 이것은 부분적으로는 타락의 결과인 무뎌진 양심 때문에 그
렇습니다.

양심이야말로 인간의 영혼에 있는 하나님의 대리자라고 말하는 소리를 수
천 번도 더 들었지만, 저는 그 교리에 절대 동의할 수 없었습니다. 절대 그렇지
않습니다. 많은 사람들의 양심이 왜곡되어 있습니다. 어떤 경우에는 양심의 일
부만 남아 있기도 합니다. 이렇게 모든 사람들의 양심은 오류 속에서 정상 범위
를 벗어나 있습니다. 사람들의 양심은 정도의 차는 있겠지만, 교육, 모범, 이전의
성품에 따라 다릅니다. 양심은 영혼의 눈이기는 하지만 자주 반(半)소경이 되어
잘 보지를 못합니다. 그래서 항상 위로부터의 빛이 필요합니다. 그 빛이 없다면
양심은 영혼을 기만할 뿐입니다. 양심은 지성적 능력입니다. 이 지성적 능력도
다른 능력과 마찬가지로 우리의 본성적 부패로 말미암아 심각한 해를 입었기 때

문에 결코 완전하지 않습니다. 이 지성적 능력은 도덕적인 주제나 그와 관련된 문제에 대해 작용하는 이해력일 뿐입니다. 그런데 종종 단 것을 쓰다고 하기도 하고 쓴 것을 달다고 하기도 하며, 빛을 어둠이라 하기도 하고 어둠을 빛이라 하기도 합니다. 그러므로 사람들의 죄가 그들에게는 죄로 보이지 않습니다. 아마도 십중팔구 죄의 악함을 충분히 아는 사람은 중생한 사람들 중에서도 찾아보기 힘들 것입니다. 천국에서 우리가 완전해지기 전까지는 죄의 악함을 충분히 알 만한 사람이 하나도 없을 것입니다. 그 때가 되면, 우리는 하나님의 거룩하신 완전함을 보게 되면서, 우리의 죄가 얼마나 악한지를 알게 될 것입니다. 평생토록 지하에서 살아온 사람들은 그 지하갱도가 얼마나 어두운지를 알지 못하지만, 여름 대낮의 뜨거운 태양 아래에 서 보고 나면 그 때에야 비로소 지하가 얼마나 어두웠는지를 알게 되는 것과 같습니다.

죄를 죄로 보지 못하는 우리의 무능함은 대부분 죄와 인간의 마음, 이 둘이 우리를 대단히 심하게 속이기 때문에 생겨납니다. 사탄도 자기를 광명의 천사로 가장하듯이(고후 11:14), 죄도 가장 밝은 형태로 가장합니다. 벌거벗은 채로 거리를 활보하며 부정을 저지르는 죄는 보기가 어렵습니다. 죄도 이세벨처럼 화장을 하고 머리를 꾸미며(왕하 9:30) 치장을 합니다. 그리고 참으로 우리의 마음도 죄를 치장하기를 원하고 그렇게 속아 넘어가기를 갈망하고 있습니다. 우리는 할 수만 있으면 우리의 허물을 과소평가하려고 합니다. 우리의 허물을 완전히 용서해 줄 수는 없어도, 우리의 허물이 최악의 흉악한 자리에 놓이는 것을 막아주기리도 한다면, 우리는 모두 그것을 찾아내는데 혈안이 되어 있을 것입니다. 때때로 우리는 계명들을 이해하려고 하지 않습니다. 우리는 계명의 영향력과 엄중함을 알려고도 하지 않습니다. 계명은 너무나 날카롭고 예리합니다. 그래서 우리는 그 계명의 칼날을 무디게 하고자 노력합니다. 계명에 대한 다소 완화된 의미를 찾을 수만 있다면, 우리는 기꺼이 그렇게 합니다. "만물보다 거짓되고 심히 부패한 것은 마음이라"(렘 17:9). 그러므로 마음은 수 천가지의 거짓들을 만들어 냅니다. 죄의 속임수는 아주 대단합니다. 죄는 자신을 의로운 색깔로 치장합니다. 그래서 사람들이 하나님께 범죄를 저지를 때도 하나님을 기쁘시게 하고 있다고 믿게 합니다. 이렇게 사람들은 자기 자신을 속이기에 열심이며, 솔로몬의 잠언에 나오는 어리석은 자와 같이 아첨하는 자들을 쉽게 따라갑니다.

대부분의 사람들이 죄를 죄로 보지 못하는 것은 율법의 영성에 대해 무지하기 때문입니다. 사람들은 십계명을 읽고 나서, 이 십계명에 피상적인 의미 그이상의 다른 뜻은 없다고 생각합니다. 예를 들어 그들이 "살인하지 말라"(출 20:13)는 계명을 읽는다면, 그들은 지체 없이 이렇게 말합니다. "나는 이 율법을 어긴 적이 없어." 그러나 그들은 자기 형제를 미워하는 자마다 살인하는 자(요일 3:15)라는 사실을 망각하고 있으며, 불의한 분노도 분명히 그 계명을 어기는 것이라는 사실도 망각하고 있습니다. 만일 제가 의도적으로 저의 생명이나 이웃의 생명을 파괴하거나 단축시키는 일을 행한다면, 저도 그 계명을 위반하고 있는 것입니다.

어떤 사람은 "간음하지 말라"(출 20:14)는 말씀을 읽고서, "좋아요. 괜찮습니다. 저는 그 문제에 있어서는 결백해요"라고 말합니다. 그는 지체 없이 자신은 순결 그 자체라고 착각하고 자랑합니다. 그러나 그 계명이 마음과 관련된 계명이라는 것과, 단 한 번의 음탕한 눈길조차도 간음이며, 악한 것을 행하고 싶은 욕망까지도 정죄를 받게 된다는 사실을 이해하게 된다면, 그는 지금까지와는 전혀 다른 빛으로 모든 것을 보게 될 것이며, 또 이전까지는 전혀 문제가 되지 않던 것들을 죄로 보게 될 것입니다. 일반적으로, 아니 보편적으로 하나님의 성령이 우리의 영혼에 들어오시기 전까지 우리는 율법의 의미에 대해 완전히 무지합니다. 그래서 성령이 들어오시기 전에 우리는 마음 편하게 이렇게 말합니다. "주님 우리에게 자비를 베푸소서. 우리의 마음이 이 율법을 지키도록 하옵소서." 그러나, 성령께서 우리의 마음에 들어오셔서 율법의 의미를 알게 되면, 그들은 이렇게 말할 것입니다. "주님, 우리를 불쌍히 여겨 주옵소서. 우리는 율법을 지킬 수 없어서 무수한 범죄를 저질렀나이다. 우리를 깨끗이 하옵소서. 우리가 율법의 세력 아래 머무르는 동안 우리의 범죄가 영원토록 우리를 정죄할 것입니다."

이제 여러분은 회심하지 않은 자들에게 죄가 왜 참된 빛 가운데서 드러나지 않는지, 그리고 완고한 자들과 자기 의(自己義)로 가득한 자들을 죄가 왜 속이고 있는지에 관한 몇 가지 이유들을 살펴보았습니다. 이것이 바로 가장 통탄할 만한 죄의 결과들입니다. 죄는 죄로 인해 우리가 얼마나 해를 입었는지 알 수 있는 우리의 능력을 제거해버림으로써 우리에게 가장 큰 해를 끼칩니다. 죄는 인간의 건강을 해치면서도 인간이 체력 하나는 자신 있다고 자랑하게 만듭니다. 죄는 인간을 거지로 만들면서도 인간이 부자라고 말하게 합니다. 죄는 인간을 벌거벗겨 놓고서도 인간이 멋진 옷을 입고 있다면서 기뻐하게 만듭니다. 이런 면에서 보자면, 죄는 노예제와 같습니다. 죄는 서서히 영혼을 잠식해서 죄의 사슬에 인간이 만족하도록 만듭니다. 오랫동안의 속박은 인간의 품위를 떨어뜨립니다. 그래서 마침내 인간은 노예생활의 비참함과 자유의 존귀함을 잃게 되고, 그에게 자유를 주는 행복한 시간이 와도 소리 한 번 지를 수 없게 됩니다.

죄는 영국 북쪽 지역에 내리는 치명적인 서리처럼, 희생자를 살해하기 전에 얼려서 마비시켜 버립니다. 인간은 심하게 병들어 있기 때문에, 자신의 병든 상태를 건강한 줄로 착각하여, 정말 건강한 사람들을 향해 극심한 망상에 사로잡혀 있다고 비판합니다. 인간은 자신을 파괴시키는 그 원수를 사랑합니다. 인간은 자신을 독살시키는 독사를 가슴에 품습니다. 인간에게 일어날 수 있는 가장 불행한 일은 자신이 죄인인 것과 자기의 죄성을 의로운 것으로 판단하는 것입니다. 가톨릭 신자들은 제단 앞에 나아가 빵 조각 앞에 절을 합니다. 그러면서도 자신이 우상 숭배를 하고 있다고 생각하지 않습니다. 오히려 칭찬받을 만한 행동을 하고 있다고 믿습니다. 종교 박해자들은 자기의 동료들을 잡아 감옥에 넣고 죽음으로 내몰았지만, 정작 그들은 바로 그 일로 하나님을 섬긴다고 생각했습니다. 여러분과 저는 가톨릭 신자들의 우상 숭배와 종교 박해자들이 자행한 살인을 볼 수 있습니다. 그러나 그런 범죄를 저지른 사람들은 그것을 보지 못하고 있습니다.

열정적인 사람은 자신이 의분을 내고 있다고 착각합니다. 탐욕이 있는 사람은 자신의 빈틈없음을 자랑합니다. 불신자들은 자신이 그 어디에도 의존하지 않는 독립적인 마음을 가졌다고 기뻐합니다. 이 모든 것들은 영적인 눈을 가지지 못한 사람들에게 죄가 자신을 드러낼 때 일어나는 일들입니다. 죄의 악영향이 여기에 있습니다. 죄는 선과 악을 구분하는 영혼의 균형감각을 혼란에 빠뜨리게 합니다. 살아 있는 영혼들로 가득찬 배를 뒤쫓아가서 도와 달라는 비명소리를 듣고서도 배를 부수어, 거센 물결 속에 모두를 빠뜨린 존재들은 얼마나 흉악한 자들입니까! 어느 정도로 비인간적인 마음을 가져야 그러한 일들을 할 수 있을까요! 수백 명의 사람들을 살릴 수도 있지만 그냥 죽게 내버려 둔 사람들의 도덕성과 상식적인 인간성의 파괴는 실제로 배가 파괴되는 것과 비교하면 더욱 끔찍한 일이 될 것입니다.

사람을 찌르는 일은 끔찍한 일일 것입니다. 그런데 사람을 찌른 후에도 잘못했다는 감각이 없다면 더더욱 나쁜 일일 것입니다. 죄를 지을 때마다 마음은 더 무디어만 갑니다. 그래서 큰 범죄를 저지르는 사람들은 보통 그 죄가 그렇게 큰 죄인 줄 알지 못합니다. 이런 악영향이 경건하지 않은 자들에게 미치는 영향력은 전염병처럼 아주 강력합니다. 그래서 평화가 없는 곳에서도 "평화, 평화"라고 외치며 두려움이나 양심의 가책 없이 가장 거룩하신 하나님을 대적하도록 합니다. 안타까운 사실은 성도들 속에도 아직 옛 본성이 남아 있기 때문에, 다시 말해 성도라 해도 어두운 죄의 세력으로부터 완전히 벗어나지 못했기 때문에, 우리 모두는 알게 모르게 좀 더 밝은 빛으로 보면 죄로 보일 수 있는 습관들을 우리 속에 그냥 내버려 두고 있습니다.

위대한 사람들도 과거를 살펴보면 이런 일들을 했었습니다. 예를 들어, 존 뉴턴(John Newton, 1725-1807. 영국의 성직자이자 찬송가 작사가로 노예선의 선장을 하다 회심했다. 찬송가 '나 같은 죄인 살리신' 외에도 여러 찬송가를 작사했다 — 역주)은 초창기에 노예 무역업을 하면서도 그 일이 잘못이라는 생각을 전혀 하지 못했던 것 같습니다. 휫필드는 조지아에 있는 자신의 고아원에 노예들을 데려왔는데, 그는 노예제도 자체가 악한 것인지 아닌지에 대해 질문하지도 않았고, 아예 질문할 생각도 하지 못했습니다. 이와 마찬가지로, 아마도 진보된 빛으로 보면 현재 우리의 문명에서 행하는 많은 습관들과 관습들이 본질적으로 나쁜 것으로 드러날 수도 있을 것이며, 그로 인해 우리의 자손들은 어떻게 우리가 그런 행동들을 했을지 이상하게 생각할 것입니다. 국가적인 양심, 또는 공통된 기독교인의 양심 같은 것이 참되고 옳은 기준에까지 이르게 되려면 수백 년의 기간이 필요할 것입니다. 그리고 한 개인이 선과 악을 충분히 구분하기까지는 주님으로부터 많은 징계와 책망을 받을 필요가 있습니다.

오, 너 악마인 죄! 너는 이렇게 우리를 기만함으로써 네가 죄라는 것이 문자 그대로 증명되었다. 너는 우리를 독살할 뿐만 아니라 우리가 그 독을 약으로 착각하도록 만들었다. 너는 우리를 더럽혔을 뿐 아니라, 우리가 그 더러운 것을 아름다운 것으로 생각하도록 만들었다. 너는 우리를 살해했을 뿐 아니라, 우리가 삶을 즐기고 있다는 꿈을 꾸게 만들었다!

사랑하는 성도 여러분, 우리가 모든 기독교인의 궁극적인 이상인 그리스도의 거룩한 형상(갈 4:19)을 회복하기까지, 우리는 죄를 죄로 아는 가르침을 받아야 합니다. 그리고 우리는 부드러운 양심을 회복해야 합니다. 만약 우리가 타락하지 않았다면 우리의 양심은 부드러웠을 것입니다. 우리가 회심할 때 이런 분별력과 부드러운 판단력이 우리에게 주어집니다. 이런 것들이 없다면, 회심은 아마 불가능할 것입니다. 어떤 것이 죄인 줄 모르는데, 어떻게 그 죄에 대해 회개할 수 있겠습니까? 하나님 보시기에 악한 것인 줄 모르는 사람이 어떻게 하나님 앞에서 그것에 관해 스스로 겸손해질 수 있겠습니까? 그는 깨우침을 받아야 합니다. 그에게 죄가 죄로 드러나야만 합니다.

그 뿐만 아니라, 사람은 자기의 죄성을 보기 전까지 결코 자기의 의를 포기하지 않을 것입니다. 사람이 스스로 의롭다고 믿고 있는 한, 그는 그 의로움을 고집하면서 바리새인의 외침으로 하나님 앞에 설 것입니다. "하나님이여 나는 다른 사람들과도 같지 아니함을 감사하나이다!"(눅 18:11). 우리가 자신의 의라는 공기주머니에 매달려 바다를 떠다니는 한, 우리는 결코 그리스도의 의라는 생명선을 붙잡을 수 없을 것입니다. 기후가 조금만 나빠져도 우리는 값없는 은혜의 생명선으로 떠밀려 갈 수밖에 없습니다. 그럼에도 우리는 물이 줄줄 새는 자기 의의 배가 물 위에 떠 있기만 해도, 그 배를 고집할 것입니다.

자신을 혐오하게 될 때까지 자신을 보게 하여 자기 행위로 구원받는다는 것이 불가능함을 고백하게 하는 것은 은혜의 기적입니다. 하지만 이런 일이 일어나기 전에는 예수님을 믿는다는 것이 불가능합니다. 왜냐하면 자기 의에 만족하는데도 불구하고 다른 사람의 의에 시선을 돌리는 사람은 아무도 없을 것이기 때문입니다. 모든 사람은 자기 안에 있는 본래적인 끔찍한 죄를 보기 전까지, 자기 속에 의로움이 있다고 믿고 있습니다. 여러분이 어떤 사람이든 상관 없이, 여러분에게 죄가 무한히 악한 것으로 드러나지 않는다면, 여러분은 하나님과 그리스도께서 계신 곳으로 결코 올 수 없습니다. 여러분의 마음이 악취를 내고 있음을 여러분은 알게 되어야 합니다. 여러분의 과거의 삶은 부정으로 더러워졌습니다. 여러분이 지닌 이 악은 결코 사소하지 않으며 괴물같이 끔찍한 것입니다. 여러분은 이런 사실들을 배워야만 합니다.

여러분은 하나님 앞에 직면한 것처럼 자신을 혐오해야 합니다. 그렇지 않으면, 여러분은 정결케 하는 대속의 피로 결코 달려갈 수 없을 것입니다. 죄가 죄로 보이지 않는다면, 은혜도 결코 은혜로 보이지 않을 것이며, 예수님도 구세주로 보이지 않을 것입니다. 그렇게 되면 구원은 불가능합니다. 이 중요한 대지는 이 정도로 하고, 다시 한 번 다음의 사실을 확인하고자 합니다. 자연인에게 죄는 죄로 드러나지 않습니다. 그래서 보지 못하는 눈을 뜨게 하는 은혜의 사역이 그 자연인 안에서 역사해야 합니다. 그렇지 않으면 그는 구원받을 수 없습니다.

　이런 이야기들은 온화한 주제이거나 기분 좋게 하는 말들은 아닙니다. 그러나 진리의 말씀입니다. 성령께서 많은 사람들의 마음을 인도하셔서 실제로 그들이 얼마나 슬픈 처지에 있는지 알게 되었으면 합니다.

2. 죄가 가장 분명히 보이는 곳에서 죄가 죄로 드러납니다.

　이제 우리는 두 번째 대지를 살펴볼 차례가 되었습니다. 죄가 가장 분명히 보이는 곳에서 죄가 죄로 드러납니다. 죄의 가장 무서운 측면은 바로 죄의 본성 자체입니다. 죄는 최악의 상태에서 죄로 드러납니다. 제가 같은 말을 반복하는 것 같습니까? 이 말이 그저 평범한 말로 들립니까? 그래도 어쩔 수 없습니다. 왜냐하면 오늘의 본문 말씀이 그렇게 되어 있기 때문입니다. 저는 여러분이 본문의 말씀을 무시하지 않을 것이라 생각합니다. "죄가 죄로 드러나기 위하여"라는 이 표현 안에는 실로 심오한 뜻이 담겨져 있습니다. 사도 바울은 죄가 드러나는 그 끔찍한 것을 다른 말로 표현할 수 없어서 죄 그 자체로 표현한 것 같습니다. 사도 바울은 "죄가 사탄처럼 드러나기 위하여"라고 말하지 않았습니다. 절대 그렇게 말하지 않습니다. 왜냐하면 죄는 악마보다 더 악하기 때문입니다. 악마를 악마로 만든 것이 바로 죄입니다. 사탄으로 존재하는 것은 하나님의 피조물입니다. 그러나 이 죄는 하나님이 창조하신 적이 없습니다. 죄의 기원과 본성은 전적으로 하나님과 별개입니다.

　죄는 지옥보다 훨씬 더 악합니다. 왜냐하면 그 무서운 형벌인 사망이 쏘는 것이 바로 죄이기 때문입니다(고전 15:56). 안셀무스(Anselm)는 종종, 만약 이편에 지옥이 있고 저편에 죄가 있다면, 하나님을 대적해 죄를 지을 바에는 차라리 지옥으로 뛰어들겠다고 말했습니다. 사도 바울은 "죄가 미친 짓으로 드러나기 위하여"라고 말하지 않습니다. 참으로 죄는 도덕적으로 미친 짓입니다. 그러나 죄는 그것보다 훨씬 더 악합니다. 죄는 너무나 악한 것이어서 죄라는 이름 외에는 달리 죄를 대신할 다른 이름이 없습니다. 대속의 사랑 앞에서 죄가 얼마나 악한 것인지를 보여주기 원했던 한 시인도 이렇게밖에 말할 수 없었습니다.

　　"그리스도께서 받은 상처들을 더듬어보니,
　　죄가 죄처럼 드러나는구나."

무슨 말인지 좀 더 설명하기 위해서 가룟 유다를 예로 들어보겠습니다. 여러분이 가룟 유다를 설명하려고 한다면, 아마 여러분은 그를 배신자, 도둑, 무죄한 피를 밀고한 자 등으로 말할 것입니다. 그러나 이 한 마디로 끝낼 수 있습니다. "그는 유다였다." 이 한 마디가 모든 것을 말해 줍니다. 악행에 있어서는 아무도 그와 견줄 수 없기 때문입니다.

누군가에게 살인의 공포를 느끼게 해 주고 싶다면, 여러분은 사고사나 생명 파괴 또는 단순히 잔인한 행동 등으로 살인을 나타내지 않을 것입니다. 여러분은 살인을 살인으로 나타낼 것입니다. 이보다 더 강한 표현을 쓸 수 없기 때문입니다. 이와 마찬가지로, 주님께서 영원하신 성령의 강한 빛으로 죄를 비추셔서 죄의 모든 가증스러움과 더러움을 드러내실 때, 죄는 도덕적인 불화, 무질서, 기형 또는 부패 등으로 드러날 뿐 아니라, 더도 말고 덜도 말고 정확히 죄로 드러나게 됩니다. 토머스 브룩스(Thomas Brooks, 1608-1680. 영국의 청교도 설교자 – 역주)는 이렇게 말합니다. "죄는 하나님께서 증오하는 유일한 것이다. 죄는 그리스도를 십자가에 못 박았다. 죄는 영혼들을 지옥에 떨어뜨렸다. 죄는 천국 문을 닫고서 지옥의 기초를 놓았다."

죄를 불행한 일로 보는 사람들도 있습니다. 그러나 이런 시각은 참된 시각에 미치지 못할 뿐 아니라 아예 한참 동떨어진 시각입니다. 우리는 죄인을 흔히 "낙오자"라고 부릅니다. 이 말은 아주 도덕적이지 못한 모습을 가리킵니다. 죄인이 된다는 것은 참으로 큰 재난입니다. 그러나 죄인이 된다는 것은 재난 그 이상의 일입니다. 죄를 자신의 불행으로만 보는 사람은 죄로부터 구원받아야 할 정도로 아직 죄를 보지 못한 사람입니다. 또 어떤 사람들은 죄를 어리석음으로 봅니다. 그들은 다소 바르게 보고 있습니다. 왜냐하면 죄는 본질적으로 어리석음이기 때문입니다. 그래서 모든 죄인은 어리석은 자입니다. 어리석은 자는 죄인에 대해 하나님이 붙이신 이름입니다. 시편 전체에서 흔히 사용됩니다. 그렇다해도 죄는 어리석음 그 이상입니다. 죄는 단순히 지혜가 부족하거나 판단을 잘못하는 것이 아닙니다. 죄는 악을 알고서 의도적으로 악을 선택하는 것이기에, 죄 안에는 하나님에 대한 적대감이 있습니다. 따라서 죄는 단순한 어리석음보다 훨씬 더 악한 것입니다. 죄를 어리석음으로 보는 것은 좋지만, 이런 시각은 은혜로운 것도 아니고 구원을 위한 것도 아닙니다.

또 어떤 사람들은 죄 중에 어떤 죄를 범죄로 보아, 죄와 범죄를 구분하였습니다. 우리가 사용하는 "범죄"라는 단어는 깊은 뜻이 담겨 있는 단어입니다. 어떤 행동이 인간에게 해를 끼친 것이면 범죄라고 부르며, 하나님께만 해를 끼친 것이면 죄라고 부릅니다. 만일 제가 여러분을 범죄자라고 부른다면, 여러분은 저를 못마땅하게 여길 것입니다. 그러나 제가 여러분을 죄인이라고 부른다면, 여러분은 전혀 화를 내지 않을 것입니다. 왜냐하면 사람에게 해를 끼치는 것은 하고 싶지 않은 일이지만, 하나님께 해를 끼치는 것은 많은 사람들에게 있어서 사소한 문제이며, 한순간도 생각할 가치가 없는 일로 여기기 때문입니다. 인간의 본성은 너무나 왜곡되어 있어서, 자신이 인간의 법을 어긴 것을 알게 되면 부끄러워 하지만, 오직 하나님께만 영향을 끼치는 행동으로 하나님의 계명을 위반하는 것에 대해서는 별 관심이 없습니다. 만일 우리가 남의 물건을 훔치거나 거짓말을 하거나 다른 사람을 쳐서 넘어뜨린다면, 우리는 부끄러워할 것입니다. 또 마땅히 부끄러워해야 합니다. 그러나 그렇게 부끄러워한다고 해도, 그것은 은혜의 사역이 아닙니다.

　　죄는 하나님을 대적하는 죄로 드러나야 합니다. 이것이 핵심입니다. 우리는 다윗처럼 말해야 합니다. "내가 주께만 범죄하여 주의 목전에 악을 행하였사오니"(시 51:4). 또 우리는 탕자처럼 부르짖어야 합니다. "아버지 내가 하늘과 아버지께 죄를 지었사오니 지금부터는 아버지의 아들이라 일컬음을 감당하지 못하겠나이다"(눅 15:18-19). 이것이야말로 죄에 대한 참된 시각입니다. 하나님께서는 우리의 위반을 그런 식으로 고백하게 하십니다.

　　아주 잠시만 제 말에 귀 기울여 주십시오. 죄가 얼마나 이상한 것인지 생각해 보십시오. 사랑하는 성도 여러분, 우리가 위반한 그 법은 옳은 것에 기반을 둔 법입니다. 그 법은 거룩하고 공정하며 선한 것입니다. 그 법은 인간이 생각해 볼 수 있는 법 중에서 가장 좋은 법입니다. 나쁜 법을 위반하는 것에 대해서는 변명의 여지가 있을 것입니다. 그러나 그 계명이 친히 인간의 양심을 향한 것일 때는, 그 위반에 대해 변명의 여지가 있을 수 없습니다. 하나님의 말씀 안에는 가혹하거나 자의적이거나 불필요한 계명이 단 하나도 없습니다. 만약 우리가 완전히 거룩하고 무한한 지혜를 가지고서 율법을 기록해야 할 상황이 되었다면, 아마도 우리는 하나님께서 주신 바로 그 율법을 기록했을 것입니다.

　　하나님께서 우리에게 주신 율법은 우리의 이웃들에게는 공정한 것이고 우리 자신에게는 유익한 것입니다. 율법이 어떤 것을 금하고 있다면, 그것은 실제로 위험이 존재하는 곳에 위험 신호판을 세우는 것일 뿐입니다. 율법은 해로운 길에서 비켜나도록 우리를 지켜주는 일종의 영적 경찰관입니다. 율법을 범하는 자는 자신에게 해를 끼치는 사람입니다. 죄는 거짓되고 비열하며 의롭지 못한 것입니다. 죄는 모든 면에서 악만 행하고 아무에게도 유익을 주지 않습니다. 죄는 아무런 장점이 없습니다. 죄는 악이고, 오직 악뿐이며, 그것도 지속적으로 악합니다. 죄는 수치스럽고 해로운 것을 선호해서, 선하고 옳은 것을 악하게, 이유도 없이, 무의미하게, 쓸데없이 거절하는 것입니다. 하나님의 율법은 그 입법자이신 하나님의 권리와 권위 때문에 사람들에게 구속력이 있음을 우리는 또한 기억해야 합니다. 하나님께서 우리를 만드셨습니다. 그런데 우리가 그분을 섬기지 않을 수 있겠습니까?

하나님의 인자하심으로 우리의 존재가 연장됩니다. 우리는 하나님 없이는 한순간도 살 수 없습니다. 우리가 하나님께 순종하지 않을 수 있겠습니까? 하나님은 최고로 선하십니다. 하나님은 우리에게 조금도 해를 끼친 적이 없으시며, 항상 우리의 유익을 위해 계획하시고, 우리를 한없는 자비로 대해 주셨습니다. 하나님은 율법을 만들 권리를 가지셨으며 우리의 유익을 위해 율법을 만드셨습니다. 그런데 그렇게 만드신 율법을 범함으로써 왜 우리가 의도적으로 그분께 무례한 짓을 해야 합니까? 아무 유익도 없고 이유도 없는데, 하나님께서 싫어하시는 것을 굳이 행하는 것은 부끄러운 일 아닙니까? 이 자리에 있는 모든 사람들이 하나님의 슬픈 탄식 소리를 들을 수 있기를 바랍니다. 하나님이 자신을 이렇게 묘사하시는 것은 아주 놀라운 겸손입니다. "소는 그 임자를 알고 나귀는 그 주인의 구유를 알건마는 이스라엘은 알지 못하고 나의 백성은 깨닫지 못하는도다"(사 1:3).

또 다른 곳에도 탄식의 말씀이 나오는데, 하나님은 여기에서도 똑같이 애처로운 마음으로 훈계하며 외치십니다. "너희는 내가 미워하는 이 가증한 일을 행하지 말라"(렘 44:4). 어쨌든 하나님은 아버지가 자녀에게 하듯 우리에게 아버지의 사랑으로 대하셨으나, 우리는 그분께 등을 돌리고 그분의 원수 노릇을 했습니다. 우리는 하나님을 슬프게 하는 데서 우리의 기쁨을 찾았고 그분의 명령을 짐으로 여겼으며 그분을 섬기는 일을 피곤한 일로 생각했습니다. 이런 일들을 회개해야 하지 않겠습니까? 우리가 계속해서 이런 식으로 비열하게 행동할 수 있겠습니까? 나의 하나님, 오늘날 내가 죄를 미워하는 것은, 죄가 나를 파멸시켰기 때문이 아니라, 죄가 하나님께 잘못을 행하기 때문입니다. 내 하나님을 슬프시게 하는 것은 내게 가장 슬픈 일입니다. 은혜로 말미암아 새롭게 된 마음은, 우리가 하나님께 행한 배은망덕한 처사에 대해 하나님과 깊은 공감대를 이룹니다. 그 새로워진 마음은 이렇게 외칩니다. "어떻게 내가 하나님께 범죄할 수 있었을까? 그렇게 은혜로우신 하나님께 내가 왜 그렇게 부끄러운 방식으로 대했을까? 하나님은 내게 선하게만 행하셨지 결코 악하게 행하지 않으셨는데도, 왜 나는 그분을 대수롭지 않게 여겼을까?"

만일 영원하신 하나님이 폭군이었다거나 그분의 율법이 횡포였다면, 하나님을 대적하는 일이 어느 정도는 가치 있는 일로 여겨질 수 있을 것입니다. 그러나 하나님은 온화하시고 사랑이 충만한 분이시며 그분의 자애는 이루 헤아릴 수 없다는 것을 알고서도, 그분을 대적해 죄를 짓는 것은 극도로 악한 것입니다. 죄는 짐승만도 못하게 악합니다. 왜냐하면 짐승들은 악을 악으로만 갚기 때문입니다. 그런데 죄는 악마적입니다. 죄는 선을 악으로 갚기 때문입니다. 죄는 우리에게 은혜 베푼 자를 조롱합니다. 죄는 아주 비열한 배은망덕이고, 배신이며, 원인 없는 증오이고, 거룩함을 대적하는 앙심이며, 추잡하고 비굴한 것을 더 선호합니다. 혹시 나는 죄를 향해 나아가고 있는 것은 아닌지 생각해 보십시오. 죄는 죄입니다. 우리는 이 한 마디로 모든 것을 다 말한 것입니다.

사도 바울은 많은 계명들 중에 한 계명이 비추는 빛을 통해 죄를 죄로 발견했던 것 같습니다. 사도 바울은 자신의 일대기 중에 작은 부분을 말하고 있는데, 그것은 우리가 눈여겨 볼 만한 아주 흥미로운 부분입니다. 사도 바울은 말합니다. "율법이 탐내지 말라 하지 아니하였더라면 내가 탐심을 알지 못하였으리라" (롬 7:7). 이 말씀을 보니 이런 생각이 듭니다. 사도 바울이 다메섹으로 가던 중 말에서 떨어졌을 때, 그에게 떠오른 첫 생각은 이런 것이 아니었을까 합니다. '지금까지 내가 핍박해온 이 예수가 결국 메시야요, 모든 이의 주님이셨구나. 아, 너무너무 끔찍해. 나는 무식하게 하나님을 대상으로 전쟁을 했었구나. 그분이 바로 죄로부터 우리를 구원하신 구세주 예수님이시구나. 그런데 내가 지은 죄가 무엇이지? 내가 율법을 어기고 범죄한 것이 무엇일까?'

그는 외로이 눈먼 상태에서 별 생각 없이 십계명을 훑어보았습니다. 그는 반만 밝혀진 비참한 판단력으로 십계명 하나하나를 살펴보면서 혼자말로 이야기했습니다. "나는 이 계명을 범하지 않았어! 이 계명도 범하지 않았어!" 그러다가, 그는 마침내 "탐내지 말라"(출 20:17)는 계명에 맞닥뜨리게 되었습니다. 바로 그 순간, 번쩍이는 번개가 그의 영혼의 견고한 어둠을 두 동강 내 버리는 것 같았습니다. 그는 자기의 죄를 보았습니다. 그리고 자신이 지은 과도한 욕망의 죄를 고백하였습니다. 율법이 "탐내지 말라"는 말을 하지 않았다면, 그는 욕망을 몰랐을 것입니다. 이런 발견으로 그가 지은 나머지 죄까지 모두 밝혀졌습니다. 그 교만하던 바리새인이 겸손한 회개자가 되었으며, 스스로 흠 없는 자라고 생각하던 그가 "죄인 중에 내가 괴수니라"(딤전 1:15)라고 부르짖게 되었습니다.

저는 사도 바울에게 비춰진 그 동일한 빛이 아직 비춰지지 않은 모든 사람들의 영혼에 어떤 경로로든 비쳐지기를 기도합니다. 오, 사랑하는 성도 여러분, 여러분이 죄를 죄로 보며 예수님을 유일한 구세주로 볼 수 있도록 인도해 주시기를 하나님께 간구합니다.

3. 죄가 죄로 극명하게 드러나는 것은
가장 좋은 것을 왜곡하여
죽이기 위한 목적으로 사용할 때입니다.

이제 세 번째 대지를 말씀드리겠습니다. 최선을 다해 주목해 주시기 바랍니다. 죄가 죄로 극명하게 드러나는 것은 가장 좋은 것을 왜곡하여 죽이기 위한 목적으로 사용할 때입니다. 오늘 본문이 그렇게 말씀하고 있습니다. "죄가 죄로 드러나기 위하여 선한 그것으로 말미암아 나를 죽게 만들었으니." 우리는 가장 좋은 것들을 우리가 할 수 있는 한 최악의 것으로 사용합니다. 이런 사실만 보아도, 우리는 형편없이 부패해 있음이 분명합니다. 여기에 하나님의 율법이 있습니다. 이 율법은 생명을 위해 제정된 것입니다. "사람이 이를 행하면 그로 말미암아 살리라"(레 18:5). 그런데 사람들은 의도적으로 율법에 불순종합니다. 그래서 죄는 그 율법의 빛을 사망의 도구로 바꾸어 버립니다.

그래서 상황은 더욱 악화됩니다. 우리 안에 있는 죄는 계명을 듣자마자 곧장 그 계명을 어기겠다고 결심합니다. 우리가 평소에는 관심을 가지지 않다가도 그것들이 계명에 의해 금지되자마자, 즉시 우리가 그것을 갈망하게 되는 경우가 많이 있습니다. 이것이 바로 우리의 본성이 지닌 이상하리 만큼 사악한 경향입니다. 여러분도 알고 있듯이, 인간이 만든 법에서도 금지된 조항은 괜히 한번 해 보고 싶어하는 사람들이 있지 않습니까? 런던에 사는 동안 제 기억으로는, 하이드 파크(Hyde Park)에서 대중 집회를 열려고 하는 사람은 전혀 없었습니다. 그러다가 하이드 파크에 출입금지 조치가 내려지자, 곧장 모든 울타리들이 뜯겨져 나갔고, 그 공원은 아수라장이 되어버렸습니다. 그 이후로 하이드 파크는 싸움터가 되었습니다. 예전처럼 하이드 파크에서 누구나 발언할 수 있는 자유가 침해되지 않았더라면, 아주 좋은 방안은 아니지만 그래도 사람들이 개혁자의 나무(the Reformer's Tree: 하이드 파크 북쪽에 있는 모자이크 기념물로, 1866년 역사적인 나무가 화재로 전소된 이후 조성되었다. 정치적 사안에 대해 자유롭게 발언하는 시위나 집회 장소로 사용된다 – 역주)나 다른 나무 아래에서 시위하는 일은 없었을 것입니다. 그들은 이렇게 말합니다. "지붕이 있는 강당에서 좀 더 편하게 모일 수 있게 되면, 이 먼 거리를 진흙길에 발을 질질 끌어가며 모이는 일이 있겠습니까? 이제는 이렇게 모여서는 안 된다고 하니까, 더 하는 것이지요." 그들은 그렇게 해서는 안 되는 일이기 때문에, 그렇게 하기로 결심한 것입니다.

　　우리의 일반 본성이 하는 일이 이런 식입니다. 우리의 본성은 제재하는 것은 무엇이든지 차버립니다. 만일 우리가 어떤 것을 하지 말아야 한다면, 우리는 그것을 꼭 하려고 할 것입니다! 인류의 어머니 하와는 타락하기 전에도 금지된 나무 가까이에 가고 싶었습니다. 그리고 타락한 하와의 아들과 딸의 충동은 훨씬 더 강력합니다. 한 번의 평범한 충동에도 우리는 지정된 도로에서 벗어나 울타리를 넘어 우리에게 금지된 들판으로 뛰어들게 됩니다. 타락한 우리의 본성에 율법은 반역의 상징에 불과합니다. 예방하는 법을 반역 촉진제로 만들어 버리는 죄를 볼 때, 죄는 실로 괴물입니다. 죄는 율법에 의해 악으로 나타나고, 악으로 변화되어 소리칩니다. "악이여, 너는 나의 선이 되어라"(Evil be thou my Good, 밀턴의 「실낙원」 IV권 111에 나오는 구절이다 – 역주). 율법은 우리의 죄로 말미암아 선한 것이 악한 것으로 변한 경우입니다. 율법의 경우만 그런 것은 아닙니다. 다른 많은 경우들도 언급해야겠군요.

　　아주 간단히 말씀드리겠습니다. 복음에 선포된 하나님의 풍성하신 긍휼을 더 많은 죄를 짓기 위한 이유로 바꾸어 버리는 사람들이 얼마나 많은지 모릅니다! 설교자들은 하나님의 이름으로 여러분에게 기뻐하며 이렇게 말씀을 전합니다. 주님은 언제나 여러분을 용서하시고 기꺼이 죄인들에게 은혜를 베푸시는 하나님이며, 예수님을 믿는 자는 누구든지 즉시 죄 용서를 받을 것이라고 말입니다. 이런 말씀을 듣고서 사람들은 어떻게 말합니까? "오, 죄 용서를 받는 것이 그렇게 쉬운 일이라면, 계속해서 죄를 지어도 되겠네. 믿음이 그렇게 단순한 문제라면, 먼 훗날에 믿어도 되겠네"라고 말합니다. 오, 천박하고 잔인한 생각입니다! 무한한 사랑으로부터 더 큰 죄를 지을 생각을 하다니 말입니다! 은혜로우신 하나님의 바로 그 선하심을 계속 죄지을 이유로 만들다니, 그런 행동을 제가 악마적 추론이라고 부른들 무슨 문제가 있겠습니까! 사실이 그렇기 때문입니다. 하나님이 여러분을 더욱더 사랑할수록, 여러분은 하나님을 더욱더 미워할 것입니까? 정말 그렇습니까? 하나님이 더욱더 선해질수록, 여러분은 더욱더 악해질 것입니까? 부끄럽습니다! 정말 부끄럽습니다!

또 이런 사람들도 있습니다. 아주 큰 죄에 빠져 있지만 다행히도 그 죄의 당연한 결과들을 지금까지 피해온 사람들이 있습니다. 그런데 하나님이 이렇게 오래 참으시는 것을 보면서 이 사람들은 무슨 생각을 합니까? 하나님은 아주 오래 참으셨고 그들을 불쌍히 여기셨습니다. 그런데 하나님의 이런 오래 참으심 때문에, 그들은 하나님을 다시 무시하고 염치도 없이 그 옛날 습성으로 되돌아갑니다. 그들은 범죄에 대하여 면역이 되어 있다고 착각하며, 하나님은 결코 자신을 벌하지 않으실 것이라고 자랑하기까지 합니다. 그들이 하고 싶은 대로 하도록 내버려 둡시다. 회개하도록 인도하는 오래 참으심을 더 죄를 지어도 좋다는 허가처럼 받아들일 때, 참으로 죄가 죄로 드러납니다. 원수들이 영원하신 하나님의 온유를 연약함으로 여기고 그분의 자비를 더욱 불순종할 근거로 삼을 때, 하나님이 즉시 그 원수들을 박살내지 않으시는 것이 그 얼마나 놀라운 일입니까!

부유함을 죄짓는 수단으로 삼는 수천의 부유한 죄인들에 대해 살펴봅시다. 그들은 원하는 대로 모두 갖고 있으면서도 하나님께 두 배로 감사하기보다는, 오히려 교만하고 아무 생각 없이 죄의 쾌락을 다 따라갑니다. 그들에게 맡겨진 축복은 그들에게 저주가 됩니다. 그 축복이 그들을 거만하게 하고 세속적으로 만들기 때문입니다. 그들은 하나님의 무기고에서 가지고 온 무기들로 하나님을 대적해 전쟁을 벌입니다. 하나님은 그들에게 하나님의 섭리를 누리도록 하셨는데, 정작 그들은 죄를 더 누렸습니다. 너무 많은 양식은 종종 하나님을 경멸하게 합니다. 사람들은 높은 곳에 올라가서 신앙을 깔봅니다. 그리고 하나님의 백성들에 대해 거만하게 말합니다. 심지어 하나님께도 거만하게 말합니다. 하나님이 음식으로 그들의 입을 채우시지만, 그들은 그 음식을 채워주신 하나님을 모독합니다. 하나님의 자비로 빌려 쓰는 재물을 가지고 그들은 수치스럽고 부정한 쾌락을 구입합니다.

하나님께서 인간에게 많이 주시면 주실수록, 인간은 더욱더 하나님을 싫어합니다. 그리고 하나님께서 자비를 곱절로 베풀어준 자는 그 은혜를 곱절의 범죄로 보답합니다. 이것은 끔찍한 일이지만, 모두 사실입니다. 침례교의 순교사 중에 박해자로부터 도망친 네덜란드의 한 침례교인 이야기가 기억납니다. 강물이 얼어붙은 덕분에, 그 착한 침례교인은 무사히 강을 건넜습니다. 그러나 그를 뒤쫓던 적은 몸집이 컸기 때문에 얼음이 깨지면서 강에 빠지게 되었습니다. 그러자 그 침례교인은 하나님의 자녀답게 되돌아가서 강물에 빠져 분명히 죽게 될 사람을 구해주었습니다. 그런데 구조된 철면피는 어떻게 행동했겠습니까? 그 나쁜 놈은 강가에 무사히 나오게 되자마자, 자기 생명을 구해준 침례교인을 붙잡아서 감옥에 넣어버렸습니다. 그리고 그 침례교인은 감옥에서 사형에 처해졌습니다!

우리는 이러한 비인간성에 놀라움을 금치 못합니다. 우리는 그런 비열한 보답에 대해 분개합니다. 그런데 경건하지 않은 자들이 하나님께 행하는 그 보답들은 이보다 더 비열합니다. 제가 여러분에게 말씀드리면서도 제 자신이 놀랍습니다. 특히 이런 주제에 대해 제가 너무나 조용하게 아주 삼가면서 말하는 제 자신이 더 놀랍습니다. 하나님께 대한 우리의 긴 배은망덕의 시간들을 생각해 볼 때, 즉 우리가 지나온 날들을 돌이켜볼 때, 우리가 이곳을 광대한 보김, 즉 울음의 장소(삿 2:1-5)로 바꾸지 않는다는 것과, 우리가 하나님을 어떻게 대우했는지에 대한 자기 혐오감과 깊은 슬픔의 표현으로 우리가 함께 흘리는 눈물이 강물처럼 흐르지 않는다는 것에 대해 저는 놀랄 따름입니다. 하나님께서 공의를 밝히시고 경고하실 때, 이와 동일한 악이 드러납니다. 경고의 설교가 끝난 후에 사람들이 나가면서 이렇게 말하는 것을 들었을 것입니다. 설교자는 대단한 애정을 가지고 말씀을 전했다 해도, "우리는 이제 더 이상 이런 지옥 불을 전하는 설교는 듣지 않을 거야. 우리는 이런 심판의 협박에 지쳤고 귀찮기만 하다."

> "주님의 심판을 듣고서도,
> 악마도 두려워하는 놀라운 섭리를 듣고서도!
> 그들은 역시 태연하고,
> 선하심과 진노가 함께 해도 허사였으니,

그들의 마음은 조금도 흔들리지 않네."

(새찬송가 60장, '영혼의 햇빛 예수님'의 4절 가사로, 한국어로는 3절까지 번역

되어 있다 ― 역주)

또 그 동일한 사람에게 하나님의 온유와 사랑에 대해 말해 보십시오. 그러면 그는 그런 하나님의 모습으로 인해 완악해질 것입니다. 왜냐하면 복음은 어떤 사람을 완악하게 만들기도 하고, 또 많은 사람에게 사망으로부터 사망에 이르는 냄새가 되기 때문입니다(고후 2:16).

오, 죄, 구원의 복음을 더 심한 저줏거리로 만든 너는 정말 죄로구나! 큰 심판들이 나라 곳곳에서 일어날 때, 경건하지 않은 많은 사람들이 하나님께 더욱 무례하게 되었고, 심지어는 하나님을 폭군으로 취급해 욕하기까지 했습니다. 그들을 녹여야 할 불이 그들을 더 완악하게만 합니다. 그들은 하나님의 두려움마저 무시하며, 바로(Pharaoh)처럼 "여호와가 누구이기에"(출 5:2) 하며 따집니다. 우리는 고난 중에 있는 사람들을 알고 있습니다. 아주 가난하거나 아픈 사람들은 그들이 겪는 슬픔으로 인해 하나님께 인도되어야 할 필요가 있습니다. 그러나 그들은 오히려 모든 종교에 대해 무관심해졌고 하나님에 대한 모든 두려움을 던져버렸습니다. 그들은 성경에 기록된 아하스 왕처럼 행동하였습니다. "이 아하스 왕이 곤고할 때에 더욱 여호와께 범죄하여"(대하 28:22).

막대기가 그들을 죄로부터 떼어놓지 못했고, 그들을 채찍질해 더 악한 상태로 몰아넣었습니다. 그들을 살리는 약이 그들을 죽이는 독이 되었습니다. 가지치기를 많이 한 나무일수록 열매가 적게 생산됩니다. 쟁기질은 들판을 메마르게 할 뿐입니다. 신자들에게 큰 축복으로 알려진 것들이 그들에게는 완전히 헛된 것들이었습니다. 그들이 맞으면 맞을수록 더욱 반역하게 되는 이유는 무엇입니까? 마음이 왜곡되는 유일한 경우는 이런 사실에서 볼 수 있습니다. 사망이나 무덤과 친하게 지내는 것이 마음을 완악하게 만들고, 무덤을 파는 자들이나 죽은 자를 묘지로 옮기는 자들보다 더 무감각한 사람은 없다는 사실 말입니다. 무덤이 자기 앞에 열려 있을 때, 사람은 드러내 놓고 죄를 짓습니다. 죽은 자 가운데서 일하지만, 우리 주님 당시에 무덤 사이에 거했던 귀신 들린 사람처럼 그렇게 사나워지는 것도 가능합니다(마 8:28).

애굽인들은 시체 앞에서 광란의 축제를 벌이는데 익숙했습니다. 누군가 말

했듯이, 그들은 쾌락을 삼가기 위해서 그런 게 아니라, 자기도 곧 죽을 것이기 때문에 더욱 방탕하게 주색잡기에 빠지기 위해서 그렇게 했습니다. 관과 수의는 훌륭한 설교가 될 수 있지만, 매일 이것을 보는 사람들에게는 꼭 그렇지도 않습니다. 콜레라가 창궐하던 시대에, 또 옛날에 페스트가 수천 명의 생명을 휩쓸어 가던 시대에, 많은 사람들의 마음은 전혀 부드러워지지 않았습니다. 오히려 하나님의 준엄한 설교자 앞에서 무감각해졌으며, 심지어는 하나님을 조롱하기까지 했습니다. 허비(James Hervey)는 「무덤 가운데서의 묵상들」이라는 거룩한 책을 무덤 가운데서 묵상하면서 펴냈지만, 거룩하지 않은 사람들은 교회 마당 안에서도 극장 안에 있는 것처럼 하나님으로부터 멀리 떨어져 있습니다.

제가 종종 주목하는 또 다른 이상한 것이 있습니다. 이것은 마치 제일 예쁜 꽃들에서 독을 뽑아내는 것 같은 죄의 능력에 대한 한 증거라고 할 수 있습니다. 어떤 사람들은 복된 경건의 훈련을 받게 되어서 오히려 더 죄를 범하게 되는 경우를 보았습니다. 경건생활과 덕스러운 훈련을 받았음에도, 그들은 죄악이 자기의 어머니라도 되는 양 그렇게 죄악의 품안에 안기기 위해 달려갑니다. 하루살이들이 불빛을 보자마자 그 불빛으로 달려들듯이, 이 정신 나간 사람들은 악으로 달려듭니다. 하나님의 섭리 안에서 자신을 공격해오는 시험들을 한 번도 겪어보지 못한 젊은이들은, 악은 그 이름이라도 들어보지 못한 거룩하고도 조용한 가정에서 자라면서, 소위 그들이 말하는 "삶"으로 스스로 나아가는데 있어서 초조해하며 걱정하다가, 결국은 자기의 영혼을 나쁜 동료들의 위험에 밀어 넣습니다.

아담의 아들과 딸은 선악을 알게 하는 나무의 열매를 따 먹고 싶어합니다. 그들은 자기를 유혹으로부터 보호해 주는 것에 짜증을 냅니다. 그들은 양의 우리를 싫어하고 늑대를 갈망합니다. 그들은 죄 가운데서 방종해 본 적도 없고 또 죄를 지어본 경험도 없는 환경에서 나고 자랐기 때문에, 스스로 부당하게 대우받았다고 생각합니다. 이상한 도취입니다. 하지만 이들의 많은 부모들은 자식들의 이런 이상한 타락과 앞뒤 가리지 않는 악에 대한 욕망에 마음이 찢어집니다. 작은 아들은 세상의 아버지 중에서 가장 좋은 아버지를 두었습니다. 그러나 그 아들은 아버지로부터 독립할 때까지 조용히 있을 수 없었습니다. 결국, 그는 먼 나라에 가서 자기가 가진 것을 창녀들과 함께 허랑방탕하며 그 재산을 낭비하다가 거지가 되고 말았습니다(눅 15).

또 다른 경우도 살펴봅시다. 열정적이고 거룩한 기독교인들이 많았던 시대에 살았던 사람들은 그 기독교인들 때문에 종종 더 악해집니다. 그 기독교인들의 열정이 그들에게 어떤 영향을 끼쳤습니까? 그 열정은 세상 사람들의 악한 마음을 더 부추기기만 했습니다. 교회가 잠들어 있는 동안 세상 사람들은 모두 이렇게 말합니다. "아, 우리는 당신이 믿는 그런 종교는 절대 믿지 않아요. 왜냐하면 당신은 당신이 믿고 있는 대로 그렇게 행동하지 않기 때문이요." 그러다가 이번에는 교회가 잠에서 깨어 본연의 사명을 제대로 감당하자, 세상은 또 이렇게 말합니다. "그들은 광신도 집단입니다. 그런 광란을 누가 참아낼 수 있겠습니까? 좀 별나지 않게 점잖게 믿는다면, 우리도 그 종교를 한번 믿어볼 텐데 말입니다. 그렇게 열정적으로 믿는 것은 우리 취향에 맞지 않습니다." 죄인들의 마음에 드는 것은 죄밖에 없습니다. 만약 그들의 지은 죄가 미덕이 된다면, 죄인들은 즉시 그 미덕을 선택하여 날아갈 것입니다. 왜냐하면 하나님과 반대편에 서기 위해서입니다. 하나님의 반대편에 인간이 설 것입니다. 인간의 이러한 본성이 바로 그의 창조자를 대적하는 적대감입니다.

오늘 설교를 시작하면서 제가 인용한 시를 쓴 기이한 이 시인은 진정으로 이렇게 말했습니다.

> "만일 하나님이 만물을 평범하게 배치했다면 분명히
> 인간은 울타리나 되었을 텐데. 그러나 이제
> 반대로 하나님은 인간을 안에 놓고 울타리를 쳐 주셨는데
> 인간은 담을 헐고 모든 땅을 갈아 놓았다오.
> 오, 얼마나 인간은 그 자신의 위치를 잘못 알았던가!
> 확실히 얼굴과 발을 바꾸어 놓을 사악한 자가 되었으니."
> (조지 허버트의 시집 「성전」에 나오는 '교회 회랑' 이란 시다 ― 역주)

이처럼 죄는 극도로 죄악된 것으로 보입니다. 죄라는 나무는 뿌리가 뽑히고 잘려도 계속 자라나는 엄청난 생명력을 지니고 있는 것이 분명합니다. 죽임을 당해도 살아나는 죄는 이상한 힘으로 가득 차 있습니다. 강철도 녹아서 쇳물이 되어 흐르는 그 가장 뜨거운 불이 있는 용광로 속에서도, 죄는 더욱 단단해지는 아주 강한 물질임이 분명합니다. 죄는 자기를 억제하는 것으로부터 힘을 얻으

며, 억제하면 할수록 더더욱 폭력적으로 돌진하는 아주 끔찍한 능력을 가지고 있습니다. 죄는 생명을 주도록 정해진 것을 가지고서 사람들을 죽입니다. 죄는 하늘의 은사들을 가지고서 지옥에 이르는 디딤돌을 만듭니다. 죄는 지옥으로 가는 길을 보여주기 위해 성전 등불을 이용하며, 웃사 왕의 경우처럼 하나님의 궤를 사망의 메신저로 만듭니다(삼하 6:1-8). 죄는 이상한 불이어서 축축해지면 더 잘 타오르고, 끄려고 부은 물에서 다시 불타오를 연료를 얻습니다. 하나님은 악한 것에서 선한 것을 이끌어 내시지만, 죄는 선한 것에서 악한 것을 이끌어 냅니다. 죄는 치명적인 악입니다. 얼마나 치명적인지 여러분이 판단하십시오! 오, 사람들이 죄의 본성을 알고 온 마음을 다해 죄를 미워하기를 바랍니다! 영원하신 성령께서 사람들을 가르치셔서 죄야말로 많은 질병들 중에 가장 고질병임을 바르게 알게 하옵소서. 그래서 이 고질병에서 달아나, 이 병을 고치실 유일하신 그분에게로 달려가게 하옵소서.

　　자, 오늘의 설교 말씀은 무엇에 관한 것이며, 그 핵심은 무엇입니까? 맞습니다. 오늘 설교 말씀의 핵심은 이것입니다. 우리 안에는 본성적으로 우리가 극복할 수 없는 죄로 기우는 경향이 있다는 것입니다. 그러나 우리는 이것을 정복해야 합니다. 그렇지 않으면 결코 천국에 들어갈 수 없습니다. 죄를 극복하려는 여러분의 결심은, 마치 리워야단(Leviathan)을 실 한 오라기로 묶고서 노끈 하나로 끌고 가려는 것처럼, 연약합니다. 여러분의 결심으로 여러분이 스스로 죄를 다스리려는 것은, 마치 폭풍우를 묶고 광풍을 제어하겠다는 희망과도 같습니다. 철학으로 극복될 죄는 하나도 없습니다. 죄는 그런 거미줄을 보고 비웃습니다. 그 어느 것도 죄를 막을 수 없으며, 어떤 외적인 예식으로도 죄로부터 깨끗하게 될 수 있는 영혼은 하나도 없습니다. 무릎 꿇기, 고해성사, 금식, 물로 씻음, 이 모든 것이 다 허사입니다.

　　그렇다면 우리는 어떻게 해야 합니까? 우리는 새롭게 지음받아야 합니다. 우리가 수리를 받을 시기는 이미 지났습니다. 우리는 새롭게 되어야 합니다. 우리의 오점을 제거하고 깨끗하게 할 수 있는 물은 하늘 위나 하늘 아래나 어느 곳에도 없습니다. 그러나 하나님의 아들의 피로 가득한 한 샘이 있습니다. 그 샘에서 씻은 사람은 희게 될 것입니다. 그리고 우리를 예수 그리스도 안에서 거룩하게 새롭게 빚으시며 모든 것을 창조하시는 성령이 계십니다. 저는 은혜의 기적이 아니고서는 구원받을 희망이 없는 여러분 모두를 하나님께 인도하길 원합니다. 저는 성령의 초자연적인 능력이 아니고서는 구원받을 희망이 완전히 없는 여러분을 하나님께 인도하길 원합니다.

여러분이 자신에게서 눈길을 돌려 하나님의 진노를 담당하기 위해 나무에 달려 피 흘리신 그분을 바라보게 되었으면 좋겠습니다. 왜냐하면 그분을 보는 것으로 생명을 얻으며, 누구든지 그분을 바라보는 자는 구원을 받기 때문입니다. 죄의 세력에서 뿐만 아니라 죄의 책임으로부터도 구원을 받습니다. 뱀에 물렸던 사람들의 혈관에 흐르며 타들어가던 독을 놋뱀이 제거하였습니다(민 21:9). 그들은 치명적인 질병에 걸렸지만, 그들이 쳐다본즉 모두 나았습니다. 그들에게서 제거된 것은 더러운 것들이 아니었습니다. 단순히 쳐다보는 것만으로 나은 것은 바로 그들의 질병이었습니다.

이와 마찬가지로, 그리스도를 바라보는 것은 단순히 죄를 제거하는 것이 아니라, 죄의 질병을 치료하는 것입니다. 이 부분에서 여러분 주목해 주십시오. 그리스도를 바라보는 이것이야말로 부정한 나병을 치료할 유일한 치료법입니다. 예수님을 믿는 것은 무적의 전투에서 쓰이는 거룩한 무기를 지닌 성령을 우리 마음의 전쟁터로 모시는 것입니다. 성령께서 우리 마음에 있는 난공불락의 죄의 거점을 전복시키고 정욕을 사로잡으며 증오심을 죽이십니다. 죄가 죄로 드러나게 되면, 은혜는 은혜로 드러나게 됩니다. 하나님의 성령께서 승리하시고 우리는 구원받게 됩니다.

이것이 우리 모두의 체험이 되도록 하나님께서 허락해 주시기를 기원합니다. 아멘, 아멘.

제
16
장
—

나는 왜 이런가?

—

"내 속사람으로는 하나님의 법을 즐거워하되 내 지체 속에
서 한 다른 법이 내 마음의 법과 싸워 내 지체 속에 있는 죄
의 법으로 나를 사로잡는 것을 보는도다" ― 롬 7:22-23

지난 수요일 저녁에 저는 여러분에게 궁극적인 성도의 견인에 대해서 말씀
드렸습니다. 많은 사람들이 기억하고 있을 것입니다. 그 때 말씀드린 그 교리에
대한 간단한 설명을 통해 많은 사람들이 큰 위로를 얻고 크게 기뻐하는 모습을
보면서, 저도 매우 놀랐고 크게 감사했습니다. 사실, 지난 두 주간에 걸친 수요
저녁 설교에서 우리는 성도의 견인이라는 동일한 주제에 관해 각기 다른 시각으
로 살펴보았습니다. 한 번은 교훈이라는 측면에서 살펴보았고, 또 한 번은 약속
이라는 측면에서 살펴보았습니다. 교훈이라는 측면이 굳게 붙잡고 인내할 것을
우리에게 가르쳐주었다면, 약속이라는 측면은 우리가 굳게 붙잡혀 있기 때문에
우리의 보존을 확신시켜주었습니다.

이렇게 이미 잘 알고 있는 교리들에 대해서도 여러분이 잘 받아들이는 것을
보고, 저는 오늘 말씀도 여러분이 잘 받아들일 것이라고 생각했습니다. 특히 최
근에 거룩한 가족이 되신 분들과 아직까지 신앙적 경험의 기초를 잘 알지 못하
는 분들에게 도움이 될 것입니다. 그래서 저는 오늘밤 위의 두 가지 기본적인 설
명을 따라가면서, 신자의 삶에서 드러나는 큰 내적 갈등에 대해 약간의 설명을
드리고자 합니다.

오늘 우리의 본문 말씀은 사도 바울이 경험한 부분을 전하고 있습니다. 우리는 모두 사도 바울이야말로 가장 탁월한 사도라고 인정합니다. 참으로 우리는 바울 사도를 사도들 중에 최고의 반열에 둡니다. 이런 이유로 그의 경험은 우리에게도 아주 귀중한 경험이 됩니다. 위대한 성도들도 내적 갈등을 겪었다면, 사도 바울이 도달했던 그 은혜의 수준에 도달하지 못한 사람들은 얼마나 더 많은 내적 갈등을 겪고 있는지 상상할 수 있을 것입니다. "지극히 크다고 하는 사도들보다 조금도 부족하지 아니하다"(고후 12:11)고 말했던 그가 "선을 행하기 원하는 나에게 악이 함께 있는 것이로다"(롬 7:21)라고 말할 수밖에 없었다면, 은혜에 있어서는 갓난아기 정도의 수준일 뿐이고 예수 그리스도의 그저 평범한 제자들 가운데 하나일 뿐인 저와 여러분은, 우리를 깜짝 놀라게 하는 비난들을 견뎌내야 하고 우리를 절망하게 하는 갈등들을 겪어내야 하는 상황이 오더라도 그리 놀라지 말아야 합니다. 그리고 때로 우리가 "오호라 나는 곤고한 사람이로다 이 사망의 몸에서 누가 나를 건져내랴"(롬 7:24) 하며 울부짖는 극심한 정신적 스트레스를 겪게 된다 하더라도, 그 역시 놀라지 말아야 합니다.

그러므로 그런 상황에 처한 여러분이 개인적으로 위로를 얻기 위해 무엇보다도 먼저 알아야 할 사실이 있습니다. 그것은 첫 번째, 기독교인의 마음을 지배하는 힘은 강력한 사랑과 순결하고 거룩한 것에 대한 강렬한 기쁨이라는 사실입니다. "내 속사람으로는 하나님의 법을 즐거워하되." 두 번째, 사람의 가슴 속에는 앞서 말한 그 거룩한 첫째 원리와 직접적으로 갈등을 일으키는 정욕과 나쁜 경향이 있습니다. "내 지체 속에서 한 다른 법이 내 마음의 법과 싸워 내 지체 속에 있는 죄의 법으로 나를 사로잡는 것을 보는도다." 그리고 세 번째, 이 지속적인 적대감으로 인해 받게 되는 연단은, 비록 연단 속에서 스트레스와 아픔도 겪겠지만, 분명히 우리가 영적으로 성숙하고 있다는 참되고 만족할 만한 증거가 될 것입니다. "우리 주 예수 그리스도로 말미암아 하나님께 감사하리로다"(롬 7:25).

1. 기독교인의 마음을 지배하는 힘은 강력한 사랑과 순결하고 거룩한 것에 대한 강렬한 기쁨입니다.

기독교인의 마음을 지배하는 힘은 하나님의 법을 즐거워하는 것이어야 하며, 이 사실은 모든 참된 기독교인에게 해당됩니다. 하나님께서 모든 신자들 안에 창조하신 새로운 본성은 죄를 지을 수 없습니다. 왜냐하면 그 새로운 본성은 하나님으로부터 났기 때문입니다. 이것은 성령의 사역으로 교활하지 않고 흠이 없으며 부패하지 않는 그런 것입니다. 우리는 신성한 성품에 참여하는 자가 되었습니다(벧후 1:4). 예수 그리스도를 죽은 자 가운데서 부활하게 하심으로 말미암아 우리를 거듭나게 하사 산 소망이 있게 하실 때(벧전 1:3), 그 때 신성한 성품이 우리에게 전해졌습니다.

우리는 혈통으로나 육정으로나 사람의 뜻으로 나지 아니하고 오직 하나님께로부터 난 자들입니다(요 1:13). 우리가 중생하는 그 시간에 우리는 하나님으로부터 새로운 본성을 받았습니다. 이 새로운 본성은 비록 어릴지라도 우리 안에 있는 나이든 본성을 자기에게 복종하도록 합니다. 새로운 본성은 옛 본성과 싸웁니다. 그러나 새로운 본성이 승리합니다. "큰 자가 어린 자를 섬기리라"(창 25:23) 하신 의미심장한 말씀이 우리 영혼 속에 있는 그 작은 왕국 안에서 충분히 성취되었습니다. 옛 본성이 완전히 진압되기까지는 긴 싸움의 시련이 있습니다. 그러나 마침내 성령으로 난 본성이 육정으로 난 본성을 제압할 것이며, 우리 안에 있는 신성한 성품이 그 육욕적인 본성을 정복할 것입니다. 기독교인은 자기 속에 심겨진 이 새로운 본성 때문에 하나님의 법을 즐거워합니다. 그는 법을 어떤 모양으로도 바꾸고 싶어하지 않습니다.

우리가 십계명을 읽을 때, 비록 그 십계명이 우리의 결점들을 꾸짖을지라도, 우리의 양심은 하나님의 법을 인정합니다. 그렇습니다. 오직 하나님만이 그렇게 완벽하고 완전한 법전을 작성하실 수 있다고 우리는 생각합니다. 비록 하나님의 법이 우리를 정죄한다고 해도, 우리는 그 법의 일점일획이라도, 한 음절이라도 바꾸기를 원치 않을 것입니다. 그리스도의 보혈이 우리에게 가르쳐주는 것과는 별도로, 하나님의 법을 통해서도 우리는 우리가 지옥으로 던져질 것이고 그것도 아주 공정하게 진행될 것임을 알게 되지만, 우리는 거룩한 본능, 순결한 취향, 의로운 판단력으로 선한 하나님의 법에 동의하게 됩니다. 그 법은 옳고 그름, 선과 악, 진리와 거짓, 조화와 불화 간의 차이에 대한 하나님의 마음을 표현합니다. 우리의 마음도 그 하나님의 마음과 일치합니다.

우리는 그 법을 조사를 통해 입증된 진리로 받아들이지 않습니다. 오히려 그 자체로 빛나는 위엄을 통해 모든 것이 밝혀지는 진리로 받아들입니다. 불순종하는 자에게 선포된 저주에 우리가 아멘하기 위해서, 또는 하나님의 계명들을 행하며 지키는 자들에게 약속된 축복들을 장엄한 기쁨으로 환호하기 위해서라도, 우리는 에발 산이나 그리심 산에 우리의 자리를 기꺼이 마련해야 할 것입니다(신 11:29). 사랑하는 성도 여러분, 하나님 법이 지닌 영성이 조금이라도 손상되는 것을 바라는 기독교인은 아무도 없을 것입니다. 기독교인이라면 하나님의 법이 자신을 정죄할지라도, 그는 그 하나님의 법을 읽으면서 즐거워할 뿐만 아니라, 그 하나님의 법의 정신까지도 즐거워합니다.

하나님의 법이 사람이 행하는 정숙하지 못한 행동은 물론이고 정숙하지 못한 시선까지도 정죄한다면 어떻게 되겠습니까? 그 사람도 스스로 정숙하지 못한 시선을 정죄합니다. 하나님의 법이 그의 마음에 다가가서 이렇게 말한다면 어떻게 되겠습니까? "너는 네 이웃의 물건을 훔치지 말아야 한다. 그 뿐만 아니라 그 물건들을 탐내서도 안 된다." 그러면 그는 마음에 탐내는 것도 죄라고 생각하며, 비록 자기가 속여서 빼앗지 않았어도 탐냈다는 그것만으로도 몹시 마음 아프게 여깁니다. 그는 전혀 하나님이 너무 가혹하다고 생각하지 않습니다. 한순간이라도 그는 "당신은 굳은 사람이라 심지 않은 데서 거두고 헤치지 않은 데서 모으는 줄을 내가 알았으므로"(마 25:24)라고 말하지 않습니다. 비록 하나님의 법이 너무 넓고 광범위하다 할지라도 그 법에 동의합니다. 하나님의 법에 앞서 등장하는 우레와 번개와 음성들이 그를 떨게 하여도(출 19:16), 그 법에 규정된 지혜, 공평, 자비는 이 두려움을 감탄으로 바꿉니다.

위로부터 나서 그리스도와 교제하고 하나님과 화평하는 바로 그 성품은 하나님의 법과 조화를 이룹니다. 하나님의 법이 영적입니까? 그렇다면 하나님도 영적입니다. 그 계약은 파기되지 않았고 그 일치는 완벽합니다. 제 설교를 듣는 많은 분들이 이 사실만큼은 인정하리라 믿습니다. 왜냐하면 우리 중에 거듭난 많은 사람들이 속사람으로는 하나님의 법을 즐거워하고 있음을 분명히 증언할 수 있기 때문입니다. 다시 말씀드립니다. 우리가 준수해야 할 주님의 계명들 중에 단 하나라도 면제받기를 원하는 기독교인은 없습니다. 그의 옛 본성은 그것을 원할지 모르겠지만, 그 속사람은 이렇게 말합니다. "저는 육체에 양보해서 주거나 받거니 하기를 절대 원치 않습니다. 어떤 이유에서라도 죄를 허용하거나 죄에 대해 변명하고 싶지도 않습니다." 육체는 자유를 갈망하며, 그 자유를 위한 조치를 요구합니다. 그러나 그 어떤 신자가 죄를 짓기 위한 자유를 필요로 하겠습니까?

사랑하는 성도 여러분, 이런 생각이 신성모독이 될지는 모르겠지만, 만약 주님께서 여러분에게 이렇게 말씀하신다고 가정합시다. "내 아들아, 네가 짓고 싶은 죄 하나가 있다면, 너는 그 죄 하나는 범해도 좋다." 그렇다면 여러분은 어떤 죄를 짓겠습니까? 이 질문에 여러분은 이렇게 말하지 않겠습니까? "오, 저는 모든 죄로부터 깨끗하게 되기를 원합니다. 죄는 제게 고통이기 때문입니다. 죄는 슬픔을 다른 말로 표현한 것에 불과합니다. 도덕적 악은 그 자체가 저주입니다. 전염병이고 흑사병입니다. 그것을 생각만 해도 저는 몸서리가 납니다."

로마 교회에서는 사람이 종교적 의무로부터 면제받는 것을 축복으로 여겼습니다. 그러나 우리는 그러한 호의를 요구하지 않습니다. 우리는 그런 특권을 귀하게 생각하지도 않습니다. 죄지을 자유란 말은 우리에게 이중의 족쇄를 채우겠다는 뜻입니다. 한순간이라도 그리스도께 대한 우리의 의무를 덜어보겠다는 생각은, 빛의 통로와 평화의 길에서 떠나 어둠 속에서 잠시나마 방황하겠다는 뜻이며, 이는 곧 건장한 신체를 격심한 질병과 쓰라린 고통으로 바꾸겠다는 것입니다. 사랑하는 성도 여러분, 만일 여러분이 신자라면, 하나님의 법을 위반해도 좋다는 허락을 주님께 받고자 하지도 않고, 앞으로도 그러지 않을 것이라 저는 확신합니다. 여러분이 알지 못해서 자신을 죄짓게 내버려 둔 때도 있었습니다. 여러분의 마음속에는 잘못된 무언가를 행하고자 하는 욕구도 있었을 것입니다. 그것은 당연한 일입니다. 그러나 새롭게 태어난 본성은 이러한 허물을 발견하는 순간 그 죄들로부터 뒤로 물러나 돌아섭니다. 새롭게 태어난 본성은 어떻게 달리 행동할 수가 없습니다. 그 본성은 죄를 지을 수 없습니다. 왜냐하면 하나님으로부터 났기 때문입니다. 여러분 안에 있는 새로운 본성은 죄에 몸서리를 칩니다. 새로운 본성 안에는 죄의 요소가 없기 때문에 죄를 허용할 수 없습니다. 그러나 전에 여러분은 죄안에서 방탕한 생활을 하고 죄를 즐겼으며 부정을 물처럼 마셨습니다. 이제 여러분은 하나님의 법에서 빠져나갈 구멍을 찾지 않습니다. 여러분은 속사람으로는 하나님의 법을 즐거워합니다.

기독교인의 새롭게 태어난 본성은 또한 하나님의 마음에 맞추어 거룩한 법을 지키기를 간절히 바랍니다. 무엇을 구하든 우리가 구하는 대로 주겠다는 제의를 우리 중 누군가가 받게 된다면, 즉 밤에 환상 가운데 주님께서 우리에게 나타나 "내가 네게 무엇을 줄꼬 너는 구하라"(왕상 3:5)라고 솔로몬에게 하신 말씀을 하신다면, 우리 중에 아무도 무엇을 구할까 망설이는 사람이 없으리라고 생각합니다. 저는 부와 명예를 구하는 제 자신을 상상할 수도 없습니다. 만약 제가 지혜를 구하게 된다면, 사람들 사이에서 흔히 평가되는 그런 지혜보다 훨씬 더 높은 차원의 지혜가 아니라면 아예 그런 지혜는 구하지도 않을 것입니다. 제가 다른 모든 것보다 더 갈망해야 한다고 느끼는 은사는 거룩함입니다. 순결하고 흠 없는 거룩함 말입니다. 지금 저는 그리스도에게 관심을 가지고 있고, 제 죄가 그리스도의 이름으로 용서받은 것을 알기에, 그 어떤 것보다도 제가 간구하는 한 가지 소원은 죄로부터 완전히 자유롭게 되는 것이며, 해서는 안 될 것을 하는 죄와 해야 할 것을 하지 못한 죄가 없이 흠 없는 삶을 살아가는 것입니다.

그렇습니다. 이러한 바람을 영혼 속에 지니고 있는 기독교인은 그것이 성취되기까지 결코 만족하지 못할 것입니다. 이것이 바로, 우리가 속사람으로는 하나님의 법을 즐거워하는 것을 보여주는 것입니다. 그러한 바람이 성취되기까지 그리 오랜 시간이 걸리지 않을 것입니다. 왜냐하면 우리가 그분을 있는 모습 그대로 보게 될 때 우리도 그분처럼 될 것이기 때문입니다. 우리가 그분처럼 되기까지, 우리의 영혼은 항상 안정을 얻지 못하고 항상 더 많은 하나님의 은혜를 구하기 위해 울부짖으며, 우리 안에 있는 악이 어느 정도 굴복했더라도 여전히 우리 안에 있는 악 때문에 시달릴 것입니다. 오, 그렇습니다. 사랑하는 성도 여러분, 이것이 우리가 소망하는 것이고, 우리가 기도하는 제목이며, 우리가 싸우는 대상이고, 우리가 기꺼이 죽고자 하는 목표입니다. 이런 사실에서 우리는 하나님의 뜻과 하나님의 마음에 전적으로 합치하게 됩니다. 바로 여기에 우리가 하나님의 법이 선한 것을 알고 속사람으로는 하나님의 법을 즐거워한다는 증거가 있는 것입니다.

그러나 기독교인들이 하나님의 생명으로 수많은 육체와 마음의 욕망들을 극복하게 되는 모습을 보여줄 때, 앞서 말한 사실들이 더욱 실제적으로 증명됩니다. 종종 기독교인은 거룩해지기 위해 노력하면서 한층 더 엄격한 자기 부인을 하게 됩니다. 그러나 기독교인은 이것마저도 기쁘게 감당합니다. 예를 들어, 흔히 다들 하는 것처럼 속임수를 써서 더 많은 이익을 얻을 수 있는 사업상의 거래에서도, 기독교인은 하나님 앞에서 이런 악과 죄를 지을 수 없다고 느낍니다. 또 젊은 회심자들은 정도에서 조금만 벗어나면 자기가 교제해야 하는 세상 사람들을 기쁘게 해 줄 수 있다는 것을 잘 압니다. 아마 그는 아직 연약하기 때문에 이탈할 수도 있을 것입니다. 그러나 그렇게 이탈한다면, 그 젊은 사람 안에 있는 새 생명은 결코 마음 편하지 않을 것입니다.

내적 생명이 활기찰 때, 그 내적 생명은 그에게 이렇게 말하게 할 것입니다. "비록 내가 이 세상 사람들의 호의를 잃는다고 하여도, 나는 나의 주님이자 주인이신 그분을 섬기겠습니다. 잘못을 저질러야 할 순간이 온다면, 나는 잘못을 저지르기보다는 나의 지위를 포기하겠습니다. 그리스도의 계명을 일부러 어길 바에는 차라리 나의 일용할 양식이 불안해도 그것을 감수하겠습니다. 나는 계명을 어길 수 없습니다." 맞습니다. 많은 하나님의 자녀들이 과감하게 주님을 섬기려고 하기 때문에 아주 극심한 고난을 당하며 수많은 시련과 어려움의 시기를 보내고 있음을 잘 알고 있습니다. 이것이야말로 속사람으로는 하나님의 법을 즐거워한다는 증거입니다. 어떤 사람이 의를 위해 기꺼이 비난을 감수하고 조롱당하며 비웃음거리가 되고 미친 사람처럼 모욕을 받을 때, 다시 말해 사람들이 그를 위선자에게 하듯 비웃고 바리새인처럼 취급할 때, 그가 마음만 바꿨더라면 즐겁게 지낼 수 있었던 친구들로부터 냉대를 당할 때, 그래도 기꺼이 주님을 따라 과감히 나아간다면 그리고 이 모든 것이 성령의 지시와 뜻을 따르고자 하는 것이라면, 이것도 하나님의 법을 즐거워하는 증거라고 말할 수 있습니다.

그 증거가 되는 사람들이 이 교회 안에 있음을 하나님께 감사드립니다. 그리고 하나님의 본성을 받은 여러분과 저와 우리 모두가 모든 위험을 무릅쓰고라도 선한 방법을 사용하며, 모든 위험의 순간에 십자가를 붙잡고 끊임없이 하나님의 법을 즐거워하는 증거가 되기를 기도합니다. 우리의 영혼이 비록 행동에 있어서는 완전할 수 없다고 해도, 어쨌든 하나님의 도우심으로 모든 일에 하나님의 뜻을 행하고자 하는 바람과 사랑을 소중히 여기려는 그 목적과 결심에서는 완전해지기를 기도합니다. 혹시 여러분 가운데 이렇게 말할 수밖에 없는 사람이 있습니까? "글쎄요. 저는 하나님의 법에 동의하지 않습니다. 물론 그 법을 즐거워하지도 않고요. '너는 탐내지 말라', '간음하지 말라', '안식일을 기억하여 그날을 거룩하게 지키라'는 식의 말씀을 들으면, 저는 저렇게 금지하고 있는 그런 행동들이 꼭 악한 것인가 하는 생각이 들어요. 그런 행동들이 우리의 즐거움, 이득, 의무, 기쁨 등과 그렇게 큰 차이가 난다니 안타까울 따름입니다. 저는 오히려 더 많은 허용과 더 적은 규제를 바랄 뿐입니다. 그 계명들, 특히 우리의 생각들을 간섭하고 의지의 자유를 침해하는 그런 계명들은 귀에 거슬리고 불쾌하기조차 합니다. 저는 그런 계명들에 속박되는 것이 마음에 들지 않아요. 차라리 제가 하고 싶은 대로 하면서 살고 싶습니다."

잘 알겠습니다. 사랑하는 성도 여러분, 이보다 더 심한 경우에 대해서는 굳이 말씀드리지 않겠습니다. "이 일에는 네가 관계도 없고 분깃 될 것도 없느니라"(행 8:21). 만일 여러분의 마음이 새롭게 되었다면, 여러분은 전혀 다른 태도로 말할 것입니다. 종교나 도덕에 관해 저질적인 기준을 선호하는 사람들의 이야기를 들을 때마다, 옳고 그름에 대한 불분명한 입장을 정당화하는 사람들을 볼 때마다, 그들 안에 있는 영은 거룩한 하나님의 영이 아니라, 죄성을 지닌 본성의 영이라는 사실을 여러분은 확신하게 될 것입니다. 맞습니다. 사탄의 영이 들어와서 인간의 영을 예전보다 더욱 악하게 만든 것입니다.

그런데 여러분의 마음은 하나님의 법을 즐거워합니까? 여러분의 영혼이 옳다고 하는 것에 매력을 느낍니까? 영적으로 보기에 덕스러운 것에 아름다움을 느낍니까? 특히 "예수님의 생애에서 하나님의 법이 살아 있는 성품으로 구현되어 나타났기" 때문에 예수님의 성품을 찬양합니까? 그렇다면 사랑하는 성도 여러분, 그것은 여러분이 신성한 성품에 참여하는 자가 되었고 중생했다는 증거입니다. 비록 여러분 안에 여전히 악이 있다 해도, 여러분 속에 있는 하나님의 생명이 우리가 하나님의 오른편에 안전하게 갈 때까지 악을 저항하고 굴복시킬 것입니다.

2. 사람의 가슴속에는 거룩한 원리와 직접적으로 갈등을 일으키는 정욕과 나쁜 경향이 있습니다.

이제 두 번째로 갈등에 대해 말씀드리겠습니다. 하나님의 법을 이토록 즐거워하는 바로 그 곳에, 곧 지체 속에 또 다른 법이 있습니다. 사도 바울이 그렇다고 말합니다. 그리고 제게는 사도 바울이 그 다른 법에 대해 세 개의 서로 다른 단계가 있다고 말하는 것으로 들립니다. 먼저 그는 그 법을 볼 수 있었고, 그 다음 그 법과 직면해야했고, 마침내 그는 그 법에 사로잡히게 되었다고 말합니다. 사도 바울이 "나를 사로잡는 것을"이라고 말했기 때문입니다.

우리 속에는 각각 죄의 법이 있습니다. 우리의 눈이 밝다면, 그 죄의 법이 적극적인 활동을 하지 않을 때도 우리는 그 법을 항상 볼 수 있을 것입니다. 어떤 사람이 자기는 죄로 기우는 경향이 없다고 말하는 것을 들을 때마다, 저는 즉각 그가 자기 집에 살고 있는 사람이 아니라고 추측하게 됩니다. 저는 그가 분명히 자기 집과 먼 거리에 떨어져 살고 있거나, 아니면 자기 집에 살기는 하지만 거실

외에는 아무데도 가본 적이 없는 사람이라고 생각합니다. 그런 사람은 자기 집에 있는 방들을 모두 들어가 보지도 않았고 꼼꼼히 살펴보지도 않았을 것입니다. 만약 자세히 살펴보았다면, 살아 계신 하나님으로부터 벗어난 불신의 악한 마음이 있는 곳을 자기 집 어딘가에서 발견했을 것입니다. 이것이 신자의 참 모습입니다. 신자는 이 또 다른 본성에 대해 울부짖으며 말합니다. "나의 믿음 없는 것을 도와주소서"(막 9:24).

사람의 내면에는 항상 다른 본성이 있습니다. 때로는 다른 본성이 숨어 있기도 합니다. 악마가 잠을 자러 가는지는 잘 모르겠지만, 우리의 죄된 본성은 가끔 잠을 자고 있는 것 같기도 합니다. 그러나 실제로 악한 본성이 잠자고 있다고 해서 깨어 있을 때보다 조금 덜 악한 것은 절대 아닙니다. 악한 본성은 할 수 있는 한 언제나 나쁩니다. 화약이 항상 폭발하는 것은 아닙니다. 그러나 항상 폭발력을 가지고 있습니다. 불꽃이 화약에 튀기만 해도 곧 폭발하고 맙니다. 그 폭발력을 발휘할 기회를 준비하면서 기다리고 있었던 것처럼 말입니다. 독사는 아무런 해도 끼치지 않을 듯이 똬리를 틀고 있습니다. 그러나 그 송곳니 밑에는 치사량의 독을 품고 있습니다. 독사가 독이 든 이를 다물고 있다고 해도, 독사는 여전히 독사인 것입니다.

만일 하나님의 주권적인 은혜가 막지 않았다면, 우리의 본성 안에는 가장 좋은 성도라도 지옥에 보내버릴 만한 그런 것이 있었을 것입니다. 모든 자녀들의 마음 안에는 작은 지옥이 하나씩 있습니다. 따라서 오직 위대하신 하늘 아버지만이 우리 속에 거하는 그 악한 죄를 정복할 수 있습니다. 전혀 예상치 않은 순간에 이 죄는 불쑥 나타납니다. 보통 그 죄는 돌발적으로 나타나 불시에 우리를 사로잡습니다. 애석한 일이지만 제가 그것에 대해 잘 알고 있습니다. 저는 이 자리에서 서서 저와 관련된 이야기들을 많이 하고 싶지는 않습니다. 그런데 일찍이 저는 이런 사람을 알고 있었습니다. 그는 기도 모임에 참석해서 자기 마음이 하나님을 향해 뜨거워지는 것을 느꼈습니다. 그는 하늘 아버지께 아주 가까이 다가가 그리스도와 다정한 교제를 나누었고 성령과의 깊은 교통을 즐겼습니다. 그래서 기도 모임이 끝난 줄을 알지 못했습니다. 그런데 그 기도 모임에 참석했던 한 사람이 그를 비방하면서 심히 무례하게 대했던 모양입니다. 모욕을 당한 그 사람은 불시에 이런 일을 당했기에, 화가 머리끝까지 치밀어 올랐고 경솔하게 혀를 놀려 악다구니를 해댔습니다. 그는 진정하고 평정심을 유지하는 게 더 나았을 것입니다. 제 생각입니다마는, 기도를 열심히 한 그 사람은 평상시에 아주 조용한 사람이었기 때문에, 다른 때 같으면 그런 모욕을 당해도 화내지 않고 그냥 지나쳤을 사람입니다. 그런데 불시에 이런 일을 당했기 때문에 그는 마음을 붙잡지 못했던 것입니다. 그의 마음속에 풍성히 임한 바로 그 사랑이 그의 감정을 자극하여 더 격분하게 만들었습니다. 그는 천국에 너무나 가까이 있었기 때문에, 참석한 모든 사람이 자기와 같은 생각을 하고 있으리라 기대했습니다. 그런 찰나에 예상치 못한 공격을 받은 것입니다. 집 안에 돈이 많이 있을 바로 그 때가 도둑이 들어오기 가장 좋은 때입니다. 영혼에 가장 큰 하나님의 은혜가 있을 때, 악마는 할 수만 있으면 그 은혜를 공격하려고 노력할 것입니다.

상선들이 금을 구하러 인도에 갈 때는 해적들이 그 상선을 공격하지 않습니다. 그러나 상선들이 고국으로 다시 돌아갈 때, 해적들은 값나가는 물품들을 약탈하여 부자가 될 수 있다는 생각으로 매복했다가 상선들을 항상 공격합니다. 만약 여러분이 설교를 듣고 기뻤다면, 만약 여러분이 기도로 하나님께 가까이 나아갔었다면, 만약 성경 말씀이 여러분에게 아주 귀한 것이 되었다면, 바로 그 때 안에서 잠자던 용이 깨어나 평화로운 여러분의 영혼을 혼란케 할 것이라고 예상해도 좋습니다.

> "우리가 크게 즐거워할 때,
> 우리는 상당한 위험이 다가오고 있음을 예상해야 한다."

평온할 그 때, 바로 그 때 깨어 있으십시다. 여러분도 알다시피 우리가 선하고 새롭게 될 때, 악한 본성은 시기라도 하듯 그 본색을 드러냅니다. 우리가 악에 노출될 때 악한 본성은 확실히 활개를 칠 것입니다.

죄의 기질, 경건하지 않은 생각들, 불순한 상상들, 우쭐한 마음, 난폭한 격정 등이 자기 속에 없다고 느끼기 때문에 자신에 대해 만족해하는 사람이 있다면, 그는 러더퍼드(Samuel Rutherford, 1600-1661. 스코틀랜드 장로교 신학자이자 저술가 – 역주)의 말씀을 기억할 필요가 있습니다. "유혹이 잠잘 때는 미친 사람도 현명한 사람이 되고 창녀도 정숙한 사람이 된다. 그러나 유혹이 들어 있는 병을 깨뜨려 그 안에 있던 것이 나오면, 그것은 포도주가 되거나 아니면 물이 된다"(러더퍼드가 「신앙의 시련과 승리」[The Trial & Triumph of Faith]라는 제목으로 1645년에 행한 설교

중 나오는 내용이다 – 역주). 오, 나의 영혼이여, 나의 영혼은 내 영혼을 자극하는 것이 없는 그 잠시 동안만 평온할 뿐입니다. 경건한 사람들과 교제하면서 시간을 보내고 그 마음에 선한 것들을 지속적으로 채운다면, 그 나쁜 본능은 잠자게 될 것입니다. 그러나 그와 다른 환경에 처하게 되면, 그 나쁜 본능은 조그마한 자극으로도 그 안에 항상 들어 있던 악을 부추겨 곧장 자신을 노골적으로 드러냅니다.

　거의 모든 땅에는 잡초들이 있습니다. 여러분이 한 3~6미터 정도의 깊이로 땅을 파본다면, 거기에 잡초의 씨앗들이 있고 그 씨앗들에서 잡초가 자라는 것을 알게 될 것입니다. 그런데 그 씨앗들은 씨가 자라기에 적절한 환경이 될 때까지는 절대 싹을 틔울 수가 없습니다. 그러다가 해가 비치고 이슬이 내리면 씨앗들이 지면 위로 자라기 시작합니다. 우리의 본성 안에도 깊이 파묻혀서 눈에 보이지 않는 많은 씨앗들이 있습니다. 하지만 이 씨앗들도 환경이 바뀌면 자라서 올라오게 되고, 그로 인해 우리가 예전에는 꿈도 꾸지 못했던 그런 악들이 우리 속에 있었다는 것을 발견하게 됩니다. 오, 아무도 자랑하지 마십시오. 아무도 "나는 저런 희한한 죄에 빠지지 않을 거야"라고 말하지 마십시오. 사랑하는 성도 여러분, 여러분이 그런 죄에 빠지지 않을 것이라고 어떻게 알 수 있습니까? 여러분은 아직 그런 죄에 빠질 만한 환경에 처하지 않았을 뿐입니다. 조심하십시오! 여러분이 쇠라고 생각하고 서 있던 곳이 알고 보니 진흙이었을 수 있습니다. 잠가 놓은 문빗장이 놋쇠로 만든 줄 알았는데 알고 보니 썩은 나무로 만든 것일 수 있습니다. 우리 모두가 지니고 있는, 아니 심지어 아주 경건한 자가 지니고 있는 최고의 덕성, 최고의 바람, 최고의 결심이라 해도 그것들을 신뢰할 만한 이유는 하나도 없습니다. 우리는 아주 철저히 연약합니다. 우리에게 일어난 하나님의 그 모든 은혜에도 불구하고, 우리는 악으로 기우는 경향이 있습니다. 우리 속에 있는 죄는 우리 몸 속에 퍼진 바이러스와 같아서, 악성종양처럼 발진하여 머리부터 발끝까지 몸 전체에 퍼져 모든 성품을 망쳐버립니다. 그런 일이 일어나지 않기를 하나님께 기도합니다.

　기독교인에게는 죄가 어떤 모습으로 드러나는지, 그것도 기독교인이 행하는 가장 거룩한 의무 속에서 어떻게 드러나는지를 주목해 봅시다. 기도의 경우를 살펴보겠습니다. 여러분이 기도를 해야겠다고 마음먹고서 하나님께 가까이 나아가려고 하면, 괜히 무릎이 뻣뻣해지고 마음이 완고해지면서 기도하기 싫을 때가 종종 있지 않습니까? 기도하려고 여러분의 영혼이 거룩한 것들을 생각하려고 하면, 곧장 썩은 고기를 좋아하는 까마귀가 들판을 가로질러 날아오는 것처럼, 나쁜 생각이 여러분의 영혼을 가로질러 날아듭니다. 그리고 여러분은 그 생각을 물리칠 수가 없습니다. 만약 이 모든 것들을 물리친다면, 여러분은 하나님을 아주 즐거워하면서 기도를 마칠 수 있을 것입니다. 그러나 여러분이 자기를 안에 갇혀 나오지를 못한다면, 한 낯선 쾌락이 여러분의 마음을 훔칠 것입니다. 그것은 여러분이 기도를 잘해서 은혜 가운데 성장하고 있고 그리스도의 장성한 분량이 충만한 데까지 이르렀다는(엡 4:13) 자기만족이란 쾌락입니다. 여러분은 경건한 예배당을 나설 때 자기가 이 곳에서 얼마나 중요한 사람인지, 즉 그리스도의 여러 군사들 중에 자기가 다른 사람들보다 계급이나 서열에 있어 더 높은 지위에 있어야 하는 사람이라고 묵상하지는 않습니까? 하나님의 교회라 해도 좀 더 높은 지위를 얻는 것이 좋다는 생각은 하지 않습니까?

또 여러분이 기도를 했는데도 마음이 답답하면, 여러분은 예민하고 조급하게 굴면서, 실제로 말은 하지 않아도 속으로 투덜거릴 것입니다. 그럴 바에는 차라리 기도를 그만 두는 게 더 낫습니다. 그런 기도는 해 봐야 소용이 없기 때문입니다. 여러분이 그런 식으로 기도를 하든 그냥 기도하지 않고 내버려 두든, 여전히 여러분 속에는 악이 일어날 것입니다. 악은 어떤 때는 여러분을 간섭하기도 하고, 또 어떤 때는 악의 존재를 여러분이 알게 하기도 합니다. 도둑이 이미 침대 밑에 들어와 있는데도, 여러분은 문을 잠그고 나서 어떤 도둑도 들어올 수 없다고 생각하며 옷을 벗고 잠자리에 들기 시작합니다. 많은 사람들이 이와 똑같이 생각합니다. "나는 그런 유혹에 대해서는 문을 굳게 잠가 두었어." 그런데 보십시오. 그 유혹들이 이미 영혼 속에 숨어 있습니다. 드라빔을 가져 낙타 안장 아래에 넣고 그 위에 앉은 라헬(창 31:34)의 모습이 연상됩니다. 그 유혹들이 아직 발견되지 않았다면, 이 곳 아니면 저 곳 어딘가에 은밀히 숨어 있는 것입니다.

사랑하는 성도 여러분, 이 사실을 당연한 것으로 여기십시오. 이 사실에 대해 의심하지 마십시오. 사도 바울은 이것을 본 것입니다. 여러분도 보기를 원한다면 바울과 마찬가지로 보게 될 것입니다. 사도 바울은 말합니다. "내 지체 속에서 한 다른 법이 …… 보는도다." 사도 바울은 계속해서 말합니다. 내 지체 속에서 한 다른 법이 "내 마음의 법과 싸워"라고 말입니다. 옛 본성은 주도권을 잃지 않으려고 저항하는 반면, 새 본성은 주도권을 얻기 위해 몸부림칩니다. 이렇게 옛 정욕들과 새 생명이 서로 싸웁니다. 왜냐하면 이 양자는 전쟁의 적수들이기 때문입니다. 이 전쟁은 중생한 영혼 안에서 계속해 일어나는 전쟁입니다. 우리는 이 전쟁이 서로 다른 양상을 취한다는 것도 알고 있습니다. 때로는 이런 양상을 띠기도 합니다. 나쁜 욕망이 기독교인에게 들어왔고, 그러자 그가 그 욕망을 싫어했습니다. 철저히 싫어했습니다. 그러나 그 욕망은 그를 여러 차례 반복해서 따라다녔습니다.

그는 그 욕망 때문에 하나님께 부르짖었습니다. 그는 그 욕망으로 인해 울었습니다. 그는 그 욕망을 허락하지 않았습니다. 그는 한순간이라도 그 욕망이 달콤하거나 마음에 들면 어떡하나 하는 생각으로 마음을 졸입니다. 지나간 시간을 되돌아볼 때면 그 유혹에 굴복했던 순간이 떠올라 그는 몸서리를 칩니다. 그러나 자기 육체의 고집과 사탄의 보복으로 인해 그 증오의 욕망은 불쑥불쑥 계속해서 솟아오를 것입니다. 그는 그 욕망이 자기 뒤에서 개처럼 부르짖는 소리를 들을 것입니다. 이것은 마치 먹잇감을 뒤쫓는 정찰견이 먹잇감을 향해 공중으로 뛰어올라 그 먹잇감을 목을 물어뜯어 공격하는 것과 같습니다. 이 불쌍한 사람에게는 자기의 영혼 안에서 일어난 그 지독한 유혹을 잠재우기 위해 애써보는 것이 최선입니다.

저는 그런 전쟁이 얼마나 끔찍한 시련인지 증언할 수 있습니다. 제게도 때로는 며칠씩, 몇 주씩, 몇 달씩 계속해서 그런 전쟁이 지속되기 때문입니다. 저는 생각이 깊은 기독교인들을 알고 있습니다. 그들은 성경의 영감에 대해서, 주님의 신성에 대해서, 은혜 언약의 확실성에 대해서, 우리가 믿는 가장 거룩한 신앙에 관한 다른 근본 교리 등에 대해서 제기된 의심들로 인해 몹시 시달립니다. 사실 이런 의심은 신자들이 가장 싫어하는 영혼의 유혹으로 이로 인해 하나님을 모독하게 되기도 합니다. 신자들이 이런 유혹을 가차 없이 혐오하면 할수록, 유혹은 더욱더 집요하게 신자들을 따라다닙니다. 이 유혹을 멀리 쫓아낸다고 해도, 유혹은 예전보다 두 배나 더 강한 힘으로 다시 돌아옵니다.

"이것이 사실입니까?", "정말 그렇습니까?" 어쩌면 어떤 끔찍한 감정은 그럴싸한 문구로 포장되어 나타날 수도 있습니다. 게다가 머리에서 잘 떠나지도 않기 때문에 그런 감정을 몰아내 보려고 애쓰지만 헛일일 뿐입니다. 그는 그 생각을 감싸고 있는 사상과 말들을 기꺼이 무저갱으로 던져버리려고 합니다. 나가라, 이 저주받은 악령아, 하고 그는 소리를 지릅니다. 그러나 자기가 짓고 있는 범죄처럼 그 악령은 다시 되돌아옵니다. 이 악들이 어디서부터 왔습니까? 때로는 이 악들이 사탄으로부터 온 것으로 밝혀지지 않습니까? 맞습니다. 그러나 보통 대부분의 유혹은, 그 유혹의 기회뿐만 아니라 그 힘까지도 우리의 기질이 좋아하는 분위기나 습관으로부터 옵니다. 주님을 섬기려고 온갖 신경을 곤두세우며 공적인 임무를 수행하는 경우에도, 우리는 우리와 기질이 잘 맞지 않아 울화통이 치밀어 오르게 하는 사람들을 만나게 되고, 우리가 보기에 선행의 귀감이 된다고 여기는 사람들마저도 악하다는 생각까지 하게 됩니다.

복잡한 사회를 벗어나 은둔하며 평화롭게 지내는 현명한 사람들의 경우에도, 그 마음속에 이상한 망상들과 어처구니없는 생각들이 들어와 얼마나 머리를 혼란스럽게 하는지 모릅니다. 또 다른 경우도 있습니다. 말씀드리기 좀 민망한 일이지만, 사려 깊은 분들이 하나님의 경륜에 대해 경건하게 탐구하는 그 연구 과정의 경우에도, 얼마나 자주 정도에서 벗어나 위험한 상황에서 범죄하게 되고, 스스로 미궁에 빠지며, 양 떼들의 발걸음으로부터 이탈하게 되는 유혹을 받게 되는지 모릅니다. 그로 인해 마음이 들떠 교만한 마음이 되고 맙니다. 어느 곳이든 모든 곳에서 우리는 싸워야 할 도전을 받습니다. 그러므로 우리는 우리를 포위하고 있는 그 죄와 반드시 전쟁을 해야 합니다.

그런데 악한 본성에 의해 수행되는 이 전쟁은 항상 영혼을 포위하는 방식으로만 일어나지 않습니다. 때로는 기습적인 공격으로 우리를 사로잡으려고도 합니다. 이런 기습 공격은 우리의 부패한 마음에서 일어나는 것으로 선호되는 공격방식입니다. 우리가 경계태세를 소홀히 할 때, 악한 본성은 다가와 우리를 공격합니다. 제가 예전에 말씀드린 바와 같이, 주님께서 따로 우리를 높은 산으로 데리고 가서서 우리가 주님 곁에 있을 때, 우리는 우리의 경계를 느슨히 하기 쉽습니다. 주님과의 교제로 우리가 고양된 상태에 있을 때는 악마를 생각하지 않습니다. 악마의 존재가 우리 마음에 떠오르지도 않습니다. 그러다가 우리가 평지로 다시 내려갈 때, 곧 우리는 악마가 여전히 살아 있고 여전히 우리 형제들을 괴롭히고 있으며 여전히 우리를 유혹에 빠뜨리기 위해 누워 기다리고 있다는 것을 알게 됩니다.

이런 이유로 우리의 경험은 공감대를 불러일으키기에 충분할 것입니다. 너무나 많은 기독교인들이 놀랄 만한 죄에 빠집니다. 그 범죄에 대해서는 크게 비

난을 받아야 합니다. 그러나 그의 동료 기독교인들이 너무 심하게 그를 정죄해
서는 안 됩니다. 동료로서 그 죄를 정죄하는 것이 마땅하지만, 그들도 자신이 유
혹받을 수 있다는 점을 기억해야 합니다. 많은 사람들은 선합니다. 왜냐하면 그
들은 악해질 수 있는 기회가 아직 없었기 때문입니다. 신앙고백을 하는 많은 기
독교인들이 유혹에 지지 않고 서 있는 이유는, 다행히도 아직까지 험한 길을 만
나지 않았고, 또 유혹에 빠져 허송세월해 봐야 별로 얻는 게 없었기 때문입니다.
저는 그렇게 믿고 있습니다. 우리는 하나님이 우리를 판단하시듯이, 그렇게 서
로 판단하지 않습니다. 하나님은 사랑하는 자녀들의 연약함을 아십니다. 물론
하나님은 자녀들의 죄라도 용서하지 않으십니다. 하나님은 그 부분에 있어서 너
무나 순결하고 거룩하시기 때문입니다. 그렇지만 예수 그리스도의 대속으로 말
미암아 그들의 죄를 없이하셨습니다. 이렇게 하심으로 하나님은 자녀들을 포기
하지 않으시고, 그들과의 교제도 끊지 않으십니다. 이와 동일하게 하나님의 백
성들도 연약한 형제들에게 그렇게 행합니다. 그래서 결국 그 연약한 형제들도
참된 하나님의 자녀들이 되어, 스스로 자기 아버지에 대한 참된 사랑을 얻게 될
것입니다.

우리가 악과 전쟁을 하는 동안 악한 본성은 우리의 결심을 비웃고, 악한 본
성을 진압하려는 우리의 시도를 조롱합니다. 우리는 하나님의 은혜로 이 전쟁에
임해야 합니다. 하나님의 전능하심이라는 무기 외에는 그 어떤 무기도 우리의
본성적인 부패를 극복할 수 없습니다. 우리의 본성적인 부패는 리워야단처럼 창
을 비웃습니다. 우리의 본성은 창을 썩은 나무로 생각합니다. 여러분이 원하는
대로 여러분은 여러분을 늘 따라다니는 죄를 공격할 수 없습니다. 때로 여러분
은 상상합니다. "나는 치명타를 가하는 공격을 할 거야." 그런데 여러분이 치명
타를 가하는 바로 그 공격으로 또 다른 죄가 활동하게 됩니다. 많은 사람들이 우
유부단한 성향의 신앙생활을 극복하고자 노력했습니다. 그러자 그는 곧 교만하
게 되었습니다. 또 어떤 사람은 자신의 지출을 좀 줄여보려고 애썼습니다. 그러
자 그는 곧 인색한 사람이 되고 말았습니다. 어떤 사람은 말합니다. "나는 이제
더 이상 교만해지지 말아야겠다." 그러자 그는 곧 의기소침한 사람이 되었습니
다.

하나님의 진리에 대해 아주 엄격한 사람들 중에 고집불통이 된 경우도 있습
니다. 그들은 후에 광교회파(영국국교회 가운데 교리나 형식에 얽매이지 않는 파 ─ 역

주)가 되어 하나님의 진리를 아주 자유롭게 대하다가 결국 그들의 신앙적 지조를 믿을 수 없게 되어 버렸습니다. 똑바로 바라보고, "여러분 앞에 놓인 가장 가까이 있는 의무를 행하십시오." 여러분이 스스로 죄의 기습공격을 막아내기란 쉬운 일이 아닙니다. 제 말을 믿으십시오. 새로운 본성을 창조하신 하나님께서 우리를 구하기 위해 오지 않으신다면, 하늘의 양식으로 먹이지 않으신다면, 만세반석에서 솟는 샘물을 주지 않으신다면, 가나안 족속이 절대 올 수 없는 그 곳, 우리의 영혼이 젖과 꿀로 즐길 수 있는 그 곳으로 인도하지 않으신다면, 이것은 불가능한 일입니다.

이 주제에 대해서는 더 말씀드리지 않고, 다음 주제로 넘어가고자 합니다. 이것은 더 슬픈 주제입니다. 사도 바울은 이 전쟁으로 인해 죄의 법에 자신이 사로잡혔다고 말합니다. 이 말은 무슨 뜻입니까? 저는 사도 바울이 노골적으로 극악무도한 부도덕적 상태로 빠진 것을 의미한다고 생각하지 않습니다. 사도 바울의 인품에서 어떤 허물을 찾아낼 수 있는 사람은 없습니다. 그는 스스로 자기 안에 있는 허물을 보았던 것입니다. 그 허물은 아마도 사도 바울의 습관과 연관이 있었던 것 같습니다. 어쨌든 우리가 그의 삶에서 감지할 수 없었던 어떤 흠들을 사도 바울은 보았습니다. 선한 사람이 자신의 허물에 대해 탄식한다는 말을 들을 때, 저는 세상 사람들이 어떻게 말하는지 잘 알고 있습니다. 세상 사람들은 말꼬리를 잡으며 선한 사람도 자기와 별반 다르지 않다고 생각할 것입니다. 반면에 여러분이 그를 알고 그의 삶과 대화를 눈여겨보았다면, 그리고 그것에 대해 솔직히 판단한다면, 여러분은 그가 욥 같이 온전하고 정직하여 하나님을 경외하며 악에서 떠난 자(욥 1:1)로서 모든 면에서 경건한 사람이라고 말하지 않을 수 없을 것입니다.

그러나 경건한 사람 안에 있는 허물들을 제일 먼저 보는 사람은, 바로 그 경건한 사람 자신입니다. 왜냐하면 그는 다른 사람들보다 더 밝은 빛을 가지고 있기 때문입니다. 그리고 거룩함이 무엇인지에 대해서도 다른 사람들보다 더 높은 기준을 가지고 있기 때문입니다. 그리고 그 무엇보다도 그는 다른 사람들보다 더욱 하나님과 가까이 지내기 때문입니다. 저는 알고 있습니다. 하나님은 무한히 거룩하신 분으로서, 그분이 보시기에는 하늘도 순결하지 않으며, 천사라 해도 어리석다고 책망하시는 분입니다. 그러므로 율법의 거울로 자신을 보는 사람은 모두 자신 안에서 예전에 보지 못했던 더러움을 보게 됩니다. 욥이 말한 대로 말입니다. "내가 주께 대하여 귀로 듣기만 하였사오나 이제는 눈으로 주를 뵈옵나이다. 그러므로 내가 스스로 거두어들이고 티끌과 재 가운데에서 회개하나이다"(욥 42:5-6).

그런데 여기서 사도 바울이 자신과 관련하여 언급하고 있는 것은, 엄청난 범죄가 자기를 사로잡는 것이 아니라는 점입니다. 하나님의 자녀라고는 하지만, 많은 사람들이 때로는 그들의 지체 속에 있는 죄와 사망의 법에 지배되어 다시 사로잡히기 때문입니다. 오, 이 사실을 눈여겨보십시오. 이 사실에 대해 슬퍼하십시오. 저는 이 사실과 피 흘리기까지 대항(히 12:4)할 것임을 말씀드립니다. 사랑하는 성도 여러분, 중한 죄를 지었다가 하나님의 자녀가 된 자들은 구원을 받았으되 불 가운데서 받은 것처럼(고전 3:15) 구원을 받았습니다.

그들이 몇 번이나 징계를 받았는지, 그 징계가 얼마나 아픈 것이었는지, 징계 받은 뼈들이 어떻게 부서졌는지, 하나님께서 죄를 얼마나 싫어하시는지, 그것도 하나님께 속한 자녀가 짓는 죄를 얼마나 싫어하시는지, 즉 그 자녀들이 하나님의 얼굴빛을 어떻게 잃었는지 그리고 하나님의 약속들이 주는 기쁨과 달콤한 향기들을 어떻게 잃었는지 등에 대해 말하는 내용을 들었다면, 여러분은 이렇게 말할 것입니다. "나의 하나님이시여, 마지막 날에 나를 구원하실 뿐 아니라, 인생 여정 내내 저를 구원하옵소서. 내 발걸음이 미끄러지지 않도록 나의 걸음을 주의 길들 안에 세우소서(시 17:5, KJV). 나로 하여금 당신이 주신 계명의 길로 달리게 하옵소서." 하나님의 자녀가 큰 죄에 빠져 고통 받는 것은, 이스라엘이 바벨론에 포로로 사로잡힌 것과 같은 사로잡힘입니다.

그러나 그 사로잡힌 기간은 오래지 않아 끝이 났습니다. 여러분이 사로잡힌 기간도 그렇게 길지 않았으면 좋겠습니다. 저는 이 죄의 법은 우리를 다른 측면들에서도 사로잡는다고 생각합니다. 여러분이 타고난 죄와 싸우고 다투는 동안, 여러분의 마음에는 갖가지 의심들이 침입할 것입니다. "나는 정말 하나님의 자녀인가? 내가 정말 하나님의 자녀라면 나는 왜 이런가? 나는 내가 원하는 대로 기도할 수도 없다. 내가 정말 하나님의 자녀라면, 다른 사람들은 기쁜 마음으로 마음껏 즐기며 찬양하는데, 나는 왜 기도하는 게 힘들고 예배드리는 장소에 나가고 싶은 마음도 없고 재미도 못 느끼는가?" 타고난 죄가 그리스도 안에 있는 우리의 안전에 대해 의심하게 할 때, 오, 우리의 영혼은 얼마나 거기에 사로잡히고 맙니까! 우리는 그리스도를 믿는 신자이기 때문에 구원을 받았습니다. 우리가 그리스도를 전적으로 신뢰하기 때문에, 그리스도는 항상 우리 안에 있는 영광의 소망이 됩니다. 그리스도를 영접하는 자 모두에게, 심지어는 그의 이름을 믿는 모든 자들에게는 그의 아들이 되는 권세를 주셨습니다(요 1:12).

내가 그분의 이름을 믿는다면, 나의 내적 체험이 어떠하든, 내 자신의 평가가 어떠하든 상관 없이, 내가 예수님의 이름을 믿었다면 나는 하나님의 자녀가 되는 특권을 가진 것입니다. 그럼에도 때때로 의심이 우리를 덮치면 우리는 거기에 사로잡힙니다. 저는 거의 절망에까지 내몰렸던 사람들을 알고 있습니다. 하나님의 자녀이면서도 신랄한 자학으로 유서를 쓴 후에, 스스로 자신의 사형 집행 영장에 서명하는 사람 말입니다. 하나님께 감사드립시다. 설령 우리가 스스로 우리의 사형 집행 영장에 서명을 한다고 해도, 그것은 아무런 효력이 없습니다. 왕이신 하나님 외에는 아무도 그 서명을 하실 수 없으며, 하나님은 자기를 믿는 어떤 영혼에 대해서도 그런 서명을 하지 않으실 것입니다. 그 영혼이 아무리 하나님을 희미하게 사랑한다고 해도 절대 서명하지 않으실 것입니다.

또 죄의식, 죄의 유혹, 죄에의 굴복 등이 우리를 사로잡히게 합니다. 이런 것들에 사로잡히게 되면, 우리는 섬길 때 무기력하고, 기도할 때 냉랭하며, 혼자 있을 때 불안하고, 성도들과의 교제에서 기쁨을 누리지 못할 것입니다. 한 마디로 우리는 거의 삶에 의욕을 느끼지 못할 것입니다. 오, 하나님, 이런 것들로부터 우리를 구해 주옵소서! 우리가 격렬하게 싸우게 하옵소서. 우리가 싸워 날마다 죄를 진압하게 하옵소서. 하나님의 은혜, 예수 그리스도의 마음에 새겨진 그 은혜가 우리를 지켜 승리하게 하옵소서.

3. 갈등으로 인한 연단은
우리가 영적으로 성숙하고 있다는 분명한 증거입니다.

우리 영혼에서 전쟁이 일어난다는 것을 느낄 때, 이것은 기독교인만이 체험할 수 있는 흥미로운 반응이라는 점을 기억하면 다소 위로가 될 것입니다. 죄로 죽은 사람들에게는 이런 전쟁이 없습니다. 우리도 한때는 자기 의에 빠져 잃어버렸던 자였으며 율법 없이 멸망해가던 자였습니다. 우리가 죄로 죽어 있었을 때 우리도 세상 사람들과 똑같이 생각했습니다. 자기 의를 자랑하고는 있었지만, 정작 우리는 허물과 죄로 죽어 있었습니다. 그러므로 우리 안에 내적 갈등이 있다면, 그것은 우리가 살아 있음을 보여주는 것입니다. 죄를 미워하는 영혼 안에

는 생명이 있습니다. 비록 그 영혼이 원하는 대로 다 하지는 못해도 생명은 있는
것입니다.

저는 내적 전쟁을 느낄 때마다 하나님을 찬양해야 한다는 것을 알고 있습니
다. 그래서 전쟁이 새롭게 시작되는 것을 느낄 때 저는 기뻐합니다. 영혼의 강한
자가 집을 지키는 동안에는 분명히 그 집에 평화가 유지됩니다. 그러나 그보다
더 강한 자를 그를 몰아내려고 할 때 여러분의 영혼에 싸움이 일어납니다. 그러
므로 여러분에게 그런 내적 전쟁은 위로와 감사할 이유라고 할 수 있습니다. 이
내적 전쟁에 대해 우울해하지 마십시오. "어쨌든 내가 생명을 가지고 있다는 증
거다"라고 말하십시오. 고통이 있는 곳에 생명이 있습니다. 하나님의 가장 훌륭
한 성도들도 동일한 방식으로 고통을 받았습니다. 여러분의 하늘 가는 길은 나
쁜 길이 아닙니다.

어떤 사람들은 그렇게 대단한 고난을 받지 않는 것 같기도 합니다. 그러나
하나님을 믿는 대다수의 성도들은 외부로부터의 싸움과 내부로부터의 두려움을
겪어야 합니다. 여러분은 마르틴 루터의 글을 읽었을 것입니다. 그 위대하고 담
대한 사람은 유혹이라는 학교에서 가르침을 받아 신학의 대가가 되었습니다. 루
터는 생애 마지막 순간까지도 피할 수 없는 갈등으로 가득 차 있었던 사람입니
다. 그는 젊은 시절부터 전쟁의 사람이었습니다. 그가 얼마나 지속적으로 자신
과 싸움을 해야 했는지 모릅니다. 우리는 이와 동일한 증거를 사도 바울의 삶을
기록하는 오늘 본문에서도 찾아볼 수 있습니다. 그러므로 여러분에게 어떤 이상
한 일들이 일어난다 해도, 기죽지 마십시오. 하늘 위에서 흰 옷을 입고 영원한
찬양을 드리고 있는 저 성도들을 바라보십시오! 그들에게 어디서 승리를 얻었는
지 물어보십시오! 그들은 자기들이 죄가 없고 완전해서가 아니라, 예수님의 보
혈을 통해 승리를 얻었노라고 여러분에게 말할 것입니다.

> "일찍이 그들은 이 땅에 있을 때에 싸우면서,
>   그들의 침상을 눈물로 적셨다.
>   그들처럼 우리 또한 지금 격렬한 싸움을 하나니,
>   죄와 의심과 두려움들에 대한 싸움."
>
> (아이작 왓츠가 작사한 '믿음의 날개를 제게 주옵소서' 라는 찬송가의 2절 가사)

가장 풍성한 위로는 오늘의 본문으로 삼은 로마서 7장의 마지막 절에 나타납니다. 바울은 그가 어떻게 구원받았는지를 물으면서 그 질문에 대답합니다. "우리 주 예수 그리스도로 말미암아 하나님께 감사하리로다"(롬 7:25). "이름을 예수라 하라 이는 그가 자기 백성을 그들의 죄에서 구원할 자이심이라"(마 1:21). 예수님은 죄의 죄책으로부터 구원하실 뿐만 아니라, 죄의 세력으로부터도 우리를 구원하실 분입니다. 주 예수님께서 우리 죄에 대해 치명타를 날리셨다는 것이 얼마나 자비로운 사실입니까! 주 예수님께서는 죄의 머리를 상하게 하셨습니다(창 3:15). 죄는 괴물이며 엄청난 생명력을 지니고 있습니다. 그러나 그 등뼈도 부러졌고 다리도 부러졌으며 머리까지 깨진 괴물에 불과합니다. 그런 괴물이 저기에서 우리를 아주 심하게 해할 능력을 가지고 혀를 날름거리며 쉬쉬 소리를 내면서 용트림하고 있습니다. 그러나 그런 괴물을 치신 분께서 다시 거듭해서 칠 것이며, 마침내 그 괴물은 완전히 죽게 될 것입니다.

하나님께 감사하십시오. 그 괴물에게는 요단 강을 건널 만한 생명력이 없습니다. 그 어떤 죄악의 욕망도 요단 강을 헤엄쳐 건너겠다는 엄두를 내지 못합니다. 따라서 거기에서는 죄의 경향이나 죄의 성향으로 인해 더 이상 괴로워하지 않을 것입니다. 그리고 거기에서 우리는 우리의 몸을 다시 입게 될 것이며, 우리의 몸은 다시 부활하게 될 것입니다. 그렇다고 해서 우리가 육신의 몸을 가지는 것은 아닙니다. 육신의 몸은 하나님 나라를 이어 받을 수 없습니다(고전 15:50). 그 몸은 썩지 않을 것이고, 천상에 사는 자들에게 적합할 것이며, 예전에 짓던 죄로부터 영원히 자유로울 것입니다. 예수 그리스도께서 이 모든 것을 하실 수 있습니다. 우리 함께 기뻐합시다. 예수 그리스도가 우리를 모든 죄에서 구원하실 수 있습니다. 우리를 자기 피로 사신 분께서, 그가 그토록 값비싸게 사신 것을 그렇게 값싸게 잃지는 않으실 것입니다. 그분께서 우리를 모든 죄로부터 건져내실 것이며, 반드시 우리를 영광 중에 영원한 그분의 나라로 옮기실 것입니다.

그러기에 우리는 이런 달콤한 위로를 의지하는 것입니다. 이 싸움이 길고 힘들지라도 그 결과는 의심의 여지가 없습니다. 지난 수요일 밤에 말씀드린 본문을 기억해 보십시오. 그 말씀이 이 사실을 확정해 줄 것입니다. "내가 그들에게 영생을 주노니 영원히 멸망하지 아니할 것이요 또 그들을 내 손에서 빼앗을 자가 없느니라"(요 10:28). "그들을 주신 내 아버지는 만물보다 크시매 아무도 아버지 손에서 빼앗을 수 없느니라"(요 10:29). 여러분은 삶의 순간순간마다 싸우며 천성에 가야 할 것입니다. 그러나 분명히 여러분은 그곳에 도달할 것입니다. 사도 바울이 죄수의 몸으로 로마에 이송될 때 그들이 탔던 배가 파선하자, 어떤 사람은 널조각을, 또 어떤 사람은 부서진 배 조각을 붙들고 나가서 마침내 다 상륙하여 구조될 수 있었습니다(행 27:44). 성도들의 경우도 이와 같습니다. 목자이신 예수님께서 자기 양 한 마리 한 마리를 쓰다듬으며 헤아리실 때, 단 한 마리도 잃어버리지 않으실 것입니다.

이 양들은 너무나 연약하기 때문에, 늑대가 그 양들을 갈가리 찢어발길 수도 있었을 것입니다. 이 양들은 너무나 어리석기 때문에 그냥 내버려 두면 산으로 숲으로 헤매고 다니다가 멸망할 것입니다. 그러나 영원한 목자이신 예수님은 이런 상황을 영광스러운 모습으로 바꾸셨습니다. "이는 아버지께서 내게 주신 자 중에서 하나도 잃지 아니하였사옵나이다(요 18:9). 내가 여기 있사오며, 아버지께서 내게 주신 자녀들 또한 여기 있나이다." 이 말씀은 우리가 확실히 승리할 것이라는 사실을 분명히 알게 하는 말씀입니다. 오, 그리스도의 사랑의 백합화 곁에서, 옛날 옛 시대에 라합을 저미시고 용을 찔러 둘로 만드신 이(사 51:9)의 강한 오른팔 곁에서, 모든 기독교인들이여 용기를 가집시다. 전능하신 분께서 우리와 함께 하십니다. 천하무적이신 분께서 우리의 편이십니다.

싸움이 점점 더 격렬해지고 치열해지더라도, 앞으로 돌격해 싸우십시오. 한 순간도 두려워하거나 주저하지 말고 앞으로 나가십시오. "그러나 이 모든 일에 우리를 사랑하시는 이로 말미암아 우리가 넉넉히 이기느니라"(롬 8:37). "길을 여는 자가 그들 앞에 올라가고 그들은 길을 열어 성문에 이르러서는 그리로 나갈 것이며 그들의 왕이 앞서 가며 여호와께서는 선두로 가시리라"(미 2:13). 그들은 자기 원수를 대파하였습니다. 그리스도의 인도를 따라가는 사람들도 바로 그런 자들이라고 전해질 것입니다. "이는 여호와의 종들의 기업이요 이는 그들이 내게서 얻은 공의라 여호와의 말씀이니라"(사 54:17). 하나님, 이 거룩한 전쟁에서 우리가 그리스도를 위하여 승리자가 되게 하옵소서. 아멘.

제
17
장
—

하나님은 어떻게 죄를 정죄하셨는가?

—

"율법이 육신으로 말미암아 연약하여 할 수 없는 그것을
하나님은 하시나니 곧 죄로 말미암아 자기 아들을 죄 있는
육신의 모양으로 보내어 육신에 죄를 정하사"— 롬 8:3

인간이 하나님을 벗어나 타락한 이후에, 하나님께는 아주 큰 바람이 두 가지 있었습니다. 하나는 인간이 자기가 지은 모든 죄로부터 용서받는 것이고, 다른 하나는 앞의 것보다 더 중요하지는 않아도 그만큼 중요한 것으로, 인간이 자기를 타락시킨 죄를 미워하고 자기가 소원하게 된 거룩함과 순결함을 사랑하게 되는 것이었습니다. 인간의 힘으로는 도저히 어쩔 수 없는 이 두 가지의 장애들은 제거되어야 할 뿐만 아니라, 좀 더 고차원적인 시각에서 바라본다면 하나님의 자비하심이 의도하는 이 두 가지의 목적들은 서로 함께 성취되어야만 합니다. 이 두 가지가 동시에 실현되지 않는다면 인간이 행복해지기란 불가능합니다. 인간이 죄를 용서받고서도 여전히 죄를 사랑한다면, 인간의 전망은 암울할 것이며 인간의 장래에 대해 아주 무섭고도 불길한 징조가 나타날 것입니다. 만약 죄를 사랑하지 않겠다고 결심했는데도 여전히 죄짓는 행동을 하고 있는 사람이 있다면, 그런 사람의 현재 상황은 행복하기보다 극도로 비참할 것입니다. 순결하고 민감한 그의 양심이 양심의 가책으로 고통을 받기 때문입니다.

그렇다면 어떤 과정에 의해 이 두 가지 요구들이 충족될 수 있고, 그로 인해 이 이중의 목적들이 성취될 수 있겠습니까? 익숙한 용어로 말하자면, 어떻게 인간은 칭의와 성화, 이 두 가지를 이룰 수 있겠습니까? 어떻게 인간은 하나님이 보시기에 죄의 행위로부터 깨끗함을 입고 거룩하게 되어 하나님 앞에 서기에 부족하지 않을 수 있겠습니까?

인간의 이성에 따르면, 법은 지킬 수 있는 사람에게 주어져야 한다고 합니다. 이런 견해는 이미 시도되었다고 볼 수 있습니다. 인간에게 주어졌던 법은 제정될 수 있는 법 중에 가장 최고의 법이었습니다. 양심에 기록된 하나님의 법은 완벽한 법으로서, 모세에 의해 출애굽기에 기록된 율법은(출 20) 그것의 복사판에 불과합니다. 그 하나님의 법에서 뺄 수 있는 계명은 하나도 없으며, 독단적으로 명령하는 계명 역시 하나도 없습니다. 옳은 것은 참이어야 하고, 참인 것은 옳아야 합니다. 따라서 옳으면서 참이지 않은 것은 하나님의 법일 수 없습니다. 현명한 후커(Richard Hooker, 1554-1600. 영국 국교회의 신학자로 이성과 관용과 포용성 등을 강조하며 영국 성공회 발전에 큰 영향을 끼쳤다 – 역주)는 "율법에 관해서" 이렇게 말했습니다. "율법의 자리는 하나님의 가슴이며, 율법의 음성은 세상의 화음이라 말해도 과언이 아닙니다. 만물이 율법에게 경의를 표합니다. 율법이 돌보고 있다는 작은 느낌에서부터 큰 것에 이르기까지 율법의 통치권에서 제외된 것은 아무것도 없습니다." 그러므로 하늘로부터 선포된 그 법이 인간을 마땅히 그러해야 하는 자들로 만드는데 실패한다면, 그 잘못은 법에 있는 것이 아니라 인간에게 있는 것입니다. 오늘 본문이 말씀하는 바대로 "육신으로 말미암아 연약하여" 벌어진 일입니다.

우리의 육신과 죄짓는 성향과 본성의 연약함과 더러움 때문에, 율법은 범법한 자들을 회복시키거나 타락한 자들을 새롭게 할 수 없었습니다. 어떤 사람들은 율법이 그 일을 해야 한다고 생각했지만, 사실 하나님은 그럴 의도가 전혀 없었습니다. 율법의 원칙은 이런 것입니다. "이것을 행하라 그러면 상을 받을 것이다" 또는 "저것을 행하라 그러면 벌을 받을 것이다"라는 이 원칙으로는 이 두 가지 목적 중 어느 하나도 이룰 수가 없습니다. 율법은 지나간 죄를 용서할 수 없습니다. 율법은 죄의 용서라는 문제와는 분명히 아무 상관이 없습니다. 율법은 말합니다. "범죄하는 그 영혼은 죽으리라"(겔 18:4). 율법은 죄에 대한 형벌을 집행할 뿐, 더 이상은 아무것도 할 수 없습니다. 만약 율법이 칼을 내려놓고 형벌을 요구하지 않는다면, 율법은 율법이기를 포기한 것입니다.

사람들은 늘 이렇게 생각해 왔습니다. 율법이라면 마땅히 인간으로 하여금 거룩함을 사랑하도록 만들어야 한다고 말입니다. 하지만 우리가 경험해 보고 관찰해 본 결과, 율법은 그런 영향을 끼치지 못했습니다. 죄에 대한 지식은 인간들로 하여금 죄를 더 사랑하게 하는 것 외에는 아무런 소용이 없었습니다. 그래서 죄를 사랑하는 것이 죄인 줄을 알면서도 인간들은 더욱더 죄를 사랑했습니다. 사도 바울은 율법이 "탐내지 말라" 하지 않았더라면 탐심을 알지 못했으리라고 말합니다(롬 7:7). 어떤 도시에 그 도시 밖을 한 번도 나가보지 못한 한 시민이 살고 있었습니다. 그런데 어떤 이유에서인지 그에게 도시 밖을 나가서는 안 된다는 행정명령이 내려졌습니다. 이상한 말인지 모르겠지만, 그 사람은 이 명령이 내려지는 순간까지 아주 마음 편하게 살아왔으며 한 번도 그 도시 밖으로 나가보겠다는 생각조차 해보지 않았습니다. 그런데 그에게 그런 명령이 내려지자, 그는 도시 밖으로 나가고 싶은 마음이 간절해졌고, 그러다가 병이 들었으며 그런 제한조치에 대해 끙끙 앓다가 급기야 죽고 말았습니다.

사람은 어떤 것이 법으로 정했다는 것을 알게 되면, 그 법을 깨뜨리고 싶어 합니다. 우리의 본성은 그 정도로 악하기 때문에, 어떤 일을 못하게 금한다면 우리는 즉시 그 금지된 일을 하고 싶어합니다. 많은 사람들의 마음도 마찬가지여서, 율법의 원칙은 우리를 순결함으로 인도하기보다는 오히려 더 큰 불결함을 제공하는 기회가 되었습니다. 게다가 여러분이 어떤 사람에게 바른 길을 제시해 주고 무엇이 옳고 그른지에 대해 알려주기 위해서 모든 지혜를 동원하기도 하고 훈계하기도 하며 경고한다고 해도, 만약 여러분이 옳은 것을 선택할 마음과 참된 것을 사랑할 마음을 그에게 주지 못한다면, 여러분은 그를 위해 많은 일을 한 것이 아닙니다. 이것이 바로 율법의 영역입니다. 율법은 그 교훈들을 놋쇠 판에 기록할 수 있고, 불 칼을 휘두르며 이렇게 말할 수 있습니다. "이것을 행하라, 그렇지 않으면 형벌을 받을 것이다." 그러나 인간은, 특히 육에 속한 인간은 자신의 자만심으로 더욱더 자신을 방어할 것이고, 자신의 완고한 고집으로 더욱더 거역할 것입니다. 그는 하나님을 무시하고 자신의 사악한 마음을 따라 계속 죄를 지으면서 더욱더 악해져만 갈 것입니다. 심판의 경고를 알고서도 여전히 금지된 범죄들을 행하면서, 그러한 일들에 기쁨을 누리며 그런 일들을 친한 친구들로 여깁니다. 우리 육신의 연약함과 우리 속에 있는 악의 때문에, 우리의 도덕적 본성을 고상하게 하고 순결하게 하는 율법의 그 간단한 원칙마저도 제 역할을 거의 감당하지 못할 것입니다. 이 일들은 유명한 교사들과 사회 개혁자들에 의해 시도되어 왔습니다.

찰머스 박사(Thomas Chalmers, 1780-1847. 스코틀랜드의 신학자 ― 역주)는 목회 초기에 도덕성을 강조한 설교를 했다고 말했습니다. 오직 도덕성을 강조한 설교만 했는데, 나중에 보니 그가 맡은 교구에 건전하고 정직한 사람은 단 한 사람도 남아 있지 않더라는 것입니다. 도덕성을 강조하는 설교는 비도덕성으로 인도하는 것 같습니다. 귀에 못이 박히도록 무엇을 해야 한다, 혹은 하지 말아야 한다는 이야기를 하는 것보다 그 이상의 무언가가 필요합니다. 마음을 새롭게 하고 행동의 샘물을 움직이게 하기 위해서는 효과적인 무언가가 더 필요한 것입니다. 물은 아무 맛도 없습니다. 그러나 그 물을 흐르게 해서 불순물이 섞이면 물에서는 쓴 맛이 나게 됩니다. 그 독이든 샘물을 치유하고 맑고 단맛이 나게 하려면 그 샘에 던져 넣을 어떤 것이 필요합니다.

자, 이제 본문 말씀을 살펴봅시다. 오늘 본문은 하나님의 율법이 할 수 없었던 것을 하나님께서 하나님의 은혜로 어떻게 개입하셔서 그것을 행하셨는지에 대한 말씀입니다. 제가 오늘 말씀을 여러분에게 다시 읽어 드리겠습니다. "율법이 육신으로 말미암아 연약하여 할 수 없는 그것을 하나님은 하시나니 곧 죄로 말미암아 자기 아들을 죄 있는 육신의 모양으로 보내어 육신에 죄를 정하사." 이제 보십시오. 여기에는 두 가지 사실이 있습니다. 첫 번째, 하나님께서 행하신 일입니다. 하나님께서는 죄로 말미암아 자기 아들을 죄 있는 육신의 모양으로 보내셨습니다. 그 이후에 두 번째, 이런 일의 즉각적인 결과, 즉 하나님께서 그 육신에게 죄를 정죄하셨다는 사실입니다. 저는 이 두 가지 사실들을 설명한 후에, 세 번째로, 하나님께서 행하신 이런 일들이 앞서 말한 제가 간절히 바라는 두 가지 것과 어떤 관련이 있는지를 말씀드리고자 합니다. 그 두 가지를 다시 말씀드리자면, 죄인이 용서받는 것과 그 죄인이 거룩함과 순결을 갈망하도록 하는 것입니다.

1. 하나님은 죄로 말미암아 자기 아들을 죄 있는 육신의 모양으로 보내셨습니다.

첫 번째로 하나님께서 행하신 일, 즉 자기 아들을 보내신 것에 대해 말씀드리고자 합니다. 우리가 비록 하나님의 존재의 신비를 이해하지 못한다 해도, 우리는 한 분 하나님을 믿으며, 성경 안에 선포된 진리들을 받아들이며, 그 사용된 용어들의 분명한 의미를 밝히 파악하며, 계시된 사실들이 진리임을 진심으로 동의합니다. 그래서 우리는 성부 하나님, 성자 예수님, 성령 하나님을 믿습니다. 그리고 우리는 이 세 분을 한 하나님으로, 즉 이스라엘의 삼위일체 하나님으로 경배합니다. 성 삼위일체 중 두 번째 위격을 지니신 성자께서 성부에 의해 이 땅에 보내심을 받았습니다. 그분은 성부 하나님의 아들인 성자 하나님이며, "성부의 독생자"(요일 4:9)이십니다. 우리는 이 말이 무슨 말인지 정의하려고 시도하지 않겠습니다. 사실 관계나 그 존재 방식 등에 대해 우리는 의심하지 않습니다. 그렇다고는 해도 우리는 이것에 대해 설명할 수 없습니다. "아버지"와 "아들"이라는 단어 속에 함축된 그 관계는, 하나님의 지혜가 성부 하나님과 성자 예수님이 갖는 그 이루 말할 수 없는 신비의 관계를 우리처럼 연약하고 무지한 지성에게 제시할 수 있는 가장 적절한 표현이라고 생각합니다. 그러나 이 단어들은 그 관계 자체의 심오한 교리에 대한 이론이나 논쟁의 토대가 되어 우리에게 무언가를 설명하거나 혹은 설명할 의도로 주어진 것이 아니라고 생각합니다. 그것은 위대한 신비일 뿐입니다.

참으로 하나님 안에 신비가 없다면, 하나님은 우리에게 하나님이지 않았을 것입니다. 하나님 안에 신비가 없었다면, 우리가 그분의 이름에 합당한 경외심을 가지고 그분을 두려워할 수 있었겠습니까? 불쌍한 하루살이 같은 우리가 무한히 영광스러운 하나님에 대해 생각하거나 말해야만 할 때, 하나님에게 신비가 있다는 사실은 우리를 좌절하게 하지 않습니다. 드디어, 때가 차매, 예정된 시간에 하나님께서는 그의 아들을 보내셨습니다. 그분은 오늘 본문에 따르면 "자기 아들"이라고 불리는 분이며, 창조와 중생과 양자됨에 의해서만 하나님의 아들이 되는 우리와는 구별되는 분이십니다. 하나님은 자기 아들을 보내셨고 그를 육신으로 보내셨습니다. 하나님의 아들이신 예수 그리스도는 그렇게 이 땅에 태어나셨습니다. 그분은 친히 인간의 모양을 취하셨습니다.

말씀이 육신이 되어 우리 가운데 거하시매 사도들은 그의 영광을 아버지의 독생자의 영광이요 은혜와 진리가 충만하다고 선포하였습니다(요 1:14). 본문은 아주 중요한 단어들만 사용하고 있습니다. 본문은 하나님이 자기 아들을 육신의 모양으로가 아니라 "죄 있는 육신의 모양으로" 보내셨다고 말합니다. 왜냐하면 그냥 육신의 모양으로 온 것은 사실이 아니기 때문입니다. 하나님은 자기 아들을 우리와 똑같은 죄 있는 육신의 모양으로 보내셨습니다. 그분은 어느 면으로 보나 사실상 우리와 똑같았습니다. "모든 일에 우리와 똑같이 시험을 받으신 이로되 죄는 없으시니라"(히 4:15) 하는 말씀 그대로입니다. 그분은 죄는 없으시지만, 우리가 가진 모든 허약함과 우리가 받는 온갖 고난과 모든 인간적인 것들을 그 안에 지니고 계셨습니다. 그렇다고 해서 타락한 인간 본성으로 인해 생겨난 인간적인 것들까지 가지고 계신 것은 아니었습니다.

　그분은 완전히 인간이셨습니다. 그분은 우리와 똑같으셨습니다. 하나님은 그분을 죄 있는 육신의 모양으로 보내셨습니다. 그것은 이제 1,800년도 훨씬 더 지난 일이지만 성탄절의 종소리는 여전히 울려 퍼지고 있습니다. 그분이 오신 기쁨은 여전히 우리 마음속에 있습니다. 그분은 이 땅에서 32년 혹은 33년을 사셨지만, 오늘 본문은 그분이 자기 생명을 주실 목적으로 보내심을 받았다고 말씀합니다. 그분은 죄로 인해 보내심을 받았습니다. 이 말은 죄와 싸우기 위해 보내심을 받았다는 뜻입니다. 다시 말해, 죄가 이 땅에 있기 때문에, 더 정확히 말하자면, 속죄 제물이 되기 위해 보내심을 받았습니다. 그분은 죄인을 위해 대속물이 되기 위해 보내심을 받았습니다.

　하나님의 위대한 계획이 바로 그것이었습니다. 하나님의 공의는 죄를 간과할 수 없고 죄는 처벌되어야 하기 때문에, 예수 그리스도께서 오셔서 그 백성의 죄를 자신이 친히 담당하시고, 저주받은 나무, 수치스러운 표인 십자가 위에서 우리가 받아야 할 몫의 고난을 대신 받으셔야 했습니다. 예수님의 그 고난을 통해서, 하나님의 무한한 사랑은 하나님의 무한한 공의에 조금도 침해받지 않고 흘러내리게 되었습니다. 이것이 바로 하나님께서 행하신 일입니다. 하나님께서는 자기 아들을 베들레헴에 보내셨습니다. 하나님께서는 자기 아들을 골고다로 보내셨습니다. 하나님께서는 자기 아들을 무덤 아래로 보내셨습니다. 그러고 나서, 하나님께서는 이제 그를 다시 불러 지극히 영광스러운 곳, 하나님께서 앉아 계시는 하나님 우편에 이르게 하셨습니다.

2. 하나님께서 자기 아들을 보내어
죄를 정죄하셨습니다.

　두 번째로 저는 이런 일의 즉각적인 결과가 무엇인지 여러분께 질문하고자 합니다. 사랑하는 성도 여러분, 그 즉각적인 결과는 하나님께서 죄를 정죄하셨다는 것입니다. 하나님께서 어떻게 이 일을 하셨는지 여러분에게 말씀드리겠습니다. 하나님은 어쩔 수가 없었습니다. 저는 지금 어쩔 수 없다는 말을 우리의 이해를 위해 쓰는 것입니다. 하나님에게는 어쩔 수 없다는 말이 틀린 말이겠지요. 하나님이 하나님의 공의를 위반하지 않고서도 인간을 구원하시려면, 어쩔 수 없이 자기 아들을 보내어 죄를 정죄해야만 했습니다. 그러므로 이런 말이 있습니다. "이 죄야말로 악이며 재앙이며 저주이다. 따라서 하나님이 친히 인간의 아들들 사이에 내려오시지 않는다면, 죄는 이 세상에서 절대 박멸될 수 없을 것이다."

구약에서처럼 하나님의 성품을 유지하는 능력으로 인간들 사이에 오셔서는 죄를 제거하기가 충분하지 않았던 것처럼 보입니다. 독기를 가득 품은 뱀 때문에, 뱀의 머리를 상하게 할 여자의 후손이 태어나야만 했습니다(창 3:15). 우리가 사는 세상은 아우게이아스의 외양간(Augean stable: 고대 그리스 신화에 나오는 것으로 3,000마리의 소를 기르면서 30년간 청소를 하지 않았다는 대형 외양간 — 역주)과 같습니다. 그래서 전능하신 분이 친히 내려와 거룩하고도 완전한 의의 물로 그 더러운 죄 더미를 대청소해야만 했습니다. 그렇게 하지 않고서는 절대 깨끗해지지 않았을 것입니다. 그리하여 구세주께서 가장 높은 영광의 자리에서 내려오셨습니다. 율법이 육신으로 말미암아 연약하여 할 수 없는 그것을 구세주께서 성취하고자 하셨습니다. 그것도 죄 있는 육신의 모양으로 오신 그분이 그것을 완성하고자 맡으셨던 것입니다.

게다가 이 땅에서 사셨던 우리 주 예수 그리스도의 삶이 죄를 정죄했습니다. 여러분이 악을 가장 잘 정죄하는 방법 중의 하나는, 악을 그 대조되는 것과 함께 나란히 세워 두는 것입니다. 여기서 대조되는 것은 악과는 완전히 이질적이고 전적으로 반대되는 순결입니다. 이 가장 복된 나사렛 사람이 그의 전 생애를 통해 보여준 행동들은 너무나 흠이 없어서, 그의 신성을 받아들이지 않는 사람들까지도 그 고결함에 경의를 표할 정도였습니다. 우리의 신앙을 아주 신랄한 말로 모독하는 사람들은 오늘날에도 있습니다. 미안한 말이지만 어쩌면 지금 우리 중에도 이런 사람이 있을지 모릅니다. 슬픈 일입니다. 하지만 예수님의 신성과 사명을 인정하지 않던 그런 사람들까지도 예수님의 성품을 알게 되고는 자신의 어리석음 때문에 당황하여 멈칫하게 되었습니다. 그들은 예수님의 생애에서 다른 곳에서는 절대 볼 수 없었던 무언가를 보았습니다. 그래서 경배는 못할지라도 감탄은 했던 것입니다.

그분은 시선으로도 죄를 정죄하였습니다. 바리새인들이 그것을 느꼈습니다. 바리새인들은 자신들의 참 모습을 발견하거나 드러내지 않고서는 예수님을 만나거나 마주할 수 없었습니다. 모든 부류의 사람들이 그것을 느꼈습니다. 예수님의 삶에서 드러나는 순결을 통해 그분과 대조되는 자신의 구부러지고 추악하고 기형적인 삶을 보지 않을 수 없었습니다. 그래서 그리스도의 바로 그 실존과 그리스도의 모범이 죄를 정죄하였습니다. 그렇다면 그분의 제자들인 우리는 오직 그분 안에서만 발견되는 무궁한 하나님의 은혜에 대해 무슨 말을 해야 할까요? 각각의 은혜들은 비할 데 없이 밝게 빛나며, 그렇게 최고의 우아함에 모두 함께 어우러져 우리가 그분을 묵상할 때면 즉시 놀라며 감동받게 되고 사랑을 느끼게 됩니다.

그분의 모습은 위엄이 있지만, 그럼에도 여전히 온유하십니다. 그분의 어투는 엄숙하지만, 그럼에도 여전히 부드러우십니다. 너무나 공정한 판단을 하지만, 그럼에도 여전히 관대하십니다. 너무나 열정으로 가득 차 있지만, 그럼에도 여전히 충분히 인내하십니다. 악의를 간파하는데 너무나 예리하지만, 그럼에도 여전히 분노하는데 더디십니다. 자신을 따르는 측근들에게는 매우 현명한 교사이지만, 그럼에도 여전히 온유하고 인정 많은 친구이기도 합니다. 사랑하는 성도 여러분, 한번 말해 보십시오. 저는 우리 중에 죄를 짓지 않거나 허물을 드러내지 않은 사람은 없다고 생각합니다. 우리 말해 봅시다. 아니 우리 자신에게 말해 보십시오. 그리스도께서도 이렇게 행하셨을까요? 그분의 거룩하고도 흠 없는 삶을 기억하는 것은 우리의 양심 속에 있는 죄를 정죄합니다.

하나님께서는 죄가 죄 자체를 정죄하도록 하심으로써 더욱더 죄를 정죄하셨습니다. 조롱하는 자들은 항상 이렇게 말합니다. "오, 죄, 죄! 그까짓 거, 아주 작은 건데 뭐 그래." 또 대부분의 사람들은 자기가 짓는 특정한 죄들이 전혀 해로운 것이 아니라고 당당하게 말합니다. "별 거 아니잖아요. 우리가 사람을 죽인 것도 아니고, 간음을 한 것도 아니고, 도둑질을 한 것도 아니잖아요. 우리가 짓는 죄라곤 모든 사람들이 다 하는 그런 거예요. 그런데 그게 우리한테 해가 될 리는 없지요." 그러나 이제 보십시오. 하나님께서 이렇게 말씀하시는 것 같습니다. "나는 죄가 할 수 있는 모든 것을 하도록 내버려 두겠다. 나는 죄가 이 세상에서 무르익도록 내버려 두겠다. 나는 죄가 성장하여 완전해지도록 내버려 두겠다. 그렇게 해서, 지금부터는 그 견본으로부터 죄가 무엇인지를 사람들이 보게 할 것이다."

"당신은 무슨 목적으로 이런 말을 하는 것입니까?"라고 여러분은 제게 묻지 않으십니까? 자, 말씀드리겠습니다. 이 세상에 한 분이 오셨습니다. 그분은 완전히 순전하시며 흠이 없으시고 온유하시며 순하시고 사랑이 많으시며 부드러우신 분입니다. 그분의 모든 말씀은 사랑이셨습니다. 그분의 모든 행동은 인자하셨습니다. 그분은 죽은 자를 살리셨습니다. 그분은 아픈 자들을 낫게 하셨습니다. 그분은 사람들에게 평화와 호의 외에는 아무것도 말씀하지 않으셨습니다. 이런 분을 죄가 가만히 놔두겠습니까? 죄가 말했습니다. "그런 놈은 이 땅에서 쫓아내야 해. 이 땅은 그런 놈이 살 곳이 못 돼." 그래서 죄는 그 완전하신 분을 죽였습니다. 죄는 죄의 원칙과 천한 습성들을 방해하는 자는 누구든지 가만두지 않으려고 합니다. 죄는 할 수만 있으면 모든 선한 것들을 완전히 파괴하려고 합니다. 죄는 스스로에게 유죄를 입증합니다. 죄는 야생 동물처럼 사나워서 항상 두려움과 미움의 대상이 됩니다. 왜냐하면 길들여지거나 믿을 수 없기 때문입니다.

그분은 이 세상에 사명을 띠고 왔습니다. 그 사명은 사심이 없는 자비와 순결한 사랑의 사명이었습니다. 그분은 오실 필요가 없었습니다. 이 땅에 오셔서 그분에게 유익이 되는 것은 하나도 없었습니다. 그분은 이 땅에 있는 동안 그 어떤 유익도 얻지 못했습니다. 사람들은 그분을 왕으로 삼고자 했습니다. 그러나 그분은 왕이 되기를 원치 않았습니다. 그분은 지독한 원수들에게도 전적으로 사심 없는 친절과 사랑을 베푸셨습니다. 사람들이 그의 손을 나무에 못 박을 때도, 그분은 그 입술로 그들을 향해 악의에 찬 말 한 마디 하지 않으셨습니다. 그분은 말씀하셨습니다. "아버지 저들을 사하여 주옵소서 자기들이 하는 것을 알지 못함이니이다"(눅 23:34). 그분의 원수들까지도 구원하려고 오셨습니다. 자, 보십시오. 이렇게까지 복되신 분은 분명히 죄가 건드릴 수 없을 것 같지 않습니까? 죄는 분명히 이렇게 말할 것 같지 않습니까? "나는 그의 거룩함이 싫다. 그러나 나는 그의 박애정신은 존경한다!" 그러나 죄는 그렇게 말하지 않았습니다. 죄는 소리쳤습니다. "그를 십자가에 못 박아라! 그를 십자가에 못 박아라!" 죄는 그분의 기도를 농담처럼 듣고 그분의 눈물을 조롱했습니다.

우리가 고백하고 믿고 있는 대로, 이 분은 다른 분이 아니라 하나님이고 하나님의 아들이십니다. 그리스도를 대적하는 이러한 죄의 고집과 잔인함이 어떠한지를 우리에게 잘 보여주는 비유가 있습니다. 포도원을 농부들에게 맡기고 떠난 한 사람의 비유입니다(마 21:33-46). 열매를 거둘 때가 가까워 오자 포도원 주인은 농부들에게 포도원 소출의 얼마를 받으려고 종을 보냈습니다. 그러나 농부들은 그 종을 능욕하였습니다. 주인이 다른 종을 보냈지만 농부들은 심히 때렸고, 또 다른 종은 돌로 치기도 했습니다. 마침내 주인은 말했습니다. "내 아들을 보내야겠다. 그들이 내 아들은 존대하리라"(마 21:37). 그러나 농부들은 이렇게 말했습니다. "이는 상속자니 자 죽이고 그의 유산을 차지하자"(마 21:38). 그들은 참 하나님이신 그 아들에게도 똑같이 대했습니다. 사람들은 이렇게 말할 것입니다. "그를 죽이자." 사람들이 비록 그분의 신성에 치명타를 가할 수는 없다고 해도, 그들은 할 수 있는 한 그러한 자신들의 의지를 보여주려고 했습니다. 오늘도 하나님을 죽이고자 이 세상에서 버티고 서 있는 범죄들이 있습니다. 죄는 할 수 있는 한 영원히 거하시는 그분에게 복수하고자 합니다. 죄 자체의 불법성을 무마시키기 위해 법을 제정하신 분을 멸망시키려고 노력합니다. 어리석은 자는 그의 마음에 이르기를 "하나님이 없다"(시 14:1)고 합니다. 인간 본성의 위대한 목표는 하나님에 대한 믿음을 제거할 뿐 아니라 실제로 하나님을 제거하는 것입니다. 죄는 이 목표를 성취하기 위해 두 가지 전략을 세웠습니다. 첫째는 하나님에 대해 추상적으로 말하게 하며, 둘째는 나무나 돌로 장벽을 세워 단순히 믿지 못하게 하는 것입니다. 그래서 그분의 성품이나 속성들이 정확하게 드러나는 것을 막으려고 노력합니다.

사람들은 한 분이신 참되며 영광스러운 하나님께 그 어떤 충성도 하지 않을 것입니다. 만약 죄가 그 목표에 상응하는 세력을 가진다면, 그리고 그 목표를 성취할 수단들을 가지게 된다면, 죄는 지극히 높은 분의 보좌를 경멸하고 하늘나라에 거하시는 하나님을 향해 맹렬한 공격을 퍼부을 것입니다. 오, 너 가증스러운 죄여! 너는 유죄판결을 받은 상태이다. 하나님께서 너를 치실 것이다. 너 저주받은 자여, 너는 네 자신의 증거로 인해 스스로를 정죄하였다. 너의 음모가 좌절되고 너의 필사적인 용기가 패배한 곳에서 너는 스스로를 정죄하였다.

그러므로 사랑하는 성도 여러분, 저는 지금까지 그리스도의 오심이 죄를 정죄했고, 그리스도의 생애가 죄를 정죄했으며, 그리스도께서 죽으심으로 죄가 스스로를 정죄했다는 사실을 여러분에게 말씀드렸습니다. 그리고 여기에 우리가 믿는 신앙의 독특한 교리가 있습니다. 하나님께서는 **그리스도를 상하게 하심으로**

써, 그리스도가 죽기까지 고난을 받게 하심으로써, 인간 본성의 극한 시간에 그리스도를 버림으로써, 그리스도의 영혼이 모든 상상을 초월하는 고뇌를 겪게 하심으로써, 죄를 정죄하셨습니다. 사랑하는 성도 여러분, 우리의 죄, 즉 여러분의 죄와 저의 죄와 예수님을 믿는 많은 신자들의 죄와 앞으로 예수님을 믿게 될 많은 자들의 죄가 그분에게 지워졌습니다. "친히 나무에 달려 그 몸으로 우리 죄를 담당하셨으니"(벧전 2:24). 그분은 성부 하나님께서 가장 사랑하시는 자였습니다. 그분은 범죄한 적이 없었고, 아버지는 그분을 사랑하셨습니다. 이런 분을 하나님께서 어찌 아끼지 않으시겠습니까? 정말로 어찌 하나님께서 아끼지 않으시겠습니까?

　무한하신 사랑은 우리를 사랑했습니다. 무한하신 사랑은 그리스도를 사랑하셨습니다. 그러나 무한하신 사랑은 말합니다. "나는 죄를 처벌하지 않고는 넘어갈 수가 없다. 공의가 요구하는 것은 시행되어야만 한다." 아버지로 하여금 독생자의 머리에 아버지의 진노의 대접을 쏟게(계 16:1) 한 것은 바로 사랑이었습니다. 그로 인해 동산 안에서 그 독생자의 땀은 핏방울처럼 땅으로 흘러내렸습니다(눅 22:44). 그러나 그의 몸 속에서 흐르는 피눈물에 비하면 몸 밖에 떨어지는 땀은 아무것도 아니었습니다! 그 영혼이 죽을 지경이 되기까지 그분은 극한 슬픔을 겪으셨고, 그런 후에 십자가에서 돌아가셨습니다.

　저는 자주 이 장면을 여러분에게 그림처럼 설명하곤 했습니다. 그러나 오늘은 그렇게 하지 않겠습니다. 그분이 겪은 내적 고통, 그분이 겪은 영적 고통이 바로 그분이 겪은 고통의 핵심이기 때문입니다.

> "이렇게 생명의 주님께서 나타나셨으니,
> 탄식하시고, 신음하시고, 기도하시고, 두려워하셨다.
> 성육신하신 하나님께서 질 수 있는 것은 모두 지셨으니
> 온 힘을 다해, 하나도 남김없이 다 지셨다."
> (조셉 하트[Joseph Hart, 1712-1768]라는 영국의 개혁파 목사가 쓴 찬송가 '그리스도의 고난' [Christ's Passion] 중 일부이다 - 역주)

　그 때 거기서 그분은 인간의 죄를 위한 속죄제물이 되셨습니다. 이 얼마나 놀라운 죄에 대한 정죄였습니까! 제 생각에 온 땅의 의로우신 재판장께서 이렇

게 말씀하시는 것 같습니다. "나는 죄를 참을 수 없다. 순진무구한 사람에게 살짝 묻어 있는 죄라 할지라도, 나는 그 죄를 넘어갈 수 없다. 죄가 나의 친아들에게 전가된다고 해도, 나는 내 친아들마저도 내쳐야 한다. 나는 죄지은 자를 죄 없다고 할 수도 없고, 그렇게 하지도 않을 것이다. 나는 온 땅의 재판장이다. 내 아들은 아끼고, 내 법은 한쪽으로 제쳐 놓는다면, 내가 다스리는 수천의 세상 사람들이 나에게 격렬히 반발할 것은 당연한 일이다."

공평한 공의의 저울이 균형을 이루었습니다. 하나님께서는 우리의 범죄에 대한 벌을 그의 아들에게 집행하셨습니다. 아들의 손에는 진노의 잔이 주어졌습니다. 그 아들에게 보복의 칼날이 겨누어졌습니다. 그 아들에게 최고의 형벌이 집행되었습니다. 그 아들이 우리를 위한 보증이 되셨기에 우리는 그 아들의 죽음으로 깨끗이 되었으며, 그 아들이 죽은 자 가운데서 다시 살아나 하나님의 사랑하는 자로 받아들여지셨기에 우리는 의롭다 함을 얻었습니다.

이런 질문을 하는 사람도 있을 것입니다. "그런데 왜 하나님은 죄를 즉시 없애주시는 주권적인 사면권을 행사하지 않으신 거죠? 왜 하나님은 하나님의 절대적인 주권으로 죄들을 너그럽게 봐 주시고 죄인들을 용서해주지 않으신 겁니까?" 제가 말씀드리겠습니다. 만약 그렇게 하신다면, 하나님이 죄를 어떻게 정죄하실 수 있겠습니까? 죄가 만약 하나님의 자의적인 행동으로 용서될 수 있는 간단한 실수 같은 것이라면, 그 죄의 악함은 무한정 비열해질 것이고, 셀 수도 없이 많은 범죄와 저주들을 계속해서 양산해 낼 것입니다. 그러나 죄에 대한 대속이 있어야 한다면, 즉 지금까지 제가 여러분에게 말씀드리려고 했던 그런 놀라운 대속이 있어야 한다면, 그 대속제물이 바쳐진 제단 안의 불빛으로 어렴풋이 보이는 죄는, 그냥 아무데서나 볼 수 있는 죄보다 더욱더 악하게, 제가 형용할 수 있는 그 어떤 말보다 더 흉악하게, 제가 묘사할 수 있는 그 어떤 설명보다 더 무시무시하게 가중한 것으로 드러날 것입니다. 죄에 대한 이런 식의 약식 정죄만으로도 재판장의 더할 나위 없는 거룩함이 정당화될 수 있습니다.

또 어떤 사람들은 이렇게 말할 것입니다. "그런데 그 의로운 율법이 실제로 그렇게 영적이고, 또 육신을 가진 인간이 그렇게 연약한 존재라면, 왜 하나님은 그런 율법을 바꾸지 않고 인간이 처한 위급한 상황에 맞게 율법을 적용하지 않는 것입니까?" 제가 다시 말씀드리겠습니다. 그런 절차로도 죄를 정죄할 수 없기 때문에 그렇게 하지 않는 것입니다. 그렇게 한다면 반대로 율법을 정죄하는 셈이 될 것입니다. 또 율법은 원래부터 너무 가혹했다는 것을 인정하는 셈이 될 것입니다. 그럼으로써 죄인들에게 사죄해야 하는 일이 일어날 것이고, 이를 빌미로 죄인들은 그 두 손으로 더욱더 탐욕스럽게 죄를 지을 것입니다. 규정을 완화하고 처벌을 없앤다면, 죄를 하찮게 여기고 율법을 무시해도 괜찮은 것으로 여길 것입니다.

범죄자들은 율법을 변경할 것과 자신의 가장 비열한 욕정에 맞도록 율법의 수위를 낮출 것을 여전히 요구할 것입니다. 부분적인 처벌로도 충분하니까, 그것으로 그 나머지 처벌까지 모두 면제해 주어도 되지 않겠습니까? 제가 대답하겠습니다. 그럴 수 없습니다. 이러한 주장은 율법이 꼭 받아야할 처벌보다 더 큰 처벌을 요구한다고 보는 것이기 때문에 율법을 정죄하는 셈이 됩니다. 집행되어야 할 핵심적인 처벌형량이 어떻게 제정되었든 간에, 하나님께서 이와 다르게 그 형량을 바꾸신다면, 처벌 법규도 파기되고 율법도 함께 무너지게 될 것입니다. 죄를 완전히 정죄하는 유일한 방법은 바로 이것입니다. 죄가 처벌받도록 하는 것입니다. 그래서 공의를 위반하지 않은 어떤 사람이 있다면, 그를 찾아가 그가 그 죄 대신에 고통을 받도록 하는 것입니다. 공의를 위반하지 않은 그 사람이 그렇게 고통받도록 해야 합니다.

그런데 이런 생각은 단순한 가정이 아니라 실제 상황임을 주목하시기 바랍니다. 죄 대신 고난을 받는 분이 보여준 위엄 있는 모습과 그분이 받은 고통의 총량이나 그 속죄의 완전성 등을 고려해 봤을 때, 그 죄는 실제적으로 철저히 정죄되었습니다. 지금까지 여러분에게 말씀드린 바가 이것입니다. 하나님께서는 그 아들을 세상에 보내셨습니다. 그래서 그 하나님 아들의 삶과 죽음을 통해 죄가 정죄를 받도록 하셨다는 것입니다.

3. 하나님은 죄인이 용서받게 하셨고 거룩함과 순결을 갈망하도록 하셨습니다.

이제 세 번째 대지로 넘어가겠습니다. 오늘 말씀 가운데 제일 중요한 부분입니다. 그것은 율법이 행할 수 없었던 것을 하나님께서 어떻게 행하셨는지를 말씀드리는 것입니다. 저는 설교를 시작하면서 인간에게 두 가지 바랄 점이 있다는 말씀을 드렸습니다. 여러분도 기억하실 것입니다. 첫째는 죄인이 용서받고 싶어 하는 것입니다. 여러분은 이 용서가 어떻게 행해졌는지 분명하게 보았습니다.

예수님께서 나 대신 고통을 받으셨다면, 이제부터 나는 은혜로 말미암아 사면된 것일 뿐만 아니라, 공의로 말미암아 석방까지 된 것입니다.

> "그리스도께서는 나를 사면해 주시기 위해,
>   하나님의 모든 진노를
>   나 대신 값없이 담당하셨다.
>   하나님은 이중 지불을 요구할 수 없으니
>   먼저 내 보증인이 피 흘리는 손으로 지불한 것을,
>   다시 내게서 요구할 수 없다."
> (영국의 성직자이자 찬송가 작사자인 톱레이디[Augustus M. Toplady, 1740-
> 1778]의 찬송가, '이 두려움과 불신앙은 어디서 오나'[From whence this fear
> and unbelief]에 나오는 가사다 ─ 역주)

예수님께서 빚을 지불하셨다면 그것은 지불된 것이며, 내가 지불해야 할 것은 없습니다. 그러므로 이제 그리스도 예수 안에 있는 자에게는 결코 정죄함이 없습니다(롬 8:1). 사랑하는 성도 여러분, 여러분에게 드릴 질문은 오직 이것밖에 없습니다. 여러분은 그리스도의 고난에 참여하셨습니까? 그리스도께서 여러분의 대속자가 되셨습니까? 이 문제에 대한 절대적으로 확실한 지침이 되며 또한 그렇게 우리가 믿고 있는, 비록 오래되었으나 위대한 책인 이 성경에 따르면, 예수님은 자신을 믿는 모든 영혼을 위해 죽으셨다고 말씀합니다. 이 성경에 따르면 "믿고 세례를 받는 사람은 구원을 얻을 것이요"(막 16:16)라고 기록되어 있습니다. 여러분은 이에 대한 개인적인 증거들을 가지고 있습니까? 의심 없이 그분을 믿으십니까? 그렇다면 여러분은 용서받은 것입니다. 오늘밤 여러분은 용서를 받았습니다. 여러분은 그리스도를 통해 대속함을 받았기 때문에, 우리 주 예수 그리스도로 말미암아 하나님을 즐거워할 수 있습니다. 여러분의 죄, 즉 과거, 현재, 미래의 모든 죄가 제거되었습니다.

> "이제 지난 허물들은 용서받았네.
>   얼마나 검은 죄이었는지는 중요치 않네.
>   놀랍게 뜨여진 내 영혼의 눈으로 보니

미래의 죄들도 이제 사해졌네."

(조선공으로 일하면서 찬송가를 작사한 존 켄트(John Kent, 1766-1843)의 찬송
가, '구세주를 찬양하라' [Praise to the Redeemer]의 2절 가사다. 스펄전이 즐겨
인용한 작사가이다 — 역주)

채무증서에 변제확인이 되었고, 이제 채무로부터 면제되었습니다. 채무의
짐이 벗겨졌습니다. 그 짐으로부터 여러분은 해방되었습니다. 신자의 죄가 이제
없어졌습니다. 그리스도께서 그 죄인 대신에 처벌을 받으셨기 때문입니다. 이
사실은 여러분 모두가 이해하기에도 아주 간단하고, 여러분 모두가 받아들이기
에도 충분히 성경적이지 않습니까?

그렇다면 둘째 희망사항은 어떻게 충족될 수 있을까요? 죄로부터 용서받은
후에는 악한 경향을 가진 인간에게, 어떻게 하면 순결한 마음이 지니고 그의 영
혼 안에서 죄를 혐오하고 죄에 대한 전적인 반감을 갖게 할 수 있을까요? 이 문
제를 여러분이 잠시만 조용히 생각해 본다면, 그것을 이해하기가 어렵지는 않을
것입니다. 성령께서 인간의 마음에 권능으로 임하셔서 그의 본성을 새롭게 하실
때 그렇게 됩니다. 오, 이것이야말로 비할 데 없는 기적이지 않겠습니까! 이런
기적은 이 교회 안에서도 여러 번 일어났던 기적입니다. 거룩하지 않고 순결하
지 못한 자들이 정숙하게 되는 그 순간에 일어나는 기적입니다. 정직하지 않던
자들이 정직하게 되고, 경건치 않은 자들이 하나님을 사랑하게 됩니다. "그런즉
누구든지 그리스도 안에 있으면 새로운 피조물이라"(고후 5:17).

그런 후에는 다음과 같은 동기들이 그의 마음속에 영향을 끼치기 시작합니
다. 그 사람은 이렇게 말합니다. "하나님께서는 저의 죄에 대해 처벌하지 않고
무작정 용서해 주신 것이 아니라, 제가 받을 처벌을 그 기름 부음을 받은 대속자
가 대신 받고 고통을 당하도록 하신 것입니까? 그러므로 저는 율법을 만드신 분,
능력의 그 율법 제정자를 경외합니다. 그분은 사랑 그 자체이시지만, 자기가 만
든 법이 파기되는 것을 두고 볼 수 없었습니다. 저는 온 땅의 그 무서운 재판장
을 경외합니다. 그분은 제가 그분의 자녀라 해도 범죄했다면 제가 지은 죄 때문
에 저를 아끼지 않으실 것입니다. 그러나 그분은 제가 담당해야 할 그 형벌을 자
기 자신에게 집행하도록 하는 분이십니다. 자기 자신에게 말입니다! 하나님의 아
들이신 그리스도는 하나님과 한 분이기 때문이며, 아들은 그 아버지에게 사랑스

러운 분이십니다. 제가 그분을 더 강렬히 사랑하게 된 데는 이런 이유만 있는 것이 아닙니다. 그렇다면 다른 이유는 무엇일까요? 그토록 공의로우신 분께서 저를 구원하시기로 결심하신 후에 그분의 독생자를 아끼지 아니하시고 값없이 그 아들을 죽기까지 내어주지 않으셨습니까? 오, 찬양받기에 합당하신 하나님을 찬양합니다. 저는 당신의 공의 앞에 두려워 떱니다. 그러나 저는 그 공의에 감탄하게 되었습니다. 오! 당신의 사랑, 그 사랑에 대해 무어라 말할 수 있을까요? 당신의 사랑은 저로 하여금 당신을 사랑하지 않을 수 없게 합니다. 저는 당신을 사랑합니다. 내 하나님이신 당신, 공의로우시지만 그럼에도 여전히 은혜로우신 당신을 사랑합니다. 저는 당신을 사랑합니다."

그리하여 그 마음속에는 그리스도에게 고통을 초래했던 죄에 대한 적개심이 생겨납니다. 마음속으로 이렇게 말합니다. "뭐라고? 나를 위해 자신을 내어주신 나의 구속자가 죄 때문에 고통을 받았다고? 그렇다면 죄를 없애버려야겠다. 찬양받기에 합당하신 그런 분을 죽게 하다니, 죄는 확실히 부정하고 야비한 것이 분명해. 이제는 더 이상 죄를 참을 수 없다." 그 영혼은 죄에 대해 "복수하겠다"고 소리칩니다. 모든 죄에 대해 거룩한 복수를 하겠다고 선전포고를 합니다. "죄를 교수대 앞으로 끌어내어 거기에 목을 달도록 하라. 내가 지금까지 알고 지내던 가장 친한 우상들을 끌어다가 망치와 도끼로 산산조각 내버려라. 여태껏 내 가슴속에 품고 다녔던 그 특별히 엄선된 허물들이 이제 보니 독사였구나. 이제 떼어내 불 속에 던져버린다. 썩 꺼져라. 죄가 나의 그리스도를 슬프게 했고 내가 가장 사랑하는 구세주를 피 흘리게 했다면, 썩 꺼져라. 썩 꺼져라!'

이제 주제를 약간 달리해서, 거룩함의 기초가 되고 그 기초를 제공하는 말씀, 그리고 그런 기초에 대해서 다른 곳에서는 들어볼 수 없었던 말씀을 여러분에게 전하고자 합니다. 좀 전의 그 사람이 말합니다. "이제 나는 예수 그리스도의 사랑과 그 보혈을 흘리신 것으로 죄 사함을 받았습니다. 하나님은 나의 아버지가 되시며 나의 친구가 되십니다. 나를 그분에게서 떼어낼 자는 아무도 없습니다. 내 죄는 다른 이에게 전가되었고 그 죄는 속죄되었으며 이제 사라졌습니다. 나는 구원받고, 용서받았습니다." 그 사람은 이제 행복합니다. 그 사람은 사는 것이 즐겁습니다. 그 사람은 기뻐합니다. 그런 그에게서 무엇이 나오겠습니까? 그는 말합니다. "나를 위해 이렇게까지 행하신 영광스러운 그리스도께서 계십니다. 이제부터 나는 그분을 믿음의 눈으로 바라보겠습니다. 나는 하늘에 계신 그분을 봅니다. 나는 그분의 사람입니다. 몸, 정신, 영혼까지 모두 그분의 것입니다. 나는 이제 내 것이 아닙니다. 그분께서 그분의 피로 나를 사셨습니다. 그분의 발 앞에 내가 엎드립니다. 그분께서 제게 무엇을 명령하시든 저는 행하겠습니다. 그분께서 무엇을 요구하시든 저는 이행하겠습니다. 그분께서 무엇을 금하시든, 금하신 그것에 손도 대지 않겠습니다. 그것이 저의 기쁨입니다."

그런 영혼 안에는 사람이 되신 예수 그리스도에 대한 열정적인 사랑이 용솟음칩니다. 용광로의 불처럼 작열하게 불타오르는 그 사랑이 하나님의 안에서 성령의 능력으로 말미암아 거룩함을 추구하는 크나큰 원동력이 됩니다.

사랑하는 성도 여러분, 군대의 규칙이 잘 마련되어 있기 때문에, 군인들이 진지를 잘 지키고 자기 총을 잘 장전하며 적절한 때에 사격을 잘한다는 이야기를 들어본 적이 있습니까? 저는 들어본 적이 없습니다. 법이란 것은 그 자체로는 유익할지 몰라도, 군인들의 사기를 진작시키지는 않습니다. 영국 역사에서 한 예를 들어 보겠습니다. 내전(영국은 세 번의 내전을 겪었는데, 철기군을 앞세운 크롬웰이 지휘하던 의회파와 기사당원으로 구성된 왕당파간의 전쟁이었다 — 역주)이 일어나고 전세가 엎치락뒤치락하며 계속되다가, 어느 순간 철기군들에게 불리하게 돌아가기 시작했습니다. 그때 기사군 군사들은 맹렬한 돌격대를 구성해서 방어선을 치고 올라오려고 하였습니다. 그러자 용감하고 경험 많은 철기군들은 사기가 반쯤 꺾이게 되었습니다. 그때 크롬웰 장군이 말을 타고 나타났습니다. 그러자 철기군 군사들은 "그분이 오셨다. 여기 그분이 오셨다"고 하며 소리치면서 그가 왔다는 소식을 서로에게 전했습니다. 그러자 모든 철기군 군사들은 즉시 사기충천해졌습니다. 그들은 쇠기둥처럼, 견고한 벽들처럼 대오를 만들었습니다. 공격해 오던 기사군 군사들은 추풍낙엽처럼 되었고 크게 대패하여 더 이상 아무소리도 들리지 않았습니다.

군사들의 마음에 불을 붙인 것은 바로 그 사람이 함께 한다는 것이었습니다. 지금 우리도 마찬가지입니다. 우리는 예수 그리스도를 믿습니다. 그분이 그의 교회와 함께 하신다는 것을 우리는 압니다. 그분은 죽었지만 다시 살아나셨습니다. 그분은 하늘로 가셨지만 그분의 영은 우리와 함께 합니다. 그분은 만왕의 왕이며 만주의 주이십니다. 우리가 탄 배에 그분이 주무시고 계신 것처럼 보여도, 그분은 키를 손에 쥐고 주무시기에 그 배를 바른 방향으로 나아가게 하실 것입니다. 우리가 그분의 이름에서 느끼게 되는 그 사랑이 이제 우리의 영혼을 거룩하게 하며, 자기를 부인하게 하며, 하나님을 추구하도록 하며, 복음이 제시하는 믿음과 교제의 충분한 증거를 얻게 하며, 하나님처럼 되기를 추구하게 하며, 만물을 자기에게 복종하게 하신 이에게 자기를 복종하게 하십니다(고전 15:28). 이것이 바로 우리가 원하던 것입니다. 하나님의 은혜로 말미암아, 그 사랑이 죄의 장벽을 무너뜨릴 충분하고도 강력한 자극제가 되었습니다. 율법이 육신으로 말미암아 연약하여 할 수 없는 그것을, 하나님은 죄로 말미암아 죄 있는 육신의 모양으로 그 사랑하는 아들을 보내시어 육체로 죄를 정죄케 하심으로 성취하셨습니다. 그 아들이 이제 그 죄악을 제거하셨고 죄의 권세를 파괴하셨습니다.

저는 여기까지 제가 가진 능력으로 최선을 다하여 제 마음이 완벽히 안식을 찾았던 그 교리를 여러분에게 말씀드렸습니다. 저는 여러분 모두가 저와 동일한 안식과 즐거움을 얻어 여러분의 가슴속에 마음의 편안함을 얻게 되었으면 좋겠습니다. 제가 설교를 마치기 전에 여러분에게 두 가지 당부 말씀을 드려야겠습니다. 첫째 당부는 이것입니다. 저는 여러분이 이 교리를 받아들이시기를 권면합니다. 이것은 하나님이 주신 교리입니다. 이것은 참된 교리입니다. 이것을 처음으로 증언한 사람들은 비천한 어부들이었습니다. 그들은 복잡하게 생각하지 않는 사람들이었으며, 없는 일을 조작해서 만들어 낼 마음조차 없었던 사람들이었습니다. 이 교리는 그들이 만들어 내고 싶어도 도저히 만들어 낼 수 없는 그런 이론입니다. 그들은 거의 모두 이 교리를 위해 죽었습니다. 이것을 고백하거나 선포한다고 해서 그들이 어떤 명예나 금전적인 이익을 얻었던 것도 아닙니다. 그럼에도 그들은 자기들이 보고 들었던 것을 증거하기 위해 모욕과 박해를 참아냈으며, 심지어는 생명을 잃기도 했습니다. 아! 그 이후로 교회는 순교자의 긴 반열을 갖게 되었습니다. 무식하다, 구식이다, 시대에 뒤떨어졌다는 등의 조롱을 받아가며 그 모든 희생을 감수하면서도, 그들은 더 강한 확신을 가지고 동일하게 증거하였습니다. 누가 과연 이렇게 할 수 있겠습니까? 저는 여러분이 이 교리를 받아들이게 되기를 기도합니다. 특히 제가 오랫동안 말씀을 전했으나 아직 구원받지 못한 사람들에게 이 말씀을 전하고 싶습니다. 저는 그런 사람들에게 어떤 말로 어떤 모양으로 권면해야 할지 잘 모르겠습니다. 저는 이런 생각도 해보았습니다. 제가 여러분이 앉아 있는 곳을 빙빙 돈다든지, 여러분 앞에 무릎을 꿇는다든지, 아니면 여러분이 그리스도를 영접하도록 협박이라도 해서 여러분이 받아들이기만 한다면, 저는 기꺼이 그렇게 했을 것입니다.

만약 제 목소리가 여러분을 회심하게 하는 축복의 목소리가 아니었다면, 다음 주일에 제 동생(스펄전의 동생인 제임스 목사[Rev. James Archer Spurgeon]는 1868년부터 협동 목사로 스펄전을 도왔다. 본 설교는 1870년 5월 8일에 행해졌다 - 역주)의 목소리나 혹은 그 다음 주일에 제가 강단을 비웠을 때 오게 될 다른 설교자의 목소리를 듣고서라도, 여러분이 그리스도께로 인도되는 결과를 가져왔으면 좋겠습니다. 저는 그렇게 되도록 아주 간절히 기도해 왔습니다. 오, 그렇게 해서라도 여러분이 구원받게 된다면 좋겠습니다! 여러분이 그리스도를 받아들이기만 한다면, 저는 더 이상 하나님께 간구할 것이 없을 것입니다.

제 마음은, 아직 죽지는 않았지만 지금 죽어가고 있는 귀여운 어린 소녀의 마음과 거의 비슷합니다. 그 어린 소녀는 연필로 쓴 작은 쪽지를 목사님께 보냈고, 그 쪽지는 기도 모임에 전달되었습니다. "저는 그리스도를 믿는 어린 신자입니다. 올해 나이는 아홉 살입니다. 저는 아직 불신자인 저의 아빠를 위해 중보기도를 부탁드립니다." 목사님이 그 어린 소녀를 심방했고, 소녀가 목사님께 말했습니다. "목사님, 저는 아빠가 오셔서 목사님 설교를 들었으면 좋겠다고 졸랐어요. 아빠는 꼭 구원받아야 돼요. 그런데 아빠는 그저 웃기만 할 뿐 오려고 하지 않아요. 그래도 목사님, 아빠는 목사님의 설교를 한 번이라도 들어야 해요. 아마도 제가 죽어 땅에 묻히는 장례식 때 들으실 것 같네요. 저는 곧 예수님과 함께 있을 거거든요. 목사님! 아빠가 무덤 앞에 섰을 때, 아빠에게 그리스도의 사랑에 대해 확실히 말씀해 주세요. 그리고 제가 그렇게 부탁했다는 말씀도 꼭 아빠에게 전해 주세요. 제가 죽어서라도 아빠의 마음 문이 열렸으면 좋겠어요."

오, 이것입니다! 만약 어떤 것이 여러분의 마음 문을 열게 한다면, 그런 일이 일어난다면, 그것은 긍휼일 것입니다. 설교자 자신이 죽는다면, 즉 설교자가 무덤에 파묻히는 것이 여러분을 그리스도에게로 인도한다면, 그것은 지불할 대가치고는 값싼 것입니다. 오직 하나님께서 여러분을 구원하시기를 기원합니다. 성령께서 여러분을 새롭게 해 주시기를 기원합니다. 구세주께서 여러분을 그의 보혈로 씻어주시기를 기원합니다. 그러면 저는 더할 나위 없이 만족할 것입니다.

둘째 당부는 이것입니다. 기독교인이라 공언하며 제가 여러분에게 말씀드린 바를 모두 믿는다고 말하는 여러분, 여러분이 믿는 것이 거짓말이 되지 않도록 주의하십시오. "나는 기독교인입니다"라고 말하는 사람들 모두가 기독교인인 것은 아닙니다. 절대 아닙니다. 정말 절대 아닙니다. 이 나라는 이교적인 나라입니다. 그럼에도 뻔뻔스럽게 스스로를 기독교적인 나라라고 부르고 있습니다. "생명으로 인도하는 문은 좁고 길이 협착하여 찾는 자가 적음이라"(마 7:14). 그리스도께서 이 말씀을 하셨을 때나 오늘날에나 이 말씀은 틀림이 없습니다. 이름뿐인 기독교인이 되는 것은 아무런 가치가 없습니다. 그리스도 예수를 주로 받아 그 안에 뿌리를 박으며 세움을 받아 교훈을 받은 대로 믿음에 굳게 서서(골 2:6-7) 이 진리의 능력을 가진 기독교인이 되는 것이 바로 범사에 선한 양심에 따라(행 23:1 KJV) 행하는 기독교인이 되는 것입니다.

만일 여러분의 삶이 거룩하지 않다면, 여러분이 장사를 하면서 정직하지 않다면, 여러분이 부자이면서 교만하고 이기적이라면, 여러분이 가난하면서 시기와 질투로 가득하다면, 여러분이 술주정뱅이라면, 여러분의 말이 상스럽다면, 여러분의 행동과 대화가 깨끗하지 못하다면, 사람들은 이렇게 말할 것입니다. "저 설교자는 오직 이론만 주장하고 있군. 우리에게 실제 사실들을 좀 보여주시오." 맞습니다. 저는 실제 사실들을 보여드릴 수 있습니다. 저는 여러분 대다수가 이러한 실제 사실들을 증명할 만한 삶을 살고 있다고 믿고 있습니다. 제 영혼에서 이렇게 말하도록 하신 하나님을 찬양합니다. 물론 제 설교를 듣는 여러분 중에는, 이제도 눈물을 흘리며 말씀드리지만, 그리스도의 십자가의 원수(빌 3:18)인 사람들도 있습니다. 원수들입니다! 모든 원수들 중에서도 가장 악한 원수들입니다. 왜냐하면 예수님의 가르침에 힘입어 신앙을 고백하고서도, 예수님의 가르침과는 정반대로 살아가고 있기 때문입니다.

오, 거룩하신 구세주여! 당신은 당신을 노골적으로 반대하는 원수들보다도 당신을 배반하는 친구들로부터 더 심한 상처를 받습니다. 오, 거룩한 믿음이여! 당신은 당신의 적대자들보다도 당신을 믿는다고 고백한 자들로부터 더 많은 해를 받았습니다. 주님이시여, 우리로 하여금 거룩하게 주님을 경외하며 행동하고 살아가게 하옵소서. 다시는 구원을 위한 속죄제가 필요 없을 그 때, 주님께서 다시 오실 그 때까지 그렇게 살아가게 하옵소서. 끝으로, 사랑하는 성도 여러분, 안녕히 가십시오. 축도로 말씀을 마치겠습니다.

제
18
장
—

하나님의 상속자들

—

"자녀이면 또한 상속자 곧 하나님의 상속자요
그리스도와 함께 한 상속자니" — 롬 8:17

오늘 본문인 로마서 8장은 온갖 기쁨들이 가득했던 에덴 동산과 같습니다. 이 곳에서 여러분은 여러분의 양식이 되는 모든 필요한 교리들과 여러분의 영혼을 만족시켜 줄 하나님의 화려한 진리들을 얻게 됩니다. 누군가 죄수가 되어 낙원에 갇히게 된다면 아마도 기꺼이 좋아할 것입니다. 그와 마찬가지로 누군가 하나님의 말씀 중에 다른 곳에서 설교하는 것은 허용되지 않고 오로지 로마서 8장에만 갇혀 설교해야 하는 상황에 처한다면, 아마도 기꺼이 만족해할 것입니다. 로마서 8장의 사정이 이러하다보니, 각 행마다 설교 한 편씩은 찾을 수 있을 정도입니다. 아니 그 이상도 가능할 것 같습니다. 진정으로 하나님의 가르침을 받은 자라면 어느 누구든 단 한 구절의 말씀에서도 책 몇 권 분량의 내용들을 발견할 수 있을 것입니다. 저는 이 로마서 8장을 보면서, "주의 길에는 기름방울이 떨어지며"(시 65:11)라는 말씀을 생각했습니다. 성경 안에 있는 많은 장들 중에서도 로마서 8장은 다른 형제들보다 다섯 배나 더 많은 음식이 담겨 있던 베냐민의 음식 그릇과 같습니다(창 43:34). 우리는 하나님의 말씀 중에서 어느 한 부분을 다른 부분들보다 더 높여서는 안 됩니다. 그럼에도 "별과 별의 영광이 다르도다"(고전 15:41)라고 하신 말씀처럼, 이 로마서 8장은 하나님의 은혜와 진리의 빛이 충만한 1등성 별처럼 보입니다. 한 마디로 말해, 로마서 8장은 영적인 보물로 가득한 무궁무진한 광산입니다. 저는 하나님의 성도들을 이 광산으로 초대하여 이 광산을 파고 또 파고 계속해서 파도록 할 것입니다. 그로 인해 성도들은 이 광산에 금가루는 물론이고 금의 중량 때문에 옮길 수도 없을 만큼 거대한 금덩이까지 있다는 것을 알게 될 것입니다.

로마서 8장뿐 아니라 사도 바울이 쓴 다른 많은 글을 보면 그가 일종의 사다리 방식으로 글을 쓰는 습관을 발견하게 됩니다. 저는 그것을 제 임의로 야곱의 사다리 방식이라 부릅니다. 그는 한 단계 한 단계 차근차근 이 단계에서 저 단계로 한 계단씩 올라갑니다. 그런 모습을 여기서도 보게 될 것입니다. "무릇 하나님의 영으로 인도함을 받는 사람은"(롬 8:14)이란 말씀을 통해, 우리는 성령의 인도함이 있다는 사실을 알게 됩니다. 그런 후에 다음 단계인 "곧 하나님의 아들이라"로 한 단계 올라갑니다. 이제 아들이 되고 난 뒤에 그 다음 단계인 "자녀이면 또한 상속자"(8:17)의 단계로 또 하나 올라갑니다. 상속자가 되고 나서는, 훨씬 더 높은 단계로 올라갑니다. "곧 하나님의 상속자요 그리스도와 함께 한 상속자니"의 단계입니다. 제 생각에 사도 바울이 이러한 글쓰기 방식을 사용한 것은 기독교인의 경험 양식도 이와 같아야 하지 않은가를 우리가 판단해 보기를 원했던 것 같습니다. 우리가 받는 은혜의 모든 수준은 우리로 하여금 좀 더 높은 수준을 추구하도록 인도합니다. 우리는 절대로 이렇게 말해서는 안 됩니다. "여기가 은혜의 최고점이다. 더 이상 넘어설 곳이 없다." 자기만족은 발전의 끝입니다. 그러므로 우리는 끊임없이 이렇게 부르짖어야 합니다. "좀 더 높이, 그래도 조금 더 높이, 앞으로, 위로." 그리고 하나님의 모든 충만하심으로 조금만 더 완전히 채워지도록 여전히 간구해야 합니다.

오늘의 본문 말씀은 제가 이 본문을 철저히 파헤치면서 설교하기에는 그 내용이 너무나 방대합니다. 그래서 저는 이 본문에 대해 네 가지 사실만 살펴보고자 합니다. 이렇게 네 가지로 살펴본다 해도, 이것은 여기에 계시된 위대한 진리에 대한 조감도 정도에 불과할 것입니다. 네 가지 사실 하나하나가 여러분 영혼의 양식이 되도록 하나님께서 해 주셨으면 좋겠습니다!

1. 자녀이면 또한 상속자입니다.

오늘 본문에서 제가 처음으로 살펴볼 것은 상속자의 근거입니다. "자녀이면 또한 상속자." 하나님의 자녀들은 하나님의 상속자들입니다. 하나님의 상속자가

되는 것은 하나님의 자녀가 되는 것으로 이루어지지 다른 방법으로는 상속자가
될 수 없습니다.

우리는 하나님이 만드신 피조물이기 때문에 당연히 우리가 하나님의 상속자가 되는
것이 아니라는 사실을 주목하십시오. 만약 아담의 타락으로 인해 우리가 멸망하
지 않았다면, 창조 이후에 우리가 어떻게 되었을지 저는 말씀드릴 수 없습니다.
그러나 우리의 첫 조상이 저지른 그 치명적인 불순종으로 인해, 우리는 우리가
받아야 할 모든 유업을 박탈당했습니다. 그래서 지금 우리는 "다른 이들과 같이
본질상 진노의 자녀"(엡 2:3)가 되었습니다. 분명히 우리는 약속의 상속자도 아
니고, 하나님 은혜의 상속자도 아닙니다. 사랑하는 성도 여러분, 우리는 아무것
도 아닙니다. 여러분은 본질상 그리스도와 함께한 상속자라는 호칭을 받을 수
없습니다. 여러분이 자신의 인간적인 본질에 대해 어떻게 생각하든지 간에, 다
시 말해 여러분의 본질이 다른 사람의 본질과 비교해서 그렇게 사악하지 않다고
여기든, 여러분의 본질이 일반적인 인간의 본질보다 아주 뛰어나다고 생각하든,
여러분이 자신에 대해 어떻게 생각하든지 간에, 여러분은 이 유업을 받을 수 없
습니다. 필연적으로 옛 언약의 상속자들은 육체의 자녀들이 아니었습니다. 그래
서 육체를 따라 난 이스마엘이 상속자가 아니었고 성령을 따라 난 이삭이 상속
자였으며, 에서가 아니라 야곱이 상속자였습니다(히 11:9). 이것은 지금도 마찬
가지입니다. 여러분의 본질로는 여러분이 상속자가 되지 못합니다. 육체로 태어
나서는 되지 않습니다. 그러나 여러분이 은혜로 태어나면 가능합니다. 성령으로
태어나는 것이 하나님 앞에서 상속권을 요구할 수 있는 근거가 됩니다. 그러므
로 사랑하는 성도 여러분, 만약 여러분이 본질적인 상태 그대로 있다면, 즉 여러
분이 본질적인 상태에서 은혜의 상태로 넘어가지 않는다면, 오늘 이 본문은 여
러분과 아무 상관이 없는 말씀이 됩니다.

더욱이 우리가 하나님의 상속자가 되는 것은 우리가 하나님의 자녀가 되는
것에 좌우되는 문제이기 때문에, 우리의 본성적인 혈통에 좌우되지 않습니다. 이 문
제가 우리의 본성에 좌우되지 않는다는 사실은 제가 이미 말씀드렸습니다. 그러
나 좀 더 말씀드려야 하는 그 진리의 또 다른 측면이 있습니다. 옛날에 "아브라
함은 우리 모든 사람의 조상이라"(롬 4:16)고 말했던 사람들이 있었습니다. 그러
나 육체를 따라서 아브라함의 자손으로 태어난 것은 성령을 따라서 얻게 된 유
업에 참여하는 일에는 아무런 소용이 없습니다. 그런데 오늘날에도 "우리는 경

건한 부모님의 자녀들이다. 우리는 기독교 국가에서 태어났다. 그러니 당연히 우리는 기독교인이다"라고 말하는 사람들이 더러 있습니다. 전혀 그렇지 않습니다. 여러분이 원주민 부락에 사는 미개한 호텐토트(Hottentot) 족의 자녀가 아닌 것이 분명하듯이, 여러분이 부모나 환경 등을 근거로 기독교인이라 주장한다면, 여러분이 기독교인이 아닌 것은 더욱 분명합니다. "이방인 중국인들"이 중생할 필요가 있듯이, 마찬가지로 여러분도 중생해야 할 필요가 있습니다. 어릴 때부터 나무나 돌 신상 앞에 무릎 꿇어 경배하도록 배워왔던 자들과 마찬가지로, 여러분도 성령으로 거듭나야 할 필요가 있습니다.

오, 소위 기독교 국가라고 불리는 이 나라에 살고 있는 여러분, 여러분은 복음을 들을 수 있는 특권을 가졌다는 것 외에는 살아 계신 하나님 앞에서 이방인들과 비교해 조금도 더 나은 점이 없습니다. 그러나 만일 여러분이 복음을 거절한다면, 심판 날에 소돔과 고모라 사람들과 이방 나라들의 주민들이 여러분보다 더 견디기 쉬울 것입니다(마 10:15). 우리 주 예수 그리스도께서 이렇게 말씀하지 않으셨습니까? "동 서로부터 많은 사람이 이르러 아브라함과 이삭과 야곱과 함께 천국에 앉으려니와 그 나라의 본 자손들은." 여기서 본 자손들이란 예수님 당시나 지금이나 호의를 받던 사람들인데, 그런 사람들은 "바깥 어두운 데 쫓겨나 거기서 울며 이를 갈게 되리라"(마 8:11-12)고 말씀합니다.

그리고 그 유업은 우리가 피조물이라는 사실로도 얻을 수 없고, 본성적인 혈통으로도 얻을 수 없으며, 공로가 될 만한 어떤 봉사로도 얻을 수 없는 것입니다. 사도 바울은 "자녀이면 또한 상속자"라고 말하지, "종이면"이라고 말하지 않습니다. 여러분이 평생토록 땀 흘리고 수고한다고 해도, 그 수고가 여러분을 하나님의 상속자로 만들어주지는 못합니다. 여러분의 집에 있는 종이 아무리 성실하다고 해도, 종은 여러분의 상속자가 되지 못합니다. 종이 상속자가 될 권리를 주장하는 소송은 법정에서도 거의 다루어주지 않습니다. 종은 진실하게 이렇게 말할 수는 있을 것입니다. "저는 제 주인의 집에서 지난 세월 동안 일하면서, 한 번도 주인의 명령을 거스른 적이 없었습니다. 저는 어릴 때부터 종으로서 해야 할 도리를 모두 해왔습니다." 그런 다음 그가 "제가 무엇이 부족합니까?"라고 질문한다면, 이런 대답이 주어질 것입니다. "너는 딱 한 가지가 부족하다. 그런데 그 한 가지가 바로 상속자가 되는데 핵심적인 것이다. 상속자는 자녀만 될 수 있다."

오, 이 하나님의 진리가 공로로 천국을 얻기를 바라거나 자신의 노력으로 하나님의 호의를 얻어 보려는 자들의 모든 노력을 뿌리째 뽑아버리려고 합니다. 이런 사람들에게 하나님은 니고데모에게 하셨던 예수님의 말씀을 하십니다. "네가 거듭나야 하겠다"(요 3:7). 오직 출생만이 여러분을 자녀로 만들 수 있습니다. 여러분이 상속자가 되려면 여러분은 자녀가 되어야 합니다. 오, 사랑하는 성도 여러분, 여러분이 본성적인 상태를 계속 유지한다면, 여러분은 여러분이 기뻐하는 것을 하기 위해 애쓸 것입니다. 설령 여러분이 아주 좋은 옷을 본성적인 자녀에게 입힌다 해도, 그 아이는 여전히 잘 차려 입은 본성적인 자녀이지 하나님의 자녀가 아닙니다. 여러분은 초자연적으로 태어나 살아 계신 하나님과 연합되어야 합니다. 그렇지 않고서는 여러분이 행하는 모든 공로로는 지극히 높으신 분의 유업을 받을 수가 없을 것입니다.

그리고 선행으로 상속자가 될 수 없듯이, 종교의식을 준수하는 것으로도 상속자가 될 수 없습니다. 세례식을 앞두고 자녀들이 받는 교리문답서 교재에 보면 이런 내용이 나옵니다. "나는 세례를 통해 그리스도의 한 지체가 되며, 하나님의 자녀가 되며, 하늘나라의 한 상속자가 됩니다"(영국 성공회의 교리문답서[THE ANGLICAN CATECHISM, 1662] 중 제2번 문답이다 - 역주). 이 문구가 사실임을 믿도록 하기 위해 누가 그 어떤 설명을 한다고 해도 저는 신경 쓰지 않습니다. 왜냐하면 이 문구야말로 인간의 언어가 행할 수 있는 거짓말 중에 최악의 거짓말이기 때문입니다. 우리는 이 문구가 사실이 아님을 알고 있습니다. 사방을 둘러보십시오. 유아 때 세례를 받았든, 아니면 사리를 분별할 수 있는 나이가 되어 침례를 받았든, 우리는 주위에 세례 받은 사람들을 수도 없이 볼 수 있습니다. 그러나 그 사람들의 행동을 보면, 그들은 그리스도의 지체도 아니고 하나님의 자녀도 아니며 하늘나라의 상속자도 아닙니다. 그런 세례의식이 그들을 기독교인들로 만들 수 없듯이, 그 의식들이 인간에 의해 고안된 것이든 하나님에 의해 제정된 것이든 간에, 그 어떤 의식도 사람을 기독교인으로 만들 수 없습니다. 왜냐하면 하나님은, 성령 하나님의 사역으로 행해져야 하는 새로운 탄생이나 갱신 등을 어떤 의식이 대체할 수 있도록 의도하지 않으셨기 때문입니다.

> "이 땅의 모든 외적 형식들,
> 하나님께서 주신 의식들,

　　사람의 뜻, 혈통, 출생,
　　그 어떤 것도 한 영혼을 하늘로 올릴 수 없네."

　　"오직 하나님의 주권적인 뜻만이
　　우리를 은혜의 상속자로 창조하시며,
　　그 아들의 형상으로 낳아,
　　새롭고 특별한 민족으로 삼으신다네."
　　(아이작 왓츠의 지은 찬송가, '갱신' [Regeneration]에 나오는 가사이다 ― 역주)

　그리고 하나님의 아들의 형상으로 우리를 태어나게 함으로 하나님의 주권적인 뜻을 수행하시는 성령이 없다면 우리는 하나님의 상속자가 될 수 없습니다. 오늘 본문에 그렇게 나와 있습니다. "자녀이면 또한 상속자"라고 말입니다. 이 말씀은 우리가 자녀가 아니라면, 우리는 상속자도 아니라는 뜻을 함축하고 있습니다.

　그러므로 우리 자신에게 물어야 할 아주 중요한 질문이 있습니다. 사랑하는 성도 여러분, 상속자가 되는데 절대적으로 필요한 이 자녀의 자격을 우리는 갖추고 있습니까? 우리는 거듭났습니까? 우리가 어머니의 몸에서 태어났을 때는 하나님의 가족으로 태어날 수 없었습니다. 왜냐하면 하나님께서 친히 "육으로 난 것은 육이요"(요 3:6)라고 말씀하셨기 때문입니다. 우리는 육 그 이상이 될 수 없었습니다. "영으로 난 것은 영이니"라는 말씀을 의지해, 우리는 성령으로 태어나야 합니다. 우리는 중생해야 합니다. 우리가 하나님의 자녀가 되려면, 위로부터 태어나야 합니다. 여러분은 지금까지 이런 엄청난 변화를 체험해 본 적이 있습니까? 여러분은 중생이 무슨 뜻인지 알고 있습니까? 지금 신앙고백서에 적혀진 중생이란 말의 뜻을 알고 있느냐고 여러분에게 묻는 것이 아닙니다. 여러분의 영혼으로 이것을 체험해 본 적이 있는지를 묻고 있습니다. 여러분은 그리스도 안에 있는 새로운 피조물입니까?(고후 5:17). 주님께서 살아 계시므로, 저는 그분 앞에서 담대히 말씀드립니다. 여러분 중에 누구든지 예수 그리스도 안에서 새롭게 지음받지 못했다면, 즉 성령의 새롭게 하는 능력으로 말미암아 여러분이 중생하지 못했다면, 우리는 하나님의 자녀도 될 수 없고, 그 약속에 따른 상속자도(갈 3:29, KJV) 될 수 없습니다.

만약 우리가 중생했다면, 우리는 그것을 분명히 알게 될 것입니다. 때때로 우리가 중생한 사실에 대해 의심도 하겠지만, 성령의 내주하심에 따라 부분적으로 우리는 그 사실을 알게 될 것입니다. 사도 바울이 갈라디아 교인들에게 쓴 것처럼 말입니다. "너희가 아들이므로 하나님이 그 아들의 영을 우리 마음 가운데 보내사 아빠 아버지라 부르게 하셨느니라"(갈 4:6). 오늘 우리가 본문으로 삼은 구절 바로 앞에는 이런 말씀이 나옵니다. "성령이 친히 우리의 영과 더불어 우리가 하나님의 자녀인 것을 증언하시나니"(롬 8:16).

사랑하는 성도 여러분, 여러분은 성령께서 증언하시는 이것에 대해서 알고 있는 무언가가 있습니까? 저는 이따금씩 이런 질문을 제 자신에 해 보곤 합니다. 여러분에게도 동일한 질문을 해도 되겠지요. 이것은 여러분이 알아도 되고, 몰라도 되고, 또 몰라도 아무 일 없는 그런 것이 아닙니다. 여러분은 성령께서 증언하시는 이것을 알아야만 합니다. 이것 말고 여러분의 영혼이 증언하는 것은 참으로 대단히 의심스러울 수밖에 없습니다. 성령은 결코 거짓 증언을 하지 않으며, 오직 참된 증언만 하십니다. 여러분의 영이 하는 증언이 참되다면, 여러분은 다소 명확하게 여러분 안에 거하시는 성령의 증언을 갖게 될 것이고, 성령께서 그것이 맞다고 확증적으로 증언하실 것입니다.

진정으로 하나님의 자녀인 사람들은 그들이 하나님의 자녀인 것이 확인될 수 있는 또 다른 표지, 즉 하늘 아버지와 닮은 것을 가지고 있습니다. 어떤 사람이 여러분에게 와서 여러분의 옛 친구인 "아무개가 저의 아버지이십니다"라고 말한다면, 여러분은 그가 그의 아버지와 닮은 데가 있는지 찾아보려고 그의 얼굴을 유심히 살펴볼 것입니다. 이와 마찬가지로, 어떤 사람이 "나는 하나님의 자녀입니다"라고 말한다면, 우리는 그 사람의 행동과 대화 가운데 최소한 어느 정도는 하나님의 성품이 드러날 것을 마땅히 기대하게 됩니다.

사랑하는 성도 여러분, 여러분의 완전하지 못한 모든 모습을 가지고 나아오십시오. 여러분은 하나님의 사랑스러운 자녀로서 하나님을 닮고자 노력하고 있습니까? 여러분은 하나님이 원하시는 바를 행하고자 노력하십니까? 여러분은 하나님의 아들을 여러분의 모범으로 삼고 있습니까? 여러분은 거룩함을 위해 애쓰십니까? 여러분은 "내가 거룩하니 너희도 거룩할지어다"(레 11:45), "하늘에 계신 너희 아버지의 온전하심과 같이 너희도 온전하라"(마 5:48)는 하나님의 명령에 순종하는 것을 여러분의 목표로 삼고 있습니까? 하나님의 자녀로서 여러분도 하나님의 맏아들 되신 주님께서 이 땅에 계실 동안 걸으셨던 그 길을 걷게 되리라고 느낀 적은 없습니까? "거룩함을 따르라 이것이 없이는 아무도 주를 보지 못하리라"(히 12:14)고 하신 말씀을 기억하십시오. 거룩함이 없이는 그가 참으로 하나님의 자녀라는 증언을 아무도 얻지 못하기 때문입니다.

　그리고 한 가지 더 말씀드리겠습니다. 우리가 하나님의 자녀라는 주된 증거는 중생으로 말미암아 우리가 주 예수 그리스도를 믿고 있다는 사실에 있습니다. "영접하는 자 곧 그 이름을 믿는 자들에게는 하나님의 자녀가 되는 권세를 주셨으니 이는 혈통으로나 육정으로나 사람의 뜻으로 나지 아니하고 오직 하나님께로부터 난 자들이니라"(요 1:12-13). 영혼 안에 하나님의 생명이 있다는 많은 증거들이 있겠지만, 예수 그리스도를 믿는 믿음을 지키는 것보다 더 지속적인 증거는 없습니다.

　사랑하는 성도 여러분, 여러분이 하나님과 닮았다는 것을 다른 사람들이 볼 수 있는데도, 정작 여러분은 자기 입으로 자신이 하나님과 닮은 점이 있다고 말하기를 꺼끄러워하는 것 같습니다. 그러나 저는 여러분이 "나는 예수님이 그리스도이심을 믿는다"라고 자신 있게 말할 수 있기를 바랍니다. 사도 요한은 이렇게 말합니다. "예수께서 그리스도이심을 믿는 자마다 하나님께로부터 난 자니"(요일 5:1). 만일 여러분이 예수님을 하나님이 정하시고 기름 부으신 자로서 여러분의 구세주로 받아들이고 여러분의 영혼을 그분의 손에 맡긴다면, 여러분은 하나님의 자녀임을 확신할 수 있습니다. 왜냐하면 주 예수님께 대한 참되고 단순하며 신실한 믿음은 오직 새롭게 된 마음에만 있기 때문입니다. 새롭게 되지 못한 사람은 예수 그리스도를 지금까지 믿은 적도 없고 또 믿을 수도 없습니다. 그러나 하나님께서 하나님의 생명을 주시는 영혼에게는 동시에 믿음도 주십니다. 하나님의 생명이 그 영혼 안에 있다는 가장 확실한 증거가 바로 믿음입니다.

　하나님께서 여러분 각자에게 은혜를 주셔서 이 네 가지 질문들을 가지고 여러분 자신을 돌아보는 기회가 되었으면 좋겠습니다. "나는 거듭났는가? 나는 양자의 영을 받았는가? 나는 조금이라도 하늘 아버지와 닮은 것이 있는가? 나는 예수 그리스도를 믿고 있는가?" 이 모든 질문에 예라고 대답한다면, 여러분은 하나님의 자녀입니다. 그리고 그 자녀된 것이 상속권의 근거입니다. 이제 이 말씀은 이 정도로 마치고 다음으로 넘어가고자 합니다.

2. 자녀이면 누구라도 상속자가 됩니다.

두 번째 주제로, 오늘 본문은 하나님의 자녀 모두에게 주시는 상속권의 보편성을 가르치고 있습니다. "자녀이면 또한 상속자"라고 본문은 말합니다. 즉 자녀들 중의 일부만 상속자가 되는 것이 아니라, 자녀라면 예외 없이 모두 상속자가 된다는 것입니다. 그들이 자녀인 것이 증명되면, 동시에 상속인인 것도 증명이 됩니다. 이와는 달리 사람들 사이에서는 종종 맏아들만이 상속자가 되는 경우도 있습니다. 그러나 하나님께는 "자녀이면" 태어난 순서에 상관 없이 "또한 상속자"가 되는 것이 규칙입니다.

하나님의 모든 자녀가 하나님의 상속자가 되는 이유는 무엇일까요? 첫째, 시간의 우선성 원칙이 이 문제에 개입될 수 없기 때문입니다. 물론 맏아들은 태생적으로 우선권을 지니고 명예와 권리도 갖습니다. 그러나 그분은 "많은 형제 중에서 맏아들"(롬 8:29)이시고, 그분 안에서 나머지 모든 하나님의 자녀들이 또한 맏아들이 됩니다. 사도 바울은 이렇게 말합니다. "하늘에 기록된 장자들의 모임과 교회"(히 12:23)라고 말입니다. 출생 시간, 즉 출생 순서에 관한 문제는 이 땅에서 아주 대단히 중요한 문제입니다. 쌍둥이의 경우에는 단 몇 분의 시간 차이가 "주도권" 다툼에서 아주 큰 차이를 초래합니다. 동생은 전혀 주도권을 갖지 못하게 됩니다. 그래서 형제 가운데 형은 넓은 토지의 상속자가 되고, 동생은 먹고 살기 위해 넓은 바다로 떠나기도 하는 것입니다. 그러나 하나님의 자녀들에게는 시간과 관련해서 아무 차이가 없습니다. 아담이 첫 번째 회심한 사람이었다 해도 분명히 사도 바울보다 우선권을 가지지 못합니다. 바울이 자신에 대해서 "만삭되지 못하여 난 자"(고전 15:8)라고 말했더라도 말입니다. 노아는 하나님의 대가족 중 첫 번째 식구였지만, 아브라함보다 더 우선권을 가지지 못합니다. 사실 아브라함은 아브라함 이전의 많은 사람들보다 더 많이 명예롭게 언급되는 것 같습니다. 아브라함 이전의 많은 사람들은 아브라함보다 우선권을 갖지 못합니다. 시간은 시간 안에서만 의미가 있습니다. 시간은 시간을 넘어선 영원에서는 아무런 의미가 없습니다. 사랑하는 성도 여러분, 여러분이 하나님 앞에서 50년 전에 태어났고, 저는 25년 전에, 그리고 저기 있는 우리 어린 친구는 25일 전에 태어났다고 합시다. 이런 시간 차이들은 아무런 의미가 없습니다. "자녀이면 또한 상속자"일 뿐입니다. 우리가 영원한 것들과 관계한다면, 태어난 날짜는 우리의 고려사항에 들 수 없습니다.

　그리고 그의 모든 자녀들을 향한 하나님의 사랑은 동일하다는 사실입니다. 그들 모두가 하나님의 자녀입니다. 모두 선택받았고, 모두 구속받았고, 모두 새롭게 되었고, 모두 소명을 받았고, 모두 칭의를 받았고, 그들 모두가 영화롭게 될 것입니다. 아버지가 자기의 모든 자녀들을 똑같이 사랑한다면, 유업을 증여하는 문제에 있어서도 이와 동일하게 처리할 것입니다. 지금 나누어 주는 것이든 나중에 유업으로 남길 것이든 간에, 똑같이 처리할 것입니다. 가끔 토지법이나 부동산 권리 설정 같은 특수한 상황 하에서는 아버지가 자녀들에게 동등하게 대하는 것을 금하고 있기는 합니다. 그러나 하나님 자녀들의 경우에는 법률로 하나님을 막거나 방해하지 못합니다. 하나님은 위대한 입법자이시며 자신이 원하는 명령에 따라 모든 것이 행해지도록 환경들을 통제하실 수 있습니다. 그리고 사랑의 마음으로 이렇게 말씀하십니다. "나는 내 모든 자녀들을 똑같이 사랑해왔다. 그러므로 그들 모두가 똑같이 축복을 받을 것이다."

　사랑하는 성도 여러분, 이 말씀대로 그대로 될 것입니다. 사랑하는 성도 여러분, 여러분이 자신에 대해서도 갈팡질팡하고, 자신을 하나님의 이스라엘 중에서 가장 작은 자 중의 하나라고 생각해도, 여러분의 이름은 하나님의 여러 사도들 이름처럼 그렇게 눈에 띄도록 그리스도의 가슴에 새겨져 있습니다. 그리고 하나님의 성도들 가운데 가장 고귀한 자와 마찬가지로 여러분은 그렇게 주님께 사랑스러운 자입니다. 진정으로 하나님께서는 그 양들을 자기 가슴에 안고 다니시며, 그 중에 더 작은 양들은 가장 좋은 마차에 태우십니다. 하나님께서는 큰 양들은 걷게 하시지만, 어린 양들은 품고 다니시며, 약하고 힘없는 양들을 항상 더 특별히 돌보십니다. "자녀이면 또한 상속자"입니다. 왜냐하면 사랑의 아버지는 그 아버지의 사랑에 하나님의 자녀 모두가 동등하게 참여하게 하시기 때문입니다.

　성경으로부터 우리는 또 한 가지 사실을 알게 됩니다. 하나님의 모든 자녀들은 동일한 약속을 받았다는 것입니다. 히브리서 6장 18절에 보면 여러분은 사도 바울이 주님의 자녀 모두에게 무엇을 말하는지 보게 될 것입니다. 우리에게도 해당되는 이 말씀은 얼마나 귀중한 말씀인지 모릅니다. "이는 하나님이 거짓말을 하실 수 없는 이 두 가지 변하지 못할 사실로 말미암아 앞에 있는 소망을 얻으려고 피난처를 찾은 우리에게 큰 안위를 받게 하려 하심이라." 바로 앞에 있는 17절에서 사도 바울은 약속의 상속자를 언급하는데, 이 표현은 하나님의 모든 자녀를 지칭하는 것입니다. 왜냐하면 그들은 모두 약속에 따라 상속자들이 되었기 때문에, 모두 약속의 상속자들인 것입니다. 그렇습니다. 하나님께서 그들에게 약속을 주셨으므로, 하나님께서는 그 약속을 지키실 것입니다. 그 약속은 그들이 이 세상의 상속자일 뿐만 아니라, 오는 세상의 상속자도 될 것이라는 약속입니다. 하나님께서는 이 약속을 그들 모두에게 이루실 것이며, 이 약속을 확인한 맹세도 반드시 지키실 것입니다. 그러므로 그들은 분명히 하나님의 상속자가 될 것입니다.

한 가지만 더 살펴봅시다. 모든 상속자들은 상속권을 주시는 하나님께 모두 동등하게 관련되어 있기 때문에, 모든 하나님의 자녀들은 하나님의 상속자들이 됩니다. 하나님의 모든 자녀는 주 예수 그리스도와 형제입니다. 그 이상도 그 이하도 아닙니다. 그의 몸, 즉 그 살과 뼈의 한 지체입니다. 그리스도와 한 형제가 되는데, 거기에 차별이 있을 수 없습니다. 한 사람이 일부는 형제이고 일부는 형제가 아닌 그런 일은 있을 수 없습니다. 만약 그가 그리스도의 형제라면, 그리스도 역시 그의 형제입니다. 한 사람이 그리스도 안에 있으면서, 동시에 그리스도 밖에 있을 수는 없습니다. 만약 그리스도와 하나가 된다면 그는 지금 그리스도와 함께 하는 것입니다. 그래서 그리스도의 신비로운 몸의 모든 지체들은 그분과 동일한 신적 생명으로 소생되고, 그분이 계신 그 동일한 천국에서 영원히 살게 될 것입니다. 그러므로 우리는 예수 그리스도 안에서 모두 하나인 것을 알기에, 믿어들을 통해 우리에게 주어지는 상속권도 분명히 모든 자녀들에게 동등하게 주어질 것입니다.

생각해 보면 아주 대단히 위로가 되는 사실이 하나 있습니다. 그 유업은 모든 자녀에게 나누어주어도 부족하지 않을 만큼 아주 **충분히 많다**는 사실입니다. 때때로 부자들은 이 시대의 어리석은 관례를 따라, "가문의 품위를 대를 이어 유지하기 위해서" 그들의 재산을 장자에게 넘겨줍니다. 어떤 대단한 지주들은 두세 가정 정도가 살아갈 수 있을 정도로 부를 축적하기도 합니다. 그러나 보통 평범한 가정에서는 맏아들이 잘 살도록 하기 위해 다른 자녀들은 가난하게 지내야 하는 경우도 있습니다. 자, 보십시오. 하나님의 유업은 그렇지 않습니다. 왜냐하면 모두에게 줄 수 있을 만큼 충분하기 때문입니다. 그리고 거기에는 하나님의 모든 자녀들이 모든 유업을 가지는데도, 자녀 중 어느 누구도 다른 자녀보다 더 적게 받는 경우가 전혀 없는 특별함도 있습니다. 인간이 하는 상속에서는 모든 상속자가 모든 유업을 각각 똑같이 받게 된다고 결코 말할 수 없습니다.

　사랑하는 성도 여러분, 여러분이 만약 하나님의 자녀라면, 여러분은 하나님의 상속자입니다. 저 또한 하나님의 상속자입니다. 여러분이 하나님으로부터 무언가를 받았다고 해서 하나님의 소유가 그만큼 작아져 제가 받을 것이 더 작아지는 것이 아니며, 또 제가 하나님으로부터 무언가를 받았다고 해서 하나님의 소유가 그만큼 작아져 여러분이 받을 것이 더 작아지는 것이 아닙니다. 절대 그렇지 않습니다. 정말 그런 일이 가능하다면, 저는 여러분도 저와 동일한 축복을 받는다는 사실에 기쁨이 더 커질 것이고, 여러분도 다른 사람들이 여러분이 가진 그 동일한 특권에 함께 참여하는 것을 보고서 더욱 기쁨이 클 것입니다. 하나님의 모든 것이 그리스도께 속해 있고, 하나님의 모든 것이 그리스도의 가장 작은 지체에게 속해 있습니다. 모두가 "하나님의 상속자들"입니다. 그러므로 하나님의 가정에서는 연장자에게 더 많은 재산을 마련해 주기 위해, 연소자를 재산 증여에서 배제할 이유가 없다는 것을 여러분이 알았을 것입니다. 하나님의 모든 자녀들은 하나님의 상속자들입니다. 자녀들 각자에게 해당되는 무한한 유업이 있기 때문입니다.

　오, 사랑하는 성도 여러분, 이 주제에 대해 잠시만 더 살펴보고자 합니다! 오늘 본문은 "자녀이면 또한 상속자"라고 말씀합니다. "자녀이면 또한 사도"라고 말하지 않습니다. 우리 중 아무도 그렇게 높은 직분을 얻을 수 없습니다. 또 "자녀이면 또한 설교자"라고 말하지도 않습니다. 여기저기에 이런 직함을 얻지 못한 사람들이 있습니다. 또 "자녀이면 또한 깊은 체험을 한 성도"라고 말하지도 않습니다. 우리 중에는 그런 체험을 할 수 없는 사람들도 있습니다. 또 "자녀이면 또한 용감한 사람"이라고 말하지도 않습니다. 우리 중에는 그렇게 되기에는 너무 겁이 많은 사람들도 있습니다. 또 "자녀이면 또한 부자"라고 말하지도 않습니다. 우리 중에는 가난한 사람들도 있습니다. 또 "자녀이면 또한 건강의 축복을 받은 자"라고 말하지도 않습니다. 우리 중에는 건강하지 않은 사람들도 있습니다. 또 "자녀이면 또한 전적인 확신으로 충만한 자"라고 말하지도 않습니다. 우리 중에는 많은 의심과 두려움으로 괴로워하는 사람들도 있습니다.

　그러나 오늘 본문은 오직 이렇게 말씀합니다. "자녀이면 또한 상속자"라고 말입니다. 그러므로 우리가 "상속자 곧 하나님의 상속자요 그리스도와 함께 한 상속자"가 된 것을 즐거워합시다. 이제, 이 사실을 기뻐합시다. 그리고 하나님의 자녀 된 우리의 신분에 맞게 가치 있는 삶을 살아갑시다. 거룩함을 위해 노력하고, 모든 거룩한 대화와 경건함으로 우리가 마땅히 되어야 할 사람이 어떤 사람인지를 생각하면서, 영생의 상속자들이 되는 삶을 추구합시다. 이것으로 모든 하나님의 자녀가 갖는 상속권의 보편성에 대한 내용을 마치고자 합니다.

3. 우리는 하나님의 상속자들입니다.

이제 세 번째로 유업 그 자체에 대해서 말씀드리고자 합니다. "자녀이면 또한 상속자 곧 하나님의 상속자요."

방금 제가 말씀드린 이 짧은 성경 구절은 우리 가운데 아무도 충분히 이해할 수도 없고, 이해하려고 시도조차 할 수도 없는 말씀입니다. 우리가 "하나님의 상속자들"이 된 것은 우리가 받을 유업의 영광 때문입니다. 성경에 나타나 있는 우리가 받을 유업에 대해서 몇 가지를 설명하려고 하는데, 최대한 진지하게 경청해 주시기를 바랍니다.

우선 요한계시록 21장 7절에 나오는 말씀을 보도록 하겠습니다. "이기는 자는 모든 것을 상속으로 받으리라"(KJV). 여러분이 유업으로 받을 것이 바로 이 "모든 것"입니다. 이런 표현은 성경 한두 곳에 나타나는 것이 아닙니다. 고린도전서 3장 21-22절에서도 나타납니다. "만물이 다 너희 것임이라 바울이나 아볼로나 게바나 세계나 생명이나 사망이나 지금 것이나 장래 것이나 다 너희의 것이요." 지금까지 이 땅에 살았던 가장 부자인 사람도 만물이 자기 것이라고 말할 수 없었습니다. 그런데 이 땅에 사는 가장 가난한 기독교인이라도 만물이 자기 것이라고 말할 수 있다는 것입니다. 또한 히브리서 1장 14절에 보면, 우리가 "구원 받을 상속자들"로 불리고 있음을 알게 됩니다. 조금 뒤로 넘어가서 6장 17절에 보면 우리를 "약속의 상속자들"(KJV)로 부르고 있다는 것도 알게 됩니다. 디도서 3장 7절에서 바울은 우리를 가리켜 "영생의 소망을 따라 상속자"라고 부르고 있습니다. 반면에 야고보 사도는 야고보서 2장 5절에서 "자기를 사랑하는 자들에게 약속하신 그 왕국의 상속자들로 삼으신 것이 아니냐?"(KJV)고 말합니다. 그리고 베드로 사도는 베드로전서 3장 7절에서 우리를 "생명의 은혜를 함께 상속받을 자"라고 말합니다. 성도들의 상속권에 대해 연속 설교를 하기 원하는 설교자가 있다면, 이 성경 본문들을 가지고 설교하시기 바랍니다. 저는 오늘 밤 이 본문들을 다 다룰 시간이 없습니다. 혹여 이 모든 구절들에 대해 말씀드릴 기회가 주어진다 해도, 저는 오늘 본문이 전하고 있는 것보다 더 많은 것을 전할 수는 없을 것입니다. 왜냐하면 오늘 본문은 "약속의 상속자들"이나 "구원의 상속자들"이나, 또는 "그 왕국의 상속자들"에 대해서 말씀하고 있는 것이 아니라, 오직 "하나님의 상속자"에 대해서 말씀하고 있기 때문입니다.

　"하나님의 상속자", 이 말이 무슨 뜻일까요? 무엇보다도 이 말은 우리가 하나님이 가지신 모든 것의 상속자라는 뜻입니다. 제가 제 아버지의 상속자로서 아버지 명의로 된 낡은 시골집 한 채를 소유하고 있다고 가정해 봅시다. 그렇다면 저는 그 시골집에 대해서 상속자가 되겠지요. 그러나 이번에는 웨스트민스터 공작의 상속자가 되는 일이 일어났다고 가정해 봅시다. 그 공작은 넓은 영지에 저를 데리고 가더니 이렇게 말합니다. "네가 상속받을 땅이 이것이다." 오, 바로 이것입니다! 아버지가 가진 것이 무엇이든, 아버지가 가진 것에 대해 그 자녀는 상속자가 되는 것입니다. 그렇다면 하나님이 가지신 것을 생각해 보십시오. 여러분이 가진 상상의 날개를 활짝 펴고 멀리 날아가, 아주 생생하게 마음껏 생각해 보십시오. 가장 먼 우주 끝까지 건너갔다 해도, 여러분은 그 무한한 여행을 이제 막 시작한 것에 불과합니다. 저라면 그렇게 무한한 여행을 시도하기보다는 차라리 집에 앉아서, 우리가 하나님의 상속자이기 때문에 하나님이 가지신 모든 것이 우리 것이라는 이 하나님의 위대한 진리에 대해 묵상하겠습니다.

　이 사실만으로도 엄청나지만, 이것은 오늘 본문이 말하는 내용 중 극히 일부에 불과합니다. 왜냐하면 "하나님의 상속자"를 통해 사도 바울이 다음으로 말하는 것은 하나님 자신이 우리에게 속했다는 의미이기 때문입니다. 다윗은 이렇게 말합니다. "주는 내 유업의 분깃이시니"(시 16:5, KJV). 이것이 바로 하나님의 모든 자녀가 말할 수 있는 것입니다. 그러므로 모든 하나님 자녀의 분깃은 하나님이 가지신 것은 물론, 하나님 그 자신도 포함됩니다. 오, 하나님의 자녀이신 여러분, 여러분은 여러분을 보호하는 하나님의 능력, 여러분을 인도하는 하나님의 눈, 여러분을 변호하는 하나님의 공의, 변함없이 여러분과 함께 하는 하나님의 불변하심, 여러분을 부요케 하는 하나님의 무한하심 등을 가지고 있습니다. 여러분은 또한 하나님의 사랑의 마음, 하나님의 능력의 손, 하나님의 영광의 머리를 가지고 있습니다. 여러분이 가지고 있는 모든 것을 말하기에는 시간이 부족할 정도입니다. 왜냐하면 여러분은 하나님의 모든 것을 가지고 있기 때문입니다. 영원 영원히 여러분의 것이 될 것입니다.

현재 창조된 이 세상은 하나님이 원하기만 하면 하실 수 있는 것들과 비교하면 아주 사소한 것에 불과합니다. 수천, 수천, 수천, 수천의 세계들이 만들어져도, 그것은 하나님의 전능하신 손에서 흩어지는 한 줌의 먼지일 뿐입니다. 그리고 하나님이 원하신다면, 다시 수천, 수천, 수천, 수천의 세계를 동일하게 만드실수도 있을 것입니다. "보라 그에게는 열방이 통의 한 방울 물과 같고 저울의 작은 티끌 같으며 섬들은 떠오르는 먼지 같으리니 섬들을 티끌 같이 드시나니 레바논은 땔감에도 부족하겠고 그 짐승들은 번제에도 부족할 것이라"(사 40:15-16). 한번 생각해 보십시오. 모든 산맥들이 하나의 큰 제단처럼 펼쳐져 있고, 모든 삼림들이 불타오르며, 거기 살고 있는 모든 동물들이 번제물이 되었다고 말입니다. 그럼에도 이사야 선지자는 이것으로도 하나님께는 충분하지 않다고 말합니다. 그렇다면 하나님은 얼마나 위대한 분이란 말입니까! 오, 여러분은 진심으로 그분을 위대하게 생각하고 경외하며 찬양하십시오. 그러나 여러분이 그렇게 할 때에도, "나의 하나님! 나의 하나님! 나의 하나님!"이라고 말하는 것을 잊지 마십시오. 여러분은 시편에서 이런 표현을 얼마나 자주 접하게 됩니까! 하나님께서 처음부터 하나님의 영원한 작정 가운데, 그리스도께서 "나의 하나님, 나의 하나님, 어찌하여 나를 버리셨나이까"(마 27:46)라고 절규하는 그 무서운 시간에 그리스도의 입술에 그 말씀을 두시어 소리치게 하셨고, 그로 인해 시편 속에 "나의 하나님! 나의 하나님! 나의 하나님!"이란 말씀도 들어가게 되었으며, 그 어떤 사람이라도 이렇게 부르짖을 수 있게 되었습니다. 따라서 이제 각 성도들은 "나의 하나님"이라고 말할 수 있습니다. 예수 그리스도께서 친히 "내 아버지 곧 너희 아버지, 내 하나님 곧 너희 하나님"(요 20:17)이라고 말씀하셨기 때문입니다. 어떤 측면에서 하나님은 그리스도의 하나님 되심과 똑같이 나의 하나님이 되시며, 그리스도의 아버지가 되심과 똑같이 나의 아버지가 되십니다. 오, 사랑하는 성도 여러분, 저는 제 수준에서 알고 있는 모든 것을 여러분에게 말씀드렸습니다. 이 놀라운 하나님의 진리에 대해 더 깊이 들어가 말씀드리고 싶지만, 유업 그 자체인 "하나님의 상속자"에 대한 말씀을 이제 그만 하도록 하겠습니다.

4. 우리는 그리스도와 함께 한 상속자들입니다.

마지막 대지를 말씀드리겠습니다. 아마도 오늘 본문 중에 가장 복된 말씀일 것 같습니다. 유업 상속권자들의 교류 관계입니다. 즉, "그리스도와 함께 한 상속자니."

무엇보다도 이것은 우리의 상속권에 대한 시금석입니다. 잘 들어보십시오. 여러분은 혼자서 하나님의 상속자가 된 것이 아닙니다. 여러분 혼자서는 상속자가 될 수도 없습니다. 여러분은 오직 "교류"를 통해서만 하나님의 상속자가 될 수 있습니다. 다시 말해, 그리스도와 함께 교류해야 합니다. 지금 여러분과 그리스도는 함께 교류하고 있습니까? 이것은 간단한 질문입니다. 여러분은 그리스도와 함께 협력하고 있습니까, 아니면 혼자 서 있습니까? 여러분이 혼자 서 있다면, 여러분은 하늘법정에서 고지된 불쌍하고도 비참한 파산자입니다. 그러므로 혼자 서려고 애쓰지 마십시오. 혼자 서려고 한다면 여러분은 곧 망하게 될 것입니다. 그러나 여러분과 그리스도가 함께 교류하고 있습니까? 그리스도를 의지하는 것, 그리스도 안에서 살아가는 것, 그리스도 안에서 기도하는 것, 그리스도를 통해 하늘과 교제하는 것, 그리스도 안에서 모든 것을 가지는 것 등을 여러분은 배웠습니까? 이것이 바로 상속권에 대한 시금석입니다. 하나님의 자녀들은 하나님의 상속자로 태어납니다. 그러나 그가 그리스도 안에 있고 그리스도와 연합하여 태어났기 때문에 하나님의 상속자가 되는 것입니다. 만약 우리가 그리스도로부터 벗어난다면, 우리는 하나님의 가족에서 벗어나게 되고 하나님의 상속자로부터도 벗어나게 됩니다. "그리스도가 없이" 여러분은 "세상에서 하나님 없이" 살아가는 것입니다. 그러나 그리스도 안에서 그리스도와 함께 하는 교제로 여러분은 하나님의 상속자가 됩니다.

사랑하는 성도 여러분, 모든 유업 중에서 가장 은혜로운 부분이 제게는 바로 이 부분입니다. 제가 그리스도와 함께 하나가 되었으며, 그리스도와 함께 한 상속자가 되었다는 사실을 제가 한 번 더 알기를 원합니다. 이 사실은 제 영혼에 천국처럼 다가옵니다. 진정으로 저는 천국 그 자체를 점점 더 좋아하게 되었고, 하나님께서 미래에 제게 주시려는 모든 것을 점점 더 좋아하게 되었습니다. 왜냐하면 저는 천국을 그리스도와 함께 공유할 것이기 때문입니다. 우리가 초대를 받아 어떤 곳에 가서 누군가를 만날 때, 그 교류가 많은 것을 좌우합니다. 어떤 사람이 여러분에게 자기 집에 오라고 말합니다. 그러면, 여러분은 가야 할지 말아야 할지 망설일 것입니다. 그러다가 그 초대하는 사람이 말하기를 거기에 여러분이 아주 좋아하는 친구도 온다고 한다면, 여러분은 "아, 그래요? 그 친구를 만나기 위해서라도 가겠습니다!"라고 말할 것입니다.

자, 여러분, 예수 그리스도께서 계신 곳이 어디든, 그 곳이 바리새인의 집이든, 외딴 언덕 위에 있는 집이든 저는 개의치 않고 가겠습니다. 그분이 계신 곳에 제가 있는 것이 좋고, 그분과 함께 나눈다는 것이 좋습니다. 그분과 함께 즐길 수 있다는 것이 모든 것을 더욱더 감미롭게 만듭니다. 그러므로 사랑하는 성도 여러분, 여러분이 하나님의 상속자인 한 여러분은 단순한 상속자가 아닙니다. 왜냐하면 여러분은 그리스도와 함께 한 상속자이며, 그리스도와 함께 유업을 공유할 것이기 때문입니다. 주 예수 그리스도께서 자기 백성들을 위하여 자신이 하실 수 있는 최고의 기도를 드렸을 때, 그분께서 무엇을 위해 간구하셨는지 여러분은 기억하십니까? 바로 이 기도였습니다. "아버지여 내게 주신 자도 나 있는 곳에 나와 함께 있어 … 내게 주신 나의 영광을 그들로 보게 하시기를 원하옵나이다"(요 17:24). 그분은 온 세상의 그 어떤 것보다도 더 좋은 것, 심지어 천국 안에 있는 그 어떤 것보다도 더 좋은 것, 즉 자신에게 속한 그 영광까지도 자기 백성들이 상으로 받게 될 줄 알고 계셨던 것 같습니다. 만일 그리스도께서 우리와 함께 식사를 하신다면, 비록 야채 스프 한 접시만 있다 하더라도, 그것은 복된 만찬이 될 것입니다. 그러나 그리스도께서 함께 하지 않으시면, 산해진미로 가득해 상다리가 부러질 정도가 되어도, 그것은 초라한 식사가 될 것입니다. 그러므로 그리스도와 함께 상속자가 된다는 것이야말로 우리가 받을 유업 중에 가장 감미로운 것이라고 생각합니다.

이것은 또한 유업의 위대함을 보여줍니다. 만일 우리가 그리스도와 함께 상속자가 된다면, 우리가 그리스도와 함께 공유하게 될 것이 결코 작은 것이 될 수 없기 때문입니다. 성부 하나님께서 자기 아들이 당한 그 영혼의 고통에 대한 보상으로 주시려는 것이 무엇인지 여러분은 상상할 수 있겠습니까? 하나님의 본체시나 하나님과 동등됨을 취할 것으로 여기지 아니하시고, 종의 형체를 가지고 사람의 모양으로 나타나셔서 자기를 낮추시고 죽기까지 복종하셨으니, 곧 십자가에 죽기까지(빌 2:6-8) 복종하신 그 아들에게 영원하신 하나님께서 무엇을 주실 것인지 한 번 곰곰이 생각해 보십시오. 그분에게 합당하고 충분한 큰 보상을 여러분은 생각할 수 있겠습니까? 성부 하나님의 사랑, 성부 하나님의 공의가 판단하도록 합시다. 예수 그리스도와 같이 그렇게 사랑스러운 아들, 그렇게 순종했던 아들을 위해서는 오, 분명히 엄청나게 큰 유업이 주어질 것입니다. 먼지 속에 사는 비천한 벌레 같은 저는 그분에게 충분히 합당한 것이 무엇인지 감히 생각조차 할 수 없습니다. 하나님, 저는 그분의 머리에 많은 면류관을 씌워드리고 싶고, 그분을 영광스럽고 높은 보좌에 앉혀드리고 싶습니다. 그렇다면 성부 하나님께서 아들을 위해 생각하는 그 보상이 무엇이 되어야 마땅하겠습니까? 무한하신 하나님께서 자신의 독생자에게 하사할 무한한 보상이 그 얼마나 위대한 것이겠습니까? 이런 식으로 여러분이 할 수 있는 대로 생각해 보십시오. 그런 다음, 여러분이 그리스도와 함께 상속자가 되었다는 것을 기억하십시오. 그리스도께서 받은 모든 것을 여러분도 함께 공유할 것입니다. 그 놀라운 말씀을 제가 다시 읽어보겠습니다. "자녀이면 또한 상속자 곧 하나님의 상속자요 그리스도와 함께 한 상속자니 우리가 그와 함께 영광을 받기 위하여 고난도 함께 받아야 할 것이니라"(롬 8:17). 그리스도의 영광과 동일한 영광을 하나님께서 우리도 그리스도와 함께 누리게 하실 것입니다.

하나 더 말씀드리겠습니다. 이 함께하는 상속권은 우리에게 유업을 보장해 줍니다. 길거리에서 방금 만난 사람과는 누구나 동업을 하지 않을 것입니다. 또 어떤 회사를 차리려고 동업을 계획했는데 동업자의 신용상태가 나쁜 것을 알게 되었다면, 가능한 한 빨리 그 일을 정리하고 발을 빼려고 할 것입니다. 얼마나 많은 사람들이, 멋지고 말끔하면서도 세상에서 가장 많은 돈을 벌 것 같은 계획을 가진 사람들과 동업했다가 망했는지 모릅니다! 그러나 한 사람은 아무것도 가진 게 없지만 상대편 동업자가 세상에서 가장 부유한 사람이라면, 그 동업에 대해서 별로 신경 쓸 필요가 없을 것입니다. 이와 마찬가지로, 망할 수 없는 그리스도라는 사실을 우리가 알기에, 그리스도와 함께 동업하는 것이 우리에게 그 얼마나 축복된 일인지요. 저는 조금 전에 이런 생각도 했습니다. 만약 제가 천국을 잃게 된다면, 물론 저는 그리스도와 함께 한 상속자인 것을 알고 있습니다만, 만약 그렇게 된다면 제가 동업하는 "그 회사" 또한 그리스도를 잃게 될 것입니다. 왜냐하면 그리스도와 제가 함께 한 상속자라면, 우리는 성공해도 함께 성공하고 망해도 함께 망할 것이기 때문입니다.

한번은 어떤 사람이 거룩한 사람에게 말했습니다. "당신의 영혼은 망할 것입니다." 그러자 그 거룩한 사람이 대답했습니다. "그렇다면, 그리스도도 망하게 될 것입니다." 우리는 배가 파선해 가는데도 아주 태연하던 흑인 노예와 비슷합니다. 그 흑인 노예가 말하기를 자기는 결코 버려지지 않을 것이라고 말했습니다. 자기는 주인에게 속해 있기 때문에 주인이 자기를 버리지 않을 것이라고 했습니다. 맞습니다. 그 흑인 노예가 단순명료하게 말했던 것처럼, 우리도 참으로 진지하게 그렇게 말할 수 있어야 합니다. 우리의 영혼을 잃게 된다면 실제로 잃은 자는 그리스도일 것입니다. 그분이 우리를 피로 사셨는데, 그렇게 값비싼 대가를 지불하고 사신 것을 잃게 되기 때문입니다. 그리고 성부 하나님이 우리를 그리스도에게 맡기셨는데, 만약 우리를 잃게 된다면 그리스도는 성부 하나님이 주신 선물을 잃게 되는 것입니다. 그리고 신랑 되신 그리스도는 우리를 사랑하셔서 신부로 삼으시고 우리와 결혼하셨습니다. 그래서 만약 우리를 잃게 된다면, 그리스도는 그의 영혼으로 사랑했던 신부를 잃게 되는 셈입니다. 그러므로 그분은 결코 우리를 잃지 않으실 것입니다. 또 우리를 잃으실 수도 없습니다. 그리스도께서 그의 유업을 잃을 수 없다면, 그의 백성 중 어느 누구도 그들의 유업을 잃을 수 없을 것입니다. 왜냐하면 우리는 그와 함께 한 상속자들이기 때문입니다. 만약 두 사람의 사업파트너가 관련된 법정 소송에서 한 사람에게 불리한 판결이 내려졌다면, 그 판결은 또 다른 파트너에게도 불리하게 작용할 것입니다. 왜냐하면 두 사람은 그 사안에 있어서 하나이기 때문입니다. 이와 마찬가지로, 어떤 가능한 이유들로 인해 예수 그리스도 안에 있는 누군가에게 불리한 판결이 내려질 수 있다면, 그 판결은 주 예수 그리스도 자신에게도 똑같이 불리한 판결일 것입니다. 그러나 그런 일은 없을 것입니다. 그러므로 성도들의 유업은 그 얼마나 안전한 것입니까! 우리는 그리스도와 함께 한 상속자들입니다.

사랑하는 성도 여러분, 이제 말씀을 맺고자 합니다. 이런 말씀은 우리를 향한 그분의 사랑을 얼마나 사모하게 합니까! 이렇게 그리스도께서는 그분의 상속권을 우리와 대등하게 나누고자 하셨습니다. 그분은 먼저 우리를 자기와 하나가 되게 하셨고 우리를 자기와 함께 한 상속자로 삼으셨으며, 그 후에 우리를 위해 간구하시려고 하늘로 다시 가셨고, 그 곳에서 자기와 우리가 함께 공유할 처소를 마련하는 것을 자기 영광의 일부분으로 삼으셨습니다. 이 사실이 우리를 그리스도와 더 확고히 묶어주지 않습니까? 그분께서 우리로 하여금 그분의 영광된 유업을 나누게 하신다면, 우리 또한 이 땅에서 그분의 고난과 수치에 기꺼이 동참하여 함께 나누어야 하지 않겠습니까? 그 옛날, 사람들이 그랬던 것처럼 아직도 그리스도에게 침 뱉고자 하는 사람이 있습니까? 그렇다면 저에게 침을 뱉어주십시오. 그래서 제가 그리스도를 위해 수모를 당하는 영광을 얻게 해 주십시오. 그리스도를 욕하고 싶은 사람이 있습니까? 그렇다면 제 귀에다 퍼부어 주십시오. 사랑하는 성도 여러분, 그리스도를 위해 비난을 참아내는 것이 여러분에게 영광이 된다는 것을 여러분은 느끼지 못합니까? 우리가 거기서 그분과 함께 영원히 있으려면, 우리도 여기서 그분과 함께 있어야 하는 것이 합당합니다. 우리가 그리스도의 보좌의 영광을 함께 나누려면, 우리도 분명히 그가 지신 십자가의 부끄러움을 우리가 할 수 있는 한 기쁨으로 나누어야 할 것입니다.

지금까지 저는 성도들의 상속권에 대해서 그리고 그 상속권을 얻는 방법에 관해서 말씀드렸습니다. 성령 하나님의 인도로 하나님의 백성들이 이 메시지를 자기에게 적용시키시고 그들이 주님 안에서 기뻐할 수 있기를 기도합니다. 아직 성도가 아닌 다른 사람들에 대해서는 먼저 하나님의 자녀가 되어야 상속자가 될 수 있음을 말씀드렸습니다. 여러분이 아직 예수 그리스도를 믿는 믿음으로 말미암아 하나님의 자녀가 되지 않았다면, 주님께서 여러분에게 하나님의 자녀가 되어야 함을 밝혀 주시고, 마지막 날에 함께 받기를 소망하는 그 유업이 무엇인지도 밝혀 주시기를 기도합니다. 구원의 방법은 단순히 예수 그리스도를 바라보는 데 있다는 사실을 기억하시기를 기도합니다. 여러분이 이 자리를 떠나기 전, 내일이 아닌 오늘 이 밤에 주님을 바라보며 이렇게 기도하십시오. "오, 주님, 제게 당신 자녀의 본성과 당신 자녀의 영과 예수님을 믿는 믿음을 주옵소서. 당신의 모든 자녀가 가지고 있는 것을 제게도 주옵소서. 귀하신 주님의 이름으로 기도드립니다. 아멘."

제
19
장
—

영광스러운 예정

—

"하나님이 미리 아신 자들을 또한 그 아들의 형상을
본받게 하기 위하여 미리 정하셨으니
이는 그로 많은 형제 중에서
맏아들이 되게 하려 하심이니라" — 롬 8:29

사도 바울은 오늘의 본문인 로마서 8장에서 대단히 깊은 내적이고 영적인 체험을 설명하고 있음을 알 수 있습니다. 그는 종의 영과 양자의 영, 육체의 연약함과 성령의 도우심, 몸의 구속을 기다리는 것, 말할 수 없는 탄식 등에 관해 기록하였습니다. 그러므로 사도 바울이 이러한 깊은 영적인 체험을 통하여 은혜의 교리에 대한 명백한 개념을 가지게 되었다는 것은 지극히 자연스러운 것이었습니다. 왜냐하면 그러한 체험이야말로 저 위대한 진리들을 효과적으로 배울 수 있는 유일한 학교이기 때문입니다. 교회 안에서 행해지는 대부분의 교리적인 오류는 내적인 삶의 깊이가 없기 때문입니다.

죄에 대한 확실한 뉘우침, 그로 인한 깊은 겸손, 그리고 철저히 연약하고 무가치하다는 의식 등이 자연스럽게 은혜의 교리를 믿는 믿음을 갖게 합니다. 반면에 이런 주제들에 대해 깊이 생각하지 않은 사람은 피상적인 신조에 만족하게 됩니다. 흔히 칼빈주의 교리라고 불리는 이러한 교리들은 영혼의 극심한 갈등을 겪고 난 후, 타락의 세력과 은혜의 필요성을 알게 된 자들이 사랑하고 환영하는 교리들입니다.

이 장에서 사도 바울은 현재의 고난에 대해 다루고 있습니다. 물론 그는 믿음으로 현재의 고난은 장차 우리에게 나타날 영광과 비교할 수 없다고 말하고 있음을 주목하십시오(롬 8:18). 그럼에도 그가 겪은 고난들이 엄청난 것이었음을 우리는 압니다. 그는 많은 시련을 겪은 사람이었습니다. 이 시련이 끝나면 저 시련이 오는 식으로 그에게는 그리스도를 위한 시련이 끊이지 않았습니다. 그는 교회를 섬기기 위해 무수한 고난의 바다를 헤엄쳐 왔습니다. 그러므로 저는 그의 여러 서신서에 자주 예지와 예정 그리고 영원한 사랑 등에 관한 이야기들이 등장하는 것을 이상하게 생각하지 않습니다. 왜냐하면 이런 교리들은 지친 영혼을 위한 영양이 풍부한 원기회복제이기 때문입니다. 많은 어려움들 가운데서도 새 힘을 얻으려면, 신자들은 잘 빚어 정제된 와인과도 같은 하나님 은혜의 비할 데 없는 신비에 전적으로 의지해야 합니다. 그러지 않으면 그 고난의 무게에 짓눌려 버릴 것입니다.

특별한 은혜로 양육된 사람은 고난 가운데 기뻐하는 것을 배우고, 택해주신 사랑으로 힘을 얻으며, 세상의 미움과 삶의 시련들을 개의치 않습니다. 고난은 정통신앙을 가르치는 일종의 대학교입니다. 지금도 하나님의 은혜 교리를 거부하는 오늘날의 요나들이 많습니다. 이들은 다만 큰 물고기 뱃속에 들어가서 가장 정통적이며 값없는 은혜를 주장하는 사람들과 함께 "구원은 여호와께 속하였나이다"(욘 2:9)라고 절규할 필요가 있을 뿐입니다. 다윗이 말하는 파도와 물결(시 42:7)과는 전혀 관계 없이 아주 잘 나가는 선생들은 영원한 목적과 영원한 사랑에 의지하는 그 복된 정박을 그리 중요하게 생각하지 않습니다. 그들은 오직 "광풍에 요동하여 안위를 받지 못한 자들이며, 두 마음을 품은 자들"(사 54:11; 약 1:8)입니다.

앞서 말씀드린 것으로 서론을 대신하고자 합니다. 저는 논쟁하기 위해 이런 말씀을 드린 것이 아닙니다. 오히려 정반대입니다. 오늘 말씀은 "하나님이 미리 아신 자들을 또한 … 미리 정하셨으니"로 시작됩니다. "미리 아신"이라는 이 단어 속에는 많은 의미들이 들어있습니다. 그럼에도 이 경우에는 여러 의미 가운데 한 가지 의미가 더욱 두드러집니다. 어떤 사람들은 이 첫 문장이, 하나님이 미래 일을 미리 아는 사람들을 하나님께서 예정하셨다는 뜻이라고 말합니다. 그러나 우리 앞에 놓인 이 본문 말씀은 그렇게 이해될 수 없습니다. 왜냐하면 하나님께서는 모든 사람의 일뿐만 아니라, 천사나 악마의 일까지도 미리 알고 계시기 때문입니다. 단순한 예측에 관한 일이라면, 모든 사람이 미리 알려져 있습니다. 그러나 모든 사람이 다 주 예수님의 형상을 본받도록 예정, 즉 미리 정해졌다고는 말할 수 없을 것입니다.

또 어떤 사람들은 이렇게까지 말합니다. 하나님께서는 누가 회개를 할지, 누가 예수님을 믿게 될지, 누가 끝까지 일관되게 참고 인내하며 살게 될지를 미리 아신다고 말입니다. 이런 주장은 별 다른 이의 없이 당연하게 받아들여지고 있습니다. 그러나 성경을 읽는 독자라면, 아주 고성능의 현미경을 가지고 읽어야 합니다. 그렇지 않으면 성경 본문의 참된 의미를 발견할 수 없습니다. 저는 제가 가진 성경책을 거듭해서 주의 깊게 살펴보았지만, 그런 주장을 발견하지 못했습니다. 성경 어디에 "누가 회개할지, 누가 믿을지, 누가 은혜로 참고 인내하게 될지 하나님이 미리 아신 자들을"이란 말씀이 있습니까? 여러 영역본 성경이나 헬라어 원어 성경을 살펴보았지만 저는 그런 말들을 찾지 못했습니다. 만약 제가 이 본문을 그렇게 읽었다면, 이 본문은 확실히 쉬운 말씀이 되었을 것이며, 저의 신학적 입장도 아주 크게 변했을 것입니다. 그러나 그런 말씀을 이 본문에서 찾지 못했기 때문에, 죄송한 말씀이지만, 저는 그런 주장을 믿지 않습니다.

인간이 추가한 내용이 아무리 말이 되고 추천할 만한 것이라 해도, 그런 말씀은 우리에게 권위가 없습니다. 우리는 거룩한 성경 말씀에 경배를 하지, 신학자들이 적절하지 않게 선택한 주석에 경배를 하지 않습니다. 오늘 본문에는 인간의 미덕을 미리 보았다거나, 죄악을 미리 보았다는 그런 암시가 없습니다. 그러므로 우리는 이 말씀에 대한 다른 의미를 찾을 수밖에 없습니다. "안다"라는 단어는 성경 안에서 자주 사용되는데, 이 단어는 지식을 의미할 뿐만 아니라, 호의, 사랑, 만족 등을 의미하기도 합니다. 심판 때에 우리 주 예수 그리스도께서는 어떤 사람들에 관하여 이렇게 말씀하실 것입니다. "내가 너희를 알지 못하노라" (마 25:12). 그러나 어떤 의미에서 예수님은 그들을 알고 계셨습니다. 왜냐하면 예수님은 모든 사람을 알고 계시기 때문입니다. 그분은 의로운 자들뿐 아니라 사악한 자들도 알고 계십니다. 이 때 그 "안다"는 의미는 "내가 너희에게서 어떤 만족감이나 호의를 받지 못했다는 측면에서 내가 너희를 알지 못하노라"라는 뜻으로 하신 것입니다.

또한 요한복음 10장 14-15절과 디모데후서 2장 19절을 살펴보십시오. 우리

같이 로마서 11장 2절을 한번 읽어봅시다. "하나님이 그 미리 아신 자기 백성을 버리지 아니하셨나니." 이 구절에서 "미리 아신"의 의미는 분명히 "미리 사랑하신"이라는 뜻입니다. 이 구절은 이렇게 이해되어야 합니다. 하나님께서 호의를 가지고 바라보셨던 그들을, 즉 하나님께서 미리 보셨던 자들을 하나님은 하나님의 아들의 형상을 본받게 하기 위하여 미리 정하셨습니다. 그들은 사도 바울이 에베소서에서 쓴 것과 같이 "모든 일을 그의 뜻의 결정대로 일하시는 이의 계획을 따라 예정을" 입었습니다(엡 1:11).

  저는 논쟁의 소지가 있는 주제들에 대해 더 이상 지체하지 않고, 오늘 아침의 제 설교 주제로 돌아가고자 합니다. 첫 번째, 오늘 본문에서 예정의 목적은 그리스도를 본받는 것이라고 말하고 있습니다. 두 번째, 그리스도를 본받는 이 목표를 성취하기 위한 추진력이 예정입니다. 세 번째, 맏아들 자신이 예정과 본받음의 궁극적인 목적으로 우리에게 제시되었습니다. "이는 그로 많은 형제 중에서 맏아들이 되게 하려 하심이니라."

1. 그리스도를 본받는 것이 예정의 목적입니다.

  우리가 그리스도를 본받는 것이 예정의 신성한 목적이라는 사실을 먼저 주의해서 살펴봅시다. 예정 그 자체에 대해서는 지금 제가 살펴보지 않겠습니다. 그 심오한 것들은 하나님께 남겨두도록 하겠습니다. 언젠가 홀 주교(Joseph Hall, 1574-1656. 영국 주교로 풍자적이고 도덕적인 글을 많이 썼으며, 종교논쟁에 있어서는 중도적 위치를 고수했다 – 역주)는 이렇게 말했습니다. "나는 하나님께 감사드립니다. 내가 하나님의 모사가 되지 않고, 그분의 궁정 안에 있어서 말입니다." 제가 이해할 수 없다 하더라도 질문하지 않겠습니다. 왜냐하면 저는 하나님의 모사가 아니기 때문입니다. 저는 하나님을 찬양하고 순종하겠습니다. 저는 하나님의 은혜로 하나님의 종이 되었기 때문입니다.

  자, 이제 우리가 하나님이 예정하신 목적을 알았으므로, 그 목적을 위해 애쓰고 그러한 목적을 제정하신 하나님을 찬양하며 그 목적에 참여하는 것이 우리의 일이 되어야 할 것입니다. 그 이유는 이렇습니다. 인간은 원래 하나님의 형상대로 지음을 받았습니다. 그러나 죄 때문에 인간이 가진 형상은 손상되었고, 지금 이 땅에 태어난 우리는 하늘에 속한 하나님 형상이 아니라 땅에 속한 타락한 아담의 형상을 갖게 되었습니다. 그래서 사도 바울은 고린도전서에서 "우리가 흙에 속한 자의 형상을 입은 것 같이"(고전 15:49)라고 말합니다.

한이 없는 은혜를 베푸시는 하나님은 아무도 셀 수 없으리 만큼 무수한 사람들을, 즉 오늘 본문에서는 "많은 형제"라고 표현된 그 사람들을 하나님의 영원하신 아들이 보여주신 그 특별한 형상대로 회복시키리라 결심하셨습니다. 바로 이 목적을 위해서 예수 그리스도께서 이 땅에 오셨고 우리의 형상을 입으셨습니다. 그래서 우리는 그분의 은혜로 말미암아 그분의 형상을 입게 되었습니다. 그분은 우리의 연약한 것과 병(마 8:17)에 참여하셔서 우리로 하여금 그 탁월하고도 순수한 신성한 성품에 참여하는 자가 되게 하려 하셨습니다(벧후 1:4). 그러므로 하나님께서 예정과 은혜, 이 양자를 통해 성령으로 말미암아 우리에게 역사하시는 단 하나의 일은 하늘에 계신 하나님처럼 닮게 하려는 것입니다. 하나님께서는 항상 택한 자들을 변화시키시고 죄로 더러워진 것을 제거하시며, "많은 형제" 중에 맏아들이 되신 둘째 아담 예수 그리스도, 즉 하나님 아들의 완전한 모습으로 그 택한 자들을 빚고 계십니다.

이제 어떤 점에서 그리스도를 본받아야 하는지 몇 가지 살펴보도록 하겠습니다. 첫째, 우리의 성품이 그리스도를 본받아야 합니다. 그리스도의 성품이 무엇입니까? 신성한 성품은 또 무엇입니까? 우리가 그것을 자세히 들여다볼 수는 없지만, 우리는 그리스도께서 하나님의 참된 본성이셨음을 알고 있습니다. 아타나시우스 신조(Athanasian Creed)에 따르면 그리스도는 "창조되지 않고, 나시어"(Begotten, not made)라고 표현됩니다(그러나 아타나시우스 신조에는 'Begotten, not made' 라는 용어가 나오지 않으며, 니케아-콘스탄티노플 신조에 이 용어가 나온다. 스펄전이 착각한 것으로 추정된다 - 역주). 그리고 참으로 "성부와 한 본체로서"(being of one substance with the Father)라고 말합니다. 자, 보십시오. 우리가 비록 회심으로 새로운 피조물이 되었지만, 우리 또한 하나님께서는 "우리를 거듭나게 하사 산 소망이 있게 하시며"라고 말씀하십니다(벧전 1:3). 난다는 것은 창조되는 것 그 이상의 무엇입니다. 이것은 좀 더 인격적인 하나님의 사역입니다. 그리고 나는 것은 창조된 것보다 훨씬 더 하나님께 친밀한 것입니다. 그리스도가 아버지의 독생자로 나신 분으로서 단순한 피조물들보다 월등하신 것처럼, 우리의 경우도 하나님으로부터 났기 때문에 태초에 완벽한 창조가 뜻하는 것보다 훨씬 그 이상의 의미를 지니고 있습니다.

우리의 거룩하신 주님께서는 인성을 지니신 분으로서 이 세상에 오실 때에 출생이라는 과정을 겪으셨는데, 이 출생은 우리의 중생과 비교해 볼 때 아주 놀랄 만한 모범이 됩니다. 주님께서는 아주 비천한 장소인 짐승들 사이에서, 그것도 구유 안에서 이 땅에 태어나셨습니다. 그러나 그분의 탄생에는 천사들의 노래와 수많은 천군들의 찬송이 있었습니다. 이와 마찬가지로, 우리 또한 사람들의 주목을 받지 못하는 가운데 성령으로 태어나게 되었습니다. 이 세상의 사람들은 우리의 중생에서 그 어떤 영광도 보지 못했습니다. 왜냐하면 그것이 어떤 신비한 의식이나 화려한 사제들의 집례로 일어난 것도 아니기 때문입니다. 하나님의 성령께서 비천한 상태에 있는 우리를 찾아내셔서 외적으로 드러내지 않고 우리를 소생시키셨습니다. 그러나 바로 그 순간에 사람의 눈으로는 아무것도 보이지 않는 곳에서, 스랍의 눈은 은혜의 기이한 것들을 보았고, 하늘의 천사들은 회개한 한 죄인을 보고서 크게 기뻐하였으며, "지극히 높은 곳에서는 하나님께 영광이요"(눅 2:14)라는 찬송을 다시 한 번 불렀습니다.

우리 주님께서 태어나실 때, 소수의 선택받은 영혼들은 주님의 나심을 환영하였습니다. 안나(눅 2:36)와 시므온(눅 2:28)은 갓 태어난 아기를 그들의 품에 안고서 그 아기를 주신 하나님을 찬양할 준비가 되어 있었습니다. 이와 마찬가지로, 우리의 새로운 출생을 인하여 많은 감사를 드리며 환호하였던 몇몇 사람들이 있었습니다. 우리의 구원을 지켜보았던 친구들과 우리가 잘 되기를 바랐던 자들이 우리 속에 있는 참된 하늘의 생명을 보고서, 기독교의 양육이라는 팔로 우리를 감싸 안으며 크게 기뻐하였습니다. 아마도 그리스도가 우리 속에서 영광의 소망을 형성할 때까지 산고를 치른(갈 4:19, KJV) 한 사람이 있었을 것입니다. 우리가 하나님에게 태어나는 것을 보고서 그 영혼이 얼마나 기뻐했겠습니까! 우리의 영적인 부모들은 우리가 말하는 한 마디 한 마디를 곰곰이 생각하며 우리의 대화 속에서 발견되는 은혜의 선한 징조들로 인해 얼마나 하나님께 감사드렸겠습니까!

그 때 헤롯보다 더 악한 자가 우리를 죽이고자 하였습니다. 사탄은 은혜로 갓 태어난 아기가 죽게 되기를 갈망했습니다. 그래서 우리를 살해하기 위해 사나운 유혹자들을 보냈습니다. 그러나 하나님께서는 유아 같은 우리의 영적 생명을 위하여 피난처를 마련하셔서 어린 아기의 생명을 보호해 주셨습니다. 우리 안에는 살아 있고 썩지 아니할 씨가 거하며(벧전 1:23) 자라났습니다. 이미 거듭난 여러분 같은 많은 사람들이 그리스도의 출생과 관련해서 그리스도의 형상을 본받게 되었으며, 이제 그 성품에 참여하고 있습니다. 우리가 신성한 사람이 되는 것은 가능한 일이 아닙니다. 그렇지만 우리는 "신성한 성품에 참여하는 자"가 되었다고 기록되어 있습니다(벧후 1:4). 우리는 하나님과 똑같이 될 수는 없습니다. 그러나 우리는 흙에 속한 자의 형상을 입은 것 같이 또한 하늘에 속한 이의 형상을 입을 것입니다(고전 15:49). 그 형상이 어떠한 것이든 간에 우리는 그렇게 될 것입니다.

우리가 첫 번째 출생했을 때 육신의 아버지와 닮은 점이 우리에게 흔적으로 남아 있듯이, 두 번째 새로운 출생에서도 그리스도의 형상이 우리에게 확실히 찍혀 있습니다. 첫 번째 출생은 우리에게 인성을 주었습니다. 그리고 두 번째 출생은 우리를 신성과 결합시켜 주었습니다. 첫 번째 출생에서 우리는 죄 중에 잉태하여 죄악 중에 출생하였지만(시 51:5), 중생으로 거듭난 우리의 새 사람은 자기를 창조하신 이의 형상을 따라 지식에까지 새롭게 하심을 입게 되었습니다(골 3:10). 거룩하게 하시는 이와 거룩함을 입은 자들이 다 한 근원에서 났기 때문에 그리스도께서 그들을 형제라 부르기를 부끄러워하지 않으십니다(히 2:11).

둘째로, 이렇게 그리스도를 본받는 것은 성품에서 뿐만 아니라, 관계에서도 본받습니다. 우리 주님은 지극히 높으신 분의 아들이십니다. 다시 말해, 하나님의 아들이십니다. 참으로 그러합니다. "사랑하는 자들아 우리가 지금은 하나님의 자녀라 장래에 어떻게 될지는 아직 나타나지 아니하였으나 그가 나타나시면 우리가 그와 같을 줄을 아는 것은 그의 참모습 그대로 볼 것이기 때문이니"(요일 3:2). 하나님이 우리 아버지가 되시고 우리는 그분의 아들과 딸들이 될 것이라고 하나님께서 선포하셨습니다. 예수님께서 아들인 것이 분명한 것과 같이, 우리가 아들인 것 또한 분명합니다. 왜냐하면 동일한 성령께서 예수님과 우리가 아들임을 증거하기 때문입니다. "너희가 아들이므로 하나님이 그 아들의 영을 우리 마음 가운데 보내사 아빠 아버지라 부르게 하셨느니라"(갈 4:6). 예수님께서 하나님의 아들로서 이 땅에 오셨을 때, 예수님이 하나님의 아들이라는 증거가 없는 것은 아니었습니다. 예수님께서 세례를 받으러 물로 나아오셨을 때, 그분의 첫 공적인 출현은 지극한 영광 중에서 말씀하시는 소리로 두드러졌습니다. "이는 내 사랑하는 아들이요"(마 3:17) 하는 소리와 함께 성령이 비둘기 같이 내려와 그분 위에 머물렀습니다.

이것은 우리도 마찬가지입니다. 하나님의 음성은 말씀 안에서 하늘 아버지의 사랑을 우리에게 증거합니다. 그리고 성령께서는 우리가 하나님의 자녀임을 우리의 영혼에 증거하십니다. 우리가 처음으로 "우리는 하나님 편입니다"라고 감히 자진해서 말하게 되었을 때, 우리 중 어떤 사람들은 결코 잊을 수 없는 아들 됨의 거룩한 표징들을 갖게 되었습니다. 그 후 종종 우리는 우리 영혼의 위대한 아버지로부터 우리가 양자된 것에 대한 새로운 증거들을 받게 되었습니다. "하나님의 아들을 믿는 자는 자기 안에 증거가 있고"(요일 5:10). 그래서 그는 그의 형제들에게 분명하게 말할 수 있습니다. "우리는 … 사망에서 옮겨 생명으로 들어간 줄을 알거니와"(요일 3:14). 하나님은 우리에게 전적인 확신과 오류가 불가능한 증거를 주셨습니다. 그래서 이 모든 것 안에서 우리는 기뻐합니다. 우리는 예수님을 믿습니다. 그리고 성경에는 이렇게 기록되어 있습니다. "영접하는 자 곧 그 이름을 믿는 자들에게는 하나님의 자녀가 되는 권세를 주셨으니"(요 1:12).

우리 주님께서는 하나님과 사람을 향해 행하신 많은 사역들로 말미암아 하나님의 아들로 선포되십니다. 아들이신 예수님은 아버지를 섬겼습니다. 여러분은 예수님 안에서, 다시 말해 하나님과의 깊은 공감대를 지닌 예수님에게서, 하나님을 정확히 닮으신 예수님에게서 하나님의 성품을 볼 수 있습니다. 하나님이라면 어떻게 하셨을까 하는 상황에서, 예수님은 하나님처럼 행하셨습니다. 예수님이 하신 일들을 통해 여러분은 즉시 예수님의 성품이 하나님과 같다는 것을 알 수 있습니다. 예수님의 사역이 예수님 자신을 증거합니다. 아들이 아버지께 하듯, 그렇게 예수님이 하나님께 행하셨다는 것은 언제나 지극히 분명한 사실입니다.

이제 하나님의 결심이 우리 가운데 실행된 것에 비례해서, 우리도 자녀가 사랑하는 아버지에게 하듯이 그렇게 하나님에게 행합니다. 반면에 어둠의 자식들도 그들의 아버지에게 말합니다. 거짓말쟁이인 그들의 아버지처럼, 그들도 거짓말을 합니다. 또 살인자인 그들의 아버지처럼, 그들도 진노를 퍼붓고 신랄한 짓들을 행합니다(요 8:44). 그러나 하나님의 자녀들은 진리를 말합니다. 왜냐하면 하나님이 진리이기 때문입니다. 그들의 마음은 사랑으로 가득 차 있습니다. 왜냐하면 하나님이 사랑이시기 때문입니다(요일 4:8). 그들의 삶은 빛입니다. 왜냐하면 그들의 하나님이 빛이기 때문입니다(요일 1:5). 그들이 어떤 상황에 처하게 되면, 그들은 영원히 복되신 아버지의 아들이신 예수님이라면 어떻게 하셨을까 생각하면서 그들도 예수님처럼 행해야 한다고 느낍니다.

그뿐만 아니라, 그리스도께서는 인간들에게 많은 은혜의 기적들을 행하셨습니다. 이 기적들이 그분을 하나님의 아들로 증거합니다. 우리가 기적을 행할 수 없는 것은 사실입니다. 하지만 우리가 하나님의 자녀임을 드러내는 그런 일들을 행할 수는 있습니다. 우리는 떡을 떼어 더 많이 만들어 낼 수는 없습니다. 그러나 우리가 가진 것을 아낌없이 나누어주어 배고픈 자들을 먹일 수는 있습니다. 그리하여 우리는 우리가 하늘에 계신 우리 아버지의 자녀임을 증명하게 될 것입니다. 우리가 병든 사람들을 어루만져 낫게 할 수는 없습니다. 그러나 우리가 아픈 사람들을 돌볼 수는 있습니다. 그리하여 고통 가운데 있는 사람들을 사랑으로 대하면서, 우리는 우리가 사랑이 넘치고 인정이 많으신 하나님의 자녀임을 증명하게 될 것입니다. 그러나 우리 주님은 우리에게 주님께서 하신 일보다 더 큰 일도 하리니 이는 내가 아버지께로 감이라(요 14:12)고 말씀하셨습니다. 그래서 우리는 이 큰 일들을 행하게 됩니다.

우리는 영적인 기적들도 행할 수 있습니다. 오늘날에도 우리가 죽은 죄인의 무덤에 서서 "나사로야, 나오라"(요 11:43) 하며 부를 수 있지 않습니까? 하나님께서는 성령의 능력으로 말미암아 우리의 말에 죽은 자들이 다시 살아나는 능력을 주신 일이 종종 있지 않았습니까! 오늘날에도 우리는 그리스도의 복음을 옷처럼 몸에 두르고 예수 그리스도의 복음을 전할 수 있습니다. 예수님이 군중들 사이에 계실 때 그 옷자락을 만진 자가 나았던 것처럼 오늘날에도 복음의 옷자락을 만진 자들은 온전케 되지 않겠습니까? 비록 오늘날에는 우리가 물고기와 보리떡을 뗄 수는 없다 하여도, 우리는 여러분에게 더 나은 음식을 제공합니다. 비록 오늘날에는 우리가 눈먼 자들의 눈을 뜨게 할 수도 없고 귀 먹은 자들의 귀를 들리게 할 수도 없다 하여도, 성령의 능력으로 말미암아 예수님의 복음의 가르침으로 마음의 눈이 깨끗해지고 영혼의 귀가 열리게 됩니다. 그래서 하나님의 자녀인 경우에는 그가 성령의 능력으로 그리스도를 위해 일하는 정도에 비례하여, 그가 행하는 일들을 통해 자신이 하나님의 아들이라는 사실을 스스로 증명하게 됩니다. 이러한 일을 행하는 그의 열정이 그가 하나님의 자녀의 영을 가졌음을 증명합니다. 이러한 사역의 결과는, 하나님이 자신의 자녀 안에서만 역사하시지 자녀가 아닌 자 안에서는 결코 역사하지 않음을 입증하고 있습니다. 이렇게 해서 우리는 그리스도의 형상을 성품에서 뿐 아니라, 관계에서도 본받고 있음을 살펴보았습니다.

셋째로, 우리는 경험에 있어서도 그리스도의 형상을 본받게 됩니다. 이것은 우리의 소심한 영혼이 종종 피해버리는 주제입니다. 그러나 우리가 현명한 사람이라면 그러지 않을 것입니다. 이 땅에서 그리스도가 겪은 경험은 어떤 것이었습니까? 우리의 경험도 그와 같을 것입니다. 그리스도의 경험을 하나님, 사람, 악마, 모든 악 등과 관련지어 살펴보면서 요약해 보려고 합니다.

하나님과 관련된 그리스도의 경험은 무엇이었습니까? "그가 아들이시면서도 받으신 고난으로 순종함을 배워서"(히 5:8). 비록 죄는 없으셨지만 그렇다고 그분에게 고통이 없었던 것은 아니었습니다. 하나님 가정의 맏아들이 다른 집안의 자녀보다 더욱 심하게 징계를 받았습니다. 그분은 하나님으로부터 맞고 계속 고통을 받다가, 그 모든 고통의 절정으로 "엘리 엘리 라마 사박다니"(마 27:46)라고 부르짖으셨습니다. 오, 그분은 "나의 하나님, 나의 하나님, 어찌하여 나를 버리셨나이까?"라고 비통하게 절규하셨습니다. 맏아들을 때려 상하게 한 이가 바로 아버지였습니다. 사랑하는 성도 여러분, 여러분과 제가 맏아들의 형상을 본받아야 한다면, 물론 우리는 하나님으로부터 풍성한 부성애를 기대할 수도 있겠지만, 우리는 그 부성애가 부모의 징계로도 나타날 수 있음을 인정해야 합니다. 모든 사람들이 참여하는 징계를 여러분이 받지 않는다면, 여러분은 사생자요, 친아들이 아닙니다(히 12:8, KJV). 만약 여러분이 참 아들들이라면, 맏아들처럼 막대기가 여러분을 아프게 할 것이고, 때로는 "나의 하나님, 나의 하나님, 어찌하여 나를 버리셨나이까?"라고 말할 수밖에 없을 것입니다. "주께서 그 사랑하시는 자를 징계하시고 그가 받아들이시는 아들마다 채찍질하심이라 하였으니 너희가 참음은 징계를 받기 위함이라 하나님이 아들과 같이 너희를 대우하시나니 어찌 아버지가 징계하지 않는 아들이 있으리요"(히 12:6-7). 만일 우리가 하나님 아들의 형상을 본받도록 미리 정해졌다면, 우리가 많은 고난도 받고 이를 통해 천국을 유업으로 받게 될 것까지 미리 정해 두신 것입니다.

다음으로, 우리가 사랑하는 언약의 머리이신 주님께서 사람들과 관련해 겪으신 경험을 살펴보고자 합니다. "자기 땅에 오매 자기 백성이 영접하지 아니하였으나"(요 1:11). "그는 멸시를 받아 사람들에게 버림 받았으며"(사 53:3). 그분은 이렇게도 말씀하셨습니다. "비방이 나의 마음을 상하게 하여 근심이 충만하니"(시 69:20). 그러므로 사랑하는 성도 여러분, 우리가 그리스도의 형상을 본받는 그 정도에 비례해서, 우리도 "그의 치욕을 짊어지고 영문 밖으로 그에게 나아가야"(히 13:13) 하는 것입니다. 참된 제자라면 제자는 그 선생보다 높지 못하고, 종 역시 그 상전보다 높지 못하기 때문입니다(마 10:24). 사람들이 집 주인을 바알세불이라고 불렀다면 그 집의 가족들에게는 얼마나 더 심하게 하겠습니까?(마 10:25, KJV). 그들은 만들어 낼 수 있는 온갖 악명들을 만들어 더욱 모욕할 것입니다. 하나님의 성도들은 그리스도께서 십자가를 지신 곳에서 면류관을 쓸 기대를 해서는 안 됩니다. 하나님의 성도들은 구세주께서 범죄자로 내몰려 죽어갔던 그 길을 의기양양하게 말 타고 달려가리라고 생각해서는 안 됩니다. 우리가 그와 함께 영광을 받기 위해서는 고난도 함께 받아야 할 것입니다(롬 8:17). 그분의 영광을 함께 누리기 위해서는 그분의 고난에도 함께 참여하는 것이 필수적입니다.

다음으로, 공중의 권세 잡은 자와 관련된 우리 주님의 경험을 살펴봅시다. 마귀는 그리스도의 친구가 아니었습니다. 그럼에도 마귀는 광야에 있는 그리스도를 발견하고서 "만일"이라는 저주스러운 말을 가지고 주님에게로 다가왔습니다. "네가 만일 하나님의 아들이어든"(마 4:3)이라는 말로, 마귀는 하나님 아들의 자격에 대해 공격하면서 싸움을 시작했습니다. "네가 만일 하나님의 아들이어든." 연약한 인간에게 가장 매력적일 것 같은 유혹들로 마귀가 세 번씩이나 어떻게 주님을 공격했는지 여러분은 잘 알 것입니다. 그러나 주님은 그 모든 유혹들을 이겨내셨습니다. 철천지원수인 그 옛 뱀(계 20:2)은 천사장 미가엘(계 12:7;유 9)의 발꿈치를 항상 물어뜯으려고 하였지만, 도리어 그 뱀의 머리가 영원히 짓밟혀 뭉개져버렸습니다. 우리는 이 측면에서 그리스도를 본받도록 미리 예정되어 있습니다. 그 뱀은 교묘하고도 잔인하게 우리를 공격할 것입니다. 머리가 시험을 받았으니 지체들 또한 시험을 받을 것입니다. 사탄은 우리를 밀 까부르듯 하려고 요구합니다(눅 22:31). 사탄은 목자를 공격했으며 그 양들을 괴롭히기를 결코 중단하지 않을 것입니다. 우리가 여자의 후손인 한, 우리와 뱀의 후손 사이에는 분명히 적대감이 있을 것입니다.

그리고 우리 주님의 전 생애는 모든 악에 대한 지속적인 전쟁이었습니다. 주님은 높은 곳에 있는 악, 낮은 곳에 있는 악, 제사장들 가운데 있는 악, 백성들 사이에 있는 악, 바리새주의라는 종교적 옷을 걸치고 있는 악, 사두개파 가운데 있는 철학의 옷을 걸치고 있는 악 등과 싸우셨습니다. 주님은 어디서든 악과 싸우셨습니다. 주님은 바르지 못하고 거짓되고 거룩하지 않고 순결하지 않은 모든 것을 적으로 간주하셨습니다. 여러분과 저는 이런 측면에서 그리스도를 본받아야만 합니다. 우리는 거룩하고 흠이 없고 더럽지 않게, 죄인들로부터 구별되어야 합니다. 여러분은 하나님께 속한 어린 자녀들입니다. 그리고 온 세상은 악한 자 안에 속해 있습니다. 우리는 안식에 들어가기까지 우리의 칼을 결코 칼집에 꽂지 않으며 모든 악에 대항하는 그의 소유가 된 백성(벧전 2:9)으로 선택받았습니다. 그러므로 우리는 성품에서, 관계에서, 경험에서 모두 그분처럼 되어야 합니다.

넷째, 그리스도의 인격에서도 우리는 예수 그리스도를 본받아야 합니다. 우리가 이것에 관해 말씀을 드리기에는 시간도 능력도 모두 부족합니다. 하나님의 성령께서 우리의 삶을 통해 이것에 대해 말씀해 주시기를 기도할 뿐입니다. 예수 그리스도는 하나님께 드려진 분이었습니다(히 7:28, KJV). 우리도 그렇게 되어야 합니다. 주의 전을 사모하는 열심이 그분을 삼키리라(요 2:17)는 말씀처럼, 그 열정이 우리도 사로잡아야 합니다. 그분은 아버지의 사역에 열심이셨습니다. 우리도 그 일에 열중해야 합니다. 그분은 인간을 향해서도 사랑이 충만하셨습니다. 우리도 동일하게 인간을 사랑해야 합니다. 그분은 온화하고 친절하며 부드러우셨습니다. 그분이 그러하셨던 것처럼, 우리도 이 세상에서 그렇게 되어야 합니다. 그분은 상한 갈대를 꺾지 아니하며 꺼져가는 심지를 끄지 않으셨습니다(마 12:20). 우리도 꺾거나 끄지 말아야 합니다. 그렇지만 그분은 모든 악을 고발하는데 있어서는 단호하셨습니다. 우리도 그래야 합니다. 순결, 거룩함, 이기적이지 않음 등, 이 모든 미덕들이 그리스도 안에서 빛난 것처럼, 우리 안에서도 빛이 나도록 해야 합니다. 아, 성령의 사역으로 말미암아 이 모든 것들이 그대로 이루어지게 하실 하나님을 찬양합니다.

오늘 본문은 우리가 어떻게 되어야 하는지의 문제뿐 아니라, 우리가 앞으로 어떻게 될지의 문제도 말하고 있습니다. 왜냐하면 하나님 아들의 형상을 본받게 하기 위하여 우리는 미리 정해져 있기 때문입니다. 사랑하는 성도 여러분, 이 얼마나 영광스러운 모범입니까! 이 모범을 바라보십시오. 이 모범에 놀라십시오. 이 모범에 대해 하나님을 찬양하십시오. 여러분은 사도들 중에 가장 위대한 사도를 본받으려고 애쓸 필요가 없습니다. 여러분도 언젠가는 사도 바울이나 사도 요한이 이 땅에 있었을 때보다 더 순결하게 될 것입니다. 여러분은 선지자들 중에 가장 최고의 선지자를 본받으려고 애쓸 필요도 없습니다. 여러분은 선지자들의 선생님처럼 될 것이기 때문입니다. 여러분은 아름답고 사랑스러운 것에 대한 여러분의 개념에 만족할 필요가 없습니다. 하나님의 완벽한 개념이 성육신하여 하나님의 아들에게 나타났으며, 하나님의 예정에 의해 여러분은 분명히 그 완벽한 개념에 이르게 될 것입니다.

다른 관점에서 몇 말씀만 더 드리겠습니다. 다섯째로, 우리는 우리의 유업에 관해서도 하나님 아들의 형상을 본받아야 합니다. 왜냐하면 이 아들은 만유의 상속자이기 때문입니다(히 1:2). 우리도 그리스도와 함께 한 상속자이므로, 만유가 다 우리의 것이 아닙니까? 그분은 이 세상의 상속자이십니다. "주의 손으로 만드신 것을 다스리게 하시고 만물을 그의 발 아래 두셨으니 곧 모든 소와 양과 들짐승이며 공중의 새와 바다의 물고기와 바닷길에 다니는 것이니이다"(시 8:6-8). 지금 우리는 만물이 아직 그에게 복종하고 있는 것을 보지 못하고 오직 우리가 천사들보다 잠시 동안 못하게 하심을 입은 자 곧 죽음의 고난 받으심으로 말미암아 영광과 존귀로 관을 쓰신 예수님을 봅니다(히 2:8-9). 그런데 오늘날 예수 그리스도의 형상대로 지음 받은 우리는 예수 그리스도의 인성 안에서, 만물을 다스리며 하나님께 모두 왕들과 제사장들이 되도록, 즉 예수 그리스도 안에서 그분과 함께 영원무궁토록 다스리도록 예정되었습니다. 사도 바울은 "자녀이면 또한 상속자"(롬 8:17)라고 말씀합니다. 그러므로 그리스도께서 가지신 것은 무엇이든, 비록 우리가 대단히 비천하고 무지하더라도, 그리스도에게 속한 것은 무엇이든 우리에게도 속한 것입니다. 요셉은 자기 형제들에게 이렇게 말했습니다. "온 애굽 땅의 좋은 것이 너희 것임이니라"(창 45:20). 예수님께서도 자기의 모든 사람들에게 이렇게 말씀하십니다. "만물이 다 너희 것임이라 너희는 그리스도의 것이요 그리스도는 하나님의 것이니라"(고전 3:21, 23).

이제 그리스도의 영광과 관련해서도 우리가 그리스도를 본받아야 한다는 사실을 살펴보는 것으로 첫 번째 대지를 마무리하고자 합니다. 오늘 아침에 이 즐거운 주제에 대해 자세히 말씀드리다보니 시간이 너무 빨리 지나가 버렸습니다. 우리는 우리의 몸에 대해 생각해 보려고 합니다. 우리의 몸이야말로 위로 둘러싸인 핵심 요소이기 때문입니다. 그리스도께서는 우리의 악한 몸을 변화시켜서 그의 영광스러운 몸처럼 만드실 것입니다. 현재 우리는 아담과 같아서 연약하고 고통 받는 가운데 죽게 될 것입니다. 우리가 취함을 받았던 그 흙으로 돌아갈 것입니다. 그러나 우리는 더 나은 생명으로 다시 살아날 것입니다. 그 때에 우리는 하늘로부터 오시는 두 번째 아담이신 주님의 썩지 않는 형상을 영광 중에 입게 될 것입니다. 부활하신 구세주의 그 아름다운 모습을 상상해 보십시오. 성부 하나님의 오른편에 앉아 계시는 우리와 함께 하시는 분, 임마누엘이라는 말로는 다 표현 못할 그 영광스러운 모습을 여러분의 믿음과 상상력을 총동원하여 그려 보십시오. 우리의 몸이 구속함을 받는 그 날에 우리의 영광도 그와 똑같이 빛날 것입니다. 우리는 그분의 영광을 볼 것입니다. 그분이 계신 곳에 우리도 그분과 함께 있게 될 것이며, 영광스러운 그분처럼 우리도 그렇게 영광스럽게 될 것입니다. 그분께서 높임을 받으셨습니까? 여러분도 높임을 받을 것입니다. 그분이 왕이십니까? 여러분도 면류관을 쓰게 될 것입니다. 그분이 승리자이십니까? 여러분도 종려나무 가지를 흔들게 될 것입니다. 그분이 기쁨과 즐거움으로 충만하십니까? 여러분의 영혼도 기쁨으로 충만할 것입니다. 그분이 계신 곳에 머지않아 모든 성도들도 있게 될 것입니다.

이상으로 예정의 신성한 목적에 대한 말씀을 마치고자 합니다.

2. 예정은 그리스도를 본받으려는 목표를 성취하기 위한 추진력입니다.

이 하나님의 진리는 이렇게 나누어집니다. 첫째로, 우리가 그리스도의 형상을 본받게 되는 것은 우리의 의지라기보다는 오히려 하나님의 의지입니다. 지금은 그리스도의 형상을 본받는 것이 우리의 의지이지만, 우리의 의지가 없었을 때는 하나님의 의지만 있었고, 우리가 회심했을 때는 오직 우리의 의지를 따라 그리스도의 형상을 본받게 되었습니다. 왜냐하면 하나님의 은혜가 그 능력을 발휘하던 날에 우리로 하여금 자원하도록 하셨기 때문입니다. 우리의 의지가 없이는 우리가 그리스도처럼 될 수 없습니다. 기꺼이 자원하는 의지야말로 그리스도를 닮는데 있어서 본질적인 것입니다. 의지가 없는 순종은 불순종일 것입니다. 만약 하나님이 계시지 않았다면, 우리는 본성적으로 선을 향한 의지도 없었을 것입니다. 그러나 하나님께서 우리 안에 역사하셔서 우리가 의지하고 또 행하게 하십니다. 하나님은 우리를 책임 있고 지성 있는 인간으로 대하시지 돌이나 쇠처럼 대하지 않으십니다. 하나님은 우리를 자유로운 행위자로 만드셨고 우리를 그런 존재로 대하십니다. 우리는 지금 예수님의 형상을 본받기 원하고 있습니다. 단순히 원하는 것을 넘어서서, 예수님 닮기를 갈망하고 열망합니다. 그럼에도 불구하고 여전히 주요하고도 우선적인 원동력은 우리의 의지가 아니라 그분의 의지에 있습니다. 오늘날 우리가 최고로 의지하는 변하지 않는 힘은 우리가 가진 유동적이고 연약한 의지에 달려 있는 것이 아니라, 변함없고 전능한 하나님의 의지에 달려 있습니다. 우리로 하여금 그리스도를 닮게 하는 그 힘은 예정 안에 있는 하나님의 의지인 것입니다.

둘째로, 우리가 그리스도의 형상을 본받게 되는 것은 우리의 일이라기보다는 오히려 하나님의 일입니다. 우리가 그리스도처럼 되는 것은 우리가 하나님과 함께 일해야 가능합니다. 우리가 나무나 대리석처럼 수동적이어서는 안 됩니다. 우리는 기도하고, 깨어 있고, 열성적이고, 근면하고, 순종하고, 성실하고, 믿음을 가지고 있어야 합니다. 그럼에도 여전히 그 일은 하나님의 일입니다. 성화는 우리 안에서 행하시는 주님의 사역입니다. "주님께서 우리 속에서 우리의 일을 모두 행하셨습니다." 시작부터 지금까지 그리고 마지막까지, "이것을 우리에게 이루게 하시고 보증으로 성령을 우리에게 주신 이는 하나님"(고후 5:5)이십니다. 우리 안에는 우리 자신이 만들어 낸 거룩함이 하나도 없습니다. 우리 안에는 우리 자신이 이룬 선한 것이 하나도 없습니다. "온갖 좋은 은사와 온전한 선물이 다 위로부터 빛들의 아버지께로부터 내려오나니"(약 1:17). "우리에게 돌리지 마옵소서 우리에게 돌리지 마옵소서 … 주의 이름에만 영광을 돌리소서"(시 115:1). 물론 우리가 자유로운 행위자인 것은 사실이지만, 그래도 주님은 토기장이시며 우리는 녹로 위에 있는 점토입니다. 우리를 그리스도처럼 만드는 것은 그분의 일이지 우리의 일이 아닙니다. 빚고 있는 토기에 우리의 손가락이 닿기만 해도, 그 토기는 흠이 나고 아름답지 않을 것입니다. 지속적인 하나님의 손길만이 그 토기를 원래 모형으로 삼은 모양대로 만들 수 있을 것입니다.

그러므로 사랑하는 성도 여러분, 모든 영광은 하나님께 돌리고 우리에게 돌려서는 안 됩니다. 그리스도처럼 된다는 것은 누구에게나 명예로운 일입니다. 하나님께서는 자기 자녀들이 명예를 얻기 원하십니다. 왜냐하면 하나님께서는 명예를 자기 백성 위에 두셨기 때문입니다. 그러나 여전히 참된 영광은 하나님께 있습니다. 왜냐하면 하나님께서 우리를 지으셨지, 우리가 우리를 지은 것이 아니기 때문입니다. 여러분은 오늘 아침에 감사한 마음으로 이렇게 말할 수는 없습니까? "내가 나 된 것은 하나님의 은혜로 된 것이니"(고전 15:10)라고 말입니다. 우리가 가진 명예가 무엇이든지 간에, 우리의 모든 명예를 자신의 풍성하신 긍휼을 따라 우리로 하여금 자기 아들의 형상을 본받도록 미리 정하신 하나님의 귀하신 발 아래 내려놓고 싶지 않으십니까?

3. 예정과 본받음의 궁극적인 목적은 그리스도이십니다.

이제 세 번째 대지를 말씀드려야 하는데, 간단하게 말씀드리겠습니다. 이 모든 것의 궁극적인 목적은 그리스도라는 사실이 자연스럽게 나타납니다. "그 아들의 형상을 본받게 하기 위하여 미리 정하셨으니 이는 **그로**"라고 말씀합니다. "이는 **그로**"라고 말입니다. 하나님은 자신이 가장 사랑하는 아들을 위하여 어떤 것을 항상 목표로 삼으십니다. 하나님은 자신이 사랑하는 아들의 영광 안에서 하나님 자신의 영광을 드러낼 것을 목표로 삼으십니다. 설령 하나님께서 우리를 축복하신다 해도, 제가 지난 주일에 말씀드린 대로, "내가 이렇게 행함은 너희를 위함이 아닌 줄을 너희가 알리라"(겔 36:32)는 말씀은 사실입니다. 그것은 우리보다 더욱 높으시고 더욱 뛰어나신 분을 위한 것입니다. 그것은 "**그로** … 맏아들이 되게 하려 하심"입니다.

자, 우리 앞에 놓인 오늘의 본문을 이해하자면, 이 말씀도 역시 그러한 뜻입니다. 첫째, 하나님께서는 우리가 예수님처럼 되도록 예정하셔서, 하나님의 사랑하는 아들이 새로운 질서 속에서 다른 피조물보다 첫째로 높은 존재로 되도록 하셨고, 다른 존재들보다 하나님께 더욱 가까이 계신 존재가 되게 하셨습니다. 예수님은 그의 명령에 순종하는 천사들과 스랍과 그룹들의 주님이십니다. 그러나 하나님의 아들은 존재하는 다른 영들보다는 자신에게 더욱 친밀하게 연합된 백성 가운데 머리가 되기를 원하셨습니다. 주 예수님과 천사들 사이는 친족 관계가 아니었습니다. 왜냐하면 성부 하나님께서 천사들을 보고서 한 번이라도 "너는 나의 아들이다"라고 말씀하신 적이 없었기 때문입니다. 천사들은 본성적으로 종들입니다. 그리고 예수님은 아들이십니다. 이것은 엄청난 차이입니다. 이 영원하신 아들께서 자신처럼 아들들이 될 존재들과 교제하기를 원하셨으며, 본성에서나 아들 됨에 있어서나 그들과 닮은 자로서 그들과 밀접한 관계를 맺게 되었습니다.

그러므로 성부 하나님께서는 자신이 택한 자손들이 아들의 형상을 본받도록 정하셨습니다. 그래서 그 아들이 다른 존재들보다도 하나님께 더욱 가까운 존재들 가운데 머리가 되고 지배자가 되게 하셨습니다. 뱀은 하와에게 말했습니다. "너희가 그것을 먹는 날에는 너희 눈이 밝아져 하나님과 같이 되어 선악을 알 줄 하나님이 아심이니라"(창 3:5). 뱀이 한 이 거짓말에는 진리의 잔재가 남아 있었습니다. 왜냐하면 주권적인 은혜로 우리는 그렇게 되었기 때문입니다. 에덴 동산의 영광스러운 그 시절에는 선과 악을 알면서 순종하는 피조물이 이 땅에 없었습니다. 하늘에 있는 천사들은 선을 알았습니다. 오직 선밖에 몰랐습니다. 은혜로 보호를 받고 있었기 때문에 타락하지 않았던 것입니다. 반면에, 악한 영은 타락해서 악을 알게 되었습니다. 그러나 그 악한 영은 선을 잊어버렸고, 다시 선을 선택할 수 있는 능력까지 잃게 되었습니다. 그래서 그 악한 영은 이제부터 영원토록 회복의 소망까지 잃게 되었습니다.

그런데 여기에 있는 우리는 선과 악 모두를 알고 있습니다. 우리는 선도 이해하고 악도 이해합니다. 그리고 지금 우리 안에는 거룩함을 사랑하고 죄를 지을 수 없는 본성이 생겼습니다. 왜냐하면 그 본성은 하나님으로부터 났기 때문입니다. 우리는 지금까지 자유로운 행위자로 있었습니다. 맞습니다. 지금 우리는 과거보다 더욱더 자유롭습니다. 그러나 이생과 내생에서 우리의 길은 돋는 햇살 같아서 크게 빛나 한낮의 광명에 이르는 의인의 길(잠 4:18)과 같습니다. 천사들은 악을 모릅니다. 천사들은 악과 싸워본 적도 없으며, 자신 안에서 악을 느껴보지도 못했습니다. 그들은 죄악된 쾌락의 길로부터 떠나 있었고, 그들의 마음은 영원토록 거룩함을 고수하겠다는 의도로 가득 차 있습니다.

이제는 예수님께서 앞장서 가시기에, 그 인도를 받는 백성은 공격을 받으나 승리합니다. 극심한 시험을 받지만 이겨낼 수 있습니다. 아버지 하나님의 뜻을 행하는 것이 우리의 기쁨이 될 것이며, 우리는 기쁘고 즐거운 마음으로 영원토록 하나님의 뜻을 행할 것입니다. 영원토록 우리는 그리스도를 머리로 삼고서 영원하신 보좌에 가장 가까이 있을 것입니다. 우리는 하나님의 종들 중에서 하나님께 가장 마음을 두고 있는 종들입니다. 왜냐하면 우리도 하나님의 아들이기 때문입니다. 또한 우리는 선을 가장 견고히 고수하는 자들입니다. 왜냐하면 우리는 한때 악의 쓴 맛을 보았기 때문입니다. 그리스도께서 죄로 인한 고난의 잔을 마셔야 했던 것처럼, 우리도 그 죄로 인한 고난의 잔을 한 모금씩 마셔왔습니다. 우리는 범죄로 생기는 공포에 대해 알고 있습니다. 그러므로 장래에 우리는 더욱더 존귀한 백성이 되고 더욱더 자유롭게 섬기는 자들이 되어, 우주에 있는 그 어떤 피조물보다 더욱더 존귀한 방법으로 하나님을 섬기게 될 것입니다. 저는 하나님께서 그리스도가 더욱 존귀한 존재들 가운데 첫째가 되게 하시려는 이것이야말로, 오늘의 본문이 전하고 있는 의미라고 생각합니다.

이제 둘째로, 은혜의 목적은 그리스도와 형제의 교제를 나눌 수 있는 사람들이 천국에 있게 하기 위함입니다. "많은 형제"라는 이 표현을 주목하십시오. 그리스도는 많은 사람들 중에서 맏아들이 되려는 것이 아니라, 그를 닮은 "많은 형제" 중에서 맏아들이 되려는 것입니다. 우리의 거룩하신 주님께서는 교제하기를 기뻐하십니다. 주님께서는 영광 중에 홀로 있는 것보다 기쁨으로 교제하기를 원하십니다. 이것이 바로 주님의 위대하신 마음입니다. 지금 조심스럽게 말씀드립니다. 하나님은 모든 것을 하실 수 있습니다. 그러나 하나님께서 독생자와 닮은 존재인 우리에게 행하실 수 있는 방법은 우리가 은혜의 경륜 속에서 발견한 그 방법 외에는 다른 방법이 없습니다. 여기에 악도 알고 선도 아는 존재들이 있습니다. 사랑의 계약으로 인해 무한한 의무를 지고 영원토록 선을 선택하여 보답해야 하는 존재들이 있습니다. 다시 새로워진 본성을 가졌기에 항상 거룩해야 하는 존재들이 있습니다. 이 존재들은 천사들이 할 수 없는 고난에 대해 성육신 하신 하나님과 교제를 나눌 수 있습니다. 이 존재들은 천사들이 할 수 없는 죄의 형벌에 대해 토론할 수 있습니다. 천사들은 할 수 없는 마음의 극심한 고통, 갈등, 비난, 상한 마음 등에 대해서도 토론할 수 있습니다. 이 존재들에게 주 예수님은 거룩한 영광을 드러내시고, 죄를 이기는 축복을 주시며, 오직 이 존재들만이 이해할 수 있는 감미로운 은총을 베푸십니다. 새롭게 된 자들은 하나님의 아들에게 적합한 친구가 되었습니다. 하나님의 아들은 한층 더 기쁘게 잔치를 베푸실 것입니다. 왜냐하면 이 새롭게 된 자들이 하나님의 아들과 함께 그분의 나라에서 빵을 먹을 것이기 때문입니다. 하나님의 아들이 주님의 이름을 그의 형제들에게 선포할 때, 그분은 기뻐하실 것입니다. 그분은 그들의 즐거움을 보고서 즐거워할 것이며, 그들이 기뻐하는 것을 보고서 기뻐하실 것입니다.

두말할 필요도 없이, 오늘의 본문은 이 형제들이 영원히 주 예수 그리스도를 사랑하고 존귀하게 여길 것이라고 말합니다. 자녀들은 맏아들을 우러러봅니다. 동양에서 맏아들은 온 집안의 주인이자 왕입니다. 이제 우리는 예수님을 사랑하며, 그분을 우리의 머리와 대장으로 존중합니다. 장차 천국에 이르렀을 때 우리는 그분을 우리의 맏형으로서 얼마나 사랑하고 찬양하겠습니까! 그 때에 우리는 그분과 가장 친밀한 관계에서 그분께 경외하며 순종할 것입니다. 우리는 그분을 얼마나 기쁜 마음으로 섬기겠습니까! 얼마나 열광적으로 그분을 찬양하겠습니까! 우리는 우리의 목소리가 많은 물소리와 큰 우렛소리(계 19:6)보다 더 크게 되기를 원할 것이며, 그렇지 않고서는 분명히 우리가 원하는 만큼 그분을 찬양할 수 없을 것입니다.

장래에 그분을 위하여 해야 할 일이 있다면, 우리는 그 일에 첫 번째 자원봉사자가 될 것입니다. 만약 거역하는 백성과 싸워야 할 일이 생긴다면, 그리고 만약 하나님의 메시지를 전하기 위해 무한히 광활한 공간을 날아가야 할 종들이 필요하다면, 누가 우리보다 더 빨리 날아갈 수 있겠습니까? 만약 우리가 하나님의 궁정에서 한갓 종으로 거하는 것이 아니라, 왕족의 일원으로, 신성한 성품에 참여하는 자로(벧후 1:4), 하나님께 가장 가까이 있는 자로 거하게 될 것을 알게 된다면, 우리는 그렇게 열광적으로 하나님을 섬길 것입니다. "참 하나님에게서 나신 참 하나님으로서"(very God of very God: 니케아-콘스탄티노플 신조에 나오는 내용이다 – 역주) 영원한 보좌에 앉아 계시는 그분께서 우리와 동일한 본성을 지니시고 우리와 가까운 분이시며, 영광스러운 왕족들 사이에 계시면서도 우리를 형제라고 부르기를 조금도 부끄러워하지 않은 분이심을 안다는 것은 얼마나 복된 일입니까!

오, 사랑하는 성도 여러분, 우리가 얻은 명예가 얼마나 영광스럽습니까! 우리 앞에 있는 유업은 어떠합니까! 우리 중에 누가 천사 가브리엘과 그 자리를 바꾸고 싶어하겠습니까? 우리는 천사들을 부러워할 필요가 없습니다. 그들은 다만 섬기는 영들이요(히 1:14), 우리 아버지 궁정의 종들일 뿐입니다. 그러나 우리는 아들들입니다. 결코 열등한 서열의 아들들이 아니며, 아브라함의 자녀들 중 그두라(창 25:1)에게서 난 아들들이나 여종이 낳은 아들처럼, 두 번째 서열의 아들들도 아닙니다. 단지 우리는 약속을 따라 난 하나님의 이삭들입니다. 하나님께서 가지신 모든 것의 상속자요, 영원토록 주님께서 사랑하는 씨입니다. 오, 오늘 본문이 계시하고 예정이 보장하는 그 광경에, 오늘 아침 우리의 영은 크나큰 기쁨으로 충만해졌습니다!

오늘 본문 속에 가득 차 있는 생각은 이런 것입니다. 하나님께서는 자기 아들을 지극히 기뻐하셨고, 그 아들 안에서 많은 아름다움을 보셨습니다. 그래서 아들의 형상을 지닌 자들이 다수가 되도록 작정하셨습니다. 하나님께서 아들에게 말씀하셨습니다. "내 사랑하는 아들아, 내가 너를 모형으로 삼아서 내가 가장 귀하게 여기는 피조물들을 만들겠다. 내가 너를 위하여 너와 대화할 수 있는 사람들을 만들고, 사랑의 끈으로 네게 매이도록 하겠다. 그들은 바로 내 곁에 가까이 있게 될 것이고, 모든 점에서 너를 닮을 것이다." 하늘의 조폐 창고에서 찍어낸 무한한 가치의 금화들을 보십시오. 각각의 금화에는 하나님 아들의 형상과 일련의 글씨가 새겨져 있습니다. 하나님에게는 예수님의 얼굴이 온 세상보다 더욱 사랑스럽습니다. 예수님의 눈은 별보다 더욱 반짝이며, 예수님의 음성은 천국의 기쁨보다 더욱 감미롭습니다. 그러므로 아버지께서는 자기 아들의 아름다움을 수만 개의 거울에 반사시켜서, 성도들이 그 아들을 본받게 하십니다. 그리고 아들을 사랑하는 자들의 무수한 목소리들은 아들을 찬양하는 노래를 부릅니다. 왜냐하면 그 아들의 피가 그들을 구원하였기 때문입니다.

아버지께서는 자기 아들이 자신이 선택한 사람들과 교제하는 것이 얼마나 아들을 행복하게 하는지를 알고 계셨습니다. 왜냐하면 옛적에 아들의 기쁨은 사람의 아들들과 함께 하는 것이었기 때문입니다. 목자가 자기 양들을 사랑하는 것처럼, 왕이 자기 신하들을 사랑하는 것처럼, 예수님도 자기 백성들을 자기 주위에 두기를 좋아하십니다. 그러나 그것보다 더 깊은 이유가 있는데, 그것은 신비입니다. 이것은 마치 사람이 혼자 사는 것이 좋지 않은 것과 같습니다(창 2:18). 이런 까닭에 남자는 자기 아버지와 어머니를 떠나 자기 아내와 결합하여 그 둘이서 한 몸이 됩니다(엡 5:31, KJV). 이것은 그리스도와 그의 교회도 마찬가지입니다. 그리스도는 교회의 구원을 위하여 교회를 사랑하게 되었고, 이제 교회는 그리스도의 영광을 위하여 그리스도를 사랑하게 되었습니다. 아버지께서 자기의 아들을 닮도록 만든 그 백성들은 많은 형제가 되고, 그 많은 형제들 가운데 그 아들이 사랑받는 맏아들이 되게 하는 것보다 더 큰 영광스러운 방법이 또 어디 있겠습니까?

자, 사랑하는 성도 여러분, 지금 제가 드리는 이 말씀을 잘 듣고 집으로 돌아가시길 바랍니다. 여러분의 모범되시는 분을 여러분 앞에 두십시오. 그리스도를 항상 여러분 눈앞에 둔다면, 여러분은 자신의 미래의 모습을 보게 될 것입니다. 여러분이 어떻게 예정되었는지를 보게 될 것입니다. 모범되신 그리스도를 목표로 삼으십시오. 그 모범을 매일 목표로 삼으십시오. 하나님께서 일하십니다. 하나님은 여러분 안에서 주무시지 않으며, 자기가 기뻐하는 대로 원하시고 행하십니다. 사랑하는 성도 여러분, 여러분의 실패에 대해 슬퍼하십시오. 여러분 안에서 그리스도를 닮지 않은 무언가를 보게 된다면, 그것에 대해 슬퍼하십시오. 왜냐하면 그것은 제거되어야 할 것이기 때문입니다. 그것은 태워 없어져야 할 아주 더러운 것들입니다. 여러분은 그런 더러운 것들을 가지고 있을 수 없을 것입니다. 왜냐하면 하나님의 예정은 여러분 주위에 그리스도의 형상에 맞지 않는 것이 있는 것을 허용하지 않을 것이기 때문입니다. 성령의 성화 사역이 여러분 안에서 지속되도록 성령께 맹렬하게 부르짖으십시오. 슬프지 않고 초조하지 않도록 성령께 간구하십시오. 그래서 어떤 상황에서도 그분의 손 안에 머무르십시오. 그리고 "주님, 내게서 그리스도의 형상이 분명하게 드러날 때까지 나를 녹이시고 밀랍처럼 그리스도 형틀에 부으셔서 당신의 도장으로 제 위에 찍어주옵소서"라고 부르짖으십시오.

무엇보다도 그리스도와 많은 교제를 나누십시오. 교제야말로 본받는 것의 원천입니다. 그리스도와 함께 살아가십시오. 그러면 여러분은 곧 그리스도처럼 성장할 것입니다. 사람들은 그리스의 영웅들 중에 가장 위대한 영웅으로 아킬레스(Achilles)를 꼽습니다. 그는 어렸을 때 사자의 젖을 먹고 자라서 그렇게 용감하다고 합니다. 여러분도 그리스도를 먹고 자라서 그리스도처럼 되십시오. 반면에 피에 굶주린 황제 네로에 대한 기록도 있습니다. 네로 황제가 그렇게 된 것은 사납고 야만적인 본성을 지닌 유모의 젖을 먹고 자라났기 때문이라고 합니다. 만일 우리가 세상으로부터 우리의 양식을 얻어먹는다면, 우리는 세속적인 사람이 될 것입니다. 그러나 우리가 그리스도로 살고 그리스도 안에 거한다면, 우리는 쉽게 그분을 닮아갈 것이며, 그로 인해 예수 그리스도께서 맏아들 되시는 그 복된 가정의 형제로서 인정받게 될 것입니다.

여기 있는 모든 사람들이 오늘 이 말씀을 함께 나누기를 간절히 원합니다. 그러나 그러지 못하는 사람들이 있어서 저는 마음이 아픕니다. 왜냐하면 아들을 믿지 않는 자는 생명이 없으며, 따라서 살아 계신 그리스도를 본받을 수 없기 때문입니다. 하나님께서 이제와 영원토록 여러분 모두가 그리스도를 믿는 신자들이 되게 해 주시기를 축원합니다. 아멘, 아멘.

제
20
장
—

예수, 자기 백성의 대속자

—

"누가 정죄하리요 죽으실 뿐 아니라 다시 살아나신 이는
그리스도 예수시니 그는 하나님 우편에 계신 자요
우리를 위하여 간구하시는 자시니라" ― 롬 8:34

　　이성적인 사람을 당황하게 할 수 있는 가장 끔찍한 불안은, 만유의 재판장으로부터 정죄를 받게 된다는 두려움입니다. 지금 하나님의 정죄를 받게 된다면 얼마나 끔찍하겠습니까! 마지막 큰 날에 하나님의 정죄를 받게 된다면 얼마나 무섭겠습니까! 벨사살 왕 때에 석회 벽에 글자를 쓰는 손가락들이 나타나서, 왕을 저울에 달아 보니 부족함이 보였다고(단 5:27) 정죄하였을 때, 벨사살 왕은 너무 두려워 허리 골절에 힘이 풀릴 정도였습니다(단 5:6, KJV). 율법이 어떤 사람의 과거의 삶을 빌미로 하급 재판석에 앉아 판결을 할 때, 기소된 그 사람의 양심은 당연히 작은 지옥과도 같을 것입니다.

　　신자의 마음속에 정죄 받을까봐 두려워하는 고통보다 더 큰 고통은 없을 것입니다. 우리는 고생을 두려워하지 않습니다. 그러나 정죄는 무서워합니다. 다른 사람들이 우리를 잘못 정죄했을 때 우리는 부끄러워하지 않습니다. 그러나 하나님으로부터 정죄를 받는다는 생각만 해도, 우리는 "내가 심히 두렵고 떨린다"(히 12:21)고 말한 모세처럼 그렇게 두렵고 떨립니다. 하나님의 최후 심판대에서 우리가 범죄자로 판명될 가능성이 있다는 것은 우리에게 너무나 놀라운 일이기 때문에, 우리는 그런 가능성이 제거되기 전까지 안식할 수 없습니다. 사도

바울도 오네시보로를 위하여 사랑과 감사의 기도를 드렸을 때, "원하건대 주께서 그로 하여금 그 날에 주의 긍휼을 입게 하여 주옵소서"(딤후 1:18)라고만 기도할 수 있었지, 그를 위해 더 이상은 간구할 수 없었습니다.

이처럼 정죄가 모든 불행 가운데서 가장 치명적인 것이라 해도, 사도 바울은 그가 지닌 믿음의 거룩한 열정으로 용감하게 이렇게 말합니다. "누가 정죄하리요?"(롬 8:34). 사도 바울은 땅과 지옥과 하늘에 이의를 제기합니다. 예수 그리스도의 보혈과 의를 신뢰하는 그는 정당하고도 대범하게, 하늘이라도 그가 보시기에 부정하며(욥 15:15), 그의 천사라도 미련하다 하시고(욥 4:18), 거룩하다 거룩하다 거룩하다(사 6:3) 찬송을 받으시는 하나님 보좌와 지극히 큰 영광(벧후 1:17)을 바라보며 감히 이렇게 말합니다. "누가 정죄하리요?"

부드럽고도 깨우침을 받은 양심을 지닌 사도 바울은 어떤 방법으로 그렇게 완벽하게 정죄의 모든 두려움으로부터 해방될 수 있었을까요? 죄의 중대함을 대수롭지 않게 여기는 방법은 분명히 아니었습니다. 죄의 악함에 대해 말했던 많은 저자들 가운데 사도 바울만큼 그렇게 죄에 대해 철저하고도 열렬히 비난하며, 그 영혼으로부터 진심으로 죄에 대해 슬퍼했던 사람은 없었습니다. 사도 바울은 죄를 심히 죄된 것으로 선언하였습니다(롬 7:13). 여러분은 사도 바울의 글 중에서 죄에 대해 변명하거나 죄에 대한 정상 참작 등을 암시하는 부분을 찾을 수 없을 것입니다. 그는 죄나 죄의 결과를 가볍게 여기지 않았습니다. 죄의 삶에 대해 말할 때나 그 부정의 결과로 무슨 일이 일어나는지에 대해 말할 때, 그는 바른 말을 하는데 아주 거침이 없었습니다. 그는 범죄를 사소한 것으로 여기고 얻게 되는 거짓 평화를 추구하지 않았습니다. 사실 그는 그런 거짓 위안들을 철저히 파괴하였습니다.

사랑하는 성도 여러분, 저는 확신합니다. 여러분이 지은 죄를 아무리 작은 것으로 보이려고 애써봤자, 여러분은 정죄의 두려움에서 벗어나 확고한 자유를 얻을 수 없을 것입니다. 그것은 바른 방법이 아닙니다. 마음을 완악하게 하거나 거만하게 해서는 죄의 짐이 제거되기보다 오히려 여러분의 영혼이 짓눌릴 정도로 죄의 무게만 더 무겁게 느껴질 것입니다. 여러분이 지은 죄는 저주받을 만하며, 그 죄들이 위대한 속죄제로 말미암아 제거되지 않는다면, 여러분은 분명히 정죄를 받을 것입니다.

사도 바울은 자기가 느꼈고 행했던 어떤 것에 대한 확신으로 정죄에 대한 두려움을 무마시키려 하지 않았습니다. 본문 말씀을 꼼꼼히 읽어보면, 여러분은 사도 바울이 그렇게 한 흔적을 찾아볼 수 없을 것입니다. 아무도 자신을 정죄할 수 없다고 사도 바울이 확신했다면, 그것은 그가 기도를 했다거나 회개를 했다거나 이방인을 위한 사도가 되었다거나 많은 매를 맞고 그리스도를 위해 많이 인내했기 때문이 아닙니다. 그가 이런 것들로부터 약간이라도 마음의 평화를 얻었다는 그런 암시는 없습니다. 오히려 예수님을 믿는 참된 신자의 겸손한 마음으로 그는 자신의 구세주의 사역으로부터 오는 안전한 소망을 의지했습니다.

그가 결코 정죄받지 않을 것이라는 확신을 가지고 기뻐하는 여러 이유들은, 그를 사랑하는 대속자의 죽음, 부활, 능력, 간구 안에 다 들어 있습니다. 사도 바울은 자신을 솔직하게 바라보았습니다. 자신에게는 정죄받을 수천 가지의 이유들이 있음을 보게 되었습니다. 그러나 예수님을 통해서 그 정죄가 불가능한 것이 되었습니다. 그러자 그는 확신으로 크게 기뻐하며 의기양양하게 도전합니다. "누가 능히 하나님께서 택하신 자들을 고발하리요"(롬 8:34). 그는 또 인간들과 천사들과 마귀들과 심지어는 저 위대한 재판장에게까지 용감하게 묻습니다. "누가 정죄하리요?"

연약한 마음 상태에서 의심들로 괴로워하고 염려로 지쳐 있는 기독교인들이, 그들의 영혼을 오싹하게 만드는 정죄의 싸늘한 그림자를 느끼는 것은 그리 특별한 일이 아니기 때문에, 저는 그런 사람들에게 좋으신 성령께서 그들의 영혼을 위로해 주시기를 바라는 마음으로 이런 말씀을 드리는 것입니다. 사랑하는 성도 여러분, 여러분은 정죄의 두려움 아래에 살아서는 안 됩니다. 왜냐하면 "그러므로 이제 그리스도 예수 안에 있는 자에게는 결코 정죄함이 없나니"(롬 8:1)라고 기록되어 있기 때문입니다. 하나님도 여러분에게 결코 미치지 못할 것에 대해 여러분이 두려워하는 것을 원치 않으십니다. 만일 여러분이 기독교인이 아니라면 지체하지 말고 예수 그리스도를 붙잡아 정죄로부터 벗어나십시오.

이미 여러분이 진정으로 주 예수님을 믿는다면, 여러분은 정죄 아래에 있지도 않고, 또 여러분은 정죄받을 수도 없습니다. 이 세상뿐 아니라 오는 세상에서도 말입니다. 그리스도에 관한 이 귀한 하나님의 진리로 저는 여러분의 기억을 새롭게 하고자 합니다. 이 진리는 신자들이 주님 앞에서 깨끗하다는 사실을 보여줍니다. 성령께서 이 진리를 여러분의 영혼 속에 적용하게 하사 여러분이 안식을 얻기를 바랍니다.

1. 그리스도께서 죽으셨기 때문에
신자는 정죄를 받을 수 없습니다.

첫 번째로, 신자인 여러분은 정죄를 받을 수 없습니다. 왜냐하면 그리스도께서 죽으셨다는 사실 때문입니다. 신자는 그리스도를 자신의 대속자로 갖습니다. 그 대속자에게 자신의 죄를 내려놓았습니다. 주 예수님은 자기 백성들을 위해 죄 짐을 지셨습니다. 성경은 "우리 모두의 죄악을 그에게 담당시키셨도다"(사 53:6), "그가 많은 사람의 죄를 담당하며"(사 53:12)라고 말씀합니다. 우리 주 예수 그리스도께서 자신의 죽으심으로 우리 죄의 형벌을 받으셨고, 하나님의 공의에 대해 보상하셨습니다. 그렇다면 이 사실이 우리에게 주는 위로를 살펴보십시오. 만약 주 예수님께서 우리 대신에 정죄를 받으셨다면, 우리가 어떻게 또 정죄를 받을 수 있겠습니까? 공의가 하늘에 살아 있고 자비가 땅을 다스리는 한, 그리스도 안에서 정죄를 받은 한 영혼이 또다시 정죄를 받아야 한다는 것은 가능하지 않습니다.

형벌이 대속자에게 집행되었다면, 그 형벌이 두 번째로 재차 집행된다는 것은 공의와 자비와도 모순됩니다. 그리스도의 죽으심은 예수님을 믿는 모든 사람이 확신하는 충분한 근거입니다. 그리스도를 믿는 자들은 자신의 죄가 제거되었고, 자신의 부정이 감춰진 것을 확실히 알고 있을 것입니다. 여러분을 대신하여 하나님의 진노를 담당하신 대속자가 여러분에게 있다는 사실에 시선을 고정하십시오. 그러면 여러분은 정죄가 두렵지 않음을 알게 될 것입니다.

> "여호와께서 막대기를 드시더니,
> 오, 그리스도여, 당신을 내리치셨도다.
> 하나님께 맞은 당신의 고통으로,
> 이제 내가 맞을 매는 없어졌도다."
>
> (스코틀랜드의 여류 찬송가 작사자인 커즌[Cousin]이 지은 것으로, '그리스도께서 머리 숙여 지신 그 짐들' [O CHRIST, WHAT BURDENS BOWED THY HEAD] 이란 찬송가의 3절 가사이다 ─ 역주)

사랑하는 성도 여러분, 죽으신 분이 누구이신지 살펴본다면, 여러분에게 도움이 될 것입니다. 하나님의 아들이신 예수 그리스도께서 죽으셨습니다. 의인으로서 불의한 자를 대신하여(벧전 3:18) 죽으셨습니다. 여러분의 구세주였던 그분은 단순한 사람이 아니었습니다. 그리스도의 신성을 부인하는 사람들은 시종일관 대속을 거부합니다. 그리스도께서 하나님이심을 여러분이 받아들이지 않는다면, 죄를 위한 그 어떤 대속의 화목 제물을 받아들이는 것도 불가능합니다. 한 사람이 다른 한 사람을 위해 고난을 받을 수는 있어도, 한 사람의 고난이 수천수만의 사람들을 위한 것으로는 효력이 없습니다. 아무리 무죄하다고 해도 한 사람의 죽음이 수많은 사람들의 죄를 제거하는 효력을 지닐 수 있겠습니까? 지닐 수 없습니다. 그러나 나무에 달려 우리의 죄를 담당하셨던 그분은 만유를 다스리시며 영원히 복되신 하나님이셨기 때문입니다. 나무에 발이 묶인 채로 고난을 당하셨던 그분은 바로 태초에 하나님과 함께 계셨던 말씀, 곧 하나님이셨기 때문입니다(요 1:1). 죽으시며 고개를 떨어뜨리셨던 그분은 바로 불멸하시며 생명이신 그리스도이셨기 때문입니다. 그러므로 그분의 죽으심은 그분의 죽으심을 믿는 모든 사람들의 죄를 제거하는 효력이 있습니다.

　　제가 저의 구속자를 생각하고 그분이 바로 하나님 자신임을 기억할 때, 그분께서 나와 같은 인간의 본성을 입고 오셔서 죽으신 것이라면, 저는 진정으로 제 죄가 사해졌음을 느낍니다. 이 사실로 인해 저는 안식을 누릴 수 있습니다. 무한하시고 전능하신 그분께서 내가 지은 죄에 대해 대가를 치르셨다면, 저는 그 대속이 충분한 것인지에 대해 물을 필요가 없습니다. 왜냐하면 그분에 대해 감히 누가 능력의 한계를 생각할 수 있겠습니까? 예수님께서 행하시고 고난당하신 것은 그 어떤 돌발적인 상황에서도 분명히 동일한 효력을 가집니다. 내가 지은 죄가 다른 사람들이 지은 죄보다 엄청난 죄라고 해도, 그분의 보혈은 그 죄를 흰 눈보다 더 희게 하십니다. 만약 성육신하신 하나님께서 나를 대신해 죽으셨다면, 나의 죄는 깨끗하게 된 것입니다.

　　죽으신 분이 누구인지를 기억한 다음, 이번에는 그분에 대해 다른 관점에서 살펴보도록 하겠습니다. 그분은 바로 그리스도셨습니다. 이것은 해석하면 "기름 부음 받은 자"라는 뜻입니다. 우리를 구원하기 위해 오셨던 그분은 보내심을 받았고 사명을 가지고 오셨습니다. 그분은 아버지의 뜻을 따라 오셨으며, "내가 왔나이다 나를 가리켜 기록한 것이 두루마리 책에 있나이다"(시 40:7)라고 말씀하셨습니다. 그분은 아버지의 능력으로 오셨습니다. 왜냐하면 "하나님이 우리를 사랑하사 우리 죄를 속하기 위하여 화목제물로 그 아들을 보내셨음이라"(요일

4:10)고 말씀하기 때문입니다. 그분은 아버지의 기름 부으심을 받고 왔으며, "주의 성령이 내게 임하셨으니"(눅 4:18)라고 말씀하십니다. 그분은 하나님의 보내심을 받은 그 메시야였습니다. 그리스도께서 나를 위하여 죽으셨음을 알게 될 때, 기독교인은 정죄에 대해 두려워할 필요가 없습니다. 왜냐하면 하나님께서 친히 그리스도로 하여금 죽도록 정하셨기 때문입니다. 만약 하나님께서 대속의 계획을 세우시고 그 대속자를 정하셨다면, 아무도 그 대속의 사역을 부인할 수 없을 것입니다. 우리 주님의 영광스러운 성품에 대해서 말씀드렸던 것처럼 그렇게 자세하게 말씀드릴 수는 없어도, 하나님께서 주권과 지혜로 그리스도로 하여금 우리의 죄를 담당하도록 선택하셨다면, 우리는 하나님의 그 선택에 대해 만족해도 좋을 것이며, 주님께서도 만족했던 그 업적에 대해 우리도 안심하며 만족할 수 있습니다.

사랑하는 성도 여러분, 한 가지 더 말씀드리겠습니다. 그리스도께서 죽으셨기 때문에 죄는 여러분을 정죄할 수 없습니다. 그리스도께서 십자가를 지시기 오래 전에 당한 그 고난들도 대속의 고난이었음을 저는 의심하지 않습니다. 그래도 죄에 해당하는 형벌의 핵심은 죽음이었으며, 예수님께서 범죄를 종식시키고 죄의 문제를 마무리짓고 영원한 의를 가져오신 것은 바로 예수님께서 죽으실 때였습니다. 율법은 율법의 가장 중한 형벌인 죽음보다 더 심한 형벌을 내릴 수 없었습니다. 죽음, 이것은 에덴 동산에서 선포되었던 극단적인 형벌이었습니다. "네가 먹는 날에는 반드시 죽으리라"(창 2:17)고 말씀하셨기 때문입니다. 그리스도께서는 온갖 수치와 고난과 함께 육체적으로 죽으셨습니다. 그리고 그 형벌 중 가장 견디기 어려운 부분인 그리스도의 내적인 죽음은 하나님 아버지로부터 외면당하고 말할 수 없는 공포까지 수반하는 것이었습니다. 그리스도께서는 무덤으로 내려가셨으며, 사흘 밤낮 동안 무덤 안에서 실제로 죽어 잠자고 있었습니다.

여기에 우리의 기쁨이 있습니다. 우리 주님께서는 극심한 형벌을 겪으셨고, 피를 위해서는 피를, 생명을 위해서는 생명을 주셨습니다. 그리스도께서는 마땅히 지불해야 할 모든 것을 지불하셨습니다. 왜냐하면 자신의 생명을 지불하셨기 때문입니다. 그가 우리를 대신하여 자신을 주시고(딛 2:14), 친히 나무에 달려 그 몸으로 우리 죄를 담당하셨으니 이는 우리로 죄에 대하여 죽게 하려 하심입니다(벧전 2:24). "죽으실 뿐 아니라 다시 살아나신 이는 그리스도 예수시니."

저는 이런 사실들에 대해 미사여구를 동원하지 않고 교리적인 내용만을 여러분에게 전하려고 합니다. 하나님의 성령께서 이 진리들을 여러분의 영혼에 적용하게 하셔서, 그리스도 안에 있는 자들에게는 정죄함이 없다는 사실을 여러분이 알게 되기를 바랍니다.

사랑하는 성도 여러분, 그리스도의 죽음으로 말미암아 그리스도께 지워졌던 그 죄들은 실제적으로 분명히 제거되었습니다. 그리스도께서 헛되이 죽으셨다는 것은 생각도 할 수 없는 일입니다. 제 생각에 그런 생각은 신성모독인 것 같습니다. 우리는 그런 생각조차 하지 말았으면 합니다. 하나님께서는 그리스도로 하여금 많은 자들의 죄를 지도록 정하셨습니다. 물론 그리스도는 하나님 자신이셨지만, 세상에 오셔서 친히 종의 형체를 가지시고(빌 2:7) 슬픔으로 죄를 담당하셨을 뿐 아니라, 죽으심으로 죄를 담당하셨습니다. 그러므로 그리스도께서 그 목적을 실현시키지 못했다거나 실패했다는 것은 불가능합니다. 그리스도께서 그의 죽으심으로 의도한 것들은 털끝만큼도 좌절된 것이 없습니다.

예수님은 자신의 영혼이 애쓴 노고를 보고서 만족하실 것입니다. 예수님께서 죽으심으로 행하고자 하셨던 것은 이루어질 것입니다. 그러므로 어떤 의미에서든 그분이 땅에 쏟으신 그 피는 단 한 방울도 헛되지 않았습니다. 따라서 예수님이 여러분을 위해 죽으셨다면 이런 확실한 논증이 성립됩니다. 즉, 예수님이 헛되이 죽지 않으셨으므로 여러분은 멸망하지 않을 것이라는 논증입니다. 그분께서 고난을 받으셨으므로, 여러분은 고난을 받지 않을 것입니다. 그분께서 정죄를 받으셨으므로, 여러분은 정죄를 받지 않을 것입니다. 그분께서 여러분을 위하여 죽으셨고 이제 여러분에게 이 약속을 주십니다. "이는 내가 살아 있고 너희도 살아 있겠음이라"(요 14:19).

2. 그리스도께서 다시 살아나셨기 때문에 신자는 정죄를 받을 수 없습니다.

사도 바울은 이제 두 번째 논증으로 나아갑니다. 그는 "뿐 아니라"라는 말로 그 논증을 강화합니다. "죽으실 뿐 아니라 다시 살아나신 이는 그리스도 예수시니." 저는 "뿐 아니라"라는 이 말로 충분하게 그 중요성이 표현되었다고 생각하지 않습니다. 그리스도의 죽으심은 모든 위로의 굳건한 토대입니다. 그러나 우리는 그리스도의 부활이 그리스도의 죽으심보다 더 풍성한 위로가 된다고 사도 바울이 생각하고 있음을 놓쳐서는 안 됩니다. "뿐 아니라 다시 살아나신 이는 그리스도 예수시니." 그리스도의 죽으심도 우리에게는 충분히 위로의 근거가 되는데, 그리스도의 부활로는 얼마나 더 큰 위로를 받을 수 있겠습니까? 제가 말씀드리겠습니다. 우리 주님의 부활은 주님에게 지워졌던 모든 죄가 온전히 깨끗하게 되었음을 의미하는 것이기 때문에, 우리에게 더 큰 위로가 됩니다.

한 여자가 빚 때문에 심한 스트레스를 받고 있었습니다. 어떻게 하면 그 여자는 빚을 갚을 수 있을까요? 그녀를 극진히 사랑하는 한 남자가 그녀와 결혼하게 되었습니다. 그 결혼 예식이 끝나자마자, 그 여자는 결혼행위로 인해 바로 빚이 청산됩니다. 왜냐하면 그녀의 빚은 그 남편의 빚이 되고, 신랑은 그 여자를 신부를 받아들인 이상 그녀가 이행해야 할 모든 부채까지 떠맡게 된 것입니다. 그 여자는 결혼할 생각만으로도 위로를 받겠지만, 실제로 그녀의 남편이 채권자들에게 가서 모든 채무를 상환하고 나서 그녀에게 영수증을 가져올 때, 그녀는 더 마음이 놓일 것입니다. 먼저 그녀는 결혼 자체로 위로를 얻게 됩니다. 결혼은 법적으로도 그녀의 부채로부터 그녀를 구해줍니다. 그뿐 아니라 남편이 떠맡게 된 그 모든 부채가 상환되었을 때, 그녀는 더욱더 안심하게 됩니다.

우리 주 예수님께서 우리의 부채를 떠안으셨습니다. 그분은 죽으심으로 그 모든 부채를 상환하셨고, 부활로 그 기록마저 없이하셨습니다. 예수님의 부활로 말미암아 우리에게 청구되는 마지막 부채의 흔적까지 제거되었습니다. 왜냐하면 그리스도의 부활은 그 아들의 대속이 아버지에게 충족되었다는 사실을 아버지가 선포한 것이기 때문입니다. 우리가 부르는 찬송가 가사 그대로입니다.

> "주님께서 진실로 살아나셨으니
> 이제 공의는 더 이상 요구하지 못하네.
> 이전에 서로 맞섰던
> 자비와 진리가 이제는 손을 맞잡네."
> (영국 성공회의 토머스 켈리[Thomas Kelly]가 쓴 찬송가로 '주님은 진실로 살아나셨다' [THE LORD IS RISEN INDEED]의 2절 가사이다 — 역주)

그리스도께서 갚아드린 그 보상이 하나님께 충족이 되지 않았다면, 우리 영혼의 담보이며 보증이신 그리스도의 몸은 지금 이 시각까지 무덤의 감옥 속에 있었을 것입니다. 그러나 하나님께서 전적으로 받으셨기에, 그리스도는 속박으로부터 해방되셨고 그의 백성은 모두 그로써 의롭다 하심을 얻게 되었습니다. "누가 정죄하리요 … 다시 살아나신 이는 그리스도 예수시니."

　　그리스도의 부활은 하나님께서 우리를 받으셨음을 의미한다는 사실도 주목합시다. 하나님께서 그리스도를 죽은 자 가운데서 일으키셨을 때, 하나님은 그것으로 그리스도의 사역을 받으셨다고 증언하신 것입니다. 그런데 우리의 대표자를 받으셨다는 것은 곧 우리를 받으셨다는 것입니다. 프랑스 대사가 프로이센 왕국으로부터 추방명령을 받았다면, 그것은 선전포고를 의미하는 것입니다. 그러다가 다시 대사가 받아들여졌다면, 그것은 다시 평화조약이 체결되었음을 의미하는 것입니다. 예수님이 하나님께 받아들여지셨기에, 죽은 자 가운데서 부활하게 되었고, 예수님을 믿는 우리도 하나님께 받아들여진 것입니다. 예수님께 일어난 모든 일은 결과적으로 예수님의 신비로운 몸에 속한 모든 지체들에게도 일어난 것입니다. 예수님과 함께 우리는 십자가에 못 박혔고, 예수님과 함께 우리는 장사되었으며, 예수님과 함께 우리는 부활하였습니다. 예수님께서 받아들여지셨기에 우리도 받아들여졌습니다.

　　예수님의 부활은 또한 예수님께서 모든 형벌을 철저히 다 받으셨다는 사실과 그의 죽으심이 충분했다는 사실을 가리키지 않습니까? 1,800년 이상이 지났지만, 여전히 예수님께서 무덤 속에 잠자고 있다고 잠시 가정해 봅시다. 그럴 경우에도 우리는 하나님께서 그리스도의 속죄제를 받으셨고 궁극적으로는 죽은 자 가운데서 예수님을 살리실 것을 믿을 수도 있었겠지만, 한편으로 우리는 두려워했을지도 모릅니다. 하지만 지금 우리는 징조와 증거를 가지고 있습니다. 비 오는 날에 무지개처럼 위로를 주는 징조와 증거 말입니다. 예수님이 부활하셨다는 사실이 우리에게 증거가 됩니다. 따라서 율법은 더 이상 예수님께 강요할 수 없습니다. 예수님은 이제 새 생명으로 살아 계십니다. 율법은 이제 예수님에 대해 요구하지 못합니다. 율법이 요구하던 대상이었던 그는 죽었습니다. 지금 예수님의 생명은 율법이 소송할 수 있는 그런 생명이 아닙니다.

　　우리의 경우도 이와 마찬가지입니다. 한때는 율법이 우리를 주관하였습니다. 그러나 이제 우리는 그리스도 예수 안에서 새로운 피조물이 되었습니다(고후 5:17). 우리는 그리스도의 부활 생명에 참여하였습니다. 그러므로 율법은 우리의 새 생명으로부터 형벌을 요구할 수 없습니다. 우리 속에 있는 썩지 아니할 씨(벧전 1:23)는 죄를 짓지 않습니다. 왜냐하면 이 씨는 하나님으로부터 난 것이기 때문입니다. 율법은 우리를 정죄할 수 없습니다. 왜냐하면 우리는 그리스도 안에서 율법에 대해 죽었으며, 더 이상 율법의 지배를 받지 않기 때문입니다. 저는 이 복된 위로의 말씀을 여러분에게 남깁니다. 여러분의 보증인이 여러분의 빚을 갚았습니다. 그래서 여러분은 성령 안에서 의롭다 하심을 얻어 무덤으로부터 벗어났습니다. 여러분의 불신으로 여러분 스스로 짐을 지지 마십시오. 여러분의 양심을 죽은 행실로(히 9:14) 괴롭히지 마십시오. 오직 그리스도의 십자가로 돌아가 정결케 하는 보혈로 말미암는 용서에 대한 회복된 의식(意識)을 찾으십시오.

3. 그리스도께서 하나님 우편에 계시기 때문에
신자는 정죄를 받을 수 없습니다.

이제 사도 바울이 주장한 세 번째 주제에 대해 말씀드리고자 합니다. "그는 하나님 우편에 계신 자요." 예수님께 일어나는 일은 그의 백성에게도 일어난다는 사실을 여전히 명심하십시오. 왜냐하면 그의 백성은 예수님과 하나이기 때문입니다. 예수님의 상황과 지위는 그의 백성의 상황과 지위의 전형입니다. "그는 하나님 우편에 계신 자요." 이것은 사랑을 뜻합니다. 왜냐하면 우편은 사랑하는 자들을 위한 장소이기 때문입니다. 또한 이것은 받아들임을 뜻합니다. 하나님이 소중히 여기는 자 외에 누가 하나님의 우편에 앉을 수 있겠습니까? 또한 이것은 명예를 뜻합니다. 하나님께서 천사 중 누구에게 우편에 앉도록 허락하셨습니까? 또한 이것은 권력의 의미도 포함되어 있습니다! 스랍이나 그룹들은 하나님으로부터 우편에 앉으라는 말을 들을 수 없습니다.

일찍이 육체 가운데 고난을 받으셨던 그리스도께서 이제는 사랑, 받아들임, 명예, 권력 가운데 하나님 우편에 계십니다. 그러므로 이 질문의 위력이 어떠한지 여러분은 눈여겨보십시오. "누가 정죄하리요?" 이것을 다음과 같은 질문형식으로 바꾼다면 그 뜻이 두 배로 더욱 분명해질 것입니다. "법정에 사랑, 받아들임, 명예, 권력을 지닌 내 친구가 앉아 있는데, 누가 나를 정죄할 수 있겠는가? 사랑, 받아들임, 명예, 권력을 지닌 나의 대표자가 하나님 가까이에 앉아 있는데, 어떻게 내가 정죄를 받겠는가?" 그 다음으로는, 그리스도께서 계신 곳에 나도 있게 됩니다. 왜냐하면 이렇게 기록되어 있기 때문입니다. "또 함께 일으키사 그리스도 예수 안에서 함께 하늘에 앉히시니"(엡 2:6). 이미 하나님의 우편에 앉은 자를 정죄하는 것이 가능하다고 생각하십니까? 하나님 우편은 아주 가깝고 매우 두드러진 자리여서, 우리의 원수가 그곳에 있는 우리를 소송할 수 있다고는 아무도 생각하지 않습니다.

그곳에서 신자들은 그의 대표자인 그리스도 안에 있습니다. 그런데 감히 누가 그리스도 안에 있는 신자를 고소할 수 있겠습니까? 아하수에로 왕의 사랑을 받았던 왕후 에스더의 죽음을 요구한 하만의 극악무도한 죄에 대한 형벌은 도리어 하만의 집에 내려졌습니다(에 7:9). 그렇다면 아하수에로 왕에게 소중했던 에스더보다도 하나님에게 더욱 소중한 자들을 감히 어떤 원수가 정죄하거나 멸할 수 있겠습니까? 이들은 하나님의 우편에 앉아 있는 자들이며, 그 생명이 예수님과 연합되어 있어서 예수님과 떨어질 수 없는 자들입니다. 여러분이 실제로 하나님의 우편에 있다고 가정해 봅시다. 그런데도 여러분은 정죄를 받을까봐 두려워하고 있습니까? 여러분은 보좌 앞에 있는 빛나는 영혼들이 정죄를 받을까봐 두려워 떨고 있다고 생각하는 것입니까? 그들도 한때는 여러분과 똑같은 죄인들이었습니다.

여러분은 이렇게 대답할 것입니다. "아니요. 그들은 전혀 두려워하지 않을 것 같아요. 그래도 제가 거기에 있었더라면, 저도 완벽한 확신을 가질 수 있을 텐데." 맞습니다. 그런데 여러분의 대표자가 거기 계시니 여러분도 그 곳에 있는 것입니다. 만일 여러분이 자신은 거기에 있는 것 같지 않다고 생각한다면, 제가 여러분에게 이런 질문을 하겠습니다. "누가 우리를 그리스도의 사랑에서 끊으리요?"(롬 8:35). 여러분이 그리스도로부터 끊어질 수 있습니까? 만일 여러분이 신자라면, 여러분은 그리스도와 하나입니다. 그리고 몸의 여러 지체들은 머리가 있는 곳에 반드시 함께 있습니다. 원수들이 머리를 정죄하지 않고 어떻게 몸의 지체들을 정죄할 수 있겠습니까? 분명한 사실이지 않습니까? 만약 여러분이 그리스도 예수 안에서 하나님 우편에 있다면, 누가 정죄하겠습니까? 영원토록 하나님의 보좌에 둘러서서(계 4:4) 흰 옷을 입고 자기의 관(冠)을 보좌 앞에 드리는(계 4:10) 수많은 무리들을 원수들로 하여금 정죄해 보라 하십시오. 한번 그렇게 해보라고 하십시오. 제가 말씀드립니다. 원수들은 그리스도를 믿는 지극히 작은 신자라도 그 앞에서 조금도 건드리지 못할 것입니다.

4. 그리스도께서 우리를 위하여 간구하시기 때문에
신자는 정죄를 받을 수 없습니다.

사도 바울이 우리에게 주는 마지막 말씀은 이것입니다. "우리를 위하여 간구하시는 자시니라." 우리의 영혼이 진정으로 그리스도를 의지한다면, 정죄의 두려움이 우리 영혼에 떠오르지 않을 또 다른 이유가 있습니다. 만일 예수님께서 우리를 위하여 간구하신다면, 우리가 정죄를 받지 않도록 간구하시는 것을 주요 간구로 삼으실 것이 틀림없습니다. 예수님께서 중요한 간구 제목들은 놔둔 채, 곧장 덜 중요한 것들만 간구제목으로 삼으실 리가 없기 때문입니다. "아버지여 내게 주신 자도 나 있는 곳에 나와 함께 있어"(요 17:24)라는 예수님의 간구 안에는 그들의 모든 죄가 용서받았다는 사실이 포함되어 있습니다. 만일 그들의 죄가 용서받지 못했다면, 그들은 예수님이 계신 곳에 올 수 없기 때문입니다. 간구하시는 구세주께서 자기 백성의 석방을 보장하신다는 사실을 확신하십시오.

우리 주님의 간구는 틀림없이 유력하다는 사실을 곰곰이 생각하십시오. 그리스도께서 헛되이 간구하신다는 것은 가정할 수조차 없는 일입니다. 그리스도께서는 슬픔과 탄식으로 자기가 받을 수도 없는 것을 멀리 서서 요구하는 그런 불쌍한 간구자가 결코 아닙니다. 그리스도께서는 자기 백성의 이름이 새겨진 보석들로 빛나는 흉배를 붙이고, 무한하게 보상이 되는 대속의 자기 피를 가지고 하나님의 시은소로 나아가서, 의심의 여지 없는 권위로써 간구하십니다. 땅에서부터 호소하는 아벨의 핏소리(창 4:10)가 하늘에까지 들려 보복을 초래했다면, 휘장 안에서 말씀하시며 자기 백성의 용서와 구원을 보장하는 그리스도의 피는 더 할것입니다.

예수님의 간구는 논란의 여지도 없고 무시할 수도 없습니다. 예수님께서는 이렇게 간구하십니다. "나는 이 사람을 대신하여 고난을 받았습니다." 하나님의 무한하신 공의가 이 간구를 거절할 수 있겠습니까? "오 하나님, 아버지의 뜻대로 나는 내 백성인 이들을 위한 대속자로 나 자신을 드렸나이다. 제가 이들을 위해 간구하오니 이들의 죄를 없이하여 주옵소서." 이것은 합당한 간구이지 않습니까? 이 간구 안에는 비중 있는 예수님의 위엄뿐 아니라, 그 독생자와 동등하게 모두를 중시하시는 하나님의 사랑까지 포함되어 있습니다. 그러므로 예수님의 요구는 압도적이며 예수님의 간구는 전능합니다.

예수님께서 항상 살아서 그리스도인을 위하여 간구하시기 때문에, 그리스도인은 너무나도 안전합니다. 나는 나 자신을 예수님의 사랑스러운 손길에 맡겼습니까? 예수님을 신뢰하지 못해 그분의 명예를 더럽히는 일이 없기를 바랍니다. 나는, 죽으시고, 부활하시고, 하나님의 우편에 앉아 계시며, 나를 위하여 간구하시는 분으로서 예수님을 의지하고 있습니까? 나 혼자 큰 착각에 빠져 있는 것은 아닙니까? 그렇다면 나의 아버지시여, 이 큰 범죄를 용서하여 주시고, 당신의 종을 도우사 믿음의 더 큰 확신으로 예수 그리스도 안에서 즐거워하도록 하시며, "그러므로 이제 그리스도 예수 안에 있는 자에게는 결코 정죄함이 없나니" (롬 8:1)라고 말하게 하옵소서.

그리스도를 사랑하며 그리스도를 의지하고 있는 성도 여러분, 이 감미롭고 맛깔스런 교리를 여러분의 가슴속에 간직하고 돌아가십시오. 그러나 그리스도를 믿지 않고 있는 여러분, 여러분에게는 지금 정죄함이 있습니다. 믿지 아니하는 자는 하나님의 독생자를 믿지 아니하므로 벌써 정죄를 받은 것입니다(요 3:18). 여러분에게는 미래의 정죄가 있습니다. 여호와의 크고 두려운 날(말 4:5)이 이르면, 경건치 않은 자들은 여호와의 진노의 불에 지푸라기 같을 것입니다 (말 4:1). 하나님께서 정의를 측량줄로 삼고 공의를 저울추로 삼으시며 거짓의 피난처를 소탕하는(사 28:17) 그 시간이 서둘러 오고 있습니다. 불쌍한 영혼들이여, 오십시오. 오셔서 십자가에 못 박히신 그분을 믿으십시오. 그러면 여러분은 살게 될 것입니다. 그리고 아무도 여러분을 정죄할 수 없다는 사실을 우리와 함께 즐거워하게 될 것입니다.

제
21
장
—

넉넉히 이기느니라

—

"그러나 이 모든 일에 우리를 사랑하시는 이로 말미암아
우리가 넉넉히 이기느니라" — 롬 8:37

기독교인의 두드러진 특징은 그리스도의 사랑을 확신하는 것이며, 그 사랑의 보답으로 자기의 사랑을 그리스도에게 드리는 것입니다. 처음에는 믿음이 기독교인에게 도장을 찍어 줍니다. 그러면 그 믿음의 도장이 찍힌 영혼은 사도 바울처럼 "나를 사랑하사 나를 위하여 자기 자신을 버리신 그리스도"(갈 2:20)라고 말하게 됩니다. 그런 다음에는, 사랑이 응답 신호를 보내고, 예수님에 대한 감사와 사랑의 도장을 기독교인의 마음에 찍습니다. "우리가 사랑함은 그가 먼저 우리를 사랑하셨음이라"(요일 4:19). "하나님은 사랑이심이라"(요일 4:8).

하나님의 자녀들은 가장 깊은 내면의 힘인 사랑의 지배를 받습니다. 그리스도의 사랑이 그들을 강권합니다. 그들은 예수님의 사랑을 믿으며, 그 사랑을 반영합니다. 그들은 하나님의 사랑이 그들을 감싸고 있음에 기뻐합니다. 그들은 그들에게 임하신 성령으로 말미암아 마음 곳곳에 부어진 하나님의 사랑을 느낍니다. 그리고 감사의 마음을 주체할 수 없어 구세주를 순결한 마음으로 뜨겁게 사랑합니다.

기독교가 흥왕하던 영웅적인 시기인 예전의 장엄한 시대에는, 믿음과 사랑이라는 이 두 특징들이 예수님을 믿는 모든 신자에게서 아주 분명히 드러났습니다. 그들은 그리스도의 사랑을 알았던 사람들이며, 지팡이를 의지하는 사람이

전적으로 지팡이를 신뢰하듯이 그렇게 그리스도의 사랑을 전적으로 의지했던 사람들이었습니다. 그들은 그리스도의 사랑을 마치 훌륭한 신화라거나 존중받아야 할 하나의 전통처럼 말하지 않았습니다. 그들은 그리스도의 사랑을 복된 실재로 보았으며, 일생 동안 그 사랑이 독수리의 날개로 그들을 업어 인도하실 것(출 19:4)을 믿을 정도로 그 사랑을 전적으로 확신했습니다. 그 사랑은 그들에게 굳건한 반석이었습니다. 파도가 치고 바람이 불어도 그들이 그 반석 위에 있기만 하면, 그들의 영혼이 거주하는 집은 안전하게 서 있을 것이라는 굳은 확신을 그들은 가지고 있었습니다.

　　주 예수님을 향한 그들의 사랑은, 자기 영혼의 골방에 숨어 지내다가 주일이면 십자가에 못 박힌 예수 그리스도를 기리는 찬송을 부르며 사적인 모임에서만 그 사랑에 대해 말하는 그런 고요한 감정이 아니었습니다. 오히려 그 사랑은 맹렬하게 모든 것을 소멸해버릴 듯 타오르는 강렬한 열정이었습니다. 그 사랑은 그들의 전체 삶 속에 스며들어 있어서 그들의 행동에서도 드러났고, 일상 대화에서도 전해졌으며, 그들의 눈에서도, 그들의 아주 일상적인 눈빛 속에서도 볼 수 있는 그런 것이었습니다. 예수님의 사랑은 그들의 골수와 존재의 중심에까지 힘을 주는 불꽃이었습니다. 그 타오르는 불꽃인 사랑의 힘은 겉 사람까지 불타오르게 하였으며, 그로 인해 겉 사람을 빛나게 하였습니다.

　　왕이신 예수님의 영광을 구하는 열정은 참된 기독교인들의 날인이요 표지였습니다. 그들이 그리스도의 사랑을 의지하기 때문에, 그들은 많은 것을 감행하였습니다(dared). 그리고 그리스도에 대한 그들의 사랑 때문에, 그들은 많은 것을 하였습니다(did). 그들은 예수님의 사랑을 의지했기 때문에 원수들을 두려워하지 않았습니다. 그리고 예수님에 대한 그들의 사랑 때문에, 그들의 원수가 가장 끔찍한 모습으로 나타났을 때에도 그 원수를 피하려 하지 않았습니다. 초기의 기독교인들은 기뻐하며 자발적으로 계속해서 그리스도의 제단에 자신을 바쳤습니다. 그들은 자신이 어떤 상황에 처해지든 상관 없이, 그들을 둘러싼 악한 풍습들에 반대하는 증언을 하였습니다.

　　그들은 기독교인이 세상 사람처럼 되는 것을 더러운 수치로 여겼습니다. 그들은 세상에 순응하지 않았습니다. 또 그렇게 순응할 수도 없었습니다. 왜냐하면 그들의 마음이 새롭게 변화되었기 때문입니다. 그리스도를 향한 그들의 사랑으로 인해 그들은, 진리와 의와 사랑에 위배되면서 그리스도를 수치스럽게 하는 모든 것에 저항하는 증언을 할 수 있었습니다. 그들은 모든 면에서 혁신가요 개혁가이며 우상 타파자였습니다. 그들은 조용히 있을 수 없었습니다. 그들은 자신의 소신대로 밀고 나갔을 뿐 아니라, 다른 사람들도 그들이 원하는 대로 하도록 끌고 나갔습니다. 그들의 저항은 원수에게는 끊임없이 괴로운 일이었지만, 하나님에게는 기뻐 받으실 만한 일이었습니다.

기독교인은 모든 곳에서 얼룩덜룩한 새("내 유업이 내게는 얼룩덜룩한 새 같아서 주위의 새들이 그녀를 대적하나니"렘 12:9, KJV — 역주)였습니다. 왜냐하면 예수님에 대한 사랑 때문에 그의 신념을 숨길 수가 없었습니다. 기독교인은 어디에서나 나그네요 이방인이었습니다. 왜냐하면 그가 일상에서 쓰는 말부터 그의 이웃들과 달랐기 때문입니다. 세상 사람들이 하나님을 모독하는 곳에서 그는 하나님을 찬양하였습니다. 세상 사람들이 습관적으로 맹세하는 곳에서도, 그는 "옳은 것"에 대해서 "예"라고 말했고 "그른 것"에 대해서는 "아니오"라고 말했습니다. 세상 사람들이 칼을 휘두르는 곳에서, 그는 악한 자에게 맞서지 않았습니다. 세상 사람들이 각기 자신의 행복은 구하면서도 이웃의 행복은 구하지 않는 곳에서도, 기독교인은 자신의 보물을 하늘에 쌓아 두는 자(마 6:20)로 알려졌고, 위에 있는 것들에 마음을 두는 자(골 3:2)로 알려졌습니다.

예수님에 대한 이 사랑이 기독교인으로 하여금 예수님을 위하여 악에 맞서는 지속적인 저항자로 만들었습니다. 그 사랑의 인도는 여기서 끝나지 않습니다. 그는 자기 영혼이 귀중하게 여기는 진리를 계속해서 증언하는 자가 되었습니다. 기독교인은 납달리와도 같습니다. 납달리에 대해서는 이렇게 기록되어 있습니다. "납달리는 놓인 암사슴이라 아름다운 소리를 발하는도다"(창 49:21). 혀가 묶인 기독교인 또는 침묵하는 증인들은 사도 시대에도 거의 알려진 바가 없었습니다. 집안의 부인들은 그의 종들에게 그리스도에 대해 말하였습니다. 예수님에 대해 배운 어린이는 학교에서 예수님에 대해 말하였습니다. 기독교인 노동자들은 일터에서 증언하였고, 기독교인 사역자는(그 시대에는 사역자들이 많았습니다. 왜냐하면 모든 사람들이 그들의 능력에 따라서 사역을 했기 때문입니다) 거리의 모퉁이에 서서 혹은 여건이 허락하는 대로 어느 정도의 돈을 내고 빌린 집에서 만나, 항상 부활, 그리스도의 성육신, 그리스도의 죽음과 부활, 정결케 하는 그리스도 보혈의 능력 등에 대한 교리를 선포하였습니다.

제가 설교를 시작하면서부터 계속해서 말씀드린 이 예수님의 사랑은 그 시대의 사람들에게 있어서는 실제적인 열정이었으며, 예수님을 믿는 그들의 확신은 현실적이고 실제적이었습니다. 그러므로 예수님을 위한 그들의 증거는 대담하고 선명하고 결정적이었습니다.

옛 기독교인의 증언들 가운데는 나팔 소리가 있었습니다. 이 나팔 소리는 더러운 꿈을 꾸며 깊은 잠을 자고 있는 옛 세계를 깜짝 놀라게 하는 소리였습니다. 그 세계는 그렇게 깨어나는 것을 좋아하지 않았으며, 다시 잠자리로 돌아가 많은 저주들을 중얼거리면서 그 무서운 휴식을 감히 깨뜨린 방해자들에 대한 복수를 맹세하였습니다. 한편, 예수님을 믿는 신자들은 정해진 운명에 따라 그들의 혀로 증언하고 그들의 삶으로 증거하는 것에 만족하지 않고, 다른 지역에서도 말씀을 전하기 위해 계속해서 새로운 선교사들을 파송하고 있었습니다.

바울은 예루살렘이나 다메섹에서 복음을 전하는 것으로 충분하지 않았습니다. 그는 비시디아와 밤빌리아로 떠나는 것이 필요하다고 느꼈습니다. 그래서 소아시아의 끝까지 여행해야 했습니다. 그 후에 그는 그리스도로 충만해서 영생을 꿈꾸었고, 그가 잠들었을 때, 환상 중에 마게도냐 사람 하나가 에게 해를 건너 그를 찾아와 "건너와서 우리를 도우라"(행 16:9)라고 간청하는 말을 들었습니다. 바울은 아침 일찍 일어나 배를 타고 가서 이방인들에게도 복음을 전하기로 굳게 결심하였습니다. 그리스 전역에서 그리스도를 전파한 후 그는 이탈리아로 건너갔습니다. 비록 쇠사슬에 매인 사신(엡 6:20)이었지만, 그는 하나님의 전권대사로 제국의 중심지인 로마의 성벽 안으로 들어갔습니다. 이 후에 바울의 거룩하고도 쉬지 않는 영혼은 이탈리아 전역에 말씀을 전하는 것으로 만족하지 않고 스페인으로 건너갔으며, 심지어는 영국까지 갔다고 하는 사람들도 있습니다. 그리스도를 향한 기독교인의 야망은 끝이 없습니다. 헤라클레스의 기둥(현재의 지브롤터 해협을 가리키는 것으로 지중해의 끝을 의미하며, 흔히 인간 능력의 한계라는 뜻으로 사용된다고 한다 - 역주)을 넘어서 바다 끝 섬들에까지, 예수님을 믿는 신자들은 사람의 아들들을 위하여 나신 구세주의 복음을 전하였습니다.

그 시대는 열정의 시대였습니다. 저는 지금 이 시대가 미지근한 시대인 것이 두렵습니다. 그 시대는 로뎀 나무 숯불(시 120:4)처럼 가장 강렬하게 타오르던 불꽃의 시대였습니다. 파선의 위험, 강도의 위험, 강의 위험, 거짓 형제 중의 위험, 칼날의 위험 등(고후 11:25-26), 그 어떤 것도 성도들의 열정을 멈추게 할 수 없었습니다. 왜냐하면 그들은 믿고서 말하였기 때문이며, 사랑하고서 죽기까지 섞였기 때문입니다.

　지금까지 저는 오늘 본문에 대한 서론을 말씀드렸습니다. 저 신앙의 사람들과 그리스도를 위한 그들의 싸움을 보십시오! 그들이 적개심을 가진 것은 자연스럽고 불가피한 일이었습니다. 여러분과 저는 그리스도를 많이 사랑하지도 않고 그리스도의 사랑을 많이 믿지도 않습니다. 저는 우리가 대부분 그렇다는 말씀을 드리고 있는 중입니다. 우리는 병들고 가치 없는 타락한 세대입니다. 우리는 세상을 내버려 두고, 세상도 우리를 내버려 둡니다. 우리는 세상 풍습을 너무 많이 따르고 있으며, 세상은 우리 때문에 괴로워하지 않습니다. 우리는 우리가 마땅히 해야 할 본분인 하나님의 진리를 계속 선포하면서, 세상의 뒤를 끈질기게 따라다니지 않았습니다. 그러니 세상은 우리를 못 견뎌 하지 않습니다. 세상은 우리를 대단히 착한 부류의 사람들로 생각합니다. 다소 변덕스럽고 약간 제정신이 아니지만, 대단히 참을성 있고 착하게 행동하는 자들로 생각합니다. 그러므로 우리는 옛날에 원수였던 그들을 조금도 원수처럼 생각하며 만나지 않습니다. 왜냐하면 우리는 참된 기독교인의 반에도 미치지 못하며, 아니 옛 성도들의 십분의 일에도 미치지 못하기 때문입니다.

　우리가 과거와 비교해 조금만 더 거룩했다면, 우리도 옛 성도들이 싸웠던 것처럼 똑같이 싸웠을 것입니다. 비록 그 양상은 좀 달라도 말입니다. 제가 지금까지 아주 비판적으로 말씀드렸지만, 지금 이 자리에는 하나님의 은혜로 예수님의 사랑의 능력을 알았던 사람들이 있을 줄 압니다. 이런 사람들은 지금도 예수님의 사랑의 영향력 아래 살고 있으며, 가시 면류관을 쓰신 왕의 주권을 위하여 싸우고 있습니다. 이들은 사도 시대의 성도들이 싸웠던 싸움과는 비록 다른 형태이지만, 그와 동일한 싸움을 겪게 될 것입니다. 오늘 본문에 나오는 단어들을 액면 그대로 사용할 수 있는 자들이 바로 이런 사람들입니다. "이 모든 일에 우리를 사랑하시는 이로 말미암아 우리가 넉넉히 이기느니라."

　저는 오늘 아침에 성령의 도우심을 따라 여러분에게 몇 가지 부탁 말씀을 드리고자 합니다. 첫 번째, 이미 이긴 승리들을 생각하십시오. 두 번째, 싸움의 월계관들을 생각하십시오. 세 번째, 이 월계관을 얻은 사람들을 생각하십시오. 네 번째, 그들을 이기게 한 능력을 생각하십시오.

1. 이미 이긴 승리들

첫 번째로, 우리는 예수님의 사랑에 사로잡힌 사람들이 이미 이긴 승리들에 대해 살펴보고자 합니다. 승리자를 세심히 바라보십시오. 지금 이 자리를 로마의 원형경기장으로 생각해 보십시오. 따로 상상의 나래를 펼칠 필요도 없겠지요. 경기장 한가운데 한 영웅이 서 있습니다. 야수들이 갇혀 있는 육중한 문들이 자동으로 올라가고, 그 우리의 문이 열리자마자 곰과 사자 등 온갖 종류의 짐승들이 맹렬하게 뛰쳐나오며 달려들고 있습니다. 그 야수들은 굶은 상태이기 때문에 극도로 사나워져 있습니다. 원형 경기장에 서 있는 그 승리자는 그런 야수들과 싸워야 합니다.

사도 바울 시대의 기독교인이 처한 상황이 바로 이런 상황이었습니다. 오늘날의 기독교인이 처한 상황도 이와 같습니다. 세상은 싸움이 벌어지는 원형 경기장입니다. 천사들과 악마들이 보고 있으며, 우리에게 구름 같이 둘러싼 허다한 증인들이(히 12:1) 관전하고 있습니다. 괴물들이 풀려나 기독교인에게 달려들며, 기독교인은 그 괴물과 싸워서 승리해야 합니다. 사도 바울은 우리가 맞부딪혀 싸워야 할 악들에 대해서 몇 가지로 요약하고 있습니다(로마서 8장 35절을 참고하라 — 역주).

사도 바울은 첫째로, "환난"을 말합니다. 라틴어로 "환난"은 타작하는 것을 의미합니다. 하나님의 백성들은 종종 타작마당에 던져져 극심한 시련의 도리깨질로 두들겨 맞습니다. 그럼에도 그들은 넉넉히 이깁니다. 왜냐하면 그들은 짚과 왕겨 외에는 아무것도 잃지 않으며, 그렇게 유익하지 않은 것들이 분리되어서 순수한 알곡만 남게 되기 때문입니다. 그리고 이 단어는 헬라어로 보면 외부로부터의 압력을 의미합니다. 무거운 짐을 지고 있거나 심하게 짓눌리고 있는 사람들의 경우에 이 단어가 사용되었습니다. 자, 이와 같이 모든 시대의 신자들은 크든 작든 외부의 환경들과 맞서 싸워야만 했습니다. 오늘날에도 일상에서 질병이나 재물의 손실이나 사별, 또는 천에 하나로 일어나는 고난 등으로 생겨나는 외부의 압력과 부딪히지 않는 사람은 거의 없습니다. 기독교인은 평탄한 길을 가지 못합니다. "세상에서는 너희가 환난을 당할 것이나"(요 16:33, KJV). 이 말씀은 확실한 약속이며, 이 약속은 반드시 성취됩니다.

그러나 모든 짐에 억눌려서도, 참된 신자들은 참고 견디어 왔습니다. 그 어떤 고난도 하나님에 대한 그들의 확신을 파괴할 수 없었습니다. 종려나무에 대한 이야기가 있습니다. 종려나무에 무거운 짐을 많이 걸어두면 둘수록, 종려나무는 더욱더 똑바로 서서 하늘을 향해 높이 자란다고 합니다. 기독교인도 이와 마찬가지입니다. 욥처럼, 기독교인은 모든 것을 잃게 되었을 때, 그 때가 가장 영광스럽습니다. 그리고 마침내 그는 그가 처한 거름더미에서 왕보다 더 힘 있게 일어납니다. 사랑하는 성도 여러분, 여러분이 이 땅에 있는 한, 여러분은 이 환난이라는 원수와 만날 것을 예상해야 합니다. 만일 여러분이 지금 이 내리누르는 고난으로 어려움을 겪고 있다면, 기억하십시오. 여러분은 그것을 극복해야 합니다. 절대 굴복해서는 안 됩니다. 강하신 분께 강한 힘을 달라고 간구하십시오. 이는 환난은 인내를, 인내는 연단을, 연단은 소망을 이루는 줄 알고, 이 소망이 우리를 부끄럽게 하지 않을 줄 알기 때문입니다(롬 5:3-5).

목록에 있는 둘째 악은 "곤고"입니다. 헬라어로는 외적인 것보다는 정신적인 슬픔을 의미하는 것으로 보입니다. 기독교인은 외부 환경으로부터 고난을 겪습니다. 그러나 이 외부의 고난은 아마도 내적인 비애보다는 고통의 정도가 덜 할 것입니다. "좁은 장소"라는 말이 이 단어의 헬라어 원 뜻에 가깝습니다. 때로 우리는 조금도 움직일 수 없을 것 같은 그런 상황에 처하게 됩니다. 우리는 왼쪽이든 오른쪽이든 몸을 돌릴 수도 없습니다. 그 길은 막다른 길입니다. 빠져나갈 길이 보이지를 않습니다. 그 때 우리의 의식은 약해지고 당황해서 극도로 두려워 떨게 됩니다. 여러분은 마음이 산란한 상태, 즉 무엇을 해야 할지도 모르겠고, 진정할 수도 없고 안정할 수도 없는 그런 상황을 겪어본 적이 없습니까? 여러분이 그런 갈등을 조용히 잠재울 수 있었다면, 그렇게 했을 것입니다. 그런데 이게 잘 되지 않으니까, 여러분은 자기가 가진 모든 지혜를 다 짜내기 시작합니다. 그러나 악마와 세상, 외적인 시련과 내적인 낙담 등은 합세하여 여러분을 바다의 파도처럼 이리저리 흔들어 놓습니다. 그리하여 여러분도 마침내 존 번연의 표현대로 "여러분의 마음은 어찌할 바를 몰라 갈팡질팡하고 있다"는 표현을 사용하게 됩니다.

자, 이제 여러분이 진정한 기독교인이라면, 여러분은 이 모든 상태로부터 충분히 벗어날 것입니다. 여러분은 이 마음의 곤고함으로부터 넉넉히 이기게 될 것입니다. 여러분은 이 짐뿐 아니라 다른 모든 짐도 가지고 와서 주님께 맡길 것입니다. 그러면 보혜사 성령께서 여러분의 마음속에 요동치는 그 물결에게 이렇게 말씀하실 것입니다. "잠잠하라"(막 4:39). 예수님께서 파도가 이는 여러분의 영혼을 걸으시며 이렇게 말씀하실 것입니다. "내니 두려워하지 말라"(요 6:20). 외부의 환난과 내부의 곤고, 이 둘이 서로 요동치는 바다물결 같을지라도, 주 예수님의 능력으로 모두 잠잠해질 것입니다.

사도 바울이 언급하는 셋째 악은 "박해"입니다. 박해는 항상 그리스도를 진정으로 사랑하는 자들이 받았습니다. 박해받은 이들의 그 아름다운 이름이 모욕을 당하기도 하였습니다. 옛 시대의 성도들을 비난하는 악행들에 대해 다시 말하려고 하니 제 얼굴이 다 화끈거립니다. 하나만 말씀드려도 충분할 것 같습니다. 악의 목록에 있는 모든 악들을 순결하고 거룩한 예수님을 따랐던 성도들과 연결시켜, 그 성도들에게 모든 범죄들을 뒤집어씌웁니다. 그래도 이런 중상모략이 교회를 파괴하지는 못했습니다. 기독교라는 아름다운 이름이 교회를 뻔뻔하게 비난하던 자들의 평판을 무사히 견뎌내었습니다. 중상모략에 이어 투옥이 나타납니다. 하지만 하나님의 성도들은 감옥 안에서도 새장 안에 있는 새처럼 그렇게 찬양했습니다. 광활하고 자유로운 들판에 있을 때보다 더욱 아름답게 찬양했습니다. 그러자 감옥은 궁전이 되어 빛을 내기 시작했으며, 하나님이 친히 거하시는 곳으로 거룩해졌습니다. 찬란한 건축양식으로 지어진 모든 건축물보다 더욱 거룩해졌습니다. 박해는 때로 성도들을 교회 밖으로 내몰기도 하였습니다. 그러나 교회 밖으로 추방되면서도 그들의 마음속에는 평안이 있었습니다. 도처에 두루두루 흩어지게 되자, 그들은 흩어진 곳 어디에서나 말씀을 전했으며, 그들이 흩어짐으로써 다른 선택된 자들이 함께 모이는 계기가 되었습니다. 박해를 아주 잔인한 고문으로 나타났을 때는, 고문대에서 하나님을 찬양하는 많은 노래들이 아름답게 울려 퍼졌습니다.

성 로렌스(Lawrence of Rome, c.225– 258. 258년 발레리아누스 황제의 박해로 순교한 고대 로마의 일곱 집사 중 한 사람이다 – 역주)가 불에 달궈진 석쇠(로렌스는 사람이 올라갈 수 있는 크기의 석쇠 위에서 불에 구워 순교한 것으로 전해진다 – 역주) 위에서 불렀던 기쁨의 찬양들은 그룹이나 스랍들의 찬양보다 하나님께 더욱 아름다운 찬양이었을 것입니다. 왜냐하면 성 로렌스는 천사들 중 가장 빛나는 자보다 더욱 하나님을 사랑하였으며, 그 사랑을 가장 견디기 어려운 고통 가운데서 증명해 냈기 때문입니다.

그리고 거룩한 호크스(holy Mr. Hawkes. 1555년 영국의 메리1세 치하에 일어난 종교 박해 기간 중, 자기 아들에게 가톨릭으로 개종하도록 강요하지 않았다는 이유로 화형당한 개신교 순교자이다 – 역주)는 화형을 당하게 되었고, 화형 중에 그의 하체가 불에 타들어가기 시작했습니다. 그러자 사람들은 그의 상체가 불 속으로 고꾸라지리라 생각했는데, 그는 불타는 양손을 치켜들어 불똥이 튀기는 손가락으로 세 번의 박수를 치면서 "오직 예수, 오직 예수!"라고 소리쳤습니다. 하나님은 영광 중에 끊임없이 하나님을 찬양하는 수억의 사람들보다도, 바로 이 불타는 순간에 하나님을 찬양한 사람에게서 더 큰 영광을 받으셨습니다. 교회는 온갖 종류의 박해를 받았지만, 지금 이 순간까지도 박해가 승리를 얻은 적은 한 번도 없었습니다. 오히려 박해는 교회에 없어서는 안 될 유익한 것이 되었습니다. 왜냐하면 박해가 교회의 위선을 제거하기 때문입니다. 순금이 불 속에 들어갈 때 잃는 것은 단지 불순물과 찌꺼기밖에 없습니다. 불순물이 제거된다는 것은 당연히 기뻐할 일입니다.

다음으로 사도 바울은 "기근"을 이 목록에 추가합니다. 요즘 우리는 이 악에 그렇게 많이 직면하지 않습니다. 그러나 사도 바울 당시에는 사람들이 생계를 위해 일할 수 없는 그런 곳으로 강제로 추방을 당하기도 했습니다. 그래서 그들은 일터와 친구는 물론 자기가 알고 지내던 모든 사람들과도 격리되었습니다. 그들은 모든 재산을 잃었으며, 급기야 먹고 살기 위해 꼭 필요한 생필품마저도 구할 수 없을 정도였습니다. 지금도 양심의 자유를 얻기 위한 어떤 신념 때문에 모든 것을 잃은 사람들이 더러 있습니다. 그런 사람들은 고난을 받게 되는데 어느 정도는 기근까지도 직면하게 됩니다. 이 때 악마가 다가와 이렇게 속삭입니다. "너는 네 가족과 자녀들을 돌봐야만 해. 너는 양식까지 잃을 정도로 그렇게 네 신념을 고집할 필요가 없어." 아! 사랑하는 성도 여러분, 바로 그 때가 여러분이 기근을 이길 수 있는 믿음을 가졌는지 아닌지를 알게 되는 순간입니다. 배고픔으로 눈이 퀭한 얼굴을 바라볼 수 있는 믿음은 앙상해진 갈빗대는 아랑곳하지 않고 이렇게 말합니다. "아, 내 양심을 팔아 그리스도를 향한 나의 사랑에 오점을 남기느니 차라리 기근을 참아낼 것이다."

다음으로는 가난의 또 다른 형태인 끔찍한 "적신"(赤身, 알몸뚱이)이 있습니다. 기독교인은 이 집에서 저 집으로 쫓겨나게 되고, 생업으로 하던 일을 못하게 되며, 생필품마저 구할 수 없게 되었습니다. 그로 인해 그가 입은 옷은 시간이 흐르면서 낡은 누더기가 되었고, 그 누더기는 하나 둘 해어져 입을 수 없게 되었습니다. 어떤 때는 박해자들이 남자들과 여자들을 나체로 발가벗겨 놓고 그들에게 수치심을 유발하기도 했습니다. 옛날부터 사람을 발가벗겨 놓고 수치를 당하게 하는 악한 일이 있어 왔지만, 가장 연약하고 민감한 영혼들까지도 이런 악에 결코 굴복하지 않았습니다. 옛 순교자들의 기록에는 이런 모욕을 겪어야 했던 남녀 성도들의 이야기들이 있습니다. 그런데 이 광경을 지켜보던 자들의 기록에 따르면, 발가벗겨져 모욕을 당하는 그들이 매우 영광스러운 옷을 입은 것처럼 보였다고 말합니다. 성도들이 발가벗겨진 채로 동물만도 못한 무리들 앞에 서 있을 때, 그 무리들은 잔인한 눈으로 그 성도들을 바라보았습니다. 그 때 성도들의 그 몸은 영광으로 빛나는 것 같았으며, 그 성도들은 평온한 얼굴로 원수들을 바라보면서 자신을 죽기까지 내어 주었습니다.

사도 바울은 적신 다음으로 "위험"을 말합니다. 이 위험은 갑작스런 죽음에 지속적으로 노출되는 것을 뜻합니다. 초기 기독교인의 삶이 이러하였습니다. 사도 바울은 "나는 날마다 죽노라"(고전 15:31)라고 말했습니다. 그들은 한순간도 안심할 수 없었습니다. 로마 황제가 새로운 칙령을 내려 기독교인의 박멸을 허용했기 때문입니다. 그들은 어디를 가든지 글자 그대로 손에 생명을 쥐고 가야만 했습니다. 그들은 복음 전파를 위해 자원하여 위험을 감수하기도 했습니다. 강의 위험과 강도의 위험(고후 11:26)은 복음 선포에 적대감을 지닌 지역에 가는 기독교인 선교사들에게는 피할 수 없는 운명이었습니다. 그 밖의 다른 위험들은 박해의 결과였습니다. 그러나 우리는 여기에서 이런 사실을 듣게 됩니다. 예수님을 믿는 신자들은 끊임없이 그리스도의 사랑으로 휴식을 취하기 때문에, 위험을 위험으로 느끼지 않았다고 말입니다. 그리고 그리스도의 사랑이 그들로 하여금 혈과 육의 일반적인 생각들을 넘어서도록 하기 때문에, 진짜 위험에 빠졌을 때도 그들은 주님이요 선생이신 그리스도에 대한 사랑에서 우러나오는 기쁨으로 그 위험들에 대처했다고 말입니다.

사도 바울은 이 악들의 목록을 마무리하기 위해, 마치 이러한 악들에도 일종의 완결이 있는 것처럼, 일곱째 악으로 "칼"을 말합니다. 말하자면 사도 바울은 모든 죽음에 대한 설명으로 잔인한 형태의 한 죽음을 선택한 것입니다. 우리 주님의 순교자들이 어떻게 그들의 목을 칼날 아래에 내어 놓았는지 여러분은 잘 알고 있기에, 그 부분에 대해서는 제가 더 이상 말씀드릴 필요가 없을 것 같습니다. 마치 결혼식 날 신부가 신랑에게 손을 건네듯이 그렇게 기쁘게 하였습니다. 그들이 어떻게 화형대로 가서 장작더미에 입을 맞추었는지 여러분은 알고 있습니다. 어떻게 가장 극심한 고통이 수반되는 죽음을 맞으러 가면서 그들이 찬송을 불렀는지, 그리고 어떻게 그리스도를 위하여 능욕 받는 일에 합당한 자로 여기심을 기뻐하면서(행 5:41) 심지어 뛰고 춤추면서 지극히 큰 기쁨으로 즐거워했는지 여러분은 알고 있습니다.

사도 바울은 그 성도들이 이 모든 것을 한꺼번에 겪었다고 말하고 있습니다. 사도 바울은 이것들 중의 일부만 우리가 넉넉히 이긴다고 말하지 않고, 이 모든 것을 우리가 넉넉히 이긴다고 말합니다. 많은 신자들이 글자 그대로 외적인 결핍, 내적 시련, 박해, 먹을 것의 부족, 입을 것의 부족, 지속적인 생명의 위협 등을 계속 겪었으며, 급기야는 목숨까지 내어 놓았습니다. 그러나 이 우울한 싸움의 전체 목록을 볼 때, 이 모든 상황에서도 신자들은 넉넉히 이겼습니다.

사랑하는 성도 여러분, 오늘날의 여러분은 대부분 위험, 적신, 칼 등에 직면하지 않습니다. 만일 여러분이 이런 것들에 직면해 있다면, 주님께서 은혜를 주셔서 그 시험을 감당하게 하실 것입니다(고전 10:13). 그러나 지금 이 순간에도 기독교인의 고난은 비록 외적으로는 그렇게 끔찍하지는 않지만, 그 격렬했던 박해의 시대의 고난들과 비교해 볼 때, 오늘날 더욱더 견디기 힘든 면이 있다고 저는 생각합니다.

우리는 세상의 조롱을 참아야 합니다. 조롱은 어쩌면 작은 것일 수 있습니다. 세상의 감언이설, 부드러운 말들, 아첨하는 말들, 아양, 위선 등은 훨씬 더 악한 것들입니다. 오, 사랑하는 성도 여러분, 여러분의 위험은 바로 이런 것들입니다. 곧 여러분이 부유해져서 교만해지는 것, 이 악한 세상의 풍조에 자신을 잃는 것, 여러분의 믿음을 잃는 것 말입니다. 여러분이 포효하는 사자에 물려 갈기갈기 찢겨질 수는 없어도, 곰에 깔려 질식해 죽을 수는 있습니다(당장 눈에 보이는 격렬한 위험은 없지만, 보이지 않게 서서히 질식될 위험이 있다는 뜻으로 해석된다 ─ 역주). 악마는 여러분에게서 그리스도의 사랑을 제거하고 그리스도에 대한 여러분의 확신을 파괴하기만 하면, 여러분에게 별 관심이 없습니다.

그리스도 교회가 과거의 그 난폭했던 시대보다 오늘날처럼 부드럽고 점잖은 시대에 더욱 교회의 순수함을 잃어버릴 것 같아 저는 우려하고 있습니다. 신앙고백까지 하는 기독교인이면서도, 회심하지 않은 사람들이 사용하는 약삭빠르고 교활한 장사 수법으로 똑같이 장사하는 악한 성도들이 많이 있지 않습니까?

신앙고백을 하는 기독교인이면서도 너무 세속적인 사람들이 많지 않습니까? 그들은 기도 모임에도 나오지 않고, 그리스도를 위한 일에도 관대하지 않습니다. 그들이 하는 모든 행동들을 보면, 설령 조금이라도 은혜를 받긴 받은 것으로 치더라도, 그들이 받은 은혜는 세상을 이기는 은혜가 아니라, 세상이 그들의 목을 발로 밟도록(수 10:24) 내버려 두는 거짓 은혜임을 알게 됩니다. 우리는 지금 깨어나야 합니다. 왜냐하면 예수님에 대해 실제적으로 참된 믿음을 가진 것도 아니고, 그렇다고 해서 예수님에 대해 불꽃처럼 강렬한 사랑을 가진 것도 아닌 우리가, 그리도 우리의 정신을 놓게 만드는 매혹적인 땅에서 현재 살아가고 있기에, 우리는 그 어느 때보다도 더 쉽게 타락할 수 있기 때문입니다. 우리는 아들이 아니라 사생자가 될 것 같고, 알곡이 아니라 쭉정이가 될 것 같으며, 살아 계신 하나님의 살아 있는 참 자녀들이 아니라 좋은 포도나무에 붙어있는 위선자들이 될 것 같습니다.

사랑하는 성도 여러분, 이 시대는 깨어 있지 않아도 되고 거룩한 열정이 없이도 살아갈 수 있는 그런 시대라고 착각하지 마십시오. 지금 여러분에게는 깨어 있음과 거룩한 열정이 그 어느 때보다 더욱 필요합니다. 그래서 영원한 영이신 하나님이 그의 전능하심을 여러분 속에 나타내서서, 여러분이 난폭한 시대에서 뿐 아니라 이 모든 부드러운 시대에서도 "이 모든 일에 우리를 사랑하시는 이로 말미암아 우리가 넉넉히 이기느니라"라고 말할 수 있기를 바랍니다.

2. 싸움의 월계관들

저는 오늘 설교의 두 번째 대지를 아주 간단하게 말씀드리고자 합니다. 싸움의 월계관들을 살펴봅시다. 지금까지 신자들은 이기는 자들이었습니다. 그런데 오늘 본문은 신자들이 "넉넉히 이기느니라"라고 말합니다. 어떻게 그렇습니까? 헬라어로 살펴보면, 이 말은 사도 바울이 강조한 표현으로서 이렇게도 번역될 수 있습니다. "아주 대단하게 이기느니라." 제가 알기로 라틴어 역본인 불가타역(Vulgate) 성경은 "이기고 이기느니라"로, 즉 거듭해서 이기는 것으로 번역하고 있습니다. 기독교인이 이기는 것은 위대한 일입니다. 그런데 어떻게 기독교인이 넉넉히 이길 수 있을까요?

많은 측면들이 있지만, 그 중에 첫째로, 기독교인이 우세하게 이기는 것은 기독교인이 이기는 능력이 훨씬 고상하기 때문이라고 저는 생각합니다. 여기에 그리스 경기장에서 막 돌아온 한 챔피언이 있습니다. 그는 격렬한 권투 경기에서 상대를 거의 초주검 상태로 만들고 나서 면류관을 받기 위해 왔습니다. 그에게 다가가 팔도 보고 근육과 힘줄도 살펴보십시오. 대단합니다! 그 사람의 근육은 강철 같습니다. 그래서 여러분은 그에게 말합니다. "당신이 상대 선수를 때려눕힌 것이 절대 이상한 일이 아니군요." 만약 제가 약간의 증기로 작동하는 강철 기계를 만들었다면, 비록 기계를 이용하긴 했어도, 그 권투 챔피언이 한 것과 똑같은 결과를 이루어냈을 것입니다.

"챔피언, 당신은 상대 선수보다 더 강한 사람이고, 체질도 더 강한 사람입니다. 그 사실에 대해 분명히 인정합니다. 그런데 그 사실에 특별히 영광을 받을 것이 있습니까? 어떤 기계가 다른 기계보다 더 강한 것과 뭐가 다르지요? 물론, 당신의 인내는 칭찬 받을 만합니다. 그러나 당신은 다른 큰 짐승을 두들겨 패는 또 한 마리의 큰 짐승에 불과합니다. 개들, 황소들, 싸움닭들 그리고 다른 종류의 모든 동물들도 당신처럼 인내할 수 있습니다. 어쩌면 더 잘 할 수도 있겠네요."

자, 이제 눈을 돌려 싸움에서 승리하고 돌아오는 한 기독교인 챔피언을 보십시오. 그를 눈여겨보십시오! 그는 인간의 지혜를 이겼습니다. 그러나 그에게서는 학식이나 교활함을 찾을 수 없습니다. 그는 예수 그리스도께서 죄인들을 구원하시려고 세상에 오셨다는 사실을 방금 알게 된 단순하고 무식한 사람입니다. 그러나 그는 심오한 철학자들을 누르고 승리했습니다. 그러므로 그는 넉넉히 이긴 것입니다. 그는 온갖 종류의 방식으로 유혹과 시험을 받았습니다. 그렇다고 그가 약삭빠른 사람은 결코 아닙니다. 그는 너무 연약한 사람이었습니다. 그렇지만 어쨌든 간에 그는 이겼습니다. 연약함이 강함을 이기고, 온유함과 사랑에 의해서 잔인한 힘이 좌절될 때, 바로 그 때가 넉넉히 이기는 때입니다. 하찮은 것들이 위대한 것들을 이길 때, 이 세상의 천한 것들이 힘 있는 것들을 넘어뜨릴 때, 무명한 것들이 유명한 것들을 아무것도 아닌 것으로 만들 때, 바로 이것이 참된 승리입니다. 하지만 이것은 바로 하나님 은혜의 승리입니다. 육체의 눈으로 볼 때, 기독교인은 물에 물탄 듯 그 존재가 미미합니다. 그러나 믿음의 눈으로 볼 때, 그는 감당할 수 없는 사람입니다. 그는 저항하지 않기에 육체의 눈으로 볼 때는 짓밟히는 물건과 같습니다. 그러나 하나님이 보시기에는 온유함과 인내로, 바로 이 방식으로 넉넉히 이기게 되는 것입니다.

기독교인은 다시 넉넉히 이깁니다. 왜냐하면 세상에서 이기는 자들은 승리를 위해서, 즉 이기적인 동기를 가지고 싸우기 때문입니다. 설령 그 동기가 애국심이라 해도, 또 애국심은 분명히 세계적으로 인정받는 최고의 고상한 미덕이기는 해도, 조금만 다른 시각에서 본다면, 이 애국심마저도 모든 인류를 사랑하는 사해동포적인 사상에 속하는 것이 아니라, 오직 자기 나라만을 위해 싸우는 좀 격조 있는 이기심에 불과할 뿐입니다. 그러나 기독교인은 어떤 특정한 사람들을 위해 싸우지 않습니다. 심지어 자신을 위해서도 싸우지 않습니다. 기독교인은 하나님의 진리를 위해 싸울 때에 모든 사람을 위해 싸우며, 특별히 하나님을 위해 싸웁니다. 그리고 의를 위하여 고난을 받는 것이지 세상의 유익을 기대하고서 고난을 받는 것이 아닙니다. 기독교인은 넉넉히 이깁니다. 기독교인은 싸우는 힘으로 보나 지탱하는 동기들로 보나 넉넉히 이길 수밖에 없습니다. 이것은 세상의 이기는 자들이 가진 힘과 동기들보다 훨씬 나은 것들이기 때문입니다.

기독교인은 넉넉히 이깁니다. 왜냐하면 기독교인은 싸움에서 잃는 게 아무것도 없기 때문입니다. 전쟁에서 이겨도, 어쨌든 잃은 것이 있기 마련입니다. 대부분의 전쟁을 보더라도, 전쟁에서 얻은 것이 그 전쟁으로 피 흘린 것을 좀처럼 보상해 주지 못합니다. 그러나 기독교인의 믿음은 시험받을 때 더욱더 강해지며, 그의 인내는 유혹받을 때 더욱더 강인해집니다. 기독교인의 은혜는 전설적인 안테우스(Anteus: 바다의 신인 넵튠과 대지의 영인 가이아 사이에서 난 아들로, 강한 힘을 가졌고 자기가 원하는 대로 키와 몸을 크게 할 수 있는 능력을 지녔다. 안테우스는 이 능력을 오직 접촉하는 경우에만 사용할 수 있었다 ― 역주)와 같습니다. 그는 땅에 내던져지면 그의 어머니인 대지에 접촉하자마자 예전보다 더욱 강하게 뛰어 올랐다고 합니다. 기독교인도 하나님께 접촉하자마자 무력한 가운데서 가장 높으신 분의 품에 떨어지면서 그가 당한 모든 고난으로부터 더욱 강하게 됩니다. 기독교인은 넉넉히 이깁니다. 왜냐하면 그는 싸움에서도 전혀 잃는 게 없으며, 이기게 되면 놀랄 만한 것들을 얻기 때문입니다.

기독교인은 박해에 대해서도 넉넉히 이깁니다. 왜냐하면 대부분 세상에서 이기는 자들은 이기기 위해서 발버둥치며 번민해야 하기 때문입니다. 그러나 사랑하는 성도 여러분, 많은 기독교인들은, 아니 모든 기독교인들은 그리스도를 믿는 그들의 믿음이 강력하고 그리스도를 향한 그들의 사랑이 뜨거울 때, 주님을 위해 고난을 이겨내는 것이 너무 쉽다는 것을 알고 있습니다. 블란디나(Blandina: 마르쿠스 아우렐리우스 치하인 177년에 처녀로 순교한 프랑스 여성이다 ― 역주)를 보십시오. 그녀는 그물에 싸여 황소의 뿔에 이리 저리 떠받쳤고, 그 다음에는 뜨거운 불에 달구어 놓은 쇠 의자에 앉아 죽었습니다. 그러나 그녀는 끝까지 굴복하지 않았습니다. 그러자 고문하던 자들이 황제에게 이렇게 말했습니다. "황제 폐하, 우리가 부끄럽습니다. 왜냐하면 이 기독교인들은 이런 잔인한 고문을 받으면서도 우리를 놀리고 있기 때문입니다." 정말로 때로는 고문하는 자들이 고문을 당하고 있는 것 같았습니다. 그들은 소심한 그 부인들과 아이들을 이길 수 없다는 생각에 근심하였습니다. 그들의 마음은 분노로 가슴이 찢어지는 듯했습니다. 그들은 철판을 깨무는 독사처럼, 그 쇠처럼 단단한 기독교인의 믿음을 깨물다가 이를 부러뜨렸습니다. 그들은 그것을 참을 수가 없었습니다. 왜냐하면 이 기독교인들은 한 마디의 불평도 없이 고난을 받았고, 믿음을 버리지 않고 끝까지 견뎌냈으며, 그 어떤 원망도 없이 불 가운데서 그리스도에게 영광을 돌렸기 때문입니다.

저는 그리스도의 순교자 군단에 대해 생각해 보는 것을 좋아합니다. 아니 저는 전쟁터로 행진하며 싸우고 찬양하면서도 결코 그 찬양을 쉬지 않고 음색도 변함이 없으며, 이와 동시에 승리에 승리를 거듭하며 진군하고 그들의 원수를 짓밟으며 거룩한 할렐루야로 찬양을 부르는 그리스도의 모든 교회에 대해 생각하는 것을 좋아합니다. 저는 예전에 가톨릭교회가 기념하는 어떤 축일에 북부 이탈리아에 있는 오르타(Orta) 호수에서, 많은 배들이 한 줄로 줄지어 호수의 중앙에 있는 교회를 향해 호수 사방으로부터 오고 있는 광경을 보았습니다. 줄지어 서서히 다가오는 배 안에는 원주민들이 깃발을 들고 노래를 하고 있었는데, 그 노랫소리와 배들의 노 젓는 소리를 함께 듣는 것이 제게는 아주 독특한 경험이었습니다. 그런데 노 젓는 사람들은 하나 같이 같은 시간에 똑같이 그들의 노로 바닷물을 쳤습니다. 한 번도 어긋나지 않았습니다. 알고 봤더니, 이 노 젓는 사람들은 그 배 안의 원주민들의 노랫소리에 맞춰서 노를 젓고 있었던 것입니다. 그런데 한 번도 그 노랫소리의 박자가 어긋난 적이 없었습니다. 왜냐하면 원주민들은 노 젓는 사람들의 철썩하는 소리를 박자로 삼아 노래를 부르고 있었기 때문입니다. 그렇게 배들은 노래하고 노를 저으며 다가오고 있었습니다.

하나님의 교회도 지금까지 이와 마찬가지였습니다. 교회는 순종의 노와 고난의 노, 이 두 개의 노를 부지런히 놀리는 법을 배워왔습니다. 그리고 노를 저으면서 노래를 부르는 것도 배웠습니다. "항상 우리를 … 이기게 하시고 우리로 말미암아 각처에서 … 하나님께 감사하노라"(고후 2:14). 우리가 고난을 받게 되고 또 싸워야 하더라도 우리는 넉넉히 이깁니다. 왜냐하면 우리는 싸우는 중에도 이기고 있기 때문입니다. 우리는 심지어 전쟁의 열기가 한창인 중에도 노래를 하고, 군기를 높이 흔들며, 전쟁터에 서서 전리품을 나누기도 합니다. 싸움이 가장 치열할 때, 그 때가 우리는 가장 행복합니다. 싸움이 가장 격렬할 때, 그때가 우리는 가장 복됩니다. 전쟁터가 가장 어려울 때, "어찌할 바를 몰라 울부짖는 가운데서도 우리는 승리를 확신하며 잠잠합니다." 이렇게 성도들은 지금까지 넉넉히 이겼습니다.

과거의 성도들처럼 원수들에게 선을 행하고 인내로 박해자들을 회심하게 함으로써 그 원수들을 이긴 것처럼, 오늘날에도 그렇게 넉넉히 이겼으면 하는 것이 제 바람입니다. 옛 개신교 초창기의 표어를 사용하여 말한다면, 교회는 모루이고 세상은 망치였습니다(이 말은 칼빈파 신학자인 베자[Theodore Beza]가 1562년 3월에 위그노 학살을 허용한 나바르[Navarre] 왕에게 답한 서신에서 처음 나왔다. "공격을 받을 때 반격하는 것이 아니라 공격을 참는 것이 하나님 교회의 특징입니다. 하지만 이것만은 기억해 두십시오. 교회는 많은 망치들을 부러뜨린 모루입니다." – 역주). 모루는 망치가 내려치는 것을 참아내는 것 외에는 달리 하는 것이 없었습니다. 그럼에도 모든 망치들을 부러뜨렸습니다. 교회는 세상 끝 날까지 그럴 것입니다. 예수님의 사랑을 실제로 믿는 모든 참된 신자들, 즉 예수님의 사랑으로 정말 불붙은 모든 참된 신자들은 우윳빛 나는 흰 백마를 타고 황제의 도시를 활보하던 로마의 정복자보다도 더욱더 큰 영광을 받게 될 것입니다. 로마의 정복자가 입성하던 날에는 젊은 남녀종들과 부인들과 노인들은 모두 다 창문가나 굴뚝 꼭대기에 올라가서 그 정복자의 군대가 들어올 때 그 위에 꽃을 뿌렸습니다.

그러나 그런 광경을, 지금까지도 계속되고 있는 새 예루살렘의 거리에 물결치듯 들어오는 하나님이 선택하신 수많은 무리들의 승리와 비교하면 어떨까요? 그 복된 자들의 가는 길가에 천사들이 뿌려놓은 꽃들은 어떠할까요? 저 너머 시온 성전에서 들려오는 찬양소리와, 성도들이 그들의 영원한 집으로 들어가면서 찬양하며 환호하는 그 모습은 어떠할까요?

3. 월계관을 얻은 사람들

제게는 늘 시간이 부족한 것 같습니다. 그래서 세 번째 대지에서는 두세 가지 정도만 말씀드리겠습니다. 이긴 사람들은 누구입니까? 지금 제가 드리는 몇 가지 말씀에 주목해 주시기 바랍니다. 싸움에서 이긴 사람들은 지금까지 이런 사람으로 알려져 왔습니다. 제가 설교를 시작할 때 말씀드린 두 종류의 사람입니다. 첫 번째 사람은 자기를 향한 그리스도의 사랑을 믿었던 사람이며, 두 번째 사람은 그리스도를 향한 사랑에 사로잡혔던 사람입니다. 이런 구분 외에 다른 구분은 없습니다. 이들 중에는 부유한 사람들도 있었습니다. 가이사의 집 사람들(빌 4:22) 가운데는 순교자도 있었습니다. 또 이들 중에는 가난한 사람들도 있었습니다. 카타콤의 지하무덤에 있는 비문들을 살펴보면, 철자가 정확하게 적힌 것이 거의 없습니다. 초대 기독교 교회의 대다수의 사람들은 아주 가난하고 문맹인 사람들이었음이 분명합니다. 그럼에도 그들은 모든 계층의 사람들을 이겨 냈습니다.

화형장의 기둥에 묶여서 성직자들과 귀족들이 불에 타 죽었습니다. 이들 뿐 아니라 무수한 직공과 남녀 재봉사들도 함께 불에 타 죽었습니다. 가난한 사람들 중에 제일 가난한 사람들도 부유한 사람 못지않게 용감했습니다. 유식한 사람들도 영광스럽게 죽었으며, 무식한 사람들도 승리의 상징인 종려나무 가지를 쟁취하였습니다. 어린이들도 그리스도를 위해 고난을 받았습니다. 예수님의 피로 씻어 깨끗이 된 그 어린 영혼들도 자신의 피로 새빨갛게 되었습니다. 한편 노인들도 이에 뒤지지 않았습니다. 일흔이 넘은 늙은 성직자인 래티머(Hugh Latimer, 1487-1555. 영국의 성직자로 메리 여왕 치하에서 순교한 3인의 옥스퍼드 순교자 중 하나였다 – 역주)는 자기가 입은 옷이 벗겨지고 속옷만 걸친 채로 화형대 앞에 서서 리들리(Nicholas Ridley, 1500-1555. 래티머와 함께 3명의 옥스퍼드 순교자 중 하나였다 – 역주)를 돌아보며 말했습니다. "형제여 힘을 내세! 우리는 오늘 하나님의 은혜로 결코 꺼지지 않는 영국의 촛불이 될 걸세." 이런 모습은 슬픈 광경이 아니라 영광스러운 광경입니다.

여기에 연세 드신 분들 계신가요? 여러분이 주님을 섬길 마음만 있다면, 그 연세라도 한창일 때처럼 그렇게 주님을 섬길 수 있을 것입니다. 여기에 젊은 분들 계신가요? 여러분은 신앙의 영웅이 되고 싶으십니까? 지금이 바로 그 때입니다. 여기에 가난한 분들 계신가요? 여러분은 부자들 못지않게 열광적으로 큰 영광을 돌릴 수 있습니다. 부유한 분들은 주님을 위한 전쟁터에서 큰 직책으로 부르심을 받게 되면, 기쁜 마음으로 섬길 수 있을 것입니다. 이 싸움에는 주님을 사랑하는 사람이면 모두가 할 수 있는 역할들이 있습니다. 그리고 각자에게 면류관이 주어집니다. 오, 하나님, 이 하나님의 군대에 들어가서 면류관을 얻을 때까지 싸울 수 있는 마음과 힘을 우리에게 꼭 주옵소서! 사랑하는 성도 여러분, 이 정도만 말씀드리겠습니다. 여러분의 마음속에 이와 관련하여 더 큰 시야가 열리기를 바랍니다.

4. 우리를 이기게 하는 능력

이제 오늘의 설교를 마무리하고자 합니다. 사도 바울은 우리에게 분명하게 말합니다. 이처럼 넉넉히 이기게 하는 불굴의 신비로운 힘은 "우리를 사랑하시는 이로 말미암아" 가능하다고 말입니다. 그들은 그들의 대장이신 그리스도로 말미암아 이겼습니다. 많은 것이 지도자에게 달려 있습니다. 그리스도께서는 친히 고통을 겪으면서 이기는 모범이 되어 그들에게 이기는 방법을 보여주셨습니다. 그들은 그들의 교사이신 그리스도로 말미암아 승리했습니다. 왜냐하면 그리스도의 가르침이 그들의 마음을 강하게 만들었고, 그들을 남자답게 만들었고, 그들을 천사같이 만들었고, 그들을 거룩하게, 즉 신성한 성품에 참여하는 자(벧후 1:4)로 만들었기 때문입니다.

그러나 무엇보다도 그리스도께서 실제로 그들과 함께 하였기 때문에 그들은 이겼던 것입니다. 그리스도가 부활하셨기 때문에 그리스도의 몸은 하늘에 있었습니다. 그러나 그리스도의 영은 그들과 함께 있었습니다. 그리스도는 지극히 연약한 자에게 초자연적인 힘을 불어넣는 방법을 가지고 계심을 우리는 성도들의 모든 생애로부터 알게 됩니다. 성령께서 오셔서 우리의 가련하고 연약한 영혼을 어루만지시면 사람 혼자서는 절대 불가능한 어떤 일을 할 수 있도록 우리를 붙드십니다. 하나님이 함께 하지 않는 사람을 보십시오. 그 사람이 무엇을 할 수 있겠습니까? 사랑하는 성도 여러분, 사람은 혼자서는 아무것도 할 수 없습니다. "나를 떠나서는 너희가 아무 것도 할 수 없음이라"(요 15:5)고 말씀하기 때문입니다. 이번에는 하나님이 함께 하시는 사람을 보십시오. 앞에 했던 질문을 반대로 바꿔서 해보겠습니다. 그 사람이 하지 못할 일이 무엇이 있겠습니까?

저는 저 불길 속에서 불타고 있는 사람을 보지 않습니다. 저는 그 사람 안에 있는 그리스도를 봅니다. 저는 감옥 속에 있는 순교자를 보는 것이 아니라, 오히려 그로 하여금 투옥되었다는 생각을 비웃고 쇠줄을 무시하게 하시는 하나님의 능력을 봅니다. 교육받지 못한 천진난만한 처녀가, 온갖 트집을 잡아 말을 잘하는 사람과 논쟁하는 모습을 볼 때, 저는 그 처녀를 보는 것이 아니라, 오히려 그 처녀의 단순한 혀를 통해 말씀하시고, 그 시간에 그녀가 무슨 말을 해야 할지 가르치시며, 하나님의 어리석음이 사람보다 지혜롭고 하나님의 약하심이 사람보다 강하다(고전 1:25)고 하신 하나님의 진리를 증명하는 살아 계신 하나님의 성령을 바라봅니다.

오! 하나님께서 이처럼 가장 비천하고 가장 불쌍하고 가장 연약한 것들을 취하셔서 친히 그들 안에서 "자, 오너라. 지혜롭고 위대한 모든 자들아. 나는 어리석고 연약한 자들을 통해 너희들을 좌절하게 만들겠다! 자, 또 오너라. 너 지옥의 악마들아, 위협의 숨결과 잔인한 거품을 뿜어 대는 너희 인간들아, 다 오너라. 너희 모든 자들아 다 오너라. 이 무방비의 불쌍한 자가 너희를 비웃으며 조롱할 것이며 끝내 승리할 것이다!'라고 이렇게 말씀하시는 것을 생각만 해도 영광스럽습니다.

이것이 바로 그리스도의 능력입니다. 사도 바울이 오늘 본문에서 우리 주님을 부르는 이름을 여러분은 눈여겨보셨습니까? 그 호칭은 아주 의미심장하며, 이 호칭이야말로 오늘 본문의 열쇠라고 저는 생각합니다. "우리를 사랑하시는 이로 말미암아"입니다. 그렇습니다. 사랑이 그들을 이기게 합니다. 우리를 사랑하시는 이가 그들을 과거에도 사랑했고, 현재에도 사랑하고 계시며, 앞으로도 항상 그들을 사랑할 것이라는 사실을 그들은 알았습니다. 설령 그들이 그분을 위해 고난을 받더라도, 그것은 그들의 최후 유익과 그분의 영원한 영광을 위해 그분이 고난 받게 하시는 것임을 그들은 알고 있었습니다. 그분이 그들을 사랑하신다는 사실을 그들은 느꼈습니다. 그들은 이 사실에 대해 의심할 수 없었습니다. 그들은 그 사실을 의심하지 않았습니다. 이 점이 바로 그들을 그렇게 강하게 만든 것입니다.

오, 사랑하는 성도 여러분, 현재 여러분은 연약합니까? 여러분을 사랑하시는 그분께로 나아가십시오. 여러분의 사랑이 차갑게 식었습니까? 이것을 개선하려고 모세에게 가지 마십시오. 여러분 속에서 선한 무언가를 발견할 수 있으리라는 생각으로 마음속을 찾아 헤매지 마십시오. 여러분을 사랑하시는 그분께로 즉시 나아가십시오. 오늘 아침에 우리 하나님께서 하늘을 떠나 이 땅에 성육신하신 것을 생각하십시오. 특별히 겟세마네 동산에서 핏방울 같이 흘리신 땀방

울들, 골고다의 상처들, 죽을 지경의 갈증들, 그리고 "나의 하나님! 나의 하나님! 어찌하여 나를 버리셨나이까?"(마 27:46) 하신 부르짖음을 생각하십시오. 이 모든 것을 생각하십시오. 그리스도의 사랑이 여러분의 마음속 깊은 곳에서 불붙게 하십시오. 그래서 이 능력 안에서 어떤 어려움도 두려워하지 말고 어떤 시련도 겁내지 말며, 그 옛날에 신앙의 영웅들이 인생의 전쟁터로 나아갔던 것처럼, 그렇게 여러분이 처한 인생의 전쟁터로 행진해 나아가십시오. 그러면 과거에 그들이 면류관을 쓰고 돌아온 것처럼, 그렇게 여러분도 여러분의 면류관을 쓰고서 돌아올 것입니다.

그리고 우리가 방금 불렀던 찬송가 가사가 아주 거룩한 진리의 말씀임을 여러분이 알게 될 것입니다.

> "그들의 지도자와 함께 한 그들은 싸워 승리하여,
> 영원 영원히 흰 예복을 입을 것입니다."
>
> (21세기 찬송가에서 누락된 찬송가, '예루살렘 금성아'의 3절 가사이다. 거기에서는 "주 명령 따라 나가 승전한 성도들, 영원한 그곳에서 흰 예복 입겠네"로 되어 있다 — 역주)

제
22
장
—

바울의 확신

—

"내가 확신하노니 사망이나 생명이나 천사들이나
권세자들이나 현재 일이나 장래 일이나 능력이나
높음이나 깊음이나 다른 어떤 피조물이라도
우리를 우리 주 그리스도 예수 안에 있는
하나님의 사랑에서 끊을 수 없으리라" — 롬 8:38-39

하루는 어떤 기독교인 형제가 질문을 받았습니다. "당신은 무엇을 확신하십니까?" 그 형제는 처음에는 그 질문을 대수롭지 않게 여기고 슬쩍 얼버무리려고 하였습니다. 왜냐하면 그 질문은 그가 대답해야 할 정도로 그렇게 중요하다고 생각하지 않았기 때문입니다. 그러자 그 질문자는 다시 그에게 질문했습니다. "당신이 확신하는 것이 무엇입니까?" 그 형제는 대답했습니다. "글쎄요. 당신이 저의 확신을 꼭 알아야 한다면 말씀드리지요. 저의 확신은 이것입니다. 내가 확신하노니 사망이나 생명이나 천사들이나 권세자들이나 현재 일이나 장래 일이나 능력이나 높음이나 깊음이나 다른 어떤 피조물이라도 우리를 우리 주 그리스도 예수 안에 있는 하나님의 사랑에서 끊을 수 없으리라." 여러분 앞에서 말씀드리는 저도 이 확신을 가지고 있습니다. 어떤 사람들은 "이것은 칼빈주의 교리다"라고 말합니다. 여러분이 그렇게 부르고 싶다면, 그렇게 부르십시오. 그러나 저는 제가 알고 있는 한 여성도가 착각해서 했던 실수를 여러분도 했으면 좋겠습니다. 그 여성도는 나이가 지긋하신 착한 성도인데, 이런 교리 문제에 대해서 잘 모르는 분이었습니다. 그분은 칼빈파라는 말을 잘못 알아듣고, 자신을 "고 갈보리파"라고 소개하셨습니다(a high Calvarist. 칼빈파인 '칼비니스트' [Calvinist]와 갈보리파인 '칼버리스트' [Calvarist]를 혼동해서 생긴 실수이다. 전통과 의식을 더 중시하는 쪽이 고[high]교회파이고, 개혁을 좀 더 중시하는 쪽이 저[low]교회파이다 ― 역주). 그 여성도는 "높은 갈보리" 교리를 좋아하셨습니다. 저도 마찬가지입니다. 제가 오늘 본문에서 발견한 것도 바로 "높은 갈보리" 교리입니다. 높은 갈보리(골고다)에 달리셨던 분은 인간의 영혼을 지극히 사랑하는 분이었습니다. 이 영광스러운 사실로부터 저는 다음과 같은 복된 확신을 갖게 되었습니다. "내가 확신하노니 사망이나 생명이나 천사들이나 권세자들이나 현재 일이나 장래 일이나 능력이나 높음이나 깊음이나 다른 어떤 피조물이라도 우리를 우리 주 그리스도 예수 안에 있는 하나님의 사랑에서 끊을 수 없으리라."

바울은 이 위대한 진리를 전적으로 확신하였습니다. 바울은 이 진리를 계시로 배우지 않았을까요? 하나님께서 처음에는 초자연적으로 그에게 이 진리를 계시하셨다는 사실을 저는 의심하지 않습니다. 그러나 그가 이 진리를 더욱더 확신하도록, 하나님께서는 그에게 이 진리를 반복하여 계시하기를 기뻐하셨고, 마침내 바울은 떨리는 가슴으로 이 진리를 더욱더 완전히 확신하게 되었습니다. 우리가 보기에도 그렇게 보이겠지만, 바울에게도 이 진리가 사실이라고 하기에는 너무나 좋은 것으로 보였을 것입니다. 그래서 성령께서는 이 진리를 사도 바울의 마음에 넘치도록 부으시고 사도 바울이 이 진리에 순종하도록 하셔서 "내가 확신하노니"라고 말하게 하셨습니다. 오늘날에도 많은 사람들이 생각하고, 또 사도 바울이 생각한 것은, 신자들이 은혜로부터 떨어지지 않도록 경고할 필요성과, 하나님이 뜻하시는 방식대로 신자들을 최후까지 견인하실 것이라는 것에 대한 의심을 최소화할 필요성이 있다는 것이었습니다. 그러나 설령 사도 바울이 그런 두려움을 가졌었다 해도, 그는 그 두려움을 극복했습니다. 그래서 말합니다. "내가, 다른 사람이 아닌, 바로 내가 확신하노니 …… 다른 어떤 피조물이라도 우리를 우리 주 그리스도 예수 안에 있는 하나님의 사랑에서 끊을 수 없으리라."

사도 바울이 확신을 갖게 된 데는 이런 이유 외에도, 사도 바울 스스로가 다른 위대한 진리들로부터 추론을 통해 그러한 확신에 이르게 되었다고 저는 생각합니다. 사도 바울은 자신에게 말합니다. "우리가 원수 되었을 때에 그의 아들의 죽으심으로 말미암아 하나님과 화목하게 되었은즉 화목하게 된 자로서는 더욱 그의 살아나심으로 말미암아 구원을 받을 것이니라"(롬 5:10). 그리스도의 죽으심이 하나님의 원수들을 하나님과 화목하게 했다면, 그리스도의 살아나심은 하나님과 친구 된 자들을 안전하게 보호할 것이 확실하다고 사도 바울은 추론하였습니다. 이것은 탁월한 추론이었습니다. 그렇지 않습니까?

사도 바울은 은혜 사역의 특징으로부터도 이런 확신을 추론했을 것이라고 믿어 의심치 않습니다. 이 은혜 사역은 살아 있고 썩지 아니할 씨로 된 것으로 살아 있고 항상 있는 것(벧전 1:23)입니다. 그리스도께서는 이 은혜 사역에 대해 우리 안에 샘을 하나 두는 것으로 표현하셨습니다. "내가 주는 물은 그 속에서 영생하도록 솟아나는 샘물이 되리라"(요 4:14). 사도 바울이 이 새 생명의 특징을 생각했을 때, 그는 그 생명이 결코 죽지 않을 것이라는 확신이 들었습니다. 즉, 자기가 하나님의 사랑으로부터 결코 끊어질 수 없으리라고 확신하게 되었던 것입니다.

사도 바울은 또한 신자들과 그리스도가 연합되어 있다는 교리를 기억하고 있었음을 믿어 의심치 않습니다. 사도 바울은 자신에게 말합니다. "그리스도께서 자기 몸의 지체들을 잃으시겠는가? 발이나 팔이 그리스도에게서 잘려나가겠는가? 그리스도의 눈이 흑암처럼 안 보일 수 있겠는가?" 사도 바울은 그럴 가능성에 대해 생각할 수 없었습니다. 그는 이 문제를 마음속으로 곰곰이 생각해 보았습니다. 그리고 말합니다. "신자들이 진정으로 그리스도와 하나가 되었다면, 내가 확신하노니 … 다른 어떤 피조물이라도 우리를 우리 주 그리스도 예수 안에 있는 하나님의 사랑에서 끊을 수 없으리라."

자, 사랑하는 성도 여러분, 제게 주어진 설교시간을 24시간 정도로 연장할 수 있다면, 저는 그리스도의 사랑으로부터 신자들이 절대 끊어질 수 없다는 그 복된 진리를 지지하는 모든 논증들과 그 중에서도 가장 강력한 논증들을 여러분에게 제시할 수 있을 것입니다. 제 자신의 확신을 따라, 저는 그 진리를 절대 의심할 수 없습니다. 저는 그 진리에 관한 한 전적으로 확신합니다. 제게 이 진리는 성경의 다른 모든 진리에 뿌리를 내리고 있는 것 같고, 또 우리가 소망하는 것의 기초가 되는 견고한 반석들과 서로 연결되어 있는 것 같습니다. 다른 어떤 피조물이라도 우리를 우리 주 그리스도 예수 안에 있는 하나님의 사랑에서 끊을 수 없다는 이 사실은 저 역시 수천 가지의 논증을 통해 모든 의심을 넘어 확신하고 있습니다.

사도 바울은 또한 자신의 경험을 통해서 이 진리를 확신하게 되지 않았는가 하고 저는 생각합니다. 그는 핍박, 투옥, 기근, 파선 등을 겪었습니다. 그는 조롱, 비방, 육체의 고통, 영적 낙담 등으로 고통을 겪었습니다. 그는 "한 밤과 한 낮을 깊음 가운데 있었다"(고후 11:25, KJV)라고 말합니다. 제가 확언하건대, 사도 바울은 많은 밤과 많은 낮을 영적 깊음들 가운데 있었습니다. 그럼에도 그는 그 모든 상황에서 살아 남았으며, 그로 인해 그의 하나님이 신실하다는 사실을 증거할 수 있었습니다. 그리고 그가 받은 고난들에 대해 마침내 이런 결론을 내립니다. "내가 확신하노니 … 다른 어떤 피조물이라도 우리를 우리 주 그리스도 예수 안에 있는 하나님의 사랑에서 끊을 수 없으리라."

이렇게 사도 바울은 계시를 통해, 논증을 통해, 경험을 통해 이 진리를 확신하였습니다. 사도 바울은 그가 언급하는 그 어떤 권세들도 우리를 그리스도의 사랑에서 언제라도 끊을 수 없을 뿐만 아니라, 그렇게 끊을 수 있는 가능성조차 없음을 확신하였습니다. 저는 여러분이 이 두 가지 사실을 알아차렸으면 좋겠습니다. 사도 바울은 이렇게 표현합니다. 그것들이 우리를 끊을 수 없으리라. 그렇지만 그것들은 우리가 상상할 수 있는 한, 가장 강한 힘을 가진 것들입니다. 사망, 생명, 천사들, 권세자들, 따분한 현재의 일, 암담한 장래의 일 등이 그것입니다. 사도 바울은 우리의 모든 원수들을 불러내어 우리를 대항하도록 전투 대열로 세웁니다. 그런 후에 그 모든 군대의 총계를 합산해 보고 나서, 그 원수들이 우리를 우리 주 그리스도 예수 안에 있는 하나님의 사랑에서 끊을 수 없으리라는 사실, 여기에서 여러분은 끊을 수 없다는 것에 주목하시기 바라고, 바로 그 사실을 사도 바울은 확신한 것이라고 말합니다.

1. 바울은 하나님의 사랑을 확신했습니다.

오늘 말씀에서는 오직 바울의 확신만을 주제로 다루고자 합니다. 사도 바울은 말합니다. "내가 확신하노니." 이 말은 먼저, 그는 하나님의 사랑을 확신한다는 것을 의미합니다. 아무것도 우리를 끊을 수 없다는 바울의 확신은, 우선적으로 '무엇으로부터' 끊을 수 없다는 것인지가 밝혀져야 합니다. 만약 이 '무엇으로부터'가 존재하지 않는 것이라면, 아무것도 끊을 수 없다는 바울의 확신도 아무 의미가 없기 때문입니다. 그러므로 사도 바울은 무엇보다 먼저, 우리 주 그리스도 예수 안에 있는 하나님의 사랑을 확신하였습니다.

자, 사랑하는 성도 여러분, 여러분은 하나님의 사랑을 확신합니까? 하나님은 사랑이심이라(요일 4:8)는 사실과 하나님은 여러분을 사랑하심을 여러분은 이성적으로 확신하고 있습니까? 여러분은 하나님의 사랑을 전적으로 확신합니까? 여기서 하나님의 사랑은 세 가지 사랑입니다. 첫째, 그분의 사랑 외에는 아무런 이유 없이 우리를 선택하신 아버지의 사랑, 둘째, 우리의 수치로부터 우리를 구원하기 위해 영광의 자리에서 스스로 낮아지신 하나님의 아들 예수님의 사랑, 셋째, 우리가 장차 그분과 함께 거하게 하시려고 우리 안에 거하시며 우리를 소생시키시는 성령의 사랑, 이 세 가지입니다. 여러분은 이러한 하나님의 사랑을 확신합니까? 진정으로 이렇게 말할 수 있는 사람은 복 있는 사람입니다. "하나님이 나를 사랑하신다는 사실을 나는 확신합니다. 나는 이 사실에 대해 거듭 생각해 보았습니다. 나는 이 사실을 충분히 살펴보았습니다. 나는 이 사실이 얼마나 중요한지 철저히 알아보았습니다. 그러고 나서 나는 이런 결론에 도달하게 되었습니다. 내 마음에 부어진 하나님의 사랑이 차고 넘친다고 말입니다."

이제 다음으로, 우리 주 그리스도 예수 안에 있는 하나님의 사랑입니다. 이것은 하나님이 사랑하는 아들을 우리를 위하여 죽게 내어주신 하나님의 위대한 사랑입니다. 저는 이 놀라운 주제에 대해 상세히 설명하지는 않겠습니다. 그 주제는 너무나 위대해서 장황하게 이야기할 필요도 없을 것 같습니다. 여러분이 개인적으로도 묵상할 수 있는 주제입니다. 하나님께서 나를 사랑하시고, 당신을 사랑하시고(하나님의 사랑을 개인에게로 적용시켜 봅시다) 우리를 이처럼 사랑하사 독생자를 주셨으니 이는 그를 믿는 자마다 멸망하지 않고 영생을 얻게 하려 하심이라(요 3:16)는 이 말씀은 정말 놀라운 말씀이지 않습니까? 하나님께서는 하나님의 아들을 여러분과 저를 위해 주셨습니다. 이것은 시냇가에 있는 그 흔한 자갈 하나를 사기 위해 다이아몬드 하나를 팔아버린 것과 같은 일이고, 또 쓰레기 더미에서 끄집어 낸 전혀 가치 없고 더러운 무언가를 구입하기 위해 제국 하나를 줘버리는 것과도 같은 일입니다. 그런데 이런 일을 하나님께서 행하셨다고 우리는 확신합니다. 하나님이 아들이신 예수 그리스도를 우리를 대신하여 죽기까지 내어주신 사실에서, 하나님의 사랑은 가장 분명하게 드러난다고 우리는 확신합니다.

그 뿐만 아니라, 우리는 그리스도 안에 있는 모든 사람을 향한 하나님의 사랑을 확신합니다. 우리는 그리스도를 믿습니다. 그로 인해 우리는 우리의 믿음으로 그리스도 안에 있게 됩니다. 이제 우리는 그리스도를 영접하는 자 곧 그 이름을 믿는 자들에게는 하나님의 자녀가 되는 권세를 주신 것을(요 1:12) 확신합니다. 그러므로 예수님을 믿는 모든 자는 하나님이 사랑하시는 자들입니다. 그들 안에 어떤 선한 것이 있기 때문이 아니라, 예수 그리스도 때문에 하나님께서는 그들을 사랑하십니다. 하나님은 그리스도를 너무나 사랑하시기 때문에, 우리에게는 사랑스러운 것이 없는 데도 불구하고 우리를 사랑하십니다. 왜냐하면 예수 그리스도께서 자신의 의의 겉옷으로 덮어 주시며(사 61:10, KJV) 이렇게 말씀하시기 때문입니다. "내 아버지여 이들을 내가 잃은 자로 내가 숨겨둔 자로 나와 하나 된 자들로 여겨 주옵소서." 그러면 아버지께서 말씀하십니다. "좋다. 내 사랑하는 아들아, 내가 그들을 사랑할 것이다. 내 사랑하는 아들 예수를 봐서라도 나는 그들을 사랑할 것이다."

　　이렇게 해서 우리는 이 세 가지 사실을 확신합니다. 첫째, 하나님께서는 우리를 사랑하십니다. 둘째, 하나님은 자기의 아들 예수 그리스도를 은사로 내어 주심으로써 우리에 대한 자기의 사랑을 보여주셨습니다. 셋째, 하나님의 거룩한 사랑이 우리에게 물결쳐 옵니다. 왜냐하면 우리는 그리스도 안에 있고, 그리스도로 인해 우리가 사랑 받고 있기 때문입니다. 사랑하는 성도 여러분, 저는 여러분이 이 확신을 마음속에 갖게 되기를 원합니다. 만일 여러분이 이런 확신을 하지 못한다면, 그것은 마치 바로 앞에 꿀이 있지만 여러분이 그 꿀을 맛보지 않는 것과 같습니다. 또 바로 앞에 빛이 있지만, 여러분이 그 빛을 보지 않는 것과 같습니다. 또 바로 앞에 천국이 있지만, 여러분이 그 진주 문(계 21:21)으로 들어가지 않는 것과 같습니다. 사랑하는 성도 여러분, 여러분이 구원을 받으려면 여러분은 이 진리를 확신해야 합니다. 여러분이 이 진리를 확신하게 될 때, 비로소 여러분은 이 진리의 기쁨을 알게 될 것입니다.

2. 바울은 자신과 모든 성도가 사랑으로 하나님께 연결되어 있음을 확신했습니다.

　　이제 사도 바울이 확신했던 두 번째 진리로 넘어가겠습니다. 오늘 본문에 글자로는 나타나 있지 않지만, 잠깐만 여러분이 살펴보신다면 알 수 있을 것입니다. 사도 바울은 자신과 모든 성도가 사랑으로 하나님께 연결되어 있음을 확신하였습니다. 그렇지 않았다면, "내가 확신하노니 …… 현재 일이나 장래 일이나 …… 우리를 …… 끊을 수 없으리라"라고 말할 수 없었을 것입니다. 우리는 함께 연결되어 있음이 분명합니다. 그렇지 않다면 사도 바울이 끊어진다는 말을 사용하지 않았을 것입니다. 여러분이 생각해 보아야 할 그림이 하나 있습니다. 하나님과 우리가 예수 그리스도 안에서 사랑의 끈으로 함께 연결되어 있는 그림입니다. 하나님께서는 그리스도를 사랑하십니다. 그리고 우리도 그리스도를 사랑합니다. 그러므로 그리스도가 만나는 장소가 되어, 하나님과 우리가 그리스도 안에서 만납니다. 하나님과 우리는 동일하게 그 복되신 인성을 지니신 분을 사랑합니다. 이 사실이 하나님과 우리가 서로 사랑하도록 합니다.

하나님과 신자를 서로 연결하는 것은 두 가지가 있습니다. 첫째는 신자를 향한 하나님의 사랑입니다. 그리고 둘째는 하나님을 향한 신자의 사랑입니다. 이것은 두 명의 사랑하는 친구들이 서로의 목을 껴안고 부드럽게 포옹하는 것과 같습니다. 그들은 서로 연결되어 이중으로 묶이게 됩니다. 제가 설명하려는 진리에 좀 더 가깝게 표현하면 이렇습니다. 이런 포옹은 마치 엄마가 아기를 안는 것과 같습니다. 엄마는 팔로 아기의 목을 감싸고 아기는 그 작은 팔로 엄마의 목에 매달립니다. 이런 식으로 우리와 하나님은 서로 연결되어 있습니다.

사랑하는 성도 여러분, 하나님과 우리의 이 관계가 여러분에게도 마찬가지라고 확신합니까? 오늘 이 밤에 회중석에 앉아 있는 여러분 각자가 "하나님께서는 나를 사랑하시고, 그 사랑이 나와 하나님을 연결한다" 또는 "나는 하나님을 사랑하고, 그 사랑이 하나님과 나를 연결한다"라고 말할 수 있습니까? 사도 바울은 자신과 위대하신 하나님 사이에 이 두 가지 복된 연결고리가 있음을 확신하였으며, 또 그는 이 두 가지 연결고리 중에 그 어느 것도 절대로 떨어지지 않을 것을 확신하였다고 저는 믿습니다. 하나님은 바울을 안으셨던 그 사랑의 팔을 바울에게서 뺄 수 없으며, 바울도 하나님을 안았던 그 사랑의 팔을 하나님에게서 뺄 수 없음을 하나님의 은혜로 느꼈습니다. 사도 바울은 무엇보다도 이 양쪽의 포옹이 있었음을 확신하였던 것이 분명합니다. 사랑하는 성도 여러분, 여러분의 경우도 이와 마찬가지임을 여러분은 확신합니까? 여러분의 팔이 위대하신 아버지의 목을 끌어안았습니까? 이 진리를 확신하십시오. 그러면 여러분은 진정으로 행복한 형제들이며 행복한 자매들입니다. 이 질문에 여러분이 예라고 진심으로 대답하는 것보다 여러분이 바랄 것이 뭐가 더 있겠습니까?

3. 바울은 그 어떤 것도 이 연결을 끊을 수 없다고 확신했습니다.

자, 이제 본문에 분명하게 기록되어 있는 사실들을 살펴보면서, 잠시 그 사실들을 묵상하고자 합니다. 사도 바울은 하나님의 사랑이 먼저 존재한다는 것과, 하나님과 자신의 영혼은 사랑으로 서로 연합되어 있음을 확신하고서, 이제 그 어떤 것도 이 연결을 끊을 수 없음을 확신한다고 말합니다.

사도 바울은 이 연결을 끊을 수 있을 것으로 생각되는 것들을 언급하면서 말을 시작합니다. 첫째는 "사망"입니다. 제가 사망이라는 말을 하자마자, 어떤 사람들은 무서워 떨고 있습니다. 사실 지금까지 이 땅에 살았던 가장 용감한 사람도 이제 곧 공포의 대왕을 만나야 한다는 생각에는 두려워 떨 것입니다. 그러나 사랑하는 성도 여러분, 만일 그리스도께서 우리를 사랑하시고, 우리 또한 그리스도를 사랑한다면, 사망이 우리 사이에 존재하는 연합을 깨뜨릴 수 없다는 사실을 우리는 당연히 확신할 것입니다. 저는 최근에 거의 임종의 순간까지 가 있는 성도 한두 분을 뵈었습니다. 제 생각에 그리 오래 사실 것 같지는 않습니다. 그러나 저는 그분들이 거룩하고 평화로운 기쁨을 간직한 것을 보고서 아주 기쁜 마음으로 그들의 침실을 나왔습니다. 저는 사망이라도 신자의 평안을 깨뜨리지 못하는 것을 볼 수 있었습니다. 사망이 오히려 신자의 평안을 더욱 강하게 하는 것 같았습니다. 저는 결국 요단 강 강가보다 더 좋은 곳이 없다는 사실을 볼 수 있었습니다.

저는 형제 자매들이 요단 강 좁은 개울에 발을 담근 채 줄곧 노래하고 있는 모습을 지금껏 보아왔습니다. 사망도 그들이 부르는 노래를 단 한 소절도 방해하지 못하였습니다. 아니, 그 이상이었습니다. 우화에 나오는 백조처럼 죽기 전까지는 절대 노래를 하지 않는 사람들도 있다는 것을 저는 알고 있습니다(이솝 우화에 나오는 '거위와 백조'의 이야기로, 거위 대신 죽을 위기에 처한 백조는 죽기 직전에 노래를 해서 자기 생명을 구했다고 한다 — 역주). 그들은 건강할 때는 오히려 무겁고 슬픈 마음으로 생활하더니, 영원한 하늘나라가 가까워지자 기쁘고 즐겁게 지내는 사람이 되었습니다. 신자들은 사망이 그리스도의 사랑으로부터 자기를 끊을 것이라고 사망을 두렵게 해석할 필요가 없습니다. 그리스도는 죽는 순간에도 여러분을 사랑하셨습니다. 그리고 그리스도는 여러분이 죽는 순간에도 여러분을 사랑할 것입니다. 그리스도의 심장에서 피와 물을 제물로 흘려주셨고(요 19:34), 우리는 그 피와 물로 인해 이중으로 치유되었습니다. 이것은 사망 이후에 일어난 일이었습니다. 이 사실을 기억하십시오. 이 일들은 사망 이후에 일어난 일이었습니다. 따라서 그리스도께서 사망 중에 그리고 사망 후에까지 우리를 얼마나 사랑하시는지 보십시오. 우리를 향한 그리스도의 사랑을 사망이 중단시킬 수 없습니다. 우리의 몸은 그분의 보호와 후견인 같은 돌보심 아래에 있게 될 것이며, 우리의 영혼은 다른 어떤 곳에 있는 것보다 "훨씬 더 좋은" 그리스도와 함께 있을 것입니다(빌 1:23). 그러므로 사망을 두려워하지 마십시오.

이 서신서가 기록될 당시에 성도들은 화형으로 처형당하고, 십자가로 처형당하고, 원형경기장에서 굶주린 야수들에 의해 아주 잔인하게 죽어야 했습니다. 그들은 톱으로 켜는 것과 양과 염소의 가죽을 입고 유리하며 궁핍과 환난과 학대를 받았습니다(히 11:37). 그럼에도 그들은 결코 사망을 두려워하지 않았습니다. 그리스도의 교회 안에서 죽음에 대한 생각이 순교로 인해 항상 기쁜 일로 여겨졌다는 것은 놀라운 일입니다. 기독교권에 있어서 가장 장엄하고 가장 영웅적인 시대는 이교도의 박해시기였습니다. 그 때는 기독교인이 된다는 말은 곧 죽을 수밖에 없는 운명이 된다는 뜻이었습니다. 영국 역사를 보면 메리 여왕(Mary I of England. 1553년에서 1558년 동안 재위한 영국 여왕으로, '피의 메리' [Bloody Mary]라는 별명이 붙을 정도로 재위기간 동안 로마 가톨릭 복고정책으로 개신교를 많이 탄압했다 – 역주) 시대에 스미스필드(Smithfield. 많은 개신교인이 화형당한 지역이다 – 역주)에서 성도들은 화형대에서도 그리스도를 증거했다는 기록이 나옵니다. 그야말로 메리 여왕의 시대는 장엄한 시대였다고 할 수 있습니다. 마다가스카르 (Madagascar. 아프리카에 있는 섬으로 1817년 영국과 외교관계를 맺은 후 기독교가 융성했다. 그러나 이후에 라나바로나 1세[Queen Ranavalona I]가 등극하면서 외세 추방정책을 펴며 잔인한 여왕이라 불릴 정도로 15만 명 이상의 개신교인을 처형하였다 – 역주)에서도 마찬가지였습니다. 잔인한 폭군 치하에서 고통 받은 그 용감한 기독교인들에 대한 기록보다 더 가슴 벅찬 이야기를 여러분은 읽어본 적이 있습니까?

지금 이 순간에도(이 설교는 1896년에 행해졌다 – 역주) 중앙 아프리카에서는 기독교인을 죽이라는 명령이 내려졌다는 소식을 들을 수 있습니다. 중앙 아프리카는 한닝톤 주교(Bishop James Hannington, 1847-1885. 영국의 성직자로 38세의 나이로 칼에 찔려 순교했다 – 역주)가 죽은 곳이기도 합니다. 이 명령이 내려졌음에도 불구하고, 수백 명의 아프리카 기독교인들은 앞에 나와 자신은 그리스도의 제자라고 고백합니다. 이 모든 일들은 그저 놀라울 따름입니다. 우리가 그런 박해를 원하는 것은 아닙니다. 그러나 그런 박해를 당한다면, 우리에게는 큰 유익이 될 것입니다. 분명한 것은, 그리스도의 교회라는 이 놀라운 배는 잔잔한 가운데 항해할 때보다 피의 파도를 헤치며 나아갈 때, 더 빨리 하늘의 항구로 나아간다는 사실입니다. 그러므로 사랑하는 성도 여러분, 사망도 우리를 우리 주 그리스도 예수 안에 있는 하나님의 사랑에서 끊을 수 없습니다.

　사도 바울은 다음으로 "생명"을 말합니다. 저는 사망보다 생명을 더 두려워하고 있다는 사실을 고백해야겠습니다. 어떤 사람은 말합니다. "오! 그래도, 죽는 것이 훨씬 더 힘든 일입니다." 여러분도 그렇게 생각합니까? 왜 그렇게 생각합니까? 죽는 것은 일의 끝입니다. 힘든 일은 생명, 즉 살아가는 일입니다. 저는 죽는 두려움보다 죄짓는 두려움이 훨씬 큽니다. 죄짓는 것이 죽는 것보다 열 배나 더 안 좋은 일이기 때문입니다. 그런데 우리가 아주 긴 세월을 살아야만 한다면 어떻게 되겠습니까? "그만큼 긴 생명의 재난을 겪어야 하는 측면이 있습니다." 유혹과 시련의 시간만 더 오래 지속될 뿐입니다. 사람이 선택할 수 있는 일이라면, 짧은 기간 전쟁을 치르고 즉시 면류관을 쓰고 싶어할 것입니다. 그러나 우리는 최고령의 나이까지 살도록 정해져 있을지도 모릅니다. 여러분이 그 생명의 기간이 두렵습니까? 고령의 나이도 그리스도의 사랑으로부터 여러분을 끊을 수 없습니다. 그리스도께서 여러분을 만드셨고 여러분을 감당하실 것입니다. 백발이 성성할 때까지 여러분을 인도하실 것입니다. 그러므로 두려워하지 마십시오. 생명 있는 동안 질병들이 많습니다. 생명 있는 동안 시련들도 많습니다. 생명 있는 동안 유혹들도 많습니다. 오, 생명, 생명. 여러분에게 있어서 여기 이 땅에서의 생명은 생사의 갈림길에서 방황하는 죽음보다 더 나을게 없습니다. 참된 생명은 내세에 있습니다. 그래서 사도 바울은 말합니다. "내가 확신하노니 생명도 우리를 우리 주 그리스도 예수 안에 있는 하나님의 사랑에서 끊을 수 없으리라." 사도 바울의 말은 이런 뜻입니다. 만약 우리가 생명에 대한 애착 때문에 그리스도를 부인할 유혹을 받게 된다면, 우리는 우리의 생명을 구하기 위해 그리스도를 부인하지 않을 정도로 그렇게 강해져야 한다는 말입니다. 왜냐하면 그리스도의 백성은 모든 시대마다 이 점에 있어서 매우 철저히 용감했기 때문입니다. 사도 바울이 자기 생명조차 조금도 귀한 것으로 여기지 아니한 것은(행 20:24), 그리스도를 얻고 그 안에서 발견되려 함이었습니다(빌 3:8). 그래서 사도 바울은 말합니다. "내가 확신하노니 사망이나 생명이 우리를 우리 주 그리스도 예수 안에 있는 하나님의 사랑에서 끊을 수 없으리라."

다음으로 사도 바울은 "천사들이나 권세자들이나 능력"에 대해 말합니다. 선한 천사들은 당연히 우리를 하나님의 사랑으로부터 끊을 수 없습니다. 우리는 그 선한 천사들이 그러기를 원하지도 않을 것이라 확신합니다. 천사 같은 영적인 피조물들이 아무리 이 땅에 자주 온다 해도, 그 천사들이 우리를 그리스도의 사랑으로부터 끊을 수는 없습니다. 여기서 사도 바울은 악마들을 생각하고 있습니다. 왜냐하면 악마들은 타락한 천사들이기 때문입니다. 이 타락한 천사들은 우리를 넘어뜨리려고 합니다. 이 타락한 천사들 중의 일부가 악마의 위엄을 지닌 "권세자들"이며, 또 다른 일부가 악마의 음흉하고도 교활한 힘을 지닌 "능력"입니다. 사도 바울은 이런 악마들을 언급한 것이 아닐까요? 저는 사도 바울이 이런 악마들을 가리키고 있다고 생각합니다. 그러므로 이것이 우리의 위로가 됩니다. 우리도 악마의 두목을 만나 한 치의 양보도 없는 끔찍한 결투를 해야 할 상황이 생길 수 있습니다. 왜냐하면 하나님의 사람들은 악마를 만나 늘 싸워왔기 때문입니다. 그러나 이 원수들과 싸워 설령 이긴다 할지라도, 이 원수와 싸운 사람이 얻는 것은 오직 떨어지는 핏방울과 찌르는 듯한 가슴 통증밖에 없습니다. 그러므로 우리는 이렇게 기도할 뿐입니다. "우리를 시험에 들게 하지 마시옵고 다만 악에서 구하시옵소서"(마 6:13). 우리는 이런 위로도 받습니다. 비록 이 원수가 잠시 동안 우리를 즐겁게 해주다가 우리를 절망하게 하더라도, 이 원수는 우리를 그리스도의 사랑으로부터 끊을 수 없습니다. 이 원수가 우리로 하여금 많은 핏줄들이 터지게 하고 완전히 쇠약해질 때까지 피를 흘리게 해도, 생명의 핏줄만큼은 절대 건드릴 수 없습니다.

이 원수가 그리스도인을 파멸시키려 하지만, 그리스도인의 주위에는 은밀한 무언가가 있습니다. 그것은 이 원수가 전혀 손댈 수 없는 것입니다. 그러므로 성도는 노래합니다. "내가 확신하노니 천사들이나 권세자들이나 능력도 우리를 그리스도의 사랑에서 끊을 수 없으리라. 바람 앞에 겨와 같이(시 35:5) 네 앞에 위선자들과 사기꾼들을 끌어 모아서 너의 무서운 무력을 지닌 원수들의 대군을 이끌고 네가 온다 하더라도, 그리스도의 영원한 사랑으로 말미암아 그리스도에게 연결된 사람은 누구든지, 큰 풍파를 마주한 군건한 반석처럼, 너를 대항해 군건히 설 것이다." 그러므로 사랑하는 성도 여러분, 이러한 영적 존재들, 이러한 보이지 않는 힘들, 이러한 생소하고 신비로운 능력들에 대해 비록 여러분이 완전히 이해할 수는 없지만, 이 모든 것들이 여러분의 주님이신 예수 그리스도 안에 있는 하나님의 사랑으로부터 우리를 끊을 수 없다는 사실을 확신하십시오.

바울은 이 모든 것들을 요약 정리한 후에 비로소 "현재 일"을 말합니다(KJV에는 '권세자들' 바로 다음에 '능력'이 나온다 ― 역주). 저는 사도 바울의 이런 사고 순서를 좋아합니다. 사도 바울은 현재 일들이 우리를 그리스도로부터 끊을 수 없음을 확신합니다. 사랑하는 성도 여러분, 저는 여러분에게 있어서 현재의 일들이 어떤 일들인지 궁금합니다. 어떤 사람은 이렇게 말합니다. "예, 제 주머니가 비어 있는 것입니다." 다른 사람은 이렇게 말합니다. "집에 있는 아이들에게 줄 양식이 없다는 거예요." 또 어떤 사람은 "파산할 지경이에요"라고 말할 것이고, 또 어떤 사람은 "아, 저는 곧 무덤 속으로 들어갈 만큼 심각한 질병을 갖고 있어요!"라고 말할 것입니다. 어떤 어머니는 이렇게 말할 것입니다. "제 자녀들이 반항만 하고 너무 제 마음을 속상하게 합니다." 예, 좋습니다. 그러나 그것이 무엇이든 현재의 불행은 아주 작은 것이고, 우리를 그리스도의 사랑으로부터 끊을 수 있는 것은 아무것도 없습니다.

사실 제가 오늘의 본문 말씀을 접했을 때 저는 마음이 아주 무거웠는데, 이유가 뭔지 알 수 없었습니다. 저는 제 영이 그렇게 침체되어 있을 때면, 현재의 저를 알고 말씀하시는 듯한 이런 본문 말씀, 즉 "현재 일"과 같은 말씀이 저를 기쁘게 합니다. 의기소침하고 낙담한 마음 상태라도, 그 원인이 무엇이든 간에, 즉 머리가 아프든 마음이 무겁든 간에, 우리를 예수 그리스도 안에 있는 하나님의 사랑에서 끊을 수 없습니다.

다음으로 사도 바울은 "장래 일"을 말합니다. 자, 저는 "장래"에 무슨 일이 일어날지 궁금합니다. 오, 사랑하는 성도 여러분, 저는 때때로 여러분에게 설교를 전하기 위해 이 강단에 설 때에 이상한 전율을 느낄 때가 있습니다. 왜냐하면 제가 전한 말씀을 하나님께서 눈에 띄도록 이루어주셔서 정말 제가 놀랄 때가 한두 번이 아니었기 때문입니다. 두 주 전 주일 저녁이었습니다. 그날 저는 하나님의 오래 참으심은 구원을 위한 것이라는 주제로 말씀을 전하기 위해 이 자리에 섰습니다. 설교 도중에 저는 그날 예배에 참석한 어떤 분과 개인적인 대화를 나누듯이 설교한 적이 있었습니다. 그분은 최근까지 열병을 앓고 있었는데, 우리 교회로 오게 되었습니다. 그분은 지금도 여전히 약한 몸이기는 하지만, 그래도 거의 회복되셨습니다. 또 하나는 이 자리에 있었던 한 젊은이의 경우입니다. 그 청년은 설교 중에 제가 묘사한 사람과 아주 똑같은 그런 젊은이였습니다. 그는 제 설교를 듣고 집에 계신 어머니에게 이런 내용의 편지를 보냈습니다. 저는 그 편지를 가지고 있습니다. "저는 주일 밤에 스펄전 목사님이 설교하시는 태버내클 교회에 갔습니다. 가서 엄청난 설교를 들었습니다. 그런 설교는 제가 예전에 한 번도 들어보지 못했던 설교였습니다. 목사님은 저를 바라보시면서, 그 예배 중에 저 혼자만 있는 것처럼 그렇게 저를 꼭 집어서 정확하게 저에 대해 말씀하셨습니다." 그리고 그는 제가 한 말들을 적고 계속해서 이렇게 썼습니다. "정말 똑같이 저에 대해서 말씀하셨습니다. 만약 그 설교가 인쇄된다면, 제가 집에 돌아가서 읽어드릴 수 있도록 한 부 얻었으면 좋겠습니다. 왜냐하면 그 설교를 통해 저는 말씀의 능력을 느꼈기 때문입니다. 그래서 즉시 저는 기도했습니다. 제 어머니의 하나님께로 저를 데려다주시고 저를 구원해 달라고 하나님께 간구했습니다." 이 일이 지난 주일에 있었습니다. 요일을 잘 기억해 두십시오. 그 주일이 지난 수요일에 그는 그레이브젠드(Gravesend. 런던 동남쪽의 항구 도시)에 갔습니다. 거기서 배가 난파되어 그 청년을 포함해 다섯 명이 익사하였습니다. 그 어머니는 아들이 죽었다는 소식을 듣기 약 한 시간 전에 이 편지를 받았습니다. 그 청년의 부모님은 제게 편지로 말씀하셨습니다. 그 아들이 죽기 바로 직전에 하나님의 섭리가 그 아들을 이 곳에 보낸 것이 그 부모님의 영혼에 크나큰 위로가 된다고 말입니다.

그렇습니다. 여러분도 아시다시피, 이 자리에 있는 여러분에게 "장래"에 무슨 일이 일어날지 저는 궁금하지 않을 수 없습니다. 그게 누구인지는 알 수 없으나, 주님의 삶처럼 죽음과의 사이가 한 걸음 뿐(삼상 20:3)인 사람도 있습니다. 여러분이 그리스도를 모시지 않고, 또 그분의 사랑을 맛본 적이 없다면, 여러분은 한 걸음 더 내딛는 데에도 엄청난 위험부담을 감수하고 있는 것입니다. 여러분은 지금까지 한 걸음, 한 걸음, 한 걸음 걸어왔습니다. 이 순간까지는 여러분이 한 걸음 내디딜 때마다 여러분의 발 밑에 항상 뭔가 디딜 것이 있었습니다. 그러나 바로 다음 발걸음에서 여러분은 갑자기 심연으로 빠질 수도 있습니다. 그러므로 너무 늦기 전에 지금 주님을 찾으십시오. 하나님의 자녀도 자신의 가까운 장래에 대해 모르기는 여러분과 매한가지입니다. 그러나 하나님의 자녀는 장래 일이 우리를 우리 주 그리스도 예수 안에 있는 하나님의 사랑에서 끊을 수 없다는 사실을 알고 있습니다. 그러므로 장래에 무슨 일이 일어나든 개의치 마십시오. 하나님의 자녀는 만사형통할 것입니다.

　　이제 사도 바울은 두 가지 표현을 더 말씀합니다. "**높음**이나 **깊음**이나." 높은 곳에 사는 몇몇 형제들이 있습니다. 저는 사랑하는 그 교우들을 만나는 것이 아주 기쁩니다. 그들은 어떠한 의심과 두려움도 없이, 항상 기쁨과 희열이 충만한 자들이며, 뒤에 있는 모든 것들을 떨쳐버리고, 축복의 높은 곳에 올라간 자들입니다. 그러나 제가 그들에게서 좋아하지 않는 모습이 있습니다. 그것은 그들이 그렇게 무서우리 만큼 높은 자리에서 우리 연약한 기독교인들을 내려다보는, 즉 깔보는 것입니다. 그들은 우리가 걱정하기 때문에, 또 우리가 우리 자신을 성찰하기 때문에, 또 우리가 죄와 싸우기 때문에(히 12:4), 우리를 믿을 수 없다고 말합니다. 그들은 싸우지 않습니다. 그들은 모든 싸움 너머에 올라가 있습니다. 그들은 손의 먼지를 털고 영원한 승리의 노래를 부르고 있습니다. 좋습니다. 사랑하는 성도 여러분, 여러분은 저기 제일 높은 곳에 올라가 있습니다. 비록 제가 그 높은 곳에 오를 수 없다 해도, 그리고 여러분이 아무리 높은 곳에 있다 해도, 그 높음이 저를 놀라게 할 수는 없을 것입니다. 그리고 설령 제가 그 높은 곳에 올라갈 수 있다 해도, 저는 그 곳에 머물러 있지 않을 것입니다. 제가 알고 있는 한 가지가 있습니다. 그것은 높은 곳에 있는 그 어떤 것도 그리스도의 사랑에서 나를 끊을 수 없음을 제가 확신한다는 것입니다. 광신도들이 어떤 계시를 받더라도, 또 어떤 사람들이 환희와 희열과 극적인 기쁨을 얻더라도, 이 모든 것들이 그리스도로부터 나를 끊을 수 없다는 사실을 저는 고수할 것입니다. 사랑하는 성도 여러분, 여러분이 그런 높은 것들을 가졌다니 기쁩니다. 언제까지나 그것들을 간직하기를 바랍니다. 비록 그런 것들을 얻지 못하고 매일 싸우고 시험을 받더라도, 높은 곳 안에는, 즉 높고 고상한 교리나 높고 고상한 삶 안에는 그리스도의 사랑으로부터 나를 끊을 수 있는 것이 아무것도 없다고 여전히 말할 것입니다.

　　저는 높음보다 깊음에 좀 더 친숙합니다. 저는 그런 깊음과 대단히 친한 그리스도인들을 많이 만납니다. 이 자리에 있는 사랑하는 교우들 중에도 몇 사람 있습니다. 그런 사람들에게 지금쯤은 그 깊은 곳에서 나왔으면 하는 바람을 가져 보지만, 저는 그들이 깊은 곳에 있는 것을 줄곧 보아왔습니다. 사랑하는 성도 여러분, 여러분은 대단히 깊은 곳에 있기 때문에 여러분을 부르기 위해서는 허리를 굽혀야 했습니다. 하나님의 파도와 폭풍우의 물결이 여러분을 덮어버린 것처럼 보입니다. 여러분은 깊음 속에 내려가 있었고, 저도 거기서 여러분과 함께 있었습니다. 그러나 우리를 그리스도의 사랑에서 끊을 수 있는 것은 그 깊음 안에도 없었습니다. 요나는 바다 깊은 곳, 즉 스올에까지 내려갔습니다(욘 2:2). 그러나 그는 우리를 하나님의 사랑에서 끊을 수 있는 것은 거기에도 없었다고 증언했습니다. 맞습니다. 여러분의 삶이 진절머리가 나고, 한 달이 다 가도록 한 줄기 희망의 빛조차 발견하지 못했다 해도, 여러분을 그리스도의 사랑에서 끊을 수 있는 것은 아무것도 없습니다. 여러분이 아래로, 아래로, 아래로 내려가서, 도저히 인간으로부터는 어떤 도움도 받을 수 없는 곳까지 이른 것 같아도, 이런 깊음마저도 절대로 끊을 수 없는 끈과 줄이 여러분과 그리스도를 묶고 있습니다.

사도 바울은 "다른 어떤 피조물이라도"라고 말함으로써 이 목록을 마무리하고 있습니다. 이 말은 "창조 안에 있는 그 어떤 것이라도, 지금까지 창조된 그 어떤 것이라도" 우리를 그리스도의 사랑에서 앞으로도 끊을 수 없다는 뜻입니다. 오, 이 얼마나 감미로운 확신입니까! 미래가 아무리 어두워도, 최소한 우리가 알고 있는 이 한 가지 확신만이라도 가지고 미래로 나아갑시다. 그리스도의 사랑이 우리를 굳게 붙잡을 것이며, 그분의 은혜로 말미암아 우리도 그분을 굳게 붙잡을 것입니다. 우리는 그분과 결혼하였으며, 우리는 결코 이혼하지 않을 것입니다. 결코 깨지지 않을 살아 있고 사랑스럽고 지속적인 연합을 통해, 우리는 그분과 결합되어 있습니다.

4. 바울의 확신은 바울을 승리하도록 이끌었습니다.

하나만 더 말씀드리고 마치고자 합니다. 주목해 주시기 바랍니다. 여러분은 오늘의 본문이 무슨 말씀으로 시작되는지 눈여겨보셨습니까? 오늘 본문은 "왜냐하면"(개역개정에는 빠져 있으나 KJV에는 나온다 - 역주)으로 시작됩니다. "왜냐하면, 내가 확신하노니." 이 말이 무슨 뜻입니까? 이 "왜냐하면"이라는 말은 앞에서 언급된 무언가로부터 논증을 이끌어 낼 때 사용되는 말입니다. 이 논증이 무엇입니까? "그러나 이 모든 일에 우리를 사랑하시는 이로 말미암아 우리가 넉넉히 이기느니라 왜냐하면, 내가 확신하노니 사망이나 생명이나" 등으로 이렇게 이어집니다. 그러므로 사랑하는 성도 여러분, 바울의 확신은 바울이 승리하도록 도와주었던 것으로 보입니다.

사도 바울은 그리스도께서 자기를 떠나지 않을 것과 사도 바울 또한 그리스도를 떠나도록 그리스도께서 내버려 두지 않으실 것을 확신하였습니다. 그래서 이 확신이 사도 바울로 하여금 용감한 행동들을 할 수 있게 하였습니다. 오, 싸워야 할 참된 이유가 있는 곳에서, 목숨 걸고 싸우지 않고서는 확실한 승리를 할 수 없습니다. 사도 바울은 그리스도가 자기를 결코 떠나지 않을 것에 대한 강한 확신으로 전사가 되어 온 힘을 다해 세상과 육체와 악마에 대항해 싸웠습니다. 어떤 사람들은 이 교리가 우리를 잠들게 할 것이라고 말들 하지만, 절대 그렇지 않습니다. 이 교리는 우리를 깨우는 교리입니다. 내가 확실히 승리를 얻을 것이라는 교리는 나로 하여금 싸우게 만듭니다. 만약 내가 싸움에서 이길지 질지 잘 모른다면, 내가 가진 용기는 대부분 정세를 판단하는데 허비될 것입니다. 그러나 그리스도께서 지속적으로 나와 함께 하실 것을 확신한다면, 나는 악한 모든 것에 대적하여 싸우도록 자극을 받을 것이며, 그리스도의 능력으로 그 악한 모든 것들을 이겨낼 것입니다.

맞습니다. 사도 바울은 그리스도께서 자기를 떠나지 않으실 것이라는 이 확신이 바로 이 위대한 승리를 갈망하도록 자기를 고무시켰다고 암시를 하는 것 같습니다. 사람들은 자신이 갈망하지 않는 것에는 도달하려고 하지 않습니다. 사도 바울은 "우리가 넉넉히 이기느니라"(롬 8:37)라고 말합니다. 그러므로 그는 철저하고도 완벽하게 이기기를 갈망하였습니다. 그리고 이 확신이 그의 열망을 성취하도록 도와주었습니다. 하나님의 은혜로 말미암아 그리스도의 영원한 사랑을 신뢰하고 하나님의 목적의 불변성을 믿으며, 그로 인해 예수 그리스도 안에 있는 하나님의 사랑에서 결코 끊어질 수 없다는 확신을 갖는 사람은, 그의 위대한 하나님을 믿는 그의 믿음으로 말미암아 위대한 승리를 얻는 사람입니다. 그러므로 용기를 내어 계속 전진합시다. 악한 모든 것을 대적해 싸웁시다. 특히 우리 속에 있는 악과 싸웁시다. 어둠의 모든 세력들을 짓밟아 버립시다. 하나님이 우리를 위하시면 누가 우리를 대적하겠습니까?(롬 8:31). 그 어떤 것도 우리를 대적할 수 없습니다. 그리스도께서는 틀림없이 영원 무궁히 우리를 위하실 것입니다.

바라기는 여기 참석한 모든 사람들이 이 복된 말씀을 함께 나누었으면 합니다. 그러나 어떤 사람에게는 이 말씀을 제시할 수 없는 것이 제게는 큰 아쉬움입니다. 여러분은 그리스도의 사랑을 알지 못합니다. 오, 여러분, 오셔서 이 사랑을 배우십시오! 감미로운 성령께서 여러분을 예수님께로 인도하셔서 십자가에 달린 그분을 여러분이 바라보게 하시고, 그분을 믿게 하시기를 바랍니다. 그러면 여러분은 가질 만한 가치가 있는 것을 가질 수 있을 것입니다. 왜냐하면 여러분은 결코 변하지 않는 사랑을 가지게 될 것이기 때문입니다. 그 사랑은 결코 여러분이 끊을 수도 없을 뿐 아니라 끊어질 수도 없는 그런 사랑입니다. 하나님께서 여러분에게 복주시기를 그리스도의 이름으로 축원합니다. 아멘.

제
23
장

—

야곱과 에서

—

> " 기록된 바 내가 야곱은 사랑하고
> 에서는 미워하였다 하심과 같으니라 " — 롬 9:13

내가 예정에 대한 큰 비밀을 완전하게 설명할 수 있으리라고는 조금도 생각하지 마십시오. 이 문제에 대해 모든 것을 안다고 주장하는 사람도 몇몇 있지만, 그들은 이 문제를 일상생활의 문제처럼 쉽게 생각합니다. 그러나 자신이 이 비밀에 대해 전부 안다고 생각하는 사람은 틀림없이 거의 모르고 있습니다. 얄팍한 지성 때문에, 그는 도리어 자신의 밑바닥 지식을 드러냅니다. 깊이 물속에 들어가 본 사람이야말로 자신이 더 깊이 도달할 수 있는 곳이 있다는 것을 알게 됩니다. 사실, 인간의 책임, 자유 의지, 그리고 예정에 대한 커다란 질문들이 논쟁을 거듭하여 왔고, 또 수만 가지 다른 방법들로 대답되어 왔습니다. 그리고 결론 짓기를 "우리는 논쟁이 처음 시작될 때처럼 그 문제에 대해 많이 안다"고 합니다. 논쟁자들은 서로의 눈에 티끌을 뿌리고 서로 보지 못하게 합니다. 그리고 결론 내리기를, 자신들이 다른 사람들의 눈을 보지 못하게 했으므로 자기들은 볼 수 있었다고 합니다.

다른 사람의 주장을 논박하는 것과 나 자신의 의견을 주장하는 것은 매우 다른 문제입니다. 이 진리들에 관한 한, 사람의 가설을 뒤엎기는 매우 쉬운 일이지만, 확고한 발판 위에 자신을 세우는 것은 그리 쉽지 않습니다. 오늘 밤은 가능한 한 서두르지 않고 안전하게 진행하려고 합니다. 왜냐하면 저는 하나님의 말씀에 단순히 순종하려고 하기 때문입니다. 우리가 성경의 가르침에 더욱 단순히 순종했다면 지금보다는 더 지혜로웠을 것이라고 생각합니다. 우리는 하늘의 계시의 빛에서 돌아서서 도깨비불 같이 사람을 속이는 우리 자신의 상상력을 믿었기 때문에, 우리는 안전히 발 디딜 곳도 전혀 없는 수렁과 늪지로 우리 자신을 밀어 넣고 빠져가기 시작합니다. 전진보다는 곤궁에 처한 자신들을 발견합니다.

사실 여러분이나 저나, 하나님께서 우리에게 말씀하신 예정에 대한 것보다 더 많이 알기를 원할 권리는 없습니다. 이것으로 우리는 충분합니다. 우리가 더 많이 아는 것이 가치 있었다면 하나님은 더 많이 계시하셨을 것입니다. 하나님이 우리에게 말씀하신 것을 우리는 믿어야 합니다. 그러나 우리는 이렇게 얻은 지식에 우리 자신의 모호한 개념들을 매우 쉽게 덧붙이므로, 그런 후에 우리는 확실히 잘못되어갑니다. 사람들이 많은 논쟁에서 "나는 이렇게 저렇게 생각한다"고 말하는 대신 "주님께서 이렇게 말씀하셨습니다"라는 말씀에 확고히 서 있다면, 성령님의 도우심으로 하나님의 주권을 가진 이 큰 교리를 말씀의 빛에 비추어, 내가 생각한 것, 곧 어떤 사람은 택함을 받았고 또 어떤 사람은 버림을 받았다는 것이 성경적 증거가 있다는 것을 보게 될 것입니다. 이 커다란 증거는 "내가 야곱은 사랑했고 에서는 미워했다"는 본문 속에 증거됩니다.

이 구절은 무서운 본문입니다. 저는 가능한 한 솔직히 이 본문을 말할 것입니다. 어떤 사람은 "미워하다"라는 말이 미워하다를 뜻하는 것이 아니라 "덜 사랑한다"를 의미한다고 합니다. 그래서 이 구절은 "내가 야곱을 사랑했고 에서를 덜 사랑했다"는 뜻이라고 말합니다. 정말 그럴까요?

저는 그렇다고 믿지 않습니다. 적어도, 여기서는 "미워하다"라는 뜻을 말합니다. 여러분이 저에게 다른 성경을 제시할 때까지, 저는 이것을 고집할 것입니다. 저는 이 단어가 정확하고 알맞게 번역되었다고 생각합니다. "미워하다"라는 단어가 원문의 뜻보다는 강하지 않습니다. 그러나 덜 강하게 표현된다 할지라도, 우리에게 "덜 사랑한다"라는 의미 없는 단어를 제공하는 다른 번역서보다는 나은 표현입니다. 나는 덜 사랑한다는 표현을 받아들이지 않습니다. 본문의 뜻을 그대로 사용할 것입니다.

사실, 하나님은 야곱을 사랑하셨고, 에서는 사랑하지 아니하셨습니다. 그는 야곱은 택하셨지만, 에서는 택하지 아니하셨습니다. 그는 야곱을 끝까지 일생 동안 복주셨지만, 그의 은혜는 에서에게 결코 따르지 않았습니다. 하나님은 그가 죄의 길로 가도록 여전히 내버려 두셔서 "내가 에서를 미워했다"는 무서운 진리를 입증하도록 하셨습니다.

이렇게 불쾌한 본문을 회피하고자, 다른 사람들은 이 본문이 에서와 야곱을 의미하는 것이 아니라, 민족을 의미한다고 말합니다. 그래서 야곱의 자손, 에서의 자손을 의미하고 이스라엘 자손, 에돔 자손을 뜻한다고 합니다. 나는 그 차이점이 어디 있는지 알고 싶습니다. 이 뜻을 확대 해석함으로 곤란한 점이 없어졌습니까?

웨슬리파의 형제 중 몇몇은 민족적 선택이 있었다고 말합니다. 그래서 하나님은 한 민족은 택하시고, 다른 민족은 택하지 않으셨다고 합니다. 그들은 사방을 두리번거리며 우리에게 말하기를, 한 사람을 택하고 다른 사람을 택하지 않는 것은 하나님 안에서 불공평하다고 말합니다. 그렇다면, 우리도 합리적으로 그들에게 "한 민족을 택하고 딴 민족을 버리는 것은 똑같은 하나님의 불공평이 아니겠는가?"라고 물을 수 있습니다. 그들이 우리를 뒤엎을 수 있다고 생각한 논법이 그들을 역시 뒤엎었습니다. 민족적 선택을 입증하려는 것보다 더 어리석은 속임수는 결코 없습니다. 단체나 다수의 선택이 아니라 민족의 선택은 무엇입니까? 이것이 개인의 제한적 선택과 같은 것입니까? 좀 더 생각해 볼 때, 한 사람을 택하고 다른 사람을 택하지 않는 것이 하나님의 불공평이라면, 한 민족을 택하고 다른 민족을 택하지 않는 것은 얼마나 더 큰 불공평일까요?

그렇습니다. 어려움은 이렇게 없어지지 않고, 도리어 하나님의 말씀과 싸우는 어리석은 싸움으로 더 커질 뿐입니다. 게다가 여기 옳지 않다는 증거가 있습니다. 그 앞 절을 읽어 보십시오. 그것은 결코 민족들에 대한 것을 말하지 않습니다. "그 자식들이 아직 나지도 아니하고 무슨 선이나 악을 행하지 아니한 때에 택하심을 따라 되는 하나님의 뜻이 행위로 말미암지 않고 오직 부르시는 이로 말미암아 서게 하려 하사 리브가에게 이르시되 큰 자가 어린 자를 섬기리라 하셨나니." 이 구절은 민족들을 가리키는 것이 아니라 자식들을 말합니다. 물론, 그 후에 협박적인 이 말씀이 두 나라의 상태, 곧 에돔이 이스라엘을 섬기는 상태로 성취되었습니다. 그러나 본문은 이것을 말하고자 하는 것이 전혀 아닙니다. 민족을 의미하는 것이 아니라, 이름을 가진 사람들을 뜻합니다. "내가 야곱은 사랑하고 에서는 미워했다"는 구절에서 야곱이란 이름을 가진 그 사람 야곱을 말합니다.

친애하는 친구들이여, 여러분 중 어떤 이들은 하나님의 말씀을 얼마나 마음대로 만지작거리는지 생각해 보십시오. 그럴 수는 없습니다. 여러분도 아시다시 피, 하나님의 말씀을 여러분이 바꿀 수 없습니다. 하나님의 말씀은 정말 변하지 않습니다. 하나님의 말씀을 가지고 우리가 할 수 있는 유일한 것은, 하나님의 말 씀이 하나님의 말씀대로 서 있도록 하는 것과, 하나님의 은혜로 그 말씀에 순종 하는 것뿐입니다. 사실 우리는 결코 하나님의 말씀이 우리에게 고개 숙이도록 만들 수 없으며, 그렇게 해서도 안 됩니다. 하나님의 계시의 진리는 하나님의 보 좌만큼 확실하며, 흔들리지 않기 때문입니다.

어떤 사람이 유쾌한 경치를 즐기기 원할 때, 장엄한 산이 그의 앞에 놓여 있 다면, 산이 그 앞에서 결국 평지가 될 거라는 헛된 희망을 가지고 그가 산기슭을 자르는 일을 시작할 수 있겠습니까? 아닙니다. 반대로 그는 자신의 목적 달성을 위해 부지런히 산을 오릅니다. 이것이 최종 목표를 달성하는 유일한 방법임을 잘 알기 때문입니다. 우리도 이렇게 해야만 합니다. 우리는 우리의 한정되고 낮 은 이해력에 하나님의 진리를 맞출 수 없습니다. 산은 결코 우리 앞에서 평지가 되지 않습니다. 도리어 우리는 하나님의 일을 인식함으로 더 높이 더 높이 올라 갈 수 있는 힘을 구할 것이며, 이 방법만으로 우리는 복을 얻는 것을 바랄지도 모 릅니다.

오늘 밤, 나는 두 가지 문제에 주목하여 말할 것입니다. 나는 본문이 "내가 야곱은 사랑하고 에서는 미워했다"라는 의미를 그대로 지닌다고 설명했으므로, 이 구절을 변경하기를 원치 않습니다. 몇몇 사람들의 입술을 깨물게 만든 이 무 서운 교리의 위세를 꺾기 위해, 나는 이제 이 말씀이 하나의 사실이라는 것을 보 여주어야 합니다. 그리고 "왜 하나님이 야곱은 사랑하셨고 에서는 미워하셨는 가?"에 대한 질문에 대답하고자 합니다.

1. 이것은 하나의 사실입니다.

사람들은 선택의 교리를 싫어한다고 말합니다. 진실로, 나는 그들이 그러기 를 원치 않습니다. 그러나 하나님이 몇 사람을 선택하신 것은 사실이 아닙니까? 아르미니우스파 형제에게 선택에 대해 물어 보십시오. 금방 그는 당신을 무섭게 쳐다보고 화를 내기 시작하면서, 이 사실을 참을 수 없을 것입니다. 이 말은 그 에게 전쟁의 아우성 같은 끔찍한 일이며, 그는 즉시 논쟁의 칼을 날카롭게 갈기 시작할 것입니다. 그러나 "오, 형제여! 당신을 자연의 상태에서 부르셔서 지금의 당신을 만드신 분이 주님이 아니십니까?"라고 그에게 물어 보십시오. 그는 말하기를, "물론이지요. 나는 이 말에 전적으로 동의합니다"라고 합니다. 그 다음, "한 사람은 회심하고, 다른 사람은 그러지 않는 이유가 무엇이라고 생각합니까?"라는 질문을 던져 보십시오. 그는 "오, 성령님께서 그 사람 안에 역사하셨지요"라고 대답할 것입니다.

자, 그렇다면 나의 형제여, 하나님께서 한 사람을 다른 사람보다 더 낫게 취급한다는 것은 사실입니다. 이 사실 안에는 놀라운 일이 있지 않을까요? 우리는 날마다 이것이 사실임을 인식합니다. 저기 2층 복도 위에 한 사람이 서 있습니다. 그는 자신이 원한 만큼 열심히 일했지만, 일주일에 15실링 이상 벌 수 없었습니다. 여기 일 년에 일천 실링을 버는 또 다른 사람이 있습니다. 이것이 무슨 이유일까요? 한 사람은 왕의 궁궐에서 태어나는 반면, 어떤 사람은 지붕도 없는 마구간에서 그의 첫 호흡을 내쉬어야 한다니!

이것이 무슨 이유일까요? 하나님의 예정이랍니다. 하나님은 어떤 사람은 이 상황에, 또 어떤 사람은 저 상황에 놓으십니다. 여기 두 가지 이상의 생각은 할 수 없는 머리를 가진 사람이 있습니다. 여러분은 그와 함께 무엇을 할 것입니까? 여기 앉아서 책만 쓸 수 있는 사람이 있습니다. 질문을 깊이 생각해 보십시오. 이것의 원인이 무엇입니까? 하나님이 이렇게 하셨습니다. 하나님께서 모든 사람을 똑같이 취급하시지 않는다는 사실을 여러분은 아십니까? 하나님은 어떤 것은 독수리로, 어떤 것은 벌레로 만드셨습니다. 그분은 어떤 것은 사자로, 어떤 것은 기어다니는 도마뱀으로 만드셨습니다. 하나님은 또 어떤 사람은 왕으로, 어떤 사람은 거지로 태어나게 하셨습니다. 몇몇 사람은 아주 넓은 마음을 가지고 태어났고, 어떤 사람은 거의 천치가 되려고 합니다. 왜 이럴까요? 이것 때문에 여러분이 하나님께 불평합니까? 아닙니다. 여러분은 이것이 사실이라고 말할 뿐, 불평함으로써 유익되는 것은 아무것도 없습니다. 사실들에 반항한들 무슨 소용이 있습니까? 맨발로 저항하면 상처를 입을 뿐입니다. 여러분 자신만 상처를 입을 뿐, 사실들은 언제나 그대로입니다.

자, 그렇다면 선택은 명확한 사실입니다. 그것은 햇빛처럼 분명합니다. 종교 문제에서, 하나님은 다른 사람이 아니라 본인에게 가르쳐 주십니다. 하나님은 저에게 말씀을 들을 기회를 주셨습니다. 그분은 이것을 호텐토트 사람에게 주시지 않았습니다. 하나님은, 어려서부터 하나님을 두려워하도록 나를 양육하신 부모님들을 주셨습니다. 하나님은 여러분 중 많은 사람에게 이렇게 하시지는 않으십니다. 그 후, 하나님은 죄를 짓지 못하는 상황들 속에 나를 놓으셨습니다. 다른 사람들은 그들의 죄된 욕망들이 커지는 곳에 들어갔습니다. 그분은 어떤 사람에게는 욕망에서 자신을 지키는 성질과 기질을 주셨고, 다른 사람에게는 성급한 기질을 주셨으므로, 부패는 그 성급함을 넘어서 그 사람으로 하여금 죄로 곧장 치닫게 합니다. 하나님은 능력 있는 목사의 설교를 듣도록 어떤 사람을 데리고 오시며, 반면 어떤 사람은 졸음만 더 많이 가져다주는 설교자의 설교를 듣게 하십니다. 심지어 그들이 복음을 들을 때, 하나님은 다른 사람 안에서 일하시지 아니하시며, 바로 그 사람 마음속에서 역사하신다는 사실입니다.

나는 성령님께서 말씀을 듣는 모든 사람의 마음속에서 역사하시는 것을 믿습니다. 그러나 성령님은 몇몇 사람 안에서 더 강하게 역사하시고, 그들은 더 이상 하나님을 거부할 수 없고, 그의 은혜로 말미암아 그 발 앞에 부득이 꿇어 엎드립니다. 그리고 주님 되신 그분께 모든 것을 고백합니다. 반면, 어떤 사람들은 그들의 마음에 임한 은혜를 거부합니다. 이 경우에 똑같은 불가항력적 힘이 행해지지 않았습니다. 그들은 당연히 정죄함을 받아 자신들의 죄 속에서 멸망합니다. 이러한 일들이 사실이 아닙니까? 어떤 사람이 이런 사실을 부인할 수 있습니까? 어떤 사람이 이것을 부인할 수 있습니까? 사실에 저항하다 상처를 입는 것이 무슨 이익이 있습니까?

나는 항상 토론이 있을 때는 무엇이 사실인가 알고 싶습니다. 여러분은 찰스 2세와 철학자들의 이야기를 들었을 것입니다. 찰스 왕은 철학자 중 한 사람에게 "여러분이 한 통의 물을 길어 무게를 달고 그 통에 물고기 한 마리를 넣었을 때, 그 무게가 같은 이유는 무엇입니까?"라고 물어 보았습니다. 그들은 이 일에 대해 훌륭한 이유들을 많이 내놓았습니다. 마침내, 그들 중 한 사람이 "그것이 사실입니까?"라고 물었습니다. 그 후에야 철학자들은 고기가 통 속에 들어간 만큼 통이 더 무거워졌다는 것을 발견했습니다. 그래서 그들 모두의 유식한 논쟁은 땅에 떨어졌습니다. 그러므로 우리가 선택에 대해 말할 때, "교리는 잠깐 제쳐놓고, 사실이 무엇인가를 생각해 봅시다"라고 말하는 것이 가장 좋은 일입니다. 우리는 해외로 나가, 우리의 눈을 떠서 사실이 있다는 것을 봅니다.

그렇다면 우리가 더 이상 토론할 필요가 있겠습니까? 이것은 부인할 수 없는 진리이므로 우리는 이것을 잘 믿어 왔습니다. 여러분은 견해를 달리할지도 모릅니다. 그러나 여러분이 사실을 변경할 수는 없습니다. 여러분이 단순한 교리를 바꿀 수 있을지는 몰라도, 실제로 존재하는 실재를 바꿀 가능성은 없습니다. 하나님께서 다른 사람들을 대하시는 것보다 확실히 몇 사람을 더 잘 대하시는 것은 사실입니다. 나는 하나님을 변호하지 않겠습니다. 그분은 자신의 태도를 설명하실 수 있습니다. 그분은 나의 변호가 전혀 필요 없습니다.

> "하나님은 그분 자신의 해석자이시며
> 사실을 분명하게 하시리라."

그러나 그 사실은 존재합니다. 여러분이 그 교리에 대해 논쟁하기 전에 여러분이 교리에 대해 어떻게 생각하더라도, 이 교리를 변경할 수 없다는 것을 명심하십시오. 여러분이 아무리 이 교리를 반대한다 할지라도, 하나님이 야곱은 사랑하셨고 에서는 사랑하지 않았다는 것은 실제적인 사실입니다.

잠깐 동안 야곱의 생애와 야곱의 역사를 살펴보십시오. 여러분은 그가 아버지 집을 떠나던 처음부터 마지막까지 하나님이 그를 사랑하셨다는 사실을 말할 수밖에 없을 것입니다. 물론, 그는 자기 아버지의 집으로부터 얼마 못 가서 지치고 말았습니다. 그는 돌을 베개 삼고, 울타리를 휘장 삼고, 하늘을 천장 삼아 누워서 잠들었습니다. 그가 잠자는 동안 하나님은 그에게 오셔서 말씀하셨습니다. 그는 사다리를 보았고, 그것은 하늘 꼭대기에 닿아 천사의 무리가 사다리를 오르락내리락했습니다. 그리고 그는 라반의 집을 향해 계속 여행했습니다. 라반은 그를 속이려고 했으나, 하나님은 라반이 야곱을 잘못 대하려는 것 이상의 고통을 주시지 않았으며, 라반이 야곱에게 준 가축의 수를 더 많게 하셨습니다. 그 후, 그가 라반 모르게 도망가고 쫓김을 당할 때, 하나님께서 꿈에 라반에게 나타나시어, 야곱에게 선악 간에 말하지 말라고 하신 것을 여러분은 기억하실 것입니다.

더 기억될 만한 것은, 그의 아들 레위와 시몬이 세겜에서 살인을 범해, 야곱이 자기를 대항하여 일어난 주민들이 자기를 넘겨주어 멸망할까 두려워할 때, 하나님은 그 백성에게 두려운 마음을 주시며 말씀하시기를 "나의 기름 부은 자에게 손을 대지 말며 나의 선지자를 해하지 말라"고 하셨습니다. 흉년이 그 땅을 덮을 때, 하나님은 요셉을 애굽 땅에 보내서 그의 형제들을 위해 고센에서 곡식을 준비하도록 하셨으므로 그들은 죽지 않고 살았습니다.

야곱의 행복에 찬 인생 끝은 이러했습니다. 그는 "내가 죽기 전에 내 아들 요셉을 볼 것이다"라고 말했습니다. 야곱이 자신의 아들을 품에 안을 때, 그의 나이 들어 늙은 두 뺨에 흐르는 눈물을 보십시오. 그가 바로의 면전에 나아가 그를 축복한 것은 얼마나 장엄했던가 보십시오. "야곱이 바로에게 축복하고"라고 기록되어 있습니다. 야곱은 자기 안에 하나님의 사랑을 상당히 많이 누렸고, 자기 시대의 가장 권력 있는 군주를 자유로이 축복했습니다. 마침내 그는 죽었고, 즉시 "이 사람은 하나님이 사랑한 사람이었다"고 불렸습니다. 하나님이 정말 야곱을 사랑하신 것은 사실이었습니다.

반면에 하나님이 에서를 사랑하지 않으신 것도 사실입니다. 하나님은 에서를 여러 왕자의 아비가 되도록 하셨지만, 하나님은 에서의 자손들을 복주시지 아니하셨습니다. 에서의 집이 지금 어디 있습니까? 에돔은 멸망했습니다. 에돔은 자기 방들을 바위 위에 세웠고, 도시들을 매우 단단한 바위 위에 세웠습니다. 그러나 하나님은 그 족속을 버리셨고, 에돔은 건설되지 못했습니다. 그들은 이스라엘의 노예가 되었습니다. 에돔의 왕들은 솔로몬과 그의 후계자들에게 해마다 공물로 양모를 바쳐야만 했습니다. 지금 에서의 이름은 역사책에서 말끔히 지워졌습니다. 자, 그렇다면 나는 다시 다음과 같이 말해야 합니다. 우리가 이것을 사실이라고 받아들인다면, 최소한 신랄한 논쟁은 그만두고, 하나님께서 야곱은 사랑하셨고 에서는 사랑하지 아니하셨다고 말해야 합니다.

2. 나의 두 번째 주제는 "왜 그런가?" 입니다.

왜 하나님이 야곱을 사랑하셨습니까? 나는 한꺼번에 너무 많이 말하지 않으렵니다. 여러분은 나에게 "왜 하나님께서 야곱은 사랑하셨고 에서는 미워하셨는가?"라고 물어볼 것입니다. 우리는 한 가지 질문만 택하려 합니다. 사람들이 신학에 대해 어리둥절해하는 이유는 두 가지 질문에 한 가지 대답만 제시하려고 하기 때문입니다. 그러나 나는 그렇게 하지 않으려고 합니다. 나는 여러분에게 한 가지 질문만 하고자 합니다. 나는 하나님이 왜 야곱을 사랑하셨는지 말하려고 합니다. 그리고 나는 하나님이 왜 에서를 미워하셨는지를 말할 것입니다. 그러나 나는 여러분에게 모순되는 두 가지 질문에 대해 같은 이유를 제시할 수는 없습니다. 상당히 많은 사람이 이것 때문에 실패합니다. 그들은 이러한 사실, 곧 하나님이 야곱은 사랑하시고 에서는 미워하셨고, 선택된 자도 있고 선택되지 않은 자도 있다는 사실을 알고 있습니다. 그렇다면 그들이 선택과 선택되지 않음에 대해 같은 이유를 제시한 것은 큰 실수입니다. 그들이 동시에 한 가지만 취해서 하나님의 말씀을 살펴본다면, 오류에 빠지게 될 것입니다.

　첫 번째 질문은 "왜 하나님께서 야곱을 사랑하셨는가?"입니다. 나는 조금도 당황하지 않고 이것에 대해 대답합니다. 왜냐하면 하나님의 말씀을 대했을 때, 다음과 같은 성경 구절을 읽었기 때문입니다. "주 여호와의 말씀이니라 내가 이렇게 행함은 너희를 위함이 아닌 줄을 너희가 알리라 이스라엘 족속아 너희 행위로 말미암아 부끄러워하고 한탄할지어다"(겔 36:32). 내가 야곱 안에는 하나님이 사랑할 만한 선한 것이 없었다고 말하는 것은 난처한 일이 결코 아닙니다. "그 자식들이 아직 나지도 아니하고 무슨 선이나 악을 행하지 아니한 때에 택하심을 따라 되는 하나님의 뜻이 행위로 말미암지 않고 오직 부르시는 이로 말미암아 서게 하려 하사"(롬 9:11)라고 기록되었으므로, 나는 야곱 안에는 하나님이 사랑할 만한 선한 것이 없었다고 말할 수 있습니다.

　나는 하나님이 야곱을 사랑하신 이유는 주권적 은혜 때문이라고 말씀드릴 수 있습니다. 야곱 안에는 하나님이 그를 사랑할 만한 것이 아무것도 없었습니다. 하나님이 에서에게 그러셨던 것처럼, 야곱에게 있는 모든 것도 하나님의 미움을 살 요소뿐이었습니다. 아마 에서보다 더 많았을 것입니다. 그러나 하나님은 무한히 은혜로우셔서 야곱을 사랑하셨습니다. 하나님은 이와 같은 은혜를 섭리하시는 주권자이시므로 사랑의 대상으로 야곱을 택하셨습니다. 나는 지금 야곱에 대한 질문에 모두 대답할 때까지 에서에 대해 말하지 않을 것입니다. 나는 단지 다음과 같은 사실만 주목하려고 합니다. 야곱은 값없이 주는 은혜 속에서 하나님의 사랑을 받았습니다. 야곱의 성격을 살펴봅시다. 나는 앞에서 내가 생각한 것을 설명했습니다. 나는 정말 야곱의 성격을 아주 나쁘게 생각합니다. 날 때부터 그는 항상 흥정꾼이었습니다.

　어느 날, 나는 야곱이 벧엘에 있을 때의 장면과 마주치게 되었습니다. 야곱의 흥정꾼 기질이 엄청나게 발전된 모습으로 나타나는 것 같았습니다. 여러분도 아시다시피 야곱이 자신을 포기할 때, 하나님께서 기쁨으로 그에게 하늘 문을 여신 것을 압니다. 그래서 야곱은 하나님께서 사닥다리 꼭대기에 앉아 계시며, 사닥다리 위를 천사들이 오르락내리락하는 것을 보았습니다. 야곱이 잠에서 깨어나자마자 그가 한 말이 무엇인지 여러분은 생각납니까? 예, 그는 다음과 같이 말했습니다. "여호와께서 과연 여기 계시거늘 내가 알지 못하였도다 이에 두려워하여 이르되 두렵도다 이 곳이여 이것은 다름 아닌 하나님의 집이요 이는 하늘의 문이로다"(창 28:16-17). 정말 야곱에게 믿음이 있었다면, 그는 하나님을 두려워하지 않았을 것입니다. 도리어 야곱은 하나님이 자신과 교제를 가지도록 허락하신 것을 기뻐했을 것입니다.

자, 야곱의 흥정을 들어 봅시다. 하나님은 야곱에게 말씀하시기를, "나는 여호와니 너의 조부 아브라함의 하나님이요 이삭의 하나님이라 네가 누워 있는 땅을 내가 너와 네 자손에게 주리니"(창 28:13)라고 하셨습니다. 하나님은 야곱이 무엇을 해야 하는지 아무것도 말씀하지 아니하셨습니다. 하나님은 단지 "내가 너와 함께 있어 네가 어디로 가든지 너를 지키며 너를 이끌어 이 땅으로 돌아오게 할지라 내가 네게 허락한 것을 다 이루기까지 너를 떠나지 아니하리라"(창 28:15)고 말씀하셨습니다.

하나님께서 야곱과 대면하여 말씀하신 후에 야곱이 뻔뻔스럽게 하나님과 흥정했다는 것을 믿을 수 있겠습니까? 그러나 야곱은 그렇게 했습니다. 야곱은 흥정을 시작했고, '만약'이라는 단어를 사용했습니다. 야곱은 꿈을 보았고, 하나님으로부터 절대적인 약속을 받았습니다. 그러나 그는 '만약'이란 단어로 말하기 시작했습니다. 이 얼마나 지독한 흥정입니까! "하나님이 나와 함께 계셔서 내가 가는 이 길에서 나를 지키시고 먹을 떡과 입을 옷을 주시어 내가 평안히 아버지 집으로 돌아가게 하시오면"(창 28:20-21). 야곱은 오직 목적을 가지고 하나님과 흥정을 합니다. "여호와께서 나의 하나님이 되실 것이요 내가 기둥으로 세운 이 돌이 하나님의 집이 될 것이요 하나님께서 내게 주신 모든 것에서 십분의 일을 내가 반드시 하나님께 드리겠나이다"(창 28:21-22).

나는 이 말씀에 무척 놀랐습니다. 나 자신의 본능에 대해 내가 아무것도 몰랐다면, 나는 이것을 정말 이해할 수 없었을 것입니다. 어찌된 일입니까! 하나님과 대화한 사람이 하나님과 흥정하기 시작하다니! 그는 하늘과 땅을 연결하는 유일한 길이 곧 사닥다리 되신 그리스도이심을 보고, 하나님과 자신 사이에 계약을 세웠습니다. 물론 이 계약은 전적으로 하나님 편에서 하신 계약이며 약속입니다. 그리고 난 후, 그는 하나님과 흥정을 합니다. 마치 하나님께서 자기 약속을 깨뜨리시지 않을까 두려워하는 것처럼 보였습니다. 아! 이 얼마나 사악한 일입니까!

야곱의 전생애를 살펴보십시오. 그가 라반과 함께 살 때 얼마나 불쌍했습니까? 그는 세상 사람의 손에 들어갔습니다. 탐욕스러운 그리스도인이 이와 같은 동료 속에 들어갈 때는 언제든지 계속해서 비참한 일만 생기게 됩니다. 욕심과 착취가 동시에 공존했습니다. 천사가 이것을 내려다볼 수 있었다면, 하나님의 사람이 높은 위치에서 떨어져 다른 사람처럼 나쁘게 된 것을 보고 얼마나 울었을까요! 그 후 야곱이 저지른 악은 그가 자기 노동의 대가를 취하려 할 때 가장 심했습니다. 그는 이와 같은 방법을 사용하는 대신, 왜 하나님께 이 문제를 맡기지 못했을까요? 우리는 모든 면에서 야곱에게 놀랐으며, 그를 도와줄 수 없습니다. 그 후 야곱의 생애 중 전환점이 된 중요한 시기가 있었습니다. 이 때 우리는 "야곱이 하나님과 겨루어 이겼다"(창 32:22)는 본문을 읽게 됩니다.

그러나 우리는 다음과 같은 사실을 알게 될 것입니다. 나는 주의 깊게 이 주제에 대해 연구했습니다. 그러나 이전처럼 야곱을 생각하지 않습니다. 나는 야곱이 하나님과 싸웠다고 생각했지만, 그 반대 사실을 발견했습니다. 그는 하나님과 싸우지 않았습니다. 하나님이 그와 싸우신 것입니다. 나의 마음은 항상 야곱을 기도로 씨름하는 인간의 적합한 모델로 생각했었습니다. 지금 나는 그렇게 생각하지 않습니다.

야곱은 자기 가족을 나누고, 에서의 분을 가라앉히기 위해, 앞에 사람을 보냈습니다. 그는 족장이 느끼는 거룩한 책임을 가지고 스스로 앞에 나가지 않았습니다. 하늘의 모든 권능으로 보호받았다면, 그는 자기 형을 만나러 담대히 나아갔을 것입니다. 그러나 그러지 않았습니다. "큰 자가 작은 자를 섬길 것이니라"는 약속이 있었지만, 그의 형이 자기 발에 엎드려 절하리라고는 확실히 생각하지 않았습니다. 그는 약속 위에 서지 않았습니다. 그 약속은 야곱에게 그리 크게 보이지 않았습니다. 그 후 야곱은 밤에 얍복 강 가에 갔습니다. 나는 그가 기도하러 가지 않았다면 무엇하러 갔을까 하고 생각했습니다. 그러나 나는 그러지 않았다는 사실에 두려웠습니다. 본문은 말하기를, "야곱은 홀로 남았더니 어떤 사람이 날이 새도록 야곱과 씨름하다가"(창 32:24)라고 합니다.

사람이 나와 싸우는 것과, 내가 사람과 싸우는 것 사이에는 커다란 차이가 있습니다. 내가 어떤 사람과 싸울 때, 나는 그에게서 무엇인가 빼앗기를 원하고, 그 역시 나에게서 무엇인가 빼앗기를 원합니다. 그러므로 내가 지적할 수 있는 것은, 그 사람이 야곱과 씨름할 때, 그는 야곱에게서 야곱의 간교함과 사기성을 빼앗아, 야곱이 얼마나 불쌍하고 죄 많은 피조물인지 증명하기를 원했지만, 그 사람은 그렇게 할 수가 없었다는 것입니다. 야곱의 씨름 솜씨는 매우 강했기 때문에 야곱을 이길 수 없었습니다. 마침내 천사는 그의 환도뼈를 붙잡고, 야곱에게 야곱의 힘 없음을 보여주었습니다. 야곱은 돌아서서, "당신이 나의 힘을 빼앗아 갔으니 나는 당신과 싸울 것입니다"라고 말했습니다. 그 때 그의 환도뼈는 위골되었고, 그는 자신의 연약함을 느꼈으며, 그때서야 비로소 그는 정신을 차리고 "당신이 내게 축복하지 아니하면 가게 하지 아니하겠나이다"(창 32:26)라고 말했습니다. 야곱은 자신의 힘에 자신만만했습니다. 그러나 하나님이 마침내 겸손하게 만드셨습니다. 자랑하던 힘이 모두 없어졌을 그 때, 야곱은 승리에 찬 왕자가 된 것입니다.

그러나 이후에도 야곱의 생애는 깨끗하지 않았습니다. 여러분은 야곱이 그 후에도 불신앙의 피조물임을 압니다. 우리도 똑같이 악합니다. 형제들이여, 우리는 야곱을 비난하고 있지만, 우리 자신을 비난합시다. 우리는 야곱에 대해 엄합니다. 그러나 우리는 우리 자신에 대해 더 엄해야 할 것입니다. 여러분은 족장인 야곱이 기억에 남을 말을 한 것을 기억할 것입니다. 야곱은 다음과 같이 말했습니다. "요셉도 없어졌고 시므온도 없어졌거늘 베냐민을 또 빼앗아 가고자 하니 이는 다 나를 해롭게 함이로다"(창 42:36). 아, 야곱! 당신은 왜 그리 약속을 믿을 수 없었나요? 다른 모든 약속들이 성취되었습니다. 그러나 믿지는 않았습니다. 야곱은 약속을 생각하지 않았습니다. 야곱은 항상 구경거리로 살고 싶었나 봅니다.

설명한 바와 같이, 나는 야곱의 성격이 어떠한지 말했습니다. 나는 이것이 사실이라고 믿습니다. 야곱 안에는 하나님께서 사랑할 만한 것이 아무것도 없었습니다. 하나님이 야곱을 사랑하신 이유는 틀림없이 하나님의 은혜, 은혜였습니다. 왜냐하면 하나님은 "은혜 베풀 자에게 은혜를 베풀기"(출 33:19) 때문입니다. 나는, 사람이 구원받기를 소망할 수 있는 유일한 이유는 하나님의 주권적인 은혜뿐이라는 것을 믿어 의심치 않습니다. 내가 왜 구원받았는지, 또는 여러분이 왜 구원받았는지 그 이유는 아무것도 없습니다. 하나님 자신의 자비로운 마음과 하나님 자신의 전능하신 뜻 때문입니다. 이것이 교리입니다. 이 본문 속에서만 볼 수 있는 것이 아니라 하나님의 말씀 중 많은 구절 속에서 볼 수 있습니다. 사랑하는 친구들이여, 이 사실을 받아들이시고, 굳게 잡고, 결코 버리지 마십시오.

　자, 다음 질문은 다른 것입니다. "왜 하나님은 에서를 미워하셨는가?" 나는 이 질문을 앞의 질문과 혼합시키지 않을 것입니다. 이 두 질문은 완전히 다른 것입니다. 그래서 나는 이 두 질문을 따로 나누어 놓으려 합니다. 한 가지 대답이 두 개의 질문에 다 해당되지 않을 것입니다. 두 질문은 구별되어야 합니다. 그렇게 될 때, 만족한 대답을 얻을 수 있습니다. 왜 하나님께서 어떤 사람은 미워하셨습니까? 나는 어느 누구에게도 다음과 같은 대답 외에는 아무 대답도 할 수 없습니다. 즉, 그가 미움 받아 마땅한 사람이기 때문입니다. 이 대답 외에 어떤 대답도 진리가 될 수 없습니다. 이 질문에 대한 대답은 하나님의 주권이라고 말하는 사람도 있습니다. 나는 그들에게 그 교리를 찾아보라고 권하고 싶습니다.

　여러분은 하나님께서 사람을 임의대로 주권적으로 창조하셨다고 믿습니까? 같은 말이지만, 하나님께서 사람을 저주하시려는 목적 외에 다른 목적이 없이 인간을 창조하셨습니까? 영원히 인간을 멸하시려는 이유 외에 다른 이유가 없이 사람을 만드셨습니까? 정말, 여러분이 이것을 믿는다면, 저는 여러분을 불쌍히 여깁니다. 저는 여러분에게 "여러분은 불쌍히 여김을 받을 만합니다. 여러분이 하나님을 그렇게 경멸해도 하나님의 은혜는 영원히 참으십니다"고 말할 수 있습니다.

　하나님이 한 인간을 사랑하신 이유는 하나님이 원하셨기 때문이라면 정말 옳게 말한 것입니다. 인간 안에는 아무 이유가 없습니다. 그러나 하나님이 어떤 사람을 미워하셨는지에 대해서는 똑같이 대답하지 마십시오. 하나님께서 어떤 사람을 심하게 대하신다면, 그것은 자신이 가지고 있는 모든 것이 그럴 만하기 때문입니다. 지옥에서 "오, 주여! 당신은 제가 받아야 하는 것보다 더 심하게 대하셨습니다"라고 하나님께 말할 수 있는 고독한 영혼은 없을 것입니다. 그러나 타락한 모든 영혼은 자신의 벌을 타당하다고 느낄 것이며, 그의 멸망은 하나님의 탓이 아니라 자신의 탓이라 생각할 것입니다. 심판자로서 범죄자를 정죄하는 것 외에, 하나님은 인간의 정죄와는 아무 관계가 없으십니다. 인간 자신이 자기의 악한 행위의 결과로 자기 머리 위에 파멸을 초래했습니다. 인간을 저주하는 것이 공의입니다. 구원을 받는 것은 은혜이며, 값없이 주는 은혜입니다. 주권은 사랑의 범위에 해당되며, 공의는 다른 영역에 속합니다. 누가 공의를 주권의 영역에 포함시킬 수 있습니까? 이것은 하나님의 명예를 훼손시키며 하나님을 존경하지 않는 것입니다.

이제 에서의 성격을 살펴봅시다. 어떤 사람은 "하나님이 에서를 버릴 정도로 에서가 그랬습니까?"라고 묻습니다. 나는 그렇다고 생각합니다. 우리가 에서의 성격을 안다면 분명히 이것은 입증됩니다. 에서는 자기의 장자권을 버렸습니다. 이 일로 주저앉아 울지도 않았고, 도리어 하나님을 비난했습니다. 에서는 스스로 장자권을 팔았습니다. 죽 한 그릇에 그것을 팔았습니다.

오, 에서! 당신은 "나는 하나님의 뜻대로 나의 장자권을 잃었소"라고 어리석게 말하겠지요. 아니, 아닙니다. 야곱은 하나님의 뜻에 따라 장자권을 얻었지만, 당신은 스스로 그것을 팔았기 때문에 장자권을 잃은 것입니다. 그렇지 않습니까? 당신 자신의 흥정이 아니었단 말입니까? 당신 자신의 자유 의지를 가지고 장자권 대신 팥죽 한 그릇을 취하지 않았단 말입니까? 당신의 멸망은 당신 탓이랍니다. 왜냐하면 당신 스스로 흥정하여 자기 영혼을 팔았기 때문입니다. 그것은 당신 스스로 저지른 짓입니다.

하나님께서 에서에게 그렇게 하도록 촉구하셨습니까? 하나님은 금하셨습니다. 하나님은 죄의 창시자가 아닙니다. 에서는 스스로 자기의 장자권을 포기하였습니다. 교리는 바로, 하늘나라를 상실한 모든 사람은 스스로 그것을 포기하였다고 말합니다. 영생을 상실한 모든 사람은 자신들이 영생을 거절했습니다. 하나님께서 거부하시지 않으셨습니다. 사람들이 영생을 소유하기 위해 나아오지 않은 것입니다.

왜 사람들이 계속 죄를 지으면서 하나님을 두려워하지 않습니까? 그 이유는 사람들이 다음과 같이 말하기 때문입니다. "나는 이렇게 술을 마시는 것이 좋아. 이런 즐거움이 좋다니까. 주일을 어기는 것이 좋아. 하나님의 일을 하는 것보다 더 좋아하지." 인간 자신의 자유 의지로 구원받을 사람은 아무도 없습니다. 도리어 모든 사람은 저주받은 자유 의지로 인해 저주 받습니다. 죄인들이여, 여러분이 여기에서 벗어나 양심의 외침에 귀 기울여 본다면, 여러분은 자기 스스로 그렇게 했다는 것을 알게 될 것입니다. 설교 후 여러분이 "나는 그리스도를 믿는 것에 관심이 없어"라고 말할 때, 여러분은 자기 자신이 원인임을 말하고 있다는 것을 알 것입니다. 여러분은 이 사실을 정말 알고 있습니다. 만약 이 사실을 알지 못한다 해도 이것은 무서운 사실입니다. 즉 당신의 현재의 모습의 원인은 그렇게 되려는 당신의 의지입니다.

여러분이 어느 상황에 있든지 여러분을 지키는 것은 여러분 자신의 의지입니다. 저주는 여러분 탓이며, 여러분이 완전히 죄의 상태에 거하는 것도 여러분 스스로 하는 것입니다. 여러분은 포로입니다. 그러나 여러분은 자발적인 포로입니다. 여러분은 하나님께서 여러분을 원하게 만드실 때까지 자유를 얻을 수 없습니다. 그러나 여러분은 기꺼이 노예가 되었습니다. 인간이 죄를 사랑하며, 악을 사랑하며, 하나님을 사랑하지 않는다는 사실은 속일 수 없습니다.

여러분은 다음과 같은 사실을 압니다. 그리스도의 피를 통해 하늘나라가 여러분에게 전파되었고, 지옥이 여러분의 죄에 달려 있습니다. 여러분은 죄를 떠나지도 않을 것이며, 그리스도에게 달려가지도 않을 것입니다. 여러분이 버림받게 될 때, "너희는 자신의 장자권을 버렸노라"는 말씀이 여러분에게 선포될 것입니다. 여러분은 하나님의 집보다 댄스홀이 여러분에게 더 적합하다는 것을 압니다. 여러분은 기도회보다는 맥주집이 여러분에게 더 적합함을 압니다. 여러분은 앞날의 기쁨보다 현재의 기쁨을 더 좋아합니다. 이것은 여러분 자신이 선택한 것입니다. 여러분의 파멸은 여러분 자신이 선택한 것이지, 하나님의 선택이 아니었습니다. 여러분은 파멸당해야 마땅합니다.

그러나 어떤 사람은 "에서는 회개했습니다"라고 말합니다. 맞습니다. 그는 회개했습니다. 그러나 그것은 어떤 종류의 회개였습니까? 여러분이 줄곧 그의 회개를 지켜보았습니까? 회개하고 믿는 사람은 모두 구원을 받을 것입니다. 그러나 에서의 회개는 어떤 종류였습니까? 자기 아우가 장자권을 갖게 된 것을 알자마자, 에서는 회개하고 다시 장자권을 구했습니다. 눈물로 간구했지만, 그는 장자권을 돌려받지 못했습니다. 여러분도 아시다시피 그는 자기 장자권을 죽 한 그릇에 팔았습니다. 그리고 생각하기를, 자기 아버지에게 죽 한 그릇을 주면 장자권을 도로 살 수 있을 줄 알았습니다. 그는 '내가 아버지를 위해 가서 사슴을 사냥하여 별미를 아버지께 가져다 드린다면 나에게 다시 장자권을 줄 것이다'라고 생각했습니다.

죄인들은 말할 것입니다. "나는 나의 악한 행동으로 하늘 나라를 잃어버렸으나 회개함으로 그것을 다시 쉽게 돌려받을 것입니다. 나는 죄 때문에 천국을 잃어버리지는 않았지요? 나는 나의 죄를 포기함으로써 천국을 돌려받을 것입니다." 어떤 사람은 이렇게 말합니다. "나는 무서운 욕쟁이였습니다. 나는 이것을 매우 죄송스럽게 생각합니다. 정말입니다. 나는 더 이상 욕을 하지 않을 것입니다." 또 어떤 사람은 "나는 술주정뱅이였습니다. 나는 술 마시는 것을 포기할 것입니다. 나는 지금부터 정말 금주가가 될 것입니다"라고 말합니다.

에서가 자기가 장자권을 판 것처럼 자기 아버지에게 준 것은 죽 한 그릇이 전부였습니다. 안됩니다. 죄인들이여, 여러분은 몇 가지 세속적인 즐거움 때문에 천국을 팔지 모릅니다. 그러나 단지 세속적인 즐거움을 포기함으로써 천국을 살 수는 없습니다. 여러분은 다른 땅, 곧 값없이 받는 은혜의 땅에서만 천국을 얻을 수 있습니다. 여러분은 자기 영혼을 버렸지만, 선한 행위나 자기의 죄를 포기함으로써 영혼을 돌려받을 수는 없습니다.

여러분은 에서가 진실로 죄를 뉘우친 사람이라고 생각합니다. 여러분에게 한 가지만 물어 보겠습니다. 이것이 복 받은 회개자였습니까? 에서가 복을 받지 못했을 때, 그는 무엇이라고 말했습니까? "아버지를 곡할 때가 가까웠은즉 내가 내 아우 야곱을 죽이리라"(창 27:41). 여러분은 에서가 죄를 회개했다고 생각하겠지요? 그러나 그것은 성령 하나님으로부터 오는 회개가 아니었습니다. 이와 같은 사람이 있습니다. 그들은 이처럼 자신들이 죄인인 것과 슬픔에 처한 것을 매우 유감스럽다고 말하면서, 돌아가서 전에 했던 똑같은 일을 행합니다. 그들의 회개는 죄를 근절하는 것이 아니라 죄 속에 그대로 있어서, 더 깊이 죄 속에 빠져들지도 모릅니다.

자, 에서의 성격을 봅시다. 에서의 성격에서 속죄 받을 유일한 특징은 그가 회개를 시작했다는 것입니다. 그러나 그 회개는 자기 죄에 대해 성내는 것뿐입니다. 그것은 그 회개에 복음 전도의 회개 효과가 없었기 때문입니다. 나는 에서가 자기 장자권을 팔았다면 그가 장자권을 잃는 것이 당연하다고 말할 수 있습니다. 그러므로 하나님이 에서를 미워하셨다면, 이것은 에서가 미움을 받을 만했다고 말하는 것이 옳지 않습니까?

여러분은 성경이 어떻게 이런 결론을 내리는지 압니까? 로마서 9장을 펴 보십시오. 그 곳에서 우리가 원하는 본문을 택할 수 있습니다. 성령님께서 얼마나 주의 깊은 분이신지 22절에서 살펴보십시오. "만일 하나님이 그의 진노를 보이시고 그의 능력을 알게 하고자 하사 멸하기로 준비된 진노의 그릇을 오래 참으심으로 관용하시고." 그러나 사람들을 멸망에 적합하게 만든다는 것에 대해서는 아무 말씀도 하지 않았습니다. 사람들이 자기 자신을 멸망에 적합하게 만듭니다. 그들이 스스로 한 것이지, 하나님과는 아무런 상관이 없습니다. 그러나 사람들이 구원받을 때, 그것은 하나님이 하셨습니다. 구원에 관해서는 하나님께 모든 영광을 돌리며, 저주에 관해서는 인간에게 비난이 갈 뿐입니다.

　　여러분 중 어떤 사람이 매일 내가 어떤 설교를 하는지 알기 원한다면, 그리고 어떤 낯선 사람이 "그가 말하는 교리를 요약해서 나에게 말해 주십시오"라고 말한다면, 다음과 같이 말하십시오. "그는 구원은 전적으로 하나님의 은혜이며, 파멸은 전적으로 죄 때문이라고 설교합니다. 그는 구원받은 모든 영혼을 위해서 하나님께 모든 영광을 돌리지만, 멸망 받은 사람에 대해 하나님께 잘못이 있다고 주장하지 않습니다." 물론 나는 그렇게 가르칩니다.

　　나는 영혼의 피흘림이 하나님 때문이라는 교리에 반대합니다. 나는 인간의 마음으로, 적어도 그리스도인의 마음으로 어떻게 그와 같은 불경한 생각을 할 수 있는지 이해할 수 없습니다. 나는, 알파와 오메가가 되시며 처음과 나중 되시는 하나님의 구원의 복된 진리를 선포하는 것을 기뻐합니다. 그러나 내가 파멸을 설교하게 될 때, 나는 그 파멸이 인간 때문이지 하나님 때문이 아니라고 말합니다. 여러분이 멸망한다면, 여러분의 피는 여러분의 손으로 요구한 것입니다.

　　여기 또 다른 성경 구절을 살펴봅시다. 마지막 날, 예수님 앞에 온 세상 사람이 와서 심판을 받을 때, 그 때를 지켜보십시오. 의로운 자가 오른편으로 갈 때, 예수님은 말씀하십니다. "내 아버지께 복 받을 자들이여 나아와 창세로부터 너희를 위하여 예비된 나라를 상속받으라"(마 25:34). "내 아버지께"라는 말과 "창세로부터 너희를 위하여"라는 말에 주의하십시오. "저주를 받은 자들아 나를 떠나라"(마 25:41). 예수님은 "내 아버지께 저주를 받은 자들아"라고 말씀하시지 않고 "저주를 받은 자들아"라고 말씀하십니다. 주님은 또 무엇이라고 말씀하십니까? (비록 여러분은 아니지만) "마귀와 그 사자들을 위하여 예비된 영원한 불에 들어가라." 얼마나 엄숙한 표현인지 보십시오. 이것은 구원에 대한 문제입니다. 구원은 전적으로 하나님에 의한 것입니다. "내 아버지께 복 받을 자들이여 나아와 …." 그들을 위해 준비된 천국입니다. 여러분은 넓고 깊은, 값없이 주는 은혜로 말미암아 선택받았습니다. 그러나 반면, 여러분은 아버지 하나님께 대해 아무 할 말이 없습니다. 결코 아무 말도. "저주를 받은 자들아 나를 떠나라." 심지어 지옥의 불도 마귀와 악한 천사를 위해 준비된 것이지, 죄인을 위해 준비된 것은 아닙니다. "영광은 하나님께, 죄책은 인간에게"라는 생각은 성령의 마음이며, 나는 이것을 형언할 수가 없습니다.

내가 두 질문에 대해 정직하게 대답했다고 생각하지 않습니까? 나는 하나님께서 인간을 대하시는 방법에 대한 성경적 이유를 제시하려고 했습니다. 하나님은 은혜로 인간을 구원하셨고, 사람이 멸망한다면 그들은 자기 자신의 죄로 말미암아 당연히 멸망하는 것입니다. 어떤 사람은 내게 "당신은 어떻게 이 두 교리를 조화시킵니까"라고 물어봅니다. 사랑하는 형제들이여, 나는 결코, 결코, 이 두 친구들을 화합시키지 않습니다. 이 두 교리는 서로 친구입니다. 이 두 교리 모두가 성경 말씀 안에 있기 때문입니다. 그래서 나는 구태여 이 두 교리를 조화시키려 하지 않을 것입니다. 여러분이 나에게 이 두 교리가 원수임을 보여준다면, 그 때 나는 이 두 교리를 화해시킬 것입니다.

어떤 사람은 "그러나 이 두 교리는 매우 어려워요"라고 말할 것입니다. 여러분, 저에게 어려움이 없는 진리를 말해 주시겠습니까? 그는 말합니다. "그러나 나는 이 진리를 알지 못합니다." 나는 여러분이 이 진리를 알기를 원하지 않습니다. 나는 여러분이 이것을 믿기를 원합니다. 하나님의 말씀 안에는 어려워서 알 수 없는 것이 많습니다. 그러나 이것이 성경 안에 있으므로, 나는 이것을 믿습니다. 나는 하나님이 얼마나 전능하시며 인간이 얼마나 자유로운지 알 수 없습니다. 그러나 나는 하나님은 전능하시며 인간은 자유롭다는 것을 믿습니다. 어떤 사람은 "그러나 나는 그것을 이해할 수 없어요"라고 말합니다. 나의 대답은, 단지 내가 할 수 있는 만큼 이 진리를 명확히 설명하려고 했다는 것뿐입니다. 그러나 여러분이 이해할 수 없다면, 나 역시 여러분에게 아무것도 줄 수 없습니다. 나는 단지 그대로 내버려 둘 수밖에 없습니다.

다시 한 번 말하지만, 이것은 이해될 문제가 아니라 믿음의 문제입니다. 이 두 사실은 모두 진리입니다. 나는 이 두 가지가 전혀 다르다고 생각하지 않습니다. 설령 그렇다 해도, 내가 말할 수 있는 것은, 이 두 개가 서로 모순되게 나타난다 해도, 그것은 실제로 그렇지 않다는 것입니다. 왜냐하면 하나님 자신이 결코 모순되지 않으시기 때문입니다. 그리고 나는 이것을 통해, 하나님을 믿는 나의 믿음의 능력을 나타냈다고 생각할 것입니다. 그러므로 하나님의 말씀이 모순되는 것같이 여겨질 때조차도 나는 하나님을 믿을 수 있습니다. 이것은 믿음의 문제입니다.

아브라함은 하나님의 약속이 하나님의 섭리와 모순된 것처럼 여겨졌을 때에도 하나님을 믿지 않았습니까? 아브라함도 늙고 사라도 늙었지만, 하나님은 사라가 한 아이를 낳으리라고 말씀하셨습니다. "어찌 자식을 낳을까?"라고 아브라함은 말했습니다. 사라가 너무 늙었기 때문이었습니다. 그럼에도 불구하고 아브라함은 그 약속을 믿었습니다. 사라는 아들을 가졌습니다. 약속과 섭리 사이의 조화였습니다. 하나님께서 섭리와 약속을 함께 조화시키실 수 있다면, 교리와 약속도 조화시키실 수 있습니다. 나는 그렇게 할 수 없지만, 하나님은 하실 수 있으며, 심지어 장차 올 세상에서라도 하십니다.

자, 나는 이것을 잠깐 동안 실제로 설교하고자 합니다. 오, 죄인들이여! 여러분이 멸망한다면, 여러분의 파멸은 분명히 여러분의 책임입니다. 양심이 여러분에게 이것을 말하며, 하나님의 말씀이 이것을 증명합니다. 여러분은 자신의 멸망을 다른 사람의 탓으로 돌릴 수 없으며, 자신의 탓으로 돌려야 합니다. 여러분이 멸망한다면 여러분이 멸망을 자초한 것입니다. 여러분은 자기 자신들을 파멸시키는 자들입니다. 여러분이 그리스도를 거절했기 때문이며, 장자권을 무시하고, 저 볼품없는 죽 그릇인 세상의 즐거움에 장자권을 팔았기 때문입니다. 이것은 나를 흥분시키는 교리입니다. 나는 좌우에 날선 칼처럼 이 교리로 뼈와 골수를 꿰뚫어 산산이 쪼갤 것입니다.

여러분이 멸망 받는다면, 그것은 여러분 자신의 잘못 때문일 것입니다. 여러분이 지옥에서 발견된다 해도 여러분의 피는 여러분의 머리로 돌아갈 것입니다. 여러분은 장작단을 모아다가 자기 자신을 불사르게 하고, 철을 채굴하여 자신의 쇠사슬을 만들 것입니다. 여러분의 파멸은 여러분의 책임입니다. 그러나 여러분이 구원을 받는다면, 그것은 여러분의 공로가 아니라 은혜 때문입니다. 그것은 바로 값없이 주는 은혜, 주권적 은혜입니다. 복음이 여러분에게 전파되었습니다. "주 예수를 믿으라 그리하면 너와 네 집이 구원을 받으리라"(행 16:31).

지금, 은혜가 여러분에게 임하여, 이 영광스러운 명령을 따르게 하소서. 지금, 죄인들을 구원하기 위해 세상에 오신 주님을 믿게 하소서. 나는 죄인 중에 괴수입니다. 값없이 주는 은혜여, 누가 당신의 영광을 말할 수 있습니까? 누가 당신의 성취를 말할 수 있으며, 당신의 승리를 기록할 수 있습니까? 당신은 간사한 야곱을 영광으로 인도하고, 그를 하늘의 천사처럼 희게 하셨고, 당신은 또한 검은 죄인들을 천국으로 인도하실 것이며, 그들을 영화롭게 된 사람처럼 영화롭게 만드실 것입니다. 하나님께서 이 교리를 여러분의 경험 속에서 진리로 입증하시기를 기원합니다. 여러분의 마음에 이 문제에 대해 아직까지 어려운 점이 남아 있다 할지라도, 여러분은 말씀을 보고, 하나님께서 여러분을 인도하시도록 성령의 조명을 구하십시오.

그러나 이것이 성경 안에서 가장 중요한 것이라고 생각하지는 마십시오. 여러분이 가장 관심을 가져야 할 것은, 여러분이 그리스도의 피와 관계가 있는가 혹은 그렇지 않은가를 아는 것이며, 또 주 예수를 믿는지 안 믿는지를 아는 것입니다. 내가 이것을 언급함은 이런 사실이 많은 사람을 걱정의 세계로 인도했기 때문이며, 여러분이 사탄의 목을 누르도록 내가 도울 수 있다고 생각했기 때문입니다. 하나님, 그리스도를 위하여 사탄의 목을 누르도록 도와주옵소서!

제
24
장

—

죄인은 거룩한 행위로
구원받지 못한다

—

"그런즉 우리가 무슨 말을 하리요 의를 따르지 아니한
이방인들이 의를 얻었으니 곧 믿음에서 난 의요
의의 법을 따라간 이스라엘은 율법에 이르지 못하였으니
어찌 그러하냐 이는 그들이 믿음을 의지하지 않고
행위를 의지함이라 부딪칠 돌에 부딪쳤느니라
기록된 바 보라 내가 걸림돌과 거치는 바위를 시온에 두노니
그를 믿는 자는 부끄러움을 당하지 아니하리라
함과 같으니라" — **롬 9:30-33**

저는 지난 몇 주일 동안 하나님의 백성이 받는 위로와 신앙적 성숙에 대해 말씀드렸습니다. 물론 이런 주제로 설교를 하면서도, 저는 회개하지 않은 사람들을 염두에 두고 있었습니다. 그들이 그렇게 회개하지 않는 위험 가운데 지내는데 우리가 어떻게 그들을 잊을 수 있겠습니까? 예배의 주요 대상은 하나님의 백성이지만, 그래도 계속해서 하나님의 백성만을 주요 대상으로 삼는 것은 지혜롭지 않을 것입니다. 우리는 잃은 양을 잊어서는 안 됩니다. 그 이탈한 양을 방치하기보다는 차라리 아흔아홉 마리의 양을 놔두고 떠나는 것이 더 나을 것입니다. 그래서 우리는 오늘 아침에 그 방황하는 양들을 찾을 때까지 애써 찾아볼 생

각입니다. 오. 성령 하나님께서 오늘 전해지는 모든 말씀 속에 능력으로 충만히 임하시기를 간구합니다! 성령께서 각 문장들 속에 하늘의 다이너마이트로 자기의(自己義)라는 반석을 폭파시킬 불가항력적인 힘을 주셔서, 철옹성 같은 죄의 장벽을 뚫고 들어가 하나님 은혜의 복음이 들어갈 길을 뚫으실 것입니다. 이런 목적을 이루기 위해, 제가 하나님을 대신하여 말씀을 전하는 동안 신실한 자들의 기도를 통해서 하나님의 능력이 임하고, 인간의 연약한 음성이 하나님의 전능하심을 위한 도구가 되기를 간절히 소망합니다.

복음의 근본 진리를 이루는 근본 요소들을 종종 검토해 보는 것은 아주 필수적입니다. 초등학교 교과과정은 저학년 과정에서 고학년 과정으로 올라갑니다. 그러나 철자법 교과서를 공부하지 않고서는 고학년 과정으로 올라갈 수 없습니다. 모든 나라의 철자법 교과서에는 알파벳이 반복되고 자음과 모음으로 이루어진 한 음절 단어들이 반복되어 나옵니다. 이런 반복 없이 공부는 불가능할 것입니다. 우리 주 예수 그리스도에 관한 복음의 기본 원리들에 있어서도, 명령을 명령 위에 반복하며 줄을 줄 위에 반복하는 것(사 28:10)이 필수적입니다. 수많은 사람들이 노예 상태로 있습니다. 그들이 구원의 도리에 관한 아주 분명하고도 단순한 설명을 듣기 전까지 그들은 계속 노예 상태로 있게 될 것입니다. 그러기에 분명하고도 단순한 설명은 그들에게 자유를 주는 열쇠가 될 수 있습니다. 기본 원리들에 대해 잘 알고 있는 여러분이라도 이것들에 대해 자주 듣고 싶어해야 합니다. 여러분은 하나님이 시온에 두신 기초석을 살피는데 결코 싫증내지 않을 사람들이라는 것을 저도 잘 알고 있습니다. 왜냐하면 그 기초석은 여러분에게 절대 거치는 바위가 되지 않기 때문입니다. 여러분에게는 인간이 고안해 낸 신기한 어떤 것보다 예수님에 관해 반복하는 것이 더 마음에 들 것입니다. 그래서 오늘 아침에도 구원의 체계와 방법에 대해 여러분 앞에 다시 말씀드리고자 합니다. 오, 물론 귀로는 천 번도 더 넘게 들은 "그 옛날 구닥다리 이야기"이겠지만, 어떤 사람에게는 처음 듣는 이야기처럼 들릴 것입니다! 오, 그들이 이제 그것을 이해하고 파악하여 그 축복을 발견하게 됨으로써 그들의 구세주인 하나님으로 인해 즐거워할 수 있기를 바랍니다!

사도 바울은 자기 앞에서 벌어지는 두 가지 사실을 발견했습니다. 첫째는, 그가 어느 곳이든 가서 예수 그리스도를 전하면, 어떤 이방인들은 그 가르침을 믿어 죄 사함을 받고 마음의 변화를 받아 즉시 의로운 사람들이 되었습니다. 사도 바울은 에베소와 데살로니가와 고린도와 로마에 갔습니다. 거기에서도 생명의 말씀을 전파하자, 참된 신앙고백과는 거리가 멀었던 이방인들이 주 예수님을 믿고 의에 이르렀습니다. 그들은 바르고 순결하고 경건한 삶으로 자신들이 예수님을 믿고 의에 이르렀다는 것을 나타내 보였습니다. 둘째는, 이와는 반대로 슬픈 사실을 보았습니다. 그는 보통 회당에서 사역을 시작했기 때문에 약속의 언약을 받은 아브라함의 자손들에게 말씀을 전하는 것으로 자기의 사명을 펼치게 되었습니다. 그러나 그 아브라함의 자손들은 거의 모든 곳에서 메시야를 거절하고 복음의 은혜를 거부하였습니다. 메시야를 거부한 동시에, 그들은 이미 자기들이 가지고 있다고 생각한 그 의를 놓쳤던 것이 분명합니다. 왜냐하면 그들은 전 국가적으로 미신적 편견에 사로잡혀 있었고, 그로 인해 도덕성과 영성, 이 두 부분에서 처참하게 타락해 있었기 때문입니다. 그들의 상태가 어느 정도였는지는 선지자가 정확히 말하고 있습니다. "만일 만군의 주께서 우리에게 씨를 남겨 두지 아니하셨더라면 우리가 소돔과 같이 되고 고모라와 같았으리로다"(사 1:9; 롬 9:29).

이방인과 이스라엘에 대한 이 두 가지 사실이 사도 바울의 마음속에 있었습니다. 멀리 떨어져 있던 이방인들은 의에 도달하였습니다. 그러나 의의 경계선에 있던 이스라엘은 그 경계선에서 넘어져 의의 법에 도달하지 못했습니다. 사도 바울은 이 사실에 우리가 주목하도록 합니다. 무엇보다 먼저, 저는 여러분이 "의를 따르지 아니한 이방인들이 의를 얻었다"(롬 9:30)고 하는 이 놀라운 은혜를 볼 수 있기를 바랍니다. 두 번째, 저는 여러분이 "의의 법을 따라간 이스라엘은 율법에 이르지 못하였다"(롬 9:31)고 하는 이 놀라운 어리석음을 볼 수 있기를 바랍니다. 이 두 가지를 말씀드린 후에, 저는 여러분 중에 아직까지 믿음에서 난 의(롬 9:30)에 이르지 못한 사람들에게 제 온 힘을 다해 애정어린 관심의 말씀을 전해 볼 작정입니다. 오, 여러분이 여러분 자신을 보게 되고 그 후에 성령의 조명하심으로 말미암아 주 예수님을 바라보게 되기를 바랍니다. 여러분 모두가 탕자처럼 "이에 스스로 돌이켜"(눅 15:17), "이에 일어나서 아버지께로 돌아가니라"(눅 15:20) 하는 말을 제가 들을 수 있으면 좋겠습니다.

1. 놀라운 은혜

첫 번째로, 어떤 사람들이 의를 얻었다는 이 놀라운 은혜에 대해 여러분이 진지하게 주목해 주시기를 부탁드립니다. 의를 얻었다는 것은 "손 안에 의를 넣었다"는 것입니다. 그들은 믿음에서 난 의를 붙잡았습니다. 그것은 하나님의 의입니다. 그래서 그들은 이렇게 말합니다. "그러므로 우리가 믿음으로 의롭다 하심을 받았으니 우리 주 예수 그리스도로 말미암아 하나님과 화평을 누리자"(롬 5:1). 그들은 자기를 자랑하지 않고, 하나님으로 인하여 예수 그리스도가 그들에게 지혜와 의로움이 되신(고전 1:30) 것을 선포할 수 있었습니다. 율법의 의가 그들 안에서 이루어졌습니다(롬 8:4, KJV). 그들은 화평합니다. 왜냐하면 의의 열매는 화평(약 3:18, KJV)이기 때문입니다. 그들은 감사하며, 진지하며, 헌신적이며, 열성적이었습니다. 그들은 자기의 지체를 의의 무기로 하나님께 드렸습니다(롬 6:13). 하나님께서는 그들을 그리스도의 의로 덮어주셨으며, 내주하시는 성령의 의를 그들 속에 넣어주셨습니다. 과거에 한때 "마술"(행 19:19)과 마법을 사용하던 사람들 중에서 거룩한 남자와 거룩한 여자가 나오게 되었습니다. 죄가 넘쳤던 그들 속에, 예수 그리스도의 영생에서 나오는 의로 말미암아 은혜가 다스리는 일이 일어났습니다.

만민의 심판자이신 하나님(히 12:23)께서 의롭다고 받아 주신 사람들이 세상에 있었습니다. 자, 이 사실 하나만으로 엄청나게 놀랍지 않습니까! 왜냐하면 우리 모두는 본성으로 보나 행동으로 보나 죄인들이기 때문입니다. 우리 인류 중 누군가가 의를 얻는다는 것은 세상을 만드는 것만큼이나 엄청나게 경이로운 일입니다. 사랑하는 성도 여러분, 마음을 가다듬고 여러분이 믿음으로 얻은 그 의에 대해 기뻐하십시오. 그러면 여러분의 마음은 놀라움으로 가득하게 될 것입니다. 여러분이 예수 그리스도를 믿는 믿음으로 말미암아 예수 그리스도 안에서 받은 그 의를 생각하면 할수록, 여러분은 "오 깊도다!"(롬 11:33, KJV)라고 더욱더 소리치게 될 것입니다. 본성적으로 저주 아래 있던 우리가 이제 의의 축복을 얻은 것은 참으로 사랑의 기적입니다. 기록된 말씀 그대로입니다. "하나님이 죄를 알지도 못하신 이를 우리를 대신하여 죄로 삼으신 것은 우리로 하여금 그 안에서 하나님의 의가 되게 하려 하심이라"(고후 5:21).

이 사람들이 대단히 불리한 조건 아래에서 의를 얻었다는 사실을 고려할 때, 이 놀라움은 더 커집니다. 왜냐하면 그들은 이방인이었기 때문입니다. 유대인들은 이방인들을 은혜의 나라로부터 단절된 자, 추방된 자, 타국인으로 간주하였습니다. 이방인들은 우상 숭배와 무신론에 빠져 있었는데, 대단히 수치스러운 욕정들로 가득 차 있었습니다. 그들은 본래의 의와는 아주 거리가 멀었던 사람들이 었습니다. 사도 바울 당시의 이방 세계를 제대로 그리려면, 그 그림은 아주 어두 운 색으로 많이 칠해야 할 것입니다. 그 상류층의 생활상을 공개적으로 자세히 묘사하는 것은 도덕적으로도 해로울 것입니다. 일반인들의 생활 방식을 말한다 고 해도, 정숙한 사람들이라면 얼굴이 빨개질 정도로 부끄러운 그런 악행들을 들을 준비를 해야 합니다. 지금 여러분이 하는 선행들 중에는 이방인들이 이름 도 들어보지 못한 선행들이 있었습니다. 그리고 감사한 일이지만, 그 이방인들 이 하던 악행들 중에는 여러분이 이름도 들어보지 못한 악행들이 있었습니다. 이방인들 안에는 온갖 불의가 가득했습니다. 그래서 그들은 하나님의 율법과 거 룩함이 요구하는 바를 알지 못했습니다.

　　이스라엘 자손들을 비추었던 그 빛이 아직 그들에게 떠오르지 않았습니다. 물론 백부장 고넬료(행 10)를 비롯한 다른 사람들처럼 몇몇 선택받은 이방인들 이 여기저기에 있기는 있었습니다. 그들은 자연과 인간의 양심 안에 있는 빛을 따랐던 것입니다. 그래서 그들은 이스라엘 민족으로부터 알게 된 모든 것을 기 꺼이 받아들였습니다. 그러나 이방인 전체를 보자면, 요한의 표현이 적절했습니 다. 그는 "온 세상은 악한 자 안에 처한 것이며"(요일 5:19)라고 말했습니다. 그런 데 이상한 일은 본래 그런 자들이었던 사람들이 의를 얻었다는 것입니다. 복음 이 그들의 거리로 들어오자, 처음에 그들은 복음을 반대하며 이렇게 말했습니 다. "이 말쟁이가 무슨 말을 하고자 하느냐?"(행 17:18). 그러나 그들은 관심을 갖 고 끌리게 되었으며, 이 복음에 대해 다시 전도자의 이야기를 듣고 싶어하였습 니다. 양심이 깨우침을 받아 곧 그들은 이렇게 묻기 시작했습니다. "내가 어떻게 하여야 구원을 받으리이까?"(행 16:30). 그들에게는 자신의 의가 없었으므로 한 의가 필요하다는 것을 확신하였기 때문에, 하나님께서 자기 아들을 믿는 모든 자들을 위하여 하나님의 사랑하는 아들 안에서 예비해 두신 그 의로 즉시 달려 갔습니다. 그래서 수많은 사람들이 믿고 주께 돌아왔습니다(행 11:21). 이렇게 해서 하나님을 알지 못하던 사람들이 하나님께 순종하는 예배자들이 되었으며, 멀리 떨어져 있던 자들이 믿음으로 가까이 있게 되었습니다(엡 2:17, KJV).

　　자신의 영적 상태가 이방인들의 영적 상태와 다소 비슷한 사람들이 이 자리 에는 없습니까? 여러분은 종교적이지도 않고 경건한 가족을 가진 것도 아닙니 다. 또 교회에 자주 나오는 것도 아닙니다. 그러나 그보다 심한 이방인도 믿음으로 의를 얻었는데, 여러분이라고 왜 믿음으로 의를 얻지 못하겠습니까? 은혜의 기적들은 하나님께서 기뻐하시는 것인데, 왜 하나님이 그러한 기적들을 여러분 안에서 행하지 않으시겠습니까? 어쨌든, 제 설교가 여러분의 믿음을 불러일으켜서, 여러분이 즉시 구원과 영생을 얻을 수 있기를 바랍니다.

이런 이방인들의 경우에 놀라운 은혜는 훨씬 더 컸습니다. 왜냐하면 사도 바울이 말한 바대로, 그들은 "의를 따르지 아니한"(롬 9:30) 사람들이었기 때문입니다. 그들은 처음부터 하나님 앞에서 의를 따르고 싶다는 마음이 들지 않았습니다. 그들 중의 어떤 사람들은 다른 사람을 향해 사려 깊고 공정하며 관대했습니다. 그러나 하나님을 향한 의와 거룩함을 위해서는 노력하지 않았습니다. 이방인들은 "하나님 앞에서 의로움이 무엇인가?" 하는 생각보다는 "무엇을 먹을까 무엇을 마실까?"(마 6:25) 하는 생각에 더 매달리고 있었습니다. 금이나 영광, 권력이나 쾌락 등, 이 모든 것들이 바로 그들이 추구하던 목표들이었습니다. 그러나 그들은 거룩함의 상을 얻기 위한 경주는 하지 않았습니다. 그들은 구원, 하나님과의 화해, 내적 생명, 성화, 언약과 관련된 모든 신비들과 축복들 등, 그런 주제들에 대해서 알지 못했습니다. 그래서 그들은 이것들을 따르지도 않았습니다. 그들은 대부분 들판에서 밭을 가는 소처럼, 또는 길에서 배회하는 개처럼 사는 것으로 만족하였습니다. 그들은 자기 마음의 소욕과 계획들을 따랐습니다. 그러나 깜깜한 밤 같던 그들의 영혼 속에 갑자기 복음이 뚫고 들어오자, 그들은 기쁨으로 그 복음의 빛을 영접하였고, 하늘로부터 온 그 좋은 소식을 자원하는 마음으로 받아들였습니다. 그들은 목자를 찾지 않았으나, 목자는 그들을 찾아내 즐거워 어깨에 메고(눅 15:5) 우리 안에 넣었습니다. 그들이 의를 따르지 않았음에도 불구하고 의를 찾게 된 것은 그야말로 놀라운 일이었습니다.

그들은 지금부터 말씀드릴 한 인디언과 비슷합니다. 그 인디언은 사냥감을 쫓아 산기슭을 다니다가 미끄러졌고, 더 미끄러지지 않으려고 한 덤불을 잡았습니다. 하지만 그 뿌리마저 뽑히게 되었는데, 그 때 그 속에서 순은 덩이가 드러났습니다. 그리하여 풍부한 순은 노다지가 그것을 찾지도 않았던 한 사람에 의해 운 좋게 발견된 것입니다. 이 이방인들도 그리스도 안에서 그들에게 필요했던 의를 발견하였습니다. 그러나 그 의는 그들이 발견하리라고는 꿈도 꾸지 못했던 것이었습니다. 인디언 이야기를 하다 보니, 우리 주님께서 친히 하신 비유가 생각납니다. 어떤 사람이 소로 쟁기질을 하고 있었습니다. 그런데 갑자기 쟁기 날에 예상치 못한 물체가 부딪쳤습니다. 그는 쟁기질을 멈추고 땅을 파보았습니다. 그러자, 우와! 그는 거기서 금 항아리 하나를 발견했던 것입니다! 그는 이 "밭에 감추인 보화"를 즉시 가슴에 안고 기뻐하며 돌아가서, 그가 가진 자기의 소유를 다 팔아 그 밭을 샀습니다(마 13:44). 은혜를 결코 발견하지 못할 것 같은 사람이 은혜를 발견하게 됩니다. 오, 하나님의 영광스러운 은혜, 그 은혜는 때로 그리스도의 의를 찾지도 않은 자들에게, 또 종교성이 전혀 없는 자들에게, 또 그럴 기미마저 전혀 없는 자들에게 그리스도의 의를 충만히 제공합니다! 기스의 아들 사울(삼상 9:3)이 자기 아버지의 나귀들을 찾으러 나갔다가 나라를 세웠습니다. 그렇게 부주의하고 세속적인 사람들이 하나님을 찾게 되는 일은 거의 불가능해 보이지만, 불가능해 보이는 바로 그 때 하나님을 알게 됩니다. 이것이 바로 엄청나게 놀라운 일입니다. 이 놀라운 일로 인해 온 하늘에 하나님을 찬양하는 할렐루야가 울려 퍼지게 됩니다.

이처럼 믿을 것 같지 않던 사람들이 실제로 믿고서 의를 얻었다는 사실을 살펴보십시오. 복음이 그들에게 임했을 때, 그들은 깊은 주의를 기울여서 복음을 들었습니다. 복음 안에는 강력하게 그들의 마음을 끌어당기는 무언가가 있었습니다. 여러분은 예수님께서 이렇게 말씀하신 것을 알고 있습니다. "내가 땅에서 들리면 모든 사람을 내게로 이끌겠노라"(요 12:32). 이 거룩한 매력이 그들을 끌어당겨서 그 가르침을 고려하도록 하였고, 그들이 그것을 이해하게 되었을 때 자기 발에 꼭 맞는 신발처럼, 그것이 그들의 필요에 꼭 맞는 것임을 그들은 감지하게 되었습니다. 그 복음은 그들의 은밀한 필요들과 상처들을 드러내 주었을 뿐 아니라 그것들을 채워주고 위로해주기도 했습니다. 그래서 그들은 그 복음을 고려하면서 복음 안에 담겨진 축복을 기쁨으로 받아들였습니다. 그들은 즉시 주 예수님을 믿었습니다. 이 일들은 갑작스럽게 일어났지만, 잘된 일이었습니다. 그들은 복음을 태어나 처음 듣고서 구원을 받았던 것입니다. 우리는 그런 사람의 이야기를 성경에서 읽을 수 있습니다. 간수인 그는 복음 전도자를 감옥에 가두었습니다. 그리고 잠자리에 들었습니다. 그러나 한밤중에 지진이 일어나 그 감옥 터가 움직였습니다. 그 날 밤, 그 간수는 신자가 되었을 뿐만 아니라 세례도 받았습니다. 그리고 그의 온 가족까지 하나님을 믿게 되었습니다(행 16:24-34). 이 이방인들은 여러분 가운데 있는 어떤 사람들처럼 그렇게 오랫동안 마음의 문을 두드릴 필요가 없었습니다. 이 이방인들을 위해서는 설교자가 새로운 예화들과 논증들을 찾아내기 위해 머리를 짜낼 필요도 없었습니다. 또 몇 년씩이나 헛되이 수고하는 일은 더더욱 없었습니다. 첫 부르심에 그들은 순종하였습니다. 그들은 하나님의 빛을 보자마자 그 빛을 즐거워하였습니다. 그들은 죄의 깊은 곳에서 의의 높은 곳으로 단번에 뛰어올랐습니다. 악마를 섬기는 주동자들이 예수 그리스도를 섬기는 열심당원(눅 6:15)들이 되었습니다. 그 변화는 놀라우리만치 완벽했습니다. "이방인들이 의를 얻었으니"(롬 9:30). 그들은 의로운 사람으로 하나님 앞에 받아들여졌습니다.

바울 사도는 우리에게 묻습니다. "그런즉 우리가 무슨 말을 하리요?"(롬 6:1). 우리는 이 안에서 하나님의 주권적인 정하심을 보게 된다고 말 수 있습니다. 하나님께서는 긍휼히 여길 자를 긍휼히 여기십니다. 하나님께서는 자기 아들에게 하신 약속을 성취하실 것입니다. "보라 네가 알지 못하는 나라를 네가 부를 것이며 너를 알지 못하는 나라가 네게로 달려올 것은 여호와 네 하나님 곧 이스라엘의 거룩하신 이로 말미암음이니라 이는 그가 너를 영화롭게 하였느니라"(사 55:5). 흑암에게 말씀하시는 전능하신 만유의 하나님을 언급하는 성경 말씀도 있습니다. 하나님이 이르시되, "빛이 있으라"(창 1:3) 하시니, 빛이 있었습니다. 성경에서 저는 하나님의 입에서 나가는 말씀이 하나님이 보낸 일을 이루신다(사 55:11)는 말씀도 봅니다. 레바논의 백향목을 꺾어 부수시는 여호와의 소리(시 29:5) 또한 사람들의 완고한 마음을 무너뜨립니다. "여호와의 소리가 암사슴을 새끼를 낳게 하시고"(시 29:9), 경건치 않은 자들의 마음에 새 생명을 창조하십니다. 복음은 능력이 충만하며 하나님의 영원한 뜻에 따라 역사합니다. 사도 바울의 시대에 이방인들을 부르신 것은 자주 베푸시는 주권적인 은혜의 한 사례일 뿐입니다.

이것은 또한 하나님의 예언을 따라 되는 것입니다. 하나님께서는 자기의 종 호세아를 통해 무슨 말씀을 하셨습니까? "긍휼히 여김을 받지 못하였던 자를 긍휼히 여기며 내 백성 아니었던 자에게 향하여 이르기를 너는 내 백성이라 하리니 그들은 이르기를 주는 내 하나님이시라 하리라"(호 2:23). 선지자가 말한 대로 반드시 그렇게 되어야 합니다. 하나님은 자기 죄로 죽을 많은 사람들을 택하셔서 그 죄로부터 불러내십니다. 여기에 서 있는 저는 하나님의 무한한 능력이 여러분 중의 어떤 사람을 지금 막 구원하실 것이라는 기대를 해 봅니다. 이 은혜를 누구에게 주실지 저는 모릅니다. 그러나 여호와의 말씀이 헛되이 여호와께로 돌아오지 않을 것을 압니다(사 55:11). 하나님은 여러분 중의 지극히 작은 자와 같은 사람들을 축복하실 수도 있습니다. 하나님은 지금 "나는 당신이 말하는 말을 하나도 믿지 못하겠소"라고 말하는 사람을 부르실 수도 있습니다. 사랑하는 성도 여러분, 오늘이 다 가기 전에 여러분이 복음을 믿게 될지 어떨지 여러분은 알지 못합니다. 다만 하나님의 능력이 여러분을 구원의 경계선 안으로 인도하실 것이라고 저는 믿습니다. 다소 시절 예수님을 핍박하던 사울이 "주여, 내가 어떻게 하기를 원하시나이까?"(행 9:6, KJV)라고 부르짖었던 그 부르짖음을 이 시간 그 누군가가 다시 부르짖을 수도 있습니다. 그리고 다른 한편으로는, 예수님께 나아와 이와 똑같이 부르짖었지만 한 가지가 부족하다는 대답을 들었던 그 청년이 (막 10:21) 오늘 그 부족한 한 가지를 찾게 될 수도 있습니다. 하나님께서 하나님의 장엄한 능력으로 역사하시기에, 의를 구하지 않았던 사람들이 의를 구하지 않았음에도 불구하고, 그리스도를 믿게 되고 그 믿음으로 말미암아 즉시 하나님 앞에서 의롭게 되었습니다. 이것이 바로 우리가 기대할 수 있는 이유입니다. 또 많은 약속들이 그렇게 될 것이라고 선언하고 있습니다. 이사야 선지자도 담대하게 말하지 않았습니까? "내가 나를 찾지 아니한 자들에게 찾은바 되고 내게 묻지 아니한 자들에게 나타났노라"(롬 10:20).

사실, 이것이 하나님 은혜의 복음입니다. 하나님이 그럴 가치가 있는 사람들에게 미소를 지으시고 그들의 선행에 따라 보상하신다면, 그것은 복음이 아닙니다. 복음은 이것입니다. 하나님이 범죄하고 자격이 없는 자들에게 자비를 베푸시는 것입니다. 복음은 우리에게 이렇게 말합니다. "미쁘다 모든 사람이 받을 만한 이 말이여 그리스도 예수께서 죄인을 구원하시려고 세상에 임하셨다 하였도다"(딤전 1:15). 여러분이 최선을 다하면 구원을 받게 되고, 최선을 다한 후에야 비로소 자비를 구할 수 있는 자격을 얻게 된다면, 이것은 복음이 아닙니다. 이것은 절대 복음이 아닙니다! 결코 복음일 수 없습니다! 그런 주장을 따른다면, 여러분은 아주 다른 항로로 항해하게 될 것입니다. 그러나 복음은 여러분에게 선포합니다. 설령 여러분이 최악의 행동을 한다 해도 여러분이 하나님의 사랑하는 아들의 대속을 믿는다면, 하나님께서는 여러분에게 자비를 베푸실 것입니다. 여러분이 일주일 내내 엉망진창으로 살았고, 여러분에게 선한 것이라고는 털끝만큼도 없다 해도, 여러분이 예수 그리스도를 믿는다면, 여러분은 하나님의 자녀가 될 것입니다. 회개하십시오. 그러면 회심하게 될 것입니다. 예수님을 믿으십시오. 그러면 살게 될 것입니다.

아주 악한 사람이라도 의를 얻을 수 있습니다. 이것이 바로 복된 하나님의 영광의 복음입니다. 이 복음을 전하는 것이 저의 기쁨입니다. 자, 보십시오. 저는 여러분 앞에 은혜의 문을 열어 놓고서 여러분에게 있는 모습 그대로 들어가기를 간청합니다. 저는 여러분 중에 이미 옷을 입고 있는 사람들의 옷을 수리하려고 온 것이 아닙니다. 오히려 벌거벗은 자들에게 그리스도의 의의 옷을 선물하려고 왔습니다. 우리는 여러분의 아름다움을 찾아 여기까지 온 것이 아닙니다. 오히려 여러분의 기형적인 모습들, 몸의 상처와 마음의 상처들, 곪아 터져 욱신거리는 부분들을 속속들이 드러내고, 여러분을 치유하실 수 있는 주 예수님을 여러분에게 소개해서, 주님의 아름다움이 여러분에게 머물도록 하려고 왔습니다. 우리는 공로를 전하지 않고 긍휼을 전합니다. 우리는 인간의 선함을 전하지 않고 하나님의 은혜를 전합니다. 우리는 율법의 사역을 전하지 않고 사랑의 놀라움을 전합니다. 이것이 바로 이방인들의 구원이라는 복된 결과를 얻어낸 복음입니다.

2. 놀라운 어리석음

두 번째 대지로, "의의 법을 따라간 이스라엘은 율법에 이르지 못하였다"(롬 9:31)고 하는 놀라운 어리석음에 대해 살펴보겠습니다. 수많은 사람들이 아직도 참된 의를 발견하지 못했습니다. 제 설교를 듣고 있는 이 자리의 성도들도 이 수에 포함되어 있지는 않을까 우려가 됩니다. 그들은 스스로 의롭다고 생각하며 자기를 믿겠지만, 그들은 의롭지 않습니다. 그들의 양심은 평안하지 않습니다. 그들은 자신이 심각하게 부족한 상태임을 알고 있습니다. 항해하는 그들의 배는 아직까지 안전한 정박지를 찾지 못했습니다. 저는 그들에게 이스라엘의 경우를 연구해 보도록 권하고 싶습니다.

사도 바울 당시에 이 사람들은 누구보다도 아주 유리한 지위에 있었습니다. 그들은 이스라엘이라는 택함받은 민족이었습니다. 말하자면, 그들은 눈에 보이는 교회 안에서 태어났고 할례를 받았으며 모세 율법을 알도록 양육 받았습니다. 그럼에도 그들은 의를 얻지 못했습니다. 마치 기드온의 양털처럼 주변 땅은 다 이슬로 젖었지만(삿 6:40) 그들은 말라 있었습니다. 이 자리에는 경건한 부모의 무릎 위에서 양육을 받고 어릴 때부터 예수님의 이름을 듣고 자란 사람들이 있습니다. 그들은 거의 한 주일도 빠지지 않고 주님의 교회 마당을 밟고 예배에 출석하였습니다. 그들은 어린이를 위한 주일학교로부터 입교를 위한 성경 공부반까지 수료하였으며, 이제 정식으로 교회의 일원이 되리라 다들 기대하고 있었습니다. 그러나 실제로는 그렇게 되지 않았습니다. 이제 그들은 성년이 되었지만, 여전히 은혜의 문 주위만 배회하고 있을 뿐 생명의 길로는 들어오지 않고 있습니다. 사랑하는 성도 여러분, 저는 여러분이 바로 그런 사람들인 것 같아 많이 놀랍니다. 그렇게 착하고, 그렇게 종교적이고, 그렇게 열성적이지만 아직까지 중생하지 못한 여러분을 보면, 여러분으로 인해 제 마음이 떨립니다. 여러분은 잘 차려입은 자연의 자녀이지, 생명 있는 은혜의 자녀가 아닙니다. 여러분은 어느 정도 그리스도인인 것처럼 보이지만, 여러분은 돌이켜 어린 아이와 같이 되지 아니하였으므로, 결단코 천국에 들어가지 못할 것입니다(마 18:3). 여러분이 그런 유리한 위치에 있음에도 불구하고, 여러분과 같은 많은 사람들이 천국에 들어가지 못하다니, 이것이야말로 불행 중의 불행입니다. 그 상태로 그대로 있겠습니까? 여러분, 돌이키십시오. 제발 돌이키십시오. 왜 여러분은 죽으려고 하십니까?

　　이처럼 이스라엘 사람들은 많은 이점들을 가지고 있었을 뿐만 아니라, 의의 법을 따르는데 있어서도 진지하고 열정적이었습니다. 슬픈 일입니다! 교회의 외형적인 예식이나 의식은 단 한 번도 잊지 않고, 특히 성례식에는 열정적으로 참여하며 또 예배 장소에도 규칙적으로 참석하는 많은 사람들이, 이 모든 것에도 불구하고, 영적인 것들에 관해서는 완전히 죽어 있습니다. 어떤 사람들은 매일 아침 저녁으로 무릎까지 꿇고서 기도를 반복합니다. 그들이 가진 모든 것을 모두에게 나누어 줍니다. 그들은 이웃에게도 항상 친절합니다. 기부를 마다하지 않고, 매번 기부금 명부에 이름을 올립니다. 그럼에도 그들은 승산이 없는 경주를 하고 있습니다. 여러분 중에는 자기가 정말 그렇다는 사실을 알고 있는 사람들도 있습니다. 그런 여러분은 지금 모습 그대로 당당히 죽을 수가 없습니다. 그리고 사실은 지금의 이런 방식으로 계속해서 살아갈 수도 없습니다. 아무도 여러분의 허물에 대해 노골적으로 손가락질 하지는 않지만, 여러분은 속이 썩어 문드러진 빛깔 좋은 사과와 같습니다. 그 사실을 여러분도 잘 알고 있습니다. 여러분과 하나님 사이에 제대로 된 것이 하나도 없다는 낌새는 최소한 여러분도 느끼고 있습니다. 여러분은 평화도 없고 기쁨도 없습니다. 주님 안에서 기뻐하는 다른 사람들을 볼 때, 여러분은 그들이 가식을 떨고 있다고 생각하거나, 아니면 나도 한 번 그래봤으면 하는 마음으로 그들을 부러워하기도 합니다.

영국에 있는 수만 명의 사람들이 빛 가운데서 멸망해 가고 있습니다. 이방인들이 어둠 가운데서 멸망하고 있는 것과 똑같이 말입니다. 많은 사람들이 스스로를 자신의 의로 포장하고 있는데, 그들은 그 죄가 모든 사람들 앞에 적나라하게 드러나게 되면 분명히 멸망할 자들입니다. 의의 법을 따르고 있는 여러분, 여러분에게 권면합니다. 여러분은 스스로 조심하십시오(눅 21:34). 여러분과 같은 자들을 위해 사도 바울은 자기에게 큰 근심이 있는 것과 마음에 그치지 않는 고통이 있다고 말했습니다(롬 9:1-2). 기억하십시오. 여러분은 눈에 보이는 교회 안에 있지만, 그럼에도 하나님의 은혜에 있어서는 아직 이방인일 수 있습니다. 여러분은 잘못된 방식으로 의를 진지하게 구하고 있습니다. 이것은 끔찍한 일입니다.

이런 사람들은 그 출발부터 실수를 했다는 점에 주목하십시오. 그 실수가 그리 커 보이지는 않지만, 실제로는 큰 것이었습니다. 이스라엘은 의를 따라간 것이 아니라 "의의 법"을 따라갔습니다. 그들은 의의 영을 놓치고, 단순히 율법 조문만 따라갔습니다(고후 3:6). 참으로 의롭게 되는 것이 그들의 목표가 아니었습니다. 단지 의로운 것을 행하는 것이 그들의 궁극적인 이념이었습니다. 그들은 "살인하지 말라"(출 20:13), "간음하지 말라"(출 20:14), "안식일을 기억하여 거룩하게 지키라"(롬 20:8)는 여러 계명들을 바라보았습니다. 그러나 네 마음을 다하여 하나님을 사랑하라(마 22:37)는 명령은 생각하지도 않았습니다. 하지만 이 명령이야말로 의의 핵심이었습니다. 그들은 율법의 조문만 보고서, 박하와 회향의 십일조(마 23:23)를 주의해서 바쳤고, 율법의 일점일획이라도(마 5:18) 모두 지키려고 노력했습니다. 그러나 마음을 깨끗이 하고 그 동기를 정결케 하는 것은 생각하지 못했습니다. 그들은 사람이 무엇을 행해야 하는가만 생각했지, 어떤 사람이 되어야 하는가 하는 중요성은 잊었습니다. 노예상태로 율법 조문을 지키려고 애쓰다가, 하나님을 사랑하고 하나님을 닮아가는 것은 잊었던 것입니다.

이런 모습들을 우리는 어디에서나 볼 수 있습니다. 요즘 사람들은 어떤 특정한 날에 목사가 어떤 종류의 옷을 입어야 하는지, 목사는 성찬대 앞에서 어떤 자세를 취해야 하는지에 신경을 많이 씁니다. 또 예배 장소의 내부 장식은 어떻게 해야 하는지, 절기 음악에 맞는 찬송가는 어떤 것이 적당한지에 대해서도 신경을 많이 씁니다. 그런데 이 모든 것에 무슨 특별한 의미가 있습니까? 우리의 마음이 하나님과 바른 관계가 되고, 하나님이 사랑하는 아들을 우리가 믿고, 그분의 형상을 닮아 우리가 새로워지는 것이 이 모든 의식들보다 더 중요합니다. 우리 중에도 정통이 아니라면 아무것도 아니라고 주장하는 사람들이 있습니다. 그들은 다른 사람의 말꼬리를 물고 늘어집니다. 그런 사람들은 목에 핏대를 높여 언쟁을 할 때가 제일 행복해 보입니다. 어느 경우에서든 내적이고 영적인 것보다 외적이고 문자적인 것을 더 선호합니다. 사랑하는 성도 여러분, 이러한 오류로부터 벗어나십시오. 겉모습을 너무 중시하다가 알맹이까지 놓치지는 마십시오. 경건의 모양에 치중하다가 경건의 능력을 부인하지는 마십시오(딤후 3:5).

이런 열정적인 이스라엘 사람들이 의를 얻지 못한 이유가 무엇입니까? 그들은 잘못된 원리를 따라 행했습니다. 이 이스라엘 사람들의 원리는 행위의 원리였습니다. 그들은 속으로 "우리는 율법을 지켜야 한다. 이 방법으로 우리는 구원받을 것이다"라고 말했습니다. 이 방법으로 구원받은 사람은 지금까지 한 사람도 없었으며, 앞으로도 없을 것입니다. 이제 제가 말씀드리는 것을 열심히 들어주시기 바랍니다. 우리 자신의 행위로 구원을 받는다는 원리는 사람을 높입니다. 이 이유만으로도 여러분은 이 원리가 분명히 오류라는 것을 확신하실 것입니다. 이 원리대로라면, 여러분이 여러분 자신의 구세주가 됩니다. 여러분이 행하고 여러분이 느끼는 것에 모든 것이 달려 있습니다. 예수 그리스도는 어느 곳에도 없게 됩니다. 만일 여러분이 이 길을 따라 천국으로 가게 된다면, 여러분은 여러분 자신을 찬양하고, 여러분에게 영광을 돌리게 될 것입니다. 이러한 논리는 여러분을 우쭐하게 하며, 여러분이 하나님의 칭찬을 받을 만한 아주 중요한 사람이라고 느끼게 합니다. 따라서 이 논리에는 하나님께서 역겨워하시는 교만의 냄새가 납니다.

이처럼 이 논리는 인간을 높이면서, 동시에 여러분이 이미 죄를 지었다는 엄청난 사실을 무시하게 합니다. 여러분은 여러분의 행위로 구원을 받고자 합니까? 그러면 과거는 어떻게 할 것입니까? 앞으로 선행을 해서 미래는 어떻게든 감당해 보겠지만, 과거에 지은 빚은 감당이 안 될 것입니다. 여러분이 지은 예전의 죄와 어리석음에 대해 여러분은 무슨 말을 할 수 있겠습니까? 여러분의 여생을 해야 할 선행으로 가득 채운다면, 여러분이 허비한 지난 세월들을 충당할 수 있으리라 생각합니까? 미래를 바라보고 앞으로 최선을 다한다면, 여러분은 감당해야 할 분량보다 더 많은 것을 할 수 있을 것입니다. 하지만 이것 역시 여러분이 지은 과거의 죄들을 제거할 수 없습니다. 설령 여러분이 갓 태어난 아기처럼 완전히 새롭게 시작해서 하나님의 법을 항상 완벽하게 지킨다 해도, 과거의 허물들은 지울 수 없는 오점으로 여전히 남게 될 것입니다. 죄는 죄입니다. 하나님은 그 죄를 벌하실 것이며, 여러분이 미래에 행할 순종으로 그 죄를 대속할 수는 없습니다.

다시 주목해 주십시오. 행위에 의한 이 구원 원리는 인간에게 큰 비중을 두는 반면, 하나님을 있으나 마나한 분으로 만들어 버립니다. 이런 원리는 하나님의 공의와 하나님의 자비하심, 이 둘을 무의미하게 만듭니다. 여러분은 여러분의 참모습을 진정으로 알고 있습니까? 여러분은 자신을 대단하게 여기며, 하나님 앞에 무언가 공로를 세울 수 있다고 생각합니다. 그러나 이것은 착각입니다. 제가 여러분에게 여러분의 현재 상태를 말씀드리겠습니다. 여러분은 이미 반역죄의 유죄 판결을 받았습니다. 여러분은 "기결수"입니다. 여러분이 할 수 있는 그 어떤 것으로도 여러분에게 이미 내려진 그 정죄를 뒤엎을 수 없습니다. 여러분에게 남은 유일한 희망은 하나님께서 원하시면 가능한 하나님의 특별사면권뿐입니다. 그러나 여러분은 사면을 받을 자격이 못됩니다. 그러므로 그 사면은 순전히 은혜의 행위여야 합니다. 이 순간에도 오직 하나님의 오래 참으심만이 여러분을 지옥으로부터 보호하고 있는 것입니다. 그렇습니다. 지금 제 말씀은 자신을 아주 대단하다고 여기는 여러분이 그렇다는 뜻입니다. 자신을 본성적으로 선한 사람으로 여기는 여러분이 그렇다는 뜻입니다. 저는 여러분이 가진 장신구들을 제거하고 여러분을 치장한 거짓 보석들을 기꺼이 던져 버리고 싶습니다. 왜냐하면 자기 의라는 인간의 종교는 지옥으로 가는 공허한 겉치레에 불과하기 때문입니다. 오, 저는 자기 확신이라는 깃털 장식을 보고 있으면 얼마나 역겨운지 모릅니다! 그것은 분명히 저주받을 길로 가고 있는 영혼이 과시하는 헛된 희망의 거짓 상징이며 엄청난 조롱거리에 불과하기 때문입니다. 오, 뻔뻔한 영혼들이여, 하나님께서 은혜를 베푸셔서 여러분의 현재 상태를 여러분이 볼 수 있기를 바랍니다! 여러분은 "하나님이여 불쌍히 여기소서 나는 죄인이로소이다"(눅 18:13)라고 외치십시오. 여러분이 죄인의 자리에 서기까지, 여러분은 거짓된 자리에 서 있는 것이며, 하나님께서는 그의 목전에 서지 못할 그 거짓말쟁이들 가운데 한 사람으로 여러분을 대하실 것입니다.

　　사랑하는 성도 여러분, 그 뿐만이 아닙니다. 행위에 의한 구원은 여러분에게 불가능한 것입니다. 여러분은 하나님의 율법을 완벽하게 지킬 수 없습니다. 왜냐하면 여러분은 죄 아래 팔렸기 때문입니다(롬 7:14). 예전에 저는 다시는 죄를 짓지 않겠다고 결심한 적이 있었습니다. 그 때가 기억납니다. 그런데 저는 그 날 아침 식사를 다 하기도 전에 죄를 지었습니다. 그 날은 그렇게 보냈습니다. 그래서 저는 다음 날 새롭게 시작할 생각을 했습니다. 막상 다음 날이 시작되었지만, 제 실패는 여전히 반복되었습니다. 누가 더러운 샘에서 맑은 물(겔 36:25)을 길을 수 있겠습니까? 여러분은 계명 앞에서 흠 잡을 데가 없는 그런 사람이 결코 될 수 없습니다. 계명은 너무나 순결하고, 여러분은 너무나 불결합니다. 계명은 너무나 영적이고, 여러분은 너무나 세속적입니다. "선을 행하고 전혀 죄를 범하지 아니하는 의인은 세상에 없기 때문이로다"(전 7:20).

　　그렇게 해야 한다는 일종의 의무감에서 외형적으로는 하나님의 율법을 지킬 수 있을지도 모릅니다. 하지만 여러분이 하나님과 바른 관계가 아니라면, 그 행위는 행해진 것이 아닙니다. 여러분의 손이 하나님을 섬겨야 할 뿐만 아니라, 여러분의 마음도 하나님을 사랑해야 합니다. 만약 여러분이 오직 지옥을 두려워하고 천국을 소망하는 마음만으로 하나님께 순종한다면, 여러분은 어떤 사람이 되겠습니까? 여러분은 돈이면 무슨 일이든지 하는 한갓 고용인에 지나지 않을 것입니다. 이것은 전적인 사랑의 봉사를 하는 자녀의 마음이 아닙니다. 제 경우를 말씀드리자면, 저는 오늘도 온 마음을 다해 하나님을 섬깁니다. 제가 이렇게 전심으로 하나님을 섬기는 것은 지옥을 두려워해서가 아닙니다. 제가 지은 죄들은 용서받았고 저에게 지옥은 없습니다. 제가 천국을 소망하기 때문에 이렇게 하나님을 섬기는 것은 더더욱 아닙니다. 나를 사랑하사 나를 위하여 자기를 버리신 주님(갈 2:20)을 제가 사랑하기 때문입니다. 이런 섬김 안에는 의의 증거만 있을 뿐이지 그 어떤 요구도 없습니다. 마음이 없이 하나님을 섬긴다는 것은 고역일 뿐입니다.

　　우리에게는 자기가 하는 일을 힘들게 생각하는 많은 종들이 있습니다. 그 종들이 의무를 다한다 할지라도, 그들은 주인의 관심사에는 아랑곳도 하지 않고 자기가 할 일만 할 뿐입니다. 그러나 옛날의 종들은 일하는 방식이 아주 달랐습니다. 만약 여러분이 이런 종들을 부리게 된다면, 다른 천명의 종들보다 이 종 한 사람을 더 귀하게 여길 것입니다. 그 종은 자기 주인을 사랑하고, 주인의 유익을 자신의 유익으로 생각합니다. 나이 든 종인 존(John)은 명령이 필요 없었습니다. 그는 해야 할 일을 스스로 알아서 잘 했습니다. 그는 사랑으로 섬겼습니다. 어느 날 주인은 종에게 떠나라고 말했습니다. 그러자 종은 자기 주인이 어디로 가는지 알고 싶었습니다. 왜냐하면 그는 그 주인을 떠날 생각이 없었기 때문입니다. 그 종은 그 집에 없어서는 안 될 중요한 사람이었으며, 다이아몬드 같은 비중을 가진 사람이었습니다. 그러면 여러분은 당연히 이렇게 말할 것입니다. "내 눈을 주고서라도 그런 종을 얻었으면 좋겠습니다." 제가 감히 말씀드리지만, 분명히 여러분은 그렇게 할 것입니다. 우리 주 예수님은 우리 가운데서 그런 종을 얻기 위해 자신을 내어 주셨습니다. 단순히 일만 하는 일꾼은 이런 종이 될 수 없을 것입니다. 그는 여전히 자기만 생각하는 일꾼, 즉 그가 하는 일에도 그가 섬기는 주인에게도 전혀 기쁨이 되지는 못한 채 채찍에 맞을까봐 두려움으로 일하는 그런 일꾼이 될 것입니다. 사랑하는 성도 여러분, 여러분은 거듭나야 합니다(요 3:7). 그렇지 않으면 여러분은 의를 얻을 수 없습니다. 행위에 의한 구원 원리에는 거듭나는 것이 없습니다. 그것은 은혜의 선물이어야 합니다. 이 선물은 예수 그리스도를 주님으로 받아들이는 믿음의 손에만 주어질 수 있습니다.

한 가지 더 말씀드리겠습니다. 이 열정적인 이스라엘의 불의가 전면적으로 전개된 것은 그리스도와 부딪쳤을 때입니다. "부딪칠 돌에 부딪쳤느니라"(롬 9:32). 예수 그리스도께서 그들 가운데 오셔서 그들에게 거치는 바위가 되었습니다. 부딪치기 전까지 그들은 의롭게 서 있는 것처럼 보였습니다. 그러나 예수 그리스도께서 그들 가운데 오셨을 때, 그들은 하나님과 그의 기름 부음받은 자를 실제적으로 거역하게 되었습니다. 그렇습니다. 도덕주의자들인 여러분은 십자가의 큰 원수들(빌 3:18)입니다. 그들은 대속을 원하지 않습니다. 그들은 대속의 교리를 참을 수가 없습니다. "피로 씻음 받음!" 그들은 이 말소리조차 참을 수가 없습니다. 그들은 씻음 받을 필요성조차 느끼지 못합니다. 그들은 하나님의 율법을 지켜왔는데, 그들에게 무엇이 부족하겠습니까? 예수님께서는 은혜로 말미암는 구원을 선포하기 위해 오셨습니다. 그러나 이 사람들은 은혜라는 개념에 콧방귀를 뀝니다. 예수님은 한 푼도 갚을 수 없는 채무자를 탕감해준 한 채권자의 이야기를 그들에게 들려주었습니다(눅 7:41-43). 그러나 그런 비유는 그들에게 별 가치가 없었습니다. 왜냐하면 그들은 하나님께 빚진 것이 없었고, 오히려 그 반대였기 때문입니다.

　　돌아온 탕자를 맞아주시는 아버지의 이야기(눅 15:11-32)가 더 멋진 비유겠지만, 그 역시 그들과는 아무런 관계가 없었습니다. 그들은 세리 같은 죄인들도 아니었습니다(눅 18:13). 그리고 사마리아 여자(요 4:7)처럼 생수를 구하기 위해 예수님을 바라봐야 할 필요도 없었습니다. "믿는 자는 영생을 가졌나니"(요 6:47)라는 가르침은 그들이 듣고자 한 것이 아니었습니다. 그들은 볼 수 있었지만, 눈 뜨고 봐야 할 필요성을 느끼지 못했습니다. 그들은 자유롭게 태어나서 누구에게 예속된 적도 없었습니다. 사실, 그들은 의사가 필요 없는 건강한 사람이었습니다. 그들은 그리스도께서 보여주신 사명이야말로 그들의 미덕을 모욕하는 것이라고 생각하고서, 그리스도를 십자가에 못 박았습니다. 자기 의는 십자가의 원수(빌 3:18)입니다. 자기 의는 예수님의 보혈을 무시합니다. 자기 의는 거룩한 희생과 경쟁해서 자신을 높입니다. 그래서 복음을 거부하고 전가된 의를 매도합니다. 이스라엘은 "의의 법"을 따라간 것입니다(롬 9:30). 그러나 의 자체이신 그리스도는 그들과 아무런 관계도 맺지 못했습니다. 그들의 교만한 자기기만이 자기는 그리스도가 전혀 필요 없다고 생각하도록 했기 때문입니다.

3. 믿음으로 말미암아 의를 얻는 사람이 되십시오.

　　세 번째 대지를 말씀드리겠습니다. 이제 싸우는 듯한 접전을 접어야겠습니다. 저는 애정어린 말씀을 전하고자 합니다. 저는 여러분을 사랑하기 때문에 여러분을 즉시 구원받게 하고 싶습니다. 오늘은 5월의 첫날입니다(이 설교는 1887년 5월 1일에 행해졌다 – 역주). 옛날에 런던 사람들은 5월 1일이 되면 시골에 가서 이슬에 세수를 하곤 했습니다. 이 오월의 아침에 하나님께서 천국의 이슬로 여러분의 마음을 씻어주시기를 바랍니다. 그래서 이 시간에 유명한 한 초목(겔 34:29, KJV)의 향기를 즐길 수 있으면 좋겠습니다! 이방인들 중에도 믿음으로 말미암아 의를 얻은 사람들이 있는데, 왜 우리가 의를 얻지 못하겠습니까? 예수님을 믿으십시오. 그러면 예수님의 의가 여러분의 것이 됩니다. 하나님께서는 행함이 없어도 의롭다고 인정해 주셨습니다(롬 4:6). 왜 여러분은 나의 주님, 나의 피 흘리는 주님, 나의 부활하신 주님, 나의 중보자 주님을 믿지 않습니까? 주님을 의심하기에는 수긍할 만한 이유가 없습니다. 와서 주님을 의지하십시오. 그러면 의는 여러분의 것이 됩니다.

　　여러분이 "그래도 …"라고 하는 말을 제가 들어야겠습니까? 여러분이 말하는 모든 "그래도"를 집어치우십시오. 다른 사람들도 여러분의 마음과 똑같은 상태에 있었습니다. 하지만 그들은 예수님을 믿고 의를 얻었습니다. 그런데 왜 여러분은 안 된다고 생각합니까? 한번 해 보십시오. 제가 여러분에게 강권합니다. 믿으십시오. 그러면 하나님의 의가 여러분의 것이 됩니다. 왜 여러분은 믿지 못합니까? "저는 느낌이 없어요"라고 하는 말을 제가 들어야하겠습니까? 느낌에 대해서 제가 여러분에게 말씀드리지 않았습니까? 느낌으로 얻는 구원은 행위로 얻는 구원의 또 다른 행태일 뿐입니다. 그런 것은 생각도 하지 마십시오. 구원은 예수 그리스도로 말미암아, 오직 믿음으로 받습니다. 구원은 값없는 선물로 주어지며, 값없는 선물로 받아들여져야 합니다. 그뿐입니다. 다른 것은 없습니다. 여러분을 구원하는 예수님을 믿으십시오. 그러면 구원받습니다. 그분을 믿고서 행복해지십시오. 복음 안에서 여러분에게 값없이 제시된 것을 여러분의 것으로 취하십시오. 그것을 여러분이 믿을 수 있다면, 여러분은 구원받은 것입니다.

힐(Hill)이라는 성도가 어제 한 이야기를 여러분에게 꼭 전해드리고 싶습니다. "나를 믿는 자는 영생을 가지고"(요 6:47, KJV)라는 이 성경 말씀을 가지고, 힐은 "현재형인 '가지고' 대신에 과거형인 '가졌나니'로 썼어요"라고 했습니다. 맞습니다. 약간 이상하긴 하지만 이것이 완벽하게 정확한 철자입니다. 만약 여러분이 그리스도를 붙잡는다면, 그리스도께서는 결코 여러분을 떠나지 않으실 것입니다. 공기를 들이마십시오. 그러면 그 공기가 여러분의 것이 됩니다. 그리스도를 받아들이십시오. 그러면 그리스도는 여러분의 것이 되고 여러분은 의를 얻게 됩니다.

다음으로, 왜 지금까지 여러분은 안식을 찾지 못했는지 살펴보십시오. 여러분은 수많은 세월 동안 진지하고 신실하였습니다. 여러분은 계속해서 말씀을 듣고 읽어왔습니다. 또 어떤 형태로든 계속해서 기도도 해왔습니다. 그러나 지금까지 줄곧 여러분은 잘못된 길로 가고 있었습니다. 저기 있는 한 청년이 자기 자전거로 브라이튼(Brighton. 영국 동남부에 있는 도시이다 ─ 역주)까지 가려고 출발해서 북쪽으로 똑바로 간다고 가정해 봅시다. 그러면 그 청년은 절대로 브라이튼에 도착하지 못할 것입니다. 그가 빨리 달리면 달릴수록, 그는 더욱더 브라이튼에서 멀어질 것입니다. 이와 마찬가지로 여러분이 율법의 행위로 의를 얻고자 한다면, 여러분이 더 행하면 행할수록 여러분은 하나님의 의로부터 더 멀어질 것입니다. 이것은 분명한 사실입니다.

한 가지 비유를 더 말씀드리겠습니다. 저쪽에 깊고 넓은 강이 하나 있습니다. 여러분은 그 강을 건널 수 있는 적절한 방법이 다리를 걷고 걸어서 건너가든지 아니면 수영해서 건너가야 한다고 생각합니다. 이외에 다른 방법에 대해서는 듣지를 못합니다. 그런데 임금님께서 그 강에 다리를 놓아주셨습니다. 그 다리는 누구나에게 개방되어 요금 없이 자유롭게 통행할 수 있습니다. 또 일반 평지를 다니는 것만큼이나 안전하게 다닐 수 있는 다리입니다. 그런데도 여러분은 왕의 호의에 신세지기를 거절합니다. 여러분은 자기 힘으로 다리를 건너야 한다고 생각합니다. 이미 여러분의 옷은 젖었고 몸은 춥습니다. 그런데도 여러분은 참아야 한다고 생각합니다. 거의 물에 목이 잠길 지경이며 물살마저도 감당하기에는 너무 강합니다. 오, 어리석은 사람이여, 돌아와서 강 위에 놓인 다리를 건너가십시오. 믿음의 길은 너무나 안전하고 너무나 간단하고 너무나 축복된 길입니다. 한번 시도해 보십시오! 여러분은 자신을 구원하기 위해 지금까지 다 해 보지 않았습니까? 수년씩 몸부림쳐 봤지만, 여러분은 여전히 그 상태 그대로이며 조금의 위로도 받지 못했습니다. 그런 몸부림은 그만두십시오. 주 예수님을 믿으십시오. 자기를 신뢰하는 어리석음을 단념하고, 허물 많은 인간을 위한 피 흘리는 대속자이신 하나님의 아들을 신뢰하십시오. 복되신 성령께서 예수님을 지금 영접하도록 여러분을 다정하게 도우시기를 기원합니다!

사랑하는 성도 여러분, 자기를 신뢰하는 여러분의 그 이기적인 모습이 실제로는 여러분이 하나님을 대적해서 싸우고 있는 것임을 알지 못합니까? 예수님께서 말씀하십니다. "나를 믿으라, 내가 너를 구원하리라." 그러자 여러분이 대답합니다. "나는 나 자신의 행동을 더 믿겠습니다." 이런 대답이야말로 예수님을 크게 모독하는 것이 아닐까요? 이런 식으로 지금까지 여러분은 위대하신 성부 하나님의 마음을 아프게 하지 않았습니까? 아버지께서는 여러분을 구원할 길을 스스로 정하신 것이 아닙니까? 아버지께서는 믿음으로 말미암는 은혜의 방법을 선택하셨습니다. 그런데 여러분이 그 방법을 거부하다니, 얼마나 오만 방자한 행동입니까! 하나님은 돈 없이 값없이(사 55:1) 주셨는데, 왜 여러분은 말도 안 되는 공로를 가지고 하나님을 화나게 하십니까? 여러분은 위대한 하나님 앞에서 정면으로 도전하고 있습니다. 그런 것을 볼 때, 여러분이 믿고 있는 종교는 죄입니다. 제가 좀 강도 높게 책망하겠습니다. 여러분이 하는 선행은 바로 악행입니다. 왜냐하면 여러분은 예수 그리스도로 말미암아 우리에게 주신 하나님의 선물을 제쳐놓고 그런 선행들을 행하고 있기 때문입니다. 하나님께서 예수님을 여러분의 의로 정하셨음에도 불구하고, 여러분은 자신의 의를 만들기 위해 힘쓰고 노력합니다. 여러분은 골고다의 희생을 믿으라는 명령을 받았음에도 불구하고, 그 골고다 희생을 거절하였습니다. 여러분은 사실상 그 골고다의 희생이 여러분에게 별 필요가 없다고 말합니다. 왜냐하면 여러분은 자신의 행위와 느낌으로 천국에 이를 수 있다고 생각하기 때문입니다.

사랑하는 성도 여러분, 만약 여러분이 자기 행위로 말미암아 구원받아서, 여러분의 그 교만한 소망이 성취된다면, 그 때 우리 주님의 죽으심은 엄청난 실수로 판명될 것입니다. 만일 여러분이 스스로를 구원할 수 있다면, 저 위대한 희생이 무슨 필요가 있었겠습니까? 인간의 공로로 충분하다면, 십자가는 있으나 마나한 것이 됩니다. 결국 인간들이 무엇인가를 행함으로써 자신의 의를 만들어 낼 수 있었다면, 성부께서 성자를 그렇게 눈물짓게 할 필요가 없었습니다. 행위가 여러분을 구원할 수 있다면, 왜 예수님이 죽으셨습니까? 여러분은 지금 어디를 향해 가고 있는지 알고 있습니까? 여러분은 예수님의 피를 발로 짓밟으려고 합니까? 여러분에게 간구합니다. 스스로 의롭게 되려는 모든 생각을 떨쳐버리십시오. 여러분의 주님과 경쟁하는 우상을 부서뜨리십시오.

> "당신을 죽게 하는 '행위'를 던져라.
> 예수님 발 앞에 던져라.
> 영광스럽게 다 이루신
> 그분, 오직 그분 안에 서라."
> (영국의 성직자 제임스 프록터[James Proctor]가 지은 찬송가로 '다 이루었다'
> [IT IS FINISHED]의 5절 가사이다 — 역주)

어떤 사람은 말합니다. "맞습니다. 목사님은 자기 구원을 목표로 하는 영혼의 겉과 속을 모두 다 알고 계신 것 같습니다." 예, 저는 잘 압니다. 왜냐하면 저 역시 자신의 행위라는 러닝머신 위에서 천국에 오르기 위해 부단히 노력했기 때문입니다. 그러다가 지쳤고 그래서 예수님께 제 자신을 맡겼습니다. 예수님은 그 두 팔로 저를 안아 천국으로 인도하실 것입니다. 여러분도 저처럼 그렇게 하지 않으시렵니까?

　　자, 사랑하는 성도 여러분, 이 은혜의 길을 이해하고서도 이 길을 거부하는 것은 끔찍한 일이 될 것입니다. 제가 얼마나 더 그런 사람들을 위해 말씀을 전해야 합니까? 제가 얼마나 더 온 마음을 다해, "예수님께 나아오십시오. 예수님을 믿으십시오"라고 외쳐야 하겠습니까? 저쪽 자리에 앉아 있는 어떤 사람은 20년 전에 이 말씀을 듣고서도 여전히 회개하지 않고 그대로 있습니다. 그 사람은 이렇게 대답합니다. "지금은 어렵습니다. 하지만 이제 거의 천국시민이 다 되었습니다. 이제 거의 확신하게 되었으니, 조만간 결단할 겁니다." 맞습니다. 여러분은 주일에 확신합니다. 그러고 나서는 월요일만 되면 확신한 그 모든 것을 잊어버립니다. 이렇게 되는 이유는 신앙이 힘을 발휘하지 않기 때문입니다. 여러분은 신앙을 믿습니다. 그러나 예수님을 믿지 않습니다. 예수님을 믿으면 예수님은 여러분을 구원하실 것을 알면서도, 여러분은 예수님을 믿지 않습니다. 바로 이 순간 이런 어정쩡한 태도를 끝내십시오!

　　성경에서 예수님을 믿는 것은 바라보는 것으로 묘사되어 있습니다. 뱀에게 물린 자는 장대 위에 달린 놋뱀을 쳐다보고 모두 살았습니다(민 21:9). 이와 마찬가지로 여러분이 지금 예수님을 바라보면 여러분은 구원을 받게 됩니다. 저는 하나님의 독생자를 바라봅니다. 그분은 우리를 위하여 감사하게도 인간이 되셨고 우리 대신 죽으셨습니다. 십자가 위의 주님이 여러분에게 말씀해 주시기를 간구합니다. 오, 나의 주님, 말씀해 주옵소서. 주님께서 말씀하십니다. 이것이 그분의 말씀입니다. "땅의 모든 끝이여 내게로 돌이켜 구원을 받으라 나는 하나님이라 다른 이가 없느니라"(사 45:22). 바라보십시오. 제가 여러분을 위해 기도합니다! 바라보십시오. 그러면 살게 됩니다!

제
25
장

—

그리스도는 율법의 마침이 되신다

—

**"그리스도는 모든 믿는 자에게 의를 이루기 위하여
율법의 마침이 되시니라"** ― **롬 10:4**

지난 주일 아침에 "인자의 때"(눅 17:26)에 관하여 제가 말씀드린 것을 여러분은 기억할 것입니다. 이제 모든 주일이 지극히 영적인 의미에서 그러한 날이 되어야 합니다. 우리가 노력해서 모든 주일을 이렇게 만들었으면 하는 것이 저의 바람입니다. 즉, 말 그대로 매주 주님의 날이 되어 예수님을 더 많이 생각하고, 예수님을 더 많이 기뻐하고, 예수님을 위해 더 많이 애쓰고, 더 끈질기게 기도함으로써, 많은 성도들이 그분께 나오도록 했으면 좋겠습니다. 이제 우리가 함께 할 주일도 그리 많지 않을 것입니다. 죽음이 곧 우리를 갈라놓을 것이기 때문입니다. 그러나 우리가 그리스도인의 모임으로 이렇게 만날 수 있는 동안만이라도, 그리스도의 임재가 우리의 주요 관심사임을 잊지 말고 이를 위해 기도하며, 이 주님의 임재가 항상 빛과 생명과 사랑으로 나타나게 해 달라고 간구합시다!

말씀을 전하는 모든 시간이 영혼을 구하는 시간이었으면 하는 바람이 갈수록 더 간절해집니다. 사도 바울이 "내 마음에 원하는 바와 하나님께 구하는 바는 이스라엘을 위함이니 곧 그들로 구원을 받게 함이라"(롬 10:1) 하신 말씀을 이제야 깊이 공감할 수 있게 되었습니다. 우리는 아주 많이 복음을 전했습니다. 그러나 그에 비하면 상대적으로 아주 적은 사람들이 예수님을 믿었습니다. 그리고 만일 예수님을 믿는 사람이 없다면, 율법이나 복음이 그 목적을 달성하지 못한 것이며 우리의 수고도 완전히 헛것이 된 셈입니다. 여러분 중의 어떤 사람들은 말씀을 듣고, 듣고, 또 들었습니다. 그래도 여러분은 예수님을 믿지 않았습니다.

만일 복음이 여러분에게 들리지 않았다면, 여러분은 그 복음을 거절하는 죄도 짓지 않았을 것입니다. 사도 바울은 "그들이 듣지 아니하였느냐?"(롬 10:18)라고 묻습니다. 그러나 그는 곧 "그렇지 아니하니"(롬 10:18), "그들이 다 복음을 순종하지 아니하였도다"(롬 10:16)라고 말합니다. 우리가 사랑하는 많은 사람들의 경우를 보면, 바로 이 순간까지도 마음의 귀로 복음을 듣지 않고 마음에 믿음의 역사(살전 1:3)가 없습니다. 사랑하는 성도 여러분, 항상 그렇게 살겠습니까? 언제까지 그렇게 살겠습니까? 구원의 외적 수단인 말씀만 받아들이고, 내적 수단인 은혜는 거절하는 이런 일들을 이제는 그만해야 하지 않겠습니까? 미래의 구원이 아닌 현재의 구원을 위해서 여러분의 영혼이 이제 그리스도와 친해져야 하지 않겠습니까? 비추어라! 비추어라, 오 하늘의 햇살이여, 저 어두운 무지몽매한 자들 위에 비추어라. 우리의 마음은 그들로 인해 무너져 내립니다. 많은 사람들이 그리스도께로 나아오지 않는 이유는, 그들이 어떤 형태로든 진지하지 않거나 생각이 없거나 구원받고 싶은 마음이 없어서가 아니라, 그들이 하나님의 구원 방식을 용납할 수가 없기 때문입니다.

"그들이 하나님께 열심이 있으나 올바른 지식을 따른 것이 아니니라"(롬 10:2). 우리의 권고로 그들에게는 아직까지도 이 영생을 얻고자 하는 마음이 유지되고 있기는 합니다. 그러나 "자기 의를 세우려고 힘써 하나님의 의에 복종하지 아니하였느니라"(롬 10:3). "복종하지 아니하였느니라" 하는 말씀을 주목하십시오. 왜냐하면 구원받는 데는 복종이 필요하기 때문입니다. 교만한 사람은 스스로 구원하기를 원합니다. 교만한 사람은 자기를 구원할 수 있다고 믿고 있으며, 비참한 실패로 인해 자기가 불행해지기 전까지는 절대로 이 과제를 단념하지 않을 것입니다. 극빈자로서(in forma pauperis) 구제를 받는 듯한 은혜로 말미암는 구원, 다시 말해 값없고 공로도 없이 은혜로 주어지는 축복을 요청하는 것, 바로 이런 것은 육체에 속한 마음이 자기를 구원할 수 있다고 생각하는 한, 절대하지 않을 것입니다.

주님께서 역사하셔서 여러분 중의 누구라도 자신을 구원할 수 있다는 생각을 하지 않도록 해 주시기를 간구합니다. 오늘 아침, 그리스도가 율법의 마침이 되신다는 말씀을 드리고 있는 지금 이 순간에도, 하나님께서 은혜를 베푸셔서 몇몇 영혼들이 그리스도께서 행하신 일을 보고 그들이 행할 수 있는 것보다 더 크고 위대한 일을 행하셨음을 깨닫고, 그리스도께서 완성하신 것을 볼 수 있기를 바랍니다. 그리고 그들이 그렇게 오랫동안 수고했으며 이 날까지 아예 시작도 하지 못한 모든 것들에 대해 염증을 느끼게 되기를 저는 계속해서 기도하고 있습니다. 예수 그리스도 안에 있는 구원의 완전성으로 그들을 매료시킬 수 있다면, 아마도 그것은 하나님을 기쁘시게 하는 일일 것입니다. 존 번연이 말한 대로, "아마도 그것은 그들의 입에 군침이 돌게 할 것입니다." 거룩한 식욕이 생긴다면 머지않아 잔치를 누릴 수 있게 될 것입니다.

예수 그리스도께서 벌거벗은 영혼들에게 값없이 주시는 금으로 만든 옷을 그들에게 보여준다면, 그들이 지금 꽉 끼게 입고 있는 그 더러운 누더기를 내던져버릴 것입니다. 저는 오늘 아침에 성령의 도우심을 받아 두 가지를 말씀드리고자 합니다. 첫 번째는 율법과 관련된 그리스도, 즉 "율법의 마침"(롬 10:4)이 되신 그리스도에 관해 말씀드리겠습니다. 두 번째는 그리스도와 관련된 우리 자신, 즉 "모든 믿는 자에게 의를 이루기 위하여 율법의 마침이 되시니라" 하신 그 대상에 관해 말씀드리겠습니다.

1. 율법의 마침이 되신 그리스도

그러면 첫 번째로, 율법과 관련된 그리스도에 대해 말씀드리겠습니다. 율법은 죄인인 우리가 무엇보다도 가장 무서워하는 것입니다. 왜냐하면 사망이 쏘는 것은 죄요 죄의 권능은 율법(고전 15:56)이기 때문입니다. 율법은 우리를 향하여 삼키는 불꽃을 내뿜습니다. 왜냐하면 율법은 우리를 정죄하고, 근엄한 말로 우리가 저주받은 자들의 자리에 가서 앉도록 지정하기 때문입니다. "누구든지 율법 책에 기록된 대로 모든 일을 항상 행하지 아니하는 자는 저주 아래에 있는 자라 하였음이라"(갈 3:10) 하고 기록된 바와 같습니다. 그런데 이상한 매력이 있습니다! 하루살이가 자기 날개를 태워버릴 불빛에 끌리는 것처럼, 인간들도 본성적으로 구원을 위해 율법으로 날아갑니다. 그러고는 그 율법에서 벗어나지를 못합니다.

율법은 죄를 드러내고 죄인에게 정죄를 선포하는 이 일 외에는 다른 일을 할 수 없습니다. 그들과 율법 사이에 예수님께서 그들을 사랑으로 맞아들이기 위해 서 계신다고 아무리 설명해주어도, 율법으로부터 그들을 떼어낼 수가 없습니다. 그들은 율법이 주는 소망으로 중무장되어 있어서, 아무것도 자기를 옭아매지 않을 때도 자신을 율법에 옭아맵니다. 그들은 골고다 언덕보다 시내 산을 더 좋아합니다. 시내 산은 장차올 심판에 대해 경고하는 천둥소리와 나팔소리 외에는 아무것도 그들에게 주는 것이 없는데 말입니다. 저는 오늘 짧은 시간이지만 우리 주 예수님에 대해 말씀드리려고 합니다. 아마 여러분은 그분 안에 있는 율법에 대해 보게 될 터인데, 잘 들어 주시기 바랍니다.

　우리 주님과 율법은 무슨 관계가 있을까요? 주님과 율법은 전적인 관계를 맺고 있습니다. 왜냐하면 우리 주님은 가장 고상한 목적인 의를 이루기 위하여 율법의 마침이 되시기 때문입니다. 주님은 "율법의 마침"이 되십니다. 이 "율법의 마침"은 무슨 뜻입니까? 저는 그것이 세 가지 의미를 지닌다고 생각합니다. 첫째, 그리스도는 율법의 의도이며 목적이라는 뜻입니다. 둘째, 그리스도는 율법의 성취라는 뜻입니다. 셋째, 그리스도는 율법의 종결이라는 뜻입니다. 그럼 이에 대해 순서대로 자세히 살펴보겠습니다.

　첫째로, 우리 주 예수 그리스도는 율법의 의도이며 목적입니다. 율법은 우리를 그리스도께로 인도하기 위해 주어진 것입니다. 율법은 우리를 그리스도께로 인도하는 우리의 교사입니다. 교사일 뿐 아니라, 우리를 예수님의 학교로 안내해 주는 우리의 수행원입니다. 율법은 죄의 바다에서 죄의 요소들을 물고기처럼 끌어올리는 큰 그물과도 같습니다. 율법은 피난처인 항구로 영혼들을 이끄는 폭풍입니다. 율법은 죄지은 사람을 감옥에 가두는 경찰관입니다. 그 경찰관은 범죄자들을 유죄로 판결하여 범죄자들이 구원을 받고자 오직 하나님의 값없는 은혜만을 바라보게 합니다. 이것이 바로 율법의 목적입니다. 율법은 은혜가 채울 수 있도록 비우는 역할을 하며, 은혜가 치유하도록 상처 나게 하는 역할을 합니다. 율법이 우리를 위한 구원의 방식이 되어야 한다는 것은 타락한 우리 인간을 향한 하나님의 의도가 결코 아니었습니다. 왜냐하면 율법은 구원의 방식이 될 수 없기 때문입니다. 만약 인간이 타락하지 않았다면, 만약 인간의 본성이 하나님께서 만드셨을 때와 똑같이 유지되었다면, 율법은 인간이 살아가면서 지키고 행해야 할 방식을 보여주는데 아주 큰 도움이 되었을 것입니다. 왜냐하면 "사람이 이를 행하면 그로 말미암아 살리라"(레 18:5)고 말씀하셨기 때문입니다.

　그러나 인간이 타락한 이래로 하나님께서는 인간에게 행위로 말미암는 구원 방식을 제시하지 않으셨습니다. 왜냐하면 하나님께서는 죄지은 피조물이 율법을 지킨다는 것이 불가능함을 아셨기 때문입니다. 율법은 이미 깨졌습니다. 사람이 무엇이든 다 할 수 있다고 해도, 자기가 이미 저지른 실수를 만회할 수는 없습니다. 그러므로 공로라는 소망은 인간에게 어림도 없는 일입니다. 율법은 완벽을 요구합니다. 그러나 인간은 타락하여 그 완벽에서 멀어졌습니다. 따라서 아무리 최선을 다한다 해도, 인간은 율법이 절대적으로 요구하는 그 핵심을 성취할 수 없습니다. 율법의 의도는 그리스도를 믿는 신앙 이외에는 구원이 불가능함을 보여줌으로써, 죄인들이 그리스도를 믿도록 인도하는 것입니다. 율법은 양 떼를 목동에게로 끌고 오는 검은 개와 같습니다. 율법은 사막에서 큰 바위 그늘로 여행객을 인도하는 이글거리는 열기와 같습니다.

　여기에 율법이 어떻게 적용되는지 보겠습니다. 먼저, 율법은 인간의 죄를 인간에게 보여줍니다. 십계명을 읽어보십시오. 그러면 여러분은 그 계명들을 읽으면서 두려워 떨 것입니다. 자신의 성품과 거룩한 교훈이 적힌 두 돌판을 나란히 놓고 비교해 볼 때, 자신이 타락하여 그 기준에 훨씬 미치지 못한다는 사실을 즉시 납득하지 못할 사람이 누가 있겠습니까? 율법이 영혼의 집에 들어오는 것은, 빛이 깜깜한 방에 들어와서 이전에는 보지 못했던 먼지와 더러운 것들을 드러내는 것과도 같습니다. 율법은 영혼 속에 죄의 독이 들어 있는지를 조사하는 검사와도 같습니다. 사도 바울은 이렇게 말했습니다. "전에 율법을 깨닫지 못했을 때에는 내가 살았더니 계명이 이르매 죄는 살아나고 나는 죽었도다"(롬 7:9).

　율법이 우리에게 불어올 때, 우리의 아름다움은 완전히 사라져버립니다. 제가 감히 말씀드립니다. 계명들을 바라보십시오. 그리고 그 계명들이 얼마나 포괄적인지, 얼마나 영적인지, 얼마나 지키기 어려운 것인지 기억하십시오. 계명들은 단순히 외적인 행동만을 다루는 것이 아니라, 내적인 동기까지 파고 들어가서 영과 혼과 몸(살전 5:23)을 다룹니다. 계명들에는 표면적으로 나타난 것보다 더 깊은 의미가 담겨 있습니다. 그 계명들의 깊이를 눈여겨보고, 그 계명들이 얼마나 대단한 수준의 거룩함을 요구하는지 살펴보십시오. 율법이 요구하는 바를 여러분이 제대로 이해한다면, 그 요구를 충족시키기에 여러분이 얼마나 많이 미흡한지, 그리고 죄가 작다거나 아예 없다고 생각한 그 곳에 얼마나 죄가 넘치는지를 인식하게 될 것입니다. 여러분은 자신에 대해 부요하고 재물이 많아 아무것도 필요하지 않다고 생각합니다. 그러나 지키지 못해 깨진 율법이 여러분을 방문하게 될 때, 여러분은 자신의 영적 파산과 거지 같은 모습을 직시하게 될 것입니다. 참된 저울은 부족한 무게를 드러냅니다. 인간의 양심에 작용하는 율법의 첫째 효과가 바로 이와 같은 것입니다.

율법은 또한 죄의 결과와 해악을 보여줍니다. 옛 모세법의 여러 정결 양식들을 보십시오. 이 정결 양식들은 인간으로 하여금 자신의 부정한 상태를 보게 하고, 오직 그리스도만이 할 수 있는 정결을 자신이 필요로 한다는 것을 보게 함으로써, 그리스도에게로 인간을 이끌도록 주어졌음을 눈여겨보기 바랍니다. 모든 정결 양식은 우리 주 예수 그리스도를 가리키는 것이었습니다. 사람들이 질병이나 부정으로 인해 격리되면, 그들은 죄가 어떻게 그들을 하나님으로부터 또 하나님의 백성으로부터 격리시키는지를 알게 되었습니다. 그리고 그들이 다시 돌아와, 홍색 실과 우슬초(레 14:4) 같은 것을 가지고 행해지는 신비로운 의식으로 정결케 되었을 때, 그들은 어떻게 위대한 대제사장이신 예수 그리스도(히 3:1)만으로 회복될 수 있는지를 알게 되었습니다.

나병 환자를 정결케 하기 위하여 새가 죽임을 당할 때는(레 14:7), 정결케 되기 위하여 생명의 희생이 필요하다는 것을 알게 되었습니다. 매일 아침저녁으로 어린 양을 희생 제물로 드린 것은(출 29:39) 하나님께서 우리와 함께 거하시려면 매일의 용서가 필요함을 말해주는 것이었습니다. 우리는 종종 너무나 많이 피에 대해서 말한다고 비난을 받아 왔습니다. 그러나 구약에 보면 피가 모든 일에서 중요하게 나타나며, 피에 대해 말만 하는 것이 아니라 실제로 눈앞에 피를 보여주는 듯합니다. 사도 바울은 히브리서에서 우리에게 무엇이라고 말합니까? "이러므로 첫 언약도 피 없이 세운 것이 아니니 모세가 율법대로 모든 계명을 온 백성에게 말한 후에 송아지와 염소의 피 및 물과 붉은 양털과 우슬초를 취하여 그 두루마리와 온 백성에게 뿌리며 이르되 이는 하나님이 너희에게 명하신 언약의 피라 하고 또한 이와 같이 피를 장막과 섬기는 일에 쓰는 모든 그릇에 뿌렸느니라 율법을 따라 거의 모든 물건이 피로써 정결하게 되나니 피흘림이 없은즉 사함이 없느니라"(히 9:18-22).

휘장 앞에(레 4:6), 제단 위에(출 29:16), 세마포 위에, 회막 문 앞에(레 1:5) 모두 피가 있었습니다. 누구든지 그 피를 볼 수밖에 없었습니다. 저는 제 목회에도 그런 특징이 나타나도록 할 작정입니다. 더욱더 많은 속죄의 피가 제 목회에 뿌려지기를 바랍니다. 옛적에 피가 넘쳤던 것은 죄가 우리를 너무나 오염시켰기 때문에, 대속이 없이는 하나님께 나아갈 수 없음을 분명히 보여주려는 것이었습니다. 우리는 희생의 방법으로 하나님께 나아가야 합니다. 희생의 방법이 아니고서는 하나님께 결코 나아갈 수 없습니다. 하나님은 우리의 모습을 있는 그대로 받으실 수 없습니다. 하나님이 보실 때 우리 위에 뿌려진 예수님의 피가 없다면 하나님은 우리를 틀림없이 버리실 것입니다. 옛 율법의 상징과 모형은 각각 그리스도를 전하려는 의도를 지닌 것이며, 인간과 장차 오실 구세주에 관해 많은 진리를 보여주고 있습니다. 만약 누군가가 이 상징과 모형을 통해 그리스도에게까지 이르지 못한다면, 율법의 의도와 계획을 놓친 것입니다. 모세는 여호수아에 이르렀고, 율법은 예수님에게서 끝이 났습니다.

정결의식처럼 의식적 차원보다는 오히려 도덕적 차원에서 율법을 생각해 본다면, 율법은 인간에게 인간의 철저한 무기력을 가르치기 위해 의도되었습니다. 율법은 인간이 마땅히 되어야 할 사람이 되기에는 자신이 얼마나 부족한가를 보여줍니다. 율법을 자세히 살펴본다면, 인간은 자신이 그 율법의 기준에 이르기가 얼마나 불가능한지를 철저히 알게 됩니다. 율법이 요구하는 거룩함은 어느 누구도 혼자 힘으로 도달할 수 없는 거룩함입니다. "주의 계명들은 심히 넓으니이다"(시 119:96)라는 말씀대로 말입니다. 만일 어떤 사람이 율법을 지킬 수 있다고 말한다면, 그는 율법이 무엇인지 모르기 때문에 그런 말을 하는 것입니다. 진동하는 시내 산 기슭(출 19:18)으로 올라가 하늘에 도달할 수 있다고 착각하는 사람은 틀림없이 그 불타오르는 산을 전혀 본 적이 없는 사람입니다.

율법을 지킨다고요? 사랑하는 성도 여러분, 우리가 이렇게 율법에 대해 말하고 있는 동안에도, 우리는 율법을 범하고 있습니다. 우리가 율법의 조문을 이행할 수 있다는 듯이 말하는 그 순간에도, 우리는 율법의 정신을 범하고 있는 것입니다. 왜냐하면 정욕이나 살인이 율법을 범하는 것이듯, 교만도 똑같이 율법을 범하는 것이기 때문입니다. "누가 깨끗한 것을 더러운 것 가운데에서 낼 수 있으리이까 하나도 없나이다"(욥 14:4), "여자에게서 난 자가 어찌 깨끗하다 하랴"(욥 25:4)라는 말씀대로 입니다. 그 어떤 영혼도 깨끗할 수 없습니다. 여러분은 스스로 깨끗하게 할 수 없습니다. 왜냐하면 율법으로는 여러분이 완벽해야만 살 수 있는데, 여러분에게 그런 완벽함은 불가능하기 때문입니다. 여러분은 행위의 언약에서는 도움을 받을 수 없습니다. 은혜 안에 소망이 있습니다. 그러나 빚을 갚는 문제에 있어서는 소망이 없습니다. 왜냐하면 진노 외에는 우리가 쌓을 수 있는 공로가 전혀 없기 때문입니다. 율법이 바로 이것을 우리에게 말합니다. 우리가 이 사실을 빨리 알면 알수록, 우리에게는 더욱더 좋습니다. 왜냐하면 그만큼 빨리 우리가 그리스도에게로 달려갈 수 있기 때문입니다.

율법은 또한 우리에게 가장 필요한 것을 보여줍니다. 우리에게는 정결이 필요합니다. 다시 말해, 물과 피로 씻는 정결이 필요합니다. 율법은 우리가 얼마나 더러운지를 드러내기 때문에, 우리가 하나님께 가까이 나아가려면 당연히 씻음을 받아야 한다고 느끼게 해줍니다. 그렇게 함으로써 율법은 우리가 그리스도를, 우리를 깨끗하게 할 수 있는 유일한 분이며 휘장 안의 지극히 높으신 분 앞에 서기에 합당하도록 우리를 만드시는 분으로 받아들이도록 인도합니다. 율법은 상처를 치유하기 위해 육체의 교만을 잘라내는 외과의사의 수술용 칼입니다. 율법 그 자체는 쓸어서 먼지만 일으킬 뿐, 그 먼지 위에 깨끗한 물을 뿌리는 것은 복음이 합니다. 그러면 우리의 영혼은 모두 깨끗하게 됩니다. 율법은 죽이고, 복음은 살립니다. 율법은 옷을 벗깁니다. 그러면 예수 그리스도가 들어오셔서 그 영혼에 아름답고 영광스러운 옷을 입히십니다. 우리가 계명과 양식들의 분명한 의도를 염두에 두기만 한다면, 모든 계명들과 양식들은 우리를 그리스도에게로 인도합니다. 이것들은 우리를 자아로부터 떼어내고, 자기 의라는 거짓된 기초로부터 우리를 벗어나게 하여, 오직 그리스도 안에서만 우리가 도움을 찾을 수 있다는 사실을 알게 합니다. 이렇게 해서 첫째로 그리스도께서 율법의 위대한 목적이 되신다는 점에서 그리스도는 율법의 마침입니다.

이제 둘째로, 그리스도는 율법의 성취입니다. 천지의 하나님(스 5:11)은 예외 없이 그의 모든 피조물에게서 의를 요구하십니다. 그래서 그리스도가 율법이 요구하는 의를 우리에게 주기 위해 오셨습니다. 그런데 이 의는 그냥 주는 것이 아닙니다. 오늘 본문의 앞 장에서 우리는 "믿음에서 난 의"(롬 9:30), 즉 "하나님의 의"라고도 불리는 것을 볼 수 있습니다. 또 "사람이 마음으로 믿어 의에 이르기"(롬 10:10) 때문에, 즉 믿음으로 의로워졌기 때문에 "부끄러움을 당하지 아니할"(롬 9:33) 자들에 대해서도 보게 됩니다. 율법이 행할 수 없었던 것을 예수님께서 행하셨습니다(롬 8:3). 율법이 요구만 했지 제시해 줄 수는 없었던 의를 예수님은 제공해 주셨습니다.

율법 그 자체만큼이나 넓고, 깊고, 길고, 높은 것이 분명한 이 의는 얼마나 놀라운 의입니까! 계명은 심히 넓습니다. 그러나 그리스도의 의는 그 계명만큼이나 넓으며 계명의 마침이 됩니다. 그리스도께서는 율법을 순화시키려고 오신 것도 아니고, 율법이 우리의 불순종에 일종의 절충안이 되게 하려고 오신 것도 아닙니다. 율법이 처음부터 너무 많은 것을 요구하는 것 같다 하더라도, 율법의 요구조건은 강제로 낮출 수가 없습니다. 율법은 거룩하고 공의롭고 선합니다. 율법의 일점일획이라도(마 5:18) 변경되어서는 안 됩니다. 또 그렇게 될 수도 없습니다.

우리 주님께서는 율법이 요구하는 일부분이 아닌, 모든 요구를 들어주셨습니다. 율법의 요구를 처음보다 낮추는 일은 허용되지 않기 때문입니다. 율법은 점도, 흠도, 하자도, 결함도 없는 완벽한 순종을 요구합니다. 그리스도께서는 그러한 의를 가지고 오셨고 그 의를 백성에게 나누어 주셨습니다. 율법이 요구하는 의는 하나도 빠뜨리지 말고 해야 할 의무를 행하고, 하지 말아야 할 죄를 범하지 않는 의입니다. 그리스도께서 가지고 오신 의가 바로 그런 의입니다. 이 의 때문에 위대하신 하나님께서는 자기 백성을 받아들이시고, 티나 주름 잡힌 것이나 이런 것들이 없는 백성으로(엡 5:27) 여겨 주십니다.

율법은 영적인 순종이 없이는 만족하지 않을 것입니다. 단순히 겉으로만 하는 맹종으로는 율법을 만족시킬 수 없습니다. 그러나 우리 주님의 순종은 깊고도 넓습니다. 왜냐하면 우리 주님은 자기를 보내신 하나님의 뜻을 행하고자 하는 열심에 삼킨 바 되었기 때문입니다. 주님은 하나님께 말씀하셨습니다. "나의 하나님이여 내가 주의 뜻 행하기를 즐기오니 주의 법이 나의 심중에 있나이다"(시 40:8)라고 말입니다. 주님께서는 그러한 의를 모든 신자들에게 주십니다. "한 사람이 순종하심으로 많은 사람이 의인이 되리라"(롬 5:19). 그리스도 안에서 전적으로 완벽한 의인이 됩니다. 우리는 예수님이 예비해 놓으신 아름다운 흰 세마포 옷을 입고 기뻐합니다. 우리는 그 옷을 입고 조금도 떨린다는 생각 없이 하나님의 위엄 앞에 설 것이라 느낍니다.

사랑하는 성도 여러분, 이것은 우리가 묵상할 만한 주제입니다. 우리가 꼭 의로운 자가 되어야만 구원받을 수 있기에, 예수 그리스도께서는 우리를 의롭게 하십니다. 그러므로 우리가 구원받습니다. 그리스도를 믿는 자는 의롭습니다. 아브라함이 하나님을 믿으니 하나님께서 이를 그의 의로 여겨 주셨습니다(창 15:6). "그러므로 이제 그리스도 예수 안에 있는 자에게는 결코 정죄함이 없나니"(롬 8:1). 왜냐하면 그리스도 안에서 그들이 의롭게 되었기 때문입니다. 그렇습니다. 성령께서 사도 바울의 입을 통해, 모든 사람들과 천사들과 악마들에게 도전하며 하나님의 택한 자들을 송사할 무언가를 내어 놓으라고 합니다(롬 8:38). 그리스도께서 죽으셨기 때문입니다. 오, 율법이여, 네가 나에게 완벽한 의를 요구한다면, 나는 신자로서 그 의를 제시하겠다. 예수 그리스도를 믿음으로 내가 의로워졌기 때문이다. 이제 그리스도의 의는 나의 것이다. 나는 믿음으로 그리스도와 하나가 되었기 때문이다. 그러므로 이것이 그의 이름이니, 그는 "주 우리의 의"라 불리리라(렘 23:6, KJV).

이렇게 해서 예수님은 율법의 근본적인 요구들을 성취하셨습니다. 그러나 사랑하는 성도 여러분, 우리가 율법을 어겼기 때문에 또 다른 요구조항들이 있다는 것을 여러분도 알고 있습니다. 과거에 범한 죄들을 용서받기 위해서는 현재와 미래의 순종, 그 이상의 무언가가 요구됩니다. 우리가 지은 죄 때문에, 우리에게 저주가 선포되었고 형벌이 임했습니다. 하나님은 "벌을 면제하지는 아니하고"(출 34:7)라고 성경에 기록된 대로, 우리의 모든 죄와 부정은 그에 합당한 형벌과 대가를 받게 됩니다. 그러므로 이제 이 형벌에 대해서도 주 예수 그리스도께서 율법의 마침이 되심을 찬양합시다. 저주와 형벌은 생각만 해도 끔찍한 것입니다. 그러나 그리스도께서는 그 모든 악들을 끝내셨고, 그로 인해 우리를 죄의 모든 결과로부터 구해 주셨습니다.

모든 신자들이 관계되는 한, 율법은 그 어떤 형벌도 요구하지 못하며 그 어떤 저주도 입 밖에 내지 못합니다. 신자는 골고다 나무에 달리신 위대한 보증인을(히 7:22) 가리키며 이렇게 말할 수 있습니다. "오, 율법이여, 저기를 보라. 저기에 내가 네게 내놓는 하나님의 공의의 증명서가 있다. 예수님께서 그 상처로 심장의 피를 쏟아내시며, 나 대신에 죽어 가신 것이 너의 요구에 대한 나의 답변이다. 그리고 나는 그분으로 말미암아 진노로부터 구원받게 될 것을 안다." 범해진 율법의 요구와 범해지지 않은 율법의 요구 모두를 그리스도께서 충족시키셨습니다. 실제적 요구와 형사적 요구 모두 그분 안에서 만족되었습니다. 이것은 하나님만이 하실 수 있는 귀한 사역이었습니다. 자, 보십시오. 성육신하신 하나님께서 이것을 성취하셨습니다. 그분께서 범죄를 그치게 하셨으며, 죄를 종결지으셨으며, 부정을 끝맺으셨으며, 영원한 의를 가져오셨습니다. 그분의 이름에 모든 영광을 돌려드립니다.

좀 더 말씀드리겠습니다. 이런 사역을 통해서 그리스도께서는 형벌의 값을 치르셨을 뿐만 아니라, 율법에 크고도 특별한 명예를 부여하셨습니다. 제가 감히 말씀드립니다. 만약 전 인류가 하나님의 율법을 지키고 그 율법 중 하나도 범하지 않았더라면, 사람이시며 또한 하나님의 아들이기도 한 예수 그리스도께서 율법에 순종한, 오늘날에 우리가 알고 있는 그와 같은 화려한 명예로운 지위를 지닌 율법은 없었을지도 모릅니다. 성육신하신 하나님 자신이 그의 삶에서 뿐 아니라, 그의 죽으심에서 더욱 분명하게 율법의 탁월성을 드러내셨습니다. 율법을 주신 분께서 친히 순종하는 그 율법에 누가 반하는 이야기를 할 수 있겠습니까? 율법을 만드신 분께서 친히 그 형벌을 받으셨는데, 그 율법이 너무 가혹하다고 누가 감히 말할 수 있겠습니까?

그분이 사람의 모양으로 나타나셔서 우리의 대표자가 되셨기 때문에, 하나님은 하나님의 친아들에게 율법에 대한 완벽한 복종을 요구하셨고, 아들은 단 한 마디의 불평도 없이 스스로 율법에 복종하셔서, 그의 사역에 예외를 두지 않으셨습니다. "예, 주의 법은 내게 기쁨이니이다"(시 119:174, KJV)라고 말씀하시고 율법에 대한 전적인 경의까지 표함으로써 그것을 입증하셨습니다. 오, 임마누엘까지도 그 아래에서 섬기는 놀라운 율법이여! 오, 하나님의 아들까지도 마다하지 못하고 짊어져야 했던 그 비길 데 없는 율법의 멍에여! 하나님의 아들께서는 그의 택한 자들을 구하기로 결심하시고 율법 아래에 나셨으며(갈 4:4), 율법 아래에 사셨고, 율법 아래에 죽으셨습니다. "죽기까지 복종하셨으니 곧 십자가에 죽으심이라"(빌 2:8).

율법의 안정성이 또한 그리스도에 의해 보증되었습니다. 율법 그 자체만으로도 정당성이 입증될 수 있지만, 예수님께서는 율법을 칭송하고 명예롭게 하면서 율법의 정당성을 입증하셨습니다. 예수님께서 말씀하셨습니다. "내가 율법이나 선지자를 폐하러 온 줄로 생각하지 말라 폐하러 온 것이 아니요 완전하게 하려 함이라 진실로 너희에게 이르노니 천지가 없어지기 전에는 율법의 일점일획도 결코 없어지지 아니하고 다 이루리라 그러므로 누구든지 이 계명 중의 지극히 작은 것 하나라도 버리고 또 그같이 사람을 가르치는 자는 천국에서 지극히 작다 일컬음을 받을 것이요 누구든지 이를 행하며 가르치는 자는 천국에서 크다 일컬음을 받으리라"(마 5:17-19).

그리스도께서 율법의 마침이 되셨다는 말씀의 또 다른 의미를 여러분에게 보여드리고자 합니다. 옳고 그름에 대한 영원한 원리를 정하는 문제에 있어서,

그리스도의 삶과 죽음은 이 원리를 영원히 정해주셨습니다. 사도 바울은 말합니다. "우리가 믿음으로 말미암아 율법을 파기하느냐 그럴 수 없느니라 도리어 율법을 굳게 세우느니라"(롬 3:31). 바로 믿음의 복음으로 말미암아 율법의 거룩함과 정당성이 입증됩니다. 왜냐하면 믿음의 복음은 율법을 변경하거나 완화시키지 않으며 오히려 율법이 최대로 성취될 수 있는 방법을 우리에게 가르쳐 주기 때문입니다.

이제 율법은 영원 무궁히 견고히 설 것입니다. 왜냐하면 선택한 사람을 구원하기 위해서, 하나님께서는 율법을 변경하지 않으실 것이기 때문입니다. 하나님께는 택함을 받고 사랑을 받으며 생명을 얻기로 예정된 백성이 있지만, 하나님은 단 하나라도 의로운 원리들을 파기하면서까지 그들을 구원하지는 않으실 것입니다. 그들은 죄를 지은 자들이었습니다. 그런데 어떻게 율법이 중지되거나 변경되지 않고도 그들이 의롭게 될 수 있었습니까? 혹시 율법이 변경되었던 것은 아닐까요? 죄인들이 구원받으려면 율법이 중지되거나 변경되어야 하는 것처럼 보였습니다. 그러나 예수 그리스도께서 오셔서 율법이 반석처럼 굳건히 서 있을지라도, 구속받은 자들이 무한한 긍휼로 말미암아 정당하게 구원받을 수 있는 방법을 보여주셨습니다. 그리스도 안에서 긍휼과 공의, 이 양자는 아주 둥근 만월(滿月)이 되어서 비추고 있음을 우리는 봅니다. 이 두 만월은 어느 한 만월도 다른 만월을 조금도 가리지 않습니다. 율법은 마땅히 요구해야 했던 그 모든 것을 받았습니다. 그리고 긍휼이 충만하신 아버지께서는 아들의 죽음을 통해 구원하기로 선택받은 자들이 모두 구원받는 것을 보십니다. 지금까지 저는 그리스도께서 어떻게 율법의 성취가 되시며 율법의 궁극적인 마침이 되시는지를 여러분에게 보여드리고자 노력했습니다. 성령 하나님께서 여러분에게 깨달음을 주시기를 간절히 바랍니다.

이제 셋째로, 그리스도는 **율법의 종결**이라는 의미에서 율법의 마침이 되십니다. 그분은 두 가지의 의미에서 율법을 종결하셨습니다. 첫째, 그리스도의 백성들은 생명의 율법 아래 있지 않습니다. "너희가 법 아래에 있지 아니하고 은혜 아래에 있음이라"(롬 6:14). 인류의 조상 아담과 함께 맺었던 옛 언약은 "사람이 이를 행하면 그로 말미암아 살리라"(레 18:5)는 것이었습니다. 아담은 이 계명을 지키지 못하였고, 결과적으로 그는 살지 못하였습니다. 아담 안에 있는 우리도 살지 못합니다. 왜냐하면 아담 안에서 우리 모두가 죽었기 때문입니다(고전

15:22). 옛 언약은 파기되었고, 그로 인해 우리는 정죄를 받게 되었습니다. 그러나 지금은 우리가 그리스도 안에서 죽음을 경험했기 때문에, 우리는 더 이상 율법 아래 있지 아니하고 율법에 대하여 죽었습니다.

사랑하는 성도 여러분, 우리가 선행을 즐겨 할지라도 우리는 이 선행으로 말미암아 생명을 구하는 것이 아닙니다. 우리는 우리의 선함으로 하나님의 은혜 얻기를 바라고 있지 않습니다. 또 우리의 어떤 공로로 하나님의 사랑을 계속 유지하기를 바라지도 않습니다. 우리가 선택받은 것은 우리의 행위로 된 것이 아니며, "하나님의 영원하신 뜻과 선한 기쁘심에 따라"(빌 2:13, KJV)된 것입니다. 우리가 부르심받은 것도 우리의 행위로 된 것이 아니라 하나님의 성령으로 된 것입니다. 우리는 이 은혜 속에 계속 머무르기를 갈망하며, 더 이상 옛 언약의 종노릇하는 것으로 되돌아가기를 원치 않습니다. 우리가 예수 그리스도로 말미암는 은혜의 대속을 확신하기 때문에, 우리는 더 이상 종이 아니요 자녀들입니다(갈 4:7). 우리는 구원받기 위해 일하고 있는 것이 아닙니다. 이미 구원받았습니다. 우리는 구원받았기 때문에 일하고 있는 것입니다.

우리가 행하는 일, 심지어 하나님의 성령께서 우리 속에서 행하시는 일까지도, 우리를 향하신 하나님 사랑의 근거와 토대가 되는 것이 아닙니다. 하나님께서 먼저 우리를 사랑하셨습니다. 우리가 사랑받을 만한 자격이 없는데도 불구하고, 하나님께서는 우리를 사랑하셨습니다. 하나님께서는 그리스도 안에서 여전히 우리를 사랑하십니다. 하나님께서 있는 모습 그대로의 우리를 보시는 것이 아니라, 그리스도 안에 있는 우리, 즉 그리스도의 피로 씻음받고 그리스도의 의로 덧입은 우리를 보십니다. 여러분은 이제 율법 아래 있지 않습니다. 그리스도께서는 종노릇하는 정죄의 속박으로부터 여러분을 건져 내시고, 여러분으로 하여금 양자의 영을 받도록 하셨습니다. 그래서 지금 여러분은 아빠 아버지라고 부르는 것입니다(롬 8:15).

하나 더 말씀드립니다. 그리스도께서는 율법의 종결자이십니다. 그것은 우리가 더 이상 율법의 저주 아래 있지 않기 때문입니다. 이제 율법은 신자를 저주할 수 없습니다. 율법은 신자를 저주하는 방법을 알지 못합니다. 오히려 율법은 신자를 축복합니다. 그렇습니다. 신자는 축복을 받게 될 것입니다. 왜냐하면 율법이 의를 요구하면서 그리스도를 믿는 신자를 봤을 때, 율법은 예수님께서 율법이 요구하는 모든 의를 신자들에게 주신 사실을 알게 되었고, 그래서 그 신자들에게 복되다고 선언하지 않을 수 없기 때문입니다. "허물의 사함을 받고 자신의 죄가 가려진 자는 복이 있도다"(시 32:1). 오, 그리스도를 인하여 율법의 저주로부터 구속받는 이 기쁨, 그리스도께서 "우리를 위하여 저주를 받은 바" 되셨습니다. 기록된 바, "나무에 달린 자마다 저주 아래에 있는 자"(갈 3:13)라 하였습니다.

　　사랑하는 성도 여러분, 이제 여러분은 구원의 감미로운 신비를 이해할 수 있겠습니까? 여러분이 그리스도의 자리에 설 수 있도록, 여러분의 자리에 대신서 계시는 예수님을 여러분은 본 적이 있습니까? 그리스도는 고발당하고 정죄를 받으셨습니다. 그리스도는 죽음으로 인도되었고, 성부로부터 맞았으며, 죽기까지 하셨습니다. 그런 후에야 비로소 여러분은 깨끗하게 되었고, 의롭게 되었고, 저주로부터 구원받게 되었습니다. 왜냐하면, 여러분이 받아야 할 저주를 여러분의 구속자가 받았기 때문입니다. 그리스도의 의가 이제 여러분에게 전가되었기 때문에, 여러분은 하나님의 축복을 영원히 누릴 수 있게 되었습니다. 승리의 개가를 부르며 이것을 영원히 즐거워합시다. 그런데 우리는 왜 그렇게 하지 않는 것입니까? 여전히 하나님의 백성 중 일부는 그들의 느낌 때문에 율법 아래에서 자기 죄를 의식하면서, "경건하지 아니한 자를 의롭다 하시는 이"(롬 4:5)라고 기록되었음에도 불구하고, 자기가 구원받지 못했다고 두려워하기 시작합니다.

　　저는 개인적으로 죄인의 구세주와 가까이 사는 것을 좋아합니다. 만일 제가 하나님 앞에 서는 것이 저의 현재 모습과 제가 성취할 수 있는 어떤 선행과 의에 달려 있다면, 틀림없이 저는 제 자신을 하루에 일천 번도 더 정죄해야 했을 것입니다. 그러나 그러한 느낌에서 벗어나, "나는 예수 그리스도를 믿고 있다. 그러므로 의는 나의 것이다"라고 말한다면, 이것이야말로 평안과 안식, 기쁨과 천국의 시작입니다! 누구든지 이러한 체험을 하게 될 때, 예수 그리스도에 대한 그의 사랑은 불타오르기 시작합니다. 그리고 구속자께서 그를 율법의 저주로부터 건지셨다면, 그는 더 이상 죄 가운데 있지 않을 것이고, 새로운 생명으로 살아가기 위해 노력하고 싶은 마음을 느낄 것입니다. 우리는 우리 자신의 것이 아닙니다. 우리는 값으로 산 것이 되었습니다(고전 6:20). 그러므로 우리는 우리의 몸과 영으로 이것들의 주인이 되시는 하나님을 영화롭게 해야 합니다. 율법과 관련된 그리스도에 대한 말씀은 이것으로 마치고자 합니다.

2. 모든 믿는 자에게 의를 이루기 위하여

율법의 마침이 되신 그리스도

이제 두 번째 대지로, 그리스도와 관련된 우리 자신에 대해 생각해 보고자 합니다. "그리스도는 모든 믿는 자에게 율법의 마침이 되시니라." 여기에서 "모든 믿는 자에게"라는 말씀을 보십시오. 강조점이 이 말씀에 있습니다. 자, 사랑하는 성도 여러분, 여러분은 믿습니까? 하늘 아래에서 이 질문보다 더 진지한 질문은 없습니다. "여러분은 하나님의 아들을 믿습니까?" 그런데 믿는다는 것이 무엇입니까? 그것은 단순히 어떤 교리들을 받아들이고 이런저런 신조가 우리의 신조라고 말한 뒤에, 선반 여기저기 아무데나 올려놓고서 잊어버리고 마는 그런 것이 아닙니다. 믿는다는 것은 신뢰하는 것이며, 확신하는 것이며, 의존하는 것이며, 맡기는 것이며, 안심하는 것입니다.

여러분은 예수 그리스도께서 죽은 자 가운데서 살아나신 것을 믿습니까? 여러분은 예수 그리스도께서 죄인의 자리에 서신 것과 의인으로서 불의한 자를 대신하여(벧전 3:18) 고난 받으신 것을 믿습니까? 여러분은 예수 그리스도께서 자기를 힘입어 하나님께 나아가는 자들을 온전히 구원하실 수 있는 분(히 7:25)임을 믿습니까? 마지막으로, 여러분은 여러분 영혼의 구원을 위한 전적인 강조와 비중을 오직 그분에게만 두겠습니까? 아, 그렇다면, 그리스도께서는 바로 여러분의 의를 위하여 율법의 마침이 되셨습니다. 여러분은 의롭게 되었습니다. 여러분이 믿는다면, 여러분은 하나님의 의로 옷 입은 것입니다. 여러분이 믿지 않는다면, 그 어떤 것을 여러분 앞에 제시한다 해도 아무런 소용이 없습니다. 믿는 것 외에는 그 어떤 다른 것도 소용이 없기 때문입니다.

믿음이 없다면, 가장 중요한 알맹이가 빠진 것입니다. 성례, 기도, 성경 읽기, 복음 듣기 등, 여러분이 이 모든 것들을 쌓아 올려서 하늘의 별처럼 높게 하고, 산더미를 만들어 올림포스 산같이 거대하게 할 수도 있습니다. 그러나 그 곳에 믿음이 없다면, 그것들은 모두 바람에 날리는 겨와 같습니다. 문제의 핵심은 여러분이 믿느냐 믿지 않느냐에 있습니다. 여러분은 여러분의 시야를 여러분 자신으로부터 의를 위하여 율법의 마침이 되시는 예수님에게로 돌리고 있습니까? 여러분이 그렇게 한다면, 그리스도는 여러분에게 율법의 마침이 되십니다. 이제 지금까지 제기되지 않았던 믿는 자들의 예전 성품에 대해서 살펴보고자 합니다. 왜냐하면 "그리스도는 모든 믿는 자에게 의를 이루기 위하여 율법의 마침이 되시니라"(롬 10:4)라고 기록되어 있기 때문입니다.

　　그러나 주님, 이 사람은 예전에 주님을 믿기 전에 박해자였고 해로운 사람이었습니다. 성도들을 보면 흥분해 날뛰던 자이고, 성도들을 감옥에 처넣은 자이며, 성도들의 피를 흘리게 했던 장본인입니다. 맞습니다.

　　사랑하는 성도 여러분, 성령으로 이 말씀을 기록한 사람이 바로 그런 사람이었습니다. "그리스도는 모든 믿는 자에게 의를 이루기 위하여 율법의 마침이 되시니라." 그러므로 오늘 아침에 이 자리에 있는 어떤 사람의 삶이 온갖 죄로 더러워져 있고 우리가 생각해 볼 수 있는 모든 죄로 얼룩져 있다 해도, 저는 그분께 이 말씀을 기억하라고 말씀드립니다. "사람에 대한 모든 죄와 모독은 사하심을 얻되"(마 12:31).

　　만일 여러분이 주 예수 그리스도를 믿는다면, 여러분의 죄악들은 없어졌습니다. 왜냐하면 하나님의 사랑하는 아들 예수 그리스도의 피가 우리를 모든 죄에서 깨끗하게 하실 것이기 때문입니다(요일 1:7). 복음이 죄인의 복음이 된 것은 복음의 영광입니다. 복음은 죄 없는 자들을 위한 것이 아니요, 죄를 고백하고 죄를 떠난 자들을 위한 축복의 좋은 소식입니다. 예수님께서 세상에 오신 것은 죄 없는 자들에게 상 주시려 함이 아니요, 잃어버린 자를 찾아 구원하시기 위함입니다(눅 19:10). 잃어버린 자요 하나님으로부터 멀어진 자였다가 그리스도로 말미암아 하나님께 가까이 나아와 그리스도를 믿게 된 자는 모두 그리스도께서 죄인들에게 의를 주시는 분임을 알게 될 것입니다.

　　그리스도는 모든 믿는 자에게 의를 이루기 위하여 율법의 마침이 되십니다. 불쌍한 창녀, 오랜 세월 술에 절어 있던 술꾼, 강도, 거짓말쟁이, 조롱꾼 등, 오랫동안 죄 가운데 헤매다가 이제 거기서 돌이켜 그리스도를 믿게 된 모든 믿는 자들에게 그리스도는 의를 이루기 위하여 율법의 마침이 되셨습니다. 그러나 사실 저는 앞서 열거한 그런 자들을 굳이 언급할 필요가 없음을 압니다. 제게 가장 놀라운 사실은 그리스도께서 나에게 의를 이루기 위하여 율법의 마침이 되셨다는 사실입니다. 이것은 제가 그리스도를 믿기 때문입니다. 저는 믿는 자를 제가 알고 또한 제가 의탁한 것을 그 날까지 그가 능히 지키실 줄을 확신합니다(딤후 1:12).

　　오늘 본문으로부터 또 한 가지 생각을 하게 됩니다. 그것은 믿음의 강도(强度)에 대해서는 어떤 특별한 언급이 없다는 점입니다. 그리스도는 모든 믿는 자에게, 다시 말해 그가 작은 믿음을 가졌든지 위대한 큰 믿음을 가졌든지 상관 없이, 의를 이루기 위하여 율법의 마침이 되십니다. 예수님은 선두나 후미나 똑같이 보호하십니다. 의롭게 되는 데는 믿는 자라면, 이 사람이나 저 사람이나 차별이 없습니다. 여러분과 그리스도 사이가 연결되어 있는 한, 하나님의 의는 여러분의 것입니다. 그 연결하는 믿음이 필름처럼 얇거나 거미줄처럼 가늘게 흔들릴 수도 있습니다. 그러나 믿음이 신자의 마음으로부터 그리스도에게로 지속적으로 연결되어 있다면, 하나님의 은혜는 아주 가는 실 같은 선을 따라서도 흘러갈 수 있고, 또 그렇게 흘러갈 것입니다.

전기 불빛을 전송하는 가는 전기선인 와이어는 아주 놀랍습니다. 바다 건너에 메시지를 전하기 위해서는 굵은 케이블이 필요합니다. 그런데 케이블은 와이어를 보호하는 것이고, 실제로 메시지를 전송하는 와이어는 아주 가는 것입니다. 여러분의 믿음이 겨자씨와 같은 믿음이어도(마 17:20), 오직 구세주의 겉옷 가를 두려워 떨며 만지는 그런 믿음이어도(마 9:20), 오직 "주여, 내가 믿나이다 나의 믿음 없는 것을 도와주소서"(막 9:24)라고 말할 수 있는 믿음이어도, 물에 빠져가는 베드로의 믿음이나(마 14:30), 울고 있는 마리아의 믿음이어도(요 20:11), 그 믿음이 그리스도를 믿는 믿음이기만 하다면, 지극히 큰 사도에게 뿐만 아니라 여러분에게도 의를 이루기 위하여 그리스도는 율법의 마침이 되실 것입니다. 이것이 사실이라면, 사랑하는 성도 여러분, 신자인 우리 모두는 의롭게 되었습니다.

주 예수 그리스도를 믿음으로 우리는 율법의 행위를 따르는 사람들이 전혀 알지 못하는 의를 얻었습니다. 우리가 하나님이 아닌 이상, 우리가 완전히 거룩하게 된 것은 아닙니다. 비록 죄를 혐오하기는 하지만, 우리 지체 속에서 죄를 제거하지는 못합니다. 그러나 하나님 보시기에 우리는 참으로 의로울 따름입니다. 믿음으로 자격을 얻어 우리는 하나님과 화평을 누리고 있습니다. 신자이지만 죄의식으로 무거운 짐을 지고 있는 여러분, 보십시오. 여러분이 자신을 징벌하고 여러분이 지은 죄에 대해 슬퍼하더라도, 여러분의 구세주에 대해서는 의심하지 마십시오. 그분의 의는 더더욱 의심하지 마십시오. 여러분은 검습니다. 그러나 거기서 멈추지 마십시오. 아가서의 술람미 여인처럼 이렇게 말씀하십시오. "내가 비록 검으나 아름다우니"(아 1:5).

"비록 우리 모습 흉하고,
게달의 장막처럼 검게 보여도,
우리가 주님의 아름다움을 입으니,
솔로몬의 휘장처럼 아름답구나."

이제, 오늘 우리의 본문은 우리가 의로워져서 구원받게 되었다는 우리의 확신으로 연결되고 있는데, 여기에 주목해 보십시오. 여기에는 이 말씀이 해당될 것 같습니다. "네가 만일 네 입으로 예수를 주로 시인하며 또 하나님께서 그를 죽은 자 가운데서 살리신 것을 네 마음에 믿으면 **구원을 받으리라**"(롬 10:9). 의롭다 하심을 받은 자는 구원을 받습니다. 그렇지 않다면 이 칭의가 무슨 유익이 있겠습니까? 사랑하는 성도 여러분, 여러분에게 하나님께서 "구원을 받으리라"라고 선포하셨습니다. 아무도 이 선포를 뒤집을 수 없습니다. 여러분은 죄와 사망과 지옥으로부터 구원받았습니다. "하나님이 우리를 구원하사 거룩하신 소명으로 부르셨습니다"(딤후 1:9). 이 시간에 이 구원의 아름다움을 느껴보십시오. "사랑하는 자들아 우리가 지금은 하나님의 자녀라"(요일 3:2).

제가 방금 말씀드린 것으로, 제가 전하고자 한 것은 다 말씀드린 셈입니다. 만일 여기에 누군가 스스로 구원을 얻을 수 있다고 생각하는 사람이 있다면, 그리고 자신의 의로 하나님 앞에 충분히 설 수 있다고 생각하는 사람이 있다면, 저는 그 사람이 구세주를 모욕하지 않도록 그에게 애정어린 말로 묻겠습니다. 여러분의 의가 충분하다면 왜 그리스도께서 이 땅에 오셔서 그 일들을 수행하셨겠습니까? 잠시 동안만이라도, 여러분의 의와 예수 그리스도의 의를 비교해 보지 않겠습니까? 여러분과 예수 그리스도 사이에 어떤 닮은 점이 있습니까? 아마도 개미와 천사장의 사이에서 닮은 점을 찾는 것과 같을 것입니다. 아니 그 정도가 아닙니다. 낮과 밤, 지옥과 천국, 이 사이에서 닮은 점을 찾는 것과 같을 것입니다. 오, 아무도 흠잡을 수 없는 그런 의를 제 자신이 가지고 있다 해도, 저는 그리스도의 의를 갖기 위해 자원하는 마음으로 그것을 던져 버리겠습니다. 오히려 제 자신의 의가 없기 때문에, 저는 나의 주님의 의를 가지는 것을 더욱 기뻐하겠습니다.

횟필드 목사님이 브리스톨(Bristol) 근교의 킹스우드(Kingswood)에서 처음으로 광부들에게 말씀을 전할 때, 그들의 마음이 감동을 받기 시작하여 그 시커

먼 두 볼을 타고 흘러내리는 눈물 때문에 생긴 흰 눈물 자국을 볼 수 있었습니다. 그는 그들이 복음을 받아들이는 것을 보았습니다. 그는 일기에 이렇게 쓰고 있습니다. "이 불쌍한 광부들은 자기의 의가 없었으므로, 세리와 죄인들을 구원하러 오셨던 그분을 찬양하였다." 맞습니다. 휫필드 목사님이 보신 대로, 이것이 광부들의 진실된 모습입니다. 그러나 이 이야기는 여기 있는 우리 모두에게도 똑같이 적용됩니다. 우리는 시커먼 얼굴을 하지는 않았지만, 시커먼 마음을 가졌습니다. 우리가 그리스도를 얻고 그 안에서 발견되기 위하여(빌 3:8-9) 우리 자신의 의를 배설물로 여기고, 또한 그것을 내어 버리기를 즐거워한다고 우리는 진심으로 말할 수 있습니다. 우리의 유일한 소망과 유일한 신뢰는 그분께 있습니다.

마지막으로 말씀드립니다. 여러분 중의 누가 그리스도의 의를 거절한다면, 그 사람은 영원히 멸망 받아야 합니다. 왜냐하면 하나님이 하나님의 아들 안에서 여러분 앞에 제시한 참되고 거룩한 의를 여러분이 거절한다면, 하나님은 여러분이나 여러분이 자칭 의라고 생각하는 것을 받으실 수 없기 때문입니다. 만약 여러분이 천국 문에 올라갔는데, 거기서 천사가 여러분에게 "무슨 자격으로 당신은 여기에 들어오는가?"라고 말할 때, 여러분이 "나는 내 자신의 의를 가졌다"라고 대답했다고 합시다. 그리고 검문 후에 여러분의 입장이 허락되었는데, 임마누엘의 의와 여러분의 의가 동등하게 입장하도록 결정되었다고 합시다. 과연 이런 일이 있을 수 있겠습니까? 그런 거짓말이 통하도록 하나님께서 허용하시리라 생각합니까? 사악한 죄인의 가짜 의가 그리스도의 완벽한 순금 같은 의와 나란히 옆에 놓이도록 하나님께서 허용하시겠습니까?

여러분이 씻을 필요가 없다면, 왜 보혈의 샘이 있겠습니까? 그리스도는 있어도 그만, 없어도 그만인 그런 분입니까? 오, 그럴 수 없습니다. 여러분은 그리스도의 의를 가져야 합니다. 그렇지 않으면 여러분은 의롭지 못한 사람이 됩니다. 의롭지 못한 여러분은 구원받지 못할 것입니다. 구원받지 못한다면 여러분은 영원 무궁히 잃어버린 자로 있어야 할 것입니다. "뭐라고요? 내가 의로워지기 위해서는 주 예수 그리스도를 믿으면 되고, 그렇게 믿음으로 의롭게 되면, 이것으로 모든 게 다 끝이라고요?" 그렇습니다. 그것으로 다 되었습니다. 그것이 전부입니다. "뭐라고요? 그리스도만 믿으면, 이제부터 내가 하고 싶은 대로 살아도 된다고요?" 여러분이 예수님을 믿은 후에는 여러분은 죄 가운데 살 수 없습니다.

왜냐하면 믿음이 작용해서 여러분의 본성을 변화시키고, 여러분의 영혼을 새롭게 하기 때문입니다. 여러분을 믿도록 인도한 성령 하나님께서 여러분의 마음도 변화시킬 것입니다.

여러분은 "여러분이 하고 싶은 대로 살고 싶다"라고 말씀하셨습니다. 여러분은 이제 앞으로 지금 여러분이 하던 것과는 아주 다르게 살아갈 것입니다. 회심하기 전에 여러분이 좋아하던 것들을 이제 믿고 나서는 싫어하게 될 것입니다. 그리고 여러분이 싫어하던 것들을 이제 믿고 나서는 좋아하게 될 것입니다. 지금 여러분은 착해지려고 노력하고 있습니다. 그러나 여러분은 큰 실수를 범하고 있는 것입니다. 왜냐하면 여러분의 마음이 하나님으로부터 멀어져 있기 때문입니다. 그러나 일단 여러분이 그리스도의 피로 구원을 받았다면, 여러분의 마음은 하나님을 사랑하게 될 것이며, 그 다음으로 여러분은 하나님의 계명들을 지키게 되고, 그 계명들은 여러분에게 더 이상 고통을 주는 것이 되지 않을 것입니다. 마음의 변화는 여러분이 원하는 것입니다. 그러나 은혜의 언약으로 말미암지 않고서는 결코 여러분의 마음은 변화되지 않을 것입니다. 옛 언약에는 회심에 관한 말이 한 마디도 없습니다. 회심을 위해서 우리는 새 언약을 바라보아야만 합니다.

여기에 이렇게 기록되어 있습니다. "맑은 물을 너희에게 뿌려서 너희로 정결하게 하되 곧 너희 모든 더러운 것에서와 모든 우상 숭배에서 너희를 정결하게 할 것이며 또 새 영을 너희 속에 두고 새 마음을 너희에게 주되 너희 육신에서 굳은 마음을 제거하고 부드러운 마음을 줄 것이며 또 내 영을 너희 속에 두어 너희로 내 율례를 행하게 하리니 너희가 내 규례를 지켜 행할지라"(겔 36:25-27). 이것은 위대한 언약의 약속들 중 하나입니다. 그리고 성령께서 선택받은 자들 가운데서 이를 행하십니다.

오, 하나님께서 부드럽게 여러분을 설득하셔서 여러분이 주 예수 그리스도를 믿게 하시고, 예수 그리스도의 약속과 다른 모든 언약의 약속들이 여러분의 영혼에서 성취되기를 원합니다. 하나님께서 여러분을 축복해 주시기를 바랍니다. 하나님의 영이시여, 제가 전한 이 불쌍한 말씀들에 하나님의 축복을 내려 주옵소서. 예수님의 이름으로 기도합니다. 아멘.

제
26
장

—

믿음은 어떻게 얻을 수 있는가?

—

**"그러므로 믿음은 들음에서 나며
들음은 그리스도의 말씀으로 말미암았느니라"** — 롬 10:17

복음이 말하는 구원은 행위로 말미암는 구원이 아니라 전적으로 은혜로 말미암는 구원이며, 또 인간이 노력한 대가로 주어지는 것이 아니라 예수 그리스도를 신뢰하는 단순한 믿음의 행위로 복음을 받아들일 때 인간에게 값없이 주어지는 것이라는 사실을 사람들에게 이해시키기란 어렵습니다. 우리가 아무리 이 진리를 쉽게 전한다 해도, 항상 우리를 오해하는 사람들이 있을 것입니다. 그리고 이 진리에 반대 의견을 제시하는 것과 주님이 명령하신 대로 행하지 않는 것을 자신의 사명처럼 여기는 많은 사람들도 이 진리에 대해 이의를 제기할 것입니다. 그러나 사람들이 말씀의 가르침을 받아 자기 죄가 용서를 받고 자기 영혼이 받아들여지는 것이 자기 공로나 행위에 달려 있지 않다는 사실을 알게 되면, 보통은 또 다른 어려움이 자연히 생겨납니다.

그들은 말합니다. "목사님이 말씀하시는 이 믿음은 무엇입니까?" 그래서 이 믿음은 그리스도께서 완성하신 사역을 단순하게 의지하거나 확신하는 것이라고 확신시켜 주면, 그들은 즉시 이렇게 말합니다. "우리는 이 믿음을 어떻게 얻을 수 있습니까? 우리는 이 확신을 어떻게 얻을 수 있습니까?" 믿음을 가진 우리야 이 질문에 대답하는 것이 아주 쉽습니다. 왜냐하면 잃어버린 죄인들을 위해 구원을 완성하심, 죄인들을 위해 완전한 용서를 베푸심, 경건치 않은 자를 받아주

심, 예수님을 단순히 믿기만 하면 됨과 같은 이런 기쁜 소식들을 우리가 들었을 때, 우리는 예수님께로 나아와 그분을 믿었으며, 지금도 여전히 믿고 있으며, 믿음을 통한 기쁨과 화평을 누리고 있기 때문입니다. 우리는 의심할 이유보다는 믿어야 할 이유가 훨씬 더 많다는 것을 압니다. 그러나 그럼에도 불구하고 의구심을 지닌 수백 수천의 사람들이 있습니다. 그들은 진지하게 질문합니다. 이 질문은 그들에게 아주 어려운 질문입니다. "내가 예수 그리스도를 소유하게 되고 나를 구원해 줄 이 믿음을 나는 어떻게 얻을 수 있습니까?"

오늘 우리의 본문이 이 질문에 이미 대답을 하고 있습니다. 그 대답은 교리적으로나 신학적으로는 완벽하지 않지만, 실제적으로 완벽한 대답입니다. "믿음은 들음에서 나며 들음은 그리스도의 말씀으로 말미암았느니라"(롬 10:17). "그런데 믿음은 영혼 속에서 일어나는 성령의 사역이지 않습니까?" 확실히 그렇습니다. "그리고 그것은 성령께서 하나님이 택하신 자들에게 주시는 것이 아닙니까?" 분명히 그렇습니다. 그러나 그럼에도 불구하고, 사도 바울은 여기서 이러한 사실들을 언급할 필요가 없었습니다. 어떤 설교자들은 설교할 때마다 항상 신학의 모든 체계를 다 말하려고 합니다. 그러나 꼭 그래야 할 필요는 없습니다. 사도 바울은 다른 여러 곳에서 성령의 사역에 대해 충분하고도 명확한 설명을 하고 있습니다. 그가 쓰는 모든 글에서 이 주제를 다루어야 할 필요는 없습니다. 사도 바울은 오늘 본문에서는 이 주제들을 언급할 필요가 없다고 생각했고, 그래서 언급하지 않은 것입니다. 우리가 이 문제를 본격적으로 다룬다면, 질문한 사람들에게 교육적인 도움도 되지 않을 뿐더러 오히려 질문한 사람을 당황하게 할 수도 있을 것입니다.

예를 들어, 제가 목마르면 어떻게 갈증을 해소할 수 있겠습니까? 물 한 모금 마심으로 갈증을 해소할 수 있을 것입니다. 그렇다면 저는 어떻게 그 물을 얻을 수 있겠습니까? 여러분이 제게 수도꼭지나 샘으로 가라고 말한다면, 여러분은 제 질문에 실제적으로 만족한 대답을 한 것입니다. 그런데 물을 어떻게 얻을 수 있느냐는 질문에, 이 물은 수도회사가 공급하는 것인데 온갖 종류의 많은 기계들을 동원하여 그 곳까지 오게 되었다는 둥, 처음에는 지표면에 흐르는 수맥으로부터 형성된 큰 샘에서 물을 끌어왔다는 둥, 또는 템스 디톤(Thames Ditton, 템스 강 상류의 상수원 지역 ─ 역주)에 있는 강에서 끌어온 물이라는 둥, 그런 설명을 할 필요가 없습니다. 또 강물의 기원은 구름이고, 구름은 하나님의 지혜와 솜씨로 수증기가 형성되어 만들어졌다는 식의 설명도 필요 없을 것입니다. 목마른 사람에게 실제적으로 여러분이 해주어야 할 말은 "여기 물이 있습니다. 드세요"라는 것뿐입니다.

제가 다른 예를 하나 더 들어보겠습니다. 배고픈 사람이 여러분에게 묻습니다. "제가 어떻게 빵을 얻을 수 있겠습니까?" 그러면 여러분은 "빵집으로 가세요"라고 대답합니다. 그에게는 더할 나위 없이 충분한 대답입니다. 질문과 대답이 상황에 잘 맞아 떨어진 것입니다. 그런데 만약 그 사람이 빵을 얻게 되는 과정에 대해 좀 더 전문적인 설명을 원한다면, 일단 그가 배고픔을 면하고 난 후에 배고프지 않은 상태에서 그 설명을 해줄 수 있을 것입니다. 미리 쟁기질이 된 땅에 씨가 뿌려지고 자연의 신비로운 과정에 의해 싹이 나고 자라서 열매를 맺는다고 말입니다. 우리는 또한 그 열매를 수확해서 탈곡하는 것이나 탈곡되어 제분이 되는 과정까지도 말해줄 수 있을 것입니다. 그리고 우리가 먹는 일용할 양식(daily bread)은 광야에서 주린 백성에게 내려왔던 만나(출 16:31)처럼 하늘에서 내려온 선물이라는 것도 말해 줄 수 있을 것입니다.

그러나 배고픈 자를 먹이는 데는, 우리가 이런 전문적인 지식을 가지고 있다 해도, 모든 경우에 그렇게 세부적으로 설명할 필요가 없습니다. 만약 여러분이 걱정에 싸인 누군가를 만나게 된다면, 여러분은 그에게 "믿음은 들음에서 나며"(롬 10:17)라는 말만 해도 충분할 것입니다. 좀 더 깊이 있는 이야기들은 그에게 믿음이 생긴 후에 평안한 상태에서 해도 좋을 것입니다. 저는 오늘 아침에 우리의 본문에 충실할 작정입니다. 누군가 제가 성령의 사역도 빠뜨렸고, 인류를 구원하는 믿음과 하나님의 선택적 은혜와의 관계도 다루지 않았다고 하면서 저를 비난할지도 모르겠지만, 저는 그런 비난이라면 아무 말 하지 않고 감수하겠습니다. 다만 제 영혼은 하나님의 성령의 사역 안에서 살았던 사람들이 누렸던 기쁨과 똑같은 기쁨을 누리고 있다는 말씀만 전하겠습니다. 하나님의 선택적 사랑과 그분의 확정적 목적은 제게도 역시 귀중한 하나님의 진리임을 인정하는 바입니다.

어쨌든 오늘 본문이 사도 바울에게 충분했다면, 여러분에게도 충분하리라고 저는 믿습니다. 우리가 믿음이 오는 길에 대해 묵상하는 동안 하나님의 성령께서 우리를 도와주시기를 기도합니다. 그 다음으로, 그 길에서 종종 일어나는 몇 가지 장애물들에 대해 간략히 지적하고자 합니다. 그런 후에, 믿음은 그 지정된 길을 따라 우리에게 와야 한다는 사실을 살펴보고 말씀을 맺고자 합니다.

1. 믿음이 인간에게 오는 길

　　그러면 첫 번째로 믿음이 인간에게 오는 길에 대해서 말씀드리겠습니다. "믿음은 들음에서 나며." 우리가 이 말씀을 부정문으로 고쳐서 말한다면, 이 진리를 좀 더 분명히 드러내는데 도움이 될 것 같습니다. 즉, 믿음은 듣는 것 외의 다른 어떤 과정으로도 생겨나지 않는다는 것입니다. 신비적이거나 이상한 방법으로도 되지 않고, 가장 단순하고도 자연스럽게 생각해 볼 수 있는 방법인, 말씀을 듣는 것으로 믿음은 생겨납니다. 어떤 사람들은 믿음은 유전적으로 세습된다고 생각하면서, 그런 가정 하에 행동합니다. 그래서 어떤 교회에서는 출생과 더불어 교인의 자격을 부여하는 것을 정당하게 생각하며, 기독교인의 자녀는 당연히 기독교인이 되는 것으로 생각합니다.

　　이 주장이 위의 경우처럼 공식화되지는 않았다 해도, 실제로 일부 다른 교회들에서도 이런 생각이 팽배해 있어서, 경건한 부모가 낳은 자녀들은 회심할 필요가 없는 것으로 여겨지고 있습니다. 어떤 자녀가 구원의 자녀인지를 말씀하고 있는 성경 말씀은 잊은 채 말입니다. "혈통으로나 육정으로나 사람의 뜻으로 나지 아니하고 오직 하나님께로부터 난 자들이니라"(요 1:13). 모형 언약(typical covenant. 신약 기자가 구약을 이해하는 일반적 방식인 '모형론'에 입각해 언약을 바라보는 시각으로, 예수님을 둘째 아담으로 보는 것이 대표적인 경우라 할 수 있다. 주로 은혜 언약과 상반되는 개념으로 사용된다 – 역주)에서는 육체를 따라 난 자녀들에게 외형적 특권이 확보되었지만, 은혜 언약 아래에서는 자연적인 자손이 아니라 영적인 자손들에게 축복이 확보되었습니다. "여종에게서는 육체를 따라 났고 자유 있는 여자에게서는 약속으로 말미암았느니라"(갈 4:23). 육체를 따라 난 사람은 육체에 속한 사람입니다. 그 이상은 아닙니다. 그리고 새롭게 태어난 본성은 자연적인 기질이나 용모의 특성처럼 부전자전으로 전해지는 것이 아닙니다.

　　제가 이런 말씀을 드리면 여러분은 이와 상반되는 성경 말씀을 제시할 것입니다. "이 약속은 너희와 너희 자녀 … 에게 하신 것이라"(행 2:39)라고 말입니다. 그러나 이 성경 구절을 전체로 인용하면 그에 대한 충분한 반박이 될 것입니다. "모든 먼 데 사람 곧 주 우리 하나님이 얼마든지 부르시는 자들에게 하신 것이라"(행 2:39). 영적인 것은 육체적인 세대 간에 절대 유전되지 않는 것이 사실입니다. 우리가 은혜 안에 깊숙이 나아간다 하더라도, 우리의 자녀는 여전히 "죄악 중에서 출생"(시 51:5)하였습니다. 신앙고백을 하는 기독교인의 경건이 아무리 고귀해도, 그의 자녀는 스스로 판단할 수 있는 능력이 생길 때 자신의 독자적인 판단으로 예수님을 믿는 개인적인 신자가 되어야 합니다.

또한 성례들을 통해서 은혜가 주입되는 것이 가능하다고 생각하는 사람들이 있습니다. 유아들은 물로 하는 예식을 통해서 거듭날 수 있으며 그 예식을 통해서 "구원의 상태"에 들어갈 수 있다고 가르치는 사람들이 있고, 지금도 여전히 활동하고 있습니다. 그런데 중생에 필수적인 것은 믿음이지 않습니까? 그런 예식들은 중생을 귀하게 여기다가 한 사람을 불신자로 만드는 셈이 됩니다. 결과적으로 "하나님의 독생자의 이름을 믿지 아니하므로 벌써 심판을 받은 것이니라"(요 3:18)라는 말씀대로 된 것이 아닙니까? 확신하십시오. 믿음이 세습되지 않는 것처럼, 그런 세습을 인정해 주는 그 어떤 예식으로도 믿음은 생겨날 수 없습니다. 믿음은 한 길로 옵니다. 어떤 경우에서도 오직 한 길로만 옵니다. 그 길은 바로 하나님의 말씀을 듣는 길입니다. 모든 사람들에게, 그가 누구든지 간에, 설령 교회의 품에서 자란 자라 하더라도, 지극히 장엄한 예식을 통해 교회에 입교한 자라도, 우리는 그들에게 말해야 합니다. 여러분도 다른 사람들과 똑같이 들어야 하고, 다른 사람들과 똑같이 그 들음의 결과로서 믿어야 한다고 말입니다. 그렇지 않으면, 여러분은 구원하는 은혜에 이르지 못할 것입니다.

믿음은 성직자들의 어떤 몸짓이나 무릎 꿇기나 중얼거림을 통해서 우리에게 들어오는 신비한 마술이 아닙니다. 우리는 성례의 효과에 대해서 아주 많이 들어왔습니다. 그러나 세례나 성찬이 믿음을 확실히 창조해 낸다고 말하는 사람은 터무니없이 뻔뻔한 사람임이 분명하다고 저는 생각합니다(성례 거행 그 자체로 효력을 가진다는 '성례의 사효성'[ex opere operato]을 제기한 트렌트공의회의 주장은 종교개혁자들의 눈에 인간의 믿음을 무시한 미신과 마술로 비쳐졌다. 그래서 개신교 최초의 신앙고백서인 루터파의 아우그스부르크 신앙고백서는 성례가 믿음을 만든다는 주장에 반대하고, 인간의 믿음을 강조한다. 즉, 개신교는 성례에 인간의 믿음을 강조하는 성례의 인효성[ex opere operantis]에 무게를 둔다 —역자 주).

그리고 이 성례들이 불신자들을 여전히 불신의 상태로 내버려 둔다면, 즉 정죄의 상태로 있게 한다면, 그러고서도 이 성례가 어떻게 구원의 수단이 될 수 있는지 저는 잘 모르겠습니다. 믿음이 없이는 하나님을 기쁘시게 하지 못하기 때문에(히 11:6), 단순히 성례식에 참여함으로써 얻게 되는 은혜는 가치가 적은 것이며, 하나님 앞에 설 수 있는 기본적인 조건마저도 충족시킬 수 없다는 것을 알 수 있습니다.

　믿음은 침례를 통해 흘러들어올 수도 없고, 세례를 통해 끼얹어질 수도 없습니다. 성찬의 잔을 마심으로 우리 안에 믿음이 부어지는 것도 아니며, 축성된 빵 조각을 먹음으로 우리 안에 믿음이 생기는 것도 아닙니다. 마술적인 방법으로는 믿음을 얻을 수 없습니다. 믿음은 하나님 말씀을 들음에서 생깁니다. 오직 그 한 방법밖에 없습니다. 여러분이 제게 말하는 그 외의 것들은 모두 미신들입니다. 여기서 언급할 필요조차 없는 것들이라고 말하는 사람들도 있습니다. 아주 좋습니다. 하지만 이런 미신들을 끝장내기 위해서라도, 아직까지 우리에게 남아있는 미신들에 대해 살펴보고자 합니다.

　어떤 사람은 믿음이 느낌으로부터 생긴다고 착각합니다. 만약 그들이 공포의 감정이나 더할 나위 없는 기쁨의 감정을 느끼게 되면, 그 때에야 비로소 그들은 믿음을 가지게 되었다고 생각합니다. 또 이런 사람들도 있습니다. 누가 봐도 선한 사람의 일생에 대한 간증을 듣고 나서, 자기도 그 들은 바대로 느끼기 전에는 믿을 수 없다고 말하는 사람이 있습니다. 또 약간의 믿음을 가지고 있다 하더라도, 그것이 참된 믿음일 것이라고 기대하지 않는 사람도 있습니다. 믿음은 느낌에 의해 생겨나지 않습니다. 오히려 믿음으로 말미암아 거룩한 감정이 많이 생겨납니다. 믿음으로 행하며 사는 사람일수록 하나님의 얼굴빛을 더욱더 많이 느끼고 누리게 됩니다. 해가 화창하게 뜨는 날이 별로 없는 영국의 날씨는 변덕스럽게 오락가락하고 밝았다가 곧 우울해집니다. 그런 영국의 날씨처럼 항상 변하는 우리의 기분과 느낌을 의지하며 살기보다는, 믿음을 의지하고 사는 것이 더욱 견고한 삶입니다. 여러분은 믿음으로부터 느낌을 가질 수 있고, 최고의 느낌도 가질 수 있습니다. 그러나 기분과 느낌으로부터 믿음을 가지려고 애쓴다면, 여러분이 가질 만한 가치 있는 어떤 믿음을 발견하기까지는 오랜 시간이 걸릴 것입니다.

　　"내 소망은 오직
　　예수님의 피와 의 위에 서 있네.
　　나는 이제 감미로운 기분을 의지하지 않네.

오직 예수님의 이름만 전적으로 의지하네.
견고한 반석 그리스도 위에 내가 서리라,
다른 모든 땅은 가라앉는 모래로다."
(21세기찬송가 488장, '이 몸의 소망 무언가', 1절에 해당하는 영어 가사이다
— 역주)

또한 어떤 사람은 참된 믿음이 꿈이나 환상을 통해 사람들에게 임한다고도 생각합니다. 소위 빛의 시대라고 불리는 오늘날에도 어떻게 이런 생각들이 남아 있는지 그저 놀라울 따름입니다. 여러분이 예수님을 보는 꿈을 꾼다거나, 깨어 있을 때에도 예수님을 본 것 같은 착각을 한다거나, 성경의 한 구절이 여러분의 뇌리를 강타한다거나, 어떤 음성이 여러분에게 말하는 것을 듣거나 들린 것 같다고 여겨질 때, 그 때에야 비로소 여러분은 신자가 되었다고 하는 생각들이 여전히 성행하고 있습니다. 자, 한번 생각해 봅시다. 그리스도를 믿는 믿음은 다른 누군가를 믿는 믿음과 같습니다. 믿음은 동일한 종류의 정신적 과정을 거쳐서 우리에게 생겨납니다. 믿음은 단순한 원리와 평범한 사실들에 그 바탕을 둡니다. 믿음은 밤에 환상을 필요로 하지 않습니다. 여러분이 만약 하늘에 있는 모든 천사를 보았다 하더라도, 그 환상이 여러분이 천국에 갈 것이라고 보장해 주지 않습니다. 이것은 제가 교황의 근위대를 보았다고 해서, 그것이 곧 제가 추기경이 된다고 보장하는 것이 아닌 것과 같습니다. 눈에 보이는 것들이 우리를 구원하지 못합니다. 왜냐하면 보이는 것은 잠깐이며(고후 4:18), 영원한 구원을 이룰 수 없기 때문입니다. 게다가 사람들은 그리스도를 실제로 보았으나 그분을 찔렀고 모독했다는 것입니다. 환상은 느부갓네살 같은 이방인들도 보았습니다(단 2:1). 천사들은 발람처럼 악한 자에게도 나타났습니다. 발람은 "나는 의인의 죽음을 죽기 원하며"(민 23:10)라고 탄식했지만, 이스라엘의 하나님을 대적하여 싸우다가 망했습니다. 참된 믿음은 마음속에 떠오르는 상상들보다 더 견고한 기본 토대를 가지고 있습니다.

오늘 본문은 믿음이 설교자의 웅변술, 진지함, 그 밖의 다른 좋은 자질로부터 생겨난다고 말하고 있지 않다는 점을 유의해 주시기 바랍니다. 믿음은 들음에서 납니다. 인간의 말이 아닌, 오직 하나님의 말씀을 들음에서 믿음은 생겨납니다. 하나님의 말씀은 믿음을 창조하는 설교의 본질입니다. 구원하는 믿음이 영혼에

임하는 것은 다른 말씀을 들음으로써 생기는 것이 아니라, 하나님의 말씀을 들음으로써 생기는 것입니다. 최고의 언어 구사력을 가지고 아주 유창한 웅변술로 복음에 대해 자세하게 설명하는 사람에게서 설교를 들었다고 합시다. 그런데 믿음이 그렇게 감동적이고 시적이고 논증적으로 화려하게 말하는 그 사람 때문에 생긴 것이라면, 이 믿음은 육체의 능력에서 나온 불쌍하고도 비참한 믿음일 것입니다. 따라서 이 믿음은 영원히 살아 계시는 하나님의 썩지 않는 말씀에서 나온 믿음과는 본질적으로 다르기 때문에 곧 죽어 없어질 것입니다. 반면에 제가 참된 복음, 즉 참된 하나님의 말씀을 듣고 있다면, 이 복음을 전하는 사람이 말을 더듬거나 목소리가 거슬리거나 행동거지가 마음에 들지 않는다 하더라도, 저는 믿음을 갖게 되리라 기대하게 합니다.

　　만일 그가 하나님의 진리를 전해서 제가 믿음을 갖게 되었다면, 그것은 제가 그의 말을 들었기 때문이 아니라, 하나님의 말씀을 들었기 때문입니다. 설교자로서 저는 제가 전하는 말씀이 제 말이 아니라, 영혼을 구원하는 하나님의 말씀처럼 느껴지기를 항상 바라고 있습니다. 우리는 하나님의 말씀을 설명하고 자세히 풀이합니다. 그러나 우리가 하나님의 말씀을 더하거나 감해서는 안 되며, 우리가 하나님의 말씀을 개선시킬 수 있다고 생각해서도 안 됩니다. 우리는 강대상에 서서 이렇게 말해서는 안 됩니다. "저는 저의 지성을 가지고 지금까지 한 주제에 대해 연구해 왔습니다. 이제 제 사고의 결과를 여러분에게 말씀드리려고 합니다." 우리의 사고는 다른 곳에 놔두고, 계시된 하나님의 진리를 전하는 것이 우리에게 좋습니다. 요즘 지적으로 겉멋이 든 이 세대가 들을 만하다고 여기는 설교자들은 모두 심오한 사상가들, 아니면 진보된 신학들을 고안해 낸 사람들인 것이 일반적인 대세입니다.

　　사랑하는 성도 여러분, 인간의 사고들은 영원히 망하도록 합시다. 인간의 사고가 아니라 하나님의 생각이 영혼을 구원할 것이기 때문입니다. 하나님의 진리는 단순하게 말해져야 합니다. 형이상학이나 철학이나 고등 문화나 이런 것들로 화려하게 치장된 것들은 가능한 한 적게 말해져야 합니다. 제가 말씀드립니다. 하나님의 말씀이 전해지고 그 말씀이 들려질 때, 사람들의 영혼에 믿음이 생겨나는 것을 우리는 발견합니다. 오늘 특별히 제 설교를 듣게 된 여러분에게 몇 말씀 드리겠습니다. 여러분 중에는 이 도시에 처음 온 사람도 있을 것이고, 여러 목사들의 설교를 선택해서 들을 수 있는 지역에 살고 있는 사람도 있을 것입니다. 여러분, 여러분의 귀를 기쁘게 하는 설교를 찾지 마십시오. 오히려 여러분의 양심에 비추어보아 하나님의 말씀과 일치한다고 생각되는 설교를 구하십시오. 우리가, 아니 하늘에서 온 천사가 여러분에게 말씀을 전한다 해도, 그것이 하나님의 말씀이 아니라면 듣지 마십시오. 우리가 전하는 말이 하나님의 말씀이 아니라면, 우리말도 듣지 마십시오. 그것은 여러분에게 해롭기 때문입니다.

주 하나님께서 말씀하시는 것만 들으십시오. 그 이외의 것은 듣지 마십시오. 거짓을 말하는 입이지만, 그 입으로 멋진 은빛 나팔을 물고서 감미로운 음악으로 여러분의 귀를 만족시켜주는 그런 소리보다는, 비록 양각 나팔이지만 이를 통해 하나님이 말씀을 발하시고 하나님의 성령 또한 소리를 발하신다면, 이 소리가 더욱 여러분의 영혼에 유익할 것입니다. 설교의 재료가 설교의 방식보다 훨씬 더 중요합니다. 구원하는 믿음은 거짓을 들어서는 생겨나지 않습니다. 오직 하나님의 말씀만을 들어야 생겨납니다.

하나 더 말씀드려야 할 것 같습니다. "들음으로"라는 표현은 당연히 문자적인 의미에서 보면 음성으로 전해진 것을 듣는 것에 한정되지만, 영적인 의미에서 보면 하나님의 말씀을 읽는 것까지 포함됩니다. 왜냐하면 읽는다는 것은 일종의 눈으로 듣는 것이기 때문입니다. 믿음은 성도들이 스스로 하나님의 말씀을 읽는 동안에도 생겨났습니다. 물론 앞으로도 생길 것입니다. 성경을 읽는다고 해서 성경의 단순한 문자를 너무 과도하게 파고 들어가 성경의 영을 죽여서는 안 됩니다(고후 3:6). 인쇄된 성경에서 세미한 음성을 조용히 듣겠다는 마음으로 성경을 읽지 않을 때 우리는 이런 잘못을 범하게 됩니다. 믿음은 우리의 지성과 지식과 이해력에 도달하는 하나님의 말씀으로부터 생겨납니다. 하나님의 말씀이 들어오면 빛이 납니다. "너희는 귀를 기울이고 내게로 나아와 들으라 그리하면 너희의 영혼이 살리라"(사 55:3). 지금까지 하나님의 말씀이 아니고서는 믿음이 생겨날 수 없다는 부정적인 접근으로 믿음에 대해 말씀드렸습니다.

이제, 긍정적인 접근을 해 보겠습니다. "믿음은 들음에서 나며." 때로는 복음의 단순한 진술들을 들음으로써 믿음이 생겨납니다. 사람들은 구원받기를 갈망해 왔으며 하나님의 아들이신 예수님께서 이 세상에 오셔서 친히 사람의 모양으로 나타나사(빌 2:8), 사람으로서 우리의 연약한 것을 친히 담당하시고(마 8:17) 죄인들 대신에 자신을 희생 제물로 바치셨다는 이야기를 들어왔습니다. 그 뿐만 아니라, 사람들은 이 대속의 희생을 의지하는 자는 누구든지 구원을 얻게 된다는 말을 듣고서 곧장 믿었습니다. 그 모든 사람들에게 필요한 것은 구원의 길에 대한 단순한 정보였습니다. 하나님의 성령께서 그들을 그렇게 예비해 놓으셨기 때문에, 그들은 하나님의 구원 진리를 듣게 된 바로 그 순간에 믿었습니다.

　　많은 경우에 있어서 구원의 길을 가로막는 유일한 어려움은 말씀을 깨닫지 못하는데 있었습니다. 제 경우를 말씀드리겠습니다. 만약 제가 구원받기 위해서 무엇을 행해야 한다는 사실을 알기만 했다면, 저는 그것을 행하기 위해 제가 가진 모든 것을 포기했을 것입니다. 저는 복음이 전파되는 곳에 자주 갔지만, 저는 믿는다는 것의 의미를 파악하지 못했습니다. 믿는다는 것이 무엇인지를 내가 모르고 있다는 그 사실이 저를 많이 당황하게 하였습니다. 예수 그리스도를 믿으면 내 영혼이 구원받게 된다는 이 단순한 설명을 제 기억으로는 들은 적이 없습니다. 물론 이 사실을 내 육체의 귀로는 들었을 수도 있지만, 제가 그 의미를 이해하지 못했기 때문에 그저 이상한 이야기로만 생각하고 흘려들었을지도 모릅니다. 저는 때로 이런 생각을 해 봅니다. 만약 내가 단순하게 설명된 믿음의 길을 들었더라면, 내 영혼은 훨씬 더 빨리 자유롭게 뛰어다니지 않았을까 하고 말입니다.

　　그렇다고 해서 제가 지금 복음을 단순하게만 전해야 한다고 말씀드리는 것은 아닙니다. 때로는 단지 단순한 선포를 듣는 것으로도 믿음이 생긴다는 저의 확신을 말씀드리는 것입니다. 여기서 단순한 선포는 이런 것입니다. 하나님께서는 죄인들을 받으십니다. 그런데 하나님은 죄인들이 어떤 자들인가를 보고서 받으시는 것이 아니라, 그리스도가 어떤 분이신가를 보고서 받으시는 것입니다. 죄인들이 예수님을 믿을 때, 바로 그 순간 그 곳에서 죄인들은 구원을 받게 됩니다. 하나님은 사랑하는 아들이신 예수 그리스도로 말미암아 그들을 받으십니다. 이 사실을 단순하게 진술할 때, 하나님의 성령께서 역사하셔서 죄인들의 영혼에 믿음이 생겨납니다. "어떻게 이런 일이 있을 수 있습니까?"라고 어떤 사람은 말합니다. 그 이유는 복음 자체가 복음을 처음 접하는 사람들의 마음에 복음이 참되다는 인상을 심어주기 때문입니다. 이 복음은 틀림없는 하나님의 복음이라는 생각이 그들의 마음을 강타합니다. 복음이 그들의 마음을 강타하는 것은 다른 경우에 있어서도 마찬가지입니다. 여러분은 종종 이런 말을 들어보았을 것입니다. "글쎄, 나도 잘 모르겠어. 맞긴 맞는 것 같은데, 마음에 확신이 생길 때까지 좀 더 살펴봐야겠어."

그러나 때로는 복음을 듣자마자 즉시 복음을 받아들였다는 이야기도 들을 수 있습니다. 그 이유는 복음에 대한 진술들이 여러분의 지성에 강한 인상을 주었고, 여러분은 그 이야기들을 분명히 참이라고 느꼈기 때문입니다. 하나님께서 그렇게 예비해 놓은 마음들이 있어서, 복음을 듣는 순간에 바로 그들이 복음에 반응하는 것입니다. 진리를 추구하던 구도자가 복음을 들었을 때 탄성을 지르는 소리가 들리는 듯합니다. "이것이 사실인가? 이게 어떻게 거짓일 수 있겠어? 이 이야기는 너무나 거룩하고 너무나 장엄하고 너무나 조화롭고 너무나 선하고 너무나 은혜롭고 너무나 예상치 못한 이야기야. 하나님이 아니라면, 도대체 누가 이런 생각을 할 수 있겠는가. 이것은 하나님의 진리가 틀림없어." 오랫동안 귀한 진리의 진주를 찾아 헤맸다면, 그 밝아진 눈은 복음의 서광을 파악하고서 복음이야말로 값을 매길 수 없는 보배임을 알아차립니다. 이렇게 복음의 설명을 듣고서 즉시 믿음을 갖게 된 자들은 참으로 복 있는 자들입니다.

어떤 사람들에게는 설득력 있게 지적하는 **복음**이 그들의 상황에 적합하다고 말합니다. 왜냐하면 복음이 죄인들을 위한 복음으로 선포되는 것을 들으면서, 그들은 자기가 바로 그 죄인들의 부류에 확실히 속한 사람인 것을 느꼈기 때문입니다. 설교자가 타락한 자들의 비참함, 인간 본성의 완전한 파멸, 인간 본성의 기만성과 연약성과 변덕스러움, 그리고 어리석음 등에 대해 계속해서 설명했을 때, 그 설교를 들은 청중들은 이렇게 말합니다. "이렇게 타락하고 허물 많고 무능한 그런 인간들에게 복음이 주어졌단 말인가? 아, 내가 바로 정확히 그런 상태에 있지 아니한가?" 그리고 나서 예수님을 단순히 믿으라는 복음의 위대한 명령이 선포되면, 그 영혼은 은혜의 길이 자신에게 적합하다는 것을 감지하게 됩니다. 우리는 그리스도를 모셔 내리려 하늘에 올라가지도 않으며, 그리스도를 죽은 자 가운데서 모셔 올리려 무저갱에 내려가지도 않습니다(롬 10:6-7). 우리는 율법을 지킬 수도 없고, 우리의 범죄를 위한 대속물을 찾을 수도 없습니다. 이처럼 무능한 우리가 이렇게 단순히 믿기만 하면 되다니, 오, 죄인들을 원상태로 회복시키기에 이 복음이 얼마나 적합한지요. 행할 것은 아무것도 없습니다. 사실 저는 아무것도 할 수가 없습니다. 제시할 것도 아무것도 없습니다. 사실 저는 아무것도 제시할 수가 없습니다. 이 복음은 제 경우에 적합합니다. 우리의 필요에 적합한 구원 계획을 세우신 하나님께 영광을 돌려드립니다. 죄인에게 맞는 복음의 이 적합성 때문에, 많은 사람들이 하나님의 성령의 도움으로 예수님을 믿는 구원의 믿음에 이르게 되었습니다. 이렇게 해서 믿음은 들음으로 생겨나게 되었습니다.

제가 확신하는 바는 많은 경우에 있어서 예수님의 낮아지신 긍휼과 마음을 녹이는 사랑을 들음으로써 믿음이 생겼다는 사실입니다. 이 사실에 대해 좀 더 살펴보겠습니다. 예수님께서는 그의 원수들을 사랑하셨습니다. 그분은 경건하지 않은 자를 위하여 죽으셨고(롬 5:6), 그분의 마음은 잃어버린 양 떼들을 갈망했으며, 그분은 탕자를 기꺼이 받아들이시는 분입니다. 왜냐하면 예수님은 은혜와 진리가 충만하신 분이기 때문입니다(요 1:14).

> "다정하신 그분의 마음,
> 사랑으로 녹이는 그분의 마음"
> (아이작 왓츠의 찬송가 '기쁨으로 우리는 그 은혜를 묵상합니다' [WITH JOY
> WE MEDITATE THE GRACE]의 1절 가사이다 — 역주)

"이 사람이 죄인을 영접하고 음식을 같이 먹는다"(눅 15:2), "수고하고 무거운 짐 진 자들아 다 내게로 오라"(마 11:28), "오호라 너희 모든 목마른 자들아 물로 나아오라"(사 55:1), "사람에 대한 모든 죄와 모독은 사하심을 얻되"(마 12:31), "성령과 신부가 말씀하시기를 오라 하시는도다 듣는 자도 오라 할 것이요 목마른 자도 올 것이요 또 원하는 자는 값없이 생명수를 받으라 하시더라"(계 22:17), "내게 오는 자는 내가 결코 내쫓지 아니하리라"(요 6:37) 등과 같은 성경 말씀들이 전파되었을 때, 마음을 녹이는 이 사랑의 선율로 듣는 사람들의 마음은 감동을 얻게 되었고, 가장 완악한 사람조차도 가치 없는 자를 사랑하시는 주님을 믿게 되었습니다.

사람들은 그렇게 자신을 버리신(엡 5:2) 친구(요 15:14)이자, 그렇게 너무나 사랑스러우신 구세주를 믿지 않는 것이 불가능함을 깨닫게 되었습니다. 예수님의 달콤한 사랑 안에는 영혼들을 사로잡는 전능한 힘이 있습니다. 그래서 사람들은 "모든 것을 제압하는 사랑의 힘에" 굴복되어 저항할 수 없게 됩니다. 그들은 더 이상 주체할 수 없는 상태가 되어 믿음의 행위로 스스로 구세주의 팔에 안깁니다. 저는 그들이 "나는 믿습니다. 나는 이와 같은 친구를 믿지 않을 수가 없습니다"라고 외치며 노래하는 것을 잘 이해할 수 있습니다. 믿음은 우리의 영혼을 사랑하는 분인 예수님의 고뇌, 채찍질, 상처, 죽음 등으로 얻어진 값없는 용서를 들음으로써 생겨납니다.

또 다른 경우에는, 믿음이 복음의 진술을 들음으로써 생겨나기보다는 오히려 복음의 권위를 들음으로써 생겨나기도 합니다. 저는 어떤 진술이 진리처럼 보이기 때문에 그 진술을 믿을 때가 있습니다. 그러나 반대로, 어떤 진술이 분명히 진리인 것을 인식했지만, 그것을 말하는 사람 때문에 제가 그 진술을 진리로 받아들이지 않을 때도 있습니다. 이것이 아주 옳고 정당한 믿음의 측면을 잘 설명해 줍니다. 저의 구원에 관해서 하나님께서 무슨 말씀을 하셨습니까? 제가 그 말씀을 듣기 전에, 저는 하나님의 증언이라면 믿을 준비가 되어 있습니다. 하나님께서 말씀하십니다. 저는 하나님께서 말씀하신다는 이 사실 하나만으로 충분합니다. 저는 이 성경책이 하나님의 책인 것을 믿습니다. 저는 성경이 말씀하는 바를 듣습니다. 그리고 여호와 하나님께서 무엇을 말씀하시든, 그 말씀이 이해하기 쉽든 쉽지 않든 간에, 그 말씀을 받아들여야 하며 또 받아들일 것입니다.

선포된 복음을 들었을 때, 처음에는 그 복음을 믿지 못하는 사람들이 있습니다. 그러나 하나님의 성령께서 기꺼이 말씀의 사역자를 통해 복음은 하나님의 약속이고 그 선포 방식은 하나님께서 친히 정하신 것이며, 하나님이 그 복음에 대해 "믿고 세례를 받는 사람은 구원을 얻을 것이요"(막 16:16)라는 약속과 "믿지 않는 사람은 정죄를 받으리라"(막 16:16)는 경고도 함께 하셨다는 것을 그 사람들에게 보여주신다면, 그 때에야 비로소 그들은 굴복하며 다른 모든 의심들을 던져버리게 됩니다. 하나님께서는 그들에게 예수님을 믿을 것을 명령하시고, 그들은 하나님의 은혜로 말미암아 예수님을 믿게 됩니다. 그들은 복음의 진술을 처음부터 끝까지 일일이 따지지 않고 하나님께서 가르쳐 주시는 대로 받아들입니다. 하나님이 그리스도를 화목제물로 세우셨기 때문에(롬 3:25) 그들은 그리스도를 화목제물로 받아들입니다. 하나님께서 "나를 쳐다보고 구원을 받으라"(사 45:22, KJV)고 말씀하셨기에 그들은 쳐다봅니다. 왜냐하면 하나님께서 쳐다보라고 명령하셨기 때문입니다. 그래서 그들은 구원을 받았습니다. 예수님을 믿는 것은 하나님의 입으로 친히 하신 명령입니다. 그러므로 예수님을 믿는 것은 그 명령에 순종하는 것이며, 그 이상입니다. 왜냐하면 이 말씀 때문입니다. "하나님의 아들을 믿는 자는 자기 안에 증거가 있고 하나님을 믿지 아니하는 자는 하나님을 거짓말하는 자로 만드나니 이는 하나님께서 그 아들에 대하여 증언하

신 증거를 믿지 아니하였음이라 또 증거는 이것이니 하나님이 우리에게 영생을
주신 것과 이 생명이 그의 아들 안에 있는 그것이니라"(요일 5:10-11).

또 어떤 경우들에 있어서는, 복음과 비교하자면 하위에 있는 증인들의 진실성을
사람들이 듣고 감지함으로써 믿음이 생겨나기도 합니다. 제가 생각하는 증인들
은 거룩한 책의 기록자들인 선지자들과 사도들입니다. 이들은 믿을 만한 사람들
로서, 정직하고 복잡한 사고를 하지 않는 사람들이었습니다. 그들은 그리스도가
메시야였고, 죽었다가 죽은 자 가운데서 다시 살아나셨다고 증언했으며, 이런
증언으로 아무 유익도 얻지 못하는 그런 사람임이었습니다. 그런 사람들 중의
하나인 사도 바울은 그렇게 전함으로써, 자기가 갖고 있던 아주 높은 지위를 잃
었습니다. 또 전 생애를 수고와 고난과 비난을 받으면서 보냈고, 그가 전했던 것
때문에 피 흘리며 죽는 것으로 생을 마감해야 했습니다. 이것으로 그는 자신이
신실하고 정직하며 의로운 사람임을 입증했습니다. 만일 사도 바울이나 다른 사
도들이 증인석에 앉아 있다면, 아무도 그들에게서 비난한 근거를 찾지 못할 것
입니다. 그들이 무슨 말을 하든지 우리는 믿을 것입니다. 왜냐하면 그들은 진실
한 증인들이기 때문입니다. 정리하면, 때로 사람들이 그리스도를 믿는 믿음을
갖게 되는 이유는 그리스도께서 자신의 인격과 죽음과 부활을 증거하도록 보낸
자들이 속속들이 다 진실하게 여겨져서 그들의 말은 모두 받아들일 만하다고 느
꼈기 때문입니다.

사랑하는 성도 여러분, 믿음이 들음으로써 생기는 방식에는 또 다른 것도
있다고 생각합니다. 설교자가 복음을 진술하고 그 복음의 권위를 제시하는 것보
다, 오히려 복음을 설명할 때에 믿음이 생기기도 합니다. 만약 우리가 "믿고 세례
를 받는 사람은 구원을 얻을 것이요"(막 16:16)라는 이 말씀만 설명하는데 우리
에게 주어진 시간을 다 사용한다 해도, 우리는 복된 평생의 사역을 성취할 수 있
을 것이며, 우리가 광범위하게 벌이는 사역들보다 어쩌면 더 큰 결과를 보게 될
지도 모릅니다. 설교자는 믿음이 무엇인지 성도들이 잘 볼 수 있도록, 즉 성도들
이 그리스도를 잘 바라볼 수 있도록 그 영혼에 막힌 어려움들을 하나하나 제거
해주어야 합니다. 설교자는 또한 죄인에게 있어 전적인 소망은 자기 외부에 있
고 자기 안에는 아무 소망이 없으며, 자신의 구원을 위한 전적인 도움은 전능하
신 하나님의 아들 예수 그리스도에게서 받을 수 있음을 보여주어야 합니다. 성
도들은 자신의 느낌들, 기도들, 행위들, 심지어는 자신이 확실한 근거로 믿고 있

는 것들로부터 눈길을 돌려야 하며, 오직 예수님의 유일한 희생만을 단순히 의지해야 한다고 설교자가 설명할 때, 믿음은 그러한 설명들을 들음으로써 생기기도 합니다.

또 어떤 경우에는 말씀이 듣는 사람의 상황에 맞아떨어지도록 독특하게 영혼을 드러내는 지향성을 가질 때, 믿음이 생기기도 합니다. 사마리아 여인(요 4:7)을 기억하십시오. 우리 주 예수 그리스도께서 그녀에게 복음을 설명하였습니다. 그러나 그녀는 예수님의 설명을 듣고서 깨닫지 못한 것 같았습니다. 그러자 예수님은 그녀에게 정곡을 찌르는 말씀을 하셨습니다. "가서 네 남편을 불러 오라"(요 4:16). 바로 이 말씀이 그녀에게 믿음을 갖도록 하였습니다. 하나님으로부터 보내심을 받은 설교자가 전하는 복음이라면 그 안에는 이러한 마음의 의도와 생각들을 드러내는 능력이 있습니다. 왜냐하면 말씀은 혼과 영을 찔러 쪼개기까지 하며(히 4:12), 영의 은밀한 것까지 드러내기 때문입니다. 이후에 복음을 들은 자들은 외칩니다. "내가 행한 모든 일을 내게 말한 사람을 와서 보라 이는 그리스도가 아니냐"(요 4:29). 이렇게 해서 성령의 인도로 말미암아 하나님의 말씀은 인간의 중심을 드러냅니다. 믿음은 들음에서 납니다.

많은 사람들에게 있어서 믿음은 생명의 선한 말씀을 접해보고 맛본 사람들의 체험을 우리가 구체적으로 나눌 때, 그 이야기들을 들음으로써 생기기도 합니다. 설교자나 교사가 어떻게 예수님을 믿게 되었는지, 그리고 어떻게 용서와 평화와 영생을 발견하게 되었는지를 말할 때, 그것을 들음으로써 믿음이 생기기도 하는 것입니다. 공감대를 일으켜 다른 사람들의 마음을 찔리게 할 수 있는 사람이 있을 때, 어쩌면 그들 중에는 설명하는 그 사람보다 더 중한 죄를 지은 사람들도 있을 수 있는데, 바로 그 이야기를 들을 때 사람들의 마음속에 확신과 믿음이 역사하기도 합니다. 저는 여러분이 스스로 예수님을 믿고 또한 믿으려고 노력했으면 하는 바람으로, 예수님이 우리를 위해 행하신 일들을 살펴보도록 권하고 싶습니다. 예수님께서는 우리의 말을 통해 그분을 믿게 될 사람들을 위해 기도하셨습니다. 우리는 여러분이 그 믿는 자의 숫자 속에 들기를 간절히 바랍니다.

전체적인 내용을 좀 더 명확히 하기 위해서, 여러분이 아주 극심한 질병으로 고생하고 있는데, 한 의사가 여러분을 치료하겠다고 나섰다는 가정을 해봅시다. 여러분은 기꺼이 그 의사를 믿고 싶을 것입니다. 그러나 여러분은 맹목적으로 아무나 따라갈 수는 없습니다. 돌팔이들과 사기꾼들이 허다하기 때문입니다. 여러분은 자연스럽게 그 의사에 대해 알아봐야겠다는 마음이 들 것입니다.

　자, 그렇다면, 그 의사에 대한 믿음을 갖기 위해서 여러분은 어떤 방식으로 애써보겠습니까? 어떻게 하면 여러분에게 그 의사에 대한 믿음이 생길 것 같습니까? 들음으로 그 의사에 대한 믿음이 생깁니다. 여러분은 그 의사가 말하는 것을 듣습니다. 그리고 그가 여러분의 현재 몸 상태를 이해하고 있다는 것을 알게 됩니다. 왜냐하면 그가 여러분의 모든 증상을 정확하게 설명해 주기 때문입니다. 그러한 증상들은 환자 본인과 실력 있는 의사 외에는 알 수 없기 때문입니다. 여러분은 이미 그 의사에게 상당한 신뢰를 느끼고 있습니다. 그 의사는 다음으로 치료 방법에 대해서 여러분이 최대한 이해하기 쉽게 아주 자세히 설명합니다. 그 설명을 들어보니 대단히 합당해 보이고 여러분의 몸 상태에도 적합해 보입니다. 그 의사는 여러분이 최상의 선택을 하도록 제안을 하고, 여러분은 이미 그가 제안한 수술 방법에 대해 좀 더 수긍하는 단계에 와 있습니다.

　그러면 이제 여러분은 그 의사의 인간성에 대해 살펴보게 됩니다. 여러분은 그가 단순히 잘난 척하는 사람이 아니라, 권위 있고 노련하며 오랜 임상경험을 갖춘 자로 신실하고 정직하기까지 하여 온갖 좋은 자질은 다 갖추었음을 알게 됩니다. 게다가 그 의사는 여러분에게 의료행위에 대해 아무런 대가도 요구하지 않는다고 가정해 봅시다. 모든 것을 무료로 해 준다고 말입니다. 명백히 이익을 얻으려는 동기가 전혀 없고 완전히 비영리로 오직 여러분의 생명을 구하고 여러분의 고통을 없애주려는 선한 바람으로, 진정 여러분을 불쌍히 여기는 마음으로 움직이는 의사라고 한다면, 여러분은 이런 의사를 믿고 그의 말을 듣기를 더 이상 거절할 수 있겠습니까? 그 뿐 아니라, 그가 자신이 치료한 환자들의 기록을 여러분에게 보여주면서, 여러분과 유사한 경우로 그가 완벽하게 치료했던 사례들을 조목조목 설명해 준다면, 또 여러분이 알고 존경하는 사람들 가운데 그렇게 치료받은 환자들이 있다면, 여러분은 어떻게 하겠습니까? "저는 당신을 믿고 싶긴 한데"라고 말하면서 그 의사를 모욕하지는 않을 것입니다.

　여러분이 치료받기를 원한다면, 분명히 여러분은 그 의사의 도움을 신뢰할 것입니다. 이런 경우에 있어서 믿음은 전혀 의지에 좌우되지 않습니다. 여러분은 들음으로써 확신하게 되었고, 그래서 믿는 사람이 된 것입니다. 이와 마찬가지로 믿음은 들음에서 납니다. 여러분이 여전히 "그래도 나는 그 의사를 믿을 수 없어"라고 말한다면, 여러분은 현명하지 않은 것입니다. 당연히 여러분은 그렇

게 말하지 않을 것입니다. 여러분은 그리스도께서 얼마나 많은 죄인들을 고치셨
는지 들어서 알고 있지 않습니까? 그리스도의 뒤에는 하나님의 권위가 있다는
것도 여러분이 들었습니다. 그리스도는 자기를 믿는 자들을 참으로 구원하신다
는 것도 여러분이 보았습니다. 여러분에게 어떤 증거가 더 필요합니까? 사랑하
는 성도 여러분, 진정으로 온전케 되려는 마음만 있다면, 예수님을 믿는 것보다
믿지 않는 것이 더 힘들어 보입니다.

이 모든 말을 듣고서 이해한 사람이 의도적으로 이 사실들에 눈감아 버리지
만 않는다면, 분명히 그 마음은 구세주를 받아들일 것입니다. 하나님께서 여러
분의 오랜 고집을 용서하시고, 성령께서 여러분의 눈을 열어 주셔서 하나님 말
씀을 들음으로 생기는 이 믿음의 단순함을 보게 하시기를 빕니다.

2. 믿음이 오는 길에서 종종 일어나는 몇 가지 장애물들

그런데 오늘 아침은 시간이 유난히 빨리 지나가는 것 같습니다. 그래서 두
번째 대지는 아주 간단히 중요한 제목만 말씀드려야겠습니다. 두 번째 대지의
제목은 이 길을 종종 가로막는 장애물들입니다.

어떤 사람은 믿음을 가지려는 의지가 없다는 것이 문제입니다. 다시 말해, 많
은 사람들이 말씀을 듣지만 믿음을 갖게 되기를 바라지 않는다는 뜻입니다. 이
꽃에서 저 꽃으로 날아다니는 나비들처럼 그들은 절대로 꽃에서 꿀을 빨아먹지
않습니다. 왜냐하면 그럴 마음이 없기 때문입니다. 반면에 벌들은 개화된 꽃들
의 꽃받침까지 깊숙이 들어가서 달콤한 꿀들을 한 아름씩 가져옵니다. 오, 말씀
을 듣고서 예수님을 믿는 믿음을 주시도록 기도한다면, 분명히 믿음은 그 말씀
을 들은 사람에게 생길 것입니다.

설교를 듣는 많은 사람들은 밀밭을 바라보는 어린이들과도 같습니다. 밀밭
은 노란색의 마늘 냄새가 나는 꽃들로 가득하며, 거기에는 진홍색의 양귀비꽃들
도 있을 것입니다. 어린이들은 "와, 정말 아름다운 들판이야"라고 소리칩니다.
그러나 농부는 그렇게 생각하지 않습니다. 그는 밀을 찾고 있습니다. 설교를 듣
는 많은 사람들이 멋진 화술과 화려한 은유들을 바라봅니다. 그리고 외칩니다.
"목사님께서 얼마나 멋지게 표현을 잘 하시는지! 잘 다듬어진 세련된 문장들 좀
봐! 감미로운 시구도 얼마나 적절하게 인용하시는지!" 이런 이야기들을 합니다.
참 안타깝습니다. 이런 것들을 보기 위해서 하나님의 집에 오는 것입니까? 미련

하고 마음에 더디 믿는 자들이여!(눅 24:25), 피 흘리신 어린 양의 생명을 주는 복음을 듣는 여러분의 목적이 이것입니까? 제가 확실하게 말씀드립니다. 여러분에게 설교하는 목적은 이것이 아닙니다. 여러분이 좋은 곡식을 찾기 위해 여기에 왔다면, 오늘날 많은 사람들이 대단하게 여기는 웅변술에 마음을 두어서는 안 됩니다. 그것은 마치 밀밭에서 화려한 양귀비꽃에 마음을 두는 것과 같습니다. 예수님을 믿는 믿음을 얻고자 하는 의지를 가지고 나아오십시오. 하나님의 말씀이 여러분의 구원에 영향을 끼치도록 하나님께 부르짖으십시오. 이렇게 부르짖은 후에 듣는 말씀은 예전에 듣는 것과는 전혀 다르게 들릴 것입니다. 안타까운 일입니다! 우리가 아무리 말씀을 전해도, 여러분이 우리를 중시해야 할 복음 증거자로 보지 않고 비평받아야 할 한갓 연설자 정도로 여겨서, 여러분이 멸망하지는 않을까 하는 두려움이 생깁니다.

어떤 사람들은 주의력 결핍으로 바르게 듣지 못합니다. 졸면서 듣는 자들은 믿음을 얻지 못할 것 같습니다. 유두고는 삼층 창문에 걸터앉아서 졸다가 떨어져 죽은 듯했습니다(행 20:9). 사도 바울이 말씀을 전했지만, 그는 졸음 때문에 신자가 되지 못한 것 같습니다. 말씀을 진정으로 받아들이기 위해서는 주의력이 필요합니다. 어떻게 하면 구원받을 수 있는지 알고 싶은 열망으로, 귀를 내밀고 한 마디도 놓치지 않고 들으려 하는 진지한 청중들에게 말씀을 전하는 것이야말로 얼마나 즐거운 일인지 모릅니다. 방황하는 마음은 진리의 유익을 잃습니다. 자만하는 마음은 복음 사역자의 특권을 하찮은 것으로 생각합니다. 여러분은 어떻게 말씀을 듣고 있는지 살펴보십시오. 그렇지 않으면, 여러분은 믿음을 얻지 못하고 다만 청중으로 남게 될 것이며, 불신 가운데 멸망할 것입니다.

들음으로 믿음이 생기지 않는 또 다른 이유는 많은 사람들에게 해당되는 솔직함의 결여 때문입니다. 만일 어떤 사람이 자기가 무엇을 믿을 것인지에 대해 미리 마음을 정하고 나서 선입견을 가진 채로 말씀을 듣는다면, 그는 확신을 얻지 못할 것입니다. 그런 사람은 스스로 말씀의 유익을 얻을 수 있는 영역을 벗어난 사람입니다. 마음이 말씀을 거부할 때도 있습니다. "내가 지금 나쁜 삶을 살고 있는 것이 확실하다면, 나는 나의 즐거움을 모두 포기해야 할 거야. 그러니, 나는 그 말씀을 받아들이지 않겠어"라고 말입니다. 바로 이럴 때 말씀을 듣는다면, 아무리 말씀을 들어도 믿음은 생기지 않으며, 생길 수도 없습니다. 들음으로써 믿음이 생길 때는 한 사람이 자신을 하나님의 말씀에 내어 맡길 때입니다. 예를 들면, 아주 심하게 상처를 입은 사람이 자신을 의사의 손길에 내어 맡기는 것과 같습니다. 만약 제 팔이나 다리가 계속 썩어 들어가 절단을 해야 한다면, 그 수술 과정을 잘 참아낼 수 있도록 그리고 의사에게 이런 말을 할 수 있도록 하나님께 기도할 것입니다. "의사 선생님, 제 생명을 살릴 수만 있다면, 그 뼈를 잘라 주십시오."

영혼과 관련된 문제라면, 저는 설교자에게 이렇게 말할 것입니다. "목사님, 제 귀에 듣기 좋은 말만 하지 말아 주십시오. 저를 기쁘게 하지만 속이는 말은 하지 말아 주십시오. 저는 목사님의 그런 감언이설이 필요 없습니다. 저는 목사님의 멋진 말들도 필요하지 않습니다. 목사님, 저의 영적 상태가 어떠한지 하나님이 보시기에 제가 어디에 서 있는지, 제가 어떻게 하면 구원 받을 수 있을지, 그것에 대해 말씀해 주십시오. 제가 지옥에서 깨어났을 때 멋진 연설만 들었던 것이 기억난다면 전혀 달갑지가 않을 것입니다. 제 본심은 진정으로 제 자신이 구원받기를 원할 뿐입니다."

또 이렇게 말하는 사람도 있습니다. "아, 좋습니다. 그런데 몇몇 설교자들은 너무 무례하게 표현할 뿐 아니라 거칠기까지 하더군요." 인정합니다. 그러나 한 번 생각해 보십시오. 여러분이 물에 빠져 거의 죽게 되었습니다. 그 때 건강한 사람이 물속에 뛰어들어, 물에 빠져 거의 사경을 헤매던 여러분을 구했다고 생각해 봅시다. 그가 여러분의 팔을 비틀었다고 해서 불평할 수 있겠습니까? 불평 대신 아마 이렇게 말할 것입니다. "골절된 뼈는 다음에도 교정할 수 있지만, 물에 빠진 생명은 다음이 없잖아요." 설교자의 표현도 이와 마찬가지입니다. 비록 거친 표현을 썼다고 해도, 그 설교자가 하는 말이 하나님의 진리라면, 다만 그 말이 여러분의 영혼을 구원하도록 기도하십시오. 그리고 그 설교자의 허물을 참아내십시오. 무슨 방도로 하든지(빌 1:18) 여러분이 예수 그리스도로 구원을 얻는다면 말입니다.

또 어떤 사람들은 들음으로 믿음이 생기지 않습니다. 그들은 **말씀을 들은 후에 조금도 묵상하지 않기 때문입니다.** 여러분이 알고 있는 바와 같이, 티크보른 재판(the Tichborne case. 재력가인 티크보르 집안에서 벌어진 재산반환 청구 소송으로 영국 재판 기록 중 최장기 법정 재판일수[1871년 5월부터 1872년 3월까지 102일]로 유명하다 – 역주)이라는 큰 재판이 지금도 진행 중에 있습니다(본 설교는 1872년 1월 21일에 행해졌다 – 역주). 모든 배심원들이 바르게 판단하기를 원하고 있다고 저는 의심하지 않습니다. 졸면서 재판에 임하는 배심원은 분명히 바르게 판단할 수 없을 것입니다. 강렬하게 진실을 밝히고 싶어하는 배심원은 분명히 이런 사람일 것입니다. 그는 재판 과정 내내 주의해서 듣습니다. 그리고 법정을 나서면서도 손에는 증거 서류들을 가지고 갑니다. 집에서도 그 증거 자료들을 심사숙고하고 비교하며, 그 자료들 속에서 진실을 가려내려는 노력을 쉬지 않습니다. 여러분에게 말씀드립니다. 설교를 들을 때도 이와 마찬가지입니다. 설교를 들은 후에 면밀히 조사해 보아야 합니다. 우리가 들은 설교를 살펴보고, 원한다면 설교 중에 흠이나 실수는 없었는지 찾아보아야 합니다. 오, 우리는 하나님의 진리를 찾고자 애써야 하며, 하나님의 진리를 찾기까지 절대 만족해서는 안 됩니다.

만약 여러분이 하나님의 지혜이신 그리스도를 찾을 필요가 있다면, 여러분은 은을 찾아 헤매듯이 그렇게 그리스도를 찾아 헤매야 합니다. 여러분이 진리를 곰곰이 거듭해 생각할 때, 여러분은 그 진리를 믿게 될 것입니다. 여기에 가방 하나가 있습니다. 저는 어떤 사람을 부자로 만들려고 합니다. 그래서 저는 금화를 계속해서 그 가방 안에 넣었습니다. 그런데 알고 보니 그 가방은 금화를 넣기 전과 똑같이 비어 있었습니다. 왜 그럴까요? 이유는 분명합니다. 가방 안에는 여러 개의 구멍들이 있었고 그 구멍으로 금화들이 모두 빠져나갔기 때문입니다. 너무나 많은 성도들이 이 이야기에 나오는 가방처럼 구멍이 숭숭 뚫려 있습니다. 황금 같은 설교들을 들어도 그들은 축복을 받지 못합니다. 그들은 모든 설교를 잊으려고 작심하기 때문입니다. 그들은 믿음에 이르지 못합니다. 왜냐하면 그들이 말씀의 거울로 자기 얼굴을 보기는 하지만, 곧 본래의 자기 길로 돌아가서는 자기의 진정한 모습이 어떠했는지 잊기 때문입니다. 자기에게 필요한 것은 복음과 복음의 증거를 아는 것뿐이며, "이것이 바로 하나님의 진리야. 나는 이제 하나님의 진리와 다툴 수 없어. 나는 그 진리를 기쁨으로 받아들일 거야"라고 기꺼이 말할 수 있는 청중이 있다면, 그런 사람이 바로 구원받은 영혼입니다.

3. 믿음은 우리가 들음으로써 생겨야 한다.

자, 그런데, 너무 간단하게 말씀드린 것 같아서 죄송합니다. 이제 믿음은 우리가 들음으로써 생겨야 한다는 사실의 중요성을 말씀드리고 나서 설교를 마쳐야 할 것 같습니다. 사랑하는 성도 여러분, 시간이 없는 관계로 잡다한 말은 전혀 사용하지 않고 빠르게 몇 마디 전하는 것으로 여러분이 깨닫게 되기를 원합니다. 만약 여러분이 말씀을 들었는데도 불구하고 믿음이 생기지 않았다면, 여러분은 지금 이 순간, 하나님을 무시하다가 곤경을 당한 상태에 있거나, 아니면 부정에 연루되어 있다고 볼 수 있습니다. 여러분은 그리스도를 믿지도 않고 하나님을 거짓말쟁이로 만든 셈입니다. 왜냐하면 여러분이 하나님의 독생자를 믿지 않았기 때문입니다. 여러분은 하나님의 진노가 그 위에 머물러 있는 자요(요 3:36), 여러분은 살았다 하는 이름은 가졌으나 죽은 자이며(계 3:1), 여러분은 하나님 밖에, 그리스도 밖에 있는 사람이며, 약속의 언약들에 대하여는 외인(엡 2:12)입니다.

제 영혼이 보기에 여러분은 불쌍한 사람들입니다. 여러분은 자신이 불쌍하지 않습니까? 듣기만 하여(약 1:22), 믿음도 없고 은혜도 없고 그리스도도 없는 자들이여! 그리스도께서 죽으셨습니다. 그러나 여러분은 그분의 죽으심과 무관합니다. 그리스도의 피는 죄를 깨끗이 씻어줍니다. 그러나 여러분의 죄는 여전히 그대로 남아 있습니다. 그리스도는 부활하셔서 하나님 보좌 앞에서 간구하고 계십니다. 물론 여러분은 그 간구와도 무관합니다. 그리스도는 자기 백성을 위한 거처를 예비하고 계십니다(요 14:2). 그러나 여러분을 위한 거처는 없습니다. 오, 불쌍한 영혼들이여! 오, 곤고한 영혼이여!(롬 7:24). 여러분이 하나님의 사랑을 잃고, 영원한 사랑과 원수가 되어 영원한 생명을 받지 못하게 되다니! 예수님께서 여기에 계셨더라면, 진실로 예수님이 예루살렘을 보고 우셨던 것처럼 여러분을 보고 우셨을 것입니다. "암탉이 그 새끼를 날개 아래에 모음 같이 내가 네 자녀를 모으려 한 일이 몇 번이더냐 그러나 너희가 원하지 아니하였도다"(마 23:37).

아, 기억하십시오. 여러분의 현재 상태가 끔찍하더라도, 그것이 전부가 아닙니다. 여러분은 곧 죽게 될 것이며, 그것도 믿음 없이 죽게 될 것입니다. 그리스도의 말씀을 기억하십시오. 이 말씀은 제가 알고 있는 말씀 중에 가장 끔찍한 말씀입니다. "너희가 만일 내가 그인 줄 믿지 아니하면 너희 죄 가운데서 죽으리라"(요 8:24).

도랑에 빠져 죽는 것, 감옥에서 죽는 것, 교수대 위에서 죽는 것, 우리 중 어느 누구도 이렇게 죽는 것을 원하지 않을 것입니다. 그런데 너희 죄 가운데서 죽으라니요! 오 하나님, 그것은 지옥입니다. 그것은 영원한 저주입니다. 위대하신 하나님께서 여러분을 구원해 주시기를 기원합니다! 여러분이 예수님을 믿지 않고 지금 사는 것처럼 계속 그렇게 살아간다면, 영원히 멸망하는 것이 여러분의 운명이 될 것입니다. 그것도 빠른 시일 내에 그렇게 될 것입니다. 왜냐하면 곧 여러분은 모든 하나님의 말씀이 들리지 않는 곳에 이를 것이기 때문입니다. 더 이상 설교도 없고, 더 이상 은혜로의 초대도 없는 그런 곳으로 가게 될 것입니다. 오, 여러분이 복음으로부터 버림받았는데, 여러분이 마지막으로 한 번 더 복음을 들을 방법이 어디 있겠습니까! "돌아오라, 돌아오라, 왜 죽으려고 하는가!" (Sinners, Turn, Why Will You Die?, 찰스 웨슬리가 1741년에 지은 찬송가 제목이다 — 역주)라고 외치는 설교자의 음성도 더 이상 들을 수 없습니다. 여러분의 영혼을 사랑해서 치솟는 불길 가운데 여러분을 기꺼이 건져 올릴 사람의 사랑의 음성도 더 이상은 들을 수 없습니다.

　여러분 주위에는 사방이 어둠과 가혹함뿐이며, 여러분이 들을 수 있는 유일한 메시지는 바로 이것입니다. "더러운 자는 그대로 더럽고"(계 22:11).

> "승인된 용서의 법도 아랑곳없이,
> 　우리는 서둘러 차가운 무덤 속으로 들어가네.
> 　오직 어둠, 죽음, 그리고 긴 절망뿐이며,
> 　영원한 침묵으로 그곳은 다스려진다."
> (아이작 왓츠가 1830년에 펴낸 「기독교 예배에 면밀히 맞춘 시편」[Carefully Suited to the Christian Worship in the United States of America] 에 나오는 제88장 6절의 내용이다 — 역주)

　아! 그 때가 되면, 여러분이 한때 복음을 들었다는 사실이 여러분의 비참한 상황에 전혀 위안이 되지 못할 것입니다. 그런 기억은 여러분의 고통만 가중시킬 뿐입니다. 여러분의 양심은 큰 소리로 부르짖을 것입니다. "나는 은혜의 복음을 들었다. 그리고 나는 그것이 진리임을 증명하는 논증들도 들었다. 그러나 나는 복음을 거절하였다. 하나님께서 친히 선포하시는 그 복음, 한 눈에 보아도 진실된 그 복음, 바위까지 녹일 수 있었던 사랑으로 가득한 복음, 돈 없이 값없이 (사 55:1) 내게 주어진 복음, 내가 어릴 때부터 백발이 되기까지 나에게 영향을 준 복음, 내가 이런 복음을 거절하였다. 내가 의도적으로 복음을 거절하였다. 그 복음이 진리가 아니어서가 아니라, 나는 거짓말을 믿고 싶었지, 살아 계신 하나님을 믿고 싶지가 않았다."

영원하신 아버지, 아버지는 구원하실 능력이 있습니다. 우리 중 아무도 당신의 복된 아들이 주신 복음을 받아들이기를 거부하며, 오른손에 거짓말을 들고서 무덤에 내려가지 말게 하옵소서(시 28:1)! 주님께서 우리 모두를 구원해 주옵소서. 예수님의 이름으로 기도드립니다. 아멘.

제
27
장

—

깨어라! 깨어라!

—

"또한 너희가 이 시기를 알거니와 자다가 깰 때가
벌써 되었으니 이는 이제 우리의 구원이
처음 믿을 때보다 가까웠음이라" — 롬 13:11

여러분도 한눈에 알 수 있듯이, 이 권면은 경건하지 않은 자들에게 말씀하신 것이 아닙니다. 이 말씀은 죄 가운데 죽은 자들에게 하신 것이 아니라, 비록 졸고 있긴 하지만 그래도 하나님 앞에 살아 있는 자들에게 하신 것입니다. 완고하고 사악한 자와 신앙에 무관심하고 믿지 않는 자와 바른 길에서 벗어나 그릇된 길로 가는 자들을 향한 많은 충고와 훈계들이 있습니다. 그러나 오늘의 본문 말씀은 그들을 향한 충고와 훈계가 아닙니다. 이 말씀은 때를 아시고 제자들의 구원이 임박한 것을 아신 예수님께서 그 제자들에게 하신 특별한 명령입니다. 예수님의 제자들은 자고 있는 것으로 묘사되어 있으며, 현재의 게으름에서 깨어나야 할 필요가 있다고 말합니다. 그렇다고 해서 그 제자들이 그리스도인이기를 포기했다거나 구원받지 못할 위험에 처해 있다는 식으로 나타나는 것은 아닙니다. 물론 그들이 자다가 깰 때가 벌써 되었다는 것은 인정하지만, 결코 그들의 구원이 의문시되지는 않습니다. 단지, 그들이 처음 믿었을 때보다 그들의 구원이 가까이 왔다는 사실을 그들에게 일러주신 것입니다.

이렇게 신중하라고 말씀하신 주님의 취지와 어조는 우리에게 시사해 주는 바가 많습니다. 우리가 주님의 백성을 꾸짖거나 훈계해야 할 경우가 있을 때, 우리는 그들이 믿음의 집안에서 추방될 것이라거나, 하나님의 목전에서 쫓겨나게 될 것이라거나, 하나님으로부터 버림받은 자 같은 대우를 받을 것이라는 식으로 말해서는 안 되고, 그런 암시조차도 해서는 안 됩니다. 그들이 자다가 이제 깨야 할 때가 되었다고 느끼더라도, 우리는 그들을 욕설로 비난하거나, 예수님의 비유에 나오는 악인처럼 울게 될 자(마 13:42, 50)가 될 것이라고 하거나, 또는 꺼지지 않는 불에 태워질(마 3:12) 운명에 처하게 될 것이라고 위협해서는 안 됩니다. 만약 어떤 사람이 여러분의 자녀를 채찍으로 후려치는 것을 본다면, 여러분은 마음이 좋지 않을 것입니다. 마찬가지로 주님께서도 자기의 택한 백성을 악인의 막대기(시 125:3, KJV)로 후려치는 것을 허용하지 않으실 것입니다. 율법의 천둥들은 의롭다 함을 받은 성도들에게 사용하려고 있는 것이 아닙니다.

> "율법의 공포와 하나님의 공포는
> 우리와 아무런 관계가 없네.
> 우리 구세주의 순종과 보혈이
> 우리의 모든 허물을 보이지 않게 감춰준다네."
> (영국 성공회 성직자인 톱레이디가 작사한 '믿음의 확신' 이라는 찬송가 가사이다 — 역주)

성도들의 마음이 해이해지고 눈이 무거워 잠들기 일보 직전이라 해도, 그들에게 거짓 경고를 할 정당한 이유는 없습니다. 앞으로 임할 진노의 위험 때문에 그 구원의 상속자들에게 깨어나라고 말하는 것은 합당하지 않습니다. 왜냐하면 그들은 그런 위험에 처하지 않을 것이기 때문입니다. 그들에게는 그 진노가 이미 지나가 버렸습니다. 오히려 그들이 처음 믿을 때보다 그들의 구원이 훨씬 더 가까이 왔음을 알게 하고, 그들에게 적절한 동기를 부여해서 그들이 깨어 활동하도록 자극해야 합니다. 채찍질은 종을 위한 것이지 자녀를 위한 것이 아닙니다. 끔찍한 처벌은 정죄 받을 자를 위한 것이지, 의롭다 함을 받은 자를 위한 것이 아닙니다. 진노의 공포는 "그가 사랑하시는 자"(엡 1:6)를 위한 것이 아니라, 구세주를 거절하고 하나님의 영원한 긍휼에서 제외된 자를 위한 것입니다.

그러므로 저는 주의 백성들을 염두에 두고서 솔직하고 성실하게 말씀드리고자 합니다. 율법적으로 정죄하는 식의 어조는 최대한 피하고자 노력할 것입니다. 하늘에 계신 성부 하나님께서 자녀들에게 말씀하시듯, 그렇게 말해 보겠습니다. 다소 심한 말을 한다고 해도 그것은 경건하지 않은 자에게 해당되는 위협일 뿐, 주님 안에서 구원받은 하나님의 자녀들에게는 전혀 상관 없는 이야기입니다. 오늘 본문이 속한 로마서 13장을 전체로 보면, 사도 바울은 하나님의 백성이 다른 사람들에 관해서 일종의 잠자는 상태에 빠져 있다고 생각했던 것으로 보입니다. 이 밤에 우리는 잠자는 상태에 대해 살펴보도록 하겠습니다.

1. 기독교인들은 다른 사람들에 관해서 완전히 잠자는 것처럼 보입니다.

오늘 본문이 지닌 참된 의미를 살펴보면, 그 교훈은 바로 이것입니다. 신앙을 고백하는 기독교인들은 다른 사람들에 관해서 완전히 죽어 잠든 것처럼 보인다는 것입니다. 성경의 한 구절을 전체 문맥에서 떼어 내어 설교 제목으로 사용하는 것도 꽤 괜찮은 방법입니다. 그러나 하나님의 말씀을 살펴보는데 있어서 분명히 이런 방법은 그리 자연스럽지도 않고 적절한 방법도 아닙니다. 그렇다고는 해도 대부분의 사람들은 너무 억지를 부리지 않는 범위 내에서 하나님의 진리를 위해 그 방법을 사용하고 있을 것입니다. 이것은 마치 크리스탈이 아무리 산산조각으로 부서진다 해도, 그 각각의 조각은 여전히 크리스탈의 순도와 완전한 결정체를 유지하면서 항상 크리스탈의 형태를 간직하는 것과 비슷합니다. 하나님의 계시도 이와 마찬가지입니다. 여러분이 이 계시를 들고서 아무리 산산조각을 낸다 하더라도, 그 작은 부분과 세세한 파편은 여전히 그 원래의 감동을 간직하고 있을 것입니다.

그러나 이것이 성경을 일반적인 규칙에 따라 설명하지 않고 정당하지 않은 방식으로 성경을 대하는 것에 대한 핑곗거리로 이용되어서는 안 됩니다. 우리는 성경을 그 말씀을 기록하신 하나님의 성령을 경외하며 순종하는 마음으로 항상 대해야 합니다. 여러분이 성경의 한 구절이나 그 구절의 어느 한 부분을 집중해서 보게 될 때, 여러분은 그 부분이 속한 문장 전체의 전후 문맥도 주의해서 살펴봐야 합니다. 제가 했던 설교들 중에서 이런 규칙을 어긴 것 같은 설교가 있을지도 모릅니다. 하지만 저는 제 설교의 강조점으로 취할 몇몇 단어들을 선택하기 위해 그 본문이 속한 장 전체를 처음부터 끝까지 할 수 있는 대로 여러 번 읽고 나서 설교하였습니다. 이것이 제 목회 전반에 걸쳐 계속되어온 습관이라는 사실에 대해 여러분이 제 증인이 될 것입니다. 저는 성경공부를 인도하거나 설교를 준비할 때도 성령의 특별한 마음을 여러분에게 전하기 위해 솔직히 말씀드려 정말 열심히 노력하고 있습니다.

이제 여러분이 볼 것은 오늘 본문이 처한 전후 문맥입니다. 사도 바울은 우리에게 상대적인 의무들에 주목하라고 말해 왔습니다. 시민으로서 관원들과 권세 있는 자들을 존경하고(롬 13:1), 법률적인 의무와 조세를 지불하라고 말합니다(롬 13:7). 이와 함께 "피차 사랑의 빚"(롬 13:8) 외에는 아무에게든지 아무 빚도 지지 말라고 말합니다. 그리고 나서 사도 바울은 인간과 그 이웃들이 관련된 율법의 강령(마 22:40)이자 본질이 바로 사랑의 법이라고 말합니다. 그런 다음 사도 바울은 우리에게 사랑의 법을 계속 지키고, 사랑을 더욱더 많이 드러내도록 권면합니다. 그는 이 말을 다 한 후에 이 문장을 제시합니다. "또한 너희가 이 시기를 알거니와 자다가 깰 때가 벌써 되었으니"(롬 13:11).

자, 제가 추측하기로 사도 바울은 많은 기독교인들이 사랑의 법에 대해 잠자는 상태에 있으며, 다른 사람들과 관련해서도 잠자는 상태에 있다는 뜻으로 말하는 것 같습니다. 사랑하는 성도 여러분, 참된 경건은 사람으로 하여금 자신을 바라보게 합니다. 참된 경건은 먼저 자신의 죄를 깨닫게 하며, 그를 개인적으로 인도하여 그리스도의 피를 믿는 믿음으로 그리스도를 붙잡아 구원을 얻게 합니다. 그런 후에 참된 경건은 그로 하여금 자신의 개인적 의무와 책임들을 느끼게 합니다. 참된 경건은 동료들이 그에게 지운 많은 멍에들로부터 그를 자유롭게 하고, 하나님 앞에서 그가 가진 양심에 순종하도록 명령하며, 그것이 그 자신에게 한 법이 되어 가장 높으신 분 앞에 서서 행하도록 합니다. 그리하여 그 사람은 주님의 뜻에 따라 의로운 판단을 하게 되며, 다른 사람들의 조언과 확신에 따라 비열하게 악을 따르지도 않게 됩니다.

저는 기독교인들 가운데, 신앙고백을 하는 기독교인들 가운데, 좀 더 독립적인 기독교인을 보게 해달라고 하나님께 간구하곤 합니다. 그러나 대다수의 기독교인들은 이 근처에서는 흔히 볼 수 있는 쓰러져가는 집들 같습니다. 그 집들은 단독으로 설 수 없습니다. 그 집들은 함께 붙어 있어야 합니다. 왜냐하면 한 집이 다른 집을 지탱해 주어야 하기 때문입니다. 만약 여러분이 도로가에 있는 몇몇 집들 가운데 한 집을 무너뜨린다면, 그 모든 집들이 다 무너질 것입니다. 이와 똑같은 기독교인들이 있습니다. 신앙고백을 한 기독교인들이지만 서로서로 기대고 있습니다. 그들의 집단과 분파에 기댑니다. 그들의 교회와 교단에 기댑니다. 그들은 감히 스스로 성경공부를 해 볼 엄두도 내보지 못했기에 성경을 따를 수도 없었습니다. 또한 자신의 개인적인 양심에서 우러나오는 확신을 가져보겠다고 시도해 본 적도 없었습니다.

　　성령께서 행하시는 첫 번째 역사는 한 사람으로 하여금 참된 자신을 보도록 하는 것이며, 자신의 영혼을 살피도록 하는 것입니다. 이렇게 해서 하나님의 성령이 그로 하여금 자신의 발로 하나님 앞에 서도록 하고 자신의 개성을 인식하도록 하셨을 때, 바로 그 순간 그 사람의 내부에서는 이렇게 말할 수 있는 위험이 발생합니다. "이제 앞으로 내 자신은 내가 지키겠어. 나의 주요 관심사는 내 안의 문제이니까, 내 영혼이 바른가를 살피고 내가 하나님 앞에서 잘 자라도록 나 자신을 계속 유지하겠어. 다른 사람들의 문제는 그들 각자가 알아서 하도록 하고, 나는 내 문제에만 전념하겠어." 이런 개인주의적 원칙은 극단으로 치닫게 되어, 처음에는 영적 건물을 세우는데 필요했던 자갈들이, 즉 인간을 참된 인간으로 만들었던 것들이 너무 지나치게 많아져서, 급기야 그의 인간성에 있어서 최고의 자질을 빼앗아 가고 그를 몰인정하고 인색하고 잔인하고 이기적인 속물이 되게 하였습니다.

　　이렇게 해서 우리는 이 자리로 돌아와야 합니다. 즉, 비록 모든 사람이 하나님 앞에서 자기에 관해 말해야 하고 개인적으로 중생해야 하며 개인적으로 예수 그리스도로 말미암아 하나님과 화해해야 한다 하더라도, "누구든지 자기를 위하여 사는 자가 없고"(롬 14:7) 또 자기를 위해 살겠다는 의도마저 없어야 하는 자리 말입니다. 땅에다가 자기를 둘러싼 작은 선을 긋고서 자기가 세운 삶의 목적만을 도모할 수 있는 사람은 아무도 없습니다. 자기 아내와 가족의 행복만을 추구하면서 기독교인으로서의 소명을 감당해 낼 수 있는 사람은 아무도 없습니다. 왜냐하면 아내와 가족은 자신을 좀 더 확대한 것에 불과하기 때문입니다. 삶의 방향이 외부를 향해 나아가서 우리와 다른 사람을 연결할 뿐 아니라, 사실 전 인류를 모두 연결하기도 합니다. 우리가 이 사실을 알기만 한다면, 한 두뇌에서 나오는 사고, 한 입이 구사하는 말, 한 손이 행하는 움직임 등, 이 모든 것들이 어느 정도 전 인류에게 영향을 끼치며, 이런 영향은 시간이 더 이상 존재하지 않을 때까지 계속된다는 것을 알 수 있을 것입니다. 그러므로 우리는 아주 엄숙한 위치에 서 있는 것이며, 이와 관련해서 우리가 자다가 깰 때가 벌써 되었다는 것입니다.

신앙고백을 하는 기독교인들 중 일부가 얼마나 이런 깊은 잠에 빠져 있는지 모릅니다! 그들은 주위에 있는 사람들의 죄와 슬픔에 대해 전적으로 무감각합니다. 그런 기독교인들은 하나님께서 한 민족을 선택하셨다고 믿으며, 그렇게 선택하신 것에 대해 대단히 기뻐하기도 합니다. 왜냐하면 그 선택한 민족 속에 자기가 속해 있고, 자기가 속해 있는 한, 자신은 기뻐할 수 있기 때문입니다. 그러나 "온 세상은 악한 자 안에 처한 것이며"(요일 5:19) 많은 무리들은 멸망해가고 있습니다. 그들도 이런 사실에 대해 슬퍼합니다. 다시 말해, 슬퍼한다고 말은 한다는 것입니다. 그러나 이런 사실 때문에 밤잠을 설치지는 않습니다. 이런 사실 때문에 소화불량을 겪지도 않습니다. 이런 사실 때문에 평안을 누리지 못하는 것도 아닙니다. 왜냐하면 이런 사실은 자신들과 전혀 상관 없는 일이라고 생각하기 때문입니다.

저는 그런 잠에 빠져 있는 사람들을 알고 있습니다. 그 사람들은 정기적으로 마약을 복용하듯, 그렇게 잠을 자고 있습니다. 그들은 위대하고 고귀한 하나님의 주권적인 진리를 취하여 지극히 혐오스러운 방식으로 사용합니다. 그들은 이렇게 말하기 때문입니다. "어차피 이루어져야 할 일은 이루어지게 될 것이며, 하나님의 뜻은 성취될 것이다. 구원받은 자도 있을 것이고, 잃은 자도 있을 것이다." 이렇게 말하는 사람들은 이 모든 것을 마치 성가신 문제를 다루듯 냉정하게 말합니다. 잃은 자들에 대해서도 그들은 이렇게 생각합니다! 잃은 자들에 대해 슬픈 감정이라도 생기면 행여 자신들의 논리가 침해를 받을까봐 그들에 대해 생각하기조차 꺼려합니다. 예루살렘을 보고 우신 예수님처럼(눅 19:41), 그들의 목사가 잃은 자들 때문에 운다면, 그들은 이렇게 말할 것입니다. 그 목사는 건전하지 못한 자로 의무적인 신앙을 가졌으며 확실히 잘은 몰라도 아르미니우스파(Arminian. 1618년 도르트 회의에서 이단으로 정죄되었으며, 칼빈주의의 5대 교리인 전적 부패, 무조건적 선택, 제한속죄, 불가항력적 은혜, 성도의 견인을 반대했다 ― 역주) 같다고 비난할 것입니다. 그리고 그들은 곧장 그 목사를 떠날 것이며, 그 목사에 대해 하나님의 성령의 마음을 실제로 받아들이지 않은 목사로 생각할 것입니다.

그러나 기독교인의 성품 중에 가장 좋은 자질은 잃은 영혼들에 대한 깊은 슬픔의 감정입니다. 다시 말해, 잃은 자들이 하나님께로 돌아와 예수 그리스도를 통해 화평을 찾게 되기를 그 영혼으로 간절히 바라는 것입니다. 바르게 생각하는 사람들은 모두 이것이 옳다고 판단하고 있습니다. 사랑하는 성도 여러분,

다른 사람들이야 천국에 가든지 지옥에 가든지 상관 없다는 식으로 그렇게 깊은 잠에 빠져 있는 신자들이 많다는 사실에 저는 두렵습니다! 그들은 자기 주위에 술꾼들이 있어도 자연스러운 일로 여깁니다. 그들의 귓가에 하나님을 모독하는 말이 들려도 몸에 냉기가 흐르지 않습니다. 그들은 매우 흔한 일로서 좀 충격적이라고 말할 뿐입니다. 그들은 안식일을 범하는 것을 일종의 필요악이라고 생각합니다. 사람들이 그리스도를 거절해도 전혀 죄로 여기지 않습니다. 죄인들의 구세주이신 하나님의 아들을 거부하는 죄인들은 비난받아 마땅하다고 생각하는 사람들과 언쟁을 벌이기도 하고 다투기까지 합니다.

하나님의 백성 가운데 이런 자들이 많이 있다고 생각합니다. 만약 그런 자들이 있다면, 그들은 그리스도를 전혀 닮지 않은 그 잠에서, 사랑의 영과 맞지 않는 그 잠에서, 하나님께서 그의 성령으로 하여금 그의 모든 백성 가운데 불러일으키신 그 마음과 정반대되는 그 잠에서, 자다가 깰 때가 벌써 되었습니다. 슬픕니다! 그들이 그러한 죽음의 잠으로 빠져 들어간다는 사실 말입니다.

사랑하는 성도 여러분, 이런 사람들도 있습니다. 그들은 자주 잠에 빠지는 경향이 있는 자들입니다. 저는 한낮에도 자주 조는 형제를 알고 있습니다. 만약 여러분이 팔꿈치로 슬쩍 그를 찔러 보십시오. 그러면 그는 잠에서 깨어나 다시 여러분의 말을 들을 것입니다. 그러나 그를 그냥 내버려 두면, 그는 몇 분이 지나지 않아 다시 졸게 될 것입니다. 만약 여러분이 그의 코트를 잡아당긴다면, 그는 대단히 고맙게 여기면서 여러분의 말을 경청할 것입니다. 그러나 그는 곧 다시 졸게 될 것입니다.

그가 조는 것이 몸이 허약하거나 단순히 피곤해서 그런 것이라면, 누가 비난할 수 있겠습니까? 저는 성도들이 예배드리는 장소에까지 와서 조는 것을 너무 성급하게 비난하고 싶지는 않습니다. 예전에 한 형제가 주일 아침 예배에 와서 제 설교를 듣다가 졸았는데, 제가 좀 심하게 꾸짖었던 기억이 납니다. 나중에 안 사실이지만, 그는 아픈 아내를 간호하느라 꼬박 이틀 밤을 새웠고, 그 뿐 아니라 하루 종일 일하고 나서 쉬지도 못한 채 예배를 드리러 왔던 것입니다. 그런 사실을 알고 난 후 그렇게 귀한 청년에 대해 못마땅하게 여긴 제 자신이 너무 후회스러웠습니다. 제가 그 상황을 이해했을 때, 과연 나라면 그 청년처럼 예배에 전적으로 참여할 수 있었을까 하는 생각도 해 보았습니다. 그렇습니다. 여러분 중의 누가 잠을 잔다고 해서 비난할 수는 없습니다. 왜냐하면 육체의 연약함 때문입니다. 저는 이 조는 습관이 일부 기독교인들에게서 발견할 수 있는 영적 상태를 잘 설명해준다고 생각합니다. 이들은 잠을 자다가는 잠시 깨어 있습니다. 이들은 깜짝 놀라며 깨어났다가 다시 잠에 떨어집니다.

사랑하는 성도 여러분, 이 모습이 여러분의 모습이 아닙니까? 선교집회에서 멸망하는 이교도들의 울부짖음을 들을 때 여러분은 깨어납니다. 한때 여러분은 거리로 뛰쳐나가 불쌍한 죄인들에게 그리스도에 대해 전하려는 소망이 있었습니다. 그래서 여러분은 그 모임을 떠나기 전에 여러분의 지갑을 비워 헌금접시(영국 교회는 궤나 바구니가 아니라 헌금이 공개되는 접시를 사용한다 − 역주)에 다 내놓기도 합니다. 여러분이 중국이나 인도에 하나님을 아는 지식이 없어 죽어가는 수백만의 사람이 있다는 것을 알게 되었지만, 그 후로 이 사람들에 대해 신경 쓴 적이 있습니까? 이 사람들은 지금도 여전히 고통을 받고 있는데, 여러분은 그 선교집회 이후로 이들에 대해 고민이라도 해 본 적이 있습니까? 오늘밤에 제가 여러분의 코트 깃을 조금만 잡아당긴다면, 여러분은 그때서야 잠에서 다시 깨어나 많은 관심을 갖게 될 것이고, 여러분의 이웃들과 경건하지 않은 친구들을 위해서 열심히 기도하게 될 것입니다. 그러나 저는 여러분이 곧 다시 잠들지 않을까 두렵습니다.

여러분은 "이제는 자고 쉬라"(마 26:45)고 말하기도 전에 벌써 수도 없이 여러 번 잠들었습니다. 이런 것 때문에 교역자들이 여러분에게 하는 수 없이 마음에 부담이 되는 훈계도 하지 않았습니까? 마음이 뜨거워지는 설교를 들을 때면, 여러분은 영혼에 대한 사랑의 마음으로 불타오릅니다. 그러다가 설교가 끝나고 특별 집회가 끝나면, 여러분은 또 잠들게 됩니다. 이런 식으로 반복하는 많은 주일학교 교사들이 있습니다. 그들은 때로 어린 영혼들을 위해 눈물까지 흘리면서 가르칩니다. 그러다 다시 그 열정이 사라져버리고 교사라는 의무감만 남습니다. 물론 단순히 성경을 읽고 그 말씀을 딱딱하고 재미없게 가르치는 방식보다야 조금 낫게 가르치기는 하지만 말입니다.

잠자고 있는 성도 여러분, 여러분은 깰 수 있습니다. 여러분은 깨어나야 합니다! 여러 번 여러분은 깨어나기도 했었습니다. 여러분의 온 영혼이 불타올랐을 때도 있었습니다. 어떤 사람이 여러분에 대해 "정말 좋은 사람이지! 그리스도에 대한 사랑의 마음이 얼마나 대단한지 몰라! 영혼에 대한 관심도 정말 대단해! 지금 당장 선교사로 나간다 해도 손색없는 사람이야"라고 말할 때도 있었습니다. 그러나 조금만 기다려보십시오. 이런 칭찬을 받던 사람이 곧 잠들게 되는 것도 볼 수 있습니다! 그런 사람은 잠도 아주 깊이 잡니다! 사실 그런 사람은 깨어 있을 때도 대단하지만, 잠잘 때도 대단합니다. 그 사람은 깨어 있을 때 열정과 열심이 최고조에 달했던 것처럼, 이제 어리석음과 무관심에 있어서도 당연히 최저 수준으로 내려갈 수 있습니다. 그렇습니다. 그런 사람들이 많이 있습니다. 본인도 이런 성향이 있음을 알고 있는 사랑하는 성도 여러분에게 말씀드립니다. 여러분과 저를 포함한 그런 사람들, 다시 말해 우리 모두가 자다가 깰 때가 벌써 된 것이 아닙니까?

또 이런 사람도 있습니다. 일종의 몽유병 같은 상태로 잠에 빠지는 사람들입니다. 이들은 하나님과 주님을 위해 아주 많은 일들을 합니다. 그럼에도 불구하고 그들은 여전히 잠들어 있습니다. 외적인 행동만 보고서 이들을 판단한다면, 이들은 확실히 깨어있는 사람으로서 아주 활발히 일하고 있다고 생각할 것입니다. 그러나 여러분은 잠든 상태에서 걸어 다니는 습관을 가진 사람을 본 적이 없습니까? 이런 현상은 참 이상한 것입니다. 그런 사람들은 잠든 상태에서 보기만 해도 아찔한 정도의 높은 곳을 안전하게 걸어 다닌다고 알려져 있습니다. 만약 잠에서 깬 상태라면 절대 걸어갈 엄두도 낼 수 없는 위험한 곳을 다닌다고 합니다. 이와 마찬가지로, 다른 사람들 같았으면 떨어졌을 바로 그 자리에서 일부 신앙고백한 기독교인들이 종종 아주 안전하고 조심스럽게 다니는 것을 볼 수 있습니다. 우리는 그들의 신중함과 사려 깊은 판단을 칭송했고, 이 모든 것을 하나님의 은혜로 돌리기까지 하였습니다. 그런데 알고 보니 부분적이긴 해도 그들이 영적으로 내내 잠자는 상태였기 때문에 그런 일들이 가능했다는 것입니다.

잠자는 상태이지만 멀리 걸어가는 것이 실제로 가능합니다. 아주 깊이 잠들어 있는데도 정말로 경건해 보이는 것도 실제로 가능합니다. 여러분이 잠에 취해 깨어나지 못할 때도 찬송을 부르는 것은 실제로 가능합니다. 그렇습니다. 여러분이 앉아서 찬송가를 마지막 절까지 부르고 설령 그 찬양이 뒤에 합창이 된다고 해도, 여러분은 여러분의 잠자는 상태를 이렇게 속일 수도 있습니다. 여러분의 예배는 기계적으로 드려지기 때문에, 그냥 자연스러운 습관처럼 예배당에 앉아 따라 하기만 하면 됩니다. 따라서 예배를 드리는 모든 것이 하는 둥 마는 둥 하게 됩니다. 실제로 이런 일들이 일어나고 있다는 것을 여러분도 알고 있습니다. 저는 여러분 중에서도 그렇게 하는 사람들이 많다는 것을 알게 되었습니다. 여러분은 사실상 예배시간 내내 잠자고 있었습니다. 저는 그렇다고 확신합니다. 여러분은 틀림없이 찬양의 영에 취하지 않았습니다. 만약 찬양의 영에 취했더라면 그렇게 잠자고 있지 않았을 것입니다. 설교를 들으면서도, 듣는 시간 내내 자는 것은 아주 쉽습니다. 두 귀와 두 눈 중 적어도 하나씩만 열고 있으면 됩니다. 그렇게 해도 영혼의 주요 능력들은 여전히 깊은 잠에 빠져 있습니다.

여러분은 잠자는 상태에서도 계속해서 주일 학교에서 가르칠 수도 있으며, 꼬박꼬박 헌금도 할 수 있으며, 가족 기도모임도 그대로 유지할 수 있으며, 심지어 여러분의 개인적인 경건생활도 게을리하지 않고 그대로 지속할 수 있습니다. 이 모든 것을 여러분은 깊은 잠을 자면서도 행할 수 있습니다. 자면서 걷기도 하고 일상생활도 하는 일종의 몽유병 상태로 이 모든 의무들을 행하게 됩니다. 이것은 결코 완전히 깨어 있는 사람의 생활이라고 할 수 없습니다. 전적으로 천국에 대하여 깨어 있는 사람이 천국에 대하여 말하는 것을 저는 듣고 싶습니다. 정말 지옥의 깊은 구덩이에 대해서 깨어 있는 사람이 지옥에 대하여 전하는 것을 저는 듣고 싶습니다. 장차 임할 진노의 공포가 얼마나 무서운지에 대해 그가 말하는 것을 듣는다면, 여러분의 머리카락은 주뼛주뼛 서게 될 것입니다. 완전히 거룩한 사랑으로 불타오르고, 그분 안에서 거룩한 기쁨으로 온전히 깨어 있는 사람이 그리스도에 대하여 말하는 것을 듣는다면, 여러분의 혈관 속에 있는 모든 핏방울도 춤추게 될 것입니다.

그러나 잠은 가장 생생한 사역까지도 쉽게 압도해 버립니다. 누가 이런 사실을 진심으로 부인할 수 있겠습니까? 여러분의 영혼이 온전히 깨어 있는 상태에서 성경을 읽었을 때는 한 장을 읽더라도 그 성경 속의 약속들이 얼마나 빛을 발하면서 생생하게 불타올랐습니까! 그 약속들은 "무서운 수정"(겔 1:22, KJV)처럼 그렇게 밝게 빛났습니다. 그러나 우리는 성경에 대해, 약속에 대해, 교훈들에 대해 얼마나 자주 꾸벅꾸벅 졸았습니까! 그것들 속에 있는 생명과 능력을 전혀 보지 못했기 때문입니다. 생명이 거기 있었지만, 우리는 잠자고 있었습니다.

자, 사랑하는 성도 여러분, 한 가지 사실만 더 말씀드려야겠습니다. 그래야 잠에 대해서 어느 정도 충분히 전하게 될 것 같습니다. 그 한 가지 사실은 우리 가운데 너무나 많은 사람들이 반쯤 졸고 있다는 것입니다. 영적으로 온전히 깨어 있어서 생생하게 살아 있는 사람이 있을지 궁금합니다. 러더퍼드 같은 그런 사람 말입니다. 그는 주님을 너무나 사랑해서 예수님 외에는 그 어떤 것도 생각하지 않았습니다. 그야말로 전적으로 깨어 있는 사람이었습니다. 또 한 사람을 든다면, 휫필드와 같은 사람입니다. 그는 천사처럼 유창한 달변으로 아침에도, 낮에도, 저녁에도 한마음으로 말씀을 전했습니다. 그는 분명히 깨어 있었던 사람입니다. 그와 같은 사람들이 많이 있었습니다. 저는 지금도 그런 사람들이 남아 있다고 믿습니다. 그러나 우리는 깨어 있어도 여전히 더 깨어날 필요가 있다는 이 사실을 고통스럽게 인식하고 있습니다.

오, 하나님, 우리가 믿고 있는 이 영원한 것들의 장엄한 무게를 우리가 느끼도록 하옵소서. 하나님께서는 우리를 구원하셨습니다. 하나님이 우리를 구원하실 때 우리의 상태가 어떠했는지, 하나님이 우리를 구원하실 때 어떤 분을 통해서 구원하셨는지, 하나님이 우리를 구원하실 때 어떤 목적으로 우리를 구원하셨는지, 그리고 구원받은 우리가 지금 가지고 있는 특권들이 무엇인지에 대해 우리가 느낄 수 있도록, 하나님은 그렇게 우리를 깨우셨습니다. 이런 것들을 생각할 때, 세월 속에 있는 것들이 얼마나 시시해 보이는지, 영원에 속한 눈에 보이지 않는 실체들이 얼마나 중요해 보이는지 이루 말할 수 없습니다. 저는 다시 이렇게 결론지을 수밖에 없습니다. 우리 대부분은 하나님의 것들에 관해 반 정도밖에 깨어 있지 못하다고 말입니다. 만약 이것이 사실이라면, 자다가 깰 때가 벌써 되었습니다.

2. 기독교인들은 자다가 깰 때가 벌써 되었습니다.

이제 두 번째 대지로, 몇 분만 말씀드리고자 합니다. 앞에서 말씀드린 바와 같이 많은 신자들이 잠자고 있는데, 이제 그들이 자다가 깰 때가 벌써 되었다는 사실입니다. 그런데 왜 그들이 깰 때가 벌써 되었다고 하는 것일까요? 왜냐하면 첫째로, 신자인 우리는 잠잘 수 있는 권리가 전혀 없기 때문입니다. 주님께서 우리를 구원하셨습니다. 사망으로부터 우리를 구원하셨습니다. 사망과 사촌지간인 잠으로부터 우리를 구원하셨습니다. 무관심으로부터 우리를 구원하셨습니다. 불신으로부터 우리를 구원하셨습니다. 완악한 마음으로부터 우리를 구원하셨습니다. 경솔함으로부터 우리를 구원하셨습니다. 그렇습니다. 주님께서 이 모든 일들을 우리를 위하여 행하셨는데, 우리가 잠자는 상태로 무슨 일을 할 수 있겠습니까?

슬기로운 다섯 처녀는 신랑을 맞으러 나갈 때 등불을 가지고 나갔습니다(마

25:4). 그들에게 무슨 잠잘 권리가 있었겠습니까? 등불만 가졌지 그릇에 기름도 없이 잠자고 있었던 처녀들을 저는 십분 이해할 수 있습니다. 등불이 꺼지면 그들은 어둠 속에 있어야 했을 것이고 어둠이 잠을 불러왔을 것이기 때문입니다. 그러나 잘 준비된 등을 가진 자라면 빛 가운데서 잠잘 수 있겠습니까? 기름이 그들을 밝혀주고 있는데, 기름을 가진 자들이 잠잘 수 있겠습니까? 그들은 등에 기름을 넣기 위해 깨어 있어야 할 필요가 있었습니다. 그뿐 아니라, 그들은 신랑을 맞으러 나와야 했습니다. 잠자면서 어떻게 신랑을 맞이할 수 있겠습니까? 신랑이 왔을 때 결혼식에 참석한 모든 사람들이 다 잠을 자고 있어서 신랑의 위엄을 모욕하고 신랑의 영광을 조롱하는 것으로 비쳐지는 것이 제대로 된 것입니까?

하나님의 자녀인 여러분은 그리스도께서 곧 오실 것을 기대하고 있습니다. 그리스도께서는 오늘 이 밤에 오실 수도 있습니다. 아니면 그리스도께서 기쁘신 뜻대로 오실 것을 연기하실 수도 있습니다. 그런데 여러분은 왜, 어떤 이유로 잠잘 생각을 하고 있습니까? 이 잠자는 행동이 기독교인으로서 여러분의 자질과 일치하는 것입니까? 그리고 주님이 오실 것을 기대하는 여러분의 소망과도 잘 맞는 것입니까? 그러므로 만약 여러분이 죄악의 낮잠에 사로잡혀 있다면, 힘을 내십시오. 성령께 여러분을 깨워 달라고 간구하십시오. 여러분에게는 잠잘 권리가 없으며, 자다가 깰 때가 벌써 되었기 때문입니다. 지금은 깰 때가 벌써 되었습니다. 왜냐하면 그 수많은 기회들이 이미 어느덧 지나가버렸기 때문입니다. 여기 오래 전에 회심한 몇몇 사람들은 제가 지난 10년 동안 계속해서 물은 질문을 오늘 또 듣게 될 것 같습니다. 그 질문은 바로, "여러분은 그리스도를 위해 무엇을 했습니까?"라는 질문입니다. 여러분은 구원받았습니다. 저는 여러분이 구원받았는지 아닌지를 문제삼으려는 것이 아닙니다. 여러분의 영광스러운 구원이 여러분이 처음 믿을 때보다 더 가까웠다는 것입니다.

그런데 여러분은 지난 수년 동안 무엇을 했습니까? 여러분은 기름진 것을 먹고 달콤한 것을 마셨습니다. 그런데 굶주린 자들은 먹였습니까? 방황하는 자들을 인도한 적이 있습니까? 여러분은 하나님의 은혜를 받는 수단들을 즐거워했다고 말합니다. 물론 즐거워하는 것이 여러분의 창조 목적이긴 합니다. 그런데 그 좋은 것들을 즐거워하기 위해서만 여러분이 지음받은 것입니까? 여러분은 자신에게 이렇게 질문해 본 적은 없습니까? "내게 주신 모든 은혜를 내가 여호와께 무엇으로 보답할까"(시 116:12). 사랑하는 성도 여러분, 만약 여러분이 구원받은

지 한 주가 되었는데 그 한 주간 동안 그리스도를 위해 아무것도 한 것이 없다면, 여러분은 이미 열매 없는 칠일을 살면서 무언가를 할 수 있었던 충분한 시간들을 낭비한 셈입니다. 여러분의 문 앞에서 환영받지 못해 놓쳐버린 고난 받을 기회들은 지나간 때로 족할 뿐입니다(벧전 4:3).

그러나 신앙고백을 한 어떤 성도들은 점점 늙어가고 있습니다. 회색머리카락이 그들의 머리를 덮습니다. 지난 30년 동안 주님을 사랑했습니까? 그런데도 그렇게 행한 것이 적습니까? 혹시 나이는 많아 늙은이지만 은혜에 있어서는 어린 아이에 불과한 것은 아닙니까? 그렇다면, 도대체 어떻게 된 것입니까? 이런 경우는 훨씬 더 안 좋은 경우입니다. 그렇지 않습니까? 지나간 모든 과거에 대한 여러분의 말들은 고통스럽고 무익한 변명이지 않습니까? 정원이 있어야 할 곳에 광야가 있고, 과실이 무성한 들판이 있어야 할 곳에 사막이 있는 것은 아닙니까? 지난날을 돌이켜볼 때 생기는 고통을 여러분은 참을 수 있습니까? 오, 제가 지나온 삶을 돌이켜볼 때, 제 인생의 기쁨 중 하나는 제가 어린 시절에 하나님께 회심한 것과 젊은 시절에 예수님의 이름을 전하기 시작한 것입니다. 이런 기뻐할 제목도 있지만, 하나님을 섬길 기회들을 낭비했다는 생각에 제 자신을 탓하는 일도 많이 있습니다.

많은 세월들을 주님을 위해 살아왔던 제 경우가 이러하다면, 많은 수의 주님의 종들도 이와 마찬가지일 것이라고 저는 확신합니다. 기회를 낭비한 많은 사람들에게 말씀드리고자 합니다. 여러분은 자다가 깰 때가 벌써 되었습니다. 사랑하는 성도 여러분, 시간은 빠르게 지나가고 있습니다. 날아가는 이 시간의 매 순간은 다른 시간의 발꿈치를 잡고 계속 이어집니다. 인생은 급류처럼 돌진해 나갑니다. 인생은 신속하지만 조용하게 우리를 나르고 있습니다.

젊은 청년들이여, 여러분이 무언가를 이루고자 한다면 아주 빨리 이루어야 합니다. 여러분은 이제 어린이가 아닙니다. 여러분의 태양은 아직 그 정점에 이르지 않았습니다. 높이 떠오르고 있는 중입니다. 그 태양은 정오가 되기 전에 내려갈 수도 있습니다. 여러분이 죽기 전에 무언가를 이루려고 한다면, 젊은이들이여, 지금 당장 시작하십시오. 지금 당장 시작하십시오. 그렇지 않으면 여러분의 인생은 실패할 것입니다.

중년의 인생을 살고 있는 여러분, 여러분은 여러분의 인생 중 가장 힘 있고 가장 혈기왕성한 때를 보내고 있습니다. 만일 여러분이 하나님께 영광을 돌려드리고자 한다면, 그리고 많은 영혼들을 그리스도께로 인도하고자 한다면, 합당한 모든 이름으로 여러분에게 권면합니다. 그 일을 시작하십시오. 그 일을 착수하십시오. 여러분이 지금 그 일을 시작하지 않는다면 언제 시작하겠습니까? 인생의 연약한 날들이 임하고 창 밖에 인생의 어둠이 깔릴 때, 여러분은 "나는 너무 늙었다"라고 말하게 될 것입니다. 오, 여러분, 인생의 전성기가 주님의 것이 되게 하십시오! 여러분에게 인생의 황혼이 깃들지 않겠습니까? 인생의 그림자가 길어지고 기력이 쇠하여지지 않겠습니까? 사랑하는 성도 여러분, 여러분은 구원받았습니다. 그런데 여러분은 천국에 가고 싶어하지 않는 것 같습니다. 그렇지 않습니까? 이 땅에서 그리스도를 조금도 영광스럽게 하지 않고 어떻게 천국에 가려고 합니까? 천국에 가기를 원한다면, 지금 그리스도를 영광스럽게 하십시오. 현재 당면한 의무에 온 힘을 다하고 온 마음을 다하고 온 정성을 다하고 온 생각을 다해 그 일에 집중하십시오. 지금 여러분 앞에 남아 있는 시간은 너무나 짧습니다. 일을 하기에는 너무나 부족한 저녁 시간만이 여러분에게 남아 있습니다. 주님을 섬기는 일에 남아 있는 모든 시간을 최고로 부지런하게 사용해야 할 것입니다. "이 시기를 알거니와 자다가 깰 때가 벌써 되었으니."

우리에게 도움을 요청했던 많은 사람들이 있었습니다. 그런데 지금 그들은 우리가 깨우려고 해도 깨울 수 없는 우리의 능력 밖에 있게 되었습니다. 상황이 이러함에도 불구하고, 여러분은 자다가 깰 때가 벌써 된 것을 보지 못하고 있습니까? 병든 자가 살아 있을 때는 방문하지 못하다가 결국 죽었다는 소식을 듣게 되었을 때, 게으르게 방문을 미뤘던 것에 대한 슬픔을 여러분은 느껴본 적이 있습니까? 여러분은 자신에게 이렇게 말합니다. "그 영혼이 영원한 세계로 가기 전에, 왜 내가 그에게 가서 최소한 경고의 말이라도 한 마디 전하지 못하였던가?" 죽음이 수많은 우리의 이웃과 친구들을 쓸어가고 있습니다. 우리가 남은 자들에게 조금이라도 선한 일을 하고자 한다면, 우리는 남은 자들을 부지런히 찾아야 할 때가 벌써 된 것입니다. 조종(弔鐘)소리가 울리고 무덤이 닫힐 때, 세상을 떠난 자들에 대해 후회해도 아무 소용없을 뿐 아니라 동시에 우리 자신에게도 쓰라린 경험이 될 것입니다.

일반 섭리에 의해 수많은 사람들이 우리로부터, 그리고 우리의 영향력이 미치는 영역으로부터 사라져가고 있습니다. 예를 들어, 여러분의 자녀들이 대표적인 경우입니다. 여러분의 자녀들은 어린 자녀들이었습니다. 여러분 중에는 아직도 어린 자녀들이 있는 사람도 있을 것입니다. 좋습니다. 그 어린이들은 머지않아 더 이상 어린 자녀가 아닐 것입니다. 어머니들이여, 여러분의 자녀들은 이미 상당한 정도로 주체적인 사고를 하기 시작했습니다. 그 자녀들은 예전과 달리 이제는 부모의 말도 잘 듣지 않습니다. 그것 때문에 여러분은 마음이 조금은 섭섭해지기도 합니다. 이런 모습은 이제 곧 더 심해질 것입니다. 나무에 붙어 있는 가지가 어린 가지일 때 굽혀놓지 않는다면, 나중에 큰 나무가 되어서는 그 가지에 손도 쓸 수 없을 것입니다. 우리는 자녀들을 가르치기 쉬운 어릴 동안에는, 그들이 우리의 손아귀에서 벗어나도록 내버려 둡니다. 그 자녀들을 도자기를 빚듯 그렇게 빚어야 한다는 사실을 잊습니다. 그러는 동안 자녀들은 성인으로 자라납니다. 성인이 된 그들은 이제 우리의 조언과 훈계를 잘 받아들이지 않습니다. 그때서야 비로소 우리는 자녀들이 가야 할 길을 가도록 무언가를 더 훈련시키지 못한 것에 대해 후회합니다.

　어머니들이여, 지금이 바로 그 무언가를 해야 할 때입니다. 하나님께서 여러분을 도우실 것입니다. 아버지들이여, 지금이 바로 그 무언가를 해야 할 때입니다. 여러분의 기회를 선용하십시오. 선한 일은 지속적인 관심과 작은 차이로 이루어진다는 것을 기억하십시오. 여러분의 종들도 이와 마찬가지입니다. 여러분과 함께 살면서 여러분이 항상 그 영혼에 대해 대화하려고 하고 함께 기도하기 원했던 몇몇 종들이 기억나지 않습니까? 이제 그 종들은 여러분이 축복을 빌어주기도 전에, 여러분을 떠나 어디론가 가 버렸습니다. 지금 그 종들은 아주 세속적인 사람이 되어버렸습니다. 만약 여러분이 그 종들을 수소문해 찾는다면, 그들이 그리스도 없이 살면서 여러분에 대해 이렇게까지 언급하는 것을 듣게 될 것입니다. 그들은 예전에 신앙심 있는 안주인과 경건한 바깥주인과 함께 살았었는데, 두 번 다시는 그런 주인과 살고 싶지 않으며, 그 이유는 그들이 살아온 인생 중에서 그 때가 제일 비참했기 때문이라고 말합니다. "신앙심 깊은 그 주인이 뭘 가졌는지는 모르겠지만, 여하튼 뭔가 좋은 걸 가지고 있었던 것 같은데, 남한테는 베풀지도 않고 자기만 간직하고 있었어. 우리는 그게 뭔지 얘기조차 들어보지도 못했고." 이런 말을 들은 여러분은 "오, 그 종들이 나에 대해서는 제발 그렇게 말하지 않았으면 좋겠는데"라고 말할 것입니다. 제 바람도 마찬가지입니다. 그러나 저는 그렇게 말하는 경우를 많이 보았습니다. 성도들이 주위에 있는 영혼들에 대해 너무나 깊이 잠들어 있기 때문에, 그들이 살아가면서 만나게 되는 기회들이 자기도 모르게 지나가버리고, 다시는 그런 기회가 돌아오지 않는 일들이 너무 많이 일어나고 있습니다.

우리가 깨어 있다면, 우리가 말해주지 않으면 절대로 들을 수 없는 사람들에게 신앙의 대화를 함께 할 수 있는 기회들을 가질 수 있으리라 저는 믿습니다. 거의 모든 사람들에게 있어서 각자의 양심이 잠에서 깨게 되는 때가 있습니다. 아마도 고통으로 슬퍼할 때나 불행으로 위축될 때일 것입니다. 그 때 사람들은 다른 때 같았으면 화내고 무례하게 했을 같은 일에도 아주 우호적으로 반응합니다. 어떤 때는 아주 완악한 사람들도 책망이나 권면이나 지시에 대해 아주 유순하게 받아들입니다. 여러분이 준비만 되어 있다면, 그를 잘 공략해 보십시오. 그러면 여러분은 그를 얻게 될 것입니다. 그러나 그 순간을 잘 포착하지 못해 기회를 놓친다면, 여러분은 그가 하나님의 진리를 제대로 느끼고 받아들일 수 있는 또 다른 기회를 결코 만날 수 없을지도 모릅니다. 우리는 매 순간 준비하고 있어야 합니다. 달리는 사슴을 쏘아서 잡으려는 사람이, 사슴이 스쳐 지나가는 순간을 제대로 포착하기 위해서는 아주 재빨라야 합니다. 달리는 영혼들을 잡으려고 하는 자들도, 즉 이런 목적으로 신앙생활을 하는 대부분의 성도들도 예리한 눈과 재빠른 판단력을 지녀야만 합니다. 방황하는 영혼들은 우리 곁을 빠르게 스쳐 지나가기에, 우리는 그 영혼들을 한순간에 잡아야 합니다. 그렇지 않으면 곧 우리의 능력이 미치는 영역에서 벗어나게 될 것입니다. 우리가 잠에서 깨어나 있지 않으면, 우리는 결코 이런 일을 할 수 없습니다. 하나님, 우리가 깨어 있도록 우리를 도와주옵소서.

사랑하는 성도 여러분, 이외에도 우리가 깨어나야 할 또 다른 이유가 있습니다. 우리가 깨어나지 않으면, 무수한 원수들이 우리를 향해 깨어나게 될 것입니다. 여러분이 잘 수는 있습니다. 그러나 여러분이 그 원수들의 눈까지 감기게 할 수는 없습니다. 개신교도들은 잘 수도 있습니다. 그러나 제가 장담하건대, 가톨릭신자들은 결코 잠자지 않습니다. 복음주의자들은 잘 수도 있습니다. 그러나 의식을 중시하는 자들은 결코 잠자지 않는 것을 여러분도 알 것입니다. 공중의 권세 잡은 자(엡 2:2)는 종들이 자신의 임무에 충실하도록 합니다. 주님의 종들이 초라하고 냉랭하게, 살았으나 죽은 자처럼(계3:1) 주님을 섬기는 동안, 사탄의 종들이 사탄을 아주 열정적으로 섬기는 것은 이상한 일이 아닙니다. 오, 주님, 우리를 소생시켜 주옵소서! 우리가 사탄의 종들이 활동하는 것을 얼핏이라도 보게 된다면, 우리는 우리의 나태한 모습과 비교되어 놀랄 것입니다. 원수가 와서 곡식 가운데 가라지를 덧뿌리고 간 것은, 사람들이 자고 있는 동안에 일어난 일입니다(마 13:25). 주님의 밭에 가라지가 뿌려져 있는 것은 사람들이 자고 있었기 때문입니다. 우리가 좀 더 깨어 있었다면, 원수들은 그 악한 종자들을 뿌릴 기회를 얻지 못했을 것입니다.

우리는 자다가 깰 때가 벌써 되었습니다. 왜냐하면 지금은 한낮이기 때문입니다. 해는 이미 떠올랐습니다. 여러분은 한낮인 지금도 여전히 잠자고 있으려 합니까? 우리는 지금 복음 시대로 점점 더 깊이 들어가고 있습니다. 그런데도 여러분은 여전히 잠만 자고 있겠습니까? 지금은 우리가 깨어 있어야 할 때입니다. 왜냐하면 우리 주님도 깨어 있었기 때문입니다. 주님께서 깨어 있는 모습을 얼마나 많이 보여주셨습니까! 멸망해 가고 있는 예루살렘 성을 바라보고 예수님은 하염없이 두 눈에 눈물을 흘렸습니다!(눅 19:41). 예수님의 눈물은 진심어린 눈물이었습니다. 하나님의 전을 사모하는 열심이 주님을 삼켰습니다(요 2:17). 그 열심이 우리 또한 삼켜야 하지 않겠습니까? 우리는 마땅히 깨어 있어야 합니다. 왜냐하면 우리의 때가 한두 시간 안에 끝나버릴 수도 있기 때문입니다. 설교자는 생의 마지막 설교를 전하고 있을 수도 있습니다. 여러분은 오늘밤 집으로 돌아가서 여러분이 이 땅에서 항상 하던 가정 예배의 마지막 기도를 드릴 수도 있습니다. 여러분은 내일 아침에 마지막으로 여러분의 가게 문을 열 수도 있습니다. 이러한 가능성들이 여러분을 분발하게 하지 않습니까? 여기 있는 모든 사람들의 종말이 아주 가까이, 매우 가까이에 있습니다.

사랑하는 성도 여러분, 여러분은 위대한 뜻을 세웠습니까? 그것을 성취하십시오. 여러분이 세운 뜻을 성취할 수 있는 시간이 많이 남지 않았습니다. 그러므로 한 시간도 낭비하지 마십시오. 여러분은 지금까지 계속해서 계획만 세우고 있었습니까? 계획 세우는 일은 이제 그만두고, 계획을 실천하십시오. 여러분은 지금까지 관대해졌으면 좋겠다고 말해 왔습니다. 그렇다면 이제 실제로 관대해지십시오. 여러분은 지금까지 영적인 마음을 갖고 싶다고 말해 왔습니다. 사랑하는 성도 여러분, 이제 말은 그만하고 영적인 마음을 가지십시오. 여러분은 하나님께 헌신하고자 작정하였습니다. 자, 이제는 헌신에 대해서 완벽주의에 대해서 왈가왈부 말만 하지 말고, 헌신하는 자가 되고 완벽한 자가 되십시오. 가능한 한 가장 순순한 마음으로 헌신과 봉사에 마음을 두십시오. 우리는 이것도 아니고 저것도 아닌 어중간한 상태로 불쌍하게 너무 오랫동안 살아 왔습니다. 좀 더 높은 목표가 있다면, 주님께서 우리를 그 목표에 이르도록 해주실 것입니다. 영과 혼과 육이 전부 하나도 남김없이 어느 때든 주님께 헌신하는 삶의 방식이라면, 주의 성령께서 우리를 그러한 상태로 인도하실 것입니다.

이것이 바로 우리가 열망하는 바입니다. 우리는 이것을 갈망합니다. 어떤 사람들이 말하는 것처럼, 우리는 감히 그것을 이미 얻었다고 말하지 않습니다. 왜냐하면 우리가 그것을 얻었다면 우리는 그것이 무엇인지 증거를 대야 하기 때문이며, 만약 증거를 댈 수 없다면 우리는 그렇게 당당해서 말해서는 안 되기 때문입니다. 사랑하는 성도 여러분, 주님이 개인적으로 찾아오심이 가깝기 때문에, 즉 죽음으로 우리가 맞는 주님의 오심이 더욱 가까워졌기 때문에, 우리가 자다가 깰 때가 벌써 된 것입니다.

3. 잠에서 깨는 것은 가치 있는 일입니다.

세 번째 대지를 말씀드리고 오늘 설교를 마무리하겠습니다. 잠에서 깨는 것은 가치 있는 일입니다. 왜냐하면 깨어서 구해야 할 만큼 가치 있는 것이 있기 때문입니다. 사도 바울은 우리가 자다가 깰 때가 벌써 되었다고 말합니다. 왜냐하면 지금 우리의 구원은 우리가 처음 믿을 때보다 훨씬 더 가까워졌기 때문입니다. 제가 이미 말씀드린 바와 같이, 사도 바울은 "깨어 있지 않으면 너희는 멸망할 것이다"라고 말하지 않습니다. 더구나 "너희 기독교인들이여, 너희가 이런 무감각한 상태에 있다면 너희는 소망 없이 멸망할 것이다"라고 말하는 것도 아닙니다. 이런 말은 율법의 협박이며 모세의 말과 어울리는 것입니다. 예수님은 그렇게 말씀하지 않으십니다. 절대 그렇게 말씀하지 않으십니다. 예수님께서는 자기 종들을 통해 우리에게 복음서의 어조로 이렇게 말씀하십니다. "이제 너희의 구원이 너희가 처음 믿을 때보다 가까웠음이라."

사랑하는 성도 여러분, 시간적으로 보아도 분명히 가까워진 것은 사실입니다. 여러분은 예수님을 믿은지 얼마나 오래되었습니까? 십년 되었습니까? 그렇다면 여러분은 십년 더 천국에 가까워진 것입니다. 여러분의 구원, 다시 말해 여러분의 궁극적이고 완전한 구원, 여러분이 악으로부터, 죄로부터, 사망으로부터, 지옥으로부터 완전히 해방된 채로 드러나고 나타나는 것이 여러분이 믿은 그 세월만큼 처음 믿을 때보다 더 가까워진 것입니다. 우리 중에는 처음 믿을 때보다 이십 오년이나 더 천국에 가까워진 사람들도 있습니다. 그러니 우리가 좀 더 깨어 있어야 하지 않겠습니까? 우리가 천국으로부터 멀리 떨어져 있으면 있을수록 그만큼 우리는 천국의 영향력을 덜 느끼게 될 것입니다. 그러나 우리가 천국에 더 가까워지고 있기 때문에, 우리는 천국의 그 신비로운 매력에 더 민감해져야 할 것입니다. 오, 천국의 능력을 더욱더 많이 느끼게 하옵소서!

사랑하는 성도 여러분, 우리는 곧 천국에 있게 될 것입니다. 사랑하는 성도 여러분, 우리는 곧 거기에 가게 될 것입니다. 바로 우리 앞에 천국의 황금 문이 있는 지금 잠자러 가지 맙시다. 예수님께서 우리를 맞으러 기다리고 계십니다. 영광에 더욱더 가까워졌습니다! 이런 주장은 우리가 좀 더 하나님에 대해 깨어야 할 좋은 이유이지 않습니까? 여러분 중에는 처음 믿을 때보다 60년이나 더 천국에 가까워진 사람들도 있습니다. 여러분은 이제 반세기 이상 그리스도 안에 있었습니다. 아주 좋습니다. 아주 대단한 일입니다. 사랑하는 성도 여러분, 여러분은 이 사실이 기쁘지 않습니까? 여러분은 지나온 60년을 한 번 더 살고 싶습니까? 여러분은 역경의 언덕을 다시 오르고 수치의 골짜기로 다시 미끄러져 내려가면서, 그 괴로운 인생길을 또다시 밟고 싶습니까? 여러분은 사망의 음침한 골짜기를 지나 거대한 절망의 성으로 들어가는 일을 또다시 하고 싶습니까?

"다시는 하고 싶지 않습니다"라고 여러분은 말할 것입니다. 여러분은 그 여행이 되풀이되면 어떡하나 하고 두려워할 필요가 없습니다. 왜냐하면 여러분이 과거로 되돌아가는 일은 없을 것이기 때문입니다. 시간의 문제에 있어서 여러분은 천국에 훨씬 더 가까이 와 있습니다. 그러므로 아주 잠에서 깨어나십시오. 그리고 천국을 추구하십시오. 육지에서 사는 어린이들은 바다를 보고 싶어합니다. 그래서 그런 아이들과 함께 바다 여행을 떠납니다. 그러나 여행의 목적지인 바다가 가까워오면 올수록, 아이들은 곧잘 잠이 들어 버립니다. 그 아이들은 예전에 바다를 본적이 없습니다. 그래서 어머니가 말합니다. "애들아 일어나렴. 이제 바다에 거의 다 왔단다."

사랑하는 성도 여러분, 여러분의 영혼을 사랑하는 제가 말씀드립니다. 우리는 천국을 본 적이 없습니다. 그러나 우리는 천국에 더욱더 가까이 가고 있음을 압니다. 우리 함께 깨어 있으십시다. 예루살렘, 내가 꿈에도 바라던 그 본향, 그 거룩한 곳을 잠자면서 들어갈 수 있겠습니까? 인생의 마지막 언덕에 이르러, 그 언덕 위에서 화려한 울타리와 황금 길을 보게 될 것입니다. 그런 광경을 반쯤 잠든 상태에서 보겠습니까? 자, 사랑하는 성도 여러분, 그럴 수 없습니다. 절대 그럴 수 없습니다. 안 됩니다. 깨어라, 내 마음아! 깨어라, 마음아! 여러분은 본향에 더욱더 가까이 가고 있습니다. "오늘도 본향에 더 가까이 나아갑니다"(몽고메리 [James Montgomery]가 작사한 '주님과 영원히' [Forever with the Lord]라는 찬송가의 1절 가사이다 — 역주). 여러분은 지금 이 순간도 가까이 나아가고 있습니다. 잠자는 것을 부끄럽게 여기십시오.

그리고 시간이라는 측면에서 우리가 더 가까워지고 있다면, 예비라는 측면에서도 우리가 더 가까워지기를 소망합니다. 그리스도께서는 우리를 위하여 천국을 예비하고 계시며, 그리스도의 성령께서는 천국에 합당한 사람이 되도록 우리를 예비하고 계십니다. 그렇다면 우리가 천국에 대한 합당한 준비를 하기 위해서는 당연히 좀 더 깨어 있어야 합니다. 왜냐하면 잠자는 것은 하늘에 있는 영들의 상태가 아니기 때문입니다. 천국은 살아 활동하는 집입니다. 무의식이 거주하는 곳이 아닙니다. 우리의 몸이 죽은 자 가운데서 부활하게 될 때는 생명과 에너지를 누리게 될 것입니다. 그리고 피로와 권태로부터 영원히 해방될 것입니다. 우리가 천상의 무리에 합당하도록 준비하고 있다면, 더욱더 생명이 충만하고 더욱더 에너지가 충만하도록 예비합시다. 천국을 위해 좀 더 준비합시다. 그러기 위해서 좀 더 강한 팔로 거두고, 거두고, 또 거두어들이십시오. 여러분이 할 수만 있다면, 각각 자기 일을 돌볼 뿐더러 또한 각각 다른 사람들의 일을 돌보아 주십시오(빌 2:4).

여러분은 이제 일생의 수고를 거의 다 완수했습니다. 그러므로 남아 있는 작은 일에 여러분의 모든 힘을 쏟아 부으십시오. 천국에 아주 가까이 왔습니다. 그러므로 불붙어 타고 있는 나무 조각을 빼내십시오(암 4:11). 여러분이 천국에 좀 더 합당한 자라면, 여러분은 좀 더 많은 사랑, 좀 더 많은 은혜, 좀 더 많은 긍휼을 가진 사람입니다. 그렇다면 또 다른 불쌍한 영혼을 그리스도께로 인도하기 위해 여러분의 두 손을 뻗으십시오. 여러분에게 황금 문이 곧 열리게 된다면, 여러분은 지극히 복된 안식처에서 영원히 있게 될 것입니다. 그 문으로 들어가는 길을 반드시 다른 이들에게 보여주어서 여러분 혼자 들어가지 않도록 하십시오. 여러분의 구원이 여러분이 처음 믿을 때보다 더욱더 가까웠습니다. 그러므로 여러분이 그 구원에 합당하게 준비된 자임을 증거하기 위하여 좀 더 많은 것을 행하도록 하십시오.

　　그리고 마지막으로, 여러분의 구원이 여러분이 처음 믿을 때보다 훨씬 가까워졌으므로, 그 구원에 대한 여러분의 인식이 좀 더 분명해지기를 소망합니다. 여러분은 장차 우리에게 나타날 영광(롬 8:18)을 인식하려고 노력해 본 적이 있습니까? 여러분은 머지않아 예수 그리스도와 함께 있게 될 것입니다.

> "슬픔과 죄악의 이 세상을 멀리 떠나,
> 하나님과 영원토록 거하리라."
> (존 웨슬리와 찰스 웨슬리[J. and C. Wesley]가 함께 작사한 '너희 순결한 영혼
> 들아 일어나라' [Ye Virgin souls, Arise]라는 찬송가의 5절 가사이다 ─ 역주)

　　여러분의 머리에는 면류관이 씌워질 것이며, 여러분의 손에는 승리의 종려 나무 가지가 들릴 것입니다. 여러분, 바로 여러분이 황금 길을 걷게 될 것이고 해보다 더 밝게 빛나는 얼굴을 보게 될 것입니다. 오늘 밤에 여러분이 자유롭게 되어 새 예루살렘에 들어갈 수도 있습니다. 오늘 밤에 여러분은 그 좁은 방, 그 딱딱한 침대, 그 가난과 근심의 거처를 떠날 수도 있습니다. 그래서 영원한 안식이 있는 곳, 성도들의 모임이 끊이지 않는 곳에 있게 될 것입니다. 사랑하는 성도 여러분, 여러분이 그 곳에 있게 될 것입니다. 바로 여러분이 말입니다. 여러분이 아니면 아무도 머리에 쓸 수 없는 면류관이 영광 중에 있습니다. 여러분이 바로 거기에 있게 될 것입니다.

　　자, 좋습니다. 제 생각은 이렇습니다. 그렇게 짧은 시간 안에 나의 영원한 구원이 완성되고, 보잘것없는 제 자신이 피에 씻어 깨끗이 된(계 7:14) 무리들 가운데서 내 구세주의 얼굴을 보게 될 것을 인식한다면, 저는 주님을 섬길 수 있는 단 한순간의 기회라도 게을리할 수 없으며, 불쌍한 영혼들을 구원하려고 애써 보지도 않고 그냥 지옥으로 내려가도록 더 이상 내버려 둘 수도 없으며, 기도를 게을리할 수도 없으며, 주님을 섬길 좋은 기회들을 더 이상 놓칠 수도 없습니다. 만약 제가 이렇게 살지 않는다면, 저는 천국 현관에 발을 대고서 천국 문을 열고 닫는 걸쇠 위에 손가락을 올려놓고는 머뭇거리는 사람과 다를 바가 없을 것입니다. 천국이 약속으로 보장되어 있는 사람으로서, 즉 천국이 여러분의 특별한 상속이 되도록 피로 인침을 받은 사람으로서 여러분은 어떤 사람이 되어야 하겠습니까? 천국은 매 순간 영원한 복락에 더욱더 가까이 가는 사람들의 분깃이 아니

겠습니까? 여러분은 어떤 사람이 되어야 하겠습니까? 하나님의 성령께서 여러분을 바로 지금 합당한 모습으로 만들어 주시기를 바랍니다. 하나님은 영원히 찬송 받으시기에 합당하신 분입니다. 아멘.

저는 회심하지 않은 자들을 대상으로 해서는 아무런 말씀도 드리지 않았습니다. 그 이유는 여러분이 그들에게 무언가를 말하도록 제가 권면했기 때문입니다. 만약 여러분이 오늘 말씀의 정신을 파악한다면, 여러분은 각자 그들을 위한 어떤 감정을 느낄 것이고, 자연히 그들에게 말하기 시작할 것입니다. 그러나 만약 제가 회심한 자들을 대상으로 전한 이 본문 말씀을, 전체 맥락과는 상관 없이 회심하지 않은 자들에 대한 말씀으로 적용한다면, 얼마나 무서운 망치가 되어 그들을 치는 말씀이 되겠습니까! 중생하지 않은 자에게 하신 말씀이라 해도, 제가 읽은 대로 이 본문을 읽어야 하지 않을까요? 오늘 본문은 기독교인들에게 해당됩니다. "이제 우리의 구원이 처음 믿을 때보다 가까웠음이라."

오, 아직 회심하지 않은 여러분, 만약 오늘 본문이 여러분 같이 회심하지 않은 자들을 위해 기록된 것이라면, 아마 본문은 이렇게 적혀 있어야 할 것입니다. "너희가 자다가 깰 때가 벌써 되었으니, 이는 이제 너희의 저주가 너희가 처음 복음을 듣고서 거절했던 때보다 훨씬 가까웠음이라." 주의하십시오. 주의하십시오. 하나님께서 여러분에게 은혜를 더하셔서 주의하게 하고 그리스도를 믿게 하옵소서. 아멘. 아멘.

제
28
장
—

그리스도로 옷 입고

—

**"오직 주 예수 그리스도로 옷 입고
정욕을 위하여 육신의 일을 도모하지 말라"—롬 13:14**

우리가 그리스도로 옷 입기 전에, 먼저 우리 속에 그리스도께서 계셔야 합니다. 은혜로 말미암아 우리 몸 안에 그리스도께서 들어오시고, 은혜로 말미암아 우리 몸 밖에 그리스도로 옷 입게 됩니다. 그리스도께서 거룩한 삶으로 나타나기 전에, 믿음으로 그리스도를 우리 마음에 모셔야만 합니다. 여러분이 등불로 빛을 비추고 싶다면, 먼저는 등잔 안에 있는 초에 불을 붙여야 합니다. 그래야 그 결과로 빛이 비쳐져서 모든 사람이 보게 됩니다. 그리스도께서 영광의 소망이라는 모습으로 여러분 안에 계실 때, 그리스도에 대한 여러분의 사랑을 숨기지 마십시오. 여러분의 행위에 있어서 소망의 빛이신 그리스도로 옷 입으십시오. 그리스도를 내적 생활의 비밀인 구세주로 여러분이 모신 것처럼, 그리스도로 옷 입어 여러분의 일상이 아름다워지게 하십시오. 내부로 인해 외부가 밝게 빛나도록 하십시오. 이것이 주 예수님의 모든 군사들이 특권으로 입는 "빛의 갑옷"(롬 13:12)입니다. 여러분도 이 갑옷을 입도록 하십시오.

그리스도께서 여러분의 속사람을 양육하는 여러분의 양식이 되신 것처럼, 여러분의 겉사람이 입는 의복으로 그리스도를 입도록 하십시오. "주 예수 그리스도로 옷 입고." 이 말씀은 아주 대단한 표현입니다. 이러한 권면을 하신다는 것은 주님 입장에서 볼 때 자신을 아주 낮추어 표현하는 것입니다. 사도 바울은 성령의 마음을 말하고 있는 것이며, 그 말은 아주 의미심장합니다. 오, 하나님께서 은혜를 베푸시어 이 가르침을 배우게 하옵소서! 이 가르침은 우리를 향한 아주 엄숙한 경고로 가득 차 있습니다. 왜냐하면 이런 하나님의 완전하심을 입는 것이 우리에게 필요하기 때문입니다.

그리스도를 입으라는 이 명령을 실천할 수 있도록 은혜를 베풀어 주옵소서! "주 예수 그리스도를 모시고 몸에 지녀라"라고 말하지 않고, "주 예수 그리스도로 옷 입고"라고 말씀합니다. 다시 말해, 주 예수 그리스도를 여러분이 생활에 필요한 옷으로 입으라는 말입니다. 사람이 여행을 위해서는 지팡이를 잡고, 전쟁을 위해서는 칼을 잡습니다. 그러나 여행과 전쟁이 끝난 후에는 이것들을 다시 내려놓습니다. 여러분은 옷을 입듯이, 주 예수님을 입어야 합니다. 그렇게 주 예수님이 여러분을 감싸도록 해서, 여러분의 참된 자아를 둘러싸고 있는 겉모습이 여러분의 본질적인 부분이 되도록 해야 합니다. 즉, 여러분의 명백한 인격의 가시적 부분이 되어야 합니다.

"주 예수 그리스도로 옷 입고." 우리가 주 예수 그리스도를 믿을 때, 우리는 주 예수 그리스도로 옷 입게 됩니다. 그 때 우리는 주 예수 그리스도를 우리의 공의의 겉옷(사 61:10)으로 입게 됩니다. 이 모습은 믿음이 행하는 아주 아름다운 장면입니다. 믿음은 우리의 인간성이 드러나 수치스럽게 된 것을 발견합니다. 믿음은 예수 그리스도가 우리의 필요를 위하여 예비된 공의의 겉옷임을 압니다. 믿음은 복음의 명령에 따라 예수 그리스도를 인정하며, 믿음은 우리의 필요를 위해 예수 그리스도로부터 유익을 얻습니다. 믿음으로 영혼은 자기의 약함을 예수 그리스도의 강함으로, 자기의 죄를 예수 그리스도의 대속으로, 자기의 어리석음을 예수 그리스도의 지혜로, 자기의 실패를 예수 그리스도의 승리로, 자기의 죽음을 예수 그리스도의 생명으로, 자기의 방황을 예수 그리스도의 불변하심으로 덮습니다.

제가 말씀드리고 싶은 것은 이것입니다. 믿음으로 영혼은 그 자신을 예수님 안에 숨깁니다. 오직 예수님만이 드러날 때 비로소 그 사람은 예수님 안에서 발견됩니다. 우리는 우리에게 전가된 예수님의 의를 취할 뿐만 아니라, 예수님 자신까지도 실제로 우리의 것으로 취합니다. 그래서 예수님의 의가 사실상 우리의 의가 됩니다. "한 사람이 순종하심으로 많은 사람이 의인이 되리라"(롬 5:19). 예수님의 의는 우리 수준에 맞추어져 있기에, 우리의 의가 됩니다. 예수님은 우리의 것이기 때문입니다. 비록 오랫동안 불의한 자였지만, 저는 하나님의 아들이신 예수 그리스도에 관한 하나님의 증언을 믿습니다. 그래서 성경에 기록된 바와 같이 저는 의로운 자로 여겨집니다. "아브람이 여호와를 믿으니 여호와께서 이를 그의 의로 여기시고"(창 15:6).

제가 주 예수 그리스도를 저의 모든 것으로 취함으로써, 예수 그리스도 안에 있는 하나님의 부요함이 저의 것이 됩니다. 그러나 여러분이 보다시피, 오늘 본문은 이 중요한 문제를 분명하게 언급하고 있지 않습니다. 왜냐하면 사도 바울은 지금 그리스도의 전가된 의에 대하여 말하고 있지 않기 때문입니다. 본문은 일상의 실제적인 삶의 문제와 관련된 교훈들을 언급하고 있습니다. 여기서 우리가 직면한 문제는 칭의의 문제가 아니라, 성화의 문제입니다. 더군다나 믿은 지가 오래되었다면, 그리스도의 전가된 의를 덧입는다고 말할 수 없습니다. 그리스도의 의는 우리가 믿자마자 즉시 우리에게 전가되기 때문입니다. 그러니 더 이상 덧입을 필요가 없습니다.

우리 앞에 주어진 명령은 그리스도의 전가된 의를 얻은 자들, 다시 말해 의롭다 함을 받은 자들, 예수 그리스도 안에서 받아들여진 자들에게 내리는 명령입니다. "주 예수 그리스도로 옷 입고"라는 이 말씀은 그리스도로 말미암아 구원 받고, 그리스도의 의로 말미암아 의롭게 된 여러분에게 해당되는 것입니다. 여러분은 그리스도로 옷 입어야 합니다. 그리고 여러분의 삶이 하나님을 닮기까지 성화하도록 계속해서 그리스도로 옷 입어야 합니다. 여러분은 날마다 지속적으로, 일상생활에서 옷을 입듯이, 더욱더 주님의 성품을 입어야 합니다.

저는 아래 질문들에 대답하는 방식으로 이 주제에 대해 말씀드리려고 합니다. 첫 번째, 우리는 이 일상의 옷을 구하기 위해 어디로 가야 합니까? 주 예수 그리스도로 옷 입어야 합니다. 두 번째, 이 일상의 옷이 무엇입니까? 주 예수 그리스도로 옷 입어야 합니다. 세 번째, 우리는 이 옷을 입고서 악에 대해 어떻게 행동해야 합니까? "정욕을 위하여 육신의 일을 도모하지 말라"(롬 13:14)고 합니다. 그리고 마지막으로, 이 질문을 살펴보는 것으로 말씀을 마치고자 합니다. 이 비길 데 없는 옷을 왜 우리는 서둘러 입어야 합니까? "밤이 깊고 낮이 가까웠으니 그러므로 우리가 어둠의 일을 벗고 빛의 갑옷을 입자"(롬 13:12)는 말씀 때문입니다.

1. 우리는 이 일상의 옷을 구하기 위해 어디로 가야 합니까?

이 질문에 대답하는 동안 성령께서 우리를 도우시기를 원합니다. 사랑하는 성도 여러분, 우리에게 필요한 모든 질문들에 공통적인 한 가지 대답이 있습니다. 우리는 모든 것을 위해 주 예수 그리스도에게로 나아가야 한다는 것입니다. 우리에게 "그리스도는 만유시요"(골 3:11), "예수는 하나님으로부터 나와서 우리에게 지혜와 의로움과 거룩함과 구원함이 되셨기"(고전 1:30) 때문입니다.

여러분이 칭의와 죄 용서를 받기 위해 그리스도께 나아왔다면, 여러분은 그 이후의 것을 구하기 위해서 다른 곳으로 가지 말아야 합니다. 여러분은 예수님과 함께 시작했기 때문에, 예수님과 함께 계속 가야 하고 끝까지 가야 합니다. "너희도 그의 안에서 온전하게 되느니라"(골 2:10, KJV). 그리스도 안에 모든 것이 완벽하게 준비되어 있고, 그리스도 안에 모든 것이 충분히 갖추어져 있습니다. "이는 모든 충만함이 그의 안에 거하는 것이 아버지를 기쁘게 하였음이며"(골 1:19, KJV). 광야의 이 마라(출 15:23)와 보좌 앞에 있는 저 유리 바다(계 4:6) 사이에서 여러분을 짓누르는 모든 필연적인 것들이 예수 그리스도 안에서 발견될 것입니다.

여러분은 묻습니다. 여호와의 궁정에 합당한 예복을 입으려면, 원수의 공격으로부터 나를 보호해 줄 갑옷을 입으려면, 내가 하나님 앞에 왕 같은 제사장(벧전 2:9)으로 행할 수 있는 의복을 입으려면, 내가 무엇을 해야 하냐고 말입니다. 이 많은 질문에 공통적인 한 대답은 "주 예수 그리스도로 옷 입으라"입니다. 여러분에게 주 예수 그리스도 이상 더 필요한 것은 없습니다. 실 한 오라기나 신발끈 하나라도 여러분이 그것을 구하기 위해 다른 곳을 기웃거릴 필요가 없습니다. 그러므로 사랑하는 성도 여러분, 이 모든 것들로부터 하나의 **모범**을 찾는다면, 우리는 우리 주 예수 그리스도 외에 다른 곳을 기웃거릴 필요가 없다는 것입니다. "이 사람이나 저 사람으로 옷 입고"라고 성경에 기록되어 있지 않고, "주 예수 그리스도로 옷 입고"라고 기록되어 있습니다.

성도를 위한 모델은 그의 구세주이십니다. 우리는 대단히 은혜로운 사람이나 유능한 사람을 선택하여 우리의 귀감으로 삼기가 아주 쉽습니다. 그런 과정을 통해 어느 정도 좋은 영향도 받을 수 있습니다. 그러나 그로부터 어느 정도의 악영향도 미칠 수 있습니다. 죽기 마련인 우리 인간들에게는 아무리 뛰어난 인간이라 해도 어떤 허물이 항상 있기 마련입니다. 그리고 우리의 성향도 그런 미덕들을 서투르게나마 모방하다가 결국에는 그 미덕을 허물로 만들어버리기도

합니다. 이와는 반대로, 인간의 허물들을 인간의 우수함으로 잘못 알고서 그 허물들을 아주 정확하게 애써 모방하고 일반적으로 크게 과장하는 것 또한 우리 인간의 크나큰 어리석음입니다. 이런 전략은 의도는 아주 좋았지만, 아주 슬픈 결과에 도달할 수도 있습니다.

　예수님의 길을 따라 가십시오. 그러면 여러분은 실수하지 않을 것입니다. 여러분의 발이 정확하게 예수님의 발자국을 따라 가도록 하십시오. 그러면 여러분은 실족하지 않을 것입니다. 예수님의 은혜로 말미암아 "예수님이 이 땅에서 사셨던 것처럼, 그렇게 우리도 이 땅에서" 살 수 있습니다. 이 사실이 참이 되도록 살아갑시다. 여러분은 주님을 떠나서 다른 어떤 상황에 맞는 본보기를 찾을 필요가 없습니다. 여러분은 주님에게 절대 확실한 말씀을 물을 수 있습니다. 여러분은 주변의 세상 사람들이 일반적으로 행하는 관습이 무엇인지 물어볼 필요가 없습니다. 많은 사람들이 가는 넓은 길은 여러분을 위한 길이 아닙니다. "백성의 관리들(행 4:8)이 무엇을 하고 있지?"라고 물어볼 필요도 없습니다. 여러분은 위대한 사람들의 모습을 따르지 말고, 가장 위대하신 분의 모범만을 따라야 합니다.

　"주 예수 그리스도로 옷 입고." 이 말씀은 우리 각자에게 적용되는 말씀입니다. 제가 만약 상인이라면, 도대체 다른 상인들은 무슨 원칙으로 사업체를 운영하고 있는지 궁금해하면서 나는 어떻게 해야 할까 하고 묻지 않을 것입니다. 정말 그럴 것입니다. 온 세상이 그런 원칙으로 행한다 해도, 그 규칙은 저를 위한 규칙이 아닙니다. 만약 제가 학생이라면, 다른 학생들이 신앙에 대해 어떻게 느끼고 있는지 궁금해하지 않을 것입니다. 다른 학생들은 그들이 원하는 대로 하도록 내버려 두십시오. 우리는 주님을 섬기면 됩니다. 가족들 사이에서, 문학계에서, 교우 영역에서, 또는 사업 등의 모든 관계에서, 저는 "주 예수 그리스도로 옷 입고자" 합니다.

　만약 내가 어찌해야 할지 모르는 상황이라면, "예수님이라면 어떻게 하셨을까?" 하며 물어야 합니다. 그러면 모범이신 예수님께서 나를 인도하십니다. 어떤 상황에서 예수님이 어떻게 하셨을지 잘 알 수 없을 때라도, 내가 알아서 스스로 행동해서는 안 됩니다. 오직 그분의 교훈, 그분의 생각, 그분의 행동 등을 통해 예수님은 이러이러한 경로를 따라 행하셨을 것이라고 인식한 다음, 그 경로를 따라야 합니다. 나는 철학자, 정치가, 사제 또는 인기를 쫓아가는 사람들로 옷 입지 말아야 합니다. 예수님의 생애를 모델로 삼고 내 자신의 삶을 형성해 갈 수 있도록, 나는 주 예수 그리스도로 옷 입어야 합니다.

오늘 본문을 통해, 우리가 주 예수 그리스도께로 나아가야 할 또 다른 이유로 제가 생각하는 것은 우리가 자극을 얻기 위해서입니다. 우리에게 필요한 것은 모범뿐 아니라 동기도 필요합니다. 다시 말해, 우리로 하여금 그 모범을 참되게 유지시켜 줄 일종의 추진력과 강제력도 필요하다는 것입니다. 우리는 열정을 외투로 입고, 우리로 하여금 앞으로 나아가게 할 거룩한 영향력으로 모자를 쓸 필요가 있습니다. 동기를 얻기 위해 주 예수님께 나아갑시다. 어떤 사람들은 모세에게로 달려가서 시내 산의 우레(출 19:16)소리로부터 자신의 의무를 자각하고자 합니다. 그들이 예배드리는 의도는 영생을 쟁취해 내는 것입니다. 즉, 하나님이 주시는 은혜를 잃을까봐 사전에 미리 막아보려고 예배를 드립니다. 그래서 그들은 율법 아래에 나가, 신자의 참된 길인 믿음을 포기합니다.

신자들은 처벌 받을 것이 두려워서 혹은 보상을 바라는 마음에서 살아 계신 하나님을 섬기는 것이 아닙니다. 오히려 우리는 그리스도로 옷 입고 그리스도의 사랑이 우리를 강권하시기에 하나님을 섬기는 것입니다. 여기에 참된 거룩함의 원천이 있습니다. "죄가 너희를 주장하지 못하리니 이는 너희가 법 아래에 있지 아니하고 은혜 아래에 있음이라"(롬 6:14). 율법보다 더 강한 힘이 여러분을 사로잡았습니다. 그래서 여러분은 하나님을 섬깁니다. 오직 대가만을 생각하는 종으로서가 아니라, 아버지와 아버지의 사랑에 눈길을 두고 있는 아들로서 말입니다. 여러분의 동기는 보혈로 여러분을 구속하신 그분에 대한 감사입니다. 그분께서는 여러분의 입장이 되셨습니다. 그러므로 여러분 또한 그분의 입장을 따라야 합니다. 저는 여러분을 위해 간구합니다. 거룩한 동기를 찾기 위해 시내 산 산기슭으로 내려가지 말고, 서둘러 골고다로 가서, 여러분의 영혼에 약이 되는 사랑의 그 달콤한 허브를 찾았으면 좋겠습니다. "주 예수 그리스도로 옷 입고."

그분의 사랑을 온 몸으로 지각하고 그분의 사랑에 대한 보답의 마음으로 불타오른다면, 여러분은 주 하나님께서 인정하실 만큼 그렇게 강한 자가 될 것이며, 그렇게 강한 일을 할 것이며, 그렇게 강인하게 고난을 이겨낼 수도 있을 것입니다. 제가 이런 말씀까지 드려야 할 필요가 있는지 모르겠지만, 여러분이 선행을 행하는 이유가 혹시 여러분의 동료들로부터 인정을 받고 싶은 마음 때문은 아닙니까? "나는 동료들의 마음에 들기 위해 이 일이나 저 일을 해야 한다"라고 말하지 마십시오. 그런 인생이야말로 가장 불쌍한 인생이며, 다른 사람의 입김에 따라 흔들리는 삶입니다. 예수님을 따르는 자들은 관습이라는 제복을 입고서 인간의 비난을 두려워하며 살지는 않을 것입니다. 칭찬을 좋아하고 비난을 두려워하는 것은 비천하고 천박한 동기들입니다. 이런 동기들이 연약한 많은 자들을 흔들리게 하지만, 그리스도 안에 있는 자들은 결코 지배할 수 없습니다.

여러분은 좀 더 고차원적인 생각에서 움직여야 합니다. 여러분은 주님이신 그리스도를 섬기고 있습니다. 그러므로 여러분은 인간의 하인이 되어서는 안 됩니다. 그분에게 영광을 돌려드리는 것이 여러분의 유일한 목표가 되어야 합니다. 여러분은 이것을 기쁨으로 여기고, 그 외의 다른 것들은 하찮은 것으로 여겨야 합니다. 이 말씀에서 우리는 새 힘을 얻습니다. "그리스도의 사랑이 우리를 강권하시는도다"(고후 5:14).

사랑하는 성도 여러분, "주 예수 그리스도로 옷 입고"라는 이 말씀에는 더 이상의 의미가 있습니다. 즉, 예수님 안에서 여러분의 능력을 찾으라는 말씀입니다. 여러분이 비록 구원받았고 성령으로 소생되어 살아계신 하나님의 살아 있는 자녀가 되었지만, 그럼에도 아직 여러분에게는 하늘의 의무를 감당할 능력이 없습니다. 여러분이 위로부터 능력을 받지 않는다면 말입니다. 능력을 얻기 위해 예수님께로 나아가십시오. 제가 여러분에게 권면합니다. 절대로 이렇게 말하지 마십시오. "나는 이 옳은 일을 행하기로 결심했기 때문에 그 일을 해내고야 말겠어. 나는 정신력이 강한 사람이야. 나는 이 악에 저항하기로 결심했고 결코 이 악에 굴복하지 않을 거란 걸 알아. 이미 마음을 정한 이상, 나는 꼭 이루고야 말 거야. 내 마음이 바뀌면 어떡하나 하는 두려움 따위는 없어." 사랑하는 성도 여러분, 여러분이 이런 식으로 여러분 자신을 의지한다면, 여러분은 곧 상한 갈대(사 42:3)로 드러나게 될 것입니다. 자기 확신 뒤에는 바로 실패가 뒤따라옵니다. "주 예수 그리스도로 옷 입고."

여러분에게 권면합니다. 여러분이 과거에 이루어 놓은 것을 의지하지 마십시오. 여러분의 마음 가운데 이렇게 말하지 마십시오. "나는 경험이 많은 사람이야. 그러므로 젊은이들이나 풋내기들이 넘어질 만한 그런 유혹 정도는 이겨낼 수 있어. 나는 지금까지 숱한 세월을 꿋꿋하게 잘 지내왔기에 이제 내게 위험한 일들은 없어. 내가 유혹에 넘어갈 것처럼 보여?" 사랑하는 성도 여러분, 유혹에 넘어가고도 남습니다! 사실 여러분은 이미 유혹에 넘어간 것입니다. 자신은 넘어질 수 없다고 말하는 순간에, 그는 이미 절제와 겸손에서 넘어진 것입니다.

사랑하는 성도 여러분, 여러분은 지금 우쭐해 자만하고 있는 것입니다. 그렇지 않고서야 어떻게 여러분이 자신의 내적 완전을 말할 수 있겠습니까! 여러분이 우쭐해 자만하고 있을 때, 여러분의 발은 전혀 안전하지 않습니다. 내적 자만은 죄를 양산하는 어머니입니다. 그리스도를 여러분의 힘으로 삼으십시오. 여러분 자신을 여러분의 힘으로 삼지 마십시오. 여러분이 이루어 놓은 것이나 여러분의 경험도 여러분의 힘으로 삼지 마십시오. 매일매일 "주 예수 그리스도로 옷 입고", 어제의 누더기 옷을 장래의 옷으로 삼지 마십시오. 은혜로 새롭게 되십시오. 다윗처럼 이렇게 말하십시오. "나의 모든 신선한 샘들이 네 안에 있도다"(시 87:7, KJV. '신선한'(fresh)은 스펄전이 삽입한 문구다 ─ 역주). 거룩하고 쓸모 있는 여러분의 모든 능력을 예수님으로부터 오직 그로부터 받도록 하십시오. "분명히 주 안에서 내가 의와 힘을 소유하였으니"(사 45:24, KJV). 결심이나 서약이나 방법이나 기도를 의지하지 마십시오. 오직 여러분의 생명의 능력이신 예수님만을 의지하십시오.

"주 예수 그리스도로 옷 입고"라는 이 말씀은 제게 놀라운 말씀입니다. 왜냐하면 주 예수님 안에서 우리가 완전하게 된다는 것을 이 말씀이 가리키기 때문입니다. 저는 잠깐만이라도 우리 주 예수 그리스도의 인격 가운데 빛나는 은혜와 미덕의 일부를 여러분에게 보여드리려고 합니다. 이 은혜와 미덕들은 우리의 갑옷이나 의복에 있는 서로 다른 부분들에 비교될 수 있을 것입니다. 투구(엡 6:17), 신(엡 6:15), 호심경(엡 6:14) 같은 것들 말입니다. 그러나 오늘 본문은 "주 그리스도의 이러한 자질과 미덕으로 옷 입고"라고 말하지 않고, "주 예수 그리스도로 옷 입고"라고 말씀합니다. 예수 그리스도의 모든 성품이 우리의 완전군장이 되어야 합니다.

이런 탁월함이나 저런 탁월함으로 옷 입는 것이 아니라, 예수 그리스도 자신으로 옷 입어야 합니다. 예수 그리스도께서 우리의 거룩한 겉옷이 되어야 합니다. 이런 표현으로 제가 말씀드리고 싶은 바가 잘 드러날지 모르겠지만, 어쨌든 예수 그리스도께서 우리를 머리부터 발끝까지 감싸야 합니다. 우리는 예수님의 겸손, 온유, 사랑, 열정, 간절한 기도 등을 예수님처럼 그렇게 똑같이 재연해 내지 못합니다. 그분의 성품이 여러분 안에서 재생될 수 있도록 예수님과 깊은 교제를 나누도록 노력하십시오. 예수님으로 우리가 감싸이기 위해서는, 예수님께서 느끼고 바라고 행동하셨던 것처럼 그렇게 우리가 느끼고, 바라고 행동해야 합니다! 우리 주 예수 그리스도가 우리의 영적 본성에 얼마나 좋은 옷인지 모릅니다! 인간이 입을 수 있는 얼마나 영광스러운 예복인지 모릅니다! 자, 이렇게 해서 우리가 그 예복을 입는다면, 우리의 삶은 그리스도 안에서 감추어지고, 그분의 성령으로 소생케 되고, 그분의 동기로 좌우되고, 그분의 동정심으로 온화하게 되어 그분의 의도를 추구하고 그분의 발자국을 따라 가는 삶 속에서 우리 대신 그리스도만 드러날 것입니다.

우리가 "주 예수 그리스도로 옷 입고"라는 이 말씀을 읽을 때, 이것이 의미하는 바는 그리스도의 전 성품을 받아들이고, 여러분의 전 성품을 그분의 뜻에 일치시키라는 것입니다. 여러분의 전 존재를 완전하신 주 예수 그리스도로 감싸십시오. 얼마나 놀라운 교훈입니까! 오, 이것을 실천할 수 있는 은혜를 베푸시옵소서! 주님께서 이 명령을 현실적인 사실로 바꾸어 주옵소서. 우리의 남은 생애를 통해 우리가 더욱더 예수님을 닮게 하옵소서. 그리하여 하나님의 목적이 성취되게 하옵소서. 우리는 "그 아들의 형상을 본받게 하기 위하여 미리" 정해졌습니다 (롬 8:29).

한 가지 더, 이 옷에서 드러나는 특수성을 살펴보고자 합니다. 이 옷은 특별히 각각의 개별 신자에게 잘 맞도록 되어 있습니다. 바울은 오직 한 사람에게만 말하고 있지 않습니다. "너는 주 예수 그리스도로 옷 입고"라고 말하는 것이 아니라, 우리 모두에게 말합니다. "너희들은 주 예수 그리스도로 옷 입고"(KJV에는 주어가 '너희들은'로 적시되어 있다 — 역주). 유아나 젊은이나 아버지나 모든 성도들이 그리스도로 옷 입을 수 있겠습니까? 여러분이 모두 제 코트를 입을 수는 없을 것입니다. 그것은 확실한 사실입니다. 요즘 젊은이들이 많이 입고 다니는 옷을 제가 입을 수 없다는 것도 분명한 사실입니다. 그러나 여기에 비길 데 없이 특별한 옷이 있습니다. 이 옷은 모든 신자에게 딱 맞는 옷입니다. 늘이거나 줄일 필요도 전혀 없습니다. 주 예수 그리스도로 옷 입은 자는 누구든지 영광 받고 아름답게 될 옷을 입은 것입니다. 모든 경우에 있어서 예수님의 모범은 감탄할 정도로 모방하기에 적당합니다.

한 하나님의 자녀가 왕이라고 가정해 봅시다. 한 나라를 다스리려는 하나님의 자녀인 그 왕에게 이보다 더 좋은 조언이 있겠습니까? "주 예수 그리스도로 옷 입고"라는 조언 말입니다. 예수님이 다스렸던 것처럼 그렇게 다스리는 왕이 되라는 말씀입니다. 다스리는 것뿐 아니라, 왕이신 예수님의 성품도 본받으십시오. 이번에는 반대로 여러분 앞에 복지시설에서 나온 한 가난한 여인이 있다고 가정해 봅시다. 제가 이 여인에게도 똑같은 조언을 할 수 있겠습니까? 할 수 있습니다. 아주 정중하게 예의를 갖추어 조언할 수 있습니다. 왜냐하면 예수님도 아주 가난하셨기에, 자기 집이 없는 사람들에게 아주 적절한 한 모범이 되시기 때문입니다. 오, 노동자 여러분, 그리스도로 옷 입고 열심을 다해 일하십시오! 오, 환자 여러분, 주 예수 그리스도로 옷 입고 끝까지 인내하십시오! 오늘 오후에 주일학교에 가려고 하는 저기 저 친구에게 말합니다. 그 사랑스러운 어린이들을 구세주께로 인도하려면, "어린 아이들을 용납하고 내게 오는 것을 금하지 말라"(마 19:14)고 말씀하신 "주 예수 그리스도로 옷" 입으십시오.

주님의 거룩한 옷을 입음으로 여러분은 훌륭한 교사가 될 것입니다. 여러분이 설교자입니까? 그래서 수천 명의 성도들에게 설교하려고 합니까? 그렇다면 그리스도로 옷 입고, 그리스도가 하신 대로 사랑하는 마음으로 간절하고 진지하게 복음을 전하라는 조언보다 더 훌륭한 조언은 없습니다. 설교자의 모델은 주님이어야 합니다. 주님이야말로 설교자의 설교 예복이며, 기도 때 입는 중백의(surplice, 中白衣. 전례복의 일종으로 영국 성공회에서 기도할 때 입는 무릎까지 내려오는 흰옷 — 역주)이며, 일상의 성직복입니다. 주 예수님의 성품과 마음은 놀라울 정도로 다양한 형태의 모든 봉사에 꼭 들어맞습니다.

어떤 사람이 보여준 모범도 다른 사람에게 정확히 들어맞지는 않습니다. 그러나 그리스도의 성품 안에는 이런 낯선 미덕도 있습니다. 다시 말해, 여러분은 그 성품을 모두 모방할 수 있지만, 그럼에도 불구하고 그 누구도 단순히 모방자로만 남지 않는 그런 미덕이 있습니다. 그리스도를 완벽하게 닮은 사람은 완벽하게 자연스러운 사람입니다. 더 이상 가장하거나 고통스럽게 자제하거나 긴장할 필요가 없습니다. 그래서 그렇게 완벽하게 자연스러운 삶에는 더 이상 괴상하거나 조화롭지 못하거나 사람답지 못하다거나 현실적이지 못한 것들이 있을 수 없습니다. 새롭게 태어난 인류인 두 번째 아담이 되신 예수님은 너무나 놀라우신 분이기에, 그 가족에 속한 식구로서 그분을 닮기는 했지만, 그럼에도 각자 분명한 개성을 가집니다. 나이가 많은 사람이나 많이 배운 사람도 그리스도로 옷 입을 수 있으며, 많이 배우지 못한 사람이나 이제 갓 교회에 나온 사람도 그리스도로 옷 입을 수 있습니다. 이 사실을 기억하십시오. 우리는 여러 모범들을 고를 필요가 없습니다. 우리는 각자 주 예수 그리스도를 모방하기만 하면 됩니다.

　사랑하는 성도 여러분, 여러분은 특별한 개성을 가지고 있습니다. 여러분은 특별한 개성을 가진 사람들이기 때문에, 여러분과 완전히 똑같은 사람은 아무도 없고, 여러분이 처해 있는 환경은 너무나 독특하기 때문에, 어느 누구도 여러분과 똑같은 환경에서 어려움을 겪고 있지는 않습니다. 이런 상황 속에 있는 여러분에게 이 권면이 주어졌습니다. "주 예수 그리스도로 옷 입고." 이것은 절대적으로 확실한 권면입니다. 독특한 개성과 특별한 환경 하에 있는 여러분이 왕의 의복보다 더 대단한 이 옷을 입는 것보다 더 좋은 일은 없을 것입니다. 평범한 환경 속에서 살아가면서 일상적인 유혹만 받는 사람도 "주 예수 그리스도로 옷" 입어야 합니다. 왜냐하면 그리스도는 그런 사람에게도 꼭 맞을 것이기 때문입니다.

　어떤 사람은 이렇게 울부짖을 것입니다. "그런데 주 예수님은 제가 처한 상황에는 잘 맞지 않았습니다!" 여러분이 이렇게 말하는 것은 많이 모르기 때문이거나 아니면 생각이 많이 부족하기 때문입니다. 예수 그리스도께서는 여러분과 똑같이 모든 점에서 시험을 받으셨습니다. 주님이 사실상 경험해 보지 못했던 관계들도 있었지만, 그럼에도 불구하고 주님은 그런 관계에 처한 사람들에게도 영적인 동반자가 되어 주셨습니다. 예를 들어, 예수님은 육체를 따라 남편이 되지 못했습니다. 그런데 어떻게 주님께서 남편들의 모범이 될 수 있느냐고 묻는 사람들이 어디 있습니까? 잘 들어 보십시오. "남편들아 아내 사랑하기를 그리스도께서 교회를 사랑하시고 그 교회를 위하여 자신을 주심 같이 하라"(엡 5:25). 당연히 주님은 주님이 가져 보지 못한 인간관계에서도 여러분의 모범이 되십니다. 그리고 실제로 기대 이상으로 그 관계를 완성하셨습니다. 여러분이 어느 곳에 있든지, 주 예수님께서 여러분이 처한 곳에서 여러분의 동반자가 되심을 여러분은 알게 됩니다. 만약 그렇지 않다면, 여러분이 처한 그 곳은 죄악된 곳이며, 마땅히 멈추어 서야 할 그런 곳입니다.

　어느 곳이든, 어느 시간이든, 어떤 상황이든, 어떤 문제든, 여러분은 주 예수 그리스도로 옷 입을 수 있습니다. 여러분에게 잘 맞지 않을까 하는 염려는 하지 마십시오. 여기 있는 여러분은 아마 여름옷이나 겨울옷을 가지고 있을 것입니다. 그 옷들은 여러분이 잘 살 때든 어려울 때든 항상 똑같이 좋은 옷입니다. 여기에 여러분에게 맞는 옷이 있습니다. 이 옷은 개인 골방에서나 대중 모임에서

나 아플 때나 건강할 때나 칭찬받을 때나 비난받을 때나 살았을 때나 죽었을 때
나 언제든지 입을 수 있는 옷입니다. "주 예수 그리스도로 옷 입으십시오." 그러
면 여러분은 금으로 만들어진 이 옷을 입고서 왕의 궁정에 들어가 온전하게 된
의로운 자들의 영혼들 사이에 서게 될 것입니다.

2. 이 일상의 옷이 무엇입니까?

두 번째로 성령을 의지하여 물어보겠습니다. 이 일상의 옷이 무엇입니까? 주
예수 그리스도로 옷 입어야 합니다. 우리가 그럴 수 있도록 하나님의 성령께서
우리를 도와주시기를 간구합니다! 우리는 지금 세 어구로 여기에 묘사된 이 옷이
얼마나 거룩한 옷인지를 보고 있습니다. 하나님 아들의 거룩한 직함들이 길게
펼쳐져 있습니다. "주-예수-그리스도로 옷 입고."

주로서 그분을 입으십시오. 그분을 여러분의 주인으로, 그리고 주님으로 부
르십시오. 그러면 여러분은 잘 할 수 있을 것입니다. 여러분은 모든 일에 그분의
종이 되십시오. 모든 기능, 모든 재능, 모든 능력, 모든 소유를 그분의 다스리심
에 맡기십시오. 여러분의 소유와 존재 전부를 그분께 맡기고, 여러분에 대한 그
분의 배타적 권리와 왕적 요구에 대해 기뻐하십시오. 그리스도의 사람이 되십시
오. 그분을 영원히 섬길 수 있도록 결박된 그분의 종이 되십시오. 그 안에서 생
명과 자유를 찾으십시오. 주님의 통치권이 여러분의 본성의 나라에까지 미치도
록 하십시오.

다음으로, 예수님으로 옷 입으십시오. 예수님은 구세주를 의미합니다. 그분
의 복된 능력으로 모든 부분이 덮이도록 하십시오. 죄인인 여러분은 죄에서 여
러분을 구원하실 구세주인 예수님 안에 여러분 자신을 숨기십시오. 그분은 죄로
부터 여러분을 건져내어 거룩하게 하는 분이며, 다시 죄로 돌아가지 못하도록
하는 여러분의 보호자입니다. 예수님은 죄로부터 여러분을 막아주는 여러분의
갑옷입니다. 여러분은 예수님의 피로 말미암아 승리하였습니다. 예수님 안에서
여러분은 원수의 모든 공격으로부터 보호를 받습니다. 그분은 여러분의 방패이
며, 여러분을 모든 악으로부터 보호하십니다. 그분은 전신갑주처럼 여러분의 전
신을 감싸주십니다. 그래서 유혹의 화살들이 맹렬한 소나기처럼 쏟아져 날아올
때도, 그 유혹들은 갑옷에 맞아 소멸될 것입니다. 그리고 여러분은 사망의 소나
기 가운데서도 아무런 해를 받지 않고 서 있게 될 것입니다. 예수님으로 옷 입으

십시오.

그 다음으로, 그리스도로 옷 입으십시오. 그리스도란 뜻은 "기름 부음받은 자"라는 의미인 것을 여러분도 알고 있습니다. 자, 우리 주님은 선지자, 제사장, 왕으로 기름부음 받으셨습니다. 그러므로 우리도 그러한 분으로 옷 입어야 합니다.

기름 부음받은 선지자이신 그리스도로 옷 입고, 그분의 가르침을 우리의 신조로 받아들인다는 것은 얼마나 멋진 일입니까! 저는 그분의 가르침을 믿습니다. 왜 믿느냐고요? 그분이 말씀하셨기 때문입니다. 제게는 이 사실 하나만으로도 충분한 증거가 됩니다. 논쟁하거나 의심하거나 비판할 이유가 없습니다. 그리스도께서 그것을 말씀하셨기에, 저는 그리스도로 옷 입고 그분의 권위로 모든 논쟁에 마침표를 찍습니다. 그리스도께서 선포하신 모든 것을 저는 믿습니다. 그리스도께서 시작하시면 논쟁은 끝이 납니다.

또한 여러분의 제사장으로 옷 입으십시오. 여러분의 죄, 여러분의 무가치함, 여러분의 더러움에도 불구하고, 여러분의 죄를 짊어지고 자기의 공로로 여러분에게 옷을 입혀 하나님이 받으실 만한 존재로 여러분을 만들어 주신 제사장, 바로 그분으로 말미암아 하나님의 제단으로 나아가십시오. 우리의 위대하신 대제사장으로 말미암아 우리는 휘장 안으로 들어갑니다. 우리는 그분 안에 있습니다. 믿음으로 우리는 이 사실을 인식합니다. 우리는 우리의 제사장이신 그분으로 옷 입어, 친히 희생제물이 되신 그분 안에서 우리 자신을 드러내지 않게 됩니다.

우리 주 예수님은 또한 왕으로 기름 부음받으셨습니다. 황제로서의 위엄이 가득하신 그분으로 옷 입으십시오. 여러분의 모든 바람과 생각을 그분의 다스리심에 복종시키십시오! 그분을 여러분의 마음의 보좌에 앉히십시오. 여러분의 생각과 이해력이 그분의 선지자적 가르침에 복종해왔듯이, 여러분의 행동과 실제 생활이 그분의 왕 되신 통치에 복종하도록 하십시오. 그분의 제사장직으로 옷 입고 그분 안에서 대속을 찾았듯이, 그분의 왕 되심으로 옷 입고 그분 안에서 거룩함을 찾으십시오.

이제 저는 골로새서 3장 12절에 나타난 표현을 여러분에게 말씀드리고자 합니다. "그러므로 너희는 하나님이 택하사 거룩하고 사랑 받는 자처럼 긍휼과 자비와 겸손과 온유와 오래 참음을 옷 입고"(골 3:12). 저는 잠시 여러분을 옷장으로 데리고 가서 우리가 입을 여러 옷들의 항목을 봐 달라고 부탁하고자 합니다. 여기를 보십시오. "그러므로 … 옷 입고." 여러분이 입을 옷들이 다 여기에 있습니다. 그 어떤 옷도 옷걸이에 걸린 채 좀이 먹도록 방치되어서는 안 됩니다. 아무 생각 없이 쳐다보기만 하도록 쇼윈도에 걸어놓아서도 안 됩니다. 여러분은 하나님의 모든 전신갑주를 입어야 합니다. 참된 신앙은 모든 만물이 실제적으로 사용되도록 만들어졌다고 믿습니다. 우리는 그 어떤 옷도 장롱 안에 넣어두어서는 안 됩니다. 우리는 우리가 입도록 예비된 모든 옷들을 입어야 합니다. "그러므로 너희는 하나님이 택하사 거룩하고 사랑 받는 자처럼 긍휼과 자비와 … 옷 입고." 여기에 선택된 두 가지 항목, 즉 긍휼과 자비는 정말 비단 옷들입니다! 여러분은 이런 옷을 입어본 적이 있습니까? 그리스도께서 그러하셨던 것처럼, 나도 자비롭고 온유한 마음으로 친절을 베풀며 동정심을 가지고 다른 사람을 사랑해야 합니다. 나는 이런 경지까지 도달했습니까? 나는 이것을 목표로 정하였습니까? 우리 가운데 누가 이러한 왕의 예복을 입고 있습니까?

그 다음에 나오는 말씀을 보십시오. 이번에 선택된 옷들은 한 벌로 나오는데, 바로 "겸손과 온유"입니다. 이번에 선택된 옷들은 그 가치가 제대로 평가되지 않는 옷들입니다. "마음의 교만"이라는 브랜드를 가진 옷이 요즘 아주 유행하고 있으며, "미스터 거들먹대기"라는 액세서리가 큰 각광을 받고 있습니다. 일부 기독교인들이 위대하다고 여기는 사람들을 살펴보게 되면, 너무 우울한 마음이 들기도 합니다. 참으로 하인이 주인보다 더 큰 자가 되는 꼴입니다. 성도로 생각되는 사람들이 어떻게 그리 고함을 지르고 약자를 괴롭힐 수 있습니까! 이런 모습이 주 예수 그리스도로 옷 입은 모습입니까? 우리 주님께서 사람을 짓밟고 욕하고 못살게 굴었다는 말씀이 어디 있는지 가르쳐 주십시오. 만유의 주님이신 그분께서도 온유하고 겸손하셨습니다. 그렇다면, 굽혀 그의 신발 끈을 풀기도 감당하지 못하는(막 1:7) 우리는 도대체 어떤 사람이 되어야 하겠습니까? 아주 온화하지 못한 본성을 지녔고 완악하고 신경질적인 사람들에게 한 말씀 드려야겠습니다. "주 예수 그리스도로 옷" 입으십시오. 사랑하는 성도 여러분, 여러분이 지닌 무정한 본성의 요구를 무시하십시오. 겸손한 마음을 위해 애쓰십시오. 그러면 여러분의 영혼이 온유하게 될 것입니다.

자, 다음으로 우리는 "오래 참음과 용납"(골 3:13)으로 옷 입어야 합니다. 어떤 사람들은 타인에 대해 참지를 못합니다. 그러고도 어떻게 하나님께서 자기에 대해 참아주시기를 기대할 수 있겠습니까? 모든 것이 마음에 차지 않으면, 그들의 마음은 곧 분노로 활활 타오릅니다. 사랑하는 성도 여러분! 이 사람은 도대체 어떤 사람입니까? 이 사람은 마르스(Mars. 로마 신화에 나오는 전쟁의 신 - 역주)의 종입니까? 아니면 불의 신인 불카누스(Vulcanus)의 종입니까? 이 호전적인 사람은 자기가 그리스도를 섬기는 사람이 아니라고 공개적으로 말하고 있는 것입니다! 그 사람이 이제는 이런 성미를 버렸다고 제게 말하지 마십시오. 그가 그 성미를 버렸고 그래서 다시 그 성미가 나타나지 않는다면, 그나마 다행한 일입니다. 그는 이기적이고, 까다롭고, 가혹하며, 쉽게 화를 잘 내는 사람입니다. 이 사람이 그리스도의 영을 가졌습니까? 만약 그가 기독교인이라면, 그는 벌거벗은 기독교인입니다. 저는 그 사람에게 권합니다. "주 예수 그리스도로 옷" 입으십시오. 그리스도로 정장을 입으십시오. 우리 주님은 전적으로 용납하셨습니다. "너희가 피곤하여 낙심하지 않기 위하여 죄인들이 이같이 자기에게 거역한 일을 참으신 이를 생각하라"(히 12:3). 주 예수 그리스도로 옷 입고 오래 참고 용납하십시오. 실제로 여러분이 상처입지 않도록 아주 많이 참으십시오. 다른 사람을 언짢게 하거나 화나게 하기보다는 더욱더 참을 각오를 하십시오.

　　"누가 누구에게 불만이 있거든 서로 용납하여 피차 용서하되 주께서 너희를 용서하신 것 같이 너희도 그리하고"(골 3:13). 이 말씀이야말로 하늘의 가르침이 아닙니까? 이 말씀을 실천하십시오. 여러분, 여러분의 주님으로 옷 입으십시오. 여러분이 서로 옥신각신하면서 "이걸 그냥, 확, 에이그"라고 이렇게 으르렁거리며 말하는 소리들을 제가 들어야 하겠습니까? 사랑하는 성도 여러분, 멈추십시오! 무슨 짓을 하려는 것입니까? 만일 여러분이 참으로 주 예수 그리스도에게 진실하다면, 여러분은 원한을 품지 않을 것이고 분노를 가라앉힐 것입니다. 여러분의 혀를 주 예수로 옷 입히십시오. 그러면 여러분은 그렇게 심하게 말하지 않을 것입니다. 여러분의 마음을 주 예수로 옷 입히십시오. 그러면 여러분이 그렇게 모진 감정을 분출하지 않을 것입니다. 여러분의 전 인격을 주 예수로 옷 입히십시오. 그러면 여러분은 기꺼이 용서하게 될 것입니다. 이번 한 번만이 아니라, 일곱 번을 일흔 번까지라도(마 18:22) 용서해 줄 것입니다. 만일 여러분이 마땅히 여러분의 친구가 되었어야 할 사람에게서 부당한 대우를 받아왔다 해도, 분노를 버리고 다시 시작하십시오. 그러면 여러분의 형제도 어쩌면 다시 시작하게 될 수도 있으며, 그로 인해 그 두 사람은 사랑으로 악을 이기게 될 것입니다. "주 예수 그리스도로 옷 입고."

　"이 모든 것 위에 사랑을 더하라 이는 온전하게 매는 띠니라"(골 3:14). 사랑은 다른 옷들을 동여매고 다른 은혜들을 잘 떠받쳐주어 모두가 제자리에 있도록 유지시켜 주는 벨트입니다. 사랑을 매십시오. 얼마나 멋진 황금 벨트입니까! 우리 모두는 사랑을 매고 있습니까? 우리는 그리스도로 세례를 받았고, 그래서 그리스도로 옷 입었음을 고백하였습니다. 그렇다면 날마다 사랑으로 옷 입으려고 노력합니까? 만일 우리가 예전의 모든 적개심들을 장사하지 않았다면, 우리의 세례는 참된 세례가 아니었습니다. 비록 우리가 아주 많은 허물을 가졌다 하더라도, 하나님은 예수님과 그의 백성과 모든 인류를 사랑하는 마음을 우리에게 충만하게 하십니다!

　우리가 이 모든 옷들을 입을 뿐 아니라 계속해서 장롱 안에 있는 다음 옷들도 입게 되기를 저는 간절히 바라고 있습니다! "그리스도의 평강이 너희 마음을 주장하게 하라 너희는 평강을 위하여 한 몸으로 부르심을 받았나니 너희는 또한 감사하는 자가 되라"(골 3:15). 오, 평강한 마음은 주님 안에서 안식을 누리는 것입니다! 저는 마지막에 나오는 "너희는 또한 감사하는 자가 되라"는 말씀을 농부들과 그 밖에도 경기 침체를 겪고 있는 사람들에게 권면합니다. 또한 기대한 대로 아주 높은 수익을 얻고 있는 일부 상인들에게도 똑같이 권면합니다. 어떤 사람이 제게 "경기가 약간 좋아지고 있어요"라고 말한 적이 있었습니다. 그 당시 그 사람은 돈을 쓸어 담다시피 하고 있었습니다. 경기가 극도로 좋은데도 사람들은 "그저 그래요" 혹은 "약간 좋아요"라고 말합니다. 그러다가 경기가 조금만 나빠져도, 그들은 울부짖습니다. "되는 게 아무것도 없어. 경기 침체야. 세계적인 위기야"라고 말입니다.

　감사는 보기 드문 미덕입니다. 그러나 주 예수님을 사랑하는 자는 풍성한 감사를 해야 합니다. 여러분의 마음이 평강을 찾고 조용하고 잠잠하고 침착하고 만족한 상태를 유지하는 것이야말로 복된 상태입니다. 예수님도 이런 마음 상태를 갖고 계셨습니다. 그러므로 "주 예수 그리스도로 옷" 입으십시오. 예수님은 초조해하거나 무언가에 격분하지도 않으셨습니다. 예수님은 서두르거나 걱정하지도 않으셨습니다. 예수님은 불평하거나 무언가를 몹시 탐내지도 않으셨습니다. 예수님께는 정말 걱정할 일이 하나도 없었을까요? 사랑하는 성도 여러분, 여러분보다 더 걱정이 많으셨습니다. 예수님을 괴롭히는 일들이 많지 않았던 것일까요? 우리 모두의 걱정거리를 모두 합친 것보다 더 많았습니다. 그럼에도 그분은 동요하지 않았고 오히려 황태자 같은 침착함과 신적인 평정심을 보여주셨습니다. 이러한 우리 주님의 모습을 우리가 옷 입기 원합니다. 주님은 자신의 평강을 우리에게 주고, 자신의 기쁨을 우리 속에 가득 채우셨습니다. 주님은 우리가 원수의 공격으로부터 우리의 마음과 생각을 지키며, 하나님의 평강을 가지고 인생을 헤쳐 나가기를 원하십니다. 주님은 우리를 고요하게 하고 강하게 하실 것입니다. 고요하기 때문에 강하고, 강하기 때문에 고요합니다.

　　저는 어떤 대단한 사람에 관한 이야기를 읽은 적이 있습니다. 그분은 매일 아침 옷 입는 데만 두 시간 반이 걸린다고 합니다. 이런 점에서는 대단한 사람이라기보다 오히려 소인배로 보입니다. 그러나 여러분 가운데 주 예수 그리스도로 옷 입으려고 하는 사람이 있다면, 옷 입는 일에 여러분이 하고 싶은 대로 마음껏 시간을 써도 괜찮습니다. 사랑하는 성도 여러분, 주 예수 그리스도로 제대로 옷 입고, 또 계속해서 그 옷을 입고 있으려면, 여러분의 전 생애가 걸릴 것입니다. 다시 한 번 더 말씀드리겠습니다. 여러분은 제가 지금까지 보여드린 골로새서의 모든 옷을 입어야 할 뿐만 아니라, 그리스도께서 자신을 꾸미셨던 다른 것들까지도 입어야 합니다. 이 얼마나 멋진 드레스입니까! 오늘 본문은 "그리스도로 옷 입고"라고 말씀합니다.

　　주 예수 그리스도를 일상복으로 입으십시오. 특별한 교회의 축일이나 거룩한 날에만 입을 것이 아니라, 어느 때든지 항상 입으십시오. 주일에 주 예수 그리스도로 옷 입으십시오. 그러나 주중에 벗어놓지 마십시오. 부인들에게는 때때로 특별한 일이 있을 때, 남들에게 보이기 위해 부착하는 액세서리들이 있습니다. 보통 이런 보석들은 보석 상자 안에 숨겨 놓습니다. 기독교인들인 여러분은 이런 보석들을 숨겨 놓지 말고 항상 달고 다녀야 합니다. 주 예수 그리스도로 옷 입으십시오. 그리스도의 어떤 부분이든 그것을 숨겨 놓는 상자가 있다면 버리십시오. 그리스도로 옷 입고 계속해서 그리스도를 간직하십시오.

　　저는 예전에 추운 북쪽에서 온 선교사를 만났습니다. 그는 아메리카 인디언들이 입는 큰 사슴 가죽으로 만든 코트를 입고 있었습니다. 그는 "이 코트는 아주 좋은 거예요. 이 가죽처럼 좋은 것은 없습니다. 저는 11년째 이 코트를 입고 있어요"라고 말했습니다. 그가 여행하던 극지방에서는 이 옷을 밤낮으로 입고 있었습니다. 왜냐하면 날씨가 너무 추워서 어떤 옷이든 벗을 수가 없었기 때문입니다. 사랑하는 성도 여러분, 세상은 너무나 추워서 우리가 입고 있는 그리스도를 한 시간도 벗고 있을 수 없습니다. 너무도 많은 화살들이 날아다니기 때문에, 우리는 한순간도 우리가 입고 있는 갑옷의 단 한 부분이라도 벗고 있을 수 없습니다. 우리가 주님 안에서 항상 입을 수 있는 옷을 주신 하나님께 감사하십시오. 우리는 이 옷을 입고 살다가 이 옷을 입은 채로 죽습니다. 우리는 이 옷을 입고 일할 수도 있고 쉴 수도 있습니다. 광야에서 이스라엘 백성이 입었던 옷처럼, 이 옷은 결코 낡아지지 않습니다(신 29:5). 더욱더 많이 이 옷을 입으십시오.

지금 여러분이 그리스도의 어떤 옷을 지금 입고 있다고 해도, 더 많이 그리스도의 옷을 입으십시오. 여기 잉글랜드는 옷치장에 있어서는 앞서나가는 곳이기 때문에 제가 뭐라 말씀드릴 처지가 못 됩니다. 그런데 예전에 남태평양의 남양 제도에서 선교하던 선교사로부터 들은 이야기가 생각납니다. 그 선교사가 말하기를, 이교도들은 회심을 하게 되면 스스로 옷을 입기 시작한다고 합니다. 양심이 온화해지고 감정이 섬세해지면서, 그들은 자기 옷에 더 많은 관심을 가지게 되고, 더 나은 종류의 옷으로 더 많은 옷을 입는다고 합니다.

아무리 몸에 옷을 입히는 일이라 하더라도, 그것은 분명히 영혼의 성장과 관계가 있음을 보여줍니다. 우리의 영혼이 성숙해지면서 우리는 처음 믿을 때보다 더 많은 은혜와 미덕들을 얻게 됩니다. 우리는 한때 오직 믿음만을 입는 것으로 만족했지만, 이제는 소망과 사랑까지 입게 됩니다. 한때 우리는 겸손은 입었지만, 감사는 입지 못했습니다. 그러나 오늘 우리의 본문은 우리에게 정장차림의 옷, 다시 말해 궁정에서 입는 옷차림을 하도록 권하고 있습니다. 왜냐하면 우리는 "주 예수 그리스도로 옷 입고" 있어야 하기 때문입니다. 그리스도를 아무리 많이 입어도 여러분에게는 과하지 않습니다. 머리부터 발끝까지 그리스도로 감싸십시오.

시련의 모든 시간에 주 예수 그리스도로 옷 입으십시오. 시험의 순간에도 그리스도를 벗지 마십시오. 익살꾼인 헨리 스미스(Quaint Henry Smith. 미국의 발명가이자 저술가인 우팜[Adams Frederick Upham]이 쓴 코믹소설에 등장하는 주인공 - 역주)가 말하기를, 어떤 사람들은 주 예수님을 모자를 쓰듯이 입고 있기 때문에, 사람들을 만날 때마다 예수님의 옷을 벗고 대한다고 합니다. 저도 그런 부류의 사람들을 알고 있는데, 걱정입니다. 그들은 사적으로는 그리스도를 입고 있습니다. 하지만 공적인 상황에서는 그리스도를 벗습니다. 특별히 세속적인 사람들,

빈정대는 사람들, 불신자들 사이에 있을 때 그러합니다. 다시는 그리스도를 벗지 않을 작정을 하고 그리스도로 옷 입으십시오. 유혹과 시련과 비웃음을 들을 때도 여러분의 귀로 이 음성을 들으십시오. "주 예수 그리스도로 옷 입고."

3. 우리는 이 옷을 입고서 악에 대해 어떻게 행동해야 합니까?

　시간이 많이 지나갔습니다. 이제 서둘러 세 번째 대지를 말씀드려야겠습니다. 우리는 이 옷을 입고서 악에 대해 어떻게 행동해야 합니까? 성경은 이렇게 말씀합니다. "주 예수 그리스도로 옷 입고 정욕을 위하여 육신의 일을 도모하지 말라" (롬 13:14). 여기서 육신은 우리의 악한 부분을 의미합니다. 그 부분은 육신의 식욕과 욕망에 크게 영향을 받습니다. 그렇다면 사람이 그리스도로 옷 입을 때도, 여전히 육신의 부분이 남아 있을까요? 애석하게도, 육신의 부분이 여전히 남아 있습니다! 어떤 성도들은 자기에게 부패한 부분이 전혀 남아 있지 않다고 말하는 것을 제가 들었습니다. 누구나 자신의 성품에 대해 말할 자유가 있듯이, 저도 그 말을 그대로 믿지 않을 자유가 있습니다. 누가 자신에 관해 말할 때, 그의 말은 맞을 수도 있고 틀릴 수도 있습니다. 어떤 사람이 자기는 완벽하다고 말할 때, 저는 그가 말하는 것을 듣고 있지만, 속으로는 이렇게 생각합니다. 그가 정말 완벽한 사람이라면 저렇게 말하고 다닐 필요가 없을 것이라고 말입니다. "좋은 포도주는 선전이 필요 없다"는 속담처럼, 만약 우리가 사는 도시에 완벽한 사람이 있다면, 그 사람을 선전할 필요가 없을 것입니다. 시원찮은 물건일수록 과대선전이 필요할 것입니다.

　사랑하는 성도 여러분, 우리 주위에 육신의 일들이 수도 없이 널려 있어서 저는 두렵습니다. 그러므로 우리는 그 육신의 일들에 주의할 필요가 있습니다. 사도 바울은 이에 대해 무엇이라고 말합니까? "육신의 일을 도모하지 말라"고 합니다. 이 말씀에는 몇 가지 의미가 들어 있습니다.

　첫째, 육신을 허용하지 마십시오. 여러분은 이렇게 말하지 마십시오. "그리스도께서 지금까지 나를 성결케 하셨습니다. 그런데 당신은 내가 여전히 나쁜 기질을 가지고 있다고 생각하면서, 그 나쁜 기질이 제거되었다는 것을 기대조차 하지 않는군요." 사랑하는 성도 여러분, 이런 식으로 영혼의 원수들을 관대하게 대하며 그들에게 피난처를 준비해주지 마십시오. 어떤 사람은 또 이렇게 외칩니다. "당신도 알다시피 저는 늘 많이 낙심해 있었습니다. 그러므로 이제껏 저는 주님 안에서 많은 기쁨을 누릴 수 없었습니다." 여러분은 자신이 불신앙에 빠질 여지를 만들지 마십시오. 만약 여러분이 이 불신앙의 개를 위한 거처를 마련해 준다면, 이 개는 항상 그 안에 드러누워 있을 것입니다. 또 다른 사람은 이렇게 말합니다. "그런데 저는 항상 쾌락을 대단히 좋아했습니다. 그래서 이제는 세상과 섞여 그렇게 살고 싶습니다." 좋습니다. 만약 여러분이 사탄에게 저녁식사 한 끼를 제공해 준다면, 그 사탄은 분명히 여러분의 식탁을 전부 차지해 버릴 것입니다. 이것이 바로 육신의 정욕을 채우기 위하여 육신의 일을 도모하는 것입니다. 그렇게 하지 마십시오. 오히려 가나안 족속들을 진멸하십시오. 그들의 제단들을 헐고, 그들의 주상을 깨뜨리고, 그들의 아세라 상을 찍어 버리십시오(출 34:13).

더 나아가 죄 지을 시간을 주지 마십시오. 여러분의 순종에 휴가를 허용하지 마십시오. 여러분 자신에게 이렇게 말하지 마십시오. "다른 때는 모두 내가 맡은 일에 충실했어. 그리고 일 년에 딱 한 번 있는 가족모임이잖아. 그 정도는 자유를 누리고 싶어." 이 자유가 여러분이 죄지을 자유입니까? 여러분의 마음에 부패한 무언가가 있지 않을까 염려스럽습니다. 또 이렇게 외치는 사람도 있습니다. "아! 저는 가끔 한두 시간 정도 문제가 될 만한 사람들과 만나기만 할 뿐입니다. 그런 모임이 제게 해가 된다고 생각하지는 않아요. 오히려 약간씩 긴장을 풀어 주는 그런 시간은 필요한 것 같습니다. 그리고 그 때 나누는 대화들은 좀 자유분방하기는 해도, 아주 재미있습니다." 도대체 악을 행하는 것이 여러분에게는 긴장을 푸는 것입니까? 그런 일은 노예가 되는 것보다 더 나쁜 일입니다. 하나님의 자녀에게 어리석은 말을 하는 것은 얼마나 큰 시험거리입니까! 그런데 어떻게 여러분은 그 속에서 기쁨을 찾을 수 있습니까? 육신에게 아무것도 허용하지 마십시오! 그 허용이 얼마나 멀리 어긋날지 여러분은 알 수 없습니다. 육신은 항상 복종하도록 하십시오. 절대 육신이 마음대로 하도록 여지를 주어서는 안 됩니다.

또 육신에게 음식을 제공해서는 안 됩니다. 육신을 위해 일정한 양을 따로 떼어 놓지 마십시오. 육신을 굶기십시오. 설령 가축의 사료로 필요하다고 해도, 허용하지 마십시오. 여러분이 여러분의 몸과 혼과 영의 일을 각각 도모할 때도, 타락한 정욕의 일은 절대 도모하지 마십시오. 육신이 "도대체 내게 할당된 것은 무엇인가?"라고 말해도, "아무것도 없다"고 말하십시오. 어떤 사람들은 육신을 위한 약간의 책읽기를 좋아합니다. 또 어떤 사람들은 그들이 말하는 소위 "좀 더 고급스런" 고기를 좋아해서, 부패한 교리나 수상한 도덕 윤리를 일부분 즐기기도 합니다. 이렇게 이 사람들은 육신의 일을 도모하며, 육신은 그것을 음식으로 받아 정욕에게 먹을거리로 제공합니다. 저는 소위 선생이라는 자들을 알고 있습니다. 그들에 대해서 저는 감히 판단하지 않을 것입니다. 그들은 어떤 주제에 대해서 다른 사람들에게는 하지 말라고 하지만, 정작 자기들은 들키지만 않으면 괜찮다는 식으로 허용합니다. "너무 강요해서는 안 됩니다"라고 그들은 말합니다. 그러나 사도 바울은 말합니다. "육신의 일을 도모하지 말라"고 말입니다. 육신에게는 한 모금도 주지 마십시오. 여러분의 상에서 떨어지는 작은 부스러기라도 허용해서는 안 됩니다. 육신은 탐욕스럽고 결코 만족을 모릅니다. 여러분이 육신에게 약간이라도 여지를 준다면, 육신은 더욱더 많은 것을 훔치려고 할 것입니다.

　　"주 예수 그리스도로 옷 입고" 나면, 여러분은 육신의 정욕을 위한 여지를 남겨 두지 말아야 합니다. 그리스도께서 덮지 않은 부분은 죄에 노출됩니다. 만약 그리스도께서 내가 입어야 할 제복이고 내가 그리스도를 입음으로 그리스도의 공인된 종이라는 사실이 알려진다면, 그것은 내가 영원히 내 자신을 항상 그리스도의 손에 온전히 맡기겠다는 것이며, 육신은 그러한 나에게 그 어떤 것도 요구하지 못합니다. 그리스도로 옷 입기 전에는 어떤 것을 예비하고 의무에 부응하지 않았으나, 이제는 주 예수 그리스도가 내 위에 계시기 때문에 예비할 것을 준비하면서 주 예수 그리스도를 공공연하게 내 주님이라고 고백하고 있습니다. 그런 사람들에게 사도 바울은 말합니다. "너희가 알지 못하느냐"(롬 6:16). "누구든지 그리스도와 합하기 위하여 세례를 받은 자는 그리스도로 옷 입었느니라"(갈 3:27). 우리는 그리스도와 함께 장사되었으므로, 우리는 세상에 대해 죽었고 오직 그리스도에 대해서 살았습니다. 하나님께서는 하나님의 강한 성령을 통해 우리가 이 목표에 이르도록 인도하실 것입니다. 그래서 목표에 이른 우리로 인해 영광 받으실 것입니다.

4. 왜 우리는 서둘러서 그리스도로 옷 입어야 합니까?

　　"주 예수 그리스도로 옷 입는" 이 일이 바로 우리에게 닥친 일이고, 또 우리가 해야 할 일이라면, 우리는 더욱 하나님께 감사드리게 될 것입니다. 그러나 아직 그리스도로 옷 입지 않았다면 이 옷을 입는데 더 이상 지체하지 맙시다. 남아 있는 모든 시간은 한순간에 지나지 않습니다. 벌써 어두워졌습니다. 밝은 빛으로 만들어진 갑옷이 여기에 있습니다. 즉시 이 옷을 입도록 합시다. 이 옷을 입으면, 밤은 우리 주위에서 빛이 될 것이며, 우리를 바라보던 다른 자들이 하나님께 영광을 돌려드리고 우리가 입고 있는 이 옷과 같은 옷을 요구하게 될 것입니다. 우리 주위의 어둠이 너무나 짙기 때문에, 사람들은 이런 빛나는 옷을 입을 필요가 있습니다. 사람들은 하나님의 빛을 입을 필요가 있습니다. 그를 둘러싸고 있는 어둠으로부터 실제적으로 보호받을 필요가 있습니다.

"주 예수 그리스도로 옷 입으십시오." 그렇게 해야 할 이유가 또 있습니다. 밤이 끝이 나고 곧 아침이 동터오기 때문입니다. 죄의 누더기 옷과 세상의 지저분한 옷은 하늘에서 내려오는 저 아침을 맞을 적합한 옷이 아닙니다. 저 일출에 맞는 옷을 입읍시다. 우리 주위에 있는 빛의 옷을 입고 새벽을 맞이하러 나아갑시다. 우리 영혼이 그토록 사랑하던 그분께서 오십니다! "주 예수 그리스도로 옷 입고" 나아갑시다. 저 언덕 너머로 나팔 소리가 들려옵니다. 전령들이 크게 소리 칩니다. "신랑이 온다! 신랑이 온다!" 신랑이 비록 더디 오는 것 같아도, 그분은 항상 급행으로 서둘러서 오고 계셨습니다. 오늘 우리는 저 멀리서 그분이 타고 오시는 수레바퀴 소리를 듣습니다. 주님의 재림이 점점 더 가까이 다가오고 있습니다.

다른 사람들처럼 우리는 잠자지 맙시다. 신랑이 올 때 혼인 잔치를 예비하고 있는 자들은 복됩니다. 우리를 합당한 신부로 만드는 그 혼인 예복은 무엇입니까? 그리스도를 만나고 영광 중에 계신 그분과 함께 하기 위해서는 우리가 오늘 그리스도로 옷 입는 것 외에 다른 합당한 것은 아무것도 없습니다. 제가 그리스도를 제 옷으로 입는다면, 저는 신랑 되신 그리스도에게 큰 영광을 돌려드리는 것입니다. 제가 이 땅에 사는 동안 그리스도를 나의 영광이자 나의 아름다움으로 삼는다면, 나중에 영원한 세상에서 그분은 나에게 더 큰 영광과 아름다움이 될 것을 저는 확신합니다. 제가 이 땅에서 예수님을 즐거워한다면, 나중에 끌어올려 공중에서 주를 영접하게 하실 것이고, 그리하여 우리가 항상 주와 함께 있을 것입니다(살전 4:17).

주님을 사랑하는 여러분, 결혼 예복을 입으십시오! 어린 양의 신부들이신 여러분, 결혼 예복을 입으십시오. 즉시 입으십시오. 보라, 신랑이 오고 있도다!

잠자고 있는 처녀들인 여러분, 서두르십시오. 어서 서두르십시오! 깨어나 여러분의 등불을 준비하십시오! 여러분의 옷을 입고 그분의 영광을 보며 그 영광에 참여할 준비를 하십시오! 오, 처녀들인 여러분, 신랑을 맞으러 나아가십시오! 기쁨과 즐거움으로 나아가십시오. 여러분은 왕의 공주들에게 합당한 화려한 치장을 위해 그분으로 옷 입고 나아가십시오!

하나님께서 여러분에게 복 주시기를 그리스도의 이름으로 기도드립니다! 아멘.

제
29
장

—

하나님의 심판대

—

"네가 어찌하여 네 형제를 비판하느냐 어찌하여 네 형제를
업신여기느냐 우리가 다 하나님의 심판대 앞에 서리라 기록
되었으되 주께서 이르시되 내가 살았노니 모든 무릎이 내게
꿇을 것이요 모든 혀가 하나님께 자백하리라 하였느니라 이
러므로 우리 각 사람이 자기 일을 하나님께 직고하리라" —
롬 14:10-12

우리가 보는 성경책인 흠정역(KJV) 성경에는 분명한 번역의 오류가 하나 있
습니다. 오늘 본문 10절 말씀에 보면 "그리스도의 심판대"라고 되어 있지만, "하
나님의 심판대"라고 되어야 합니다(개역개정은 하나님의 심판대로 번역되어 있다 – 역
주). 제 추측으로는 "그리스도"라는 단어가 어떤 사본들에 슬쩍 들어간 것 같습니
다. 사도 바울이 그리스도에 대해 말하고 있기 때문에 계속해서 같은 명칭을 사
용하는 것이 자연스럽다고 생각한 것 같습니다. 사도 바울은 "그리스도"라고 말
하지 않고, "하나님"이라고 말했습니다. 물론 이 두 단어는 모두 한 분을 의미합
니다. 사도 바울은 그리스도가 하나님이심을 알았으며, 그가 그리스도에 대해
말할 때 "하나님"이라는 호칭 아래 그리스도에 관해 말하더라도, 그것이 그가 말
하는 주제에서 벗어나지 않았습니다. 그리고 여기서 사도 바울은 "하나님"이라
는 단어를 사용해야 할 필요가 있었습니다. 왜냐하면 그는 모든 인류가 인정하
고 고백해야 할 하나님의 주권에 대해 구약에서 한 구절을 인용하고자 했기 때

문입니다.

　　그가 인용한 성경구절은 이것입니다. "우리가 다 하나님의 심판대 앞에 서
리라 기록되었으되 주께서 이르시되 내가 살았노니 모든 무릎이 내게 꿇을 것이
요 모든 혀가 하나님께 자백하리라 하였느니라 이러므로 우리 각 사람이 자기
일을 하나님께 직고하리라." 이 성경구절이 얼마나 강력하게 우리 주 예수 그리
스도의 신성을 증명하고 있는지 여러분이 좀 알았으면 좋겠습니다. 왜냐하면 이
구절의 전체 흐름이 그리스도와 관계되어 있기 때문입니다. "이를 위하여 그리
스도께서 죽었다가 다시 살아나셨으니 곧 죽은 자와 산 자의 주가 되려 하심이
라"(롬 14:9). 그리스도에 대한 이 말씀을 하자마자 사도 바울은 즉시 조금도 의
미상의 단절 없이 하나님에 관해 언급합니다. 왜냐하면 사도 바울은 지금 동일
한 한 분에 대해 말하고 있기에, 하나님에 관한 성경 구절을 인용하면서 그 구절
을 그리스도와 관련된 것으로 사용하기 때문입니다. 여기에 인용된 구절은 참으
로 우리 주 예수 그리스도에 관한 말씀입니다. 왜냐하면 그리스도는 "참 하나님
에게서 나신 참 하나님"(니케아 콘스탄티노플 신경 – 역주)이시며, 이 예수 그리스
도로 말미암아 인간의 은밀한 것들을 하나님께서 심판하실 것이기 때문입니다.

　　또 다른 곳에서 사도 바울은 세상을 심판할 분이 그리스도임을 아주 분명하
게 선포하였습니다. 고린도후서 5장 9절에서 10절을 보십시오. "그런즉 우리는
몸으로 있든지 떠나든지 주를 기쁘시게 하는 자가 되기를 힘쓰노라 이는 우리가
다 반드시 그리스도의 심판대 앞에 나타나게 되어 각각 선악 간에 그 몸으로 행
한 것을 따라 받으려 함이라." 그러므로 하나님으로 읽어야 하지만 그 의미는
"그리스도"입니다. 만약 사도 바울이 그리스도의 신성에 대해 어떤 의심을 했었
다면, 그에게 있어 그리스도와 하나님 사이를 구별해 내는 문제는 아주 중요한
문제였을 것입니다. 그리고 단지 인간인 어떤 사람을 우리가 우상화하지 못하도
록 막는 것이야말로 아주 필요한 일이었을 것입니다. 만약 그리스도가 하나님이
아니었다면 반드시 필요했을, 예수 그리스도와 하나님 사이의 구별을 찾고자 노
력했겠지만, 오늘 본문을 보면 전혀 그렇지 않습니다.

　　사도 바울은 그리스도와 하나님을 구별하지 않고 혼용해서 함께 쓰고 있습
니다. 사도 바울은 동시에 이 두 호칭을 말합니다. 왜냐하면 이 두 분은 한 분이
기 때문입니다. "여호와께서 자기 백성을 판단하시고"(신 32:36), "살아 있는 자
와 죽은 자를 심판하실 그리스도 예수"(딤후 4:1), "볼지어다 그가 구름을 타고

오시리라 각 사람의 눈이 그를 보겠고 그를 찌른 자들도 볼 것이요 땅에 있는 모든 족속이 그로 말미암아 애곡하리니 그러하리라 아멘"(계 1:7). 우리의 사도는 그리스도가 행하는 심판을 분명히 여호와 자신을 가리키는 구약의 예언으로부터 입증합니다. 이사야서 45장 23절을 읽어 보십시오. "내가 나를 두고 맹세하기를 내 입에서 공의로운 말이 나갔은즉 돌아오지 아니하나니 내게 모든 무릎이 꿇겠고 모든 혀가 맹세하리라 하였노라." 그리고 이 구절을 통해서 우리 주 예수님이 여호와라는 사실을 알고, 영원무궁토록 영광 받으시는 하나님이요 우리의 구세주이신 예수님을 기뻐 찬양합시다.

제가 오늘 아침에 말씀드릴 영원한 심판에 대한 교리는 특별한 이유로 우리에게 소개되고 있습니다. 사도 바울은 기독교인들 사이에서 서로를 심판하는 것이 습관처럼 행해지는 것을 너무 많이 보았습니다. 제 생각에 사도 바울이 다시 살아나 우리를 본다면, 바울 당시나 현재 우리 시대나 여전히 서로를 심판하고 있기에, 별 차이를 느끼지 못할 것입니다. 다시 바울 당시로 돌아가 보면, 그 당시의 많은 회심자들은 유대인들이었으며, 그들은 유대인으로서 예전에 행하던 종교적인 습관들을 그대로 기독교 교회에 가지고 들어왔습니다. 헌신적으로 율법의 의식들을 지켜왔던 그들은, 그 탁월한 교훈들을 계속해서 지키지 않는다면 자신의 양심에 위배되는 일이라고 생각했습니다. 율법의 규례들 중에 복음으로 말미암아 명백히 폐지된 것들도 있었지만, 종교적인 금식일과 축제일 같은 특별한 날들과 다른 규례들은 계속해서 지키고 있었습니다.

진실하지만 연약한 많은 신자들이 정한 음식과 부정한 음식에 대한 율법의 규정을 지키겠다고 생각하면서, 그들은 도대체 무엇을 먹어야 하는지에 대해 아주 신중했습니다. 반면에 교회 성도들 가운데서는 이렇게 바르게 말하는 사람들도 있었습니다. "그리스도께서 오심으로써 구약시대는 폐지되었습니다. 그러한 구약의 성일들은 모두 모형이고 그림자들입니다. 이것들의 실체는 그리스도 안에 있습니다. 하나님께서 할례 받은 유대인들을 위한 사도였던 베드로에게 보여 주지 않으셨습니까? 이제부터 속되거나 깨끗하지 아니한 것은(행 11:8) 없습니다." 믿음이 강한 형제들은, 믿음이 연약한 형제들이 미신적으로 신앙생활을 하고 있으며 이 미신적 신앙이 그들을 스스로 구속하는 멍에가 되었다고 비난하였습니다. 그러자 믿음이 연약한 성도들은 "그렇지 않습니다. 우리가 미신적인 신앙생활을 하는 것이 아닙니다. 우리는 양심적입니다. 오히려 우리를 비난하는 여러분이 여러분의 자유를 남용해서 지나치게 너무 멀리 가 버렸기 때문에 그것으로 우리가 실족하게 됩니다"라고 응수했습니다.

　　이런 식으로, 믿음이 강한 자들은 믿음이 연약한 자들이 그리스도께서 주신 전적인 자유를 과연 누릴 수 있을지를 의심하면서 그들을 무시하였고, 반면에 믿음이 약한 자들은 믿음이 강한 자들이 그들의 자유를 방종으로 바꾸어버렸다고 비난하면서 그들을 정죄하였습니다. 그들은 양쪽 모두 틀렸습니다. 왜냐하면 모두 서로를 판단하고 있기 때문입니다. 사도 바울 자신은 유대파 기독교인들을 아주 극심하게 반대했으며, 모든 점에서 담대하게 기독교인의 자유를 주장하는 분명하고도 강직한 노선을 취했습니다. 그럼에도 불구하는 사도 바울은 주님의 마음을 힘입어, 기꺼이 여러 사람에게 여러 모습이 되었습니다(고전 9:22). 모든 사람이 서로 사랑해야 할 그 곳에 분열이라는 중대한 위기를 보고서, 그는 그 불화의 현장으로 달려가 이렇게 말합니다. "서로 비판하지(judge) 마십시오(롬 14:13). 사실 여러분이 비판하는 것과(judging) 무슨 상관이 있습니까? 장차 오는 심판(judgment, 행 24:25)만 있을 뿐입니다."

　　사도 바울은 미래의 심판을 의도적으로 언급하였습니다. 그 미래의 심판이 그들의 마음에 끼칠 강력한 영향력으로 인해 그들이 지금 하고 있는 그 바보 같은 놀이로부터 벗어나도록 하기 위해서였습니다. 심판자가 문 앞에 이미 이르렀을 때는 서로를 비판하는 오지랖 넓은 장난이나, 지금 하고 있는 그 바보 같은 놀이 등은 더 이상 아무것도 아니기 때문입니다.

　　잠시라도 이 실제적인 쟁점에 대해 생각하면서, 사도 바울이 서로를 비판하는 영혼에게 어떻게 책망하는지를 살펴보겠습니다. 먼저, 그는 결과적으로 이런 비난은 자연스럽지 못하다고 말합니다. "왜 여러분은 여러분의 형제를 비판합니까? 왜 여러분은 여러분의 형제를 아무것도 아닌 일로 공격합니까? 여러분이 비판하거나 경멸하는 사람은 바로 여러분의 형제입니다. 여러분이 연약하다고 부르는 그 미신적인 신앙인이 바로 여러분의 형제란 말입니다. 여러분이 강하다고 부르는 그들은 자기의 자유를 누리기 때문에 방종하다고 비판하지만, 그들 또한 여러분의 형제입니다."

　　만일 우리가 꼭 비판해야 할 사람이 있다면, 그 사람은 분명히 영적인 친족의 끈으로 우리와 연결되지 않는 그런 사람이어야 합니다. 모든 신자들은 그리스도 안에서 한 가족이지 않습니까? 어떤 문제든 간에 그 뿌리를 캐고 들어가 보면, 거기에는 절대 없어지지 않는 어떤 통일성이 존재한다는 사실은 부인하지 못할 일종의 법칙입니다. 그런데 여러분은 어찌하여 형제의 멱살을 잡고 여러분의 심판대 앞으로 끌고 가서, 여러분이 그를 심문하고, 즉 형제가 형제를 서로 심문하고, 그를 정죄하려고 합니까? 그리스도 안에 있는 형제가 그리스도 안에 있는 형제를 정죄하려는 것입니까? 교회 밖의 세상이 기독교인들을 비판한다면 이해가 갑니다. 왜냐하면 그들은 우리 주님을 미워했기 때문에, 우리도 미워할 것입니다. 그러나 기독교 공동체라는 이 특별한 모임에서는 서로에 대한 존경이 있어야 하며, 서로를 보호해 주려는 마음이 있어야 합니다. 우리는 다른 사람의 결함을 찾으려고 하기보다는 오히려 허물을 감싸려고 노력해야 할 것입니다. 있지도 않은 흠들을 찾으려는 짓들은 우리에게서 멀리 떨쳐냅시다. 그렇게 되도록 하나님께 간구합시다. 완전한 사랑은 서로에 대한 모든 의심을 몰아내고, 서로를 신뢰하게 합니다. 왜냐하면 우리 주 그리스도께서 우리에게 완전한 사랑을 보여주신 것처럼, 우리 형제들에게도 완전한 사랑을 보여주실 것이기 때문입니다.

이처럼 기독교인들 사이에 서로 비판하는 것은 무엇보다도 자연스럽지 못합니다. 그 다음으로 심판 날을 예상해야 합니다. 사람들이 심판받을 날이 다가오고 있습니다. 여러분과 제가 심판할 수 있는 것보다 훨씬 나은 방식으로 심판이 행해질 것입니다. 그런데 우리가 어떻게 감히 하나님의 보좌에 올라가서, 그 엄청난 시간에 벌어지는 준엄한 심판과정을 연습해 보는 척하거나 하나님께서 행하시는 최후의 심판을 어이없이 우스꽝스럽게 만들 수 있겠습니까? 심판은 곧 다가올 것입니다. 주님, 그 날에 우리에게 긍휼을 베푸시옵소서. 사랑하는 형제여, 왜 당신은 심판 때가 아직 되지도 않았는데, 조급하게 스스로 그 심판하는 보좌에 올라가려고 합니까? 하나님께서 친히 심판하는 일을 할 수 없을 것 같습니까? "원수 갚는 것이 내게 있으니 내가 갚으리라"(히 10:30)라고 주님께서 말씀하십니다.

우리는 곡식 가운데 가라지(마 13:25)를 분간하려고 애쓰면서 시간을 낭비할 필요가 없습니다. 구세주께서 그 비유에서 언급하셨던 가라지는 곡식과 너무나 똑같기 때문에, 사람들은 그것이 가라지인지 곡식인지 구별할 수 없다고 말씀하십니다. 그래서 주님께서 말씀하십니다. "둘 다 추수 때까지 함께 자라게 두라"(마 13:30). 추수 때에 주님은 추수꾼들에게 진짜 곡식인 알곡과 그 알곡을 조롱한 가라지를 골라내라고 명령하십니다. 성도들인 우리가 세상을 심판할 것입니다. 그러나 현재 우리에게 주신 명령은 "때가 되기 전까지는 아무 것도 판단하지 말라"는 것입니다. 우리는 하나님께서 우리에게 주신 표지들을 가지고, 겉보기에 악한 자들과 겉보기에 순결한 자들을 구분할 수 있습니다. 표지들은 이런 것입니다. "그들의 열매로 그들을 알지니"(마 7:16), "만일 누구든지 주를 사랑하지 아니하면 저주를 받을지어다"(고전 16:22). 우리는 교회의 명예를 지키는 자들로서 이러한 법칙들을 사용해야 합니다.

그러나 그리스도 안에 있는 한 형제와 그리스도 안에 있는 다른 형제 사이에도 사소한 문제에 있어서 서로 다를 수 있습니다. 기독교인과 기독교인 사이에 자신의 양심에 순종하는 문제에 있어서도, 우리는 서로를 정죄해서는 안 됩니다. 사랑하는 성도 여러분, 모두 다 여기로 나아오십시오! 여기에 여러분 모두가 함께 해야 할 일이 있습니다. 그 일은 거대한 그물을 해변으로 끌어올리는 일입니다. 그런데 여러분은 거기서 무엇을 하고 있습니까? 해변에 앉아서 좋은 것은 그릇에 담고 나쁜 것은 내버리려고 준비하고 있습니까? 그 일은 나중에 하도록 놔두고, 지금은 우리의 그물을 해변으로 끌어올리도록 합시다. 사랑하는 성도 여러분, 힘을 다해 젖 먹던 힘까지 다해 그물을 끌어당기십시오! 우리가 잡은 어획량이 결산되고 겉모양만 좋은 것과 참된 것이 갈라지는 시간이 머지않아 곧 다가올 것입니다.

좀 더 말씀드리겠습니다. 우리가 성도들을 정죄한다면, 우리는 심판을 미리 앞서서 행하는 것일 뿐 아니라, 그리스도의 자리와 그 특권에 우리 자신을 뻔뻔스럽게 끼워 넣는 것이기도 합니다. "우리가 다 하나님의 심판대 앞에 서리라." 하나님의 심판대야말로 참된 심판의 보좌입니다. 그런데 저는 지금까지 제 이웃들의 심판대 앞에 얼마나 많이 서야 했습니까! 때로는 그 사람의 동기가 공격을 받았고, 또 때로는 그의 행동이나 말하는 방식이나 교회 일을 처리하는 방식이 공격을 받기도 했습니다. 그런데 우리가 인간들의 심판대 앞에 서는 것은 작은 문제입니다. 인간의 심판대 앞에 서라는 명령을 모두 거절해도 괜찮습니다. 왜냐하면 인간은 우리의 주인이 아니며 우리는 인간의 소환에 꼭 응해야 할 의무도 없기 때문입니다.

너무나 많은 형제들이 자기들이 인간의 주인인 것처럼 생각하고, 또 주님의 종들에 대해서도 심판할 권리를 가진 것처럼 행동하니, 도대체 어찌된 일입니까? 저는 어떤 기독교인들을 알고 있습니다. 그들은 자기 주변에 있는 사람들에 관해 자기가 알고 있는 사실들과 관련해서 심판거리를 만듭니다. 그것도 아주 모진 심판거리를 만들어냅니다. 그뿐만 아니라 자기가 전혀 보지도 못한 사람들에 관해서, 전혀 사실과 관계없는데도 불구하고, 도통 말도 되지 않는 편견으로 가득한 이야깃거리들을 만들어 내기도 합니다. 많은 사람들은 어떤 사람에 관해 말하면서, 그 사람이 전혀 의도하지 않은 말로 왜곡합니다. 그리고 또 다른 사람들은 자기가 오해한 말들에 대해서 사과하기는커녕, 도리어 형제들에 대해 나쁜 말들을 지어내기도 합니다. 그들은 자신이 무시를 당했다고 생각하면서 후속조치로 엄한 심판을 자행합니다. 일단 여러분이 냉대를 받았다는 느낌이 들면, 그 다음으로 여러분은 모든 것을 여러분에게 앙심이 있어서 그렇게 했다고 해석하고서 다른 사람들에 대해 악의적으로 생각합니다.

남을 험담하는 면에 있어서는 말 그대로 천부적인 재능을 가진 사람들이 있습니다. 이들이 말하는 것을 들어보면, 여러분이 도벳(렘 19:11, 13. 구약성경에 나오는 더러운 매장지 – 역주)까지는 아니어도 소돔과 고모라 같은 곳에 살고 있구나 하는 생각이 들 것입니다. 이 사람들의 말을 듣고 있으면 여러분은 이런 두려움을 갖게 될 것입니다. 즉, 여러분이 믿던 모든 사람들은 악한 사기꾼이며, 신앙생활에 열심인 사람들은 모두 돈을 위해 열심히 하는 것이며, 모든 목사들은 개인적으로는 믿지도 않는 것을 대중 앞에서 설교하며, 큰 액수를 내는 기부자들은 오직 자존심 때문에 기부하는 것이라는 무서운 생각들을 하게 합니다. 또 여러분이 현재 살고 있는 곳은 수만 배도 넘는 가룟 유다의 자손들을 볼 수 있는 곳이라는 말도 듣습니다. 이러한 헛소문을 퍼뜨리는 사람들이 하는 말을 들으면, 잠자리에 들어서도 잠을 잘 수가 없습니다. 그래도 다행인 것은, 그들이 말하는 대단한 발견들이 모두 다 사실이 아니라는 것입니다. 이런 중상모략적인 발언들은 천박하고 우스꽝스러운 심판에 불과할 뿐, 그 이상은 아닙니다.

왜 그들은 그렇게도 많은 것을 생각합니까? 여러분과 제가 최선을 다해 모의 법정을 꾸며 놓고 이 사람 저 사람을 우리 앞에 소환한다 해도, 그것은 좋게 말하면 아이들 장난이고, 나쁘게 말하면 예수 그리스도의 권리를 폭력으로 빼앗는 것입니다. 그렇지 않습니까? 오직 예수 그리스도만이 심판할 법의 제정자로서 오늘날까지 자신의 교회 가운데서 다스리며, 또 심판장으로서 하늘 구름 위에 앉아서 머지않아 세상을 공의로 심판하실 것입니다. 사도 바울은 교회 내에서 벌어지는 남을 비난하는 이 악한 영에 대해 아주 강하게 반대합니다. 그래서 이 한 마디 말로 한방에 그 비난하는 악한 영을 제압합니다. "모두 쓸데없는 짓입니다. 여러분은 다른 사람을 심판할 필요가 없습니다. 왜냐하면 여러분의 형제와 여러분 자신, 두 사람 모두 하나님의 심판대 앞에 설 것이기 때문입니다. 여러분은 또한 정죄할 필요도 없습니다. 왜냐하면 만일 어떤 사람이 몹쓸 사람이라면 심판장께서 그를 정죄할 것이기 때문입니다. 여러분이 지극히 높으신 분의 일에 간섭해서는 안 됩니다. 그분께서는 여러분이 할 수 있는 것보다 더 훌륭하게 인간의 일들을 처리하실 것입니다."

좀 더 말씀드리겠습니다. 여러분의 심판은 또한 **무익합니다**. 여러분은 이 사람에게서는 이 허물, 저 사람에게서는 저 허물을 엄격하고도 모질게 지적할 수 있습니다. 이런 여러분도 한 치의 오차도 없이 정확하신 하나님의 눈으로 심문받는다는 사실을 기억한다면, 여러분은 여러분의 시간을 좀 더 유익하게 쓸 것입니다. 여러분의 결산 장부도 제출되고 항목별로 조사받게 될 것입니다. 그러므로 여러분 자신의 문제를 잘 살피십시오. 삶의 문제들이 제기되는 여러분의 마음을 들여다본다면, 자신의 혀를 들여다보고 혀를 제어해서 여러분의 몸 전체를 통제해 다스린다면, 여러분이 유익하게 될 기회들을 들여다본다면, 여종이 그 여주인을 바라보듯이(시 123:2) 여러분이 자기 주인의 눈을 바라본다면, 여러분은 다른 사람을 비난하는 것보다 더 훌륭하고, 하나님께 더 큰 영광을 돌려드리고, 교회에 더 큰 유익을 끼치고, 여러분의 영혼에 더 큰 위로가 될 수 있는 무언가를 행하게 될 것입니다. 결론적으로, 사도 바울은 이사야 45장 23절에 나오는 "모든 혀가 맹세하리라"라는 말씀을 가장 강력하게 해석하면서 이 말씀을 맺고 있습니다. "이러므로 우리 각 사람이 자기 일을 하나님께 직고하리라."

사랑하는 성도 여러분, 제가 이 진리를 여러분에게 제시하는 이유는, 이 진리가 그리스도 안에 있는 성도들에게만 해당되지, 바깥 세상에 있는 자들에게는 전혀 해당되지 않기 때문입니다. 믿음을 가진 자들, 사랑의 가족 공동체에 속한 자들에게 해당되는 말씀입니다. 그래서 비판해서는 안 된다는 경고의 말씀이 우리에게 주어졌고, 우리 각 사람이 자기 일을 하나님께 직고할 것이라는 논증도 우리에게 제시되었습니다. 매정한 비판에 대한 경고의 말씀이 여러분에게 특별히 필요한지 저는 잘 모르겠습니다. 그러나 다른 교회들에서 필요했던 것처럼 아마 여러분 교회에도 필요할 것으로 압니다. 매정한 비판 같은 이런 큰 악으로 우리가 큰 소동을 겪지 않은 것이 참으로 다행한 일입니다. 그러나 이런 악은 여전히 모든 기독교인들 가운데 여전히 잠재되어 있습니다.

저는 예전에 요한계시록에 관한 재미있는 소책자를 읽은 적이 있습니다. 그 책은 그림까지 그려져 있는 일종의 해설서였습니다. 그 책의 저자는 지파별로 인침을 받은 일만 이천 중에(계 7:5-8) 왜 단 지파는 언급되지 않았는지 그 이유를 애써 설명하고 있었습니다. 다른 모든 지파들은 목록에 있는데 단 지파는 빠졌고, 단 지파 대신 므낫세 지파가 들어 있습니다. 저자는 그 이유가 단의 뜻이 "비판" 또는 "비판하는 자"라는 뜻이기 때문이라고 합니다. 저자의 주장은 이렇습니다. "악한 생각을 비판하는 자"들인 단 지파는 이스라엘의 모든 시대에 있어서 성가신 근심거리였습니다. 그들은 자기 형제들에 대해 비판하기를 두려워하지 않았고 아무것도 아닌 것으로 트집을 잡았습니다. 모든 것들에 대해, 모든 사람들에 대해 비판했지만, 정작 자신들은 비판의 대상에서 제외시켰습니다. 자기들처럼 쉽볼렛을 제대로 발음하지 못하는 모든 사람(삿 12:6), 즉 자신들과 뜻이 잘 맞지 않는 사람들을 이단으로 몰아붙이고는 그들에게 관용도 베풀지 않고 그들의 능력마저도 억제했습니다. "때가 이르기 전 곧 주께서 오시기까지 아무것도 판단하지 말라 그가 어둠에 감춰진 것들을 드러내고 마음의 뜻을 나타내시리니"(고전 4:5)라고 기록된 말씀은 단 지파 사람들에게 소용이 없었습니다.

단 지파의 위대한 조상인 삼손처럼, 그들은 여우와 횃불을 사용합니다. 그들은 너무 자주 이웃의 곡식밭에 불을 놓습니다. 그런 행동은 삼손의 경우에서도 칭찬받을 수 없었던 행동입니다(삿 15:4). 여우와 횃불에 대한 이러한 선호는 불행하게도 오늘날 단 지파의 자손들에게서 드러나게 되었습니다. 그래서 비판자라는 뜻의 단 지파 대신, 잊어버리는 자라는 뜻의 므낫세 지파(창 41:51)를 보게됩니다. 므낫세는 그의 형제들에게 버림받았지만, 그들이 행한 모욕을 잊고 용서하였습니다. 우리는 이것을 선으로 바꾸사(창 50:20)라는 말로 설명합니다. 실패가 더 이상 존재하지 않을 새 예루살렘 본향에서, '길섶의 뱀'(창 49:17), '사자의 새끼'(신 33:22)인 단 지파는 설 자리도 없을 뿐더러 할 일도 없을 것입니다." 단 지파에 속한 누군가가 이 말씀을 읽거나 듣는다면, 그들의 습성과 본성을 바꿀 수 있는 은혜를 간구하는 기도를 하십시오.

1. 하나님의 심판은 우주적인 심판이 될 것입니다.

　　이제 장차 임할 준엄한 심판의 교리에 대해 말씀드리겠습니다. 이 말씀이 여러분의 마음에 깊은 인상을 주는 말씀이 되기를 하나님께 간구합니다. 이제 우리의 생각은 미래의 심판을 향해 있습니다. 이와 관련해서 우리는 첫째로, 그 심판은 우주적인 심판이 될 것이라는 사실에 주목하고자 합니다. "우리가 다 하나님의 심판대 앞에 서리라 기록되었으되 주께서 이르시되 내가 살았노니 모든 무릎이 내게 꿇을 것이요 모든 혀가 하나님께 자백하리라 하였느니라 이러므로 우리 각 사람이 자기 일을 하나님께 직고하리라." 이 말씀처럼 모든 부류의 사람들에게 하나님의 심판이 임할 것입니다. 기독교인의 자유에 대한 자신의 지식으로 마음껏 가버린, 아마도 그가 가야할 것보다 더 멀리 가버린 믿음 강한 형제에게도 하나님의 심판이 임할 것입니다. 그는 스스로 그 문제에 있어서 옳다고 생각하겠지만, 그 문제에 관해 그리스도의 심판대 앞에 서야만 합니다.

　　믿음이 연약한 형제에게도 하나님의 심판이 임할 것입니다. 너무나 양심적이고 꼼꼼한 그 형제도, 양심에 아무런 거리낌 없이 행하는 다른 사람을 비난하지 말았어야 했습니다. 왜냐하면 그 역시 하나님의 심판대 앞에 서게 될 것이기 때문입니다. 아무리 고귀하고 경건한 자라도 최후의 준엄한 시험에서 제외되지 못하며, 아무리 연약한 자라도 변명할 수 없을 것입니다. 한 달란트 받은 자나 열 달란트 받은 자나 똑같이 결산해야 합니다(마 25:19). 연약한 기독교인들은 하나님의 온유하심으로 많은 심리공판들을 면제받았습니다. 그러나 최후 심리공판에서는 면제를 받지 못합니다. 왜냐하면 강한 자나 약한 자나 우리 각 사람이 자기 일을 하나님께 직고할 것이기 때문입니다. 교회 안에서 직분을 맡은 자들은 그 맡은 직분에 대해 대답해야 할 것입니다. 사도 바울이 히브리서 13장 17절에서 말한 바와 같습니다. "그들은 너희 영혼을 위하여 경성하기를 자신들이 청산할 자인 것 같이 하느니라." 그리고 또 말합니다. "맡은 자들에게 구할 것은 충성이니라 나를 심판하실 이는 주시니라"(고전 4:2,4).

　　저는 이렇게 많은 회중들을 목양하면서, 매주 신문을 통해 이보다 더 많은 우리 교회 밖에 있는 회중들을 목양해야 합니다. 무릎을 꿇고 여러분에게 간구합니다. 저를 불쌍히 여겨주십시오. 아, 저는 이렇게 생각합니다. 누가 이 큰 목회를 감당해 낼 수 있겠습니까? 누가 이런 사역에 충성된 자가 될 수 있겠습니까? 모든 목회자들은 눈에 눈물을 머금고 여러분에게 간곡히 부탁해야 한다고 생각합니다. "형제들아 우리를 위하여 기도하라"(살전 5:25). 누구라도 저로 인해 무죄한 피를 흘리지 않는 것이 저의 가장 큰 바람입니다. 조지 폭스(George Fox. 영국 출신으로 퀘이커교의 창시자이다 — 역주)처럼 죽어가면서, "나는 깨끗하다. 나는 깨끗하다"라고 제가 말할 수 있다면 좋겠습니다. 이런 바람은 천국에 있는 모든 영혼들의 바람이었으며, 저의 바람이기도 합니다. 올바르게 목회사역을 끝마치고 나서, "나는 선한 싸움을 싸우고 나의 달려갈 길을 마치고 믿음을 지켰으니"(딤후 4:7)라고 말했던 사도 바울처럼 저도 그렇게 목회를 결산할 수 있었으면 좋겠다는 것이 제 영혼의 간절한 바람입니다.

그렇습니다. 목사, 장로, 집사 등과 그 밖에 교회에서 중직을 맡은 자들만 그리스도의 심판대 앞에 서는 것이 아니라, 교회 내에서 지극히 미미한 자들과 교회에 등록도 하지 않고 익명으로 드러나지 않게 다니던 자들까지도 모두 그리스도의 심판대 앞에 서야 할 것입니다. 여러분이 영원토록 숨어 있을 수는 없을 것입니다. 한 달란트 받은 사람이나 열 달란트 받은 사람이나 똑같이 반드시 주님의 심판대 앞에 소환되어, 각 사람에 대한 회계가 이루어질 것입니다. 우리 주님의 비유를 보면 왕 앞에 소환되는 이들은 언제나 왕에게 속한 종들입니다. "그 종들의 주인이 돌아와 그들과 결산할 새"(마 25:19). 우리의 주님께서는 자기의 종들에게 각각 이렇게 말씀하실 것입니다. "네가 보던 일을 셈하라"(눅 16:2), "의인과 악인을 하나님이 심판하시리니"(전 3:17), "우리가 다 하나님의 심판대 앞에 서리라"(롬 14:10).

이제 시간도 없고 여유도 없어서 의인과 악인이 받는 심판의 차이에 대해서는 말씀드리지 못할 것 같습니다. 다만 로마서 2장 5절에서 11절에 있는 주님의 말씀대로 모든 인간이 심판을 받게 될 것이라는 한 가지 사실만 말씀드리겠습니다. "다만 네 고집과 회개하지 아니한 마음을 따라 진노의 날 곧 하나님의 의로우신 심판이 나타나는 그 날에 임할 진노를 네게 쌓는도다 하나님께서 각 사람에게 그 행한 대로 보응하시되 참고 선을 행하여 영광과 존귀와 썩지 아니함을 구하는 자에게는 영생으로 하시고 오직 당을 지어 진리를 따르지 아니하고 불의를 따르는 자에게는 진노와 분노로 하시리라 악을 행하는 각 사람의 영에는 환난과 곤고가 있으리니 먼저는 유대인에게요 그리고 헬라인에게며 선을 행하는 각 사람에게는 영광과 존귀와 평강이 있으리니 먼저는 유대인에게요 그리고 헬라인에게라 이는 하나님께서 외모로 사람을 취하지 아니하심이라."

최후 심판 때에 각 나라와 족속과 백성과 방언에서 아무도 능히 셀 수 없는 큰 무리의(계 7:9) 모습이 어떠하겠습니까! 또한 모든 연령대의 사람들이 다 모일 것입니다. 소년소녀들도, 오랜 세월을 살아온 사람들도 모두 말입니다. 왕들과 방백들도 비중 있는 해명을 하기 위해 그 곳에 모일 것이며, 배심원들과 재판관들도 재판에 대한 해명을 하기 위해 그 곳에 모일 것입니다. 그리고 가난하고 궁핍한 사람들과, 하나님을 무시하며 산 사람들과, 자신들의 영혼을 잊고 산 사람들 모두, 다 그곳에 모일 것입니다. 이것은 우주적인 심판입니다. 사도 요한은 말합니다. "내가 보니 죽은 자들이 큰 자나 작은 자나 그 보좌 앞에 서 있는데"(계 20:12). 양들과 염소들이 모두 그들을 구분하는 위대한 목자 앞에 모이게 될 것입니다(마 25:32). 슬기 있는 처녀들과 미련한 처녀들이 모두 한밤중에 신랑이 온다는 소리를 듣게 될 것입니다(마 25:13). 반석 위에 지은 집과 모래 위에 지은 집이 똑같이 마지막 날의 그 무서운 폭풍우로 시험을 받게 될 것입니다(마 7:27). 가라지와 곡식들이 똑같이 거두어질 것입니다(마 13:30). 그물에서 나쁜 물고기와 좋은 물고기가 분류될 것입니다(마 13:48). 한편, 하나님을 알지 못하던 바깥에 있는 무리들과 민족들도 모두 예외 없이 그 무서운 심판대 앞으로 오라는 소환명령을 떨리는 마음으로 듣게 될 것입니다.

성도들과 죄인들 역시 서로 다른 입장이긴 하지만 심판을 받습니다. 죄인들은 책에 적힌 대로 심판을 받지만, 성도들은 생명책에 적힌 대로 심판을 받습니다(계 20:12). 그러므로 주님은 이렇게 말씀하십니다. "이는 우리가 다 반드시 그리스도의 심판대 앞에 나타나게 되어 각각 선악간에 그 몸으로 행한 것을 따라 받으려 함이라"(고후 5:10). 성도들이 행한 일들에 대한 심판은 공의에 따라 행해질 것입니다. 왜냐하면 그들이 행한 일들은 하나님과 참으로 화목케 되었다는 증거로 채택될 것이기 때문입니다. 심판장께서 말씀하실 것입니다. "내 아버지께 복 받을 자들이여 나아와 창세로부터 너희를 위하여 예비된 나라를 상속받으라"(마 25:34). 그리고 나서 "내가 주릴 때에 너희가 먹을 것을 주었고 목마를 때에 마시게 하였고"(마 25:35) 등등의 말씀이 증거로 제출될 것입니다. 이러한 열매들이 그들이 그리스도 안에 있었다는 증거가 될 것이며 믿음으로 의롭다 함을 받았다는 증거가 될 것입니다.

반면에, 경건하지 않은 자들의 시고 쓴 열매는, 그것이 주님께서 심으신 것이 아니라는 증거가 될 것입니다. "내가 주릴 때에 너희가 먹을 것을 주지 아니하였고 목마를 때에 마시게 하지 아니하였고 나그네 되었을 때에 영접하지 아니하였고 헐벗었을 때에 옷 입히지 아니하였고 병들었을 때와 옥에 갇혔을 때에 돌보지 아니하였느니라"(마 25:42, 43).

우리가 그리스도 안에 있음을 알게 될 때, 우리는 장차 임할 심판을 두려워할 필요가 없습니다. 자신의 무혐의가 이미 최고 법정에서 선포되었음을 알게 되었다면, 그 공의의 법정에 들어가기를 누가 두려워하겠습니까? 기독교인을 위한 안전장치가 이 얼마나 완벽합니까! 기소하는 자가 없을 것이기 때문입니다. 믿음으로 말미암은 성도의 의가 매우 밝게 빛날 것이기에, 그 어떤 기소자도 법정에 나타나지 못할 것입니다.

자, 주의 사자가 다시 확인을 요구하며 외칩니다! "누가 능히 하나님께서 택하신 자들을 고발하리요?"(롬 8:33). 이 소리가 법정의 모든 곳에 울려 퍼집니다. 그리고 거기에 하나님이 계십니다. 신실한 자들과 모든 자들이 하나님을 쳐다봅니다. 하나님께서 그들을 고발할 죄목을 찾으실까요? 전혀 그렇지 않습니다. "의롭다 하신 이는 하나님이시니"(롬 8:33). 법정 밖에서도 떠들썩한 소리가 들립니다. "누가 능히 하나님께서 택하신 자들을 고발하리요?" 그 소리가 천국까지 들리고, 모든 신자들의 믿음의 경주와 또 푯대를 향해 지금까지 달려온 것(빌 3:14)을 지켜 본 천사들은 어떤 고발도 하지 못하고 잠자코 있습니다. "누가 능히 하나님께서 택하신 자들을 고발하리요?" 이 소리는 지옥에도 들립니다. 지옥에서는 악마들이 경건한 자들을 미워하지만, 감히 하나님께서 택하신 자들을 대적하는 한 마디의 거짓말도 지어내지 못합니다. 또한 이렇게 말할 수 있는 자는 복된 자입니다. "나를 위하여 의의 면류관이 예비되었으므로 주 곧 의로우신 재판장이 그 날에 내게 주실 것이며"(딤후 4:8). 명심하십시오. 주님께서 재판장으로서 그 날에 의의 면류관을 주실 것입니다.

그런데 어째서 여러분 중에 어떤 사람들은 성도들이 재판을 받지 않는다고 말하는 것입니까? 모든 고발이 취소되고 다만 의의 면류관이 기다리는 그런 법정에 들어가면서 두려워하는 사람이 어디 있겠습니까? 그러나 여러분은 여전히 신자들도 지금까지 죄를 지어왔다고 말합니다. 맞습니다. 그러나 그 죄는 이미 용서받았습니다. 그리고 신자는 율법의 요구에 상응하는 의를 가지고 있습니다. 기독교인들이 어떻게 이미 심판 받고, 정죄 받고, 재판에 부쳐졌는지를 예전에 이미 말씀드린 적이 있지만, 한 번 더 말씀드리겠습니다. 기독교인과 관련해서는 심판의 핵심이 이미 과거에 완료되었습니다. 그래서 이제는 정죄 받을 수가 없습니다.

그러므로 이제는 이렇게 소리칠 수 있습니다. "누가 정죄하리요?"(롬 8:34) 재판장만이 우리를 정죄할 있는 유일한 분이신데, 그분은 우리를 정죄하지 않으실 것을 우리는 확신합니다. 왜냐하면 그분은 이런 분이기 때문입니다. "죽으실 뿐 아니라 다시 살아나신 이는 그리스도 예수시니 그는 하나님 우편에 계신 자요 우리를 위하여 간구하시는 자시니라"(롬 8:35). 그러므로 그리스도의 심판대 앞에 우리 모두가 서야 한다는 교리 때문에 두려워하지 마십시오. 오히려 사도 요한이 말한 바와 같이, "우리로 심판 날에 담대함을 가지도록"(요일 4:17) 기도 하십시오. 왜냐하면 유다서 말씀대로, 그분은 "능히 너희를 보호하사 거침이 없게 하시고 너희로 그 영광 앞에 흠이 없이 기쁨으로 서게 하실 이"(유 24)이기 때문입니다.

단 한 사람도 심판을 피할 수 없을 것입니다. 명부에서 빠지는 사람은 한 사람도 없을 것입니다. 아담의 자손인 모든 이들은 스스로 대답해야 할 것입니다. "땅의 임금들과 왕족들과 장군들과 부자들과 강한 자들과 모든 종과 자유인이"(계 6:15) 하나님의 보좌에 앉아 계신 이를 보아야만 할 것입니다. 사람들이 법정에 참석하라는 출석통지서를 받으면 법원에 가야 하는 것처럼, 우리도 거기에 참석해야 합니다. 예수님은 이렇게 말씀하십니다. "보라 내가 속히 오리니 내가 줄 상이 내게 있어 각 사람에게 그가 행한 대로 갚아 주리라"(계 22:12). 아, 거역하던 자들이 그 보좌 앞에 얼마나 마지못해 나오겠습니까! 바로여! 당신은 모세보다 더 큰 분을 보아야 할 것입니다. 헤롯이여! 당신도 당신이 죽이고자 했던 그 아기(마 2:13)였던 그분이 보좌에 앉아 있는 모습을 보아야 합니다. 가룟 유다여! 당신은 양심의 심판을 피하기 위하여 스스로 목을 매달았지만(마 27:5), 어떤 방법으로도 당신은 결코 하나님의 심판을 피할 수가 없습니다. 인류가 죽은 지 4천년의 세월이 지난 이래, 인간들의 육체는 완전히 썩어 없어졌어도, 나팔 소리가 분명하고도 날카롭게 울려 퍼질 때, 그들의 육체는 다시 살게 될 것이며, 그들 모두가 나아와 각 사람은 온 땅의 재판장이며 각 사람에 대해 의롭게 심판할 그분의 심판대 앞에서 자기 일에 대해 대답해야 할 것입니다. 그러므로 하나님께서는 자신이 정하신 그분으로 말미암아 세상을 의로 심판하실 한 날을 제정하여 놓았다는 이 엄숙한 진리 앞에 우리 모두 고개를 숙입시다.

2. 하나님의 심판은 개인적인 심판이 될 것입니다.

우리가 할 수 있는 한 중요하게 여겨야 하는 두 번째 진리는, 이 심판은 각 사람에 대한 개인적인 심판이 될 것이라는 사실입니다. 이것이 바로 사도 바울이 말하는 바의 핵심입니다. "이러므로 우리 각 사람이 자기 일을 하나님께 직고하리라." 이 심판은 한 지파나 족속의 단위로 뭉뚱그려서 도매금으로 진행되지 않을 것이며, 각 사람이 각자 따로 서야 할 것입니다. 결산은 가족이나 무리 단위로 하지 않고, 각 사람이 자신에 대해서 개인적으로 결산하게 될 것입니다. 사랑하는 성도 여러분, 이 사실을 주의해서 보십시오. 우리 각 사람이 자신의 행동에 대해서, 자신의 생각에 대해서, 자신의 말에 대해서, 자신의 의도에 대해서, 아니 그 뿐 아니라, 자기 자신에 대해서도 결산해야 할 것입니다. 우리 각 사람이 하나님 앞에서 자신의 마음상태와 자신의 지적 상황에 대해 해명해야 할 것입니다. 그가 회개했는지 하지 않았는지, 그가 믿었는지 안 믿었는지, 그가 하나님을 사랑했는지 사랑하지 않았는지, 그가 열정적이었는지 열정적이지 않았는지, 그가 진실했는지 진실하지 않았는지, 그가 충성스러웠는지 충성스럽지 않았는지에 대해 모두 해명해야 할 것입니다.

이 심판이 행동과 말과 생각만을 다루는 심판이라 해도, 이 심판은 충분히 준엄한 심판이 될 것입니다. 우리 각 사람은 자기를 해명해야 하며, 자기가 과거에 어떤 사람이었는가 하는 것뿐만 아니라 과거에 무엇을 행하였는가에 대하여도 해명해야 합니다. 또 자신의 마음에 무엇이 있었는가 하는 것뿐만 아니라, 그 마음으로 어떤 행동을 하게 되었는지에 대해서도 해명해야 합니다. 오, 이와 같은 심리공판이 어디에 또 있겠습니까! 그 때에 우리는 다른 사람들에 대해 행했던 우리의 비판에 대해서도 해명해야 할 것입니다. 우리가 비난한 그들이 무엇을 행하였는지에 대해서는 우리가 대답하지 않아도 되지만, 우리가 과감하게 그들을 비판하고 정죄했던 것에 대해서는 해명해야 할 것입니다. 다른 사람들을 비판하고 있는 여러분이여, 여러분이 내세우는 그 기준으로 여러분 자신도 비판받게 될 것이라는 사실을 여러분은 생각해 보지 않았습니까? 다른 사람들이 잘못한 것에 대해서는 매우 혹독한 사람들이 자신들이 잘못한 것에 대해서는 대단히 관대한 것을 보게 됩니다. 그러나 마지막 때에는 그렇게 되지 않을 것입니다. 성경에 이렇게 기록되어 있기 때문입니다. "너희가 비판하는 그 비판으로 너희가 비판을 받을 것이요"(마 7:2).

　　남의 허물을 비판하는 자들을 심판 날에 심판하는 것은 얼마나 쉬운 일인지 모릅니다. 심판장께서 이렇게만 말씀하시면 됩니다. "그들은 이미 자신들을 정죄하였다. 그들은 다른 사람에게서 그런 허물을 보면서, 자신의 허물들에 대해 정죄하였다. 그들은 자기의 허물보다 더 작은 허물들에 대해서도 가장 가혹한 심판을 적용하였다. 자기 입으로 형량까지 언도했으니, 이제 떠나라." 여러분은 다른 사람들에 대해서는 해명할 필요가 없겠지만, 여러분 자신과 여러분이 다른 사람들을 비판했던 것에 대해서는 해명해야 할 것입니다. 마지막 결산은 전적으로 개인적인 결산이 될 것입니다. 그러므로 여러분은 이 사실을 분명히 확인하십시오.

　　오늘 본문에 따르면, 이 결산은 전적인 **복종**과 관계되어 있습니다. "내가 살았노니 모든 무릎이 내게 꿇을 것이요." 여러분은 오늘 "나는 하나님에 대해 관심이 없어요"라고 말할 수 있습니다. 그러나 여러분은 하나님에 대하여 관심을 가져야 할 것입니다. 하나님께서 살아 계시는 것이 진리라면, 여러분은 그 하나님을 경배해야 할 것입니다. "성경이 뭐라 말하든 그게 나와 무슨 상관이에요?"라고 여러분은 말할 수 있습니다. 그러나 하나님을 섬기는 문제는 여러분에게 중요한 문제가 될 것입니다. 하나님께서 살아 계시는 것이 확실하기에, 하나님을 섬기는 문제는 가장 중대한 확실성 위에 토대를 두고 있는 문제입니다. 여러분이 하나님의 통치를 받게 될 것에 관해 하나님께서 확실히 맹세하셨고, 이 사실을 선언하셨습니다. 여러분은 즉시 무릎을 꿇는 것이 좋을 것입니다. 여러분이 박살나든지 아니면 경배하든지 둘 중에 하나를 택해야 합니다. 하나님의 뜻은 모든 인류로부터 하나님의 주권을 인정받는 것입니다. 하나님께서 우리를 만들지 않으셨습니까? 우리는 모든 일에 그를 힘입어 살아가지 않습니까?(행 17:28) 하나님은 자신의 왕적 통치권이 영원히 거절되도록 그냥 놔두지 않으실 것입니다. 하나님은 만유의 주로서(행 10:36) 모든 무릎이 경배하고 그분의 통치권을 인정할 것이라고 친히 맹세하십니다. 사랑하는 성도 여러분, 여러분은 만유의 주 앞에 나아와야 합니다.

　　다음으로, 오늘 본문이 말씀하듯이 여러분은 **자백**해야 할 것입니다. "모든 혀가 하나님께 자백하리라 하였느니라." 이 자백이라는 말에서 제가 이해하고 있는 바는, 하나님은 여러분의 주님이고 주인이시며 여러분의 섬김을 받을 권리를 가지고 계시다는 것, 여러분은 하나님의 법을 지켜야 한다는 것, 여러분은 불

의하게 행함으로써 죄를 지었으며 행하지 말아야 할 것을 행함으로써 죄를 지었
다는 것, 이 모든 사실을 여러분이 인정해야 한다는 것입니다. 이런 자백은 여러
분 스스로 할 수 없습니다. 오, 사악한 자들이 자기의 어리석음과 악행을 자기의
혀로 인정해야 할 때, 얼마나 입을 꾹 다물고 있겠습니까! 그러나 모든 자들의 입
에서 그런 자백이 나와야만 할 것입니다. 하나님께서 형을 언도하셔서 경건하지
않은 자들이 지옥에 떨어지게 될 때, 그들은 자기들을 정죄하고 처벌하는 하나
님의 공의에 스스로 동의하게 될 것입니다. 자신은 이런 형벌을 받아 마땅하다
는 것이 지옥으로 추방되는 자들의 답변입니다. 불순종한 결과로 그들에게 내려
진 이 고통들이 공의로운 판단임을 그들이 부인할 수 없다는 것이 참으로 지옥
중의 지옥입니다. 하나님은 의로우시다는 사실을 우리가 자백함으로써, 우리가
살아서든 죽어서든 그분의 공의를 찬양하는 것을 하나님은 보게 되실 것입니다.

사랑하는 성도 여러분, 저는 여러분에게 호소합니다. 여러분은 하나님께 건
네 드려야 할 여러분의 결산장부를 준비했습니까? 단 하나라도 기록해 놓았습니
까? 때때로 사람들이 법정에 서게 될 때, 가지고 있는 장부가 없다고 말한다면,
이것은 항상 재판에 불리하게 작용합니다. 이렇게 말하는 사람을 재판장이 어떻
게 생각할지 여러분도 알 것입니다. 여러분은 스스로 반성하며 질문들에 대답할
수 있겠습니까? 여러분은 청지기로서 자신이 맡은 직분에 대해 해명할 수 있겠
습니까? 여러분은 지금까지 그 장부를 정확하게 기록하였습니까? 혹시 이쪽에
기입해야 할 많은 것들을 저쪽에 기입하지는 않았습니까? 여러분의 잘못이 밝혀
질 것입니다. 왜냐하면 위대한 회계사께서 그 장부를 꼼꼼히 살피셔서 단번에
오류들을 찾아내실 것이기 때문입니다. 여러분은 정확하게 계산하고 있으며, 지
금이라도 그 장부를 건네 드릴 준비가 되어 있습니까? 사랑하는 성도 여러분, 여
러분과 저는 그 질문에 잠시 주춤할 수도 있습니다. 그러나 저는 우리가 "예"라
고 대답하리라 믿습니다. 왜냐하면 하나님께서 우리를 받아주셨음을 우리가 알
기 때문입니다.

이번에는, 자기들의 하나님, 즉 자기들의 창조주에 대해서 거의 별 생각이
없던 사람들에 대해 생각해 봅시다. 그들이 각자 하나님 앞에서 해명해야 할 때,
그들은 무슨 행동을 할까요? 아니 무슨 행동을 할 수 있을까요? 주인의 물건을
낭비하고, 마땅히 하나님에게 돌려드려야 할 몫을 횡령해서 영원하신 하나님을
기만하고, 하나님께 마땅히 드려야 할 것들을 자신의 정욕을 위해 써버린 것에

대해서 정죄를 받는 것 외에 어떤 해명을 할 수 있을까요?

그러므로 이 심판은 개인적인 심판이 될 것입니다. 여러분은 여러분의 경건한 어머니와 함께 심판대 앞에 있는 저울에 올라갈 수 없습니다. 여러분은 여러분이 사랑하는 연로하신 아버지와 함께 심판 받을 수도 없습니다. 오, 자녀들이여, 여러분은 경건한 조상들의 행실이 아니라 바로 여러분의 행실로 심판받습니다. 성경에 이렇게 기록되어 있습니다. "인자가 아버지의 영광으로 그 천사들과 함께 오리니 그 때에 각 사람이 행한 대로 갚으리라"(마 16:27). 이 사실을 유념하십시오. 하나님께서 여러분을 도우시기를 기도합니다.

3. 하나님의 심판은 신적인 심판이 될 것입니다.

세 번째로, 이 심판은 신적인 심판이 될 것입니다. "우리가 다 하나님의 심판대 앞에 서리라." 이 심판은 우주적이고 개인적이며 신적인 것이 될 것입니다. 그리고 이 심판은 하나님의 심판대 앞에서 이루어지는 심판이므로, 진리대로 판단하는 심판일 것입니다. 하나님께서는 아무런 실수도 하지 않으실 것입니다. 하나님께서는 어떤 잘못을 우리에게 부당하게 전가하지도 않으실 것이며, 우리의 외모가 믿을 만하다는 이유만으로 우리를 믿어주지도 않으실 것입니다. 하나님께서는 문제의 핵심과 본질을 살피실 것입니다. 여러분은 불로 연단 받을(벧전 1:7) 준비가 되어 있습니까? 불로 연단 받는다는 것은 지극히 높으신 분의 그 감찰하시는 눈에 비교하면 연단을 설명하기에는 부족한 상징에 불과합니다.

하나님께서는 완벽한 공의의 최고 기준으로 우리를 시험하실 것입니다. 우리는 늘 다른 사람을 기준으로 해서 판단합니다. 우리가 다른 사람들 못지않게 관대하고, 열심히 기도하고, 은혜로운 생활을 한다면, 우리는 괜찮다고 생각합니다. 그러나 성소의 천칭 저울은 이보다 훨씬 더 정확합니다. 제가 기준이 되어 저울 한쪽에 있고, 다른 쪽에 여러분이 있게 되는 경우는 없을 것입니다. 제가 여러분 정도로만 은혜롭다면, 우리 둘 다 하나님께서 받으시겠습니까? 절대 아닙니다. 그보다 다른 기준이 있습니다. 마음속에 있는 진리와 은혜, 하나님에 대한 참된 사랑, 그리스도의 형상을 닮아가는 것 등이 바로 그 기준입니다. 그 시험을 여러분이 견딜 수 있을지 없을지, 스스로 판단해 보십시오.

그 심판은 아주 엄격한 감찰이 될 것입니다. "여호와는 마음을 감찰하시느니라"(잠 21:2). 하나님은 눈에 보이는 것에 따라 심판하지 않으시고, 우리의 은밀한 것들을 감찰하실 것입니다. 그 때에는 마음의 가장 깊은 곳이 시험을 받게 될 것이며, 사람이 의지하고 있고 머무르고 있는 모든 것이 만세반석인지, 아니면 가공의 모래인지 시험 받을 것입니다. 하나님의 심판 날과 같은 시련의 날은 전에도 없었고 후에도 없을 것입니다. "하나님은 모든 행위와 모든 은밀한 일을 선악 간에 심판하시리라"(전 12:14).

이 심판은 또한 편파적이지 않을 것입니다. 여러분과 저는 자신을 평가하는데 있어서 항상 편파적입니다. 우리는 마음이 울적해져서 거의 병적으로 민감해지지 않는 이상, 일반적으로 자신을 아주 관대하게 평가합니다. 그러나 하나님은 편파적이지 않게 우리를 판단하실 것입니다. 부자인 성도 여러분, 여러분의 다이아몬드 반지가 그 날에는 아무런 소용이 없을 것입니다. 사랑하는 여자 성도 여러분, 여러분의 아름다운 옷들이 그 법정에서는 아무런 좋은 인상을 주지 못할 것입니다. 학식이 많은 성도 여러분, 여러분의 이름에 붙은 직함들이 전혀 소용없게 될 것입니다. 멋쟁이 신사들인 성도 여러분, 여러분이 가진 기사 백작 공작 등의 지위가 조금도 도움이 되지 않을 것입니다. 왜냐하면 사람에 따라 특별하게 대우하지 않는 하나님의 보좌 앞에서는 보석으로 꾸민 관이나 심지어 왕관이라고 해도 모두가 소용없을 것이기 때문입니다.

이 심판은 최후 심판이 될 것입니다. 최고 법원의 판결은 모든 것을 최종으로 확정지을 것입니다. 심판장께서 "저주를 받은 자들아 나를 떠나라"(마 25:41)라고 말씀하십니까? 그러면 그들은 달리 아무것도 할 수 없습니다. 심판장께서 "복 받을 자들이여 나아오라"(마 25:34)라고 말씀하십니까? 오, 영원한 집에 들어가는 것이 얼마나 복된 일인지요! 여러분 중의 어느 누구도 주님으로부터 "떠나라"라고 하는 말씀을 듣지 않기를 바랍니다. 주님께서는 결코 그 최종 판결을 번복하지 않으실 것입니다. 그렇다면 여러분은 떠나야 할 것입니다. 계속해서 떠나 있어야 합니다. 그래서 소망과 생명과 기쁨이신 주님으로부터 더 멀리, 더 멀리, 더 멀리 떠나 있어야 합니다. 주님께서 "저주를 받은 자들아 다시 돌아오라"고 말씀하실 가망은 전혀 없습니다. 그럴 기미조차 없습니다. 오히려 "영원한 불에 들어가라"(마 25:41)고 말씀하십니다. 하나님이시여, 그와 같은 최후 심판으로부터 우리를 구원하옵소서.

마지막 심판 때에 어떤 죄들은 대단히 중한 죄로 드러날 것입니다. 그 중한 죄들 중 몇 가지만 말씀드리겠습니다. 어떤 재판관이라도 관대하게 다룰 수 없는 죄가 하나 있습니다. 그 죄는 법정모독죄입니다. 하나님께서는 자신의 권위를 무시했던 자들을 신속히 정죄하실 것입니다. 자기들의 하나님이신 주님을 무시하였고, 하나님의 가르침을 아무것도 아닌 것으로 여겼던 자들이 이 자리에는 없습니까? 그들은 하나님이나 하나님의 법은 말할 것도 없고, 심지어 하나님의 성일(His Day)에 대해서도 생각을 덜 한 것이 아니라 아예 생각을 하지 않습니다. 그들은 말합니다. "여호와가 누구이기에 내가 그의 목소리를 듣겠느냐?"(출 5:2) 보십시오. 멸시하는 여러분, 여러분은 놀라고 망할 것입니다(행 13:41). 왜냐하면 우리 주 하나님은 질투하는 하나님으로, 자기의 위대한 이름이 존귀하게 여겨지기를 원하고 자기를 조롱하는 자들의 목소리를 듣고 계시기 때문입니다.

긍휼을 거절하는 것 또한 죄질이 좋지 않은 중대한 범죄입니다. 보좌에 앉으실 재판장께서는 이미 여러분 모두에게 긍휼을 제시하셨습니다. 그런데도, 여러분 가운데 회심하지 않는 자들은 그 긍휼을 거부하였습니다. 영원한 사랑을 경멸한 사람은 참으로 가장 깊은 지옥에 떨어지고도 남을 사람들입니다. "본 법정에 서 있는 이 죄수는 자기에게 제시된 사죄의 기쁜 소식을 이미 받았으나, 그 은혜로운 메시지를 듣기 거절하였다. 설령 그가 메시지를 듣고서 거의 확신까지 이르렀다 해도, 그는 좀 더 형편이 나아지기까지 차일피일 미루다가 결국 그리스도의 피를 짓밟는 자로 여기 서게 되었다." 재판장이 만약 이렇게 말했다면, 이 죄수는 영원한 불길 가운데서도 가장 맹렬하게 타는 곳으로 가게 될 것입니다. 긍휼을 거절한 자, 영생을 저버린 자, 자신을 구원받지 못할 자로 여긴 자들이여, 이런 죄가 연자 맷돌이 되어 여러분의 영혼을 영원히 짓누를 것입니다.

다음으로, 고의적으로 의도를 가지고 심사숙고하여 죄를 짓는 범죄가 있습니다. 여러분 중의 누가 이런 범행을 저지르고서도 그리스도에게 나아가지 않았습니까? 여러분은 죄인 줄 알면서도 죄를 선택하지 않았습니까? 지금도 양심의 소리를 거스르면서 여전히 죄를 선택하고 죄 가운데 살고 있지는 않습니까? 아, 제 말을 믿으십시오. 반복되는 죄, 지속되는 죄는 신속하고도 확실한 멸망을 부릅니다. 심판에 앞서 이러한 죄들이 드러나고 이런 범죄에 대한 준엄한 고소가 제기될 것입니다.

이런 오리무중 같은 상태에서 설교를 마칠 수는 없을 것 같습니다. 오, 태양아 떠올라라! 사도 바울이 인용한 성경 말씀으로 다시 돌아갑시다. 왜냐하면 그 말씀에서 여러분은 오늘 저의 설교를 적절하게 마무리할 수 있는 아주 달콤한 복음을 듣게 될 것이기 때문입니다. 사도 바울의 마음은 이사야 45장 23절에 있었습니다. 비록 사도 바울이 문자 그대로 인용하지는 않았지만, 그 의미는 충분히 인용하였습니다. 그 말씀은 이렇습니다. "내가 나를 두고 맹세하기를 내 입에서 공의로운 말이 나갔은즉 돌아오지 아니하나니 내게 모든 무릎이 꿇겠고 모든 혀가 맹세하리라 하였노라." 그런데 이 인용된 말씀 앞에 어떤 말씀이 있으리라고 생각합니까? 여러분이 직접 찾아보는 것이 좋을 것 같습니다. 여러분이 성경을 찾는 동안 기다리고 있겠습니다. 이 복된 말씀을 보고 있습니까? 하나님께서는 모든 사람이 하나님에게 무릎을 꿇을 것이고 하나님의 주권을 자백하리라고 선언하십니다. 그런데 이런 하나님의 맹세 앞에 무슨 권면의 말씀이 있습니까? 저는 건물을 쭉 둘러서 이 글씨를 간판에 새겨 넣어 불이 확 켜지도록 했으면 좋겠습니다. "땅의 모든 끝이여 내게로 돌이켜 구원을 받으라 나는 하나님이라 다른 이가 없느니라"(사 45:22).

이 긍휼의 말씀이 심판의 예언 바로 옆에 나란히 서 있습니다. 사랑하는 성도 여러분, 죄인인 여러분, 나아오십시오. 하나님께서 심판의 보좌에 올라가시기 전에 나아와서, 하나님께 경배하십시오. 좋든 싫든, 여러분이 해야 할 일들을 빠른 시일 안에 나와서 행하십시오. 지금 나와서, 그분은 마땅히 존귀하게 여김을 받아야 할 재판장이고 마땅히 우리가 복종해야 할 왕이시며, 여러분은 그분의 백성으로 그분을 섬겨야만 하고, 그분의 법을 어긴 행악자로서 중대한 과실을 범한 자임을 자백하십시오. 나와서 여러분 자신을 기소하십시오. 나와서 여러분 자신을 고소하십시오. 나와서 여러분 자신을 정죄하십시오. 하나님의 법이 여러분을 정죄할 때, 여러분은 머리를 조아리며 나아와 경배하십시오. 나와서 여러분은 자신이 하나님의 진노를 받을 만하다고 인정하십시오. 하나님의 공의에 여러분 자신을 굴복시키십시오.

그러고 나서 여러분의 하나님이자 구세주인 그분을 한 번 더 쳐다보십시오. 그리고 이렇게 말하십시오. "나의 주님, 당신이 나의 재판장이심을 나는 압니다. 그러나 당신은 또한 나의 구속자이기도 하십니다. 나는 정죄의 자리에 서기에 마땅합니다. 그러나 당신께서 나 대신 그 정죄의 자리에 서신 것을 나는 압니다. 의로우신 분이 불의한 자를 대신하여(벧전 3:18) 나의 대속자가 되시어 나의 죄와 형벌을 담당하셨습니다. 거룩하신 주님, 나는 당신을 나의 구속자로 영접합니다. 나는 나 자신을 당신께 바칩니다. 이제 나는 심리를 받고 정죄를 받고 형벌을 받아 죽었다가 당신 안에서 다시 살아났습니다. 그러므로 용서받고 석방되어 의롭다함을 받아 사랑받게 되었고 예수님으로 인해 받아들여졌습니다.”

　　오, 이 찬송가 가사 정도라면 준엄한 설교의 복된 마무리가 되지 않겠습니까?

> “저 심판의 날에 나는 담대히 서리라.
> 　그 누가 나를 비난하리요?
> 　당신의 보혈로 나는
> 　죄의 거대한 저주와 수치로부터 용서받았네.”
> （진젠도르프[Nicolaus L. von Zinzendorf]가 작사한 ‘예수님의 보혈과 공의’
> [JESUS, THY BLOOD AND RIGHTEOUSNESS]라는 찬송가의 2절 가사이다 —
> 역주)

하나님께서 여러분에게 복 주시기를 축원합니다. 아멘.

제
30
장
—

계속되는 기쁨

—

"소망의 하나님이 모든 기쁨과 평강을 믿음 안에서
너희에게 충만하게 하사 성령의 능력으로
소망이 넘치게 하시기를 원하노라" — 롬 15:13

오늘 본문은 하나님의 말씀 중에서 가장 풍성한 말씀 중의 하나입니다. 이 구절은 교훈으로 가득 차 있어서 제가 그 많은 가르침 중에 십분의 일이라도 끄집어낼 수 있을지, 기대조차 하기 어렵습니다. 사도 바울이 로마에 있는 그리스도인들에게 간절히 바란 것은, 그들의 마음이 아주 즐거운 상태가 되어 기쁨과 평강으로 충만해져서, 더 큰 기대를 가짐으로 그들의 영혼에 넘치는 소망이 생기는 것이었습니다. 사랑하는 성도 여러분, 여기에서 드러나는 기도의 소중함을 보십시오. 사도 바울은 성도들이 가능한 한 최고의 영적 상태에 이르기를 갈망했습니다. 그래서 그들을 위해 기도하였던 것입니다. 기도해서 못 이룰 것이 뭐가 있겠습니까? 여러분 자신을 위해서나 다른 사람을 위해서나 여러분이 원하는 것은 무엇이든, 여러분의 그 바람을 달콤한 맛을 곁들여서 여러분의 기도제목과 함께 버무리세요. 그런 다음에 하나님께 아뢰세요. 그러면 기도에 응답받을 것입니다.

사도 바울이 이와 같이 행복한 상태에 이르도록 하나님께 간구하는 것을 보면서, 저는 이런 상태에 도달하는 것이 가능하다는 것을 알게 되었습니다. 우리는 믿음 안에서 기쁨과 평강으로 충만하게 되고 소망이 넘치게 될 수 있습니다.

우리가 고개를 늘어뜨리고 계속되는 의심 가운데 살아갈 이유는 없습니다. 우리는 위로를 받을 수 있을 뿐만 아니라 충만한 기쁨을 가질 수도 있습니다. 우리는 이따금씩 고요함을 느낄 수 있을 뿐만 아니라, 평강 안에 거하면서 넘치는 평강으로 즐거워할 수도 있습니다. 우리는 이 큰 특권들을 가질 수 있습니다. 우리가 가질 수 없는 것이라면, 사도 바울이 이것들을 기도 제목으로 삼지도 않았을 것입니다. 그렇습니다. 이것들은 우리에게도 가능합니다. 로마서에 담긴 의미가 오직 로마인들에게만 해당되는 것이 아니듯, 이 본문은 우리에게도 해당되는 말씀입니다. 이 말씀은 우리를 위한 사도 바울의 기도로서 하늘에 상달되어 땅 끝에 있는 자들에게도 이루어지는 기도입니다. 우리 또한 기쁨과 평강이 충만케 되어 성령의 능력으로 소망이 넘치게 될 것입니다.

　가장 달콤한 즐거움들은 여전히 시온 정원에서 자라고, 우리는 그 즐거움들을 누릴 수 있습니다. 우리가 손만 뻗으면 닿을 곳에 이 즐거움들이 있는데, 왜 잡지 못하겠습니까? 기쁨과 평강의 삶을 살 수 있는데, 불신앙으로 이 삶을 놓쳐야겠습니까? 하나님께서 막으실 것입니다. 신자로서 우리가 누려야 할 특권이 있다면 우리가 누리겠다고 결심을 합시다. 어떤 고귀한 체험이 필요하다면, 우리는 하나님의 은혜를 힘입어 그 목표에 다다를 수 있을 것입니다. 우리에게는 하나님이 우리에게 값없이 주신 것들을 충분히 알고 싶어하는 바람이 있기 때문입니다.

　그러나 우리의 힘으로는 이런 결심을 할 수 없습니다. 믿음, 기쁨, 평강의 상태는 오직 하나님으로 말미암아 우리 안에 역사하기 때문입니다. 오늘의 본문 안에 이 사실이 아주 분명하게 나타나 있습니다. 우리를 기쁨과 평강으로 충만하게 하실 수 있는 분은 오직 소망의 하나님 한 분뿐이십니다. 또한 넘치게 되어 있는 우리의 소망도 오직 성령의 능력으로 말미암아 넘치게 될 것입니다. 본문에 묘사된 이 행복한 상태가 기도로 간구된다는 사실은, 축복의 근원이 오직 하나님이심을 보여주는 아주 좋은 증거가 됩니다. 기도 그 자체가 잘 묘사되어 있어서, 그 교훈이 우리 마음에 확실하게 와 닿습니다. 사랑하는 성도 여러분, 그러므로 우리가 얻을 수 있는 이 모든 특권들을 얻기로 결심한 이상, 우리의 결심을 의지하지 말고 오직 성령께서 주시는 능력과, 소망의 하나님이 주시는 힘을 간구하면서, 하나님의 능력으로 우리의 노력을 시작하도록 합시다.

　기쁨과 평강이 충만한 복된 상태에 대해 말씀드릴 때 여러분이 잘 따라와

주기를 바랍니다. 첫 번째, 복된 상태는 어디에서 오는가? 두 번째, 복된 상태는 무엇인가? 그 즐거움은 구체적으로 무엇인가? 그리고 세 번째, 이 복된 상태는 어디로 인도되는가? 우리는 기쁨과 평강으로 충만해져야 합니다. 그래야 "우리는 성령의 능력으로 소망이 넘치게 됩니다."

1. 복된 상태는 어디에서 오는가?

하나님이 모든 기쁨과 평강을 믿음 안에서 충만하게 하시는 그런 상태가 있다면, 이 복된 상태는 어디에서 오는 것입니까? 대답은 이러합니다. 이 상태는 "소망의 하나님"으로부터 옵니다. 어떻게 이 상태가 오는지를 알아보기 위해서, 오늘 우리가 본문으로 삼고 있는 로마서 15장을 전체적으로 잠시 살펴보겠습니다. 왜냐하면 이 장 전체에서 드러나는 전후관계가 아주 교훈적이기 때문입니다.

믿음을 통한 기쁨과 평강을 알기 위해서 우리는 먼저 무엇을 믿어야 할지 알아야 합니다. 우리는 이 믿음의 대상을 성경으로부터 배워야 합니다. 왜냐하면 성경 안에서 하나님은 소망의 하나님으로 계시되기 때문입니다. 하나님께서 자신을 계시하지 않으셨다면, 우리는 소망에 대해서 감도 잡지 못했을 것입니다. 그러나 소망의 창인 진리의 말씀을 통해 우리는 소망을 보게 됩니다.

죄송하지만 로마서 15장 4절 말씀을 읽어보시겠습니까? 오늘 본문과 얼마나 뚜렷한 유사점이 있는지 주목하면서 말입니다. "무엇이든지 전에 기록된 바는 우리의 교훈을 위하여 기록된 것이니 우리로 하여금 인내로 또는 성경의 위로로 소망을 가지게 함이니라." 그러므로 우리로 하여금 소망을 느끼도록 하려고 소망의 하나님이 성경에 계시되어 있는 것을 보기 바랍니다. 우리가 믿음과 기쁨과 평강으로 충만하게 되고 싶다면, 우리는 성경 안에 계시되어 있는 진리들을 믿어야 합니다. 우리가 소망에 대한 내적인 근거를 갖기 전에, 성경 안에 계시된 하나님 그분이 우리의 소망이 되어야 합니다. 먼저 기쁨을 구한 다음, 그 기쁨 위에 우리의 믿음을 세워나가서는 안 됩니다. 우리의 기쁨은 우선적으로 우리의 믿음으로부터 자라나게 해야 합니다. 그 믿음도 전적으로 하나님만을 의지해야 합니다.

사도 바울은 성경을 어떻게 사용해야 하는지 그 방법에 대한 실례를 우리에게 보여줍니다. 이 15장에서 그는 구약에서 인용한 모세, 다윗, 이사야의 말씀으로부터 진리를 찾아낸 다음, 이 진리를 이런저런 본문과 함께 배치해서 하나님의 증거가 분명히 드러나도록 합니다. 사도 바울은 우리 같은 이방인들에게 있어서 큰 쟁점이 되는 사안을 성경의 여러 구절들 안에서 보고 있었습니다. 즉, 우리 같은 이방인들에게도 하나님은 예전부터 소망의 하나님으로 성경 안에 제시되어 왔음을 사도 바울이 보고 있었다는 것입니다. 예전에 구원은 유대인들의 것, 즉 오직 유대인들만을 위한 것이며, 그래서 우리는 구원으로부터 완전히 차단되었다고 여겨지던 때가 있었습니다. 그러나 이제 다시 구약으로 돌아가 보면, 하나님께서는 우리가 그분을 알기 전부터 우리에 관해 좋은 소식들을 말씀해 놓으신 것을 우리가 알게 됩니다. 이스라엘 백성은 알지 못했다 해도, 이방인들을 위한 소망은 항상 있어 왔습니다. 족장들과 왕들과 선지자들이 이방인들을 위한 소망으로밖에는 해석될 수 없는 말씀들을 너무나 자주 언급했기 때문입니다.

"또 네 씨로 말미암아 천하 만민이 복을 받으리니"(창 22:18). 이 약속은 가나안의 경계를 훨씬 벗어나는 약속입니다. 그러므로 사도 바울이 하나님의 말씀을 탐구하여 이방인들에 대한 소망을 발견하였던 것처럼, 가장 무거운 온갖 짐을 진 영혼들도 성경을 부지런히 읽고 신실하게 믿는다면 위로의 원천들을 발견하게 될 것입니다. 모든 약속은 신자들이 소망을 느끼도록 하기 위해 의도된 것입니다. 그러므로 그 약속들을 끝까지 사용하십시오. 기록된 말씀을 위로의 원천으로 사용하십시오. 꿈이나 마음의 동요나 느낌이나 감정 등을 구하지 마십시오. 믿음은 성경과 성경에 계시된 소망의 하나님과 관련되어 있습니다. 믿음은 성경과 하나님으로부터 충만한 기쁨과 평강을 이끌어내는 것입니다.

사랑하는 성도 여러분, 여러분이 그리스도를 믿는 믿음을 갖기 원하거나 그 믿음을 증진시키기 원한다면, 하나님의 말씀 안에 제시된 구원의 복음을 부지런히 알고 이해하도록 하십시오. "믿음은 들음에서 나며"(롬 10:17), 하나님의 말씀을 읽어도 생깁니다. 알지 못하는 것을 어떻게 믿을 수 있겠습니까? 여러분이 가르침을 받기 전에, 무턱대고 믿으려고 하지 마십시오. 먼저 하나님께서 무엇을 계시하셨는지를 알아보십시오. 하나님께서 영생의 소망을 여러분에게 어떻게 나타내 보이셨는지를 살펴보십시오. 그런 후에 하나님의 증거를 여러분의 온 마음으로 믿으십시오. 하나님의 모든 약속과 말씀은 여러분의 소망을 세울 수 있는 가장 확실하고 확고한 토대가 됩니다. 여러분의 감정에 상관 없이, 여러분의 닻을 내리고 계시된 하나님의 진리들을 붙잡으십시오.

이제 충만한 기쁨과 평강은, 성경 안에서 하나님이 자신을 계시하신 대로, 소망의 하나님으로부터 우리에게 온다는 사실을 말씀드리면서 시작하고자 합니다. "들으라 그리하면 너희의 영혼이 살리라"(사 55:3)라는 말씀대로, 우리의 영혼이 기뻐하기 위해서라도 우리는 들어야만 합니다.

자, 보십시오. 성경은 이방인들도 소망을 가져야 할 뿐 아니라 기쁨도 누려야 한다고 기록되어 있습니다. 사도 바울이 인용한 구절들을 여러분이 눈여겨보시기를 바랍니다. 마지막에 인용한 구약 말씀 중에 적어도 세 구절은 우리로 하여금 기뻐할 것을 요구하고 있기 때문입니다. 이제 10절을 보십시오.

모세가 말씀합니다. "열방들아 주의 백성과 함께 즐거워하라." 선택된 민족에게 어떤 기쁨이 있다면, 그것은 또한 믿는 우리에게도 기쁨이 됩니다. 애굽으로부터 구원을 받고, 홍해를 건너도록 인도함을 받고, 만나로 먹이고, 가나안 접경지역까지 인도함을 받은 이스라엘 민족에게 어떤 기쁨이 있었다면, 그것은 또한 우리에게도 기쁨이 됩니다. 번제로 인한 어떤 기쁨이 있었다면, 유월절 만찬으로 인한 어떤 기쁨이 있었다면, 희년으로 인한 어떤 기쁨이 있었다면, 이 모든 기쁨들은 우리도 함께 나눌 수 있는 기쁨입니다. 하나님께서 이렇게 말씀하시기 때문입니다. "열방들아 주의 백성과 함께 즐거워하라"(롬 15:10). 그들의 기쁨에 동참하여 함께 기뻐하십시오.

이번에는 다윗이 말합니다. "너희 모든 이방인들아 주를 찬양하라 너희 모든 백성들아 그를 찬양하라"(롬 15:11, KJV). 자, 보십시오. 찬양이 있는 곳에는 기쁨이 있습니다. 왜냐하면 기쁨은 찬양의 한 구성요소이기 때문입니다. 주님을 바르게 찬양하는 자들은 주님 앞에서 기뻐합니다. 너희 모든 이방인들아 찬양하라. 이렇게 다윗이 여러분에게 이스라엘과 함께 연합하여 하나님을 찬양하라고 명령했을 때는, 그 사랑받는 민족으로 하여금 주님을 찬양하도록 하는 충만한 기쁨을 여러분도 함께 누리라는 명령을 하는 것입니다.

다시 이사야가 말합니다. "이새의 뿌리 곧 이방인들을 통치하기 위해 일어날 자가 있으리니 이방인들이 그를 신뢰하리라"(롬 15:12, KJV). 사실 이 마지막 부분은 이방인들이 그에게 "소망"을 두리라로 번역되어야 합니다(개역개정판에는 "이새의 뿌리 곧 열방을 다스리기 위하여 일어나시는 이가 있으리니 열방이 그에게 소망을 두리라"로 되어 있다 – 역자 주). 소망은 언제나 기쁨의 근원이 됩니다. 따라서 우리가 성경에서 보는 하나님은 소망의 하나님이십니다. 그리고 좀 더 살펴보면, 이방인들의 소망은 하나님의 백성과 함께 기뻐하도록 허용되는 것임을 보게 됩니다. 실제로 하나님은 하나님을 아는 모든 자들의 소망이 되시며, 그로 인해 당연히 우리는 하나님이 기쁨과 평강의 근원이 되심을 알게 됩니다.

제가 서론으로 지금까지 말씀드린 바는 이것입니다. 우리 모두가 얻기를 원하는 기쁨과 평강은 성경에서 우리에게 계시된 모습인 소망의 하나님에 대한 지식을 통해서 추구되어야 한다는 것입니다. 우리는 그 확실한 증거의 말씀으로부터 시작해야 하는데, 더 확실한 예언은 어두운 데를 비추는 등불과 같으니 여러분이 이것에 주의하는 것이 옳습니다(벧후 1:19). 아직까지 우리 안에 변화가 없고, 우리의 본성 안에 소망이나 기쁨에 대해 이해할 만한 내적 근거가 없다 해도, 말씀 안에서 계시된 하나님을 믿는 믿음이 있어야 합니다. 보지 못하고 믿는 자들은 복됩니다(요 20:29). 내적 체험으로 인한 위로 없이도 하나님을 의지할 수 있는 사람은, 충만한 기쁨과 평강으로 가는 고속도로 위에 서 있는 사람입니다.

오늘 본문에서 사도 바울은 말씀을 통해 우리를 하나님에게로 인도합니다. 하나님은 우리를 개인적으로 기쁨과 평강이 충만하게 하시는 분입니다. 이를 통해 저는 하나님이 우리 기쁨의 위대한 대상이 되신다는 사실을 이해하게 됩니다. 이스라엘 백성이 홍해에서 하나님을 찬양했던 것처럼, 우리도 이와 마찬가지로 우리 주 예수 그리스도로 말미암아 하나님을 기뻐합니다.

다윗처럼 우리도 말합니다. "그런즉 내가 하나님의 제단에 나아가 나의 큰 기쁨의 하나님께 이르리이다"(시 43:4). 이사야와 더불어 우리도 찬양합니다. "내가 여호와로 말미암아 크게 기뻐하며 내 영혼이 나의 하나님으로 말미암아 즐거워하리니"(사 61:10). 먼저 하나님께서 자신의 말씀이라는 창을 통해 우리를 바라보셨을 때, 비로소 우리는 소망을 갖기 시작했습니다. 서서히 하나님의 성령께서 우리의 소망이 믿음이 되도록 자라게 하십니다. 그 이후로 주님에 대한 우리의 지식이 증가하면서, 우리의 믿음은 충만한 기쁨으로까지 드러나게 됩니다. 우리의 하나님은 복되신 하나님입니다. 그러므로 하나님을 믿는 것은 영혼에 안식을 찾는 것이며, 하나님과 함께 교통하는 것은 지극한 기쁨 가운데 거하는 것입니다.

사랑하는 성도 여러분, 여러분이 하나님을 생각할 때 그리스도와 별개로 그 공의로우신 분을 생각한다면, 여러분은 마땅히 두려워 떨게 될 것입니다. 그러나 여러분이 하나님을 예수님 안에서 본다면, 그분의 공의 자체는 "무서운 수정"

(겔 1:22, KJV)처럼 여러분에게 귀중한 것이 됩니다. 그래서 여러분은 그 공의를 여러분의 기쁨의 토대로 세우는 법을 배우게 됩니다.

여러분의 주님이신 예수 그리스도의 인격 속에 계시된 하나님의 거룩하심을 여러분이 보게 될 때, 예전에는 여러분을 두렵게 했던 그 거룩하심이 이제는 최고로 매력적인 것이 됩니다. "예수 그리스도의 얼굴에 있는 하나님의 영광"(고후 4:6)이 얼마나 매력적입니까! 여러분이 보는 바와 같이, 이 성경과 하나님의 아들을 통해 제시된 하나님의 사랑은 여러분에게 모든 거룩한 열정들을 불어넣어 줍니다. 하나님의 영원히 변치 않으심은 여러분이 가진 평강의 기초가 됩니다. 하나님께서는 변하지 않으시기에, 그분의 모든 약속들은 여러분과 그 모든 백성에게 대대에 걸쳐 굳게 설 것입니다. 하나님의 능력은 예전에는 천둥과 폭풍우 가운데 나타나 너무나 두려웠지만, 이제는 여러분이 보는 바대로 하나님의 능력이 약속과 짝이 되어 그 약속을 성취하게 함으로 여러분에게 매우 기쁜 것이 됩니다. 하나님의 능력이 인간이신 예수 그리스도에게 오로지 집중되어 하나님의 목적들이 이루어지는 것을 보십시오.

사실 우리는 하나님의 속성도 볼 수 없고, 하나님의 뜻도 볼 수 없고, 하나님의 행하심도 볼 수 없습니다. 우리에게는 하나님을 가시적으로 볼 수 없는 측면이 있습니다. 그러나 성경에 계시된 하나님을 보고서 믿게 될 때, 눈에 보이지 않는 것들은 기독교인의 기쁨의 대상이 됩니다. 신자에게 하나님은 자신의 태양이며, 방패며, 분깃이며, 기쁨이며, 전부입니다. 신자의 영혼은 하나님을 기뻐합니다. 처음에는 반신반의하며 하나님께 소망을 두었습니다. 그러자 하나님이 그를 보며 미소를 지으셨습니다. 그 후에 그는 성경을 관심 있게 보게 되면서 성경을 통해 수많은 힘이 되는 선언들을 발견했습니다. 그는 이것들이 사실인 것을 알았습니다. 이제야 그는 하나님께서 말씀하신 대로 그렇게 행하실 것을 믿게 되었습니다. 이제 그의 소망은 믿음이 되었을 뿐만 아니라, 그 믿음이 싹이 나고 꽃이 펴 기쁨과 평강의 열매까지 맺게 되었습니다.

이제 여러분은 우리가 가진 거룩한 모든 기쁨을 시작하게 하신 분이 바로 하나님이심을 알게 되었습니다. 그런데 우리의 하나님이 소망의 하나님으로 불리는 이유는, 하나님이 우리의 희망의 대상이 되고 우리의 기쁨과 평강의 토대가 될 뿐만 아니라, 하나님이 우리 속에서 소망과 기쁨을 일으키는 바로 그분이시기 때문입니다. 하나님께서 시작과 끝이 되지 않는 기쁨은 전혀 누릴 가치가 없는 기쁨입니다. 그리고 하나님께 소망을 두지 않고 샘솟는 기쁨은 전혀 받아들일 가치가 없는 기쁨입니다. 하나님께서 우리에게 평강의 입김을 불어넣어 주셔야만 합니다. 그렇지 않으면 우리의 영혼은 요동하는 바다 물결(약 1:6)처럼 결코 안식을 얻지 못할 것이며, 설령 평강과 기쁨과 소망이 있다손 치더라도, 하나님이 없다면 바람직하지 않은 것입니다. 왜냐하면 하나님 없는 평강은 마약이며, 하나님 없는 기쁨은 광기이며, 하나님 없는 소망은 기만이기 때문입니다. 참된 신자들에게 있어, 그들의 소망, 믿음, 기쁨, 평강은 모두 한결같이 하나님이 만드신 것입니다(엡 2:10). 우리가 입고 있는 영적 의복도 결코 우리가 만든 것이 아닙니다. 하나님께서 우리의 머리부터 발끝까지 입혀 주셨습니다.

　"소망의 하나님"이라는 이 복된 이름은 신약에 나오는 용어이며, 참으로 복음적인 호칭입니다. 역사가 리비우스(Titus Livius Patavinus. 고대 로마의 역사가 ─ 역주)는 로마인들도 소망의 신을 가지고 있었다고 말합니다. 그런데 그 소망의 신전이 번개를 맞았다고 말합니다(리비우스가 저술한 책「로마사」142권 중 제21권 62장에 나온다 ─ 역주). 그리고 뒷부분에 가서 덧붙이기를, 그 신전이 불에 타서 무너져 버렸다고 합니다. 소망이 무엇인지에 대한 이런 이야기들은 자신들이 만든 신들을 경배하는 여러 민족들이 가지고 있는 아주 전형적인 모습입니다. 모든 우상이 주는 소망들은 가장 높으신 분의 진노 아래 분명히 망하게 될 것입니다. 계몽되지 않았거나, 아니면 오직 죄를 발견할 정도로만 계몽된 인간 본성이 찾은 하나님은 공포의 하나님입니다. 실제로 많은 사람들에게 있어서 하나님은 절망의 하나님입니다.

　그러나 여러분이 성경 안에 있는 하나님의 계시를 살펴본다면, 여러분은 그분의 은혜로우신 성품으로 소망을 불러일으키는 하나님을 발견하게 될 것이며, 그래서 모든 다른 것으로부터 돌아서서, 오직 하나님만을 여러분의 소망으로 삼게 될 것입니다. "나의 영혼아 잠잠히 하나님만 바라라 무릇 나의 소망이 그로부터 나오는도다"(시 62:5). 예수 그리스도 안에 있는 하나님은 더 이상 사람들의 두려움이 아니라 소망이 되셨습니다. 우리의 아버지이며 우리의 친구이신 하나님, 우리가 찾는 모든 것이 당신에게 있습니다. 하나님을 찬양하십시오. 하나님께서 북돋워주시는 소망은 하나님이 주시는 가치 있는 소망입니다. 그것은 하나님을 닮은 소망이며, 그 소망은 우리를 도와 정결하도록 하는 소망입니다. 처음에 우리는 하나님께서 우리의 모든 죄를 깨끗이 해 주시기를 소망합니다. 그런 후, 이제와 앞으로는 하나님께서 우리를 받아주시기를 소망합니다. 우리는 예수 그리스도 안에 있는 대속을 통한 용서를 소망하다가, 이제 죄 용서를 받고 나서는 성령으로 말미암는 성화까지 소망하게 됩니다.

우리의 소망은 쉬지 않고 좀 더 높은 소망으로 올라가서, 계속하여 하나둘씩 목표를 이루어갑니다. 우리가 하나님의 우편에 영원토록 거하게 되는 그 날까지 계속해서 그렇게 올라가리라는 것을 알고 있습니다. 이 소망을 붙잡는 자는 영혼을 만족케 하는 분깃을 소유한 것입니다. 그래서 그 소망 안에 거하는 자라면 수천 번의 순교를 당하는 고통도 넉넉히 감수할 것입니다. 이런 소망은 오직 하나님만이 인간을 위하여 고안해 내셨던 소망입니다. 곧 하나님 안에 근거를 둔 소망이며, 예수 그리스도 안에 있는 자녀들에게 제시된 소망입니다. 왜냐하면 예수님의 희생이 드려졌고 또 받아들여졌기 때문입니다. 이 소망은 오직 하나님만이 사람들 속에 불어넣을 수 있는 소망입니다. 왜냐하면 사람들이 설령 복음을 듣는다 해도, 하나님께서 능력으로 그들의 영혼에 임하지 않는다면, 그들이 소망을 발견할 수 없기 때문입니다. 이 소망은 항상 하나님을 찬양하며 그분 발 앞에 엎드려 하나님으로부터 독립하겠다는 생각은 아예 하지도 않는 소망입니다. 소망의 면류관을 하나님 발 앞에 내려놓고, 하나님을 소망의 주님으로 영원토록 삼는 소망입니다. 이 소망은 기쁨과 평강의 어머니입니다. 오직 하나님이 우리 안에서 역사하실 때만, 우리는 진정으로 행복하고 안식할 수 있습니다.

2. 복된 상태는 무엇인가?

두 번째 대지로 이런 질문을 드리겠습니다. 제가 앞서 잠시 말씀드린, 복된 상태란 무엇인가? 하는 질문입니다. 오늘 본문에서 사도 바울은 말합니다. "소망의 하나님이 모든 기쁨과 평강을 믿음 안에서 너희에게 충만하게 하사." 이것은 아주 쾌적한 마음 상태입니다. 기쁨으로 충만하게 되는 것은 천국의 즐거움을 맛보는 듯한 보기 드문 즐거움의 상태이기 때문입니다.

이 상태는 쾌적할 뿐만 아니라 안전한 상태이기도 합니다. 왜냐하면 하나님께서 그에게 주시는 기쁨을 가진 사람은 그 기쁨을 아주 편안하게 누릴 수 있기 때문입니다. 세상이 주는 기쁨은 한때에 불과합니다. 여러분은 세상의 기쁨을 누리면서도 이 기쁨이 곧 끝나버리면 어떡하나 하는 생각에 두려워합니다. 이 기쁨이 끝난 후에는 어떻게 될까요? 이 땅에 있는 가장 좋은 촛불도 곧 다 타버릴 것이고, 이 세상이 즐기는 환희의 낮도 고통의 밤으로 끝날 것입니다. 이런 생각을 하면 우리를 스쳐지나가는 모든 기쁨들이 싫어지고 시시해 보입니다. 그러나 하나님께서 주시는 기쁨은 그 기쁨이 다한 후에 어떻게 될까 하는 생각이 들지 않습니다. 이 기쁨은 건전하고 안전하고 영원한 기쁨이기 때문입니다. 우리가 마시고 싶은 대로 마셔도 질리지 않고, 두려움 없이 마음껏 즐길 수 있는 기쁨입니다.

이와 함께 이 기쁨은 가장 유익한 기쁨입니다. 왜냐하면 이 기쁨을 많이 가지면 가질수록, 사람은 더 훌륭해지기 때문입니다. 이 기쁨은 사람을 약하게도 하지 않고, 기력을 빼앗지도 않을 것입니다. 왜냐하면 이 기쁨은 사람을 강하게 하는 독특한 힘을 가지고 있기 때문입니다. 분명히 슬픔은 우리를 강하게 하는 힘이 있습니다. 하지만 거룩한 기쁨은 슬픔보다 더 큰 강장제의 역할을 합니다. 성경에 "여호와로 인하여 기뻐하는 것이 너희의 힘이니라"(느 8:10)라고 기록되어 있기 때문입니다. 우리가 하나님 안에서 행복해지면 질수록, 그리스도의 뜻이 우리 안에서 더욱더 완벽하게 성취될 것입니다. 우리의 기쁨이 충만해지기를 하나님께서 원하시기 때문입니다. 여러분이 하나님을 기뻐하면 할수록, 여러분은 더욱더 참된 종교에 호감을 가지게 될 것입니다. 여러분의 기쁨이 특별히 고난을 받을 때 충만해지면 질수록, 여러분은 더욱더 하나님께 영광을 돌려드리게 될 것입니다. 쾌적하면서 동시에 유익한 것은 그리 많지 않습니다. 그러나 거룩한 기쁨과 평강은 이 두 가지 장점을 다 가지고 있습니다. 영적인 기쁨이 충만한 정도는 영적인 힘의 상태를 보여주는 지표이기도 하고 수단이기도 합니다. 그래서 이런 마음의 상태를 가지도록 여러분에게 권해드리는 것입니다. 우리는 천국의 참된 위로를 두려워할 정도로 믿음이 없는 사람들도 아니며, 믿음으로 얻게 되는 기쁨과 평강의 충만함을 거절할 정도로 비합리적인 사람들도 아닌 것을 저는 확신합니다.

자, 이 점도 주목해 주십시오. 이 복된 상태에는 다양한 마음들이 함께 있습니다. 이 마음 상태에는 기쁨과 평강이 둘 다 있을 수도 있고, 둘 중에 하나만 있을 수도 있습니다. 때로 신자들은 기쁨으로 충만하게 됩니다. 기쁨은 활동적이고 무언가를 나타내 보입니다. 다이아몬드처럼 번쩍이면서 광채를 드러내기도 하며, 법궤 앞에 다윗 왕처럼(삼하 6:14) 노래하고 춤을 추기도 합니다. 거룩한 기쁨으로 충만하게 되는 것은 이런 감미로운 맛이 느껴지는 흥분상태입니다. 여러분도 종종 이런 경험을 해 보기 바랍니다. 낯선 사람들이 생각할 때, 여호와께서 그들을 위하여 큰 일을 행하셨구나(시 126:2) 하는 생각이 들도록 말입니다. 그러나 육체의 연약함으로 인해 우리는 계속되는 즐거움을 견뎌내기가 아주 힘듭니다. 그래서 다소 완화된 모습으로 사랑스러운 형태를 지닌 평강이 임합니다. 평강은 마음이 정말 기쁘기는 하지만 고요하고 평온한 방식으로 기쁨을 느낍니다.

저는 교회의 첨탑에 있는 종을 줄을 잡아 당겨 추가 앞뒤로 흔들리게 해서 기쁨의 종소리를 온 동네에 울려 퍼지게 하는 종지기를 본적이 있습니다. 그는 종을 다 치고 나서는 줄이 흔들리지 않도록 해서, 종이 다시 고요한 상태가 되도록 합니다. 이와 마찬가지로 기쁨은 사람을 긴장시키지만, 평강은 그에게 안정을 줍니다. 이 평강은 사람을 들뜨게 하지도 않고, 큰 소리로 찬양하게 하지도 않습니다. 그러나 평강은 고요한 중에 무한한 의미로 충만하여 그것이 영혼에 범람하는 것을 조절하는 수문의 역할을 감당합니다. 여러분은 크게 흥분시키는 모임을 찾지 않고, 평온한 그늘과 조용한 골방을 찾습니다. 여러분은 기쁨 가운데 있었을 때처럼 지금도 행복하지만, 그렇게 격앙되지도 않고 동요도 없습니다. 평강은 안식하는 기쁨입니다. 반면에 기쁨은 춤추는 평강입니다. 기쁨은 하나님이 사랑하시는 주님 앞에서 호산나를 외치는 것이며, 평강은 그분의 품에 자신의 머리를 기대는 것입니다.

사별하게 되었다거나 아픈 상처가 있을 때 우리는 도저히 기뻐할 수 없습니다. 그러나 그럴 때라도 우리의 마음이 평강한 상태는 될 수 있습니다. 믿음이 거룩한 기쁨으로 적군을 무찌를 수 없는 순간에도, 여전히 믿음은 거룩한 평강 가운데 하나님의 구원을 바라볼 수는 있습니다. 우리는 기쁨으로 일하고 평강으로 쉽니다. 우리가 죽게 되었을 때, 비록 승리의 기쁨으로 군기를 휘날리며 이 세상을 떠나지는 못한다 해도, 우리는 평강의 팔에 안겨 편안히 잠들 수는 있습니다. 아주 대단히 흥분된 상태는 아니지만 그래도 하나님과 더불어 고요하고 평온한 교제를 유지하는 것은 얼마나 즐거운 삶인지 모릅니다. 그들의 마음은 주님을 신뢰하면서 확정되었습니다. 그들은 날아오르지도 않고 가라앉지도 않습니다. 그들은 자기 길을 한결같은 마음으로 걸어갈 뿐입니다.

이렇게 두 가지 마음 상태에는 저마다의 가치와 차이가 있기 때문에, 저는 기쁨과 평강 중에 어느 것을 선택해야 할지 잘 모르겠습니다. 저는 기쁨이 없는 마음 상태를 원하지 않습니다. 그러나 평강에는 견고한 그 무언가가 있다고 생각하기 때문에, 저는 평강을 조금 더 선호합니다. 그래서 마르다와 마리아 두 자매 중에 저는 조용한 마리아를 더 좋아합니다(눅 10:39). 이사야서에 유명한 말씀이 있습니다. "오직 여호와를 앙망하는 자는 새 힘을 얻으리니 독수리가 날개 치며 올라감 같을 것이요 달음박질하여도 곤비하지 아니하겠고 걸어가도 피곤하지 아니하리로다"(사 40:31). 이 말씀은 일반적으로 점층법을 따르지 않은 것처럼 보입니다. 맨 처음에 가장 큰 것을 언급하고 그 다음에 조금 작은 것, 그 다음에는 제일 작은 것이 나타나는 것처럼 보이니까요. 그러나 사실은 그렇지 않습니다. 독수리가 날개 치며 올라가는 것은 잠시 동안만 진행되는 일시적인 것입니다. 우리는 독수리도 아니고, 또 항상 날개를 칠 수도 없습니다. 하나님은 독수리처럼 우리의 능력을 새롭게 해 주십니다. 즉, 우리도 독수리의 경우처럼 그렇게 항상 날개 치듯 올라가기만 할 수 없다는 것을 보여줍니다.

맞습니다. 날아갈 수 있으면 정말 멋진 일이겠지만, 달릴 수 있는 것이 더 나은 것입니다. 그리고 날아가는 것보다 달리는 것이 인간에게 더 맞기도 할 뿐 아니라, 위험도 감소하고 실제적으로 더 유용하기도 합니다. 달리는 것은 좋습니다. 그러나 여행을 할 때는 달리는 것이 가장 좋지 않습니다. 걷는 것이 가장 좋습니다. 왜냐하면 계속해서 꾸준히 속도를 유지하면서 이동하기에는 걷기가 제일 좋은 방법이기 때문입니다. "에녹이 하나님과 동행하더니"(창 5:24. '동행'은 걷는다(walk)는 의미이다 – 역주). 하나님의 속도도 걷는 것입니다. 하나님은 구름으로 자기 수레를 삼으시고 바람 날개로 다니십니다(시 104:3. '다니신다'도 '걷다'의 의미이다 – 역주). 신앙생활이나 경건생활(직접적인 영어표현은 '신앙걸음', '경건걸음'이다 – 역주)이란 말도 듣게 되는데, 여기에서 걷는다는 표현은 실제적이고 일상적인 생활을 의미합니다. 사랑하는 젊은 성도 여러분, 저는 여러분이 뛰는 것을 보고 싶고, 제 자신은 산책을 했으면 좋겠습니다. 그러나 꾸준하고 침착하게 끈기를 가지고 걷는 것이 가장 좋습니다. 쓰러지지 않고 걷는 것이야말로 경험적으로 가장 좋은 성과를 이루어냅니다. 처음에는 별로 앞서 나가는 것 같지 않아도, 걷는 것은 귀합니다. 걷는 것은 평강의 상징이며, 달음박질하는 것과 독수리가 날개 치며 올라가는 것은 기쁨의 상징입니다.

사랑하는 성도 여러분, 복된 상태는 또한 혼합된 상태입니다. 왜냐하면 우리는 포도주와 우유, 이 두 가지를 동시에 마시라는 명령을 받았기 때문입니다. 여기서 포도주는 기쁨으로 들뜬 상태를 말하며, 우유는 평강으로 흡족한 상태를 말합니다. "너희는 기쁨으로 나아가며 평강으로 인도함을 받을 것이요"(사 55:12, KJV). 여러분은 즐거움의 푸른 풀밭에 누울 것이며, 고요함의 잔잔한 물 가로 인도될 것입니다. 우리의 마음은 큰 바다와 같아서 우리가 기쁨의 박수를 칠 때는 영광스럽게 기쁨의 물보라가 크게 일어 즐거움으로 파도가 높이 출렁입니다. 하지만 그와 동시에 바다 속 산호 동굴은 모든 것이 고요하고 흔들림이 없듯, 우리의 마음은 잠자는 아기처럼 고요할 것입니다. 우리는 이제 이런 찬송가 가사를 이해하는데 어려움이 없을 것입니다.

> "내 마음은 평안합니다. 오, 나의 하나님,
> 나는 감사와 찬양을 드립니다."
> (워링[Anna Laetitia Waring]이 작사한 찬송가 '내 마음은 평안합니다. 오, 나의
> 하나님' [My heart is resting, O my God]의 1절 가사이다 — 역주)

우리는 평안하지만 찬양합니다. 마치 나무들이 땅에 그 뿌리를 깊이 내리고 있지만, 바람에 그 꽃의 향기를 내뿜는 것과 같습니다. 또한 아침은 나팔소리 없이 고요하게 오지만, 그 아침이 오는 소리에 잠이 깬 새들은 아름다운 음악을 들려주는 것과도 같습니다. 우리에게는 기쁨의 거품만 있는 것이 아닙니다. 우리가 가진 즐거움의 포말 아래에는 견고한 평강이 있습니다. 이렇게 정선된 두 가지를 결합하는 법을 배운다면, 우리는 행복해질 것입니다.

> "기쁨은 자연의 황무지에서는
> 자라지 않는 열매,
> 그리스도를 알기 전의 모든 자랑이 그 열매들이니,
> 허영과 헛된 것이라.
>
> 그러나 주님이 은혜를 심고,
> 그의 영광이 알려진 곳에는,
> 하늘의 열매인 기쁨과 평강,
> 이 열매들이 열린다. 오직 그곳에서만."

(뉴턴[John Henry Newton]이 작사한 찬송가 '기쁨은 사라시 않는 열매' [Joy is a fruit that will not grow]의 1절 가사이다 ― 역주)

자, 제가 이제 말씀드리려고 하는 다음 사실에 여러분이 좀 더 집중하기 바랍니다. 왜냐하면 이 사실로부터 저는 오늘의 설교를 시작했으며, 이 사실이 주요한 신앙 핵심으로 여러분의 마음속에 남았으면 하고 바라기 때문입니다. 오늘 본문에서 말씀하고 있는 기쁨과 평강은 믿음을 통해서 생깁니다. 여러분은 하나님을 계시하는 성경을 통해 소망의 하나님을 알게 됩니다. 성경을 통해 여러분은 하나님을 믿도록 인도되고, 여러분의 기쁨과 평강이 충만하게 되는 것도 그 믿음을 통해서입니다. 기쁨이 충만하게 되는 것은 행함이나 감정으로 되는 것이 아닙니다. 우리의 평강은 표적이나 증거나 체험으로부터 생기는 것도 아닙니다. 기쁨과 충만은 우리가 하나님의 자녀라는 사실을 우리에게 확증해 주는 것들입니다. 우리의 평강은 단순히 믿음으로부터 생겨납니다. 우리의 마음 중심에 있는 기쁨과 평강은 우리의 영혼 안에 계신 성령의 내적 사역의 결과로 우리에게 임하는 것이 아니라, 성경 속에 있는 하나님의 약속들과 주 예수님의 완성된 사역의 결과로 우리에게 임하는 것입니다. 우리는 우리 자신을 벗어나, 계속해서 기록된 말씀을 보아야 합니다. 그 말씀 안에서 주님은 우리 앞에 나타나십니다. 우리는 성경 그 자체에서 제시되는 논증들 이외의 논증들을 의지하지 말고, 예수 그리스도 안에 계신 하나님을 우리 소망의 주요 토대로 삼고 그분만을 의지해야 합니다. 우리 안에 계신 성령의 사역으로부터 흘러나오는 소망에 우리가 어떻게 도달할 수 있는가 하는 문제는 추후에 말씀드리겠습니다. 그 문제보다 먼저, 가장 확실한 기쁨과 가장 참된 평강의 주요 토대가 영구적으로 그리고 지속적으로 예수 그리스도를 단순히 믿는 믿음을 통해 우리에게 임해야 한다고 생각합니다.

사랑하는 성도 여러분, 저는 제가 회심했다는 것을 알고 있습니다. 왜냐하면 제 마음에 변화가 있다는 것을 제가 확신하기 때문입니다. 그럼에도 불구하고 영생에 대한 저의 소망은 그러한 내적 사실에 의해 좌우되지 않습니다. 저는 다음과 같은 외적 사실을 의지합니다. 즉, 예수님은 자기를 믿는 사람들의 모든 죄를 없이하셨으며, 하나님은 바로 그 예수님 안에서 자신을 계시하셨고, 나는 하나님의 말씀을 나의 죄 용서에 대한 보증서로 가지고 있다는 것입니다. 이것이 바로 나의 안식입니다. 나는 예수 그리스도 안에 있는 신자이기 때문에 나에게 소망이 있고, 그 소망으로 인해 기쁨과 평강을 누립니다. 왜냐하면 "나 보내신 이를 믿는 자는 영생을 얻었고"(요 5:24)라고 하나님께서 선포하셨기 때문입니다. 이러한 기쁨은 믿음을 통해서만 오직 안전하게 생길 수 있습니다.

사랑하는 성도 여러분, 저는 하나님이 말씀하신 이런 어린 아이들과 같은 믿음(마 18:3)에서 여러분이 멀어지지 않도록 여러분을 위해 기도합니다. 여러분이 현재 손쉽게 체험하는 것들을 통해서 덧없는 기쁨과 평강을 얻는 것은 아주 쉽습니다. 그러나 여러분 내면이 온통 혼란스러워질 때는 어떻게 하겠습니까? 감정으로 사는 자들은 날씨에 따라 변합니다. 만일 여러분이 완성된 그리스도의 사역을 믿는 믿음을 제쳐놓고, 자신의 내면에 있는 감정의 잔을 마신다면, 여러분은 비통하게 절망하고 있는 자신을 발견하게 될 것입니다. 그 때는 달콤한 꿀도 쓴 맛으로 변할 것이며, 양지도 암흑으로 변할 것입니다. 왜냐하면 사람으로부터 나오는 모든 것들은 변덕스럽고 기만적이기 때문입니다. 소망의 하나님께서 기쁨과 평강으로 여러분을 충만하게 하실 것입니다. 그러나 이것은 오직 믿음을 통해서만 이루어질 것입니다. 여러분은 그리스도의 완전한 대속을 의지하여, 그리스도의 십자가의 발 아래에 불쌍한 죄인으로 계속 서 있어야 할 것입니다. 만약 여러분이 그렇게 하지 않는다면, 여러분은 결코 기쁨과 평강을 누릴 수 없을 것입니다. 만약 여러분이 "나는 성자다. 내 속에는 선한 것이 있다"는 식으로 말하기 시작하면, 여러분의 기쁨은 자취를 감추고, 여러분의 평강이 떠나갈 것입니다. 여러분의 믿음을 고수하십시오.

다시 본문으로 돌아갑시다. 바울의 말을 따르면, 이 기쁨과 평강은 최고의 품성임을 여러분이 발견하게 될 것입니다. 왜냐하면 사도 바울이 즐겨 쓰는 어투가 이것을 말해 줍니다. "모든 기쁨과 … 충만하게 하사"라고 표현한 오늘 본문에서처럼, 사도 바울은 종종 "모든"이라는 단어를 사용해서 최고의 것을 표현합니다. 사도 바울이 말하고자 한 것은 최선의 최고 수준의 기쁨을 말합니다. 다시 말해, 여러분이 얻을 수 있는 가장 큰 기쁨이며, 땅과 하늘에서 최고로 엄선된 가장 충만한 기쁨입니다. 하나님께서는 여러분에게 기쁨 중의 기쁨, 즐거움 중의 즐거움, 하늘 중의 하늘을 주십니다.

다음으로, 사도 바울이 하는 기도의 포괄성을 살펴보겠습니다. 사도 바울은 "모든 기쁨"을 말합니다. 하나님 아버지에 대한 기쁨, 하나님 아들의 대속의 보혈에 대한 기쁨, 성령 하나님의 내주하심에 대한 기쁨, 은혜 언약의 기쁨, 은혜 언약의 인침과 증거에 대한 기쁨, 약속들에 대한 기쁨, 섭리에 대한 기쁨, 교리들에 대한 기쁨, 교훈들에 대한 기쁨, 하나님으로부터 오는 모든 것에 대한 기쁨 등, 이런 것들이 "모든 기쁨"이 의미하는 것입니다. 사도 바울은 또한 그들을 위하여 모든 평강을 간구합니다. 다시 말해, 하나님과의 평강(롬 5:1), 양심과의 평강(행 24:16), 서로 간의 평강(롬 15:7), 심지어 할 수 있는 한 바깥 세상의 모든 사람들과의 평강(롬 12:18)까지도 간구합니다. 여러분 모두가 이런 평강을 얻을 수 있기를 바랍니다.

이제 사도 바울이 그들을 위하여 간구하는 기쁨과 평강이 어느 정도의 수준인지를 살펴보고자 합니다. "너희에게 **충만하게** 하사." 여기서 충만하게 되는 것은 소망의 하나님으로 말미암아 가능합니다. 오직 하나님만이 우리의 수용능력을 알며, 어느 부분이 비어 있는지, 꽉 채워져야 할 부분이 어디인지를 아십니다. 사람이 우리를 채우려고 시도해 보지만 실패합니다. 그러나 우리를 만드신 하나님께서는 우리가 가진 본성의 모든 구석과 벌어진 틈을 아시고, 우리의 모든 부분들이 즐거움으로 잠기고 스며들고 넘치도록 기쁨과 평강을 부어주실 수 있습니다. 저는 다윗 왕의 말을 되새기기를 좋아합니다. "또한 비가 내려 그 웅덩이들을 채우나이다"(시 84:6, KJV). 이 말씀처럼, 하나님께서는 하나님의 은혜를 우리 영혼의 목마른 땅에 쏟아 부으십니다. 그것도 웅덩이에 고일 정도로 충분히 말입니다. 태양은 빛으로 세상을 충만하게 하여 모든 곳을 비춥니다. 이와 마찬가지로 소망의 하나님은 그의 임재하심으로 우리 본성의 모든 부분을 기쁨의 평강이라는 황금빛으로 비추십니다. 슬픔이나 불길한 마음이 전혀 남지 않을 때까지 비추십니다.

이것이 바로 사도 바울의 기도이며, 사도 바울은 이 기도의 응답이 믿음을 통해 우리에게 임할 것을 기대하였습니다. 믿음 외에 다른 것으로 기도한 것이 아니었습니다. 그는 우리를 위해 신비로운 계시나 꿈이나 환상이나 터무니없는 소신 등을 간구하지 않았습니다. 열광적인 흥분이나 군중심리에 취하는 것이나 재미있는 말재간 등도 간구하지 않았습니다. 또 우리가 스스로 완전하다는 자부심을 갖게 해 달라거나 온갖 쓸데없는 것들을 간구한 것이 아니라, 성경에 제시된 대로 소망의 하나님을 단순히 믿는 것으로 우리가 행복해지기를 간구하였습니다. 저는 하나님의 말씀이 기록된 이 책을 들고서 이렇게 말씀드립니다. "무엇이

든지 전에 기록된 바는 우리의 교훈을 위하여 기록된 것이니 우리로 하여금 인
내로 또는 성경의 위로로 소망을 가지게 함이니라"(롬 15:4). 저는 소망을 가집니
다. 왜냐하면 저는 이 성경을 믿고, 지금 제 영혼 속에서 샘솟는 기쁨과 평강을
느끼기 때문입니다. 사랑하는 성도 여러분, 이 축복을 받으십시오! 오, 주님, 주
님 앞에 있는 모든 신자들의 마음속에 이 기쁨과 평강으로 충만하게 하옵소서.

3. 복된 상태는 어디로 인도되는가?

이제 세 번째 대지로, 이 복된 상태는 어디로 인도되는가? 하는 것에 대해 말씀
드리겠습니다. 어떤 사람은 "어디로 인도되는가?"가 무슨 말인지 의아해합니다.
"인도되다니, 그것 자체로 충분하지 또 어디로 인도되어야 하는가, 뭐가 더 필요
한가?"라고 말입니다. 어떤 사람이 여러분을 다이아몬드와 자수정과 진주와 루
비로 아치형 천장을 꾸미고 벽은 금박으로 바닥은 은으로 견고하게 내부를 꾸민
응접실로 데리고 가면서, "이 방은 좀 더 고급스러운 실내로 들어가는 입구일 뿐
입니다"라고 말한다면, 여러분은 깜짝 놀라게 될 것입니다. 사도 바울은 믿음으
로 말미암는 기쁨과 평강의 충만함으로 우리를 인도하고서, 이 기쁨과 평강을
통해 다른 그 무언가에 우리가 도달하게 합니다. "성령의 능력으로 소망이 넘치
게 하시기를 원하노라." 자연계 안에 영원한 순환이 있는 것처럼, 성경 안에도
위대한 것들이 얼마나 자주, 끝난 곳에서 다시 시작되고, 시작된 곳에서 다시 끝
나는지 모릅니다. 우리가 소망의 하나님과 더불어 시작했다면, 우리는 거룩한
기쁨과 평강의 상태가 되고, 그러면 우리가 다시 소망으로 되돌아가서 성령의
능력으로 소망이 넘치는 상태가 됩니다.

먼저, 제가 여기서 말씀드리는 소망은 순수한 믿음으로부터 생겨난 것이 아
니라, 믿음으로 말미암아 우리 안에서 창조된 기쁨으로부터 생긴 소망이라는 점
을 미리 말씀드립니다. 소망은 믿음으로, 믿음은 기쁨으로, 이제 기쁨은 다시 소
망으로 이어집니다. 이것이 바로 제가 관심을 갖는 주제입니다. 저는 믿음으로
시작했습니다. 저는 제 속에 선한 것이 아무것도 없다는 것을 느꼈습니다. 그러
나 저는 하나님께서 하나님 자신에 관해 계시하신 것을 믿었습니다. 저는 아무
것도 보지 못했습니다. 그러나 하나님께서 그 말씀을 하셨다는 사실에 근거하여
믿었습니다. 그러자 저는 곧 제 믿음의 결과로 영혼 속에 기쁨과 평화를 가지게
되었습니다. 그리고 이 기쁨과 평화로 인해 더 많은 축복들을 소망하고 기대하

게 되었습니다. 제 영혼은 여전히 예수님의 완성된 사역에 의지하고 있지만, 그
럼에도 제 속에 있는 성령의 사역으로부터 여러 소망들이 생겨납니다. 하나님께
서는 모든 과거가 대속되었다는 사실을 제가 믿음으로 즐거워하도록 하시고, 또
저의 죄들이 그분의 이름으로 말미암아 용서받았기 때문에 저에게 평화를 주셨
습니다. 그 하나님께서 저를 용서한 것을 철회함으로써 그 기쁨에 찬물을 끼얹
지는 않으실 것입니다. 저를 소생케 하고 지금까지 저를 보호하며 제게 기쁨을
주신 하나님께서 결코 저를 저버리지 않고 고통 중에 멸망하도록 내버려 두지
않으실 것을 저는 확신합니다. 저를 위해 그토록 많은 것을 행하신 하나님께서
확실히 저를 버리지 않으실 것입니다. 지금 제가 누리고 있는 기쁨도 하나님은
결코 제게서 등을 돌리지 않으실 것이라는 아주 확실하고도 확고한 소망을 줍니
다. 만약 하나님께서 미래에 저를 축복하지 않을 작정이었다면, 과거에 저를 위
해 그토록 많은 일들을 행하지는 않으셨을 것입니다. 그리고 지금도 저를 위해
그렇게 많은 일을 행할 수도 없고, 또 행하지도 않으실 것입니다. 이제 여러분도
알게 되었을 것입니다.

　　이 소망을, 다시 말해 이 소망의 생명력을 여러분의 개인적인 체험의 샘에
서 마시기를 바랍니다. 우리가 알고 있는 첫 번째 소망은 우리가 하나님의 말씀
을 단순히 믿는 것과 관련됩니다. 그러나 이제는 우리 속에서 넘치는 소망이 생
겨납니다. 이 소망은 내적 생명에서 자연스럽게 발전된 것입니다. 이제 두려움
은 사라집니다. 왜냐하면 우리는 소망의 하나님을 바라보고 사랑하는 자로 받아
들여졌음을 우리가 알기 때문입니다. 그래서 예전에는 두려움이 거하던 그 방에
지금은 소망이 거주하고 있습니다. 하늘색 날개와 밝게 빛나는 눈을 가진 소망
이 보금자리를 마련하고서 우리에게 하루 종일 노래를 불러줍니다.

　　오늘 본문은 넘치는 소망에 대해 말씀하고 있습니다. 여러분이 잠깐만 생각
해 봐도, 기독교인은 영적 기쁨으로부터 아주 많은 소망들이 솟아나올 수밖에
없음을 알 수 있을 것입니다. 일단 여러분이 한번이라도 예수님의 품안에 안겨
그분의 기쁨을 알게 되었다면, 여러분의 소망은 넘쳐날 것입니다. 예를 들어, 여
러분은 이렇게 주장할 것입니다. 하나님께서 저의 죄를 용서하고 저로 하여금
용서받은 사람으로 기뻐하게 하셨는데, 그분이 도대체 왜 저를 정죄하시겠습니
까? 내가 죄악들을 담당하고 내 죄 때문에 고통 받아야 한다면, 도대체 죄 용서
란 말은 무슨 의미입니까?

하나님의 사랑이 신자의 영혼에 흡족히 부어졌기 때문에, 그 신자는 큰 기쁨을 누리게 됩니다. 그래서 그는 이제 하나님이 자기를 열정적으로 사랑하시기 때문에 그 사랑은 변하지도 않고 중단되지도 않을 것이라고 주장합니다. 하나님 아들의 피로 우리를 사랑으로 구속하신 그분께서 우리를 영원토록 사랑하실 것입니다. 왜냐하면 그분은 변하지 않는 분이기 때문입니다. 이런 주장이야말로 설득력 있는 주장이지 않습니까? 은혜를 누리는 것은 영광을 누릴 것에 대한 담보입니다. 우리를 구속하신 사랑은 사랑이 계속되리라는 보증입니다. 오늘 하나님에게 받아들여지는 것은 영원히 받아들여지는 복된 소망을 창조하는 것입니다. 우리 영혼 안에 있는 믿음과 기쁨은 아마도 이렇게 맞추어 서로 화답하며 노래할 것입니다.

> "그분의 미소가 내 마음의 고통을 없애주었고,
> 풀이 죽어 있던 내 마음에 기운이 솟게 하였다.
> 예전에 오셨던 그 곳으로
> 그분이 다시 오지는 않으실까?
>
> 그분이 내 영혼을 새롭게 만드시고,
> 나에게 빛을 비추어 주셨는데,
> 그분이 이제 와서 그 하신 일을 취소하거나
> 그 거룩한 말씀을 파기하실까?"
> (아이작 왓츠의 「시편과 찬송가」(*The Psalms and hymns of Dr. Watts*) 제1권 중
> 288번의 후반부에 나오는 2절과 3절 가사이다 – 역주)

어떤 사람이 하나님의 선하심을 완전히 확신한다면, 그 사람은 미래를 두려움 없이 직면하게 되며, 때가 되면 죽음까지도 낙담하지 않고 받아들이게 됩니다. 하나님께서는 우리로 하나님의 아들을 닮도록 하셨기 때문에, 그분이 그 일을 완성하실 것이며 우리 구세주의 완전한 형상으로 우리를 무덤에서 일으키실 것이라 확신합니다.

그리스도께서는 자기의 기쁨이 우리 안에 충만하게 되어 우리의 기쁨이 넘치도록 기도하셨고, 그로 인해 하나님은 이미 우리가 그리스도의 기쁨에 대해

무언가를 알게 하도록 하셨습니다. 그러므로 우리는 천국의 기쁨을 누릴 것을 확신합니다. 또한 이 땅에서 우리의 마지막 날이 다가올 때 우리가 평강과 안식 가운데 누울 것입니다. 왜냐하면 우리는 예수님과 함께 일어날 것이기 때문입니다. 이 점에 대해서 우리는 전혀 의심하지 않습니다. 우리는 주님의 기쁨을 누리게 될 것입니다. 왜냐하면 우리는 이미 그 기쁨을 누리고 있기 때문입니다. 인간이 지닌 여러 소망들 가운데 가장 고상한 소망은 평강과 기쁨으로부터 자라납니다. 작은 기쁨은 배율이 낮은 망원경과 같아서 희미한 상만 우리에게 보여주지만, 큰 기쁨은 고배율 광학 렌즈와 같아서 큰 사물들을 가까이에 있는 것처럼 보게 합니다.

기쁨과 평강은 천국의 지극한 행복에 대한 견본들로서, 영혼으로 하여금 이 천국의 행복을 소망하고 갈망하게 합니다. 우리는 에스골 골짜기의 포도송이(민 13:24)를 맛보았기 때문에, 젖과 꿀이 흐르는 땅을 믿으며 그 달콤한 포도를 맺는 포도나무 아래에서 안식하기를 애타게 바라고 있습니다. 우리는 하늘의 도성인 새 예루살렘을 멀리서 보았습니다. 그러나 그 빛이 너무나 찬란해서 우리는 황금 길을 걷기를 바라고 있습니다. 아니 오래 전부터 그렇게 걷게 될 것이라는 확신을 갖게 되었습니다. 새벽빛을 조금이라도 본 자가 더 간절하게 정오를 기대합니다. 기쁨의 강에 발목이라도 담가본 사람이 조금 더 들어가고 싶어합니다. 그러다가 그 영혼은 말할 수 없는 즐거움의 신성한 급류에 휩쓸려 내려가, 마침내 강에서 수영하게 됩니다.

사랑하는 성도 여러분, 여러분의 기쁨의 비스가 산으로 올라가십시오(신 3:27). 왜냐하면 거기서 여러분은 여러분 앞에 펼쳐진, 곧 여러분의 것이 될 가나안 땅의 전경을 볼 수 있기 때문입니다. 지금 여러분이 누리고 있는 기쁨과 평강이 어떠하든지 간에, 이 기쁨과 평강은 여러분이 찾게 될 더 밝고 좋은 무언가를 위한 중간 정류장의 의미만 있다는 것을 알아야 합니다. 여러분은 기쁨과 평강으로 충만하게 되어 소망이 넘치게 될 것이기 때문입니다.

우리의 사도 바울은 이 점에 대해 "**성령의 능력으로**"라고 정확히 부연 설명을 합니다. 왜냐하면 내적 체험으로부터 생기는 소망들 가운데 옳지 않은 것으로 판명되는 경우도 있기 때문에, 부분적으로 주의하라는 뜻에서 이렇게 설명을 했다고 생각합니다. 그러므로 우리는 본성의 소망과 은혜의 소망을 구분해야 합니다.

저는 어떤 젊은 사람이 이렇게 말하는 것을 들었습니다. "저는 제가 구원받은 것을 압니다. 왜냐하면 저는 너무나 행복하기 때문입니다." 그런 행복한 감정을 너무 확신하지 마십시오. 많은 사람들이 스스로 아주 행복하다고 생각하지만, 사실 그들은 구원받지 못한 사람들입니다. 세상은 파멸의 징조를 보이는 행복을 누리고, 영적 죽음의 특징을 보이는 평강을 누리고 있습니다. 그러므로 폭풍 전의 고요를 주님께서 자기에게 나아오는 자들에게 주시는 안식으로 오해하지 않도록 우리에게는 분별력이 필요합니다. 우리의 기쁨으로부터 소망이 생겨날 수도 있습니다. 그러나 우리의 기쁨을 고정된 것으로 너무 확신해서는 안 됩니다. 우리의 기쁨을 확신하는 것은 자칫 모래 위에 집을 짓는 것과 같을 수 있습니다. 영혼 속에 머물러 있는 소망의 확고한 은혜는 하나님의 말씀을 통해 믿음으로 생겨납니다.

우리의 기쁨과 평강으로부터 생기는 것은 바로 소망이 넘치는 것뿐입니다. 착각을 일으키지 않도록 제가 다시 말씀드리겠습니다. 여러분은 소망의 하나님에 대해서 듣고, 성경에 계시된 대로 하나님을 믿게 됩니다. 여기까지는 모든 것이 순조로운 항해와 같습니다. 여러분이 하나님이신 그리스도를 믿는다면, 여러분은 기쁨과 평강을 얻습니다. 그런데 여러분의 그런 감정들은 결과이지 원인이 아닙니다. 여러분은 자신의 기쁨과 평강으로부터 시작해서는 안 됩니다. 가령, "내 구원의 소망은 내가 최근에 느낀 행복한 감정 위에 세워졌다"라고 말해서는 안 된다는 것입니다. 사실 그 말처럼 그렇게 되지도 않습니다. 무엇보다도 성경으로부터 시작해야지, 여러분의 느낌이나 공상, 여러분의 인상이나 흥분된 감정으로부터 시작해서는 안 됩니다. 이러한 것들을 기초로 삼으면 무너질 것입니다. 예수 그리스도 안에 계시된 하나님, 즉 소망의 하나님으로부터 시작하십시오. 그리고 여러분의 기쁨과 평강이 그분을 믿는 믿음으로부터 임하도록 하십시오. 그러면 나중에 넘치는 소망에 대한 주장을 펼 때에 아주 유리할 것입니다. 하지만 그 때도 성령에 의해 소망이 넘쳐야 합니다. 누릴 만한 가치가 있는 내적 체험으로부터 생기는 소망도 성령으로 말미암아 우리 안에 역사해야 합니다.

저는 그렇게 되는 것이 얼마나 자연스러운 것인지를 여러분에게 말씀드리려고 합니다. 우리는 스스로에게 묻습니다. "내가 어떻게 끝까지 지속할 수 있을까?" 이 질문에 대한 대답은 또 다른 질문으로 제시될 수 있을 것입니다. "어떻게 나는 지금까지 지속해 왔지?" 지금 나는 기쁨과 평강을 느낍니다. 왜냐하면 나의 믿음이 지금 이 순간까지 유지되어왔기 때문입니다. 어떻게 나는 지금까지 유지될 수 있었을까요? 성령으로 말미암아서입니다. 그러므로 성령께서는 나를 끝까지 지키실 것입니다. 저는 이미 기쁨과 평강을 느끼고 있습니다. 왜냐하면 죄는 어느 정도 제 속에서 정복되었기 때문입니다. 제 영혼은 어떻게 해야 좀 더 성결해지고, 제게서 죄가 사라지겠습니까? 정답은 이것입니다. 나를 이미 새롭게 하신 동일한 성령으로 말미암아 가능합니다. 저는 성령께서 하실 수 있다는 증거를 얻었습니다. 그러므로 저는 그분께서 하실 것이라는 소망이 넘칩니다. 성령의 내주, 위로, 조명, 성결케 하는 능력을 제가 기쁘게 체험했기 때문에, 장래에도 성령께서는 은혜의 사역을 감당하시고, 마지막 심판 때에 저를 완전하게 하시리라는 충분히 담대한 확신을 갖게 됩니다.

사랑하는 성도 여러분, 믿음의 기초를 떠나지 말고 계속해서 전진하십시오. 그러면 여러분의 마음속에 기쁨과 평강을 느끼게 될 것입니다. 여러분이 어떻게 될지 기대하십시오. "하나님이 자기를 사랑하는 자들을 위하여 예비하신 모든 것은 눈으로 보지 못하고 귀로 듣지 못하고 사람의 마음으로 생각하지도 못하였다"(고전 2:9). 위대한 일들을 기대하십시오. 모든 기대를 뛰어넘는 것들을 기대하십시오. 여러분의 가장 큰 소망들을 모두 넘어설 것입니다. 소망하고 소망하십시오. 그리고 다시 소망하십시오. 시간마다 더욱더 소망하십시오. 그러나 주님께서는 여러분이 소망한 것보다 더 많은 것을 여러분에게 주실 것입니다. 여러분이 마침내 주님의 성문에 들어설 때, 여러분은 이렇게 말할 것입니다. "이것은 내가 꿈에서도 상상하지 못한 것이다. 이것은 내가 감히 바라지도 못했던 것이다. 내가 이럴 것이라고 전혀 기대하지도 소망하지도 못했던 것이다. 그 영광은 모든 것을 능가하고, 하나님께서 나를 위하여 예비하신 것이라고 들은 것은 이것에 비하면 십분의 일도 안 된다." "주 안에서 항상 기뻐하라 내가 다시 말하노니 기뻐하라"(빌 4:4). 아멘.

제
31
장
—

우리에게 절실한 성령

—

"성령의 능력으로" — 롬 15:13
"하나님의 영의 능력으로" — 롬 15:19, KJV

하나님의 교회라는 수단을 통해 많은 사람들이 주 예수님에게 모이도록 하기 위해서는, 하나님의 교회 안에 성령의 능력이 지속적으로 드러나야 합니다. 저는 교회가 가장 필요로 하는 이 사실에 대해 말씀드리고자 합니다. 그러므로 여러분은 주목해 주시기 바랍니다. 하나님의 교회가 은혜 안에서 내적 성장을 하기 위해서는, 하나님의 성령이 필연적이라는 사실을 먼저 여러분에게 말씀드리는 것이 다른 어떤 일보다 가장 유익한 일입니다. 그래서 저는 오늘 본문을 13절로 삼고자 합니다. "소망의 하나님이 모든 기쁨과 평강을 믿음 안에서 너희에게 충만하게 하사 성령의 능력으로 소망이 넘치게 하시기를 원하노라." 이 말씀에서 사도 바울은 믿음 안에서 기쁨과 평강이 충만하게 되는 능력과, 소망 안에서 충만하게 되는 능력을 모두 성령이 주신 것으로 말하고 있는 것이 분명합니다.

그러나 교회 밖을 향한 교회의 능력, 다시 말해 세상 사람들 가운데서 하나님이 택하신 자들을 모으기 위해 세상에서 활동하고 세상에 대해 다소 공격적이 되기도 하는 이 능력 또한 동일한 성령의 능력임을 여러분에게 말씀드리고 싶습니다. 그래서 저는 18절에서 19절의 말씀도 본문으로 삼았습니다. 이 말씀에서 사도 바울은 하나님께서 자신을 통해 일하셨다고 합니다. "이방인들을 순종하게 하시려고 … 능력 있는 표적들과 이적들을 통하여 하나님의 성령의 능력으로 이루하신 것이라"(KJV). 사랑하는 성도 여러분, 여러분이 알아야 하는 것은, 무엇보다 먼저 교회가 기쁨과 거룩함을 유지하기 위해서는 교회 내에 성령의 능력이 드러나 있어야 한다는 것입니다. 그리고 그 다음으로, 교회가 원수의 영역을 쳐들어가 그리스도를 위해 세상을 이기려면, 교회는 성령의 거룩한 능력으로 옷 입어야만 합니다. 그러므로 교회 밖의 사역을 위한 교회의 능력은 교회 안에 내주하는 능력과 비례한다고까지 말할 수 있습니다. 신자들의 마음속에 있는 성령의 능력을 가늠해 보십시오. 그러면 불신자들에게 끼칠 수 있는 여러분의 영향력을 정확하게 계산할 수 있을 것입니다. 오직 교회가 성령으로부터 빛을 받게 하십시오. 그래야 교회도 그 빛을 반사해서 구경꾼들에게 "아침빛처럼 비추고 달처럼 아름답고 해처럼 맑고 깃발을 든 군대 같이 당당한"(아 6:10, KJV) 교회가 될 것입니다.

　　외적 사역은 항상 내적 능력에 의존해야 한다는 사실을 두세 가지 실례를 들어 살펴보고자 합니다. 눈이 내려 땅에 수북하게 쌓인 어느 추운 겨울날, 여러분이 어느 마을을 지나갑니다. 그 마을에는 쭉 늘어선 오두막집들이 있습니다. 그런데 다른 오두막집 지붕들 위에는 눈이 많이 쌓여있는데, 유독 한 집만 눈이 거의 보이지 않습니다. 여러분은 왜 이런 차이가 나는지 이유를 알아보려고 할 필요가 없을 것입니다. 그 원인을 여러분이 잘 알고 있을 테니 말입니다. 지붕에 눈이 녹은 그 집 안에는 불이 피워진 벽난로가 있었고, 그로 인해 그 따뜻한 온기가 지붕까지 전달되어 눈이 빠르게 녹았던 것입니다. 반면에 집에 사람이 없었던 다른 집들은 벽난로에 불이 없었고, 그로 인해 굴뚝에 따뜻한 연기도 피어오르지 않은 채 그저 방치되었기 때문입니다. 그래서 그 집 지붕에는 눈이 그대로 있었던 것입니다. 집 안에 온기가 있으면 자연히 집 밖은 녹기 마련입니다.

　　수많은 교회들을 보면, 다들 교회 위에 세속적인 것과 형식적인 것들이 두껍게 쌓여 있습니다. 저는 절대적으로 확신합니다. 그런 교회 안에는 기독교인의 생명의 온기가 없습니다. 신자들의 마음이 성령으로 말미암아 하나님의 사랑으로 따뜻해진 곳에는, 악들이 사라지고 유익한 결과들이 뒤따라오는 것을 우리는 확실히 알고 있습니다. 우리는 내부를 들여다볼 필요가 없습니다. 외부를 보는 것만으로도 충분합니다. 외부는 내부를 알 수 있는 잣대입니다. 정치적인 상황을 예로 들어보겠습니다. 국가에 성가신 외교 분쟁이 있다고 합시다. 화가 난

국민들은 마음이 동요합니다. 그 어려운 고르디우스의 매듭(Gordian knot. 알렉산더 대왕과 관련된 고대 프리지아 국왕인 고르디우스의 전설에서 유래된 것으로, 오직 대담한 결단을 내려야만 풀릴 수 있는 난해한 문제에 대한 은유로 사용된다. 알렉산더 대왕은 이 매듭을 칼로 끊었다고 한다 – 역주)처럼 외교적인 방법으로 결코 해결되지 않을 것 같습니다. 그렇다고 칼로 자를 수도 없는 상황이고 말입니다.

평화를 모색할 수 있는 유일한 길은, 모두가 알고 있는 대로, 전쟁을 일으키려는 나라가 국가적인 파산 상태에 빠지기를 기대하는 것입니다. 생산품들이 부족하고, 부채를 상환할 수 없는 형편이고, 또 전쟁 물자를 제때 공급하지 못하는 형국이라면, 그 국가는 전쟁에 뛰어들지 않을 것이기 때문입니다. 국가는 내적인 자원이 강력해야 비로소 다른 나라와 전쟁을 빈틈없이 수행할 수 있습니다. 이런 상황은 하나님의 진리를 위한 위대한 전쟁에도 마찬가지입니다. 불쌍하게 굶주리는 교회는 악마와 그 군대들과 맞서 싸울 수 없습니다. 교회가 하나님이 주시는 것들에 부요하지 못하고 하나님의 능력으로 강력하지 못하다면, 교회는 보통 공격적이기를 포기하고 판에 박힌 기독교인의 생활을 하는 것으로 만족할 것입니다. 평화가 없는 곳에 "평화! 평화!"라고 말로만 외치면서 말입니다(렘 6:14).

교회의 상태가 불쌍할 정도로 연약할 때는 감히 세상에 대해 도전할 수도 없고, 그리스도를 위해 그 점령지를 공략할 군대를 파병할 수도 없습니다. 한 국가의 재정 상태는 군대의 모든 영역에 영향을 끼칩니다. 이와 마찬가지로 하나님의 교회도 은혜의 정도가 교회의 모든 활동들에 영향을 줍니다. 또 다른 예를 들어보겠습니다.

여러분이 만약 이집트에 산다면, 나일 강이 일 년에 한 차례씩 범람한다는 것을 알게 될 것입니다. 또 그 범람을 간절한 마음으로 지켜볼 것입니다. 왜냐하면 나일 강이 범람하는 정도는 이집트 땅이 비옥한 정도를 알 수 있는 아주 정확한 잣대이기 때문입니다. 그리고 나일 강의 범람은 나일 강에서 멀리 떨어진 중앙아프리카에 있는 호수들에서 비롯됩니다. 즉, 그 호수들이 눈이 녹은 물로 가득한지 아닌지에 따라 좌우된다는 것입니다. 만약 고지대에 있는 저수지에 물 공급이 줄어든다면, 이집트를 통해 흘러오는 나일 강에 그렇게 많은 홍수가 일어날 수 없습니다.

이 비유를 다시 설명하면 이렇습니다. 기독교인들이 생활하는 교회에서 성도들이 하나님과 나누는 교제는 고지에 있는 호수들과 같습니다. 만약 이 호수들이 가득 차 있지 않다면, 다시 말해 그 영혼의 영적 능력이 개인 기도나 하나님과의 교제로 인해 지속되지 않는다면, 기독교인의 실제적인 봉사라고 말할 수 있는 나일 강의 범람은 결코 일어나지 않을 것입니다. 제가 말씀드리고 싶은 것은 바로 이 한 가지입니다. 교회 안에 없는 것을 여러분이 교회로부터 취할 수 없다는 것입니다. 저수지에 물이 가득 찬 후에야 비로소 그 물은 강으로 흘러 나갈 수 있습니다. 우리도 우리 자신이 생명수로 충만해질 때까지 생명수를 마셔야 합니다. 생명수로 충만해진 다음에 비로소 우리의 배에서 생수의 강이 흘러 나올 것입니다(요 7:38). 우리가 충만해지기 전까지는 흘러갈 수 없습니다. 아무리 굶주린 군중들이 있다고 해도, 텅 빈 바구니로는 빵과 물고기를 나누어줄 수 없습니다. 텅 빈 마음에서 여러분은 충만한 것을 말할 수 없습니다. 메마른 영혼으로부터 하나님의 백성을 먹일 골수가 가득한 기름진 것(사 25:6)은 나오지 않습니다.

　　덕을 세우기 위해 말할 때는 마음에 가득한 것을 입으로 말하게 됩니다(마 12:34). 그러므로 가장 먼저 해야 할 일은 내부의 일들을 잘 살피는 일과 하나님이 우리를 축복하셔서 하나님의 얼굴이 우리를 비추어 하나님의 길이 이 땅에 알려지고, 하나님의 치유하는 구원능력이 모든 민족들 가운데 알려지기를 기도하는 일입니다.

　　　　"주님은 그의 택한 민족에게,
　　　　긍휼을 베풀고 복 주시기를 원하며,
　　　　그의 얼굴빛을
　　　　모든 성도들에게 비추신다.

　　　　그래서 그의 기이한 길이
　　　　온 세상에 알려지고,
　　　　먼 나라들은 그의 구원을 얻기 위해
　　　　그들의 공물을 바친다."
　　　　(브래디와 테이트[Nicholas Brady and Nahum Tate]가 저술한 「다윗 시편 개정
　　　　판」(1696)에 나오는 시편 67편 1절과 2절 내용이다 - 역주)

오늘 아침에 저는 교회가 가장 필요로 하는 것, 다시 말해 교회가 성령의 능력으로 말미암아 정열적으로 움직이게 되는 것에 대해 말씀드리고자 노력하는 중입니다. 저는 진심으로 여러분이 이 주제에 대해 가장 깊은 경외심을 가지고 대하도록 기도합니다. 우리가 이 주제를 묵상하는 동안 주님을 찬양합시다. 그의 백성 가운데 거하시고 인간의 마음속에서 역사하시는 삼위 하나님 중 한분이신 복되신 성령의 낮아지심을 느끼십시오. 이 성령의 인성은 매우 예민하다는 사실을 기억하십시오. 성령은 질투하는 하나님이십니다(출 20:5). 성령은 근심하기도 하고(엡 4:30), 괴롭힘을 받기도 하신다(사 63:10, KJV)는 사실을 우리는 읽을 수 있습니다. 그러므로 우리의 손으로 그분을 격분케 했던 수많은 일들에 대해 용서를 간구합시다. 죄들 중에 용서받지 못할 죄가 있다면 그것은 성령과 관련된 죄로서, 성령을 거역하면 이 세상과 오는 세상에서도 사하심을 얻지 못한다(마 12:32)는 말씀을 기억하며, 겸손한 경외심으로 그분 앞에 경배합시다. 성령과 관련해서 우리는 참으로 무너지기 쉬운 땅 위에 서 있습니다. 우리가 수건으로 우리의 얼굴을 가리고(출 34:33), 떨며 즐거워해야 하는 순간이 있다면(시 2:11), 그것은 우리가 성령에 대해 말하고 성령이 우리를 축복하시는 그 신비로운 사역들에 대해 말하는 동안입니다.

거룩한 성령 앞에 선 겸허한 마음으로, 제가 여러분 앞에 교회에 가장 필요한 성령의 일곱 가지 사역을 말씀드리는 동안, 저를 잘 따라와 주시기 바랍니다. 성령의 사역은 교회를 위해서도 유익하며, 교회가 교회 밖의 세상을 향해 나아가는 선교 사역에 있어서도 동일하게 필요한 것입니다.

1. 소생시키십니다.

그러면, 첫 번째 대지를 말씀드리겠습니다. 성령의 능력은 영혼들을 영적 생명으로 소생시키면서 드러납니다. 이 세상에 존재하는 모든 영적 생명은 성령께서 창조하신 것입니다. 주 예수님께서도 성령으로 말미암아 친히 원하는 자들을 소생시키셨습니다. 성령이 우리를 찾아오시기 전에, 여러분과 제게는 죽음이 무엇인지 충분히 알 만한 생명이 없었습니다. 우리에게는 우리가 어둠 속에 있다는 것을 충분히 알 만한 빛도 없었고, 우리의 비참함을 충분히 느낄 만한 감각도 없었습니다. 우리는 너무도 철저히 자신의 어리석음에 빠져 있었기 때문에, 실상은 벌거벗고 가난하고 비참했지만, 오히려 나는 부자라, 나는 재산을 불렸다(계 3:17, KJV)라고 착각하고 있었습니다. 우리는 정죄 받은 죄인들처럼 사형 선고 아래 있었지만, 도리어 우리가 받을 공로와 보상에 대해서 말하고 있었습니다.

그렇습니다. 우리는 죽어 있었습니다. 그러나 우리는 살아 있다고 자부했습니다. 확실한 우리의 죽음을 우리의 생명으로 간주했습니다. 하나님의 성령은 무한한 긍휼을 베풀어서 그런 상태에 있는 우리에게 신비로운 능력으로 다가와 우리를 살리셨습니다. 우리가 살아 있다는 첫 번째 증거는 우리가 사망의 영역에 있었음을 이제 인식한다는 것과, 그 곳으로부터 탈출하기 위해 고뇌한다는 것입니다. 우리는 우리의 무감각함을 지각하기 시작하였고, 이런 표현을 해서 유감이지만, 우리가 장님인 것을 알게 되었습니다. 영적 생명이 처음에 연한 싹으로 피어나면서부터 지금까지 자라나는 모든 성장 과정 또한 성령의 사역이었습니다. 새파란 잎이 성령의 사역으로 싹이 튼 것처럼, 익어가는 곡식 또한 성령의 사역입니다. 생명이 처음에 시작하는 것과 마찬가지로, 생명의 증식 또한 그리스도를 죽은 자 가운데서 일으키신 하나님의 성령의 사역으로 일어나는 것이 분명합니다.

사랑하는 성도 여러분, 성령께서 여러분에게 생명을 부여해 주신 것 외에는 여러분이 더 이상의 생명을 누리지는 못할 것입니다. 그렇습니다. 성령께서 친히 기뻐하신 뜻대로 여러분 가운데서 여러분으로 하여금 갈망하고 고뇌하게 하지 않는다면, 여러분에게 더 필요한 것이 무엇인지조차 여러분은 알지 못할 것이고, 또 그것을 위해 신음하지 못할 것입니다. 그러므로 보십시오. 우리는 절대적으로 성령을 의지해야 합니다. 성령께서 만약 가버리시면, 우리는 영적인 사망 상태에 다시 빠지게 될 것이며, 교회는 시체 보관소가 될 것입니다.

우리가 행하는 모든 것이 살아 있기 위해서는 성령이 절대적으로 필요합니다. 사랑하는 성도 여러분, 우리는 씨를 뿌리는 자들입니다. 그런데 만일 우리가 종자 바구니에 죽은 종자만 가지고 나간다면, 절대 수확을 얻을 수 없을 것입니다. 만약 설교자가 백 배의 결실을 얻고자 기대한다면, 그는 살아 있는 진리를 살아 있는 방식으로 전해야 합니다. 너무나 많은 교회 사역이 전기로 움직이는 시체들(a galvanized corpse. 19세기의 전기생리학자들은 일정한 양의 전기가 뇌에 공급되면, 시체도 다시 살아날 수 있다고 믿었다 ― 역주)의 사역보다 더 나은 것이 없습니다. 너무나 많은 종교 생활이 로봇이 연극하는 것처럼, 또는 기계가 작동되는 것처럼 행해지고 있습니다. 요즘 사람들은 마음이나 영혼에 대해서 전혀 신경을 쓰지 않습니다. 오직 외형적인 연기만을 쳐다 봅니다. 왜 그렇습니까? 저는 사람들이 이제 말하는 기계도 발명했다는 소식을 들었습니다. 수다쟁이 무리에 이 파리 사람이 들어가지 않더라도, 이미 충분히 많은 말들이 이 세상에 존재하고 있다는 것은 분명합니다(프랑스의 시인 겸 발명가인 샤를 크로[Charles Cros, 1842~1888]가 발명한 축음기의 초기 형태가 본 설교가 행해진 해와 같은 해인 1877년에 발표되었다 — 역주).

우리는 기계처럼 설교할 수도 있고, 기계처럼 기도할 수도 있고, 주일학교에서 기계처럼 가르칠 수도 있습니다. 사람들은 기계적으로 헌금할 수도 있고, 성찬식에 기계적으로 나아올 수도 있습니다. 그렇습니다. 하나님의 성령께서 우리와 함께 하지 않으시면, 우리도 그렇게 됩니다. 대부분의 청중들은 충만한 힘으로 모든 것을 뒤흔드는 생명력 있는 설교를 듣는 것이 무엇인지 알고 있습니다. 여러분도 살아 있는 것처럼 찬송을 부르는 것이 무엇인지 알고 있습니다. 또 여러분은 생명력 있는 기도 모임이 무엇인지도 알고 있습니다. 그러나 아, 하나님의 성령이 계시지 않는다면, 교회에서 행하는 모든 일들은 생명 없는 일들이 될 것입니다. 교회의 찬송은 무덤 위에 떨어지는 낙엽의 살랑거리는 소리가 될 것이며, 교회의 모임은 유령들이 왔다 갔다 하는 것이 될 것이며, 교회의 회중은 무덤 속에서 이리저리 뒹구는 시체들의 총회가 될 것입니다.

하나님의 성령은 우리를 살리고 우리가 행하는 일들을 살아 있게 하는 소생자이십니다. 이와 마찬가지로 하나님의 성령은 우리와 함께 특별히 계셔서, 우리로 하여금 예수님을 위하여 우리가 대하는 자들을 살아나도록 하시는 것이 분명합니다. 죽은 설교자가 죽은 설교를 죽은 죄인들에게 설교하는 것을 상상해 보십시오. 여기에서 무슨 일이 일어날 수 있겠습니까? 여기 감탄할 정도로 잘 쓴 아름다운 글이 있다고 합시다. 그런데 이 글이 냉랭한 마음을 가진 죄인에게 냉랭하게 읽혀진다면, 이 글에는 고생한 흔적이 엿보이긴 해도, 하늘의 감동도 없고 신적인 능력도 나타나지 않을 것입니다. 아마도 그 글에서 이런 능력을 찾지도 않을 것입니다. 그러한 상태에서 무슨 선한 것이 나올 수 있겠습니까? 한 영혼에게 단순히 학식이나 언변으로 은혜를 끼치려는 것은 폭풍우를 시로 고요하게 하고, 허리케인을 미사여구로 막으려는 것과 마찬가지입니다.

하나님의 종이 그의 사역에서 어떤 결과가 생길 때는, 하나님의 종에게 하나님의 성령이 임하고 그가 전하는 말씀이 듣는 이들의 마음에 살아 있는 씨로 떨어질 때, 오직 그 때입니다. 그리고 회심했다고 고백하는 사람들이 뿌리를 내리고 성숙한 은혜로 자라나서 마침내 우리의 곡식단이 될 수 있겠다고 기대할 수 있을 때는, 하나님의 성령이 말씀을 듣는 이들의 영혼 속에 그 씨가 살아 있도록 지키고 보호하시는 바로 그 때입니다. 우리는 이 점에 있어서 철저히 성령을 의존합니다. 그리고 제 경우에 있어서는 이런 절대적인 의존을 즐거워합니다.

영혼을 구원하는 능력의 원천이 하나님의 성령이 아닌 전적으로 내 자신의 것이라는 생각은, 제가 교만해져서 하나님으로부터 멀어질 수도 있는 유혹이기에 아예 이런 가정조차 하지 않습니다. 저는 제가 연약한 존재인 것이 좋고, 아무것도 아닌 별 볼일 없는 사람이었으면 더욱더 좋겠습니다. 단순히 하나님의 성령의 손에 들린 연필이 되어, 성령의 손이 인간의 마음 판에 글씨를 쓰려고 우리를 사용하시는 것 외에는, 단 한 글자도 우리 마음대로 쓸 수 없는 존재였으면 좋겠습니다. 진정으로 이것이 우리의 마음 자세이며, 우리는 실제로도 이런 마음을 지녀야 합니다. 이런 마음으로 우리는 계속해서 모든 일에서 우리를 소생시키고, 우리가 행하는 모든 일을 소생시키며, 죄인의 귀에 전해지는 하나님의 말씀을 소생시켜 달라고 성령께 간구해야 합니다.

생명이 없는 교회는 주위에 있는 죽은 죄인들에게 생명을 주는 수단이 될 수 없음을 저는 굳게 확신합니다. 절대 될 수 없습니다. 모든 것들은 그 본성에 따라 움직입니다. 그러므로 살아 있는 사역을 위해서는 살아 있는 교회가 꼭 되어야 합니다. 오, 하나님, 우리 교회의 모든 지체들을 소생시켜 주옵소서. 여러분은 이렇게 묻습니다. "뭐라고요? 우리 가운데 하나님에 대해 죽어 있는 사람들이 있다고요?" 사랑하는 성도 여러분, 일반적으로 사람이 사람을 판단할 수 있는 한에서 말씀드리자면, 여러분에 대해서는 확신이 있습니다. 여러분은 생명을 가졌습니다. 왜냐하면 여러분 행하는 모든 것에서 생명을 볼 수 있기 때문입니다. 그러나 여러분 중에는 이런 사람들도 있습니다. 즉, 영적 생활에 있어서 좀 더 믿음을 발휘하여 더 많이 베푸는 삶을 살아야 할 것 같은 사람들 말입니다. 왜냐하면 그들은 하나님을 위해서 많은 일들을 한다거나, 다른 사람들의 영혼을 돌본다거나, 하나님의 영광을 위해서 열심을 가지는 모습 등을 우리가 보지 못했기 때문입니다. 우리가 그들에게서 어떤 열매도 보지 못한다면, 그들이 열매 맺지 못하는 나무로 끝나지 않도록 우리가 그들을 위해 간절히 기도하는 것 외에 달리 할 일이 뭐가 있겠습니까?

이 첫 번째 대지의 핵심은 이러합니다. 우리가 죽은 영혼을 깨우는 하나님의 손에 들린 도구들이라면, 우리 스스로 성령의 소생케 하는 능력을 가져야 함은 너무나도 분명한 사실이라고 생각합니다.

2. 빛을 비추십니다.

두 번째 대지로, 성령의 특별한 사역 중 하나인 그의 백성에게 빛을 비추는 사역에 대해 말씀드리겠습니다. 성령은 친히 영감으로 계시한 자신의 말씀을 우리에게 줌으로써 우리에게 빛을 비추셨습니다. 그러나 성경이 영감받은 책이라 해도, 그 위대하신 저자로부터 개인적인 가르침을 받지 않은 사람은 어느 누구도 성경의 영적인 의미를 깨달을 수 없습니다. 여러분은 마음껏 성경을 읽을 수는 있습니다. 그러나 여러분의 영혼이 친히 성령의 인도를 받아 성경 안으로 들어가지 않는다면, 성경의 내면에 흐르고 있는 생명의 의미를 결코 발견할 수 없습니다. 어떤 사람은 말합니다. "뭐라고요? 저는 소요리문답을 배웠고, 그 신조를 제 마음에 새겼습니다. 그런데도 제가 아무것도 모른다고요?"

제가 말씀드리겠습니다. 여러분은 진리의 문자는 잘 배웠습니다. 그러나 아직도 여러분에게는 그 진리를 여러분의 영혼에 하나님의 빛과 능력으로 만드는 하나님의 성령이 필요합니다. 여러분은 문자적 의미는 알 수 있습니다. 어쩌면 문자적 의미에 대해서는, 영적인 의미를 아는 사람들보다 더 잘 이해하고 있을지도 모릅니다. 그렇다고 해서, 제가 문자적 지식을 무시하는 것은 절대로 아닙니다. 단지 머리로만 아는 지식 안에 우리를 구원하는 무언가가 있다고 여러분이 착각하지 않도록 이런 말씀을 드리는 것입니다. 오직, 하나님의 성령이 임해야 그 문자가 여러분 안에 살아 있게 됩니다. 성령께서 그 문자를 여러분의 마음속에 넣어주고 불을 붙여주셔야 여러분 속에서 그 문자가 타오르게 됩니다. 그렇지 않으면, 그 문자의 신적 힘과 위엄이 여러분의 눈에 보이지 않을 것입니다.

하나님의 성령께서 하나님의 것들을 계시한 자 외에는 어느 누구도 하나님의 것들을 알지 못합니다. 육적인 마음은 영적인 것들을 이해할 수 없습니다. 우리가 아주 분명한 말을 사용한다고 해도, 영적인 이해력이 없는 사람은 장님과 같아서 가장 밝은 빛으로도 그를 보게 할 수 없을 것입니다. 여러분은 주님으로부터 가르침을 받아야만 합니다. 그렇지 않으면 여러분은 무지 가운데서 죽게 될 것입니다. 자, 사랑하는 성도 여러분, 교회 안에 이런 가르침을 받아보지 못한 많은 사람들이 있다고 생각해 봅시다. 이 상황에서는 반드시 악이 생길 수밖에 없고, 또 앞으로 생길 것이라는 점을 여러분은 보지 못합니까? 진리가 경험적으로 알려지지 않은 곳에서는 반드시 오류가 생기기 마련입니다. 신앙을 고백하는 자가 성령의 가르침을 받지 못한다면, 그의 무지는 기만, 교만, 불신앙 그리고 수많은 다른 악들을 낳게 될 것입니다.

　오, 여러분이 진리를 좀 더 많이 알았더라면, 여러분이 그렇게 자만하지는 않았을 것입니다! 오, 여러분의 편견 때문에 여러분에게 계시되지 못했던 진리를 여러분이 보았더라면, 여러분보다 더 훌륭한 자들을 그렇게 맹렬히 정죄하지는 않았을 것입니다! 사람들은 선한 일을 행하고자 하는 많은 열심을 가지고 있지만, 신적인 것들에 대한 가르침을 받지 못해서 지금까지 무수한 해악을 끼쳤습니다. 무지 때문에 슬픔이 생기기도 합니다. 오, 사랑하는 성도 여러분, 여러분이 은혜의 교리를 알았더라면, 그렇게 오랫동안 노예상태로 살지는 않았을 것입니다. 하나님의 교회에서 반쯤 이단이 된 자들은 의도적으로 오류를 범한 것이 아닙니다. 오히려 진리를 알지 못하고, 배우려는 마음으로 성경을 연구하지 않고, 성령의 빛에 마음을 굴복하지 않아서 오류를 범한 것입니다.

　우리는 일반적으로 이단을 정죄 받아야 할 범죄로 대해서는 안 되고, 계몽되어야 할 무지로 대해야 합니다. 물론 때로는 전혀 색다른 것을 추구하는 탐욕의 마음으로 의도적으로 왜곡을 하는 경우도 있고, 혹은 자기 확신으로 우쭐해 의기양양한 경우도 있습니다. 이런 경우는 고통스럽지만 달리 대처하는 게 불가피할 것입니다. 사랑하는 성도 여러분, 하나님의 성령이 교회에 철저히 빛을 비추신다면, 분열은 끝이 날 것입니다. 분열은 일반적으로 무지와, 조정을 받아들이지 못하는 교만한 마음에서 생깁니다. 반면에 참되고 지속적이고 실제적인 연합은 사람들의 마음이 하나님의 진리 안에서 연합한 정도에 비례하여 이루어집니다. 그러므로 하나님의 모든 진리로 우리를 안내하는 하나님의 성령이 필요한 것입니다.

　사랑하는 성도 여러분, 여러분이 어떤 교리를 알고 있다고 생각한다면, 여러분이 그 교리에 대해 확신을 가질 수 있도록 하나님께 간구하십시오. 왜냐하면 우리가 알고 있다고 생각하는 많은 것들이 우리가 시험을 당하는 순간에 알지 못하는 것으로 드러나기 때문입니다. 우리가 알고 있는 것이 뜨거운 인두로 우리 영혼에 지져지는, 오직 하나님의 성령이 주실 수 있는 그런 체험이 없다면, 우리는 실제로 아무것도 알 수 없습니다. 이제 여러분은 제가 말하려는 바가 무엇인지 알 것이라고 생각합니다. 이처럼 우리가 가르치기 위해서는 하나님의 성령이 필요합니다. 우리가 다른 사람을 가르치기 위한 능력도 그분의 은혜로운 사역 가운데 있는 것이 분명합니다. 가르침을 받아본 적도 없는 사람이 어떻게 다른 사람을 가르칠 수 있겠습니까?

"인자야 … 너는 이 두루마리를 먹고"(겔 3:1). 여러분이 스스로 그 두루마리를 먹기 전까지는 여러분의 입술로 다른 사람들에게 그것을 결코 말할 수 없기 때문입니다. "수고하는 농부가 곡식을 먼저 받는 것이 마땅하니라"(딤후 2:6). 신성한 울타리 안에서 자라는 열매들의 맛을 먼저 알기 전까지는, 아무도 거기서 일할 수 없다는 것이 그리스도의 포도원이 정한 법입니다. 그리스도를 위한다면, 여러분이 유아들을 가르치기 전에 먼저 여러분이 그리스도와 은혜와 사랑과 하나님의 진리를 알아야만 합니다. 우리가 다른 사람들을 대하게 될 때, 예수님을 위해 간절한 마음으로 그들을 꼭 가르치고 싶을 때, 바로 그 때 우리에게 하나님의 성령이 필요하다는 사실을 더욱 분명히 깨닫게 됩니다.

아, 사랑하는 성도 여러분, 여러분은 여러분이 복음을 아주 분명하게 제시하면 사람들이 반드시 복음을 보게 될 것이라고 생각합니다. 그러나 그들이 보지 못하면서도 우기는 것을 여러분은 감당하지 못할 것입니다. 아, 여러분은 여러분이 복음을 아주 열정적으로 제시하면 그들이 반드시 복음을 느낄 것이라고 생각합니다. 그러나 그들의 냉정한 마음이 여러분의 수고를 헛되게 할 것입니다. 완고하고 늙은 아담은 개혁적인 젊은 멜란히톤(Philipp Schwarzert Melanchthon, 1497-1560. 독일의 종교개혁자로 「신학총론」(*Loci*)과 개신교 최초의 신앙고백서인 「아우그스부르크 신앙고백서」를 작성했다 – 역주)에게는 너무 강한 상대입니다. 이것은 틀림없는 사실입니다. 여러분은 설득으로 영혼들을 얻을 수 있다고 생각합니다. 그러나 성령께서 여러분과 함께 하지 않으시면, 차라리 산꼭대기에 올라가 거기 서서 바람에게 말을 건네는 것이 더 나을 것입니다. 여러분의 말을 들은 사람들은 아마도 여러분의 생각은 파악했을 것입니다. 그러나 성령의 마음, 다시 말해 복음의 참된 생명은 여러분이 그들에게 줄 수 있는 것이 아닙니다. 이 일은 마치 창조행위처럼 하나님만이 완성하실 수 있는 일로 여전히 남아 있습니다.

그러므로 빛을 비추는 분이신 성령의 능력을 날마다 간구합시다. 오, 하나님의 거룩한 빛이시여, 오시옵소서! 오직 당신만이 우리 각 사람의 어둠을 뚫고 들어오실 수 있으며, 오직 당신께서 우리를 비추실 때에만, 우리가 다른 사람들을 당신의 빛으로 인도할 수 있습니다. 무지한 기독교인은 크게 쓰임받을 자격이 없습니다. 그러나 하나님의 가르침을 받는 자는 죄인들에게 하나님의 길을 가르칠 것이며, 죄인들은 그리스도께로 회심할 것입니다. 여러분이 안으로는 불타오르고, 밖으로는 빛을 발하는 이 두 가지 일을 하기 위해서는, 빛을 비추시는 성령과 꼭 함께 해야 합니다.

3. 양자의 영을 창조하십니다.

하나님의 성령 사역 중 하나는 신자들의 마음속에 양자의 영을 창조하는 것입니다. "너희가 아들이므로 하나님이 그 아들의 영을 우리 마음 가운데 보내사 아빠 아버지라 부르게 하셨느니라"(갈 4:6). "너희는 다시 무서워하는 종의 영을 받지 아니하고 양자의 영을 받았으므로 우리가 아빠 아버지라고 부르짖느니라"(롬 8:15). 우리는 성령으로 중생하였고, 그래서 자녀의 본성을 받았습니다. 성령께서 주신 그 본성을 성령께서 친히 계속해서 자극하고 일으키고 계발시키고 성숙시키십니다. 그러므로 우리는 날마다 더욱더 자녀다운 마음을 갖게 됩니다.

자, 사랑하는 성도 여러분, 이런 것들이 처음에는 그리 중요해 보이지 않을 것입니다. 그러나 이것은 대단히 중요한 것입니다. 왜냐하면 교회의 모든 지체들이 하나님의 사랑스러운 자녀들로 행할 때 바로 그 때가 교회로서는 제일 행복할 때이기 때문입니다. 때로는 종의 영이 우리에게 살금살금 다가오기도 합니다. 그래서 우리는 하나님을 섬기는 것을 무겁고 부담되는 것으로 말하기 시작하고, 지금 삯을 받지 못하고 눈에 보이는 성과도 없는 것에 대해 불평합니다. 마치 종들이 심사가 뒤틀려졌을 때 하는 것과 똑같습니다. 그러나 양자의 영을 가진 사람은 사랑으로 일합니다. 보상을 받을 소망이 전혀 없어도 일합니다. 지금 아버지의 집에 있다는 이 달콤한 사실 하나로 만족하면서 아버지의 뜻을 행합니다.

이 양자의 영은 평강, 안식, 기쁨, 담대함, 하나님과의 거룩한 친밀함 등을 제공합니다. 하나님이 주시는 자녀의 영을 받지 못한 사람은 기독교인의 삶이 주는 더할 나위 없는 기쁨을 알지 못합니다. 그는 기독교인의 삶 속에 있는 꽃과 향기와 탁월함을 놓치고 있습니다. 그가 그리스도를 위한 섬김을 따분하게 여기는 것에 대해 저는 이상하게 생각하지 않습니다. 왜냐하면 선한 목자 되신 하나님께서 그의 양을 먹이고 누이시는 푸른 풀밭을 그는 지금까지 즐기지도 못했고 그런 감미로운 것들이 있다는 것도 알지 못했기 때문입니다. 그러나 우리는 그분의 자녀들이고 하나님의 집에 거하면서 떠나야 할 염려 없이 영원히 살 수 있다는 사실을 하나님의 성령께서 우리에게 깨우쳐주실 때, 그 때에야 비로소 하나님을 섬기는 것은 달콤하고 쉬운 일이 됩니다. 그리고 눈에 보이는 성공이 지연되어도 우리는 이것까지도 마땅히 감당해야 하는 시련의 일부분으로 받아들이게 됩니다.

자, 명심하십시오. 이런 사실은 교회 밖에 있는 사람들에게 큰 영향을 미칠 것입니다. 신앙고백을 한 성도이면서도, 신앙을 수행해야 할 임무처럼 여기고 죽을 인상을 써 가며 괴로운 얼굴로 거룩한 길을 따라가는 성도들이 있습니다. 이들은 마치 채찍에 맞을까 두려워하는 노예들 같습니다. 이런 성도들은 주위에 있는 죄인들에게 별 볼일 없는 영향만 끼칠 뿐입니다. 주위의 죄인들은 이렇게 말합니다. "저 사람이 섬기는 주인은 분명히 인색한 주인일 거야. 본인들이야 아니라고 하겠지만, 분명해. 우리가 왜 저 사람처럼 저렇게 되어야 해?"

그러나 하나님의 자녀들로 이루어진 교회를 보도록 하겠습니다. 그 교회의 남녀 성도들의 얼굴은 하늘에 계신 아버지의 미소를 지으며 밝게 빛납니다. 그들은 보통 자녀들이 다 그러하듯, 자기의 근심거리를 아버지께 맡기는데 익숙합니다. 아버지가 그들을 받아들이고 사랑한다는 것을 그들도 알고 있습니다. 그리고 자녀들은 위대하신 아버지의 뜻에 완벽히 동의합니다. 이런 자녀들을 경건치 않은 무리들 가운데 세워보십시오. 제가 여러분에게 장담합니다. 그 경건치 않은 무리들은 하나님의 자녀가 누리는 평강과 기쁨을 부러워하기 시작할 것입니다. 이렇게 해서 행복한 성도들은 구원받지 못한 자들의 마음에 가장 효과적으로 영향을 끼치는 자들이 됩니다.

오, 거룩하신 하나님의 성령이여! 우리가 위대하신 아버지의 자녀라는 사실을 이제 우리 모두가 느끼게 하옵소서. 그리고 오늘 이 아침에 우리 가운데 아버지를 향한 자녀의 사랑이 뜨거워지게 하옵소서. 그래서 밖으로 나가 먼 나라에서 돼지를 치고 있는 탕자들에게 하나님의 사랑을 전하기에 합당한 자가 되게 하옵소서. 지금까지 설명한 세 가지 대지는 제 생각에 분명하게 말씀드린 것 같습니다. 이제 네 번째 대지를 말씀드리겠습니다.

4. 거룩하게 하십니다.

성령은 특별히 거룩한 영으로 불립니다. 성령은 결코 죄를 생각지도 않고, 죄를 인정하지도 않으십니다. 성령은 죄에 대해 근심하는 것(엡 4:30) 외에는 죄와 아무런 상관이 없으십니다. 오직 거룩함이 성령의 기뻐하시는 것입니다. 하나님의 교회는 이마에 이 말씀을 붙입니다. "여호와께 성결"(슥 14:20). 교회는 오직 거룩한 정도에 비례해서 하나님의 교회라고 주장할 수 있습니다. 그렇다면 거룩하지 않은 교회가 있다는 것일까요? 거룩하지 않은 교회는 틀림없이 성경에 기록된 이런 교회가 아닙니다. "그리스도께서 교회를 사랑하시고 그 교회를 위하여 자신을 주심 같이 하라 이는 곧 물로 씻어 말씀으로 깨끗하게 하사 거룩하게 하시고 자기 앞에 영광스러운 교회로 세우사 티나 주름 잡힌 것이나 이런 것들이 없이 거룩하고 흠이 없게 하려 하심이라"(엡 5:25-27).

거룩함은 단순히 도덕성이 아닙니다. 다시 말해, 하나님의 계명들에 대해 썩 내켜하지는 않지만, 그래도 엄격한 의무감으로 하나님의 교훈들을 외형적으로 지키는 그런 것이 아닙니다. 거룩함은 총체적인 우리의 인간성이 전적으로 주님께 헌신되는 것이며, 그분의 뜻에 맞춰지는 것입니다. 이런 거룩함은 하나님의 교회가 반드시 지녀야 하는 것입니다. 그러나 교회를 거룩하게 하시는 분과 떨어져서는 이런 거룩함을 결코 가질 수 없습니다. 왜냐하면 성령의 역사 없이는 하늘 아래에서 티끌만큼의 거룩함도 가질 수 없기 때문입니다. 그리고 사랑하는 성도 여러분, 교회가 만약 거룩하지 않다면 세상에 도대체 어떤 영향을 끼칠 수 있겠습니까? 교회를 비웃는 자들은 성도들이 입으로 한 신앙고백과 성도들의 삶이 서로 일관성도 없고 모순되기도 한 모습을 보면서 성도들을 정죄하고 무시할 것입니다.

거룩하지 않은 교회도 세상에 영향력을 끼치기를 갈망하고 노력하기도 합니다. 그러면서 그리스도를 위해 노력한다는 미명하에 시끄러운 소음을 내기도 합니다. 그러나 하나님의 나라는 경건하지 않은 자들에게 임하지 않습니다. 경건하지 않은 자들이 그렇다고 스스로 하늘나라에 들어갈 수 있는 것도 아닙니다. 경건하지 않은 자들의 증언을 그리스도께서는 받지 않으십니다. 이것은 그리스도께서 육체로 계실 때, 악령들이 표현한 경의를 받지 않고 이렇게 대답하신 것과 같습니다. "너희는 가만히 있을지니라." 하나님께서 말씀하십니다. "사악한 자들아 너희들은 나의 계명을 선포하기 위해 무엇을 행하였느냐?" 하나님의 종이라고 말하면서도 악만 심는 자들의 밭에는 이슬도 내리지 않고, 때에 따라 내려야 하는 비도 내리지 않습니다. 지극히 신실한 목회자가 경건하지 않은 교회를 맡아 목회한다고 생각해 봅시다. 그 목회자는 심한 부담감을 느낄 것입니다. 그는 분명히 먼저 그런 경건치 않은 것으로부터 자신을 깨끗이 할 것입니다. 그렇게 하지 않는다면 목회가 실패할 것이기 때문입니다. 그는 진심을 담아 설교할 것이며, 무릎이 상하기까지 기도할 것입니다. 그런데도 회심이 일어나지 않습니다. 사실 회심이 일어난다 해도, 극도로 방해를 받을 것입니다. 아간의 저주(수 7:1)가 진영에 있을 동안에는 이스라엘이 승리할 가망이 전혀 없었습니다. 거룩하지 않은 교회는 그리스도로 하여금 이렇게 말씀하게 하십니다. 그들이 경건하지 않음으로 말미암아 거기서 많은 능력을 행하지 않았다고 말입니다(마 13: 58).

사랑하는 성도 여러분, 여러분은 이 점에서 우리에게 하나님의 성령이 필요하다는 것을 보지 못합니까? 여러분이 죄인들과 말싸움을 하게 되어, 그들에게 거룩함의 필요성과 새로워진 마음과 그로부터 우러나오는 경건한 생활 등에 대해 말해야 할 때, 그 경건하지 않은 자들이 여러분의 말에 매력을 느낄 것이라고 예상합니까? 중생하지 못한 마음이 의로움에 무슨 관심을 갖겠습니까? 도대체 육적인 사람이 거룩함을 간절히 바라기나 하겠습니까? 그런 일들은 지금까지 본 적이 없습니다. 구속받지 못한 마음이 거룩함을 사랑하게 되는 것을 기대하기보다는 차라리, 마귀가 하나님을 사랑하게 되는 것을 기대하는 것이 더 나을 것입니다. 그렇지만 죄인은 순결하고 바른 것들을 사랑해야 합니다. 그렇지 않으면 천국에 들어갈 수 없습니다.

여러분은 죄인으로 하여금 그렇게 사랑하게 할 수는 없습니다. 여러분도 예전에 경멸하던 것을 성령께서 사랑하도록 바꾸셨습니다. 여러분의 마음을 그렇게 바꾸신 성령이 아니고서는 누가 죄인의 마음을 바꿀 수 있겠습니까? 그러므로 영원하신 성령의 무기고에서 무기들을 취하기 전까지는 절대 죄를 대적하는 전쟁을 위해 밖으로 나가지 마십시오. 성령께서 말씀에 능력을 부어주시지 않는다면, 여러분의 명령으로 죄의 높은 산들이 변하여 평지가 되지는 않을 것입니다. 이것으로써 거룩함의 영이신 성령이 우리에게 왜 필요한지를 살펴보았습니다.

5. 기도하게 하십니다.

　다섯 번째 대지로, 교회는 아주 많은 기도를 필요로 합니다. 성령은 은혜의 영이자 간구의 영이기도 하십니다. 한 교회의 힘은 기도의 충만한 정도에 따라 꽤 정확하게 측정될 수 있습니다. 하나님께서 능력을 발휘하시기를 우리가 간구하지 않는다면, 우리는 하나님으로부터 능력이 발휘되는 것을 기대할 수 없습니다. 그러나 하나님께서 받으시는 모든 간구는 성령 충만한 영혼 속에서 이루어집니다. 하나님이 받으시는 첫 번째 간구는 이스라엘의 거룩한 분이 행하시는 은밀한 사역에 의해 마음속에서 일어나야 합니다. 이 첫 번째 간구 이후에 행해지는 모든 종류의 모든 간구들 속에는 미약하지만 그래도 살아 있는 믿음이 포함되어 있고, 하나님 앞에서 일종의 청원서로 나타납니다. 이러한 간구들은 하나님의 기쁘신 뜻대로 성도들을 중보하시는 그분으로 말미암아 영혼 속에서 적절하게 행해진 것입니다. 우리의 위대하신 대제사장께서는 성령이 만들어 놓은 향 외에는 그 어떤 향도 향로에 담지 않으실 것입니다. 기도는 성령께서 창조하신 것입니다. 우리는 기도 없이 아무것도 할 수 없습니다. 그리고 우리는 성령 없이 기도할 수도 없습니다. 그러므로 우리는 성령을 의지합니다.

　좀 더 말씀드리자면, 우리가 죄인들을 대하면서, 우리는 그들이 기도해야 될 사람이라는 것을 알게 됩니다. "그가 기도하는 중이니라"(행 9:11)라는 말씀은 거듭난 것을 말해주는 가장 첫 번째 표시입니다. 그런데 우리가 죄인으로 하여금 기도하게 할 수 있습니까? 우리가 어떻게 설득을 하면 죄인이 무릎을 꿇고 회개의 탄식을 토해내며, 그리스도에게 긍휼을 구하게 할 수 있겠습니까? 여러분의 힘으로 한 영혼의 회심을 위해 시도해 보지만, 여러분은 실패했다는 사실을 알게 됩니다. 여러분은 심지어 어린아이의 마음으로 단 한 번이라도 하나님이 받으실 만한 기도를 하려고 시도해보지만, 이것 또한 마찬가지로 실패하게 됩니다.

　그러므로 사랑하는 성도 여러분, 우리의 하늘 아버지께서 우리에게 성령을 주시도록 아버지께 부르짖읍시다. 말할 수 없는 탄식으로 우리를 위하여 친히 간구하시는(롬 8:26) 기도의 영이신 성령께서 우리 속에서 더욱더 강력하게 내주하시도록 아버지께 간구합시다. 그래서 교회가 간구하는 기도의 부족으로 하나님의 축복을 놓치지 않도록 합시다. 교회가 현재 연약한 이유는 기도가 부족하기 때문이며, 그리스도의 나라가 좀 더 힘 있게 전파되지 않는 이유도 바로 이 때문이라고 저는 굳게 믿고 있습니다. 기도가 너무나 많이 위축되어 있습니다. 그래서 축복 또한 보류되어 있습니다. 성령께서 기도에 대한 그 백성의 열망을 자극하지 않는다면, 기도는 항상 위축되어 있을 것입니다. 오, 거룩하신 성령이여, 우리가 기도할 수 있도록 우리를 도와주옵소서. 예수님의 이름으로 기도드립니다.

6. 교제하게 하십니다.

여섯 번째 대지로, 하나님의 성령은 아주 특별한 방식으로 교제하시는 분입니다. 우리는 자주 사도의 축도("주 예수 그리스도의 은혜와 하나님의 사랑과 성령의 교통하심이 너희 무리와 함께 있을지어다"[고후 13:13])를 축도로 대신합니다. 축도할 때마다, 우리는 성령의 교통하심이 우리와 함께 있기를 기도합니다. 성령은 우리가 영적인 것들과 교통할 수 있게 하십니다. 오직 성령만이 열쇠를 가지고 그 비밀한 신비를 여실 수 있습니다. 그래서 우리는 하나님에게 속한 것들을 알게 됩니다. 성령은 우리가 예수 그리스도를 통해 친히 하나님과 교제하도록 하십니다. 우리는 성령으로 말미암아 예수 그리스도를 통해 아버지께 나아갑니다. 우리는 아버지와 그의 아들이신 예수 그리스도와 교제합니다. 그러나 우리로 하여금 가장 높으신 분과 교제하게 하는 것은 바로 하나님의 성령이십니다.

사랑하는 성도 여러분, 우리가 서로 나누는 교제도 그것이 기독교인의 교제인 한에서는 모두 하나님의 성령께서 항상 맺어주시는 교제입니다. 만약 우리가 평강과 사랑 안에서 이러한 교제를 수년씩 지속하고 있다면, 그렇게 지속되는 교제의 이유는 우리의 타고난 좋은 성품이나 현명한 인간관계나 어떤 자연스러운 계기 등이 아닙니다. 그 이유는 바로 우리가 세례를 받을 때 우리 속에 있는 반항하는 본성들을 잠재워주신 성령의 그 사랑 때문입니다. 만약 열두 명의 기독교인들이 열두 달 동안 참된 영적 연합을 이루어 마음이 상하지 않고 함께 살 수 있다면, 이것은 성령이 주시는 사랑으로 가능한 것입니다. 만약 천이백 명이나 이 숫자의 네 배가 되는 더 많은 성도들이 연합하여 꾸준히 서로 섬기고 많은 세월이 흐른 후에도 그들이 처음보다 더욱더 서로를 사랑하고 있음을 발견할 수 있다면, 이것 또한 위로자이신 성령의 축복으로 생각하십시오. 이런 축복을 주신 성령은 열렬한 찬양을 받으셔야 할 분입니다.

우리로 하여금 교제하게 하는 분은 오직 성령이십니다. 그러나 교제가 없는 교회는 무질서한 폭도가 될 것입니다. 스스로 분쟁하는 나라마다 결과적으로 황폐해질 것입니다(마 12:25). 여러분에게는 서로 힘을 북돋워주고, 서로 인도해주며, 서로 도와주고, 서로 격려해줄 교제가 필요합니다. 이런 교제가 없다면, 여러분의 교회는 한갓 인간의 사교모임일 뿐입니다.

만약 여러분이 세상에 대해 말하려 한다면, 여러분은 살아 있는 한 몸처럼 연합되어야 합니다. 분열된 교회는 오랫동안 적그리스도의 조롱거리가 되어 왔습니다. 개신교도들의 분열에 대한 비난 중 가장 심한 조롱은 바티칸이 공격하는 비웃음입니다. 이런 분열의 문제는 외적으로 큰 그리스도의 교회뿐만 아니라, 그리스도의 교회 중 어떤 한 개별 교회에 있어서도 마찬가지입니다. 분열은 우리의 부끄러움이며, 우리의 연약함이며, 우리의 장애입니다. 온유하신 성령만이 이런 분열을 예방하고 치유하실 수 있습니다. 성령께서는 우리가 하나님과 참된 사랑의 교제를 나누도록 하며, 우리가 서로 간에도 참된 사랑의 교제를 나누도록 하십니다. 이런 것만 보더라도 우리가 얼마나 성령을 의지해야 하는지 알 수 있습니다. 우리 속에 형제 사랑과 우리를 그리스도와 하나 되게 하는 모든 다정한 은혜들이 역사하도록 성령께 날마다 간구합시다. 그래서 마치 아버지와 아들이 하나이듯, 우리 모두가 하나가 되어 하나님께서 참으로 예수님을 보내셨고, 우리는 그분의 백성이라는 사실을 세상이 알게 될 것입니다.

7. 보혜사(위로자)가 되십니다.

일곱 번째 대지로, 보혜사(요 14:16) 또는 위로자인 성령이 우리에게는 필요합니다. 보혜사나 위로자라는 단어들은 다르게 번역될 수도 있습니다. 성경 번역자들은 이 구절을 이렇게 번역하였습니다. 읽어보겠습니다. "만일 누가 죄를 지으면 우리에게 아버지와 함께 있는 한 변호인(또는 보혜사)이 있으니, 곧 의인이신 예수 그리스도시라"(요일 2:1, KJV). 성령은 위로자이기도 하고 변호인이기도 하십니다.

성령은 지금 이 순간에도 우리의 친구이고 위로자이십니다. 성령은 신자들의 무기력한 영혼들에 힘을 주며, 귀중한 약속들을 적용하며, 예수 그리스도의 사랑을 마음에 계시해 주십니다. 하나님의 성령이 우리의 마음을 위로해 주지 않으셨다면, 많은 신자들의 마음이 상했을 것입니다. 만일 성령께서 하나님의 자녀들이 가는 순례의 길에 힘을 주는 하나님의 신적인 위로를 해 주지 않으셨다면, 하나님이 사랑하는 많은 자녀들이 순례의 길을 가는 도중에 너무 힘들어 죽었을 것입니다.

이 성령의 사역은 대단히 필수적인 사역입니다. 신자들이 불행해진다면 그들이 봉사하는 많은 부분에서도 연약해지기 때문입니다. "여호와로 인하여 기뻐하는 것이 너희의 힘"(느 8:9)이라는 말씀을 저는 확신합니다. 제가 이 말씀을 시험해 보았고 그 반대의 경우도 시험해 보았기 때문에 확신이 있는 것입니다. 세상에 있는 어떤 기독교인들은 우울한 마음 상태야말로 기독교인들이 취해야 할 고유한 상태라고 계속해서 가르치는 사람들이 있습니다. 저는 그런 사람들을 판단하지 않겠습니다. 그러나 이 말씀은 드려야겠습니다. 그런 사람들은 복음 전도 사역에서 한 일이 아무것도 없습니다. 저는 그런 사실을 당연하게 생각합니다. 추수 때에 눈이 내리면 곡식이 익지를 않습니다. 어두울 때는 꽃이 피지 않습니다. 소금기 있는 바닷물로 자란 포도송이로는 새로운 포도주를 만들지 못합니다. 이런 것들은 그리스도의 나라 발전에 좋지 않은 영향을 끼칠 것입니다. 사랑하는 성도 여러분, 여러분이 주님 안에서 강해지려면, 그리고 주님을 위해 강해지려면, 여러분은 주님 안에서 기뻐해야 합니다. 자, 여러분이 분명히 맞닥뜨리게 되어 있는 시련의 홍수 가운데서, 여러분을 지탱해 줄 수 있는 유일한 분이 바로 위로자이십니다. 위로해 주시는 그분의 임재가 여러분에게 절실히 필요하다는 것을 알고 있을 것입니다.

하나님의 성령은 교회의 변호인이라는 사실을 말씀드렸습니다. 성령은 하나님 측의 변호인이 아닙니다. 하나님 측에는 그리스도가 우리의 유일한 변호인이기 때문입니다. 성령은 사람 측의 변호인이십니다. 교회가 세상에 대하여 말할 수 있는 가장 당당한 주장이 무엇인지 압니까? 성령의 내주하심입니다. 다시 말해, 교회에서 지속적으로 일어나고 있는 기적입니다. 눈에 보이는 증거들도 아주 탁월합니다. 회의적인 생각으로 고생하는 젊은이가 있다면, 학식 있고 경건한 사람들이 우리를 위해 아주 많이 수고해서 저술한 귀중한 자료들을 공부해 보는 것도 유익할 것입니다. 그러나 이 사실 하나는 알고 계십시오. 유추해서 얻거나 역사에 드러난 사실들을 통해서 모을 수 있는 모든 기독교 진리에 대한 증거들은 하나님의 성령이 하신 사역에 비교하면 아무것도 아니라는 것을 말입니다. 이 주장을 여러분이 이해할 수 있도록 제가 증거를 대보겠습니다.

　어떤 사람은 제게 이렇게 말합니다. "나는 죄나 의나 심판이 존재한다고 생각하지 않습니다." 좋습니다. 사랑하는 성도 여러분, 성령께서 곧 이렇게 말하는 사람을 이해시켜 주실 것입니다. 만약 그 사람이 제게 기독교가 진리인 것에 대한 어떤 징표나 증거들을 요구한다면, 저는 이렇게 대답할 것입니다. "이 부인을 보십시오. 이 부인은 죄란 죄는 다 지은 큰 죄인입니다. 다른 사람들까지 죄로 유혹한 사람입니다. 그러나 이제는 다른 사람에게서는 찾아볼 수 없는 다정함과 빛을 지니고 있습니다. 이번에는 하나님을 비난하고 욕하고 박해했던 이 사람에 대해 이야기해 드리겠습니다. 과거에 망나니였던 이 사람은 지금 순결하고 진실하고 겸손한 마음으로 말하고 있습니다. 예전에는 구두쇠였던 저 사람도 보십시오. 지금은 그 재물을 가지고 얼마나 열심히 헌신하고 있는지 모릅니다. 또 저기, 시기하고 악한 마음을 지녔던 사람을 보십시오. 그 사람이 이제는 회심해서 온유하고 관대하며 호감을 주는 사람이 되었습니다. 당신은 이 엄청난 변화들에 대해 어떻게 설명할 수 있겠습니까? 이러한 일들은 여기에서 매일 일어나고 있습니다. 어떻게 이런 일들이 일어나는 것입니까? 진리, 정직, 사랑 등을 만들어 내는 거짓말이 있습니까? 열매 맺는 나무는 각기 그 종류대로 열매를 맺는 것(창 1:11)이 아니겠습니까? 그렇다면 그렇게 복된 변화를 만들어 내는 은혜는 도대체 어떤 은혜여야 하겠습니까? 까마귀들이 비둘기들로 변하고, 사자들이 양들로 변하는 놀라운 현상, 그리스도의 사역자들이 기쁨으로 바라보는 복음으로 말미암은 도덕적 성품의 놀라운 변화, 이러한 것들이 우리의 증거입니다. 또 이러한 증거들은 반박할 수 없는 결정적인 것들입니다."

　베드로와 요한이 성전에 올라갔습니다. 그리고 앉은뱅이 한 사람을 치료하였습니다. 그들은 곧 체포되어 산헤드린 앞으로 끌려갔습니다. 그들에 대한 고소내용은 이러합니다. "너희들은 예수의 이름을 전하였다. 이 예수는 사기꾼이다." 베드로와 요한은 무슨 말을 했습니까? 그들은 다른 말을 할 필요가 없었습니다. 왜냐하면 거기에 나은 사람이 서 있었기 때문입니다. 그가 자기 목발을 가지고 와서 그것을 의기양양하게 흔들었습니다. 그리고 그는 달리기도 하고 뛰기도 했습니다. 그는 그들을 드러내 주는 증거이며 변호이며 증언 그 자체였습니다. "병 나은 사람이 베드로와 요한 옆에 선 것을 그들이 보고서, 그들은 그들에 대해 아무 말도 하지 못했습니다." 하나님의 성령이 우리 가운데 계시고 회심의 역사들이 끊임없이 일어난다면, 성령께서 이런 식으로 자신의 변호인 역할을 감당하고 있는 것이며 모든 고발자들을 논박하고 계시는 것입니다.

성령께서 여러분의 마음속에 역사하고 계신다면, 그것이야말로 여러분이 항상 지닐 수 있는 복음에 대한 가장 좋은 증거가 될 것입니다. 저는 가끔 이런 저런 불신앙의 모습들을 보게 됩니다. 새로운 의심들과 이제까지 없던 불신앙의 모습들이 매순간 알에서 깨어 나오듯 그렇게 생겨납니다. 안정되지 못한 사람들은 자기들이 만든 불신앙의 책들을 우리가 좀 읽어볼 것을 기대합니다. 그러나 그들이 만든 책들이 우리 마음에 끼치는 영향은 보잘것없이 아주 작습니다. 우리는 이렇게 대답할 수 있을 것입니다. 우리를 흔들어 보려는 여러분의 시도는 소용이 없습니다. 왜냐하면 우리는 이미 여러분이 제안하는 그런 모든 것들에 대해 익숙하기 때문입니다. 우리가 가진 본성적인 불신앙이 여러분보다 훨씬 심했기 때문입니다. 우리는 여러분이 알고는 있지만 차마 감히 입에 담지 못할 그런 종류의 의심까지 다 해 본 사람들입니다. 우리의 본성 속에는 사탄의 궤계까지 낯설지 않을 정도로 충분한 불신앙과 극악무도함이 들어 있었습니다.

우리는 말씀을 묵상하는 기도 골방에서 여러분이 제시하는 것들을 가지고 끊임없이 전쟁을 치렀습니다. 그리고는 이겨냈습니다. 왜냐하면 우리는 하나님과 개인적으로 교제하고 있었기 때문입니다. 여러분은 비웃겠지만, 여러분의 비웃음을 정당화할 근거는 없습니다. 우리도 여러분만큼이나 정직하고, 우리의 증언 또한 여러분의 증언만큼이나 어느 법정에서든 인정하는 충실한 증언입니다. 우리는 진지하게 선포합니다. 우리는 우리의 영혼 속에서 역사하시는 성령의 능력을 느끼고 있습니다. 마치 원초적인 바다가 북풍의 힘을 감지하는 것처럼 말입니다. 우리는 죄책감으로 고통 받아 흔들리기도 했으며, 그리스도의 의에 대한 믿음으로 말미암아 환희의 즐거움도 느껴보았습니다. 우리가 알고 있는 것은 이것입니다. 우리 영혼의 작은 세계에 주 예수님께서 친히 자신을 나타내셨습니다. 그래서 우리는 그분을 알게 되었습니다.

우리가 배운 그 교리들에는 능력이 있습니다. 그 교리들은 거짓말일 수가 없습니다. 왜냐하면 우리가 믿는 그 하나님의 진리들은 우리가 실제 체험으로도 시험해 본 것이기 때문입니다. 우리에게 먹을 것이 없다고 말하겠습니까? 지금 잔치가 벌어지고 있는데도 그런 말을 하겠습니까? 우리에게 샘물이 없다고 말하겠습니까? 우리는 지금까지 이 샘으로 갈증을 해소해 왔습니다. 우리에게 빛 같은 것이 없다고 말하겠습니까? 빛의 존재를 여러분에게 증명할 수 있는 방법에 대해서는 잘 모르겠습니다. 왜냐하면 짐작컨대 여러분이 장님이기 때문입니다. 하지만 우리는 볼 수 있습니다. 이런 이야기들이 우리에게는 충분히 일리 있는 주장입니다. 그리고 우리의 증언은 참됩니다. 우리에게 영적인 생명이 없다고 말하겠습니까? 우리는 이 영적 생명을 마음 깊은 곳으로부터 느끼고 있습니다. 이것이 바로 하나님의 성령께서 우리에게 제공해 주시는 대답입니다. 변호자로서 성령이 주시는 대답입니다.

자, 다시 말씀드립니다. 우리 주위에서 제기되는 다양한 형태의 모든 불신 앙들에 대처하기 위해 하나님의 성령에 우리가 얼마나 전적으로 의지해야 하는지 모릅니다. 여러분은 이 사실에 대한 증거를 수집하기 위해 공의회를 만들 수도 있고, 모든 교회 감독들과 신학박사들과 변증학 교수들을 모집할 수도 있습니다. 그들이 작성한 두루마리의 분량은 아마 지구를 한 바퀴 두르고도 남을 것입니다. 이 모든 것에도 불구하고, 세상을 구원하도록 설득하는 유일한 한 분이 바로, 아버지가 예수님의 이름으로 보낸 변호인이십니다. 그분께서 인간의 죄와 그 죄의 분명한 결과를 계시하실 때, 불신자들은 무릎을 꿇게 됩니다. 성령께서 눈의 비늘을 벗겨주고(행 9:18), 십자가에 달리신 구세주와 그 귀중한 피의 공로를 제시할 때, 모든 육적인 이유들이 십자가에 못 박히게 됩니다. 죄에 대한 실제적인 한 번의 유죄 판결만으로도 가장 완고한 불신자가 무너지기 시작합니다. 후에 그의 불신앙이 다시 되살아난다 해도, 성령의 위로가 곧 그를 정죄로부터 위로할 것입니다. 그러므로 설교 서두에서도 언급한 바와 같이 마지막으로 말씀드립니다. 이 모든 것이 성령께 달렸습니다. 성령께서 그분의 능력을 우리 가운데 나타내시도록 간구하면서, 예수님의 이름으로 그분을 기다립시다. 아멘.

스펄전설교전집
로마서

초판 발행 2010년 12월 15일
중쇄 발행 2014년 7월 20일

발행처 **크리스챤 다이제스트**

발행인 박명곤

주소 경기도 고양시 일산동구 일산로 413번길 46

전화 031-911-9864, 070-7538-9864

팩스 031-911-9824

등록 제 396-1999-000038호

판권 ⓒ 크리스챤다이제스트 2010

총판 (주) 기독교출판유통
　　　전화 031-906-9191~4
　　　팩스 0505-365-9191